Fußball-Welt-geschichte

Herausgegeben
von Karl-Heinz Huba

COPRESS
SPORT

Inhaltsverzeichnis

I Fußball – das große Spiel 7

II Fußball in drei Jahrtausenden 21

Meilensteine der Fußballgeschichte 31
Fußball über Kontinente 47

III Die großen Fußball-Nationen 53

Fußball in Argentinien 54
Fußball in Brasilien 59
Fußball in Deutschland 67
Fußball in England 79
Fußball in Holland 85
Fußball in Italien 90
Fußball in Jugoslawien und Nachfolgestaaten 96
Fußball in Österreich 101
Fußball in Polen 107
Fußball in der Schweiz 111
Fußball in der CSSR 116
Fußball in Ungarn 121
Fußball in Uruguay 127

IV Die Geschichte der Fußball-Weltmeisterschaft 131

Weltmeisterschaft 1930 in Uruguay 132
Torschützenkönig in Uruguay: Stabile 140
Welstmeisterschaft 1934 in Italien 141
Torschützenkönig in Italien: Nejedly 153
Weltmeisterschaft 1938 in Frankreich 154
Torschützenkönig in Frankreich: Leonidas 161
Weltmeisterschaft 1950 in Brasilien 162
Torschützenkönig in Brasilien: Ademir 169
Weltmeisterschaft 1954 in der Schweiz 170
Torschützenkönig in der Schweiz: Kocsis 187
Weltmeisterschaft 1958 in Schweden 188
Torschützenkönig in Schweden: Fontaine 198
Weltmeisterschaft 1962 in Chile 199
Torschützenkönig in Chile: Garrincha 208
Weltmeisterschaft 1966 in England 209
Torschützenkönig in England: Eusebio 231
Weltmeisterschaft 1970 in Mexiko 232
Torschützenkönig in Mexiko: Müller 242

Weltmeisterschaft 1974 in Deutschland 259
Weltmeisterschaft 1978 in Argentinien 283
Weltmeisterschaft 1982 in Spanien 299
Weltmeisterschaft 1986 in Mexiko 315
Weltmeisterschaft 1990 in Italien 331
Weltmeisterschaft 1994 in den USA 347
Weltmeisterschaft 1998 in Frankreich 359

V Der Fußball und seine Stars 375

Jose Andrade 379
Franz Beckenbauer 380
Bobby Charlton 383
Johan Cruyff 385
Nandor Hidegkuti 388
Lew Jaschin 390
Diego Maradona 392
Stanley Matthews 394
Pelé 396
Michel Platini 399
Gianni Rivera 401
Matthias Sindelar 403
Alfredo di Stefano 403
Fritz Walter 407
Ricardo Zamora 410

VI Die Geschichte der olympischen Fußballturniere 413

VII Die Geschichte der Europameisterschaften 427

Europa-Nationenpokal 1960 428
Europa-Nationenpokal 1964 430
Europameisterschaft 1968 432
Europameisterschaft 1972 436
Europameisterschaft 1976 441
Europameisterschaft 1980 445
Europameisterschaft 1984 449
Europameisterschaft 1988 462
Europameisterschaft 1992 469
Europameisterschaft 1996 477
Europameisterschaft 2000 485

VIII Europapokal der Meister 493

IX Champions League 504

X Europacup der Pokalsieger 506

XI UEFA-Pokal 511

XII Statistik zur Fußball-Weltgeschichte 517

Weltmeisterschaft 1930 518
Weltmeisterschaft 1934 518
Weltmeisterschaft 1938 519
Weltmeisterschaft 1950 520
Weltmeisterschaft 1954 520
Weltmeisterschaft 1958 522
Weltmeisterschaft 1962 523
Weltmeisterschaft 1966 525
Weltmeisterschaft 1970 526
Weltmeisterschaft 1974 528
Weltmeisterschaft 1978 533
Weltmeisterschaft 1982 539
Weltmeisterschaft 1986 545
Weltmeisterschaft 1990 553
Weltmeisterschaft 1994 558
Weltmeisterschaft 1998 563
Europa-Nationenpokal 571
Europameisterschaft 572
Europapokal der Meister 583
Champions League 584
Europacup der Pokalsieger 584
UEFA-Pokal 586

XIII Fußball-Lexikon 588

Die Deutsche Bibliothek – CIP-Einheitsaufnahme

Fußball-Weltgeschichte: [1846 bis heute; Bilder, Daten, Fakten;]
hrsg. von Karl-Heinz Huba [Texte von: Evgen Bergant ...].
ISBN 3-7679-0649-X; München: Copress, 2000

Projektmanagement/Herstellung: Stiebner München
www.stiebner.com
Printed in Germany
ISBN 3-7679-0649-X

Chefredaktion:
KARL-HEINZ HUBA

Schutzumschlag:
Studio Schübel/Tausend Premedia GmbH

Gestaltung:
RICHARD RASCH
und PETER STEINLE

Dokumentation:
URSULA ERDTMANN

Texte von:

Evgen Bergant, Peter Bizer,
Iwan Bolotnikow, Jaques Boulanger,
Claus Deutelmoser, Doug Gardner,
Karl-Heinz Huba, Sepp Huber,
Mike Hughes, Otto Janik,
Frederico B. Kirbus, Gerhard Krug,
Karlheinz Mrazek, Gerd Raithel,
Hartmut Scherzer, Ulfert Schröder,
Dr. Gerhard Seehase, Wolfgang Tobien,
Dezsö Vad, Jo Viellvoye,
Ferry Wimmer und vielen anderen

Titelbilder:

Sven Simon, Horstmüller

Bilder Innenteil:

Associated Press, Lorenz Baader, Deutsche
Presse-Agentur, extra-press, FMS, Fritz
Hack, Ferdi Hartung, Archiv Karl-Heinz
Huba, Internationales Sport-Archiv,
Keystone, Herbert Mehrens, Otto
Metelmann, Maria Mühlberger, Max
Mühlberger, Günter R. Müller, Horst
Müller, Nordbild Kaiser, Omar S. Patino,
Heinz Pfeil, Pressebildagentur Schirner,
Phil Stephens, Sven Simon, Sündhofer,
Werner F. Vollmer, Foto Werek.

VORWORT

Mehr als ein Spiel. Das ist einer der vielen Slogans, die geprägt wurden, um die Faszination des Fußballspiels zu erklären. Denn was das Reglement zum Fußballspiel bestimmt, ist ein unzulänglicher Rahmen für das, was Fußball wirklich darstellt.

Fußball ist Naturereignis, sagen einige. Fußball ist auf den Sport übertragener Lebenskampf. Fußballstadien sind Idealplätze, angestaute Aggressionen, Mißmut und Ärgernisse abzureagieren, sagen andere. Vor allem aber ist Fußball ein berauschendes Spektakel, und es gibt keinen Sport, der nur annähernd die gleiche Wirkung hat.

Kein Sport zieht Wochenende um Wochenende Millionen um Millionen Menschen an, erregt sie, setzt sie in Freudentaumel oder tiefste Betrübnis. Und das nicht erst seit gestern und nicht erst seit das Fernsehen Fußball in alle guten Stuben liefert und selbst Großmama im Lehnstuhl zum Fußball-Fan gemacht hat.

Seit über 100 Jahren gibt es den organisierten Fußball, seit über einhundert Jahren beobachtet man das Phänomen, das sich über die ganze Erde ausgebreitet hat. Seit bald 3000 Jahren gibt es Spiele, die sich mit Fußball in etwa vergleichen lassen. Sie waren körperliche Übung und waren Chinesen wie den alten Griechen ein wenig Philosophie.

All dies, eben die faszinierende Geschichte des Fußballspiels, auch mit seinen weniger erfreulichen Begleiterscheinungen, ist in diesem Buch niedergeschrieben. Journalisten aus aller Welt haben dazu beigetragen. Mit der Schilderung der Entwicklung des Spiels in den großen Fußball-Nationen, mit der Beschreibung der großen Meisterschaften und Pokalkämpfe, mit den Porträts von den großen Spielern der Vergangenheit und Gegenwart, mit Betrachtungen über die großen Stars und die großen Trainer.

Ergeben hat sich in diesem Bemühen um freilich unerreichbare Vollständigkeit eine Enzyklopädie des Fußballspiels, ein Nachschlagewerk für den Freund des großen Spiels. Verlag und Redaktion danken allen, die dazu beigetragen haben, daß es verwirklicht werden konnte.

KARL-HEINZ HUBA

Fussball – das große Spiel

Von Dr. Gerhard Seehase

Schlußpfiff – und dann nichts wie weg. Die Spieler der siegreichen Mannschaft reißen noch kurz die Arme hoch, den Verlierern rutschen die Köpfe verschämt nach unten, der Schiedsrichter hat sich den Ball unter den Arm geklemmt. Das Spiel ist aus, und nichts kann die Fußballprofis mehr aufhalten auf ihrem Weg nach Hause. Würde man ihnen verordnen, so wie früher, noch einmal zum Sportgruß am Mittelkreis zusammenzukommen, sie hätten sicherlich nicht das geringste Verständnis dafür.

Alltag im Profifußball. Nach der Neunzig-Minuten-Vorstellung wollen die Akteure möglichst schnell ins wohlverdiente Weekend; weg von der Arbeitswelt des Fußballs, weg von den Mannschafts-Kollegen, weg von den Fans. Kontakte werden nicht mehr gesucht, die jugendlichen Autogrammjäger sogar als lästig empfunden.

Der große Fußball ist ärmer geworden, trotz der hohen Spieler- und Trainer-Gehälter. Ärmer vor allem deshalb, weil die direkten Kontakte zwischen den Hauptdarstellern und dem Publikum weitgehend abgerissen sind. Der Graben zwischen dem Rasen und den Tribünen ist von Jahr zu Jahr tiefer geworden.

Frage heute jemand einen Star aus der „eigenen“ Mannschaft, ob man nicht einmal ein gemeinsames Bier in der Kneipe nebenan einnehmen könnte. Die Profis von heute würden diesen Wunsch überhaupt nicht mehr begreifen. „Kontakte“ kennen sie bestenfalls auf dem Umweg über bezahlte Autogramm-Stunden, die etwa von Warenhäusern initiiert und honoriert werden. Spontanes findet kaum noch statt.

Der Fußball ist „cool“ geworden, und selbst Superleistungen werden in der Bundesliga nur noch ganz kurz bejubelt, weil keiner mehr da ist, mit dem es sich zu feiern lohnt. Die Zeiten sind vorbei, in denen ein „Volksheld“ wie Uwe Seeler noch den Graben übersprang, der die Spieler von den Zuschauern trennte. Das war damals einer von ihnen, mit denen man sich identifizieren konnte.

Mit den derzeitigen Profis identifiziert sich kaum noch einer. Schlimmer noch, daß die Spieler es völlig verlernt haben, ihr eigenes Publikum zu begreifen, aus dessen kleinen Portemonnaies das große Geld für sie kommt. Sonst würden sie – zum Beispiel – nicht den „lästigen“ Autogrammjägern die kalte Schulter zeigen, wie es fast schon zur Norm geworden ist.

Die alten Ideale sind tot. Im Profifußball von heute kann man eher auf Kameradschaft als auf Leistung verzichten. Hier wird deutlich, wie kühl-kalkulierend die junge Generation der Spieler reagiert: erst das Geld, dann die Vereinstreue.

Geldscheine haben im internationalen Fußball den Effekt von fliegenden Teppichen, auf denen die Profis flugs von Klub zu Klub, von Land zu Land wechseln können. Super-Stars wie Diego Maradona und Karl-Heinz Rummenigge erwirtschaften dabei Transfersummen, die (zwischen zwölf und zwanzig Millionen Mark) ins Astronomische gehen und vom kleinen Gehaltsempfänger überhaupt nicht mehr zu begreifen sind.

Die Frage müßte also lauten: Diesen Unsinn macht das zahlende Publikum doch wohl nicht mehr mit? Die Antwort lautet: doch. Der, Fußball ist, trotz aller gegenteiliger Behauptungen, tatsächlich nicht kaputtzukriegen. Der Zuschauer ist zwar kritischer geworden gegenüber den „bezahlten“ Leistungen; aber er läßt sich nach wie vor vom großen Spiel faszinieren.

Was ist also dran an diesem Spiel, das sich so trotzig den gesellschaftlichen Ansprüchen unserer Tage widersetzt und immer noch mit den guten alten Regeln auskommt wie vor knapp einem Jahrhundert? Nichts Fortschrittliches also in diesem Spiel – und trotzdem immer noch Faszination.

Fußball steht in der Dramaturgie der Leidenschaften tatsächlich immer noch an erster Stelle im europäischen und südamerikanischen Sport. Er ist dabei durchaus dem Wandel der Zeit unterworfen wie andere gesellschaftliche Phänomene auch. Und es ist auch nicht zu übersehen, daß der Fan eine entsprechende „Entwicklung" mitgemacht hat. Man will für sein Geld etwas sehen. Vereinstreue zählt auch auf den Rängen der großen Sport-Stadien kaum noch, wenn die Leistung ausbleibt. Das Publikum, über die hohen Verdienstmöglichkeiten der Spieler und der Trainer einschlägig orientiert, verlangt den Erfolg als Gegenleistung für den eigenen Obolus, der an den Kassen zu entrichten ist. Bleibt der Erfolg aus, bleibt auch das Publikum weg.

Der Spieler, der nicht nur für den Sport, sondern vor allem von ihm lebt, hat in diesem professionellen Amüsierbetrieb, bei dem das Publikum nicht mit sich spaßen läßt, eine manchmal recht ungemütliche Rolle. Ist er erfolgreich und beständig im Erfolg, dann kann er bei geschickter Steuerung (die Stars haben natürlich einen eigenen Manager) durchaus mit moderner Heldenverehrung rechnen. Verliert er aber als Favorit – wie etwa der hochdotierte Karl-Heinz Rummenigge bei der Europameisterschaft 1984 in Frankreich –, dann ist ihm die Schlagzeilen-Verdammung ziemlich sicher.

Der von den Massen-Medien „aufbereitete" Star bewegt sich also stets im Risiko-Bereich einer Öffentlichkeit, die Erfolge garantiert haben will. Die Helden von heute können im Handumdrehen die Prügelknaben von morgen werden. Das ist die Infamie einer gutbezahlten Popularität, die aus den vielen kleinen Portemonnaies gespeist wird.

Trotzdem, der Fußball ist das „große Spiel" geblieben. Ein gesellschaftliches Phänomen ersten Ranges. Politiker lassen sich auf den Tribünen sehen, weil sie sich – etwa vor einer Wahl – propagandistisch zu engagieren belieben. Die englische Königin überreicht im Londoner Wembley-Stadion Fußball-Pokale, weil es Tradition ist. Und der italienische Staatschef Pertini umarmte doch tatsächlich jeden, der ihm in die Quere kam, als „seine" Nationalelf 1982 die Weltmeisterschaft gewann.

So oder so, der Fußball ist gesellschaftlich nicht zu übersehen, selbst wenn man über ihn die Nase rümpft. Und so bequem sich im allgemeinen die „Ahnungslosigkeit" gegenüber dem Fußball als Zeichen einer höchst verfeinerten Intellektualität verkaufen läßt, im „großen Spiel", etwa bei einer Weltmeisterschaft oder beim Europacup, hört der Spaß auf. Daran kann nun niemand mehr vorbeisehen, ohne in den Verdacht zu geraten, einem gesellschaftlichen Ereignis erster Ordnung gleichgültig gegenüberzustehen.

Die teuersten Beine der Welt gehören in der Tat weder einer Sue Ellen aus der Fernseh-Serie „Dallas", noch einer Krystle Carrington aus dem „Denver-Clan". Die teuersten Beine der Welt stecken überhaupt nicht in Pumps, sondern in Fußballschuhen. Sie sind stramm, aber empfindlich. Ein kleiner Knacks in den sorgsam gesalbten Muskeln kann schon genügen – und Millionen stehen auf dem Spiel. So etwa, würde ein Diego Maradona beim FC Neapel wegen einer Verletzung ausfallen oder ein Karl-Heinz Rummenigge bei Inter Mailand.

CCCP

Brandy
BASF
PAK

Früher war es der Boxsport, in dem Volkshelden „gemacht" wurden. Wenn Max Schmeling boxte, fand sich die High Society am Ring ein. Das galt auch noch für Bubi Scholz. Aber im Boxen werden heute kaum noch gesellschaftlich relevante Idole produziert, mit denen man sich sehen lassen möchte. Immer noch ist es Max Schmeling, der – gleichsam als Denkmal – weitergereicht wird, wo auch immer man dem verblichenen Glamour einer abwärts gehenden Sportart nachsinnt.

Die neuen Sport-Stars, die man auch im Smoking vorzeigen kann, kommen hierzulande vor allem aus dem Fußball. „Kaiser" Franz Beckenbauer als Beispiel. Mit ihm läßt sich werben. Als Persona grata. Vor allem in dieser Eigenschaft – und nicht als Trainer-Experte – löste er den von der Öffentlichkeit gebeutelten Bundestrainer Jupp Derwall ab. Ein „Verantwortlicher" ohne Trainer-Lizenz. Sein Image hatte er sich als Spieler geholt auf dem Rasen und nicht bei irgendeiner Prüfung am Schreibtisch.

Der Fußball hat sich also durchgesetzt gegen jene Philister, deren Vorurteil gegenüber dem Spieler etwa so aussah: ein gut gebauter Bursche, dem äußerlich die Darstellung des Männlichen vortrefflich gelungen ist, der geistig aber ein bißchen zurückgeblieben zu sein scheint. Daß dieses (Vor-)Urteil falsch ist, dafür haben intelligente Profis wie Beckenbauer, Netzer, Breitner, Overath oder Heynckes gesorgt. Daß der Fußball andererseits durch seine Intelligenz-Kicker nicht gerade in die „höhere" Rubrik jener Sportarten (wie Golf, Polo und Tennis) aufgerückt ist, in denen sich die High Society immer mehr „zu Hause" fühlte, das ist glücklicherweise unbestritten. Denn der Fußball wäre längst tot, hätte er nicht die Masse hinter sich – als Volkssport.

Um den Fußball überhaupt verstehen zu können, muß man die soziale Struktur eines Milieus verstehen, in dem dieser Sport geboren wurde: in den Arbeiter-Siedlungen Englands. Die Umgebung der weltberühmten Stadien von Tottenham, Aston Villa, Liverpool, Sheffield oder Manchester bietet überall dasselbe Bild: Arbeitersiedlungen in Grau.

Man hofft immer bis zur nächsten Ecke, daß die dumpfe Gleichförmigkeit der Straßen aufhören möge. Und dann ist der Weg nach links oder nach rechts doch wieder mit derselben harten Wirklichkeit gepflastert. Kleine, einstöckige Häuser, eins wie das andere; verwaschene Gardinen hinter den Scheiben; ein Gestrüpp von Fernseh-Antennen auf den Dächern. In diesen Straßen geht man nicht spazieren. Und wer es dennoch tut, der erntet leicht das Mißtrauen derer, die hier leben, ohne den Spaziergänger zu kennen. Logisch, die Querverbindungen dieses Milieus, in dem der Fußball „zu Hause" ist, reichen in Deutschland am stärksten dort hinein, wo der Fußball auch hierzulande seine größte Dichte hat: im Ruhrgebiet.

Es ist, als würden sich hier – Liverpool gegen Dortmund hieß einmal das europäische Cupfinale – zwei Partner gegenüberstehen, deren Milieu den gleichen harten Menschenschlag geprägt hat und deren spielerische Ausdrucksform von demselben Prinzip einer illusionslosen Nüchternheit und Cleverneß bestimmt wird. Und es ist auch die gleiche Selbstsicherheit, die sich in jenen berühmten Ecken des internationalen Fußballs zu etablieren pflegt, in denen Fußball als Kampfspiele der legitime Ausdruck dieser Vergnügungsbranche des „kleinen Mannes" geblieben ist.

Die pedantischen Weltverbesserer, die von Zeit zu Zeit auftreten, um den Fußball mit neuen Regeln oder Regeländerungen zu „retten“, haben meistens den Sinn dieses Spiels gar nicht begriffen.

Die Beseitigung der Abseitsregel zum Beispiel – sie wird immer wieder gefordert, um dem Zuschauer mehr Tore zu bescheren – widerspricht durchaus dem historischen Sinn eines Spiels, das als Apotheose des Lebenskampfes („struggle for life“) seine Wurzel im England des 19. Jahrhunderts hat. Die kleinen Weltverbesserer vergessen also, daß die Abseitsregel einen sehr vernünftigen Sinn hat. Nämlich den, zu verhindern, daß der Erfolg der angreifenden Mannschaft ohne Kampf und ohne spielerische Intelligenz erzielt werden könne.

Fußball ist nun einmal ein Kampfspiel – mit der Voraussetzung, daß es beide Parteien schwer haben. Und das werte Publikum wäre sicherlich keineswegs bereit, das Angebot billiger Tore durch einen höheren Obolus zu honorieren.

Tatsächlich ist es gerade die sehr lebendige Überlieferung, die das Fußballspiel vor jenen eilfertigen Theoretikern schützt, denen so manches zur Regeländerung eines Sports einfällt, der gar keine strukturellen Änderungen nötig hat. Und wenn tatsächlich einmal eine Regeländerung „durchkommt“, dann darf man gleich befürchten, daß sie ziemlich sinnlos ist.

Wie etwa die neue Regel, daß sich ein Torwart beim Elfmeter nicht mehr auf der Linie bewegen darf, bevor der Schütze den Ball berührt. Wie gesagt, eine völlig sinnlose Regel, die das uralte Prinzip der Chancengleichheit zwischen zwei sportlichen Partnern verletzt. Denn ein Torwart, der beim Elfmeter nicht mitspielen darf, wenn der Torschütze anläuft, ist weitgehend chancenlos. Diese neue Regel widerspricht also dem Geist eines Spiels, in dem es beide Parteien schwer haben sollen.

Fußball ist das Spiel der wechselnden räumlichen Distanz, obwohl das Spielfeld genau abgegrenzt ist. Dieses Spiel bewegt sich also innerhalb fester Markierungen nach einfachen Regeln – völlig frei. Würde man die Regeln komplizieren, wie es etwa die Amerikaner vorschlagen, weil ihnen Soccer im Grunde völlig fremd ist, der Fußball wäre tatsächlich innerhalb kürzester Frist wirklich tot. Solange allerdings der Fußball von der Masse „begriffen“ wird, solange wird ihm auch nicht beizukommen sein.

Der internationale Fußball bewegt sich im Spannungsfeld zwischen taktischer Ordnung und spielerischem Freiraum. Das Spielfeld, der Raum, wird für neunzig Minuten zu einer Bühne, auf der Rollen unablässig wechseln. Das fasziniert. Keiner weiß vorher, wer die Hauptrolle spielt.

Der Schauspieler Bernhard Minetti hat einmal seine Vorliebe für das große Spiel des Fußballs so erklärt: Eine Fußball-Vorstellung sei auch für seinen Beruf „faszinierend“, weil auch diese Bühne „mit taktischer Intelligenz“ erobert werden müsse: „Und das jedesmal wieder neu.“

Im Fußball setzt der Trainer, wie der Regisseur im Theater, die Akzente. Sepp Herberger zum Beispiel, Trainer der Weltmeisterelf von 1954, suchte stets die Mitte zwischen taktischer Ordnung und spielerischem Freiraum. Er sagte: „Man kann mit allen Systemen modernen Fußball spielen. Es kommt nur darauf an, daß man dort, wo die Entscheidung fällt, jeweils zahlenmäßig stärker ist als der Gegner. Das Hin-zum-Ball ist also viel wichtiger als alle diese Zahlenreihen vom 4-2-4 bis hin zum 2-4-4, oder wie die Systeme auch immer numeriert sind.“

Sepp Herberger war als Trainer autoritär. Helmut Schön, sein Nachfolger, war es weniger. Aber auch er suchte die Mitte zwischen taktischer Ordnung und spielerischem Freiraum. Jupp Derwall, der nächste Bundestrainer, scheiterte schließlich, weil er glaubte, daß er in seinen Spielern „erwachsene Leute“ habe, die man „an der langen Leine“ führen könne. Und nun tanzten sie ihm auf der Nase herum. „Freigelassene“, die plötzlich nicht mehr wußten, wohin mit soviel Freiheit. Auf dem Platz wirkten sie nun wie „Alleingelassene“.

Die Erkenntnis: auch im Profi-Fußball sind die Spieler selten „erwachsen“ genug, um ohne die starke Hand eines Trainers den eigenen Leistungsgipfel zu erreichen. Und auch dies: Profifußball ist ohne Trainer nicht mehr denkbar, weil es Fußball nicht mehr gibt ohne Taktik.

Diese Spieltaktik ist natürlich keine Erfindung des sogenannten „modernen“ Fußballs. Schon Anfang dieses Jahrhunderts organisierte sich der Fußball nach einem Schema. Aus dem „kick and rush“ wurde in den zwanziger Jahren spielerische Vernunft. Der Ball wurde nun nicht mehr „gedroschen“, sondern „behandelt“. Die Technik eroberte den Fußball – und nach der Technik kam die Taktik.

Das erste bedeutungsvolle System, das dem internationalen Fußball als allgemeingültige Wertmarke eingeprägt wurde, war das sogenannte WM-System. Herbert Chapman, Manager des FC Arsenal London, gilt als Erfinder dieser spielerischen Ordnung, die dazu erdacht war, mehr Sicherheit ins Spiel zu bringen, die Abwehr vor allem zu verstärken. Die wichtigste Neuerung bestand darin, daß sich der bis dahin offensiv wirkende Mittelläufer (heute nennt man ihn „Libero“) auf die Abwehrposition zwischen den beiden Verteidigern zurückzog und daß sich die Außenläufer (heute das „Mittelfeld“) der gegnerischen Halbstürmer annahmen. Im Angriff spielten diese Halbstürmer, der Halbrechte und der Halblinke, zurückgezogen (ebenfalls im „Mittelfeld“). Und wenn man diese Formation zwischen Angriff und Abwehr ins Schaubild übertrug, dann ergab sich eben das „W“ und das „M“.

Die nun folgenden Änderungen der Spielsysteme (vom „WM“ über das „4-2-4“ bis hin zu den „zwei Spitzen“ unserer Tage) waren im Grunde darauf angelegt, immer mehr Sicherheitsvorschriften in die „Taktik“ einzubauen. Merkwürdig, daß die perfektesten Vertreter des Safety-first-Systems in den fünfziger und sechziger Jahren just jene Leute waren, von denen man, ihrem nationalen Temperament entsprechend, eher Offensiv- als Defensiv-Fußball erwartete: die Italiener.

Helenio Herrera, der „Sklaventreiber“ des italienischen Fußballs, verpaßte seinen Mannschaften die Defensiv-Taktik (den „Catenaccio“) wie einen maßgeschneiderten Anzug. Und er hatte Erfolg damit. Seine berühmteste Mannschaft, die von Internazionale Mailand, stand zwischen 1964 und 1967 dreimal im Europacup-Finale der Landesmeister: 1964 ein 3:1-Sieg gegen Real Madrid, 1965 ein 1:0 gegen Benfica Lissabon und 1967 eine 1:2-Niederlage gegen Celtic Glasgow.

Und in all diesen Final-Begegnungen war sein wichtigster Mann ein Abwehrspieler: Giacinto Facchetti. Auf diesen Profi traf haargenau zu, was Helenio Herrera von einem Spieler verlangte: „Der moderne Fußball wird von Verteidigern beherrscht, die eisern bei „ihrem“ Mann bleiben und blitzschnell angreifen können.“ – Tatsächlich, so wie Facchetti spielte, das machte selbst das unpopuläre Defensivspiel der Mailänder damals noch attraktiv.

Die Verteidiger mit Stürmer-Blut, von Höttges bis Kaltz, sind im Fußball längst zur „Norm" geworden. Das Erbe des Helenio Herrera wirkt immer noch nach. Nur, die taktischen Sicherheitsvorschriften sind, zugunsten des publikumsfreundlicheren Offensiv-Fußballs, lockerer geworden. Auch wenn sich die Vereine immer noch in erster Linie den „Erfolg" bezahlen lassen und nicht „das schöne Spiel". Aber wenn beides zusammentrifft, wie etwa bei jener deutschen Nationalmannschaft, die 1972 in Belgien die Europameisterschaft gewann, dann geraten die Fans immer noch ins Schwärmen. Der Fußball ist nicht kaputtzukriegen – solange noch auf der Straße gekickt wird, im Hinterhof oder am Strand. Er wird auch die Profis überleben, die heute die Hand aufhalten oder morgen. Hüten muß er sich nur vor den Weltverbesserern, die Regeln ändern wollen, ohne das „große Spiel" überhaupt begriffen zu haben.

Fußball in drei Jahrtausenden

Fußball in drei Jahrtausenden

von Walter Umminger

Das Fußballspiel ist jünger, als man allgemein annimmt und viel älter. Von 1892 bis 1894 wurden erst die Regeln endgültigfestgelegt, die für das „Soccer" – eine Verballhornung aus „Football Association", die 1863 gegründet wurde – bis heute gelten.Ursprünglich waren in jener „Football Association" noch zwei Spiele vereinigt, die an englischen Colleges in eine neue Form gebracht wurden. Bei dem einen durfte der Ball nur mit dem Fuß getrieben, beim andern durften auch die Hände zu Hilfe genommen werden: Fußball oder „Soccer" und Raufball oder „Rugby". Ihre strikte Trennung bedeutet die Geburt des modernen Fußballspiels. Ihre enge Verwandtschaft kennzeichnet die Geschichte des Fußballs in drei Jahrtausenden.

Ausgerechnet die Hunnen, die im europäischen Geschichtsbewußtsein nicht den allerbesten Eindruck hinterließen, sollen das Fußballspiel erfunden haben. Die chinesische Tradition schreibt den Ursprung des Spiels freilich dem sagenhaften „Gelben Kaiser" Huang-ti zu, der im zweiten Jahrtausend v. Chr. auch die Schrift, die Seidenraupenzucht, die Musik, die Töpferei, Pfeil und Bogen, Wagen und Schiff in China einführte.

Fest steht jedenfalls, daß ein Spiel namens „Ts'uh-küh", zusammengesetzt aus den Wortzeichen für „mit dem Fuß stoßen" (ts'uh) und „Ball" (küh), zum ältesten chinesischen Kulturgut gehört. Als

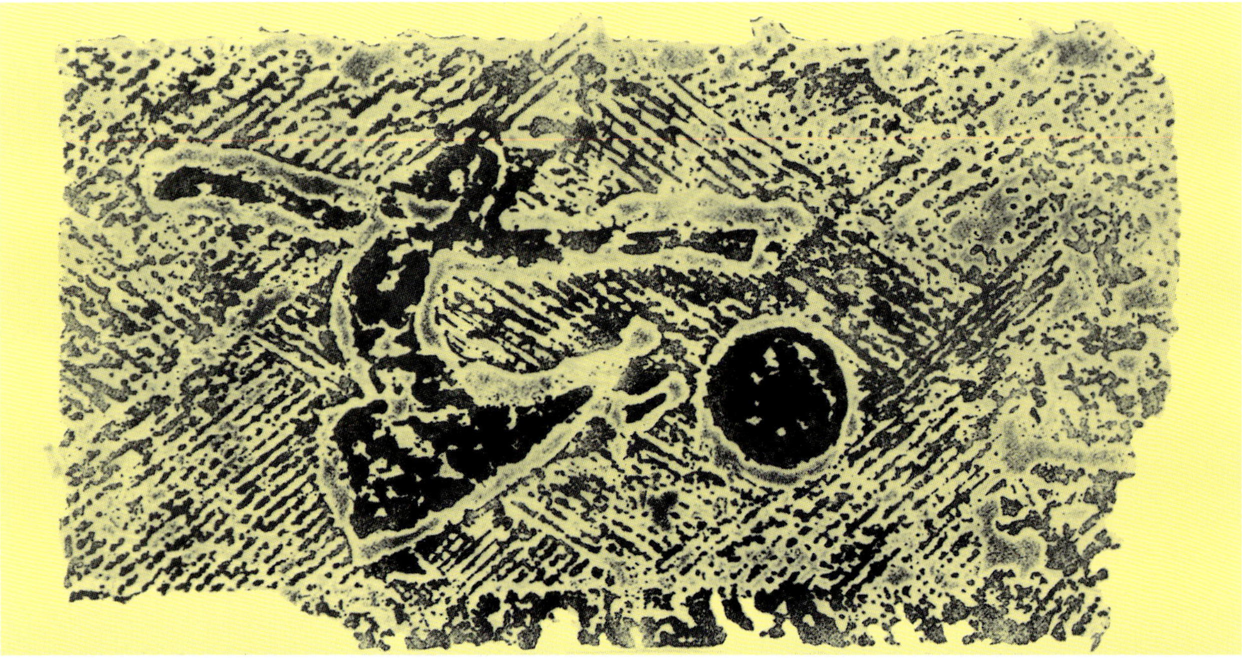

„Ts'uh-küh" – mit dem Fuß stoßen – nannten die alten Chinesen ihr Ballspiel, das als das erste historisch nachweisbare „Fußballspiel" zu gelten hat. Dieser Steinabrieb eines chinesischen Fußballspielers stammt aus der Zeit der Han-Dynastie (206 v - Chr. bis 220 n. Chr.), einer Zeit der Hochblüte in der chinesischen Geschichte.

Lehrmeister dieses Spiels, von dessen Regeln nichts bekannt ist, werden wiederholt die „Nördlichen Barbaren" genannt. Das aber waren die Hiung-nu oder Hunnen. Jedenfalls lag der Schwerpunkt des Spiels auch immer im Norden des riesigen chinesischen Reiches.

Wenn man bedenkt, daß auch die Olympischen Spiele auf Leichenfeiern zurückzuführen sind, die ihren Ursprung in der innerasiatischen Steppe hatten, ist die These gar nicht so abwegig, daß auch das Fußballspiel aus der Steppe kam.

Weiß man auch nichts von den Regeln des ältesten chinesischen Fußballspiels, so kennt man doch dessen Zweck und seine weitere Entwicklung. Dabei ist zweierlei interessant: Einmal deutet kein einziger Hinweis darauf, daß das Spiel irgendeine kultische Bedeutung gehabt hat, was man bei Ballspielen sonst sehr oft und bei sehr alten

Darstellungen ballspielender Griechen, für die Übungen mit dem Ball nicht nur bewußte Leibesübung waren, sondern auch als Unterhaltung ohne feste Regeln galten.
Links: Ballspielübung in der Palästra (nach einem antiken Relief).
Unten: Altgriechische Ballspieler (etwa um 510 v. Chr.) aus dem Attischen Relief von Dipylon.
Ganz unten: Fußballspieler (mit Trainer?) auf einer etwa 2000 Jahre alten Vase, die im südlichen Rußland gefunden wurde.

Sportarten fast immer findet. Zum andern wurde das Spiel ganz bewußt zum Training der Soldaten eingesetzt, es gehörte zur militärischen Ausbildung und wurde zunächst auch ausschließlich von Soldaten gespielt.

Daraus kann man folgende Schlüsse ziehen: es ging bei dem Spiel sicher nicht zimperlich zu, es diente der körperlichen Ertüchtigung, es vermittelte Reaktionsschnelligkeit, taktisches Verhalten, Disziplin und Mannschaftsgeist.

Zur Zeit der Tschou-Dynastie (11. Jahrhundert bis 249 v. Chr.) breitete sich das Fußballspiel im Volk aus. Man sah sich genötigt, die Regeln strenger zu fassen, um Ausartungen zu verhindern. Man erfährt, daß der Ball aus acht zusammengenähten Lederstücken bestand, die mit Federn und Tierhaaren ausgestopft waren. Es gab ein eigens hergerichtetes Spielfeld.

In der Epoche der Ts'in-Dynastie bis zum Ende der Sui-Dynastie (221 v. Chr. bis 618 n. Chr.) erreichte das Fußballspiel in China den Höhepunkt der Beliebtheit. Es wurde zum Unterhaltungssport und nahm auch professionelle Züge an. Für siegreiche Mannschaften

wurden silberne Pokale und kostbare Stoffe als Preise ausgesetzt, unterlegene Mannschaften wurden beschimpft oder sogar verprügelt. Gelehrte verurteilten das Spiel und verdammten die gut bezahlten Spieler als Raufbolde. Das hinderte jedoch nicht, daß auch Frauen Fußball spielten.

Der luftgefüllte Ball wurde erfunden. Die Regeln wurden in einem Handbuch des Fußballspiels, das 25 Kapitel umfaßte, niedergelegt. Danach zählten die Mannschaften mindestens zehn Spieler, meistens mehr. Es gab Tore, einen Torwart und einen Spielführer und ein genau festgelegtes Trainingsprogramm. Erstaunlicherweise verschwand dieses hochentwickelte, viel gelobte und ebenso heftig umstrittene Spiel um das Jahr 900 n. Chr. völlig von der Bildfläche und geriet praktisch in Vergessenheit.

Dafür tauchte Fußball im 8. Jahrhundert in Japan auf, angeblich eingeführt von chinesischen „Fußballgeistern“. Die Japaner gestalteten das Spiel zu einer kultischen Zeremonie um, die auf den Tempelbezirk als Schauplatz und den Hochadel als Teilnehmer beschränkt blieb. Das Kemari genannte Spiel wird von vier bis sechs Teilnehmern bestritten, die sich in prächtige Kimonos gekleidet im Kreis aufstellen und mit ebensoviel Würde wie Geschicklichkeit versuchen, den Ball abwechselnd hochkickend möglichst lange in der Luft zu halten. Es gibt kein anderes Spielergebnis als das, die Götter günstig zu stimmen. Noch heute pflegen zwei Kemariklubs in Kyoto die Tradition dieses Spiels.

Blickt man auf die hochentwickelte Körperkultur der Antike, stehen im Vordergrund die griechischen Stadien und römischen Zirkusarenen. Wo sich die Zuschauer an Athleten und Gladiatoren begei-

Dieses Steinrelief an der Kathedrale von Gloucester zeigt zwei „Fußballspieler“ des 13. Jahrhunderts im Kampf um den Ball.

sterten, schienen Ballspiele nur ein Aschenbrödeldasein zu führen. Ganz so war es jedoch nicht.

Für die allgemeine körperliche Ertüchtigung waren die Palästren der Griechen und die Thermen der Römer eher noch wichtiger als die Stadien und Arenen. In beiden Einrichtungen fehlte fast nie ein Ballspielraum. Leider weiß man nur zu wenig darüber, wie man dort Ball gespielt hat. In Griechenland gab es ein Buch, in dem alle Ballspiele beschrieben wurden, aber man kennt davon nur noch den Namen des Verfassers. Aber es gibt so viele Begriffe, die mit dem Ballspiel verbunden sind – der berühmte Arzt Galen entwickelte sogar eine regelrechte Ballspieltherapie –, daß es zweifellos eine lebhafte Ballspieltätigkeit gegeben haben muß.

Einer dieser Begriffe taucht bei dem Philosophen Platon auf und macht besonders stutzig. Platon schreibt von der „sphairoma chia“, was nichts anderes heißt als „Ballschlacht“, und empfiehlt diese als vormilitärische Übung. Kein anderer griechischer Stadtstaat hat sich diese Empfehlung mehr zu eigen gemacht als die Spartaner. Wahrscheinlich stand aber Platon das Vorbild der Spartaner vor Augen.

Wer je etwas von spartanischer Erziehung gehört hat, wird verstehen, daß für dieses Spiel die Bezeichnung „Ballschlacht“ angebracht war. Die Schlacht fand nicht in einem geschlossenen Raum, sondern auf der Rennbahn statt. Das Publikum nahm lebhaften Anteil daran, wenn die Spartaner – wie es bei dem Schriftsteller Lukian heißt – „um eines Balles willen übereinander herfielen und sich schlugen“.

Es ging dabei um mehr, als nur ein rauhes Spiel zu gewinnen. Das Spiel galt als Mannbarkeitsprobe und mußte von jedem Spartaner vor dem Eintritt ins dreißigste Lebensjahr erfolgreich bestanden werden. Der Ehrentitel „sphaireis“ unterschied die Dreißigjährigen von allen übrigen Ballspielern. Auf einer Siegesinschrift werden die Namen von 14 Spielern aufgezählt. Die Mannschaftsstärken dürften jedoch variiert haben; je nach dem Jahrgangsaufgebot, das die einzelnen Stadtbezirke, die gegeneinander antreten mußten, zu stellen vermochten.

Für das Spiel muß es feste Regeln gegeben haben, denn wer eine Spielregel verletzte, wurde auf der Stelle ausgepeitscht. Es stand unter dem Patronat des Halbgottes Herakles, dem man vor Spielbeginn Opfer darbrachte. Der Spielverlauf dürfte noch am ehesten mit dem

So soll das Fußballspiel (Raufball) der Briten des 14. Jahrhunderts ausgesehen haben. Diese Darstellung ist freilich nicht zeitgenössisch und darum nicht unbedingt zuverlässig, aber es könnte so gewesen sein.

heutigen „American Football“ zu vergleichen sein, der härteren Form des englischen Rugby. Das trifft sogar in etwa auf die martialische Ausrüstung zu, denn aus der Zeit Alexanders des Großen ist bezeugt, daß Soldaten ihre Ballschlacht mit Helm und Harnisch lieferten.

Es ist möglich, wenn auch nicht zu beweisen, daß die Römer das Spiel von den Spartanern übernommen haben. Für vormilitärische Übungen dieser Art mußten sie empfänglich sein. Sie nannten das Spiel Harpastum und erwähnten es oft im gleichen Atemzug mit dem Ringkampf. Das deutet darauf hin, daß es sich um ein ähnliches Raufballspiel handelte wie bei den Spartanern. Die brutale Härte dürfte es jedoch verloren haben, sonst hätte es der Arzt Galen nicht ausdrücklich empfohlen.

Harpastum hatte nicht den rituellen Stellenwert wie das Ballspiel in Sparta, aber die römischen Legionäre verbreiteten es überall in Europa, wo sie hinkamen. Als das römische Weltreich unterging, verschwand das Spiel nicht spurlos von der Bildfläche. In manchen Gegenden dürfte es erhalten geblieben sein, in anderen verband es sich mit neuen Spielideen. So darf Harpastum als ein Ahnherr der Ballspiele gelten, die sich im Mittelalter in England, Frankreich, Italien und Deutschland herausbildeten.

Ein Ball aus Robben- oder Rentierleder von 10–20 cm Durchmesser, ausgestopft mit trockenem Moos, eine 300–400 m lange ebene Eisfläche mit einer Mallinie am oberen und unteren Ende, eine Mannschaft, die sich „Schneehühner“, und eine zweite Mannschaft, die sich „Enten“ nannte – und das Fußballspiel der Eskimos konnte beginnen. Jeder nahm daran teil, der sich auf zwei Beinen bewegen konnte, Männer und Frauen, letztere auch mit ihren Babies auf dem Rücken, Jung und Alt, in turbulentem Durcheinander. Es ging darum, den Ball über die gegnerische Mallinie zu befördern, und dazu war jedes Mittel recht. Der Ball wurde gekickt und geworfen, man stellte den Gegnern ein Bein, riß sie zu Boden und hielt sie fest, manche Gruppen rauften noch miteinander, während der Ball schon längst woanders war. Die Eskimos betrieben dieses Spiel seit altersher mit größter Begeisterung und zogen aus dem Spielausgang Schlüsse auf das Wetter im kommenden Winter.

Auf dem amerikanischen Kontinent gab es in vorkolumbianischer Zeit eine reiche Fülle von Ballspielen, die von Alaska bis Feuerland nachzuweisen waren. Einen kulturgeschichtlichen Höhepunkt stellte dabei das kultische Ballspiel der Mayas und der Azteken dar, von dem noch die zahlreichen ausgegrabenen Ballspielplätze in Mittelamerika zeugen. Soviel wie nichts dagegen ist übrig geblieben von allen anderen Ballspielen. Einzig das kanadische Lacrosse, das sogar einmal zu olympischen Ehren kam, bewahrt eine indianische Spieltradition, die sich mit einem Spiel eingewanderter französischer Kolonialisten verband.

Kreisfußball in Hinterindien, eine Darstellung aus dem Jahre 1602.

Allein in Nordamerika haben Ethnologen bei 31 Stämmen eine Art Fußballspiel festgestellt. Aber man machte sich nicht die Mühe, die Spielregeln im einzelnen zu erforschen, konnte es auch vielfach gar nicht mehr, da bei den Indianern selbst die Erinnerung an den Sinn spielerischen Brauchtums schwand. Eine der wenigen ausführlichen Beschreibungen schildert ein Fußballspiel in Kalifornien, das tagelang dauern konnte. Es handelte sich um eine Art Weitkicken, wobei wechselweise je ein Spieler zweier Mannschaften den Ball auf die gegnerische Mallinie zuzutreiben hatte. Das setzte ein ziemlich großes

Spielfeld voraus, sonst hätte das Spiel nicht so lange dauern können. Kombinationen und einen Kampf um den Ball gab es dabei nicht, dafür feierliche Zeremonien, die auf kultische Bedeutung schließen lassen. Aus anderen Quellen wiederum geht hervor, daß die Indianer die Kunst des Dribbelns mit dem Ball sehr gut beherrschten. Fest steht jedenfalls, daß die Indianer viele Spiele kannten, bei denen der Ball nur mit dem Fuß gespielt werden durfte.

Das gilt auch von den Hawaiianern, bei denen es zu Kapitän Cook's Zeiten ein Spiel gab, das „Pe-ku-ki-ni-po-po" hieß, was man mit „Tretrennball" übersetzt. Damit ist auch schon fast alles gesagt, was von den Spielregeln bekannt ist. Das Treten und Rennen hatte zum Ziel, den Ball in Löcher zu treiben, die an den gegenüberliegenden Mallinien gegraben waren und offenbar die Funktion von Toren hatten.

Ein Ball ist wegen seiner geringen Haltbarkeit kein dankbares Objekt für archäologische Grabungen und wo man einen findet, sagt er noch wenig darüber aus, was man mit ihm anstellte. Und Ballspiele waren, weil sie als alltäglich und selbstverständlich galten, nur selten ein bevorzugtes Thema für Chronisten. Die bruchstückhaften Kenntnisse, die man daher nur besitzt, sollen aber nicht darüber hinwegtäuschen, daß es viele Jahrhunderte lang auf dem amerikanischen Kontinent und im weiten ozeanischen Raum Formen des Fußballspiels gegeben hat.

Lange wollte man es in England nicht wahr haben, daß es Anfänge des Fußballspiels im Mittelalter auch schon außerhalb der britischen Inseln gegeben haben soll. Aber eine französische Urkunde aus dem Jahr 1147 erwähnt eine Spende von Bällen, die man Treten und Fausten durfte. Sie war für ein Volksfest bestimmt, an dem sich ganze Dörfer einschließlich der Geistlichkeit beteiligten. Das Ballspiel, um das es dabei ging, nahm solche Formen an, daß es 1538 durch einen Parlamentsbeschluß verboten wurde.

Das Spiel, das die Franzosen „houle" und später „soule" nannten, ging auf einen germanischen Sonnenkult zurück. Es war als Osterball und Brautball auch in Deutschland bekannt. Es gab zahlreiche Varianten davon. Das Spiel begann ursprünglich damit, daß der Ball möglichst hoch über die Kirche oder den Kirchturm geworfen oder gekickt wurde. Auf der anderen Seite fing ihn ein Spieler der gegnerischen

Aus dem Trachtenbuch von Christoph Weiditz: Altmexikanische Steißballspieler bei einer Demonstration in Spanien (1529). An dem unten wiedergegebenen Text ist nur die Bemerkung falsch, daß die Bälle aufgeblasen wurden.

„Auf Soliche manier spilen die Indianer mit einem aufgeblasenen bal mit dem hindern On die Hend an zue Rieren auf der Erdt; haben auch ain hardt leder for dem hindern, darmit er vom bal den widerstreich Entpfacht, haben auch solich ledern hentschuch an."

Mannschaft auf und versuchte damit durch drei Kirchspiele oder in das gegenüberliegende Stadttor zu laufen. Wurde er vorher mit dem Ball gestellt, mußte er den Ball über die Kirche werfen usw. Der Spieltumult in den Dörfern wurde schließlich so groß, daß man das Spiel vor die Tore auf ein Spielfeld verlegen mußte.

In Italien wird das Fußballspiel oder „giuoco del calcio" erstmals in einem Gedicht aus dem Jahr 1410 erwähnt. 1555 erschien erstmals seit der Antike wieder ein Ballspielbuch, das Spiele schildert, die Jahrhunderte zurückreichen. Daß eines dieser Spiele, das „calcio fiorentino", besondere Beliebtheit und Bedeutung erlangte, ist auf den Umstand zurückzuführen, daß der florentinische Adel sich dieses Ballspiels annahm, das über 300 Jahre lang zum Programm jedes festlichen Ereignisses in Florenz gehörte.

Das Spiel fand in Florenz auf dem Platz vor der Kirche von Santa Croce statt. Der Platz wurde eingezäunt und mit Tribünen für die Zuschauer versehen. Als Tor an beiden Schmalseiten des Platzes wurde ein Zelt aufgeschlagen, daneben war eine Musikkapelle plaziert. Die beiden Mannschaften zählten je 27 Spieler, davon waren 15 Stürmer, fünf Läufer, vier Verteidiger, die als eine Art Zwischending von Läufer und Offensiv-Verteidiger anzusehen waren, und drei Verteidiger, von denen der Mittlere als Torwart als einziger das Recht hatte, den Ball mit der Hand aufzunehmen. Die übrigen Spieler versuchten den Ball tretend und faustend in das gegnerische Tor zu treiben. Ein Werfen und Fangen oder Berühren des Balles mit der flachen Hand blieb untersagt.

Ein Schiedsrichter wachte über die Einhaltung der Regeln und vergab auch Strafpunkte, die wahrscheinlich das Spielergebnis beeinflußten. Die Spieler waren prächtig gekleidet und pflegten besonders taktische Geschicklichkeit und Gewandtheit, zügellose Raufereien blieben verpönt. Das Spiel wurde schließlich auch von Bürgern und

Das Fußballspiel „Soule" der Franzosen (oben, links) ging auf einen amerikanischen Sonnenkult zurück. Für den japanischen Adel war „Kemari" eine kultische Handlung. Oben, rechts: Kemari in einer Holzschnitt-Darstellung nach einem Gemälde von Tosa Tsunemitsu.

Studenten übernommen, und englische Studenten sollen es dann auch gewesen sein, die das Spiel von Italien nach England brachten.

Solch eine Theorie kann das Mutterland des Sports natürlich nicht auf sich sitzen lassen. Man verweist darauf, daß schon zur Zeit der Dänenkriege siegreiche Briten mit dem Kopf eines erschlagenen Dänen auf dem Schlachtfeld Fußball spielten. Auch ein Sieg über die Römer im 3. Jahrhundert soll bereits mit einem Fußballspiel gefeiert worden sein. In der Artussage wird ein Ballplatz erwähnt, aber ob es ihn zur Zeit des historischen Königs Artus im 5. Jahrhundert schon gab, bleibt fraglich.

Fußball im mittelalterlichen Italien.
Ganz oben: Vor einem „Pallo"-Spiel wird der Ball aufgepumpt.
Links: Fußball in Venedig, eine Darstellung des Jahres 1610 aus „Habiti d'uomini et donne Venetiane" von G. Franco.
Oben: „Calcio Fiorentino" des 17. Jahrhunderts.

Fußball in drei Jahrtausenden

Zum erstenmal wird im Jahr 1174 erwähnt, daß die Londoner Jugend zur Fastenzeit aus der Stadt eile, um auf einer freien Fläche das „berühmte Ballspiel“ (lusum pilae celebrem) zu betreiben. Dabei ist bemerkenswert, daß das Spiel schon außerhalb der Stadt ausgetragen wurde und schon als berühmt galt. Und auch als berüchtigt: „Sie haben Tricks, ihren Gegner mit den Ellenbogen aufs Herz zu treffen und mit den Fäusten unter die kurzen Rippen zu stoßen oder hundert mörderische Kniffe dieser Art anzuwenden.“

Das Spiel oder diese „teuflische Kurzweil“ wurde daher immer wieder verboten, wenn auch ohne Erfolg. Es dürfte sich gar nicht sonderlich unterschieden haben von den „Ballschlachten“ Platons oder dem römischen Harpastum oder dem französischen Soule oder einem nicht beurkundeten unmittelbaren Vorgänger des italienischen Calcio, den es zweifellos gegeben haben muß, oder auch dem Raufball der Eskimos.

Hier ist jeder Streit um ein „Urheberrecht“ müßig. Englischen Pädagogen kommt jedoch das unbestrittene Verdienst zu, aus einer „teuflischen Kurzweil“ ein Erziehungsinstrument – zunächst – gemacht zu haben, woraus schließlich ein Volkssport entstand, für den, wie sich rasch zeigte, in allen Ländern der Welt der Boden schon vorbereitet war.

Während jedoch „Rugby Football“ und „American Football“ den historischen Vorläufern nahe geblieben und als modern stilisierte Form eines altüberlieferten Spielgedankens erscheinen, ist das eigentliche Fußball oder „Soccer“ fast eine Neuschöpfung.

Straßenfußball in der Londoner Crowe Street, eine Zeichnung aus dem Jahre 1721. Aus etwa der gleichen Zeit stammt die Darstellung einer Ostermontag-Fußballpartie, die im freien Gelände ausgetragen wurde (rechts).

Kein Ballspiel, bei dem der Ball nur mit dem Fuß gespielt werden durfte, bot sich als unmittelbares Vorbild an, wenn es solche Spiele auch gegeben hat. Den Engländern gebührt der Ruhm, das Fußballspiel erfunden zu haben, das heute in 133 Ländern die Zuschauer begeistert.

Meilensteine der Fußball-Geschichte

Meilensteine der Fußball-Geschichte

1846 Studenten der Universität Cambridge verfassen die ersten Fußball-Regeln. Danach besteht eine Mannschaft aus 15 bis 20 Spielern.

1857 Der erste Fußball-Club der Welt wird in Sheffield gegründet.

1863 Am 26. Oktober in London: Delegierte von Universitäten, Schulen und Fußball-Clubs gründen die Football Association (FA) und schaffen eine Trennung zur härteren Spielart des Rugby. Es ist quasi die Geburtsstunde des modernen Fußballs.

1864 Die in Cambridge beschlossenen neuen Regeln für das Fußballspiel enthalten auch Bestimmungen über die Spielkleidung: Die Hosen müssen über die Knie reichen, die Spieler müssen Mützen mit Quasten tragen.

1866 In Ergänzung zu den 1864 in Cambridge niedergelegten Regeln werden im sogenannten Sheffield Code Eckball und Freistoß eingeführt.

Geburtsstätte des modernen Fußballs: In der Freemason's Tavern wurde 1863 die Football Association gegründet

1867 Als erster schottischer Fußballverein wird in Glasgow der Queens Park Football Club gegründet.

So sah es der Pressezeichner des Jahres 1872: ErstesFußball-Länderspiel zwischen England und Schottland in Glasgow

1870 Die Football Association beschränkt die Zahl der Spieler einer Mannschaft auf elf.

1871 Die FA schafft den Challenge Cup (englischer Pokal), den ersten bedeutenden Fußball-Wettbewerb.
In den Regeln der FA wird festgelegt, daß Handspiel fortan für alle Feldspieler verboten ist. Nur dem Torwart wird die Abwehr mit den Händen gestattet.

1872 Am 30. November in Glasgow: England und Schottland tragen ihr erstes Länderspiel aus. Die Begegnung endet 0:0.
Erste amtlich registrierte Fußball-Verletzung: Leutnant Crosswell von den Royal Engineers bricht sich im Pokalfinale das Schlüsselbein, hält aber bis zum Spielende durch.

1873 Die schottische Football Association konstituiert sich und schreibt einen Pokal-Wettbewerb aus.

1874 Der englische Nationalspieler Sam Widdowson von Nottingham Forest erhält ein Patent auf die von ihm erfundenen Schienbeinschützer, die von der Football Association als obligatorisch vorgeschrieben werden. Professor Konrad Koch gründet in Braunschweig die erste deutsche Schüler-Fußballmannschaft und gibt die ersten deutschsprachigen Fußball-Regeln heraus.

1875 Eine Fußball-Mannschaft der Universität Oxford reist durch Deutschland und weckt Interesse am Fußball. An mehreren deutschen Universitäten entstehen Fußball-Mannschaften.
Die Querlatte ersetzt das bis dahin übliche Stoffband als obere Begrenzung des Tors.
Die Queens Park Rangers müssen acht Jahre nach ihrer Gründung ihr erstes Gegentor hinnehmen.

1877 London und Sheffield einigen sich über die Neufassung einheitlicher Regeln. Die Football Association führt den Feldverweis ein.

1878 In Sheffield findet das erste Flutlichtspiel der Fußball-Geschichte statt.
Ein englischer Schiedsrichter führt die Trillerpfeife ein. Zwei „Umpire" leiten das Spiel, ein Referee führt die Oberaufsicht, ohne direkt in das Spiel einzugreifen.
In Hannover wird der erste deutsche Fußball-Klub gegründet: Deutscher Fußball-Verein Hannover von 1878

1879 In Haarlem wird der erste Fußball-Club der Niederlande gegründet.

1880 Nach englischem Vorbild wird in Deutschland die Dauer eines Spiels auf 60 Minuten festgelegt, Wobei nach einer halben Stunde eine Pause eingelegt wird.

1882 Die ersten vier Fußball-Verbände der Welt, England, Schottland Wales und Irland, rufen ein internationales Komitee für Regelfragen ins Leben.

1883 Der Fußball hat seinen ersten Skandal: Wegen unerlaubter Geldzuwendungen an einen Spieler wird der Accrington Club von der FA ausgeschlossen, der Spieler für ein Jahr gesperrt.
Als erster Berliner Fußball-Verein wird der Berliner Football- und Cricket-Club gegründet.
England, Schottland, Wales und Irland beginnen ihre erste internationale Meisterschaft mit Nationalmannschaften.

1885 Die britischen Fußball-Verbände erlauben die Bezahlung von Fußballspielern.

1873 in Sheffield: Erstes Fußballspiel unter künstlicher Beleuchtung

1887 Gründung des Hamburger SV: beim Prager Regatta-Club bildet sich eine Fußball-Abteilung.

1888 Gründung der englischen Liga, der anfangs zwölf Clubs angehören.

1889 Der Schiedsrichter, der bis dahin lediglich auf Reklamationen der Mannschaftsführer Regelverstöße ahndet, erhält alleinige Entscheidungsbefugnis und zur Unterstützung zwei Linienrichter.
In Dänemark und den Niederlanden konstituieren sich Fußball-Verbände.
Beim deutschen Turnfest in München stehen erstmals Fußball-Spiele auf dem Wettkampfprogramm.

1890 Als erste Organisationsform des Fußballs in Deutschland wird in Berlin der „Bund Deutscher Fußballspieler" gegründet.

1891 Der „Bund Deutscher Fußballspieler" organisiert die erste (inoffizielle) deutsche Fußballmeisterschaft. Sieger wird Germania 1888 Berlin.
Auf Antrag der irischen FA wird der Elfmeter als Strafstoß allgemein eingeführt.

1892 Die FA verbietet die bis dahin üblichen Wetten von Spielern und Funktionären mit den Zuschauern.
Slavia Prag, Hertha BSC Berlin und Berliner SV werden gegründet.
Zweiter (inoffizieller) deutscher Fußballmeister wird in Berlin der „English Football-Club". Der „Bund Deutscher Fußballspieler" löst sich wieder auf.

Robt. Cruikshank. Fecit. London, Published

FOOT

c Lean, 26, Haymarket, 1827. Engd. by Geo. Hunt.

BALL.

Meilensteine der Fußball-Geschichte

Fußball in Deutschland vor der Jahrhundertwende. Von einem Zeichner festgehaltene Szene eines Städtespiels zwischen Dresden und Berlin im Jahre 1892

1893 Gründung der „Süddeutschen Fußball-Union".

1894 In Wien wird der erste Fußball-Verein Österreichs gegründet, der „First Vienna Football Club" (FC Vienna).

1895 Billy Meredith, der erste berühmte Fußball-Star, beginnt bei Manchester City seine Laufbahn.
Nach dem Cup-Sieg von Aston Villa wird der Pokal aus einem Schaufenster in Birmingham gestohlen und nie wieder gefunden. Lord Kinnaird stiftet einen „Ersatz"-Pokal.
In der Schweiz und in Belgien werden nationale Fußballverbände gegründet.

1896 In den sogenannten „Jenaer" Regeln wird festgelegt, daß in Deutschland die Fußballfelder frei von Bäumen und Sträuchern sein müssen.
Im ersten Fußball-Städtespiel in Deutschland gewinnt Berlin gegen Hamburg mit 13:0 Toren.

1897 Der „Verband deutscher Ballspielvereine" (in Berlin) und der „Süddeutsche Fußballverband" werden gegründet. In ersten internationalen Spielen deutscher Städte unterliegen Hamburg gegen Kopenhagen 0:5 und Leipzig gegen Prag 2:4.

1899 Erster tödlicher Fußball-Unfall: D. Jones, Verteidiger von Manchester City und der walisischen Nationalmannschaft, stirbt an den Folgen eines Trainingsunfalls.
Im ersten inoffiziellen Länderspiel verliert Deutschland in Berlin gegen England vor 1500 Zuschauern mit 2:13 Toren.
England führt die Transfer-Summe ein und beschränkt den Höchstbetrag für einen Spielerwechsel auf 10 Pfund Sterling.

1900 Der „Deutsche Fußballverband" und der Fußball-Verband Österreich-Ungarn konstituieren sich.
England, vertreten durch den Upton Park FC, gewinnt in Paris das erste olympische Fußballturnier.
Der FC Bayern München, der 1. FC Nürnberg, der 1. FC Kaiserslautern und Borussia Mönchengladbach werden gegründet.

1902 Ein schweres Unglück ereignet sich beim Fußball-Länderspiel Schottland-England im Ibrox Park von Glasgow: Beim Einsturz einer Tribüne werden 25 Menschen getötet und 340 Zuschauer zum Teil schwer verletzt. Nach halbstündiger Unterbrechung wird das Spiel jedoch fortgesetzt und beendet.
Im ersten offiziellen Länderspiel auf dem europäischen Kontinent siegt Österreich gegen Ungarn mit 5:0.
Frauen wird in England das Fußballspielen verboten.

1903 Im Endspiel der ersten offiziellen Fußballmeisterschaft des Deutschen Reiches besiegt der VfB Leipzig den DFC Prag vor 2 000 Zuschauern in Hamburg mit 7:2.
Dem Torwart wird das Handspiel innerhalb des eigenen Strafraumes gestattet.

1904 In Paris konstituiert sich, am 21. Mai der Fußball-Weltverband FIFA. Gründungsmitglieder sind die Verbände Frankreichs, Dänemarks, der Schweiz, Belgiens, der Niederlande, Spaniens und Schwedens. Die FIFA präzisiert den Begriff „gefährliches Spiel", führt den direkten Freistoß ein und hebt die Bestimmung auf, wonach die Hosen der Spieler die Knie bedecken müssen.
Das olympische Fußballturnier in St. Louis wird erneut von Clubmannschaften bestritten. Olympiasieger wird der Galt FC Ontario aus Kanada vor zwei Teams der USA.

1905 Die Verbände Deutschlands und Österreichs schließen sich der FIFA an.
Die Rekordsumme von 1000 Pfund zahlt Middlesborough für den Transfer Alf Commons vom FC Sunderland.

1906 Neue Regeln verbieten dem Torwart, beim Elfmeter die Torlinie zu verlassen, doch darf er darauf hin- und herhüpfen, um den Schützen zu irritieren. Nach neuen Bestimmungen muß der Ball ferner aus Leder gefertigt sein, werden Metalleinlagen in Fußballschuhen untersagt, wird der Schiedsrichter gehalten, Notizen vom Spielverlauf zu machen (Spielprotokoll).
England wird Mitglied der FIFA, die Regeln der englischen FA werden international verbindlich.
Sieger der sogenannten olympischen Zwischenspiele in Athen wird die Nationalmannschaft Dänemarks vor den Stadtauswahlen von Smyrna und Thessaloniki.

Britische Matrosen gründen in Brasilien den Club Fluminense.

1911 Sieger eines Amateur-Turniers für Nationalmannschaften in Brüssel wird Böhmen vor England.

1912 Das olympische Fußballturnier von Stockholm endet wie das von London: England siegt vor Dänemark und den Niederlanden.

1913 Nach Einführung der 10-Yard-Regel (9,15 m) besteht bei Freistößen ein „gebührender Abstand“ zwischen Schützen und Gegenspielern.

1920 Die FIFA lehnt einen Antrag Englands ab, Deutschland, Österreich und Ungarn wegen des Ersten Weltkrieges auszuschließen. England tritt daraufhin aus der FIFA aus.

1921 Den Torleuten schreibt eine neue Regel vor, bei internationalen Spielen zur Unterscheidung von den übrigen Spielern ihrer Mannschaft einen dunkelgelben Pullover zu tragen.

1923 Das englische Cup-Final wird erstmals im Wembley-Stadion ausgetragen. Vor 126 047 Zuschauern siegen die Bolton Wanderers gegen West Ham United mit 2:0.

1924 England und die übrigen britischen Verbände kehren in die FIFA zurück.
Uruguay wird in Paris Olympiasieger vor der Schweiz und Schweden. Die Ausführung des Eckballs wird neu reguliert. Danach muß der Ball direkt geschossen werden und kann auch direkt zu einem Tor verwandelt werden.

London 1908. Das ist die englische Nationalelf, die das olympische Turnier gewann und als erster „echter Fußball-Olympiasieger“ gefeiert wurde.

Der erste Fußball-Weltmeister: Uruguays Nationalelf vor dem Endspiel 1930 in Montevideo: Stehend von links: Masseur Figoli, Gestido, Nasazzi, Ballesteros, Mascheroni, Andrade, Fernandez, Betreuer Greco. Sitzend von links: Dorado, Scarone, Castro Cea, Iriarte.

1907 Nach einer neuen Regel ist Abseits in der eigenen Spielhälfte nicht mehr möglich.

1908 Nationalmannschaften bestreiten das erste echte olympische Fußballturnier in London. Sieger wird England vor Dänemark und den Niederlanden.

Sieger des olympischen Fußballturniers in Antwerpen wird Belgien, als die CSR beim Stand von 0:2 aus Protest gegen eine Schiedsrichterentscheidung den Platz verläßt und disqualifiziert wird. Silber- und Bronzemedaille fallen danach an Spanien und die Niederlande.

1925 Deutsch wird nach Englisch und Französisch dritte offizielle Sprache der FIFA.
In Abänderung der Abseitsregel müssen sich zwischen dem Spieler und dem Tor im Augenblick seiner Ballabgabe mindestens zwei (bisher drei) Gegenspieler aufhalten, um ein Abseits zu vermeiden.

Meilensteine der Fußball-Geschichte

Briten sorgten, wohin sie auch kamen, für die Verbreitung des Fußballspiels. Rechts: Britische Seeleute zeigen (1872) staunenden Japanern, wie man Rugby-Football spielt. Unten: Das erste Spiel des British Lady Football Club 1895. Ganz rechts: Szenen aus einem Fußballspiel des Jahres 1892 in Glasgow.

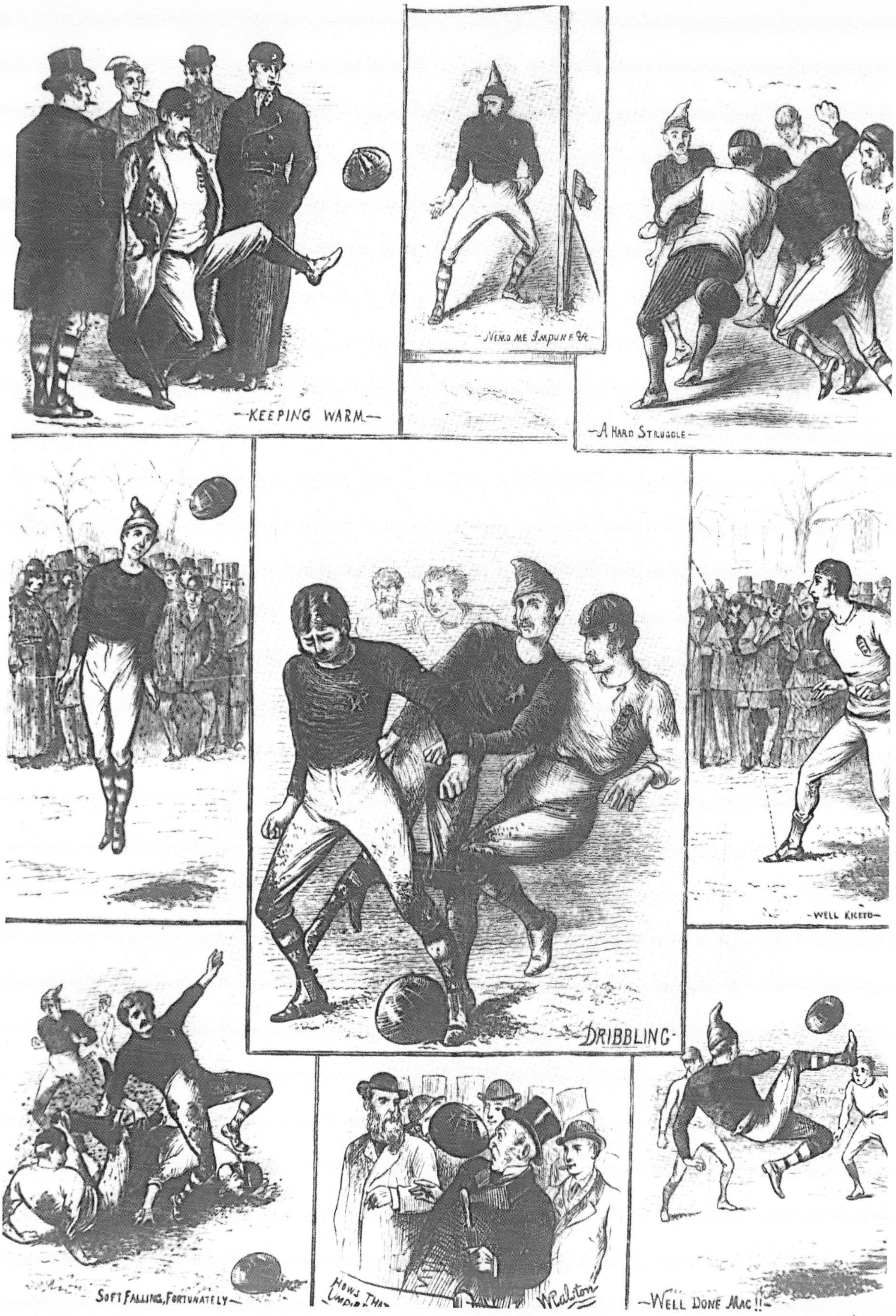
-KEEPING WARM-
-NEMO ME IMPUNE &c-
-A HARD STRUGGLE-
-DRIBBLING-
-WELL KICKED-
-SOFT FALLING, FORTUNATELY-
HOWS THAT
W Ralston
-WELL DONE MAC!!-

Meilensteine der Fußball-Geschichte

Triumph in Paris: Vittorio Pozzo und seine Schützlinge gewinnen 1938 zum zweitenmal die Weltmeisterschaft für Italien. Stehend von links: Biavati, Pozzo (mit der Trophäe), Piola, Ferrari, Colaussi, Knieend: Locatelli, Meazza, Foni, Olivieri, Rava, Andreolo, Ganz vorn: Serantoni.

1927 Der AC Sparta Prag wird Sieger des ersten Mitropa-Cups, eines internationalen Wettbewerbs, an dem sich die ersten vier Clubs der nationalen Meisterschaften Österreichs, Ungarns, der Tschechoslowakei, Jugoslawiens, Italiens und zeitweise auch der Schweiz beteiligen.

1928 Aus Protest gegen die Auslegung der Amateur-Statuten tritt England abermals aus der FIFA aus. Uruguay gewinnt erneut das olympische, Fußballturnier in Amsterdam, vor Argentinien und Italien.
Für den Transfer von David Jack von den Bolton Wanderers zum FC Arsenal werden (erstmals) 10 000 Pfund bezahlt.

1929 Am 19. Mai in Madrid: England erleidet mit 3:4 gegen Spanien (mit Ricardo Zamora im Tor) die erste Niederlage gegen eine Mannschaft des Kontinents.
Erneute Regeländerung beim Elfmeter: Der Torwart darf sich bis zum Schuß auf der Torlinie nicht mehr bewegen.

1930 Erster Fußballweltmeister wird in Montevideo Uruguay. Im Endspiel am 30. Juli siegt Uruguay gegen Argentinien mit 4:2.
Das österreichische „Wunder-Team" feiert sensationelle Siege: 5:0 gegen Schottland, 6:0 gegen Deutschland. Die 3:4-Niederlage gegen England im Stadion des FC Chelsea, London, wird als „moralischer Sieg" gewertet.

1932 Die erste Saison des Stanley Matthews.

1933 Beim englischen Cup-Final tragen die Spieler erstmals Rückennummern, 1 bis 11 der FC Everton, 12 bis 22 Manchester City.

1934 Zweite Fußball-Weltmeisterschaft in Italien: Am 10. Juni besiegt in Rom Italien im Finale die Tschechoslowakei nach Verlängerung mit 2:1. Im Spiel um den dritten Platz schlägt Deutschland in Neapel Österreich mit 3:2.

1935 Erster deutscher Pokalsieger wird der 1. FC Nürnberg durch einen 2:0-Endspielsieg über den FC Schalke 04 am 8. Dezember vor 55 000 Zuschauern in Düsseldorf.

1936 Beim olympischen Fußballturnier in Berlin gewinnt Italien das Endspiel gegen Österreich in der Verlängerung mit 2:1. Im Spiel um die Bronzemedaille besiegt Norwegen die Mannschaft Polens mit 3:2.

1937 Großbritannien registriert beim Länderspiel Schottland – England im Glasgower Hampden Park neuen Zuschauerrekord: 149 547 zahlende Fans.

1938 Italien verteidigt seinen Weltmeistertitel durch einen 4:2-Finalsieg über Ungarn am 19. Juni in Paris.

1939 Die Numerierung der Spieler wird allgemein eingeführt.

1945 Die FIFA schließt nach Ende des Zweiten Weltkrieges Deutschland aus und untersagt jeglichen Spielverkehr mit deutschen Mannschaften.

1946 England tritt wieder in die FIFA ein.
Bei einem Tribünen-Einsturz während eines Pokalspiels zwischen den Bolton Wanderers und Stoke City kommen 33 Zuschauer ums Leben.

1948 Schweden mit dem berühmten Innentrio Gren-Nordahl-Liedholm besiegt im Endspiel des olympischen Fußballturniers in London Jugoslawien mit 3:1.
Sieger des ersten europäischen Junioren-Turniers wird England.

1949 England tritt bei der FIFA für die Wiederzulassung Deutschlands zum internationalen Spielverkehr ein. Die FIFA hebt das Spielverbot mit deutschen Mannschaften auf, fordert jedoch die Zustimmung der jeweils zuständigen Militärregierung.
Bei einem Flugzeugabsturz in Turin finden alle Spieler des AC Turin den Tod.

1950 Deutschland wird wieder Mitglied der FIFA und besiegt im ersten Länderspiel nach dem Krieg am 22. November in Stuttgart die Schweiz mit 1:0.
Uruguay wird durch einen 2:1-Sieg über Brasilien in Rio de Janeiro zum zweiten Mal Weltmeister.
Schottland erleidet mit 0:1 gegen Österreich die erste Heimniederlage gegen eine Nationalmannschaft des Kontinents.

1951 Der Fußball paßt sich dem beginnenden Fernseh-Zeitalter an. Der Ball darf weiß sein.

1952 Ungarn besiegt im Endspiel des olympischen Fußballturniers in Helsinki Jugoslawien mit 2:0.

1953 England erleidet mit 3:6 gegen Ungarn die erste Heimniederlage seiner Geschichte gegen eine nichtbritische Mannschaft.

1954 Gründung des europäischen Verbandes (UEFA).
Im Endspiel um die fünfte Fußball-Weltmeisterschaft besiegt Deutschland am 4. Juli in Bern die hochfavorisierten Ungarn nach einem 0:2 Rückstand noch mit 3:2.

1955 Der Europa-Pokal der Landesmeister wird ins Leben gerufen. Durch Aufhebung eines alten Verbots in England kommen Flutlichtspiele in Mode.

1956 Die Sowjetunion schlägt im Endspiel des olympischen Fußballturniers in Melbourne Jugoslawien mit 1:0.
Im ersten Endspiel um den Fußball-Europa-Pokal der Landesmeister besiegt Real Madrid am 12. Juni in Paris Stade Reims mit 4:3 Toren.

1957 Die britische Regierung befreit Fußballspiele von der seit 1914 erhobenen Vergnügungssteuer.

1961 Durch Siege mit 2:1 und 2:1 über die Glasgow Rangers gewinnt der AC Florenz den ersten Europa-Pokal der Pokalsieger.

1962 Manchester United sorgt für einen neuen britischen Transfer-Rekord: Es kauft für 116 000 Pfund Denis Law vom AC Turin nach Großbritannien zurück. Durch einen 3: 1-Sieg am 17. Juni in Santiago de Chile über die Tschechoslowakei verteidigt Brasilien auch ohne den verletzten Pelé die Fußball-Weltmeisterschaft.

1963 Zur Hundertjahrfeier der englischen Football-Association besiegt England den Rest der Welt mit 2:1 – Gründung der Bundesliga in Deutschland.

1953 im Wembley-Stadion: Erste Heimniederlage der englischen Nationalelf. Ungarn gewinnt 6:3. Oben: Puskas erzielt den dritten Treffer.

Das wichtigste Tor der deutschen Fußballgeschichte. Rahn hat das 3:2 erzielt. Deutschland ist Fußball-Weltmeister 1954.

Weltmeisterschaft 1958. Ein Stern geht auf: Edson Arantes do Nascimento begeistert die Fußballwelt – und bricht in Tränen aus (unten), als Brasilien gewonnen hat.

1958 Bei einem Flugzeugabsturz in München kommen acht Spieler des englischen Meisters Manchester United ums Leben.
Beim 5:2-Sieg Brasiliens über Schweden im Endspiel der Fußballweltmeisterschaft am 29. Juni in Stockholm geht der Stern des gerade 17jährigen Brasilianers Pelé auf. Die UEFA führt den Europa-Pokal für Nationalmannschaften ein, der einer inoffiziellen Europameisterschaft gleichkommt. Der britische Transfer-Rekord klettert auf 45 000 Pfund. Diese Summe zahlt Manchester United für Albert Quixall an Sheffield Wednesday.

1959 Billy Wright bestreitet sein 100. Länderspiel für England.

1960 Durch einen 2:1-Sieg am 7. Juni in Paris über Jugoslawien in der Verlängerung wird die Sowjetunion Europa-Pokal-Sieger der Nationalmannschaften und damit erster (inoffizieller) Europameister. Durch einen 7:3-Sieg über Eintracht Frankfurt am 18. Mai in Glasgow wird Real Madrid zum fünften Mal hintereinander Europa-Pokal-Sieger und wird anschließend durch ein 0:0 und ein 5:1 über Penarol Montevideo auch erster Weltpokalsieger. Nach drei aufeinanderfolgenden Endspielniederlagen gewinnt Jugoslawien in Rom endlich die olympische Goldmedaille. Im Finale siegen die Jugoslawen gegen Dänemark 3:1.

1964 Der 1. FC Köln wird erster Bundesliga-Meister. – Durch einen 2:1-Endspielsieg über die Sowjetunion in Madrid wird Spanien Europa-Pokal-Sieger der Nationalmannschaften. Aus diesem Wettbewerb entsteht danach die Europameisterschaft. Im Endspiel des olympischen Fußballturniers in Tokio besiegt Ungarn die Tschechoslowakei mit 2:1 Toren. – Bei der größten Katastrophe der Fußball-Geschichte werden im Estadio Nacional von Lima beim Länderspiel Peru gegen Argentinien über 300 Menschen zu Tode getrampelt und über 500 verletzt.

1965 Die englische Liga gestattet das Auswechseln eines verletzten Spielers während der gesamten Spielzeit.

1966 Durch ein 2:1 über Partizan Belgrad gewinnt Real Madrid zum sechsten Mal den Europa-Pokal der Landesmeister. Im Endspiel um die achte Fußball-Weltmeisterschaft besiegt England im Londoner Wembley-Stadion Deutschland in der Verlängerung mit 4:2 Toren. Die englische Liga führt das System des Auswechselns ein. Danach dürfen fortan zwei Spieler während des gesamten Spiels ausgewechselt werden, unabhängig von Verletzungen. – Die neue Regel gewinnt bald weltweit Gültigkeit. Borussia Dortmund wird erster deutscher Europa-Pokal-Sieger. Im Finale der Cupsieger bezwingen die Borussen den FC Liverpool mit 2:1.

Das „Wunderteam", ein Gemälde von Professor Paul Meißner im Besitz des Historischen Museums der Stadt Wien.

Meilensteine der Fußball-Geschichte

1960: Real Madrid hat zum fünften Male den Eropapokal und zum ersten Male den Weltpokal (gegen Penarol Montevideo) gewonnen.

Triumph für England. Bei der Weltmeisterschaft 1966 gewinnen die Engländer im fünften Anlauf endlich den Coupe Jules Rimet.

1967 Im Endspiel um die erste Amateur-Europameisterschaft schlägt Österreich Schottland 2:1. – Bayern München wird in Nürnberg durch ein in der Verlängerung erzieltes 1:0 über die Glasgow Rangers Europa-Pokal-Sieger der Cup-Sieger.

1968 Ungarn wird in Mexico City durch einen 4:1-Sieg über Bulgarien abermals Olympiasieger. – Erster offizieller Fußball-Europameister wird in Rom Italien, das nach einem 1:1 Jugoslawien im Wiederholungsspiel mit 2:0 besiegt.

1970 Am 21. Juni in Mexico City: Brasilien wird durch einen 4:1-Sieg über Italien zum dritten Mal Weltmeister und behält den Coupe Jules Rimet für immer.

1971 Der FC Arsenal zahlt 220 000 Pfund an den FC Everton für Alan Ball und stellt einen neuen englischen Transfer-Rekord auf. – Bei der größten Katastrophe in der britischen Fußball-Geschichte kommen 66 Zuschauer ums Leben, als in der Schlußphase des Länderspiels Schottland–England im Ibrox Park von Glasgow die Menschenmassen vom Spielfeldrand zurückgedrängt werden und eine Panik ausbricht.

1972 Deutschland gewinnt am 18. Juni in Brüssel das Endspiel der zweiten Europameisterschaft gegen die Sowjetunion mit 3:0. – Sieger des ersten UEFA Pokal-Wettbewerbs (anstelle des Messepokals geschaffen) wird Tottenham Hotspur. – Die Tschechoslowakei wird erster Junioren-Europameister, ein Wettbewerb, der Spielern bis 23 Jahren vorbehalten ist. – Im Endspiel des olympischen Fußball-Turniers in München besiegt Polen die Mannschaft Ungarns mit 2:1.

1973 Durch einen 1:0-Endspielsieg in Belgrad über Juventus Turin wird Ajax Amsterdam zum dritten Mal hintereinander Europa-Pokal-Sieger der Landesmeister. – Transfer-Weltrekord: Der FC Barcelona bezahlt für Johan Cruyff von Ajax Amsterdam den Gegenwert von 6,6 Millionen Mark.

1970: Pelè umringt von seinen Kameraden. Brasilien hat das Endspiel 1970 gegen Italien gewonnen und ist zum dritten Male Weltmeister.

Die „Mutter" der Barbie-Puppe ist tot

Ruth Handler wählte Namen der Tochter

.OS ANGELES ■ Ruth Hand-
er, die „Mutter" der Barbie-
'uppe, ist tot. Die Barbie-Erfin-
lerin und Mitbegründerin des
Jnternehmens Mattel starb
m Sonnabend im Alter von
5 Jahren in Los Angeles an
len Folgen einer Darmoperati-
n, wie die „Los Angeles Ti-
nes" am Sonntag berichtete.
Iandler revolutionierte 1959
nit der Erfindung der legendä-
en Barbie-Puppe die Spiel-
eug-Welt. Mit ihrer Wespen-
aille, üppigem Busen und
chmalen Hüften bildete die
uppe einen scharfen Kon-
ast zu den bis dahin üblichen
aby-Puppen und fand bei
leinen Mädchen bald reißen-
en Absatz. Benannt nach
em Spitznamen von Hand-
rs Tochter Barbara, verkauf-
sich die Barbie in mehr als
50 Ländern bislang mehr als
ne Milliarde Mal.

Die Puppe wurde nicht nur
as meistverkaufte Spielzeug
er Welt, sondern avancierte
uch zu einem Hassobjekt von
eministinnen. Um die Kriti-
er zu beruhigen, dachten
ch die Verantwortlichen bei
attel über die Jahre zahlrei-
e Aufgaben und Karrieren für Barbie aus: So wurde sie zur Ärztin, Astronautin, Polizistin und sogar zur Präsidentschaftskandidatin. In jüngster Zeit wurde Barbies übermenschliche Wespentaillen-Figur abgemildert, um sie etwas mehr der weiblichen Realität anzupassen.

In ihrer 1994 erschienenen Autobiografie schrieb Handler, sie habe Barbie als ein Werkzeug geschaffen, mit dem Kinder sich selbst verwirklichen könnten: „Meine ganze Philosophie von Barbie war die, dass ein kleines Mädchen durch die Puppe alles sein konnte, was es wollte. Barbie zeigt, dass eine Frau die Wahl hat." Geboren als jüngstes von zehn Kindern einer polnischen Einwandererfamilie, gründete Ruth Handler gemeinsam mit ihrem Mann Elliot und dem Industriedesigner Harold Mattson 1945 das Unternehmen Mattel. Von einer Garagenfirma, die Puppenhausmöbel, Bilderrahmen und anderes Spielzeug produzierte, avancierte Mattel mit der Erfindung der Barbie zum größten Spielwarenhersteller der Welt. *AFP*

:h Handler FOTO: DPA

so viele – und sei es nur über unstimmige Filmrequisiten, wie einem falschen Russentraktor – aufregen und empören. Ich habe solche breitgefächerten Abwehrreaktionen früher schon einmal erlebt, als es in den 50-er bis 60-er Jahren in adäquaten Verfilmungen um

darüber erwartet hatte, … man doch um so vieles belogen, verraten und betrogen wurde. Eine kritische Auseinandersetzung mit „ihrer Zeit“ um zu sagen, „ja, das war so – leider“, ist wohl nur wenigen Menschen gegeben.

Bernhard H. Behrens, Berlin

RÄTSELECKE

Wasserwehr	angriffslustig	ethischer Begriff	neuseeländischer Ureinwohner	Glückspflanze	K		Hauptstadt von Weißrussland	amerikanische Flugzeugfirma
				brav, artig	L	I	E	B
indischer Bundesstaat				französisch: in	E		Düngemittel	
bizarre, komische Prosadichtung					E		K	
selten	R	A	R	Verwandlung der Theaterbühne	Hafenmauer	K	A	I
					M	Frühlingsmonat	L	
Edelgas		französisch: nach Art von	wurmstichig	M	A	D	I	G
Creme, Paste					E	Lösung des letzten Rätsels		
internat. Kfz-Kennzeichen von Israel			Feldmaß		R			
Hauptstadt von Liechtenstein				CW066605	9102084 Z			

CROSSWORD®

Lösung des letzten Rätsels

K W
A B W A S S E
N E N I E R
M A L E N L
D A S A L U
K A N T E N H
G E G E R
U L K O
F O E H R
O S A K A

April 2002

Wetterlage

Der Ausläufer eines Tiefs über der Nordsee und dem südlichen Nordmeer zieht über Mitteleuropa ostwärts. Auf seiner Rückseite wird frische Meeresluft herangeführt.

Brandenburg

Heute herrscht wechselnde, vielfach starke Bewölkung. Es kommt immer wieder zu Schauern, vereinzelt auch zu Gewittern. Bei mäßigem und stark böigem Südwestwind werden 12 bis 16°C erreicht. Nachts läßt die Schauerneigung nach und die Temperaturen sinken auf 9 und 5°C.

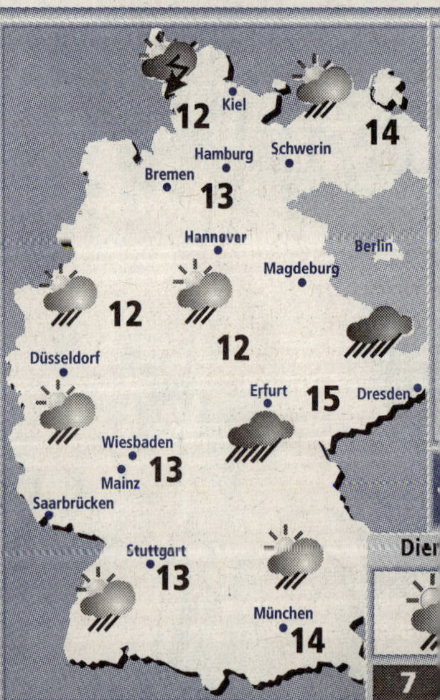

Pollenflug

Häufige Schauer dämpfen den Pollenflug. Heute ist höchsstens kurzzeitig mit einer schwachen Belastung durch Birkenpollen und ganz vereinzelt auch durch Gräserpollen zu rechnen.

Biowette

Bei Menschen … oder Asthma … Auch die Neig… sich schonen …

1974 Deutschland wird am 7. Juli im Münchner Olympiastadion durch einen 2:1-Erfolg über Holland zum zweitenmal nach 1954 Weltmeister. – Der FC Bayern München gewinnt als erster deutscher Club den Europapokal der Landesmeister. Erster Europacup-Sieger aus der DDR ist der 1. FC Magdeburg, der das Endspiel der Pokalsieger in Rotterdam 2:0 gegen den AC Milan gewinnt.

1976 Die CSSR wird Europameister. Sie gewinnt am 20. Juni in Belgrad gegen Deutschland das Endspiel, das nach Verlängerung 2:2 steht, durch Elfmeterschießen (5:3). Deutschlands Rekord-Nationalspieler Franz Beckenbauer (Bayern München) bestreitet beim Finale um die Europameisterschaft sein 100. Länderspiel. – Das Endspiel des olympischen Fußball-Turniers in Montreal gewinnt die DDR gegen Polen mit 3:1. – Durch einen 1:0-Erfolg in Glasgow über AS St.-Etienne wird der FC Bayern München zum drittenmal Europa-Pokal-Sieger im Wettbewerb der Landesmeister.

1977 Franz Beckenbauer, der als deren Kapitän die deutsche Nationalelf 1972 zum Gewinn der Europameisterschaft und zwei Jahre später zum Weltmeistertitel führte, schockiert die Nation: Nach sieben Monaten Versteckspielen und Tauziehen entscheidet er sich für Cosmos New York, einen von dem Medien-Giganten Warner finanzierten Club der amerikanischen Operettenliga. Am 21. Mai 1977 trägt er (gegen Borussia Mönchengladbach) zum letztenmal das Trikot des FC Bayern. – Sepp Herberger, der 1954 mit Bauernschläue die deutsche Nationalelf zum WM-Sieg dirigiert hat und damit der Nation ein neues Selbstwertgefühl vermittelte, stirbt am 27. April im Alter von 80 Jahren.

1978 Am 25. Juni in Buenos Aires: Argentinien gewinnt das Finale um die elfte Weltmeisterschaft gegen Holland mit 3:1 nach Verlängerung. – Titelverteidiger Deutschland ist nach insgesamt mäßigen Leistungen (0:0 gegen Italien, 2:2 gegen Holland) in der zweiten Finalrunde an Österreich gescheitert, das trotz des 3:2-Sieges Letzter der Gruppe wird. – Paolo Rossi ist der teuerste Fußballspieler der Welt. Sein Marktwert wird mit dem Gegenwert von 12 Millionen DM errechnet. Der italienische Verbandspräsident Franco Carraro tritt angesichts der „Wahnsinnssumme" zurück.

1979 Nach Franz Beckenbauer kehrt auch Deutschlands „Bomber der Nation" der Bundesliga den Rücken. Müller trennt sich vom FC Bayern München, um in der US-Liga für die Lauderdale Strikers zu spielen. – Gianni Rivera, der „Goldjunge" des italienischen Fußballs, nimmt nach 500 Ligaspielen und 60 Auftritten in der italienischen Nationalelf seinen Abschied, nachdem er als 36jähriger dem AC Milan half, den italienischen Meistertitel zu erringen.

1980 Die deutsche Nationalmannschaft erringt zum zweitenmal nach 1972 den Titel des Europameisters. Sie gewinnt das Endspiel am 22. Juni in Rom gegen Belgien 2:1. – Die Tschechoslowakei besiegt im Finale des olympischen Fußball-Turniers in Moskau die DDR mit 1:0. – Im Halbfinale des UEFA-Pokals sind vier Bundesliga-Mannschaften unter sich. Den Cup gewinnt schließlich Eintracht Frankfurt nach einer 2:3 Auswärtsniederlage und einem 1:0-Heimsieg gegen Borussia Mönchengladbach.

1982 Italien wird in Madrid durch einen 3:1-Sieg über Deutschland zum drittenmal Fußball-Weltmeister. Im Fußballhandel wird ein neuer Weltrekord erzielt: Der FC Barcelona bezahlt für den Argentinier Diego Maradona den Gegenwert von 20 Millionen DM.

1984 Frankreich reiht sich ein unter die großen Fußball-Nationen. Michel Hidalgo krönt seine Karriere als Trainer mit dem Gewinn der Europameisterschaft im eigenen Land und schließlich der olympischen Goldmedaille in Los Angeles.

1985 Der 29. Mai wird zum schwärzesten Tag in der Geschichte des Europapokals. Vor dem Endspiel im Wettbewerb der Landesmeister zwischen Juventus Turin und dem FC Liverpool (1:0) kommt es zur Katastrophe, als fanatische Liverpool-Anhänger in einem Stehplatzblock auf italienische Fans treffen. Die schreckliche Bilanz: 39 Tote, Hunderte von Verletzten.

1986 Argentinien mit dem überragenden Kapitän Diego Maradona wird in Mexico City durch einen 3:2-Erfolg über Deutschland zum zweitenmal Weltmeister, die Mannschaft der Bundesrepublik verliert zum zweitenmal hintereinander im WM-Finale.

1987 Der FC Porto gewinnt als zweite portugiesische Mannschaft nach Benfica Lissabon (1961 und 1992) den Europapokal der Meister. Der FC Bayern unterliegt im Endspiel in Wien mit 1:2 Toren.

1988 Das Jahr der Holländer. Die Nationalelf der Niederlande erringt endlich den großen internationalen Erfolg. 1974 (an Deutschland) und 1978 (an Argentinien) jeweils im Endspiel um die Weltmeisterschaft gescheitert, steht die neue holländische Elf im Mittelpunkt eines grandiosen

1974: Gerd Müller schießt – Tor für Deutschland. Die deutsche Nationalelf gewinnt das Finale der WM 1974 und ist Weltmeister.

1986: Argentiniens Maradona küßt die WM-Trophäe.. Die Nationalelf hat das Endspiel gewonnen und den Titel zum zweiten Mal nach 1978 errungen.

Meilensteine der Fußball-Geschichte

1990: Franz Beckenbauer, 1974 Kapitän der deutschen Weltmeister-Elf, hat die deutsche Mannschaft, diesmal als Trainer, erneut zum Titel geführt. Im Bild: Beckenbauer jubelt mit Kohler.

1991: Die erste Fußball-Weltmeisterschaft der Frauen endet mit einem Triumph des US-Teams. Im Bild: Michelle Akers-Stahl, die Star-Spielerin der USA.

Fußballfestes in Deutschland. Sie wirft zunächst Deutschland aus dem Rennen und schlägt im Finale die sowjetische Mannschaft mit 2:0. Mit Spielern wie Marco van Basten und Ruud Gullit und den Brüdern Erwin und Ronald Koeman, die zuvor mit Eindhoven beziehungsweise Mechelen die Europapokale der Meister und der Cupsieger gewonnen hatten, gelingt Trainer Rinus Michels endlich der große Triumph.

1989 Deutschlands Nationalelf gewinnt den allgemein als Europameisterschaft apostrophierten dritten UEFA-Wettbewerb der Frauen. Die deutschen Mädchen siegen in Osnabrück im Endspiel gegen Titelverteidiger Norwegen mit 4:1.

1990 Franz Beckenbauer, Kapitän der Weltmeisterelf des Jahres 1974, führt als Trainer die deutsche Nationalelf zum dritten World-Cup-Sieg nach 1954 und 1974. Die Deutschen besiegen in Rom den Titelverteidiger Argentinien mit 1:0. Beide Semifinalspiele waren erst im Elfmeterschießen entschieden worden. Argentinien war gegen Italien (1:1 und 4:3) und Deutschland mit dem gleichen Ergebnis gegen England erfolgreich. – Italien hatte zuvor im europäischen Pokal-Fußball triumphiert: Der AC Milan im Cup der Meister, Sampdoria Genua im Cup der Pokalsieger und Juventus Turin im UEFA-Pokal,

1991 Die erste Weltmeisterschaft der Fußballfrauen wird in China ausgetragen. Die US-Girls schlagen nacheinander die früheren UEFA-Wettbewerb-Sieger Schweden (3:2) und Deutschland (5:2) und erweisen sich auch im Finale als stärkstes Team; der amtierende Europameister Norwegen wird im Endspiel 2:1 besiegt. Als Folge des amerikanischen Triumphes wird Damen-Fußball ins Programm der Olympischen Spiele 1996 in Atlanta (Georgia, USA) aufgenommen. – In Deutschland wird ein neues Kapitel der Fußballgeschichte aufgeschlagen: Nach 42 Jahren DDR-Oberliga werden als Folge der Wiedervereinigung zwei Clubs aus Ostdeutschland in die Bundesliga und sechs weitere in die Zweite Liga aufgenommen.

1992 Die Europameisterschaft in Schweden gerät zum großen Triumph für ein kleines Land: Dänemarks Nationalelf, erst nach dem Ausschluß von Jugoslawien zum Turnier zugelassen und mehr oder weniger unvorbereitet aus dem Urlaub zusammengerufen, spielt 0:0 gegen England, schlägt Schweden und Frankreich, bezwingt im Semifinale Holland im Elfmeterschießen und besiegt schließlich im Finale die Deutschen, die amtierenden Weltmeister, 2:0. – Das olympische Fußballturnier in Barcelona wird von Spanien (im Endspiel 3:2 gegen Polen) gewonnen.

1993 Unglaubliches geschieht in Buenos Aires. Am 5. September beendet Kolumbien Argentiniens Serie von 33 Spielen ohne Niederlage mit einem 5:0 Triumph gegen den Weltmeister der Jahre 1978 und 1986. Argentinien muß sich auf einem Umweg für die Weltmeisterschaft 1994 qualifizieren. Und das mit Hängen und Würgen. Die Playoff-Runde gegen Australien, dessen Team sich zuvor in Ozeanien und dann gegen Kanada durchgesetzt hatte, wurde dank eines Eigentors der Australier gewonnen.

1994 Scharen europäischer Fußballexperten müssen sich korrigieren. World Cup USA 1994 gerät entgegen allen Erwartungen zum größten Fußballspektakel aller Zeiten und zu einem grandiosen Erfolg für die FIFA, die den Mut hatte, die WM-Endrunde in die Fußball-Diaspora USA zu vergeben. Mehr Zuschauer denn je zuvor – rund 3,5 Millionen – sahen die Spiele der Endrunde, und die Gesamtzahl der TV-Zuschauer wurde mit über drei Milliarden ermittelt. Brasilien schreibt Fußballgeschichte, indem es den Titel zum vierten Male gewinnt. Italien, das den Titel ebenfalls zum vierten Mal gewonnen hätte, unterliegt im Elfmeterschießen, nachdem es nach 120 Minuten in Gluthitze 0:0 gestanden hatte.

Fußball über Kontinente

Von Jo Viellvoye und Mike Hughes

Der wirkliche Beginn dessen, was wir heute unter „Fußball" verstehen, liegt in den ersten Jahrzehnten des 19. Jahrhunderts. Es entwickelte sich zunächst auf den großen Internaten Englands und an den Universitäten Oxford und Cambridge. Dorthin schickten die führenden Familien des Landes ihre Söhne, dort war den Burschen auch Gelegenheit gegeben, die Spiele, die sie von zu Hause kannten, weiter auszuüben. Bevorzugt war Cricket. Erst nach dem Sturz Napoleons und dem Abbau der traditionellen Vorurteile des 18. Jahrhunderts in Verbindung mit zunehmender Liberalisierung wehte ein frischerer Wind über die Insel und auch durch die Internate.

Die industrielle Revolution machte Großbritannien zum führenden Weltreich. Die Zahl der Schulen und Internate wuchs, mit ihr wuchs das Fußballspiel. Es wurde nötig, gewisse Regeln zu erlassen, die jedoch noch von Schule zu Schule verschieden waren.

Die Notwendigkeit, durch eine übergeordnete Institution Regeln und Satzungen zu erlassen, führte am 26. Oktober 1863 in London zur Gründung der „Football Association", des englischen Fußball-Verbandes, der als einziger nationaler Verband der Welt keine nationale Herkunftsbezeichnung in seinem Namen trägt. „The Football Association" – das genügte. Andere Verbände gab's ohnehin nicht auf der Welt.

Mit dieser Gründung spaltete sich der Sport in England, da sich der größte Teil der Internate dem Verband nicht anschloß, sondern am Rugby festhielt. Die tieferen sozialen Gründe dafür sind noch heute spürbar, denn Rugby gilt immer noch als das Spiel der Gentlemen, der gesellschaftlich höheren Schicht des Landes, während Fußball zum Sport der industriellen Massen wurde und es bis heute geblieben ist.

Einer der Gründungs-Vereine von London, der Blackheath-Club, zog sich schon bald aus dem Spielverkehr zurück, weil er sich nicht mit der Regel einverstanden erklärte, die absichtliches Treten des Gegners unter Strafe stellte.

Im Jahre 1871 wurde der englische Cup ins Leben gerufen, bis heute einer der attraktivsten Wettbewerbe der Fußball-Welt. Die Schotten folgten zwei Jahre später. 1872 fand zum ersten Mal eine Begegnung zwischen Schottland und England statt, das erste Länderspiel der Fußballgeschichte. Es wurde in Glasgow ausgetragen und endete 0:0. Ein Jahr später etablierte sich die schottische Football Association, der 1876 die walisische und 1880 die irische folgten.

In den achtziger Jahren fand Fußball dann seinen Weg über die Küsten Englands hinaus in die Welt. Auf der Insel selbst war das Spiel schon längst kommerzialisiert, der Professionalismus marschierte. Zunächst gegen den Widerstand der FA, später, nach Gründung der „Liga" (1888), in Kooperation. Immer mehr Menschen strömten zu den Punktspielen, deren Ablauf jetzt eine genaue Terminliste regelte. Immer größere Stadien wurden gebaut, das größte von allen in Wembley, einer Vorstadt im Norden von London.

Von England aus fand Fußball zunächst den Weg zum europäischen Kontinent. Schon ziemlich früh nach Gründung der FA in London übernahm man hier auch das Regelwerk, ohne vorerst noch übergeordneten Institutionen Autorität einzuräumen. Englische Gärtner in europäischen Handels- und Fürstenhäusern, Waliser Ingenieure in Spanien und auf dem Balkan, schottische Lehrlinge in Frankfurter Banken trugen das Spiel und sein Verständnis dafür über den Kanal. Überall wirkten zunächst Engländer als Instrukteure und Trainer.

1875 spielte erstmals ein Team der Oxford University in Deutschland. Mehrere deutsche Universitäten nahmen daraufhin Fußball in ihr Sportprogramm auf. Fast zur gleichen Zeit begannen englische Ingenieure in Lissabon, die Portugiesen in der Kunst des Fußballs zu unterweisen. 1872 wurde von englischen Seeleuten im französischen Hafen Le Havre ein Fußball-Klub gegründet, doch hat Fußball in Frankreich immer einen sehr starken Konkurrenten in Rugby gehabt.

In Deutschland formierten sich zunehmend mehr Klubs in den großen Handelsstädten Hamburg, Frankfurt, Bremen, aber auch in Berlin, Köln und Nürnberg. Am 28. Januar 1900 konstituierte sich der Deutsche Fußball-Bund als übergeordnete Institution von inzwischen 86 Vereinen. Erster Vorsitzender wurde Professor Dr. Hueppe aus Prag. In den ersten vier Jahren gehörten auch Mannschaften der Donau-Monarchie dem DFB an.

Am 21. Mai 1904 kamen Vertreter aus sechs Ländern in Paris zusammen, um einen Fußball-Weltverband ins Leben zu rufen, die FIFA. Aus den Gründungsverbänden Frankreich, Belgien, Niederlande, Schweiz, Dänemark und Spanien sind inzwischen 144 Mitglieder geworden.

Die Engländer waren also nicht anwesend, sie nahmen den sogenannten Weltverband einfach noch nicht ernst, fürchteten wohl auch, ihre dominierende Rolle zu verlieren. Erst 1905 stellten sie einen Aufnahmeantrag und wurden 1906 Mitglied. Zweimal, 1918 und 1924, gaben sie diese Mitgliedschaft jedoch vorübergehend freiwillig auf.

Die Zahl der nationalen Fußball-Verbände wuchs schnell. 1910 waren bereits 19, beim Ausbruch des Ersten Weltkrieges 24 in der FIFA, darunter Argentinien als erstes außereuropäisches Land. Die Unabhängigkeit vieler Staaten in Afrika und Asien ließ die Mitgliederzahl des Weltverbandes ab 1950 so rapide steigen, daß eine Umstrukturierung erforderlich wurde.

1961 erkannte die FIFA die inzwischen gegründeten Kontinentalverbände an, darunter die UEFA, den europäischen Verband. Er war 1954 ins Leben gerufen worden. Schon seit 1916 gab es eine südamerikanische Fußball-Konföderation.

Die UEFA wurde gegründet, um die Interessen des Kontinents innerhalb der FIFA besser vertreten zu können. Dem Weltverband hatten sich so viele neue Staaten angeschlossen, daß man um den Einfluß der großen, traditionsreichen Fußball-Länder fürchten mußte, da im obersten Organ, dem Kongreß, jedes Land, unabhängig von Größe und Zahl, eine Stimme hat.

Kein anderer Kontinent spiegelt eine solche Zahl unterschiedlicher Stilarten wider wie Europa. In Südamerika wird durchweg „südamerikanisch" gespielt, dominiert also das Solo mit dem Ball, die Artistik zugunsten von Teamwork und Tempo. Afrika, ein fußballsportlich noch junger Kontinent, tendiert ebenfalls in diese Richtung. Asien ist ebenso wie Australien noch englisch beeinflußt, noch auf der Suche nach dem eigenen Stil.

Europa hingegen bietet eine ganze Palette: Die Franzosen spielen „romanisch", also anders als die Belgier, die Holländer anders als die Deutschen, die wiederum viel schneller und nüchterner als die Spanier, jedoch nicht so ökonomisch wie die Italiener. Auf dem Balkan sind die Rumänen die besten Techniker, jedoch waren Ungarn, Jugoslawen und letzthin auch Bulgaren stets erfolgreicher. In Skandinavien dominierte zunächst Dänemark, dann Schweden, mit beinahe englischer Härte und Kondition. Es gibt keinen europäischen „Stil", die Merkmale des Fußballs sind zu sehr abhängig von Mentalität, Umgebung, Klima und Lebensbedingungen, die zwischen Finnland und Florenz eben stark differieren.

Die ersten Weltmeisterschafts-Turniere endeten mit italienischen Triumphen, abgesehen von der Premiere 1930 in Uruguay, an der sich die Azzurri nicht beteiligten. Es nahmen überhaupt nur vier europäische Nationen teil, die WM wurde auf dem alten Kontinent nicht ernstgenommen und in den Zeitungen mit wenigen Zeilen abgetan.

Das änderte sich 1934 in Italien, als die Gastgeber gewannen und vier europäische Vertreter die ersten vier Plätze belegten. Freilich: Hier war der Titelverteidiger Uruguay nicht angetreten. Italien dominierte auch weiterhin, nachdem das sogenannte „Wunderteam" in Österreich aufgehört hatte zu bestehen. 1938 verteidigten die Italiener unter ihrem Trainer Vittorio Pozzo den WM-Titel mit Erfolg.

Der Krieg brachte eine scharfe Zäsur, er veränderte auch die fußballsportliche Landschaft Europas stark. Fußball-Toto und Fernsehen bemächtigten sich des Spiels, dessen wirtschaftliche Dimensionen immer größer wurden. Der Gewinn der Weltmeisterschaft 1954 durch Deutschland brachte vor allem hier einen ungewöhnlichen Aufschwung.

Im deutschen Fußball war der Föderalismus lange Zeit sehr ausgeprägt. Erst 1963 kam es zur Gründung einer einheitlichen obersten Spielklasse, der Bundesliga. Auch die Einführung des Vollprofis war eine schwere Geburt, sie vollzog sich praktisch erst Ende der 60er Jahre.

Als erstes kommunistisches Land führte Jugoslawien offiziell den Berufsspieler ein, während die anderen Verbände des Ostblocks an einem Schein-Amateurismus festhielten, der speziell ihr Auftreten bei Olympischen Spielen zur Farce machte. Von 1952 bis 1980 kamen alle Sieger olympischer Fußballturniere aus Verbänden, die keine Trennung zwischen Amateur und Profi kennen und kannten.

Die besten Spieler sind hier entweder Studenten, die alle Privilegien genießen, oder Soldaten, die nie eine Uniform zu tragen brauchen und deren Sold praktisch das Entgelt für geschossene oder verhinderte Tore ist.

Europas größter Kontrahent auf fußballsportlichem Gebiet war immer Südamerika, das eine ähnlich lange Tradition besitzt. Das Spiel war Ende des vorigen Jahrhunderts von britischen Seeleuten über den Atlantik getragen worden und fand an den Küsten Brasiliens und Argentiniens einen guten Nährboden. Schon 1895 wurde Flamengo gegründet, der älteste Klub Brasiliens. Im gleichen Jahr etablierte sich der argentinische Fußball-Verband.

Das neue Spiel kam alten kultischen Überlieferungen der Mayas und Azteken entgegen, außerdem begünstigte es natürliche physische Anlagen der Bevölkerung: Geschicklichkeit, Balance, Gefühl für Rhythmus und Bewegung.

Entsprechend entwickelte sich der Fußball in Südamerika zu einer eigenen Stilform. Neger, Indianer, Weiße, Mischlinge betrieben und betreiben ihn ohne große Behinderung durch Rassenschranken. Uruguay dominierte in den ersten Jahrzehnten dieses Jahrhunderts dank des Einflusses italienischer Einwanderer. 1924 gewann man bei den Olympischen Spielen in Paris die Goldmedaille und verteidigte den Turniersieg vier Jahre später in Amsterdam mit einer nahezu völlig neuen Mannschaft, die fast nur noch aus „ echten" Südamerikanern bestand.

Die Begeisterung führte 1930 zur Ausrichtung des ersten Welt-Turniers durch das Drei-Millionen-Land. Die Gastgeber gewannen, doch ihr schwer erkämpfter Finalsieg über Argentinien zeigte, daß sie nicht mehr das Monopol fußballsportlicher Höchstleistungen in Lateinamerika besaßen.

Dennoch hat der Fußball in diesen beiden Ländern nie eine nivellierende oder verbindende Wirkung zwischen den extremen gesellschaftlichen Schichten gehabt. Im Gegenteil: In dieser Hinsicht war die Entwicklung rückläufig, Fußball blieb hier immer eine Angelegenheit des Proletariats, was sich immer häufiger auch rein sportlich auswirkte. Die Verrohung nahm solche Formen an, daß sich europäische Teams zeitweise weigerten, in Südamerika um den sogenannten „Welt-Pokal" zu spielen. Diese Finals wurden zu Beginn der 80er Jahre in Japan heimisch, womit der Fußball dort Yertvolle Impulse erhielt.

Wenn heute von den typischen attraktiven Merkmalen südamerikanischen Fußballs die Rede ist, dann handelt es sich meist um Brasilien, vielleicht auch noch um Peru. Nur hier, wo das negroide Element in der Bevölkerung sehr stark ist, hat der Fußball noch den Rang einer Art Ersatzreligion, mobilisiert er unterschiedslos alt und jung, arm und reich.

Ursprünglich war Fußball auch hier ein Spiel der weißen Einwanderer, der Herren gewesen, doch mit der Abschaffung der Sklaverei 1888 drängten die Schwarzen in die Städte und zu den ihnen bislang vorenthaltenen Privilegien. Slums schossen aus dem Boden, der außerdem noch Platz für erbärmliche Fußballplätze bot. Und wenn nicht, spielte man wie in Rio am Strand von Copacabana, im weichen Sand, wo der Umgang mit dem Lumpenball besonderes Geschick erforderte.

Im gleichen Maße, wie Afrikaner dem brasilianischen Fußball sein Gepräge gaben, wurde er zu einem jener Pfeiler, der für die Menschen Selbstbewußtsein, Überzeugung und nationale Einheit abstützte. Auf sonderbare Weise besaß und besitzt Fußball für sie wieder jene Bedeutung wie für die Inkas, nämlich die einer kultischen Handlung, einer Vereinigung mit den Göttern.

Nur deshalb ist es möglich, durch Fußball halb Lateinamerika einzuschläfern, zu hypnotisieren. Nur so ist zu erklären, daß ein Spieler wie Pelé zu einer Art Übermensch aufstieg, dem nicht nur unglaubliche fußballerische Fähigkeiten nachgesagt werden, sondern auch eine gewisse metaphysisehe Veranlagung.

1978 gewann Argentinien die WM im eigenen, von wirtschaftlichen und politischen Krisen geschüttelten Lande. Nationaltrainer Luis César Menotti hatte es verstanden, seine Ballkünstler europäischer Disziplin zu unterwerfen. Freude und Stolz darob nutzten vor allem dem Militär-Regime, das trotz harter Kritik von außen seine Position festigen konnte.

Da nichts Revolutionen so zuverlässig verhindert wie Fußball, ist es wichtig, das Leistungsvermögen der Nationalelf des Landes immer auf einem hohen Stand zu halten. Darum werden keine Kosten und Mühen gescheut, die Nationalteams fit zu trimmen, vor allem für die Weltmeisterschaft alle vier Jahre.

Anders im Norden des Kontinents. Die Meldung, die UPI am 18. August 1973 von Küste zu Küste schickte, hatte nahezu historische Bedeutung. „Kyle Rote jr.", so hieß es, „der erste in den USA geborene Spieler, der die Torschützenliste der North American Soccer League anführt, wurde als Entdeckung des Jahres gewählt."

Die Bedeutung der Meldung lag weder darin, daß Kyle Rote viele Tore schoß, noch darin, daß man ihn deswegen besonders ehrte. Ihr historischer Wert steckte in dem Relativsatz „der erste in den USA geborene Spieler". Er verdeutlichte einen Generationswechsel im nordamerikanischen Fußball.

Denn die Chance, daß „Soccer“ nach allen möglichen gescheiterten Experimenten in den USA doch noch populär wird, steht und fällt mit dem Interesse dieser „in den USA geborenen“ Jugendlichen. Weder in der ganzen Welt zusammengekaufte Teams noch in England ausgeliehene Mannschaften oder von der Nationalität der Einwohner geprägte örtliche US-Klubs vermochten dem Soccer gegen die übermächtige Konkurrenz von Football, Baseball und Basketball auf Anhieb auf die Sprünge zu helfen. 1984 traten nur noch neun von ursprünglich 24 Teams zur 18. Saison der North American Soccer League an. Alle anderen hatten dichtgemacht, nachdem die Besucherzahlen dramatisch gefallen waren – im Durchschnitt um 50 Prozent. Selbst zu Cosmos New York kamen nur noch 20 000, in Tampa gar nur 7000 Zuschauer.

Kein Geringerer als Franz Beckenbauer schätzte noch 1980 den Zeitraum, den Soccer zum endgültigen Durchbruch brauche, auf „mindestens zehn bis 15 Jahre“. Seine Erkenntnis nach dreieinhalb Jahren US-Exil und vor seiner vieldiskutierten Rückkehr in die deutsche Bundesliga: „Was hier fehlt, sind gute Trainer, ist eine gute Trainer-Ausbildung. Auch der Spielbetrieb an der Basis ist noch mangelhaft. Die College-Mannschaften spielen vielleicht fünfzehnmal im Jahr, das ist viel zu wenig.“

Immerhin hatte „Kaiser Franz“ seinen Teil zur Entwicklungshilfe beigetragen. Mit einem hochdotierten Dollar-Vertrag hatte ihn „Cosmos“ New York 1977 über den Großen Teich gelockt. Die Mannschaft, sportliches Aushängeschild (und steuerliches Abschreibungsobjekt) des Medien-Konzerns „Warner Communications“, suchte einen Nachfolger für den großen Pelé, der seine Karriere den Dollars zuliebe noch einmal verlängert hatte. Pelé und Beckenbauer wurden zu Markenzeichen des neuen Trends: weg vom brutalen american football, hin zum intelligenten „soccer“!

Tatsächlich war der Aufschwung unübersehbar. „Cosmos“ verbuchte Zuschauerzahlen von durchschnittlich 45 000. Auch in Dallas, wo vorübergehend bis zu fünf ehemalige Bundesliga-Kicker spielten, in Washington, wo der große Johan Cruyff Proben seiner immer noch sehenswerten Spielkunst gab, und in Fort Lauderdale, wo „Bomber“ Gerd Müller seine Zelte aufschlug und es 1980 immerhin zum Vizemeister brachte, verzeichnete Soccer aufsteigende Tendenz.

Anders als in Europa und Südamerika gerät er hier zum Volksfest und zur Angelegenheit der ganzen Familie Frauen und Kinder kommen samt Männern in die Stadien, lagern rings um die Arenen, machen Soccer-Tag zum Picknick-Tag. Keinerlei Aggression wird spürbar – angenehmer Unterschied zu europäischen Erscheinungsformen des Fußballspiels.

Doch immer stärker scheint sich jetzt das Interesse auf „Indoor Soccer“ zu verlagern, auf Hallen-Fußball. Mit seiner Dynamik und mit vielen Toren entspricht er mehr der Vorstellung des Amerikaners von „Action“, die „outdoors“ selbst ein „Team America“ mit reinen US-Spielern nicht ersetzen konnte.

„Team America“ starb 1984 ebenso wie Gerd Müllers „Lauderdale Strikers“ oder die „Seattle Sounders“, 1982 noch Vizemeister. Es hatte die Keimzelle der WM-Elf 1986 sein sollen und litt logischerweise am stärksten unter dem Beschluß der FIFA, die WM ’86 nicht in die USA, sondern nach Mexiko zu vergeben, nachdem man Kolumbien den Auftrag entzogen hatte.

NASL-Chef Phil Woosnam ist dennoch fest davon überzeugt, noch ein Weltmeisterschafts-Turnier in den USA zu erleben. 1994 könnte sein Wunsch in Erfüllung gehen, eine leistungsstarke Spitze hervorzubringen. Doch auch er weiß natürlich, daß Arbeit an der Basis wichtiger ist und der US-Soccer eines Unterbaus bedarf, um auf Dauer die millionenschwere Spitze tragen zu können.

Was Woosnam für den „Professional Soccer“, ist Kurt Laam, ein 1934 aus Salmünster bei Frankfurt/Main ausgewanderter Deutscher, für den Amateur-Fußball. Als Sekretär der US Football Association verwaltet und organisiert er den Amateurbetrieb, und wovon Woosnam noch träumt, hatte er bereits für die Olympischen Spiele 1972 in München erreicht. Zwölf seiner 19 Olympia-Fußballer waren bereits in den USA geboren, nahezu alle in St. Louis. Der Rest hatte Linz, Lübeck, Shanghai, Buenos Aires, Guadalajara, La Paz oder Madrid als Geburtsort im Paß stehen.

In einem Land, in dem der Sport und der Dollar untrennbar miteinander verbunden sind, hängt der Aufstieg des Fußballs indessen nicht nur von der ethnischen Zusammensetzung der Olympia-Mannschaft, sondern auch vom Erfolg der Profis ab. Das gibt Laam unumwunden zu: „Es gibt nur einen Weg, der dem Fußball in Amerika zum Erfolg verhilft, und der führt über eine gesunde Profiliga.“ Doch da sieht’s schlecht aus.

Der größte Kontinent der Welt, Asien, ist fußballsportlich einer der kleinsten. Die Gründe dafür liegen in politischen, entwicklungstechnischen und auch klimatischen Gegebenheiten. Die Inder, denen Fußball durch britische Seeleute nahegebracht wurde, fanden keinen allzu großen Gefallen daran und wandten sich lieber dem vornehmeren Hockey zu. Im roten Riesenreich China konsolidierte der

Sport sich in den letzten Jahren erst langsam wieder und blieb auf die von Mao als wegweisend bezeichneten Disziplinen Tischtennis, Schwimmen und Leichtathletik beschränkt.

Nur Japan und Nordkorea machten im Fußball Schlagzeilen. Die einen durch ihren dritten Platz im olympischen Fußball-Turnier 1968, die anderen durch ihren sensationellen 1:0-Sieg über Italien bei der WM 1966.

Anschluß an den Welt-Standard will mit aller (finanziellen) Macht die Arabische Halbinsel gewinnen. Die Petro-Dollars locken Trainer und Spieler, vor allem solche aus Brasilien. Mario Zagalo führte Kuwait 1982 zur WM-Endrunde. Hier liegt trotz aller klimatischen Probleme (es kann wegen der großen Hitze nur von September bis April gespielt werden) noch viel hoffnungsvolles Neuland für den Fußball.

Doch Nordkorea vermochte die damals eroberte Position nicht zu halten. Man verschloß sich neuen Erkenntnissen und isolierte sich selbst, indem man bevorzugt gegen sozialistische Staaten, nicht aber gegen die wirklich führenden Nationen der Welt spielte. Am Qualifikationsturnier 1970 beteiligte man sich gar nicht, 1974 scheiterte man.

Eine verblüffend lange Tradition hat Fußball auf dem Fünften Kontinent. Schon zu Beginn der achtziger Jahre des vorigen Jahrhunderts wurde hier gespielt, 1884 der anglo-australische Fußball-Verband gegründet. Sieben Jahre später folgte Neuseeland, wo Fußball jedoch bis heute klar im Schatten des Rugbys steht.

Auch in Australien hatte das neue Spiel es schwer, sich durchzusetzen. Und niemand käme wohl auf die Idee, Fußball heute zum australischen Volkssport zu erklären. Immerhin konnte sich die australische Nationalelf für die Endrunde der Fußball-Weltmeisterschaft 1974 in Deutschland qualifizieren, wo sie für die Mannschaften der Bundesrepublik und der DDR Punkte-Lieferant war, ehe sie gegen Chile ein 0:0 ertrotzte. Die FIFA setzte für das Fußball-Entwicklungsland jedoch neue Impulse, indem sie das COCA-COLA-Weltjugendturnier 1981 nach Australien vergab.

Die wesentlichen Impulse für den Fußball der Zukunft werden wohl kaum aus Australien kommen, möglicherweise aber aus Afrika. Der schwarze Riese ist erwacht, wie folgendes Beispiel zeigt: Im Stadion von Daressalam, der Hauptstadt Tansanias, verlor eine Mannschaft des damaligen deutschen Bundesliga-Vereins TSV 1860 München so hoch, daß die deutsche Botschaft eine Beschwerde ans Auswärtige Amt schickte und die Angelegenheit via Bonn dem DFB auf den Tisch kam. Eine hochnotpeinliche Anfrage in München klärte den Fall auf: Es hatte sich um eine Art Altherren-Team der Münchner gehandelt. Doch vom Veranstalter waren die Kegelbrüder als „Deutscher Meister“ angekündigt worden ...

Die auf Werbewirksamkeit bedachten Gastgeber denken sich nichts dabei, aus biederen Freizeit-Kickern attraktive Star-Ensembles zu machen. Wenn gar ein Nationalspieler dabei ist, multipliziert ihn der zuständige Mann im Ministerium flugs mit zwei und drei. Der nächste, der damit zu tun hat, verdoppelt die Zahl noch einmal. Und wenn die Sache dann in der Zeitung steht, ist aus einer Wald-und-Wiesen-Mannschaft eine Nationalelf geworden.

Im afrikanischen Fußball dominiert, neben den Nordstaaten Marokko, Algerien, Tunesien und Ägypten, eindeutig die Westküste. Ghana, Nigeria, Senegal, allenfalls noch der Sudan, machen die kontinentalen Meisterschaften und Qualifikationswettbewerbe meist unter sich aus, ehe die arabischen Anrainer ihnen dann die Butter vom Brot nehmen. Lange war das in schöner Regelmäßigkeit Marokko. Das vom französischen Fußball stark beeinflußte Königreich von Hassan V., eines großen Freundes und Förderers der Nationalelf im übrigen, qualifizierte sich nicht nur für die WM-Endrunde 1970 in Mexiko, es erreichte auch als einziges afrikanisches Land die Zwischenrunde im olympischen Fußballturnier von München.

Daß hierbei Länder wie Ghana und der Sudan sang- und klanglos auf der Strecke blieben, war für Afrikas Fußball gewiß eine herbe Enttäuschung. Nach dem überraschend starken Eindruck, den Marokko in Mexiko hinterlassen hatte, gaben sich nicht nur die Afrikaner selbst im Wettbewerb der Nicht-Profis reelle Chancen auf gute Placierungen. „Mit Ghana“, hatte der deutsche FIFA-Trainer Dettmar Cramer prophezeit, „wäre in München durchaus eine Medaille zu gewinnen.“

Die Nationalmannschaft von Zaire bestätigt dann 1974 Cramers Einschätzung des zentralafrikanischen Fußballs. Die Kicker vom Kongo warfen in der afrikanischen Endrunde Sambia und Marokko aus dem Rennen und qualifizierten sich für die Weltmeisterschaft in Deutschland. Dort hielten sie gegen Schottland (0:2) noch wacker mit, wurden dann von Jugoslawien 9:0 überrannt und von Brasilien 3:0 geschlagen. Für die Weltmeisterschaft 1978 qualifizierte sich Tunesien – überraschte mit einem 3:1 -Sieg über Mexiko, ließ Titelverteidiger Deutschland beim 0:0 schlecht aussehen und wurde nur von Polen (1:0) geschlagen.

1982 machte Algerien Fußballgeschichte: mit einem 2:1-Sieg über den späteren Vize-Weltmeister

Deutschland. Und Kamerun hatte Weltmeister Italien am Rande einer Niederlage 1:1. Ungeschlagen fuhren die schwarzen Männer wieder heim; gegen Polen und Peru hatten sie 0:0 gespielt.

Cramer leistete im Dienste des Weltverbandes Lehrarbeit im asiatischen und afrikanischen Raum. Er kam dabei zu der Überzeugung, „daß die Spieler Zentralafrikas die begabtesten der Welt sind". Allerdings fehle es ihnen an der systematischen Ausbildung, an Organisation in Klubs und Verbänden, aber auch am festen Willen, einmal Erlerntes zu behalten und zu bewahren.

Der Fußball Afrikas ist weniger durch die Kolonialherren als durch europäische Trainer beeinflußt worden. Aus Deutschland machten sich neben Westphal und Cramer vor allem Pape, Krautzun und Marotzke verdient.

Noch sind Probleme, die typisch afrikanisch genannt werden dürfen, nicht restlos abgebaut. Der Nationalstolz der zum Teil sehr jungen Staaten, die Mentalität ihrer Bevölkerung, politische Querelen, aber auch Stammesfehden, wie zum Beispiel in Kenia, hinderten die Talente bislang daran, die Welt des Fußballs aus den Angeln zu heben. Daß sie eines Tages dazu in der Lage sind, davon ist Dettmar Cramer überzeugt. Er belegt es mit einem Zahlenvergleich: „Als Trainer des Westdeutschen Fußballverbandes fand ich unter 40 Jugendlichen vielleicht zwei wirkliche Talente, also fünf Prozent. In Afrika liegt diese Quote stellenweise bei 50 Prozent."

Bei der WM 1990 war es wiederum Kamerun, das diese Erkenntnis bestätigte. Im Eröffnungsspiel gegen Argentinien besiegte man den Weltmeister mit 1:0 und scheiterte erst im Viertelfinale und durch zwei Foulelfmeter knapp gegen England. Auch 1998 waren es vor allem Schiedsrichterentscheidungen, die Kamerun den Weg verbauten, diesmal bereits den ins Achtelfinale.

Der größte Triumph des afrikanischen Fußballs war bislang mit dem Namen Nigeria verbunden. Im Endspiel um die olympische Goldmedaille 1996 in Atlanta (USA) blieben die Kicker aus dem bevölkerungsreichsten Land Afrikas mit 3:2 über den hohen Favoriten Argentinien siegreich. Längst hatte sich zu diesem Zeitpunkt bereits ein Strom „schwarzer Perlen" nach Europa ergossen, ein Trend, der sich in den folgenden Jahren in Anbetracht der krassen sozialen Unterschiede zwischen den Kontinenten noch verstärkte und vor allem auch Nigeria betraf.

Die großen Fußball-Nationen

Fußball in Argentinien

Von Federico Kirbus

Wie anderswo auch in Südamerika, so waren es in Argentinien gleichfalls die Briten, die den Fußball importierten". Und zwar zunächst die Matrosen englischer Schiffe, die Buenos Aires anliefen, um Fleisch und Häute zu holen, und ab 1866 ein englischer Lehrer: Alexander Watson Hutton, Direktor, Eigentümer und Professor der Buenos Aires High School. Er brachte die ersten Fußbälle nach Buenos Aires und ließ seine Schüler Fußball spielen. Fußball hatte schon einen festen Platz im Lehrprogramm.

Im Mai 1867 wurde der Buenos Aires Cricket Club (für Engländer) gegründet, und anläßlich des Gründungsfestes fand das erste „offizielle" Fußballspiel in Argentinien statt. Es wurde ausgetragen zwischen zwei Mannschaften von je acht Spielern, von denen die eine Partei rote und die andere blaue Mützen trug, die aber sonst im gleichen Dreß gekleidet waren.

Alexander Watson Hutton war es auch, der, als es bereits mehrere Sportklubs gab, die Fußball spielten, die Argentine Association Football League ins Leben rief: Das war am 21. Februar 1893.

Richtig Fußball gespielt wurde jedoch erst ab der Jahrhundertwende. Aus der Sportabteilung der Buenos Aires English School ging 1900 der Club Alumni hervor, der erste eigentliche Fußballverein Argentiniens. Der wurde gegründet, weil die Fußball-Liga die Beteiligung von Schul-Mannschaften nicht zuließ. Alumni war von 1900 bis 1911 neunmal Meister. Der Stamm der Mannschaft waren die Browns, die ersten Fußball-Idole Argentiniens, wenn nicht gar Südamerikas; George Brown war ihr Spielführer.

Der zweite wichtige Fußballverein Argentiniens war Racing, der seinen Namen vom Racing Club Paris übernahm. Zwischen 1913 und 1919 wurde Racing siebenmal Meister, und dann wieder 1921 und 1925. Es kam in jenen Jahren wie anderswo auch permanent zu Differenzen innerhalb des Fußballgeschehens, und so zersplitterten sich die Vereine bald in mehrere Verbände. 1912 entstanden die Asociación Argentinia de Football und die Federación Argentina de Football, ab 1919 wurde die 1914 gegründete Federación durch die Asociación de Futbol abgelöst, die wiederum 1930 aufgelöst wurde, als der Profi-Fußball entstand.

Das erste internationale Treffen in Argentinien fand am 26. Juni 1904 zwischen einer englischen Mannschaft aus Southampton und Alumni statt, das von den Besuchern 3:0 gewonnen wurde, wobei eigentlich auch die Alumni-Mannschaft ein englisches Team war; jedenfalls spielten für Alumni vorwiegend Briten. Kurz darauf spielte Southampton ein zweites Spiel gegen eine Auswahl, die sich „Británicos" nannte, und gewann 10:0, und in zwei weiteren Spielen blieb die Elf aus Southampton ebenfalls erfolgreich.

In der Blütezeit des Amateurfußballs, und zwar im selben Jahr, als Uruguay in Paris olympischer Meister geworden war und diese Auswahl gegen die argentinische in Buenos Aires spielte, ereignete sich am 1. Oktober 1924 ein bis dahin nie dagewesenes Ereignis, dessen Name in der Fußballsprache am Rio de la Plata bis heute erhalten ist. Cesáreo Onzari schoß eine Ecke gegen Uruguay und beförderte das Leder direkt ins Tor, solche Treffer werden auch heute noch „gol olimpico" (olympisches Tor) genannt.

Der Fußballsport wurde immer bedeutender und zog immer mehr Massen an. 1930 war der Punkt erreicht, an dem von Amateurismus nicht mehr die Rede sein konnte, denn die besten Spieler erhielten gutes Geld versteckt bezahlt. Also wurde der Profi-Fußball geschaffen. Das erste Profispiel war ein Freundschaftstreffen zwischen Boca Juniors und San Lorenzo/Platense; jeder Spieler erhielt 50 Pesos, das war etwa der vierte Teil des Monatslohns eines Arbeiters, bei vier Spielen pro Monat also soviel wie ein Monatsgehalt.

1931 wurde die erste Profi-Fußballmeisterschaft ausgetragen. Achtzehn Vereine nahmen an dem Turnier teil: Argentinos Juniors, Atlanta, Boca Juniors, Chacarita Juniors, Estudiantes de la Plata, Ferro Carril Oeste, Gimnasia y Esgrima de La Plata, Huracán, Independiente, Lanús, Platense, Quilmes, Racing, River Plate, San Lorenzo de Almargo, Talleres, Tigre und Velez Sarsfield. Sämtliche Clubs stammten aus der Bundeshauptstadt der Provinz Buenos Aires, etwa 70 km von Buenos Aires entfernt.

Erst später gesellten sich zu dieser Liga zwei Vereine aus der zweitgrößten Stadt Argentiniens, Rosario, am Ufer des Rio Paraná, etwa 300 km flußaufwärts gelegen. Das heißt, daß die argentinischen Meistertitel zunächst ausschließlich von Vereinen errungen wurden, die in einer der drei größten argentinischen Städte beheimatet waren (Buenos Aires, La Plata, Rosario); das änderte sich erst 1967, als die argentinische Fußballmeisterschaft in zwei Gruppen aufgeteilt wurde: das Campeonato Metropolitano, das zu einem der zahlreichen regionalen Turniere degradiert wurde, und das Campeonato Nacional, an dem jeweils die beiden Ersten der Regional-Meisterschaften teilnehmen (und das dann aber doch meist von einem der großen Vereine aus Buenos Aires gewonnen wird).

Boca Juniors ist der eine der beiden großen argentinischen Vereine, der die eine Hälfte des Fußballpublikums auf seiner Seite hat (Slogan: „Die Hälfte + 1 des Landes"); der andere große Club und Rivale ist River Plate: hier der Club für das Volk, dort die Snobs (Spitzname: „Die Millionäre"). Boca gewann die erste Profimeisterschaft, River Plate die zweite, und seither ist das Publikum in Argentinien ebenso in zwei Lager geteilt wie in Uruguay im Falle von Nacional und Penarol (oder die Rivalität in Brasilien zwischen Paulistanos und Cariocas). Zwei weitere große Clubs aus den 30er Jahren: Independiente und San Lorenzo.

Einige der großen Spieler aus jenen Jahren, die zum Teil auch in der argentinischen Auswahl gegen Uruguay in Amsterdam (28) und Montevideo (30) im Olympia- beziehungsweise WM-Finale gespielt hatten: Bernabé Ferreyra und Carlos Peucelle (River Plate) Corazzo, Ravaschino, Sastre (Independiente) Varallo, Cherro („Das Goldköpfehen", weil er ein blendender Kopfballspieler war), Benitez, Cáceres (Boca Juniors), Perinetii und Del Giúdiee (Racing). Berühmt auch der Sturm von Estudiantes de La Plata aus jenen Jahren: Lauri, Scopelli, Zozaya, Nolo Ferreyra und Guayta.

Ende der 30er, anfangs der 40er Jahre wurden andere Spieler, zum Teil auch über die Grenzen Argentiniens hinaus, berühmt: Erico, de la Mata, Pedernera, Cesarini, Moreno, Zito, Gandulla, Scopelli, Baldonado, Enrique Gareia, Sarlanga und so weiter.

Der Fußball, den man damals spielte, war im äußersten Grad offensiv. Man spielte um des Spiels wegen, nicht, um Meister zu werden, und demzufolge auch nicht, um das gegnerische Spiel zu bremsen. In den 30er Jahren waren daher über 1000 Tore pro Jahr, Saison oder Meisterschaft fast die Regel. Einige berühmte Meisterschützen von damals: 1931 Scopelli und Zozaya, je 33 Treffer; 1932 Bernabe Ferreyra, 44, später Erico mit 48, 43 und 40 Toren in den Jahren 1937/38/39. 1938 wurde Independiente Meister mit einem Durchschnitt von 3,6 Treffern für die 32 Spiele.

In den 40er Jahren wurde River Plate immer mächtiger. Der Grund: Der Verein begann, seine eigenen Spieler heranzuzüchten. Vielversprechende junge Burschen wurden systematisch trainiert und dann verkauft oder aber in die eigene erste Mannschaft eingegliedert, deren Meisterschaftserfolge dem Verein immer mehr Zuschauer, Mitglieder und Anhänger zuführte. So konnte sich River Plate das zweite große Betonstadion in Südamerika (nach dem Centenario-Stadion von Montevideo, 1930) leisten.

Der Sturm von River Plate wurde bald „La máquina" (Die Maschine) genannt, der niemand widerstehen konnte. Die Standard-Besetzung jener Jahre von etwa 1941 bis zum Ende der 40er Jahre: Munoz, Moreno, Pedernera, Labruna und Loustau. Allerdings begannen damals die Gegner schon, defensiv zu spielen. So erreichte River Plate beim Gewinn 1947 einen Durchschnitt von nur 2,3 Treffern pro Spiel.

Da trat 1948 etwas Unerwartetes ein. Eine Gruppe cleverer Geschäftsleute in Kolumbien hatte den Fußball als gute Geldquelle erkannt. Sie zogen große Vereine und große Spiele auf, um Publikum in die Stadien zu locken. Diese Geschäftsleute erhielten den Dollar zu Vorzugskursen und köderten ausländische (auch argentinische) Fußballspieler mit sensationellen Gagen. In Argentinien kam es zunächst zu einem Streik der Berufsspieler, die mehr Geld haben wollten. Weil die Vereine jedoch nicht in der Lage waren, mehr zu bezahlen, wanderten viele der besten Spieler nach Mittelamerika ab. Kolumbien zahlte damals für jene Zeit phantastische Ablösungssummen: bis zu 8000 Dollar pro Spieler.

Bald spielte die Crème de la Crème des internationalen Fußballs in Kolumbien, das in Fußballerkreisen als „El Dorado" bekannt wurde. Zwar wurde die Fußballiga Kolumbiens (Dimayor) von der FIFA ausgeschlossen, aber dafür die Asoeiación Central (Adefütbol) zugelassen.

Argentinien hatte bereits seine besten Leute verloren. 1949 spielten in Kolumbien 109 Ausländer, davon 57 Argentinier, und zwar (unter anderen): in Bogotá: Adolfo Pedernera, René Pontoni, Alfredo Di Stéfano, Héctor Rial; in Cali: Camilo Cervino, Antonio Mur; in Bucamarango: Leon Strembel; in Barranquilla: Raul Leguizamón. Auch die Trainer Carlos Peucelle, der die Nachwuchsschule von River Plate auf die Beine gestellt hatte, und Carlos Aldabe.

Peucelle behauptete später, daß damals in Kolumbien der beste Fußball der Welt gespielt wurde, vor allem bei den Millonarios („Das blaue Ballett"), die den Meistertitel gewannen, nach Spanien kamen, sahen und siegten und Alfredo Di Stefano weltbekannt machten. Der dann wiederum von den Spani-

Weltmeister 1978
Glühende Augen, strahlende Sieger. Hände und Blicke umschmeicheln die Weltmeisterschafts-Trophäe nach der Siegerehrung durch Staatspräsident Videla.

ern gekauft wurde. In der besten Besetzung der Millonarios standen damals sieben Argentinier. Nach fünf Jahren liefen die Verträge aus, und die meisten Spieler kehrten 1953 in ihre Heimat zurück, reicher geworden zwar, aber nicht unbedingt besser.

International hat Argentinien eine lange Tradition. 1928 und 1930 wurde die argentinische Auswahl hinter Uruguay Zweiter in Amsterdam bei den Olympischen Spielen und in Montevideo (bei der ersten Weltmeisterschaft). Aus dieser Zeit datiert der gute Ruf der argentinischen Fußballkunst.

Sehr gut hat sich Argentinien immer wieder bei den Südamerikanischen Meisterschaften geschlagen, in denen es wiederholt siegreich war: so 1936, 1945, 1946, 1947, 1955, 1957. Den Sturm bilden in den fünfziger Jahren so berühmte Spieler wie Corbatta, Maschio, Angelillo, Sivori und Cruz; Trainer war damals Guillermo Stábile, der große Star der dreißiger Jahre.

Die Erfolge bei den Südamerikanischen Meisterschaften sowie auf den Tourneen argentinischer Oberliga-Mannschaften durch Europa (San Lorenzo 1946/47, Newell's Old Boys 1949/50, Boca Juniors 1952/53, Independiente 1953/54) ließen die argentinische Öffentlichkeit glauben, die Argentinier seien die Besten der Welt. 1951 spielte die argentinische Elf erstmals in Wembley gegen England und verlor knapp 1:2, gewann dann gegen Irland 1:0, im darauffolgenden Jahr gegen Spanien 1:0 und gegen Portugal 3:1.

1958 nahmen die Argentinier an der Weltmeisterschaft in Schweden teil, wo Brasilien gewann und die Argentinier sehr schlecht abschnitten. Prompt siegten sie aber bei der anschließenden Südamerikanischen Meisterschaft in Buenos Aires vor Brasilien (!) und Uruguay.

Nach mittelmäßiger Leistung 1962 in Chile nahm die argentinische Auswahl 1964 am Pokal der Nationen in Brasilien teil (England, Brasilien, Portugal, Argentinien). In den einzelnen Teams spielten einige der damals Besten der Welt: Pelé, Gerson, Vava, Julinho aus Brasilien, Greaves, Charlton, Moore aus England, die Portugiesen Eusebio und Coluna. Argentinien, das bei den Weltmeisterschaften oft so miserabel abschnitt, gewann gegen Portugal 2:0, gegen Brasilien 3:0, gegen England 1:0 – und das mit einer im allerletzten Augenblick improvisierten Auswahl.

Großen Auftrieb erhielt der Fußball in Argentinien immer wieder durch die Erfolge argentinischer Klubs bei den südamerikanischen Vereinsmeisterschaften (Copa Libertadores de América). Von 1963 an war stets ein argentinischer Club im Endspiel, Namen wie Boca Juniors Buenos Aires, Independiente Buenos Aires, River Plate, Racing Buenos Aires und Estudiantes de La Plata wurden dadurch auch den europäischen Fans ein Begriff. Am sogenannten Weltpokal, den Spielen zwischen den Cup-Siegern aus Südamerika und Europa, nahmen argentinische Meister ebenfalls mit Erfolg teil, so 1967 Racing (gegen Celtic Glasgow), 1968 Estudiantes (gegen Manchester United), 1973 Independiente (gegen Juventus Turin) und 1978 Boca Juniors (gegen Borussia Mönchengladbach).

Das politische Auf und Ab, das Argentinien in den vergangenen 30 Jahren immer wieder erlebte und das auch die Wirtschaft in Mitleidenschaft zog, brachte es mit sich, daß auch die Erfolgsserien von Vereinsmannschaften nicht von langer Dauer waren. Kaum hatte sich ein Team international bewährt und einige Spitzenspieler herangebildet, da meldete sich schon ein ausländischer Club, der mit Hilfe einer harten Währung die ihm fehlenden Leute zum äußerst günstigen Peso-Preis einkaufte. Seit 1957, als unter anderen Angelillo, Maschio und Sivori (letzterer zum Spottpreis von 25 000 Dollar) ins Ausland wechselten, hörte der Ausverkauf im argentinischen Fußball nie auf.

Argentinien galt lange Zeit als „Hoflieferant" für berühmte Vereine in vielen Ländern – ein Beweis immerhin, daß Argentinien unentwegt Spieler von internationaler Klasse hervorbrachte. Aber die Enttäuschungen bei den Weltmeisterschaftsturnieren setzten sich fort. 1966 scheiterte Argentiniens Mannschaft, ganz auf Härte und Abwehr gedrillt, im Viertelfinale am späteren Weltmeister England, 1970 konnte sich Argentinien als Gruppendritter hinter Peru und Bolivien gar nicht für Mexico qualifizieren. Bei der WM 1974 in der Bundesrepublik zeigte das Team vielversprechende Ansätze, zog aus der Gruppe IV hinter Polen, aber vor Italien in die zweite Finalrunde ein, in der dann allerdings die Erwartungen nicht erfüllt wurden. Da blieb für die Argentinier in der Gruppe A nur der letzte Platz hinter Holland, Brasilien und der DDR, gegen die sie mit einem 1:1 ihren einzigen Punkt holten.

Vier Jahre später, bei der Weltmeisterschaft im eigenen Land, wurden jedoch ungeahnte Kräfte frei. Wieder einmal wie – schon 1930 in Uruguay, 1934 in Italien, 1966 in England und 1974 in Deutschland – gewann die Mannschaft des Gastgebers den Titel. Argentinien wurde aber nicht nur deshalb Weltmeister, weil die Spieler in den blauweiß gestreiften Trikots von der überschäumenden Begeisterung des Publikums förmlich zum Sieg gebrüllt wurden und gelegentlich auch von insgesamt schwachen Schiedsrichterleistungen profitierten.

Argentiniens Mannschaft hob sich aus dem Mittelmaß dieser Weltmeisterschaft vor allem deshalb heraus, weil sie im Gegensatz zu fast allen anderen Teams ein manchmal atemberaubendes Offensivspiel vorführte und ohne Schnörkel den Weg zum gegnerischen Tor suchte. Außerdem stand in ihren Reihen der herausragende Mann dieses Turniers, ein glänzender Techniker und gefährlicher Torjäger in einer Person: Der 24jährige Mario Kempes, seit zwei Jahren in Diensten des spanischen Clubs FC Valencia, war als einziger in der Lage, ein Spiel allein zu entscheiden. Sicherlich war es kein Zufall, daß er, den man in die Kategorie „offensiver Mittelfeldspieler" einordnete, mit sechs Treffern Schützenkönig wurde und im Endspiel gegen die Niederlande, das Argentinien erst in der Verlängerung 3:1 gewann, die ersten zwei Tore für seine Mannschaft schoß. Neben Kempes feierte man auch besonders Torhüter Fillol.

Mit dem Triumph Argentiniens ist freilich auch ein anderer Name untrennbar verbunden, der des Trainers Luis Cesar Menotti. Daß er bereits vier Jahre im Amt war, durfte nach argentinischen Maßstäben allein schon als Sensation bezeichnet werden. Ausgestattet mit Vollmachten, wie sie vor ihm kein anderer argentinischer Nationaltrainer hatte, arbeitete Menotti in diesen vier Jahren mit ungewöhnlichen Mitteln zielstrebig und geduldig auf das große Ziel hin. Gegen den Protest der Öffentlichkeit verzichtete er dabei auf Spieler des in diesem Zeitraum erfolgreichsten Vereins Boca Juniors, weil der Defensiv-Fußball dieser Mannschaft nicht seinen Vorstellungen entsprach.

Der eigenwillige Trainer unterdrückte nicht das Temperament der technisch schon immer sehr begabten argentinischen Fußballer, sondern machte es nutzbar. Er brachte ihre Vorzüge erst richtig zur Geltung, und sein Mut zum Risiko wurde schließlich mit dem WM-Titel belohnt.

Als Argentinien vier Jahre später in Spanien antrat, den Weltcup zu verteidigen, war zwar ein neuer Star am Fußballhimmel aufgegangen – aber auch mit Diego Maradona, den Trainer Menotti nur zähneknirschend akzeptiert hatte, scheiterte der Titelverteidiger an Brasilien (1:3) und dem späteren Weltmeister Italien (1:2) schon in der Vorrunde.

Wenig Vertrauen wurde der Mannschaft entgegengebracht, die 1986 zur WM-Endrunde nach Mexiko reiste. Menottis Nachfolger Carlos Salvador Bilardo wurde auch von Menotti selbst scharf angegriffen. Aber es gelang ihm, eine Mannschaft zu formieren, die in Mexiko „Fußball total" spielte, wie sich Experten begeisterten. Vor allem freilich dank Diego Maradona. Der entschied vier der sieben Begegnungen – schoß allerdings im Finale, das die Argentinier 3:2 gegen Deutschland gewannen, keinen Treffer. Argentinien war zum zweitenmal Weltmeister.

Fußball in Brasilien

Von Ulfert Schröder

Als der brasilianische Fußball-Verband im Herbst 1969 daranging, seine Mannschaft auf die Weltmeisterschaft 1970 in Mexiko vorzubereiten, setzte ihm die Regierung einen Aufpasser ins Haus. Der Mann hieß Claudio Pecego Coutinho und hatte, zur Tarnung, lediglich die Funktion eines Konditionstrainers. In Wirklichkeit aber war dieser Coutinho vom Augenblick seines Dienstantritts bis zum Gewinn des Finales gegen Italien im Azteken-Stadion von Mexico City der zwar heimliche, aber allmächtige Chef der Nationalelf.

Mitglied der brasilianischen Armee im Rang eines Hauptmanns, groß, athletisch, gleichermaßen wortkarg wie sprachgewandt, der Typ des erfolgreichen Absolventen einer preußischen Kadettenschule, hatte Coutinho den Militärs in Brasilia zu garantieren, daß sich beim Schliff der Fußball-Stars für die Weltmeisterschaft kein lateinamerikanischer Schlendrian einschlich.

Denn knapp vier Jahre vorher, bei der Weltmeisterschaft 1966 in England, mißriet den Brasilianern die Verteidigung des 1962 in Chile gewonnenen Titels, und der dickleibige Trainer Vicente Feola, der bei den größten Spielen stets einzuschlafen pflegte, mußte sich vor seiner Rückkehr nach Brasilien etliche Wochen in der Schweiz verstecken, um Gras über die schlimme Schlappe wachsen zu lassen.

Claudio Coutinho, der an der Militärakademie sein Sportlehrer-Examen gemacht, statt soldatischer Sandkastenspiele ein Buch über Konditionstraining geschrieben und im Auftrage seiner Regierung sportliche Entwicklungshilfe in Peru geleistet hatte, besaß als Aufpasser und Kontrolleur des neuen Trainers Mario Lobo Zagalo ein Amt von staatserhaltender Wichtigkeit.

Denn in Brasilien ist der Fußball ein Machtinstrument, und eine erfolgreiche Nationalelf eine Basis, auf der sich regieren läßt. Das geht um so leichter, da in Brasilien ein professioneller Athlet mittels

Gesetz zum absoluten Gehorsam gegenüber der staatlichen Obrigkeit verpflichtet ist und eine Berufung in die Nationalelf des Landes einem militärischen Stellungsbefehl gleichkommt.

Als nun die Militärs an den brasilianischen Hebeln der Macht ihren Offizier Coutinho ins Fußball-Geschäft delegierten, wußten sie ganz genau, was und weshalb sie das taten. Zu dieser Zeit befand sich das Land in einem politischen, ökonomischen und sozialen Umbruch. Das Volk hungerte und die Unzufriedenheit in den Favelas, den Elendsvierteln von Rio, Santos und Brasilia, wuchs von Monat zu Monat. Die Militärs hatten ihre Pläne für die Gesundung der Wirtschaft, die Industrialisierung und Sozialisierung des Landes gemacht. Die Armee verstand sich, wie in Peru und in zunehmendem Maße auch in Uruguay, als Mutter, Lehrerin und Fürsorgerin des Volkes. Diese selbstgegebene Aufgabe freilich konnten die brasilianischen Generale nur erfüllen, wenn das von ihnen geführte und diktierte Kabinett des Präsidenten Medici stabil blieb.

Und dieser stabilisierende Faktor kann in Brasilien nur der Fußball sein. Deshalb war, koste es, was es wolle, die Weltmeisterschaft in Mexiko zu gewinnen. Es ist daher leicht einzusehen, daß dieser Claudio Coutinho eine äußerst wichtige, wenn nicht gar in diesen Monaten vor der Weltmeisterschaft die wichtigste Figur im politisch-militärischen Spiel Brasiliens gewesen ist.

Als dann die brasilianische Mannschaft siegreich aus Mexiko heimkehrte, mischte sich der Präsident Medici hemdsärmelig unter das jubelnde Volk in den Straßen Rio de Janeiros, und das war eine Sensation. Denn normalerweise fährt der Präsident in gepanzerten Limousinen.

Der Weltmeisterschaftssieg von Mexiko jedoch machte Medici und seine Regierung unverwundbar, das Volk sah in ihm den Vater, der ihm höchstes Glück, ein unvergleichlich schönes Fest und das Bewußtsein geschenkt hatte, daß Brasilien auf dieser Erde die Nummer eins unter allen Nationen zu sein hat.

In der Tat konnte die Regierung Medici erst von 1970 an ihre Reformpläne, unter der Führung der Militärs, unangefochten durchbringen, und die Tatsache, daß in Brasilien heute immer weniger Menschen hungern und der wirtschaftliche Wohlstand allmählich wächst, bezeichnen die Brasilianer zum überwiegenden Teil als eine Folge jenes Fußballsieges, den ihre Mannschaft in Mexiko errungen hat.

Für europäische Ohren hört sich das an wie eine Groteske. In Brasilien jedoch, wo Indios, Mestizen, Mulatten und Neger weitgehend integriert sind und nicht durch rassische, wohl aber durch soziale Schranken vom Wohlstand ferngehalten werden, hat der Fußball im öffentlichen Leben und als Beruhigungs- und Betäubungsmittel für das Volk eine für europäische Augen unvorstellbar gewichtige Position erlangt.

Fußball war auch in Brasilien das Spiel der Europäer, der weißen Herren. Seit im Jahre 1888 sehr plötzlich und vor allem ohne Übergang die Sklaverei aufgehoben wurde, drängten die Schwarzen vom Land in die Städte, die sie weder beherbergen noch ernähren konnten. Im Schatten des kolonialistischen Wohlstandes wuchsen die schwarzen Elendsquartiere.

Für die Bewohner dieser sogenannten Favelas gab es keine Möglichkeit, ein menschenwürdiges Leben zu finden, bis sie den Fußball und der Fußball sie entdeckte.

Sehr bald nach der Befreiung von der Sklaverei nahm der Klub FC America Manteiga den ersten Farbigen in seine Mannschaft auf. Kurz darauf begann der Stern des ersten brasilianischen Fußball-Helden zu glänzen. Der Mann hieß Arthur Friedenreich und war der Sohn eines Hamburger Ingenieurs und einer brasilianischen Negerin.

Friedenreich starb 1969 im Alter von 77 Jahren. Er hatte seine 25jährige Karriere im deutschen Klub von Sao Paulo begonnen, er schoß in 945 Spielen 1329 Tore, und die Brasilianer behaupten, die Mischung aus deutscher Gründlichkeit und afrikanischer Geschmeidigkeit sei das Geheimnis der unvergleichlichen Fußballkunst Friedenreichs gewesen. Er durfte als einer der ersten Nichtweißen in der brasilianischen Nationalelf spielen und wurde auf diese Weise ein Symbol des Gedankens der Rassenintegration.

Als dann der Professionalismus eingeführt wurde, war für die stets als Untermenschen abqualifizierten Bewohner der Elendsviertel endlich das Ventil ihrer Tagträume, der nie zu erfüllenden und doch erfüllbaren Wünsche, geöffnet.

Fußballspieler, das war der erste und lange Zeit einzige Beruf, in dem der Jüngling Dreck und Gestank der väterlichen Blechhütte abschütteln konnte, in dem er nach der Befreiung auch die Vorteile eines freien Lebens gewinnen konnte. Innerhalb weniger Jahre waren die größten Fußball-Stars ausschließlich Neger und Mulatten. Eine Tatsache, die den anerkannten brasilianischen Soziologen Prof. Dr. Gilberto Freyre zu einer wissenschaftlichen Untersuchung veranlaßte. In der Auswertung seiner Arbeit schreibt er: „Der brasilianische Mestize von Bahia oder Rio, der untersetzte Mulatte von der Küste, sie huldigen einem Fußball, der längst nicht mehr dem apollinischen Spiel der Briten gleicht, sondern einem dionysischen Tanz. Im Fußball wie in der Politik ist Schmiegsamkeit das Kennzeichen des brasilianischen Mulatten, Überraschung und Verschnörkelung, immer aber sind da unterbewußt die Tanzschritte und die wilden Wälder."

Deshalb ist in Brasilien ein Fußball-Stadion, zum Beispiel das 200 000 Menschen fassende Maracana von Rio, mehr als die gut oder weniger gut gelungene Komposition von Spielfeld und Tribünen. In Brasilien ist das Stadion eine Kultstätte, in der sich der dumpfe Klang der Bongo-Trommeln, der brünstige Gesang und das ekstatische Geschrei der Zuschauer und der, wie Freyre sagt, „dionysische Tanz" der 22 Athleten zu einer ebensooft grandiosen wie beinahe beklemmenden Messe vereinen.

Kenner Brasiliens behaupten, es gebe zwei Dinge, die die Menschen dieses Landes, ein Volk der tausend Völkerschaften, zusammenhielten, nämlich die katholische Kirche und der Fußball.

Das ist nur dem begreiflich, der miterlebt hat, wie Brasilianer vor oder nach einem Fußballspiel den Heiligen jenes mystischen Glaubens huldigen, der eine Renaissance Afrikas in Brasilien darstellt, eine Afrikanisierung des Katholizismus, und wie dieser Glaube mit den Stars des Fußballs, diesen für Brasilianer Beinahe-Heiligen, in Beziehung gebracht wird.

Auf den Sklavenschiffen hatten die Afrikaner die Götzen ihrer Heimat mit in den neuen Kontinent gebracht. Und dort hatten sie diese Götzen mit den Figuren der Heiligen, die ihnen die weißen Priester nahebrachten, vermengt. Auf den Altären der Macumba- und Candomblé-Sekten steht im meerblauen Kleid und mit goldenem Haarreifen die Göttin des Meeres Iemanja in der Gestalt der europäischen Mutter Gottes, der pfeiferauchende schwarzafrikanische Gott Pretovelho mit nacktem Oberkörper und weißer Hose, neben der Mutter Gottes die blutigrote Teufelin Pombagira, eine nackte Frauengestalt mit weißen Hörnern, und der indianische Gott Penabranea als heiliger Georg in silberner Ritterrüstung auf weißem Pferd im Kampf mit einem grünen Drachen.

Drei Rassen und drei Kulturen, Indios, Afrikaner und Europäer, vermengten und vermischten sich zum Macumba-Kult, der sich mittlerweile durch die Versachlichung und Materialisierung des Lebens auch in Brasilien und Peru immer mehr zum Fußball hinwendet als einem Spiel, in dem unerklärliche und rätselhafte Glücks- oder Pech-Zufälle geradezu herausfordern, an mystische Ursachen oder geheimnisvolles Wirken der Gottheiten zu glauben.

Zauberei, Hexenwahn und irrsinniger Aberglauben haben in den Randgebieten des afrokatholischen Götzentums jene kuriosen Geschichten geboren, die den brasilianischen Fußballspieler in den Augen des Europäers nicht selten als kindischen und kindlichen Toren erscheinen lassen. Der Brasilianer Rafel Dellilo, ein Schuhmacher und Priester des Umbanda-Kultes, hat seine Erfahrungen mit dem brasilianischen Fußball in einem Buch niedergelegt. Eines Tages, so berichtet Dellilo, habe ihn ein Journalist gebeten, dem Trainer von Palmeiras Sao Paulo zu helfen. Der arme Mann werde bald vor die Tür gesetzt, weil die Mannschaft kaum noch gewinne. Dellilo riet, die Trikots der Spieler mit Weihwasser anzufeuchten und in einer Kirche, die möglichst nahe dem Stadion liegen müsse, elf Kerzen anzuzünden. Am nächsten Tag gewann Palmeiras 3:0.

Um eine lange Niederlagen-Serie zu beenden, empfahl Dellilo dem Klub Corinthians, die vier Ecken seines Spielfeldes umzugraben. In der Tat wurden dort, gleich bei den Eckfahnen, vier Messer gefunden. Als dieses böse Zeichen entfernt war, stellten sich wieder Siege ein. Dellilo ließ dann, zur Sicherheit, auch noch nach einem Eselskopf graben. Der freilich wurde nie gefunden.

Der Trainer Santana zum Beispiel begibt sich etliche Stunden vor jedem Spiel in die Kabine seiner Mannschaft, wischt den Fußboden und bestreut ihn mit Salz. Diese Prozedur soll die bösen Geister vertreiben.

Christlicher Glaube als Beschwörung besonderer Geister und spezieller Art des Aberglaubens wird am besten in diesem Beispiel sichtbar: In einer kleinen Stadt im Norden Brasiliens forderte die Lokalzeitung die Anhänger des Klubs auf, die Schußkraft der Spieler durch Gebete zu beschwören. Viele Zuschauer brachten ihre Gebetbücher mit und murmelten während des Spiels ihre Bitten an die einzelnen Heiligen. Das Ergebnis war verblüffend: die Stürmer schossen zwei Tore, aber die Verteidiger beförderten den Ball nicht weniger als dreimal ins eigene Tor. Der Vorstand des Vereins sah den Fehler schnell ein und stellte fest, man habe irrtümlich für alle Spieler gebetet und nicht, wie es eigentlich hätte geschehen müssen, nur für die Stürmer.

Solche Scharlatanerie findet man heute nur noch auf dem Lande und in kleinen Klubs. Die großen Vereine wenden die Bereitschaft ihrer Spieler, an Übersinnliches zu glauben, mittlerweile recht ernsthaft an und koppeln diese Gepflogenheit mit dem Einsatz modern ausgebildeter Psychologen, die wissenschaftliche Erkenntnisse auf dem Umweg über Altäre und Weihwasser-Becken anzuwenden verstehen. Selbst der Umbanda-Priester Dellilo sagt in seinem Buch: „Früher stammten die meisten Spieler aus den ärmeren Volksschichten. Diese Burschen glaubten auf Grund ihrer unzureichenden Erziehung und Ausbildung, daß ihnen allein ein Zauberspruch zum Sieg verhelfen würde. Heute studieren manche Spieler an Universitäten, andere haben das Abitur. Sie wissen, daß ihnen während eines Fußballspiels ein Zauberspruch gar nichts nützt."

Christlicher Glaube, Geisterbeschwörung und Götzenanbetung haben jedoch dazu beigetragen, dem Fußball den Geruch einer kultischen Handlung zu geben. Auf diese Weise wurde dieses Spiel fest im Bewußtsein der ganzen Bevölkerung verankert. Fußball in Brasilien ist nicht nur ein Amüsement für Millionen, es ist eine öffentliche Angelegenheit.

Die Afrikaner gaben dem brasilianischen Fußball sein Gepräge. Damit wurde dieses Spiel vor allem bei der schwarzen und indianischen Bevölkerung zu einem jener Pfeiler, aus dem die Menschen ihr Selbstbewußtsein, das Gefühl ihrer nationalen Einheit und die Überzeugung ziehen, daß sie von gottgleichen oder gottähnlichen Wesen abhängig sind.

Auf sonderbare und kaum erklärliche Weise besitzt das Fußballspiel für sie wieder jene Bedeutung wie für die Ureinwohner, nämlich die Bedeutung einer symbolischen Vereinigung mit den Göttern. Deshalb auch ist es verständlich, daß ein außergewöhnlicher Spieler wie Pelé in Brasilien erstens mehrfacher Millionär und zweitens das Idol eines ganzen Kontinents werden konnte. Und deshalb auch ist es verständlich, daß durchaus nüchterne und normalerweise völlig klar denkende Menschen diesem Pelé nachsagen können, er sei trotz seiner nachgewiesenen Kurzsichtigkeit in der Lage, Vorgänge hinter seinem Rücken genau auszumachen und beispielsweise einen Mann und dessen Kleidung zu identifizieren, der sich ihm von hinten nähert und zu keiner Sekunde in seinen wirklichen Gesichtskreis tritt.

Und deshalb auch ist es möglich, daß durch Fußball ganz Brasilien einzuschläfern, zu hypnotisieren und wie durch Opium zu betäuben ist. Als im Dezember 1968 Vorgänge im Parlament von Brasilien die Regierung erschütterten, über den großen Städten des Landes eine zitternde Unruhe lag und in den Parks von Rio Soldaten mit geladenen Gewehren patrouillierten, beruhigte ein Regierungsbeamter die europäischen Besucher: „Ich bitte Sie, wir haben innerhalb von drei Tagen zwei Länderspiele, da denkt noch niemand an Revolution oder Aufruhr."

Gleichwohl, diese für Europäer unvorstellbare Bedeutung besitzt der Fußball in Brasilien nur, wenn die Mannschaft des Landes erfolgreich ist. Diese Erfolge aber werden erreicht, wie das Beispiel des Offiziers Coutinho beweist, durch militärischen Drill, geradezu preußische Genauigkeit in der Planung und Ausschöpfung sämtlicher Möglichkeiten. Und viel Geld. So unterzogen die Brasilianer vor der Weltmeisterschaft in Mexiko ihre Mannschaft demselben Konditionstraining, wie es die US-amerikanischen Astronauten zu absolvieren hatten, und vor der Weltmeisterschaft 1974 in Deutschland stellte die Regierung fünf Millionen Mark allein für die Nationalelf zur Verfügung.

Lauter Investitionen, die mit beinahe hundertprozentiger Sicherheit garantieren, daß dem Volk das Rauschmittel Fußball in seiner reinsten und besten Form geliefert wird. Die Spieler hingegen beten vor Altären, die gleich neben den Umkleidekabinen eingerichtet sind, zu ihren Götzen und Göttern, lassen sich von ihren Macumba-Priestern Amulette segnen und opfern nach den Siegen irgendwo am Strand einer katholischen, indianisch-afrikanischen geschmückten Heiligen.

Pelé, Brasiliens größter Spieler, hat die soziologische Bedeutung des Fußballs sehr genau erkannt, obwohl er immer beteuert, er sei ein Fußballspieler und kein Politiker. Gerade weil er die Zusammenhänge durchschaut und weiß, daß er für die Masse des Volkes, vor allem für die Schwarzen und die Mulatten, eine grandiose Symbolfigur geworden ist, enthält er sich jeder kritischen Äußerung und wacht peinlich genau darüber, daß seine Handlungen auf dem Rasen und außerhalb des Stadions zu keinerlei Tadel Anlaß geben.

Seinen Rücktritt vollzieht er stufenweise und hat ihn so geplant, daß man ihn nie als den „alten Mann mit dem Ball" verlachen kann. Träte dieser Umstand ein, so fürchtet Pelé, könnten alle seine Feinde ihre Zurückhaltung fahren lassen und den Verlust seiner Unverletzlichkeit dazu benutzen, ihm einen schimpflichen Abgang zu bereiten. Denn Pelé hat Feinde unter den Linken des Landes, die dem schwarzen Fußball-Idol stets verübelten, daß er sich nie zur Rassendiskriminierung in den USA und in Südafrika äußerte, daß er nie dazu beigetragen hat, das frische Selbstbewußtsein der afrikanischen Staaten zu stärken, daß er zwar öffentlich für die Waisen betete, daß er sich aber nie zum fordernden Sprecher der Armen gemacht hat.

Dieser Ärger ist verständlich. Denn ebenso wie Pelé durch seine Demonstration gläubiger Demut und geduldiger Ergebenheit die Unterwerfung des Menschen unter die schicksalhaften Fügungen der Obrigkeit vorgelebt hat, genauso hätten ein paar Worte von ihm ausgereicht, die Verhältnisse in Brasilien zu verändern. Sobald seine Leistungen auf dem Rasen Anlaß zur Kritik geben könnten, so vermutet Pelé, würden seine Feinde in die Lage versetzt, ihn dafür zu bestrafen, daß er kein zweiter Cassius Clay werden wollte, sich nicht mit den Ideen Martin Luther Kings identifizierte oder ein lobendes Wort über Angela Davis sagte.

Der Symbolgehalt der Figur Pelé und seine Prominenz hätten ihn zum Heerführer aller Schwarzen dieser Erde werden lassen. Als Pelé während des Biafra-Krieges Nigeria besuchte, ruhten zwei Tage lang die Waffen. Bei einem Empfang in London erhob sich Prinz Philip von seinem Platz und ging auf Pelé zu. Die Etikette verlangte es genau andersherum.

Es wird nie festzustellen sein, ob Pelé aus Überzeugung oder Opportunismus den Rassen- und Klassenkämpfern seines Landes nie seine Stimme geliehen hat. Zweifellos hätten solche Aktionen finanzielle Einbußen zur Folge gehabt. Weil Pelé in jeglicher Beziehung ein Muster an Unbescholtenheit, sauberer Gesinnung und des Ausgleichs gewesen ist und noch immer ist, durfte er die Millionen scheffeln.

Dieser Reichtum und die dadurch dokumentierte Möglichkeit, Geld zu verdienen, verdeckt die Armut in einem Lande, wo es in Hunderttausenden Familien selbstverständlicher Brauch ist, den Sonntagsanzug vom Vater auf den Sohn zu vererben. Und er verdeckt die Armut und das Elend in der Branche Pelés, im Berufszweig der professionellen Fußballspieler.

Pelés Vater war einer dieser Berufsspieler, die sonntags für einen Hungerlohn dem Ball nachjagten und gerade nur das Existenzminimum verdienten. Jedenfalls stellte die brasilianische Sportzeitung „Placar" fest, daß es im Lande etwa 15 Fußball-Millionäre gibt, darunter eine Gruppe von ungefähr 25 bis 30 recht gut bezahlten Spielern, die Basis des brasilianischen Fußball-Professionalismus jedoch aus rund 6000 Spielern besteht, die ein erbärmliches Leben fristen müssen.

Brasilianische Profis sind zwar durch ein Gesetz zur Folgsamkeit dem Staat gegenüber verpflichtet (juristisch sind sie den Berufssoldaten gleichgestellt), sie besitzen jedoch keinerlei Schutz, wie er normalerweise für einen Arbeitnehmer in anderen Berufszweigen üblich ist. Die Bemühungen der Spieler, sich gewerkschaftlich zu organisieren, scheiterten jeweils am Widerstand oder dem Desinteresse der etablierten Stars und an der Unmöglichkeit, die einzelnen Gruppierungen der Profis in den verschiedenen Bundesstaaten auf eine gemeinsame Linie zu bringen.

Brasilien ist also, was den Fußball anlangt, in jeglicher Hinsicht ein Land der unbegrenzten Möglichkeiten. Ein Fußballspieler kann Multi-Millionär werden oder verhungern. Die riesige Gruppe des Fußball-Proletariats hat freilich in den fünfziger und sechziger Jahren rund drei Dutzend exzellenter Spieler hervorgebracht, die bei den Weltmeisterschaften 1958, 1962 und 1970 die Weltmeisterschaft gewannen und vor allem 1958 in Schweden der Welt einen in seiner Schönheit noch nie erlebten und in seiner technischen und taktischen Perfektion noch nie gesehenen Fußball beschert.

Brasilien – dieses Wort wurde zum Synonym für zauberhaften Fußball, wozu allerdings Pelé in ganz entscheidendem Maße beitrug. Die Brasilianer fügten ihrem angeborenen Instinkt im Umgang mit dem Ball die Bereitschaft hinzu, auf dem Spielfeld eine gewisse Ordnung einzuhalten, was sie von den Europäern lernten. Diese Ordnung freilich war nicht eine europäische, sondern eine Taktik, die den Eigenschaften und dem Spielverständnis der Brasilianer entsprungen war. Das System wurde als 4-2-4 oder 4-3-3 zum Allgemeingut sämtlicher Fußball-Mannschaften der Erde.

Brasilianischer Fußball, das ist heute ein Wertbegriff, so wie es etwa eine Schweizer Armbanduhr ist. Das war nicht immer so, auch wenn angesichts der überlegenen Weltmeisterschafts-Siege leicht die Vermutung aufkommen könnte, erst die Brasilianer hätten Fußball zum „König Fußball" gemacht.

Auch die Verallgemeinerung, man brauche am Strand von Copacabana einigen jungen Burschen nur einen Ball hinzuwerfen, und schon habe man eine Klasse-Mannschaft, ist vermessen, denn so, wie noch kein Meister vom Himmel gefallen ist, ist auch noch kein Fußball-Meister von dort gekommen.

Den möglichen Stellenwert des Fußballs allerdings hatten die Brasilianer schon zu Beginn erkannt. Eine Gemeinde-Verordnung vom 14. April 1895 bewies das schwarz auf weiß. Dieser Tag, quasi die Geburtsstunde des brasilianischen Fußballs, brachte nämlich zugleich das erste Opfer zugunsten des Fußballs. Das erste einer ganzen Reihe. Nicht immer waren es Dankopfer, mitunter waren es auch verbrannte Fahnen, umgestürzte Autos, vor Ekstase im Fußballstadion zertrampelte Menschen, denn kein Land auf der Welt nimmt so bewußt Anteil an diesem Spiel.

Am 14. April 1895 waren es die Radrennfahrer, die dem Fußball weichen mußten, denn die Verordnung verlangte, daß die Radrennbahn von Sao Paulo in ein Fußballstadion umgewandelt wird. Das wurde der erste vernünftige Fußball-Platz dieses Landes. Im Vergleich zum Super-Stadion Maracana hätte er sich wohl ausgenommen wie eine Dorfkapelle neben dem Peters-Dom. Aber auch das ist nur ein Beweis dafür, daß das Land der unbegrenzten Fußball-Möglichkeiten klein angefangen hat.

Sao Paulo blieb für die Kinderjahre des brasilianischen Fußballs das Zentrum. Im Jahre 1901 formier-

Weltmeister 1970

CRUZ AZUL

te sich der C. A. Paulistano, der erste Fußball-Klub Brasiliens, dem Bedeutung zukam. Er war so etwas wie die Urzelle der Sao-Paulo-Liga und hatte später mehr die Funktion eines Fußball-Verbandes.

Ein gewisser Oscar Cox sorgte dann 1904 für den zweiten Schwerpunkt. In Rio de Janeiro wurde auf seine Initiative hin der „Fluminense F. F." gegründet. Ihm folgten der Reihe nach Klubs, deren Namen auch heute noch einen guten Klang haben: Botafogo, Bangu und America.

Durch diese Polarisierung kam es zu einer kuriosen Entwicklung, die heute dem Außenstehenden den Überblick im brasilianischen Fußball-Alltag ein wenig erschwert. Es gibt nämlich praktisch keine Staatsmeisterschaft. Der Landesmeister wird vielmehr in einem Spiel ermittelt, in dem der Meister der Sao-Paulo-Liga gegen den der Liga von Rio antritt.

Die Spaltung in zwei Lager ist auch der Grund, weshalb es im eigentlichen Sinne einen brasilianischen Fußball-Verband nicht gibt. Nach außen hin firmiert der brasilianische Fußball unter der Abkürzung C. B. D., was Confederacao Brasileira de Desportos heißt und mehr so etwas wie ein Sportbund ist. Die C. B. D. wurde bereits 1917 provisorisch in die FIFA aufgenommen, aber erst 1923 offiziell als Mitglied bestätigt.

Ohne Rücksicht auf diesen Umstand wurden aber schon vorher internationale Begegnungen ausgetragen. 1906 wurde im „Radstadion" von Sao Paulo eine Auswahl von in Südafrika lebenden Engländern mit 6:0 überfahren, und 1911 konnte sogar eine Mannschaft aus jenem Uruguay mit 3:0 bezwungen werden, das in den zwanziger Jahren zur führenden Fußball-Nation der Welt werden sollte. Trotz dieses Sieges blieben die Brasilianer in der Folge jedoch im Schatten anderer südamerikanischer Fußball-Länder, wie zum Beispiel Uruguay und Argentinien, zurück.

In Uruguay 1930 reicht es in der Vorrunde gerade noch zum zweiten Platz in der Gruppe II hinter Jugoslawien. 1934 in Italien setzt es schon im Achtelfinale gegen Spanien eine 1:3-Niederlage.

1938 hat der brasilianische Fußball zum ersten Mal einen farbigen Weltstar: Leonidas da Silva. Er verhilft seinem Team zu internationaler Anerkennung und zum ersten zählbaren Erfolg: Dritter WM-Platz durch einen Sieg gegen Schweden. Dann kam der Krieg, von dem der Süden des amerikanischen Kontinents nicht allzusehr betroffen wurde. Deshalb konnte sich der Fußball in Brasilien entsprechend weiterentwickeln. Der Profi-Fußball trieb erstaunliche Blüten, und als die Fußball-Weltmeisterschaft 1950 im eigenen Land ausgetragen wurde, war Brasilien zur Fußball-Großmacht herangewachsen. Es hatte die besten Spieler und die höchsten Gagen, aber noch reichten die Nerven nicht: Brasilien unterlag dem Erzrivalen Uruguay.

Immerhin sollte es noch einmal acht Jahre dauern, bis der ganz große Durchbruch gelang, denn 1954 verwehrte die Traum-Elf der Ungarn den Zutritt zum Fußball-Olymp. 1958 erfuhr die Welt dann, was brasilianischer Fußball bedeutet. Von nun an wurde er auf dem grünen Rasen zum Maß aller Dinge, und ein Bursche im Teenager-Alter wurde als Messias des Fußballs gefeiert, weil er einer der erfolgreichen Choreographen dieser Fußball-Samba war: Pelé.

1962 wurde der Welt-Titel erfolgreich verteidigt. Der Fußball, den die Brasilianer spielten, wurde nun zum Evangelium und der Fußballer Pelé zum Mythos.

Vier Jahre lang wurden die Stars herumgereicht, bei Freundschaftsspielen mit dem Renommier-Klub Santos, der in 14 Jahren zehnmal Meister wurde und zweimal den Weltpokal für Vereinsmannschaften errang, demonstrierten sie in aller Welt für teures Geld ihre Fußball-Kunst. Über ein ausgedehntes Vorbereitungsprogramm für 1966 in England fühlte man sich erhaben.

Die Strafe folgte auf dem Fuß. Massiver Körpereinsatz knüppelte den brasilianischen Filigran-Fußball nieder. König Pelé wurde zu Fall gebracht, und mit ihm schied die ganze Mannschaft bereits in der Vorrunde aus. Der brasilianische Fußball hatte die Phase der Verweichlichung mit diesem Schock jedoch überwunden.

Zusammen mit Pelé lernten sie um und traten den Beweis an, daß sie auch diese Spielweise beherrschten. Gegen die keinesfalls zimperlichen Italiener holten sie 1970 erneut den Weltmeister-Titel. 12000 Fußball-Vereine mit 800 000 aktiven Fußballern sind ein großes Reservoir für weitere gute National-Teams, auch wenn vielleicht kein neuer Pelé mehr gefunden wird.

Der alte avancierte in den 90er Jahren zum Sport minister des Landes, sehr zum Ärger des Verbandspräsidenten Ricardo Teixeira, eines Schwiegersohnes von FIFA-Präsident João Havelange. Ihn störten Pelés Angriffe auf diktatorische Richtlinien und juristische Willkür zu Lasten der Spieler und Vereine.

1994 wurde Brasilien zum vierten Mal Weltmeister, doch 1998 reichte es „nur" noch zum zweiten Platz. Das 0:3 im Finale gegen Frankreich führte prompt zum Trainerwechsel. Der 67jährige Mario Zagallo wurde durch den 20 Jahre jüngeren Wanderley Luxemburgo ersetzt, einen international kaum bekannten, in Brasilien aber durchaus renommierten Vereinstrainer.

Fußball in Deutschland

Von Ulfert Schröder

Die Männer, die Torstangen auf den Schultern trugen, hat es wirklich gegeben. Dies festzustellen, ehe man über den Fußball in Deutschland und seine teils langwierige und ebenso schwierige Geburt spricht, erscheint nötig. Denn heute sind sie den jungen Burschen oft Gespött, diese Männer aus der Fußball-Steinzeit.

Das süffisante Lächeln der Jünglinge ist allerdings verständlich. Angesichts des modernen Millionen-Betriebes Fußball muß es nachgerade märchenhaft erscheinen, die Abenteuer der Gründerjahre als tatsächliche Begebenheiten darzubieten. Der Fußball hat die Zeit so schnell durchrast wie das Auto und das Flugzeug. Es war ein Dichter, der das scharfsichtig vorausgeahnt hat. Joseph Roth beschwor 1929 in seinem Fragment „Der Stumme Prophet" eine Zukunft, „deren Zeichen Flugzeug und Fußball waren und nicht Sichel und Hammer". Seine eigene Zeit sah Roth finsterer: „Der Fußball kräftigt die Muskeln des jungen Arbeiters wie des jungen Bankierssohnes in gleichem Maße und gab den Gesichtern beider den gleichen Zug von Geistesgegenwart und Gedankenleere."

Joseph Roths Beobachtungen waren gewiß richtig. Denn 1929 gab es in Deutschland schon 7959 Fußballvereine mit zusammen 986 046 Mitgliedern. Und darunter waren sicherlich, wer will das ernstlich leugnen, Arbeiter- und Bankierssöhne mit „dem gleichen Zug von Geistesgegenwart und Gedankenleere".

Zu Zeiten der Torstangenträger waren solche Anzeichen geistiger Dekadenz bei gleichzeitigem Anstieg der körperlichen Fitness noch nicht zu erkennen. Die ersten deutschen Fußballspieler erfreuten sich vielmehr beachtlicher Bildung und entstammten zum überwiegenden Teil dem damals noch mehr als heute geschätzten Stande der Akademiker.

Der Fußball-Bazillus, der von den Britischen Inseln herübergeweht worden war in den letzten dreißig Jahren des vergangenen Jahrhunderts, setzte sich nämlich zuerst an den Gymnasien fest. Sport zu treiben war zwar ein Privileg der feinen Leute. Unter Sport verstanden sie aber damals alles andere als Fußball, weshalb dieses Spiel beinahe überall verboten war.

Es bedurfte also eines sehr fortschrittlichen Mannes, um dem sonderbaren Spiel Ansätze zur Ausbreitung zu bieten. Dieser Mann fand sich an dem Braunschweiger Gymnasium Martino-Catherineum, war Professor und hieß Konrad Koch.

Konrad Koch hielt, nach zuverlässigen Berichten, das neue Spiel für „ein sehr gutes erzieherisches und körperbildendes Mittel" und erreichte Anno Domini 1872, daß an seiner Schule erstens ein Pflichtspielnachmittag eingerichtet wurde und zweitens – etwas später – an diesem Nachmittag Fußball gespielt werden durfte. 1874 gründete Konrad Koch den Schüler-Fußballklub, und dies war der erste Fußballverein auf deutschem Boden.

Der wackere Professor übersetzte auch die englischen Regeln ins Deutsche, nannte sie „Regeln über das Fußballspiel" und wurde auf diese Weise der Vater aller deutschen Schiedsrichter. Da er jedoch seine mit Argwohn beobachtete Arbeit nach allen Seiten absichern mußte, setzte er seinem Regel-Werk ein paar spezielle Anweisungen für die Spieler voraus. Da hieß es zum Beispiel, daß bei Außentemperaturen von mehr als zehn Grad nicht gespielt werden dürfe, um eine übermäßige Erhitzung der Spieler zu vermeiden. Es war des weiteren nicht erlaubt, das Spielfeld gegen den Ostwind anzulegen, die Spieler hatten wollene Unterwäsche zu tragen.

Die Zahl der Fußballspieler wuchs seitdem, aber der Widerstand, dem sie sich gegenübersahen, wurde nicht geringer. Der Grund wird von Festrednern nicht erwähnt, und auch die Historiker nennen ihn nur verschämt. Beschimpft wurden die Fußballspieler hauptsächlich, weil sie etwas „Undeutsches" betrieben und nachahmten, was

Weltmeister 1954

Engländer erfunden hatten. Denn Sport zu treiben, war im Grunde identisch mit Turnen, und Turnen wiederum war eine höchst nationale Angelegenheit. Nicht nur damals, am Ausgang des 19. Jahrhunderts, sondern noch tief ins 20. Jahrhundert hinein.

Stocknational in der Denkungsart und humanistisch in der Bildung, so hatte der vorbildliche Deutsche zu sein, weshalb die kickenden Gymnasiasten, denen wegen der „Fußlümmelei" Verweis von der Schule angedroht war, zutiefst bedauerten, daß die ersten fußballspielenden Menschen nicht die alten Griechen gewesen waren.

Der nur schwer erklärbare Reiz, den das Fußballspiel auf junge Männer ausübt, wirkte jedoch als Antrieb und Motiv, die Widrigkeiten zu überwinden. Anfang der 80er Jahre entstanden in Norddeutschland die ersten bedeutenden Vereine. Der Bremer Fußball-Club 1880, der Hamburger Sport-Club 1880, der FV Hannover 1881, der Berliner Cricket-Club von 1883. In diesem Verein spielten hauptsächlich in Berlin ansässige Engländer.

Berlin war Zentrum des Fußballspiels. Im Jahre 1890 wurde in Berlin sogar der „Bund Deutscher Fußballspieler" gegründet. In Berlin gab es auch das einzige Sportgeschäft Deutschlands, und weil die Sache mit dem Fußball schon ziemlich weit gediehen war, konnte man in diesem Laden für 6,80 Mark einen Fußball kaufen. Zehn Regelhefte und eine Luftpumpe gab es kostenlos dazu.

Der Bund Deutscher Fußballspieler war sogar so eifrig und sendungsbewußt, daß er eine Bundesmeisterschaft veranstaltete. Darüber gibt es ein Dokument, eine mit schwülstigen Wappen, leuchtenden Blumenkränzen und einem dicklichen Engel geschmückte Siegerurkunde, die aussagt, daß am 16. August 1891 der „Club Hellas" gegen den" Club Vorwärts" das Endspiel mit 12:8 Punkten gewonnen hat.

Unterstützung war den Fußballspielern von einer Seite zuteil geworden, der sie diesen Großmut nicht zugetraut hätten. Jedenfalls hatte im Jahre 1881 die Versammlung der deutschen Turnlehrer einen sogenannten Mahnruf an alle Turner Deutschlands gerichtet und dazu aufgefordert, das „Turnen mehr im Freien zu betreiben und den Spielen mit dem Ball mehr Zeit zu widmen". Die Turner bliesen also nicht mehr zum Streite, sobald sie einen Ball sahen.

Schon 1893 hatte der Berliner Georg Demmler zur Gründung eines „Allgemeinen Deutschen Fußball-Bundes" aufgerufen, aber nur wenige folgten ihm, und auch ein zweiter Versuch hatte keinen Erfolg. Die Vereine waren sich nicht einig, wer das Sagen haben sollte in diesem Verband. 1893 wurde die „Süddeutsche Fußball-Union" gegründet, und beinahe wäre es zu einer Vereinigung der Süddeutschen mit den Berlinern gekommen. Weil aber die Berliner verlangten, in der Satzung zu verankern, daß Berlin „immer" Sitz des neuen Verbandes zu sein habe, schreckten die Schwaben zurück.

Erster Präsident der Süddeutschen Fußball-Union war ein englischer Geistlicher, der in Baden-Baden wohnte und Archibald S. White hieß. Dieser Archibald führte ein ebenso leutseliges wie strenges Regiment. Es ist überliefert, daß er einmal die amtlichen Bekanntmachungen der in Stuttgart erscheinenden Zeitschrift „Fußball" benutzte, um die Spieler eines Vereins aufzufordern, die „am letzten Sonntag im Vereinsheim nicht bezahlte Zeche zu begleichen", andernfalls er die Namen der betreffenden Sportkameraden veröffentlichen müsse.

In Karlsruhe gründete Walter Bensemann die „Karlsruher Kickers", und weil er der erste Kosmopolit des Fußballs war, führte er seine Kickers zu Wettspielen nach Belgien, Frankreich, Ungarn, in die Schweiz, nach Holland und nach England. Die Kickers gewannen die meisten dieser Spiele und nannten sich bald „Meister des Kontinents"

Bensemanns Aufforderung an „alle Vereine des Kontinents", miteinander Wettspiele zu bestreiten, und hernach sein selbstgefertigter Titel berechtigten dazu, ihn den Vater sämtlicher internationaler Wettbewerbe zu nennen. Denn was Bensemann damals versuchte, war nichts anderes als der heutige Europa-Cup.

Bensemann führte Auswahl-Mannschaften nach England, brachte die ersten deutschen Fußballspieler nach Paris, und 1899 holte er die erste englische Mannschaft auf den Kontinent zu Spielen in Berlin, Prag und Karlsruhe. Damals war der Lehrer Bensemann 26 Jahre alt. 1906 ging er nach England, kehrte 1920 zurück und gründete, nachdem er eine ansehnliche Erbschaft gemacht hatte, in Konstanz am Bodensee die Fußballzeitung „Kicker". Damit hatte er ein Instrument, das ihm erlaubte, Einfluß zu nehmen in den Lauf der Fußballdinge. Bensemann machte den „Kicker" damals zu einer Stimme Europas. 1934 flüchtete er ins Schweizer Exil und starb, wo er geboren worden war, in Montreux. Er starb mit zwanzig Franken in der Tasche. Sein Vermögen hatte er in den Fußball, in den „Kicker" und in die Idee investiert, daß ein Spiel die Grenzen überwinden, die Vorurteile brechen und die Menschen womöglich ändern könne.

Einer seiner Freunde sagte über ihn: „Er war mehr als ein Pionier des Fußballs, er war ein Kosmopolit unter den Sportführern seiner Zeit, er war einer der größten Publizisten des Fußballs, die es je gegeben hat, ein Bonvivant, ein Gourmet, ein Pädagoge und Organisator, ein geschmeidiger

Diplomat und ein knorriger Savonarola. Walter Bensemann war ein Mensch mit der ganzen gesegneten Fülle jener innerlich kraftvollen, geistig geradezu schillernden Persönlichkeiten, die die humanistische Schule unserer Väter zuweilen hervorbrachte, wenn sie weltoffen genug war."

Weltoffen – dieses Wort und alles, was es zum Inhalt hatte, war damals freilich suspekt. Deshalb hatte Bensemann um die Jahrhundertwende, als er Kontakte jenseits der Grenzen suchte, nicht nur Freunde. Viele beobachteten ihn mit Unwillen und Mißtrauen. Dr. Ernst Karding, auch einer der deutschen Ur-Fußballer, schrieb noch 1960 in der Festschrift zum 60jährigen Bestehen des Deutschen Fußball-Bundes: „Es war eine bescheidene und genügsame Freude, mit der wir unseren Sport trieben. Wir waren glücklich, wenn man uns nicht Schwierigkeiten machte, und dankbar, wenn unsere Probleme in der Tagespresse nicht behandelt wurden. Deshalb lehnten wir Bensemann ab mit seinen viel zu frühen Spielen zusammengeholter Mannschaften in England und Frankreich, die nur Kritik in der Presse auslösen konnten. Erst wollten wir im eigenen Hause Ordnung haben."

Solch vorsichtiges Ducken war natürlich nicht im Sinne Bensemanns, und hätte es niemand gegeben, der aufmuckte, wäre aus dem Fußball in Deutschland sicher nichts geworden. Denn es bedurfte zu einer Zeit, da in England schon die Profis kickten, im kaiserlich verstaubten Deutschland etlicher Zivilcourage und mitunter sogar der Mißachtung staatlicher Gewalt, um ein Fußballspielchen zu machen.

Der Verein Hanau 93 wollte zum Beispiel am 26. März 1907 ein Wettspiel gegen die englische Mannschaft von „Civil Services" bestreiten. Man beachte die Jahreszahl: 1907. Damals war der DFB schon gegründet, das erste Endspiel um die deutsche Meisterschaft schon vorüber, das erste richtige Länderspiel stand kurz bevor.

In Hanau jedoch mußten die 93er lange Verhandlungen mit dem Polizeidirektor durchstehen und erhielten schließlich die Genehmigung für ihr Spiel, wenn (erstens) ein Wirtschaftsbetrieb auf dem Platz nicht stattfindet, Musikaufführungen (zweitens) unterbleiben und (drittens) der Charakter einer internen Vereinsveranstaltung durch Einstellung der Reklame gewahrt bleibt. Natürlich ließen die Hanauer ihre Plakate hängen, und es kamen 1200 Zuschauer, eine beinahe sensationelle Zahl. Sechs Wochen später schickte das Amtsgericht dem Spielführer und den anderen Vorstandsmitgliedern Strafbefehle über je drei Mark. Die Hanauer erhoben Einspruch, das Schöffengericht verhandelte, aber ein Freispruch wurde abgelehnt. Die Hanauer mußten zahlen.

So jedenfalls ging es in jenen Landstrichen zu, wo der Fußball gegen Vorurteile und bürgerlichen Stumpfsinn anzukämpfen hatte. In den Großstädten hatten es die Kicker besser. Bensemanns Auswahl-Team verlor am 23. November 1899 in Berlin gegen England 2:13, einen Tag danach verbesserte sich die Mannschaft auf 2: 10 und am 28. November erreichte sie in Karlsruhe sogar ein 0:7. Zwei Jahre danach fuhren zwölf Mann zum Gegenbesuch auf die Insel. Gegen eine Auswahl englischer Amateure verloren sie 0:12 und gegen eine Profi-Mannschaft 0:10.

Diese fünf sogenannten Ur-Länderspiele sind in keiner Statistik des Fußball-Bundes vermerkt, was formell richtig ist, weil es 1899 den Fußball-Bund noch nicht gab und 1901 die beiden Spiele in England nicht von ihm vereinbart waren. Aber ein wenig unfreundlich ist die Mißachtung solcher Pioniertaten schon. Immerhin handelte es sich genaugenommen um die ersten Länderspiele.

Jedenfalls stand der DFB keineswegs am Anfang aller Fußballdinge in Deutschland. Und daß er dann endlich im Jahre 1900, genau 28 Tage nach der Jahrhundertwende, aus der Tauf e gehoben wurde, hat er eigentlich auch nicht den zerstrittenen Fußballspielern, sondern den Leichtathleten zu verdanken. Am 30. Juli 1899 sprachen prominente Funktionäre bei einem Sportfest in Leipzig über das „heiße Thema" Fußball. Der Prager Prof. Dr. von Lendenfeld regte an, daß irgend etwas zur Einigung der Fußballspieler geschehen müsse. Georg Demmler, der Vorsitzende der „Deutschen Sportbehörde für Athletik", pflichtete ihm bei, und die Leipziger Johannes Kirmse und Oskar Büttner waren derselben Meinung. Die Leipziger wurden beauftragt, einen allgemeinen deutschen Fußballtag vorzubereiten.

Am 4. Januar 1900 erschien dann in „Deutsche Sport-Nachrichten" Nummer 1, IV. Jahrgang, auf der ersten Seite unter der Überschrift „Amtlicher Theil" folgende Bekanntmachung:

„Den uns aus allen Gauen Deutschlands zugegangenen Zustimmungen und Wünschen Rechnung tragend, haben wir beschlossen, den 1. Allgemeinen deutschen Fußballtag für Sonnabend, 27., und Sonntag, 28. Januar 1900, nach Leizig, Mariengarten, Carlstraße, einzuberufen. Tages-Ordnung: Ob und wie ist eine Einigung sämtlicher Fußballvereine Deutschlands möglich? Jeder deutsche Fußball-Club bzw. Verband ist stimmberechtigt. Jeder Verband hat soviel Stimmen als Mitglieder. Anmeldungen erbeten. Der Ausschuß zur Einberufung eines ersten allgemeinen deutschen Fußballtages zu Leipzig. Gez. J. E. Kirmse, Vorsitzender."

Es gab also schon etliche Fußball-Verbände, und im Grunde empfanden alle, daß sie die Politik der

Einigung zu betreiben hatten, aber keiner wollte damit anfangen. Ein jeder fürchtete um seine Souveränität.

Diese Furcht brachten auch die Vertreter von 86 Vereinen am 28. Januar mit nach Leipzig. Um 8.30 Uhr sollte die Versammlung beginnen, aber bis 10.40 Uhr debattierten die Herren über den Sinn ihres Treffens, und als man dann endlich in die Tagesordnung eintrat, war schnell zu erkennen, daß die Vorgespräche nicht den geringsten Nutzen gehabt hatten. In alten Aufzeichnungen des DFB heißt es, daß „die Meinungen erheblich voneinander abwichen und zum Teil hart aufeinanderprallten".

Nach über zwei Stunden ergebnislosen Debattierens stellten der Straßburger Fred Manning, der Hamburger Sommermeyer, der Frankfurter Wamser und der Prager Professor Hueppe ganz überraschend den Antrag auf unverzügliche Gründung eines deutschen Fußball-Verbandes. Das war ein kluger Schachzug, denn er stellte den 86 Mann ein Ultimatum: alles oder nichts. In dieser Situation wagten es nur 22, für das Nichts zu stimmen.

Dr. Brandeis aus Prag schlug vor, die Neuschöpfung „Allgemeiner Deutscher Fußball-Bund" zu nennen, doch Walter Bensemann plädierte für „Deutscher Fußball-Bund", und dieser Vorschlag wurde einstimmig angenommen. Am 28. Januar 1900 um 17.05 Uhr schloß Johannes Kirmse die Gründungsversammlung, und ohne Pause traten die 86 gleich in den ersten Bundestag ein, wählten als führendes Gremium einen Elferrat, und dieses Präsidium wiederum bestimmte dann den Prager Professor Ferdinand Hueppe zu seinem Vorsitzenden.

Von Stund an begann der DFB, zu wachsen, und eigentlich könnte man die Geschichte vom Fußball in Deutschland mit folgenden Zahlen abschließen:

1904:	194 Vereine und	9 317 Mitglieder
1910:	1 053 Vereine und	82 326 Mitglieder
1914:	2 233 Vereine und	189 294 Mitglieder
1920:	3 087 Vereine und	467 962 Mitglieder
1930:	7 959 Vereine und	986 046 Mitglieder
1950:	13 014 Vereine und	1 306 756 Mitglieder
1970:	16 453 Vereine und	2 794 306 Mitglieder
1980:	18 435 Vereine und	4 236 072 Mitglieder

Schon 1903 wurde die erste Endrunde um die deutsche Meisterschaft gespielt, und der Fußball-Bund hatte seine erste Affäre. In der Vorrunde sollte der Karlsruher FV in Leipzig gegen den DFC Prag spielen. Wenige Tage, bevor sie reisen wollten, erhielten die Karlsruher ein Telegramm: „Spiel verschoben, Nachricht folgt." Die Prager warteten vergebens in Leipzig, denn das Telegramm war gefälscht. Der DFB setzte die Prager daraufhin kampflos ins Endspiel, weil „der KFV bei der Nachprüfung des Telegramms nicht die nötige Sorgfalt" habe walten lassen. Das Endspiel gewann der VfB Leipzig gegen Prag in Altona 7:2.

Um das Spielfeld auf der Exerzierwiese von Altona war ein Seil gespannt, das Eintrittsgeld (eine Goldmark) wurde in Hüten und Tellern eingesammelt, Schiedsrichter war der Altonaer Vereinsvorsitzende Behr, ein Ball wurde erst nach einer halben Stunde aufgetrieben, es kamen ein wenig mehr als 500 Zuschauer, und die gesamte Endrunde brachte dem DFB bei einer Einnahme von 1333 und Ausgaben von 2249 ein Defizit von 916 Goldmark.

Die ersten großen Mannschaften wuchsen heran. Der VfB Leipzig, Britannia Berlin, der Karlsruher FV, Union Berlin, Viktoria Berlin, der Duisburger SV, Holstein Kiel. Am 5. April 1908 das erste offizielle Länderspiel gegen die Schweiz in Basel: 5:3 für die Schweizer.

Zwei Jahre nach der DFB-Gründung legte Prof. Hueppe die Präsidentschaft aus beruflichen Gründen nieder. Sein Nachfolger wurde der Karlsruher Lehrer Nohe, der sich aber schon nach kurzer Zeit mit seinen Vorstandskollegen zerstritten hatte und 1905 beim Bundestag in Köln zurücktrat. Die markantesten Figuren in den Jugendjahren des deutschen Fußballs waren, das ist gleichermaßen erstaunlich und kurios, bis auf den Berliner Ette Boxhammer lauter Lehrer. Angefangen beim Braunschweiger Gymnasial-Professor Koch, weiter mit dem Lehrer Bensemann, dem Universitäts-Professor Dr. Hueppe und schließlich dem Karlsruher Schulmann Nohe. Das generelle Fußballverbot an den Schulen wurde jedoch erst 1920 aufgehoben.

Am 14. April 1911 gab es in Berlin nach elf Länderspielen eine Sensation. Die deutsche Mannschaft erreichte gegen England ein 2:2, der Kieler Linksaußen Möller, ein Neuling, schoß beide Tore, von denen behauptet werden darf, daß sie international denselben Wert besaßen wie Helmut Rahns Tore im Weltmeisterschafts-Finale 1954 gegen die Ungarn. Dieser Erfolg blieb freilich für lange Zeit der einzige nennenswerte. Als 1914 der Krieg ausbrach, hatte der DFB seine Auswahlmannschaft zu insgesamt dreißig Spielen aufs Feld geschickt. Nur sechs davon waren gewonnen worden.

Die Ursache dieser mißlichen Bilanz war leicht erkennbar. Selten nämlich entsprach die deutsche Nationalelf in dieser Zeit einer Auswahl der elf besten Spieler. Vielmehr wollte jeder Landesverband mindestens einen Mann im deutschen Team haben, und deshalb war die Nationalelf stets eine Mannschaft der Kompromisse. Der westdeutsche Verband, dem DFB-Präsident Gottfried Hinze entstammte, plädierte ständig für die Einsetzung eines Bundestrainers, doch selbst die Autorität Hinzes reichte nicht aus, um die Macht der Landesfürsten zu brechen.

Der neue Start nach dem Krieg wurde zur ersten Prüfung der Existenzfähigkeit des Fußballs in Deutschland. Viele Spielfelder waren in Ackerland verwandelt oder als Lagerplätze für Kartoffeln zweckentfremdet. Es gab keine Schuhe, keine Bälle, aber es gab immer noch junge Männer, die Fußball spielen wollten.

Im April 1919 traf sich der Bundesausschuß des DFB zu seiner ersten Sitzung in Eisenach. Der Verband orientierte sich neu, zum ersten Male mühte er sich um eine straffere Organisation, setzte Ausschüsse für Jugend, Schiedsrichter, Recht und Finanzen ein. Das Stimmrecht der Verbände wurde neu gegliedert, um das Übergewicht des Westens und Südens einzudämmen.

Der DFB bemühte sich, internationale Kontakte wieder zu beleben. Nur in der Schweiz und in Schweden fand er dabei keinen Widerstand. Die Schweiz schickte Fußballstiefel und Bälle, Altona 93 und der 1. FC Nürnberg durften zu Spielen nach Schweden reisen. Aber England und Belgien stellten 1920 in der FIFA den Antrag, den Deutschen Fußball-Bund auszuschließen. Das Parlament des Weltverbandes verwarf diesen Antrag, und am 27. Juni 1920 bestritten die Schweizer in Zürich das erste Nachkriegsländerspiel gegen Deutschland (1:4). Die Belgier sagten deshalb ein bereits fest vereinbartes Spiel mit den Schweizern ab.

Stürmisch drängte die Jugend in die Vereine. 1914 hatte der DFB 189 294 Mitglieder. Schon 1920 waren es 467 962. Aber die Spielfelder fehlten. Ein Gesetzentwurf, der den Gemeinden den Bau von Spielplätzen zur Auflage gemacht hätte, wurde im Reichstag gar nicht beraten. Die Inflation stürzte den allmählich vom Krieg genesenden DFB in neue Armut. Die Zuschauer wurden weniger, das Spielprogramm schrumpfte, die Kommunikation der führenden Männer erlag beinahe. Der Zulauf zu den Vereinen indes wurde nicht geringer. Die Sportartikel-Hersteller versuchten auszuhelfen. 15 000 Paar Jugendstiefel und 7000 Bälle wurden dem DFB zum Selbstkostenpreis überlassen.

Gleichzeitig hatte sich der Bund des massiven Druckes der deutschen Turnerschaft zu erwehren. Die Turner wollten den Fußball in ihre Organisation einbeziehen und neu gliedern. Diese Angriffe zerbrachen an der Einigkeit der DFB-Verbände, die zwar allesamt eifersüchtig über ihre Eigenständigkeit wachten, die Existenz ihres Bundes jedoch nicht gefährdet sehen mochten.

Mittlerweile stand der DFB auf starken Beinen. Seine soziale und soziologische Bedeutung als sportliche Heimstatt einer halben Million Menschen (davon 130 000 Jugendlichen) schlug sich in gesellschaftlicher Anerkennung nieder. Zum ersten Jubiläum im Jahre 1925 gratulierten der Reichspräsident Hindenburg und Außenminister Stresemann.

Die zentrale Führung und gestraffte Organisation, die Felix Linnemann schon 1919 angestrebt hatte (heute würde man von „modernem Management" sprechen), konnte nicht mehr hinausgeschoben werden. Bis dahin hatte der Präsident Gottfried Hinze in Duisburg gesessen, die Geschäftsstelle leitete der Kieler Stadtrat Georg P. Blaschke in seiner Heimatstadt. Der Zug zur Hauptstadt, nach Berlin, wurde immer stärker. Gottfried Hinze mochte ihm nicht folgen, wollte sich aber auch nicht mehr widersetzen. Auf dem Jubiläums-Bundestag in Leipzig legte er sein Amt nieder, und Felix Linnemann, bis dahin Vize-Präsident, wurde Hinzes Nachfolger. Der Bundestag 1927 bestimmte dann Berlin zum DFB-Sitz, und am 1. Mai 1928 wurde Dr. Georg Xandry erster hauptamtlicher Geschäftsführer. Im September 1928 siedelte der Verband nach Berlin über.

Der DFB gab sich nun äußerst fortschrittlich. Er kreierte eine Jugendzeitung, richtete eine Werbestelle ein, deren Aufgabe es war, bei Presse, Funk und Film das zu betreiben, was man heute Public Relations nennt. Und endlich wurde ein Bundestrainer berufen. Der Mann hieß Otto Nerz und hatte während der nächsten sechs Jahrzehnte nur drei Nachfolger: Herberger, Schön und Derwall.

In den deutschen Klubs wurde schon ausgezeichneter Fußball gespielt, doch die Nationalelf verlor immer noch häufiger, als sie gewann. Das war unverständlich, weil sich vor allem nach dem Ersten Weltkrieg deutliche Schwerpunkte herausgebildet hatten. Das letzte Endspiel vor dem Krieg hatte die SpVgg Fürth gegen den VfB Leipzig nach Verlängerung 3:2 gewonnen. Damit begann ein mittlerweile zur Legende gewordenes, nahezu sagenhaftes Kapitel des deutschen Fußballs. Denn von 1920 an bestimmten beinahe zehn Jahre lang die Nürnberger und die Fürther den deutschen Spitzenfußball.

Es war die Zeit der ersten großen Stars, deren einziger Großvater der Karlsruher Max Breunig gewesen war. Doch jetzt hatte der Fußball sein Massenpublikum und sofort produzierte er seine Helden im Dutzend. Stuhlfauth, Kalb, Kugler, Träg, Szabo, Popp bei den Nürnbergern. Seiderer, Leinberger, Franz bei den Fürthern. Tull Harder, Halvorssen bei den Hamburgern, Hanne Sobeck bei Hertha Berlin.

Der Fußball erlebte in den zwanziger Jahren seine ersten großen Spiele. 50 000 Zuschauer, 60 000, das machte die Klubs reich und versetzte sie in die Lage, ihren Spielern ein beinahe professionelles

Training und Leben zu bieten. Die Berichte von damals lesen sich heute wie Augenzeugenschilderungen gewaltiger Schlachten. Und oft waren sie das auch.

Zum Beispiel 1922: Im Berliner Grunewald-Stadion ließ der Kölner Schiedsrichter Peco Bauwens 189 Minuten spielen, ehe er das Finale zwischen dem 1. FC Nürnberg und dem Hamburger SV beim Stande von 2:2 abbrach. Das war am 16. Juni und 25 000 Zuschauer verließen die Arena in der Gewißheit, das gewaltigste Spiel aller Zeiten gesehen zu haben.

Am 6. August wurde in Leipzig zum zweiten Male gespielt. 50 000 Zuschauer erlebten die Wiederholung des Finales von Berlin. Als es 1:1 stand, eine Entscheidung nicht abzusehen war und die Nürnberger nach zwei Platzverweisen und zwei Verletzungen nur noch sieben Mann auf dem Feld hatten, brach Bauwens das Spiel ab. Der DFB wollte den Hamburger SV zum Sieger erklären, aber die Hamburger lehnten ab. Deshalb nennt die Statistik für dieses Jahr keinen deutschen Meister.

Die Arbeit von Otto Nerz, der sich nur sehr schwer Gehör und Beachtung verschaffen konnte, begann sich erst Ende der zwanziger Jahre auszuzahlen. 1928 hatte die Nationalelf mit vier Siegen und zwei Niederlagen in sechs Spielen zum ersten Male eine deutlich positive Bilanz. Beim olympischen Turnier in Amsterdam schied sie jedoch durch ein 1:4 gegen den späteren Sieger Uruguay aus.

Nerz baute seine Mannschaft um die Nürnberg/Fürther Stuhlfauth, Leinberger, Kalb, Knöpfle. Die Stürmer jedoch kamen aus anderen Landstrichen: Richard Hofmann aus Dresden, Pöttinger von Bayern München, Sobeck aus Berlin, Ernst Albrecht von Fortuna Düsseldorf, Ludwig Hofmann von Bayern München, Ernst Kuzorra von Schalke. 1929 erschien ein Mann auf der Fußball-Szene, der die deutsche Elf zu großen Triumphen führte, gleichzeitig aber auch der selbstbewußteste, unbequemste und eigenwilligste Star war und dazu beigetragen hat, daß der DFB, in seine erste lebensgefährliche Krise geriet: Fritz Szepan.

Um Fritz Szepan und seinen Schwager Ernst Kuzorra hatte sich im Gelsenkirchener Stadtteil Schalke die Mannschaft der Zukunft gebildet. Schalke 04. Die Kumpels und die Hochofenarbeiter in der Stadt der tausend Feuer entbrannten in heißer Liebe zu diesem Klub. Die Kumpels trugen ihr Geld in die Kassen der Fußball-Klubs, und das meiste trugen sie nach Schalke. Die Spieler mußten sonntags nur auf die Ränge schauen, um zu wissen, daß ihr Klub von Woche zu Woche reicher wurde. Von diesem Blick bis zu der Überlegung, daß diese Kulisse eine ganze Mannschaft nähren könne, ist es nur ein winziger Gedankensprung. Die großen Klubs im Westen beugten sich den Forderungen ihrer Spieler. Schalke, Fortuna Düsseldorf, Duisburger SV fingen an, ihren Spielern Geld zu geben. Geboren war der Professionalismus schon lange, bereits in den Gründerjahren hatte man die Spieler ermahnt, daß es verboten sei, von zwei Klubs gleichzeitig das Reisegeld zu verlangen, aber nun wurde im Revier der Fußball zum Beruf, wenngleich es überaus bescheidene Sümmchen waren, die der Herr Kassierer den Spielern zusteckte.

Schalke wurde des verbotenen Professionalismus überführt, gesperrt, und der Kassierer ging ins Wasser. Der Fußball hatte seinen Skandal, und die Plenarsitzungen des DFB, gerieten zu Schlachten. 1930 in Dresden lehnte der DFB jegliche Unterstützung des Berufsfußballs ab, bestand aber auf seinem Recht, die Profis zu kontrollieren, falls der Kampf gegen sie verlorenginge.

In Wiesbaden 1932 (die Schalker waren in Gnaden wieder aufgenommen) wurde um nichts anderes als den Berufsfußball diskutiert. Es gab keine Einigung und die Katastrophe schien unabwendbar. Der DFB drohte zu zerbrechen, denn auf einer Sitzung des Bundesvorstandes am 22. Januar 1933 in Berlin verlangten die Vertreter des westdeutschen Verbandes eine Lösung in ihrem Sinne und drohten, die Trennung von Amateuren und Profis auf eigene Faust vorzunehmen, falls der DFB auf seiner Ablehnung des Berufsfußballs beharre. Das hätte die Spaltung des Verbandes zur Folge gehabt. Am 28. Mai sollte ein außerordentlicher Bundestag die Entscheidung bringen.

Aber statt des Berufsfußballs kamen am 30. Januar die Nazis. Sie griffen dem Sport ins Ruder. Der DFB verlor zwar seine Freiheit, aber nicht seine Einheit. Denn der Berufsfußball wurde schlicht verboten. Der DFB hieß nun „Fachamt Fußball“ und war nur noch eine Abteilung im „Reichsbund für Leibesübungen“. Felix Linnemann blieb der Chef und wurde auf einem außerordentlichen Bundestag am 9. Juli im Berliner „Russischen Hof“ ermächtigt, die Satzungen entsprechend dem diktatorischen Organisationsprinzip zu ändern und seinen Führungsstab zu bilden. Dieser Bundestag war der kürzeste in der Geschichte des DFB, er dauerte genau 28 Minuten.

Die Diktatur der Funktionäre und Kommissare raubte dem DFB zwar seine parlamentarische Entscheidungsgewalt, doch wie alle von einem zentralen Parteiapparat gelenkten Regime benutzte das „Dritte Reich“ den Sport als Instrument der Propaganda. Die Folge: unbegrenzte Aktivität durch unbegrenzten finanziellen Aufwand.

Zwischen 1933 und dem Zusammenbruch bestritt die deutsche Nationalelf 105 Länderspiele, aber der dritte Platz bei der Weltmeisterschaft 1934 in Italien blieb der einzige große Erfolg. Das olympische Turnier 1936 in Berlin mußte die deutsche Elf gleich zu Beginn nach einem 0:2 gegen Norwegen verlassen, was den Reichstrainer Nerz in Raten seinen Posten kostete, und 1938 bei der Weltmeisterschaft in Paris scheiterte die Vertretung des „Großdeutschen Reiches" unter dem Nerz-Nachfolger Herberger durch ein 1: 1 und 2:4 an der Schweiz.

Zwischen 1933 und 1942 waren die Jahre der Schalker. Nach ihrer Rückkehr aus der Verbannung von 1930 und 1931 standen sie mit einer Ausnahme (1936) ständig im Endspiel und gewannen den Titel sechsmal.

Rechtzeitig vor der Weltmeisterschaft 1934 war Szepan in die Nationalelf zurückgekehrt, führte die deutsche Mannschaft in Neapel beim Spiel um den dritten Platz zu einem 3:2-Sieg über Österreichs mittlerweile sterbendes „Wunderteam". Aus der deutschen Elf von Neapel entwickelte sich in den Jahren danach jene Mannschaft, die am 16. Mai 1937 in Breslau die Dänen 8:0 schlug und seitdem als „Breslau-Elf" den Ruf besitzt, neben der Weltmeister-Mannschaft von 1954 und der Europameister-Elf von 1972 das Beste gewesen zu sein, was der deutsche Fußball an Muster-Mannschaften jemals hervorgebracht hat.

Der Brückenschlag in die Gegenwart der 70er Jahre nach dem Zusammenbruch und der Auflösung sämtlicher Ordnungen im Jahre 1945 vollzog sich auf einer ebenso zerrissenen Basis wie in den Gründerjahren. Der DFB war zerschlagen, Deutschland in Sektoren aufgeteilt, deren Grenzen sich in den ersten beiden Jahren als unüberwindlich erwiesen. Doch mit besonderer Lizenz eines amerikanischen Oberstleutnants namens Jackson begann schon am 4. November 1945 eine „süddeutsche Oberliga" ihre erste Spielrunde.

Im Februar 1947 trafen sich Fußball-Funktionäre aus drei Zonen in Essen, um über Fragen des Berufssports und der Lustbarkeitssteuer zu beraten. Am 10. April formierte sich in Frankfurt der „Deutsche Fußball-Ausschuß", am 8. August 1948 gewann der 1. FC Nürnberg in Köln das erste Endspiel gegen den 1. FC Kaiserslautern vor 75 000 Zuschauern 2: 1, und am 10. Juli 1949 wagten es der Kölner Dr. Peco Bauwens und seine Freunde, in Stuttgart ohne die Genehmigung der Besatzungs-Mächte die Wiedergründung des Deutschen Fußball-Bundes zu proklamieren.

Erst sechs Monate danach gaben die Amerikaner, Engländer und Franzosen ihr Einverständnis auch schriftlich. Das heutige Gebiet der DDR war für die Bestrebungen im Westen schon 1948 verloren, als dem Sowjetzonen-Meister SC Planitz von den Behörden der Roten Armee eine Teilnahme an der ersten Endrunde untersagt wurde.

Dr. Peco Bauwens (derselbe Bauwens, der 1922 die beiden Marathon-Endspiele zwischen dem 1. FC Nürnberg und dem Hamburger SV geleitet hatte) mühte sich mit den Männern der ersten Stunde vergeblich um Kontakte zu Mitteldeutschland.

Eine tragikomische Episode läßt erkennen, wie weit sich vier Jahre nach dem Zusammenbruch die beiden Teile Deutschlands sich selbst im Sport schon voneinander entfernt hatten. In den beiden letzten Kriegsjahren hatte der Dresdener SC (mit dem nachmaligen Bundestrainer Helmut Schön als Halbstürmer) die Meisterschaft gewonnen. Wie alle 33 Meister vor ihnen, so schleppten auch die Dresdener die hundert Zentimeter hohe Siegestrophäe namens „Viktoria" nach Hause, eine von Professor Rauch im Jahre 1903 geschaffene Bronze-Jungfrau, die mit ausgebreiteten Engelsflügeln, einen Lorbeerkranz in der Rechten haltend, auf einem Felsen sitzt.

Im Februar 1945 wurde die geflügelte Viktoria bei einem Luftangriff auf Dresden, dem auch das Klubhaus des DSC zum Opfer fiel, verschüttet, von einem DSC-Mann aus den Trümmern gegraben und zu Hause versteckt. Dort fand sie ein Soldat der Roten Armee und nahm sie mit. Dem Dresdener Fußballfreund gelang es mit Hilfe des einsichtigen Stadtkommandanten, die traditionsschwangere Trophäe zu befreien und aufs neue zu verstecken.

Als nun 1949 das erste richtige Nachkriegs-Endspiel zwischen Borussia Dortmund und VfR Mannheim bevorstand, erschien ein Mann bei Helmut Schön in Ost-Berlin. Der Unbekannte gab sich als Abgesandter Borussia Dortmunds aus und sagte, er habe den Auftrag, die Viktoria zu holen. Schön schickte den Mann nach Dresden. Der fand dort den wackeren Beschützer der Viktoria und erklärte dem, Schön und der Sportausschuß der sowjetisch besetzten Zone schicke ihn, um die Trophäe zu holen. Er bekam sie auch, trug sie zum Bahnhof, und weil erst am nächsten Morgen ein Zug nach Stuttgart ging, gab er die Trophäe bei der Gepäckaufbewahrung ab.

Mittlerweile hatten die Behörden in Ost-Berlin von der Entführung erfahren und alarmierten die Kriminalpolizei. Die suchte und fand das bis dahin beste Stück des deutschen Fußballs, verhaftete den Dortmunder und ließ ihn erst montags, nach dem Stuttgarter Endspiel, wieder laufen. Seitdem steht die Viktoria irgendwo in Ost-Berlin. Nichts mehr als eine Erinnerung an die alten Meister.

Deutschland und auch sein Fußball steckten nach dem Krieg zu tief im Elend, um solchen Erinnerun-

Europameister 1972

Weltmeister 1974

Europameister 1980

gen nachzuweinen. Die Menschen hungerten, die ehemals großen Klubs trommelten ihre ersten Heimkehrer zusammen, zogen über Land und spielten bei den Bauern für einen Sack Kartoffeln oder ein halbes Schwein.

Es ist deshalb geradezu rätselhaft und zeugt andererseits von einer ebenso geheimnisvollen wie unbeugsamen Kraft, die im Fußballspiel und seiner Faszination steckt, daß dieser Sport nach 1945 ein rasendes Wachstum erlebte. Die Menschen rannten in die notdürftig hergerichteten Stadien. Fußball und Film wurden ihnen nach Jahren der Unterdrückung, des Elends und der Vernichtung zu Inbegriffen eines unbeschwerten Lebens.

Nach dem Ersten Weltkrieg hatte der Boykott des deutschen Fußballs zwei Jahre gedauert, nach 1945 dauerte er fünf. Beim FIFA-Kongreß 1950 in Rio setzten sich Schweizer, Engländer und der Deutsch-Amerikanische Fußball-Bund für die Wiederaufnahme des DFB ein. Die Schweizer Städte Basel, St. Gallen und Zürich hatten schon 1948 Sanktionen des Weltverbandes in Kauf genommen und gegen Karlsruhe, Stuttgart und München gespielt.

Im Herbst 1950 durfte der DFB in die FIFA zurückkehren und gleich danach, am 22. November, erlebte Stuttgart das erste Länderspiel. Wieder machten die Schweizer den Anfang. Die deutsche Elf gewann durch ein Elfmetertor von Burdenski 1:0.

Der Bundestrainer Herberger begann den systematischen Aufbau einer Mannschaft, von der er höchstens ahnen konnte, daß es die beste werden würde, die jemals in den Farben des DFB gespielt hat. Herberger formte dieses Team um einen Mann, den er 1940 in die Nationalelf geholt hatte und der ihm damals schon als Garant künftiger Siege gegolten hatte: Fritz Walter.

Beinahe nahtlos war der Übergang von Fritz Szepan, dem ersten großen Spielgestalter in der deutschen Fußball-Geschichte, zu Fritz Walter, der zweiten Helden-Figur. In dem feinnervigen Mann aus Kaiserslautern lebte noch jener Geist von schwerblütiger Kameradschaft, vaterländischer Romantik und bedingungsloser Opferbereitschaft, die in den dreißiger und vierziger Jahren als Ideale eines Fußball-Teams gegolten hatten.

Diese allmählich im Sterben begriffenen emotionalen Kräfte beflügelten die deutsche Elf 1954 bei der Weltmeisterschaft in der Schweiz derart, daß der Traum vom Titelgewinn Wirklichkeit wurde und der deutsche Fußball neben Tradition und inhaltsschwerer Geschichte nun auch eine romantische Legende besaß.

Obwohl Herbergers Mannschaft 1958 in Schweden lediglich Vierte wurde und 1962 in Chile schon im Viertelfinale ausschied, bestimmte der Sieg über Ungarn im WM-Finale von Bern den weiteren Weg des Fußballs in Deutschland. Gute Mannschaften wuchsen heran. Kaiserslautern, VfB Stuttgart, Borussia Dortmund, Eintracht Frankfurt, 1. FC Nürnberg, 1. FC Köln. Immer neue Stars erschienen: Liebrich, Posipal, Schäfer, Rahn, Seeler, Haller, Schulz, Beckenbauer, Szymaniak, Schnellinger, Overath, Müller, Netzer.

Es war eine neue Generation, die den Fußball wandelte, ihn nüchterner, geschäftsmäßiger machte, ihn vom Ballast romantischer Erinnerungen befreite, das Spiel zu einem Zweig der Unterhaltungsindustrie werden ließ und die Ideale der Ur-Väter selbst in der Erinnerung strich.

Diese Wandlung der Gefühle und des Selbstverständnisses, der Umbruch in seinem Innersten, wurde dem Sport der Massen schmerzlich und schmerzhaft. Die 1933 von den Nazis unterdrückte Diskussion um den Professionalismus prägte von 1945 an das Leben des DFB. Wieder saßen die Fürsprecher einer Trennung von Amateuren und Profis (und damit der Einführung des Berufsfußballs) im Westen. Constans Jersch und Franz Kremer rangen ihren Gegnern Jahr für Jahr mehr Zugeständnisse ab. Der Schwabe Dr. Walter hatte zuvor den sogenannten Vertragsspieler erfunden, nicht mehr Amateur und noch nicht Profi, aber das war nur ein Kompromiß zwischen den Epochen.

Erst 1963 wurden die besten Klubs der fünf Oberliga-Staffeln zur Bundesliga, deren eigentlicher Vater Franz Kremer war, zusammengerafft. Zum ersten Male wurde der Meister in einer langen Saison ausgespielt, man nahm zwar tränenreichen Abschied vom alten Endspiel, aber der deutsche Spitzenfußball hatte endlich eine zeitgemäße Organisationsform.

Mit der Bundesliga kam der Voll-Profi, das Leistungsniveau schnellte nach oben. 1966 scheiterte die Nationalelf im Weltmeisterschafts-Finale gegen England nur unglücklich, 1970 in Mexiko wurde sie nach mitreißenden Spielen Dritter. 1965 hatte Sepp Herberger sein Amt an Helmut Schön übergeben, und der überwand mit einer Serie von Erfolgen (von denen das 3:2 über England in Mexiko und der Gewinn der Europameisterschaft 1972 durch Siege über England, Belgien und die UdSSR sowie der Gewinn der Weltmeisterschaft 1974 am 7. Juli durch ein 2:1 über Holland die bemerkenswertesten waren) den schweren Schatten, der auf jeden Nachfolger des als „Feldherr" und „Magier" verehrten Herberger fallen mußte.

Das Geld floß immer schneller, Fußball wurde ein Millionengeschäft. Der Professionalismus zeigte seine Kehrseite. 1971 wurde der DFB, mittlerweile der größte Sportverband der Welt, vom größten und folgenschwersten Bestechungsskandal in der Geschichte des Sports erschüttert. Spiele wurden manipuliert, Siege verkauft. Die Existenz des Bundes, die Glaubwürdigkeit des Fußballs standen auf dem Spiel. Der schwäbische Anwalt Hans Kindermann wurde zum rächenden Säuberungs-Apostel, und zwei Jahre danach, unmittelbar vor der Weltmeisterschaft im eigenen Lande und zwei Jahre vor seinem 75. Geburtstag, ging der DFB empfindlich getroffen, aber geläutert aus der bisher schwersten Prüfung hervor.

Die Zahl der Vereine und aktiven Spieler stieg von Jahr zu Jahr, die Höhe der Gehälter und Ablösesummen für die Stars ebenfalls. 1998 wechselte der Nationalspieler Jörg Heinrich von Borussia Dortmund zum AC Florenz für sage und schreibe 25 Millionen Mark!

Egidius Braun, 72, Nachfolger des 1992 verstorbenen DFB-Präsidenten Hermann Neuberger, versuchte gegenzusteuern und widmete sich vor allem dem Jugendfußball und der „Basis" des mit über 5 Millionen Mitgliedern größten Sportverbandes der Welt. Dessen Elite-Kicker gewannen 1980 die EM und 1990 die WM. Dazwischen lag ein für den DFB höchst ungewöhnlicher Vorgang: Bundestrainer Jupp Derwall wurde nach nur sechsjähriger Amtszeit durch Franz Beckenbauer ersetzt. Der Grund: Derwalls unglücklicher Führungsstil und der Mißerfolg bei der EM 1984.

Auch Beckenbauer amtierte als „Teamchef" nur sechs Jahre und machte dann Platz für Berti Vogts. Dieser hatte vor allem darunter zu leiden, daß in den Bundesligavereinen zunehmend ausländische Stars die Schlüsselpositionen besetzten. Von 1993 bis 1997 verdreifachte sich ihre Zahl. Die Folge: Für deutsche Talente war kein Platz, ihnen fehlte Spielpraxis und damit die Voraussetzung für den Weg in die Nationalelf. Experten verwiesen zudem auf andere Defizite: Mangel an Kreativität und technischer Fertigkeit, was auf falsches Training und Überbetonung von Kondition und Kampfkraft hinwies. Daß deutsche Clubs dennoch in europäischen Klubwettbewerben mithalten konnten, war nicht zuletzt deren ausländischen Leistungsträgern zuzuschreiben.

Eine immer größere Rolle spielte das Geld. Der Hintergrund: Im Kampf um die TV-Rechte überboten sich vor allem die privaten Sender mit Wahnsinnssummen. Letztendlich war es nur noch eine Frage der Zeit, wann und wie sich die Spitzenklubs vom Verband abnabeln und in Kapitalgesellschaften umwandeln würden.

Fußball in England

Von Bob Forester

China könnte ebensogut als das Geburtsland des Fußballs gelten. Denn schon zur Zeit der Han-Dynastie (206 v. Chr. – 20 n. Chr.) wurde des Kaisers Geburtstag unter anderem mit einem Spiel zelebriert, das die alten Chinesen „Ts'uh-küh" nannten. So ist es überliefert. Geschichtlich belegt ist auch, daß erstmals 217 nach Christus in Derby Briten römische Legionäre in einem Spiel besiegten, in dem auch mit den Füßen nach einem Ball getreten wurde. Die Wiege des englischen Fußballs stand demnach in Derbyshire.

Doch nicht wegen dieses gewiß fußballhistorischen Ereignisses, nachzulesen in der 1881 von E. Bradbury und R. Keane herausgegebenen Chronik „All about Derby" (Alles über Derby), rühmt sich England als das Mutterland des Fußballs, nennen Engländer das Spiel „our game". Den Mutterstatus erlangte England vielmehr am 26. Oktober des Jahres 1863, einem Montag, als sich Männer bereits bestehender Fußballklubs und Vertreter einzelner Schulen im Freemason's Tavern in der Londoner Great Queen Street zu dem Zweck trafen, eine Football Association (Fußball-Verband) zu gründen.

Die Gründer gerieten sich dabei auch gleich über die Regeln in die Haare. Denn überall wurden Ball und Gegner unterschiedlich behandelt, hier gefährlich brutal, dort rücksichtsvoll human. Einheitliche Spielregeln waren daher unabdinglich. Die Mehrheit sympathisierte mit jener Art des Ballspiels, wie es seit geraumer Zeit in Eton, Harrow oder Cambridge praktiziert wurde: Den Ball allein mit dem Fuß zu treiben (dribble).

Die Leute aus Rugby und Blackheath gerieten über diese „zivilisierte" Spielweise in Rage. Ihr Sprecher, F. W. Campbell, verteidigte mit einer flammenden Rede die brutalere Spielart: „Auch nach dem Gegner zu treten, das ist wahrer Fußball. Die in Cambridge hatten kein Recht, dagegen eine Regel einzuführen. Sie scheint für jene gemacht, die lieber ihre Pfeife, ihren Grog und ihren Schnaps mögen als das mannhafte Spiel. Ich glaube, die Einwände gegen das Treten kommen von den Leuten, die einfach zu alt für den Geist dieses Spiels sind.

Mit 13:4 wurden Campbell und seine Anhänger überstimmt. Wütend verließen sie die neue Football Association und gründeten später eine Rugby Football Union – aus Protest gegen die „humanitären Prinzipien" der FA. An „Hacking" (Treten) und „Tripping" (Beinstellen) schieden sich die Geister und scheiterten die ersten Bemühungen um ein einheitliches Spiel. In Sheffield wurde auch fortan anders mit Ball und Gegnern umgegangen als in London.

Dennoch verdankt der moderne Fußball, so wie er heute auf der ganzen Welt verbreitet ist, seine Abstammung den Grundzügen jener Regeln, wie sie am 26. Oktober 1863 diskutiert und später für die Mitglieder der Football Association (FA) auch verbindlich festgelegt wurden. Entscheidend für die weitere Entwicklung des Fußballs in England, und damit auf der ganzen Welt, waren jene Passagen in dem 13 Absätze umfassenden Regelwerk, in denen der Unterschied zum bisher üblichen Rugby-Fußball fundamental dokumentiert wurde: Der Ball darf nur mit den Füßen getreten werden, und die Füße dürfen nur nach dem Ball treten. Mit den Händen darf weder der Gegner festgehalten noch der Ball berührt werden.

Als die FA ihre Regeln beschloß und am 5. Dezember 1863 in Bell's Life veröffentlichen ließ, waren sie zunächst nur für wenige Klubs der Londoner Gegend maßgebend. Doch auf ihnen basiert die weitere Entwicklung des Fußballs, der alsbald fester Bestandteil der britischen Erziehung wurde. Im folgenden Jahrhundert wurde dadurch eine tiefverwurzelte Anteilnahme in der britischen Bevölkerung an diesem Ballspiel geweckt, das der Fußball-Historiker Percy M. Young den Sieg bei der Weltmeisterschaft 1966 sogar als Ersatz für das verlorene Empire ansah.

Kurz nach Gründung der Football Association, im Dezember 1863 oder im Januar 1864, spielte die Harrow School gegen Cambridge nach den neuen Regeln. Und obwohl Cambridge noch mit 14 Spielern antrat, gilt diese Begegnung bei den Historikern als das erste „reguläre" Spiel in der Geschichte des modernen Fußballs. Harrow siegte 3:1.

Im Norden wurde am 9. Juli 1867 von Freizeitsportlern, die sich in Glasgows beliebtestem Erholungszentrum, im Queen's Park, mit verschiedenstem Sportgerät tummelten, der „Queen's Park Football Club" gegründet, Schottlands erster Fußballverein. Und schon drei Jahre später fand auf Anregung des Ehrensekretärs der FA, C. W. Alcock, das erste Länderspiel zwischen England und Schottland statt. Die Engländer siegten im Londoner Oval 1:0. Leidenschaftliche Rivalität und ein unersättlicher Drang nach neuen Wettbewerben waren geboren.

Alcock erinnerte sich an seine alte Schule in Harrow, wo es bereits eine Fußballmeisterschaft nach einem Ausscheidungssystem (K. o.) gegeben hatte. Am 20. Juli 1871 faßte die FA einen Beschluß, einen Challenge Cup zu schaffen, zu dem sie alle Vereine der FA einlud. Für 20 Pfund erstand sie jenen silbernen Cup, der bald zur bedeutendsten und populärsten englischen Sporttrophäe werden sollte. Im ersten Finale, am 16. März 1872, besiegten im Oval die London Wanderers vor 2 000 Zuschauern die favorisierten Royal Engineers durch ein Tor von A. H. Chequer mit 1:0.

Einer der Gründe für den ebenso gewaltigen wie rapiden Aufstieg des Fußballs in Großbritannien waren die neuen Transportmöglichkeiten. Das Eisenbahnzeitalter beschleunigte die Rivalität zwischen Städten, Regionen und Ländern. Kein anderes Land besaß so früh ein derart ausgedehntes Eisenbahnnetz wie das United Kingdom. Die Eisenbahn blieb nicht lange die einzige Errungenschaft der Technik, von der der Fußball im Zuge des Fortschritts und der Industrialisierung profitierte. Bereits am 14. Oktober 1878 fand auf dem Bramall-Lane-Platz in Sheffield das erste Nachtspiel unter elektrischer Beleuchtung statt. Unter derartigen Voraussetzungen schossen die Fußballklubs wie Pilze nach einem warmen Regen aus dem Boden.

Legendäre Klubs wie Aston Villa, Blackburn Rovers, Bolton Wanderers, FC Everton, FC Sunderland oder Manchester United wurden in jener Zeit, den siebziger und achtziger Jahren des vorigen Jahrhunderts, gegründet. In nur wenigen Jahren hatte der Fußball eine erstaunliche Popularität erlangt und mobilisierte die Massen, vor allem in den Industriezentren des Nordens, in den Midlands und in Lancashire.

Aufblühende englische Fußballklubs lockten gute Spieler aus Schottland mit lukrativen Arbeitsplätzen und finanziellen Zuwendungen. Die Glasgower Zeitungen waren voll mit derartigen Anzeigen. Die Lancashire-Teams bestanden bald nur noch aus Schotten, die schnell als Professionals verschrien waren. Bereits 1881, sechs Jahre vor der Geburt des Amateurapostels Avery Brundage, wurde daher eine Sonderkommission der FA zu dem Zweck gebildet, sich mit dem Professionalismus zu befassen und seinen Auswüchsen Einhalt zu gebieten. Preston Northend wurde vom Pokalwettbewerb verbannt, da es unverhohlen schottische Profis aufstellte. Durnley und Great Lever wurden suspendiert, einzelne Spieler disqualifiziert.

Die schottische FA kämpfte unterdessen an zwei Fronten: Auf der einen Seite sollte der Exodus schottischer Spieler in den Süden eingedämmt werden. Auf der anderen Seite standen in dem puritanischen Land ideologische Prinzipien auf dem Spiel. Der Teufel mußte von der eigenen Haustür verjagt werden. Heart of Midlothian wurde aus der schottischen FA ausgeschlossen, zwei als Profis entlarvte Spieler für zwei Jahre gesperrt.

Doch alle Strafmaßnahmen konnten den Professionalismus nicht mehr aufhalten. Das beste war, ihn zu legalisieren und zu kontrollieren. William Sudell, Baumwollfabrikant und Mäzen von Preston Northend, war der Vorkämpfer des offiziellen Professionalismus. Erstens seien Profis, so argumentierte er, bereits überall üblich, und zweitens könne das Spiel davon nur profitieren. Unter seiner Führung drohten 28 Vereine, einen eigenen, internationalen Verband, die British Football Association, zu gründen. Da packte Alcock, der mächtige Mann der FA, den Stier bei den Hörnern und gab nach: „Es ist zweckmäßig, den Professionalismus zu legalisieren, allerdings unter strikten Bedingungen. So darf kein bezahlter Spieler an dem Pokalwettbewerb der Association teilnehmen."

Der „Manchester Guardian" sah in dem ersten Einlenken der FA „den Anfang vom Ende". Rugby werde fortan das „aristokratische Spiel" sein, und im Süden Englands werde der Fußball wohl gänzlich aussterben. Indes, der „Guardian" sah zu schwarz. Die Krise und das Chaos gebaren vielmehr 1888 „The League", die Liga. Geistiger Vater und ihr erster Präsident war William McGregor, ein nach Birmingham eingewanderter Schotte. Zwölf Profi-Mannschaften begannen am 8. September 1888 die erste Liga-Meisterschaft, darunter Klubs, die auch heute noch in der ersten oder zweiten Division spielen, etwa Preston Northend, das unbesiegt erster englischer Fußballmeister wurde, oder Aston Villa, Wolverhampton Wanderers, Blackburn Rovers, Bolton Wanderers, West Bromwich Albion, FC Everton, FC Burnley, Derby County.

Trotz der nach wie vor bestehenden krassen Gegensätze zwischen „sauberen Amateuren" und „schmutzigen Profis" gedieh der Fußball in der letzten Dekade der viktorianischen Ära. Der Elfmeter wurde 1891 auf Vorschlag der irischen Football Association eingeführt. Im selben Jahr wurden Netze hinter die Torstangen gehängt. Bereits 30 000 Zuschauer sahen 1894 das schottische Cup-Finale zwischen den angehenden Erzrivalen des 20. Jahrhunderts, Rangers und Celtic. Fußball wurde zum Geschäft. Die Rangers gewannen den Cup und machten in diesem Jahr einen Gewinn von 5227 Pfund, das Vierfache der Einnahmen in den vorangegangenen fünf Jahren.

Celtic, das bis dahin nur für katholische Wohlfahrtszwecke gespielt hatte, erblühte zu einem Wirtschaftsunternehmen. Mit 16 000 Pfund Jahreseinnahme stand Celtic mit Abstand an der Spitze der reichen britischen Fußballklubs. Celtics Zuschüsse für gute Zwecke ließen merklich nach. Fußball war selbst zu einem guten Zweck geworden. Für 10 000 Pfund erstand Celtic ein eigenes Stadion, den Celtic Park, anstatt den Betrag weiterhin der katholischen Kirche zu stiften. Viele Celtic-Mitglieder waren über den Sinneswandel maßlos enttäuscht.

Das englische Cup-Finale von 1895 zwischen Aston Villa und West Bromwich Albion lockte bereits eine Rekordkulisse von 42 000 Zuschauern an. Das altehrwürdige Oval war längst zu klein geworden. Crystal Palace hieß der neue Londoner Schauplatz des alljährlichen Cup-Spektakels. Aston siegte durch ein Tor von Bob Chatt nach wenigen Sekunden 1:0.

Doch ein fußballhistorischer Makel haftet an diesem Triumph und an der goldenen Ära Aston Villas. Am Tag nach dem Sieg verschwand der Pokal aus einer Ausstellung in Birmingham, zu der ihn der Cup-Sieger ausgeliehen hatte, und ward nie mehr gefunden. Zwar gestand 1958 der 83jährige Villa-Fan Harry Burge, die Trophäe damals gestohlen zu haben. Da er aber weder das „kulturhistorische" Wertstück vorweisen noch genaue Angaben über seinen Verbleib machen konnte, blieben starke Zweifel an dem Wahrheitsgehalt seines Geständnisses bestehen.

Mit dem Namen Aston Villa ist in der Geschichte des englischen Fußballs indes nicht nur der Diebstahl des Original-Cups verbunden. Der Klub brachte auch den Spielertransfer groß in Mode. Aston Villa war der „big spender" des auslaufenden 19. Jahrhunderts. Nach dem Cup-Finale 1892 kaufte Villa Willie Groves und John Reynolds für 100 beziehungsweise 40 Pfund von West Bromwich Albion. Nach dem Sieg von 1895 gab Villa schon 250 Pfund für den brillanten Nationalspieler Jimmy Crabtree des FC Burnley aus. Gar 350 Pfund war Fred Wheldon aus dem benachbarten Small Heath wert.

Mit den Zuschauerzahlen stiegen die Probleme öffentlicher Ordnung. Spiele mußten unter- oder gänzlich abgebrochen werden, weil die Plätze überfüllt waren und die Zuschauer auf die Spielfelder drängten. „Militär zur Hilfe gerufen" lauteten schon 1888 die Schlagzeilen in der Presse, was freilich eine maßlose Übertreibung darstellte. Um einen Spielabbruch in Perry Barr beim Pokalspiel Preston Northend gegen Aston Villa zu vereiteln, hatte man zwei Polizisten gebeten, auf ihre Pferde zu steigen und entlang der Torlinien zu patrouillieren.

Dennoch, was schon lange drohte, trat am 5. April 1902 in Glasgower Ibrox Park in aller Schrecklichkeit ein. An diesem Tag spielte Schottland gegen England. Die Rangers hatten eine neue Holztribüne errichtet und damit das Fassungsvermögen auf 60 000 Zuschauerplätze erweitert. Trotzdem war das Stadion restlos überfüllt. Im gleichen Maße wie die Begeisterung stieg – sie entzündete sich vor allem an dem brillanten Spiel des schottischen Linksaußens Bob Templeton –, gab die Holzkonstruktion nach. Ein großer Teil der Tribüne stürzte ein und riß Tausende mit in die Tiefe. 25 Personen wurden getötet, über 500 verletzt. Der Schiedsrichter bekam vom Ausmaß der Katastrophe anscheinend nichts mit. Das Spiel ging weiter. Die Rangers mußten für den Schaden aufkommen und Tausende von Pfund bezahlen.

Fußball war ein Spiel der Arbeiterklasse. Deshalb beherrschten die Klubs aus den Industriestädten des Nordens Liga und Pokal. In den ersten 50 Jahren des FA-Cups, von 1872 bis 1922, konnte allein Tottenham Hotspur (1901 und 1921) die Hegemonie des Nordens – ganze zweimal - brechen. Die Gunst der höheren Gesellschaftsschichten genoß der Fußball in jenen Jahrzehnten nur, wenn sich Mitglieder des Parlaments oder Minister in Hinblick auf anstehende Wahlen einmal herabließen, sich beim Fußball unters Volk zu mischen.

Die große Ausnahme war das Cup-Finale, das als eine Art nationales Ritual unter dem Patronat des Adels stand. 1914 besuchte gar König Georg V. das Pokalendspiel zwischen FC Bumley und FC Liverpool (1:0). Mit seinem Besuch sollte im Krisenjahr 1914 die nationale Einheit symbolisiert werden. Denn es gab kaum ein Ereignis, das die Massen mehr in Bewegung setzte, als alljährlich das Cup-Finale. 1913 hatten 120 081 Zuschauer das Endspiel zwischen Aston Villa und dem FC Sunderland (1:0) erlebt.

Mit Ausbruch des Ersten Weltkrieges endeten die „good old days" des britischen Fußballs. Am 3. November 1913 feierte die Football Association ihr 50jähriges Bestehen mit einem opulenten Bankett, das aus 15 Gängen bestand. Auch dieses Jubiläum kennzeichnete das Ende einer Epoche. Denn aus dem ehemals britischen Volksbrauchtum war mittlerweile ein weltweiter Zeitvertreib geworden. Dies wurde durch die Anwesenheit der Fußballverbände Europas, Argentiniens, Australiens und Jamaikas bei den FA-Festlichkeiten dokumentiert. Die Briten waren die Pioniere der universalen Expansion des Fußballs. Die Pionierzeit wurde fortan als die „gute alte Zeit" des britischen Fußballs verherrlicht.

Der Fußball überlebte zwar den Krieg, aber danach wurde alles anders. Die alten Zeiten kehrten nicht mehr zurück, weil, so bedauert Young, „das professionelle Spiel alles beherrschte". Zwar war die Stellung des einzelnen Profispielers im gesellschaftlichen und wirtschaftlichen Bereich oft unsicher. Doch sein nüchterner Sachverstand und seine antrainierte Geschicklichkeit drückten dem Spektakel ihren Stempel auf. Anstelle des Enthusiasmus der Pioniere trat die Sachlichkeit der Profis – auf und außerhalb des Spielfelds. Das Zeitalter des Fußballmanagers begann.

Die Gestalt des Herbert Chapman prägte den Prototypen des kalten englischen Fußball-Strategen. Die Geschichte der Nachkriegszeit ist praktisch die Story dieses Mannes, der 1920 die Betreuung von Huddersfield Town übernahm. Mit Autorität und dem Instinkt, die Vorzüge eines einzelnen Spielers der Gesamtheit der Mannschaft anzupassen und unterzuordnen, formte Chapman aus seinem Team eine Maschine, bei der jeder Teil in voller Harmonie zum Ganzen funktionierte. Dreimal hintereinander, 1924-1926, wurde Huddersfield Meister, ein Triumph, der bis dahin noch keiner Mannschaft gelungen war.

Auf der Suche nach einer neuen Herausforderung landete Chapman auf dem Londoner Highbury und wurde bei seinem Amtsantritt beim FC Arsenal gleich mit der neuen, das Spiel revolutionierenden Abseitsregel konfrontiert. Nicht länger drei, sondern nur noch ein Abwehrspieler mußten sich künftig zwischen Torwart und vorderstem Stürmer der Gegenseite aufhalten. Die Torausbeute schnellte sprunghaft in die Höhe. 1925 wurde Huddersfield noch mit 69:28 Toren Meister. Im folgenden Jahr, nach Einführung der neuen Abseitsregel, verteidigte die Mannschaft den Titel mit 92:60 Toren.

Die Klubmanager brüteten in ihren Büros neue Strategien gegen die Torflut aus. Der Stopper wurde geboren. Gegenmaßnahmen wurden ersonnen. Der Mann, der es verstand, ein Modellteam nach den neuen Erfordernissen zu formen, war Herbert Chapman: die Mannschaft des FC Arsenal. Er ersann ein System, später WM genannt, mit dem die Balance zwischen Treffern und Gegentreffern am vorteilhaftesten gehalten werden konnte.

Arsenal, im Spiel und im Management, war in jeder Beziehung vollprofessionell. 1925 beendete der Klub die Meisterschaft noch auf dem drittletzten Platz; im folgenden Jahr, dem ersten unter Chapman, wurde die Mannschaft bereits Zweiter. Doch die ganz großen Ziele, Cup und Ligameisterschaft, blieben vorerst versagt. Chapman suchte noch die richtigen Spieler für einzelne Positionen. David Jack, der graziöse und die Gegner förmlich hypnotisierende Torjäger der Bolton Wanderers, mußte her. Bolton, das wahrlich kein Interesse hatte, sich von seinem Vollblutstürmer zu trennen, forderte eiskalt 13 000 Pfund, das Doppelte des bisherigen Transferrekords, den Sunderland für Bob Kelly bezahlt hatte. Chapman ließ sich davon nicht abschrecken, handelte die Summe auf 11 500 Pfund herunter und verpflichtete zur allgemeinen Überraschung den Bolton-Star.

Ein Jahr später kam Alex James von Preston, einer jener schottischen Fußballhelden, die England 1928 im Wembley-Stadion 5:1 deklassiert hatten. Die Transfersumme: 9000 Pfund. Was wurde erreicht? 1927 stand Arsenal erstmals im Cup-Final und verlor mit einem Tor gegen Cardiff City. Drei Jahre später erreichte Arsenal erneut das Endspiel. Gegner und Favorit war Huddersfield Town mit sieben Nationalspielern, darunter der große Alex Jackson.

Indes, Chapmans Intimkenntnisse vom Gegner ermöglichten es ihm, die passenden Maßnahmen und Gegenmaßnahmen zu ergreifen. So galt es vor allem, den quecksilbrigen Jackson, der als Rechtsaußen das ganze Spielfeld als seine Domäne zu benutzen pflegte, auszuschalten. Young Hapgood erhielt Order, Jackson nie aus den Augen zu lassen. Mit dem wohl berühmtesten Sturm seiner Geschichte, mit Hulme, Jack, Lambert, James und Bastin, siegte Arsenal durch Tore von James und Lambert mit 2:0. Das war der Beginn der großen Arsenal-Epoche mit fünf Ligameisterschaften in acht Jahren (31, 33, 34, 35, 38) und einem weiteren Cup-Sieg 1936.

Die Geschichte des englischen Fußballs zwischen den beiden Weltkriegen wurde natürlich nicht nur von Chapman und Arsenal geschrieben. Ein fußballhistorisches Datum war zweifellos der 28. April 1923, als das neue Wembley-Stadion mit dem Pokalfinale zwischen Bolton Wanderers und West Ham United eingeweiht wurde. Das Wembley-Stadion, so verhieß das offizielle Programmheft, war „unvergleichbar die beste Sportanlage der Welt..." Es war „die größte der Welt, die komfortabelste, die am besten ausgestattete, mit einem Fassungsvermögen für über 125 000 Menschen und Raum für 1000 Athleten. In seinen Ausmaßen gleicht es der biblischen Stadt Jericho."

Die Reklame für die gigantische Ausdehnung hätte fast katastrophale Folgen gehabt. Denn 200 000 Menschen hatten beschlossen, die Anlage zu testen. Es war ein Wunder, daß in dem chaotischen Gedränge nichts passierte, es war ein Wunder, daß das Spiel unter den Augen von König Georg V. beginnen konnte, und es war wohl das größte Wunder, daß es auch zu Ende geführt wurde. Wembley war fortan der heilige Tempel des britischen Fußballs.

In den Jahren zwischen den beiden Weltkriegen entwickelte sich der britische Fußball in der Isolation. Nach den Olympiasiegen von 1908 und 1912 trat England aus der FIFA (1904 gegründet) aus, da es mit den Feinden des Krieges nicht länger spielen wollte. Die Rückkehr 1924 währte nur vier Jahre. Im Streit über Lohnausfallzahlungen an Amateure auf dem Kontinent kehrte die FA der FIFA erneut den Rücken, für über zwanzig Jahre.

Geneigt zu glauben, daß durch göttliche Fügung der britische Fußball ohnehin der beste der Welt war, ignorierten die Briten weitgehend den Aufschwung auf dem Kontinent. Obwohl die erste Niederlage in einem internationalen Spiel außerhalb der Inseln – 1929 gegen Spanien – die Engländer schockte, blieb für sie das Aufblühen des Fußballs in Europa und auf der ganzen Welt doch recht belanglos. 1930 wurde Uruguay der erste Weltmeister, die Tatsache jedoch, daß Brentford alle Heimspiele in der Liga gewann, würdigten die Engländer als weitaus bedeutenderes Ereignis.

Und Italiens zweiter Erfolg bei der Weltmeisterschaft 1938 trat im Fußball-England gegenüber den Feierlichkeiten zum 75. Jubiläum der Football Association völlig in den Hintergrund. Ein Sieg über eine Europa-Auswahl bestätigte die Briten in ihrem Glauben, die Auserwählten des Fußballs zu sein. Mit einem weiteren Triumph über Europa neun Jahre später kehrte England in den Schoß der FIFA zurück – und betrat damit eine Ära der Ernüchterung, in der der Glauben an die eigene Herrlichkeit tief erschüttert wurde.

1950 beteiligte sich England in Brasilien erstmals an einer Weltmeisterschaft und wurde mit der ganzen Gewalt des südländischen Fußballfanatismus konfrontiert. Von der englischen Mannschaft, vertreten durch Fußballgrößen wie Williams, Ramsey, Aston, Wright, Dickinson, Finney, Mannion, Bentley, Mortenson oder den großen Stan Matthews, schon zu Lebzeiten Legende und als erster Fußballspieler geadelt, hatte man zumindest erwartet, daß sie die Endrunde erreichen würde. Die Favoriten verloren jedoch gegen Spanien und sogar gegen die USA.

Nachdem alle Entschuldigungen analysiert worden waren – die massierte Abwehrtaktik der Gegner, die schwachen Schiedsrichter, das ungewohnte Klima und so weiter –, blieb als Tatsache, daß die Mannschaft auf ein derartiges Turnier einfach nicht hinreichend vorbereitet und darauf eingestelltt war.

Doch es kam noch schlimmer: Am 25. November 1953 verlor England in Wembley gegen das ungarische Wunder-Team der Kocsis, Hidegkuti und

Puskas mit 3:6 – eine nationale Katastrophe. Der Nimbus der Unbesiegbarkeit auf heiligem Wembley-Rasen war dahin, England sah erstmals in seiner Geschichte wie eine Fußballnation zweiter Kategorie aus. Die Revanche in Budapest, ein halbes Jahr später, wurde noch fürchterlicher. Mit 7:1 demütigten die Ungarn ihre Gäste, und Englands Presse schrieb von einem „Massaker".

Weitere Enttäuschungen bei den Weltmeisterschaften 1954 und 1958 waren nötig, um den Briten endlich die Augen zu öffnen, daß dem Mutterland die Fußballsprößlinge längst über den Kopf gewachsen waren. In Sachen Fußball war eben nichts vom „typisch britischen Understatement" zu spüren. Die Selbstverherrlichung in den Jahren der Inselisolation hatte den klaren Blick für die Realitäten getrübt, man sah eben nur Brentford und nicht Uruguay. Es blieb ein schwacher Trost, daß England in den World-Cup-Finalen der fünfziger Jahre wenigstens durch den Schiedsrichter vertreten war.

In die schwarzen fünfziger Jahre fiel auch die größte Tragödie in der Geschichte des englischen Fußballs. Durch ein 3:3 in Belgrad gegen Roter Stern hatte sich Manchester United für das Semifinale im Europa-Pokal qualifiziert. Auf dem Heimflug stürzte die Maschine am 6. Februar 1958 in einem Schneesturm über dem Münchner Flughafen ab. Sieben Spieler kamen ums Leben. Neun weitere United-Recken und ihr berühmter Manager Matt Busby wurden zum Teil schwer verletzt. Zwei Wochen nach dem Unglück erlag Duncan Edwards, damals der talentierteste englische Fußballspieler, seinen schweren Verletzungen.

Trotz der Katastrophe blieb Manchester United „Botschafter des englischen Fußballs", wie der Bischof von Chester in der Trauerfeier das Busby-Team gewürdigt und der „Guardian" den Klub nach dem Titelgewinn 1967 gefeiert hatte. Das Geheimnis der Mannschaft, die 1968 als erster englischer Klub den Europa-Pokal gewann, die Trophäe, die nach dem World-Cup das höchste Prestige ausstrahlte, sah Guardian-Kolumnist Erie Todd nicht unbedingt in dem unerschöpflichen Reichtum an Talenten, nicht in dem selbstsicheren Auftreten der Spieler und auch nicht in Matt Busby, der als der schlaueste Manager des Fußballgeschäfts galt. „Es ist vielmehr die Hingabe", schrieb Todd, „die überall in diesem Klub zu spüren ist." Symbol der Hingabe und Loyalität eines United-Spielers war Bobby Charlton, der im Frühjahr 1973, nachdem er noch einmal geholfen hatte, Manchester United vor dem Abstieg zu retten, seine einzigartige Karriere beendete. 17 Jahre lang hatte er treu im Dienst von United gestanden.

Bobby Charlton wurde auch zum Symbol für die „Golden Sixties" die den schmachvollen fünfziger Jahren folgten. Die Krönung seiner Laufbahn, World-Cup 1966, bedeutete gleichzeitig das ruhmreichste Ereignis in der über hundertjährigen Geschichte des englischen Fußballs.

Mit dem Gewinn der Fußballweltmeisterschaft hatte Manager Alf Ramsey der Nation den erschütterten Glauben an die eigene Fußballgröße zurückgegeben und wurde zum Dank von der Königin zum Ritter geschlagen. Denn Fußball in Großbritannien, dieses Fazit zog Historiker Perey M. Young, „ist nicht nur ein Spiel, das man spielt oder sich anschaut. Man lebt damit".

Fußball in Holland

Von Claus Mittenzwei

Die Engländer waren auch in Holland schuld: 1865 hatten britische Textilarbeiter aus Enschede und englische Botschaftsangestellte aus Den Haag gegeneinander gespielt. Bis zur offiziellen Gründung der ersten Klubs in Deventer und Haarlem dauerte es noch ein paar Jahre. Offiziell wird Pim Mulier, der während seiner Studienzeit in England das Spiel kennengelernt hatte, mit der Gründung des „Football Club Haarlem" 1879 als „Vater des Fußballspiels in Holland" gefeiert. Auf Muliers Initiativen wird auch die Gründung des Niederländischen Fußball-Bundes zurückgeführt. Der 8. Dezember 1869 war der entscheidende Tag.

1898 wurde die erste Meisterschaft ausgespielt und von RAP gewonnen, einem 1923 wieder aufgelösten Amsterdamer Klub. Erst 1900 (Ajax Amsterdam) und 1908 (Feyenoord Rotterdam) kamen die in den sechziger und siebziger Jahren weltbesten Fußball-Vereine hinzu. Das erste Länderspiel steht unter dem 30. April 1905 in Antwerpen nicht zufällig gegen Belgien zu Buche und wurde von Holland gegen den späteren Erzrivalen 4:1 gewonnen.

Von großen Fußballerfolgen der Niederlande war erst in der jüngeren Vergangenheit die Rede. Zuerst verlor 1969 Ajax das Europapokal-Finale der Meister gegen AC Milan 1:4, ehe die große Zeit von Feyenoord (Welt- und Europapokalgewinner 1970) und dann auch von Ajax anbrach: dreimal hintereinander gab es – zwischen 1971 und 1973 – Europapokalsiege, 1972 zusätzlich noch den Triumph, als Gewinner des Weltpokals (1:1 und 3:0 gegen Independiente Buenos Aires) das weltbeste Klubteam zu stellen.

Von den Kluberfolgen ging es zur Erfolgsserie der Nationalmannschaft beinahe reibungslos über. In diese Phase fiel die Präsidentschaft von W. A. G. M. Meuleman, der nach der Europameisterschaft 1980 in Italien nach elfjähriger Amtszeit im Alter von 70 Jahren abtrat. Seitdem wird der KNVB von Joop Willem van Marle und einer auch auf zahlreichen anderen Posten viel jüngeren „Mannschaft" geführt.

Sein Hundertjähriges hatte der Verband 1979 gefeiert. Da mußten die spektakulärsten Erfolge der „Nationaal elftal" mit den Vize-Weltmeistertiteln von 1974 in München und 1978 in Buenos Aires, den Welt- und Europapokalsiegen von Ajax Amsterdam und Feyenoord Rotterdam schon unter „Vergangenheit" abgehakt werden, da lebte der „Koninklijke Nederlandsche Voetbalbond" längst von den Erinnerungen.

Nach dem Lob bei den Weltmeisterschaften in Deutschland und Argentinien mußten es die Königlichen, die standesgemäß im vornehmen Sport-Center Zeist vor den Toren von Utrecht residieren, bei der Europameisterschaft 1980 in Italien schmerzlich zur Kenntnis nehmen: Hollands Ära war vorbei.

Der Niedergang folgte den Triumphen allzu schnell. Als „König Johan" Cruyff als sicherlich bester Fußballspieler aller Zeiten in den Niederlanden abgedankt hatte, als der „fliegende Holländer" Rinus Michels und der Wiener Ernst Happel als Macher und Herrscher der Erfolgsteams von 1974 und 1978 sich wieder um Klubteams bemühten und in der Saison 1981/82 als hochdotierte Cheftrainer des 1. FC Köln und Hamburger SV in der deutschen Bundesliga wiederfanden, da ging es nicht mehr. Ihr Nachfolger Jan Zwartkruis, der als Nothelfer ein paarmal einspringen mußte, dankte nach dem vorzeitigen Ausscheiden bei der Europameisterschaft ab. In die Vorbereitungen auf das Weltturnier 1982 stieg Kees Rijvers im Februar 1981 ein, als es längst hieß: „Holland in Not".

Ohne Illusionen hatte der 54 Jahre alte ehemalige Nationalspieler (48 Einsätze in den fünfziger Jahren), der einen Fünf-Jahres-Vertrag unterschrieb, im Fernsehen seines Landes erklärt: „Die Chancen unserer Nationalmannschaft, sich noch für die Weltmeisterschaft 1982 in Spanien zu qualifizieren, hän-

gen an einem ganz dünnen Faden. Wir müssen uns bereits in Richtung 1986 orientieren."

Kees Rijvers, der vorher wie seine berühmten Kollegen Michels und Happel auch als Klubtrainer große Erfolge gefeiert hatte (bei Twente Enschede und vor allem beim PSV Eindhoven), war der sechste Bondscoach in diesem Jahrzehnt. Nach Niederlagen in Irland (1:2) und beim Erzrivalen Belgien (0:1) hatte es erst in der Rijvers-Ära nach den Erfolgen über Zypern (3:0), Frankreich (1:0) und noch einmal Zypern (1:0) wieder Hoffnung gegeben, doch noch einen der beiden ersten Gruppen-Plätze als Voraussetzung für die Qualifikation zum Spanien-Turnier zu erreichen.

Die mehr als eine Million organisierten Fußballspieler unter den 14 Millionen Holländern schöpften in den 7000 Fußballklubs mit 42 000 Mannschaften erstmals wieder ein wenig Hoffnung. Sie waren an den schnellen Wechsel von Hochs und Tiefs der Nationalmannschaft längst gewöhnt.

Sieben Jahre zuvor konnte der Erfolg bei der WM in Deutschland im Vergleich zum Abschneiden bei vorangegangenen Turnieren und deren Qualifikationen nur als Wunder bezeichnet werden. Auch die holländischen Experten schüttelten ob des zweiten Platzes hinter Helmut Schöns Mannschaft in München nur immer wieder die Köpfe. Das hatten auch sie, die zu den großen Zeiten von Ajax Amsterdam bereits die Fähigkeiten von Rinus Michels kennengelernt hatten, dem „fliegenden Holländer" nun doch nicht zuzutrauen gewagt.

Von Vorschußlorbeeren wollte der Meistermacher von Ajax und CF Barcelona vor und während des Turniers auch nichts wissen. Dabei nahm der Mann mit der Zehnkämpfer-Figur, der selbst einmal zwölf Jahre lang als Mittelstürmer den Ajax-Sturm führte, in jeder Beziehung eine so souveräne Sonderstellung in seiner Equipe ein, daß es schon vor der Weltmeisterschaft hieß: „Rinus weiß alles – Rinus macht alles – Rinus befiehlt alles!"

So war es tatsächlich. Diese Sonderrechte hatte sich der 1928 in Amsterdam geborene Coach schon in den ersten Verhandlungen ausbedungen, die er nach Hollands Qualifikation für die Weltmeisterschaft mit Präsident Wim Meuleman und Generalsekretär Henk Burgwal vom KNVB führte.

Dr. Frantisek Fadrhonc hatte die Mannschaft mit einigen glücklichen Ergebnissen durch die Ausscheidungsrunde geführt. Trotz dieses Erfolges – die Holländer konnten sich erstmals seit 1938 wieder für eine Endrunde durchsetzen – war die Kritik an dem gutmütigen Exil-Tschechoslowaken bei den verwöhnten Stars von Ajax Amsterdam, Feyenoord Rotterdam und PSV Eindhoven immer lauter geworden.

Die holländische Nationalelf vor dem Endspiel um die Weltmeisterschaft 1974 gegen Deutschland im Münchner Olympiastadion (oben, links) – und ihr brillanter Regisseur Johan Cruyff, der um ein Haar dem deutschen Mannschaftskapitän Franz Beckenbauer die Schau gestohlen hätte.

Sie lachten Dr. Fadrhone auf dem Trainingsplatz aus, sie hielten sich nicht an seine taktischen Entscheidungen, sie tanzten auch dem KNVB auf der Nase herum. Die Mannschaft hatte sich zwar am 18. November 1973 durch ein 0:0 gegen den Erzrivalen Belgien in dem mit 65 000 Zuschauern ausverkauften Amsterdamer Olympiastadion als zwölftes Land für die Endrunde in der Bundesrepublik qualifiziert – das Team war aber nur ein Torso.

Das hatte sich bereits in den Qualifikationsspielen gezeigt. Hier war gegen Belgien in beiden Begegnungen jeweils nur ein torloses Unentschieden gelungen, so daß die Spiele gegen Norwegen und Island entscheiden mußten. Und diesen Überkreuzvergleich entschied Holland für sich: Gegen Norwegen gelangen ein 9:0 und 2:1, gegen Island ein 5:0 und 8:1. Die Belgier setzten diesen 24:2 Toren nur 12:0 Treffer gegen dieselben Gegner entgegen – und schieden damit ohne Niederlage schon in der Qualifikation aus.

Mit den Außenverteidigern Wim Suurbier und Ruud Krol, mit Johan Neeskens und Arie Haan, Jonny Rep, Rob Rensenbrink und vor allem Johan Cruyff standen sieben Mann in der Mannschaft, die das entscheidende 0:0 gegen Belgien erzielte, die knapp neun Monate später bis ins WM-Endspiel vordringen sollte.

Zum dritten Mal war damit Holland für das Endrundenturnier um die Weltmeisterschaft qualifiziert. 1934 verloren die Niederlande gleich zum Auftakt gegen die Schweiz in Mailand 2:3, vier Jahre später gegen die Tschechoslowakei in Le Havre nach Verlängerung 0:3 – und schieden damit jeweils gleich im ersten Kampf aus.

„Holland – bleibe zu Hause" wurde in bissigen Zeitungskommentaren geraten. „Das kommt gar nicht in Frage", war die Trotzreaktion bei Meister Michels. Am 11. Januar 1974 hatte er nach einer Geheimsitzung in der Kommandozentrale des KNVB in der Millionärs-Siedlung Zeist die Verantwortung übertragen bekommen. Dr. Fadrhone blieb zwar nach außen im Nationaltraineramt, fortan tanzte jedoch alles nach der Pfeife von Teamkapitän Michels, der später auch im holländischen Weltmeisterschafts-Quartier im „Waldhotel Krautkrämer" in Hiltrup bei Münster allein die Entscheidungen fällte. Kein Präsident oder Generalsekretär – von den Mitläufern in der Mannschaftsführung gar nicht zu reden – wagte auch nur ein kritisches Wort.

„Das Wichtigste", so dozierte Rinus Michels einmal während der Weltmeisterschaft, „ist während eines solchen Turniers, die Spieler bei Stimmung und Laune zu halten. Alle sind mehr oder weniger nervös. Für uns Trainer ist deshalb die erste Aufgabe, diese Spannung möglichst klein zu halten, um während des Wettkampfes keine Auswirkungen zu erleben."

Schon während der Vorbereitungen durften die Spieler zum Wochenende stets nach Hause, im Quartier während der Weltmeisterschaft war immer für Unterhaltung gesorgt, konnten Freundinnen oder die eigenen Frauen mit Kindern zum (auch nächtlichen) Besuch nach Hiltrup anreisen. Lagerkoller kam nie auf.

Der Weg durch Vor- und Zwischenrunde des Turniers lief denn auch wie programmiert, Vor dem ersten Auftritt in Hannover hatte es noch ein Rätselraten über die Besetzung von drei wichtigen Posten gegeben. Aber für Michels stand die Entscheidung nach internen Testspielen gegen Amateurmannschaften hinter verschlossenen Türen in Zeist fest: Er berief nach bisher erst 94 Länderspielminuten den 33jährigen Amsterdamer Zigarrenhändler Jan Jongbloed ins Tor, in dem viele eigentlich Piet Schrijvers erwartet hatten, stellte den Ajax-Mittelfeldspieler Arie Haan erstmals in dessen neunjähriger Spielerlaufbahn auf den Liberoposten und holte als Vorstopper mit dem Debütanten Wim Rijsbergen aus Rotterdam einen jungen Mann in die Mannschaft, der bis zu dieser Weltmeisterschaft eindeutig im Schatten von Barry Hulshoff gestanden hatte.

Die Besetzung der Außenverteidiger-Parts mit den unzertrennlichen Ajax-Männern Wim Suurbier und Ruud Krol war ebenso klar wie die Mittelfeld-Kombination des Amsterdamer Cruyff-Freundes (und verkappten Mittelstürmers) Johan Neeskens mit den Kämpfer-Typen Wim Jansen und Wim van Hanegem.

Im Sturm beendete Rinus Michels endgültig die Karriere des Linksaußens Piet Keizer, der fortan im Hiltruper Quartier mit verkniffenem Gesicht umherlief und sich mehr um sein Angel-Hobby als um seine körperliche Verfassung bemühte. Nur einmal bekam der Ajax-Flügelmann (in Amsterdam viele Jahre Nummer 1 im Klub, selbst noch in den Anfangszeiten von Cruyff) während der Weltmeisterschaft eine Chance, die er (in Dortmund gegen Schweden) nicht zu nutzen verstand.

Es blieb im Angriff also bei Jonny Rep, Johan Cruyff und Rob Rensenbrink, die in dieser Besetzung auch schon die Qualifikation gegen Belgien geschafft hatten.

Die Michels-Taktik war leicht zu erkennen – und wurde doch erst im Endspiel von der deutschen Mannschaft deshalb gekontert, weil sich die Holländer nach der schnellen 1:0-Führung durch den Neeskens-Elfmeter zu sicher wähnten.

„Dem Gegner den eigenen Willen und die Spielweise aufzwingen", war die Maxime bei Holland. „Oranje boven" konnten daraufhin in jedem Spiel die insgesamt rund 200 000 fast durchweg in Orange-Hemden oder -Mützen gekleideten Niederländer in Hannover (25 000 Holländer unter 55 000 Besuchern) beim 2:0 gegen Uruguay, in Dortmund (30 000 von 53 790) beim 0:0 gegen Schweden und in gleicher Besetzung auf den Rängen beim 4:1 gegen Bulgarien, in Gelsenkirchen (30 000 unter 55 000) beim 4:0 gegen Argentinien und an gleicher Stelle mit 20 000 Supporters aus Eindhoven, Enschede, Amsterdam, Rotterdam und Den Haag beim 2:0 gegen die DDR sowie schließlich nochmals im letzten Dortmunder Heimspiel (20 000 unter 54 000 Besuchern) beim 2:0 gegen Brasilien in ihren Sprechgesängen aufjubeln.

„Dieses Finale haben wir verloren, weil wir falsch gespielt haben", gestand beim nächtlichen Bankett in München Libero Arie Haan. Als ihm und seinen Kameraden der Vorwurf gemacht wurde, die Ajax-Masche des Ballhaltens und Rückwärtsspielens beim Stand von 1:0 nach wenigen Minuten sei falsch gewesen konnte der Holländer nicht widersprechen.

Rinus Michels bedauerte: „Eine solche Chance, Weltmeister zu werden, hat ein Spieler in seinem Leben nur einmal. Schade, daß wir sie nicht nutzen konnten." In der Öffentlichkeit machte er seinen dreizehn Spielern keinen Vorwurf. Er hätte ihn in erster Linie Johan Cruyff machen müssen. Der Mann, den CF Barcelona und der KNVB für sechs Millionen Gulden gegen Verletzungen versicherten, hatte im Finale nicht die Ruhe und Nerven, trotz der Tacklings von Berti Vogts die Fäden so wie in den vorangegangenen Begegnungen zu spinnen.

Mit dem Abpfiff nach dem 1:2 war Hollands Weltmeisterschafts-Team gleichzeitig geplatzt. Während der Weltmeisterschaft hatten die Holländer eine Mannschaft nur für dieses Turnier. Für viele war der Aufstieg aus dem Nichts bis an die Tore des Throns danach wie ein Traum Sie stellten fest: „Wunder wiederholen sich nicht."

Zwei Jahre nach dem Münchner Endspiel schien diese Redensart bereits bestätigt. Bei der Europameisterschaft in Belgrad und Zagreb gab es fortlaufend Ärger: Mit und um Johan Cruyff, mit und um Nationaltrainer George Knobel, der während des Turniers seinen Abschied verkündete – und auch bald ging.

Abschied wurde auch am 26. Oktober 1977 im Amsterdamer Olympiastadion gefeiert. Der König trat ab, sorgte aber dafür, daß Holland mit einem 1:0 gegen den Erzrivalen Belgien nach dem schnellen Tor von Rene van de Kerkhof in der 4. Minute das

Tor zur Weltmeisterschafts-Teilnahme 1978 weit aufstoßen konnte

Begonnen hatte das „argentinische Abenteuer" mit dem Abbruch der diplomatischen Beziehungen zwischen Holland und Belgien. Im Zürcher „Sport" wurde dazu geschrieben: „Die Nominierung von Brügge-Trainer Ernst Happel als Coach der holländischen Nationalmannschaft hat einen Verbandskrieg zwischen den Nachbarn ausgelöst. Louis Wauters, Präsident des belgischen Verbandes, verweigerte jetzt gar holländischen Journalisten ein Interview. Zum entscheidenden WM-Qualifikationsspiel vom 26. Oktober wird Belgiens Nationalmannschaft nur vom Trainer, dem Arzt und einem Mitglied des Verbandsausschusses begleitet."

Die Deutsche Presse-Agentur stellte ihren Bericht über den letzten Auftritt von Johan Cruyff in der Nationalelf über das „Spiel des Jahrhunderts", wie das Amsterdamer Treffen mit dem Erzrivalen Belgien auf einigen Plakaten sehr hochtrabend genannt worden war, unter die Zeile „Ohne ‚König Johan' ist das Holland-Team nichts mehr wert", um im Text fortzufahren: „ Ohne ihn hat das Team in Argentinien eigentlich gar nichts zu suchen."

Natürlich flogen die Holländer nach Argentinien. Doch die Unruhe, die Holland-Teams immer schon begleitet hatte, hielt auch dort an. Der Sport-Informations-Dienst meldete nach dem 3:0 gegen den Iran und 0:0 gegen Peru aus Mendoza: „Die Presse zetert, die Heimat ist enttäuscht, die Schlachtenbummler wollten von ‚Oranje boven' nichts mehr hören, und doch ist das Selbstbewußtsein der Stars auch nach zwei äußerst schwachen Vorstellungen ungebrochen." Mittelfeld-Stratege Arie Haan hatte die richtige Ahnung: „Wir steigern uns von Spiel zu Spiel und haben Bestform zum richtigen Moment im Finale."

Arie Haan hatte recht. Schottland konnte mit einem 3:2 die Holland-Träume zwar noch einmal fast alle zerstören, doch in der zweiten Finalrunde wurde nach einem 5:1 gegen die vorher in den Himmel gehobenen Österreicher mit einem 2:2 der erste Nagel in den später von Österreich versenkten Sarg des Titelverteidigers Deutschland geschlagen, ehe mit einem 2:1 gegen Italien die Endspiel-Teilnahme endgültig feststand. In der Stierkampf-Atmosphäre des River Plate Stadions von Buenos Aires gingen die Holländer nach dem 1: 1 bei regulärer Spielzeit im argentinischen Spielzauber der Verlängerung doch noch 1:3 unter. Verloren – aber nach der Heimkehr dennoch zufrieden. Denn auch diese Vize-Weltmeisterschaft war als Wunder einzustufen.

Knapp anderthalb Jahre später drohte Holland international das endgültige „Aus". Drei Punkte waren in der Qualifikation für die Europameisterschaft 1980 in Italien in Gruppe 4 gegen Polen schon verlorengegangen. Als Außenseiter fuhr Jan Zwartkruis mit einer bunt zusammengewürfelten Mannschaft nach Leipzig. 2:0 ging die DDR in Führung, ehe Thijssen Sekunden vor dem Pausenpfiff das 1:2 schießen, Kist und Rene van de Kerkhof nach dem Wechsel Holland mit einem 3:2 doch noch nach Italien schießen konnten.

Es war die letzte holländische Tat, auch wenn Zwartkruis im Überschwang der Gefühle in Leipzig noch glaubte: „Totgesagte leben länger." Doch schon sieben Monate später gestand Ruud Krol: „Das goldene Jahrzehnt ist zu Ende!" Der zweifache Vize-Weltmeister war in Italien nach einem 1:0 gegen Griechenland, 2:3 gegen den späteren Europameister Deutschland und 1:1 gegen die CSSR vorzeitig ausgeschieden.

Die große Ära war also vorbei. Wie wertvoll und trotz allen Streits mannschaftsdienlich die Stars tatsächlich waren, das zeigte die Periode nach ihrem Abschied. Da bröckelte Hollands Ruhm noch weiter ab: Die Mannschaft startete mit einem 1:2 in Dublin gegen Irland in die WM-Qualifikation.

„Hoep – Holland – Hoep", hatten die Oranjehemden auf den Zuschauerrängen ein Jahrzehnt lang im Begeisterungstaumel geschrien. Jetzt hieß es nur immer wieder: „Holland in Not." Die Wiedergeburt einer großen Mannschaft zeichnete sich noch lange nicht ab.

Doch plötzlich tauchte das Oranje-Team wieder auf. Rinus Michels sorgte dafür. Nach seinen Abstechern als Clubtrainer mit unterschiedlichen Erfolgen beim FC Barcelona, den Los Angeles Aztecs und dem 1. FC Köln übernahm der „General" 1984 das Amt des Technischen Direktors beim KNVB. Vier Jahre später war er am Ziel. Michels hatte „Köpfe" gefunden. Spieler wie Frank Rijkaard, Mareo van Basten und Ruud Gullit, der vom AC Mailand für 15 Millionen Mark gekaufte Stürmer-Star mit weißer Mutter und farbigem Vater aus Surinam, übernahmen die Rollen der einstigen Größen Ruud Krol sowie der später in Spanien und in Deutschland als Trainer erfolgreichen Johan Cruyff und Arie Han.

Holland qualifizierte sich erstmals seit 1980 wieder für ein großes internationales Turnier. Das Finale wurde bei der EM '88 in der Bundesrepublik angepeilt. Unter der souveränen Michels-Regie gelangen nach der Vorrunden-Niederlage gegen die Sowjetunion (0:1) nacheinander Erfolge gegen England (3:1) und Irland (1:0), im Halbfinale mit der WM-Revanche von 1974 in München auch gegen Deutschland (2:1) und schließlich im Endspiel mit 2:0 gegen die UdSSR. „Oranje boven" wieder ganz oben. Michels hatte sein Lebenswerk in den Niederlanden vollendet.

Fußball in Italien

Von Giovanni Albonago

Es begann im vorigen Jahrhundert mit dem Namen Genua. Der Zusatz „Cricket and Football Club" weist darauf hin, daß der heute in Italien populärste Sport nach offizieller Lesart 1893 von Engländern eingeführt wurde; eigentlich fand dieser Akt jedoch schon im September 1892 statt. Englische Kaufleute der verschiedensten Richtungen taten sich zusammen, um ihre „Freizeit sinnvoll zu gestalten". Der Fußballsport, der schon 30 Jahre zuvor auf der Insel durch die Gründung der „Football Association" aktenkundig geworden war, schien ihnen das geeignete Mittel dafür zu sein. Die jungen englischen Kaufleute konnten allerdings damals nicht einfach einen Klub gründen. Sie mußten das Einverständnis des höchsten englischen Magistraten in Genua einholen. Mister C. S. Payton gab es unter der Auflage, daß der Klub den Mitgliedern Zerstreuung und Erholung biete.

Als Begründer des Fußballsports in Italien gelten die Herren C. de Grave, S. Green, G. Blake, W. Riley, G. G. D. Fawcus, E. de Thierry, J. Summerhil und Sohn. Zum ersten Präsidenten des Genoa Cricket and Football Club wurde de Grave ernannt, zum ersten Kapitän Mister Fawcus.

Es dauerte noch volle fünf Jahre, ehe die erste offizielle italienische Meisterschaft ausgetragen wurde. Das hatte aber immerhin zur Folge, daß die Teams auch schon von italienischen Namen durchsetzt waren. Denn der Sport fand rasch seine Anhänger. Genua wurde in diesen ersten Jahren des Fußballs in Italien seiner führenden Rolle vollauf gerecht. Von 1898 bis 1904 gelang es nur gerade dem AC Milan, den Siegeszug der Genuesen zu unterbrechen. 1901 unterlagen die Genueser im Finale um die italienische Meisterschaft dem AC Milan mit 0: 1 Toren. Sonst jedoch waren die Genueser nicht zu schlagen, bei denen Torhüter Spensley und Pasteur II bei allen sechs Titelgewinnen dabei waren.

Der Fußballsport griff bald wie ein Fieber um sich. Zunächst allerdings vorwiegend in Oberitalien. In Turin wurde der AC Torinese gegründet. Und Internazionale Torino. In Mailand entstand der „Milan Cricket and Football Club", der heutige AC Milan. Man schrieb das Jahr 1899, den 22. Oktober. Natürlich waren es wieder Engländer, die den Klub ins Leben riefen. 70 Jahre später waren es Italiener und der Deutsche Karl-Heinz Schnellinger, die den AC Milan zum „Klub-Weltmeister" machten. Es war der stolzeste Erfolg in einer langen erfolgreichen Geschichte der „Rossoneri" aus der lombardischen Hauptstadt.

Aber wer kennt die Mannschaft heute noch: Pro Vercelli? Wer weiß, wo dieser Klub beheimatet sein könnte? Und dabei ist es einer der ruhmreichsten Klubs aus der Steinzeit des Fußballs, einer der Großen aus der Vergangenheit. Im Jahre 1892 wurde die „Società Ginnastica Pro Vercelli" gegründet. Von Fußball sprach damals noch niemand. Man turnte nach Turnvater-Jahn-Sitte. Erst 1903 brachte der Student Marcello Bertinetti den Fußball nach Pro Vercelli, einer Stadt ganz in der Nähe Turins. Bertinetti war ein Allround-Sportler, der mit Pro Vercelli italienischer Fußballmeister wurde, später olympische Goldmedaillen im Säbel- und Degenfechten gewann, dann Vereinsführer wurde, Schiedsrichter von internationalem Ansehen und zuletzt ein bekannter Sportjournalist.

Marcello Bertinetti hatte in Turin ein Fußballmatch gesehen. Umgehend erstand er sich einen Ball, kam nach Vercelli und fand flugs genug Leute, die bereit waren, mit dem Lederball zu kicken. So entstand bei der „Società Ginnastica Pro Vercelli" eine Fußballsektion. Man beschaffte sich Zebra-Trikots, wie sie die Spieler von Juventus Turin hatten: weiß mit schwarzen Längsstreifen. Man wechselte nach dem ersten Spiel und ging auf ganz weiß über, weil die schwarzen Streifen beim Waschen mehr oder weniger ausgegangen waren.

Die große Zeit des heute D-klassigen Vereins Pro Vercelli begann im Jahre 1909, und es war der erste italienische Meister, der aus lauter echten Italienern bestand. Eine Kleinstadt stellte den Meister. In den Finals um die Meisterschaft schlugen die Pro-Vercelli-Boys ihr großes Vorbild Juventus Turin nach einem 1:1-Unentschieden mit 2:1 Toren. Darauf zogen sich die Juventiner schmollend zurück und überließen der Konkurrenz das Feld. US Milanese und Andrea Doria indessen waren nicht in der Lage, die Vercelliner am ersten Titelgewinn zu hindern.

Fünfmal wurde Pro Vercelli vor dem Ersten Weltkrieg Italien-Meister, zweimal danach. Als jedoch der Professionalismus aufkam, waren die Tage der

Vercelliner als Meistermannschaft gezählt. Man war ja nur Provinz, hatte nicht die Mäzene, die in Turin und Mailand den großen Klubs einen völlig anderen Anstrich gaben. Fortan war Pro Vercelli ein gewesener großer Klub, er versank in die Anonymität der unteren Spielklassen.

1927 fand die erste italienische Meisterschaft nationalen Charakters statt. Bis dahin hatte man die verschiedensten Austragungsarten gehabt, meist wurden im Norden und Süden die Finalisten ermittelt, die dann unter sich den Meister ausmachten. Zwei Gruppen zu je zehn Mannschaften ermittelten je die drei Finalisten. Der AC Torino, zu dieser Zeit führend im italienischen Fußball, wurde Meister vor Bologna.

1929 dann wurde die Meisterschaft in einer höchsten Spielklasse gestartet. 18 Teams absolvierten die für die damalige Zeit unerhörte Serie von 34 Meisterschaftsspielen. Die beiden Letztklassierten mußten absteigen. Das Spektrum des italienischen Spitzenfußballs reichte nun von Turin bis Neapel hinunter. Erster Meister wurde eine Mannschaft, deren Nachfolger in den sechziger Jahren Weltruhm erlangte: Ambrosiana „lnter", heute unter dem Namen FC Internazionale Mailand ein wohlbekannter Name in der Fußballwelt.

1908 wurde der Klub gegründet. Sein damaliger offizieller Name: Footballclub Internazionale. Am 9. Mai 1908 wurde die Gründung von einem gewissen Giorgio Muggiani vollzogen, einem Kunstmaler, der dagegen war, daß im AC Milan die Ausländer immer mehr zurückgedrängt wurden und man ihnen viele Rechte absprach, die italienische Vereinsmitglieder genossen. Als er sich nicht mehr genügend Gehör verschaffen konnte, trat er aus und gründete Inter. 1928 fusionierten die beiden Mailänder Vereine US Milanese und Football Club Internazionale. Es waren vor allem wirtschaftliche Gründe, die die beiden Klubs zu dieser Vereinigung zwangen. Man einigte sich auf den Namen „Ambrosiana Inter".

Italiens Fußball erlebte in den dreißiger Jahren eine erste ganz große Blüte. Der Fußballsport wurde zum Nationalsport. Stadien von monumentaler Größe wurden gebaut, der kleine Mann hatte sein allwöchentliches Vergnügen gefunden. „Calcio" war „in". Langsam aber sicher entwickelte sich das Balltreten zum König Fußball.

Ambrosiana Inter wurde der erste italienische Meister einer wirklich allitalienischen Meisterschaft. Die nächsten fünf Titel freilich gingen in die andere Hochburg des italienischen Fußballs, nach Turin zu Juventus. Es war die Mannschaft des legendären Torhüters Combi, des erst in den siebziger Jahren als Rekord-Internationaler von Facchetti entthronten Caligaris und vor allem von Raimondo Orsi.

Orsis Eltern waren nach Argentinien ausgewandert, er selbst besaß die argentinische Staatsbürgerschaft. Wie es jedoch damals üblich war, wurde Orsi als sogenannter „Oriundo" mit Doppelbürgerschaft eingestuft. Orsi spielte dann auch im italienischen Nationalteam eine entscheidende Rolle,

Doch verweilen wir einen Moment bei der „alten Dame" des italienischen Fußballs, dem wohl berühmtesten Klub der Halbinsel. Wer galant ist, nennt das Alter der „alten Dame" nicht. Weil aber ein Fußball-Alter immer irgendwie ehrwürdig ist, darf man ruhig feststellen, daß die Juventus 1893 gegründet wurde. Als Paten standen keine Geringeren als der Duca degli Abruzzi und weitere Persönlichkeiten an der symbolischen Krippe des aus der Taufe gehobenen Klubs. Später galt die Juventus gemeinhin als Inkarnation des italienischen Fußballs.

In den dreißiger Jahren wurde die ganz große Juve geboren, jene Mannschaft, die es dem legendären italienischen Nationalcoach Vittorio Pozzo ermöglichte, das große italienische Nationalteam zu bauen. Die Juventus lieferte einen Löwenanteil jener Spieler, die 1934 und 1938 Weltmeister und 1936 Olympiasieger wurden.

Auf Juventus folgte die Ära Bologna. Innerhalb der nächsten sechs Jahre wurden die Bologneser viermal Meister. Unterbrochen wurden die Sturmläufe zweimal von Ambrosiana Inter. Und auf die Ära Bologna folgte eine der wohl unvergeßlichsten und tragischsten in der italienischen Fußballgeschichte.

1942/43 wurde der AC Torino Meister. Im Team standen Spieler von unerhörtem Klang, Namen, die in der damaligen Fußballwelt viel bedeuteten. Da war Loik, da war Gabetto und da war vor allem Valentino Mazzola, der Vater des späteren Inter-Stars Sandro Mazzola.

Der AC Torino durcheilte die Nachkriegsjahre im Sturmlauf, stets an der Spitze im italienischen Fußball. Fünf Punkte Vorsprung im Frühjahr 1949 waren die geringste Differenz in all den Jahren. Den fünften Meistertitel in Serie erlebten allerdings die meisten Spieler nicht mehr. Am 4. Mai 1949 kehrten die Turiner Spieler von einem Freundschaftsspiel in Lissabon zurück. Das Flugzeug hatte bei schlechtem Wetter Schwierigkeiten und verlor die Orientierung. Ganz nahe bei Turin, auf dem Hügel von Superga, prallte die Maschine auf.

Aus den Trümmern barg man den Fußballstolz Italiens. Die Helden so mancher großen Fußballschlacht waren tot. Die ganze Welt trauerte mit. Der Trauerzug durch Turin, die Anteilnahme der Bevölkerung, das Echo in der ganzen Welt waren unerhört. Die Tragödie von Superga hatte Italien mit einem Schlag um die halbe Nationalmannschaft gebracht. Turin wurde spontan zum italienischen Meister 1949 erklärt, obwohl noch vier Runden ausstanden. Eine Junioren-Mannschaft spielte diese vier letzten Spiele und gewann sie alle!

Dennoch, mit Superga wurde eine Ära abgeschlossen. Der Blutzoll war zu hoch. Eine glorreiche Zeit war Vergangenheit. Zwar unternahmen die Turiner große Anstrengungen, wieder die einst innegehabte Rolle spielen zu können. Vergeblich. Nach der Fusion mit dem AC Talmone – der Klub hieß dann kurze Zeit Talmone Torino – kam gar der Abstieg in die Serie B. Erst in jüngster Zeit machte der AC Torino wieder von sich reden, mischte wieder mit. Wer allerdings AC Torino sagt, der meint heute noch jene Mannschaft, die am Hügel von Superga zerschellte.

Die Neuzeit brachte den „calcio spettacolo“ und vor allem den „Catenaccio“. Das sind heute festgefügte italienische Fußballbegriffe, die um die Welt gingen. Der spektakuläre Fußball ist dabei gar nicht unbedingt so spektakulär, wird aber von Hunderttausenden von Tifosi leidenschaftlich diskutiert und verfolgt. Mit dem wirtschaftlichen Aufstieg vor allem Oberitaliens wurden auch Unsummen frei, um in der ganzen Welt die besten Fußballspieler zusammenzukaufen.

Ein gewisser Signor Filippini sorgte dabei 1950 für die große Initialzündung, als er das Innentrio des Olympiasiegers 1948, Schweden, Gren-Nordahl-Liedholm, für den AC Milan einkaufte. Die Schweden, in Italien bald nur noch „Gre-No-Li“ genannt, waren die Attraktion, Milan wurde Meister. Im beinharten Kampf gegen den Lokalrivalen Internazionale hatten die Milanisti mit 60 Zählern aus 38 Spielen genau einen Punkt mehr als der Lokalrivale. Es sollte vorerst der einzige Titel bleiben.

Erst vier Jahre später gelang der große Wurf erneut. Das „Gre-No-Li“-Innentrio gab es allerdings schon nicht mehr.

Beim Stadtrivalen hatte man unterdessen nicht geschlafen. Man hielt ebenfalls in Schweden Ausschau nach geeigneter Verstärkung. Der Verteidiger der Weltmeisterelf 1938, Dottore Alfredo Foni, später auch Nationalcoach in der Schweiz, war Trainer. Man fand „Nacka“ Skoglund und wurde mit dem schwedischen Torjäger zweimal hintereinander Meister. Noch war es allerdings nicht jenes große Inter, das Helenio Herrera zu Beginn der 60er Jahre baute.

Liedholm war auch 1956/57 noch dabei, als Milan wieder Meister wurde. Die Fäden allerdings zogen andere. Bei den Fußball-Weltmeisterschaften 1954

Superstars der italienischen Fußball-Geschichte; rechts: Silvio Piola, Mittelstürmer der WM-Elf 1938. Er schoß in 34 Länderspielen 30 Tore für Italien. Unten, rechts: Giuseppe Meazza, Weltmeister 1934 und 1938; 53 Länderspiele für Italien. Unten: Giacinto Facchetti, von 1963 bis 1978 94 Länderspiele für Italien.

in der Schweiz spielten die Uruguayer Schiaffino und Ghiggia zum Tanz auf. Sie wurden zwar nicht Weltmeister, galten aber gemeinhin als die besten Individualisten. Der AC Milan sicherte sich die Dienste von Fußball-Professor Alberto Schiaffino. Rasch hatten die Mailänder herausgefunden, daß Schiaffino ein „Oriundo" war, eigentlich aus Ligurien stammte und somit nicht als Ausländer galt.

Auch Italiens Nationalmannschaft mochte nicht auf die Dienste des Uruguayers verzichten. Man gab ihm flugs einen italienischen Paß, und bereits am 5. Dezember 1954, ein halbes Jahr nach dem letzten Spiel in der Mannschaft Uruguays, spielte er im Dreß der Italiener in Rom gegen Argentinien. Die Azzurri siegten 2:0.

Italiens Fußball hatte Weltgeltung. Und die Tatsache, daß die Nationalelf weder 1950 noch 1954 an den Weltmeisterschaften Außerordentliches zeigte, noch die Tatsache, daß sie 1958 in der Endrunde gar nicht dabei war, tat dem Ruf keinen Abbruch. Italiens Fußball galt als einer der besten der Welt. Und als 1962/63 die große Serie von Helenio Herreras Internazionale Mailand folgte, da war jedermann in dieser Fußballwelt vom italienischen Fußball überzeugt.

Indessen waren nicht alle unbedingt begeistert. Noch lobte man den AC Milan, der 1962 Benfica im Meistercup-Endspiel in London 2:1 besiegt hatte. Inter demonstrierte im Jahre darauf den Minimalisten-Fußball, die Sicherheit vor allem. Herrera revolutionierte in einem gewissen Sinne das Spiel. Inter wurde zu einem unerhörten Wertbegriff. Wenn es nicht zu fünf Titeln in Serie reichte, dann waren Umstände schuld, die im nachhinein einer gewissen Tragik nicht entbehren.

1964 beispielsweise wurde Bologna Meister. Sowohl Inter wie Bologna hatten je 54 Punkte. Das Entscheidungsspiel in Rom gewann Bologna mit 2:0 Toren. Bei Bologna führte ein gewisser Helmut Haller Regie.

Der Meister Italiens hieß 1972 und 1973 wieder einmal Juventus Turin. Die Mannschaft von Fiat-Konzern-Präsident Giovanni Agnelli schaffte es mit den Oldtimern Helmut Haller und José Altafini. Dazwischen stürmten die Jungstars Capello und Anastasi. Letzterer galt einige Zeit als teuerster Fußballspieler. Anastasi stammt aus Sizilien. 1966 holte ihn der Kühlschrank-Millionär Giovanni Borghi aus Varese nach Oberitalien. Anastasi schoß die Varesiner wieder in die Serie A. Und 1968 folgte der Transfer des Sizilianers nach Turin. Offiziell wurde eine Summe von im Gegenwert über vier Millionen Mark angegeben. Insider allerdings wollen wissen, daß dieser Transfer eines der kompliziertesten Geschäfte überhaupt gewesen sei. Agnelli und Borghi seien übereingekommen, den Handel mittels massiver Aufträge über die Ignis, Borghis Konzern, und Agnellis Fiat-Konzern abzuwickeln.

Die Geschichte des italienischen Fußballs wäre unvollständig, würde man nicht die Leistungen der „Squadra azzurra" entsprechend würdigen, In all den Jahrzehnten waren die Italiener fast immer tonangebend in der Fußballwelt. Sie wurden zweimal Weltmeister, je einmal Olympiasieger und Europameister. Und es gab auch Tiefschläge, die in Italien beinahe Staatstrauer auslösten. Etwa 1966, als Nordkorea bei der WM-Endrunde in England durch ein Tor von Pak Doo Ik die Italiener sensationell aus dem Turnier warf. Die Azzurri unter Leitung ihres damaligen Nationalcoaches Edmondo Fabbri wurden bei der Heimkehr mit Tomaten und Eiern beworfen. Stars, die man wenige Wochen zuvor in der Meisterschaft gebührend gefeiert hatte, wurden in der Luft zerrissen. Oder auch 1954, als die Schweiz bei den Weltmeisterschaften im eigenen Land die Azzurri zweimal besiegte und damit aus dem Rennen warf, war die Meinung der Tifosi einhellig: steinigt sie! Um dem Bombardement durch Tomaten und Eier zu entgehen, stiegen die Nationalspieler zwei Stationen vor Mailand aus und verschwanden diskret. Und auch die Ausscheidungen für die WM-Endrunde 1958 waren kein Ruhmesblatt. Italien scheiterte in der Qualifikation an Nordirland.

Sonst jedoch war Italien (mit Ausnahme 1930) immer dabei und spielte meist eine erste Geige. 1934 und 1938 wurde Italien Weltmeister, 1950 scheiterten die Azzurri in den Gruppenspielen an Schweden, 1954 an der Schweiz, 1962 an Deutschland und Chile, 1966 an Nordkorea. 1970 wurde man immerhin Vizeweltmeister hinter Brasilien.

Im Frühjahr 1973 feierte der italienische Fußballverband das Jubiläum des 75jährigen Bestehens. Mit zwei Länderspielen wurde der Geburtstag würdig begangen. Italien siegte gegen Brasilien wie gegen England mit 2:0. Somit wurde nach 75 Jahren dort Zwischenstation gemacht, wo man am 15. Mai 1910 bei der Aufnahme des offiziellen Länderspielverkehrs angefangen hatte: beim Siegen. Damals wurde Frankreich 6:2 geschlagen.

Indessen sollte die Freude nur kurz dauern. Bald stand die Weltmeisterschaft 1974 an. Italien hatte sich gegen die Schweiz, die Türkei und Luxemburg verhältnismäßig leicht für die Endrunde in der Bundesrepublik Deutschland qualifiziert. Der amtierende Vize-Weltmeister kam mit allen großen und verhätschelten Stars, selbstbewußt und mit Tausenden von „Tifosi" (Fans) im Gefolge. Auf dem Spielfeld lief dann freilich vieles ganz anders als erhofft. Zunächst wurde ein mühsamer Sieg gegen Fußballzwerg Haiti (3:1 in München) errungen, wobei Torhüter Zoff nach über tausend Länderspielminuten das erste Gegentor kassierte. Dann folgte ein schmeichelhaftes 1:1-Unentschieden in Stuttgart gegen Argentinien (Eigentor der Südamerikaner zum Ausgleich), und im abschließenden Gruppenspiel um „alles oder nichts" unterlagen die Azzurri, gleichfalls im Stuttgarter Neckarstadion, das eine einzige Symphonie in Grün-Weiß-Rot war, gegen Polen mit 1:2. Diese Niederlage bedeutete das „Aus". Schon am Morgen danach trat die Azzurri-Expedition wie ein zerschlagener Heerhaufen den Heimflug an. „Cannae in Stuttgart" überschrieb eine Zeitung ihren Bericht.

Es war auch das „Cannae" für drei Superstars des Azzurri-Fußballs: Gegen Argentinien absolvierten „Goldjunge" Rivera (60 Berufungen) und „Bomber" Riva (42) die letzten Länderspiele ihrer glanzvollen Karriere; Sandro Mazzola (70) ereilte das gleiche Schicksal nur drei Tage später, bei der Polen-Pleite. Dieser Tag, der 23. Juni 1974, setzte auch den Schlußpunkt hinter die Karriere von Ferruccio Valcareggi am Steuer der „Squadra azzurra".

Auf Valcareggi folgte Fulvio Bernardini, ein Mann bereits im besten Pensionsalter, dem später Enzo Bearzot zur Seite gegeben wurde. Alles rief nach einem Neuanfang der Nationalmannschaft – personell, moralisch, taktisch, vor allem mit Blick in die Zukunft. Neue Namen tauchten in der „Squadra azzurra" auf: Bettega, Graziani, Gentile, Antognoni, Tardelli, Seirea, Cabrini. Zufall, daß die meisten von Juventus Turin kamen? Kaum, denn die Turiner „Zebras" holten sich in der Zeit zwischen 1972 und 1978 nicht weniger als fünfmal das Meisterwappen, das begehrte „Seudetto". Da auch Lokalrivale AC Torino (Meister 1976) zur gleichen Zeit eine starke Rolle spielte, war es nur logisch, daß die italienische Nationalelf zu sieben, acht oder gar neun Elfteln aus der Fiat-Metropole kam.

Doch aller Anfang ist schwer: ehe sich die „Neuen" zu einer einigermaßen leistungsstarken Einheit zusammengefunden hatten, war die Europameisterschaft 1976 bereits den Bach hinunter. In der Qualifikation scheiterten die Azzurri an Holland und (wiederum!) Polen, mit der „Rache für Stuttgart" wurde es nichts. Dennoch ging der Neuaufbau zielstrebig weiter. Bearzot, der ab Oktober 1977 die alleinige Verantwortung für die Nationalmannschaft übernahm, sah zu Recht nunmehr alles unter dem Blickwinkel der Weltmeisterschaft 1978 in Argentinien. Die Qualifikation gelang nach Ausbootung des jahrzehntelangen Angstgegners England. Das war ein unerhörter moralischer Rückhalt vor der WM, dem sogenannten Mundial 78.

Und da war noch etwas. Kometenhaft, fast wie aus dem Nichts, war urplötzlich ein neuer Stern am italienischen Fußballhimmel aufgetaucht. Der junge Mann hieß Paolo Rossi, gehörte dem Zweitligisten Lanerossi Vicenza an und hatte sich in Länderspielen gegen Belgien und Spanien tapfer geschlagen. Wenige Tage vor der ersten WM-Begegnung stand Bearzot vor dem Dilemma: Graziani oder Rossi? Er entschied sich für Rossi – und zog damit das große Los.

Der etwas schmächtige, weder technisch noch läuferisch oder konditionell außergewöhnlich brillante Toskaner wurde – zumindest aus italienischer Sicht – zu der Entdeckung dieser WM-Tage. In den beiden Gruppenspielen gegen Frankreich (2: 1) und Ungarn (3:1) erzielte Rossi jeweils das wichtige erste Tor, und auch am 1:0-Sieg gegen den Gastgeber und späteren Weltmeister Argentinien hatte er großen Anteil. In der zweiten Finalrunde lief es dann für Italien allerdings nicht mehr ganz so gut. Noch einmal war Rossi erfolgreich (beim 1:0-Sieg gegen Österreich), doch zuletzt reichte es für die Azzurri nur zum undankbaren vierten Platz. Paolo Rossi avancierte nach dieser WM zum (vorläufig) teuersten Fußballer aller Zeiten. Sein „Marktwert" liegt bei rund 12 Millionen D-Mark.

Die „Wiedergutmachung" der Squadra azzurra sollte 1980 bei der Europameisterschaft im eigenen Land folgen – bis dahin wechselten sich Erfolge und Mißerfolge in den Länderspielen ab. Als Gastgeber der EM brauchte sich Italien nicht eigens zu qualifizieren. In ihrer Finalgruppe bekamen es die favorisierten Azzurri mit Spanien, England und Belgien zu tun. Doch sie errangen hier nur einen Sieg, mit 1:0 ausgerechnet gegen England in Turin; die Spiele gegen die Spanier und Belgier endeten jeweils 0:0. Ein Tor in drei Spielen auf eigenem Boden – das war nicht berauschend, es war vor allem zuwenig, denn die punktgleichen Belgier hatten bei gleicher Trefferdifferenz mehr Tore geschossen und zogen ins Endspiel ein (in dem sie gegen Deutschland 1:2 unterlagen).

Italien aber erreichte wieder nur das Spiel um den dritten Platz, gegen die Tschechoslowakei. Es endete 1:1, als „Verlängerung" gab es in diesem Falle ein Elfmeterschießen, und hier erwiesen sich die treffsicheren Tschechoslowaken als die besseren Schützen. Also wieder nichts, wieder nur ein vierter Rang und der große Katzenjammer. Freilich – Paolo Rossi hatte an dieser enttäuschenden Bilanz keine Schuld, er fehlte bei den Spielen der EM.

Etwas Ungeheuerliches, kaum Glaubliches war passiert, etwas, das die Millionen italienischer Fußballfreunde erst nach und nach „schluckten" – und noch nicht verdaut haben. Es war durchgesickert, daß bestimmte Spiele der ersten und zweiten Liga in der Saison 1979/80 manipuliert worden waren, nachdem zahlreiche Wetter in einem privaten Toto große Summen auf die Ergebnisse gesetzt hatten. Auch Spieler waren – passiv oder aktiv – an diesem gigantischen Wettbetrug beteiligt, darunter Paolo Rossi. Allerdings war „Pablito" (diesen Kosenamen trug er seit Argentinien 1978) nur ein „kleiner Fisch", bei ihm ging es lediglich um eine Summe von 4000 D-Mark.

Der italienische Fußballverband machte allen Sündern den Prozeß, sperrte einen Vereinspräsidenten und einige Stars lebenslänglich, andere auf mehrere Jahre; die beiden Traditionsvereine AC Milan und Lazio Rom wurden strafweise in die B-Klasse versetzt, drei andere (Bologna, Avellino, Perugia) mußten die Saison 1980/81 mit einem Abzug von fünf Punkten beginnen.

Rossis Sperre betrug ursprünglich drei Jahre, sie wurde später auf zwei Jahre herabgesetzt. Erst am 4. April 1982 durfte „Pablito" zum ersten Mal wieder „offiziell" gegen einen Ball kicken ... Erstaunlich bleibt, daß der Verband diese drastischen Strafen, vor allem gegen sein „Hätschelkind" aus Vicenza, am Vorabend der Europameisterschaft im eigenen Land aussprach.

Im Vereinsfußball konnte Juventus Turin seine dominierende Stellung international kaum bestätigen. Im Gegensatz zu AC Milan oder Inter Mailand gelang den Turiner „Zebras" kein Triumph in den beiden wichtigen Europapokal-Wettbewerben, nur eine einzige Finalteilnahme (1973 gegen Ajax Amsterdam 0:1). Lediglich den UEFA-Pokal gewann das vom Fiat-Konzern gesponserte Team einmal (1977 gegen Atletico Bilbao). Inzwischen hatte Mailand die Turiner Hochburg wieder abgelöst. AC Milan wurde 1979 italienischer Fußballmeister, Inter Mailand 1980. Im ersten Länderspiel der neuen Ära nach der EM 1980 errang die „Squadra azzurra" in Genua durch zwei Altobelli-Treffer einen 3:1-Sieg gegen Portugal.

Neuen Aufschwung versprach man sich durch die Aufhebung der lange Jahre geltenden Ausländer-Sperre. So finden die Gre-No-Li, die Hamrin, Schnellinger und Haller, die Schiaffino, Jair und Julinho späte Nachfolger: der Österreicher Herbert Prohaska (Inter Mailand) eröffnete den neuen Reigen, und als erster Deutscher wagte Herbert Neumann (früher 1. FC Köln) den Sprung über die Alpen. Er führte ihn nach Udine, wo er für das friaulische Team Udinese Calcio spielte. Es wurde endlich wieder „bunt" in Italiens Fußball – den „Tifosi" war es recht.

Fußball in Jugoslawien und Nachfolgestaaten

Von Evgen Bergant

Märchen beginnen mit dem Satz: „Es war einmal." Eine Einleitung, die man auch einer historischen Darstellung des Fußballs in Jugoslawien voranstellen kann. Einst gab es tatsächlich einen jugoslawischen Fußball. In der Zeit zwischen den beiden Weltkriegen etablierte sich der Fußball im damaligen Königreich Jugoslawien und avancierte zur populärsten Sportart. Nach dem Zweiten Weltkrieg wurde der Fußball in der neuen Republik gleichsam zu einem Wahrzeichen des Landes.

Fußball war in Jugoslawien nicht Nebensache, sondern wichtiger Bestandteil des Lebens. Mit Ausnahme Sloweniens, dessen Einwohner sich mehr für den Wintersport interessierten, wurde der Fußball in allen anderen Teilrepubliken regelrecht zelebriert. In Serbien, Kroatien, Mazedonien, Bosnien-Herzegowina und Montenegro verfolgte man die Meisterschaft sowie die internationalen Fußball-Ereignisse mit unglaublicher Besessenheit, aber auch mit erstaunlichem Sachverstand. Die „Navijacei" – die jugoslawischen Fußballfans – konnten sich durchaus mit den italienischen Tifosi messen.

Eine permanente Rivalität zwischen den Hauptstadtvereinen und den Clubs „aus der Provinz", damit verknüpfte Ressentiments waren kennzeichnend für die Szenerie im nationalen Fußball. Dieses Klima belebte zwar das Fußball-Geschäft, war gleichzeitig aber auch Anlaß zu Ausschreitungen und Krawallen in den Stadien, die vor allem vor dem Auseinanderbrechen des jugoslawischen Staatenbundes politisch motiviert waren.

Mit dem Zerfall Jugoslawiens in den neunziger Jahren kam auch das Ende des jugoslawischen Fußballs. Alle nunmehr selbständigen Republiken (Kroatien, Bosnien und Herzegowina, Mazedonien und Slowenien) erhielten auch im Fußball Souveränität. Rest-Jugoslawien (Serbien und Montenegro) beanspruchte jedoch für sich das Recht, die jugoslawische Fußball-Tradition fortzuführen.

Der Bürgerkrieg lähmte einige Jahre die sportlichen Aktivitäten in den einzelnen Landesteilen. Besonders wurden Bosnien und Herzegowina betroffen. Slowenien und Mazedonien litten weniger unter den Folgen des Krieges. Rest-Jugoslawien mußte sich zwischen 1992 und 1994 wegen des Embargos gänzlich von der internationalen Fußball-Bühne zurückziehen.

Erst die Qualifikation für die Weltmeisterschaft 1998 in Frankreich sowie das Finalturnier selbst ließen die Vertreter des ehemals jugoslawischen Fußballs unter neuen Vorzeichen wieder Erfolge feiern. Vor allem die Mannschaft Kroatiens konnte bei ihrem WM-Debüt mit dem dritten Platz auftrumpfen.

Der Fußball Jugoslawiens kann auf eine über 90jährige Entwicklungsgeschichte zurückblicken. Fußball wurde im Lande schon gespielt, als Jugoslawien als Staat überhaupt noch nicht existierte. Kroatische Studenten brachten den ersten Ball um die Jahrhundertwende aus Prag mit. Auch der Einfluß Wiens und Budapests war groß. In Zagreb und Dalmatien, die zur Österreichisch-Ungarischen Monarchie gehörten, faßte das Spiel am schnellsten Fuß, und auch in Belgrad, der Hauptstadt des damaligen Königreichs Serbien, wollte man nicht nachstehen. Der erste Klub wurde 1903 gegründet, und schon 1911 ist das Geburtsjahr so bekannter Vereine wie Gradjanski (Zagreb), Beogradski sportski klub (BSK-Belgrad) und Hajduk (Split).

Der Erste Weltkrieg unterbrach die Expansion des Spieles, doch konnte die Fußballfreudigkeit nach Ende der Kampfhandlungen durch nichts mehr aufgehalten werden. Als Jugoslawien die Selbständigkeit zugesprochen bekam, dauerte es nur noch Monate, bis am 14. April 1919 auch der Jugoslawische Fußballverband in Zagreb gegründet wurde. 63 jugoslawische Vereine gab es bereits zu diesem Zeitpunkt, die Zahl wuchs jedoch rapide von Jahr zu Jahr, so daß sich schon 1922 160 Vereine formierten und auch schon etliche Regionalverbände ihre Tätigkeit aufgenommen hatten. Auch der Beginn einer internationalen Ära ließ nicht mehr lange auf sich warten. Die Olympischen Spiele 1920 schienen die geeignete Gelegenheit dazu.

Und so kam es dann auch, daß Jugoslawiens Nationalmannschaft, die später so berühmten „Plavi", die „Blauen" (wegen ihrer blauen Trikots so genannt), auf neutralem Boden ihr erstes Spiel austrugen und sich gleich die erste Rekordniederlage einhandelten. Die Mannschaft der CSR schlug am 28. August 1920 in Antwerpen Jugoslawiens Mannen mit nicht weniger als 7:0. Ganze 300 Zuschauer sahen das Debakel, das aber weiter niemanden überraschte, da man in Betracht ziehen mußte, daß das Team ohne richtige Vorbereitungen und in allerletzter Minute nach Belgien reiste, weil man bis dahin das nötige Geld noch nicht aufgebracht hatte. Am Freitag gegen 13 Uhr trudelte die todmüde Mannschaft in der Olympiastadt ein, am nächsten Morgen um 10 Uhr stand sie schon auf dem Feld.

Die CSR blieb auch in den nächsten Jahren der häufigste Gegner Jugoslawiens und war somit auch der Maßstab für den Fortschritt. 1921 verlor Jugoslawien in Prag nur noch mit 1:6. Schon 1922 gab es dann mit dem 4:3 gegen die CSR in Zagreb (nach 1:3-Halbzeitführung der Gäste) den ersten jugoslawischen Sieg. Länderspiele wurden – an den heutigen Verhältnissen gemessen – damals noch nicht so häufig ausgetragen, so daß Jugoslawien 1924 beim 1:4 gegen Österreich gerade das neunte bestritten hatte, während die Gäste bereits ihr 82. Länderspiel absolvierten.

Jugoslawien trat auch bei den Olympischen Spielen 1924 in Paris und 1928 in Amsterdam an, wurde aber beide Male in der ersten Runde ausgeschaltet. Gegen den neuen Star Uruguay setzte es im Stade Colombes mit 0:7 wieder eine hohe Niederlage, doch schon vier Jahre später konnte Portugal nur noch mit viel Glück einen 2:1-Erfolg landen. Der entscheidende Treffer fiel genau 30 Sekunden vor dem Abpfiff.

In der Zwischenzeit ging man in Jugoslawien schon geregelten Landesmeisterschaften nach. Der erste Titel wurde 1923 vergeben und vom Zagreber Traditionsteam Gradjanski gewonnen. Ab 1927 gab es schon eine jugoslawische Liga, die in der ersten Saison von Hajduk Split beherrscht wurde. Nur Mannschaften aus Belgrad, Zagreb und Split konnten vor dem Krieg zu Meisterehren gelangen; die 17 ausgespielten Meisterschaften verteilten sich daher so: Gradjanski (Zagreb) und BSK je 5, Jugoslavija (Belgrad), Hajduk (Split) und Concordia (Zagreb) je 2, HASK (Zagreb) 1.

Bei der 1. Fußballweltmeisterschaft, die in Montevideo ausgetragen wurde, war unter den nur 13 Teilnehmern auch Jugoslawiens Nationalmannschaft. Und sie schlug sich wacker. Obwohl die Überfahrt mit dem Schiff mehr als einen Monat dauerte und Jugoslawien schon im ersten Spiel der Vorrunde mit Brasilien einen der Favoriten vorgesetzt bekam, schlugen sich die Mannen um Torwart Milovan Jaksic vorzüglich, Brasilien wurde mit 2:1 und Bolivien mit 4:0 ausgeschaltet. Jaksic war der Held der beiden Spiele, was ihm in Südamerika den Titel „El grand Milovan" einbrachte.

Im Semifinale gegen den Gastgeber Uruguay war aber dann nichts mehr zu holen. Zwar führten die Jugos vor 100 000 Zuschauern mit 1:0, doch schon bald mußten sie den Ausgleich nach einem aus dem Aus vorgelegten Ball hinnehmen. Schließlich kamen die größeren Qualitäten des späteren Weltmeisters voll zur Entfaltung, und das Spiel ging mit 1:6 verloren.

Jugoslawiens Team absolvierte bis 1941 insgesamt 109 Spiele, die Bilanz war aber negativ, da 51 Niederlagen (bei 17 Unentschieden) nur 42 Siege entgegenstanden. Doch mit fast 850 Vereinen hatte der Fußball in dieser Zeit schon eine bemerkenswerte Reife. Obwohl die Spitzenklubs fast ohne Ausnahme von ausländischen Trainern geführt wurden, machte sich doch schon eine typisch jugoslawische Spielweise bemerkbar.

Die Spieler waren offiziell Amateure, doch kassierten die Besten unter ihnen schon damals Geld. Blagoje „Mosa" Marjanovic, dem Belgrader Stürmerstar, der mit 57 Berufungen und 36 Toren an der Spitze der Vorkriegsranglisten stand (im Spiel gegen Polen – 1936 in Belgrad –, in dem Jugoslawien mit 9:3 den Vorkriegsrekordsieg herausspielen konnte, schoß er allein vier Tore), wird nachgesagt, daß er mit dem Fußball etwa eine Million Vorkriegsdinar verdient hatte, was damals schon ein Vermögen war. Auch das Abwandern jugoslawischer Spieler ins Ausland war schon vor dem Krieg gang und gäbe.

An Spielern ganz großer Qualitäten mangelte es nicht, und es ist vielleicht bezeichnend, daß man in jugoslawischen „All-Stars"-Mannschaften trotz der großen Nachkriegserfolge immer wieder auch Vorkriegsspieler nennt. Einige Namen: die Torhüter Vrdjuka und Glaser; Verteidiger: Dr. Ivkovic, J. Matosic, Hügl; Läufer: Ing. Arsenijevic, Jazbinsek, Lechner; Stürmer: Marjanovic, Hitrec, F. Matosic, Giller, Sipos, Tirnanic, Vujadinovic und so weiter.

Obwohl Jugoslawien im Krieg über eine Million Menschen verlor und katastrophale Materialschäden erlitt, erholte sich der Sport allgemein erstaunlich schnell. Der unbändige Siegeswille der Bevölkerung bewies sich nun auch im Sport, und Fußball spielte dabei – vor allem am Anfang – eine überragende Rolle. Internationale Bande wurden rasch wieder geknüpft, und auch der Bruch mit Stalin 1948 tat dem Sportbetrieb keinen Abbruch, obwohl die Wahl der Partner dadurch wenigstens vorübergehend erschwert wurde.

Die erste jugoslawische Nachkriegs-Meisterschaft mit Auswahlmannschaften der nun selbständigen Teilrepubliken wurde schon 1946 ausgespielt. Es gewann Serbien. Im Herbst 1946 wurde dann die jugoslawische Liga gestartet.

Fußballvereine schossen wie Pilze aus dem Boden, neue Konkurrenzen wurden geschaffen. Seit

1947 wurde zum Beispiel auch um den Titopokal gespielt. Die jugoslawischen Mannschaften nahmen an allen europäischen Konkurrenzen teil. Die Zahl der Vereine wuchs von ungefähr 400 in der ersten Nachkriegszeit auf über 2000. Jugoslawische Trainer wurden genauso geschätzte „Exportware“ wie jugoslawische Spieler. Die Trennung zwischen bezahltem Fußball und Amateurfußball wurde 1956 vorgenommen, der Profi-Fußball (nur in der 1. Bundesliga) 1966 eingeführt. Auch dem Jugendfußball wurde große Bedeutung beigemessen (1951 Sieg im UEFA-Juniorenturnier).

Im Weltverband, wie auch in der UEFA, hatte Jugoslawiens Stimme seitdem Gewicht, und zahlreiche Konferenzen und fachliche Zusammenkünfte wurden sogar in Jugoslawien abgehalten. Als die Hauptstadt Mazedoniens, Skopje, im Jahre 1963 von einem katastrophalen Erdbeben heimgesucht wurde, erklärte sich die UEFA sofort bereit, ein Team zusammenzustellen, das gegen Jugoslawien antrat. Der Reinerlös dieses Spieles, das am 27. September 1964 in Belgrad stattfand (das UEFA-Team gewann mit 7:2), wurde für den Wiederaufbau Skopjes gespendet.

Jugoslawiens Nationalmannschaft gab ihr Nachkriegsdebüt wieder gegen die CSR, das Resultat des Spieles, das am 9. Mai 1946 in Prag ausgetragen wurde, ließ aber keinen Zweifel auch darüber, daß Antwerpen 1920 mit seinem 0:7 längst der Geschichte angehörte. Jugoslawien siegte mit 2:0, und die Prager blieben auch im Rückspiel im Herbst in Belgrad ohne Chance (4:2). Viele berühmte Namen des jugoslawischen Nachkriegsfußballs tauchten in dieser Mannschaft auf: Verteidiger Stankovic, Läufer Zlatko Cajkovski – der populäre Tschik –, Ivica Horvat, der baumlange Stopper, die unvergeßlichen Stürmer Mitic und Bobek, die es allesamt auf mehr als 55 internationale Berufungen brachten.

Die erste große internationale Bewährung brachte aber das Olympiaturnier 1948 in London. Zu Hause waren die ersten beiden Ligameisterschaften über die Bühne gerollt (die erste gewann die zuerst als Militärmannschaft aufgezogene Elf von Partizan Belgrad, die zweite Dinamo Zagreb), nun hieß es, sich auch auf internationalem Parkett zu bewähren.

Und es gelang. Erst die Schweden konnten im Finale des Olympiaturniers den Siegeslauf der Jugos stoppen. Die Mannschaft mit Gren, Nordahl und Liedholm gewann zwar mit 3:1, doch auch so wirkte die errungene Silbermedaille in Jugoslawien Wunder. Der Fußball erlebte einen großartigen Aufschwung, der eigentlich erst in den sechziger Jahren nach Serien von Mißerfolgen der Nationalmannschaft und auch der Vereine gebremst wurde.

Olympiaturniere blieben überhaupt die ganz große Spezialität der Jugos. Noch zweimal – 1952 in Helsinki (mit dem besten Team) und 1956 in Melbourne – wurde Silber gewonnen, erst 1960 in Rom gelang aber dann im vierten Anlauf der Durchbruch an die Spitze. Obwohl die Konkurrenz nicht als hervorragend bezeichnet werden konnte, wurde die olympische Goldmedaille doch stürmisch gefeiert.

Von allen diesen olympischen Turnieren kommt jedoch dem des Jahres 1952 die größte Bedeutung bei. Erstens, weil es in seinem Verlauf zu den beiden denkwürdigen Spielen mit der Sowjetunion kam, und zweitens, weil die Mannschaft, die in Tampere und Helsinki agierte, vermutlich das bisher beste jugoslawische Team war – die Mannschaft, die unter dem Namen „Olympiaelf“ in die Fußballgeschichte des Landes einging.

Dem Spiel gegen die UdSSR wurde damals, im Jahre 1952, freilich auch politische Bedeutung beigemessen. Es sollte wirklich eine historische Begegnung werden. Denn Jugoslawien führte schon 5:1 und fünf Minuten vor Schluß immer noch 5:2, doch das Spiel endete trotzdem unentschieden 5:5. Denn Vsevolod Bobrow, der bekannte russische Allrounder (er spielte auch in der Eishockey-Nationalmannschaft), hatte in den letzten Minuten Startorwart Beara noch dreimal bezwingen können.

Da auch die Verlängerung keine Entscheidung brachte, mußte die Begegnung wiederholt werden. Doch beim zweiten Male ließ sich Jugoslawien den Sieg – der mit 3:1 recht klar ausfiel – nicht mehr entreißen. Im Finale – im Semifinale wurden Deutschlands Amateure bezwungen – blieb die Mannschaft dann gegen Puskas & Co. hängen, gegen fast dieselbe Mannschaft, die im Berner WM-Finale zwei Jahre später sensationell gegen Deutschland unterlag. Es soll dabei nicht unerwähnt bleiben, daß im Olympiastadion von Helsinki Beara einen Penalty von Puskas abwehren konnte.

Es war aber nicht nur die olympische Arena, in der sich Jugoslawiens beste Fußballer zu bewähren versuchten. Im Vordergrund standen vor allem die Weltmeisterschaften, bei denen die Jugos bis 1962 auch überzeugten.

Es begann mit den Qualifikationsspielen für die WM 1950 in Brasilien. Frankreich war der Gegner, und er sollte es in den nächsten Jahren noch in viele Male sein. Nach dem 1:1 sowohl in Belgrad wie auch in Paris wurde ein Entscheidungsspiel nötig, das in Florenz ausgetragen wurde. Auch hier fiel die Entscheidung erst in der Verlängerung – mit 3:2 zugunsten Jugoslawiens, das dann in Brasilien nur den Gastgebern vor 200 000 Zuschauern mit 0:2 unterlag.

Vier Jahre später, bei der WM in der Schweiz, wurde Frankreich mit 1:0 wieder das Nachsehen gegeben und gegen Brasilien mit 1:1 ein würdiges Resultat herausgespielt. Im Viertelfinale scheiterten die Jugos dann aber gegen die Deutschen, die zu einem richtigen Angstgegner heranwuchsen, denn auch vier Jahre später, bei der WM in Schweden, unterband ein einziges Tor Rahns Jugoslawiens Durchbruch zum Halbfinale.

Um so größer war dann die Freude, als Deutschland bei der WM 1962 in Chile endlich besiegt werden konnte. Die beiden Mannschaften trafen schon zum dritten Mal hintereinander im WM-Viertelfinale aufeinander, aber diesmal meinte es Fortuna doch gut mit den „Blauen". Ein Tor Radakovics, der sich in diesem Spiel eine Kopfverletzung holte und schon vier Jahre später an einer unheilbaren Krankheit starb, entschied das Spiel zugunsten Jugoslawiens.

Nach Chile kam aber dann der große Ausverkauf der Spieler ins Ausland und auch der Niedergang der jugoslawischen Nationalmannschaft, die diesen Aderlaß nicht verkraften konnte. Es gab zwar auch noch Lichtblicke wie den zweiten Platz bei der Europameisterschaft 1968 – durch Schützenhilfe Albaniens, das Deutschland in der Qualifikationsrunde ausbootete, und den Sieg gegen Weltmeister England im Semifinale –, doch wurde weder die WM-Qualifikation 1966 noch 1970 erreicht, und auch sonst ließen die Resultate sowohl der Nationalmannschaft wie auch der Vereine viel zu wünschen übrig.

Darüber konnte auch ein zweiter Platz Partizans im Europacup der Landesmeister 1965, ein Sieg Dinamos im Messestädtepokal 1967 und die Erringung des Mitropacups durch Crvena zvezda (Roter Stern) 1968 nicht hinwegtrösten. Die Einführung des Profi-Fußballs in Jugoslawien war längst fällig und wurde 1966 auch endlich realisiert. Aber erst Jahre später schien das Früchte zu tragen, was auch durch internationale Ergebnisse bestätigt wurde.

Eine neue Spielergeneration war um Teamkapitän Dzajic, den neuen Rekordinternationalen (85), herangereift: Torhüter Maric aus der Kleinstadt Mostar (Herzegowina), aus der auch Torschützenjäger Bajevic (gegen Venezuela schoß er beim 10:0 1972 fünfmal ein) kommt, Verteidigerstar Stepanovic (OFK Belgrad), die Mittelfeldspieler Holcer (Hajduk) und Oblak (Olimpija) sowie Stürmer Petkovic (OFK Belgrad) sind die Spieler, die der neuen Mannschaft das Gepräge gaben.

Aber auch diesen Mannen, die im Vorfeld der WM 1974 unter den Fittichen von Miljan Miljanid landeten, glückte es nicht, den hochgeschraubten Erwartungen der Öffentlichkeit nach einer Fußball-Renaissance in Jugoslawien im vollen Umfang gerecht zu werden. Die WM-Qualifikation für Deutschland wurde nach dramatischen Kämpfen und einem zusätzlichen Entscheidungsspiel mit Spanien (im Februar 1974 in Frankfurt) zwar erreicht – aber zu mehr als einem Platz unter den besten acht reichte es bei der WM-Endrunde dann auch wieder nicht. Und auch zwei Jahre später, als Jugoslawien nach erfolgreicher Qualifikation die Ausrichtung des Finalturniers der Europameisterschaft übertragen wurde, reichte es nur zu 45 Minuten wirklich hochklassigen Fußballs im Halbfinale gegen Weltmeister und Titelverteidiger Deutschland. Die Beckenbauer-Elf wurde im 100 000 Zuschauer fassenden Roter-Stern-Stadion ausgespielt wie (wenn überhaupt) selten, aber eine 2:0-Führung der entfesselten Jugos reichte dennoch nicht zum Sieg. Bis zum Ende der regulären Spielzeit konnten die Deutschen ausgleichen und sich in der Verlängerung sogar mit zwei Toren Vorsprung (4:2) durchsetzen. Als dann vor den eigenen Fans nur der vierte Platz blieb, begann eine längere Zeit dauernde neue Krise der Nationalmannschaft, deren Spielstärke auch unter dem nicht endenden Export jener Spieler zu leiden hatte, die mit dem Erreichen des Alterslimits (28) für das Ausland freigegeben wurden. So wurde die Qualifikation zur WM 1978 (gegen Spanien und Rumänien) verpaßt, und auch unter den acht EM-Finalisten 1980 war Jugoslawien (in der Qualifikation wieder mit Spanien und Rumänien!) nicht zu finden.

Erst ein neuerliches Engagement von Miljan Miljanić, der in der Zwischenzeit Real Madrid trainiert hatte, ließ neue Hoffnungen aufkommen. Von November 1978 bis August 1980 glückten den Jugoslawen zehn Länderspielsiege in Serie (auch gegen Weltmeister Argentinien), und auch andere jugoslawische Auswahlmannschaften konnten auf Erfolge hinweisen (Siege bei der Amateur-EM 1978, der Unter-23-EM 1978 und der Jugend-EM 1979). Auf Klubebene, wo Roter Stern und Hajduk weiterhin die dominierenden Mannschaften waren, gab es zwar auch einige gute Rangierungen, nie aber den ganz großen Erfolg, dem Roter Stern im UEFA-Pokal 1978/79 (Finalniederlage gegen Borussia Mönchengladbach) noch am nächsten war.

Trotz Krisen und Querelen auf allen Ebenen (es gab sogar Affären wegen abgesprochener Ergebnisse), gelang es aber sowohl den Vereinen wie auch dem Nationalteam, das Interesse der Fans immer wieder zurückzugewinnen, so daß der jugoslawische Fußball mit mehr als 5000 Klubs und einer nach wie vor nicht zu unterschätzenden Rolle im öffentlichen Leben in die achtziger Jahre zog.

Jugoslawien qualifizierte sich sowohl für die WM 1982 in Spanien als auch für die EM 1984 in Frankreich. Erfolge bei diesen Finalturnieren blieben jedoch aus. In Frankreich handelte man sich eine 0:5-Niederlage gegen Dänemark ein. Bei einem nachfolgenden Freundschaftsspiel gegen Schottland in Glasgow gab es sogar ein 1:6-Debakel. Schon im Vorfeld der Partie hatte es einiger Anstrengungen bedurft, überhaupt eine Mannschaft aufzubieten.

Miljanićs Nachfolger – nach der WM 1982 hatten die international bekannten Trainer Todor Veselinovic und Milos Milutinovic das Sagen – zeigten sich den Anforderungen nicht gewachsen. Erst mit dem aus Sarajevo stammenden Ivica Osim ging es mit dem jugoslawischen Fußball ab Oktober 1986 wieder aufwärts. Auf Vereinsebene setzte die Mannschaft von Roter Stern Belgrad Akzente. 1991 gewann das Team sogar den Europapokal der Landesmeister und den Weltpokal.

Die Nationalmannschaft verpaßte zwar die EM-Endrunde 1988 in Deutschland. Der Nachwuchs konnte jedoch im gleichen Jahr einen wichtigen Titel erringen. Die U-20-Auswahl wurde in Chile mit einem Sieg im Elfmeterschießen gegen Deutschland Junioren-Weltmeister. Viele Spieler dieser Mannschaft schrieben dann in den neunziger Jahren als Stars europäischer Spitzenclubs Fußballgeschichte. Die Liste reicht von Zvonimir Boban über Robert Prosinecki, Davor Suker, Robert Jarni, Alen Boksic bis Predrag Mijatovic und Sinisa Mihajlovic.

Bei der WM 1990 in Italien trat die Nationalmannschaft noch mit Spielern aus allen Landesteilen an. Neben dem serbischen Spielführer Dragan Stojkovic agierten unter anderem die Bosnier Salet Susic und Enver Hadzibegie, der Montenegriner Dejan Savicevic, der Mazedonier Darko Pancev und der Slowene Srecko Katanec. Trotz einer empfindlichen 1:4-Niederlage zum Turnierauftakt gegen Deutschland qualifizierte sich die Mannschaft für die zweite Runde. Nach einem 2:1-Sieg gegen Spanien folgte das Aus im Elfmeterschießen des Viertelfinales gegen Argentinien.

Ivica Osim führte die Nationalmannschaft trotz der politisch brisanten Lage im Land durch die EM-Qualifikation 1992. „Über Politik versuchten wir nie zu sprechen", erzählte er später. Trotz sportlicher Qualifikation wurde die jugoslawische Mannschaft wegen des Bürgerkriegs in Jugoslawien und der damit verbundenen Sanktionen vom EM-Turnier in Schweden ausgeschlossen. Für die Spieler war dies ein Alptraum, zumal Dänemark – als Zweiter in der jugoslawischen Qualifikationsgruppe für die EM nachnominiert – später sogar Europameister wurde.

Nach dem Zweiten Weltkrieg kam Jugoslawien auf insgesamt 402 Länderspiele (205 Siege, 85 Unentschieden, 112 Niederlagen mit 792:503 Toren). Addiert man die 109 Länderspiele zwischen 1920 und 1941 hinzu, weist die Statistik 511 Begegnungen jugoslawischer Auswahlteams auf.

Seit dem Auseinanderbrechen Jugoslawiens gehen die Fußballverbände der früheren Teilrepubliken eigene Wege. Sie können mit ihren sportlichen Erfolgen durchaus zufrieden sein. So die kroatische Mannschaft, die nach der WM-Endrunde in Frankreich 58 Länderspiele (35 Siege, 12 Remis, 11 Niederlagen mit 124:62 Toren) aufwies und unter dem lange umstrittenen Teamchef Miroslaw Blazevic in Frankreich die Nummer drei wurde.

Die Kroaten kletterten auf Rang vier der FIFA-Bestenliste, obwohl sie erst als Gruppenzweiter – mit tatkräftiger Hilfe der Dänen – sowie nach einer zusätzlichen Qualifikation gegen die Ukraine zur World-Cup-Endrunde nach Frankreich reisen konnten. Nach der EM-Teilnahme bei der EURO '96 in England löste der Erfolg in Frankreich in ganz Kroatien eine Begeisterung wie nach der Unabhängigkeit aus.

In Frankreich war auch die Mannschaft Rest-Jugoslawiens vertreten. Die Mannschaft von Teamchef Slobodan Santrac und Verbandspräsident Miljan Miljanovic schied jedoch vorzeitig aus. In der Qualifikation überzeugten die Jugoslawen vor allem in den Spielen gegen Ungarn, die sie mit 7:1 und 5:0 gewannen. In Frankreich gelang ihnen jedoch nur eine wirklich gute Leistung – beim 2:2 im Gruppenspiel gegen Deutschland. Ansonsten blieb das Team um Real-Madrid-Star Pedrag Mijatovic unter seinen Möglichkeiten.

Die Bilanz der Jugoslawen seit Ende der Sanktionen im Dezember 1994 bis Ende der WM 1998 lautet: 41 Spiele, davon 24 Siege, 10 Unentschieden und 7 Niederlagen.

Mit Achtungserfolgen konnten auch Bosnien und Herzegowina, Mazedonien und Slowenien auf sich aufmerksam machen. Über das größte Spielerreservoir verfügt Jugoslawien mit rund 125 000 Aktiven in 2700 Vereinen. Es folgen Kroatien (70 000 Spieler in 1260 Vereinen, Bosnien-Herzegowina (42 000 Spieler in 570 Vereinen) sowie Mazedonien (500 Clubs) und Slowenien (400 Vereine) mit jeweils rund 25 000 Spielern.

Fußball in Österreich

Von Ferry Wimmer und Sepp Huber

Österreichs Fußball war seit jeher von dem Markenzeichen „Wiener Schule“ geprägt. Um diesen Begriff gab es immer wieder Verwirrungen, und nicht jeder Exponent der „Wiener Schule“ stammte tatsächlich aus Wien. So etwa die Ungarn Kalman Konrad und Spezi Schaffer, die geradezu als Lehrmeister jenes Stils galten, den man später gemeinhin mit Wien identifizierte: nämlich das auf überraschende Wendungen aufgebaute Scheiberlspiel, stets das zu tun, was der Gegner nicht erwartet – kurz, das mit dem „Wiener Schmäh“ angereicherte, von Witz durchdrungene Fußballspiel.

Große Verwirrungen gab es um die „Wiener Schule“ vor allem in den fünfziger Jahren, als der damals sehr erfolgreiche Trainer Edi Frühwirth in Österreich das WM-System einführte und damit auf den erbitterten Widerstand jener Leute stieß, die sich eine „Wiener Schule“ ohne den bis dahin in Österreich üblichen offensiven Mittelläufer nicht vorstellen konnten. Erst allmählich setzte sich dann die Erkenntnis durch, daß man „Wiener Schule“ mit jedem System spielen kann, falls man die geeigneten Spieler dafür besitzt. Nämlich solche, die den Ball und den Gegner in jeder Situation beherrschen können, die technisch hervorragend sind und die Fußball nicht nur mit den Beinen, sondern vor allem auch mit der nötigen Intelligenz spielen. In Wien nennt man solche Exponenten der „Wiener Schule“ kurz „Brieskicker“.

Österreichs Fußball hat im Wandel der Jahre eine stolze Reihe von hochbegabten Spielern hervorgebracht, die den nötigen Spielwitz für das Praktizieren der „Wiener Schule“ besaßen. Da waren etwa bei Rapid die Stürmer Kuthan und Kaburek, später Bican und „Bimbo“ Binder, noch später die Brüder Körner. Bei der Austria Sindelar, Stroh, Nausch, Mock, bei Vienna der Wunderteamspieler Gschweidl, bei Admira Stoiber, Hahnemann, Schall, beim WAC „Wudi“ Müller, Hiltl und viele andere. In späteren Jahren gab es dann einen Oewirk, Hanappi, Huber, Stojaspal, Riegler... die Reihe ließe sich beliebig fortsetzen.

Die Geburtsstunde des Wiener Fußballs schlug 1894. Damals wurden der „Vienna Cricket and Football Club“ und der „First Vienna Football Club“ gegründet. Letzterer existiert noch heute als Vienna F.C. Gründer waren die englischen Gärtner des nahe der späteren Hohen Warte gelegenen Rothschild-Gartens sowie andere Arbeiter und Angestellte verschiedener englischer Unternehmungen in Wien, wie zum Beispiel Clayton and Shuttleworth, Thomas Cook, Underwood etc.

Dementsprechend dominierten in den ersten Mannschaftsaufstellungen englische Namen wie Nicholson, nach dem später ein Wiener Ligaverein benannt wurde, Gandon, Shires, Blackey, Blythe, Lowe und viele andere. Nicholson fungierte eine Zeitlang als Präsident der „Österreichischen Fußball-Union“, dem Vorläufer des späteren offiziellen Verbandes. In dieser Eigenschaft erließ er noch im Jahre 1900 einen Aufruf – übrigens auf Briefpapier der Firma Thomas Cook –, worin es unter anderem hieß: „Bitte darauf zu achten, daß das Match pünktlich angehe und die richtige Zeit und Pause eingehalten wird.“

Daß die Urzeit sportlich noch ziemlich bedeutungslos war, beweisen Resultate wie etwa das 0:13 eines Wiener Teams gegen eine Oxforder Studentenauswahl um die Jahrhundertwende. Immerhin wurde im ersten Länderspiel am 8. April 1901 die Schweiz in Wien mit 4:0 geschlagen.

Nach einem durch den Ersten Weltkrieg bedingten Rückschlag ging es schon in den zwanziger Jahren deutlich aufwärts. Sehr befruchtend wirkte sich dabei der regelmäßige Spielverkehr mit Prag und Budapest aus, vor allem aber der Zuzug ungarischer Spitzenspieler wie Kalman Konrad und „Spezi“ Schaffer nach Wien. Kalman Konrad war mit seinem Bruder Jenö der Star der „Amateure“, Vorläufer der Wiener Austria, und es besteht kein Zweifel, daß Matthias Sindelar, der spätere geniale Mittelstürmer der Austria und des Wunderteams, von dem ideenreichen und gefinkelten Ungarn sehr viel gelernt hat.

Mitte der zwanziger Jahre hatte der Wiener Fußball, der damals den österreichischen Fußball so gut wie ausschließlich repräsentierte, schon beachtliches Niveau. So wurden zum Beispiel 1926 von sieben Länderspielen sechs gewonnen, wobei die Gegner Ungarn, Tschechoslowakei, Frankreich, Schweden und Schweiz hießen. Der Sieg gegen die Schweizer fiel mit 7:1 besonders eindrucksvoll aus. Lediglich ein zweites Spiel gegen Ungarn ging mit 2:3 verloren.

Die richtige Glanzzeit begann aber erst 1931 mit der Geburt des Wunderteams. In diesem Jahr hatte es zunächst gegen Italien eine 1:2-Niederlage und gegen Ungarn ein enttäuschendes 0:0 gegeben. Die Wiener Sportjournalisten verlangten deshalb vom damaligen Verbandskapitän Hugo Meisl eine Umstellung des Teams und vor allem eine Rückkehr des hochtalentierten Mittelstürmers Matthias Sindelar. Der „Papierene“, wie Sindelar wegen seiner überschlanken Statur genannt wurde, war bei Meisl in Ungnade gefallen, seit er 1929 in Nürnberg gegen eine Auswahl von Süddeutschland (0:5) als Rechtsverbinder neben Mittelstürmer Gschweidl versagt hatte.

Damals schwor Meisl, nie wieder Sindelar neben Gschweidl spielen zu lassen. Nun aber, da die Wiener Sportpresse die Rückkehr Sindelars verlangte, entschloß sich Meisl, dem Druck nachzugeben, stellte aber Sindelar im Zentrum und Gschweidl als Rechtsverbinder auf. Mit den legendären Worten „Da habt's Euer Schmieranski-Team“ gab Meisl schließlich im Wiener Ringcafé folgende Nationalelf bekannt, die dann das berühmte Wunderteam werden sollte:

Hiden (WAC) – Schramseis (Rapid), Blum (Vienna) – Braun (WAC), Smistik (Rapid), Gall (Austria) Zischek (Wacker), Gschweidl (Vienna), Sindelar (Austria), Schall (Admira), Vogl (Admira).

Diese Mannschaft trat am 16. Mai 1931 in Wien auf der Hohen Warte gegen Schottland an und fegte den berühmten Gegner mit 5:0 vom Platz. Es war das Gerippe jener Wundermannschaft, die in den Jahren 1931 und 1932 in neun Spielen en suite ungeschlagen blieb, sieben Siege und ein Torverhältnis von 39:7 errang.

Die erste Geige spielte natürlich der brillante Sindelar, aber auch der technisch hervorragende linke Läufer Gall, die rasanten Flügelstürmer Zischek und Vogl sowie Goalgetter Schall hatten damals in Europa – und vermutlich der Welt – keine Konkurrenz zu scheuen. Schon eine Woche nach dem 5:0 gegen Schottland schlug das Wunderteam in der gleichen Besetzung die deutsche Nationalelf in Berlin mit 6:0 Toren. Deutschland spielte damals mit Gehlhaar – Bayer, Weber – Knöpfle, Münzenberg, Müller – Bergmayer, Sobeck, Hohmann, Hofmann, Müller.

Deutschland hatte im vorangegangenen Jahr gegen England in Berlin ein 3:3 erzielt und Ungarn in Dresden sogar mit 5:3 geschlagen. Aus diesem Grund war Österreich im Berliner Grunewald zunächst keineswegs Favorit. Wunderteam-Torhüter Rudi Hiden hatte sich auch durchaus nicht über Arbeitsmangel zu beklagen, er war aber an diesem Tag in so grandioser Form, daß er Österreichs Tor trotz Bombenschüssen von Sobeck und Hofmann reinhielt. Die Tore der Österreicher erzielten Schall (3), Zischek, Gschweidl und Vogl.

Schon vier Monate später, am 13. September 1931 kam es im neuerbauten Wiener Stadion zum Retourspiel, da Deutschland begreiflicherweise auf Revanche brannte. Das deutsche Team war grundlegend geändert worden und spielte mit: Kress – Brunke, Emmerich – Knöpfle, Leinberger, Kauer – Kund, Hofmann, Kuzorra, Hornauer, Weiss. Im Wunderteam gab es nur zwei Änderungen: Für Schramseis und Braun spielten Rainer und Mock.

Große Hoffnungen setzte man im deutschen Team auf den hochtalentierten Schalke-Stürmer Kuzorra, dem die Angriffsführung übertragen war. Aber am Ende hieß es doch wieder 5:0 für Österreich, wobei diesmal Sindelar mit drei Treffern am erfolgreichsten war. Die beiden anderen Tore steuerten Schall und Gschweidl bei.

Mit Spielen wie 8:1 gegen die Schweiz (29. November 1931 in Basel) oder 8:2 gegen Ungarn (24. April 1932 in Wien) setzte das Wunderteam damals seinen Siegeszug fort. Der Angriff mit Zischek – Gschweidl – Sindelar – Schall – Vogl blieb dabei so gut wie unverändert. Nur in den hinteren Formationen wurden zuweilen die Verteidiger Rainer, Sesta, Janda und die Läufer Mock, Luef, Nausch und Hoffmann eingesetzt. Im Tor stand stets der Grazer Rudi Hiden, übrigens der einzige Nicht-Wiener, der allerdings schon in jungen Jahren dem Wiener AC beigetreten war und später als Profi bei Racing Paris erfolgreich war.

Erst am 7. Dezember 1932 setzte es für das Wunderteam die erste Niederlage, mit 3:4 im Londoner Spiel gegen England. Diese Niederlage, die die Siegesserie des Wunderteams beendete, kam freilich einem moralischen Sieg gleich. Bis dahin waren nur zwei kontinentale Teams auf englischem Boden gegen den Lehrmeister angetreten: Belgien war mit 6:1 abgefertigt worden, und Spanien hatte 1931 mit einer 1:7-Niederlage die Heimreise angetreten. Unter diesen Umständen gingen selbst die sieggewohnten Österreicher mit schlotternden Knien auf den geheiligten englischen Rasen von Stamford Bridge und lagen prompt zur Pause mit 0:2 im Nachteil. Das erwartete Debakel trat freilich nicht ein. Vielmehr spielte das Wunderteam nach der Pause grandios und ging mit 3:4 zwar geschlagen, aber selbst nach Meinung der englischen Kritiker als moralischer Sieger vom Platz.

Im Jahr 1933 traten einige der Wunderteamstützen bereits ab, und der Glanz begann allmählich zu verblassen, wenn auch zunächst Frankreich in Paris (12. Februar 1933) noch mit 4:0 geschlagen wurde.

Am 9. April 1933 siegte aber die Tschechoslowakei in Wien mit 2:1, und damit war die Epoche des Wunderteams endgültig vorüber.

Das letzte Glanzstück des österreichischen Fußballs vor dem Krieg war der 2:0-Sieg der „Ostmark" im letzten Länderspiel gegen Deutschland im Wiener Stadion. Der „Anschluß" war bereits vollzogen, aber man gab dem berühmten österreichischen Team ein letztes Mal die Gelegenheit, sich selbständig zu präsentieren. Die „Ostmärker" nützten die Chance und beherrschten ihren starken Gegner klar, wobei Sindelar und Sesta die Tore schossen. Die 60 000 Zuschauer im vollbesetzten Wiener Stadion unterstützten dabei ihre Mannschaft so vehement, daß Reichssportführer von Tschammer und Osten in einer Rede zur Pause ein gewisses Befremden über diesen „Nationalismus" nicht unterdrücken konnte.

Danach gab es für Sepp Herberger zunächst Schwierigkeiten, die damals noch mit offensiven Mittelläufern spielenden Österreicher in die bereits WM-spielende deutsche Nationalelf zu integrieren. Dementsprechend schnitt die deutsche Mannschaft – mit etlichen Österreichern – bei der WM 1938 negativ ab. Immerhin konnten aber bis 1942 einige Österreicher einen Stammplatz in der Herberger-Elf erobern. So vor allem die Goalgetter Willy Hahnemann, Karl Decker und „Bimbo" Binder. Ein häufiger Gast in der deutschen Nationalmannschaft war auch der Rapid-Linksaußen Hans Pesser.

Nach dem Krieg gab es für Österreichs Fußball nur noch einen Höhepunkt: der beachtliche dritte Platz bei der Weltmeisterschaft 1954 in der Schweiz.

Es begann mit einem hart erkämpften 1:0-Sieg über Schottland, wobei der Rapid-Linksverbinder Probst den einzigen Treffer erzielte. Probst landete übrigens am Ende der WM hinter dem Ungarn Sandor Kocsis an zweiter Stelle der Torschützenliste. Im zweiten WM-Spiel gab es einen eindrucksvollen 5:0-Sieg gegen die Tschechoslowakei, wobei Probst drei Tore schoß und der blendende Techniker Stojaspal zweimal erfolgreich war. Es folgte das denkwürdige 7:5-Spiel gegen die Schweiz in Lausanne, bei dem Österreichs Torhüter Schmied bald nach Spielbeginn einen Sonnenstich erlitt, kaum wußte, was vorging, nach den damaligen Regeln aber nicht ausgetauscht werden durfte. Die Schweiz lag durch drei Treffer von Sepp Huegi bereits 3:0 in Führung, aber die prachtvoll kämpfenden Österreicher stellten noch vor der Pause auf 5:4 und blieben am Ende verdiente Sieger.

Damit stand Österreich im Semifinale und mußte in Basel vor 56 000 – vorwiegend deutschen – Zuschauern gegen Deutschland antreten. Dem italienischen Schiedsrichter Orlandini stellten sich dabei folgende Teams:

Deutschland: Turek, Posipal, Liebrich, Kohlmeyer, Eckel, Mai, Rahn, Morlock, O. Walter, F. Walter, Schäfer.

Österreich: Zeman, Hanappi, Happel, Schleger, Oewirk, Koller, R. Körner, Wagner, Stojaspal, Probst, A. Körner.

Zur Pause stand das Spiel nur 1:0 für Deutschland, und es schien noch alles offen. Dann aber kam der Zusammenbruch gegen die blendend eingestellte Herberger-Elf, die neben dem erforderlichen Können auch die nötige Portion Ehrgeiz besaß, mit aller Kraft um den Eintritt ins WM-Finale zu kämpfen. Die österreichische Verteidigung wankte, Schleger konnte Rahn nicht halten, Torhüter Zeman, der „Tiger" von Budapest, Glasgow etc., hatte einen schwachen Tag, und am Schluß ging Deutschland mit einem selbst in dieser Höhe verdienten 6:1-Sieg vom Platz. Mit einem 3:1-Sieg über Uruguay gab es dann doch noch einen versöhnlichen Abschluß.

Nach der WM 1954 begann der große Ausverkauf der österreichischen Spitzenspieler und damit der Abstieg des Niveaus. Rechtsaußen Ernst Melchior war bereits vor der WM als Profi nach Frankreich gegangen. Es folgten nach der WM Happel zu Racing Paris, Stojaspal zu Straßburg, Probst zu Wuppertal, Oewirk zu Sampdoria. Nach Frankreich zog es ferner hervorragende Techniker wie die Austrianer Kominek und Aurednik, den Admiraner Habitzl und viele andere.

Von diesem kräftigen Aderlaß hat sich der österreichische Fußball lange nicht erholt. Bei der WM 1958 in Schweden kam Österreichs Team über die erste Runde nicht hinaus. Vier Jahre später, in Chile, verzichtete man freiwillig auf die Teilnahme. 1966 und auch 1970 scheiterten die Epigonen der „Wiener Schule" jeweils in den WM-Qualifikationsspielen.

Dennoch war auch in diesen eher düsteren Jahren zu erkennen: Es wachsen immer wieder genügend Talente in Österreichs Fußballgefilden. Zu voller Reife gelangen sie freilich meist im Ausland, vor allem in der Bundesrepublik.

Apropos Bundesrepublik. Ausgerechnet gegen die deutsche Nationalmannschaft, gegen die Österreich seit dem Jahr 1931 keinen Sieg hatte erringen können, gelang bei der Fußballweltmeisterschaft 1978 in Argentinien eine Art Renaissance der Wiener Schule. Der 3:2-Sieg gegen Deutschland im Stadion von Cordoba war die große Sensation des WM-Turniers 1978.

Vater des Erfolges war der Rapid-Goalgetter Hans Krankl, dessen zweites und drittes Tor so spektakulär waren, daß sein Marktwert an der internationalen Fußballbörse um eine halbe Million DM stieg. Der FC Barcelona mußte jedenfalls rund 2 Millionen

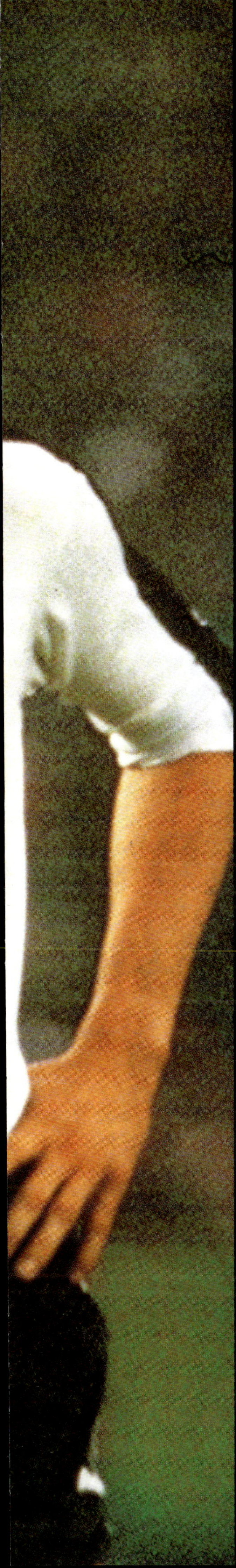

Schlüsselfiguren des österreichischen Höhenfluges in Argentinien:
Herbert Prohaska und Hans Krankl (links). Und eine Szene vom 1:0 gegen Spanien:
Kreuz flankt durch die Beine seiner Bewacher hindurch.

Mark zahlen, um Krankl nach Spanien zu holen, wo er sich – nach einigen Rückschlägen – zum „Goleador“ entwickelte.

Je mehr Cordoba Patina ansetzte, desto symbolträchtiger wurde dieses 3:2. Das unmöglich Scheinende war jetzt möglich geworden.

1982 waren sie fast alle wieder dabei: Der Koneilia, der Pezzey, der Prohaska, der Jara, der Krankl. Sie hatten in den vorangegangenen vier Jahren enorm viel erreicht: Hans Krankl war mit dem FC Barcelona Europacupsieger geworden, Bruno Pezzey hatte mit Eintracht Frankfurt den UEFA-Cup gewonnen und Herbert Prohaska mit Inter Mailand den italienischen Pokal.

Auch in Spanien wurde die zweite Finalrunde erreicht, doch die WM ’82 war alles andere als ein Erfolg. Gijon wog ungleich schwerer als die Siege über Chile und Algerien. „Das haben uns die Deutschen eingebrockt“, pflegte Felix Latzke, der mit Georg Schmidt dem Team vorstand, zu sagen. Deutschland war Algerien unterlegen, womit es einen dritten Kandidaten für die zweite Runde gab. Deutschland gegen Österreich wurde daher zu einer brisanten Partie. Und nach dem Hrubesch-Tor (das 1:0 reichte beiden Teams) hieß es: „Tu du mir nix, ich tu dir a nix!“ Keine Absprache, kein Betrug, nur stillschweigende Übereinkunft – betrogen wurden um ein eventuell mögliches Weiterkommen die Algerier.

Österreichs oberste Klasse war längst keine Operettenliga mehr. 1978 hatte Austria Wien das Finale des Europacups der Pokalsieger erreicht, 1985 wandelte Rapid auf den Spuren des violetten Erzrivalen, und 1994 trumpfte Austria Salzburg auf. Der Club aus der Festspielstadt eroberte im 61. Jahr des Bestehens erstmals den Titel und feierte im UEFA-Cup wahre Triumphe. Salzburg gegen Eintracht Frankfurt im Viertelfinale war das 18. deutsch-österreichische Duell im Europacup. Bis dahin stand es 0:17. Eintracht wurde von Salzburg nach einem 1:0 und 0:1 mit 5:4 im Elferschießen ausgebootet. Der Held des Spiels hieß Otto Konrad; zuerst hielt der Keeper einen Elfmeter von Binz, daraufhin bezwang er seinen Kontrahenten Stein. Danach wurde im Semifinale der Karlsruher SC ausgeschaltet, ehe im Finale Inter Mailand die Salzburger Festspiele beendete.

Noch ein Indiz für das Erstarken der obersten Liga: deutsche Talente, in ihrer Heimat abgeschrieben, schafften in Österreich den Durchbruch. Oliver Bierhoff 1990/91 bei Salzburg, Carsten Jancker 1995/96 bei Rapid. Auf dem Weg ins europäische Pokalsiegerfinale schoß der von Toni Polster empfohlene Ex-Kölner sechs der 15 Rapid-Tore. Sein Meisterstück lieferte er beim 3:0 gegen Feyenoord Rotterdam mit zwei Treffern. Daraufhin holten ihn die Münchner Bayern.

Der Nationalmannschaft gelang 1989 die WM-Qualifikation; 3:0 im Entscheidungsspiel gegen die DDR. Toni Polster, vor Anpfiff ausgepfiffen, schoß drei Tore. Der Ex-Austrianer Polster, damals beim FC Sevilla, polarisierte wie zuvor der Rapidler Krankl die Massen. Die Testspiele für die Italien-WM hätten beeindruckender nicht sein können: 3:2 gegen Spanien, 3:0 gegen Ungarn, 1:1 gegen Argentinien, 3:2 gegen Holland. Doch die WM war eine Enttäuschung, es reichte nur zu einem 2:1 über die USA. Und es sollte noch schlimmer kommen: 0:1 gegen die Faröer-Inseln in der EM-Qualifikation im Herbst 1990.

Das traditionsreiche Fußballand Österreich wurde zum Gespött Europas. Damit kann nur ein gelernter Österreicher leben: „Die Lage ist hoffnungslos – aber nicht ernst!“, lautet ein Uralt-Motto. Erst als es ÖFB-Präsident Beppo Mauhart gelang, Ernst Happel mit Jahresbeginn 1992 zum Bundestrainer zu machen, kehrte tatsächlich Hoffnung ein.

Acht Jahre nach der Italien-WM war Toni Polster in der deutschen Bundesliga zum Goalgetter und in Köln zur Kultfigur geworden. Er wollte noch einmal in seinem Fußballerleben zu einer WM und gab mit Einsatz, Hirn und sieben Toren ein leuchtendes Beispiel. In Andi Herzog fand er einen kongenialen Partner, der in den beiden Schweden-Spielen jeweils ein Traumtor schoß. Den WM-Dritten 1994, Schweden, jeweils 1:0 geschlagen, Schottland auf Platz zwei verwiesen – der Gruppensieg in der Qualifikation war ein stolzer Erfolg.

Die Tests für die Frankreich-WM liefen schlecht, gegen die USA hieß es gar 0:3. Daher spielte Österreich bei der WM gegen Kamerun vorsichtig, gegen Chile risikolos, und im letzten WM-Match gegen Italien fehlte, als die Italiener unter Druck die Bälle nur noch wegdroschen, der feste Glaube an die eigene Größe, der Mut, alles zu wagen.

So blieb die Sensation aus, sensationell war nur, daß Bundestrainer Prohaska Kapitän und Leithammel Polster in der 62. Minute vom Platz holte. Österreich, zuvor zweimal Remis, hatte sich gegen Italien gesteigert, scheiterte aber 1:2. Sein frühes Aus traf Polster schwer; ausgerechnet in seinem 94. Länderspiel, als er Rekordhalter Gerhard Hanappi überholte, mußte er frühzeitig vom Feld. Sein Tor gegen Kamerun war das 44. seiner Teamkarriere.

Natürlich waren alle der Meinung, das Erreichen des Achtelfinales wäre möglich gewesen. Vielleicht hätte es dazu des Geistes von Cordoba bedurft.

Fußball in Polen

Von Wolfgang Tobien

Die Meldung machte im Frühjahr 1980 unter den polnischen Fußballanhängern im Eiltempo die Runde: Robert Gadocha war nach fast sechsjähriger Abwesenheit im Ausland wieder in die Heimat zurückgekehrt. Zwar hatte der 35jährige einstige Weltklassestürmer nach seiner Rückkehr mit dem Fußball nicht mehr allzuviel im Sinn. Nach einer mehrjährigen Odyssee durch Frankreich, die Türkei und Brasilien, während der er einige Enttäuschungen erlebt, es aber für polnische Verhältnisse dennoch zu einigem Reichtum gebracht hatte, wollte er in seiner Warschauer Stadtwohnung und in den Bergen der Beskiden künftig ein zurückgezogenes Leben führen.

Doch Robert Gadocha, das war für die polnischen Fußballfans noch immer eine der großen Symbol-Figuren jener großen siebziger Jahre, die in die Annalen des polnischen Fußballs als das „goldene Zeitalter" eingegangen sind. Vielleicht, so hofften die vielen Fußball-Enthusiasten zwischen der Ostsee und der Hohen Tatra, würden mit Robert Gadocha wieder das Glück, das Format und die Erfolge zurückkehren, die den polnischen Fußball in den frühen siebziger Jahren in die Weltklasse führten und die die polnische Nationalmannschaft danach mit dem Exodus der Stars ins Ausland immer mehr verließen.

Inzwischen war das „goldene Zeitalter" für die Fußballfans im Lande an der Weichsel nur noch ein nostalgischer Traum. In der Tat haben Polens Fußballer niemals zuvor und nie wieder danach so große Erfolge errungen wie in jenen fünf Jahren zwischen 1970 und 1974.

Der große Durchbruch ins internationale Rampenlicht gelang am Anfang jener Epoche zunächst zwei Vereinsmannschaften. Legia Warschau stieß 1970 als erste polnische Mannschaft bis ins Halbfinale des Europapokals der Landesmeister vor. Dort kam das Team aus Polens Hauptstadt erst beim späteren Europacup- und Weltpokalsieger Feyenoord Rotterdam zum Halten.

Zur gleichen Zeit erreichte der große landesinterne Rivale Gornik Zabrze (Hindenburg) sogar das europäische Finale im Wettbewerb der Pokalsieger. Dort freilich triumphierte dann aber Manchester City. Diese Siegeszüge waren mehr als Achtungserfolge. Kein Wunder also, daß in Warschau und noch mehr im südpolnischen Industriegebiet, wo sich ähnlich wie in Deutschland im Ruhrrevier zwischen Hochöfen und Fördertürmen die erstklassigen Klubs massieren und wo Gornik Zabrze so etwas wie das Schalke Schlesiens ist, ein wahrer Fußball-Boom ausbrach. Getragen von dieser Begeisterungswoge wurden Kazimierz Deyna, der Regisseur von Legia, und Wlodzimierz Lubanski, der Torjäger von Gornik, gemeinsam zur Keimzelle einer bis dahin nie erlebten Blütezeit der Nationalmannschaft.

Beim olympischen Turnier 1972 in München führten Deyna, der mit neun Treffern der Rekordschütze der gesamten Veranstaltung war, und Lubanski (sieben Tore) das rot-weiße Team zur Goldmedaille. Nach Siegen über Kolumbien (5:1), Ghana (4:0), die DDR (2:1), dem 1:1 gegen Dänemark, dem 2:1 über den Vize-Europameister UdSSR und dem 5:0 über Marokko stand Polen im olympischen Endspiel.

Finalgegner war mit Ungarn nicht nur der Goldmedaillengewinner von Mexiko 1968 und der EM-Vierte von 1972, sondern auch der älteste polnische Länderspielgegner, gegen den die Polen bis dahin noch nie hatten gewinnen können. Doch unter dem Münchner Zeltdach erfüllte sich am 9. September 1972 der Traum der Polen. Zwar gingen die Ungarn in der ersten Halbzeit durch Varadi in Führung. Nach zwei Treffern von Deyna bezwang Polen aber in der Aufstellung Hubert Kostka, Zbigniew Gut, Jerzy Gorgon, Jerzy Kraska, Zygmunt Anczok, Leslaw Cmikiewicz, Kazimierz Deyna (Ryszard Szymezak), Zygmunt Maszczyk, Zygfryd Szoltysik, Wlodzimierz Lubanski und Robert Gadocha erstmals Ungarn und errang die Goldmedaille.

Auf diesen Tag hatten Polens Fußballanhänger lange warten müssen. Wie groß die Sehnsucht nach einem solchen Triumph war und welch großen Stellenwert der Fußball im polnischen Sport hat, kam in den berühmt gewordenen Worten eines polnischen Sportführers zum Ausdruck: „Wir würden alle unsere olympischen Medaillen hergeben für eine einzige – im Fußball."

Die Goldmedaille von München entschädigte Polens Fußballanhänger mit einem Schlag für alle vorausgegangenen Mißerfolge und Enttäuschungen. Im ganzen Land brach eine einzige Begeisterung aus, die unbeschreibliche Formen annahm, als Lubanski und Deyna zwei Jahre später die polnische Mannschaft erneut nach Deutschland führten – zur Fußball-Weltmeisterschaft 1974.

Dem Jubel über den Olympiasieg von München folgte aber zunächst einmal ein lauter Schreckschuß, als die Auslosung für die Qualifikation zur WM '74 bekannt wurde. Polen kam in eine Gruppe mit Wales und England. Nur eine dieser drei Mannschaften konnte sich für die Weltmeisterschaft in der Bundesrepublik qualifizieren. Und gegen die beiden britischen Giganten, vor allem gegen die Fußball-Supermacht England, gab dem rot-weißen Team keiner eine Chance. Doch die Polen vollbrachten das Wunder, als sie am 17. Oktober 1973 im letzten entscheidenden Spiel das dringend benötigte Unentschieden im Londoner Wembley Stadion erkämpften, 1:1 stand es am Ende von 90 dramatischen Minuten, die ein einziger englischer Sturmlauf auf das polnische Tor gewesen waren. Domarski hatte einen der wenigen Konter zur polnischen 1:0-Führung genutzt.

Danach rannten die Engländer noch wütender und energischer an. Doch in jener „Nacht von Wembley" wurde ein weiterer polnischer Weltklassefußballer geboren: Jan Tomaszewski, der Torwart mit 1,93 Meter Körpergröße und den riesigen Händen. Der „Lange aus Lodz" war weder durch die furchterregenden Gesänge von den Rängen noch durch das ebenso pausenlose Powerplay der englischen Spieler aus der Ruhe zu bringen. Nur durch einen Elfmeter konnte Jan Tomaszewski an jenem Abend bezwungen werden. Während der Stolz Englands am Boden zerstört war, hatte sich Polen zum zweiten Mal nach 1938 für eine Fußball-WM qualifiziert.

In Wembley war zwar die endgültige Entscheidung gefallen. Die wegweisende Weichenstellung zur WM nach Deutschland war jedoch ein Vierteljahr vorher beim ersten Spiel gegen die Engländer erfolgt. Der 6. Juni 1973 ist einer der größten Tage in der Geschichte des polnischen Fußballs. Wie schon so oft zuvor bei Spielen von schicksalhafter Bedeutung hatte der polnische Verband auch das Heimspiel gegen England nach Chorzow in Oberschlesien verlegt. Oberschlesien, das ist das Land der Zechen und Fördertürme; der vielen Schlote und Hochöfen. In den Hütten und Gruben befindet sich die Mehrzahl der Arbeitsplätze für den Großteil der Bevölkerung. Und ähnlich wie in Deutschland der Pott an der Ruhr ist das Revier zwischen Gleiwitz und Sosnowitz, zwischen Beuthen und Kattowitz die traditions- und erfolgreichste Fußballregion Polens.

Im Schatten der großen Hütten und Fördertürme hat der Fußball einen ungeheuren Freizeitwert. In dem dichtbesiedelten Gebiet um die moderne Industriemetropole Katowice wird nicht nur der größte Teil des polnischen Brutto-Sozialprodukts erwirtschaftet. Dort wurde auch nach dem Zweiten Weltkrieg ein Vierteljahrhundert lang bis weit in die siebziger Jahre der beste Fußball von ganz Polen gespielt. Allen voran von zwei Mannschaften: Gornik Zabrze und Ruch Chorzow (Königshütte). Nichts beweist deutlicher die Souveränität des oberschlesischen Fußballs in dieser Zeit als ein Blick auf die Statistik: von den 25 Landesmeisterschaften, die zwischen 1951 und 1975 ausgespielt wurden, erkämpften Gornik (zehn), Ruch (sieben) und Polonia Beuthen (zwei) allein 19 Titel.

Ohne Zweifel sind Ruch und Gornik die beiden großen Identifikationsorganisationen für die Menschen im oberschlesischen Pütt. In Chorzow steht mit der riesigen „Batore", der früheren Bismarckhütte, eine der größten Stahlküchen des Landes, wo schon immer alle Spieler von Ruch untergebracht waren. Und Gornik heißt auf deutsch das, was die Mehrzahl der Männer in dieser Region von Berufs wegen ist: Bergknappe. Ruch, der vor dem Krieg schon fünfmal polnischer Meister gewesen war und zudem noch zweimal Pokalsieger wurde, ist der einzige Verein, der bislang immer der 1927 gegründeten ersten polnischen Liga angehört hat. Gornik, seit 1957 zehnmal Meister, dreimal Vizemeister und sechsmal Pokalsieger, ist der einzige polnische Klub, der, wie oben beschrieben, in ein Europapokal-Finale hatte vorstoßen können.

Die Stars dieser beiden Fußball-Größen sind die Denkmäler des polnischen Fußballs, um die sich Legenden und Geschichten ranken und deren Glanztaten in Polen jeder Fußballfan kennt. Gerard Cieslik wurde 1969 aus Anlaß des 50jährigen Bestehens des polnischen Fußballverbandes bei einer landesweiten Umfrage der Zeitschrift „Pilka Nozna" („Fußball") zum bis dahin beliebtesten polnischen Fußballer aller Zeiten gewählt. Der „kleine Läufer", wie man Cieslik wegen seiner mageren und schmächtigen Figur nannte und dem auf der Straße kein Mensch seine ungeheuren Fußballkünste ansah, dieser „Schwächling" war auf dem Spielfeld länger als ein Jahrzehnt lang ein Riese. Für Ruch schoß er zwischen 1948 und 1959 in 237 Punktspielen 167 Tore, in der Nationalmannschaft kam er in dieser Zeit in 46 Länderspielen auf 27 Treffer. Um ein Haar hätte der langjährige Torschützenkönig der polnischen Liga die Nationalmannschaft zur Weltmeisterschaft 1958 nach Schweden geschossen. Im Qualifikationsspiel gegen die UdSSR erzielte Gerard Cieslik beide Tore zum 2:1-Sieg. Dadurch wurde ein drittes Spiel gegen die Russen notwendig, das die Polen dann in Leipzig mit 0:2 verloren.

Auf einer Höhe mit Cieslik steht in der Ruhmeshalle des polnischen Fußballs inzwischen Wlodzimierz Lubanski. Der Superstar von Gornik war ein noch erfolgreicherer Torjäger und gerade in jenen Jahren des Olympiasiegs von München und dem Beginn der WM 1974 in Deutschland Polens populärster Sportler. „Wlodek", wie sie Lubanski in Polen zärtlich nennen, war der Liebling von ganz Schlesien, seit er als 16jähriger mit zwei herrlichen Toren beim 9:0-Sieg über Norwegen 1963 seinen Einstand in der A-Nationalmannschaft gegeben hatte.

Von einer schweren Krankheit gerade wieder genesen, hatte er Gornik 1971 und 1972 zur polnischen Meisterschaft geschossen. Da stand am 6. Juni 1973 das vorentscheidende WM-Qualifikationsspiel gegen die Engländer an. In einem großen Erholungspark zwischen Chorzow und Kattowitz steht das riesige Stadion „Slaski". 100 000 Zuschauern bietet dieser Betonkessel, der schon für so viele ausländische Mannschaften zur Hölle geworden ist, Platz. Und 100 000 Zuschauer waren auch in jener Nacht da, als Wlodzimierz Lubanski für Polens Fußballer unsterblich wurde – als die ganz große und zugleich tragische Figur des polnischen Fußballs. Im Stadion „Slaski" führte Polen mit 1:0 gegen die Engländer, die mit aller Macht auf den Ausgleich drängten. Da fing Lubanski in der 57. Minute am eigenen Strafraum den Ball ab, stürmte über das ganze Spielfeld, umspielte als letzten Gegenspieler auch noch den großen Bobby Moore und schoß zum 2:0-Sieg ein.

Dieses Tor, das als Foto und Fernsehaufnahme in den folgenden Tagen um die ganze Welt ging, brachte Polen zur WM nach Deutschland. Nicht aber Wlodzimierz Lubanski. Nur fünf Minuten später wurde Wlodek verletzt auf der Trage aus dem Stadion transportiert, das in vielen großen Europapokalspielen mit Gornik zu seiner sportlichen Heimat geworden war. Zwei schwere Knieoperationen erwiesen sich als unvermeidbar. Komplikationen beim Heilungsprozeß zwangen ihn zu einer einjährigen Pause, in der seine Kollegen bei der WM in Deutschland mit dem Gewinn der Bronzemedaille ohne ihn ernteten, was sie zuvor gemeinsam gesät hatten. Die Tragik für Lubanski war, daß er danach nie mehr wieder zu seiner überragenden Klasse zurückgefunden hatte, auch wenn er noch etliche Länderspiele bestritt. Das Pech der Polen war, daß sie ohne den erfolgreichsten Torschützen ihrer Länderspielgeschichte (insgesamt 49 Tore in 78 Länderspielen) nach Deutschland fahren mußten. Doch auch ohne ihn boten die Polen unter ihrem legendären Cheftrainer Kazimierz Gorski in Deutschland großartige Leistungen und brillierten mit herrlichem Angriffsfußball.

In der ersten Finalrunde führte das Los die Osteuropäer mit Argentinien, Italien und Haiti zusammen. Am 15. Juni 1974 kam es zur ersten Begegnung mit Argentinien. Die Polen gewannen nach einem begeisternden Spiel mit 3:2. In jenem Spiel bildete sich schon die Formation, auf die Gorski dann während der gesamten WM vertraute: Tomaszewski im Tor, Szymanowski, Gorgon, Zmuda und Musial in der Abwehr, Kasperczak, Deyna, Maszczyk im Mittelfeld sowie Lato, Szarmach und Gadocha im Angriff. Mit diesem Team, das ergänzt wurde durch die Ersatzspieler Gut, Domarski, Kmiecik, Kapka und vor allem durch Cmikiewicz, eilte Polen danach von Sieg zu Sieg. Haiti wurde mit 7:0 zerzaust. Italien, einer der großen Favoriten, 2:1 geschlagen, und in der zweiten Finalrunde dann Schweden mit 1:0 und Jugoslawien mit 2:1 besiegt.

So konnte es schließlich zum Halbfinalspiel zwischen Polen und Deutschland kommen, das als die „Wasserschlacht von Frankfurt" Fußball-Geschichte machte. Wegen sintflutartiger Regengüsse fast eine Stunde später angepfiffen und durch die Wolkenbrüche immer wieder beeinträchtigt, fand der Kampf bei nahezu irregulären Verhältnissen statt und brachte dennoch großen Fußball. Als im Waldstadion abgepfiffen wurde, hatte die deutsche Mannschaft nach einem Tor von Gerd Müller mit einem schwer erkämpften und glücklichen 1:0-Sieg das Finale erreicht.

Polen kämpfte um den dritten Platz, den es mit einem 1:0-Sieg über Brasilien gewann. Dieser 3. Platz bei der WM '74 wird in Polen noch höher eingeschätzt als der Gewinn der Goldmedaille.

„Dieser dritte WM-Platz ist der größte Erfolg des polnischen Fußballs in seiner mehr als 80jährigen Geschichte", wertete der später bei einem Verkehrsunfall gestorbene Generalsekretär Zygmunt Buhl.

Der polnische Fußball hatte sich endgültig in der Weltklasse etabliert. Der große Regisseur Kazimierz Deyna, mit inzwischen 102 Länderspielen der Rekordnationalspieler des Landes, wurde hinter dem Holländer Cruyff und Beckenbauer zum drittbesten Spieler des gesamten Turniers gewählt. In der Rangfolge der besten Torschützen standen Grzegorz Lato und Andrzej Szarmach mit sieben beziehungsweise fünf Treffern an der Spitze. Und in der sogenannten Weltelf, die aus den besten Spielern jedes einzelnen Spieltages zusammengestellt wurde, fanden Tomaszewski, Gorgon, Zmuda, Kasperczak, Lato, Szarmach, Deyna und Gadocha Berücksichtigung. Robert Gadocha wurde hierbei sogar siebenmal nominiert. Viele Experten waren damals der Meinung, wenn Polen das Halbfinale gewonnen hätte, wäre die Mannschaft auch im Endspiel nicht zu stoppen gewesen.

Nahezu unwiderstehlich war ihr mitreißender Angriffsfußball gewesen, für den der Mann auf der Kommandobrücke verantwortlich gemacht wurde: Chefcoach Kazimierz Gorski. Der Mann, der seine Spielerkarriere in Lwow begann und bei Legia Warschau fortsetzte, sollte als Nationaltrainer zum großen Glücksfall für Polen werden. Optimismus, Humor, Schlichtheit und Sachlichkeit zeichneten diesen Fußballexperten aus.

Zwischen 1971 und 1975 verlor die polnische Nationalmannschaft unter Gorski, der selbst einmal als Spieler das rot-weiße Trikot trug (am „schwarzen Tag“ beim 0:8 gegen Dänemark in Kopenhagen 1948), von 61 Länderspielen nur zehn. Als der Architekt des polnischen Superteams 1975 nach Griechenland ging, ging es denn auch prompt mit dem polnischen Fußball bergab. Die Mannschaft, der bei der Rückkehr von der WM in Deutschland in Warschau ein triumphaler Empfang bereitet worden war, zerstreute sich in den folgenden Jahren in alle Winde. Musial und Maszczyk gingen nach Holland (Alkmaar) und Frankreich (Valenciennes). Lubanski stürmte viele Jahre für den belgischen Erstligisten Lokeren. Auch Jan Tomaszewski ging nach Belgien zum AC Beerschot. Kasperczak, das „Arbeitspferd“ im Mittelfeld, wechselte zum FC Metz nach Frankreich. Und Kazimierz Deyna, der Kapitän und oftmalige „Fußballer des Jahres“ in Polen, unterschrieb bei Manchester City und zog von dort in die USA nach San Diego in Kalifornien weiter.

Unter Gorskis Nachfolger Jacek Gmoch, einst Chef der Datenbank, in der ungezählte Informationen über in- und ausländische Fußballer gespeichert sind, bröckelte der große Ruhm der frühen siebziger Jahre immer mehr ab. Untereinander zerstrittene Altstars hatten die Reizschwelle überschritten. Junge Talente wurden nicht konsequent genug in die Nationalmannschaft integriert, und das rot-weiße Team war von Gmoch, ihrem Angriffsnaturell völlig widersprechend, auf unattraktiven Defensivfußball eingestellt worden. Nach Siegen über Portugal, Dänemark und Zypern konnten sich die Polen zwar für die WM 1978 in Argentinien qualifizieren. Dort schafften sie nach einem torlosen Unentschieden im Eröffnungsspiel gegen Deutschland sowie zwei Siegen über Tunesien (1:0) und Mexiko (3:1) abermals den Vorstoß in die zweite Finalrunde. Doch von dem mitreißenden Schwung, dem Feuer der Begeisterung und der großen Klasse des Jahres 1974 war nicht mehr viel zu sehen. Gegen Argentinien (0:2) und Brasilien (1:3) gab es zwei Niederlagen, lediglich gegen Peru kam ein magerer 1:0-Sieg zustande.

Im Herbst 1979 stand Polens Fußball dann völlig auf dem Tiefpunkt. Die Endrunde zur Europameisterschaft war verpaßt worden. Im Europapokal blieben alle vier polnischen Vertreter erstmals auf einen Schlag gleich in der ersten Runde auf der Strecke. In der ersten Liga herrschte ein erschreckend niedriges Niveau und ein damit verbundener katastrophaler Zuschauerrückgang.

Die Fans, die in den Jahren zwischen 1970 und 1974 aus dem Jauchzen nicht herausgekommen waren, waren längst schon frustriert und ernüchtert. Ihnen blieb nur noch die Erinnerung an die Erfolge der Gorski-Jahre.

Fußball in der Schweiz

Von Kurt Zimmermann

Fußball in der Schweiz, Fußball in der Gründungsepoche, wer mag sich daran erinnern? Die Protagonisten von einst haben längst das Zeitliche gesegnet.

Es waren meist Mediziner, Studenten, Techniker, Mittelschüler oder Kaufleute, die sich mit dem neuen Sport auseinandersetzten, die durch Reisen ins Ausland mit der neumodischen Sache konfrontiert wurden. Blättert man in den Annalen der Club-Chroniken, stößt man immer wieder auf Aufzeichnungen, die beweisen, daß das intellektuelle Element in der Frühzeit der Fußball-Bewegung den Ton angab.

Den FC Bern beispielsweise gründeten vier Mediziner: Professor Strasser, Dr. med. Fritz Schenk, Dr. med. Jordy und Robert Vogt. Der später als Schriftsteller zu Weltruhm gelangte Paul Ilg zählte zu den ersten Präsidenten des 1896 gegründeten FC Winterthur. Die Gründer des mehrmaligen Schweizer Meisters FC Basel rekrutierten sich zum Teil aus Mitgliedern des Basler Ruder-Clubs, die zum Ausgleich Fußball spielen wollten. Der FC Basel wurde 1893 gegründet. Der älteste Schweizer Fußball-Club ist der FC St. Gallen. Er wurde von englischen Studenten 1879 aus der Taufe gehoben.

Es waren echte Pioniere damals. Denn gegen den Fußball sprach praktisch alles. Die Behörden verdammten den neuen Sport, die Schullehrer waren völlig dagegen, und die Eltern der kickbegeisterten jungen Leute wehrten sich mit Händen und Füßen gegen den neuen Trend. Hätten nicht viele Ausländer immer wieder neue Impulse in die Schweiz gebracht, wäre vermutlich die Gründerzeit noch viel schwieriger verlaufen.

1895 wurde der Schweizerische Fußball-Verband gegründet. Im Protokoll vom 7. April 1895 in Olten wurden folgende Vereine als Gründer aufgeführt: der FC St. Gallen, der Anglo American Club Zürich, der FC Excelsior Zürich, der Lausanne Football and Cricket Club, der FC Basel, der Grasshopper Club Zürich, La Villa-Longchamps von Ouchy, der FC Yverdon, La Châtelaine Genf, Chateau de Lancy Genf und der FC Neuchatel. Zum ersten Verbandspräsidenten wurde der Grasshoppers-Funktionär C. J. Westermann ernannt.

Von den Gründer-Clubs existieren in der Form von damals heute nur noch der FC St. Gallen, der FC Basel, die Grasshoppers und der FC Yverdon (heute 2. Amateurliga).

1897/98 wurde die erste offizielle Meisterschaft ausgetragen. Dabei holte sich der Grasshopper Club Zürich seinen ersten von bis heute insgesamt 17 Meistertiteln.

Das Schweizer Verbands-Schiffchen steuerte in diesen ersten Jahren manche Untiefe an. Viele Widerwärtigkeiten waren zu überwinden. Es ging ordentlich lange, bis der Verband seine Kinderschuhe ausgetreten hatte. Mit dem Wachstum war es nicht weit her. Noch im Jahre 1901 wies die Bestandsliste des Verbandes ganze 15 Vereine auf, obschon das „Schweizer Sportblatt" nachwies, daß schon 1898 in 54 wilden Clubs Fußball gespielt wurde.

Eine erste spürbare Krise trat kurz nach der Jahrhundertwende ein. Englische Studenten wurden in der Schweiz seltener. Vielen Clubs wurde die natürliche Rekrutierungs-Grundlage entzogen. Nur Vereine, die radikal umstellten und versuchten, die Lücken mit Schweizern zu füllen, konnten überleben. Das Ausbleiben der vielen Engländer hatte allerdings auch seine positiven Seiten: Der Fußball wurde von allzu vielen ausländischen Einflüssen befreit, man begann, den schweizerischen Weg zu gehen.

Führend in administrativen Fragen waren damals die St. Galler. Man postulierte schon in jener Frühzeit des Fußballs für eine eigene Verbandszeitung, machte Vorschläge für ein ständiges Sekretariat und betrieb vor allem erfolgreich den Beitritt der Schweiz zur FIFA, die 1904 gegründet worden war.

1913 erst bekam der Verband seinen heutigen Namen. Zuvor hieß es in Anlehnung an die 1863 gegründete englische „Football Association" in der Schweiz „Football Association Schweiz". 1913 jedoch benannte man den Verband in die heute noch gültige Formel „Schweizerischer Fußball-Verband" um.

Periodisch gab es immer wieder Querelen zwischen den A-Vereinen und den Unterklassigen. Und oft fand man sich nicht, erst nach den Kraftproben wurden etwa Probleme wie jene des Abstieges und des Aufstieges am grünen Tisch besprochen.

Überhaupt hatte der Verband oft mehr Probleme, als ihm lieb sein konnte. 1920 drohte gar eine Spaltung. Die Westschweizer waren empört, daß das damals regierende Basler Komitee mit Deutschland den Länderspielbetrieb wieder aufnahm. In der Delegierten-Versammlung fielen darüber böse Worte, und es war nur der glänzenden Rethorik von Dr. Hauser zu verdanken, daß es nicht zu einer Absplitterung kam.

Über 30 Jahre später waren es wieder die Schweizer, die nach einem verheerenden Kriege Deutschland die Hand reichten und als erste den Länderspielbetrieb mit dem großen Bruder wieder aufnahmen. 1950 in Stuttgart wurde der vorläufig letzte Abschnitt schweizerischer Fußballgeschichte gegen Deutschland eingeleitet. Dazwischen lagen lange Jahre des vorerst bescheidenen, kurz vor dem Krieg aber eher stürmischen Wachstums. Ein wichtiger Meilenstein wurde 1933 erreicht. Damals wurde die heute noch bestehende Einerliga, die Nationalliga, geschaffen.

Schon damals gab es das Schiedsrichter-Problem. Im Jahresbericht 1925/26 wurde festgehalten: „Die Entwicklung und das Ansehen des Fußballsports sind nicht zuletzt eine Schiedsrichterfrage!" „...der Schiedsrichter muß ein absolut integerer Mann sein, der seine Entscheide nicht gestützt auf seine formellen Kompetenzen fällt, sondern aus Überlegung, Überzeugung und unbeirrbarem Gerechtigkeitssinn!"

Die stürmische Entwicklung, die ab 1960 einsetzte, brachte nicht nur eitel Sonnenschein. Mit dem beschaulichen Fußball war es plötzlich vorbei. In der Schweiz setzte zwar die rasante Entwicklung immer mit einem kleinen Verzögerungseffekt ein, trotzdem spülte jedoch die Moderne Probleme heran, zu deren Lösung es wieder ganzer Männer bedurfte. Es war dann nicht mehr so sehr der Verband als die Nationalliga, die in eigener Kompetenz an die Lösung manch heiklen Problems ging.

Die Verschuldung vieler Vereine war ein Kernproblem. Der Verband als solcher durfte und konnte da nicht einschreiten. Die Nationalliga war längst autonom und selbst zuständig im eigenen Haus. Das Komitee der Nationalliga brachte dann 1971 einen der wichtigsten Beschlüsse über die Runde: In der Bezahlung von Spielern wurden harte Restriktionen verfügt. Der Gürtel mußte enger geschnallt werden, die Ware Fußballspieler wurde preislich katalogisiert und auf ein vertretbares Maß festgesetzt. Lange hielt allerdings solch lobenswertes Tun nicht an. Die freie Marktwirtschaft hat Gesetze, die auch im Fußballgeschäft nicht umgangen werden können.

Der Schweizer Fußball-Verband ist heute ein durch und durch gesundes Gebilde. Der Fußball hat in den fast achtzig Jahren seit der Verbandsgründung seinen festen Platz in der Gesellschaft bekommen. Und obwohl der Fußball universell geworden ist und überall gespielt wird, hat die Schweiz gewisse Eigenheiten bewahrt oder gar kreiert. Eine davon ist der fast 10 000 Mitglieder zählende „Klub der Freunde der Nationalmannschaft".

Als Karl Rappan zum letzten Mal die Belange der Nationalmannschaft in die Hand nahm, gründete er diesen Club. Das war vor der Weltmeisterschaft 1962 in Chile. Rappan argumentierte, daß eine engere Beziehung zwischen dem Volk und der Nationalmannschaft geschaffen werden müsse. Mit fünf Franken wurde man Mitglied, heute kostet es zehn Franken. Viele allerdings bezahlen mehr.

Trotz des Trends, dem Clubfußball immer mehr Bedeutung zuzumessen, hat die Nationalmannschaft in der Schweiz nach wie vor großes Gewicht. Und die Geschichte der Schweizer Nationalmannschaft ist eine recht stolze.

Sie galten fast immer als der gefürchtete David, die Schweizer im Weltfußball-Konzert. Man glaubte, sie unter ferner liefen einstufen zu können, und dann schlugen sie meist zu, stellten einem Großen das Bein und erregten Aufsehen. Indes, das liegt schon ziemlich weit zurück. Die letzte schweizerische Großtat dieser Art fand Ende 1961 in Berlin statt, als es um die Qualifikation für die Weltmeisterschafts-Endrunde in Chile ging. Schweden hatte sein Heimspiel gegen die kleinen Schweizer 4:0 gewonnen. Das Rückspiel allerdings ging dann ins Auge. 3:2 siegten die Schweizer im Berner Wankdorf-Stadion. Aber was soll's, die Schweden betrachteten es als Betriebsunfall, buchten bereits Hotels und Flugtickets, ließen Fotos für die Visa anfertigen, so sicher waren sie, das Entscheidungsspiel in Berlin zu gewinnen.

Die Schweiz schlug damals Schweden 2:1, und ein tolles Berliner Publikum stand fast wie ein

Mann hinter den Eidgenossen, die schon bald durch einen haltbaren Weitschuß in Rückstand geraten waren. Nach diesem Sieg gab es letztmals in der Schweiz so etwas wie eine Fußball-Euphorie. Danach gab es nie mehr einen Erfolg, der die Massen derart mobilisiert und aufgeputscht hätte.

1895 wurde der Schweizerische Fußball-Verband gegründet. 1945, gut zwei Monate nach Kriegsende, beschloß man, das 50jährige Verbandsjubiläum ehrwürdig zu begehen. Man lud England, damals immer noch der große Lehrmeister, ein, und spielte im Berner Wankdorf-Stadion eine jener Traumpartien, die schweizerische Teams der guten alten Zeit immer wieder zustande brachten. Leider unterließ man es damals, dieses Jubiläumsspiel als offizielles Länderspiel zu deklarieren, so daß der stolze 3:1-Sieg gegen die Frank Swift, Tommy Lawton, Neil Franklin, Raich Carter und Konsorten in keiner offiziellen Statistik auftaucht. Schweizerischerseits waren noch Bickel, Arnado und Georges Aebi dabei, die 1938 bei den Fußball-Weltmeisterschaften in Frankreich Deutschland eliminiert hatten.

Zum ersten offiziellen Länderspiel rüstete der Schweizerische Fußball-Verband zehn Jahre nach seiner Gründung. Am 12. Februar 1905 reisten die Rotjacken nach Paris und verloren dort knapp 0:1. Die Bahnfahrt von Genf bis Paris dauerte 18 Stunden.

So trudelte die Steinzeit des Fußballs dahin. Die Schweizer spielten immer häufiger, ohne besonders erfolgreich zu sein. Einen ersten, im nachhinein gesehen sogar einmaligen Höhepunkt erreichte die Schweiz im olympischen Jahr 1924. Schon im Jahr zuvor hatten die Eidgenossen aufhorchen lassen, als sie in Paris gegen die Franzosen remis spielten und elf Monate später den gleichen Gegner in Genf 3:0 vom Felde fegten.

Am Olympia-Turnier in Paris bekamen dann die Schweizer zuerst Litauen vorgesetzt, das sie 9:0 schlugen. Sturzenegger und Abegglen II schossen vier beziehungsweise drei Tore. Gegen die Tschechoslowakei schien im Achtelfinale allerdings das Aus zu kommen. Nach einem glücklichen 1:1 gewannen die Schweizer aber zwei Tage später das Entscheidungsspiel sensationell 1:0!

Die Mannschaftsleitung mußte umdisponieren. Der 20fache Internationale August Oberhauser von Nordstern Basel erzählte viel später: „Einige hatten nur gerade Urlaub bis zu den Achtelfinals genommen. Das Hotel war auch nur bis zum Spiel gegen die Tschechoslowakei bestellt gewesen. Und mit dem Geld haperte es auch, wir hatten keines mehr."

Der Erfolg machte aber Mittel frei. Aus der Schweiz kam Nachschub, und der verlängerte Urlaub wurde allseits gewährt. Die Schweizer wußten dafür auf ihre eigene Art zu danken. Im Viertelfinale schafften sie die nächste Überraschung und schlugen Italien, einen der Turnierfavoriten, und sie waren auch im Halbfinale nicht zu stoppen. Schweden wurde ebenfalls 2:1 geschlagen und unvermittelt stand bereits fest, daß die Schweizer inoffizielle Europameister waren. Der andere Finalist hieß nämlich Uruguay. Die schwarzen Ballzauberer aus Südamerika, allen voran der Außenläufer Andrade, dessen Neffe 1950 als Rodriguez Andrade im uruguayischen Weltmeisterteam steckte, stellten die ganze Fußballwelt auf den Kopf. Auch die tapferen Schweizer, die im Finale keine Chance hatten, 0:3 verloren und mit der Silbermedaille vorliebnehmen mußten.

Die Schweiz war „Europameister". Es gab in Bern einen schlichten Empfang. Die Mannschaft mit Torhüter Pulver, den Verteidigern Reymond von Servette, Ramseyer von den Berner Young Boys, Nordstern Basels Oberhauser und dem Old Boys Pollitz, dem offensiven Mittelläufer Schmidlin vom FC Bern, die Stürmer Ehrenbolger (Nordstern), Pache (Servette), Abegglen II (Grasshoppers) und Fässler (Young Boys) sowie die Ersatzspieler Sturzenegger (FC Zürich) und Dietrich (Servette) bekamen einen bundesrätlichen Händedruck.

Bei den ersten Weltmeisterschaften 1930 im fernen Montevideo meldete der Schweizerische Fußball-Verband nicht. Die Reise schien zu weit, zu gefährlich und vor allem zu unsicher zu sein. So plätscherte der Länderspielbetrieb dahin. Es gab beispielsweise 1931 eine 1:8-Abfuhr gegen Österreich, drei Jahre später allerdings unter Leitung des späteren FIFA-Präsidenten Sir Stanley Rous gegen den gleichen Gegner nur noch eine knappe 2:3-Niederlage. Und auch gegen Deutschland setzte es oft Prügel ab. Beispielsweise 1929 in Mannheim mit 1:7, und ein Jahr später in Zürich mit 0:5.

Aber just auf die zweiten Weltmeisterschaften hin hatte die Schweiz wieder die richtige Mischung beieinander. Und vor allem: Göttin Fortuna half tüchtig mit. In den Ausscheidungsspielen mußte die Schweiz in der Gruppe X gegen Jugoslawien und Rumänien antreten. Sowohl in Belgrad gegen die Jugoslawen wie in Bern gegen die Rumänen setzte es ein 2:2-Unentschieden ab. Und weil die Rumänen die Jugos 2:1 schlugen, schienen sie für die WM-Endrunde in Italien qualifiziert zu sein. Im nachhinein stellt sich aber heraus, daß die Rumänen gegen die Schweiz einen nicht qualifizierten Spieler eingesetzt hatten. Die Partie wurde in ein 3:0 für die Schweiz umgewandelt und die Endrunden-Teilnahme war perfekt.

Und weil das Glück in den Ausscheidungsspielen mit den Rotjacken war, so auch im ersten Spiel in Italien. In Mailand trafen die Eidgenossen auf Holland, einen der Turnierfavoriten. In einem spannenden Kampf stand einmal mehr Göttin Fortuna auf seiten der Schweizer. Der 3:2-Sieg war zwar nicht gestohlen, aber immerhin recht glücklich. Der damalige Torjäger Nummer eins in Helvetien, Poldi Kielholz, schoß zwei der drei Tore.

Dann allerdings stoppte der tschechische Wunderhüter Planicka die Schweizer. In ihrem vielleicht besten Spiel dieser Epoche heizten die Kielholz und Abegglen III den Tschechoslowaken bös ein. Zweimal stand Kielholz allein vor dem legendären Planicka. Und zweimal pflückte dieser Planicka Kielholz Bälle vom Fuß, die normalerweise im Tor hätten landen müssen. So gewann die Tschechoslowakei dieses Viertelfinale 3:2.

England hatte zwar an den ersten beiden Weltmeisterschaften nicht teilgenommen und das stolze Albion stand auch 1938 abseits. Dennoch galten die Engländer als die ungekrönten Weltmeister, die Lehrmeister, die nach Saisonschluß Europa bereisten und Sieg um Sieg herausschossen. Die Schweizer kassierten vor dem Jahre 1938 vier Niederlagen mit einer Tordifferenz von 2:23 gegen die Lehrmeister. In jenem 1938 jedoch, kurz vor den Weltmeisterschaften in Frankreich, hatte die Schweiz wieder einmal die richtige Mischung beieinander. Im Tor stand der GC-Hüter Huber. Das eisenharte Verteidigerpaar Minelli/Lehmann von den Grasshoppers hatte europäische Wertgeltung. Und auch die Läuferreihe mit Springer, Vernati (beide Grasshoppers) und Lörtscher von Servette. Und im Sturm standen Namen, die man noch heute ehrfurchtsvoll nennt, die unvergeßliche Schweizer Fußballgeschichte schrieben. Fredy Bickel, Wädi Fink, der leider viel zu früh verstorbene Lajo Amado, der unvergeßliche Trello Abegglen, der in den Kriegsjahren an einer Blutvergiftung starb, und Georges Aeby von Servette.

Am 21. Mai 1938 kamen die Engländer nach Zürich, siegessicher auf Europatrip. Der legendäre Bastin war dabei, auch schon Matthews. Der in die Fußball-Geschichte eingegangene Verteidiger Hapgood. Zürich erlebte den ersten Schweizer Sieg über den Lehrmeister. Trello Abegglen stellte ihn mit einem Elfmetertor sicher. Die Fußball-Schweiz stand kopf.

Die Auslosung wollte es, daß die Schweiz gleich im ersten Spiel der Weltmeisterschaft auf den Erzfeind Deutschland stoßen mußte. Deutschlands Führungstreffer durch Gauchel schien den Untergang der kleinen Schweizer einzuleiten. Der Ausgleich durch Abegglen III galt als Sensation, mußten doch die für fast unschlagbar geltenden Deutschen fünf Tage später zu einem Wiederholungsspiel antreten.

Deutschland schien die Schweiz an die Wand zu spielen. 2:0 gingen die Deutschen in Führung. Die Strafe für die sogenannte Strafaufgabe, noch einmal gegen die kleinen Schweizer antreten zu müssen, schien saftig auszufallen. An jenem Donnerstagabend zwischen 18 Uhr und 19.45 Uhr aber wurde eines der größten Stücke Schweizer Fußballgeschichte zusammengestiefelt.

Plötzlich lief die Schweizer Maschinerie auf Hochtouren. Geführt vom genialen Genia Walaschek, bestürmten die Amado, Bickel, Aeby und Trello Abegglen die deutsche Festung, bis sie reif war, bis die Tore wie reife Früchte fielen. Trello, Walaschek und Bickel schossen sie. Der 4:2-Triumph war in den damaligen Tagen mehr als nur ein Fußballsieg.

Schweizer Fußball-Höhenflug in Paris. Die Eidgenossen schlagen Schweden 2:1 und ziehen ins Finale des olympischen Turniers 1924 ein, verlieren jedoch gegen Uruguay mit 0:3. Die Spieler der Schweizer Silbermedaillen-Elf, stehend von links: Ehrenbolger, Schmidlin, Oberhauser, Pulver Reymond, Pollitz. Kniend: Ramseyer, Dietrich, Pache, Fässler, Xam Abegglen.

Der Baumeister jener Erfolge war ein Wiener, der auch später periodisch immer wieder an der Basis von schweizerischen Fußballwundern stand. Karl Rappan, ehemaliger österreichischer Internationaler, Rapidler, begann seine Karriere in der Schweiz bei Servette Genf. Schon bald wurde er Spielertrainer und später nahm er die Geschicke der helvetischen Nationalelf in die Hände. Rappan verstand es wie kaum ein anderer, dem Schweizer Fußball Impulse zu geben, ihn stark zu machen. Und um ihn stark zu machen, kreierte er den weltberühmt gewordenen Riegel, der so mancher großen Fußball-Nation bis anfangs der sechziger Jahre viel Ungemach und Kopfzerbrechen bereitete. Man spielte ihn anfangs der fünfziger Jahre überall. Es gab in der Schweiz gar nichts anderes als den guten alten Riegel. Man spielte mit einem hinteren Verteidiger, dem heutigen Ausputzer ungefähr gleichgestellt. Der vordere Verteidiger hatte auf den gegnerischen Mittelstürmer zu spielen. Die beiden Außenläufer die gegnerischen Flügel zu decken. Angelpunkte des Riegels waren der Mittelläufer oder Centerhalf und der eine Halbstürmer. Sie hatten die Hauptlast des Spieles zu tragen. Der Mittelläufer mußte die Bälle verteilen, den Angriff in Schwung bringen, hatte aber gleichzeitig einen gegnerischen Halbstürmer zu decken.

Die Schweiz hatte immer wieder solche überragenden Centerhalfs. Schmidlin aus der Europameister-Mannschaft von 1924 war so einer. Bekannter dürfte Sirio Vernati von den Zürcher Grasshoppers sein, der vor allem 1938 beim ersten Sieg über England und dem 4:2-Erfolg über Deutschland die Fäden zog. Dann waren es Andreoli und Eggimann, und der letzte eigentliche Centerhalf, bevor die Scharniere des Riegels endgültig rostig wurden, war der legendäre Geni Meier, ein Mann, den Albert Sing anfangs der fünfziger Jahre in Schaffhausen entdeckt hatte. Zuerst hieß er Bombenmeier. Dann wurde er zum Spielmacher. Geni Meier, mit Albert Sing zu den Berner Young Boys gezogen, wo sie das einmalige Kunststück schafften, viermal hintereinander Schweizer Meister zu werden, wurde zum Spielmacher umfunktioniert.

Meier war Dreh- und Angelpunkt jener letzten Rappanschen Riegelmannschaft, die 1961 die Endrunden-Qualifikation für Chile schaffte. Im April 1962 erlitt Geni Meier einen Meniskus-Schaden. Nach der sofort erfolgten Operation wurde Meier sorgsam wieder in Fahrt gebracht, denn: Ohne Geni Meier wäre der gute alte Riegel tot gewesen. Meier schaffte es mehr schlecht als recht, der Rappansche Riegel wurde in Santiago de Chile gegen Chile, Deutschland und Italien mit drei knappen Niederlagen zu Grabe getragen. Auch in der Schweiz begann man sich überall mit dem WM, dem 4-2-4 und allen Varianten des modernen Fußballs zu befassen. Freilich: Es gab natürlich schon in den fünfziger Jahren in der Schweiz Clubs, die WM spielten und nach 1958 sogar die Brasilianer mit ihrem 4-2-4 zu kopieren versuchten.

Der moderne Fußball hat die Schweiz als Riesentöter entmachtet. Fußballwunder geschehen seltener mehr. Je professioneller der Fußball betrieben wurde, desto kleiner wurde die Chance des Außenseiters. Das bekamen die Eidgenossen in den sechziger und siebziger Jahren drastisch zu spüren.

Fußball in der ČSSR

Von Karel Prohaska

Wenn in den Stadien von Prag, Preßburg, Brünn, Tyrnau oder Kaschau Zehntausende ihrer Mannschaft das aufmunternde „Do toho" (wörtlich „Hinein", also „Los, vorwärts!") zurufen, dann meinen diese Fußballanhänger wirklich nur „Vorwärts". Aber das war nicht immer so.

Denn die Entwicklung des Fußballsports ist in der ČSSR eng mit der politischen Entwicklung des Landes verknüpft und war bis in die jüngste Vergangenheit nicht frei von politischen Aspekten. Vor 1918 gehörten Böhmen und Mähren zur Habsburger Krone, die in Personalunion auch die dem Königreich Ungarn einverleibten östlichen Landesteile Slowakei und Karpatenukraine beherrschte.

Während also in Böhmen und Mähren der österreichisch-deutsche Einfluß dominierte, standen die Slowaken und Ukrainer (auch Ruthenen genannt) unter dem Druck der Budapester Magyarisierungsbestrebungen. Die Gründung national gefärbter Vereine – auch sportlicher Zusammenschlüsse – mußte daher die Wachsamkeit der Beherrschenden erregen. Wenn die Entwicklung in Böhmen und Mähren dennoch anders verlief als in der Slowakei und in der Karpatenukraine, dann geschah dies aufgrund der verschiedenen Mentalität der in der ČSSR heute zusammenlebenden Bevölkerungsgruppen, nicht aber wegen etwa unterschiedlicher Reaktionen der zentralen staatlichen Behörden.

Die Tschechen, von Natur aus ernst, zielstrebig, selbstbewußt und vor allem widerborstig gegenüber jeglicher Bevormundung, fühlten sich damals – um 1885 – in ihren nationalen Freiheiten unerträglich eingeengt und fanden aus Protest zu einer Sportart, in der sie nicht nur ihre Stärke und Geschicklichkeit, sondern auch ihren Hang zum gemeinsamen Agieren gegen einen gemeinsamen Gegner – ob sportlicher Widersacher oder Obrigkeit – demonstrieren konnten.

Und zunächst mußten sie sich auch mehr gegen die Obrigkeit als gegen sportliche Gegner behaupten. Denn der 1892 als Athletikabteilung des Literatur- und Sprachvereins „Slavia" gegründete erste tschechische Fußballklub wurde ein Jahr später von den österreichischen Behörden wieder aufgelöst. Das – tschechische – Prag aber lachte und amüsierte sich köstlich über die Arglosigkeit des Wiener Amtsschimmels, denn der 1889 ins Leben gerufene „International Rowing Club" verfiel – wohl wegen des englischen Namens und als vorgeblicher Ruderklub – nicht dem Verdikt Wiens.

Aber „to row" bedeutet im Englischen nicht nur Rudern, sondern auch Lärmen, Schimpfen. Und im „International Rowing Club" von Prag wurde damals auch weniger eifrig gerudert als (auf Wien, den Kaiser und die Behörden) geschimpft und – Fußball gespielt. Und das obendrein auf der Kaiserwiese, wo 1889 der erste Fußballplatz Prags errichtet worden war...

Und auch die tschechische studentische Jugend, seit jeher besonders national eingestellt, verhielt sich wie ein vorweggenommener braver Soldat Schwejk: als die kaisertreuen und Wien hörigen Professoren „diesen Unsinn" (nämlich das Fußballspiel) untersagten, traten die Studenten unter meist anzüglichen Decknamen (etwa Nebojsa = Fürchtdichnicht) und abenteuerlich getarnt und maskiert, oft mit Vollbart und Perücke, zu ihren nationalen Protestaktionen – auf dem Fußballplatz an.

Getragen von einer Welle der nationalen Begeisterung, konnte sich der Fußballsport schon in den Jahren vor der Jahrhundertwende überall in Böhmen ausbreiten, und auch in Mähren wurde das neue Spiel alsbald populär.

Am 31. Mai 1895 ging aus der Radfahr-Abteilung von „Slavia" der später und unvergessen berühmte SK Slavia Prag hervor, und am 28. Oktober des gleichen Jahres wurde AC Sparta gegründet. Diese beiden Fußballvereine, die in der Fußballwelt zu einem Begriff für glanzvolle Taten mit dem runden Leder werden sollten, waren über Jahrzehnte hinweg führend im Fußballsport der späteren Tschechoslowakei.

Das erste große Derby der beiden Prager Traditionsvereine endete übrigens mit einem Skandal: Sparta hatte zwar mit 1:0 gewonnen, doch der Schiedsrichter (ein Herr Rössler) annullierte das Tor, so daß es dann 0:0 hieß.

Andere Vereinsgründungen folgten in kurzen Abständen. Mit dem 1895 gegründeten AFK Kotva (Der Anker) etablierte sich der erste Sportverein aus der Arbeiterjugend. Aus diesem AFK Kotva wurde übrigens 1905 der AFK Vršgovice (Prager Arbeiterbezirk) aus dem der später berühmte AFK Bohemians hervorging.

Mit dem SK Liben (im Arbeiterviertel Liben), dem FC Meteor VIII und Union Žižkov (Žižkov ist ebenfalls ein Arbeiterviertel von Prag), später die berühmte Viktoria, eroberte der Fußball nun auch die Industrie-Arbeiterschaft der ehemaligen Kaiserstadt.

Schon 1896 (Einfluß Coubertins!) war die Gründung eines Dachverbandes geplant, fünf Jahre später wurde der Fußballverband Böhmen/Mähren offiziell ins Leben gerufen. Ihm gehörten Vereine in Prag, Brünn, Titschein, Kolín, Böhmisch-Budweis, Tschechisch-Brod, Chrudim, Louny, Jilemnice und vielen anderen Städten an.

Für einen geordneten regelmäßigen Meisterschaftsbetrieb fehlten zwar noch die Grundlagen, aber auch auf internationaler Ebene gab es bereits vor der Jahrhundertwende die ersten Begegnungen. So spielte Slavia gegen Berlin (0:0), gegen eine Studentenauswahl von Oxford (0:3), und 1901 gastierten die englischen Profis von Southampton an der Moldau. Eine Prager Auswahl unterlag zwar 1:6, aber gerade diese Begegnung hatte für die weitere Entwicklung des Fußballsports eine einschneidende Bedeutung. Bis dahin hatte man ein mehr von der Freude am Spiel als durch strenge sportliche Maximen diktiertes Kick-and-Rush praktiziert.

Die englischen Profis aber führten ein systemvolles Kombinationsspiel vor, das so sehr beeindruckte, daß Slavia 1904 den Schotten Madden als Trainer verpflichtete, dessen Einfluß sich auf mehrere Jahrzehnte erstrecken sollte, ja als Anfang der später vielgerühmten Prager Schule gelten darf. Der Erfolg blieb nicht aus: 1905 bereits remisierte Slavia gegen Celtic Glasgow mit 3:3. Und dieses Gastspiel brachte zusammen mit dem Einfluß von Trainer Madden die Geburt der berühmten tschechischen „ulička" (Gäßchen), jenes flachen Direktspiels durch die Beine der gegnerischen Abwehr hindurch, welches später zu so vielen spektakulären Torerfolgen führen sollte. Jan Kogik war der „Erfinder" der „ulička", deren Technik dann von dem langjährigen Mittelstürmer der böhmischen und – nach 1918 – tschechoslowakischen Auswahl Václav Pilát zur Vollkommenheit entwickelt wurde.

Vorerst aber hatte der tschechische Fußball noch mit den Drangsalierungen durch Wien zu kämpfen. Der Böhmische Fußballverband meldete sich 1904 als Mitglied bei der FIFA an, wurde aber 1908 auf Betreiben der österreichischen Behörden und Sportverbände aus dem Internationalen Fußballverband wieder gelöscht. Erst 1911 erhielt der Böhmische Verband eine Dispens der FIFA und durfte damit erneut international in Erscheinung treten.

Er tat dies sogleich sehr nachdrücklich durch den Gewinn der ersten, wenn auch inoffiziellen Europameisterschaft im Fußball! In Brüssel wurden die Belgier mit 6:1 geschlagen, in Roubaix unterlag Frankreich mit 1:4, und im Endspiel mußten sogar die englischen Amateure mit 1:2 als Unterlegene das Feld verlassen.

1912 gab es die erste offizielle Meisterschaft, nachdem bei einer inoffiziellen Austragung ČAFC Prag (gegen AFK Kolín 2:2 und 5:1) den ersten Titel errungen hatte. Damals waren jedoch noch Doppel- und Dreifach-Mitgliedschaften gang und gäbe, so daß ein Spieler beispielsweise vormittags für den SK X und einige Stunden später am Nachmittag für den AC Y die Tore schießen konnte. Ab 1912 war das nicht mehr möglich, weil nicht mehr gestattet. Den ersten offiziellen Titel des Böhmischen Fußballverbandes errang 1912 AC Sparta vor Slavia und Viktoria Žižkov, 1913 gewann Slavia vor Sparta.

Neben den tschechischen und mährischen Vereinen gab es in Böhmen und Mähren natürlich auch zahlreiche Vereine mit Mitgliedern deutscher Volkszugehörigkeit, die jedoch ihren eigenen Meisterschaftsbetrieb unterhielten, beziehungsweise auf überregionaler Basis an den Meisterschaften der österreichischen oder deutschen Nachbarn teilnahmen. So konnte beispielsweise der älteste deutsche Fußballverein in Prag, der DFC Prag, 1903 bis ins Endspiel der ersten Fußballmeisterschaften des damaligen Deutschen Reiches vordringen, in dem es gegen den VfB Leipzig allerdings eine 2:7-Niederlage setzte.

Bis 1918 war somit der Fußballsport (wie auch die sonstige sportliche Betätigung, besonders die Turnbewegung) in Böhmen und Mähren eine betont nationale, zugleich auch hochgradig politische Angelegenheit.

Anders in der Slowakei. Im Gegensatz zu den Tschechen vereinigen die Slowaken einen Schuß slawischer Schwermut mit einer gehörigen Portion ungarischen, fast südländisch anmutenden Temperaments, aber auch ein wenig der typisch südländischen Gleichgültigkeit unangenehmen Alltagsproblemen gegenüber. Natürlich spielten auch rein soziale Ursachen (Armut der slowakischen Landbevölkerung) eine Rolle. Aber in erster Linie entsprach es doch durchaus der slowakischen Mentalität, sich mit Widrigkeiten lieber zu arrangieren, anstatt diese zu bekämpfen. Und so gab es in der zu Ungarn gehörenden Slowakei fast nur ungarische Sportvereine – in denen vorwiegend deutsch gesprochen wurde. Und die Mitgliederschaft rekrutierte sich aus allen Bevölkerungsgruppen, also aus Ungarn, Slowaken, Deutschen, Ruthenen, Juden. Gegenüber den vorhandenen kulturellen und insbesondere sozialen Problemen traten hier die politischen mehr in den Hintergrund, ohne deshalb nicht vorhanden zu sein.

Einer der berühmtesten (natürlich ungarischen) Fußballvereine war damals der 1888 gegründete PTE Preßburg (Pozsonyi Toma Egyesület = Preßburger Turnverein, der sich nach 1918 in Polgári Torna Egyesület = Bürgerlicher Turnverein umbenannte). Was für Prag Trainer Madden und die schottische Schule waren, wurden für Preßburg und den Fußball in der Slowakei der in Wien wirkende Engländer Nicholson sowie der Einfluß der Budapester Schule, die anfänglich freilich ebenfalls vom Lehrmeister England bestimmt war. Nicht zuletzt die Einführung der (damals noch von britischen Privatfirmen betriebenen) städtischen Straßenbahnen verpflanzte viele Engländer in die größeren ungarischen Städte (in der Slowakei vornehmlich nach Preßburg und Kaschau), und diese „Gastarbeiter" waren maßgeblich an der Gründung von Fußballabteilungen beteiligt.

Neben dem etwas exklusiven PTE und dem Hochschülerverein PMTK Preßburg gab es aber bald leistungsstarke Fußballklubs mit Angehörigen der arbeitenden Bevölkerung, so Vasas (Verein der Eisen- und Stahlarbeiter), Husos Rapid (Metzger) sowie Fabrikmannschaften von beachtlicher Spielstärke, wie Kabelfabrik, Zwirnfabrik, Stollwerck oder Dynamit, sowie den Vorortverein SC Ligeti, aus dessen Reihen sich sogar der berühmte FC Ferencváros Budapest (auch nach 1918!) einige Spieler holte, unter ihnen auch einen namens Kocsis!

Auch in der slowakischen Provinz, in Kaschau, Sillein, Neutra, Tyrnau, Losonc (dem heutigen Lučenec), Trentschin oder Topoltschan, nahm die Fußballbegeisterung eine stürmische Entwicklung, man wollte es den „Großen" in der Hauptstadt, besonders den schon damals legendären Ferencváros, Ujpest, Kispest und MTK (später Hungária) gleichtun. Und was für Prag das Gastspiel der Celtic-Glasgow-Spieler war, das wurden für Preßburg die Fußballdemonstrationen des FC Vienna aus Wien und der Budapester Renommierklubs.

Schon knapp nach der Jahrhundertwende waren die Gastspiele der besten Budapester Mannschaften in Preßburg keine Kaffeefahrten mehr, selbst unterklassige Vereine wie etwa Törekvés (Aufbruch) Preßburg trotzten den Großen achtbare Ergebnisse ab. Bis 1918 aber spielten die Vereine der Slowakei zwar zum Teil auf regionaler Basis, aber doch im Rahmen der gesamtungarischen Wettbewerbe mit.

Die große Zäsur war dann die Gründung der Tschechoslowakischen Republik 1918 auf den Trümmern der alten Österreichisch-Ungarischen Monarchie. Es war dies aber weniger eine Zäsur im Spielerischen als vielmehr der Organisation.

Ein Tschechoslowakischer Fußballverband wurde erst 1922 gegründet. Sitz war natürlich Prag. Was die Tschechen vor 1918 an Wien auszusetzen gehabt hatten, nämlich den Wiener Zentralismus, das praktizierten sie in der eben errungenen staatlichen und nationalen Unabhängigkeit selbst. Und zwar sowohl politisch wie auch wirtschaftlich, sozialpolitisch, kulturell – und natürlich auch im Fußball. Die Rolle, die ihnen bis 1918 im österreichischen Kaiserreich zugefallen war, überließen sie nun in allen Belangen den vielen Bevölkerungsgruppen des Nationalitätenstaates ČSR.

Es gab bis 1929/30 nur eine tschechische oberste Spielklasse, erst ab 1934/35 existierte eine ganzstaatliche „Nationalliga" mit – zunächst – einem Verein aus Mähren, seit 1936 war auch der 1. ČSK Bratislava, der erste Verein aus der Slowakei, dabei, und 1937 wirkte erstmals eine Mannschaft aus der Karpatenukraine mit. Deutsche Vereine aus Böhmen dagegen (DFC Prag, Teplitzer FK und DSV Saaz) nahmen schon seit 1930 an der auf Böhmen beschränkten „ganzstaatlichen" Meisterschaft teil, sie wurden aber 1936 durch eine Neuregelung der Abstiegsfrage (vier Absteiger anstatt bis dahin zwei) als Tabellen-Schlußlichter auf einen Schlag aus der obersten Spielklasse verbannt.

Ähnlich erging es nach 1945 zu wiederholten Malen slowakischen Vereinen, als die Abstiegsmodalitäten fast von Jahr zu Jahr geändert wurden, einmal gab es 12, dann 14, schließlich 16, einmal 18 und dann wieder nur 12 Mannschaften der obersten Spielklasse. Und häufig traf es dabei ausgerechnet gleich mehrere slowakische Vereine. Erst mit der innerstaatlichen Konsolidierung, mit der Schaffung eines tschechischen, mährischen und slowakischen Bundesstaates (1969) beruhigte sich das Gerangel auch im Fußballgeschehen der ČSSR.

Während vor 1938 die Prager Mannschaften die Meisterschaften unter sich ausmachten, wobei nur 1928 Viktoria Žižkov die Siegesserien von Slavia und Sparta unterbrechen konnte, haben nach 1945 wiederholt NV Bratislava (Slovan, früher SK Bratislava) und RH Bratislava (Roter Stern, später Slovnaft, dann Inter benannt) und zuletzt der westslowakische Provinzverein Spartak Trnava viermal seit 1967/68 den Meistertitel errungen. Und in allen Pokalendspielen stand mit einer einzigen Ausnahme zumindest ein slowakischer Verein, bei zwölf Austragungen wurde sechsmal ein Verein aus der Slowakei Pokalsieger.

Schließlich standen in der abgelaufenen Spielzeit 1971/72 nicht weniger als neun Vereine aus der Slowakei zwei mährischen und fünf tschechischen Mannschaften in der obersten Spielklasse gegenüber, zum Saisonende 1972 mußten allerdings Jednota Trentschin und Inter Bratislava absteigen, doch neben dem Meister Spartak Trnava kam Slovan Preßburg auf den zweiten Rang und knapp hinter dem Tabellendritten, der Armeemannschaft Dukla Prag, belegte mit VŠS Košice ein weiterer Vertreter aus der Slowakei einen der vorderen Plätze.

Und obwohl beispielsweise der AK Bratislava schon 1927 Amateurmeister der ČSR wurde, und die drei großen Fußballstadien von Preßburg (neben einer großen Zahl kleinerer Stadien) schon Lokalderbys zur Amateurmeisterschaft zwischen AK Bratislava und dem SC Ligeti mit 12 000 und 15 000 Zuschauern auch für damalige Prager Verhältnisse überdurchschnittlich gut besucht waren, erhielt die Hauptstadt der Slowakei erst 1948, also dreißig Jahre nach Gründung der ersten Republik, ein offizielles Länderspiel zugesprochen.

In der mährischen Hauptstadt Brünn (Brno) fand sogar erst 1955 das erste Länderspiel einer ČSSR-Auswahl statt, Mährisch-Ostrau (zweitgrößte Stadt Mährens mit einem berühmten Fußballverein und über 200 000 Einwohnern) war 1958 erstmals Schauplatz eines Länderspiels.

Vom März 1939 an, als die Slowakei selbständiger Staat und Böhmen mit Mähren zum „Reichsprotektorat" wurden, trennten sich für die Dauer des Krieges die Wege der tschechischen und slowakischen Fußballer wieder. Slavia und Sparta gewannen abwechselnd die Meisterschaften des „Protektorats", das am 12. November 1939 gegen Deutschland in Breslau ein 4:4 erzielte.

In der Slowakei dominierten die Vereine, die auch nach 1945 zur Spitze aufschlossen: ŠK Bratislava (jetzt Slovan beziehungsweise RH Preßburg), Sparta Waagbystritz (Považská Bystrica), Rapid (jetzt Spartak) Tyrnau, Trentschin, Sillein, Slavia (jetzt Tatran) Preschau (Prešov). Nur einmal gewann die aus den besten Spielern vieler Vereine zusammengewürfelte Armeemannschaft OAP den slowakischen Meistertitel.

In dieser Zeit errang die Slowakei auch international gute Ergebnisse, wobei besonders der im August 1939 herausgespielte 2:0-Erfolg gegen eine deutsche Nationalelf (u.a. mit Binder und Merkel) erwähnenswert ist.

Von den politischen Emotionen, die 1889 zur Gründung des ersten tschechischen Fußballklubs führten, war der Fußballsport der ČSSR (zumindest bis vor kurzem) ebenfalls nicht verschont. Um so erstaunlicher muten deshalb die internationalen Erfolge an, die zwischen den beiden Weltkriegen und nach 1945 erneut von den Fußballern der Tschechoslowakei errungen wurden.

Schon das erste internationale Auftreten einer ČSR-Mannschaft 1919 unmittelbar nach der Staatsgründung wurde zu einem Erfolg: Nach Siegen über Italien (1:0), USA (8:2), Kanada (3:2), Frankreich (3:2) und Belgien (3:2) wurde die ČSR Gewinner der ersten internationalen Militär-Meisterschaften in Rom.

Ein Jahr später stand die ČSR im Endspiel des olympischen Fußballturniers in Antwerpen, wo sie jedoch wegen krasser Benachteiligung durch den englischen Schiedsrichter Lewis beim Stand von 0:2 das Feld unter Protest verließ, wodurch Belgien die Goldmedaille gewann.

Die Länderspiel-Bilanz der ČSR-Mannschaft, die überwiegend aus Spielern von Slavia und Sparta gebildet wurde, war selbst gegen die Fußballgroßmächte Italien, Österreich und Ungarn positiv, und 1934 in Prag (2:1) verließ sogar England als Verlierer den Platz! Im gleichen Jahr gab es mit dem zweiten Platz bei der Fußballweltmeisterschaft in Italien den bis dahin größten Erfolg einer Ländermannschaft, die übrigens im Semifinale dieser Weltmeisterschaften zum erstenmal gegen Deutschland spielte (3:1). 1937 gelang dann in London gegen England mit einem 4:5 trotz der Niederlage ein moralischer Sieg.

Weitaus populärer waren jedoch die internationalen Erfolge der Vereinsmannschaften sowohl im Mitropacup wie auch in internationalen Turnieren und Freundschaftsspielen. Selbst der von Prag damals als noch nicht meisterschaftswürdig angesehene Amateurverein SK Bratislava kanterte zu Beginn der dreißiger Jahre den berühmten Profiklub Newcastle United mit 8:1 in Grund und Boden.

Seit 1925 gab es Fußballprofis in Prag, aber bis auf den berühmten Belgier Raymond Braine (jahrelang bei AC Sparta) schöpften die Vereine aus dem eigenen Reservoir. Namen wie Planička, Nejedly, Puč, Čtyroký, Kad'a, Čambal, Daucik, Svoboda, Junek, Burger hatten damals den gleichen Klang wie später Matthews, Masopust, Pelé oder Beckenbauer.

Nach 1945 hat sich die Situation etwas gewandelt. Wie in allen sozialistischen Ländern gibt es zumindest offiziell keinen Professionalismus. Vor allem die Armeeklubs konnten es sich leisten, die besten Spieler aus dem ganzen Land zu konzentrieren. Dennoch gelang nur Dukla Prag der große Durchbruch. Und neben zahlreichen nationalen Meisterschaften machte dieser Verein international im Europacup und bei internationalen Turnieren (zum Beispiel in New York) geradezu Furore. Dukla stellte auch die meisten Spieler zum Aufgebot der ČSSR, das 1962 in Chile mit dem zweiten Platz bei der Weltmeisterschaft den großen Erfolg von 1934 zu wiederholen vermochte. Ein dritter Platz bei der ersten Europameisterschaft der Nationalmannschaften war 1960 vorausgegangen.

Dann überschatteten innenpolitische Spannungen und das Geschehen vom August 1968 die Entwicklung auch im Fußball der ČSSR. Mit der Normalisierung der innenpolitischen Verhältnisse bahnte sich jedoch ein neuer Auftrieb an, der freilich erst 1976 mit dem Gewinn der Europameisterschaft, dem bisher größten Triumph des tschechoslowakischen Fußballs, seinen Höhepunkt fand – zum 75. Geburtstag des Verbandes.

Zunächst hatte der erste Erfolg eines ČSSR-Teams in einem der drei großen europäischen Klub-Wettbewerbe – Slovan Bratislava holte sich 1969 in Basel den Europacup der Pokalsieger durch einen 3:2-Sieg über den FC Barcelona – noch keine Signalwirkung für die Nationalmannschaft. Diese brauchte einige Zeit, bis sie sich von der Enttäuschung bei der Weltmeisterschaft 1970 in Mexiko mit drei Niederlagen gegen Brasilien, Rumänien und England erholt hatte. Bei der Qualifikation zur Europameisterschaft 1972 mußte die ČSSR den punktgleichen Rumänen nur wegen der Tordifferenz den Vortritt lassen, in den Gruppenspielen zur Weltmeisterschaft 1974 in der Bundesrepublik scheiterte sie – ebenso wie vier Jahre später wieder – an Schottland. Das war deshalb besonders ärgerlich, weil jedesmal in Heimspielen gegen sogenannte Fußballzwerge Punkte verschenkt wurden.

Die große Stunde der Fußballer aus der Tschechoslowakei schlug 1976 bei der EM-Endrunde in Jugoslawien, als „aus dem Mauerblümchen, plötzlich eine strahlende Blume“ wurde, wie es das deutsche Fachblatt „Kicker“ formulierte. Den Überraschungen in den Gruppenspielen (ČSSR vor England) und im Viertelfinale (UdSSR ausgeschaltet) folgten Sensationen in Zagreb und Belgrad. Der Außenseiter bezwang im Halbfinale den Vize-Weltmeister Holland nach Verlängerung mit 3:1 und im Endspiel den Weltmeister Deutschland im Elfmeterschießen mit 5:3, nachdem auch die Verlängerung keine Veränderung des Resultats (2:2) mehr gebracht hatte.

Trainer Vaclav Jecek, ein gewiefter Praktiker, und sein Assistent Dr. Jozef Venglos, ein anerkannter Theoretiker, hatten um eine glänzende Abwehr mit dem überragenden Torhüter Viktor ein Team geformt, das an Homogenität, Einsatzwillen und Kampfkraft kaum zu überbieten war. Spieler von Slovan Bratislava bildeten den Kern jener Mannschaft, die sich im dramatischen Endspiel von Belgrad durchsetzte: Viktor, Pivarnik, Ondrus, Capkovie, Gögh, Dobias, Panenka, Moder, Masny, Svehlik, Nehoda und Auswechselspieler Jurkemik.

Sechs der Europameister waren auch 1980 noch dabei, als die ČSSR bei der EM-Endrunde in Italien erneut nach den Sternen griff. Diesmal aber versperrte der spätere Europameister Deutschland den Spielern aus Prag und Bratislava den Weg ins Finale. Im Treffen um den dritten Platz mit Gastgeber Italien (1:1) hatten die ČSSR-Stars im notwendig gewordenen Elfmeterschießen wieder einmal die besseren Nerven. 10:9 siegten sie schließlich im schier endlosen Strafstoß-Duell.

Für den verlorenen Europameistertitel gab es wenige Wochen später einen gewichtigen Trostpreis. Nach einem wenig überzeugenden Start ins olympische Turnier gewann die ČSSR in Moskau durch einen 1:0-Erfolg im Endspiel über die DDR erstmals die Goldmedaillen im Fußball. Selbst im Ostblock steht der Olympiasieg im Fußball längst nicht so hoch im Kurs wie ein Welt- oder auch Europameistertitel – dennoch war die Freude in der Tschechoslowakei riesengroß.

Fußball in Ungarn

Von Dezsö Vad

Sie nannten ihn den „lieben Onkel Charly“, denn seit Karoly Löwenrosen in England gewesen war, benahm er sich ein wenig spleenig. Vor allen Dingen hatte er ein Spiel mitgebracht, dem er sich mit unerschütterlichem Enthusiasmus annahm: Einen Lederball, der nach bestimmten Regeln getreten wurde.

Vermutlich hat sich Charly jedoch in seinem Übereifer und in offensichtlicher Verkennung der „feinen englischen Art“ die falschen Leute zur Demonstration seines neuen Lieblingsspiels ausgesucht. Denn er rekrutierte die ersten beiden Fußballmannschaften Ungarns ausgerechnet aus den Mitgliedern eines Männergesangvereins. Eine gewissenhafte Organisation des ersten Matches und ein guter Geschäftssinn dagegen waren ihm nicht abzusprechen.

Drei Monate vorher hatten sich die beiden Teams auf das erste fußballerische „Großereignis“ Ungarns vorbereitet. Es fand am 1. November 1896 statt, und irgendwie gelang es Charly, immerhin 300 Zuschauern Karten aufzuschwatzen. Weniger gut waren seine Beziehungen zu Petrus, denn am großen Tag fielen 25 cm Schnee.

Langer Rede kurzer Sinn: Die Akteure weigerten sich, zum Kicken ihre Pelzmäntel auszuziehen; das Spiel dauerte 30 Minuten, und erzielt wurden drei Knöchelbrüche. Zum Schluß stürmten, wie das auch heute manchmal nach großen Spielen der Brauch ist, die Zuschauer das Feld. Allerdings waren es in diesem Fall keine begeisterten Fans, sondern mit Regenschirmen bewaffnete Frauen, die ihre Männer wegen des groben Unfugs verdreschen wollten.

Sowenig verheißungsvoll dieser Fußball-Auftakt in Ungarn auch war, der Siegeszug des runden Leders war nicht aufzuhalten. Überall formierten sich Mannschaften, und immerhin wurden in den vier Jahren darauf schon 150 Spiele ausgetragen, von denen etwa 70 sogar richtige internationale Begegnungen waren. Man sah ein, daß man ohne Organisation nicht weiterkommen würde, und so konstituierte sich 1901 der Ungarische Fußball-Verband.

Meisterschaften wurden ausgerichtet, und am 12. Oktober 1902 kam es in Wien zum ersten offiziellen Länderspiel gegen Österreich. Das erste Spiel einer Serie, die bei den Qualifikationsspielen zur Fußballweltmeisterschaft 1974 zur 115. und 116. Begegnung dieser beiden Nationen führte. Im Frühjahr 1981 konnte man ein Jubiläum feiern, als die 125. Partie auf dem Programm stand. Damit wird sogar die Zahl der traditionsreichen Treffen zwischen England und Schottland in den Schatten gestellt, die immerhin fast 30 Jahre früher begonnen hatten.

Die erste Nationalmannschaft bestand in erster Linie aus Sportlern, die der Abwechslung halber kickten und sonst eigentlich andere Sportarten betrieben. Da waren zum Beispiel Kunstturner mit von der Partie, und die Nummer 10 in diesem Spiel trug der erste Olympiasieger Ungarns, Alfred Hajos, der bei den Olympischen Spielen in Athen zwei Goldmedaillen in den Schwimm-Wettbewerben errungen hatte.

Die „Hobby-Kicker“ wurden aber schon recht bald nach ihrer wertvollen Pionierarbeit von den Spezialisten verdrängt. Zwar gewannen die Turner aus Budapest noch die erste Meisterschaft, doch schon kurze Zeit später schoben sich zwei richtige Fußballvereine in den Vordergrund: die Grün-Weißen aus dem Budapester Industrie- und Arbeiterbezirk Ferencvaros und die Blau-Weißen, die Kicker des Bürgertums, die sich unter der Abkürzung MTK (Kreis für ungarische Körperkultur) formierten. Die Rivalität zwischen diesen beiden Klubs wurde Tradition. In den ausgetragenen Meisterschaftsrunden errangen Ferencvaros (23) und MTK (18) zusammen über die Hälfte der Titel. Auch Ujpest Dozsa (ebenfalls 18 Meistertitel) konnte sich bis zum Beginn der dreißiger Jahre nicht in dieses Duell einschalten, ging aber seit 1969 neunmal als Erster durchs Ziel.

Beide Vereine brachten bereits in den ersten Jahren die Talente heraus, die das Hauptkontingent im Nationalteam stellten. Wie begabt die Ungarn waren, beweist allein schon die Tatsache, daß sie Österreich bereits beim Rückspiel im Jahre 1903 schlagen konnten, und daß Tschechen, Engländer und Deutsche die Magyaren fortan als Gegner akzeptierten. Schon in den Jahren vor dem Ersten Weltkrieg hatten die Ungarn in Imre Schlosser eine Spielerpersönlichkeit von internationalem Format. 21 Jahre gehörte er der Nationalmannschaft an und bestritt in diesem Zeitraum 67 Länderspiele in dem traditionellen weichselroten Trikot.

Wie familiär es damals noch im Fußball zuging, verdeutlicht eine Schlosser-Anekdote aus den Anfangsjahren: Bei einem Spiel in Wien hatte Schlosser mit einem Zuschauer um einen Geldbetrag für einen Sieg Ungarns gewettet und die Sache dadurch noch attraktiv gemacht, daß er selbst drei Tore zu diesem Sieg beisteuern wollte. Kurz vor Schluß stand es 3:3. Ungarn hatte weder gewonnen noch hatte Schlosser seine drei Tore erzielt. Es waren nur zwei, und der siegessichere Zuschauer rief dem „Slozi“ zu, daß er wohl schon gewonnen hätte. Schlosser reagierte nicht. – Ein paar Sekunden später hatte er seine Wette durch einen unhaltbaren 25-Meter-Schuß gewonnen. Für ihn war es von seinen 58 Länderspiel-Toren eines der schönsten.

Der Erste Weltkrieg bremste die rapide Entwicklung des ungarischen Fußballs. Die Jahre danach waren in Ungarn noch schlimmer als in anderen europäischen Ländern. Die Folge: Viele der herausragenden Ball-Virtuosen verließen ihre Heimat, um in einer Zeit, da sich der Professionalismus noch mit einem Deckmäntelchen tarnte, zu versuchen, in der Fremde mit ihren Künsten Geld zu verdienen.

Alfred Schaffer ging nach Deutschland. Ferenc Plattko, der große Torhüter, und Bela Guttmann, der später als Trainer von Benfica Lissabon so erfolgreich werden sollte, verließen Ungarn ebenfalls.

Sie machten jedoch Platz für eines der universellsten Talente der Fußball-Geschichte. Noch heute, fast ein halbes Jahrhundert nach seiner durch einen schweren Beinbruch so frühzeitig beendeten Karriere, feiert man ihn als Ungarns größten Fußballer aller Zeiten: György Orth. Der hochgewachsene MTK-Spieler war ein Allroundman mit Intelligenz und enormem Ballgefühl, der auf jedem Posten spielen konnte und es auch tat. Im Nationalteam zum Beispiel spielte er vom Torwart bis zum Linksaußen auf fünf verschiedenen Positionen und war dennoch immer Regisseur. Allerdings zeichnete sich dadurch schon eine Schwäche der ungarischen Systemlosigkeit ab, die beim olympischen Fußballturnier 1924 in Paris mit der 0:3-Niederlage gleich im ersten Spiel gegen Ägypten katastrophale Ausmaße erreichte.

Am 25. November 1953 im Londoner Wembley-Stadion: Tor durch Puskas – Ungarn schlägt England 6:3. Eine Festung ist gefallen, England erleidet seine erste Heimniederlage. Im Jahr darauf in Budapest: Puskas und Wright tauschen Wimpel aus – Ungarn gewinnt die Revanche mit 7:1.

Professionalismus oder Abstieg zur Fußball-Provinz, das war die Alternative, die sich dem ungarischen Fußball in dieser Krise bot. 1926 entschied er sich für die erste Möglichkeit. Die ungarischen Spitzenspieler, die bereits als Profis im Ausland kickten, konnten wieder heimkehren, und schlagartig ergab sich dadurch eine enorme Niveausteigerung, die durch die Ausrichtung europäischer Pokalwettbewerbe noch intensiviert wurde.

Die ungarischen Mannschaften kickten fortan mit in der Elite des europäischen Fußballs, und Ferencvaros erhielt sogar als erste Vereinsmannschaft der Alten Welt eine Einladung nach Übersee, um sich in Südamerika mit dem zweifachen Olympiasieger Uruguay zu messen. Die Lateinamerikaner mit dem Nimbus der Unbesiegbaren erlitten durch die Balltreter aus Budapest eine 2:3-Schlappe. Das war ein Klasse-Beweis, den die Grün-Weißen auch im eigenen Land bei der Meisterschaft 1931/32 bestätigten. In den 22 Spielen der Meisterschaftsrunde verließen sie immer als Sieger den Platz, schossen dabei 105 Tore und kassierten ganze 18.

Herausragende Spieler dieser Mannschaft waren Jozsef Takacs, der sich in seinen 32 Länderspielen mit 26 Treffern aus der zweiten Reihe einen Namen gemacht hatte, sowie Marton Bukovi und Kapellmeister. Auch ein junger Kicker mit Doktortitel machte auf sein Talent aufmerksam: Dr. György Sarosi, der in den dreißiger Jahren zum großen Spielgestalter des Magyaren-Teams werden sollte.

Jener Dr. Sarosi, der dem frischgebackenen Vize-Weltmeister von 1934, der Tschechoslowakei, im eigenen Land mit sieben Toren gegen den legendären Planicka beim 8:3-Sieg der Ungarn die vernichtendste Niederlage seiner Fußballgeschichte beibrachte. Der akademische Fußballer auf dem Posten des Mittelstürmers und der Ausnahmetechniker Gyula Lazar, den alle liebevoll „Professor" nannten, ebneten den Magyaren schließlich auch bei der Weltmeisterschaft 1938 in Frankreich den Weg ins Finale.

Ungarn hatte zum ersten Mal Ansprüche auf eine Spitzenstellung im Weltfußball angemeldet, doch zum ganz großen Erfolg kam es nicht, weil man sich, wie schon so oft, in der Verbandsführung nicht einig war. Alfred Schaffer, der als Trainer aus Deutschland heimgekehrte Spitzenspieler von einst, wollte die Mannschaft unverändert ins Finale schicken. Verbands-Kapitän Dr. Karoly Dietz wollte umstellen. Der mächtigere Verbands-Boß behielt die Oberhand. Ungarn verlor verdient gegen Italien. Zum ersten Mal war Ungarn beim Sturm auf den Fußball-Thron gescheitert. Erst 16 Jahre später sollte es eine neue Chance bekommen.

Dazwischen lagen der Krieg, vorher noch Organisations-Querelen zwischen Profis und Amateuren und schließlich der weltweit entbrannte Streit um die Fußball-Systeme, der speziell in Ungarn besonders heftig tobte. So waren es nicht allein die schrecklichen Ereignisse des Krieges, die Ungarn zu dieser Zeit in eine fußballerische Talsohle zurückdrängten: 1941 verliert die Nationalelf in Köln gegen Deutschland 0:7 und 1943 vor eigenem Publikum in Budapest gegen Schweden mit 2:7.

Um so erstaunlicher der rapide Aufschwung nach dem Zusammenbruch. Bereits am 6. Mai 1945 beginnt die erste Meisterschaftsrunde nach dem Krieg. Drei Monate später stehen sich bereits die neu formierten Nationalmannschaften Ungarns und Österreichs in Budapest gegenüber, doch ein neuer Aderlaß steht bevor:

In Ungarn hatte man die gesellschaftlichen Verhältnisse geändert, der Fußball-Professionalismus wurde verboten. Solange die Grenzen noch offen waren, machten alle diejenigen, die weiterhin ihr Geld mit Fußball verdienen wollten, daß sie fortkamen. Unter ihnen Namen, die Fußball-Geschichte schon gemacht hatten oder noch machen sollten: Kubala, Nyers, Dr. Sarosi, Zsengeller und Mike.

Es wurde umorganisiert. Von den berühmten Vereinen blieben nur die Namen. Ihr Charakter änderte sich genauso wie die Gesellschaftsschicht, die sie vorher repräsentierten. Ujpest wird Polizei-Sportverein, Ferencvaros repräsentiert die Lebensmittelindustrie. MTK bekommt nacheinander die Beinamen Vörös Lobogo (Rote Fahne) und Bastya (Bastei) und nimmt vorwiegend Kicker der Leichtindustrie und des Geheimdienstes auf.

Interesse weckt aber eine Neugründung in der Vorstadt Kispest. Der Verein heißt Honved und wird in kurzer Zeit nicht nur zum Zentralklub der Armee, sondern zum Nabel in der Welt des Vereinsfußballs.

Nachdem der erste Widerstand der Vereine gebrochen war, Traditionen über Bord gingen, setzte sich überall die Auffassung durch, daß die Umorganisation zwar rigoros, ihr Erfolg für die Schlagkraft des ungarischen Fußballs aber unverkennbar war. – Bei Honved sammeln sich beinahe alle Ausnahme-Kicker des Landes. Da die Armee Renommee braucht, werden die Spieler ohne militärische Ausbildung zu Soldaten gemacht, freilich ohne anschließend jemals noch eine Waffe zur Hand zu nehmen.

Bei Honved wurde zwar scharf geschossen, aber eben nur mit Fußbällen. Die Offiziere tragen selten Uniformen, öfter Trainingsanzüge und Fußballstiefel. Einer machte als „einbeiniger Major" auf sich aufmerksam: Ferenc Puskas, ein trickreicher, bulliger Flügelstürmer, der nur mit dem linken Bein schießt. Das allerdings so präzise, hart und oft, daß er nicht nur im Handumdrehen Schützenkönig wird, sondern im Verlauf seiner Karriere auch noch Millionen damit verdient.

Dann kickte da noch ein anderer Major, der – zumindest auf dem Spielfeld – die Kommandos gab und die Strategie ausarbeitete. Später ging er in die Politik: Jozsef Bozsik, ein Mann mit natürlichem taktischem Gespür, einer phänomenalen Übersicht und der Fähigkeit, Traumpässe präzise auch über größere Strecken zu schicken. Namen wie Czibor, Kocsis und Budai machten die Fußballkompanie zur Elitetruppe, die sich Fußballeuropa im Sturmlauf eroberte. Jozsef Zakarias, die „graue Eminenz" genannt, brachte aus Afrika, wo er als Trainer zehn Jahre arbeitete, ein geheimnisvolles Magenleiden mit nach Hause und starb 1971 im Alter von 47 Jahren. Jozsef Bozsik erlag vor der WM 1978 einem Herzleiden, Sandor Kocsis verübte im Herbst 1979 in Barcelona Selbstmord, Gyula Lorant starb 1981 in Griechenland an Herzversagen.

Doch nicht nur Honved profitierte von dieser Ballung einzigartiger Fußballspieler. Im Verein zu einer eingespielten Formation zusammengewachsen, waren die Honved-Cracks auch der Rumpf des ungarischen Nationalteams, und das sollte sich auswirken.

Eine einzigartige Siegesserie begann im Juni 1950 in Warschau und dauerte vier Jahre bis zum Schicksalstag des ungarischen Fußballs im Juli 1954 beim WM-Finale von Bern. Von 32 Länderspielen wurden nur vier mit einem Unentschieden beendet. Das Torverhältnis mit 144:33 ist der Beweis für eine kaum glaubliche Überlegenheit. Das Magyarenteam, zu Beginn der fünfziger Jahre zwar schon eine gute Mannschaft, verdankte seine eigentliche Durchschlagskraft einem taktischen Schachzug, den Trainer Sebes erst beim olympischen Fußballturnier 1952 in Finnland wagte und der, so unscheinbar er wirkte, als genial in die Fußballgeschichte einging.

Die Ungarn, erklärte Favoriten für die Goldmedaille, taten sich schwerer als erwartet. Dem Sturmspiel fehlte, trotz der großen Könner, der zündende Funke. Auf der Reservebank saß ein Spieler, den sie den „Alten" nannten. Er war schon 30 Jahre alt, hatte es aber trotz seiner langen Zugehörigkeit zum Aufgebot noch zu keinem Stammplatz im Magyarenteam gebracht. Sein Name: Nandor Hidegkuti. Ein perfekter Könner am Ball. Diesen Hidegkuti, seinen Fähigkeiten nach eigentlich ein prädestinierter Mittelfeldspieler, stellte Sebes im Austausch gegen den MTK-Spieler Palotas auf den Mittelstürmerposten.

Die Nummer 9 auf Hidegkutis Trikot war freilich nur Schein. Sebes hatte dem Routinier eine Rolle zugedacht, die Hidegkuti später die Bezeichnung „wandernder Mittelstürmer" einbrachte und sich in der Folge als Schlüsselposition eines Systems entpuppte, das eine Vorstufe jenes 4-2-4-Systems war, mit dem die Brasilianer später ihre Triumphe feierten.

Mit Hidegkuti als Mittelfeldverbinder, der sich je nach Bedarf unvermittelt und meist auch unbemerkt wirkungsvoll in den Angriff einschaltete, gewannen die Ungarn schließlich unangefochten die Goldmedaille. Die Traumelf war geboren.

Noch im gleichen Jahr wurde die Schweiz mit 4:2 bezwungen und die Tschechoslowakei mit 5:0. 1953 ging es in diesem Stil weiter. Das 1:1-Unentschieden gegen Österreich war nur ein kleiner Schönheitsfehler. In Rom bekamen die Italiener beim 0:3 die Überlegenheit der Ungarn zu spüren. Schweden wurde mit 4:2 geschlagen, und die ČSR mußte beim 5:1 noch einmal dran glauben. Auch die Schlappe gegen Österreich wurde mit einem 3:2-Sieg ausgemerzt. Die beiden Unentschieden gegen Schweden und Bulgarien wurden durch das Jahrhundertspiel im Wembley-Stadion gegen England verdrängt.

Die Engländer, die bis zu diesem 25. November 1953 im eigenen Land noch immer unbesiegt waren, erlebten ein fürchterliches Waterloo. Mit 6:3 wurden die Profikicker von der Insel durch den „Pußta-Sturm" der Magyaren förmlich vom Platz gefegt. Wer es bis zu diesem Zeitpunkt noch nicht glauben wollte: Die Ungarn hatten sich die absolute und unangefochtene Spitzenstellung im Weltfußball erobert. Sie wurde in den folgenden Spielen aufs neue bestätigt: 1954 wurde Ägypten mit 3:0 bezwungen. Österreich zog sich bei der 0:1-Niederlage wieder beachtlich aus der Affäre, und dann wollten die Engländer in Budapest Revanche. Der 7:1-Sieg der Ungarn wurde zu einer noch entsetzlicheren Demütigung, von der sie sich lange nicht erholten.

Niemand zweifelte daran, daß sich die Ungarn in dieser Form den Weltmeistertitel quasi im Spaziergang holen würden. Souverän und unangefochten sicherten sie sich dann auch die Teilnahme am Finale. Zum zweiten Mal die große Chance, und wieder wurde sie trotz einer 2:0-Führung vergeben. Die Mannschaft der Bundesrepublik gewann mit 3:2. Für die ungarischen Fußballfans brach eine Welt zusammen.

Die Mannschaft Ungarns jedoch erlebte keinen Zusammenbruch. Ungeachtet der bitteren Niederlage von Bern siegte sie weiter im großen Stil. Rumänien verlor 1:5, die Schweiz 0:3, die ČSR 1:4, Österreich ebenfalls mit 1:4, und in Glasgow wurde beim 4:2-Sieg über die Schotten noch eine Fußballhochburg der Insel genommen. In zwölf Länderspielen des Jahres 1955 besiegten die Ungarn so gut wie alles, was auf dem Kontinent im Fußball Rang und Namen hat. Die Ausbeute: 53 Tore.

Verwunderung und Verdacht weckten lediglich die beiden Unentschieden gegen die Sowjetunion. Gerüchte wurden gestreut, die mancher durch die politischen Ereignisse im Ungarn des Jahres 1956 bestätigt wissen wollte. Tatsache war jedoch, daß die berühmte Elf schon zu Beginn dieses Schicksalsjahres ihren Zenit überschritten hatte. Niederlagen gegen die Türken, die Tschechoslowaken und die Belgier machten das Ende einer glanzvollen Ära deutlich, noch ehe in Ungarn der Aufstand ausbrach.

Rund 3000 Fußballspieler verließen damals das Land. Unter ihnen auch der Kanonier der Traumelf, Ferenc Puskas, der bei Real Madrid lukrativ an seine glanzvollen Tage anschließen konnte und später erfolgreicher Trainer wurde.

Die Vernachlässigung des Nachwuchses angesichts der erfolgreichen Elf und das dezimierte Reservoir an guten Spielern verursachte ein neues, lang anhaltendes Tief im ungarischen Fußball.

Bei der nächsten Weltmeisterschaft in Schweden spielten die Ungarn daher keine Rolle. Vier Jahre später in Chile zeichnete sich eine leichte „Wetterbesserung" ab. Die ungarische Mannschaft wurde Gruppensieger, scheiterte dann aber im Viertelfinale am späteren Vizeweltmeister Tschechoslowakei. Ein neuer Mann ließ an die Größen von einst erinnern: Florian Albert, ein Vollblutfußballer, der den Magyaren neue spielerische Impulse gab.

Bei den Olympischen Spielen von 1964 in Tokio sorgte der 18jährige Bene mit 12 Treffern für den zweiten Olympiasieg der Ungarn, der freilich im Schatten des Profifußballs, verglichen mit dem Sieg 1952, an Wert verloren hatte. Dennoch war er das Zeichen eines neuen Anfangs, der sich dann auch bei der Weltmeisterschaft 1966 in England positiv bemerkbar machte. Wieder wurden die Ungarn Gruppensieger. In einem kampfbetonten Spiel schalteten sie dabei mit 3:1 den Weltmeister Brasilien aus. Doch bereits im Viertelfinale scheiterten sie unglücklich an der Sowjetunion, die immer wieder so eine Art Schicksalsgegner für die Magyaren wurde.

Pech, aber vielleicht auch eine zu laxe Verbandsführung machten vielversprechenden Ansätzen immer wieder den Garaus. So war der ungarische Sieg beim olympischen Fußballturnier in Mexiko 1968 der letzte größere Erfolg.

Ein Ende in der Misere der großen Fußballnation von einst war nicht abzusehen, denn auch der Zug zur Fußballweltmeisterschaft 1974 in der Bundesrepublik fuhr ohne die Magyaren ab. Sie scheiterten in der Qualifikationsgruppe, in der sie mit Schweden, Traditionsgegner Österreich und dem „Fußball-Zwerg" Malta spielten.

Bei den Qualifikationsspielen zur Weltmeisterschaft 1978 wurde das ungarische Nationalteam Gruppensieger vor der Sowjetunion und Griechenland, nicht zuletzt dank eines Treffers des „alten" Griechen Papaioannou gegen die UdSSR. In einer zusätzlichen Qualifikation konnten sich die Magyaren durch zwei Siege über Bolivien (6:0 und 3:2) einen Platz in Argentinien sichern.

So nahmen die Ungarn nach zwölf Jahren zum erstenmal wieder an einer WM-Endrunde teil, aber die Reise nach Südamerika endete mit einer schweren Enttäuschung. Ohne einen einzigen Punkt und mit 3:8 Toren aus drei Spielen kehrten die Magyaren nach Hause zurück.

Für die Weltmeisterschaft 1982 in Spanien qualifizierten sich die Ungarn als Sieger in einer schweren Gruppe mit England, Schweiz, Rumänien und Norwegen. In Spanien landeten die Ungarn mit einem 10:1 gegen El Salvador zwar einen Rekordsieg, dennoch schied das Team nach der Vorrunde als Gruppendritter (hinter Belgien und Argentinien) aus.

Vor der Weltmeisterschaft 1986 in Mexiko überzeugte die ungarische Nationalmannschaft nicht nur in der Qualifikation gegen Österreich, die Niederlande und Zypern. In einem Länderspiel im Hamburger Volksparkstadion schlugen die Ungarn das deutsche Team mit 1:0, und wenige Monate vor der WM schlugen die Ungarn im Budapester Nep-Stadion sogar die Brasilianer mit 3:0 Toren. Zu diesem Zeitpunkt nahm Ungarn in der Weltrangliste der FIFA Rang drei ein. In Mexiko jedoch kam die Mannschaft wiederum nicht über die Vorrunde hinaus. Rang drei in der Vorrundengruppe hinter der Sowjetunion und Frankreich. Besonders schmerzhaft war die 0:6 Niederlage gegen die Sowjetunion.

Nach dem Ausscheiden bei der WM in Mexiko folgte ein jäher Sturz. Das Personalkarussell rotierte: Seit 1974 gab es sieben Präsidentenwechsel beim ungarischen Fußballverband, zudem waren 19 Trainerwechsel zu verzeichnen. Die Verbandstrainer wurden zu Sündenböcken gemacht, obwohl sich einige von ihnen internationaler Anerkennung erfreuten. So Ferenc Puskas, der nach dem Wechsel des politischen Systems 1989 nach Ungarn zurückkehrte, oder Imre Jenei, der die Mannschaft von Steaua Bukarest zum Europapokalsieger der Landesmeister machte.

Für die Malaise des ungarischen Fußballs lassen sich verschiedene Gründe anführen. So der stetige Rückgang der aktiven Spieler. Gab es zu Beginn der achtziger Jahre noch 150 000 registrierte Spieler, sind es Ende der neunziger nur noch 80 000. Ein weiterer Faktor ist das niedrige Niveau der nationalen Meisterschaft.

Einiges versprach sich der ungarische Verband davon, Transfers ins Ausland zu genehmigen. Auswahlspieler Laszlo Belinat war 1979 der erste Spieler, der seit den vierziger Jahren mit Genehmigung des Verbandes im Ausland (Belgien) spielen konnte. Viele Spieler folgten diesem Beispiel, doch den Durchbruch schafften lediglich Tibor Nyilasi und Lajos Detari. Tibor Nyilasi wurde Torschützenkönig in Österreich und sicherte sich dreimal mit Austria Wien den Meistertitel. Lajos Detari verhalf Eintracht Frankfurt 1987 – nicht zuletzt durch seinen sehenswerten Treffer im Finale – zum deutschen Pokalsieg. Danach wechselte Detari nach Griechenland. Ein Karriereknick; Detari hätte ein ungarischer Spieler von europäischem Format werden können.

In den achtziger Jahren wurde der ungarische Fußball zudem von einem Skandal erschüttert. Als Drahtzieher verschobener Spiele galt Verbandstrainer Antal Nagy. Die Vorkommnisse wurden nicht verfolgt, so daß auch heute noch immer wieder Vorwürfe laut werden.

Die Krise überschattete bereits die Geburtstagsfeier von Ferenc Puskas. Der größte ungarische Fußballer feierte seinen 70. Geburtstag im April 1997 in prunkvollem Rahmen. IOC-Präsident Juan Antonio Samaranch verlieh ihm die Olympische Verdienstmedaille. Die ungarische Auswahl mußte sich aber gleichzeitig den Australiern mit 3:1 geschlagen geben.

Die WM-Qualifikation sollte für die Ungarn dann endgültig zum Spießrutenlauf werden. Gegen Jugoslawien gab es ein 1:7 in Budapest. Die 0:5-Schlappe in Belgrad brachte das Faß dann gänzlich zum Überlaufen. Die sozialistische Regierung griff ein; der Verbandspräsident wurde zur Demission gezwungen. Ein Komitee wurde ins Leben gerufen, um unter Ausschluß von Verbandsfunktionären Reformen für den ungarischen Fußball auszuarbeiten. Angestrebt wurde das Prinzip einer Trennung von Amateur- und Profivereinen. Die Profivereine sollen auf kommerzieller Basis arbeiten. Die Reformen werden auch vom neuen bürgerlichen Kabinett befürwortet, das im Mai 1998 die Amtsgeschäfte von den Postkommunisten übernahm.

Fußball in Uruguay

Von Federico B. Kirbus

Am 3. Dezember 1842 wurde in Montevideo der erste Sportverein, der Victoria Cricket Club, gegründet und damit der eigentliche Grundstein für das Sportwesen Uruguays gelegt. Fast zwei Jahrzehnte später, am 18. Juli 1861, wurde der erste Verein ins Leben gerufen, von dessen Mitgliedern einige intern Fußball spielten: der Montevideo Cricket Club.

Gründer und Senior-Mitglieder dieser Vereine waren fast ausschließlich Engländer, und die aktiven Mitglieder begannen bald aus den englischen High-Schools in Montevideo herbeizuströmen. Die Schüler praktizierten in diesen Vereinen die Leibesertüchtigung wie auch den Sport zumeist unter der Anleitung ihrer Turnlehrer, unter denen William Poole und Thomas Ashe zwei der hervorragendsten waren.

Doch während der Montevideo Cricket Club nur den waschechten, aus dem Mutterland zugewanderten Engländern offenstand, entstanden bald andere Vereine, in denen auch die in Uruguay gebürtigen Engländer Einlaß fanden, so zum Beispiel der Montevideo Rowing Club, ein Ruderverein, der den echten Briten viel zu gewöhnlich war; sie spielten lieber Tennis und Cricket.

Im Laufe der Zeit entwickelten sich aus diesen beiden rivalisierenden Vereinen die größten Fußballclubs des kleinen Landes am Rio de la Plata mit dem langen stolzen Namen: República Oriental del Uruguay.

Aus dem Montevideo Cricket Club entstand Nacional, und Montevideo Rowing ging in Peñarol auf. So wie im benachbarten Argentinien die Fußballanhänger praktisch nur in zwei große Lager zerfallen – River Plate und Boca Juniors –, so ist auch die Fußballanhängerschaft Uruguays hauptsächlich in zwei Parteien gespalten: Nacional und Peñarol.

Doch zurück zur Entstehungsgeschichte des uruguayischen Fußballs. Im Oktober 1878 wurde in Montevideo das erste „mehr oder weniger ernste" Fußballspiel auf der Basis eines Vereins-Freundschaftstreffens ausgetragen, das nach zeitgenössischen Berichten mehr einem heutigen Rugbyspiel geähnelt haben soll als einem Fußballspiel.

Ende des vorigen Jahrhunderts kam dann ein anderer englischer Sportverein zum Zuge und im Fußballsport zu Rang und Namen: der Albion Futbol Club, der den ersten offiziellen uruguayischen Meistertitel errang (1900), dann aber aufgelöst wurde und in Nacional aufging. Dieser Titelgewinn hat die Anhänger von Peñarol bis heute nicht ruhen lassen.

Die Liga Uruguaya de Futbol wurde am 30. März 1900 gegründet, damals allerdings noch unter dem Titel Uruguay Association Football League.

Von da an ging es mit dem Fußballsport Uruguays kometenhaft aufwärts. Dazu trug sicherlich nicht wenig der Umstand bei, daß zahlreiche englische Vereine (von der Insel) in Uruguay spielten, und zwar das erstemal 1904, zuletzt 1914 und dann wieder nach dem Krieg in den Jahren 1922/24. Bis in die 50er Jahre hinein wurden die Engländer daher auch als die wahren Meister des Fußballs geradezu angebetet, und zwar beiderseits des Rio de la Plata, obwohl die Südamerikaner aus den anfangs zahlreichen Niederlagen die Lehre zogen und einen eigenen Stil entwickelten, der später für Europa etwas Neues und Ungewohntes sein sollte.

Die erste nationale Auswahl Uruguays von internationalem Rang entstand 1912 und spielte gegen die Besucher aus England brillant. Ihre Alma mater war der heute legendäre José Piendibene, ein kolossaler Spieler für seine Zeit, der tatsächlich „von niemandem Fußballspielen gelernt" hatte und für viele spätere Generationen zum Vorbild wurde. Einer seiner besten Schüler war Angel Romano, der heute noch als der beste uruguayische Balltreter aller Zeiten bezeichnet wird. Er versetzte noch das Pariser Publikum von 1924 in Bewunderung; andere bedeutende Spieler jener Zeit waren Carlos Searone, José Benincasa, Pablo Dacal und Vieente Módena. Engländer spielten damals schon keine. Rolle mehr im südamerikanischen Fußball; sie waren die Pioniere gewesen, hatten es dabei aber bewenden lassen.

Die berühmte Auswahl „del 12" (aus dem Jahre 1912) begeisterte die Massen derart, daß zum erstenmal die Fußballplätze mit Tribünen versehen werden mußten. Der Fußball nimmt einen derart raschen Aufschwung, daß Uruguay, auf dem Kontinent noch ein völlig unbeschriebenes Blatt, als echter Außenseiter an den Olympischen Spielen in Paris 1924 teilnimmt.

Die Fußball-Welt war von dem Titelgewinn überrascht. Es war das erstemal, daß eine südamerikanische Mannschaft an einem Weltturnier teilnahm. Sie kam, sah und siegte. Europa feierte die Urus enthusiastisch, und zum erstenmal erlebt die Welt die Geburt eines südamerikanischen Fußballstars: Rechtsaußen José Leandro Andrade, der erste Schwarze im internationalen Fußball.

Übrigens: Was Uruguay damals in Paris aufgeboten hatte, war zu einem Teil nur die „Zweite Garnitur", denn ein in der Liga schwelender Konflikt hatte Peñarol dazu bewogen, aus dem Verband auszutreten, so daß die Spieler dieses Clubs nicht in Paris dabei waren. Darunter auch ein Schwarzer, der vielleicht sogar noch besser war als Andrade: Isabelino Gradin, vermutlich wohl auch der erste Fußballspieler der Welt, dem ein bekanntes Gedicht gewidmet wurde: „Gradin, Du grün-blaue Kugel" (grün und blau, die Farben von Peñarol), vom peruanischen Dichter Evaristo Parra del Riego.

Wie gesagt, auch ohne den so lyrisch gepriesenen Kicker setzte diese „Zweite Garnitur" Uruguays dem internationalen Fußball neue Maßstäbe. Anfangs wußten die kontinentalen Berichterstatter ihren Lesern nicht mehr zu berichten als die Tatsache, daß sich die Urus in der Vorbereitungszeit mit, für Fußballspieler, fast unfaßbarem Pomp umgaben: Ihr Quartier war ein Schloß bei Argenteuil, Leiter der Delegation war ein leibhaftiger Parlaments-Abgeordneter, den Spielern wurde ein echtes Luxusleben geboten, bei dem keine Kosten gescheut wurden.

Doch schon bald mischte sich unter die Reportagen ein Anflug von Fußball-Fabel. Immer häufiger war schwärmerisch von den einzigartigen fußballerischen Fähigkeiten der Südamerikaner die Rede. Die zunächst als „kickende Kuhhirten" apostrophierten Urus verwandelten sich unter den Augen der Experten in Ball-Magier.

Die Fußball-Fabel wurde Wirklichkeit, als gleich im ersten Spiel die keinesfalls so schwachen Jugoslawen mit 7:0 durch ein Fußball-Feuerwerk ohnegleichen vom Platz gefegt wurden. Der Sieg hätte höher ausfallen können, wenn die Südamerikaner bei ihrer Überlegenheit nicht so viel Spaß an ihren virtuosen Tricks und den schon beinahe choreographischen Kombinationen gehabt hätten.

Dennoch entsteht in der Erinnerung heute ein falsches Bild, wenn behauptet wird, daß diese Elf nur eine Ballung von Individualisten war, die lediglich durch irgendeinen Glücksfall zu einer Mannschaft zusammengewachsen waren. Tatsächlich hatte diese Mannschaft, die das Turnier schließlich unangefochten durch einen 3:0-Sieg über die Schweiz gewann, aber auch ein beachtliches taktisches Konzept, das auf der grandiosen Mittelfeldachse aufbaute, deren Angelpunkt der farbige Läufer José Leandro Andrade war. Die taktische Neuheit war lediglich die Tatsache, daß die Spieler nicht in irgendein Korsett gezwängt wurden, sondern die Taktik den Individualisten angepaßt wurde.

Ab 1924 war Uruguay ein Faktor im internationalen Fußballgeschehen, mit dem man rechnete. Und zwar so sehr rechnete, daß Uruguay bei den Olympischen Spielen in Amsterdam, vier Jahre später, bereits als Favorit galt.

Doch in Amsterdam wurde es den Urus nicht so leicht gemacht wie in Paris, obwohl sich die Mannschaft kaum verändert hatte. Daran, daß die Elf um vier Jahre älter geworden war, lag es jedoch nicht. Der europäische Fußball hatte nicht geschlafen, hatte sich weiterentwickelt und war ohne Zweifel besser geworden. Mehr noch aber als die Mannschaften der europäischen Nationen zeigte Uruguays direkter Nachbar und „Erbfeind" auf dem Fußball-Rasen, daß er dazugelernt hatte: Argentinien hatte die Überbewertung des Schönspielens fallengelassen und zu gleichen Teilen Athletik und Durchschlagskraft in sein Spiel eingebracht. Durch diese perfekte Symbiose wurde Argentinien zur eigentlich stärksten Mannschaft dieses Turniers.

Als beide südamerikanischen Teams dann tatsächlich das Finale erreichten, kam es zu einer langanhaltenden Fußballschlacht der Systeme. Am Ende, nach 210 Minuten Endspiel, hatten Artistik und Genialität doch mit 2:1 gesiegt. Uruguay wurde zum zweitenmal Olympia-Sieger und inoffizieller Weltmeister.

Zu dieser Zeit fielen dann auch die ersten Schranken, die in Südamerika den Amateur- vom Profi-Fußball trennten: Denn Uruguays Kicker erhielten bereits Zuwendungen, die sich, wenn auch unbedeutend im Vergleich zu einem Fußballerhonorar von heute, mit den olympischen Regeln nicht mehr vereinbaren ließen.

Freilich hatte der Profi-Fußball, wie er in England und Österreich schon länger betrieben wurde, längst einen erfolgversprechenderen Weg für die Zukunft des Fußballs gezeigt. Die Kulissen-Kämpfe zwischen der FIFA und dem Olympischen Komitee wurden bereits auf offener Bühne ausgetragen. Der Sport-Olymp glaubte sich als Sieger, als er den Fußball zunächst vom olympischen Programm strich. Doch es war ein Pyrrhus-Sieg. Die FIFA hatte freie Bahn für ihre erste offizielle Weltmeisterschaft.

Es war quasi eine Ehrung des zweimaligen Olympia-Siegers, daß Uruguay die erste FIFA-WM ausrichtete. 1930 in Montevideo, anläßlich der Jahrhundertfeier seiner Unabhängigkeit. Aus diesem Anlaß entstand das erste wirklich große Beton-Stadion in Südamerika und bis heute einzige wichtige Kolosseum in Uruguay, das Estadio Centenario, in dem bis zum heutigen Tag im wöchentlichen Wechsel Peñarol und Nacional spielen, von denen keiner ein eigenes Stadion besitzt.

Um dieses Stadion dreht sich bis heute alles, was in Uruguay mit dem Fußballsport zu tun hat: die besten Spieler enden bei Nacional und Peñarol und spielen im Centenario, wo sie sich bewähren und ihre Karriere beenden; dort werden die Meisterschaften ausgetragen und entschieden, dort schlägt das Herz des uruguayischen Fußballsports. Uruguays Fußball, das sind etwa ein Dutzend Vereine, von denen kaum einer mehr als einen Platz mit primitiven Tribünen besitzt – wenn überhaupt.

Dieses Stadion erlebte auch den ersten offiziellen Weltmeisterschafts-Triumph der Urus. Ein Triumph in jeder Beziehung, auch wenn die großen Teams des alten Kontinents teils aus Ignoranz oder auch aus bewußtem Boykott diesem Turnier fernblieben. Ein Triumph, weil Uruguay noch einmal ein Comeback seiner „Helden von Paris" erleben konnte und weil der Gegner im Endspiel, Argentinien, einmal mehr geschlagen wurde.

Zum erstenmal drang die Kunde von einem typischen südamerikanischen Begeisterungstaumel über den großen Teich. Es war von einer argentinischen Fußball-Armada die Rede, die über den Rio de la Plata setzte, um beim Endspiel dabeizusein. Eine kaum glaubliche Zahl von 100 000 Fans füllte das „Centenario". Sie kamen auf ihre Kosten. Sie erlebten brillanten Fußball, Traum-Tore, ein Jahrhundert-Spiel und mittendrin einen Mann, den dieses Spiel zum vermutlich besten Kicker der ersten Jahrhundert-Hälfte machte, den Neger Andrade, der mit seiner Regie zum Vater des 4:2-WM-Sieges wurde.

1932 wurde der Berufs-Fußball in Uruguay eingeführt, und seither hat außer Nacional oder Peñarol kein anderer Club den Meistertitel errungen. Die übrigen Vereine sind praktisch weiter nichts als Sparringspartner für die beiden „Großen" und eine unerschöpfliche Quelle neuer Talente.

Dieses System mag Nachteile haben, bietet aber auch Vorteile: ein guter Spieler bleibt nie unentdeckt, er spielt garantiert bei Nacional oder Peñarol, und damit braucht der Nationaltrainer sich seine Elf lediglich aus diesen beiden Vereinen auszuwählen.

Im benachbarten Argentinien war der Berufs-Fußball 1931 eingeführt worden, und von da an spielte es schon eine größere Rolle, ob ein Verein Meister wurde oder nicht. Von da ab begann das Abwerben der besten Uruguayer durch argentinische Clubs. Unter anderem wanderten auch viele Spieler, die die Weltmeisterelf von 1930 gestellt hatten, ab, so daß der Fußball Uruguays, finanziell wesentlich schwächer als der argentinische, rasch verblutete.

Zwischen 1931 und 1934 wurden viele der besten Fußballer Uruguays von argentinischen Vereinen sogar ohne die Bezahlung irgendeiner Ablösung an den Stammverein abgeworben. Andererseits aber wanderten auch aus Argentinien zahlreiche Spieler nach Uruguay ab, die in Buenos Aires nicht so recht zum Zuge kamen und dann in Uruguay doch noch Karriere machten, weil hier der Nachwuchs eben ans benachbarte Ufer abgewandert war.

Das führte so weit, daß ein verhältnismäßig unbekannter Argentinier namens Atilio García, den in seinem Heimatland niemand „geschenkt" haben wollte und der 1938 an Nacional verschleudert wurde, zum erfolgreichsten Torschützen Uruguays aller Zeiten avancierte: er schoß 464 Tore und nahm später die Staatsbürgerschaft Uruguays an.

Das National-Team hat darunter jedoch nicht gelitten, denn zwischen 1912 und 1960 gaben Uruguays Spieler zunächst erst einmal ihr Bestes im himmelblauen Trikot. Wenn sie verkauft wurden, dann hatten sie meist schon Großes für ihre Nationalelf geleistet. Die einzige Ausnahme stellte Walter Gómez dar, ein Uruguayer, der kurz nach dem Zweiten Weltkrieg als Jüngling zu River Plate Buenos Aires kam und dort jahrelang der beste Spieler war.

Uruguay holte sich auch ohne Walter Gómez, damals der bestbezahlte Spieler Argentiniens, seinen „vierten" Weltmeistertitel 1950 in Maracana gegen Brasilien.

Wieder standen die Spiele um die Weltmeisterschaft unter keinem guten Stern. Wieder fehlte ein, Großteil der europäischen Elite, aber diesmal war es keine Mißachtung, sondern es waren die Folgen des Zweiten Weltkrieges, an denen viele Nationen des alten Kontinents noch zu tragen hatten. Es fehlte das Geld. Immerhin, die Profis aus England waren da, die den Südamerikanern immer als „Schatten-Weltmeister" unter die Nase gerieben wurden. Doch sie enttäuschten.

Auch dieses Turnier, in dessen Final-Runde jeder gegen jeden spielen mußte, stand unter südamerikanischer Vorherrschaft. Im eigenen Lande war Brasilien über sich hinausgewachsen, und zum erstenmal bekam die Fußball-Welt eine Ahnung von den Möglichkeiten dieses Landes. Dennoch, eine blutjunge Mannschaft Uruguays, die in der Vorrunde gar nicht so gut ausgesehen hatte, konnte die brasilianischen Mannen um Ademir und Jair mit 2:1 niederkämpfen. Der vorerst letzte große Streich einer großen Fußball-Nation.

Beachtenswert ist, daß Uruguay in zwei Jahrzehnten – zwischen 1930 und 1950 – nur zweimal an der offiziellen FIFA-WM teilnahm, und daß es beide Male gewann. 1934 und 1938 war es nicht dabei, ebensowenig wie Argentinien, denn die Bewohner des für südamerikanische Verhältnisse winzigen Landes (mit 186 000 km^2 ist es genau doppelt so groß wie Portugal) waren stolz genug, den Affront, den sie die Europäer anläßlich des Jules-Rimet-Cups 1930 hatten spüren lassen, so ernstzunehmen, wie er gemeint war.

Denn eines ist typisch für die Uruguayer, und war es seit jeher: Sie sind nur wenige, aber sie haben einen Ehrgeiz ohnegleichen. Im himmelblauen Trikot zu spielen ist für einen uruguayischen Sportler etwa ebensoviel, wie anderswo Minister zu werden.

Das, was man die „goldene Epoche" des uruguayischen Fußballs nennen kann, spannt sich von 1912 bis 1950. Uruguay hatte immer nur ganz wenige Spieler, aber diese wenigen waren stets sehr gut. Eine 1972 erstellte „Bestenliste" nennt folgende Spieler für die ideale Nationalelf Uruguays (WM-Teilnahme in Klammern):

Mazurkiewicz (1970); Nasazzi (1924), Manuel Varela (1917), Andrade (1924), Obdulio Varela (1950), Gestido (1928), Ghiggia (1950), Héctor Searone (1924), Piendibene (1912), Schiaffino (1950) und Romano (1924).

Das wären Uruguays „Größte aller Zeiten" gewesen; hätten sie zur gleichen Zeit gespielt, wäre Uruguay vielleicht auch ein drittes Mal Weltmeister geworden. Dabei hat es der große, reiche, von den Uruguayern so oft bewunderte Nachbar Argentinien erst 1978 zu einem einzigen Titelgewinn gebracht.

Heute sind Länderspiele für Uruguay nur noch eine untergeordnete Angelegenheit, etwas, was man gewissermaßen dem Ruf des Landes schuldig ist. Den Platz, den einst die WM eingenommen hatte, belegt seit Jahren das Turnier der besten Vereinsmannschaften, in Südamerika „ Copa Libertadores de América" genannt. Auch hier holten sich die Urus gleich von Anfang an dicke Lorbeeren durch die Titelgewinne von Peñarol (1960, 1961 und später 1966) und Nacional (1971) und verhalfen den Bewohnern dieses von politischen Schwierigkeiten stark zerrütteten Landes zu auch angenehmem Gesprächsstoff und neuem Selbstbewußtsein.

Die Geschichte der Fußball-Weltmeisterschaft

Von Jo Viellvoye
und Karlheinz Mrazek

WM 1930 in Uruguay

Ehe der erste Ball rollte, verstaubten Stöße von Papier in Schubladen und Schränken, wurden jahrelang Briefe nutzlos hin und her geschickt, traf man sich ergebnislos zu Konferenzen. Die Fußball-Weltmeisterschaft war eine schwere Geburt.

Dabei hatten ihre Väter eigentlich schon kurz nach der Jahrhundertwende den kühnen Plan gehegt, sie zu schaffen. Der Holländer Hirschmann sprach schon am 23. Mai 1904 von einem „Welt-Turnier" mit Meisterschaftscharakter. Doch er wurde noch ausgelacht.

Hirschmann war einer jener sechs Gründungsmitglieder gewesen, die den Fußball-Weltverband aus der Taufe hoben: Frankreich, Belgien, Holland, Dänemark, die Schweiz und Spanien standen Pate, als die FIFA das Licht der Fußball-Welt erblickte.

Es strahlte noch nicht allzu hell in jener Zeit. Fußball – das war jener Rabauken-Sport, der vornehmlich in England gepflegt wurde, wo man von jeher eine etwas andere Einstellung zu den Dingen des Lebens an den Tag legte. Kein Wunder, daß die spleenigen Tommys auch nichts dabei fanden, junge Männer in kurzen Hosen hinter einem ledernen Ball herlaufen zu lassen und ihnen sogar noch Geld dafür zu geben.

England indessen, das Mutterland, trieb auch in dieser Rolle seine splendid isolation auf die Spitze. Ein Fußball-Weltverband – lächerlich! Was wollten diese kontinentalen Wichtigtuer denn? Etwa Old England Macht

Oben im Kreis: Auf dem „Conte Verde". Der Präsident der Fifa Rimet (der zweite von links) mit den drei europäischen Schiedsrichtern. Ganz rechts J. Langenus der Verfasser des Artikels: „Um die Weltmeisterschaft"
Rechts: Im Zentrum von Montevideo: Plaza de Independencia
Unten: Das Begrüßungskomitee am Hafen
Ganz unten links: Das mächtige Parlamentsgebäude
Daneben:
Ein blühendes Geschäft: Verkauf von ausländischen Fahnen

Für Funktionäre und Journalisten war die Reise zuden ersten Fußball-Weltmeisterschaften ganz offensichtlich ein vorwiegend gesellschaftliches Ereignis. Die deutsche Fußball-Zeitschrift „Kicker" jedenfalls brachte von den Spielen um den Coupe Jules Rimet praktisch keine Bilder, dafür aber (zum Beispiel) diese Doppelseite von Bildern des Randgeschehens. Man beachte das Training der Belgier (unten, ganz rechts) während der Überfahrt.

Weltmeisterschaft 1930 – Der Verlauf des Turniers

Erste Runde	Semifinale		Finale	
Gruppe 1				
1. Argentinien				
2. Chile				
3. Frankreich				
4. Mexiko				
Gruppe 2				
1. Jugoslawien	Uruguay	6		
2. Brasilien	Jugoslawien	1		
3. Bolivien			Uruguay	4
Gruppe 3			Argentinien	2
1. Uruguay	Argentinien	6		
2. Rumänien	USA	1		
3. Peru				
Gruppe 4				
1. USA				
2. Paraguay				
3. Belgien				

Bilder aus dem fernen Süden

Um die Weltmeisterschaft in Montevideo

Oben im Kreise:
Die Führer der Belgier: Rechtsanwalt van Kesbeek (l.) und E. Hanse (r.), Mittelläufer der Olymp. Meistermannschaft 1920, jetzt Sekretär des belg. Spielausschusses

Links:
Huldigungsakt der europäischen Fußballer vor dem Artigas-Denkmal

Eingesetzt:
Mit Musik und Fahnen werden die fremden Nationen in die Stadt geleitet

Unten:
Rimet übergibt den Präsidenten des Uruguayischen Verbandes, Dr. Jude, den Weltmeisterschaftspokal

Ganz unten links:
Sitzung des Weltmeisterschafts-Komitees. Unter der Uhr: Ing. Fischer, Budapest, links Dr. Jude, rechts Rimet.

Daneben:
Die belgischen Fußballer turnen an Bord des „Conte Verde"

und Kontrolle über das Spiel mit dem runden Leder abnehmen? Die Briten gaben nicht einmal eine Antwort, als sie zur Gründungsversammlung nach Paris eingeladen wurden.

FIFA also ohne England – aber auch noch ohne Deutschland, ohne Italien, ohne die Donau-Monarchie und vor allem ohne die Südamerikaner. Doch Hirschmann, der Holländer, sprach kühn von einer Weltmeisterschaft. Zwei Jahre später, als immerhin schon 12 nationale Verbände dem Weltverband angehörten, legte er sogar einen Spielplan vor – ohne Rücksicht auf Mitgliedschaft:

Gruppe 1: die Verbände Großbritanniens, Gruppe 2: Spanien, Frankreich, Belgien, Holland; Gruppe 3: Ungarn, Österreich, Italien, Schweiz; Gruppe 4: Deutschland, Dänemark, Schweden.

Der Plan fand begeisterten Widerhall, aber kaum konkrete Unterstützung. Kein Land meldete wirklich für diese WM, der eine wahrhaft gesamteuropäische Idee zugrunde lag. Und so vergingen Jahre, ehe sie wirklich Gestalt annahm. Erst als Hirschmann Generalsekretär der FIFA geworden war, hielt er es für angebracht, das Thema wieder auf die Tagesordnung zu bringen. Diesmal mit Erfolg: die FIFA beschloß, das olympische Turnier 1916 in Berlin zugleich als Weltmeisterschaft auszuschreiben.

Kanonen übertönten die olympische Glocke. Der Erste Weltkrieg zerstörte nicht nur diesen Plan. Nur im fernen Südamerika, wohin der Krieg kaum Schatten warf und wo man die WM-Bestrebungen mit großem Interesse verfolgt hatte, bestand noch die Chance, dem Fußball Priorität einzuräumen. Während Europas Jugend bei Verdun verblutete, rollte in Buenos Aires der Ball zu einer ersten, freilich inoffiziellen „Weltmeisterschaft".

Beim FIFA-Kongreß 1920 in Brüssel lebte mit der Wahl des Franzosen Jules Rimet zum Präsidenten die Idee einer „echten" WM wieder auf. Schon Jahre zuvor hatte Rimet den Plan leidenschaftlich unterstützt. Jetzt sah er die große Chance zur Verwirklichung.

Doch immer noch dauerte es ein Jahrzehnt, ehe die Zeit reif war. Euro-

Weltmeisterschaft 1930

Das ist das riesige Stadion Centenario mit seinen Betontribünen und einem Fassungsvermögen von rund 100 000, damals auch für die europäischen Besucher eine absulute Sehenswürdigkeit.

pas kleines Karo, in der großen Politik scheinbar überwunden, beherrschte nach wie vor Hirne und Herzen der Menschen. Auch der Deutsche Fußball-Bund vermochte sich mit dem Gedanken einer WM nicht anzufreunden. Die offenbar allen deutschen Sportfunktionären angeborene Skepsis gegenüber der Entwicklung ließ DFB-Präsident Felix Linnemann, von Beruf Kriminalkommissar, zu einem Führer der Opposition werden.

Doch die Befürworter hatten die stärkeren Argumente: Zunächst einmal wollte die FIFA dem olympischen Turnier den Glanz fußballsportlicher Exklusivität nehmen. Denn die IOC-Bosse hatten den Fußball naserümpfend an den Rand des Programms geschoben. In Amsterdam wurde das Turnier Monate vor den eigentlichen Spielen ausgetragen.

Österreich, Ungarn und die ČSSR hatten zudem den Berufsfußball eingeführt und damit einen Zustand legalisiert, der in den Nachbarländern nicht anders war, aber weiterhin ignoriert wurde. Ja, der DFB erließ sogar einen Boykott gegen die österreichischen Profis, die natürlich auch nicht länger bei Olympischen Spielen auftreten konnten, ebensowenig wie Ungarn und Tschechen.

Österreichs Fußball-Boß Dr. Hugo Meisl war darum auch einer der eifrigsten Befürworter einer WM, die offen sein sollte für „alle“ Spieler und somit auch den britischen Profis den Weg in die Gemeinschaft der FIFA hätte ebnen können.

Mit großer Mehrheit beschloß die FIFA, ab 1930 alle vier Jahre eine Weltmeisterschaft zu veranstalten. DFB-Präsident Linnemann hatte sich der Stimme enthalten, wurde aber dennoch in die Dreier-Kommission berufen, die das erste Turnier vorbereiten sollte. Die anderen Mitglieder waren Hugo Meisl und der Franzose Henri Delauney, der Jahrzehnte später erfolgreiche Initiativen für die Fußball-Europameisterschaft entwickelte.

Zwei der wenigen Fotos vom ersten Endspiel um eine Fußball-Weltmeisterschaft. Rechts: Nasazzi (ganz links) und Andrade (Mitte) sichern das Tor bei einer hohen Flanke der Argentinier.
Oben, rechts: Stabile, der Torschützenkönig des WM-Turniers von Monevideo, in Aktion.

Unten: Flanke von Andrade im Spiel Uruguay–Rumänien (4:0) – eine Aufnahme von Seltenheitswert.
Daneben: José Leandro Andrade mit dem legendären Masseur Ernesto „Matucho“ Figoli, der die uruguayischen Olympiasieger- und Weltmeister-Mannschaften der Jahre 1924, 1928, 1930 und 1950 betreute.

Doch die Hoffnungen, man würde sich um das erste WM-Turnier in der Geschichte des Fußballs reißen, erfüllten sich nicht. Allgemein waren Deutschland und Österreich als Bewerber erwartet worden, doch es ging keine Offerte ein. Selbst eine Bitte der FIFA um Ausrichtung fand kein Gehör. Beim DFB zierte man sich immer noch, an einem Turnier überhaupt teilzunehmen, das auch Profis offen stand.

Da Wien noch über kein genügend großes Stadion verfügte (erst 1929 wurden die Pläne für das Prater-Stadion genehmigt), unverbindliche Anfragen Schwedens und Italiens kein echtes Interesse verrieten, stand die FIFA 1929 immer noch mit leeren Händen da. Da tauchte wie ein rettender Engel Uruguay auf, dessen Fußballer 1924 in Paris und 1928 in Amsterdam die olympische Goldmedaille gewonnen hatten.

Die FIFA atmete auf: Als Veranstalter schien ihr das kleine Land am Rio de la Plata zwar suspekt, doch die Furcht vor der Blamage, auf der WM sitzenzubleiben wie auf einem alten Ladenhüter, war noch stärker. Pfingsten 1929 vergibt der FIFA-Kongreß in Barcelona die WM nach Montevideo.

Unverzüglich begann man dort mit dem Ausbau des „Centenario", des Stadions. 1,6 Millionen Mark wurden investiert, dann hatte das kleinste Fußball-Land der Welt die größte Arena: 80 000 Zuschauer faßte das „Centenario", das „Stadion des Jahrhunderts".

Doch die Europäer verspürten nun keine große Lust mehr, sich in diesem Wettbewerb zu engagieren. WM in Südamerika? Das hatte wenig Reiz für sie. Die weite Reise (damals noch zu Schiff), das unbekannte Land, klimatische und finanzielle Überlegungen waren stärker als die sportliche Einstellung. Mit überhöhten finanziellen Forderungen versuchte man, sich aus der Affäre zu ziehen. 60 000 Mark sollte der Veranstalter den Europäern zahlen und alle Unkosten übernehmen. Das war das Doppelte von dem, was Uruguay bei den Olympischen Spielen in Europa bekommen hatte.

Verständlicherweise wehrten sich die „Urus". Als sogar die Holländer absagten, die erst zwei Jahre zuvor mit den Uruguayern und Argentiniern ihre Stadien gefüllt hatten, zog eine erboste Menschenmenge vor das Gebäude der holländischen Botschaft, verbrannte niederländische Fahnen und machte seiner Enttäuschung durch Schmährufe auf Königin Wilhelmine Luft.

Südamerikas Verbände solidarisierten sich mit dem schmählich im Stich gelassenen Uruguay und drohten mit Austritt aus der FIFA. Verzweifelt reiste Jules Rimet durch Europa, um doch noch einige Nationen zur Teilnahme zu bewegen. Immerhin sagte der von ihm geführte französische Verband zu, und auch die Belgier zogen mit. Jugoslawien und Rumänien hatten sich schon vorher zur Teilnahme entschlossen.

Drei der vier Mannschaften traten gemeinsam die Reise an. Franzosen, Belgier und Rumänen gingen im französischen Hafen Villafrance an Bord des Dampfers „Conte Verde". Mit ihnen schifften sich die Schiedsrichter Langenus aus Belgien und Fischer aus Ungarn ein. Amüsiert beobachteten sie die unterschiedlichen Methoden der drei Mannschaften, sich während der langen Schiffsreise fit zu halten. Die Belgier bevorzugten Turnübungen, die Franzosen hielten mehr vom Kartenspiel ...

Bei der Zwischenlandung in Rio gingen auch die Brasilianer an Bord des Schiffes. Ihr Fußball hatte zwar noch nicht den Stand Uruguays und Argentiniens erreicht, doch das soziale Niveau, so beobachtete Schiedsrichter Fischer, war erstaunlich hoch: alle Spieler waren Beamte oder Studenten, Söhne von hohen Offizieren oder bekannte Persönlichkeiten des öffentlichen Lebens.

Alle Gäste wurden von den uruguayischen Gastgebern stürmisch begrüßt. Der Enthusiasmus, die Erwartung, die in jeder Beziehung an die WM geknüpft wurde, war in diesem kleinen Land überwältigend.

Da fiel kaum ins Gewicht, daß die Organisation nicht ganz Schritt halten konnte, daß der Ausbau des Stadions nicht pünktlich abgeschlossen war und nicht einmal zuverlässige Informationen über sein Fassungsvermögen erhältlich waren. Die Veranstalter gaben es mit 80 000 an, doch zum Eröffnungsspiel sollen 100 000 Platz

So fielen die vier Tore Uruguays im Endspiel gegen Argentinien. Von oben nach unten: 1:0 durch Dorado, 2:2 durch Cea, 3:2 durch Iriarte, 4:2 durch Castro.

gefunden haben, während weitere 40 000 keinen Einlaß mehr fanden, obwohl im Innern die Gitter niedergerissen wurden. Indigniert vermerkte Schiedsrichter Langenus ferner, zu keiner der angesetzten Besprechungen seien die südamerikanischen Kollegen „auch nur annähernd pünktlich“ erschienen.

Das Turnier begann (am 13. Juli 1930), und es begann gleich mit einer bösen Überraschung für die Europäer: Belgien unterlag den USA mit 0:3. Sieben ehemalige schottische Profis, in den USA eilends naturalisiert, bildeten den Stamm der Mannschaft, die im zweiten Spiel auch Paraguay – mit dem gleichen Ergebnis – erledigte.

Insgesamt waren 13 Mannschaften am Start, aufgeteilt in vier Gruppen. Die Amerikaner qualifizierten sich klar als Sieger der Gruppe 4.

In den anderen Gruppen setzten sich die Favoriten durch: Argentinien, Jugoslawien und natürlich Uruguay, das gegen Peru zwar nur 1:0, aber gegen Rumänien mit 4:0 gewann. Schätzungsweise 100 000 Fans hatten das Premieren-Match der Gastgeber gesehen und 25 811,50 Pesos Eintritt bezahlt.

Bestes Spiel der Vorrunde war Jugoslawiens 2:1-Sieg über Brasilien gewesen. Die „Jugos“ mußten auf mehrere Stammspieler verzichten und hatten dafür drei in Frankreich tätige „Gastarbeiter“ aufgeboten.

In der Gruppe 1 hatte es Frankreich mit Argentinien zu tun. 25 000 Zuschauer waren gekommen, um die Europäer gegen den „Erzfeind“ zu unterstützen. Das nutzte auch etwas – bis zur 81. Minute. So lange hatte Frankreichs großartiger Torwart Thépot alle Schüsse der Südamerikaner gehalten, waren die Abwehrspieler der Tricolore wie die Teufel in die Angriffe der „Gauchos" gefahren. Doch in dieser 81. Minute verließ das Glück die tapferen Franzosen. Argentiniens Mittelläufer Monti jagte einen Freistoß direkt ins Tor. Thépot war die Sicht versperrt gewesen.

Nach dem Match, das vier Minuten zu früh abgepfiffen wurde, stürmten argentinische Schlachtenbummler das Spielfeld. Halbstürmer Cherro erlitt vor Freude einen Nervenschock. Er konnte in den weiteren Spielen nicht mehr eingesetzt werden.

Die Auslosung des Halbfinals kam den Wünschen der Gastgeber weitgehend entgegen: die USA mußten gegen Argentinien antreten, Uruguay hatte es mit Jugoslawien zu tun. Damit zeichnete sich das Wunsch-Finale ab: Uruguay–Argentinien, eine Wiederholung des olympischen Endspiels von Amsterdam zwei Jahre zuvor, wo die „Urus" erst in der Wiederholung mit 2:1 die Goldmedaille gewonnen hatten. Immer noch standen fünf Spieler dieses Teams in ihrem Aufgebot: der Verteidiger Nasazzi, die großartige Läuferreihe Andrade, Fernandez, Gestido und Halbstürmer Scarone.

José Nasazzi war Kapitän, mit drei Goldmedaillen ging er als erfolgreichster Mannschaftsführer aller Zeiten in die Geschichte ein. Auch nach seiner aktiven Laufbahn blieb er die große Persönlichkeit, die er auf dem grünen Rasen gewesen war. Über 30 Jahre lang war er Generaldirektor des Spielkasinos von Montevideo, Generationen von bekannten Fußballern verdienten bei ihm, zum Teil als Croupiers, ihr Gnadenbrot.

Viele tausend Argentinier waren mit Schiffen über die Mündung des La Plata gekommen, um das Halbfinalspiel ihrer Elf gegen die USA zu sehen. 1200 Polizisten sicherten das „Centenario", um Tumultszenen wie beim Spiel Uruguay – Peru zu verhindern.

Doch diesmal ging alles viel reibungsloser. Zwar erzielten die Argentinier bis zur Pause nur ein Tor, als US-Goalie Douglas einen Aufsetzer falsch berechnete, doch im zweiten Durchgang setzte sich ihr großartiges Paßspiel durch, Fünf Treffer, allesamt begeisternd herausgespielt, demorali-

Vier Helden der 1930er Nationalelf, die für Uruguay nach zwei Olympiasiegen in Paris und Amsterdam schließlich auch die Weltmeisterschaft errang.
Oben: Verteidiger Nasazzi (links) und Mittelläufer Fernandez.
Unten: Halbstürmer Scarone (links) und Außenläufer Gestido.

sierten die Yankees, die erst ganz zum Schluß zum Ehrentreffer kamen.

Mit dem gleichen Resultat, 6:1, war auch Gastgeber Uruguay gegen Jugoslawien erfolgreich. Hier jedoch half der brasilianische Schiedsrichter Rego, der schon die Partie Argentinien – Frankreich zu früh abgepfiffen hatte, tüchtig mit. Sein europäischer Kollege Langenus bescheinigte ihm „glattes Versagen".

Möglicherweise hätten die Gastgeber auch mit einem anderen Referee gewonnen, obwohl sie nach nur vier Minuten eine kalte Dusche über sich ergehen lassen mußten: Sekulic erzielte das 1:0 für Jugoslawien. Minutenlang brauchte der Favorit, den Schock zu überwinden. Erst nach 19 Minuten gelang ihm der Ausgleich: Schiedsrichter Rego übersah großzügig die Abseitsposition von drei (!) Uruguayern. Cea schoß ein.

Dann lief die Spielmaschine der Andrade, Nasazzi und Scarone auf Hochtouren. Anselmo erzielte das 2:1, Cea (2) und Iriarte die weiteren Treffer. Beim Stande von 2:1 hatte Jugoslawien noch einmal den Ausgleich erzielt, den Rego jedoch nicht anerkannte. Der Brasilianer war der erste in jener langen Liste von Unparteiischen, die bei Weltmeisterschaften böse Geschichte(n) machten. Nur die weite Entfernung und der noch unterentwickelte Stand der Kommunikationsmittel hat wahrscheinlich verhindert, daß er heute mit Zsolt, Aston, Dienst, Kreitlein oder Yamasaki in einem Atemzug genannt wird.

Die Final-Gegner standen damit fest: Uruguay gegen Argentinien, die beiden herrschenden Fußball-Mächte des südamerikanischen Halb-Kontinents, der Zwerg gegen den Riesen, der kleine gegen den großen Nachbarn.

Wieder kamen sie zu Tausenden über den Rio de la Plata, der an seiner Mündung 200 km breit ist, wieder standen Tausende von Polizisten bereit, um den größten Teil der Argentinos einer Leibesvisitation zu unterziehen. „Kein argentinischer Revolver im Centenario!" war die Parole, die unter anderem Schiedsrichter Langenus ausgegeben hatte. Hinter jedem Tor war eine eigene Leibwache für ihn postiert. Er hatte darum gebeten.

Dann begann das Spiel, das erste Finale um eine Fußball-Weltmeisterschaft. Es begann mit großer Erbitterung, denn der tagelange Publicity-Krieg zwischen den beiden Gegnern hatte die Stimmung angeheizt. Die Zeitungen überschlugen sich fast in Berichten und Kommentaren, ein Tatbestand, der für Europäer erst Jahrzehnte später zur Gewohnheit wurde.

Die Argentinier waren eher im Bilde. Nach anfänglicher Nervosität begannen sie, das Spiel zu gestalten. Doch wie so oft in solchen Situationen, fiel das erste Tor für die scheinbar unterlegene Elf: Scarone, Uruguays brillanter Halbstürmer, paßte zu Dorado: 1:0!

Jubelstürme stiegen in den blauen Himmel über dem Stadion, doch sie verebbten jäh, als Peucelle fast schon im Gegenzug ausglich. Dann, in der 24. Minute, ein böser Schock für die Gastgeber: Guillermo Stabile, Jahrzehnte später Trainer der argentinischen Mannschaft, spielte sich durch und brachte die Gäste in Führung.

Im Zuschauer-Sektor der Frauen holten die uruguayischen Senoritas ihre Rosenkränze aus den Handtaschen und schickten inbrünstige Gebete zur heiligen Jungfrau gen Himmel. Doch es mußten noch viele Perlen durch die Finger gleiten, ehe Cea (in der 60. Minute) wenigstens den Gleichstand hergestellt hatte.

Dann jedoch gewann die glänzende Läuferreihe der „Urus" endgültig die Oberhand. José Leandro Andrade, die „schwarze Perle", glänzte heller als die Sonne. Immer wieder schickte er seine Paßbälle in den Sturm, wo Scarone, Cea und Castro lauerten.

Rangliste der Torschützen

18 Spiele – 70 Tore

8 Tore	Stabile (Argentinien)
5 Tore	Cea (Uruguay)
4 Tore	Subiar de (Chile)
3 Tore	Bek (Jugoslawien)
	Netto (Brasilien)
	Patenaude (USA)
	Peucelle (Argentinien)
2 Tore	Castro (Uruguay)
	Dorado (Uruguay)
	Iriarte (Uruguay)
	Maschinot (Frankreich)
	McGhee (USA)
	Monti (Argentinien)
	Scopelli (Argentinien)
	Staucin (Rumänien)
	Varallo (Argentinien)
	Wisitainer (Brasilien)
1 Tor	18 weitere Spieler

Es war nur logisch, daß Iriarte Uruguay in Führung brachte und Castro kurz vor Schluß mit einem Kopfball den Sieg sicherte.

Was dann geschah, war sogar für den weitgereisten FIFA-Präsidenten Jules Rimet unvergeßlich. In seinen Memoiren schreibt er: „Nie zuvor habe ich solche Beispiele von emotioneller Leidenschaft, Enthusiasmus und Begeisterung erlebt, wie sie dieser Sieg freisetzte. Als die Fahne Uruguays am Siegesmast hochstieg, die Spieler des Weltmeisters weinend dem Fahnentuch nachschauten, schien sich das ganze Volk des Weltmeisters im Stolz auf diesen Erfolg zu verbinden ..."

Niemand versagte Uruguay die Anerkennung. Der erste Weltmeister hatte seine Siegesserie von Paris und Amsterdam logisch fortgesetzt, sein Spiel aber auch weiterentwickelt. Schon damals spielte Uruguay mit einer Art „Libero". José Nasazzi verkörperte ihn mit der ganzen Kraft seiner Persönlichkeit. Seine Aufgabe bestand – wie heute – darin, Schloß am Abwehrriegel zu sein, die gegnerischen Steilpässe abzufangen, zugleich aber auch das eigene Spiel anzukurbeln, der Offensive Impulse zu geben, den freien Raum zu nutzen.

Uruguay hatte gewiß den leichteren Weg ins Finale als Argentinien, steigerte sich aber von Spiel zu Spiel und besaß im Endeffekt nicht nur die größeren Persönlichkeiten, sondern auch die homogenere Mannschaft.

Viel schwerer jedoch fiel ins Gewicht, daß diese erste Weltmeisterschaft allen Unkenrufen zum Trotz ein Erfolg gewesen war. Zwar schrieben deutsche Blätter noch über das „Märchen von der WM", zwar weigerten sich die Nationen, die nicht dabei waren, den Standpunkt der Ignoranz aufzugeben, doch alle Beteiligten stellten einhellig fest: es war eine Sache, die es verdient hat, wiederholt und zur dauernden Einrichtung gemacht zu werden. „Ein Erfolg für Südamerika", stellte Präsident Rimet fest, „aber auch ein Sieg des Fußballs und seiner kommunikativen Wirkung."

Nicht zuletzt blieb auch die wirtschaftliche Bilanz positiv. Bei Unkosten von rund 200 000 Peso waren 255 000 Peso eingenommen worden, davon 35 057,20 im meistbesuchten Spiel, dem Halbfinale Uruguay–Jugoslawien. So erhielt jeder der 13 Teilnehmer noch einen mehr oder minder ansehnlichen Betrag ausbezahlt, was die europäischen Teams nicht hinderte, ihre Kasse durch lukrative Freundschaftsspiele im Lande weiter aufzubessern.

Die Sieger von Uruguay: die uruguayische Nationalelf, die das Endspiel gegen Argentinien gewann.

Stabile

Als er kurz nach Weihnachten des Jahres 1966 im Alter von 61 Jahren starb, trauerte ganz Argentinien. Messen wurden für ihn gelesen, und Zeitungen widmeten ihm seitenlange Nachrufe. Sein Begräbnis glich dem eines großen Staatsmannes. Die Creme der argentinischen High Society weinte an seinem Grab.

Typisch südamerikanische Fußball-Begeisterung, die einem Heroen des runden Leders bis zu seinem Tod erhalten blieb?

Der Schein trog, denn als man ihn zu Grabe trug, gab man nicht dem weltberühmten Torjäger von einst das letzte Geleit, sondern dem millionenschweren Geschäftsmann Guillermo Stabile. Der Geldadel von Buenos Aires trauerte um einen der Seinen.

Ein Ende in Wohlstand ist für einen erfolgreichen Fußballspieler sicher nichts Außergewöhnliches, wohl aber das Drumherum, denn das war charakteristisch für das ganze Leben Stabiles.

Es gibt Menschen, denen einfach alles gelingt, was sie anpacken. Zu dieser Spezies gehörte auch Guillermo Stabile. Wenn es nicht im Fußball gewesen wäre, hätte er es sicherlich auch in irgendeinem anderen Lebensbereich zu Ruhm und Ansehen gebracht: Vielleicht als Leichtathlet, als Geschäftsmann sowieso, oder als Showman, denn neben seinen sportlichen Talenten verfügte dieser argentinische Kicker auch noch über Intelligenz, Charme und über eine sehr nachdrückliche Wirkung auf Frauen.

Die Fußball-Karriere war typisch für Stabile. Seine Fähigkeiten am Ball waren mehr mittelprächtig, und daß ihm Fußball im Blut steckte, konnte man schon gleich gar nicht sagen. So gefiel ihm zunächst die Leichtathletik auch wesentlich besser. Die allerdings deckte einen Vorzug auf, mit dem er sich schließlich auch den Erfolgsweg im Weltfußball bahnte. Bereits mit 15 Jahren lief er die 100 m in elf Sekunden.

Diese enorme Grundschnelligkeit war der Anlaß dafür, daß man ihn eines Tages auf den rechten Flügel der Fußball-Mannschaft seines Provinz-Clubs Sportivo Metan stellte. Es war Liebe auf den ersten Blick. Fortan ließ ihn der Fußball nicht mehr los, obwohl seine Trainer ihm kaum eine Chance für eine Karriere auf dem grünen Rasen gaben. So war auch der Klub Hurican, dem er sich anschloß, alles andere als ein Klasse-Verein.

Daran änderte auch sein Beitritt zunächst nichts. Er spielte jahrelang in der Reserve-Mannschaft, bis ihm eines Tages der Zufall zu Hilfe kam. Hurican-Mittelstürmer Larmeu hatte sich eine langwierige Verletzung zugezogen, und so griff man auf den Reservisten Stabile zurück. Nun hatte er, den man bis dahin nur als Flügelstürmer eingesetzt hatte, seinen Platz gefunden.

Der Trick, mit dem die Hurican-Sturmreihe arbeitete, war simpel, aber sehr wirkungsvoll, und erinnerte in verblüffender Weise an die „Ulic ka", das „Gäßchen", mit dem die Tschechen in den dreißiger Jahren so erfolgreich waren. Stabiles technisch viel brillantere Nebenspieler zogen durch Dribblings und Ballhalten auf den Flügeln die gegnerischen Abwehrspieler auf sich und paßten dann blitzschnell in die schmalen Risse, die sich in der Verteidigung des Gegners bildeten. In diese Lücken sprintete dann der immens schnelle und sehr hart und präzise schießende Stabile.

Die Folge: Tore am Fließband, die Stabile schnell zum Schrecken aller Abwehrreihen und zum Liebling der Fußballfans werden ließen. Die Fans gaben ihm schließlich auch seinen Spitznamen, „el filtrador", der Mann, der durch den Filter geht. Durch den „Filter" schoß Stabile schon in der ersten Saison 48 Tore und wurde Argentiniens Schützenkönig.

Das war auch der Grund für seine Nominierung in die argentinische Olympia-Auswahl, die zu den Spielen von Amsterdam 1928 reiste. Sie hatte sich gelohnt, denn zu den glanzvollen Siegen gegen die USA mit 11:2, gegen Belgien mit 6:3, und gegen die Ägypter mit 6:0 steuerte Stabile seine „Filter-Tore" in großer Zahl bei. Selbst die damals als unschlagbar geltende Mannschaft Uruguays bekam seine Durchschlagskraft zu spüren und brauchte schließlich im Endspiel die Verlängerung, um mit einem 2:1 den Olympia-Sieg von 1924 zu wiederholen.

Die „Urus" waren dann auch die Endspielgegner bei jener ersten Fußball-Weltmeisterschaft, die 1930 in Uruguay ausgetragen wurde, und die zum Höhepunkt in der Karriere des Torjägers Stabile werden sollte. Die Argentinier hatten im Vergleich zur Mannschaft Uruguays, die nur drei Spiele austragen mußte, um das Finale zu erreichen, Schwerstarbeit zu verrichten. Von den 14 Toren Argentiniens, die den Weg ins Finale über ein 3:1 gegen Chile, ein 6:3 gegen Mexiko, ein 1:0 gegen Frankreich und ein 6:1 im Halbfinale gegen die USA ebneten, schoß Stabile allein acht. Dabei sollte es auch bleiben, denn für das Finale waren die „Urus" vor Stabile hinreichend gewarnt.

Bis zu diesem Finale ist Stabile lupenreiner Amateur gewesen. In den Jahren darauf war er klug genug, seinen frischen Lorbeer als Profi in Europa zu vergolden. Er erwarb Trainer-Diplome und zeichnete sich nach seiner Rückkehr nach Argentinien nicht nur als erfolgreicher Klub-Trainer aus, sondern führte 1956 auch die National-Elf zur südamerikanischen Meisterschaft und im Jahr darauf zu einem 3:0-Triumph über Brasilien.

WM 1934 in Italien

Trotz aller Widrigkeiten konnte die FIFA das erste Welt-Turnier des Fußballs, 1930 in Uruguay veranstaltet, als Erfolg bilanzieren. Somit stand es auch Pate bei der Durchführung des zweiten, in positiver wie in negativer Hinsicht...

Schon mit der Niederlage Italiens beim FIFA-Kongreß in Barcelona 1929 war der Veranstalter des 34er Turniers eigentlich gegeben. Zudem bekamen die Italiener politischen Rückenwind: Benito Mussolini war Ministerpräsident, seine faschistische Bewegung brauchte das Spektakel und den nationalen Erfolg. Ein Rezept, das Hitler mit den Olympischen Spielen 1936 in Berlin ebenso anwandte.

Die „Copa mondiale di Calcio" war dem „Duce" etliche Millionen Lire wert. In Turin, Florenz und Neapel entstanden prächtige neue Stadien, in Mailand und anderen Städten wurden vorhandene Arenen renoviert. Die ganze Welt sollte Italiens Glanz und Größe sehen oder wenigstens davon lesen – und sei es nur in der Projektion auf ein sportliches Ereignis.

Doch zunächst einmal kam die Ernüchterung. Uruguay hatte nicht vergessen, daß Italien dem Turnier 1930 ferngeblieben war. Die Südamerikaner rächten sich bitter: der Weltmeister verteidigte seinen Titel nicht! Italien war schockiert und in seinem Stolz tief getroffen. Doch alles Lamentieren half nichts: Uruguay blieb im Abseits, gab den „Coupe Jules Rimet" freiwillig preis.

Dennoch meldeten sich immerhin 32 Länder für die zweite Weltmeisterschaft. Welch ein Fortschritt gegenüber 1930, als mit Mühe und Not nur ganze 13 auf die Beine gebracht wurden!

Erstmals mußten Qualifikationsspiele angesetzt werden, da nur 16 Teams an der Endrunde in Italien teilnehmen konnten. Deutschland schlug Luxemburg 9:1. Österreich und Ungarn kamen ebenfalls klar durch.

Überhaupt – Österreich: Zwei Jahre zuvor hätte es kaum einer, anderen Favoriten für dieses Turnier gegeben, den Weltmeister vielleicht ausgenommen. Das „Wunderteam" befand sich auf dem Höhepunkt seiner Spielkunst, begeisterte das Publikum und entzückte die Experten. Mit 5:0 und 6:0 fertigten Sindelar und Co. die deutsche Nationalelf ab, mit 4:2 gelang selbst zu Beginn des WM-Jahres 1934, noch ein Sieg über Italien – in Turin!

Kein Wunder, daß Qualifikationsgegner Bulgarien keine Chance hatte und 1:6 unterging. Kein Wunder auch, daß man den Wienern viel zutraute bei dieser WM. Doch die Spieler waren älter geworden, und die Vereine sahen sie lieber im eigenen Trikot als in dem des „Teams" spielen. Und der ÖFB sah den blanken Boden, sooft er in seine Kasse schaute. Für die Reise nach Italien reichte es weder zu einem Masseur noch zu einem richtigen Trainer. Erst kurz vor Turnierbeginn stieß Hugo Meisl, der Vater des „Wunderteams", zur Mannschaft. Er war als Mitglied des Organisationskomitees weitgehend mit anderen Aufgaben belastet.

England fehlte erneut, spöttisch schauten die Briten über den Kanal auf die eifrigen Vorbereitungen. Immer noch hielten sie sich für den Nabel der Fußball-Welt, auch wenn ihre Nationalelf kurz vor der WM in Prag und Budapest jeweils mit 1:2 unterlag.

Waren das „Mutterland" und der Weltmeister gar nicht vertreten, so der „Vize" nur unzulänglich. Argentinien schickte eine Amateur-Elf, die weder den Anforderungen eines solchen Turniers genügte noch den wahren Stand des Fußballs im Lande repräsentierte. Doch in Buenos Aires war gerade der Profi-Fußball offiziell eingeführt worden.

Weltmeisterschaft 1934 – Der Verlauf des Turniers

Achtelfinale		Viertelfinale		Semifinale		Finale	
Italien	7						
USA	1	Italien	1* 1**				
Spanien	3	Spanien	1 0				
Brasilien	1			Italien	1		
Österreich	3*			Österreich	0		
Frankreich	2	Österreich	2				
Ungarn	4	Ungarn	1				
Ägypten	2					Italien	2*
Deutschland	5					ČSSR	1
Belgien	2	Deutschland	2				
Schweden	3	Schweden	1				
Argentinien	2			ČSSR	3		
Schweiz	3			Deutschland	1	**Um den dritten Platz**	
Niederlande	2	ČSSR	3				
ČSSR	2	Schweiz	2			Deutschland	3
Rumänien	1					Österreich	2

* nach Verlängerung, ** Wiederholung.

Weltmeisterschaft 1934

Das faschistische Italien brauchte die Fußball-Weltmeisterschaft als Propaganda-Veranstaltung, und der Duce war fast immer dabei. Auch beim Eröffnungsspiel Italien–USA. Rechts: Mussolini grüßt das Sternenbanner, das der amerikanischen Mannschaft vorangetragen wird (unten).

Diesmal rettet der US-Torhüter Hjulina vor Orsi, zweimal aber trifft der gefährliche Außenstürmer ins Schwarze, die Italiener gewinnen 7:1.

Das brachte Probleme mit sich, die auf die Entsendung einer WM-Vertretung nicht ohne Einfluß blieben.

Allein Brasilien schickte eine starke Mannschaft nach Europa, darunter den schwarzen Leonidas. Zusammen mit Italien zählten die Südamerikaner zum Favoritenkreis, der auch noch Ungarn, Österreich und die ČSR umfaßte.

Nach dem damaligen Modus wurde von Beginn an im K.o.-System gespielt, also keine Gruppenspiele, keine Vorrunde. Somit kam der Auslosung der ersten Paarungen bereits große Bedeutung zu. Natürlich „setzte" man, um frühzeitiges Ausscheiden von Favoriten zu verhindern. Deutschland kam ganz gut weg, der Gegner hieß Belgien.

Apropos Deutschland: der Regime-Wechsel hatte auch einen Wandel der Einstellung des DFB bewirkt. War 1930 noch das Mitwirken an einem Turnier zusammen mit Profis undenkbar für ihn gewesen, so gebot das neue politische Weltbild nunmehr die Teilnahme. Und zwar nicht nur die Teilnahme, sondern auch den Erfolg. Das Fachamt Fußball war gehalten, der nationalen Vertretung die bestmögliche Vorbereitung angedeihen zu lassen. „Es wird nichts versäumt, was den Erfolg zu verbürgen vermag", versicherte der „Kicker" seinen Lesern.

Reichstrainer Nerz und sein Assistent Herberger luden zunächst 38 Spieler nach Duisburg ein, stellten Mannschaften auf, schickten sie in vier Testspiele gegen die englische Profi-Elf von Derby County und fanden auf dem Boden dieses Siebes schließlich 38 Spieler, denen sie ihr Vertrauen schenkten. Auffallendstes Merkmal: das Aufgebot war mit 23 Jahren das bis dahin jüngste in der Geschichte des deutschen Fußballs.

In den ersten 45 Minuten dieser WM schien es dann auch prompt zu jung zu sein. Belgien führte in Florenz zur Halbzeit mit 2:1.

Nur 8000 Zuschauer waren gekommen, darunter auch einige wenige Deutsche, an ihren Hakenkreuzfähnchen deutlich zu erkennen. Überhaupt hielt sich das Publikumsinteresse in dieser ersten Runde noch in Grenzen. Der „Giro d'Italia" lief gerade, und das war harte Konkurrenz für König Fußball.

Zudem brannte die Sonne vom wolkenlosen italienischen Himmel. Über 30 Grad wurden in fast allen Stadien gemessen. Auch in Florenz, wo Deutschland und Belgien spielten.

Nerz hatte auf strengste Disziplin geachtet. Er wußte, welche Rolle die Kondition bei einem Turnier in diesem Land spielen würde. Das deutsche Quartier am Comer See wurde geheimgehalten, erstmals fuhr die Mannschaft in einem eigenen Bus zu den Spielen. Und zu einem Empfang durch die Honoratioren der Stadt Florenz durften nur die Ersatzspieler ...

Es hatte lebhafte Debatten um die deutsche Mannschaft und ihre Chancen gegeben. Taktisch war der deutsche Fußball noch in zwei Lager gespalten: hier Offensive, dort WM-System. Nerz hatte sich – vor allem gegen den Widerstand der Nürnberg-Fürther Schule – für das WM entschieden und seinen besten Spieler, Fritz Szepan, als Stopper eingesetzt. Vielen alten Hasen blutete das Herz, als sie einen solchen Mittelläufer als dritten Verteidiger „mißbraucht“ sahen.

Die erste Halbzeit gegen Belgien schien ihre Befürchtungen zu bestätigen. Torwart Kress, mit 28 Jahren der Älteste der Elf, stand unter ständigem Beschuß. Das Spiel der deutschen Abwehr wirkte konfus.

Dennoch war Deutschland in Führung gegangen. Otto Siffling hatte Kobierski bedient, der sich mit einem Volltreffer bedankte. Doch dann mißglückte Fritz Szepan eine Kopfball-Abwehr. Wie der Blitz war Belgiens Mittelstürmer Vorhoof zur Stelle und schoß ein.

Die Italiener auf den Rängen witterten eine Sensation. „Forza, Belgia!“

Am 27. Mai 1934 in Florenz. Deutschland spielt zum erstenmal um die Weltmeisterschaft; gegen Belgien treten an, von links: Haringer, Hohmann, Kress, Siffling, Zielinski, Schwartz, Conen, Kobierski, Janes, Lehner, Szepan. Unten links: Schuß von Conen, der beim 5:1 über die Belgier drei Treffer erzielt. Unten rechts: der belgische Torhüter Vandeweyer in Aktion.

Viertelfinale in Florenz und Wimpeltausch zwischen zwei der berühmtesten Torhüter ihrer Zeit (rechts): Combi (links) und Zamora. Die Begegnung Italien–Spanien endet 1:1, Zamora verletzt sich und wird im Wiederholungsspiel von Noguet (unten) vertreten. Die Italiener gewinnen 1:0.

Österreichs Mannschaft vor dem Viertelfinalspiel gegen Ungarn, von links: Horvath, Sesta, Zischek, Sindelar, Bican, Urbanek, Wagner, Platzer, Viertl, Cisar, Smisik. Ganz unten: Gefahr vor dem österreichischen Tor. Platzer rettete mit Faustabwehr, Österreich gewinnt 2:1.

brüllten sie und trieben die Männer aus Brüssel und Lüttich zu neuen Taten. Vorhoof ließ sich nicht lange bitten. Kurz vor der Pause erzielte er das wichtige 2:1.

Bedrückt schlichen die deutschen Spieler in die Kabine, doch es gelang Nerz, ihre Resignation zu vertreiben und ihnen den Glauben an das eigene Können zurückzugeben.

Wie umgewandelt kamen sie zur 2. Halbzeit aufs Spielfeld. „Ein schnelles Tor!" hatte Nerz befohlen, und schon nach fünf Minuten meldete Siffling den Vollzug. Lehner hatte präzise nach innen geflankt.

Noch hielten die Belgier das für Zufall. Sie erhöhten noch einmal das Tempo, verbrannten aber in ihrem eigenen Feuer. Nach etwa einer Stunde mußten sie ihrem kraftraubenden Einsatz Tribut zollen, Deutschland kam immer besser ins Bild.

Die Tore fielen dann wie reife Früchte. In der 63. Minute lockte Kobierski Belgiens Torwart Vandeweyer aus dem Kasten und schob den Ball zu Edmund Conen, der den Rest besorgte. Deutschland führte 3:2.

Respektvoll begrüßen sich Fritz Szepan und der schwedische Mannschaftskapitän vor der Begegnung in Mailand, wo Szepan (unten im Kopfball-Duell) dem deutschen Spiel entscheidende Impulse gibt. Die Deutschen gewinnen 2:1 und stehen in der Vorschlußrunde.

Es war Conens erster Treffer gewesen, zwei weitere sollten folgen. Der deutsche Mittelstürmer rochierte nach rechts und links, schoß aus allen Lagen, war nicht mehr zu halten. Am Ende stand es 5:2 für Deutschland.

Nerz hatte seine Kritiker zum Schweigen gebracht, Conen es seinem schärfsten Kritiker gezeigt: eben Nerz. Erst ein halbes Jahr zuvor, nach der

Platzwahl zwischen Minelli und Planicka in Turin (rechts). Oben: Sechehaye ist geschlagen – so fällt das erste Tor für die Tschechoslowakei im Spiel gegen die Schweiz, die 3:2 gewinnt und nun auf Deutschland trifft.

Weltmeisterschaft 1934

Etwas linkisch schütteln sich Szepan und Planicka vor dem Semifinalspiel Tschechoslowakei–Deutschland in Rom die Hände (unten). Die deutsche Abwehr schaut verdutzt dem Ball hinterher; Nejedly hat zum estenmal zugeschlagen. In der 18. Minute bereits steht es 1:0 für die Tschechoslowakei.
Unten rechts: Die Deutschen schöpfen noch einmal Hoffnung, als Noack Planicka überwindet und den Ausgleich erzielt.

Länderspiel-Premiere des 19jährigen Saarbrückers gegen Ungarn, hatte der Reichstrainer ihm prophezeit: „Mein Lieber, Sie haben heute zwei Länderspiele gemacht – Ihr erstes und Ihr letztes..."

Doch Conen setzte sich durch, nutzte die Chance der Probespiele gegen Derby County und strafte seinen Trainer Lügen. Nach der Weltmeisterschaft zählten ihn anerkannte Experten zu den besten Mittelstürmern des Turniers.

Deutschland also weiter, ebenso Italien, ebenso Ungarn. Überhaupt waren Sensationen ausgeblieben. Zwar hatte Österreich eine Verlängerung gebraucht, um Frankreich 3:2 zu schlagen, zwar hatte sich die ČSR beim 2:1 gegen Rumänien sehr schwer getan, doch unter den letzten Acht standen eigentlich alle Mannschaften, die man dort erwartet hatte. Auch Spanien, das Brasiliens Vertretung mit 3:1 abfertigte. Und auch Schweden, das die Argentinier mit 3:2 ausgebootet hatte.

Die Schweden wurden Deutschlands Gegner im Viertelfinale. Die Bilanz bot Anlaß, Schlimmes zu fürchten: in zehn Spielen nur drei Siege. Doch die gute Leistung der 2. Halbzeit gegen Belgien stand dagegen. Indessen: würde Conen wieder so groß aufspielen?

Nerz hüllte sich hinsichtlich der Chancen in Schweigen. Auch die Aufstellung verfiel der Geheimhaltung. Nur soviel war klar: Paul Janes war verletzt und konnte mit Sicherheit nicht spielen. Doch welche Konsequenzen würde Nerz noch ziehen?

Das Spiel fand in Mailand statt. Erst kurz vor Anstoß erfuhren die deutschen Berichterstatter Nerzens Schlachtordnung. Für Janes spielte Gramlich, für Schwarz der Duisburger Busch. Stopper blieb jedoch Fritz Szepan, dem damit die Aufgabe zufiel, den gefürchteten schwedischen Goalgetter Jonasson, der gegen Argentinien zwei Tore geschossen hatte, auszuschalten.

Es regnete in Mailand, der Rasen des San-Siro-Stadions war naß und glatt. Die Schweden fühlten sich schneller heimisch, Deutschland kam nur schwer in Tritt. Zur Pause stand es noch 0:0.

Wie schon gegen Belgien, kam auch jetzt eine weitaus entschlossenere deutsche Elf zur 2. Halbzeit aufs Feld. Der junge Rudi Gramlich aus Frankfurt spielte erstaunlich selbstbewußt. Nach etwa zehn Minuten hob er einen Freistoß gefühlvoll über die schwedische Abwehrmauer. Hohmann nahm den Ball mit dem Kopf, nickte zu Conen und lief sich sofort wieder frei. Der Paß kam postwendend, mit dem Seitenrist schob Hohmann den Ball ins Tor. 1:0!

Auch das 2:0 ging auf Gramlich zurück. Sein Steilpaß sah erneut Hohmann blitzschnell im Bilde. Torwart Rydberg war ohne Chance, Deutschland führte mit zwei Toren.

Das genügte, obwohl die Schweden noch einmal stark aufkamen und dem Spiel eine dramatische Schlußphase

Brillante Paraden der Torhüter im Semifinalspile Italien–Österreich: Combi (rechts) und Platzer (unten) beeindrucken in Mailand.
Rechts, unten: Meazza beglückwünscht den Torschützen Guaita, während sich ein Österreicher über seinen angeschlagenen Torhüter Platzer beugt. Das einzige Tor der Semifinalbegegnung zwischen Österreich und Italien ist gefallen.

Spiel um den dritten Platz – Deutschland gegen Österreich. Jakob im deutschen Tor (oben, rechts) bewährt sich glänzend. Lehner mit zwei Treffern und Conen (rechts) sind die Torschützen. Die deutsche Mannschaft gewinnt 3:2 und erreicht auf Anhieb den dritten Platz der Weltmeisterschaft.

gaben. Mit Glück und Geschick rettete sich Deutschland über die Zeit und ins Halbfinale.

Derweil sprach man in Italien vom vorweggenommenen Finale zwischen dem Gastgeber und der spanischen Elf. 35 000 Zuschauer in Florenz wußten nicht, ob sie dem 38jährigen Mann im spanischen Tor Bewunderung zollen oder ihn verwünschen sollten. Ricardo Zamora brachte Spieler und Anhänger der Squadra azurra zum Verzweifeln.

Nach einer halben Stunde war Spanien durch Regueiro in Führung gegangen. Kurz vor der Pause der Ausgleich: Zamora wird gerempelt und kommt an den Schuß Ferraris nicht heran. Bei diesem 1:1 bleibt es – trotz erbitterten Kampfes auch in der Verlängerung.

Im Wiederholungsspiel, schon 24 Stunden später, fehlt Zamora ebenso wie die spanischen Star-Stürmer Langara und Irrargori. Sie sind Opfer des zum Teil überharten italienischen Spiels geworden.

Sechs neue Spieler im spanischen Team – trotzdem hat Italien es nicht leichter. Doch siehe da: statt des Belgiers Baert, der das erste Spiel glänzend geleitet hatte, ist der Schweizer Mercet als Schiedsrichter aufgeboten, ein Tessiner …

Er benachteiligt die Spanier schamlos und wird später von seinem eigenen Verband auf Lebenszeit suspendiert. Doch das nutzt den Spaniern wenig. Sie müssen mit Monsieur Mercet leben, wenigstens 90 Minuten lang. Sie genügen dem „Unparteiischen", die Geschicke zu bestimmen. Sieben Spanier sind verletzt, einer liegt draußen, da gelingt Meazza ein irregulärer Treffer, den Mereet glatt anerkennt. Den einwandfreien Ausgleich der Spanier ignoriert er.

Also Deutschland und Italien als Halb-Finalisten, doch wer noch? Das dritte Viertelfinalspiel ist die 76. Partie Österreich-Ungarn. Die Wiener knüpfen noch einmal an alte Glanzzeiten an, gewinnen durch Tore von Horvath und Bican 2:1. In Turin besiegt die ČSR die Schweiz nur knapp 3:2. Das Los bestimmt die Tschechen zum Gegner der deutschen Elf. Damit steht auch die andere Partie fest: Italien gegen Österreich.

Erneut verhilft hier ein dubioses Tor den Italienern zum Sieg. Österreichs Torwart Platzer kann einen Schuß von Schiavio nicht festhalten und wird von

Das römische Stadion ist am Tag des Endspiels natürlich ausverkauft (links), und mit feierlichem Zeremoniell beginnt das Finale. Links,unten: Hinter ihrer Nationalflagge laufen die Mannschaften Italiens und der Tschechoslowakei ein. Unten: Planicka beugt sich tief herunter, um zu erkennen was das Los entschieden hat. Sein Gegenüber ist Combi.

Meazza über die Linie gerempelt. Schiedsrichter Eklund aus Schweden gibt seinen Segen.

Auf solche Hilfe ist die ČSR nicht angewiesen. In Rom erwischt Deutschlands Torhüter Kress einen rabenschwarzen Tag. Die Tschechen nutzen das Handikap des Gegners sofort aus. Ihr 3:1-Sieg geht völlig in Ordnung.

Die deutsche Mannschaft war mehrfach gehandicapt. Gramlich hatte aus beruflichen Gründen (!) abreisen müssen, Hohmann war verletzt. Dennoch kamen die Männer um Szepan schneller ins Spiel. Doch als Planicka im Tor der ČSR gerade einen „unhaltbaren" Schuß doch gehalten und die Führung des Gegners vereitelt hat, ging die ČSR in Führung: Kress hielt einen Schuß von Junek nicht fest, Nejedly sprang hinzu und schoß ein.

In der 69. Minute scheint das Spiel entschieden. Puc hat das 1:0 erzielt – Combi liegt geschlagen am Boden. Aber elf Minuten später befindet sich Planicka in der gleichen Situation (unten) – Orsi hat den Ausgleich und damit die Verlängerung erzwungen.

Spurt um den Ball zwischen Svoboda und dem Italiener Schiavio.

Doch noch gab sich die deutsche Elf nicht geschlagen. Sie versuchte, ihr Spiel zu machen. In der 60. Minute glich Noack zum 1:1 aus, die Chancen zum Erfolg standen nicht schlecht.

Dann kam die verhängnisvolle 73. Minute: Puc zog eine Flanke in den deutschen Strafraum, Kress wollte den Ball fangen, versuchte dann jedoch zu fausten, verfehlte das Leder und mußte zusehen, wie es auf Nejedlys Kopf landete: 2:1.

Der Schock war tödlich. Auch das dritte Tschechen-Tor, erneut durch Nejedly, hätte ein anderer Torwart wohl gehalten. Doch Kress war längst ein gebrochener Mann.

Immerhin – Deutschland war wenigstens Vierter und durfte mit Österreich sogar um den dritten Platz spielen. Freilich waren die Aussichten darauf mehr als schlecht. Österreichs Kantersiege drei Jahre zuvor wirkten nach. 5:0 in Wien und gar 6:0 in Berlin – Deutschland war in Neapel nicht mehr als Außenseiter.

Nerz mußte umbauen. Kress war nicht mehr zu gebrauchen, Paul Janes wieder fit. Der Reichstrainer stellte Hans Jakob ins Tor und Janes auf den rechten Verteidiger-Posten. Er sollte zu seinem Stammplatz werden.

Entscheidender aber war, daß Fritz Szepan in den Sturm beordert wurde. Gegen Österreich war nichts zu verlieren, da konnte offensiv gespielt werden. Als Mittelläufer ließ Nerz den Aachener Reinhold Münzenberg anreisen, der drei Jahre nicht mehr international gespielt hatte.

Das Experiment gelang. Deutschland erwischte einen Blitzstart. Schon nach einer Minute erzielte Ernst Lehner das 1:0, nur wenig später erhöhte Conen auf 2:0.

Da beide Teams im gleichen Dress spielten und sich vor Beginn nicht auf andere Farben hatten einigen können, glaubten die italienischen Zuschauer, in der besser spielenden deutschen Elf das berühmte österreichische „Wunderteam“ zu sehen. Als sie nach einer halben Stunde ihren Irrtum erkannten, gab es massive Proteste. Der Schiedsrichter unterbrach die Partie und ließ losen. Deutschland verlor und mußte rote Hemden anziehen. Doch jetzt standen die Italiener auf Grund der vertrauten Farbe hinter der Mannschaft. Sie feuerten sie an, als wäre sie der SC Neapel.

Die junge deutsche Elf spielte hervorragend. „Wir spielten die Österreicher an die Wand“, erinnerte sich Conen noch Jahre später. „Ernst Lehner schoß zwei herrliche Tore, denen ich ein drittes anfügte.“

Das war der Sieg, denn die Österreicher, denen Sindelar wegen Verletzung fehlte, kamen nur auf 2 Gegentreffer. Den zweiten erzielte Sesta aus rund 40 Metern Entfernung.

Deutschland also Dritter, der bislang größte Erfolg in der Geschichte des deutschen Fußballs. Unter Beifall nahm Fritz Szepan in Rom den Pokal entgegen. Kein Zweifel, der Erfolg war auch ein Sieg für Trainer Nerz und seine Politik.

Rom, 10. Juni 1934: Finale der Fußball-Weltmeisterschaft, Italien gegen die ČSR. Zwei Torhüter tauschen die Wimpeln, zwei Torhüter sind Kapitäne ihrer Elf: Combi und Planicka. Das ist symptomatisch für dieses Turnier, das mehr große Torwart-Persönlichkeiten in Aktion sah als irgendeines danach: neben Combi und Planicka vor allem den „göttlichen Spanier“, Ricardo Zamora, den Franzosen Thepot, Platzer oder auch den Schweden Rydberg.

Auch das Finale steht im Zeichen eines Torwarts: Planicka im Tor der Tschechen hält alles, was Italiens Stürmer auf ihn abfeuern. Unruhig rutscht die massige Gestalt Mussolinis auf dem Ehrensitz hin und her, denn in der 70. Minute hatte Puc die Tschechen in Führung gebracht. Orsi glich vier Minuten später aus, doch dann schien der Italien-Expreß sich festgefahren zu haben. Dem Duce, gekommen, um einen nationalen Sieg zu feiern, wurde unbehaglich.

Er mußte noch eine Weile schmoren. Erst nach der Verlängerung vermochte Schiavio den Siegtreffer zu erzielen und Italien zum Weltmeister zu machen.

Links: Trainer Pozzo bespricht sich in der Pause vor der Verlängerung mit seinen Spielern. Und in der 97. Minute fällt die Entscheidung. Unten: Zwei Bilder aus der Wochenschau des Jahres 1934: Schiavio nimmt den Ball auf und jagt ihn ins Netz.

Links: Das Spiel ist aus, auf den Rängen entlädt sich der Jubel über den Sieg der italienischen Mannschaft.

Weltmeisterschaft 1934

Triumph für Italien und Pozzo, den seine Spieler vom Feld tragen. Und das ist die siegreiche italienische Mannschaft, stehend von links: Combi, Monti, Ferraris IV, Allemandi, Guaita, Ferrari; sitzend: Schiavio, Meazza, Monzeglio, Bertolini, Orsi. Ganz unten: Mussolini verteilt seine Ehrenpreise an Planicka und Szepan, die Kapitäne der ČSR und Deutschlands.

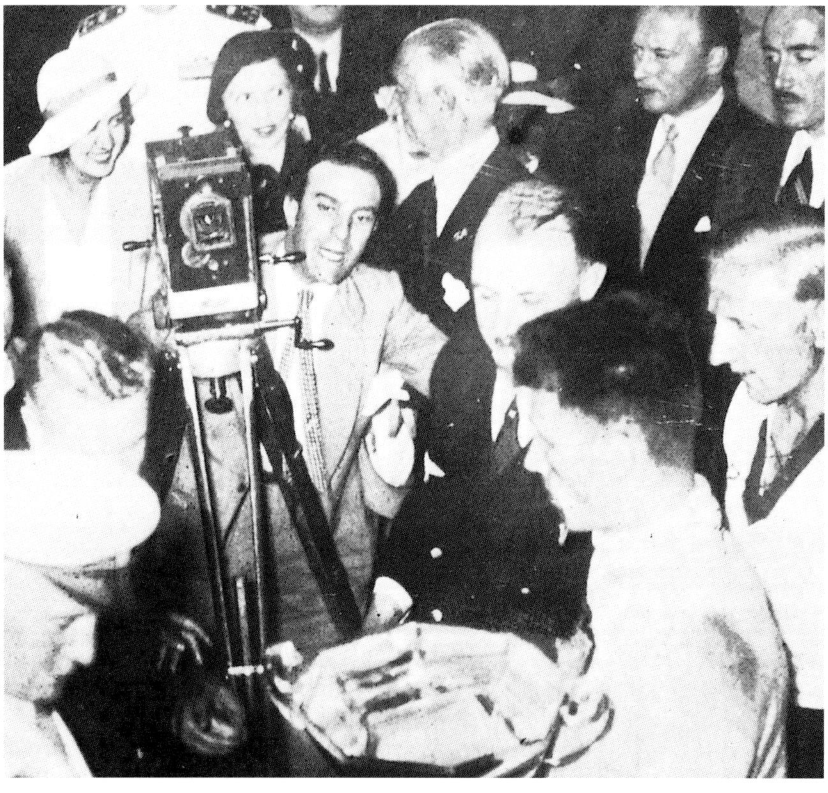

Ein würdiger Titelträger? „Was sich auf dem Rasen abspielte, hatte mit Fußball und Sport gar nichts mehr zu tun", kritisierte der „Kicker" in seinem Endspiel-Bericht. Selbst die politische Brüderschaft zur Achsenmacht Italien vermochte die Ansicht nicht zu tarnen, daß der Verbündete sich im Finale nicht nur aller erlaubten, sondern auch vieler unerlaubter Mittel bedient habe. „Monti und einige andere Italiener gehören einfach nicht auf Spielfelder."

Dieser Monti war eigentlich gar kein Italiener. Er stammte aus der vier Jahre zuvor im WM-Finale unterlegenen argentinischen Elf. Ebenso wie Orsi und Guaita hatte er plötzlich italienische Vorfahren entdeckt und nicht nur einen Wechsel des Arbeitsplatzes, sondern auch der Staatsangehörigkeit bewirkt.

So kam Südamerika in Italien doch noch zu Ehren. Zumindest Orsi und Guaita, die ebenfalls aus der argentinischen Vizemeister-Elf stammten und im 34er Finale die Tore schossen bzw. vorbereiteten, durften als herausragende Spieler gelten. Doch im gleichen Maße wie die „Squadra azurra" hätten wohl auch die unglücklich unterlegene ČSR oder Spanien den Titel verdient gehabt. Vittorio Pozzos Mannschaft besaß ohne Zweifel die besseren Individualisten, aber sie profitierte auch von der heimischen Umgebung und allen Vorteilen, die das eigene Land mit sich bringt – nicht zuletzt die Gunst der Schiedsrichter.

Pozzo erklärte den Triumph mit der leidenschaftlichen Hingabe „des ganzen Volkes". Er meinte: „In Italien beschäftigt Fußball das ganze Land, es ist ein nationales Anliegen. Diese Fähigkeit muß ein Trainer nutzen. Meine Spieler bekamen damals nichts als ihre Plaketten, doch mit welcher Hingabe setzten sie sich ein?! Ich hatte ihnen den englischen Stil verordnet, natürlich italienisch modifiziert: freies Spiel auf die Flügel. Ich glaube, das war die Grundlage des Erfolgs."

Auch die FIFA durfte sich als Sieger fühlen. Das WM-Turnier 1934 war ein voller Erfolg: Statt 13 Teilnehmer wie vier Jahre zuvor, deren 32, statt 250 000 Peseten Gesamteinnahme 3,6 Millionen Lire. 1,4 Millionen blieben übrig für die teilnehmenden Verbände.

Torschützenkönig in Italien

Nejedly

Wenn man die großen Torjäger der Fußballgeschichte miteinander vergleicht, so kristallisiert sich ein ganz bestimmter Typus heraus, dem alle – natürlich mit den gewissen persönlichen Eigenheiten – irgendwie gleichen. So gesehen gehörte auch der Mann in diese Kategorie, der das tschechoslowakische Sturmspiel in den dreißiger Jahren mit Spielwitz und Serien von Toren zu einem der erfolgreichsten des Kontinents machte. Doch dieser Oldrich Nejedly war trotz aller typischen Torjäger-Merkmale in einem gewissen Punkt eine absolute und einmalige Ausnahme:

Während alle Torjäger zur Wahrung auch nur der kleinsten Chance im Strafraum selbst hart attackieren, aber auch harte Attacken in Kauf nehmen, verzichtete Nejedly auf Körpereinsatz vollkommen. Der Grund: Geringe Körpergröße – dabei aber nicht so bullig wie beispielsweise ein Uwe Seeler, sondern eher grazil – und „Glas“-Knochen, die bei jedem Tackling Verletzungsgefahr heraufbeschworen.

Daß Nejedly trotzdem Tore am Fließband produzierte, war kein Wunder, denn der kleine Tscheche gehörte eben nicht nur zu den Großen im Sturm, sondern war außerdem noch ein absoluter Ausnahme-Techniker. Abstauber-Tore waren dem Oldrich Nejedly weitgehend fremd.

Seine Tore waren auch keine Bomben, sondern das Produkt von einzigartigem Stellungs-Spiel, vollendeter Körperbeherrschung und feinfühligster Ball-Behandlung. Wenn Nejedly schoß, kickte er nicht blindlings und auf gut Glück drauflos, sondern placierte so, daß auch spektakulärste Torwart-Paraden meist ohne Erfolg blieben.

Diese Fähigkeit machte ihn schon kurz nach Beginn seiner Karriere bei dem Verein seines kleinen Heimatstädtchens Zebrak in der Nähe von Prag zu einem begehrten Spieler. So begehrt, daß der Präsident des Klubs von Rakovnik, der Nejedly abwarb, sich eigens für jedes Spiel seiner Mannschaft auf sein Beiwagen-Motorrad schwang, um den jungen Stürmer abzuholen und wieder nach Hause zu bringen.

Dieser kleine „Starrummel“ war absolut berechtigt, denn mittlerweile begannen sich auch die Prager Renommier-Klubs für das Talent zu interessieren. Es begann ein allgemeines Werben, und schließlich konnte der arme Provinz-Klub Rakovnik den Verlockungen nicht widerstehen: Für 20 000 Kronen und die Zusicherung eines Freundschaftsspieles erhielt die Sparta den Zuschlag für Nejedly, dem das zunächst gar nicht gefiel. Die eingesessenen Sparta-Stars hatten nämlich keine Lust, sich von einem kickenden Provinzler aus der Mannschaft drängen zu lassen, und schnitten Oldrich so, daß er am liebsten wieder nach Hause gegangen wäre. Doch Spartas Trainer waren bereit, für ihr neues Kleinod hart durchzugreifen, und das machte sich bezahlt, denn in den zehn Jahren, in denen Nejedly für die Sparta stürmte, bestritt er nicht weniger als 421 Spiele und schoß dabei 391 Tore.

Auch im National-Team wollte man auf Nejedly-Tore nicht verzichten: Knapp sechs Wochen nach seinem Wechsel zu Sparta Prag stand der grazile Torjäger bereits im Aufgebot gegen Polen.

Besser konnte der Beginn seiner internationalen Karriere gar nicht verlaufen: Beim 4:0-Sieg über die Polen steuerte er gleich ein Tor bei. Trainer und Experten waren sich einig; nie hatte es einen Stürmer gegeben, der die tschechische Spielweise der „Ulic ka“, das Spiel in die Gasse, besser aufgefaßt hat als Nejedly.

Mit Nejedly im Sturm verschaffte sich der tschechische Fußball in den Arenen Europas im Handumdrehen Respekt, und man durfte gespannt sein, wie sich die Tschechoslowaken wohl bei der zweiten Fußball-Weltmeisterschaft schlagen würden, die 1934 in Italien ausgetragen wurde.

Tatsächlich wurde dieses WM-Turnier nicht nur für seine Mannschaft, sondern auch für Oldrich Nejedly selbst zu einer Sternstunde. Wie stark die Tschechoslowaken mit ihrem Torjäger waren, bekamen vor allem die Deutschen zu spüren, die ins Halbfinale vorgedrungen waren und sich nicht unberechtigte Hoffnungen machten. Doch Nejedly sorgte mit seinen drei Toren beim 3:1-Sieg seiner Mannschaft für ein rasches Ende dieses Traumes.

Schließlich konnten nur noch die Italiener im Finale den Siegeszug der Tschechoslowaken bremsen, doch an der Tatsache, daß Oldrich Nejedly Torschützenkönig dieses WM-Turniers wurde, konnten auch sie nichts mehr ändern.

Auch nach seinem ersten WM-Turnier befand sich Nejedly weiter in Tor-Laune. Diejenigen, die bis dahin nur von seinem Torhunger gehört hatten, bekamen ihn bald praktisch zu spüren. Nejedly wurde in den Strafräumen europäischer Mannschaften zum meistgefürchteten Mann.

Dieser Ruf eilte ihm voraus, als es in Frankreich 1938 wieder um die Coupe Jules Rimet ging. Doch nach einem leichten Sieg gegen Holland erfolgte im Viertelfinalspiel gegen Brasilien eine Art Wachablösung. Leonidas war der neue Star unter den Torjägern. Nejedly ging leer aus. In seiner Verzweiflung suchte er, was er sonst nie tat, die Chance im Zweikampf – und prompt brach er sich das Bein.

Nejedly kickte bis zum 48. Lebensjahr. Erst ein neuerlicher Beinbruch veranlaßte ihn, seine Karriere zu beenden.

WM 1938 in Frankreich

Beim FIFA-Kongreß am 25. Mai 1934 in Rom hatte Jules Rimet seine eigenen Prinzipien durchbrochen und für einen veränderten Austragungsrhythmus plädiert: Das nächste WM-Turnier solle bereits in drei Jahren, also 1937, stattfinden und mit der Pariser Weltausstellung im gleichen Jahr zusammenfallen.

Natürlich hatte der Taktiker Rimet seine Gründe dafür. Er hoffte, das Komitee der Ausstellung werde die nicht unerheblichen finanziellen Garantien für das WM-Turnier übernehmen. Doch weder die Messe-Männer, noch die in den eigenen Reihen bissen auf den Köder an. Südamerika bestand auf Wechsel-Rhythmus und glaubte, nun sei es wieder an der Zeit, die WM auf dem anderen Kontinent zu veranstalten. Kandidat war Argentinien. Völlig zerstritten ging die Vollversammlung des Weltverbandes auseinander und entschied erst zwei Jahre später, beim Kongreß in Berlin, für Frankreich und das Jahr 1938. Es blieb also beim Abstand von vier Jahren.

Acht Verbände des amerikanischen Kontinents zogen daraufhin ihre Meldung zurück, darunter Argentinien und Uruguay. Lediglich die USA, Brasilien und Kuba blieben bei der Stange, woraufhin in Rio wieder einmal das Fußballfieber ausbrach. Jeder Spieler wurde für 50 000 Mark versichert und der Staat erklärte sich bereit, die Kosten der Expedition zu tragen, soweit der Veranstalter nicht dafür aufkam. (Frankreich zahlte Reise- und Aufenthaltskosten aller teilnehmenden Mannschaften bis zu jeweils 17 Personen.)

Als Niederländisch-Indien nachmeldete, wuchs die Zahl der Amerika-Repräsentanten auf vier, doch die USA sagten kurzfristig wieder ab. Der Grund: ihre aus England stammenden Spieler weigerten sich, am Sonntag Fußball zu spielen ...

Apropos England: das Mutterland stand weiter abseits. Selbst ein Telegramm Frankreichs vermochte die Splendid Isolation nicht zu durchbrechen. Die Antwort bestand aus einem einzigen höflichen Satz: „Die FA sieht sich leider nicht in der Lage, ihren Standpunkt hinsichtlich einer Teilnahme an einem WM-Turnier aufzugeben"

Dabei arbeiteten zu dieser Zeit 35 englische Fußball-Lehrer auf dem Kontinent ...

Also England nicht, Uruguay nicht, Argentinien nicht. Drei große Fußball-Nationen stehen abseits. Eine vierte kommt hinzu: Österreich. Aber ihr Grund ist nicht selbstgewählte Abstinenz, sondern hohe Politik. Österreich hat nämlich aufgehört zu bestehen, zumindest für einige Jahre. Hitler war nach Wien marschiert, was dort zwar großen Jubel auslöste, fußballsportlich aber noch einige Probleme mit sich bringen sollte.

Nach der WM '34, als sie den dritten Platz belegt hatte, war die deutsche Nationalelf als beste Amateurmannschaft der Welt gefeiert worden. Reichstrainer Nerz und sein Assistent Sepp Herberger schienen darüber hinaus eine Mannschaft zu besitzen, deren Jugend eine erfolgsträchtige Zukunft versprach. Jedenfalls galt sie für das olympische Fußballturnier 1936 als klarer Favorit – zumal im eigenen Land.

Daß sich die Prognosen nicht erfüllten, mag für Deutschland schmerzlich gewesen sein, für den Fußball war es gut. Er lebt davon, daß Favoriten gelegentlich auf die allzu hohe Nase fallen. Deutschland passierte das gegen den Außenseiter Norwegen, was Reichstrainer Nerz das Amt kostete. Er ging zwar „auf Raten", aber seine Ablösung durch Herberger war praktisch mit dem Berlin-Debakel beschlossene Sache. Am 12. Mai 1938 wurde sie offiziell.

Weltmeisterschaft 1938 – Der Verlauf des Turniers

Achtelfinale		Viertelfinale		Semifinale		Finale	
Italien	7						
USA	1	Italien	3				
Frankreich	3	Spanien	1				
Belgien	1			Italien	2		
ČSSR	3*			Brasilien	1		
Niederlande	2	Brasilien	1* 2**				
Brasilien	6*	ČSSR	1 1				
Polen	5					Italien	4
Schweden						Ungarn	2
kampflos	***	Schweden	8				
Kuba	3* 2**	Kuba	0				
Rumänien	3 1						
Schweiz	1* 4**					**Um den dritten Platz**	
Deutschland	1 2	Ungarn	2	Ungarn	5		
Ungarn	6	Schweiz	0	Schweden	1	Brasilien	4
Niederl. Ind.	0					Schweden	2

* nach Verlängerung, ** Wiederholung, *** nach Verzicht Österreichs wegen „Anschluß"

Der Belgier Jan Langenus begrüßt die Mannschaftskapitäne Mock und Minelli vor dem denkwürdigen Achtelfinalspiel Schweiz gegen Deutschland am 4. Juni 1938 in Paris. Die Begegnung endet 1:1, und fünf Tage später müssen die beiden Mannschaften (rechts die Schweizer, unten die Deutschen) ein zweites Mal gegeneinander antreten.

Der Assistent also sollte die Schmach des olympischen Turniers vergessen machen, sollte bis zur WM 1938 das zerbrochene Porzellan wieder kitten. Er schien der richtige Mann dafür zu sein, kein absoluter Herrscher wie Nerz, sondern eher ein Freund der Spieler, ein Psychologe vor allem.

Im Handumdrehen hatte Herberger das Team dann auch auf Erfolg getrimmt. Die nationalsozialistischen Machthaber ließen ihm jegliche Unterstützung angedeihen. Ihr Interesse an sportlichen Erfolgen war riesengroß, lenkten sie doch von Dingen ab, die nicht unbedingt das Licht breiter Öffentlichkeit vertrugen.

Das Jahr 1937 begann zwar mit einem kleinen Schönheitsfehler (2:2 gegen Holland), doch dann folgte eine beispiellose Siegesserie: zehn Spiele hintereinander wurden gewonnen und am 16. 5. 1937 in Breslau gegen Dänemark jene Elf gefunden, die als „Breslau-Elf" in die Fußball-Geschichte einging. Jakob, Janes, Münzenberg, Kupfer, Goldbrunner, Kitzinger, Lehner, Gellesch, Siffling, Szepan, Urban schlugen die armen Dänen mit 8:0 und empfahlen sich nachdrücklich als Stamm für die WM 1938.

Deutschland mußte Qualifikationsspiele gegen Estland, Finnland und Schweden bestreiten, was reine Formsache war. Die Männer um Fritz Szepan gewannen alle.

Indessen: Des Lebens ungemischte Freude wird keinem Irdischen zuteil. Auch dem armen Sepp Herberger nicht. In seine Vorbereitungsidylle platzte Hitlers Annexion der „Ostmark". Jetzt hatte der gute Sepp zwei hochwertige Nationalmannschaften zur Verfügung. Doch so angenehm war ihm das nicht, denn er sollte ja eine daraus machen. Die Reichssportführung in Berlin hatte natürlich verboten, daß die „Ostmark", obwohl mit einem Sieg über Lettland qualifiziert, mit einer eigenen Vertretung an der WM teilnahm. „Großdeutschland" hieß die Parole.

Ehe sie als Fußball-Nation gestrichen wurden, erhielten die Wiener noch ein kleines Trostpflaster. Noch einmal durften sie zu einem Länderspiel antreten, natürlich gegen Deutschland, und zwar aus Anlaß einer „Werbereise" des Reichssportführers. Am 3. April, also schon drei Wochen nach dem „Anschluß", fand dieses „Glaubensbekenntnis der Fußballer im großdeutschen Reich" („Der Kicker") statt. Am Prater-Stadion wehten die Hakenkreuzfahnen, Spruchbänder verkündeten die neue Dreifaltigkeit: Ein Volk, ein Reich, ein Führer.

Österreich gewann 2:0 und registriert dieses Spiel bis zum heutigen Tag als offiziellen Länderkampf. Der DFB hingegen hält sich in seinen Annalen bis heute an die Sprachregelung von damals und ignoriert das Match, das seine Mannschaft in offiziellen Trikots, der Gegner hingegen im neutralen Dreß bestritten hatte.

Für den „Kicker" hatte mit diesem Spiel im Prater „die Zukunft der großdeutschen Fußball-Nationalelf" begonnen. Für Sepp Herberger begannen Ärger und Arbeit, denn er war gehalten, die beiden Kader zu verschmelzen, um den politischen Akt auch sportlich zu demonstrieren.

So etwas geht selten gut. Elf hochklassige Spieler sind noch lange keine gute Mannschaft. Und zwischen Deutschen und Österreichern bestanden damals erhebliche mentalitätsbedingte Unterschiede in der Auffassung von gutem Fußball. Den „Wiener Walzer" mit all seinen Vor- und Nachteilen dem deutschen Marschtakt anzupassen, das konnte nur Probleme bringen. Herberger wußte es wohl.

Dennoch versuchte er, vor allem einen Österreicher für seine Aufgabe zu gewinnen: Matthias Sindelar. Doch der „Papierene" ließ ihn abblitzen. Er fühle sich für eine WM schon zu alt, teilte er Herberger mit. Der Reichstrainer möge doch bitteschön auf ihn ver-

So fallen drei der sechs Tore im Wiederholungsspiel Schweiz gegen Deutschland. Von oben nach unten: 1:0 durch Gauchel (ganz links im Bild), 3:2 durch Abegglen und schließlich das 4:2 durch den gleichen Spieler. Fußball-Deutschland ist blamiert.

Wuchtig setzt sich Meazza ein (rechts), aber die Tore schießen andere beim 3:1-Viertelfinalsieg der Italiener über Frankreich. Rechte Seite: Diesen Schuß der Ungarn erreicht Abrahamsson im schwedischen Tor, doch Ungarn gewinnt 5:1 und qualifiziert sich für das Endspiel.

zichten. Herberger blieb immer davon überzeugt, daß Sindelars „Korb“ politische Gründe hatte.

Während sich vor dem verantwortlichen Mann die Probleme auftürmten, gingen die Konkurrenten noch durch die Mühle der Qualifikation. Vize-Weltmeister ČSR erschreckte seine Anhänger mit einem 1:1 in Sofia, gewann dann aber zu Hause mit 6:0 gegen Bulgarien. Ungarn vernichtete Griechenland mit 11:1, während Rumänien kampflos nach Frankreich kam. Man hatte sich mit Ägypten nicht auf Termine einigen können.

Von hohem Interesse für Deutschland war die Qualifikationsgruppe 4 mit der Schweiz und Portugal. Denn einer von beiden würde in Frankreich Deutschlands Vorrunden-Gegner sein. Schon am 5. März waren im Uhrensaal des französischen Außenministeriums am Quai d'Orsay die entsprechenden Lose gezogen worden. Ein Enkel von Jules Rimet hatte mutig in die großen Kristallvasen gegriffen und als erster der „Gesetzten“ Allemagne zutage gefördert. Als Gegner wurde Schweiz/Portugal gezogen.

Die beiden einigten sich auf nur ein Spiel, das auf neutralem Boden stattfinden sollte: in Mailand. Allgemein erwartete man Portugal als Sieger, denn die Portugiesen hatten kurz zuvor immerhin Ungarn mit 4:0 geschlagen, und in Frankfurt, gegen eine fast komplette „Breslau-Elf“, bis zur 75. Minute 1:0 geführt, ehe Otto Siffling der Ausgleich gelungen war.

Doch wieder einmal trügen alle Vorzeichen. Das Spiel gewinnt die Schweiz, zwar mit Glück, aber immerhin. In Deutschland zuckt man die Achseln. Gott ja, die Schweiz. Seit 12 Jahren hat sie nicht mehr gegen Deutschland gewonnen.

Eine Meldung aus Zürich tat ein übriges, die Gemüter in Sicherheit zu wiegen: Schweiz gegen Belgien 0:3. Was sollte der deutschen Elf da schon passieren?

Zum Vorbereitungslehrgang nach Duisburg lud Herberger 15 Österreicher ein. „Deutschland gehört zum Kreis der Favoriten", versicherte der „Kicker" seiner Leser-Gemeinde. In Düsseldorf probte man den Ernstfall, pausenlos baute Herberger das Team um. Die Wiener Hahnemann, Pesser, Binder, Schmaus und Raftl gefielen sehr. Doch am Ende hatte man immer noch keine homogene Elf. Im Gegenteil, die Mittelstürmer-Frage Siffling oder Binder war akut geworden.

In Berlin stehen sich die deutsche Mannschaft und England im letzten Länderspiel vor der WM gegenüber. Die Briten gewinnen 6:3. Bester Deutscher ist ein Österreicher: Pesser am linken Flügel. Dann meldet der Reichstrainer seine 22 Auserwählten. Neun Wiener sind dabei: Raftl, Schmaus, Mock, Skoumal, Hahnemann, Stroh, Neumer, Pesser. Der Rest ist Breslau-Elf, von der nur der verletzte Schalker Urban fehlt. Für ihn ist Gauchel im Team.

Eine schockierende Meldung kommt aus der Schweiz: die Eidgenossen haben soeben dieselbe englische Mannschaft, der Deutschland in Berlin mit 3:6 unterlag, 2:1 besiegt. Jetzt glaubt auch der „Kicker": „Wir stehen am 4. Juni in Paris vor einer schweren Aufgabe."

Doch noch ist es nicht soweit, noch ist Gelegenheit zur Erprobung gegeben. Die englischen Profis von Aston Villa sind der Test-Gegner. Vor 60 000 Zuschauern in Düsseldorf gewinnt Deutschland mit 2:1, doch in Stuttgart und Berlin siegen die Tommies. Danach ist Herberger nicht viel schlauer als vorher.

Generalproben allenthalben, die ganze Fußballwelt probte den Ernstfall. Polen schlägt Irland 6:0, Weltmeister Italien siegt über Belgien 6:1, Frankreich unterliegt den in der Schweiz besiegten Engländern 2:4.

Italien hatte seine WM-Elf von 1934 vorsichtig verjüngt. Pozzo legte Wert auf möglichst organischen Auf- und Umbau. Das Innentrio Meazza – Piola – Ferrari wurde als bestes in Europa gerühmt. In den drei Wochen Vorbereitung in Stresa nahm Pozzo ihnen zunächst einmal den Ball weg und machte sie „hungrig". Das brachte die Azzurri in glänzende Form. Sie kamen ohne Sorgen nach Frankreich.

Anders die Deutschen. Herberger hatte schlaflose Nächte, stellte Mannschaften um und auf, kam immer wieder zu anderen Ergebnissen als jenen, die ihm politische Erwägungen in das berühmte Notizbuch diktierten.

Deutschland und die Schweiz hatten die Ehre, die dritte WM eröffnen zu dürfen. Zunächst war Straßburg als Schauplatz ausersehen gewesen, aber das dortige Racing-Stadion erwies sich mit nur 30 000 Zuschauer-Plätzen als zu klein für den erwarteten Andrang.

Beide Mannschaften reisten erst zwei, beziehungsweise einen Tag vor dem Spiel an, das für den 4. Juni 1938 um 18 Uhr, angesetzt war. Es war der Pfingstsamstag.

40 000 füllten das Pariser Prinzenparkstadion und ventilierten – soweit Deutsch – die Frage, ob das Experiment mit den Wiener Spielern wohl gutgehen werde. Immerhin waren es fünf.

Es kam wie befürchtet. die Schweiz zeigte überhaupt keinen Respekt vor dem angeblichen Favoriten und war von Anfang an glänzend im Bilde. Der Wiener Verteidiger Schmaus „schwamm" gegen Amado wie ein Anfänger, Bickel setzte der deutschen Abwehr zu, wo allein Kupfer gute Leistungen bot. Im Mittelfeld fehlte es an Verständnis untereinander und an Bindung nach vorn. Mittelstürmer war Gauchel, der seine Berufung in der 29. Minute überraschend rechtfertigte. Auf Vorlage Pessers erzielte er das 1:0.

Deutschland schien jetzt besser ins Spiel zu kommen, doch kurz vor der Pause verlor Schmaus wieder mal den Ball an Amado, der sofort vors deutsche Tor flankte. Trello Abegglen köpfte mühelos ein: 1:1.

Im Gefühl dieser kalten Dusche gingen die Deutschen in die Kabine, wo Herberger sich mühte, die Depression zu überwinden. In der 2. Halbzeit lief das Spiel dann etwas besser, ohne jedoch den Qualitätsgrad zu erreichen, den die klangvollen Namen zu versprechen schienen. „Elf gute Spieler, die sich gegenseitig unterschiedlich verstehen. Mal klappt's, dann treten wieder Mißverständnisse auf", schilderte der „Kicker".

Ein Lattenschuß von Mock hätte dennoch beinahe die Führung gebracht. Aber schon im Gegenzug brachte Bickel Gefahr vor Raftls Tor. Das Spiel wurde zunehmend härter, vor allem, als Deutschland sich um einen Elfmeter betrogen fühlte. Minelli hatte Hahnemann hart gestoppt.

Noch einmal kam die kombinierte Elf auf, schien der Sieg in greifbarer Nähe. Doch Hahnemann, der immer besser wurde, dribbelte sich ein ums andere Mal fest. Immer wieder waren die Torschüsse der Deutschen zu hoch angesetzt.

Der Endspurt gehörte der Schweiz. Sie wollte um jeden Preis die drohende Verlängerung vermeiden. Es gelang ihr nicht. Beide Mannschaften mußten „nachsitzen" – Folge des totalen K.-o.-Systems schon in der Vorrunde der WM.

In der Verlängerung waren die Deutschen überlegen, schossen aber kein Tor. Die Schweiz zeigte deutliche Konditionsschwächen, kam aber wie-

Begrüßung vor dem Endspiel um die Weltmeisterschaft 1938. Rechts: die Mannschaftsführer Meazza und Sarosi mit dem französischen Schiedsrichter Georges Capdeville. Unten: die Mannschaften werden dem Präsidenten der Republik, Albert Lebrun, vorgestellt

der besser auf, als Kitzinger verletzt ausfiel und später nur Statist am rechten Flügel spielen konnte. Kupfer mußte für den geschlagenen Raftl auf der Linie retten.

Dann kam die häßlichste Szene des Spiels. Erneut hatte Minelli sich sehr hart eingesetzt, diesmal gegen Pesser. Der Wiener trat nach, Minelli wälzte sich am Boden. Schiedsrichter Langenus zögerte keinen Moment: Platzverweis. Für Pesser war die WM zu Ende, die Reichssportführung sperrte ihn außerdem für zwei Monate.

Zehn Deutsche durften auf keinen Sieg mehr hoffen, zumal das Publikum jetzt ganz auf seiten des Gegners stand. Unter gellenden Pfiffen ging ein Spiel zu Ende, dessen finanzieller Ertrag wohl größer war als sein sportlicher Wert: 501 000 Francs waren eingenommen worden, was rund ein Viertel der gesamten Einnahmen aus der Vorrunde ausmachte.

Sie hatte sich nicht nur in Paris durch bemerkenswerte Vorgänge und Ergebnisse ausgezeichnet. Neben Deutschland und der Schweiz konnten auch Rumänien und Kuba keinen Sieger ermitteln. In Toulouse trennte man sich nach 120 Minuten 3:3.

Rangliste der Torschützen

18 Spiele – 83 Tore

7 Tore	Leonidas (Brasilien)
6 Tore	Zsengeller (Ungarn)
5 Tore	Sarosi I (Ungarn)
	Piola (Italien)
	Willimowski (Polen)
4 Tore	Colaussi (Italien)
3 Tore	Abegglen III (Schweiz)
	Nyberg (Schweden)
	Keller (Schweden)
	Peracio (Brasilien)
	Wetterström (Schweden)
3 Tore	Bindea (Rumänien)
	Nicolas (Frankreich)
	Romeu (Brasilien)
	Socorro (Kuba)
1 Tor	27 weitere Spieler
1 Eigentor:	Lörtscher (Schweiz)

Insgesamt hatten fünf der sieben Spiele verlängert werden müssen! Darunter auch Italien – Norwegen (!), ČSR – Holland und Brasilien – Polen.

Weltmeister Italien war in Marseille gegen den in Deutschland bestens bekannten Favoritenkiller Norwegen am Rand einer Niederlage gewesen. Erst in der Verlängerung konnte Piola mit dem Tor zum 2:1 die makabre Sensation abwenden.

Das tollste Spiel aber fand in Straßburg statt, zwischen Polen und Brasilien. Die Südamerikaner waren mit großer Zuversicht an den Start gegangen. Trainer Adhemar Pimente versicherte jedem, der es hören wollte, daß seine Elf mindestens so gut sei wie Ex-Weltmeister Uruguay vor acht Jahren. Viele tausend Menschen hatten das Schiff mit der Mannschaft verabschiedet, ein Bankett für 2500 Gäste alle guten Wünsche des Landes vereint. Auf dem Schiff wurde ständig leicht trainiert.

Dann führte Kapitän Dr. Nariz sein Team zum ersten Spiel aufs Feld. Dr. Nariz, ein Arzt, hieß mit richtigem Namen Alvaro Cancado. Nariz war sein Spitzname, er bedeutete „große Nase“.

So witzig wie der Name des Kapitäns war auch das Spiel der Brasileiros. Schnell führten sie 1:0 und 3:1, doch Willimowski stellte den Gleichstand her: 3:3. Dann bombte wieder Leonidas, der schwarze Mittelstürmer: 4:3. Ausgleich 4:4. Die Zuschauer rasten, als Leonidas in der Verlängerung die Schuhe auszog und noch zwei Tore schoß, von denen Willimowski nur noch eines aufholte.

Programmgemäße Siege landeten in dieser ersten Runde nur Frankreich mit 3:1 über Belgien und Ungarn mit 6:0 gegen Holländisch-Indien. Zwei Wiederholungsspiele standen an: Rumänien – Kuba und Deutschland – Schweiz. In Toulouse schaffte Kuba die Sensation und bootete mit 2:1 die Rumänen aus.

Dann standen sich im Prinzenpark erneut Eid- und Parteigenossen gegenüber. Noch 20 000 Zuschauer waren gekommen. Erst der Platzsprecher lüftete das Geheimnis um Deutschlands Aufstellung. Lange war Herberger mit sich zu Rate gegangen, dann hatte er sechs neue Spieler benannt. Kollege Rappan ließ sein Team unverändert.

Endspiel Italien–Ungarn am 19. Juni in Paris. Oben: Faustabwehr von Olivieri. Rechts: Sarosi erzielt den Anschlußtreffer zum 3:2, die Ungarn schöpfen noch einmal Hoffnung und Italien kommt in Bedrängnis. Unten: Rettungsaktion von Foni, er spielt den Ball seinem Torhüter zurück.

Ohne den vom Platz gestellten Pesser, den verletzten Kitzinger, ohne Schmaus, Mock, Gellesch und Gauchel (!) ging die deutsche Elf erneut in Führung. Szepan, einer der Neuen, hatte den Angriff eingeleitet, den Hahnemann abschloß: 1:0 in der 8. Minute.

Das Tor gab Selbstvertrauen und Ruhe. Das deutsche Spiel lief, die Mannschaft war außerdem vom Glück begünstigt. Nach einem Freistoß von Szepan schoß Neumer an die Latte. Der Ball sprang Lörtscher auf den Fuß und von dort ins Tor. 2:0 – am deutschen Sieg wagte kaum noch jemand zu zweifeln.

Doch erneut geschah das Unheil kurz vor der Pause. Die deutsche Abwehr, in dieser Zusammenstellung zuvor nie erprobt, wurde von Abegglen und Walacek überspielt: 2:1.

Es war, wie sich zeigen sollte, der Anfang vom Ende. Nach dem Wechsel spielte nur noch die Schweiz. Skoumal wußte nie, wen er zu decken hatte. Streitle irrte über den Platz, Szepan plagte sich mit einer Zerrung. Nach genau einer Stunde hielt Raftl eine Flanke Aebis nicht fest. Bickel schob ein zum 2:2.

Die dünne Decke des Selbstvertrauens in der deutschen Mannschaft brach wie November-Eis. Innerhalb Minuten stand ihr das Wasser bis zum Hals und höher. Abegglen war nicht mehr zu halten, schoß in der 75. Minute 3:2 heraus und besiegelte Deutschlands Niederlage drei Minuten später mit dem 4:2.

Der WM-Dritte von 1934 war bereits in der Vorrunde ausgeschieden, den Zweiten erwischte es im Viertelfinale. Die ČSR hatte es mit Brasilien zu tun und kam in Bordeaux nicht über ein 1:1 hinaus. Schlimmer noch aber war, daß Planicka, der große Torwart, einen Armbruch erlitten hatte. Was half es, daß zwei Brasilianer wegen Foulspiels vom Platz mußten? In der Wiederholung standen wieder elf von ihnen auf dem Feld, nicht aber der große Planicka.

Die ČSR führte dennoch mit 1:0, doch um das Maß ihres Pechs vollzumachen, erlitt Torschütze Kopecky einen Nasenbeinbruch. Zehn Tschechen aber hatten kaum eine Chance gegen die brasilianische Elf, die neun (!) neue Spieler aufgeboten hatte und deren schwarzer Mittelstürmer Leonidas sich erneut als eine Art „Schlangenmensch" erwies. Unvergleichlich wand er sich durch die Abwehr und erzielte das 1:1. Romeo versetzte dem Vizeweltmeister den K.o. „Auch Planicka hätte das Unglück nicht verhindert", glaubte der „Kicker".

Weltmeister Italien war in Paris auf Gastgeber Frankreich getroffen. 58 455 Zuschauer hatten mit 875 000 Francs für den Einnahme-Rekord dieser WM gesorgt. Die Summe übertraf noch jene des Finals.

Die Hoffnungen der Kulisse erfüllten sich nur zum Teil. Zwar boten auch Frankreichs Spieler gute Leistungen, doch im Ausnutzen der Chancen war der Weltmeister cleverer. Schon nach 9 Minuten ging er durch Colaussi in Führung, aber postwendend glich Frankreich aus.

Nach Seitenwechsel erhöhte Italien das Tempo und kam bereits nach fünf Minuten zum Erfolg. Piola verwandelte eine Flanke von rechts unhaltbar

Weltmeisterschaft 1938

Die italienische Mannschaft nach der Siegerehrung. Hintere Reihe: die Spieler Biavati, Trainer Pozzo, Piola, Ferrari, Colaussi; vordere Reihe: Locatelli, Meazza, Foni, Serantoni (liegend), Olivieri, Rava, Andreolo.

zum 2:1. Und Piola war es auch, der 22 Minuten später die Niederlage der Gastgeber besiegelte.

Die Schweiz, müde von den beiden Spielen gegen Deutschland, bot noch einmal alle Kräfte gegen Ungarn auf. Doch diesmal waren Bickel (bei Lazar) und Amado (bei Turay) besser aufgehoben. Dennoch ließ die 0:2-Niederlage die Eidgenossen schlechter aussehen, als sie waren.

Von den letzten Acht hatten es die Schweden am leichtesten gehabt. Auf regennassem Boden fühlten die Nordländer sich in Antibes wie zu Hause und fertigten Kuba mit 8:0 ab.

Schwedens Gegner im Halbfinale war Ungarn. In Paris begann man, als wolle man das Kunststück von Antibes wiederholen. Nach einer halben Minute führten die Skandinavier durch Nyburg mit 1:0.

Doch Ungarn war nicht Kuba. Das Innentrio Zsengeller, Dr. Sarosi, Toldi begann zu zaubern. Nach 20 Minuten fiel der Ausgleich, und von da an spielte nur noch eine Elf: Ungarn. Das 5:1 gibt die Überlegenheit der Magyaren nur unvollkommen wieder. Sie schonten sich ganz offensichtlich fürs Finale.

Das konnte Italien im anderen Halbfinal-Spiel gegen Brasilien nicht. In Marseille hatten Pozzo und seine Elf 30 000 französische Zuschauer gegen sich. Doch der Weltmeister erwies sich seines Titels würdig. Er beeindruckte mit großer Entschlossenheit und Einsatz, verhielt sich taktisch sehr geschickt und gewann am Ende mit 2:1.

Vor allem Italiens Außenläufer hatten maßgeblichen Anteil daran, denn Brasiliens Sturm war nie wie erwartet ins Spiel gekommen. Als dann die Europäer nach der Pause ihrerseits aufdrehten, geriet Brasilien immer mehr in Bedrängnis. Allerdings bedurfte es eines Elfmeters (und wohl auch des Fehlens des verletzten Leonidas), den Sieg zu sichern.

Wieder mit ihrem schwarzen Mittelstürmer, der mit sieben Toren Schützenkönig dieser WM wurde, gerieten die Brasilianer im Spiel um den dritten Platz zwar mit 0:2 in Rückstand, schlugen Schweden dann aber doch sicher mit 4:2. Experten meinten jedoch sicher sein zu dürfen, daß Uruguays große Mannschaft von einst in Südamerika vorerst konkurrenzlos bleiben werde...

Das europäische WM-Finale zwischen Titelverteidiger Italien und Ungarn lockte 55 000 Zuschauer ins Stade de Colombes. Sofort war erkennbar: Ungarn, seit 1925 gegen Italien nicht mehr siegreich, spielte eleganter, attraktiver, faszinierender. Doch die Italiener waren zielstrebiger, kampfstärker. Solch unterschiedliche Tugenden garantierten hochkarätigen Fußball.

Nach sechs Minuten ging Italien in Führung. Biavati hatte Piola freigespielt, der den Ball zu Colaussi gepaßt. Gegen seinen Schuß aus 10 m hatte Szabo keine Chance. Aber schon eine Minute später war der Vorsprung dahin. Der Wiederanstoß führte zu einer bestechenden Kombination des ungarischen Innentrios. Rechtsaußen Sas schaltete sich ein, spielte Titkos frei – 1:1. Italiens Abwehr war fassungslos.

Doch die Mannschaft fing sich. Aus der Defensive heraus führte sie ihre schnellen Aktionen durch. Nach 16 Minuten war sie erneut erfolgreich. Über Ferrari, Meazza lief der Ball zu Piola. Dessen Bombe saß unhaltbar im Netz.

Immer deutlicher wurde, daß die kunstvollen Kombinationen der Ungarn weniger wirkungsvoll waren als die schnellen, kraftvollen Angriffe der Italiener. In der 36. Minute bahnte sich die Entscheidung an: Piola sah Colaussi in den freien Raum laufen, Paß und Schuß – 3:1!

Trainer Schaffer befahl in der Pause den bedingungslosen Angriff. Doch die Überrumpelung nach dem Wechsel mißlang. Italiens großartige Mannschaft hatte aufgepaßt.

Dennoch mußte sie in der 71. Minute noch ein Tor hinnehmen. Dr. Sarosi erzielte es nach Vorarbeit von Zsengeller. Jetzt schien der Ausgleich greifbar nahe zu sein. Die Zuschauer feuerten Ungarn an, der Weltmeister wankte.

Doch erneut bewies er sein Stehvermögen. Meazza und Ferrari gingen jetzt weit zurück, brachten Ruhe ins Spiel. Und als Piola acht Minuten vor Schluß auf und davon ging, hatte Italien den Titel verteidigt: 4:2.

Kein Experte zweifelte, daß die beste Mannschaft aus 35 Teilnehmern das Turnier gewonnen hatte. In ihren vier Spielen war Pozzos Mannschaft mit nur 14 Spielern ausgekommen.

Doch nicht nur für den alten und neuen Weltmeister, auch für die FIFA war Frankreich ein Erfolg gewesen – vor allem wirtschaftlich. Fast sieben Millionen Francs Gesamteinnahmen waren ein nicht zu unterschätzender Betrag und bewiesen nachdrücklich die zunehmende soziale und wirtschaftliche Bedeutung des Fußballs.

Torschützenkönig in Frankreich

Leonidas

Irgendwann hatte man sich angewöhnt, große Künstler nur noch beim Vornamen zu nennen, weil ohnehin jeder wußte, von wem die Rede war. Als die Brasilianer zu Beginn der dreißiger Jahre in das Rampenlicht des Weltfußballs traten, stand in ihrer Angriffsreihe so ein Künstler, ein Neger, der aussah wie eine Miniatur-Ausgabe des später so legendären Pelé. Er hieß Leonidas da Silva, doch kaum einer der hunderttausend, die diesen Ballkünstler in den Fußballstadien der Welt so enthusiastisch feierten, kannte seinen vollen Namen. Sie sprachen nur einfach von Leonidas und ließen diesen Namen auf der Zunge zergehen wie eine Delikatesse.

Tatsächlich war dieser Leonidas so eine Art Michelangelo des Fußballs. Er formte das Spiel mit dem runden Leder, gab ihm durch seinen Spielwitz neue Impulse und erreichte durch seine geniale Technik eine Popularität wie wohl kein zweiter Kicker vor dem Zweiten Weltkrieg.

Da in seiner Geburtsstadt Rio de Janeiro fast jedem neugeborenen Knaben ein Fußball in die Wiege gelegt wird, war es klar, daß sich auch in der Kindheit Leonidas' alles um diesen Ball drehte. So war er, als er sich im Alter von 17 Jahren dem Klub Sirio-Libanes anschloß, bereits ein bemerkenswerter Techniker, der sich mit seinem sprichwörtlichen Tor-Riecher im Handumdrehen einen gefährlichen Ruf erwarb.

Die Folge: Er hatte noch nicht einmal zwei Jahre aktiv gespielt, da durfte er schon sein Debüt im National-Team geben. Es ging im Copa Rio Branco gegen den Erzrivalen Uruguay, und die Urus führten bei Halbzeit mit 1:0. Da entschloß sich Brasiliens Trainer, den 19jährigen, der mittlerweile für den kleinen Klub Bonsucesso spielte, als letzte Rettung in die Mannschaft zu nehmen. Es hatte sich gelohnt, denn in den letzten zehn Minuten der Begegnung schoß der Neuling die beiden Tore, die Brasilien noch den Sieg brachten.

Für Leonidas aber hatte sich dieser erfolgreiche Einstand in zweierlei Weise gelohnt: Erstens war fortan ein brasilianisches National-Team ohne Leonidas im Sturm kaum mehr denkbar, und zweitens bescherte er ihm das erste große Geld, denn die Urus waren von seinem Spiel so begeistert, daß sie ihn mit einem für damalige Verhältnisse enormen Angebot zu Peñarol Montevideo holten.

Leonidas eilte von Erfolg zu Erfolg und von Verein zu Verein. Nachdem ihn das Heimweh über den Rio de la Plata zurückgetrieben hatte, spielte er der Reihe nach bei Vasco da Gama, Botafogo und den Flamengos, bis er schließlich nach Sao Paulo ging, wo er beim gleichnamigen Klub seine Karriere beendete.

Der „Diamante Negro", der schwarze Diamant, wie sie ihn auch noch nannten, gewann mit den Flamengos fünfmal und mit Sao Paulo dreimal die Landesmeisterschaft, doch den absoluten Höhepunkt seiner langen Karriere erreichte er bei der Weltmeisterschaft, die 1938 in Frankreich ausgetragen wurde.

Wahre Wunderdinge erzählten sich die Fans damals auf dem alten Kontinent über brasilianische Ballfertigkeit, doch der Liebling der Massen war zweifelsohne Leonidas.

Selbst nüchternste Fußball-Heroen wie Planicka wollten in den Torschüssen des grazilen Negers Außerirdisches mit im Spiel wissen. So vermutete dieser tschechoslowakische Wunder-Torwart, daß Leonidas entweder den Teufel im Leib oder Augen in den Stiefelspitzen gehabt haben müsse. Wenn selbst Planicka der Meinung war, daß bei der Abwehr seiner Schüsse Berechnung nichts, sondern nur Gottvertrauen etwas half, so sagt das alles.

Und tatsächlich war Leonidas bei diesem WM-Turnier nicht zu bremsen. Er war mit seinen Toren, das war auch die einhellige Meinung der Experten, der Mann, der Brasilien mit Sicherheit zur Weltmeisterschaft geführt hätte. Bereits im ersten Schlüsselspiel gegen die Mannschaft Polens, in dem ein unheimliches Gewitter die brasilianischen Siegeshoffnungen um ein Haar buchstäblich weggeschwemmt hätte und Leonidas sich sogar zeitweilig Strümpfe und Stiefel ausgezogen hatte, weil er sich nicht anders zu helfen wußte, sorgte er mit seinen „Gols bicicletas", seinen Scherenschlägen, für den Sieg seiner Mannschaft mit 5:4.

Beim 2:1 gegen die Tschechoslowakei gab Leonidas eben jenem besagten Planicka gleich zweimal das Nachsehen. Die Brasilianer waren danach so siegessicher, daß sie auf den leicht verletzten Leonidas im Halbfinale gegen Italien verzichteten, um ihn für das Endspiel zu schonen. Das war ein Fehler, denn die „Azzurri" durchkreuzten diesen Plan mit ihrem 2:1-Sieg.

So konnte Leonidas seine Tore nur noch beim Spiel um den dritten Platz gegen Schweden schießen, das die Brasilianer mit 4:2 gewannen. Immerhin war er mit seinen sieben Treffern zum Torschützenkönig dieses Turniers geworden, und daß Brasilien nicht Weltmeister geworden war, tat seiner Popularität keinen Abbruch

Immer noch zieht der Name Leonidas ganz Brasilien in seinen Bann. Nicht mehr auf dem grünen Rasen, sondern an den Radio- und Fernsehapparaten, wenn Leonidas Fußball kommentiert. Er wurde Brasiliens Fußballsprecher Nummer eins, und seine Reportagen wurden für die daheimgebliebenen Fans eine Art Evangelium.

WM 1950 in Brasilien

Der totale Mißerfolg beim WM-Turnier 1938 konnte Großdeutschland nicht davon abhalten, sich erneut um die Ausrichtung einer Weltmeisterschaft zu bewerben. Im eigenen Land wollte man nicht nur zeigen, daß die Blamage von Paris ein einmaliger Ausrutscher, sondern auch, zu was deutsche Organisationskunst fähig war.

Doch Deutschland hatte einen starken Konkurrenten: Brasilien. Die Männer aus Rio durften mit Recht darauf verweisen, daß nach zwei Turnieren in Europa nunmehr Südamerika wieder an der Reihe sei. Und Südamerika – das bedeutete in diesem Fall Brasilien, das bei den letzten Turnieren – im Gegensatz zu Uruguay oder Argentinien – nicht durch Abwesenheit geglänzt hatte.

Indessen vermochte der FIFA-Kongreß 1938 in Frankreich sich nicht auf einen Kandidaten zu einigen. Man verschob die Entscheidung bis zum geplanten Kongreß 1940, der in Luxemburg stattfinden sollte.

FIFA-Präsident Jules Rimet beschloß, die Verhältnisse in den konkurrierenden Ländern selbst zu studieren, und reiste im Herbst 1939 nach Rio. Als er eines Morgens über die Avenue Rio Branco spazierte, schrien ihm die Schlagzeilen der Zeitungen entgegen: „Krieg in Europa! Die ersten Schüsse sind gefallen!“

Für die nächsten Jahre war an Fußball kaum zu denken, geschweige an eine Weltmeisterschaft. Erst 1946, am 1. Juli, konnte die FIFA wieder zusammentreten und – in Luxemburg – nach acht Jahren Pause eine Art Bestandsaufnahme machen. Der grausame Krieg hatte Deutschland als Kandidaten für eine WM ausradiert, so daß den 80 Delegierten aus 34 Ländern die Wahl nicht schwerfiel: Brasilien sollte das WM-Turnier 1950 ausrichten.

Deutschland war bei diesem Kongreß noch nicht wieder vertreten. Erst 1950 durfte es in die FIFA zurückkehren, die das Reglement der WM inzwischen modifiziert hatte: der Goldpokal für den Weltmeister sollte künftig „Coupe Jules Rimet“ heißen, das Turnier nach einem etwas veränderten Modus stattfinden.

Letzteres führte zu heißen Debatten innerhalb des Weltverbandes. Die Meinungen, ob es beim rigorosen K.o.-System bleiben solle oder nicht, waren geteilt. Vor allem Ausrichter Brasilien strebte einen neuen Modus an: vier Gruppen, die im Punktsystem jeder gegen jeden spielen und deren Sieger erneut in einer normalen Punktrunde aufeinander treffen. „Dadurch“, so argumentierte Brasiliens Delegierter Sotero Cosme, „werden Zufälligkeiten und Ungerechtigkeiten weitgehend verhindert.“

Henri Delaunay aus Frankreich sprach gegen den neuen Plan. Er verwies auf den Beschluß von Luxemburg, die WM 1950 „den bisherigen Regeln entsprechend“ zu veranstalten, und plädierte für den Status quo.

Präsident Rimet intervenierte. Er sprach sich zwar grundsätzlich ebenfalls für Beibehaltung des bisherigen Systems aus, gestand Brasilien aber besondere Umstände zu, die eine Änderung nicht ausschlössen. Er wußte, mit welchen Schwierigkeiten das südamerikanische Land zu kämpfen haben würde, wenn man den Europäern keinen attraktiveren Modus anbieten konnte.

Schließlich kam es zu folgender Regelung:

„Die 16 am Endturnier in Brasilien teilnehmenden Mannschaften werden in vier Gruppen aufgeteilt. In jeder Gruppe wird eine Mannschaft durch das Organisationskomitee ‚gesetzt‘ und die drei anderen durch Los bestimmt.

Die vier Sieger jeder Gruppe bilden die Endrunde. In beiden Runden spielt jede Mannschaft gegen jede andere der Gruppe.

Weltmeisterschaft 1950 – Der Verlauf des Turniers

Erste Runde	Endrunde der Gruppensieger		Endstand
Gruppe 1			
1. Brasilien	Uruguay	2	
2. Jugoslawien	Brasilien	1	
3. Schweiz	Uruguay	3	
4. Mexiko	Schweden	2	
Gruppe 1			
1. Spanien	Uruguay	2	
2. England	Spanien	2	
3. Chile	Brasilien	7	1. Uruguay
4. USA	Schweden	1	2. Brasilien
Gruppe 3			3. Schweden
1. Schweden	Brasilien	6	4. Spanien
2. Italien	Spanien	1	
3. Paraguay	Schweden	3	
Gruppe 4	Spanien	1	
1. Uruguay			
2. Bolivien			

Das ist die Mannschaft (links), die das Opfer der größten Fußball-Sensation wurde. Englands Nationalteam zum ersten Male bei einer Weltmeisterschaft dabei, wurde in den Gruppenspielen der Weltmeisterschaft in Brasilien von den USA mit 1:0 geschlagen. Und (unten) der hochgewettete Favorit, der ebenfalls nicht zum Zuge kam: Brasilien, der Gastgeber der vierten Weltmeisterschaft im Fußball.

Die Mannschaft, die die größte Anzahl von Punkten besitzt, gewinnt den Coupe."

Am 15. Januar 1949 traf man sich in Genf erneut und registrierte 29 Meldungen für die WM. Das war ein enttäuschendes Ergebnis, denn die Zahl lag weit unter der von 1934 und '38. Die FIFA teilte die 16 Final-Plätze wie folgt auf: acht für Europa und den Nahen Osten, fünf für Südamerika, zwei für Nord- und Zentral-Amerika, eine für Asien. Die Qualifikationsspiele mußten bis zum 28. April 1950 abgeschlossen sein. Soweit schien alles klar, doch die Komplikationen kamen erst noch.

Das ging schon los in der sogenannten „Gruppe 1", wo Österreich nicht gegen die Türkei antrat und auch die Türkei – nach einem 7:0-Sieg über Syrien – verzichtete. Die FIFA gab daraufhin Portugal, das eigentlich von Spanien eliminiert worden war, die Chance. Doch auch die Portugiesen hatten keine Lust, nach Brasilien zu reisen.

Krach und Querelen auch in Südamerika: Ein halbes Jahr vor Beginn der Endrunde teilt Argentinien der FIFA mit, daß es seine Meldung wegen bestehender Differenzen mit dem brasilianischen Verband zurückziehe. Auch Peru und Equador wollen nicht mehr mitmachen. Dadurch sind Chile und Bolivien bzw. Uruguay und Paraguay kampflos qualifiziert.

Hin und wieder wird auch mit dem Ball gespielt, vor allem in Europa. Dort sind die vier britischen Teams in einer Gruppe vereint. In dieser Tatsache steckt die wohl größte Sensation des Vorspiels dieser WM: England, das Mutterland, ist erstmals dabei!

Zwei Qualifikanten sind der britischen Gruppe zugestanden worden. England wird seinem Ruf gerecht und gewinnt alle drei Spiele, ist also qualifiziert. Doch das zweitplazierte Schottland verzichtet, woraufhin die FIFA Frankreich einlädt, das in Italien ein Entscheidungsspiel gegen Jugoslawien knapp verloren hatte. Doch auch die Franzosen mögen nicht.

So kommt trotz Englands WM-Premiere nur ein kümmerlich besetztes Turnier zustande. Es fehlen so große Fußball-Nationen wie Österreich, Ungarn und die ČSSR, Argentinien und Deutschland, Schottland und Frankreich.

Dennoch sind die „Hinchas" glücklich, vor allem im Hinblick auf die Favoritenrolle ihrer eigenen Elf. Wer sollte den Brasilianern im eigenen Land schon gefährlich werden? Hatten die Zauberer vom Zuckerhut nicht die Generalprobe, die seit 1916 alle zwei Jahre stattfindende „Campeonato Sudamericano", überlegen gewonnen? Nur nebenbei: Uruguay war dabei mit 1:5 auf der Strecke geblieben ...

Gewiß: England und Weltmeister Italien würden harte Gegner sein. Doch der Titelverteidiger hatte im Jahr zuvor einen schweren Schicksalsschlag erlitten. Die Mannschaft des FC Turin und damit die halbe Nationalelf war bei einem Flugzeugunglück ums Leben gekommen.

Bevor der Ball rollt, steht noch eine für Deutschland wichtige Entscheidung an: der Antrag auf Wiederaufnahme in die FIFA.

Doch die Wunden der Vergangenheit waren wohl noch zu frisch, als 35 Nationen beim Kongreß im Hotel „Quitandinha" zusammenkamen. Nur die Federationen von Nicaragua, des Irak und der Saar wurden aufgenommen, für Deutschland und Japan blieb die Tür bis zum Kongreß in Brüssel, einige Monate später, verschlossen. Immerhin hatten sich die Schweiz, Uruguay, Schweden, Finnland, Öster-

Eins zu null für die Schweiz, vergeblich wirft sich der mexikanische Torhüter (rechts). Die Schweizer gewinnen 2:1. Unten: Schwedens Torhüter rettet das 2:2 gegen Paraguay und damit den Gruppensieg nach einem 3:2-Erfolg über Italien.

reich und sogar England sehr engagiert für Deutschland ausgesprochen.

Während all dieser offenbar unvermeidlichen Schatten, die eine WM vorauswirft, haben die Brasilianer ein Wunderwerk des Fußballs geschaffen: das Maracana-Stadion. „Man kann es wohl nur mit dem Kolosseum vergleichen", staunt Jules Rimet.

Die Riesen-Arena für 200 000 Zuschauer ist schon damals mit Flutlicht ausgestattet (obwohl die FIFA WM-Spiele bei künstlichem Licht verboten hat). 464 000 Tonnen Zement sind in ihr verbaut, 10 Millionen Kilo Eisen und 4000 Kubikmeter Steine. 50 000 Kubikmeter Erde mußten bewegt werden, um den Koloß von Rio aus dem Boden zu stampfen. Hier also soll Brasilien gekrönt werden.

Doch noch ist es nicht soweit. Nur 13 Endrunden-Teilnehmer sind im Lande eingetroffen, die Absagen bringen das Programm durcheinander, doch der Veranstalter bleibt bei seiner

Rangliste der Torschützen

22 Spiele – 88 Tore

9 Tore	Ademir (Brasilien)
5 Tore	Schiaffino (Uruguay)
4 Tore	Basora (Spanien)
	Chico (Brasilien)
	Ghiggia (Uruguay)
	Miguez (Uruguay)
	Palmer (Schweden)
	Zarra (Spanien)
3 Tore	Sundqvist (Schweden)
2 Tore	Andersson (Schweden)
	Baltasar (Brasilien)
	Caikovski II (Jugoslawien)
	Carapellese (Italien)
	Gremaschi (Chile)
	Fatton (Schweiz)
	Gaetjens (USA)
	Igoa (Spanien)
	Jair (Brasilien)
	Jeppsson (Schweden)
	Tomasevic (Jugoslawien)
	Zizinho (Brasilien)
1 Tor	23 weitere Spieler

Deutschland lacht sich schlapp über diesen Torwart

Das krummste Ding des Jahres – wie es passierte: Gladbachs Witeczek schießt Kaluzny wuchtig in die Beine. Von da katapultiert sich der Ball hoch in die Luft, macht einen großen Bogen und fällt Richtung Cottbus-Tor. Keeper Piplica guckt dem Ball entgegen – und köpft ihn plötzlich ins eigene Tor…

In BILD erklärt Torwart Piplica, warum ihm der Ball auf den Kopf fiel

Piplica (5)

April 2002

Hoeneß: Meine Rechnung für die Champions League

…kte müssten Hertha reichen

schnappte sich Dieter Hoeneß die frische Bundesliga-Tabelle und fing an zu rechnen…

Was? In BILD erklärt es der Manager von Hertha BSC. Hoeneß: „Wir haben es nach unserem Sieg und

Bayerns nettem Punktverlust gegen Bremen erstmals wieder selbst in der Hand, die Champions League zu erreichen. Der dritte Platz ist greifbar."

Wie? Hoeneß erklärt seine Rechnung: „Wenn wir die letzten vier Spiele gewinnen, sind wir sicher in der Qualifikation zur Champions League. 10 Punkte müssten auch reichen."

Das heißt:

● **3 Punkte gegen Rostock am nächsten Sonnabend.**

Hoeneß: „Das wird unser schwerstes Spiel, weil hier die Gefahr liegt, dass die Punkte schon vorschnell als sicher abgebucht werden."

● **4 Punkte aus den Kra-**

winnen auch nicht das nächste Spiel in Nürnberg. Da bin ich ganz sicher. Ein Punkt in München und dann Schalke schlagen – so wären wir aufgrund des besseren Torverhältnisses an Schalke vorbei."

● **3 Punkte in Leverkusen.**

Hoeneß: „Das halte ich für möglich, wenn die Leverkusener am letzten Spieltag schon als Meister feststehen. Daran zweifle ich nicht."

10 Punkte für die Champions League. Das hört sich ja wunderbar einfach an, Herr Hoeneß…

Hoeneß: „Natürlich ist das nur Theorie. Die Entscheidungen im Fußball lassen sich nicht errech-

So haben sie gespielt

Ramovic (5)

Greiner (4) Biliskov (4) Franz (4) Weiser (5)

Karhan (4) Munteanu (4)

Akonnor (4)

Ponte (4) Klimowicz (3) Petrow (4)

Schiedsrichter: Dr. Merk (Kaiserslautern/2)

Marcelinho (3) Preetz (3)

Goor (3) Beinlich (2) Marx (4) Dardai (3)

Hartmann (3) Simunic (3) v.Burik (4) Lapaczinski (5)

Mrkusic fängt sicher einen Flankenball der Mexikaner (links); Jugoslawien schlägt nach dem 3:0 über die Schweiz auch Mexiko (4:1), aber Brasilien versperrrt den Weg zum Gruppensieg. Oben: Tor durch Ademir gegen Jugoslawien. Es steht 2:0 für die Brasilianer.

ursprünglichen Gruppierung. Das schafft ungleiche Verhältnisse, denn während in der einen Gruppe vier Teams spielen, hat Uruguay es zum Beispiel nur mit einem Gegner zu tun. Er heißt Bolivien und wird mit 8:0 besiegt.

Das Eröffnungsspiel bestreiten Gastgeber Brasilien und Mexiko. Zum ersten Mal ist das Maracana-Stadion voll besetzt. Auf der Tribüne sitzen Staatspräsident Dutra und viele Minister und harren der Tore, die da kommen sollen. Sie kommen auch, vier Stück, und Brasilien ist zufrieden.

Doch schon im nächsten Spiel, gegen die Schweiz in Sao Paulo, sieht's anders aus. Nach dem leichten Sieg über Mexiko glaubt Trainer Flavio Costa auch hier nicht an Gefahr. Um den „Paulistas" einen Gefallen zu tun, bringt er die komplette Läuferreihe des FC Sao Paulo aufs Feld.

Er scheint recht zu behalten, als Brasilien schon nach vier Minuten in Führung geht. Doch die Schweiz hat wieder einmal gar keinen Respekt vor einem großen Favoriten. Fatton besorgt zur allgemeinen Überraschung den Ausgleich. Erneut schießen die schwarzen Ballzauberer sich in Führung, doch erneut sorgt auch der schnelle Linksaußen aus Genf für den Gleichstand.

Bei diesem 2:2 bleibt es, und Brasilien darf sich noch glücklich schätzen. Denn in den letzten Sekunden stand der Schweizer Friedländer ganz allein vor Torwart Barbosa. Der Sieg der Schweiz schien sicher, doch Friedländer verlor die Nerven und schoß um Zentimeter vorbei.

Wieder in Rio, will der Favorit zeigen, daß der Punktverlust von Sao Paulo nicht ernstzunehmen ist. Doch der Gegner heißt Jugoslawien und hat die Schweiz zuvor klar mit 3:0 geschlagen. Die Jugos wehren sich zäh, doch das Glück ist gegen sie. Mit nur zehn Spielern müssen sie das Match beginnen, denn Mitie hat sich im dunklen Tunnel zwischen Kabine und Stadion den Kopf aufgeschlagen. Mit einem Verband kann er das Feld erst betreten, als Zizinho bereits ein Tor geschossen hat und Brasilien 1:0 führt. Ademir besorgt das 2:0, doch restlos überzeugt hat Brasilien in dieser ersten Runde nicht.

Die große Sensation aber passiert in einer anderen Gruppe, und zwar ein paar hundert Kilometer entfernt in Belo Horizonte. Dort stehen sich England und die USA gegenüber, Riese und Zwerg, David und Goliath. Beide haben schon gespielt: England gegen Chile 2:0, USA gegen Spanien 1:3. Das Interesse ist demgemäß gering: nur 310 000 Cruzeiros werden eingenommen (bei Brasilien gegen Jugoslawien waren es 4,6 Millionen gewesen, im Finale werden es 6,3 Millionen sein).

Doch die Meldung, die nach zwei Stunden in alle Welt gesendet wird, ist bis heute eine der größten Sensationen des Fußballs geblieben: der Riese England hat gegen den Zwerg USA 0:1 verloren.

Kaum glaublich, aber wahr: England hat anfängerhaft gespielt, hat den Gegner weit unterschätzt und der Tatsache, daß er auch gegen Spanien noch 14 Minuten vor Schluß mit 1:0 führte, keine Bedeutung beigemessen.

Verzweifelt saß Stanley Matthews auf der Tribüne. Man hatte den Zauberer am rechten Flügel erst gar nicht eingesetzt, er sollte geschont werden. Dennoch schien Englands Elf auf dem Papier stark genug, mit jedem Gegner fertigzuwerden: Williams, Ramsey, Aston, Wright, Hughes, Dickinson, Finney, Mortensen, Bentley, Mannion, Mullen.

Doch der US-Mittelstürmer Gaethjens, von dem man nicht einmal den Vornamen kannte, hatte in der 38. Minute ein Tor geschossen, das die Engländer nicht aufzuholen vermochten. Sie verkrampften und ließen klare Chancen aus. Der „Daily Mirror" schrieb über ein „Fußball-Dünkirchen".

Auch ein anderer hoher Favorit aus Europa war gescheitert: Italien. Der Weltmeister verlor gleich sein erstes Spiel in Sao Paulo gegen Schweden mit 2:3 und damit alle Chancen. Zu kurz war die Zeit nach der Flugzeug-Katastrophe von Turin gewesen, um eine neue, schlagkräftige „Squadra azzurra" aufzubauen.

Mit Sicherheit würde in Rio also ein neuer Weltmeister gekrönt werden – doch wer? Die „Hinchas" glaubten mehr denn je an Brasilien, vor allem nach dem ersten Endrundenspiel gegen Schweden. Mit 7:1 geschlagen, verließen die Europäer das Maracana-Stadion, wo vom Präsidenten bis zum jüngsten Schuhputzer jedermann

Weltmeisterschaft 1950

Brasiliens Renommierstadion Maracana, das größte Fußball-Stadion der Welt (ganz unten), Schauplatz der wichtigsten Spiele um die Weltmeisterschaft 1950. Rechts: Torhüter Svensson rettet im Spiel gegen Uruguay. Aber die Schweden werden 3:2 geschlagen, nachdem sie schon gegen Brasilien 1:7 verloren hatten.

davon überzeugt war, den neuen Weltmeister gesehen zu haben.

Zur gleichen Zeit standen sich in Sao Paulo Uruguay und Spanien gegenüber. Die Südamerikaner taten sich sehr schwer, schienen ihren Kritikern recht zu geben, daß eine Teilnahme an dieser WM ohne Erfolg sein werde. Noch zwei Monate vor Beginn des Turniers hatte Juan Lopez keine Mannschaft beisammen, und jetzt war der Trainer froh, daß ein Weitschuß von Varela in der 77. Minute wenigstens einen Punkt rettete. Doch das 2:2 sprach eher für Spanien als für Uruguay.

Vier Tage später kam es dann im Maracana-Stadion zu jenem Spiel, das nach Meinung vieler Experten das eigentliche Finale war: Brasilien gegen Spanien. Kein Zweifel, die „Brasileiros“ fürchteten die Europäer, die mit Rammallets einen würdigen Nachfolger Zamoras und mit Zara, Gainza und Basora gefährliche Stürmer gefunden hatten.

Doch was sich an diesem 13. Juli im Maracana ereignete, war so unglaublich, daß man am besten einen der wenigen deutschen Augenzeugen zu Wort kommen läßt. Dr. Friedebert Becker, lange Jahre der Chefredakteur des „Kicker“, schrieb darüber:

„Vor unseren Augen zog ein ans Märchenhafte grenzendes Fußballschauspiel vorüber. Brasilien, von Treffen zu Treffen stärker werdend, wirbelte den Repräsentanten Europas 6:1 nieder. Die Luft war erfüllt von blauen Schwaden der unaufhörlich explodierenden Sprengkörper, die die 175 000 Menschen in wachsender Ekstase der Begeisterung abschossen. Beinahe wie im Lehrfilm lief das unwiderstehliche Kombinationsspiel der Brasilianer, sprühend von Witz, artistischen Einlagen und kunstvollen Zügen. Eine Spielregie, wie sie dieser Zizinho vorzauberte, eine dynamische Wucht und Akrobatik, wie sie ein Ademir entfesselte, eine schlaue Verknüpfung von Angriff und Abwehr, wie sie ein Jair zu flechten verstand – ein Ballzauber, wie ihn dieses Innentrio Zizinho, Ademir, Jair entfaltete – das sah die Welt noch nie.“

Uruguay dagegen überzeugte auch gegen Schweden nicht. Zur Pause lagen die Gauchos noch 1:2 im Rückstand, und erst kurz vor Schluß sorgte der kleine Mittelstürmer Miguez für den knappen 3:2-Erfolg, der seiner Mannschaft noch eine kleine WM-

Chance ließ. Freilich: Brasilien genügte im letzten Spiel ein Unentschieden, um Weltmeister zu sein.

Dann kam der 16. Juli 1950. Fast 200 000 Zuschauer zahlten 6,3 Millionen Cruzeiros in die Kassen des Maracana. Zur gleichen Zeit spielten in Sao Paulo Schweden und Spanien um den

Tor durch Schiaffino (oben); es steht 1:1 im „Endspiel" Brasilien gegen Uruguay. Oben, rechts: Glück für Uruguays Torhüter Maspoli. Dieser Schuß geht am Tor vorbei. Unten: Svensson lenkt über die Latte, aber der schwedische Keeper wird siebenmal überwunden in diesem ersten Spiel der Endrunde.

dritten Platz – vor ganzen 8000 Zuschauern. Schweden gewann verdient mit 3:1, konnte aber den schwachen Eindruck, den die Europäer bei dieser WM gemacht hatten, nicht verwischen. Die Abkehr vom K.o.-System hatte sich zum Nachteil der Kämpfertypen ausgewirkt, Klimaumstellung und fremdes Publikum kamen als weitere Ursachen hinzu. Schon der Anblick des gefüllten Riesen-Stadions von Rio schien die Europäer zu verwirren.

In Rio standen die Wetten 1000:1. Niemand gab Uruguay eine Chance, zumal den Brasilianern ein Unentschieden reichte. Alles war vorbereitet für ihren Triumph, drei Tage sollte die Arbeit im Lande ruhen, sollte nur gefeiert werden. Ein riesiges Freudenfeuerwerk war vorbereitet.

Kein Mensch rechnete ernsthaft mit einer Niederlage, kein Mensch traute den „Urus" zu, in der Hölle von Maracana bestehen zu können.

Als sie das Stadion betraten, schien der Himmel einzustürzen. Unbeschreiblich der Lärm, das Getöse, die Begeisterung. „Wir nahmen uns bei den Händen und sprachen uns gegenseitig Mut zu", erzählte Uruguays Torwart Maspoli später. „Wir wußten, daß diese Kulisse Himmel und Hölle zugleich sein konnte. Sie wünschte Brasilien den Sieg, aber sie würde dieser Mannschaft auch kaum einen Fehler verzeihen. Zu hochgespannt waren die Erwartungen in bezug auf die eigene Elf."

In diesem Bewußtsein organisierte Uruguay den Widerstand. Zäh warfen sich Varela, Gambetta und Moron in die Angriffe Brasiliens. Andrade organisierte das Spiel, brachte Linie und System hinein. Er war ein Neffe des

Weltmeisterschaft 1950

Die Sieger von Brasilien, Uruguays Nationalelf; stehend von links: Obdulio Varela, Trainer Lopez, Eusebio Tejera, Schubert Gambetta, Mathias Gonzales, Roque Maspoli, Victor Andrade, sitzend: Alcides Ghiggia, Julio Perez, Omar Miguez, Juan Schiaffino, Ruben Moran.

großen Andrade aus der Weltmeisterelf von 1930 und ein fast ebenso großer Fußballspieler.

Die Männer in den himmelblauen Trikots aus Montevideo stehen den hohen Favoriten unerbittlich auf den Füßen. Das behagt Brasilien gar nicht. Diese Art von Polizistenfußball ist Gift für ihr Spiel.

Brasilien spielt vorsichtig, geht kein Risiko ein. Wozu auch – notfalls genügt ja auch ein Unentschieden, um Weltmeister zu werden. Zur Pause steht die Partie noch 0:0.

Dann, zwei Minuten danach, scheint Brasilien sich die ersehnte Krone endgültig aufs Haupt zu setzen. Zizinho hat Friaca freigespielt, der seinen Bewacher Andrade abschüttelt und flach abzieht. Der Ball fliegt unerreichbar für Roque Maspoli ins lange Eck – 1:0 für Brasilien. Das Maracana-Stadion erzittert vor Begeisterung in seinen Grundfesten. Und jetzt spielen sie auch, die Zizinho, Jair, Bauer und Ademir. An einem Fallschirm schwebt eine Rakete mitten aufs Spielfeld herunter. Die Spieler beachten sie nicht, ihr Interesse gilt ausschließlich dem Ball, der jetzt viel öfter im Besitz Brasiliens ist.

Doch die Mannschaft vergißt in ihrem Spielrausch das Denken. Sie vergißt, daß Fußball nicht nur eine Sache des Gefühls und der Emotion ist. Vor allem nicht gegen eine Mannschaft wie Uruguay, die so schnell nicht aufgibt. „Ein Tor ist gar nichts! Los, weiter!" hatte Juan Schiaffino seinen Kameraden zugerufen, als Brasilien in Führung gegangen war.

Er selbst ist es, der den Funken der Hoffnung zum Feuer entfacht. Uruguay setzt alles auf eine Karte. Nur der Sieg ist von Nutzen. Brasilien spürt die Gefahr nicht. Ghiggia, der schnelle Rechtsaußen, zieht auf und davon, ist von Bigode nicht zu halten, flankt zur Mitte. Da steht Schiaffino und nimmt den Ball direkt aus der Luft: 1:1.

Im Maracana wird es ruhig, sehr ruhig. Spürt die Masse jetzt, wie nahe Triumph und Niederlage beieinander wohnen? Man hört das Aufschlagen des Balles auf dem Boden, hört jeden Schuß, jeden Schrei.

„Wir wußten jetzt, daß wir sie packen konnten", verriet Maspoli. „Die plötzliche Kühle auf den Rängen verunsicherte unseren Gegner. Im Gesicht jedes Brasilianers spiegelte sich unglaublicher Schrecken."

Doch noch stand es 1:1, noch reichte das Resultat Brasilien zum Titelgewinn.

Noch elf Minuten waren zu spielen, und Jules Rimet machte sich auf den Weg zur Siegerehrung. Er wollte die letzten Minuten unten am Spielfeld erleben und verließ seinen Platz in der Ehrenloge. „Ich war noch im Tunnel", erinnerte er sich, „als das Dröhnen des Stadions mit einem Schlag verstummte. Schnell ging ich zum Ausgang und fragte, was geschehen sei. Ich bekam keine Antwort. Niemand im Stadion sprach ein Wort. Es war tödlich still. Da blickte ich zum Spielfeld und sah Brasiliens Torwart Barbosa am Boden liegen. Der Ball aber lag im Netz."

In der Tat – der Ball lag im Netz. Das Unglaubliche war passiert: Uruguays Spielmacher Perez hatte erneut Ghiggia auf die Reise geschickt. Barbosa erwartete wohl wieder eine Flanke und postierte sich entsprechend. Doch Ghiggia lief und lief und schoß dann aus spitzem Winkel ins kurze Eck.

Lähmendes Entsetzen im weiten Rund, totaler Zusammenbruch des vermeintlichen Weltmeisters waren die Folge. Brasilien brachte keinen vernünftigen Spielzug mehr zustande. Die letzte Chance, einen Eckball, schoß Friaca fast bis in die Spielfeldmitte. Dann pfiff Schiedsrichter Reader aus England ab. Uruguay war Weltmeister.

Brasilien nahm die unfaßbare Niederlage in fairer Haltung hin. Doch Zehntausende von Menschen schluchzten und weinten haltlos, ein ganzes Land fiel in Trauer. Als das riesige Maracana sich leerte, lagen vier Körper leblos auf den Rängen. Selbstmord und Herzschläge hatten ihrem Leben ein Ende gesetzt. Sie konnten es nicht verwinden, die vermeintlich beste Mannschaft der Welt verlieren zu sehen.

Uruguay aber bereitete seinen „Helden" einen überwältigenden Empfang. Der Triumphzug durch Montevideo übertraf alles, was Südamerika bis dahin an Fußballbegeisterung erlebt hatte. Im Mittelpunkt aller Ehren stand Trainer Juan Lopez, den die Fußballwelt fortan als den „Zauberer von Maracana" kannte.

Ademir

Auch Hollywood hätte seine Freude an ihm gehabt. Er wäre die ideale Besetzung für einen lateinamerikanischen Spielhöllen-Besitzer gewesen. Ein hochgewachsener, athletischer Typ mit einer Hautfarbe, bei der es schwer war, sich für einen hellhäutigen Neger oder für einen Mulatten zu entscheiden. Breite Schultern, schmale, elastische Hüften, Bewegungen wie eine Raubkatze. Als Krönung ein markanter, kantiger Schädel mit pomadisiertem Kraushaar und auf der Oberlippe die ein wenig halbseiden wirkenden Haarstriche eines Menjou-Bärtchens. Der typische zwielichtige Croupier in einem Hollywood-Ausstattungsfilm der späten vierziger Jahre.

Aber der Mann, der obendrein noch auf den klangvollen Namen Ademir Marques de Menezes hörte, ist kein Filmschauspieler geworden. – Auf ein Millionen-Publikum, das ihn enthusiastisch in aller Welt feierte, brauchte er aber dennoch nicht zu verzichten. Auch der Vergleich mit dem Croupier ist nicht so abwegig, denn tatsächlich war dieser Mann, für den der Vorname so etwas wie ein Künstlername wurde, in den fünfziger Jahren eine beherrschende Figur im Roulette des Weltfußballs, ein beispielloser Jongleur der Lederkugel, die über Gewinn oder Verlust entschied. Ademir kannte die Tricks, die Kugel so zu placieren, daß sie Gewinn brachte: Mit Tempowechsel, blitzschnellen Körpertäuschungen, Ballbeherrschung auf engstem Raum und einem enormen Antritt verwirrte er die gegnerische Verteidigung. Sein Spiel sah so kraftlos aus wie seine Schüsse, die meist aus dem Kniegelenk kamen.

Also keine Gewaltschüsse. Und dennoch versetzte Ademir, sobald er im Strafraum auftauchte, die Goalies in Angst und Schrecken. Der Grund: Seine Schüsse waren vom Ansatz her nur schwer zu berechnen. Irgendwie gelang es ihm immer, dem Ball mit dem Außen- oder Innenrist einen tückischen Effet zu geben. So sorgte er für Tore am Fließband.

Ademirs Karriere begann dort, wo er am 8. November 1922 geboren wurde. In der brasilianischen Stadt Recife. Dort kickte er bis 1942 für den gleichnamigen Klub. Schließlich kam sein fußballbegeisterter Vater zu der Ansicht, daß das Talent seines Sprößlings einen entsprechend würdigeren Rahmen bräuchte. Vater de Menezes war es dann auch, der Ademir zu Vasco da Gama, einem der großen Renommier-Klubs Rio de Janeiros, brachte, dem er, nur unterbrochen durch ein einjähriges Gastspiel beim Konkurrenz-Klub Fluminense, bis zum Ende seiner Karriere die Treue hielt.

Gleichgültig wo Ademir auch immer spielte, er steuerte Tore in Serie zu den verschiedensten Meisterschaften und Pokalen bei. So gab es schließlich keinen Wettbewerb, den Ademir nicht mitgewonnen hätte: Mit dem EC Recife gewann er dreimal hintereinander die Pernambuco-Meisterschaft, die Meisterschaft von Rio 1945 mit Vasco da Gama, ein Jahr später mit Fluminense. Mit der Rio-Auswahl erkämpfte er – nach dem damaligen Austragungsmodus – dreimal hintereinander die brasilianische Fußballmeisterschaft.

So unentbehrlich der Torjäger Ademir in seinen Vereinsmannschaften war, so unentbehrlich wurden seine listigen Tore auch für die brasilianische Nationalmannschaft. In seinen 39 Länderspielen gelangen ihm nicht weniger als 32 Tore.

So wurde auch die Fußball-Weltmeisterschaft, die 1950 in Brasilien stattfand, zu einem Ademir-Schützenfest. Er wurde zum erklärten Liebling der Massen. Rund 200 000 entfesselte Fans trieben ihn mit begeisterten Sprechchören zum Höhepunkt seiner Karriere. Eine Serie von Traumtoren machte ihn zum Schützenkönig dieses Turniers.

Auch von Berufs wegen zur Nüchternheit neigende europäische Berichterstatter wie Dr. Friedebert Becker konnten in ihren Reportagen die Begeisterung für diesen Ausnahmestürmer nur schwer unterdrücken. Der deutsche Fußball-Experte schilderte so ein typisches Ademir-Tor aus der WM-Begegnung Brasilien gegen Spanien, das die Brasilianer schließlich mit 6:1 für sich entschieden:

„Gerade hatte Parra, der junge spanische Stopper, Ademir gefoppt, ihn mit einem Dribbling genarrt ... da kam Ademirs grausame Revanche. Nach einem herrlichen Linksangriff, bei dem sekundenlang kein Spanier den Ball auch nur berührte, bekam Ademir in der Strafraumecke den Ball, tändelte, narrte seinerseits Parra, lief mit dem Rücken zum gegnerischen Tor, drehte sich plötzlich, schoß – und traf glashart.“ Es war das schönste Tor dieser WM.

Kaum einer zweifelte daran, daß Brasilien Weltmeister würde, wenn Ademir nur weiter solche Tore schießen würde. Doch ausgerechnet im Finale gegen die Urus, die taktisch geschickt das den Brasilianern so gewohnte Tempo grausam verschleppten, kam Ademir zu keinem Treffer. Sosehr er sich auch in seiner Verzweiflung als letzte taktische Maßnahme in der für ihn ungewohnten Rolle des Spiel-Gestalters versuchte, am 2:1-Sieg Uruguays war nichts mehr zu ändern.

Doch auch ohne einen Weltmeister-Titel geriet der Name Ademir in Brasilien nicht in Vergessenheit. Teilweise hat der listige Torjäger von einst selbst dafür gesorgt: Als Trainer, als tüchtiger Geschäftsmann und als brillanter Fernseh- und Rundfunk-Kommentator.

WM 1954 in der Schweiz

Das fünfte WM-Turnier fand in der Schweiz statt, einem der fünf Gründungsländer der FIFA, deren Mitgliederzahl in den 50 Jahren ihres Bestehens auf 85 angewachsen war.

44 davon gaben ihre Meldung für die Jubiläums-WM ab, doch nur 37 konnten berücksichtigt werden. Indien, Peru, Vietnam, Bolivien, Costa Rica, Cuba und Island meldeten zu spät. Auch der Luftpostbrief Paraguays traf erst nach Meldeschluß in Zürich ein, doch konnten die Südamerikaner glaubhaft machen, daß dies nicht ihr Versäumnis, sondern ein Fehler der Post gewesen war.

Zum ersten Mal waren wirklich alle großen Fußball-Nationen am Ball, mit Ausnahme vielleicht von Argentinien. Uruguay als Weltmeister und die Schweiz als Veranstalter waren befreit von Qualifikationen. Um die anderen 14 Plätze wurde in 13 Gruppen gespielt, wobei der britischen mit England, Wales, Schottland und Nordirland zwei Qualifikanten zugestanden wurden.

Dem Organisationskomitee oblagen Gruppen-Einteilung und später die Auswahl der „Gesetzten", denn erneut war der Modus geändert worden. Man hatte sich auf eine Mischung des früheren K.-o.-Systems und der zuletzt in Brasilien praktizierten Punktwertung geeinigt, die in der ersten Runde zur Ermittlung der letzten Acht angewendet werden sollte.

Indessen glaubte der Rat der Weisen, den Teams so viel Spiele, wie sich daraus ergeben hätten, nicht zumuten zu können. Also sollte jede Mannschaft in der Vorrunde nicht drei, sondern nur zwei Spiele austragen. Um das zu bewerkstelligen, wurden zwei aus jeder Gruppe „gesetzt"; sie brauchten nicht gegeneinander zu spielen.

Es ist nahezu unglaublich, daß dieser absurde Plan den Köpfen so renommierter Fußball-Persönlichkeiten wie Ernst Thommen, O. Barassi, Karel Lotsy, Henri Delaunay, Stanley Rous oder Gustav Wiederkehr entsprang. Er war nicht nur sportlich unmöglich, er setzte sich über alle Prinzipien der Chancengleichheit hinweg und drohte den Wettbewerb zu verzerren.

Doch zunächst ging es in die Qualifikation. Deutschland, zum ersten Mal nach dem Krieg und damit nach 16jähriger Pause wieder dabei, hatte mit Norwegen und dem damals sportlich selbständigen Saarland zwei unangenehme Gegner erhalten. Norwegen galt seit 1936 in entscheidenden Spielen als „Angstgegner", die Saar, das wußte man, würde den Stamm des 1. FC Saarbrücken aufbieten und schon aus nachbarschaftlicher Rivalität gewiß „zur Sache gehen".

Erst dreieinhalb Jahre zuvor hatte der DFB den acht Jahre unterbrochenen Länderspielverkehr wiederaufnehmen können. Doch Herberger gelang es sehr schnell, das Reservoir der „Alten" mit jungen Kräften aufzufüllen. Dabei kam ihm die Kaiserslauterer Talentschule zur Hilfe, wo unter Fritz Walters Regie hervorragende Spieler heranwuchsen: Bruder Ottmar, der junge Eckel, Werner Liebrich und Werner Kohlmeyer. Das war, wie sich schnell zeigte, bereits die halbe Nationalelf.

Dennoch fuhr Deutschland mit gemischten Gefühlen zum ersten Qualifikationsspiel nach Norwegen. Die Befürchtungen hinsichtlich des Gegners erfüllten sich dann auch, die deutsche Elf, in der bereits neun Spieler der späteren WM-Mannschaft standen, blieb nervös und blaß. Norwegen stand mehrfach dicht vor dem Sieg, mußte sich aber mit einem 1:1 zufriedengeben, nachdem Hennum in der 40. und Fritz Walter in der 44. Minute erfolgreich gewesen waren.

Weltmeisterschaft 1954 – Der Verlauf des Truniers

Erste Runde	Viertelfinale	Semifinale	Finale
Gruppe 1			
1. Brasilien			
2. Jugoslawien	Deutschland 2		
3. Frankreich	Jugoslawien 0		
4. Mexiko		Deutschland 6	
Gruppe 2		Österreich 1	
1. Ungarn			
2. Deutschland**	Österreich 7		
3. Türkei	Schweiz 5		
4. Südkorea			Deutschland 3
Gruppe 3			Ungarn 2
1. Uruguay			
2. Österreich	Uruguay 4		
3. ČSSR	England 2		
4. Schottland			**Um den dritten Platz**
Gruppe 4		Ungarn 4*	
		Uruguay 2	Österreich 3
1. England			Uruguay 1
2. Schweiz**	Ungarn 4		
3. Italien	Brasilien 2		
4. Belgien			

* nach Verlängerung, ** nach Entscheidungsspiel für das Viertelfinale qualifiziert.

Vorrunde in der Schweiz. Schweizer Polizisten bekämpfen Schlachtenbummler in Basel, wo Frankreich gegen Mexiko spielt. Die Franzosen gewinnen 3:2. Links: Kopfball von Abbadie – Uruguay schlägt Schottland 7:0.

Oben: Die Schweiz schlägt Italien 2:1 und qualifiziert sich für das Viertelfinale. Rechts: Stacho, der unglückliche tschechoslowakische Torhüter, der im Spiel gegen Uruguay zwei- und gegen Österreich gleich fünfmal bezwungen wird.

Das magere Unentschieden löste auf deutscher Seite nicht gerade Begeisterung aus, zumal die Saar das Kunststück fertiggebracht und in Oslo 3:2 gewonnen hatte. So setzte Herberger zum Spiel Deutschland – Saar in Stuttgart fünf neue Spieler ein, die jedoch auch die Fußballwelt nicht aus den Angeln hoben. Eine Mannschaft des 1. FC Saarbrücken, verstärkt nur durch Clemens vom FV Saar 05, bot erbitterten Widerstand, unterlag zwar 0:3, hatte aber fast eine halbe Stunde mit nur zehn Spielern auskommen müssen und die insgesamt besseren Chancen gehabt. Nur Turek und Retter, der vor eigenem Publikum ein großes Spiel machte, bewahrten die deutsche Elf vor einer Blamage durch den „kleinen Bruder", der übrigens von einem Mann namens Helmut Schön trainiert wurde.

Erst das überraschende 0:0 der Saar gegen Norwegen und eine große Leistung der deutschen Elf im Rückspiel gegen die Skandinavier öffnete das Tor zur Schweiz. Mit 5:1 (nach 0:1-Rückstand!) setzten sich Fritz und Ottmar Walter, Rahn, Morlock und Schäfer über den Angstgegner hinweg und brauchten jetzt nur noch einen Punkt aus dem Rückspiel in Saarbrücken.

Sie holten ihn sicher mit 3:1, doch erneut war der Gegner so kampfstark und gefährlich gewesen, daß Ungarns Fußballchef Gustav Sebes, der dem Spiel als „Spion" beiwohnte, glaubte sagen zu müssen: „So hat Deutschland in der Schweiz keine Chance!"

Aber auch andere taten sich schwer in der Qualifikation. Schweden zum Beispiel, Dritter von 1950, schaffte sie gar nicht. Zweimal verlor man gegen Belgien und brachte auch aus Finnland nur einen Punkt mit.

In der amerikanischen Gruppe scheiterte die Sensationself von 1950, England-Bezwinger USA, an Mexiko, in Asien unterlag Japan zur allgemeinen Überraschung gegen Südkorea. Doch die größte Sensation geschah in Gruppe 6, wo Spanien und die Türkei um die Fahrkarten nach Bern und Basel spielen mußten.

Das erste Spiel gewannen die Spanier klar mit 4:1. Ohne Sorgen fuhren sie nach Istanbul und erlebten eine bittere Enttäuschung. Die Türken, die drei Jahre zuvor in Berlin mit 2:1 gegen Deutschland schon einmal Aufsehen erregt hatten, gewannen 1:0. Das bedeutete, da das Torverhältnis ohne Bedeutung war, ein Entscheidungsspiel.

Es fand in Rom statt und endete trotz Verlängerung 2:2. So mußte das

Die deutsche Nationalmannschaft muß gegen die Türkei gleich zweimal antreten. Oben: Wimpeltausch zwischen Fritz Walter und Turgay vor dem ersten Spiel in Bern. Oben, rechts: Hans Schäfer erzwingt den Ausgleich und ebnet damit den Weg zum 4:1-Erfolg. Unten, rechts: Max Morlock, der dreifache Torschütze im zweiten Spiel gegen die Türkei. Deutschland siegt 7:2.

Links: Lorant „ermahnt" Rahn nach einem Zusammenprall mit Torhüter Grosics im vieldiskutierten Gruppenspiel gegen Ungarn.
Unten: Bauer, Mebus. Liebrich und Kwiatkowski können Kocsis nicht stoppen. Ungarn gewinnt 8:3.

Kohlmeyer und Eckel versuchen den ungarischen Spielmacher Nandor Hidegkuti zu stoppen. Die deutsche Mannschaft hat keine Chance. Sie muß eine Welle hämischer Kritik über sich ergehen lassen.

Los entscheiden. Es entschied gegen den WM-Vierten von 1950. Jubelnd lagen sich die Türken in den Armen. Sie hatten es geschafft, sich als Deutschlands Endgruppen-Gegner zu qualifizieren.

Daß ihnen das Glück dabei kräftig half, vermochte die FIFA-Gewaltigen nicht zu beeindrucken. Sie blieben auch nach der Qualifikation der Türkei bei der seltsamen Entscheidung, die bereits vorher (!) getroffen worden war: Ungarn und der Sieger aus Spanien/Türkei wurden „gesetzt", Deutschland und natürlich Südkorea nicht. Das bedeutete, daß Ungarn und Türken nicht gegeneinander, wohl aber gegen Deutschland und den Punktelieferanten aus Asien spielen mußten, der der deutschen Elf wiederum nicht „zur Verfügung stand".

Doch nicht nur in der „deutschen" Gruppe der Vorrunde, auch anderswo erregte die Wahl der FIFA-Weisen mehr Kopfschütteln als Beifall. So war zum Beispiel Frankreich, nicht aber Jugoslawien gesetzt, Italien, nicht aber die in Turnieren stets sehr starke Schweiz.

Das Geschehen auf dem grünen Rasen korrigierte die Einteilung vom grünen Tisch deutlich. Mit Jugoslawien, Deutschland und der Schweiz kamen drei „Nicht-Gesetzte" in die Viertelfinals, und wenn es einen ersten Verlierer dieser WM gab, dann die Herren des Komitees.

Jugoslawien benutzt schon das allererste Spiel des Turniers, um seine ungerechte Beurteilung zu demonstrieren. Die „Jugos" hatten das Kunststück fertiggebracht, ihre vier Qualifikationsspiele gegen Griechenland und Israel mit 1:0 zu gewinnen.

In der Schweiz fiel ihnen die Ehre zu, gemeinsam mit Frankreich das Eröffnungsspiel zu bestreiten. 28 000 Zuschauer kamen ins Stadion von Lausanne, wo Jules Rimet zum letzten Mal als FIFA-Präsident ein Staatsoberhaupt bat, die WM zu eröffnen. Bundespräsident Dr. Rubattel, ein Bürger der Stadt Lausanne, tat es mit dem Wunsch, die Spiele mögen „zum Verständnis der Menschen untereinander beitragen".

Unmittelbar nach der feierlichen Eröffnung begann das Spiel, das weitgehend im Zeichen der Mannschaft vom Balkan stand. Nach einer Viertelstunde erzielten sie durch Zebec das erste Tor dieser WM, und dabei sollte es bleiben. Diese erste Partie ließ noch nicht erkennen, daß das Turnier mit einem Durchschnitt von 5,384 Treffern pro Spiel zu Ende gehen sollte.

Doch dann ging's los: Brasilien, der Vize-Weltmeister, knöpfte sich in Genf die Außenseiter aus Mexiko vor. Es dauerte etwa 20 Minuten, ehe das Spiel der Südamerikaner zu laufen begann. Sie hatten eine gegenüber 1950 fast völlig veränderte Elf nach Europa geschickt, in der die Zizinho, Ademir und Jair fehlten.

Doch die neue Mannschaft brillierte bei ihrer WM-Premiere kaum weniger als die alte. Nach dem Führungstreffer durch Baltazar stand eigentlich nur noch die Höhe des brasilianischen Sieges zur Diskussion. Mit 5:0 (3:0) fiel er mehr als deutlich aus.

Weltmeister Uruguay hatte sein Team weit vorsichtiger verjüngt. Maspoli, Andrade, Varela, Miguez und Schiaffino waren noch dabei. Und am linken Flügel stürmte ein Bursche, der schon bald zum Schrecken aller rechten Verteidiger wurde: Carlos Borges.

Im ersten Spiel hielt er sich noch zurück, wie fast alle Stürmer des Weltmeisters. Die Mannschaft begann sehr vorsichtig und mit der Absicht, erst einmal zu erfahren, was denn Gegner ČSSR zu bieten hatte. Es war eine

Rechts: Zweikampf zwischen Pinheiro und Mihaly Toth im Viertelfinalspiel Ungarn–Brasilien. Ganz rechts: Der verzweifelte brasilianische Torhüter Castilho, dem die Ungarn vier Treffer ins Netz gesetzt haben.

Viertelfinale in Basel. Oben links: Tor für Uruguay, Merrick ist geschlagen. England verliert 2:4, Nat Lofthouse (oben, rechts) ist für den Trost nicht recht empfänglich.

Deutschland hat es im Viertelfinale mit Jugoslawien zu tun. Links: Horvat wirft sich Hans Schäfer entgegen, Torhüter Beara ist zu weit herausgelaufen, und Horvat „erzielt" ein Eigentor. Es steht 1:0 für Deutschland. Unten: Kohlmeyer liefert sich harte Duelle mit Milutinovic und bleibt meistens Sieger. Daneben: Im Triumphzug werden die deutschen Spieler nach dem 2:0-Sieg vom Platz getragen.

ganze Menge, vor allem im Mittelfeld und in der Abwehr, so daß die Partie zur Überraschung der 30 000 Zuschauer in Bern nach 45 Minuten noch 0:0 stand.

Erst nach dem Wechsel verschärfte der Titelverteidiger das Tempo, profitierte jedoch beim 1:0 von einem Fehler des Tschechen-Torwarts Rajman. Erst sechs Minuten vor Schluß sicherte Schiaffino mit einem Freistoßtor den Sieg.

Gastgeber Schweiz begann gegen Doppelweltmeister Italien. Das Spiel fand einen Tag nach der Eröffnung in Lausanne statt und endete mit einem verdienten Sieg der Gastgeber, die sich – wie meist bei einer WM – wieder einmal selbst übertrafen. Zwar gelang Boniperti der Ausgleich zum 1:1, nachdem Ballaman die Eidgenossen in Führung gebracht hatte, doch auf Hügis Siegtor zehn Minuten vor Schluß blieb Italien die Antwort schuldig.

Deutschland mußte gegen die Türken spielen, während Ungarn es mit dem Kanonenfutter aus Ostasien zu tun hatte und die armen Koreaner erwartungsgemäß mit 9:0 überfuhr.

Herbergers Mannschaft hatte in Spiez am Thuner See ein ideales Quartier gefunden, ausgesucht von Ex-Nationalspieler Albert Sing, der als Trainer in der Schweiz wirkte. Von hier aus fuhr die deutsche Mannschaft innerhalb kürzester Zeit an die Spielorte und wieder zurück. Nie mußten die Spieler sich an neue Hotels und andere Betten gewöhnen.

Das Match mit den Türken fand in Bern statt und mußte, wollte Deutschland weiterkommen, auf alle Fälle gewonnen werden. Herberger bot seine vermeintlich stärkste Elf auf: Turek, Laband, Kohlmeyer, Eckel, Posipal, Mai, Klodt, Morlock, Ottmar Walter, Fritz Walter, Schäfer.

Gut 30 000 Zuschauer, darunter Tausende aus Deutschland, füllten das Wankdorf-Stadion. Doch ihnen stockte der Atem, als sich Kohlmeyer und Posipal schon nach drei Minuten fatal behinderten und der Türke Suat flach einschießen konnte.

Minutenlang wirkte der Schock nach, doch dann brachte Fritz Walters überlegte Regie Ruhe ins deutsche Spiel. Die Kombinationen begannen zu laufen, wie sie unter Herberger in dreiwöchiger Vorbereitung immer wieder geübt worden waren. Und was noch wichtiger war: die Spieler verrieten Höchstform, brannten vor Einsatzfreude und feuerten sich gegenseitig an.

Ein Prachttor von Hidegkuti. es steht 1:0 für Ungarn im Semifinalspiel gegen Uruguay. Die Ungarn gewinnen in der Verlängerung 4:2 und ziehen als Gegner der deutschen Mannschaft ins Finale ein.

Nach zehn Minuten fiel der Ausgleich: Morlock paßte zu Schäfer, der lockte Turgay aus dem Tor und schoß ein. Deutschland kam jetzt, trotz Posipals Schwächen im Abwehrzentrum, zu einer eindeutigen Überlegenheit, die gegen härtesten türkischen Widerstand aber erst in der 50. Minute zum Führungstor führte. Klodt erzielte es nach einer Steilvorlage von Ottmar Walter, der das 3:1 zehn Minuten später per Kopfball selbst besorgte. Damit war das Spiel gelaufen, Morlocks 4:1 kurz vor Schluß wurde von den deutschen Schlachtenbummlern bereits als willkommene „Dreingabe" gefeiert.

Doch noch hatte Deutschland die Hürde dieser ersten Runde nicht überwunden. Wie ein Berg türmte sich der hohe Favorit Ungarn vor Sepp Herberger und seinen Männern auf. Seit Jahren waren die Magyaren unbesiegt, ihre Mannschaft wurde mit der Uruguays der zwanziger und mit dem österreichischen „Wunderteam" der frühen dreißiger Jahre verglichen.

Doch selbst die Sindelar und Co. hatten nicht vermocht, was Puskas, Hidegkuti und Bozsik zustande brachten: England auf eigenem Inselboden zu besiegen. 1 Jahr zuvor schrieben die Ungarn dieses Kapitel der Fußballgeschichte, gewann zum ersten Mal eine kontinentale Nationalelf gegen England in England.

Das Ergebnis lautete 6:3 und drückt die Überlegenheit der Ungarn nur unvollkommen aus. Dem Spielverlauf gerechter wurde schon das 7:1 des Rückspiels. Ungarn war der große Favorit für die WM '54. Wer wollte diese perfekt funktionierende Kombinationsmaschine stoppen?

Deutschland sicher nicht. Sepp Herberger hatte in London auf der Tribüne gesessen und die Gala-Show des kommenden WM-Gegners gesehen. Er war beeindruckt, aber er sagte nicht viel. Hinter seiner faltenreichen Stirn arbeitete es.

Der Plan, den er ausbreitete, stieß zunächst einmal auf deutliche Ablehnung. 60 000 Zuschauer waren zum Spiel Deutschland gegen Ungarn ins Basler St.-Jakob-Stadion gekommen, gewiß die Hälfte von ihnen aus dem nahen Deutschland. Diese Hälfte pfiff laut und gellend, als der Lautsprecher die Mannschaftsaufstellungen bekanntgab: aus der siegreichen Elf von Bern fehlten Turek, Laband, Mai, Klodt, Morlock, Ottmar Walter und Schäfer.

Herbergers Entscheidung ist später auf unterschiedlichste Weise interpretiert worden. Hatte der alte Fuchs geblufft, oder glaubte er wirklich, mit dieser Aufstellung den Ungarn beikommen zu können?

Er selbst hat nie einen Zweifel daran gelassen, daß zwar taktische Gesichtspunkte mitspielten, er aber durchaus der Meinung war, mehr als nur einen Sparringspartner aufzubieten. Immerhin: die Überlegung hatte Vorrang, daß eine Niederlage gegen Ungarn unvermeidlich war und man, um eine Runde weiterzukommen,

Mit ernster Miene führen Ocwirk und Fritz Walter ihre Mannschaften zum Semifinalspiel in Basel (oben).
Links, oben: Flanke von Fritz Walter; Tor von Schäfer – es steht 1:0 für die Deutschen.

Zwei Elfmeter-Tore durch Fritz Walter. Bei Strafstoß Nr. 1 wirft sich Zeman in die falsche Richtung. Beim zweiten erahnt er zwar die Ecke, erreicht aber den Ball nicht. Es steht jetzt 5:1. Österreich ist geschlagen.

Links: Eckball von Fritz Walter, sein Bruder Ottmar köpft zum vierten deutschen Treffer ein. Oben: Jubelnd liegen sich die deutschen Spieler in den Armen. Der sechste deutsche Treffer ist gefallen.

noch einmal gegen die Türken spielen müsse.

Davon ahnten jedoch die wenigsten der 60 000 etwas, und auch viele Offizielle im Troß des DFB wollten nichts davon wissen. Vor allem nicht mehr, als die deutsche Mannschaft gegen den hohen Favoriten mit 3:8 eingegangen war.

„Ungarische Rhapsodie“ überschrieb ein Berichterstatter seine Reportage. Er übertrieb nicht. Was Bozsik, Puskas, Czibor und Kocsis an diesem Tag zeigten, degradierte den Gegner zum Statisten. Der arme Heini Kwiatkowski im deutschen Tor wußte kaum noch, was er tun sollte, wenn die ungarischen Stürmer sich traumwandlerisch sicher durch die Deckung spielten und frei vor ihm auftauchten. Daß Deutschland seinerseits zu drei Treffern kam, war eine Art Gnadenakt des Gegners, der vor allem dann keinen besonderen Wert mehr auf Deckung legte, als er zehn Minuten vor Schluß 7:1 führte.

Kein Zweifel – hier hatte der Weltmeister gespielt, hier war Fußball demonstriert worden, wie man ihn besser kaum zeigen konnte. Das schien der einzige Trost für die deutsche Mannschaft zu sein, deren Mittelläufer Liebrich sich den Vorwurf gefallen lassen mußte, Major Ferenc Puskas durch zu harten Einsatz erheblich verletzt zu haben.

Doch die Männer aus Budapest gewannen ihr Viertelfinalspiel auch ohne ihn. Gegner war Brasilien, Schauplatz Bern. Wieder regnete es, wieder drängten sich Tausende unter Schirmen, wieder brannte Ungarn ein Feuerwerk an Spielkunst ab.

Der Vize-Weltmeister hatte nicht das Format der deutschen Elf, die Niederlage sportlich fair hinzunehmen. Im Bewußtsein seiner Unterlegenheit begann er, statt mit den Füßen mit den Fäusten zu kämpfen. Humberto und Nilton Santos wurden von Schiedsrichter Ellis des Feldes verwiesen, auch der Ungar Bozsik mußte dran glauben. Und dann gab es, nach Spielschluß im Kabinengang, noch eine böse Prügelei zwischen nahezu allen Beteiligten, die am folgenden Tag sogar das Ergebnis von den Titelseiten der Schweizer Zeitungen verdrängte. Ungarn hatte 4:2 (2:1) gewonnen.

Rangliste der Torschützen

26 Spiele – 140 Tore

11 Tore	Kocsis (Ungarn)
6 Tore	Hügi (Schweiz)
	Morlock (Deutschland)
	Probst (Österreich)
4 Tore	Ballamann (Schweiz)
	Borges (Uruguay)
	Puskas (Ungarn)
	Schäfer (Deutschland)
	Fritz Walter (Deutschland)
	Rahn (Deutschland)
3 Tore	Anoul (Belgien)
	Burhan (Türkei)
	Czibor (Ungarn)
	Hohberg (Uruguay)
	Miguez (Uruguay)
	Stojaspal (Österreich)
	Wagner (Österreich)
	Ottmar Walter (Deutschl.)
	Lofthouse (England)
	Suat (Türkei)
2 Tore	Abbadie (Ungarn)
	Broadis (England)
	Didi (Brasilien)
	Galli (Italien)
	Julinho (Brasilien)
	Körner II (Österreich)
	Lefter (Türkei)
	Lantos (Ungarn)
	Palotas (Ungarn)
	Pinheiro (Brasilien)
	Ocwirk (Österreich)
	Schiaffino (Uruguay)
1 Tor	25 weitere Spieler
4 Eigentore	

Auch Uruguay stand im Viertelfinale. Der Weltmeister hatte nach seinem relativ knappen Sieg über die ČSSR eine Supershow geboten und Schottland mit 7:0 ausgebootet. Es schien kein Mittel gegen Schiaffino und Borges zu geben, zumindest die Schotten mit ihrer veralteten Auffassung hatten es nicht. Mit Uruguay, so glaubte man, war ein würdiger Finalgegner für Ungarn gefunden.

Im Viertelfinale trafen die „Urus“ auf England, das in der Vorrunde nicht gerade durch Heldentaten aufgefallen war. Nach einem überraschenden 4:4 gegen Belgien langte es gegen die Schweiz zum 2:0-Sieg, denn auch die Eidgenossen erwiesen sich als kluge Taktiker und setzten auf die Karte eines 2. Spiels gegen Italien.

Gegen die Balljongleure aus Montevideo wirkten Britanniens Elitekicker geradezu bieder. Trotz so großer Namen wie Wright, Matthews, Lofthouse und Finney durften sich 30 000 Zuschauer in Basel an der Überlegenheit der Südamerikaner erfreuen, die durch Borges, Varela, Schiaffino und Ambrois zu vier Treffern kamen, denen die Engländer nur zwei entgegensetzen konnten.

„Englands Ausscheiden ist ein neuerlicher Beweis dafür, daß das Mutterland es nicht verstanden hat, seine einstige Führerrolle im Fußball zu behaupten“, urteilten neutrale Beobachter.

Die Schweizer Zuschauer hatten mit einem Ohr der Übertragung aus ihren Kofferradios gelauscht, denn in Lausanne standen sich zur gleichen Stunde die Schweiz und Österreich gegenüber.

Die Eidgenossen hatten das Viertelfinale drei Tage zuvor mit einem zweiten Spiel gegen Italien erreicht, das in Basel stattfand. 34 000 sahen hier eines der typischen Schweizer WM-Bravourstücke. Wieder mit dem Basler Hügi in der Sturmmitte, der beim 0:2 gegen England gefehlt hatte, erlangte der Schweizer Angriff seine Gefährlichkeit zurück, die er schon beim ersten 2:1-Sieg über die Italiener gezeigt hatte.

Diesmal fiel der Sieg noch deutlicher aus. Vorbildlich harmonierten Schweizer „Riegel“ und Schweizer Angriff. Mit dem überragenden Stopper Eggimann und den beweglichen Außenstürmern Antenen und Fatton wurde die Schweiz mit zunehmender Spielzeit immer klarer überlegen. Dem Tor von Hügi in der 12. Minute ließen die Schweizer nach der Pause noch drei weitere Treffer folgen, dem nur ein italienischer Erfolg entgegen-

Auftakt zum Endspiel um die Fußballweltmeisterschaft 1954 im Berner Wankdorf-Stadion. Die Spielführer stellen sich mit Schieds- und Linienrichern den Fotografen. Von links: Orlandini (Italien), Fritz Walter, Ling (England), Puskas, Griffiths (England).

Die deutsche Mannschaft vor dem Spiel, von links: Fritz Walter, Turek, Eckel, Rahn, Ottmar Walter, Liebrich, Pospipal, Schäfer, Kohlmeyer, Mai, Morlock.

Und so traten die Ungarn an, von links: Puskas, Grosics, Lorant, Hidegkuti, Bozsik, Zakarias, Lantos, Buzanski, Toth, Kocsis, Czibor.

Die deutsche Elf hat einen guten Start – und wird dann doch überrumpelt. Ferenc Puskas (unten) erwischt in der sechsten Minute den von Eckel abgeprallten Ball und schießt zum 1:0 ein. Und schon zwei Minuten später fällt der zweite Treffer ...

... nach dieser Szene (oben). Turek hat nach einem Mißverständnis mit Mai (Nr. 3) den Ball verloren. Czibor braucht nur herbeizulaufen und kann mühelos einlenken, während Kocsis seelenruhig dem Ganzen zuschaut.

So fällt der erste deutsche Gegentreffer (rechts): ein Schuß von Rahn wird von den Ungarn in Richtung auf das eigene Tor abgewehrt; Morlock erreicht den Ball und schiebt ihn mit der Zehenspitze an Grosics vorbei ins Netz. Es steht nur noch 2:1.

stand. Mit 4:1 siegreich, wurden die Schweizer Spieler von begeisterten Anhängern in die Kabine getragen.

Ähnlich war es der deutschen Elf im zweiten Gang gegen die Türken ergangen. 25 000 Zuschauer sahen auf dem Züricher Grasshoppers-Platz, daß es Sepp Herberger offenbar gelungen war, den Schock des 3:8 gegen Ungarn zu überwinden. Dazu bei trug sicher, daß bis auf Kohlmeyer wieder die Mannschaft des ersten Spiels gegen die Türkei auf dem Rasen stand.

Sie spielte, als habe es den schwarzen Tag von Basel nie gegeben. Fritz Walter glänzte wieder mit bestechender Regie, am rechten Flügel wirbelte Berni Klodt, Morlock, Ottmar Walter und Schäfer verrieten erstaunlichen Torhunger. Lediglich die deutsche Abwehr ließ Schwächen erkennen, was aber den deutlichen 7:2-Erfolg nie gefährdete. Damit stand auch Deutschland unter den letzten Acht. Die Rechnung Herbergers war vorerst aufgegangen.

Viertelfinalgegner war Jugoslawien, das zuvor in einem begeisternden Spiel gegen Brasilien ein 1:1 erreicht hatte. Die deutsche Elf war demzufolge als Außenseiter anzusehen.

Der Spielverlauf gab dieser Einschätzung recht – nicht jedoch das Ergebnis. Denn nach einer Abwehrschlacht, wie sie in der Geschichte des deutschen Fußballs bis dahin einmalig war, behielt der Außenseiter mit 2:0 die Oberhand.

Ein Eigentor Horvats nach zehn Minuten ließ Jugoslawien in Rückstand geraten. Dann stürmte die Mannschaft, daß Deutschland in den Wellen der Angriffe mehr als einmal zu ertrinken drohte. Doch an diesem Tag war Turek im Tor nicht zu überwinden. Und wenn er doch einmal geschlagen schien, stand mit Sicherheit Werner Kohlmeyer auf der Linie und rettete.

Nur wenige deutsche Zuschauer befanden sich unter den 20 000 im Genfer Stadion Chamille, doch Millionen saßen zu Hause an den Radios und bangten um den Sieg. Bis kurz vor Schluß lag das Ausgleichstor der Jugoslawen in der Luft, dann schnappte sich Rechtsaußen Helmut Rahn den Ball, zog los und jagte ihn von der Strafraumgrenze aus unhaltbar für Beara ins Tor. 2:0 – Deutschland unter den letzten Vier! Die Welt des Fußballs begann Herbergers Männer ernstzunehmen.

Dennoch sprach man immer noch mehr von den Ungarn, von Weltmeister Uruguay und vom sensationellen Sieg der Österreicher über die Schweiz. Denn vor 40 000 Zuschauern waren bei glühender Hitze in Lausanne 12 Tore gefallen – fünf für die Schweizer und sieben für Österreich!

Schon nach 20 Minuten führten die Eidgenossen mit 3:0. Das mußte eigentlich schon der Sieg sein. Doch dieses Spiel stellte alle Erfahrungstatsachen auf den Kopf. Plötzlich waren die Österreicher da, spielten nicht mehr „schön", sondern zweckmäßig, schnell, direkt. Ihre Schüsse deckten Parlier ein, und innerhalb von 12 Minuten hatten Wagner, Körner und Oewirk aus dem 0:3-Rückstand eine 5:3-Führung gemacht.

Noch einmal kam die Schweiz heran, Ballaman verkürzte auf 5:4. Wie sich später zeigte, hatte Österreichs Torwart Schmied einen Hitzschlag erlitten und die Partie im Unterbewußtsein zu Ende gespielt, ohne das Schlußergebnis zu kennen.

Es lautete 7:5 und öffnete Österreich den Weg ins Halbfinale, wo das Los die deutsche Elf zum Gegner bestimmte.

Die Partie fand in Basel statt. Zehntausende waren über die Grenze gekommen, es regnete. Das war, wie man inzwischen wußte, „Fritz-Walter-Wetter", kühle, feuchte Luft, glatter, nasser Rasen. Doch würden die äußeren Umstände genügen, gegen Österreichs Starteam bestehen zu können?

Das Spiel begann mit Fehlpässen auf beiden Seiten. Dann, nach einer halben Stunde, kam ein Paß Fritz Walters bei Schäfer an: 1:0 für Deutschland.

Österreich bäumte sich auf, doch das Gift des Zweifels saß bereits in der Mannschaft. Schon einmal, drei Jahre zuvor, hatte man als hoher Favorit gegen die Deutschen verloren. Edi Frühwirth mühte sich in der Pause, seinen Spielern das Gefühl der Überlegenheit zurückzugeben.

Mit aller Energie startete sie in die zweite Halbzeit. Werner Liebrich wuchs als Mittelläufer auf deutscher Seite zum Turm in der Schlacht, Turek hielt, was zu halten war.

Dann inszenierte Fritz Walter einen Gegenangriff, den Oewirk zur Ecke abwehrte. Wochenlang hatten die Deutschen Eckstöße geübt, technische und taktische Tricks einstudiert. Jetzt war die Stunde gekommen.

Ottmar Walter schrie „Friedrich!" und raste los in Richtung seines Bruders, zur Eckfahne. Zwei österreichische Abwehrspieler hasteten hinterher. Sie konnten nicht wissen, daß alles ein verabredetes Manöver war, daß die Deutschen ihre Ecken kurz oder lang, je nach Lage, schossen.

Als Ottmar Walter die beiden Gegenspieler auf sich gezogen hatte, kam der Ball lang und länger in den Strafraum. Max Morlock, von allzu starker Bewachung befreit, schraubte sich hoch. Haargenau mit der Stirn erwischte er das Leder und wuchtete es an Zeman vorbei ins Netz.

Von da an regierte die deutsche Mannschaft, ungeachtet eines Gegentors von Probst nach fünf Minuten. Denn nach weiteren vier stand Schäfer allein vor Zeman, als Hanappi ihm die Beine wegzog. Schiedsrichter Orlandini erkannte auf Elfmeter. Fritz Walter verwandelte sicher.

Die Österreicher brachen zusammen. Mit spielerischer Leichtigkeit, von Minute zu Minute stärker werdend, erzielte Deutschland durch Ottmar Walter (2) und einen weiteren Strafstoß seines Bruders Fritz noch drei Tore. Mit 6:1 siegreich liefen sie vom nassen Rasen jubelnd in die Kabine. Deutschland im Endspiel – das war eine Sensation.

Doch der Mann, der sie zustande brachte, dachte auch in dieser Stunde sofort an das nächste Spiel, das nach seiner Theorie „immer das schwerste" war. In diesem Fall stimmte es wirklich: Endspiel-Gegner der deutschen Elf sollte Ungarn sein.

Gewiß wäre Uruguay dem deutschen Trainer und wohl auch der Mannschaft lieber gewesen. Phasenweise sah es im Halbfinalspiel von Lausanne auch so aus, als könnte der Weltmeister es schaffen. Zwar gingen die Magyaren, immer noch ohne den verletzten Puskas, mit 2:0 in Führung, ließen sich dann aber das Heft aus der Hand nehmen. In einem hochdramatischen Spiel kamen die Uruguayer durch Hohberg zum Ausgleich.

Werner Liebrich war einer der großen Kämpfer dieses Endspiels. Hier im Kopfball-Duell mit Kocsis, dem Torschützenkönig des Turniers, der im Endspiel freilich ohne Treffer blieb ...

Schock für die Ungarn in der 18. Minute. Schäfer, aber auch Grosics verfehlen einen Eckball von Fritz Walter, Rahn jedoch lauert im Hintergrund (oben), und er donnert den Ball unerreichbar ins Netz. Unten: Gesten des Jubles und der Verzweiflung. Grosics und Buzansky liegen am Boden. Schäfer und Rahn stürmen jubelnd davon

Erst in der zweiten Hälfte der Verlängerung setzte sich das größere Stehvermögen der Ungarn durch. Zwei Kopfballtore des unglaublichen Sandor Kocsis brachten sie ins Finale, das – bei allem Respekt vor der überraschenden deutschen Elf – für sie doch nur Formsache zu sein schien.

Vorher aber stand das Spiel um den dritten Platz an. Österreichs Presse hatte die gegen Deutschland mit 1:6 unterlegene Mannschaft in der Luft zerrissen. Wollte sie daheim nicht mit faulen Tomaten empfangen werden, mußte zumindest der dritte Platz gewonnen werden.

In beiden Mannschaften gab es Umstellungen, doch vermochten die neuen Spieler den Kräfteverschleiß der Halbfinalspiele nicht wettzumachen. Dem Spiel fehlte Feuer und Schwung, was vor allem auf Uruguay zutraf. Die 120 Minuten Kampf gegen Ungarn forderten ihren Tribut.

Ein Foulelfmeter von Stojaspal brachte Österreich in Führung. Hohberg glich noch vor der Pause aus. Dann trat die Überlegenheit der Oewirk und Co. immer stärker zutage. Dennoch kamen sie nur durch ein Eigentor von Cruz zur erneuten Führung, die Oewirk mit dem 3:1 zehn Minuten vor Schluß zum endgültigen Sieg ausbaute.

Einen Tag später rief Bern zum fünften Finale einer Fußball-Weltmeisterschaft. Am Morgen hatte es zu regnen begonnen, zur Freude der Deutschen. Tausende ihrer Anhänger waren erneut in die Schweiz gekommen. Das Wankdorf-Stadion wogte unter Regenschirmen. „Apotheose unter Parapluies“ schrieb Jules Rimet in seinen Erinnerungen.

Noch sechs Minuten sind zu spielen. Rahn hat die ungarische Abwehr getäuscht und zum 3:2 eingeschossen. Vergeblich warf sich Grosics nach Rahns Schuß (links).
Oben: Sekunden nach dem Abpfiff; verwirrt bahnt sich Puskas einen Weg durch die triumphierenden deutschen Spieler.

Weltmeisterschaft 1954

Bei Ungarn ist Puskas wieder dabei, Deutschland spielt mit der gleichen Elf wie gegen Österreich, also mit Turek, Posipal, Kohlmeyer, Eckel, Liebrich, Mai, Rahn, Morlock, Ottmar Walter, Fritz Walter, Schäfer.

Jules Rimet und Bundespräsident Rubattel begrüßen die Mannschaften, die Nationalhymnen werden gespielt. Dann pfeift der Engländer Ling die Partie an.

Deutschland ist sofort gut im Bilde. Schäfer verfehlt mit einem Mordsschuß das Tor nur knapp.

Immerhin – nach fünf Minuten atmen die deutschen Schlachtenbummler leise auf. In Basel hatte Ungarn zu dieser Zeit bereits 1:0 geführt.

Doch das Unheil schreitet schnell, auch hier in Bern. Kaum keimen die ersten Hoffnungen, ist es schon passiert. Ein Schuß Hidegkutis prallt von Liebrich ab, Puskas vor die Füße. 1:0 für Ungarn.

Deutschland wird nervös. Drei Minuten später gibt Kohlmeyer den Ball an Turek zurück, der hält ihn nicht fest genug, läßt ihn aus den Händen rollen, Czibor ist da – 2:0!

Entsetzen erfaßt die meisten Zuschauer. Das Gespenst des 8:3 hängt über dem Wankdorf-Stadion.

Eine deutsche Trotzreaktion läßt Helmut Rahn auf den linken Flügel wechseln, den Ball in die Mitte schlagen. Er prallt ab von Lorant zu Morlock, der macht ein langes Bein, immer länger und länger. Mit der Fußspitze tippt er den Ball an Grosics vorbei ins Netz. Nur noch 2:1.

Durch die deutsche Mannschaft geht ein Ruck, die Ungarn schauen sich verwundert an. Das mußte nicht sein, natürlich nicht. Aber auch die drei Gegentore in Basel mußten nicht sein, und doch gewann man haushoch. Also, was soll es?

Doch diese deutsche Mannschaft des 4. Juli 1954 ist nicht mehr das experimentierende, an sich selbst zweifelnde, Form und Formation noch suchende Aufgebot von vor 14 Tagen. Diese Deutschen laufen und kämpfen, spielen und schießen wie die Teufel.

18. Minute: Fritz Walter schießt einen Eckball, Buzansky lenkt am „kurzen" Toreck, erneut zur Ecke. Wieder hebt „der Fritz" den Ball herein, diesmal ganz lang, über Freund und Feind hinweg, dorthin, wo nur noch Helmut Rahn lauert. Der Mann aus Essen, den sie „Boss" nennen, nimmt das nasse, schwere Leder im Direktschuß – 2:2!

Ein Jubelsturm quittiert den Ausgleich. Der Außenseiter, der fast schon besiegte David, hat zurückgeschlagen, hat Goliath eine Backpfeife verpaßt.

Doch das bringt den nicht um. Ungarn verschärft das Tempo. Die Kombinationen der Czibor, Puskas, Bozsik spinnen die deutsche Mannschaft ein. Hidegkuti schießt, das muß ein Tor sein. Doch Turek, der unglaubliche Zerberus, bringt seine Faust an den Ball, lenkt ihn um den Pfosten.

Puskas kann es noch nicht fassen und erwehrt sich der überschäumenden Freude von Morlock, als die beiden Mannschaften zur Siegerehrung gehen. Und auch die Gratulation für Fritz Walter, der die Jules-Rimet-Trophäe bereits in Empfang genommen hat, ist eher distanziert.

Unbeschreiblich sind der Jubel und die Begeisterung, die über die deutsche Mannschaft jetzt hereinbrechen. Sepp Herberger, der „Vater des Sieges“, und Fritz Walter, der Vollstrecker seiner Ideen, werden auf den Schultern triumphierender Schlachtenbummler aus dem Stadion getragen.

So geht es lange. Die Ungarn stürmen, die Deutschen verteidigen und beschränken sich auf Konter des genialen Fritz Walter. Karl Mai läßt Kocsis nicht aus den Augen. Der Torschützenkönig des Turniers kommt im Finale nicht zum Zug.

Auch Deutschland hat gute Chancen, doch die Mehrzahl ergibt sich auf der anderen Seite. Zweimal tritt Kohlmeyer den Ball von der Linie, immer wieder ist Turek zur Stelle, stoppt Liebrich die Wellen der ungarischen Angriffe.

Der Favorit wird langsam nervös. Seine – zumindest optische – Überlegenheit bleibt erfolglos. Und die Deutschen haben offensichtlich die bessere Kondition, unter Herberger in gewissenhafter Vorbereitung erarbeitet.

Noch 20 Minuten: Deutschland hat ausgeglichene Spielanteile erzwungen. Der vorbildlich kämpfende Fritz Walter, der unermüdlich rennende Horst Eckel, die Außenstürmer Rahn und Schäfer setzen sich immer besser in Szene. Das tolle Tempo von Anfang an scheint ihnen nichts auszumachen. Nach einer Ecke von Fritz Walter hat Rahn eine große Chance, doch Grosics rettet.

Die Begeisterung überschlägt sich, als die deutsche Mannschaft aus der Schweiz heimkehrt. Zehntausende sind in München auf den Beinen, wo sich die Fahrt zum Rathaus zu einem Triumphzug gestaltet.

Im Berliner Olympiastadion (links) werden die 22 Spieler und ihr Trainer von Bundespräsident Prof. Theodor Heuss mit dem Silberlorbeerblatt ausgezeichnet.

Dann eine Schrecksekunde: Czibor ist durch, Turek kann nur durch Fußabwehr das dritte Ungarntor verhindern. Toth nimmt den abprallenden Ball und jagt ihn – ans Außennetz.

Und wieder Turek: Nach einem Zusammenprall mit Hidegkuti bleibt der deutsche Torwart benommen liegen, muß vom Arzt behandelt werden. Doch nach einer Minute geht es wieder, steht das Phantom wieder zwischen den Pfosten.

Noch sechs Minuten. Es sieht nach Verlängerung aus. Schon mutmaßen die Experten, daß Deutschland als konditionell bessere Elf dann wohl im Vorteil wäre.

Da läuft ein Angriff über den linken deutschen Flügel. Schäfer gibt den Ball herein, ein Ungar wehrt mit dem Kopf ab, das Leder fliegt ein paar Meter zu Helmut Rahn. Der Rechtsaußen in halbrechter Position wird von zwei Ungarn angegriffen, die jedoch mit einem Schuß rechnen und darum ins Leere laufen, als Rahn mit dem Ball noch einen Schlenker macht. Dann hat er freie Schußbahn. Aus etwa 14 Metern Entfernung jagt er das Leder mit dem linken Fuß flach und scharf aufs Tor. Ins Tor.

Grosics hat sich geworfen, die rechte Faust dem Ball entgegengereckt. Doch sie kommt um Zentimeter zu spät. Das Leder saust ins Netz und sofort wieder heraus, so wuchtig war es geschossen.

Rahn, im Fallen bereits jubelnd, sitzt auf dem Boden und sieht den Himmel offen. Seine Kameraden laufen auf ihn zu, heben ihn hoch, eskortieren ihn im Triumph zur Mitte. Noch sechs Minuten – das muß der Titel sein!

Er war es. Er war es trotz der 86. Minute, als den Deutschen das Herz noch einmal stehenblieb. Puskas hatte, frei vor Turek, ein Tor erzielt, doch Schiedsrichter Ling erkannte auf Abseits. Noch einmal lag auch Czibor der Ausgleich auf den Füßen, doch Turek übertraf sich einmal mehr und wehrte auch diesen „unhaltbaren" Schuß ab.

Dann pfiff Ling zum letzten Mal, und Deutschland war Weltmeister. Jules Rimet überreichte Fritz Walter die Trophäe, Puskas gratulierte hängenden Kopfes. Jubel und Niedergeschlagenheit quittierten die sportliche Weltsensation.

Torschützenkönig in der Schweiz

Kocsis

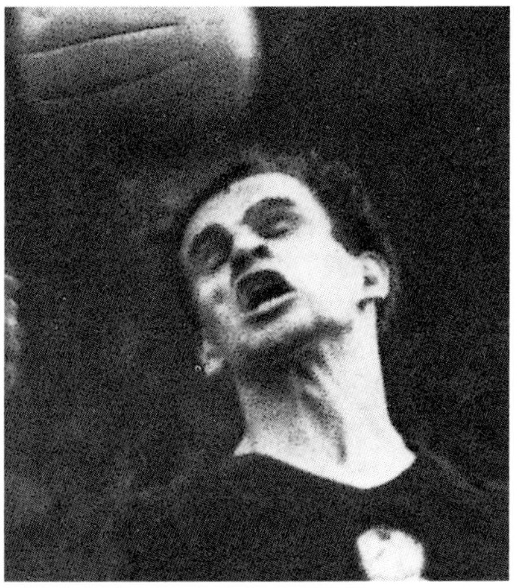

Von 1952 an bis zur Mitte der fünfziger Jahre sprachen die Experten im Weltfußball eigentlich nur von einer Mannschaft. Es blieb ihnen auch praktisch gar nichts anderes übrig, denn diese Mannschaft fegte in einer Art Wirbelwind so alles vom Platz, was bisher in den Gazetten für Schlagzeilen gesorgt hatte. Wie im Mittelalter ertönte der Ruf „die Ungarn kommen", aber im Gegensatz zur grauen Vorzeit liefen die, die diesen Ruf ausstießen, nicht davon, sondern füllten zu Hunderttausenden die Fußball-Arenen des Kontinents, um die Ungarn zu sehen.

Der Wirbelwind aus Richtung Pußta hatte Namen, die jedes Schulkind kannte: Puskas, Hidegkuti, Czibor – und dann war da noch einer, der aussah wie ein echter Zigeunerprimas und einen schier unaussprechlichen Namen hatte – Sandor Kocsis.

Daß der „Schani", wie sie ihn nannten, zum Fußball kam, hatte auch soziale Hintergründe. Als Kind armer Eltern, das in sehr beengten Wohnverhältnissen aufwuchs, trieb sich der kleine Sandor mehr auf der Straße herum, wo er mit Gleichaltrigen in Ermangelung eines Balles mit Lumpenbündeln herumkickte. Bei dieser Gelegenheit entdeckten ihn die Talentsucher des Budapester Renommier-Klubs Ferencvaros, die ihn von der Straße wegholten und in die Jugendmannschaft stellten.

Ziemlich rasch stellte sich heraus, daß sie damit einen wahren Glückstreffer gelandet hatten, denn Kocsis, der intuitiv die Möglichkeiten erkannte, die der Fußball ihm bieten konnte, entwickelte sich außergewöhnlich. Bereits mit 16 Jahren war er so gut, daß man ihn, den Dreikäsehoch, neben die etablierten Stars der ersten Mannschaft stellte. Obwohl nicht gerade ein Hüne, wurde der Teenager durch seine enorme Sprungkraft und seine harten, placierten Kopfbälle in gegnerischen Strafräumen zum Schreckgespenst.

Dieser Ruf eilte ihm voraus, als er ins Wehrpflichtalter kam. Der gegen Ende der vierziger Jahre nicht ohne Hintergedanken gegründete Armee-Klub Honved wartete nur darauf, das junge Talent für seine Fußball-Kompanie zu rekrutieren, in der schon Puskas, Czibor, Budai und Meszaros „dienten".

Die Ferencvaros-Fans waren zwar arg verschnupft, aber dem Schani gefiel es, denn mit der Honved-Sturmreihe, die vermutlich der beste Vereins-Sturm war, den es jemals gab, begann seine steile Karriere auf dem Parkett des Weltfußballs, zumal Honved wegen seiner Ballung ungarischer Spitzenspieler quasi identisch mit dem National-Team der Magyaren war.

Den ersten großen Höhepunkt seiner Laufbahn erlebte er 1952 mit dem Sieg beim olympischen Fußball-Turnier in Helsinki. Die Ungarn zeigten berauschenden Traumfußball.

Von Helsinki zog der Pußta-Sturm von Erfolg zu Erfolg. Am härtesten traf es dabei die Engländer, die bis dahin auf eigenem Boden noch nie besiegt worden waren. Ausgerechnet in der als uneinnehmbar geltenden Festung Wembley-Stadion erlebten sie ein 3:6-Waterloo, von dem sie sich auch beim Rückspiel in Budapest noch nicht erholt hatten. Im Nep-Stadion wurden sie sogar noch schrecklicher mit 7:1 überfahren.

Keiner zweifelte daran, daß die Ungarn auch Weltmeister würden. Es ließ sich gut an! Schon beim ersten Vorrunden-Spiel gegen die Mannschaft Südkoreas hagelte es Tore. Das Endresultat: 9:0 für Ungarn. Kocsis hatte drei davon erzielt. Dann kam das Spiel, nach dem keiner auch nur noch einen Pfifferling für einen WM-Sieg der deutschen Nationalmannschaft gegeben hätte. Herbergers Mannen wurden mit 8:3 von den entfesselten Ungarn an die Wand gespielt. Allein schon die vier Treffer von Kocsis hätten für den Sieg gereicht. Auch den Brasilianern erging es nicht besser, obgleich das Ergebnis mit 2:4 ein wenig besser aussah. Wieder hatte Kocsis zwei Tore geschossen. Neun Treffer bis zum Halbfinale! Die Tatsache, daß er die meisten davon mit dem Kopf erzielte, brachte ihm den Beinamen Tête d'Or, Goldkopf, ein.

Im Semifinale trafen die Ungarn dann zum ersten Mal auf eine Mannschaft, die sich nicht überrennen lassen wollte – Uruguay. Nach Ende der regulären Spielzeit hieß es 2:2, und Kocsis war leer ausgegangen. In der Verlängerung sollte sich dann beweisen, was die Ungarn an ihrem „Schani" hatten. Mit zwei blitzsauberen Kopfball-Toren sicherte Kocsis seiner Mannschaft das 4:2 für den Einzug ins Finale. Die Tür zum Weltmeister-Titel stand sperrangelweit offen, denn Endspiel-Gegner war jene Mannschaft der Bundesrepublik, die man ja bereits in der Vorrunde mit 8:3 überfahren hatte.

Wie es ausging, ist bekannt. Ein Symptom für die Niederlage der Ungarn war vielleicht auch die Tatsache, daß Kocsis in diesem Spiel kein Tor erzielte. Seine 11 Tore, die ihn zum Schützenkönig dieses WM-Turniers machten, waren deshalb auch ein vergleichsweise schwacher Trost.

Wie Puskas, so wurde auch Kocsis in den Jahren darauf durch die Folgen des Ungarn-Aufstands in Europa hin und her getrieben, bis er schließlich auch in Spanien, beim FC Barcelona, eine neue Fußball-Heimat gefunden hatte, in der er noch einmal viel umjubelt seine Karriere auch finanziell erfolgreich beenden konnte.

WM 1958 in Schweden

Schon 1950 in Rio war Schweden – unter Vorbehalt – der Zuschlag für die WM 1958 erteilt worden. Diese Regelung bewährte sich und wurde von der FIFA fortan praktiziert, denn sie gab den auserwählten Ländern Zeit genug, sich den immer umfangreicher werdenden organisatorischen Problemen zu widmen.

Das WM-Turnier 1954 in der Schweiz war nicht zuletzt durch das Fernsehen ein großer Erfolg gewesen. Die Folge war, daß das Interesse für 1958 sprunghaft anstieg, daß nicht nur mehr Zuschauer, sondern auch mehr Journalisten, Kommentatoren und Techniker untergebracht werden mußten. Insgesamt handelte die Eurovision mit dem Veranstalter die Übertragung von elf Spielen aus, die samt und sonders auch in Deutschland auf den Bildschirm kamen, obwohl die deutsche Elf nur dreimal berücksichtigt wurde. Die Deutsche Bundespost baute das Fernseh-Leitungsnetz aus, errichtete eine Vielzahl von Relaisstationen und trug dazu bei, Fußball weiterhin populär zu machen.

52 Nationen hatten sich diesmal bei der FIFA als Teilnehmer eingeschrieben, 15 mehr als vier Jahre zuvor. Nur Deutschland als Weltmeister und Schweden als Veranstalter waren automatisch qualifiziert, die anderen mußten durch die Mühle der Qualifikation.

Das heißt: sie hätten gemußt, doch einige verloren auf halbem Wege die Lust, traten gar nicht erst an oder wurden von der hohen Politik ins Abseits gestellt. So erteilten die britischen Behörden der Mannschaft von Zypern keine Reise-Erlaubnis zum Untergruppen-Gegner Ägypten, traten die Türkei, Ägypten und der Sudan nicht gegen Israel an und weigerte sich Nationalchina, in einer Gruppe mit Rot-China zu spielen.

Schließlich blieb aus dem ganzen Hick-Hack nur Israel übrig, das als Sieger der Gruppe Asien/ Afrika kampflos qualifiziert gewesen wäre. Das jedoch erschien der FIFA zu wenig sportlich. Sie verfügte darum, daß Israel gegen einen auszulosenden Gruppenzweiten Qualifikationsspiele zu absolvieren habe. Im Dezember 1957 zog Ernst Thommen im Züricher FIFA-Haus das Los. Es lautete auf Wales.

Die Waliser hatten in der Europa-Gruppe vier hinter den Tschechen den zweiten Platz belegt, denn erstmals spielten die britischen Verbände ihre Teilnehmer nicht untereinander aus. Dennoch setzten sich England (gegen Eire und Dänemark), Nordirland (gegen Italien und Portugal) und Schottland (gegen Spanien und die Schweiz) durch. Wales war also Nr. vier des britischen Empires, was vor allem in Südamerika herbe Kritik auslöste, wo nur drei Fahrkarten nach Schweden zur Verfügung standen.

Doch zumindest England, Nordirland und Schottland hatten sich völlig regelgerecht qualifiziert. Die Nordiren, fast ausschließlich Profis aus englischen Vereinen, brachten das Kunststück fertig, den ehemaligen Doppel-Weltmeister Italien auszubooten. Sie verloren zwar in Italien mit 0:1, holten aber aus Portugal einen Punkt und gewannen beide Heimspiele.

Die Schotten warfen keinen Geringeren als Spanien aus dem Rennen, das sich große Hoffnungen gemacht hatte. Doch in Glasgow gab es nichts zu erben: 4:2. Und da man zu Hause gegen die Schweiz ebenfalls einen Punkt abgegeben hatte, nutzte der 4:1-Sieg im Rückspiel gegen Schottland wenig.

Europas weitere Teilnehmer waren Frankreich (gegen Belgien und Island), Ungarn (gegen Bulgarien und Norwegen), die Tschechen (gegen Wales und die DDR), Österreich (gegen Holland und Luxemburg), die

Weltmeisterschaft 1958 – Der Verlauf des Turniers

Erste Runde	Viertelfinale	Semifinale	Finale
Gruppe 1			
1. Deutschland			
2. Nordirland*	Brasilien 0		
3. ČSSR	Wales 1		
4. Argentinien		Brasilien 5	
		Frankreich 2	
Gruppe 2			
1. Frankreich			
2. Jugoslawien	Frankreich 4		
3. Paraguay	Nordirland 0		
4. Schottland			Brasilien 5
			Schweden 2
Gruppe 3			
1. Schweden			
2. Wales*	Deutschland 1		
3. Ungarn	Jugoslawien 0		
4. Mexiko			**Um den dritten Platz**
Gruppe 3		Schweden 3	
1. Brasilien		Deutschland 1	Frankreich 6
2. UdSSR*	Schweden 2		Deutschland 3
3. England	UdSSR 0		
4. Österreich			

* nach Entscheidungsspiel für das Viertelfinale qualifiziert.

Brasilien entpuppt sich schon in den Gruppenspielen als der große Favorit der Weltmeisterschaft in Schweden. Oben: Kevan kommt, obwohl von Nilton Santos bedrängt, zum Schuß – aber Gylmar hält. Brasilien und England trennen sich in Göteborg 0:0.

Links: Ein neuer Stern am Fußballhimmel geht auf. Der 17jährige Pelé begeistert die Fachwelt. Brasilien siegt gegen die Sowjetunion 2:0. Unten: 1:0 für Brasilien gegen Österreich, die Brasilianer gewinnen 3:0.

Rechts: Kelsey rettet vor Kälgren. Wales erzwingt gegen Schweden ein bemerkenswertes 0:0. Unten links: 2:0 durch Iwanow; England und die UdSSR trennen sich 2:2, denn Finneys Elfmeter (unten rechts) führt zum Ausgleich.

Sowjetunion (gegen Polen und Finnland) sowie Jugoslawien (gegen Rumänien und Griechenland).

Erstmals waren also zwei bemerkenswerte Vertreter des Ostblocks im Rennen: die UdSSR und die DDR. Letztere gewann zwar mit 2:1 gegen Wales, verlor aber alle anderen Spiele. Die Russen mußten sich der Mühe eines Entscheidungsspiels gegen Polen unterziehen, das sie mit 2:0 gewannen.

Auch in Südamerika mußte, parallel zum Beispiel Italiens in Europa, ein zweifacher Weltmeister Federn lassen. Uruguay schaffte die Qualifikation nicht! Paraguay hieß die große Überraschung, 5:0 das Ergebnis des ersten Spiels. Da die „Urus" auch in Kolumbien einen Punkt abgaben, mußten sie daheim bleiben.

Normalen Verlauf meldeten indessen die anderen Gruppen. Brasilien setzte sich knapp gegen Peru durch, Argentinien schaltete Bolivien und den Veranstalter der übernächsten WM, Chile, aus. Schließlich setzte

sich in der mittel- und nordamerikanischen Zone der Favorit Mexiko durch. Das Feld für Schweden war komplett.

Am Abend des 8. Februar 1958 wurde in Stockholm die Auslosung für die Gruppenspiele vorgenommen. Das Fernsehen übertrug die Zeremonie, die in allen beteiligten Ländern mit großer Spannung erwartet worden war.

Erneut hatte die FIFA sich zu einem anderen WM-Modus entschließen müssen. Das System des „Setzens“ aus dem Jahre 1954 hatte sich als wenig brauchbar erwiesen. Schließlich war ein „Nicht-Gesetzter“, nämlich Deutschland, Weltmeister geworden.

So entschloß man sich, in jeder der vier Gruppen jeden gegen jeden spielen zu lassen und dann mit den beiden Ersten jeder Gruppe – wie schon 1954 – im K.o.-System fortzufahren.

Indessen mochten die Verantwortlichen bei der Zusammensetzung der vier Gruppen nicht ausschließlich das blinde Los walten lassen. Wer hätte schließlich garantiert, daß nicht die drei Südamerikaner oder die vier Briten in einer Gruppe landen? So beschloß man, aus vier sogenannten „Blöcken“ je einen Vertreter in jede Gruppe zu losen: aus Amerika, aus Großbritannien, aus dem Ostblock und aus dem europäischen Rest mit Weltmeister Deutschland, Schweden, Frankreich und Österreich.

Deutschland war in Gruppe eins eingeteilt, Schweden in Gruppe drei. Der erste Gegner für den Titelverteidiger kam aus dem südamerikanischen Topf. Er hieß Argentinien. Schweden traf es besser an und zog Mexiko. Der zweite Opponent wurde aus dem Ostblock zugelost. Er hieß für Deutschland ČSSR und für Schweden Ungarn. Beim dritten Mal waren die Briten dran: Nordirland zu Deutschland, Wales zu Schweden.

Damit, so orakelten die Experten, habe der Veranstalter eine „leichte“ Auslosung erwischt, während man für Deutschland doch gewisse Bedenken hegte. Alles aber wurde übertroffen von der Gruppe vier, wo es die armen Österreicher mit drei vermeintlichen Giganten zu tun bekamen: Brasilien, Sowjetunion und England.

Blieb noch Gruppe zwei. Hier trafen Frankreich, Paraguay, Jugoslawien und Schottland aufeinander.

Zwölf Städte hatten den ehrenvollen Auftrag bekommen, Spiele der Fußball-Weltmeisterschaft 1958 auszurichten. Deutschland spielte zunächst im südlichen Teil des Landes, in Hälsingborg und Malmö.

Der Weltmeister hatte nach dem überraschenden Titelgewinn 1954 nicht gerade im Glück gebadet. Eine rätselhafte Gelbsucht-Infektion befiel die Mannschaft. Nie mehr spielte sie in der Besetzung des 4. Juli 1954, nie mehr auch so erfolgreich. Von den zehn Länderspielen, die dem glorreichen 3:2 über Ungarn folgten, gingen sieben verloren. Eine böse Behauptung war die Folge: Deutschland war 1954 gedopt. Kein Geringerer als Ferenc Puskas verbreitete sie. Er

„Kein Tor“ wollen Nowak und Torhüter Stacho mit ihren Gesten bekräftigen. Doch der Schiedsrichter läßt sich nicht umstimmen. Deutschland spielt gegen die ČSSR 2:2. Oben rechts: Rahn gegen drei Nordiren. Er schießt einen der beiden Treffer beim 2:2. Rechts: Uwe Seelers erstes Länderspieltor beim 3:1 über Argentinien in Malmö.

Weltmeisterschaft 1958

Viertelfinale Deutschland — Jugoslawien in Malmö. Unten: Hans Schäfer verfolgt Krstic. Unten rechts: Rahn hat Krstic überspielt – und gleich wird er einschießen. Sein Treffer ist der Sieg und bedeutet Einzug in die Vorschlußrunde.

wollte nach dem Finale Spritzen und Medikamente in der deutschen Kabine gesehen haben.

Abgesehen davon, daß bei solchen Spielen wohl in keiner Kabine ein Arzt und Medikamente fehlen, hatten die deutschen Spieler in der Tat Traubenzucker-Injektionen erhalten, die jedoch auf keiner Doping-Liste der Welt verzeichnet sind. Im Gegenteil: Traubenzucker gilt als völlig normales physiologisches Reaktivierungsmittel. Allerdings müssen die Spritzen in Bern nicht ganz keimfrei gewesen sein, was vermutlich zu den verhängnisvollen Gelbsucht-Erkrankungen führte. Der Deutsche Fußball-Bund und Mannschaftsarzt Dr. Loogen beendeten daraufhin ihre Zusammenarbeit.

Immerhin hatte sich die Elf des DFB bis zur WM '58 wieder gefangen, in Brüssel und auch gegen Schweden, Ungarn (!) und Spanien gewonnen. Sepp Herberger scharte um Fritz Walter, Eckel, Schäfer und Rahn neue Kräfte. Mit 17 Spielern fuhr er am 2. Juni gen Norden, der auserwählte 18., Hans Cieslarczyk, war noch verletzt und sollte nachkommen. Mit Bahn, Bus und Fähre ging es nach Bjärred, dem Quartier.

Herberger hat die Mannschaft von 1958 später oft im gleichen Atemzug mit der Elf von Bern genannt, er hielt sie für kaum schwächer. In der Tat hatte sie mit Herkenrath im Tor, Szymaniak im Mittelfeld, Uwe Seeler im Sturm und Fritz Walter als Regisseur ein Gerüst, das zu Optimismus Anlaß gab. Hinzu kam der verläßliche Mittelläufer Erhardt, Nachfolger eines Werner Liebrich, hinzu kamen die Außenstürmer Rahn und Schäfer. Deutschland zählte, trotz allem, zum Kreis der Favoriten.

Freilich rechneten die Experten den Gruppen-Gegner Argentinien ebenfalls dazu. Die Südamerikaner hielten ihre Generalprobe in Italien ab, gewannen in Rom und nötigten Spion Herberger größten Respekt ab. „Eine andere Art Fußball", urteilte der Bundestrainer.

In Malmö saßen 33 000 Zuschauer auf den Rängen, als es soweit war. Sie sahen, wie schon nach zwei Minuten beim Weltmeister der Blitz einschlug. Corbatta, der argentinische Rechtsaußen, glitt „wie ein glühendes Messer" durch die deutsche Deckung und besorgte das 1:0.

Was nun? Die „Gauchos" kamen immer besser ins Spiel. Ihr Trainer Stabile, Mitglied der Vize-Weltmeister-Elf von 1930, durfte sich beruhigt zurücklehnen. Sie waren ja gar nicht so schlimm, die Deutschen.

Damit erlag er dem gleichen Irrtum wie vier Jahre zuvor der Ungar Sebes. Denn Herbergers Männer ließen sich durch den frühen Rückstand nicht nervös machen. Sie spielten kaltblütig weiter, methodisch wie auf dem Reißbrett, vielleicht etwas konzentrierter und aufmerksamer als zuvor.

Nach 20 Minuten hatten sie den Ausgleich herausgeschuftet. Fritz Walter tippte den Ball zu Rahn, der schoß sofort, hart und gewaltig. Der Ball fuhr wie eine Rakete ins argentinische Tor.

Es war wie ein Signal. Die Tricks der Caballeros vermochten die Deutschen nicht mehr zu beeindrucken. Im Gegenteil: Immer stärker drückte der Weltmeister aufs Tempo. Torwart Carrizo flog in die Ecken.

Vier Minuten vor der Pause flog er vergebens. Der deutsche Angriff lief über vier Stationen. In Gedankenschnelle passierte der Ball die argentinische Deckung, wurde abgelenkt, schien ins Aus zu rollen, da spurtete Uwe Seeler heran und warf sich in die Bahn. 2:1.

Das war die Vorentscheidung, obwohl Argentinien nach der Pause

Der 38jährige Gunnar Gren liefert im Viertelfinalspiel gegen die Sowjetunion eine Glanzpartie. Wojnow hat keine Chance (oben). Freistoß für Brasilien gibt es nach dieser Akrobatik von Jones auf de Sordis Kopf. Brasilien wirft Wales mit 1:0 aus dem Rennen. Harry Gregg wirft sich Fontaine entgegen, der gegen Nordirland zwei der vier Treffer erzielt. Frankreich ist im Semifinale.

noch einmal gewaltig anzog, obwohl Menendez und Rojas gute Chancen herausholten. Doch die deutsche Abwehr stand, nicht zuletzt der großartige Fritz Herkenrath. Trotzdem – ein 2:1 war nicht gerade eine Lebensversicherung.

Doch dann kam Rahn, wieder einmal Rahn, genau elf Minuten vor Spielende. Er erhielt den Ball 20 m vor dem Tor, schien unschlüssig, stand da und überlegte. Niemand griff ihn an. Da schoß er und erzielte eines seiner sagenhaften Tore: aus spitzem Winkel in die kurze Ecke.

Mit 3:1 siegreich kam der Weltmeister vom Feld, glücklich, aber nicht ganz ohne Sorgen. Fritz Walter und Eckel waren angeschlagen, die Argentinier hatten angesichts der drohenden Niederlage das Florett zur Seite gelegt und das Brecheisen zur Hand

genommen. Kaum eines der Spiele dieses ersten WM-Tages war planmäßig verlaufen. Zwar schlug Schweden, nachdem König Gustav IV. Adolf die WM in schwedischer und englischer Sprache eröffnet hatte, im Stockholmer Rasunda-Stadion Mexiko mit 3:0, doch Vize-Weltmeister Ungarn kam gegen Wales nicht über ein 1:1 hinaus.

„Das war nicht die Elf von 1954", urteilten die Berichterstatter. In der Tat standen auch nur noch drei aus der Berner Elf im Team: Grosics, Bozsik und Hidegkuti. Der Volksaufstand von 1956 hatte die große Mannschaft in alle Winde zerstreut, Puskas spielte bei Real Madrid, Kocsis in Barcelona.

Gegen Wales gingen die Ungarn zwar schon nach zwölf Minuten durch Bozsik in Führung, doch dann war

Brasilien schlägt Frankreich in Stockholm 5:2. Rechts: 1:0 durch Vava. Unten: Tor durch Fontaine – Brasiliens erster Gegentreffer in Schweden. Daneben: Pelé verfolgt den Flug des Balles an Kaelbel und Abbes vorbei – zum dritten Tor für Brasilien.

Sendepause. Zehn Minuten vor Schluß glichen die Waliser durch John Charles aus, der von seinem Verein Juventus Turin erst nach langem Zögern die Freigabe für Schweden erhalten hatte.

Besser dran war da die schwedische Mannschaft. Auch sie hatte ihre „Fremdenlegionäre“ dabei: Skoglund, Gren und Hamrin waren rechtzeitig aus Italien gekommen, wo sie seit Jahren Tore für Lire-Millionen schossen und zu Wohlstand gekommen waren. Gegen Mexiko fügten sie sich nahtlos in das Team ein, obwohl sie seit Jahren nicht mehr für Schweden gespielt hatten.

Ein Geheimtip der Experten war Jugoslawien gewesen, das Monate vorher England mit 5:0 besiegt hatte. Doch schon das erste Spiel kratzte den Nimbus der Beara und Zebec an. Gegen Schottland reichte es nur zum 1:1. Ebenfalls unentschieden trennten sich England und die UdSSR, während Frankreich und Paraguay das torreichste Spiel des ganzen Turniers praktizierten. Die Franzosen siegten 7:3.

In Undevalla aber standen sich Brasilien und Österreich gegenüber, und am Abend dieses Tages erklärte Schwedens Fußball-Heros Gunnar Nordahl, er habe den neuen Weltmeister gesehen. Brasiliens Ballzauberer gewannen 3:0 gegen den keineswegs schwachen WM-Dritten von 1954.

Die zweite Runde paarte Deutschland mit der ČSSR, die zuvor den Nordiren 0:1 unterlegen war. Sie mußte also gewinnen, um nicht alle Chancen zu verlieren.

So begann sie auch. Die deutsche Elf war unter Druck, 10 000 Schlachtenbummler in Hälsingborg wurden immer leiser. Herkenrath konnte sich nur noch durch ein Foul retten: Elfmeter und 1:0 für die ČSSR. Masopust wurde immer stärker, Szymaniak immer schwächer. Das 2:0 war nur eine Frage der Zeit. Zikan erzielte es drei Minuten vor der Pause.

Kopfschüttelnd kam Herberger in die Kabine. „Männer, was ist? Diese Abwehrfehler, das darf nicht passieren. Aber noch könnt ihr es schaffen. Die Tschechen werden jetzt mit aller Macht das dritte Tor erzielen wollen.

Rangliste der Torschützen

35 Spiele – 126 Tore

13 Tore	Fontaine (Frankreich)
6 Tore	Pelé (Brasilien)
	Rahn (Deutschland)
5 Tore	McParland (Nordirland)
	Vava (Brasilien)
4 Tore	Hamrin (Schweden)
	Simomsson (Schweden)
	Tichy (Ungarn)
	Zikan (Tschechoslowakei)
3 Tore	Corbatta (Argentinien)
	Kopa (Frankreich)
	Piantoni (Frankreich)
	Schäfer (Deutschland)
	Veselinovic (Jugoslawien)
2 Tore	Aguerg (Paraguay)
	Allchurch (Wales)
	Hovorka (Tschechosl.)
	Iljin (Sowjetunion)
	Kevan (England)
	Liedholm (Schweden)
	Mazzola (Brasilien)
	Parodi (Paraguay)
	Romero (Paraguay)
	Seeler (Deutschland)
	Wisnieski (Frankreich)
1 Tor	35 weitere Spieler
1 Eigentor	

Das ist unsere Chance. Paßt auf und kontert!“

Genauso kam es. Die deutsche Mannschaft mußte nach dem Wechsel noch einmal gewaltige Angriffe des Gegners überstehen, dann kam ihre Chance. Rahn holte einen Eckball heraus, gab ihn vors Tor, Torwart Dolejsi stieg hoch, doch Schäfer drückte ihn samt Ball noch in der Luft über die Linie.

Ein englischer Schiedsrichter wird so ein Tor wohl immer geben, und Arthur Ellis gab es. Wütend protestierten die Tschechen, doch der Unparteiische blieb bei seiner Entscheidung. Bis heute ist dieser Treffer umstritten, denn es gibt kein einziges Foto, das seine Rechtmäßigkeit beweist – wie bei jenem legendären „dritten Tor“ acht, Jahre später in London...

Immerhin war das „Tor“ Signal zum deutschen Generalangriff. Die Mannschaft bäumte sich auf, kämpfte gegen die Niederlage und wendete sie schließlich auch ab. In der 70. Minute traf Rahn ins Netz.

Die ganze Wut der Tschechoslowaken bekam drei Tage später Argentinien zu spüren. Das Ergebnis von 6:1 wurde daheim in Buenos Aires nicht geglaubt. Doch es stimmte. Die Südamerikaner mußten ruhmlos die Heimreise antreten, die ČSSR aber hatte ein Entscheidungsspiel gegen Nordirland erzwungen, das sie mit 2:1 gewann.

Zuvor aber mußte Deutschland gegen die Nordiren antreten, an einem Sonntag in Malmö, vor 13 000 Zuschauern, darunter der König. Wieder geriet die deutsche Elf in Rückstand, als McParland von Aston Villa die deutsche Abwehr düpierte. Doch Helmut Rahn glich aus.

Dann die 60. Minute. Deutschland schien sich immer größere Spielanteile zu erobern, doch nun gab es eine Ecke für den Gegner. Bingham gab sie herein, wieder war die deutsche Abwehr uneinig, wieder stand das Phantom McParland da: 1:2.

Nun begann ein Sturmlauf aufs nordirische Tor und ein Wettlauf mit der Zeit. Dem Weltmeister drohte ein Entscheidungsspiel. Es drohte vor allem in der Person des irischen Torwarts Harry Gregg, der tausend Hände zu haben schien und alles hielt, was Rahn, Seeler und Schäfer auf ihn abfeuerten.

Noch zwölf Minuten. Berni Klodt am rechten Flügel paßte hinüber zu Schäfer, der gab zu Uwe Seeler. Der junge Hamburger, bereits dreimal in bester Position an Gregg gescheitert, legte alle Wut, alle Verzweiflung und alle noch vorhandene Kraft in den Schuß. Und diesmal hatte er Erfolg. Gregg sah den Ball erst, als er aus dem Netz zurückfederte.

Deutschland also Gruppensieger, qualifiziert fürs Viertelfinale, das dann auch die Nordiren erreichen sollten. Doch wo war der Final-Gegner von 1954? Ungarn hatte es nicht geschafft, dem Remis gegen Wales folgte eine Niederlage gegen Schweden und schließlich ein Entscheidungsspiel gegen die Waliser. Die Mannschaft, die erst durch das Los nach Schweden gekommen war, schlug den Vize-Weltmeister mit 2:1.

Relativ sicher hatten sich Frankreich und Jugoslawien qualifiziert, souverän auch Brasilien. Doch zwischen der UdSSR und England wurde ebenfalls

Schwedische Einpeitscher vergiften die Atmosphäre beim Semifinalspiel Schweden–Deutschland in Göteborg.
Seeler schießt den einzigen Treffer für die Deutschen (oben links), die völlig demoralisiert sind, nachdem Juskowiak wegen eines Revanchefouls vom Platz gestellt wird (links). Die Schweden siegen 3:1.

Flügelstürmer Garrincha ist einer der überragenden Spieler im Finale gegen Schweden. Gustavsson kann ihn kaum halten. Zwei Tore von Pelé aber tragen entscheidend zum Triumph der Brasilianer bei. Ganz unten: der dritte brasilianische Treffer – durch Pelé.

ein Qualifikationsspiel notwendig, das die Russen in Göteborg mit 1:0 gewannen. Erneut hatte England, obschon mit drei Unentschieden in den normalen Gruppenspielen unbesiegt, die Vorrunde nicht überstanden. Zweifellos auch eine Folge der Flugzeug-Katastrophe von München, der fast die gesamte Meistermannschaft von Manchester United zum Opfer gefallen war.

Damit war alles klar fürs Viertelfinale: Deutschland würde in Malmö auf Jugoslawien treffen, Schweden in Stockholm auf die Sowjetunion, Frankreich in Norrköping auf Nordirland und Brasilien in Göteborg auf Wales.

Der Weltmeister also gegen seinen alten Rivalen von 1954. Es wurde ein ähnliches Zitterspiel wie damals in Genf. Erneut ging Deutschland früh in Führung, Rahn schoß nach zwölf Minuten eines seiner unglaublichen Tore, doch dann waren die Künstler vom Balkan am Ball. Indessen rannten sie sich meist schon im Mittelfeld fest, wo Szymaniak und Eckel dominierten. Was durchkam, reichte dennoch, die deutschen Zuhörer daheim an den Rundfunkgeräten das Fürchten zu lehren.

Als der Schweizer Schiedsrichter Wyssling abpfiff, durften die Deutschen mit Recht jubeln. Das Glück war ihnen gegen Jugoslawien treu geblieben.

Merkwürdigerweise endeten auch die anderen Viertelfinalspiele „zu null". Brasilien, das schon seine drei Gruppenspiele, alle ohne Gegentreffer, überstanden hatte, besiegte Wales nur mit 1:0, doch das Tor schoß ein junger Mann, der offiziell mit Edson Arantes do Nascimento verzeichnet war, den seine Kameraden aber kurz „Pelé" riefen. Er war mit 17 Jahren jüngster Teilnehmer des Turniers und nur als Ersatzmann für Mazzola ins Team gekommen. Es sollte der Start zu einer legendären Karriere sein.

Im Halbfinale traf Brasilien auf Frankreich, das die übermüdeten Nordiren mit 4:0 ausgebootet hatte, während Schweden nach einem sicheren 2:0 über die ebenfalls hart strapazierten Russen gegen die deutsche Elf antreten mußte.

Das Spiel fand in Göteborg statt und ist als einer der größten Skandale in die deutsche Länderspiel-Geschichte eingegangen. Schon vorher hatte die schwedische Presse begonnen, den Stil der deutschen Mannschaft als „überhart" oder gar als „Kriegsfußball" anzuprangern. Als Hans Schäfer sein Team ins ausverkaufte Göteborger Stadion führte, schlug ihm eine Welle von Antipathie entgegen, die nicht allein auf den Segenswünschen für die eigene Mannschaft beruhte.

Das Ullevi-Stadion prangte in Blau und Gelb. Antreiber mit Megaphonen vor dem Mund dirigierten den peitschenden Schlachtruf rhythmisch skandierter Begeisterung: „Heja – heja – heja!" Kein Zweifel: die Atmosphäre war geladen.

Doch Deutschland hatte selten eine nervenschwache Elf, auch an diesem 24. Juni 1958 nicht. Mitten in die schwedischen Hoffnungen platzte Schäfers Führungstor.

Zehn Minuten später stand es 1:1. Skoglund hatte Herkenrath keine Chance gelassen.

Auch nach der Pause sah Deutschland nicht wie der Verlierer aus. Fritz Walter, der 38jährige, spielte wie ein Junger, präsentierte sich in Berner Form, servierte seine Pässe zentimetergenau. Die Schweden wehrten sich, wie Heimmannschaften sich eben wehren: immer ein bißchen härter, immer ein bißchen näher am Rande der Legalität als die anderen. Schiedsrichter Zsolt aus Ungarn tolerierte es, ließ zu, daß Bergmark Rahn im Strafraum umsäbelte, daß Parling nicht nur nach dem Ball trat. Vor allem die Italien-Profis zeigten, was sie diesbezüglich gelernt hatten.

So kam, was kommen mußte: Juskowiak ließ sich von Hamrin provozieren, trat nach – und wurde des Feldes verwiesen. Zehn Deutsche aber waren zu schwach, das Spiel noch aus dem Feuer zu reißen, zumal Fritz Walter von Parling so verletzt wurde, daß er zeitweise nicht mehr mitspielen konnte. Gren und Hamrin schossen den Sieg für Schweden heraus.

Endspiel-Gegner würde Brasilien sein, daran bestand für die Experten schon vorher kein Zweifel. Sie behielten recht, obwohl die Südamerikaner in Stockholm gegen

Der Todesschütze von Erfurt hatte eine widersprüchliche

RFURT ■ „Einmal möch- ich, dass mich alle ken- en." Mit diesem Wunsch lieb Robert Steinhäuser 9) einer ehemaligen chulkameradin in Erinne- ing. Seit Freitag kennen in die Menschen nur als mokläufer von Erfurt, er mit Pistole und Pump- in bewaffnet, schwarz ermummt wie ein Ninja- ämpfer, in seine frühere chule ging und 16 Men- hen erschoss. Danach chtete er sich selbst.

Mitschüler, Bekannte id Nachbarn geben ein idersprüchliches Bild s jungen Mannes. „Auf- llig unauffällig", so fass- Thüringens Ministerprä- dent Bernhard Vogel DU) die ihm vorliegen- n Informationen über n jungen Mann zusam- en. Einige beschreiben n Ex-Schüler des Guten- rg-Gymnasiums als ru- g, durchaus intelligent, ntaktfreudig und be- bt. Andere hielten ihn r introvertiert bis arro- nt. „Er wollte immer

Robert Steinhäuser – „Einmal möchte ich, dass mich alle kennen".

ten
ıker
ıder
eur
ion
ins
Ski-
den
ein
frü-
An-
offi-
ine
mit
Der
g in
gen
ite-
od.
des-
die
ıgs-
ließ
Ber-
ich-
nis-
Ab-

läre
ein-
uft-
ben
lex
Be-
nen
rieg
der
lik

Der ver-
dacht eine
Mordan-
schlags wurd
bisher nicht ge
äußert, la
aber in de
Luft. 1998 wa
Lebed gege
den Wider
stand de
Kremls zu
Gouverneur
der Krasnojar
ker Region ge
wählt worden
Dabei wurd
er von dem i
zwischen i
Ungnade gefa
lenen Schatten
politiker Bor
Beresowski
und vom Gen
raldirektor d
Aluminiumhü
te „Kras" An
toli Bykow u
terstützt. Na
seiner Wa
wandte sich L
bed von B
kow, dess
Ruf als Maf
pate sog
nach Mosk
reichte, jäh a

Frankreich ihre ersten Gegentore bei dieser WM hinnehmen mußten. Sie vermochten am sicheren Sieg jedoch nichts zu ändern. Dreimal traf der junge Pelé ins Schwarze, ein Mann von der Brillanz eines Rastelli und der Schußkraft eines Helmut Rahn. 5:2 lautete das Endergebnis im vielleicht schönsten Spiel des Turniers. Staunend wie Kinder standen die Europäer vor dem Sturmwirbel der Garrincha, Vava und Pelé, es war für sie eine Art Wunder wie das Auftreten Uruguays 1924.

Schweden also gegen Brasilien im Finale, doch zuvor kämpfen Deutschland und Frankreich um den dritten Platz. Herberger hatte fünf neue Spieler einsetzen müssen. Vor allem Fritz Walter, arg verletzt, fehlte sehr. Der Bundestrainer gab den Männern eine Chance, die bisher auf der Ersatzbank gesessen hatten: Kwiatkowski, Wewers, Sturm, Kelbassa.

Sie vermochten Frankreichs gut aufgelegte Elf nicht zu schlagen. Jeder gab sein Bestes, doch unter diesen Umständen mußte die große Linie fehlen. Fontaines Führungstor vermochte Cieslarczyk noch aufzuholen, doch dann zogen die Franzosen auf 4:1 davon und gewannen schließlich mit 6:3, wobei Just Fontaine drei Treffer erzielte und sich mit insgesamt 13 den Titel eines WM-Torschützenkönigs sicherte.

Das Finale in Stockholm fand an einem regnerischen Sonntagnachmittag statt, der Rasen war naß und glatt, 50 000 Zuschauer, darunter das Königspaar, waren gekommen.

Brasilien begann vorsichtig, suchend, abwartend, Schweden mit einem Paukenschlag. Schon nach vier Minuten umspielte Liedholm zwei Abwehrspieler und schoß zum 1:0 ein.

Doch es war die letzte Freude, die Schweden an diesem Tag widerfahren sollte. Denn das Spiel der Südamerikaner begann zu laufen, vor allem über den rechten Flügel, wo ein unglaublicher Dribbler namens Garrincha seinen Gegner zum Narren stempelte. Immer wieder kam der Ball nach verwirrenden Passagen aus dem Mittelfeld nach rechts hinaus, narrte dieser Garrincha ein, zwei, drei Abwehrspieler, servierte er das Leder seinen Halbstürmern wie auf dem Tablett. Vava hämmerte den Ausgleich ins Netz, erhöhte auf 2:1, dann war Pelé an der Reihe: vor den Nasen Parlings und Gustavsons jonglierte er das Leder vom Kopf auf die Füße und jagte es unhaltbar ins Tor.

Längst war die Frage nach dem Weltmeister beantwortet, nur noch die Höhe seines Sieges stand zur Diskussion. Brasilien spielte wie im Rausch, demonstrierte Traumfußball, gewann 5:2 und sah sich im sechsten Anlauf endlich, endlich am Ziel.

Aus der Hand des Königs nahm Kapitän Bellini die goldene Trophäe entgegen, mit Schwedens Fahne in den Händen lief der neue Weltmeister die Ehrenrunde. Der Junge namens Edson Arantes do Nascimento, den die Welt fortan als Pelé kennen sollte, aber weinte, vom Glück überwältigt.

Die Freude übermannt Torhüter Gilmar. Delegationschef Dr. Mario Trigo legt seinen Arm um den schluchzenden Torhüter (oben). Oben links – das sind die Sieger von Schweden, stehend von links: Trainer Feola, Djalma Santos, Zito, Kapitän Bellini, Nilton Santos, Orlando, Gilmar. Sitzend: Garrincha, Didi, Pelé, Vava, Zagallo, Trainer-Assistent Anaral.

Fontaine

Die Fußball-Weltmeisterschaft 1958 in Schweden war ohne Zweifel eine der großen Sternstunden des Weltfußballs. Nie zuvor waren so viele Ausnahme-Kicker ins Rampenlicht getreten wie bei diesem Turnier. König Pelé knapp 17, kickte sich in die Herzen der Fußball-Fans aus aller Herren Ländern. Garrincha dribbelte sich zu Weltruhm, und das brasilianische Wunder-Team zeigte Fußball so schön wie noch nie.

Doch trotz dieser südamerikanischen Fußball-Fiesta feierte auch ein europäischer Spieler seinen Einstand im Kreis der Weltstars. Sicher, es fehlte ihm jene virtuose Ball-Artistik der Brasilianer, aber dafür verstand er ein anderes Geschäft, bei dem ihn kunstvolle Schnörkel auf dem Rasen vermutlich nur aufgehalten hätten. Wer „en gros" handelt, darf sich nicht aufhalten lassen! Das war seine Devise, und auf En-gros-Handel verstand sich Just Fontaine nun einmal. Auf En-gros-Handel mit Toren.

So nimmt sich seine WM-Bilanz 1958 wie die eines erfolgreichen Geschäftsmannes aus: In sechs Spielen 13 Tore. Im Durchschnitt sind das 2,166 Tore pro Spiel.

Dabei war dieser Fontaine mehr oder weniger durch die Hintertür in das gallische Fußball-Team gekommen, weil sich der Abonnements-Mittelstürmer der Franzosen, Raimond Bliar, verletzt hatte. Allerdings war dieser Gang durchs Hintertürchen sonst so gar nicht Fontaines Art.

Der Sohn eines französischen Tabakhändlers und einer Spanierin wurde in der marokkanischen Königsstadt Marrakesch geboren und hörte eigentlich auf den Vornamen Justo. Die Liebe zum Fußball hatte ihn schon von Anfang an gepackt, aber der überängstliche Herr Papa hielt Basketball und Leichtathletik zunächst für feiner und weniger gefährlich. Als er dann schließlich doch die Fußballschuhe anziehen durfte, gewann er gleich auf Anhieb mit der Mannschaft des A.S. Marrakesch die Jugendmeisterschaft seines Landes. Er brauchte nicht lange auf sich aufmerksam zu machen, seine Tore sprachen für sich. Er wechselte nach Casablanca, wo er im Fußballstadion wohnte und nicht nur nordafrikanischer Torschützenkönig wurde, sondern auch sein Abitur machte.

Zum Studieren kam Fontaine allerdings nicht, denn mittlerweile war die Kunde von seinem immensen Torhunger auch nach Frankreich gedrungen. O. G. C. Nice holte den 20jährigen an die Côte d'Azur, wo dieser gleich tatkräftig mithalf, den französischen Pokal zu gewinnen, dem ein Jahr später die Meisterschaft folgte.

Viel Geld verdiente Fontaine damals noch nicht, und auch das Handgeld, das er für seinen Wechsel zu Stade Reims erhielt, war nicht gerade stattlich. Aber dafür hatte der Vereinswechsel einen anderen Vorteil. In Reims wurde knallharter Offensiv-Fußball gespielt, und dieser Umstand paßte dem Vollblutstürmer, der mit dem Ball am Fuß schneller laufen konnte als mancher seiner Widersacher ohne.

Diese Tatsache bewegte dann schließlich auch den französischen Verbandstrainer Paul Nicolas dazu, diesen Mann als Sturmspitze ins WM-Team zu stellen. Wie erwähnt, Fontaine bedankte sich auf seine Weise – mit Toren.

Der Reigen begann am 8. Juni 1958 in Norrköping mit dem Vorrunden-Spiel gegen Paraguay, das mit 7:3 überrannt wurde. Fontaine schoß drei Tore. Gegen Jugoslawien steckten die Gallier zwar eine 2:3-Niederlage ein, aber die konnte sie auch nicht bremsen. Die beiden Tore schoß Fontaine. Schottland wurde anschließend unverzagt mit 2:1 besiegt. Mit einer Leichtigkeit, die selbst die Experten überraschte, hatte Frankreich das Viertelfinale erreicht.

Natürlich war das nicht allein Fontaines Verdienst, denn neben ihm standen auch noch solche Klassespieler wie Kopa, Piantoni und Jonquet. Aber immerhin, seine Tore waren ausschlaggebend; auch gegen Schottland hatte er eines zum Sieg beigesteuert.

Auch im Viertelfinale gegen die Mannschaft Nordirlands war Fontaines Torhunger nicht annähernd gestillt. Beim 4:0 erhöhte er sein Konto auf acht Tore. Wären nicht die Brasilianer gewesen, die Experten hätten in den entfesselten Franzosen den kommenden Weltmeister gesehen. Doch ausgerechnet auf diese Brasilianer traf die Equipe Tricolore im Halbfinale. Ein kleiner Negerjunge stahl dem Torjäger Fontaine die Schau: Edson Arantes do Nascimento, genannt Pelé, schoß drei Tore; die Franzosen verloren 2:5.

Doch auch bei diesem Spiel ging Fontaine nicht leer aus. Einen der beiden Gegentreffer konnte er für sich verbuchen.

Da die Mannschaft der Bundesrepublik in der anderen Halbfinal-Begegnung den Schweden unterlag, mußte sie gegen die Franzosen im Spiel um den dritten Platz antreten. Und fast sah es so aus, als hätte das Herberger-Team für den „Tor-Stau" Fontaines im Brasilien-Spiel büßen müssen. Beim 6:3-Sieg der Franzosen gab der entfesselte Fontaine dem armen Kwiatkowski im deutschen Tor gleich viermal das Nachsehen.

Seine 13 Treffer hatten aus der „grauen Stürmer-Maus" Fontaine über Nacht einen Weltstar gemacht. Millionen-Angebote aus aller Welt prasselten auf ihn herab. Doch der frischgebackene Stürmer-Star blieb auf dem Teppich und in Reims, das er 1960 mit zehn Treffern ins Finale des Europacups kickte, in dem die Franzosen von Real Madrid bezwungen wurden.

WM 1962 in Chile

Wohin mit der siebenten Weltmeisterschaft? Der FIFA-Kongreß in Lissabon stand erneut vor einer schwierigen Frage. Mit Deutschland, Argentinien und Spanien hatten Länder voll großer Fußball-Tradition ihr Interesse bekundet. Aber da war auch ein chancenreicher Außenseiter, chancenreich vor allem deshalb, weil er in Südamerika zu Hause war.

Zweimal hintereinander hatte Europa jetzt das Welt-Turnier veranstaltet, in Schweden war Brasiliens Fußball zu einem überragenden Triumph gekommen. Da konnte die FIFA schlecht „nein" sagen, als Chile seine Bewerbung vorlegte. England war ohnehin für 1966 vorgesehen, Deutschland und Spanien wurden auf später vertröstet, Argentinien unterlag mit 10:32 bei 14 Enthaltungen.

Chile also, das längste und schmalste Land der Welt, an der Westseite des südamerikanischen Kontinents. Die FIFA ging das Risiko eines Abenteuers ein. Schließlich – was wußte man schon von Chile? Daß die Hauptstadt Santiago hieß und Salpeter einst Export-Artikel Nr. 1 war.

Vielleicht hätte genauere Kenntnis die Herren der FIFA doch etwas länger zögern lassen. Denn in Chile vereinigen sich die größten geographischen Gegensätze dieser Welt. Öde Wüsten und ewiger Schnee gehören ebenso dazu wie Wälder, die fast an den Schwarzwald erinnern, wie Strände voller Palmen. Im hohen Norden liegt Arica, die regenärmste Stadt der Welt. Im Süden, auf der „Insel der Evangelisten", regnet es fast ununterbrochen.

Meerestiefen von 8000 m vor seiner Küste sind keine Seltenheit, doch an der Grenze zu Argentinien ragen die Kordilleren über 6000 m hoch. Ein geographischer Irrtum – so hat man das Land einmal genannt.

Hier also sollte der siebente Fußball-Weltmeister ermittelt werden, praktisch auf einem Vulkan, denn von den etwa 3000 feuerspeienden Bergen auf dem gesamten Kontinent sind allein in Chile noch etwa 30 in Tätigkeit. Die Erde ist unruhig, Santiago, Valparaiso und andere Städte wurden im Laufe ihrer Geschichte immer wieder zerstört.

Es wirkte wie Hohn auf die Entscheidung des Fußball-Weltverbandes, daß die allmächtige Naturgewalt sich zwei Jahre vor dem Turnier erneut regte. Am 21. Mai 1960, dem Nationalfeiertag, registrierte Chile das schwerste Erdbeben, das das Land je heimsuchte. Vulkane begannen zu speien, Springfluten rissen ganze Dörfer weg, Berge stürzten zusammen, die Erde schwang wie eine Glocke.

Als das Inferno vorüber war, schien vor allem Südchile für alle Zeiten zerstört. Tausende von Wohnungen waren vernichtet, Zehntausende von Menschen obdachlos. Die genaue Zahl der Toten wurde nie bekannt.

Doch die furchtbare Naturkatastrophe vermochte das Leben nicht zu lähmen. Wie ein Mann stand man zusammen, um die Folgen zu überwinden. Hilfe aus Europa wurde dankbar angenommen, doch als Stimmen laut wurden, die Fußball-WM nun doch anderswo auszutragen, reagierte das Land empfindsam. Staatspräsident Dr. Alessandri erklärte das WM-Turnier zur „nationalen Angelegenheit" und sicherte dem Organisationskomitee jede Hilfe zu.

Damit stand fest, daß die WM '62 in Chile stattfinden würde, auch wenn das Land im Augenblick größere Sorgen zu haben schien, auch wenn wesentliche Geldbeträge aus dem WM-Fonds jetzt für den notleidenden Süden des Landes abgezweigt werden mußten.

Freilich war an der Wahl der ursprünglich vorgesehenen WM-Städte nicht länger festzuhalten. Die Städte Talca und Concepcion südlich von

Weltmeisterschaft 1962 – Der Verlauf des Turniers

Erste Runde	Viertelfinale		Semifinale		Finale	
Gruppe 1						
1. UdSSR						
2. Jugoslawien	Brasilien	3				
3. Uruguay	England	1				
4. Kolumbien			Brasilien	4		
			Chile	2		
Gruppe 2						
1. Deutschland						
2. Chile	Chile	2				
3. Italien	UdSSR	1				
4. Schweiz					Brasilien	3
					ČSSR	1
Gruppe 3						
1. Brasilien						
2. ČSSR	Jugoslawien	1				
3. Mexiko	Deutschland	0				
4. Spanien						
			ČSSR	3		
Gruppe 4			Jugoslawien	1		
1. Ungarn					**Um den dritten Platz**	
2. England	ČSSR	1				
3. Argentinien	Ungarn	0			Chile	1
4. Bulgarien					Jugoslawien	0

Weltmeisterschaft 1962

Deutschland hat gegen Italien 0:0 gespielt und qualifiziert sich durch Siege über die Schweiz und Chile für das Viertelfinale.
Unten: Szene vor dem deutschen Tor im Spiel gegen die Schweiz.
Darunter: Uwe Seeler läßt einen chilenischen Verteidiger aussteigen, und später schießt er auch den entscheidenden Treffer.

Santiago glichen Trümmerhaufen. So entschied man sich für Vina del Mar und Arica als neue Austragungsorte neben Santiago und Rancagua. Die Hauptstadt hatte ihr Stadion von 45 000 auf ein Fassungsvermögen von 77 000 erweitert, Arica, hoch im Norden und über 2000 km von Santiago entfernt, baute völlig neue Anlagen für 25 000.

56 Verbände hatten gemeldet, trotz aller Vorbehalte gegen den Schauplatz dieser Weltmeisterschaft, trotz der weiten Anreise. Nur wenige renommierte Nationen fehlten auf der Meldeliste, darunter Österreich. Vize-Weltmeister Schweden steckte mit der Schweiz und Belgien in einer Qualifikationsgruppe, Frankreich, der Dritte, hatte es mit Bulgarien und Finnland zu tun. Deutschland ging mit sehr gemischten Gefühlen ins Rennen. Immerhin war neben Griechenland Nordirland der Gruppengegner. Und noch nie hatte eine deutsche Nationalelf in Großbritannien gewonnen.

Doch es ging besser als erwartet. Eine sehr gut aufgelegte deutsche Mannschaft gewann im düsteren Belfast mit 4:3. Charly Dörfel, nicht gerade einer der Stärksten, schoß zwei Tore, Brülls und Uwe Seeler die anderen. „Mit einem Bein in Chile!" jubelte „Bild" nach dem unerwarteten Sieg.

In der Tat war damit das Fundament für die Qualifikation gelegt. Die deutsche Nationalelf hatte so viel Selbstvertrauen gewonnen, daß sie in Athen einer anhaltenden Offensive der Griechen widerstand und – nicht zuletzt dank eines überragenden Hans Tilkowski im Tor – mit 3:0 gewann. Die beiden Heimspiele endeten jeweils mit 2:1-Siegen – der Weg nach Chile war frei.

Nicht so glatt wie für den Vierten von 1958 ging es für den Zweiten und Dritten. Genauer: Es ging überhaupt nicht. Die große französische Mannschaft war zerfallen, Kopa, Fontaine und Piantoni durch viele Verletzungen gehandikapt. Ein Freundschaftsspiel gegen die Schweiz verlor der WM-Dritte sensationell mit 2:6. Paris war gewarnt.

Die schlimmsten Befürchtungen trafen dann auch prompt ein. Schon gegen Finnland reichte es – ohne die drei Stürmer-Stars – nur zu einem mageren 2:1. Mit Fontaine und Piantoni gelang zwar gegen Bulgarien im Stade Colombes ein 3:0-Sieg, doch das Rückspiel ging – eine Minute vor Spielende – ziemlich unglücklich mit 0:1 verloren. Damit waren Frankreich und Bulgarien punktgleich und zu einem dritten Spiel verurteilt.

Die Entscheidung sollte in Mailand fallen. 20 000 Franzosen begleiteten ihre Elf, sangen aus vollem Hals die Marseillaise. Doch Bulgariens Abwehr stand bombenfest, und als Jakimoff kurz nach der Pause mit einem 20-m Schuß erfolgreich war, sah sich Frankreich draußen vor der WM-Tür.

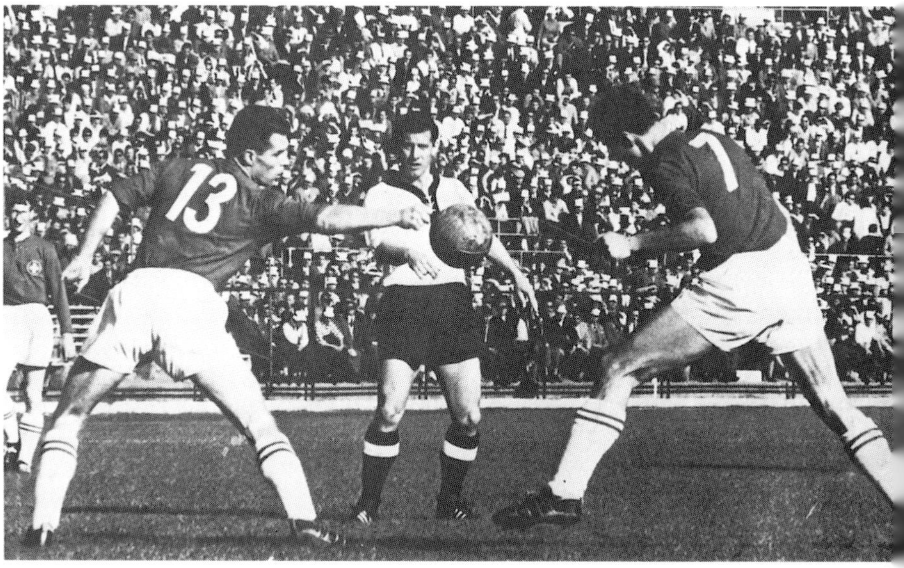

Amüsantes Zwischenspiel beim Gruppenspiel England – Bulgarien in Rancagua. Ein kleiner Hund läßt den großen Bobby Charlton zögern, den Eckball auszuführen (links). Oben: Der Ex-Ungar Ferenc Puskas stürmt für Spanien gegen Mexiko. Die Spanier schlagen zwar Mexiko, verlieren aber gegen Brasilien und die ČSSR. Unten: 1:0 für die Schweiz gegen Chile, aber das Spiel geht 1:3 verloren.

Nicht besser erging es Schweden. Der Vize-Weltmeister schlug zwar die Belgier zweimal, aber das tat überraschend auch die Schweiz. Und da man gegeneinander je einmal gewann und einmal verlor, mußte auch hier zum dritten Mal gespielt werden.

Man einigte sich auf Berlin, wo 50 000 Zuschauer klar auf seiten der Schweizer Elf und ihrer 3000 Schlachtenbummler standen. Noch war Göteborg 1958 nicht vergessen ...

Der „Rückenwind" durch das Publikum stimulierte die Schweiz wieder einmal zu einem WM-Bravourstückchen. Zwar gingen die Schweden in der 20. Minute durch Brodd in Führung, zwar traf der gleiche Spieler noch einmal die Latte, daß sie erzitterte, doch nach der Pause stürmten nur noch die Eidgenossen. Scheiter köpfte zum Ausgleich ein, und drei Minuten später besorgte Antenen – ebenfalls per Kopf – das Siegestor.

In den anderen Gruppen lief die Qualifikation mehr oder minder „normal". Ungarn setzte sich gegen Holland und die DDR durch, die UdSSR schaltete die Türkei und Norwegen aus, England behielt über Portugal, die ČSSR freilich erst in einem 3. Spiel über Schottland und Luxemburg die Oberhand, Italien über Israel als einzigen Gegner, da Rumänien verzichtet hatte.

Komplizierter war der Weg Spaniens und Jugoslawiens. Die Spanier hatten es nach Wales noch mit dem Sieger der Afrika-Gruppe zu tun, mit Marokko. Mit 1:0 und 3:2 fielen beide Siege sehr knapp aus. Jugoslawien mußte, als „Lohn" für Erfolge gegen Polen, am weitesten reisen. Südkorea hieß der Gegner. Die Ergebnisse: 5:1 und 3:1. Noch waren für Afrika und Asien keine eigenen Endrunden-Plätze reserviert.

Neben Weltmeister Brasilien und Veranstalter Chile durften noch drei Mannschaften Südamerikas mitmachen. Es qualifizierten sich Argentinien, Uruguay und Kolumbien. Hinzu kam Mexiko als Vertreter Nord- und Mittelamerikas. Die Mexikaner hatten acht Spiele zu absolvieren und sich von Kalifornien bis hinunter nach Paraguay ein volles Jahr lang buchstäblich durchkämpfen müssen.

Am 18. Januar 1962 wurden im Hilton-Hotel von Santiago die vier Endrunden-Gruppen ausgelost. Dem-

Viertelfinale: Tor durch Sanchez beim 2:1 Chiles über die Sowjetunion.
Unten, links: Die ČSSR-Abwehr stemmt sich einem ungarischen Angriff entgegen und gewinnt schließlich 1:0.
Unten, rechts: Vava köpft zum 2:1 ein, Brasilien schlägt England 3:1.

nach spielten in der Gruppe I (Arica) Uruguay, Kolumbien, die UdSSR und Jugoslawien. Gruppe II (Santiago) sah Chile, die Schweiz, Deutschland und Italien am Ball. In Gruppe III (Vina del Mar) kamen Brasilien, Mexiko, Spanien und die ČSSR zusammen. Gruppe IV (Rancagua) schließlich vereinte Argentinien, Bulgarien, Ungarn und England.

Am 30. Mai begann das große Spektakel. Im Estadio Nacional von Santiago erklärte Staatspräsident Alessandri die WM für eröffnet. Die Kapelle spielte preußische Märsche, Kadetten marschierten, ein Trompeter blies den Zapfenstreich für Carlos Dittborn, den wenige Wochen zuvor verstorbenen Chef-Organisator.

In vier Stadien zugleich rollte der Ball, doch als am Abend eine erste Bilanz gezogen wurde, war man so klug wie zuvor. Zwar hatte Uruguay gegen Kolumbien gewonnen, doch das 2:1 ließ kaum Rückschlüsse auf die wahre Stärke des zweimaligen Weltmeisters zu. Der andere Debütant, Bulgarien, war Argentinien mit 0:1 unterlegen, wobei das Tor bereits nach drei Minuten fiel. Dann tat sich nichts mehr, abgesehen von häßlichen Fouls und Szenen überharten Spiels.

Die gab's nicht in Vina del Mar, wo Weltmeister Brasilien es mit Mexiko zu tun bekam. Aber es gab auch nicht das erhoffte Schützenfest. 2:0 hieß es am Ende, und sehr nachdenklich ging der Weltmeister vom Feld. Das war nicht der Glanz von 1958, das war nicht das unwiderstehliche Spiel von Schweden. Zagalo und Pelé schossen die Tore zu einem eher skeptisch stimmenden Sieg.

Blieb Chile–Schweiz. 65 000 waren ins Nationalstadion gekommen. Das Herz blieb ihnen stehen, als Wüthrich nach sieben Minuten ins Schwarze traf. 1:0 für die Schweiz, die so nüchtern, so gradlinig, so kraftvoll wie stets spielte.

Chile hatte Mühe, fand den Rhythmus nur schwer, kam aber mit Glück eine Minute vor der Pause zum Ausgleich. Doch dann war der böse Traum vorbei, lief das Spiel der Gastgeber wie erhofft, glückte ihnen alles. Ramirez und Leonel Sanchez schossen den frenetisch bejubelten Sieg heraus.

Einen Tag später waren die anderen an der Reihe, darunter Deutschland und Italien. Zwei Weltmeister prallten aufeinander, oder vielmehr: zwei Weltmeister spielten Schach. Denn beide Seiten überboten sich in Defensive, mauerten das eigene Tor ein, schienen nur darauf bedacht, mit einem Remis über die Runden zu kommen.

Im deutschen Tor stand Wolfgang Fahrian. Herberger hatte sich kurzfristig entschlossen, seine Nr. 1, Tilkowski, zur Nr. 2 zu machen. Das sollte noch Folgen haben, nicht direkt und auch nicht in Chile, wo Fahrians Leistung makellos und Tilkowskis Haltung beispielhaft war, aber später zu Hause.

Erhardt, der seine dritte WM machte, und Schnellinger waren die großen Figuren des deutschen Spiels. Zwei Abwehrspieler also, und das sagt genug. Da auch die Italiener Offensive klein schrieben, Spiel: 0:0!

Hart war es auch in Arica zugegangen, wo die UdSSR gegen Jugoslawien mit 2:0 gewann und der deutsche Schiedsrichter Dusch Mitschuld daran hatte, daß die Partie zeitweise ausartete. Dubinsky (UdSSR) mußte mit einem Beinbruch ins Krankenhaus, Ponedelnik hinkend vom Platz, Metreveli erlitt eine klaffende Kopfwunde, Netto einen Faustschlag ins Gesicht.

Das Spiel und seine Schiedsrichterleistung sollten typisch werden für dieses Turnier. Alles, was man diesbezüglich schon erlebt hatte, wurde übertroffen von der Partie Chile – Italien, die als „das Skandalspiel" in die Annalen der WM einging.

Schon die Voraussetzungen waren kritisch. Ein italienischer Journalist hatte einen unbarmherzigen Artikel über gewisse Zustände in Chile geschrieben. Das Echo knallte tausendfach zurück. Die 66 000 im Nationalstadion waren geladen.

Vielleicht hätte ein besserer Schiedsrichter das Schlimmste vermittelmäßigt. Der Brite war elend schlecht. Es war furchtbar anzusehen, wie er immer wieder chilenische Namen in sein Notizbuch kritzelte, immer wieder drohte, aber nicht wagte, einen der chilenischen Rüpel vom Platz zu jagen. Selbst in der 40. Minute stellte er sich blind und taub, als Leonel Sanchez den Italiener David zusammenschlug.

„Wenn Aston es nicht gesehen hat, so hätte er es zumindest hören müssen, wie mir das Nasenbein abgeschlagen wurde", sagte David später.

Doch der Engländer kultivierte die Kunst des Ignorierens bis zur skandalösen Meisterschaft. Nur Italiener mußten dran glauben: Ferrini zuerst, dann David. Beide flogen vom Platz. In den ersten 20 Minuten des immer wieder unterbrochenen „Spiels" gab es höchstens fünf Minuten wirklichen Fußball zu sehen.

Neun Italiener hatten zum Schluß keine Chance mehr, den praktisch mit 12 Mann spielenden Chilenen zu widerstehen. Mit 2:0 geschlagen gingen sie in die Kabine, und man mußte ihnen hoch anrechnen, daß sie damit bis zum Schlußpfiff gewartet hatten.

Die Niederlage war das „Aus" für Italien, obwohl die Schweiz mit 3:0 besiegt wurde. Chile und Deutschland kamen weiter, wobei es im letzten Spiel zwischen beiden nur noch darum ging, wer als Gruppenerster in Santiago bleiben konnte. Der Zweite mußte die weite Reise nach Arica antreten, zum Spiel gegen Gruppensieger Sowjetunion, die auch Uruguay 2:1 geschlagen hatte.

Es waren die Chilenen. Die deutsche Elf, mühsamer 2:1-Sieger über eine respektlose Schweizer Mannschaft, bot endlich ein Spiel, das diesen Namen verdient hatte. Zwar schossen die Gastgeber doppelt so viel wie die Deutschen, zwar hatten sie mindestens die gleiche Zahl an Torchancen, doch am Ende hieß es 2:0 für die Deutschen. Szymaniak (Foulelfmeter) und Uwe Seeler hatten die Tore erzielt.

Der Gegner im Viertelfinale hieß Jugoslawien. Zum dritten Mal hintereinander kreuzten sich die Wege der beiden bei einer WM. Zweimal war Deutschland Endstation für die Männer aus Belgrad gewesen.

Herberger verordnete seiner Elf erneut die Defensive. Meist stand Uwe Seeler vorne ganz allein, Ein einziges Mal, in der zweiten Minute, hatte diese Taktik Aussicht auf Erfolg. Da preschte Uwe durch die Deckung und jagte den Ball, den Soskie nie mehr erreicht hätte, an den Pfosten.

Dann aber übernahmen die Jugoslawen das Kommando. Sekularac dirigerte fast ungestört. Die deutsche Abwehr kam ins Schwitzen. Fahrian,

Unhaltbar ist für Wolfgang Fahrian Radakovics Schuß. Es steht 1:0 für Jugoslawien (oben).
Betroffen schaut Fahrian dem Ball nach (links). Das Tor entscheidet die Begegnung und bedeutet Deutschlands Ausscheiden bei der Weltmeisterschaft in Chile.

Semifinale um die Weltmeisterschaft. Oben: Vava versucht sich gegen die eifrige Abwehr der Chilenen durchzusetzen und verleiht seinen Bemühungen auch lautstarken Ausdruck. Rechts: Tor für Chile durch Toro, der einen Freistoß direkt verwandelt, aber der Titelverteidiger gewinnt das Spiel gegen den Gastgeber sicher 4:2.
Unten: Soskic muß das zweite Tor passieren lassen. Die Tschechoslowakei gewinnt gegen Jugoslawien 3:1.

Erhardt und Schnellinger zeichneten sich aus. Doch kaum einer der anderen verriet Bestform. Das deutsche Spiel war schwach.

Herberger hatte lange mit sich gerungen, ob er nicht noch einmal Helmut Rahn mit zu einer WM nehmen sollte. Er versuchte sogar, den 40jährigen Fritz Walter zu einem Comeback zu überreden. Als Fritz ablehnte, verließ Herberger sich auf Hans Schäfer, 34. Ein einziges Mal schoß der auf Jugoslawiens Tor.

Der Gegner war überlegen, kein Zweifel. Deutschland beschränkte sich auf Konter-Angriffe, das war Herbergers Taktik gewesen. Daß diese Angriffe so selten wurden, war freilich nicht vorgesehen.

Fünf Minuten vor Schluß passierte es. Galic, Jugoslawiens Halblinker, spielte auf der rechten Seite Willi Schulz aus, zog den Ball nach innen, und da brauste Radakovic heran und rammte das Leder mit solcher Vehemenz ins deutsche Tor, als wolle er auch noch die Rechnung von 1954 und 1958 begleichen.

Das Spiel war für Deutschland verloren, weinend wankte „Ertl" Erhardt vom Feld. Zu Hause, an den Radiogeräten, wurden die Gesichter lang und länger. Als die DFB-Truppe wenige Tage später heimkehrte, leuchteten ihnen die Schlagzeilen entgegen: „Herberger hat uns eingemauert!"

Der Beschuldigte hielt den zahlreichen Vorwürfen die Auffassung entgegen, daß Deutschland immerhin unter den letzten acht war und „mit etwas Glück" sogar noch weiter hätte kommen können. Doch die Enttäuschung in der Öffentlichkeit blieb. Nach dem Titelgewinn 1954 und dem vierten Platz 1958 war sie verständlich.

In Chile ging das Turnier weiter. Der Gastgeber hatte sein Versprechen wahr gemacht und war via Arica wieder in die Hauptstadt zurückgekehrt. Beim 2:1 gegen die UdSSR fielen alle drei Tore bereits in der ersten halben Stunde. Niemand konnte sagen, die Chilenen hätten den Sieg nicht verdient gehabt, doch die Russen, so ein Augenzeuge, „wateten geradezu im Pech".

In Vina del Mar hatten sich Brasilien und die ČSSR für das Viertelfinale qualifiziert. Der Weltmeister war nach seinem mäßigen Start gegen Mexiko den Beweis seiner unverminderten Klasse auch in den folgenden Spielen schuldig geblieben. Gegen die ČSSR gab es nur ein 0:0, Spanien führte lange mit 1:0, ehe Amarildo Ausgleich und Siegtor für Basilien gelangen.

Der Torschütze war Ersatzmann für Pelé, den ein Muskelriß gegen die ČSSR außer Gefecht gesetzt hatte. Vor dem Spiel bat er seinen Stellvertreter zu sich. „Gott hat gewollt, daß ich heute nicht spiele. Auf die gleiche Weise wie du bin ich 1958 in die Mannschaft gekommen. Es ist deine Stunde. Nutze sie."

Der große Pelé hatte gesprochen, der kleine Amarildo sich die Worte gut gemerkt. Bis zum Finale vertrat er den schwarzen Halbgott recht gut. Dann ging er für viel Geld nach Italien.

Ungarn und England meldeten die erfolgreiche Qualifikation aus Rancagua. Vor allem die Magyaren hatten dabei Erstaunliches geboten. Mit 2:1 überwanden sie England, mit 6:1 Bulgarien. Ferenc Puskas, längst Spielmacher in einem glücklosen spanischen Team, schlug sich vor Freude auf die Schenkel, als er die Kunde vom glänzenden Spiel der jungen ungarischen Elf erhielt.

Rangliste der Torschützen

32 Spiele – 89 Tore

4 Tore	Albert (Ungarn)
	Garrincha (Brasilien)
	Iwanow (UdSSR)
	Jerkovic (Jugoslawien)
	Leonel Sanchez (Chile)
	Vava (Brasilien)
3 Tore	Amarildo (Brasilien)
	Galic (Jugoslawien)
	Scherer (Tschechosl.)
	Tichy (Ungarn)
2 Tore	Bulgarelli (Italien)
	Flowers (England)
	Ponedjelnik (UdSSR)
	Ramirez (Chile)
	Rojas (Chile)
	Sasia (Uruguay)
	Seeler (Deutschland)
	Toro (Chile)
	Tschislenko (UdSSR)
1 Tor	35 weitere Spieler

Sie war auch gegen die Tschechoslowaken Favorit. Immer noch stand Grosics im Tor, doch vorne stürmte Florian Albert, der gegen Bulgarien allein drei Tore geschossen hatte. Ein neuer Puskas?

Ach nein, die Hoffnungen trogen, die Vergleiche hinkten. Das tschechische Team entzauberte die Ungarn gründlich, wenn auch unter Mithilfe des russischen Schiedsrichters Latyschew. Nie hatte ein WM-Turnier so schwache Schiedsrichter wie dieses. Latyschew sah nicht, daß Scherr abseits stand, als ihn der Paß von Masopust erreichte. Mitten in eine anscheinend unaufhaltsame Offensive der Ungarn hinein platzte das 1:0 für die Tschechen.

Es veränderte die Lage völlig und entschied das Match. Das Spiel der Ungarn zerflatterte. Und als der Schiedsrichter ihnen zu allem Überfluß auch noch einen Treffer verwehrte (freilich zu Recht, denn der Ball hatte nur die Unterkante der Latte getroffen), war es um sie geschehen. Der Favorit verlor, der Fußball trauerte. Nie zuvor waren bei einer WM so wenig Tore gefallen. Sture Defensivtaktik triumphierte.

Wenigstens Brasilien machte es besser. Gegen England bot der Titelverteidiger endlich eine überzeugende Leistung. England hatte Hitchens aufgeboten, den Mittelstürmer von Inter Mailand. Er erzielte auch den Ausgleich zum 1:1, doch dann war Brasilien unwiderstehlich. Garrincha allein garantierte den Sieg, der mit 3:1 noch gnädig ausfiel. Aber immer noch fehlte Pelé.

Er fehlte auch gegen Chile, im Halbfinale von Santiago. Die Brasilianer bekreuzigten sich, als sie aufs Feld karnen. Das tun sie immer, aber diesmal mit besonderer Inbrunst. Sie fürchteten diesen Gegner, hinter dem die Hoffnungen eines ganzen Landes standen, dessen Anhänger sich vor dem Spiel zur Ekstase zu steigern schienen.

Indessen – neun brasilianische Spieler waren schon vor vier Jahren dabeigewesen, in Schweden. Ihre Routine, ihre Erfahrung wogen schwer. Sie garantierten letztlich auch den Bestand des Weltmeisters in diesem Hexenkessel. Gylmar, Didi, Vava und Zagalo waren die Basis für ein phasenweise begeisterndes Spiel, das erst kurz vor Schluß seine Schatten bekam. Der Chilene Landa und Brasiliens Hexenmeister Garrincha wurden des Feldes verwiesen.

Doch da war schon alles entschieden, hatte Brasilien 4:2 gewonnen und der Welt gezeigt, daß man am Zuckerhut das Fußballspielen nicht verlernt hat.

Der andere Finalist hieß ČSSR. Eine Überraschung, gewiß. Kühl und sachlich hatten sich die Tschechen durchgesetzt, im Halbfinale auch über Jugoslawien. Wie schon die Ungarn, so sahen auch die „Jugos" streckenweise wie eine Mannschaft aus, die gar nicht verlieren kann. Vor allem nicht gegen die Tschechen.

Endspiel in Santiago. Von oben nach unten: 1:0 in der 11. Minute durch Masopust. Ausgleich durch Amarildo in der 14. Minute. 3:1 durch Vava – Sieg für Brasilien.

Doch die bauten wieder einmal auf ihre Taktik: Hinten dicht, vorne mit schnellen Gegenangriffen kontern. Jugoslawien indessen spielte offensiv, mehr „südamerikanisch".

Das ging schief, denn die Abwehr der Tschechoslowaken, allen voran Novak, Pluskal und Popluhar, gestattete kein Durchkommen. Und wenn doch, dann stand da ein Mann mit 1000 Händen: Torwart Vilem Schroif. Er wurde zum Alptraum der jugoslawischen Stürmer. Nur einmal, in der 69. Minute, wurde er geschlagen. Es war das Tor zum 1:1.

So hieß das Ergebnis bis zehn Minuten vor Schluß. Dann machten sich bei Jugoslawien die schweren Spiele gegen die Sowjetunion und Deutschland bemerkbar. Der Endspurt gehörte den Tschechen. Sie gewannen 3:1.

Also Brasilien – ČSSR im Finale, wieder einmal Südamerika gegen Europa. Unter diesen Vorzeichen stand zuvor auch das Spiel um den dritten Platz zwischen Chile und Jugoslawien. Dem „Zwerg" gelang, was kaum jemand für möglich gehalten hätte, was aber zweifellos auch durch die heimische Umgebung begünstigt war: er wurde Dritter. Ein Tor von Rojas in der 90. Minute verbannte Jugoslawiens Ballkünstler auf Platz vier.

Zum Endspiel kamen 60 000, man schlug sich nicht um die Karten. Ja, wenn Chile im Finale gewesen wäre. Aber so? Wer wollte schon Brasilien ernsthaft Widerstand leisten? Doch nicht etwa diese blonden Männer aus Prag!

Doch der Weltmeister mußte erneut das Fehlen Pelés verkünden. Er war immer noch nicht genesen.

Nervös saß er auf der Tribüne, noch einmal hatte er Amarildo umarmt, seinen Ersatzmann.

Aber wer vermag Pelé schon auf die Dauer zu ersetzen? In einem einzelnen Spiel, ja, vielleicht. Aber dies war jetzt schon das vierte ohne ihn.

Der Weltmeister fand nur schwer den Rhythmus. Die ČSSR stürmte zur allgemeinen Überraschung. Nach 15 Minuten geschah das Sensationelle: Masopust schloß einen Angriff von rechts mit dem 1:0 ab.

Nur drei Minuten konnten sich die Tschechen daran erfreuen, dann hatte Amarildo ausgeglichen. Doch das Spiel blieb offen. Es war kein großes Finale, es wirkte eher brav und bieder.

Didi machte das Spiel des Weltmeisters, aus dem Mittelfeld heraus, fast aus dem Stand, aber dennoch blitzschnell und perfekt. Langsam bekam Brasilien Oberwasser, doch es bedurfte gravierender Fehler von Schroif, Zito das 2:1 und Vava das 3:1 zu ermöglichen. Erst danach sah man Brasilien weltmeisterlich.

In Rio tanzten sie Samba, in Santiago flossen Freudentränen. Doch der Fußball, darüber täuschte nichts hinweg, hatte bei dieser siebenten Weltmeisterschaft eine Schlacht verloren.

Unter Raketen-Feuerwerk laufen die brasilianischen Spieler nach dem Sieg und Wiedergewinn der Weltmeisterschaft ihre Ehrenrunde (oben). Links: Torhüter Gylmar wird nach dem Endspiel als „Miss Welt Cup" gefeiert, und der jugendliche Pelé-Ersatz Amarildo erhält geistlichen Beistand, um der überschäumenden Freude Herr zu werden (rechts).

Garrincha

Der Urwalddoktor, der half, ihn zur Welt zu bringen, hatte ernsthafte Bedenken, ob das Würmchen, das da mitten im Urwald, im knapp eineinhalbtausend Seelen zählenden Dorf Pau Grande geboren wurde, überhaupt jemals richtig laufen lernen würde. Tatsächlich stand es schlecht um den kleinen Manoel Francisco dos Santos. Seine Beine waren verkrüppelt.

Ein Chirurg in Rio vollbrachte das erste Wunder. Er wagte einen riskanten Eingriff, der dem Knaben zumindest die Benützung der Beine ermöglichte. Das zweite Wunder aber gelang dem Jungen selbst. Er machte die Beine, für deren Tauglichkeit anfangs niemand auch nur einen Pfifferling gewettet hätte, zu einem Begriff in der Welt des Fußballs, zu Beinen, die ihm Ruhm und Geld verschafften.

Als der 17jährige Mano im Juni 1953 zu Botafogo kam, um sich vorzustellen, war die erste Reaktion blankes Entsetzen des Trainers Cardoso, der sich nicht vorstellen konnte, daß man mit solchen Beinen überhaupt laufen, geschweige denn einen Ball führen und schießen konnte. Der Teenager aus dem Urwald konnte. Minuten später im ersten Trainingsspiel war das Entsetzen einer unverhohlenen Begeisterung gewichen. Mehrfach hatte der „Krüppel" einen der besten Abwehrspieler der Welt, den Botafogo-Star Nilton Santos, auf eine beinahe peinliche Art aussteigen lassen. Nilton war Sportsmann genug, um das Talent seines jungen Bezwingers neidlos anzuerkennen, und daraus entwickelte sich eine enge Freundschaft der beiden „Santos", der der junge Mano zum Teil auch seinen enorm steilen Aufstieg zu verdanken hatte.

Nilton Santos sorgte dafür, daß sein Schützling bei Botafogo sofort einen Vertrag erhielt, und er war auch der starke Fürsprecher, als es beim Weltmeisterschafts-Turnier 1958 in Schweden darum ging, ob der junge Mann, dem man wegen seiner passionierten Liebe zu Vögeln und wegen seines eigenartigen, „balzenden" Dribble-Stils längst den Spitznamen Garrincha, Paradiesvogel, gegeben hatte, spielen sollte oder nicht. Denn bei allem außergewöhnlichen Talent war Garrincha ein unbequemer Star. Nicht nur, daß er von Trainern nicht allzuviel hielt, mitunter trieb ihn auch seine Ball-Verliebtheit zu eigensinnigen Exzessen.

Dennoch. Garrincha spielte, und Verbandstrainer Feola sollte es nicht bereuen, daß er sich hatte breitschlagen lassen.

In seinem ersten WM-Gruppenspiel gegen die Sowjetunion war kaum eine Minute gespielt, als der Dribble-Künstler bereits die ganze russische Abwehr stehengelassen hatte und unhaltbar ins Tor schoß. Lew Jaschin im sowjetischen Tor, den man damals zu Recht als besten Torhüter des Turniers feierte, hatte noch nicht einmal reagiert. Und so ging es weiter. Garrincha machte sein Spiel bis zum 5:2-Endspiel-Triumph über die Schweden.

Der Eigensinn, anfangs von Trainer Feola gefürchtet, machte sich im Verlauf des Turniers als gefährliche Waffe bemerkbar. Denn oft zog Garrincha, technisch versiert und nur äußerst schwer vom Ball zu trennen, durch seine Kabinett-Stückchen am rechten Flügel gleich mehrere Abwehrspieler auf sich. Wenn dann zu aller Überraschung doch einmal ein Abspiel kam, war in der Mitte für Vava oder Pelé so viel freier Raum, daß diese mühelos ihre Tore markieren konnten. Taktik war das sicherlich nicht, denn Spielwitz und Wirksamkeit galten bei Garrincha nie einem Mannschafts-Konzept, sondern beschränkten sich in erster Linie auf seine eigene Person. Deshalb war es ihm auch völlig gleichgültig, wer seine Gegenspieler waren. Oft kannte er nicht einmal ihre Namen.

Einfältigkeit war das sicherlich nicht. Es war ein wenig von jener Naivität, die dieser Spieler aus dem Urwald allen Dingen entgegenbrachte, die logisch waren oder mit Zivilisation und technischen Errungenschaften zusammenhingen. So weigerte er sich jahrelang gegen einen erneuten chirurgischen Eingriff an seinen Beinen, litt lieber Schmerzen und vertraute auf die Heilkraft irgendwelcher Urwaldkräuter. Vielleicht auch, weil viele in dieser merkwürdigen Konstellation das Geheimnis seines Erfolges sahen. Denn eines ist sicher, den Ruf als bester Dribbler aller Zeiten verdankte er auch der Tatsache, daß man die Gewichtsverlagerung zur Einleitung seiner Bewegungen nie richtig erkennen konnte.

Noch einmal feierte er so bei der Weltmeisterschaft 1962 in Chile Triumphe. Wirkungsvoll schlug er seine Haken, drehte Pirouetten auf dem rechten Flügel und schoß vier Tore, die ihm, nachdem keiner mehr Tore geschossen hatte, durch Losentscheid sogar den Pokal des WM-Torschützenkönigs einbrachten.

Die ohnehin schon stark strapazierten Sehnen und Knorpel seiner Beine hatten in den zahlreichen Fußballschlachten zu arg gelitten. Als schließlich auch die schmerzstillenden Spritzen, die er sich nur widerwillig geben ließ, nichts mehr halfen, willigte er in die längst fällige Operation ein.

Es folgte eine lange Zwangspause, nach der er erstaunlicherweise noch einmal den Anschluß an die brasilianische Fußball-Spitze schaffte. Als es 1966 zur Weltmeisterschaft nach England ging, stand er wieder im Aufgebot, doch mit dem schmerzlichen Untergang des brasilianischen Teams verblaßten auch die bunten Federn des Paradiesvogels.

WM 1966 in England

World Cup in England, Weltmeisterschaft auf der Insel – historisch gesehen war dieser Tatbestand die eigentliche Sensation der 8. Weltmeisterschaft. Das Mutterland, das so lange in splendid isolation verharrt hatte, erst 1950 überhaupt zum ersten Mal an einem Welt-Turnier teilnahm, hatte aus Anlaß des 100jährigen Bestehens seines Verbandes um die Erlaubnis gebeten, die Weltmeisterschaft 1966 ausrichten zu dürfen. Natürlich stimmte die FIFA zu, und Joe Mears, Chairman des World Cup Committees der englischen FA, erging sich in geradezu unbritischer Euphorie: „Welch ein Zauber! Wir werden die größten Spieler der Welt bei uns sehen!"

Gewiß hatten Englands Mißerfolge in den bisherigen Turnieren dazu beigetragen, die Begründer des modernen Fußballs vom hohen Roß herunterzuholen. Man wußte, daß Old England nicht mehr der Nabel der Fußball-Welt war, daß zumindest in Brasilien, womöglich aber auch in einigen Ländern des europäischen Kontinents besser, beziehungsweise moderner gespielt wurde. So verband sich der Ehrgeiz, das Turnier perfekt zu organisieren, mit dem heißen Wunsch, im eigenen Land endlich auch einmal sportlich erfolgreich zu sein.

Über 70 Meldungen für die Qualifikationsspiele bedeuteten neuen Rekord. Doch erneut sollte die sportliche Auseinandersetzung nicht frei sein von politischen Querelen und von Prestige-Belastung. Alle 15 schwarzafrikanischen Verbände zogen ihre Meldung zurück, weil die FIFA dem schwarzen Kontinent keinen Endrunden-Platz einräumte, sondern Afrika mit Asien in einen Topf warf. Auch Südkorea wollte nicht mehr mitmachen, Südafrika wiederum sah sich wegen der Rassenpolitik seiner Regierung durch die FIFA suspendiert.

Blieben Nordkorea und Australien als Vertreter der östlichen Hemisphäre. Auf neutralem Boden, im Stadion von Pnom Penh (Kambodscha), kämpfen sie um die Fahrkarten nach England. Nordkoreas Fußball-Soldaten gewannen beide Spiele, 6:1 und 3:1. Die erste Überraschung war perfekt.

Es sollte nicht die einzige bleiben. In Europa tat sich Erstaunliches. Der Vize-Weltmeister von 1962, die ČSSR, blieb gegen Portugal auf der Strecke, Bulgarien, 1962 zum ersten Mal überhaupt qualifiziert, schaffte das Kunststück erneut und schlug in Florenz die Belgier in einem Entscheidungsspiel. Jugoslawien schließlich, in Chile immerhin Vierter, kam nicht über den alten Widersacher Frankreich hinweg. Und Österreich, immer noch auf der Suche nach einem neuen „Wunderteam", jedoch mit untauglichen Mitteln, konnte Ungarn nicht den Weg verbauen. Die Wiener landeten noch hinter der DDR sogar nur auf Platz 3 ihrer Gruppe.

Relativ mühelos erreichte die UdSSR die Qualifikation. Sie verlor zwar in Wales mit 1:2, gewann aber alle anderen Spiele, während die Waliser in Dänemark und Griechenland geschlagen wurden.

Wieder einmal dabei war auch die Schweiz. Mit knappen Siegen gegen Albanien, Holland und Nordirland wahrte sie ihre Chance und profitierte davon, daß Nordirland in Tirana nur 1:1 spielte. Ohne große Schwierigkeiten setzte sich Italien gegen Schottland, Polen und Finnland durch, während Spanien gegen die Republik Irland ein Entscheidungsspiel benötigte und (in Paris) mit 1:0 gewann.

Die deutsche Mannschaft hatte bei der Auslosung Glück und Pech zugleich gehabt. Mit Zypern erhielt sie einen Fußball-Zwerg zum Gegner, mit Schweden hingegen einen unangenehmen Rivalen, der sofort tiefe Sor-

Weltmeisterschaft 1966 – Der Verlauf des Turniers

Erste Runde	Viertelfinale	Semifinale	Finale
Gruppe 1			
1. England			
2. Uruguay	England 1		
3. Mexiko	Argentinien 0		
4. Frankreich		England 2	
Gruppe 2		Portugal 1	
1. Deutschland			
2. Argentinien	Portugal 5		
3. Spanien	Nordkorea 3		
4. Schweiz			England 4*
Gruppe 3			Deutschland 2
1. Portugal			
2. Ungarn	UdSSR 2		
3. Brasilien	Ungarn 1		
4. Bulgarien			
Gruppe 4		Deutschland 2	**Um den dritten Platz**
1. UdSSR		UdSSR 1	
2. Nordkorea	Deutschland 4		Portugal 2
3. Italien	Uruguay 0		UdSSR 1
4. Chile			

* nach Verlängerung

Weltmeisterschaft 1966

Auftakt zur Fußball-Weltmeisterschaft 1966. Sir Stanley Matthews trägt die Fahne zu einem Festgottesdienst in der Westminster-Abbey (rechts), und Queen Elizabeth begrüßt die Mannschaften zum Eröffnungsspiel England – Uruguay.

genfalten auf die Stirn von Helmut Schön zauberte. Denn die Bilanz gegen die Nordländer war negativ, in Stockholm hatte man seit 1911 nicht mehr gewonnen, und immer noch spukte auch das böse Spiel von Göteborg durch die Köpfe.

Schön hatte die deutsche Nationalelf zwei Jahre zuvor von seinem Vorgänger Sepp Herberger übernommen und behutsam zu verjüngen begonnen. Die Altershypothek von Chile wurde abgetragen, Schäfer, Erhardt und andere erhielten ihren verdienten Abschied, und als zu Beginn des WM-Jahres 1966 eine deutsche Nationalelf auf den „heiligen" Rasen von Wembley lief und nur mit 0:1 verlor, wies sie den jüngsten Altersdurchschnitt in der Geschichte des deutschen Fußballs auf: knapp 22 Jahre.

Doch vorerst türmte sich Schweden wie ein Felsbrocken vor den Deutschen auf. Das erste Spiel fand in Berlin statt. Schön hatte die Freigabe von Haller und Schnellinger von ihren italienischen Vereinen erwirkt. Die Schweden handelten ebenso: Hamrin und Jonsson waren aus Italien gekommen.

Das Spiel begann verheißungsvoll: Schon nach wenigen Minuten köpfte der Münchner Brunnenmeier einen Freistoß ins schwedische Tor. Doch dann ging dort der Vorhang herunter. Hasse Mild organisierte eine Abwehr, die zu allen Mitteln griff, worunter vor allem Haller und Uwe Seeler litten.

Immerhin schien das 1:0 sicher zu sein, bis Kurre Hamrin den Deutschen kurz vor Schluß wieder einmal einen bösen Streich spielte. Völlig ungedeckt konnte er einen Flankenball aufnehmen und für Tilkowski unhaltbar zum Ausgleich verwandeln.

Das 1:1 dämpfte die deutschen WM-Erwartungen schwer. „Jetzt müssen wir eben in Schweden gewinnen", sagte Helmut Schön, doch es klang nicht gerade optimistisch.

Da beide Teams ihre Spiele gegen Zypern klar gewannen, kam der Partie in Stockholm in der Tat entscheidende Bedeutung zu. Sie fand am 26. September statt, einem regnerischen, kühlen Herbstsonntag. Das Rasunda-Stadion war ausverkauft, Tausende von Deutschen waren über die Ostsee gekommen, um ihrer Mannschaft den Rücken zu stärken.

Die konnte moralische Unterstützung gut brauchen, denn ein paar Monate vorher war etwas passiert, was Helmut Schöns Konzept jäh zu zerstören drohte. Uwe Seelers Achillessehne war gerissen, die Kanone des deutschen Sturms schien auszufallen.

Doch mit der ihm eigenen Zähigkeit kam „uns Uwe" wieder auf die Beine. Ein Spezialschuh förderte den Heilprozeß. Dennoch entfachte die Frage, ob er in Stockholm spielen solle oder nicht, lebhafte Debatten in der deutschen Öffentlichkeit. Schön entschied sich für Uwe.

Er entschied richtig. Uwe war der „Matchwinner", der Mann, der das fast schon verlorene Spiel aus dem Feuer riß.

Ein Fehler des ansonsten sehr zuverlässigen Tilkowski hatte den Schweden die Führung ermöglicht. Doch in ihren Jubel hinein kam Uwes Kopfball zu Brunnenmeier, kam dessen Paß zu Krämer, kam das 1:1. Dann war Pause.

„Jetzt sind sie angeschlagen, jetzt packt ihr sie!" munterte der Bundestrainer seine Spieler auf. Die kamen mit neuem Mut und frischen Kräften aufs Feld. Ihr Spiel, vor der Pause nur Stückwerk, wuchs mehr und mehr zusammen. Und als Peter Grosser eine flache Flanke nach innen zog, Torwart Arvidsson den Ball nur wegboxen konnte, stand Uwe da. Mit mächtigem Schritt bugsierte er das Leder ins Netz. 2:1 – das war der Sieg, war die Fahrkarte nach England.

Es ist viel darüber geschrieben worden, ob dieser Erfolg die „Geburtsstunde" jener deutschen Mannschaft war, die dann bei der WM so , erfolgreich sein sollte. Doch sie war es nicht. Zwei Spieler, die zum Sieg wesentlich beigetragen hatten, nahm Schön nicht einmal mit auf die Insel: Grosser und Brunnenmeier. Ein anderer, der in Stockholm sein erstes Spiel gemacht hatte, sollte in England erstmals ganz groß in Erscheinung treten: Franz Beckenbauer. Insgesamt aber hatte wohl Englands Trainer Alf Ramsey recht, wenn er nach der Stockholmer Partie urteilte: „Diese Mannschaft hatte nur den Zweck, dieses eine Spiel zu gewinnen. Das hat sie getan."

Deutschland also dabei, und auch Ex-Weltmeister Uruguay qualifizierte sich. Peru und Venezuela konnten es nicht verhindern, ebensowenig wie Paraguay und Bolivien die Qualifikation Argentiniens. Nur Chile, der Dritte von 1962, tat sich schwer. Erst ein Entscheidungsspiel gegen Ekuador sicherte die Teilnahme in England,

Weltmeisterschaft 1966

Englands Triumph

Auftakt zum Finale: Uwe Seeler und Bobby Moore tauschen die Wimpel aus.

Deutschland, von links nach rechts: Höttges, Overath, Held, Haller, Weber, Emmerich, Schulz, Beckenbauer, Schnellinger, Tilkowski, Seeler.

England, von links: Moore, Cohen, Ball, Banks, Hunt, Wilson, Stiles, Bobby Charlton, Hurst, Peters, Jackie Charlton.

Gefahr gebannt: Banks rettet vor Lothar Emmerich.

Szenen in einem dramatischen Spiel. Ganz links: Banks wirft sich Haller vor die Füße. Links: Beckenbauer versucht, sich in den Angriff einzuschalten. Moore und Overath verfolgen seine Aktion. Oben: Uwe Seeler läuft seinem Bewacher Roger Hunt davon.

Zweimal Willi Schulz in Aktion: Sieger im Kampf mit Hunt (oben). Verlierer im Kopfball-Duell mit Hurst (rechts).

Gefahr im deutschen Strafraum: Kopfball von Peters (unten) – Kopfball von Hurst, hart bedrängt von Höttges (rechts).

wohin schließlich auch noch Mexiko als Vertreter Nord- und Mittelamerikas fahren durfte.

Als sich die 16 Nationen zum Kampf der Waden und Gesänge rüsteten, spuckte ihnen manch professioneller Hellseher bittere Vorschußgalle auf den Weg. Dieses achte Weltturnier, so hieß es, werde an Negativem so ziemlich alles überbieten, was die Welt bis dahin erlebt habe. Und das war nicht wenig.

Vornehmlich galt die weltweite Skepsis zwei Faktoren: Vier Jahre zuvor hatte sich in Chile Böses ereignet. Chilenen und Italiener prügelten sich wie die Berserker, was indessen nur eine Fortsetzung unschöner Ereignisse von 1958 (Schweden – Deutschland) und 1954 (Ungarn – Brasilien) gewesen war. Der Fußball und seine steigende nationale Prestigebedeutung ließen auch für 1966 Schlimmes befürchten.

Hinzu kam der Systemunsinn, die fortschreitende Verbarrikadierung von Strafräumen und Gehirnen, der leidige Defensiv-Fußball. In Chile war der Anfang gemacht worden. Zwischen Ozean und Anden waren nur noch 2,78 Tore pro Spiel gefallen. England, so war zu befürchten, würde diesen traurigen Rekord noch übertreffen.

In der Tat: Als die Statistiker zum Schluß zusammenrechneten, brach ihnen fast die Bleistiftspitze ab: Der Durchschnitt war auf 2,75 pro Spiel gesunken.

Und doch – welch ein Irrtum! Denn der nüchterne Zahlenvergleich bewies nicht mehr und nicht weniger als seine eigene Fragwürdigkeit. Denn England war keineswegs schlimmer als Chile, das Turnier 1966 kein weiterer Schritt in die fußballsportliche Unkultur.

Schon die ersten Spiele machten das deutlich. Was 1962 noch in den Kinderschuhen steckte, war jetzt ausgereift, was damals primitiv und infantil wirkte, wurde jetzt gekonnt demonstriert. Aus banaler Defensive war elastische Abwehr geworden, aus sinnloser Zusammenballung von Spielern ein System, in dem jeder alles zu spielen vermochte. Und brutale Härte hatte sich in athletische Physis verwandelt, die körperlichen Einsatz keineswegs als Alternative zu hohem technischem Niveau verstand.

England gebar den Stromlinienfußball. Opas Spiel war tot, zu Grabe getragen von Überlebenden, die gar nicht so traurig aussahen. Denn nicht der Fußball starb hier, sondern Erscheinungsformen, die auch auf anderen Gebieten des Sports überholt waren.

Die deutsche Mannschaft war das beste Beispiel. Sie steckte in der Gruppe B, die ihre Spiele in Birmingham und Sheffield auszutragen hatte. Die Schweiz, Argentinien und Spanien waren ihre Gegner.

Helmut Schön hatte eine fast ideale Mischung aus Alt und Jung gefunden. Abgesehen vom Problem der Flügelstürmer war sie eine komplikationslo-

Glänzender Auftakt für die deutsche Nationalelf. Oben: 2:1 durch Uwe Seeler gegen Spanien. Rechts: Held schießt das 1:0 beim 5:0 über die Schweiz. Kleines Bild: Foul an Haller. Anders wissen sich die Argentinier oft nicht zu helfen.

Weltmeisterschaft 1966

Bittere Stunden für den Titelverteidiger. Unten: Farkas hat das zweite Tor für Ungarn erzielt. Brasilien wird 3:1 geschlagen. Rechts: Brasiliens Star Pelé wird im Spiel gegen Portugal übel mitgespielt. Verletzt und demoralisiert verläßt er das Spielfeld

Schweizer Abwehr erstmals ausgespielt. Dann ging es Schlag auf Schlag. Beckenbauer und Haller entzückten die 45 000 Zuschauer, Uwe Seeler arbeitete im Akkord. Am Ende hieß es 5:0.

Helmut Schön zeigte dennoch kein zufriedenes Gesicht. „Einiges war nicht so, wie es sein sollte", kritisierte er. Doch noch war ja Zeit. Im idyllisch gelegenen Hotel „The Peveril of the Peak" in Ashbourne war an alles gedacht. Wieder einmal erwiesen sich die Deutschen als Künstler der Organisation. Ein Trainer und zwei Assistenten sorgten sich um die Form der

se Einheit, ein perfekt funktionierender Maschinismus. Vorbereitungsspiele gegen Irland (4:0), Nordirland (2:0), Rumänien (1:0) und Jugoslawien (2:0) förderten nicht nur die Homogenität der Mannschaft, sondern auch die Erwartungen ihrer Anhänger.

Das erste Spiel übertraf sie dann noch. In Sheffield war die Schweiz der Gegner, die ihrerseits kurzfristig interne Schwierigkeiten beheben mußte. Spielmacher Kuhn und Leimgruber waren im disziplinarischen „Abseits" ertappt worden, ein kleiner Bummel in weiblicher Begleitung sollte böse Folgen haben. Die strengen Eidgenossen kannten keine Gnade: Sperre.

So fehlte den Schweizern gegen Deutschland der ordnende Fuß. Als Haller und Beckenbauer die Regie übernahmen, das deutsche Spiel zu laufen begann, war der Gegner bald am Ende. Sigi Held hatte die Ehre, den Torreigen dieser WM eröffnen zu dürfen. In der 15. Minute war die Spieler, ein Koch bewahrte ihre Mägen vor ungewohnter Kost, ein Masseur ihre Muskeln vor Ungemach. Ein Arzt, ein leibhaftiger Professor gar, stand bereit, größere Wehwehchen zu beheben.

Im eigenen Bus mit eigenem Fahrer und eigener Schlagermusik rollte die deutsche Mannschaft über Englands Straßen zum zweiten Spiel nach Birmingham. Im altehrwürdigen Villa-Park war Argentinien der Gegner.

Das Spiel wurde zur Schlacht. Im ersten Auftritt hatten die Männer aus Buenos Aires gegen Spanien mit 2:1 gewonnen. Helmut Schön war Zeuge gewesen und – beeindruckt. Das merkte man seiner Taktik an. „Zu null" spielen war oberstes Gebot.

So verharrte Beckenbauer meist in Nähe des eigenen Tors, festgenagelt durch die Angst vor Artime, Onega und Mas. Darunter litt Haller, der keinen Partner im Mittelfeld fand, denn auch Overath orientierte sich mehr nach hinten. Einzig Uwe Seeler ging immer wieder durch das argentinische Abwehrfeuer, dutzendfach gefoult, gestoßen und getreten.

Der deutschen Elf kam zugute, daß die Gaucho-Fußballer mindestens ebenso großen Respekt vor den harten Alemanos hatten wie diese vor ihnen. Sie betonierten noch massiver und gaben sich auch keine Blöße, als Albert in der 66. Minute nach einem bösen Foul an Weber des Feldes verwiesen wurde. Mit 0:0 und unter Pfiffen ging die Partie zu Ende.

Die Reaktion auf das Ergebnis war auf deutscher Seite überraschend scharf. Helmut Schön sprach von einem „verlorenen Punkt" und einer „halben Niederlage". Er grübelte, was zu ändern sei. Die größte Zeitung des Landes half ihm. Sie forderte in Balken-Überschriften: Jetzt muß Emma ran!"

Lothar Emmerich, schußgewaltiger Linksaußen des Europa-Cup-Siegers Borussia Dortmund, hatte bis dahin auf der Reservebank gesessen. Jetzt

durfte er „ran". Gegen Spanien, wieder in Birmingham, bot Schön seinen vermeintlichen „Bomber" auf und ließ zur allgemeinen Überraschung Helmut Haller draußen.

Das wäre beinahe schiefgegangen. Das Spiel mußte darüber entscheiden, ob Deutschland unter die letzten acht kommen oder vorzeitig heimfahren würde. Ein Unentschieden genügte, gewiß. Aber dann wäre wohl Argentinien Gruppensieger und England – in Wembley! – nächster Gegner der Deutschen geworden. Ein bedrückender Gedanke.

Er lastete auf dem Spiel der deutschen Elf, wenigstens zu Anfang. Sie fand schwer zu ihrem Rhythmus. Haller wurde vermißt. Er saß auf der Tribüne, hatte gesagt: „Ich verstehe das nicht – aber ich respektiere es."

In der 24. Minute ging Spanien in Führung. Fusté stand frei vor Tilkowski. Es war die Schuld Emmerichs gewesen, der völlig unbedrängt im Mittelfeld den Ball genau einem Gegner in die Füße gespielt hatte. Daraus resultierte Deutschlands erstes Gegentor in den letzten acht Spielen.

Doch alle Befürchtungen, die sich daran knüpften, erwiesen sich letztendlich als unbegründet. Die Mannschaft bäumte sich – ähnlich wie vor

Mit fanatischem Ehrgeiz kämpfen Nordkoreas Fußball-Soldaten (ganz oben) gegen Italien – und haben Erfolg. Ihr 1:0 über Italien ist die Sensation der WM '66. Der Jubel danach (oben) ist verständlich. Links: So fällt das einzige Tor (durch Tschislenko) für die UdSSR; Italien ist 1:0 geschlagen.

einem halben Jahr in Stockholm – auf, kämpfte, schloß sich zusammen, verriet plötzlich Stehvermögen und Moral. Es wurde ein erregendes, hochdramatisches Spiel.

Emmerich selbst bügelte seinen Fehler aus. Sein Treffer zum 1:1 wird allen unvergessen bleiben, die ihn sahen. Ein Blitz schlug in Spaniens Tor, ein Blitz aus wahrhaft heiterem Himmel. In der äußersten linken Ecke hatte der Dortmunder den Ball erwischt, allen physikalischen Gesetzen zum Trotz Richtung Ziel und

Tordach gejagt. Iribar hing wie ein stürzender Trapezkünstler in der Luft.

Doch bis fünf Minuten vor Schluß stand die Partie 1:1, drohte Deutschland der Gang nach Wembley. Dann kam eine Flanke von Sigi Held in den Strafraum, ein vertrackter Ball, den Fernandez und Emmerich gemeinsam verpaßten. Doch hinter ihnen stand der Mann mit dem sprichwörtlichen Torinstinkt, stand Uwe Seeler: 2:1.

Deutschland also Gruppensieger, im Viertelfinale auch Argentinien, das die Schweiz 2:0 geschlagen hatte und nun nach Wembley reisen mußte – auf Grund des schlechteren Torverhältnisses. Deutschlands 5:0 gegen die Schweiz zahlte sich aus.

In den anderen Gruppen hatte die Sensation das Bild geprägt. Die größte: Weltmeister Brasilien war auf der Strecke geblieben! Unglaublich, aber wahr: Das große Team von 1958 und 1962 war zerstört, war nur noch ein Schatten. Pelé allein gab ihm Größe und Substanz, doch schon im ersten Spiel, gegen Bulgarien, wurde er verletzt. Brasilien gewann dennoch 2:0, doch beide Tore fielen aus Freistößen.

Gegen Ungarn fehlte die schwarze Perle. Dennoch sah Liverpool unter schmutzigem Regenhimmel eines der besten Spiele des Turniers. Jedoch: die Ungarn machten die Musik. Schon nach zwei Minuten gingen sie in Führung, mußten den Ausgleich hinnehmen, waren aber nach dem Wechsel nicht mehr zu halten. Eine Renaissance des ungarischen Fußballs? Fast schien es so. Das 3:1 war deutlich, es stürzte den noch regierenden Weltmeister in Ratlosigkeit.

Gegen Portugal, das Ungarn 3:1 besiegt hatte, ging es für ihn um die letzte Chance. Pelé war wieder dabei, und so vollzog sich vor 64 000 Augenpaaren die große Tragödie: Die Portugiesen, eingedenk der Verwundbarkeit ihres Gegners, hetzten Morais auf den König, einen üblen „Killer“, einen Schlagetot am Strafraum, einen Mann mit der Keule. Wieder und wieder trat er nach Pelé, wieder und wieder triumphierte die Brutalität, lag der Genius des Spiels schmerzverkrümmt am Boden. Schiedsrichter McCabe aus England tat nichts, ließ dem widerwärtigen Geschehen seinen Lauf.

In der zweiten Halbzeit war Pelé am Ende, doch die Wahrheit gebietet zu sagen, daß Portugal zu diesem Zeitpunkt schon 2:0 führte, Eusebio regierte auf dem Feld, hatte Mitspieler, die seinen Intentionen folgten. Er sollte der große Star dieser 8. WM werden, die eigentlich wenig Stars hatte. Gebot Nr. 1 war das Mannschaftsspiel.

Der Stern eines großen Fußballspielers geht auf: Franz Beckenbauer begeistert auch im Viertelfinale gegen Uruguay mit seinen Vorstößen und Torerfolgen. Oben: So umspielt er Tothüter Mazurkiewicz und schießt das 2:0. Unten: Uwe Seeler belohnt sich selbst für seinen rackernden Einsatz mit diesem Torschuß zum 3:0. Die Deutschen gewinnen 4:0.

2:0 für Nordkorea gegen Portugal (links). Eine neue Sensation scheint sich anzubahnen. Geführt von dem überragenden Eusebio, verwandeln die Portugiesen jedoch einen 0:3-Rückstand in ein 5:3 und erreichen des Semifinale. Rechts: Depressionen eines geschlagenen Verteidigers. Ponomarjew nach dem 1:0 für Ungarn. Aber die Russen gewinnen 2:1. Unten: Jubel im Wembley-Stadion. Hurst hat das einzige Tor für England im Viertelfinale-Match mit Argentinien erzielt.

Hinkend räumte der größte Spieler der Welt das Stadion seinem vermeintlichen Nachfolger. Der Weltmeister hatte 1:3 verloren, in Rio herrschte Volkstrauer.

Doch Brasilien war nicht der einzige Doppel-Weltmeister, der die Vorrunde nicht überstand. In der Gruppe vier, die in Middlesbrough und Sunderland spielte, war einer der größten Favoriten auf der Strecke geblieben: Italien. War schon diese Tatsache kaum zu glauben, so erregte der Gegner, der dieses zustande gebracht hatte, erst recht ungläubiges Staunen. Er hieß nämlich Nordkorea.

Die kleinen, flinken Männer aus Pjöngjang mit Namen Im Sung Hwi und Pak Do Ik waren gewiß die bestvorbereitete Elf in England. Monatelang, ja praktisch jahrelang waren die asiatischen Marzipan-Fußballer für die WM gedrillt worden. Gewohnt, blind zu gehorchen, ohnehin alle Soldat, machte ihnen Kasernierung weniger aus als den Stars einer liberalen Gesellschaftsordnung. So spielte Nordkorea in England eigentlich über seine Verhältnisse, bot vor allem kein Spiegelbild des Entwicklungsstandes im asiatischen Fußball. Der ist wohl kaum so hoch, war es zumindest 1966 nicht, daß gegen Chile ein 1:1, gegen Italien ein 1:0-Sieg und im Viertelfinale gegen Portugal eine 3:0-Führung an der Tagesordnung gewesen wäre. Doch davon später.

Die Italiener hatten gegen eine hervorragend disponierte russische Elf 0:1 verloren, Chile jedoch mit 2:0 besiegt. „Wir müssen unsere Fehler abstellen“, hatte Coach Edmondo Fabbri gefordert und neue Spieler aufgeboten, Perani für Meroni, Rivera für Bulgarelli, Barison für Pascutti.

Es nutzte nichts. Die kleinen, gelben Männer zeigten keinen Respekt vor den Fußball-Millionären aus Mailand und Turin. Was Wunder, sie kannten sie ja auch nicht. Schon dachte man an die Pause, das Spiel stand immer noch 0:0, da versenkte Pak Do Ik den Ball im Netz des italienischen Tores.

Es war eine fast lächerliche Szene gewesen: Fußball-Soldat Pak Do Ik trat in den Rasen, Fußball-Millionär Guarneri ließ sich täuschen und rutschte aus. Dann hatte der Koreaner freie Schußbahn. Und diesmal traf er.

Eine ganze Halbzeit lang hatte Italien noch Zeit, die böse Sensation abzuwenden. Doch mit zehn Spielern (Bulgarelli war verletzt ausgeschieden) war es ein hoffnungsloses Unterfangen. Italien verlor den Wettlauf mit der Zeit, verlor das Spiel, wurde zum Gespött der Fußballwelt, vor allem daheim. Ein Hagel aus Tomaten und Eiern empfing die geschlagene Elf, Trainer Fabbri wurde gefeuert, ein aufgebrachter Christdemokrat brachte gar eine Anfrage im Parlament ein.

Doch das Leben ging weiter, das WM-Turnier auch. England und Uruguay hatten sich in der Gruppe 1, deren Heimat London war, für das

Viertelfinale qualifiziert, die beiden Teams also, die nach festlicher Eröffnung durch die Queen das erste Spiel bestritten hatten. Es endete 0:0 und hatte den 100 000 in Wembley nur zwei torreife Situationen beschert – trotz 16:1 Ecken für England.

Gegen diese Abwehr mußte nun die deutsche Mannschaft spielen, im Hillsborough-Stadion von Sheffield. Die Sonne lachte, der Boden war hart und trocken, alles sprach für die „Urus".

Haller war wieder dabei, Krämer hatte weichen müssen. Man spielte also ohne echten Rechtsaußen. 10 000 deutsche Schlachtenbummler hofften dennoch auf einen Erfolg.

Sie mußten lange zittern. Schon nach 10 Minuten hätte Uruguay mit 2:0 führen können. Cortez' gewaltiger Schuß traf das Lattenkreuz, Schnellinger sprang für Tilkowski auf der Linie ein. Er nahm dabei die Hand zur Hilfe, wütend reklamierten die Südamerikaner Elfmeter, doch Schiedsrichter Finney pfiff nicht.

Die Deutschen fanden sich nicht, irrten planlos durch das Kombinationsgewebe des Gegners – und gingen trotzdem 1:0 in Führung. Ein harmloses Schüßchen Helds, von Haller noch abgefälscht, übertölpelte den großen Mazurkiewicz und trudelte ins Tor. Es war, in der zwölften Minute, überhaupt der erste deutsche Torschuß gewesen.

Uruguays Spieler wurden nervös, legten einen Zahn zu, an Tempo, aber auch an Härte. Reihenweise wurden sie jetzt verwarnt, reihenweise sanken deutsche Spieler zu Boden, sicher nicht immer tödlich getroffen, aber doch zunehmend mehr Opfer gegnerischer Überhärte.

Vier Minuten nach der Pause war es so weit: Weitab vom Kampf um den Ball wurde Emmerich von Troche zu Boden gestreckt. Stocksteif fiel der Dortmunder um, seine beste Leistung in diesem Spiel. Linienrichter Kandil hatte es gesehen und informierte den Schiedsrichter. Der schickte Troche vom Feld. Er ging nicht, ohne sich bei Uwe Seeler mit einer Ohrfeige zu verabschieden.

Elf Deutsche gegen zehn Uruguayer, die Siegestrommeln konnten gerührt werden. Doch die Deutschen spielten so, als hätten sie ihre zahlenmäßige Überlegenheit gar nicht bemerkt. Bis Silva, Uruguays Rechtsaußen, ihnen noch einmal half. Sein Foul an Haller quittierte Schiedsrichter Finney ebenfalls mit Feldverweis.

Noch 15 Minuten hielt jetzt die Festung, dann endlich gelang Beckenbauer das 2:0. Uwe Seeler erhöhte auf 3:0, Haller steuerte Tor Nr. vier bei. Doch alle waren sich einig, daß dieser Sieg auf dem Mist irrealer Voraussetzungen gewachsen war.

Die Spieler Uruguays wähnten sich „verschoben", sprachen von einer deutsch-englischen Allianz. In der Tat

Semifinale in London: Bobby Charltons Schuß ist ein Volltreffer (ganz oben). Es steht 1:0 für England. Portugals Star Eusebio, im Zweikampf mit Nobby Stiles (links), kann den Sieg der Briten nicht verhindern. Weinend verläßt er nach dem Spiel den Platz.

Danilow kommt zu spät; Haller schießt das 1:0 im Semifinalspiel gegen die UdSSR (oben). Links: Tschislenko wird nach einem Foul an Emmerich vom Platz geschickt. Unten: Keine Chance für Jaschin gegen diesen Schuß von Beckenbauer: Deutschland führt 2:0, gewinnt 2:1 und steht im Endspiel.

vermeldete die elektrische Anzeigetafel ungewöhnliche Vorgänge im fernen Wembley, wo der deutsche Schiedsrichter Kreitlein das Spiel England – Argentinien leitete, als Finney in Sheffield aktiv wurde: Rattin vom Platz!

Argentiniens langer Abwehrstratege hatte das Schneidermeisterlein aus Schwaben wohl zu sehr gereizt. Indessen wußte niemand, weshalb ausgerechnet er in der 35. Minute den heiligen Rasen Wembleys verlassen mußte. Kreitlein erklärte es: Argentiniens Kapitän habe gegen eine Verwarnung für Artime und einen Freistoß für England protestiert, und zwar in einer Art und Weise, in der er eine Beleidigung sehen zu müssen glaubte. Da der wackere Schwabe jedoch kein Spanisch sprach, mußten Mimik und Gestik des Südamerikaners herhalten, seinen Ausschluß zu motivieren. So ging Rattin als der erste Spieler in die Fußballgeschichte ein, der ob seines Gesichtsausdruckes nicht mehr mitspielen durfte.

Es war ein schwacher Trost, denn England, keineswegs überzeugend, ohne den verletzten Jimmy Greaves nur die Hälfte wert, bekam nun Auftrieb. In der 78. Minute, gelang Alf Ramseys Mannschaft endlich das 1:0. Es „roch“ nach Abseits, doch Kreitlein gab das Tor und goß Wasser auf die Mühlen argentinischer Polemik. In Südamerika sprach man offen von „Schiebung“, doch die FIFA sanktionierte Kreitleins Entscheidungen. Rattin wurde für vier Spiele gesperrt.

Dieses Viertelfinale hatte es in sich, auch oben in Liverpool, wo der Zwerg Nordkorea gegen den Riesen Portugal antreten mußte und – wie bereits erwähnt – nach 25 Minuten mit 3:0 führte. Trotz dessen Sieg gegen Italien hatten Eusebio und Co. diesen Gegner offenbar unterschätzt. Der Goodison-Park barst vor Begeisterung, als die asiatischen „underdogs“, die Außenseiter, den Portugiesen einen Ball nach dem anderen ins Netz setzten, munter stürmten und vor allem durch ihre Schnelligkeit bestachen.

Erst beim 3:0 wachte der „Riese“ auf, schüttelte sich und schlug zurück. Es war Eusebio, der die Weichen auf Sieg stellte, in der 27. Minute einen raketengleichen Schuß ins koreanische Tor setzte und ab sofort nicht mehr zu halten war. 5:3 gewann

Bilddokumente eines dramatischen Endspiels. Rechts: Entgeistert verfolgt Jackie Charlton den Weg des Balles an Banks vorbei in das englische Tor. Haller hat Deutschland 1:0 in Führung gebracht. Unten: Tilkowski bannt höchste Gefahr im deutschen Strafraum, prallt dabei mit Beckenbauer zusammen, während Bobby Charlton zu Boden stürzt.

Portugal, vier Tore schoß der schwarze Super-Mann aus Mozambique.

Blieb das vierte Treffen, die Partie UdSSR–Ungarn. Sie fand in Sunderland statt und hatte zwei völlig verschiedene Halbzeiten. Die erste gehörte der UdSSR, die zweite den Magyaren, die jedoch – wie schon im Gruppenspiel gegen Portugal – erneut unter einem sehr schwachen Torwart litten. Geleij hatte einen Eckball aus der Hand springen lassen, Tschislenko zum 1:0 eingeschossen.

Von diesem Vorsprung zehrten die Russen so lange, bis Parkujan kurz nach dem Wechsel einen neuerlichen Abwehrfehler zum 2:0 nutzte. Da war das Spiel entschieden, obschon Mészöly in der 58. Minute endlich ein Tor für Ungarn gelang. Der russische Wall hielt, im achten Länderspiel mit den Sowjets erlitt Ungarn die vierte Niederlage, und nur einmal hatte man überhaupt gewonnen: 1954, mit dem sagenhaften „Wunderteam" von Puskas und Co. Eine erstaunliche Bilanz.

Die letzten vier standen fest, die Semifinale-Spiele auch: Deutschland – UdSSR in Liverpool, England – Portugal in Wembley, was in der Stadt der Beatles lauten Unmut auslöste. Man wollte auch das eigene Team am Ball sehen.

Deutschland bekam den Ärger zu spüren: Pfiffe gegen die DFB-Elf, lauter Beifall für die Russen. Die Sympathien der Arbeiter-Stadt waren klar auf seiten des sozialistischen Kollektivs.

Zweimal war eine deutsche Nationalelf den Sowjets bislang unterlegen: mit 1:2 in Hannover und mit 2:3 in Moskau. Doch in England erwies sich einmal mehr, daß sie beim Kampf um WM-Ehren nicht an ihrer Bilanz gemessen werden darf.

Eigentlich hatte man nie das Gefühl, die deutsche Mannschaft könnte

Oben: Das war Webers Tor zum 2:2. Da überkommt Jackie Charlton (rechts) Verzweiflung. Das Tor in der 90. Minute bedeutet Verlängerung um zweimal 15 Minuten.

dieses Spiel verlieren. Die Russen enttäuschten bis auf Jasebin und den gefährlichen Stürmer Khussainow auf der ganzen Linie.

Disziplin und Geschlossenheit des deutschen Spiels verurteilten den Gegner über weite Strecken zur Chancenlosigkeit. Er versuchte sein Glück mit Härte, schadete sich aber nur selbst. Als Tschislenko allzu hart gegen Held einstieg, wies ihm Schiedsrichter Lobello den Weg in die Kabine. Zum dritten Mal durfte Deutschland gegen einen dezimierten Gegner spielen.

Zu diesem Zeitpunkt führte man aber schon 1:0. Haller hatte einen Paß Schnellingers aufgenommen und Jaschin mit einem fulminanten Schuß überwunden. Und als Beckenbauer in der 67. Minute ein noch schöneres Tor gelang, war die Partie entschieden.

Weltmeisterschaft 1966

Der deutsche Bundestrainer Helmut Schön betreibt moralische Aufrüstung in der Pause vor der Verlängerung. Schnellinger sitz am Boden, Höttges hat eine Verschnaufpause offensichtlich nötig.

Pokujans Anschlußtreffer drei Minuten vor dem Ende kam zu spät.

Jubelnd umarmten sich die deutschen Spieler. Sie waren im Finale, zum ersten Mal seit 1954 wieder, zum zweiten Mal in der deutschen Fußball-Geschichte.

Die Briten hatten ebenfalls 2:1 gewonnen, doch vor Portugal weitaus mehr Respekt gezeigt als die deutsche Elf vor den Sowjets. Erneut fehlte Greaves, Ramsey wandte eine modifizierte 4-3-3-Taktik an, verzichtete auf „echte" Flügelstürmer. Englands Stärke lag in der Achse Moore Charlton. Sie regierte auch gegen Portugal, gestützt auf eine eiserne Abwehr, die 442 Minuten WM-Fußball ohne Gegentor überstand.

Als sie dennoch eines hinnehmen mußte, war es ein Elfmeter, geschossen und verwandelt von Eusebio in der 82. Minute des Halbfinale-Spiels. Aber da stand es bereits 2:0 für die Engländer, war für den Gegner nichts mehr zu gewinnen. Zu offensichtlich hatte Eusebio vor Moore und dem kleinen Stiles kapituliert. Bobby Charlton schoß beide Tore für England.

Weinend ging Eusebio vom Platz, der Traum vom Finale war ausgeträumt. Doch zwei Tage später sah die Welt wieder besser aus. Im Spiel um den dritten Platz behielt Portugal die Oberhand, die UdSSR wurde 2:1 besiegt.

60 000 waren nach Wembley gekommen, um Eusebio noch einmal zu sehen, um sich bestätigen zu lassen, welch großen Gegner England besiegt hatte. Doch die UdSSR war ein gleichwertiger Gegner, sie erzwang über weite Strecken ein ausgeglichenes Spiel.

Große Höhepunkte jedoch fehlten darin. Man mußte sich mit den Toren zufriedengeben. Sie fielen immer dann, wenn niemand damit rechnete.

In der zwölften Minute nahm Kurtsilawa die Hand zu Hilfe und verschuldete einen Elfmeter. Auch diesmal verwandelte Eusebio sicher, um anschließend dem geschlagenen Jaschin tröstend über den Kopf zu streichen. Eine Minute vor der Pause hätte er Trost selber nötig gehabt. Seine Mannschaft hatte den Ausgleich hinnehmen müssen.

Nach der Pause verflachte das Spiel. Die Kulisse übte sich in England-England-Sprechchören, die Journalisten fürchteten eine Verlängerung. Drei Minuten vor dem Ende erlöste sie der lange Torres. Im Duett mit Augusto köpfelte er sich durch die russische Abwehr, mit dem letzten Zug stand Torres frei vor Jaschin. 2:1 – das war der dritte Platz.

48 Stunden später ging es um die goldene Göttin. Der Weg ins Finale war für England einfacher gewesen. Stets hatte man in Wembley spielen dürfen, in gewohnter Umgebung. Reisen und Umzug blieben erspart.

Da hatten es die Deutschen schwerer gehabt. Spiele in Birmingham und Sheffield, weite Busreisen, Semi-Finale in Liverpool, Umzug nach London, neue Umgebung, neue Betten, es war nicht einfach.

Doch die erstaunlichen Germans, auf der Insel ohnehin als Meister im Überwinden technischer Schwierigkeiten bewundert und gefürchtet, wurden auch damit fertig. Ihr Weg ins Finale war weitaus imponierender und mit 13:2 Toren auch zahlenmäßig erfolgreicher gewesen als jener der Engländer.

Doch sie waren Favorit, daran bestand kein Zweifel. „Ist mir auch lieber so", sagte Helmut Schön. Und: „Wir haben nichts mehr zu verlieren. Wir sind viel weiter gekommen, als zu hoffen war."

Englands Presse überbot sich dennoch in Aufrufen an Spieler und Publikum. „Go on, England, you can lead the world again!" schrien die vier Millionen des „Daily Mirror". Der Appell ans Nationalgefühl, die Spekulation mit dem Bedürfnis, das verlorene Empire auf grünem Rasen zurückzugewinnen, hatte Erfolg. Als die roten Trikots der Engländer und die weißen der Deutschen im Kabinentunnel von Wembley auftauchten, schien für England ein Tag nationaler Erhebung gekommen. Die Arena barst vor Begeisterung und Kampfeslust.

Ein kräftiger Regenguß hatte das Spielfeld noch weicher gemacht als sonst. Der Wembley-Rasen präsentierte sich nicht elastisch wie ein Teppich, sondern klebrig und weich.

Auf ihm stieß Deutschland an, hatte Deutschland sogar die erste Chance. Held stand einen Moment frei, drehte sich, schoß – am Tor vorbei.

Rangliste der Torschützen

32 Spiele – 89 Tore

9 Tore	Eusebio (Portugal)
6 Tore	Haller (Deutschland)
4 Tore	Bene (Ungarn)
	Beckenbauer (Deutschl.)
	Hurst (England)
	Porkujan (UdSSR)
3 Tore	Artime (Argentinien)
	Augusto (Portugal)
	B. Charlton (England)
	Hunt (England)
	Malofejew (UdSSR)
	Torres (Portugal)
2 Tore	Marcos (Chile)
	Meszöly (Ungarn)
	Pak Seun Zin (Nordkorea)
	Seeler (Deutschland)
	Tschislenko (UdSSR)
1 Tor	28 weitere Spieler
2 Eigentore	

Vorsicht waltete auf beiden Seiten. Beckenbauer und Bobby Charlton, zwei große Spieler, neutralisierten einander. Ramsey hatte erneut auf Greaves verzichtet, obwohl Tottenhams Star wieder fit war. Der Grundsatz „Never change a winning team" diktierte ihm eine unpopuläre Entscheidung: Geoff Hurst spielte für Greaves. Noch wußte Ramsey nicht, welchen Glücksgriff er damit getan hatte.

Noch waren die Deutschen am Drücker. Overath fand zuerst zu seinem Spiel, Haller zog mit, Sigi Held attackierte auf der linken Seite, Schnellinger rückte auf. Englands gerühmte Abwehr war unter Druck.

Nach zwölf Minuten stand sie wie erstarrt. Wilson hatte einen weiten, hohen Ball genau vor Hallers Füße geköpft. Der Italo-Augsburger tat noch einen Schritt und schoß entschlossen, ehe der Brite neuerlich heran war. Banks warf sich zu spät, der Ball flitzte ins lange Eck.

Deutsche Fahnen flogen hoch, ein Torschrei aus Zehntausenden von Kehlen. Deutschland führte. Wie würde England mit dem Rückstand fertigwerden?

Die deutsche Abwehr selbst gab die Antwort. Sie schenkte dem Gegner den Ausgleich. Bobby Moore hob einen Freistoß blitzschnell, noch ehe die Gegenseite reagierte, in den deutschen Strafraum. Schulz und Tilkowski schauten einander an, Hurst sah nur den Ball. Per Kopf sandte er ihn ins Netz, eine Quittung für Begriffsstutzigkeit.

Das Spiel wurde hart. Tilkowski hatte schon in der achten Minute etwas abbekommen, als Hurst ihn in der Luft rempelte. Doch der deutsche Torwart fing sich. Sein Fehler beim 1:1 sollte der einzige bleiben.

Stiles auf englischer, Uwe Seeler auf deutscher Seite wuchsen über sich hinaus. Ihr kämpferischer Einsatz prägte das Spiel, das von hohem Niveau weit entfernt war, das von seiner Dramatik, von Tempo und Härte lebte. Zur Pause hieß es 1:1, gewiß ein Erfolg für die Deutschen.

Doch sie spielten praktisch mit zehn Mann. Linksaußen Emmerich war ein glatter Ausfall, war meist Endstation aller Pässe, die ihm zugespielt wurden. Selbst Einwürfe brachte er nur selten brauchbar zurück.

Die Engländer wurden überlegen. Alan Ball, der 14 Tage später für über eine Million DM von Arsenal nach Everton gehen sollte, schleppte Ball auf Ball nach vorn. Noch hielt der deutsche Abwehrblock – bis zur 77. Minute. Da mißlang Höttges eine Abwehr, rutschte der Ball seitlich zu Peters. Der Engländer stand völlig frei fünf Meter vor dem deutschen Tor. Er konnte gar nicht vorbeischießen.

2:1, und noch 13 Minuten. Wembley raste, die Deutschen rafften sich noch einmal auf. Zwei so dumme Tore – diese Niederlage akzeptierten sie nicht.

Weber, Schnellinger, auch Beckenbauer setzten jetzt alles auf eine Karte. Noch fünf Minuten, vier, drei, zwei, eine.

Ein Foul an Overath. Die allerletzte Chance. Alle Engländer standen im eigenen Strafraum. Emmerich hob den Ball vors Tor, Schnellinger sprang hinzu, paßte quer durch den Torraum. Wilson warf sich in die Bahn, Uwe Seeler, auch Banks, hechtete nach

Tor oder nicht? Das ist eine Frage, die noch Generationen von Fußball-Fans beschäftigen wird. Die Antwort wurde nie verbindlich gegeben. Fotos und Filmaufnahme bestätigten alles – und nichts. Englands Torhüter Banks begleitet das 3:2 mit einer vielsagenden Geste der Erlösung.

Jubel nach dem Sieg: Trainer Alf Ramsey, Bobby Moore und Nobby Stiles mit dem Coupe Jules Rimet. Und unten: Hans Tilkowski erhält die Silbermedaille aus der Hand der englischen Königin.

dem Leder. Doch da war Wolfgang Weber aus Köln schon heran, machte einen riesigen Schritt und fetzte den Ball ins Netz.

2:2, Ausgleich, Verlängerung. Die Engländer warfen sich fassungslos zu Boden, nur einer blieb scheinbar gelassen: Alf Ramsey. Ganz ruhig ging er zu seinen Männern und sagte: „Ihr hattet sie schon besiegt. Jetzt schlagt ihr sie eben noch einmal."

Kein Zweifel: Jetzt mußte die Kondition entscheiden. Zwei müde Recken rangen miteinander, ein gigantischer, mitleiderregender Zweikampf.

Ein Außenstehender entschied ihn, der Mann an der Linie: Tofik Bachramow aus der UdSSR. Der schnauzbärtige, grauhaarige Russe hielt einen Moment die Würfel dieses Spiels in der Hand. Dann gab er England den Sieg.

Nach genau 101 Minuten war erneut Hurst frei zum Schuß gekommen. Der Ball knallte gegen die Unterseite der ovalen Querlatte und prallte zurück auf den Boden. Doch ob vor, auf oder hinter die Linie, das vermochte kein Mensch zu sagen, auch Schiedsrichter Dienst nicht. Die Engländer hoben die Arme, das Stadion jubelte, suggerierte ein Tor, wo massierte Zweifel angebracht waren. Dienst schien ratlos, dann schob er den Schwarzen Peter seinem Assistenten zu, der sehr viel weiter vom Tatort entfernt gewesen war.

Hinter Bachramow brodelten die Ränge, wogte der Union Jack in tausend Fäusten. Vielleicht hätte der Russe in einer anderen Umgebung anders entschieden, vielleicht war er auch nur müde, wie die anderen, und froh, dem grausamen Spiel eine Neuauflage ersparen zu können. Er deutete zur Mitte. Tor.

Uwe Seeler hielt seine Kameraden von der heftigsten Form des Protestes zurück. Die deutsche Mannschaft nahm die unverständliche Entscheidung in großer Haltung hin. Kein Film, keine Fernseh-Aufzeichnung und kein Foto haben jemals bewiesen, daß der Ball jenseits der Linie, also im Tor war. Freilich fehlte auch der Beweis, daß er nicht darin war. Doch das zu verlangen hieße wohl, die Beweislast umkehren.

Daß die Engländer noch ein viertes Tor schossen, wieder durch Hurst, fiel nicht mehr ins Gewicht. Fotos bewiesen später, daß zu diesem Zeitpunkt, Sekunden vor Schluß, bereits Zuschauer über das Feld liefen. Dienst hätte unterbrechen müssen. „Wir haben 2:2 verloren", resümierte „Bild" eingedenk zweier offenbar regelwidriger Treffer.

Die Queen überreichte Bobby Moore den begehrten World Cup, beglückwünschte alle Spieler, auch die deutschen. Dann war das große Finale eines bemerkenswerten, richtungweisenden WM-Turniers endgültig zu Ende.

Eusebio

Bei der Fußball-Weltmeisterschaft 1966 in England riefen Voreilige wieder einmal: „Der König ist tot, es lebe der König!" Sie taten das mit jener Genugtuung aller Schwachen, die feststellen, daß Ruhm und Erfolg vergänglich sind. Der alte König, Brasiliens Fußballstar Pelé, war von Verteidiger-Beinen bereits in der Vorrunde außer Gefecht gesetzt worden, seine Mannschaft gescheitert.

Der Thronfolger war bereits gefunden. Eine andere „schwarze Perle", der Portugiese Eusebio Ferreira da Silva, der sich mit Kampf- und Schuß-Kraft an die Spitze der WM-Torschützenliste gekickt hatte. Was lag näher, als ihn zu küren.

Doch die Thronfolge hat niemals stattgefunden, denn Pelé war noch längst nicht am Ende, vier Jahre später bewies er das nachdrücklich, und Eusebio war nicht der Mann und sollte es auch niemals werden. Das wiederum hat weniger fußballerische Gründe, als vielmehr gesellschaftliche.

Er begann mit dem Kicken in seiner Heimatstadt Laurenzo Marques in der portugiesischen Kolonie Mozambique. Fünfzehn war er damals, als man beim Club Sporting auf sein Talent aufmerksam wurde. Alt genug, um zu erkennen, daß Fußball ihn zwar aus Slums herausholen konnte, aber nichts an seiner Hautfarbe ändern würde.

Natürlich ist die Sklaverei schon längst abgeschafft, dennoch haben die Vereinsbosse von Benfica Lissabon in ihrem Star wohl nie etwas anderes als einen Leibeigenen gesehen, seit er im Jahr 1960 nach Portugal kam. Zwar wurde er ein gefeierter Star auf dem Fußball-Rasen und brachte seinem Klub Millionen-Einnahmen und sportliche Triumphe, aber die gesellschaftliche Integrierung außerhalb der Stadion-Tore blieb ihm genauso versagt wie der einem solchen Star entsprechende Fußball-Reichtum. Im Vergleich zu Einkünften anderer Top-Fußballer wie Beckenbauer, Charlton oder gar Pelé nahmen sich Eusebios Verdienste bisher wie ein Taschengeld aus.

Natürlich hätte er überall in der Welt mehr verdienen können, aber gegen eine Abwanderung hat sich sein Klub immer geschickt zu helfen gewußt: Immens hohe Ablösesummen und raffiniertes Intrigenspiel. Eusebio hat sich diesem Diktat immer beugen müssen. Ein paarmal hat er seine Wunschträume hinaus in die Fußball-Welt geschrien. Eusebio war für die Bundesliga im Gespräch, Vasco da Gama wollte zwei Millionen Mark zahlen, aber er spielte weiter für Benfica, schoß Tore am Fließband und schien sich damit abzufinden, ein König zu sein, den man nicht regieren läßt.

Diese Hintergründe erklären auch viel von der Spielweise Eusebios, die sich, obwohl das immer wieder getan wird, eben gar nicht mit dem Spiel Pelés vergleichen läßt. Künstlerische Filigranarbeit ist ihm völlig fremd. Sein Spiel ist direkt, von seiner enormen Grundschnelligkeit beherrscht, von der Explosivität seiner Bewegungen und von seiner Schußkraft aus allen Lagen. Alles, auch seine außergewöhnlichen technischen Fähigkeiten, dienen nur einem einzigen, unverhohlenen Ziel – Tore zu schießen. Dabei entwickelt er eine beispiellose Kampfkraft, die oft allein ausreicht, ein Spiel zu entscheiden.

So geschehen am 2. Mai 1962 beim Europacup-Finale gegen den Rekordsieger Real Madrid, das Experten noch heute für das beste aller Finale halten, die es in der Geschichte dieses Wettbewerbs gegeben hat. Aguas, Cavem und Coluna hatten Benfica immer wieder in Führung geschossen, aber jedes Mal gelang dem legendären Puskas wieder der Ausgleich. Beim Stande von 3:3 riß Eusebio schließlich das Kommando an sich, pflügte zweimal durch die Abwehr der „Königlichen" und besorgte den Endstand von 5:3, Benficas erster großer Triumph.

Dann 1966. Nach 36jähriger WM-Abstinenz nahmen die Portugiesen als krasser Außenseiter an der Weltmeisterschaft teil und erreichten das Viertelfinale, in dem sie auf einen noch größeren Außenseiter trafen. Die Mannschaft Nordkoreas, die zum Entsetzen der Fachwelt kaltschnäuzig die Italiener ausgeschaltet hatte. Alles sah so aus, als sollten die unbekümmerten Fußballer aus dem Fernen Osten auch den portugiesischen Renommier-Kickern den Garaus machen.

Plötzlich führten sie 3:0. Während seine Mannschafts-Kameraden schon die Köpfe hängen ließen, begann für Eusebio die Sternstunde, in der er bewies, welche außergewöhnlichen Kräfte bei ihm frei werden können. Er riß seine Mitspieler mit, schoß trotz härtester Attacken vier Tore hintereinander und gab Augusto schließlich noch durch einen Steilpaß die Vorlage zum 3:5.

Portugal scheiterte danach zwar im Halbfinale an England, buchte dann aber durch einen 2:1-Sieg über die Mannschaft der Sowjetunion doch noch immerhin Platz drei für sich.

Eusebio war als Schützenkönig dieses WM-Turniers maßgeblich am Erfolg seiner Mannschaft beteiligt, sein Weltruhm war begründet, Millionen strömten in die Stadien, um ihn spielen zu sehen. Er wurde zu Afrikas Fußballidol, und sicher verdiente er im Vergleich zu Normalverbrauchern immer noch eine ganz schöne Stange Geld. Doch das Gefühl, ein unterbezahlter Weltstar zu sein, hat er genausowenig verloren wie die Erkenntnis, daß man kein König werden kann, wenn man selbst nicht frei ist.

WM 1970 in Mexiko

Nie zuvor, auch nicht 1962, als der „geographische Irrtum“ Chile an der Reihe war, war ein Land als Austragungsort einer Fußball-Weltmeisterschaft so umstritten wie Mexiko 1970. Die Entscheidung der FIFA zugunsten der mittelamerikanischen Republik (und wieder einmal gegen Argentinien) war als Dank und Anerkennung für wahrhaft unverdrossene WM-Beteiligung zu werten. Schon 1930 hatte Mexiko teilgenommen und überhaupt nur ein einziges Mal, nämlich 1938, nicht mitgemacht.

Doch die weltweiten Bedenken kamen nicht von ungefähr. Sie galten vor allem der Höhenlage des Landes und dem damit verbundenen geringeren Sauerstoff-Aufkommen, sie galten aber auch gewissen hygienischen Gegebenheiten. Noch waren die Bilder zusammenbrechender Läufer bei den Olympischen Spielen, zwei Jahre zuvor, in aller Erinnerung, noch auch die Schilderungen vor „Montezumas Rache“, der tückischen Darm-Erkrankung mit all ihren unangenehmen Folgen.

Daß die Befürchtungen zum überwiegenden Teil gegenstandslos sein würden, war noch nicht zu ahnen, als fast 70 Mannschaften in die Qualifikationsrunde starteten. Zum ersten Mal waren fast alle wichtigen schwarzafrikanischen Staaten dabei. Die FIFA hatte Afrika einen eigenen Endrunden-Platz für Mexiko zugesichert, den sich indessen ein Land an der nördlichen Peripherie sicherte: Marokko.

Die Kicker König Hassans mußten durch eine mühselige Mühle: gegen Senegal ein Entscheidungsspiel, dann zweimal 0:0 gegen Tunesien, im Entscheidungsspiel von Marseille ein 2:2 n. V. und schließlich der glückliche „Sieg“ durch Los-Entscheid. Aber immer noch nicht war Marokko am Ziel. In der afrikanischen Endrunde mußten erst noch der Sudan und Nigeria überwunden werden. Diesmal ging es immerhin ohne „Nachsitzen“ ab.

Anderswo hatte ein Entscheidungsspiel schreckliche Folgen gehabt. Honduras und El Salvador, die beiden mittelamerikanischen Bananen-Staaten, nahmen El Salvadors 3:2-Sieg zum Anlaß echt kriegerischer Auseinandersetzungen. Zwar reichten die Wurzeln des Konfliktes tiefer, doch den Funken ins Pulverfaß warf jenes Tor, das „Pipo“ Rodriguez in der 101. Minute des entscheidenden Treffens für El Salvador erzielt hatte. Fazit: Eine Woche Krieg mit 200 Toten und 1000 Verwundeten. El Salvadors Fußballer aber waren immer noch nicht ganz am Ziel, denn da wartete noch ein Gegner namens Haiti. Auf beiden Seiten verlor man das Heimspiel. Also erneut ein Entscheidungsspiel. Diesmal ging es ohne Blutvergießen ab. El Salvador gewann 1:0.

Ganz so dramatisch verliefen die Spiele in Europa Gott sei Dank nicht. Nur die ČSSR benötigte ein Entscheidungsspiel, um sich – gegen Ungarn! – die Flugkarten nach Mexiko zu sichern. Das 4:1 kam einer Sensation nahe und stürzte Ungarns Fußball in eine tiefe Krise.

Relativ mühelos hatten sich die „Großen“ qualifiziert: Italien (gegen die DDR und Wales), die UdSSR (gegen Nordirland und die Türkei), auch Deutschland (gegen Schottland, Österreich und Zypern), obwohl der Vorsprung von drei Punkten am Ende etwas täuschte.

Erwartungsgemäß waren die Schotten der überaus harte Gegner. Noch nie hatte eine deutsche Nationalelf sie geschlagen, noch nie aber hatte eine deutsche Nationalelf auch ein Qualifikationsspiel zur Fußball-WM verloren. Welche Serie würde abreißen?

Im Glasgower Hampden-Park hielten sich Helmut Schöns Männer weit

Weltmeisterschaft 1970 – Der Verlauf des Turniers

Erste Runde	Viertelfinale		Semifinale		Finale	
Gruppe 1						
1. UdSSR						
2. Mexiko	Brasilien	4				
3. Belgien	Peru	2				
4. El Salvador			Brasilien	3		
Gruppe 2			Uruguay	1		
1. Italien						
2. Uruguay	Uruguay	1*				
3. Schweden	UdSSR	0				
4. Israel					Brasilien	4
Gruppe 3					Italien	1
1. Brasilien						
2. England	Deutschland	3*				
3. Rumänien	England	2				
4. ČSSR					**Um den dritten Platz**	
Gruppe 4			Italien	4*		
1. Deutschland			Deutschland	3	Deutschland	1
2. Peru	Italien	4			Uruguay	0
3. Bulgarien	Mexiko	1				
4. Marokko						

* nach Verlängerung.

England gegen Brasilien – der Titelverteidiger gegen den Weltmeister 1962, das war eine der Attraktionen der Vorrunde. Die Brasilianer gewannen 1:0. Oben: Francis Lee scheitert an Torhüter Felix und wird von Schiedsrichter Klein aus Israel verwarnt (links), weil er nachgeschlagen hat. Unten: Flanke für Jairzinho oder Pelé, aber Banks fängt den Ball.

besser als erwartet. Ein relativ frühes Tor von Müller schockte die Schotten sichtlich. Sie hatten Mühe, gegen das geschickte deutsche Mittelfeldspiel und den elastischen Abwehrblock ihren Spielrhythmus zu finden. Erst kurz vor Schluß gelang Bobby Murdoch mit einem unhaltbaren Schuß der Ausgleich,

Um ein Haar hätte der „Zwerg" Zypern das Zünglein an dieser Waage zu spielen vermocht. Auf dem Hartplatz von Nikosia gelang Gerd Müller erst in der 92. (!) Minute das Siegtor zum 1:0. Auch gegen Österreich – in Nürnberg dauerte es lange, ehe beide Punkte auf dem Konto waren. Wieder hieß der Torschütze Gerd Müller, diesmal immerhin schon in der 88. Minute …

Dann kam der Tag der Entscheidung, der 22. Oktober 1969. In Hamburg ging es für Deutschland und Schottland um alles, und als die 90 hochdramatischen Minuten vorbei waren, wurden auf der Reeperbahn bereits die ersten druckfeuchten Ausgaben der neuen „BILD-Zeitung" verkauft. Schlagzeile: Mexiko – wir kooommen!

Doch selbstverständlich war das keineswegs gewesen. Die Mannschaft Bobby Browns bot eine hervorragende Leistung, überraschte in geschickten taktischen Varianten und ging zweimal verdient in Führung. Unter einem regenverhangenen Hamburger Nachthimmel schienen Deutschlands Chancen davonzuschwimmen, als der flinke Johnstone zum 0:1 und Alan Gilzean zum 1:2 ins Netz trafen.

Doch die deutsche Elf bot trotz gewisser Schwächen nicht nur eine starke kämpferische Leistung, sie profitierte auch von einem Schiedsrichter, der im richtigen Moment wegsah. Als nämlich Gerd Müller seinem Bewacher McNeil per Faust zurückgab, was dieser ihm per Fuß angetan hatte, hätte Herr Droz aus der Schweiz – so oder so – unbedingt einschreiten müssen. Er tat es nicht und gestattete Müller den Ausgleich zum 2:2. Libudas Siegtreffer kurz vor Schluß erlöste Fußball-Deutschland aus einem monatelangen Spannungszustand.

Der Vize-Weltmeister war also dabei, nicht jedoch der Dritte, Portugal, der in seiner Gruppe nur letzter geworden war – hinter Sieger Rumä-

Weltmeisterschaft 1970

Hart setzt sich Churzilawa gegen seinen belgischen Gegenspieler ein (unten). Die Sowjetunion gewinnt 4:1. Daneben: Bertini setzt sich gegen Schwager durch, aber die Italiener spielen auch gegen Israel 0:0 wie vorher schon gegen Uruguay.

nien, Griechenland und der Schweiz, die das Kunststück fertigbrachte, in Lissabon 2:0 zu gewinnen, aber keinen Punkt gegen Rumänien holen konnte.

Überraschend nicht dabei auch Jugoslawien, das an Belgien scheiterte, auch nicht Frankreich, das Schweden den Vortritt lassen mußte. Erneut dabei aber Bulgarien, das sich damit zum dritten Mal hintereinander qualifizierte.

Eine der größten Überraschungen meldete Südamerika: Argentinien war von Peru ausgeschaltet worden! Im Triumphzug trugen die Peruaner ihren brasilianischen Trainer Didi vom Feld.

Brasilien selbst, vier Jahre zuvor in England zutiefst gedemütigt, deutete ein Comeback an: alle sechs Spiele wurden gewonnen, und zwar mit einem Torverhältnis von 23:2. Eindeutig setzte sich auch Ex-Weltmeister Uruguay gegen Chile und Ekuador durch. Blieb der asiatische Raum. Hier setzte sich Israel gegen Australien und Neuseeland durch.

Am 10. Januar 1970 war die 10jährige Maria Canedo, Tochter des Generalsekretärs des mexikanischen Organisationskomitees, für eine halbe Stunde die interessanteste Person der Fußball-Welt. Im feudalen Hotel Marie Isabel in Mexico City zog sie die Lose für die vier Vorrunden-Gruppen.

Die 16 Teilnehmer waren in vier silbernen Pokalen vorsortiert worden, nach ihrer vermeintlichen Stärke, aber auch nach geographischen Gesichtspunkten. Dennoch blieb genügend Spannung, die vor allem in der Gruppe 3 kulminierte, wo England und Brasilien „gezogen“ wurden.

Gastgeber Mexiko war recht zufrieden mit dem Ergebnis. Die eigene Mannschaft hatte zwar die UdSSR zum Gegner, aber mit Belgien und El Salvador zwei Teams, die nicht unschlagbar schienen. Auch der deutsche Bundestrainer Helmut Schön beschwerte sich nicht über das Los, das ihm Bulgarien, Peru und Marokko beschert hatte. Italien mußte mit Uruguay, Israel und Schweden fertigwerden, Weltmeister England schließlich außer mit Vorgänger Brasilien auch noch mit dem Geheimtip ČSSR und Rumänien.

Nie zuvor bereiteten sich Teilnehmer auf ein WM-Turnier besser vor. Bulgarien und die UdSSR steckten ihre Kicker monatelang und schon zur Winterszeit in Höhentrainingslager, Brasilien absolvierte Tausende von gemeinsamen Trainingsstunden, wechselte aber kurz vor dem WM-Start noch den Trainer aus: der Journalist Saldanha ging, Zagalo aus der Weltmeister-Elf von 1958 und 1962 kam. Weltmeister England ging schon einen Monat vor dem ersten Kick-off nach Südamerika, um sich zu akklimatisieren.

Wenig von solch langer Vorbereitung hielten die Italiener, die nur ein paar Tage in den Dolomiten weilten, und auch die Deutschen, die keinerlei „Höhenangst“ verrieten. Helmut Schön widerstand sogar dem Drängen namhafter Sportärzte, die ihm empfahlen, „entweder sechs Wochen“ vorher an Ort und Stelle zu sein oder „ganz kurzfristig“ anzureisen, etwa drei Tage vor dem ersten Spiel. Professor Keul aus Freiburg riet allen Ernstes, die deutsche Mannschaft solle Quartiere in Mexico City nehmen und zu jedem Spiel ins 400 km entfernte Leon per Flugzeug reisen.

Schön lehnte das Ansinnen höflich ab, da er im Gegensatz zu dem Ratgeber die Beschwerlichkeit einer solchen Reise in mexikanischen Propeller-Maschinen bereits am eigenen Leib erlebt hatte. Er blieb bei seinem Plan, etwa 14 Tage vorher an Ort und Stelle zu sein. Von Malente aus, wo die deutsche Mannschaft mehrere Tage lang versammelt gewesen war, brach man auf. Hinter der Mannschaft lagen Siege in Testspielen gegen Irland (2:1) und Jugoslawien (1:0), lagen Tage voller Ungewißheit. Haller, noch verletzt, hatte auf sich warten lassen, Netzer mußte – ebenfalls verletzt – passen.

Deutschlands Gruppenspiele in Leon. Schock in der 22. Minute: 1:0 für Marokko (ganz oben). Darunter: 4:1 durch Uwe Seeler gegen Bulgarien. Ganz unten: 2:0 durch Müller gegen Peru.

Doch eine andere Entscheidung war endgültig gefallen: Uwe Seeler und Gerd Müller würden Seite an Seite stürmen, der Bundestrainer hatte es durchgesetzt, gegen viele Kritiker und oft auch gegen den objektiven Augenschein. Doch im letzten Spiel gegen Jugoslawien hatten die beiden recht gut harmoniert. Schön atmete auf.

Deutschland spielte in Leon, nahm Quartier im Hotel Balneario in Comanjilla, etwas außerhalb der Stadt. Der deutschstämmige Hausherr Harold Gabriel hatte viel getan, um der Mannschaft beste Voraussetzungen zu bieten. Wieder einmal bestätigte sich das organisatorische Talent der Deutschen beim DFB als die spezielle Fähigkeit, stets die bestmögliche Unterkunft zu finden.

Am 31. Mai setzte der Pfiff des deutschen Schiedsrichters Kurt Tschenscher im fernen Mexico City die 9. Fußball-Weltmeisterschaft in Gang. Natürlich saß die deutsche Elf vor den Fernseh-Geräten. Doch sie hatte ihre Freude nur am eigenen Landsmann. Tschenscher war bester Akteur dieses Spiels zwischen Mexiko und der UdSSR, das vor 100 000 Zuschauern im Aztekenstadion 0:0 endete.

Mexikos Präsident Gustavo Diaz Ordaz hatte das Turnier eröffnet, Riesentrauben bunter Luftballons stiegen hoch, Mariachis fiedelten, hübsche Mexikanerinnen trugen die Namensschilder der 16 Mannschaften ins Stadion, wo ein ohrenbetäubender Lärm losbrach, als die Teams der UdSSR und Mexikos in die grelle Sonnenglut hinaustraten.

Doch es war, wie ein deutscher Journalist schrieb, „viel Lärm um nichts". Das Spiel selbst bot herzlich wenig, ließ vor allem Angriffsgeist und Offensive vermissen. Es war eine Enttäuschung, auch von seiten der UdSSR, die sich damit begnügte, das eigene Tor abzuschirmen. Dennoch feierten Zehntausende am Abend auf dem Paseo de la Reforma das 0:0, als habe Mexiko die WM bereits gewonnen.

Die Befürchtungen, die an den enttäuschenden Auftakt geknüpft wurden, erfüllten sich erfreulicherweise nicht. Mexiko 1970 brachte die Rückkehr zum Angriffsfußball, trotz der Höhenlage, trotz der Hitze des Landes. Was sich in England angedeutet hatte, wurde fortgesetzt. Der Allround-Spieler triumphierte, es gab kaum noch reine Angriffs- und reine Abwehr-Spezialisten.

Der Fußball gewann seine Persönlichkeiten zurück. Pelé war wieder so groß wie einst, der Russe Schesternjew wurde ein Begriff, Riva aus Italien, der Peruaner Cubillas, Bobby Charlton, Beckenbauer und Gerd Müller schrieben die Geschichte dieser WM.

Der 12. Mann, der Auswechselspieler, kam zu hohen Ehren und großer Bedeutung. Drei Spiele mußten verlängert werden, davon war zweimal die deutsche Elf betroffen. Doch in Jürgen Grabowski, dem Frankfurter Flügelstürmer, besaß sie einen geradezu idealen Ersatzmann.

Das Tempo wurde zum wesentlichsten Kriterium. Keine Mannschaft vermochte unter diesen geographischen und klimatischen Bedingungen 90 oder gar 120 Minuten „voll" durchzuspielen. Alle Teams mußten Pausen

Viertelfinale Brasilien – Peru in Guadalajara. Rechts: Tostao, zweifacher Torschütze, freut sich über das 1:0 von Rivelino. Darunter: Rubinos rettet vor Jairzinho.

einlegen. Aber auch das wollte gekonnt sein.

Und schließlich fielen auch wieder Tore. Waren es 1962 in Chile nur noch 2,78 und 1966 in England nur noch 2,75 pro Spiel gewesen, so kamen die Statistiker diesmal auf 3,15. Insgesamt waren in den 32 Spielen 101 Treffer erzielt worden.

Mexiko 1970 geriet zum großen Fußball-Fest. Hohes spielerisches Niveau verband sich dank stimulierender Kulisse zu Eindrücken, die vor allem im Azteken-Stadion, einer wahren Fußball-Kathedrale, unvergeßliche Höhepunkte erreichten. Daß vier lateinamerikanische Teilnehmer unter die letzten acht kamen, beeinflußte das Turnier günstig. Es wurde, bei allem Einsatz, wieder mehr „gespielt".

Freilich dauerte es da und dort eine Weile, ehe das Spiel so lief wie erwartet. Der ČSSR gelang es sogar, bei ihrer Premiere gegen Brasilien in Führung zu gehen. Erst dann wirbelten die Angriffe des Ex-Weltmeisters, erst dann spielte Pelé auf wie der Dirigent eines meisterlichen Orchesters. Am Ende waren die Tschechen stehend k. o., Brasilien hatte 4:1 gewonnen.

In Rückstand geraten war auch die deutsche Mannschaft in ihrem ersten Spiel, und zwar gegen den krassen Außenseiter Marokko. Doch sie vermochte diesen Schönheitsfehler nicht auf so überzeugende Weise zu bereinigen wie Brasilien. Der magere 2:1-Sieg war eine moralische Niederlage, er gab den Kritikern Auftrieb, die Schön vor allem ankreideten, daß er Libuda nicht eingesetzt hatte.

Alles lief schief. Ein Fehler von Höttges gab Houmane die Chance zum 0:1. Der Außenseiter steigerte sich zu nie erreichter Leistung, der Favorit stolperte mühsam dem verlorenen Tor nach. Erst in der zweiten Halbzeit gelangen Uwe Seeler und Gerd Müller Ausgleich und Siegtor.

„Ein Gutes hatte dieses Spiel", sagte Uwe Seeler voller Sarkasmus, „schlechter geht es wirklich nicht mehr. Ab jetzt kann's nur noch aufwärts gehen."

Es ging aufwärts. Gegen Bulgarien war Libuda dabei, dafür fehlte Haller, der gegen Marokko so enttäuscht hatte. Zwar ging der Gegner auch diesmal wieder in Führung, doch es stand ihm eine andere deutsche Mannschaft gegenüber. Sie sah nicht einen Moment so aus, als könne sie dieses Spiel verlieren, auch nicht beim 0:1. Aus der Tiefe holte Uwe Seeler die Bälle für Gerd Müller, kamen Overaths Pässe, Beckenbauers Konter.

Und Libuda begann zu tanzen, enervierte die bulgarische Abwehr von Minute zu Minute mehr. Sein Ausgleichstreffer düpierte Torwart Simeonow, beim 2:1 gab er Müller die Vorlage, beim 3:1 durch Elfmeter war er es, den Gaganelow gefoult hatte, beim 5:1 durch Uwe Seeler kam der Freistoß von ihm. Nur das 4:1 erzielten Müller/Seeler im Duett ohne fremde Hilfe. Das Endergebnis lautete 5:2.

4:0 Punkte und 7:3 Tore für Deutschland – nach zwei Spielen. 4:0 Punkte und 6:2 Tore aber auch für Peru. Dieselbe Tor-Differenz also. Bei einem Unentschieden zwischen den beiden müßte nunmehr das Los entscheiden, wer als Gruppensieger im Viertelfinale „zu Hause" bleiben und wer als Zweiter nach Guadalajara fahren muß.

Das Los brauchte nicht bemüht zu werden. Deutschland schlug Peru 3:1, endlich einmal schoß die Mannschaft das erste Tor, natürlich durch Müller, fügte den konsternierten Peruanern auch noch ein zweites und drittes zu. Damit war das Spiel gelaufen, konnte sich die deutsche Mannschaft in der Kunst üben, einen Vorsprung über die Zeit zu bringen. Mit etwas Glück gelang es auch.

EN / Luckenwalder mit Vorbereitung auf WM in Florida

atja Popke startet bei den Weltmeisterschaften im Rettungsschwimmen in Florida als erste Sportlerin r DLRG Luckenwalde für den A-Kader der deutschen Nationalmannschaft. FOTO: PRIVAT

25fach optischer Zoom
USB-Webcam
6,35 LCD Farbmonit
Bildstabil
SONY VIDEO LENS/OPTICAL 25x
f=2.4-60mm 1:1.6 Ø37
Digital8
700x
DIGITAL ZOOM
OPTICAL 25x
555.-

Viertelfinale also in Leon, kein Umzug, keine neue Umgebung, keine neuen Betten, aber – England war der Gegner.

Die Briten hatten mit 2:1 Toren 4:2 Punkte gewonnen, die ČSSR und Rumänien je 1:0 besiegt und nur gegen Brasilien mit 0:1 verloren. Das Duell des Weltmeisters gegen seinen Vorgänger war der Höhepunkt dieser Vorrunde gewesen, 71 000 Zuschauer waren ins Jalisco-Stadion von Guadalajara gekommen, um Brasiliens Rache zu erleben.

England zeigte eine starke Leistung, besaß vor der Pause sogar leichte Vorteile, doch die größte Chance hatte Pelé mit einem schier unhaltbaren Kopfball. Daß Banks ihn dennoch hielt, muß eines der vielzitierten „Wunder" dieser WM gewesen sein.

Erst nach einer Stunde war Brasilien durch Jair zum Siegtor gekommen, und Alf Ramsey hatte seinem Kollegen Zagalo beim Abschied auf die Schulter geklopft: „im Finale sehen wir uns wieder."

Der Weg führte indessen über Leon. England kam im eigenen Bus, nahm Quartier im Hotel Estanzia, wo Bulgarien soeben ausgezogen war. Bobby Moore begrüßte Brigitte Beckenbauer am Swimming-pool, der Jet-Set des großen Fußballs traf sich bei einem großen Ereignis.

Helmut Schön hatte den Revanche-Aspekt weit von sich gewiesen. „Wir denken nicht an 1966", hatte er gesagt. Aber er konnte nicht verhindern, daß die Öffentlichkeit in diesem Spiel mehr sah als nur das Tauziehen um den Einzug ins Halbfinale. Wembley und das „dritte Tor" spukten noch in allen Köpfen, vor allem dort, wo man es am wenigsten vermutete. Während „BILD" seine Leser in der Lall-Sprache über den Ausgang informierte („Alemania – bum, bum, bum"), schlußfolgerte Leons größte Zeitung am anderen Tag instinktsicher: „La quenta e saldida" – die Rechnung ist beglichen.

Sie war es in der Tat. Eines der unglaublichsten Spiele der WM-Geschichte sah eine deutsche Mannschaft als Sieger, die länger als eine Stunde ohne Chance zu sein schien, kein Mittel gegen Englands Taktik fand, völlig zu Recht mit 0:2 im Rückstand lag.

Wann je hat eine englische Nationalelf einen 2:0-Vorsprung aus der Hand gegeben? In Leon tat sie es, mußte sie es. Alf Ramsey nahm Bobby Charlton heraus, wohl um ihn fürs Halbfinale zu schonen. Die Hitze war furchtbar, das Fernsehen hatte die unmenschlichen Anstoßzeiten diktiert: 12 Uhr mittags. Und Bobby war nicht mehr der Jüngste.

Kaum war er draußen, da schlug Franz Beckenbauers Schuß zum 2:1 hinter Bonetti ein. Vielleicht hätte Banks diesen Ball gehalten, doch der große Gordon lag krank im Bett. Montezumas Rache hatte ihn erwischt.

Das Schicksal nahm seinen Lauf. Uwe Seelers unglaublicher Kopfball überwand Bonetti zum zweiten Mal: 2:2. Dann ging es in die Verlängerung, Deutschland voll neuer Zuversicht, die Engländer ratlos zweifelnd, fast schon mutlos. Nach 109 Minuten versetzte Gerd Müller ihnen den Todesstoß.

Auch Uruguay hatte eine Verlängerung gebraucht, um unter die letzten vier zu kommen, wo nur Mannschaften versammelt waren, die den Titel schon einmal gewonnen hatten. In Mexico City hatte sich die UdSSR lange und zäh gewehrt. Erst in der 117. Minute fiel das Tor zum 1:0 für die Südamerikaner, und es war umstritten genug. Angeblich hatte sich der Ball im Aus befunden, ehe Cortes ihn erlief.

Das Spiel in Mexico City war schwach gewesen, das in Guadalajara geriet zum Fußball-Fest. Brasilien und Peru boten alles, was Südamerikas Fußball zu bieten hat. „Es geht leider nicht anders, ich muß meinen alten Freund Didi Ärger machen", hatte Pelé gesagt und bedauert, daß man „nicht erst im Finale" aufeinander treffe. Als die Partie vorbei war, von Brasilien mit 4:2 gewonnen, waren sich die Experten einig, den neuen Weltmeister gesehen zu haben.

Währenddessen traf einer der anderen Favoriten, Italien, auf Gastgeber Mexiko. Die Italiener hatten in der Vorrunde ein einziges Tor geschossen, aber vier Punkte gewonnen: 1:0 gegen Schweden, dann jeweils 0:0 gegen Israel (!) und Uruguay. Die Mexikaner waren in ihrer Gruppe Zweiter durch Losentscheid geworden denn von der UdSSR trennte sie weder Punkt-, noch Tor-Differenz.

Doch der zweite Platz bedeutete, daß die Mannschaft nach Toluca reisen mußte, gegen Italien. Man fuhr optimistisch, blieb es auch, denn Gonzales entfachte mit dem 1:0 ein Feuer

Italien gegen Mexiko in Toluca: Rivera (oben) schiebt den Ball zu Riva, der das 2:1 besorgt und später auch das 4:1 (links), das Italien für die Vorschlußrunde qualifiziert.

Viertelfinale Uruguay – UdSSR in Mexico-City. Rechts: Mazurkiewicz angelt sich mit größter Anstrengung eine Flanke von rechts. Unten: UdSSR-Keeper Kawazaschwilij in Not – erst in der 118. Minute wird er bezwungen.

wilder Begeisterung im ganzen Land. Doch es erlosch ebenso schnell, wie es aufgeflackert war. Guzman fälschte einen harmlosen Schuß Domenghinis ins eigene Tor ab. Von da an war Mexikos Mannschaft nicht mehr vorhanden. Italien gewann 4:1.

Das Halbfinale trennte Europa von Südamerika. In Mexico City spielte Deutschland gegen Italien, in Guadalajara Brasilien gegen Uruguay.

Es dauerte lange, ehe der WM-Favorit seinen alten südamerikanischen Rivalen, den Endspiel-Gegner von 1950, in den Griff bekam. Cubilla hatte die „Urus“ in Führung gebracht, erst Sekunden vor der Pause kam Clodoaldo zum glücklichen Ausgleich. Uruguays Abwehr stand wie ein Block, sie zählte zu den besten des Turniers und sie kapitulierte vor der brasilianischen Mittelfeld-Überlegenheit auch erst eine Viertelstunde vor Schluß. Jair und Rivelino schossen den Favoriten ins Finale.

In Mexico City ließ die Entscheidung noch länger auf sich warten. Das Spiel zwischen Italien und Deutschland geriet zu einem beispiellosen Drama. Boninsegna hatte ein frühes Tor erzielt, dem die deutsche Elf, die immer besser wurde, buchstäblich bis über die Spielzeit hinaus nachlief. Schiedsrichter Yamasaki, der Uwe Seeler zumindest einen Foulelfmeter versagte, kompensierte die Fehlentscheidung durch Zugabe von zwei Minuten auf Grund des italienischen Zeitschindens. Ausgerechnet Schnellinger, der „Italo-Deutsche“, nutzt die Chance. In der 92. Minute segelte er wie ein weißer Reiher in einen Querpaß Grabowskis: 1:1 – Verlängerung!

Das Stadion tobte, zumal Müller die Deutschen jetzt sogar in Führung brachte. Ganz langsam rollte sein Ball über die Linie, aber er rollte. War das die Wende?

Das Drama strebte seinem Höhepunkt zu. Ein Fehler von Held gestattete Burgnich den Ausgleich: 2:2. Beide Mannschaften stürmten mit allem, was sie hatten. Nur die Torhüter blieben, wo sie waren. Völlig ungedeckt kam Riva zum Schuß: 3:2 für Italien!

Doch noch einmal war Müller da. Sein Kopfball zum 3:3 flog zwischen Albertosi und Rivera hindurch, und verzweifelt biß Italiens Torwart ins Netz. Dann, eine Minute später, war alles entschieden. Rivera kam aus kurzer Distanz freistehend zum Schuß. 4:3.

Man war sich einig, einem der größten, packendsten und dramatischsten Spiele der WM-Geschichte beigewohnt zu haben. Offensivgeist hatte auf beiden Seiten taktische Erwägungen hinweggefegt. Der Vorwurf an die deutsche Elf und ihren Trainer, nach der 2:1-Führung nicht klüger verteidigt zu haben, hätte – für die normale Spielzeit – ebenso die Italiener treffen können. Mexikos Presse scherte sich nicht darum. Sie schrieb vom „Duell der Titanen“.

Immerhin, nicht Deutschland, sondern Italien stand mit Brasilien im Finale. Die Deutschen, vor vier Jahren Zweiter, hatten nur noch die Chance auf den dritten Platz. Sie wahrten sie und schlugen Uruguay mit 1:0, diesmal vom Glück profitierend, das gegen Italien gefehlt hatte.

Zwei schwere Spiele mit Verlängerung waren nicht spurlos an der deutschen Elf vorübergegangen. Franz Beckenbauer war nicht mehr einsatzfähig, auch Schulz war am Ende. Zudem gab Schön seinem zweiten Torwart, Horst Wolter, die Chance, auch einmal zu spielen. Sicher wäre es klüger gewesen, den hart strapazierten Uwe Seeler ebenso zu ersetzen, doch Schön ist nicht der kalte Stratege, der seinen verdienten Kapitän am Ende einer langen Karriere sang- und klanglos in den Ruhestand versetzt.

Tore für Uruguay (oben durch Cubilla) und Brasilien (darunter durch Clodoaldo zum 1:1). Danach geben die Brasilianer den Ton an, gewinnen 3:1, worüber sich Pelé zusammen mit Clodoaldo freut (links), und stehen im Endspiel.

Immerhin – es reichte gegen eine sehr harte, meist überlegen spielende uruguayische Elf zum glücklichen 1:0. Overath schoß das Tor nach 27 Minuten. Es war sein einziger Treffer in Mexiko.

Vor dem deutschen Tor gab es Szenen unglaublicher Turbulenz. Wolter irrte oftmals durch den Torraum, als müsse er einen Sack Flöhe hüten, ohne ihn zubinden zu können. Schulz und Beckenbauer wurden arg vermißt, doch die Herren Cubilla und Morales vermochten mit den besten Gelegenheiten nichts anzufangen.

Mit der Fahne Mexikos in den Händen liefen Deutschlands Spieler eine Ehrenrunde, verabschiedet vom brau-

Der Braunschweiger Wolter erhält im Spiel um den dritten Platz gegen Uruguay eine Chance und bewährt sich nicht nur bei diesem uruguayischen Angriff (unten). Rechts: So fällt der einzige Treffer der Begegnung. Overath ist der Torschütze – Mazurkiewicz der geschlagene Torhüter.

Rangliste der Torschützen

32 Spiele – 95 Tore

10 Tore	Müller (Deutschland)
7 Tore	Jairzinho (Brasilien)
5 Tore	Cubillas (Peru)
4 Tore	Pelé (Brasilien)
3 Tore	Bischowez (UdSSR)
	Riva (Italien)
	Rivelino (Brasilien)
	Seeler (Deutschland)
2 Tore	Boninsegna (Italien)
	Domenghini (Italien)
	Dumitrache (Rumänien)
	Gallardo (Peru)
	Lambert (Belgien)
	Petras (Tschechoslowakei)
	Rivera (Italien)
	Tostao (Brasilien)
	Valdivia (Mexiko)
	Van Moer (Belgien)
1 Tor	37 weitere Spieler

senden Beifall der riesigen Arena. Für sie war die WM zu Ende.

Für Brasilien und Italien noch nicht, und natürlich saßen die deutschen Spieler einen Tag später wieder im Stadion. Sie wollten vor allem sehen, wie groß ihre eigene Chance gewesen wäre, den Titel zu gewinnen.

Das Finale begann unter grauem Himmel, doch das Estadio Azteka prangte bunt und knallvoll wie zu Beginn. Wieder stiegen Luftballons in den Himmel, knallten Böllerschüsse, regneten Konfetti herab. 110 000 Menschen drängten sich, die Millionäre in ihren luxuriösen, für ein ganzes Jahrhundert gemieteten Logen ebenso wie die namenlosen Ninos, die kleinen Jungen, die den Ordnern durch die Beine schlüpften.

Acht Pfund Gold waren der Lohn für den Weltmeister, acht Pfund, die die FIFA diesmal endgültig abschreiben mußte. Denn in ihren Satzungen heißt es, daß der dreimalige Gewinn der Coupe Jules Rimet dazu berechtigt, sie für immer zu behalten. Italien und Brasilien hatten die Trophäe aber bereits je zweimal gewonnen.

Natürlich stand das Stadion, stand das ganze Land hinter Brasilien, prägte das „Brasil, Brasil!" die Stimmung im Aztekenstadion. Die wenigen italienischen Schlachtenbummler waren wie Tränen im Ozean.

Zu Hause, in Rom, hatte eine gespannte Menge am Morgen auf dem Petersplatz gewartet, wo der Papst seinen Sonntagssegen erteilte. Man hoffte, er würde Gottes Hilfe auch auf die elf Männer im fernen Mexiko herniederflehen. Doch Paul VI. vermied die Stellungnahme im großen Fußball-Wettstreit zweier katholischer Völker.

Vielleicht glaubte er auch, der liebe Gott verstehe genug vom Fußball, um die richtige Seite Weltmeister werden zu lassen. Wenn das so ist, hatte Italien doppelten Grund zur Trauer.

Das Finale 1970 ist oft als „nicht groß" bezeichnet worden. Gewiß entbehrte es der Dramatik des Halbfinals zwischen Deutschland und Italien, gewiß war es auch nicht so durchgehend temporeich und hochklassig wie die Spiele Brasiliens gegen England oder Peru. Doch zumindest der neue Weltmeister brauchte sich nicht den Vorwurf zu machen, nur eine letzte Prüfung absolviert zu haben.

Brasilien spielte so gut, so überlegen, so souverän wie 1958. Gewiß waren einige Akzente verschnörkelter Schönheit zweckmäßigem Steilpaß gewichen, gewiß verrieten alle Spieler mehr athletische Physis als damals. Doch im Gegensatz zu 1966 zum Beispiel, als er unter dem hypnotischen Zwang seiner Rolle einen sinnlosen Opfergang ging, war Pelé diesmal nicht mehr alleiniger Schlüssel für Erfolg oder Mißerfolg. Gerson und Tostao standen neben ihm, gleichwertig, gleichberechtigt.

Pelés schwarzer Krauskopf besorgte das 1:0, ein dummer Abwehrfehler gestattete Italien den Ausgleich. Doch es war nur eine Frage der Zeit, wann Brasilien nach dem Wechsel die Rechnung glattstellen würde. Pelé war überall und nirgends, Jair rochierte wider alle Berechnungen, Carlos Alberto stieß in die freien Räume. Die Tore fielen wie vorausberechnet.

Das 4:1 stürzte Brasilien, stürzte auch Mexiko in einen Freudentaumel. Auf deutscher Seite regte es die Frage an, ob die deutsche Mannschaft im Finale nicht besser ausgesehen hätte als Italien. Sie war nicht zu beantworten. Fußball ist ein Spiel von Realitäten.

Die deutsche Mannschaft, die zwei der erregendsten Spiele dieser Weltmeisterschaft geliefert hat, verabschiedet sich nach dem Sieg über Uruguay von ihrem mexikanischen Publikum.

Müller

Wahrscheinlich wird Gerd Müller als größter Tore-Produzent in die deutsche Fußball-Geschichte eingehen. Tore haben ihn berühmt und reich gemacht. Bisweilen hat er auch von seinen Toren gesungen oder sie in der Werbebranche mit irgendwelchen Konsum-Gütern in Verbindung gebracht. Das ist nicht verwunderlich, denn im Leben des Gerd Müller dreht sich nun einmal alles um Tore. Sie sind seine Existenz-Grundlage. Wer das Phänomen Gerd Müller analysieren will, tut das deshalb am besten auch an seinen Toren.

Tatsächlich stößt man dabei unweigerlich auf ein paar Ungereimtheiten, die man nur zu gerne unbesonnen nachplappert. Das ist einerseits die Legende vom „Bomber der Nation" und andererseits die Behauptung, Müller sei ein wenig fußballtechnisch begabter „Abstauber".

Nun ist die Bezeichnung „Bomber" mit ihrer martialischen Grundbedeutung im Sport ohnehin schon ein wenig zweifelhaft, aber da sie wohl aus der Fußball-Sprache doch nicht mehr wegzudenken ist, scheint, zumindest was den Torjäger Müller angeht, eine Korrektur angebracht. „Bomber" sichern sich ihren Ruf durch knallharte Schüsse aus der zweiten Reihe, durch Freistoß-Tore von außerhalb des Strafraums. Das sind genau die Aktionen, die man von Gerd Müller so gut wie nie sieht.

So bezeichnete auch Helmut Schön, der das Spiel und die Wirkungsweise Müllers wohl am besten von allen begreift und in Szene setzen kann, den stämmigen Bayern als „Mann der kleinen Tore". Damit kommen wir vom falschen Nimbus zum gleichfalls unrichtigen Vorwurf mäßiger Begabung: Gerade die „kleinen" Tore verlangen oft eine Filigran-Arbeit mit dem Ball am Fuß, die nur ein technisch voll ausgereifter Spieler im Strafraum mit Erfolg krönen kann.

Müller ist ein Meister in der Ballbehandlung auf kleinstem Raum. Seine dynamische und doch rationelle Körperbeherrschung und sein Ballgefühl haben ihn zum Fußballer der Weltklasse gemacht, nicht sein sprichwörtlicher Tor-Riecher. Denn der „Tor-Riecher" besteht bei Müller nicht alleine aus Instinkt, sondern vielmehr aus unermüdlichem Anbieten, Freistellen und Einsatz auch bei scheinbar nicht vorhandener Chance.

Sicher, Müller ist nur im begrenzten Maße ein Mitspieler. Er ist in erster Linie Anspielpunkt, und deshalb wirkt er mitunter bei seinen wenigen Aktionen im Mittelfeld etwas unbeholfen. Ein unbedingt im Spielaufbau intensiv mitdenkender Spieler ist Müller nicht, aber gerade das wird letzten Endes der Schlüssel zu seinen Tor-Erfolgen sein: Die Chance erkennen und ohne langes Überlegen das Richtige tun, das ist Müllers Stärke, und die ist angeboren.

Mit 197 Toren in einer Saison ließ er diese Fähigkeit schon als Jugend-Spieler erkennen, als er noch für seinen Heimat-Verein TSV Nördlingen kickte. Das war mit 16. Zwei Jahre später kam er zu dem damals noch in der Regionalliga spielenden FC Bayern nach München. Tschik Cajkovski, dessen Lieblingsschüler Müller später werden sollte, wußte zunächst nicht, was er mit dem pummeligen Teenager anstellen sollte, und zweifelte ernsthaft an seinem Fortkommen.

Doch tatsächlich vollzog sich mit den Toren des Gerd Müller der Aufstieg des FC Bayern zur Spitzenmannschaft der Bundesliga. Er steuerte seine Tore in reicher Zahl zu drei Meisterschaften, vier Pokalsiegen und dem Europa-Pokal der Pokalsieger bei. Ehrungen sind für den Schützenkönig Gewohnheit geworden.

Kein Wunder also, daß dieser Gerd Müller auch für die National-Mannschaft mehr und mehr von Bedeutung wurde. Doch die Sicherung seiner Position war nicht so einfach, denn im Sturm der National-Elf stand, als es galt, die bundesdeutsche Fußball-Vertretung für das WM-Turnier 1970 zu rüsten, noch immer der große alte Mann des deutschen Fußballs: Uwe Seeler. Auf Seeler konnte und auf Müller wollte der Bundestrainer nicht verzichten, dennoch nagte in ihm der Zweifel, ob ein Nebeneinander dieser beiden Vollblutstürmer möglich sei. Es war möglich, und so zeigten die mexikanischen Fußball-Tage eine Art Paradoxon. Einen alten Müller und einen vollkommen neuen Uwe Seeler, der sich für seinen jüngeren Nachfolger als Ballschlepper, Zulieferant und Köder für die gegnerische Abwehr abmühte und den eigenen Torhunger zugunsten des anderen unterdrückte. So resultierten viele der entscheidenden Tore aus dieser anfangs nicht für möglich gehaltenen Harmonie. Müller-Tore brachten die Bundesrepublik auf Platz drei.

Über Nacht war aus der kontinentalen Fußball-Berühmtheit Gerd Müller ein Weltstar geworden, der mit seinen zehn WM-Toren nicht nur Schützenkönig dieses Turniers wurde, sondern mit seiner Leistung in der Torschützen-Rangliste aller WM-Turniere an dritter Stelle hinter Fontaine und Kocsis steht.

Sicher war die Fußball-Weltmeisterschaft noch längst nicht Müllers Karriere-Höhepunkt. Zwei Jahre später bewies er bei der Fußball-Europa-Meisterschaft, daß er in der National-Mannschaft zum unentbehrlichen Mann geworden war, denn seine Tore sorgten für den größten Triumph einer deutschen National-Mannschaft seit dem Weltmeisterschafts-Sieg 1954 in Bern.

Weltmeisterschaft 1970

Mexikanischer Mariachi

MARTINI & ROSSI
ENO
ENO
ENO
Gillette

Nº JUGADOR

Viertelfinale Deutschland – England.
Oben: Peters kann Beckenbauer nicht aufhalten. Unten: Jubel über das 2:2.
Rechts: Müller hat zugeschlagen.
Es steht 3:2 – die deutsche Elf ist in der Vorschlußrunde.

ENO
SAL DE FRUTA
ENO

Vorschlußrunde Italien – Deutschland. Links: Müllers Hexenritt im italienischen Torraum auf dem Knie von Torhüter Albertosi. Unten: Uwe Seeler treibt seine Kameraden an. Der Endspurt führt in die Verlängerung

Weltmeisterschaft 1970

Vorschlußrunde Italien – Deutschland. Links: Uwe Seeler im Zweikampf mit Facchetti. Rechts: Schnellinger hat mit einem Tor in der 90. Minute den Ausgleich und damit die Verlängerung erzwungen. Unten: Tor durch Müller – es steht 3:2. Aber Rivera entscheidet das Spiel mit einem Treffer in der 110. Minute.

COLOR TV

Endspiel Brasilien – Italien. Der Einsatz ist hoch, und der Kampf ist hart. Die versöhnende Geste bleibt dennoch selten aus.

Weltmeisterschaft 1970

Endspiel Brasilien – Italien. Erfrischende Dusche für den Fußball-König, für Edson Arantes do Nascimento, genannt Pelé, dessen Elf zum dritten Male Weltmeister wird.

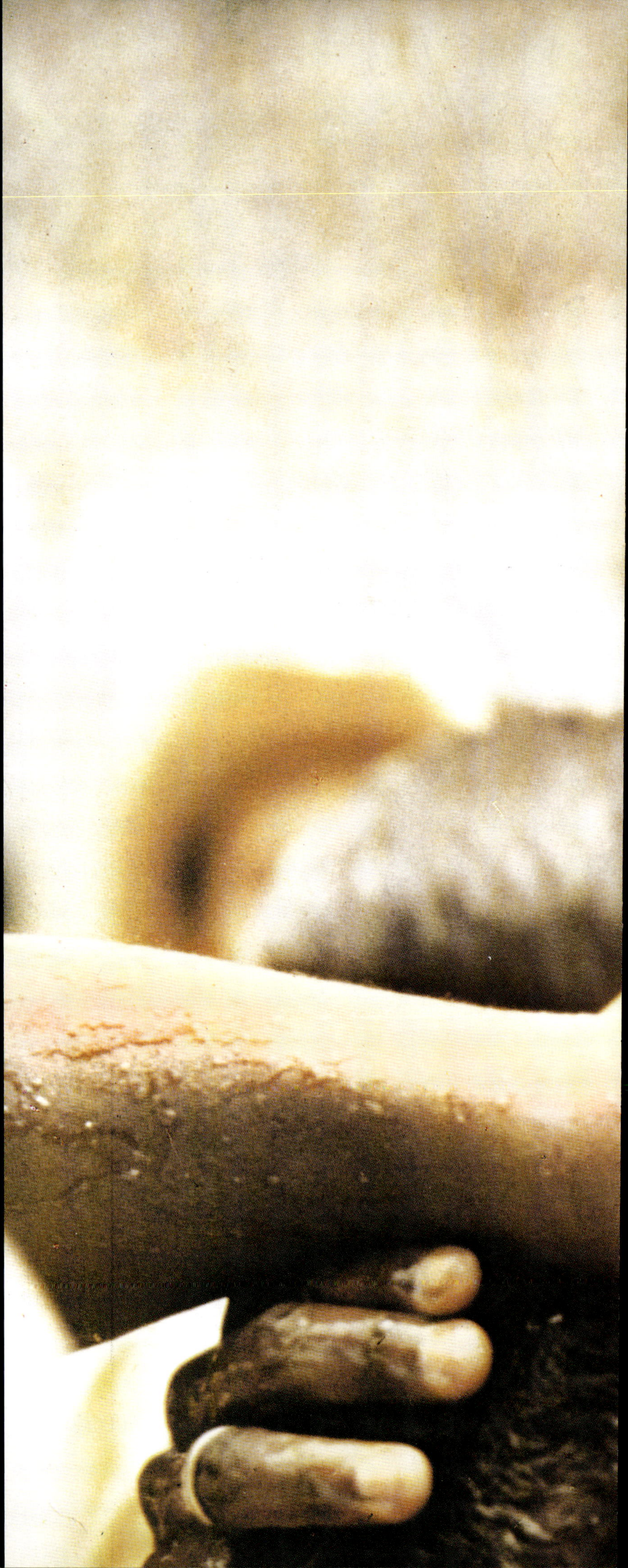

Endspiel Brasilien – Italien. Oben: So fällt das entscheidende Tor. Jairzinho läßt nach dem Paß von Pelé seinen Gegenspieler Facchetti aussteigen und läuft mit dem Ball ins Tor. Begeistert dreht der Torschütze ab, und Pelé macht Freudensprünge (rechts). Unten: Das 4:1 durch Carlos Alberto.

EXCELSIOR
Pelikan
ARTICULOS PARA ESCOLARES

WM 1974 in Deutschland

In einem kleinen Dorf der Eifel, 45 Kilometer südwestlich von Bonn, sagte der Tankwart am Vormittag des 7. Juli 1974 zu einem Kunden: „Wenn die Käseköppe heute gewinnen, bekommt morgen kein Holländer von mir Benzin."

In einer Kölner Kneipe gerieten, ungefähr zur gleichen Zeit, ein Holländer und ein Deutscher in Streit. Die Auseinandersetzung über das bevorstehende Finale endete abrupt, weil der Deutsche dem Holländer ein Glas Bier ins Gesicht schüttete.

Am Tag vor dem Endspiel teilte ein Münchner Taxifahrer seine Hoffnungen für das große Spiel folgendermaßen mit: „Wir müssen gewinnen, denn die Holländer konnte ich noch nie leiden."

Am Vorabend des Finales tröstete Außenminister Genscher alle Deutschen. An dritter Stelle der Nachrichten meldete der Bayrische Rundfunk: „Bei seiner Ankunft in München äußerte sich Bundesaußenminister Hans-Dietrich Genscher zuversichtlich über den Ausgang des Endspiels. Ich denke, daß wir gewinnen, sagte Genscher."

Am Abend desselben Tages mißriet Bundeskanzler Schmidt die Reduzierung des Ereignisses auf das Normalmaß. Der Kanzler gab seiner Hoffnung Ausdruck, daß fair gespielt werden möge. „Denn es ist ja kein Krieg", sagte Schmidt.

Derart auf höchste politische Ebene gehievt und in die Nachbarschaft bewaffneter Auseinandersetzung gerückt, hockte der Fußball wieder mal auf dem Platz, der ihm gebührt: Ventil für nationale und nationalistische Emotionen, Gegenstand landsmannschaftlicher Antipathien, Vehikel für patriotische Selbstbestätigung und auslösender Funke weniger guter oder schlechter Erinnerungen.

Fußball stand mindestens 48 Stunden lang für alles, was es gibt zwischen Deutschland und Holland, für die zu teure Butter, für den verregneten Urlaub in Katwijk, für die Unfreundlichkeit der Käsefrau in Volendaam, die den Touristen aus Wanne-Eickel fortschickt: Deutsche werden bei mir nicht bedient. Er stand für allen Ärger, den Nachbarn miteinander haben können, wenn sie gemeinsam, miteinander und gegeneinander, manches durchgemacht haben in den Zeitläuften der Geschichte.

Am Tag nach dem Finale, nach dem 2:1-Sieg der deutschen Mannschaft, druckte „Bild" den kürzesten Kommentar der Zeitungsgeschichte. Unter der zweizeiligen Überschrift „Deutschland ist Weltmeister" standen genau 24 Buchstaben: „Wir sind sprachlos vor Glück."

Kommentar ist freilich nicht die richtige Bezeichnung für dieses Produkt journalistischer Arbeit. Es war vielmehr Konzentrat all jener Emotionen, von denen die Deutschen nun erfaßt wurden, Kurzformel für all die vielschichtigen Gefühle, die das Volk nun in jenen Himmel trugen, den man den siebten nennt.

Auf der Münchener Leopoldstraße tanzten die Menschen, es war Fasching. Bikini-Mädchen schwirrten durch die Nacht und küßten, was zu küssen war. Die Kneipen der Nation, Kommunikations-Zentren des Volkes und den Einheimischen von gleicher Bedeutung wie den Gastarbeitern die Bahnhofshallen, waren voll von Rauch und Bierdunst und Menschen, die bis zum letzten Tropfen einen Triumph feierten.

Einen Triumph, den sie für ihren eigenen, ganz persönlichen hielten. Alle hatten sie mitgekämpft und mitgefochten, mitgespielt und mitgezittert. Alle waren sie Weltmeister, wie Beckenbauer und Müller, wie Overath und Bonhof, wie Grabowski und Hölzenbein. Und allen taten noch die Hände weh von den Schüssen, die Sepp Maier zu halten hatte.

Die Identifikation von sechzig Millionen Menschen mit elf jungen Männern war wieder völlig und lückenlos vollzo-

Weltmeisterschaft 1974 – Der Verlauf des Turniers

1. Finalrunde	2. Finalrunde	Endspiel	Um den dritten Platz
Gruppe 1			
1. DDR			
2. Deutschland			
3. Chile	**Gruppe A**		
4. Australien	1. Niederlande		
Gruppe 2	2. Brasilien		
1. Jugoslawien	3. DDR		
2. Brasilien	4. Argentinien		
3. Schottland			
4. Zaire		Deutschland 2	Polen 1
Gruppe 3		Niederlande 1	Brasilien 0
1. Niederlande			
2. Schweden			
3. Bulgarien	**Gruppe B**		
4. Uruguay	1. Deutschland		
Gruppe 4	2. Polen		
1. Polen	3. Schweden		
2. Argentinien	4. Jugoslawien		
3. Italien			
4. Haiti			

gen. Beinahe so wie 1954, als eine andere deutsche Mannschaft zum ersten Male den Titel eines Weltmeisters gewonnen hatte.

Es war freilich eine ganz andere Weltmeisterschaft gewesen, anders als in Mexiko, anders als in England 1966 und gewiß ganz anders als 1954 in der Schweiz.

Es war eine Weltmeisterschaft, die vom Millionen-Publikum am Anfang nur aus großer Distanz genossen wurde. Keineswegs „wie ein Mann" standen die Bundesdeutschen hinter ihrem Team und den Jubel für ihre eigene und die anderen Mannschaften hielten sie in Grenzen. Die Weltmeisterschaft begann äußerst kühl, verhalten, auf den Rängen der Stadien schäumte nicht das Temperament wie in Mexiko, der Fanatismus gewann nur sehr unterschwellig Raum. Man war eher blasiert als begeistert, man runzelte die Stirn, statt ins Horn zu stoßen. Das mochte vielerlei Gründe haben.

Die zehnte Weltmeisterschaft war mit einem unvorstellbaren Aufwand sämtlicher Massen-Medien vorbereitet und angekurbelt worden. Das Fernsehen malträtierte seine Zuschauer, Zeitungen, Zeitschriften, Magazine übergossen den schwarzweißen Ball mit Hektolitern von Druckerschwärze, noch ehe er seine erste Umdrehung machte. Die Werbung, die kostenlos für die Weltmeisterschaft – ein Geschäftsunternehmen ohne Beispiel – betrieben wurde, besaß den Wert von vielen Millionen. Als das erste Spiel begann, waren die potentiellen Zuschauer schon satt, die Weltmeisterschaft lag ihnen im Magen wie ein Stein, ihre Vorfreude war überreizt, und außerdem hatte man ihnen zu lange und zu oft eingeredet, keine andere als ihre eigene Mannschaft könne und werde den Titel gewinnen.

Es war etwas entstanden, was man den „Na-und-Effekt" nennen könnte. Na und, was soll das Ganze, wir gewinnen und damit basta.

Es bedurfte also der Enttäuschungen, um neue Reize zu wecken, um die Sache wieder schmackhaft und pikant zu machen. Und diese Enttäuschungen wurden schließlich geliefert von den bundesdeutschen Stars.

Kühl ging es in den Stadien noch aus anderem Grunde zu. Monatelang nämlich war den Menschen eingeredet worden, daß sie sich brav und sittsam zu benehmen hätten. Sie dürften wohl schreien und sich freuen, aber schon das Schwenken großer Fahnen war verboten. Freude sollte gleichsam nur gebremst schäumen, Taschen sollten an den Eingängen der Arenen untersucht werden. Offiziell herausgegebene Richtlinien für das Filzen des Millionenvolkes: schon ausgebeulte Hosentaschen erwecken unser Mißtrauen.

Das Alibi lieferte die angebliche Bedrohung des Spektakels durch Terroristen sämtlicher Couleur. Eine Wiederholung des Attentats von München und des Blutbades von Fürstenfeldbruck fürchtend, hatten die Macher der Weltmeisterschaft ihr Schauspiel durchsetzt mit Polizisten, Soldaten, Bewaffneten und Geheimdienstlern. Starfighter und Scharfschützen stünden bereit, wurde vorher, drohend und warnend zugleich, mitgeteilt. Die lobenswerte Sicherung der Stadien und Stars hatte freilich auch ihre negativen Folgen.

Denn der Fußball-Fan müßte schon sehr gefühllos, dickhäutig und hartherzig sein, fände er in einem Stadion, das von Waffen und Uniformen starrt, in dem es mehr Pistolen als heiße Würstchen gibt, die wahre Freude. Die Menschen mußten sich erst gewöhnen an den Zustand, daß Fußballspiele ebenso des Militärs bedürfen wie der Schiedsrichter, daß man unablässig in die schwarzen Mündungslöcher von Feuerwaffen schauen muß, wenn man das Live-Erlebnis dem Bildschirm vorziehen will. Dieses Live-Erlebnis war ohnehin nicht mehr vonnöten. Denn die Mattscheibe vermittelte den WM-Fußball so umfangreich, lückenlos und hautnah, daß es jedermann überflüssig erscheinen mußte, sich in die Stadien zu begeben. Zum ersten Male nämlich war eine Fußball-Weltmeisterschaft hauptsächlich ausgerichtet für das Fernsehen und nicht für den Mann im Stadi-

Weltmeisterschaft – total vermarktet: Es gab fast nichts, das sich nicht mit der WM in Zusammenhang bringen und verkaufen ließ. Selbst auf Damenunterwäsche waren Tip und Tap, die Symbolfiguren des WM-Spektakels, zu finden (oben). Sicherheit wurde groß geschrieben – zwei Jahre nach dem Terroristen-Überfall in München wollte niemand ein Risiko eingehen: Polizisten überall. Und natürlich war die Prominenz zahlreich zur Stelle, unten: Prinz Bernhard der Niederlande (links) und der deutsche Bundespräsident Walter Scheel beim Endspiel.

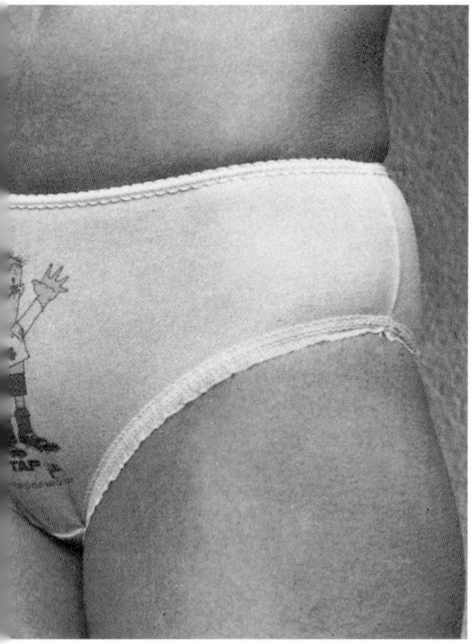

on. Sechs Kameras in den besten Positionen rund um jedes Spielfeld vermittelten das totale Erlebnis und perspektivische Verzerrungen, die eine exakte Bewertung des Spiels grundsätzlich nicht erlauben, wurden kaschiert durch die mehrfache Wiederholung all jener Szenen, die für den Zuschauer interessant erscheinen und am Bildschirm ohnehin besser auszumachen sind als von der Tribüne aus.

Wer zu Hause geblieben war, hatte die Tore und die Fouls, die Elfmeter und die Szenen am Rande, hatte die Trainerbank und den Schiedsrichter besser gesehen und erlebt als jener, der beschwerlich gereist war und erklecklich bezahlt hatte.

Trotz des Honorars, das die Fernseh-Anstalten der Welt dem internationalen Fußball-Verband, der FIFA, bezahlten,

taten sie den Lieferanten der abend- und morgenfüllenden Schau einen schlechten Dienst. Sie betrieben handfeste Eigenwerbung für ihren Fußball-Service, und die deutschen Moderatoren wurden dem Fußball-Bund zum nicht geringen Ärgernis: Wenn Sie nicht unbedingt hingehen wollen, bleiben Sie bei uns, denn mit uns sind Sie dabei. Derart verbindlich lächelten sie vom Bildschirm herunter, und die Zuschauerzahlen sanken.

Jedenfalls brachte die Fußball-Weltmeisterschaft 1974 den Sport jener Fiktion näher, die erzählt von leeren, totenstillen, friedhofsgleichen Stadien, in denen sich nichts bewegt als die zwei Mannschaften, und TV-Kameras wie Zyklopen-Augen das Gelände bestreichen. Es ist nicht mehr weit und nicht mehr lange bis zu diesem Trauma. Denn dann wäre auch das garantiert, was jetzt trotz aller Waffen und Soldaten, trotz aller Polizisten und Spezialisten nicht erreicht wurde: die absolute Sicherung der Athleten, ihre Abschirmung vor jedem Zugriff und ihren Entzug von jeglicher Berührung mit der Außenwelt.

Die vollsterilisierte WM war offenbar nicht mehr fern, das hat die zehnte WM angedeutet. Denn ihre Mannschaften lebten hinter Zäunen und Stacheldraht, hinter Bretterwänden und Sperrgittern, hinter Polizei-Kordons und verrammelten Hoteltüren.

Geschäftlich und finanziell wurde alles ausgeschlachtet bei dieser Weltmeisterschaft, was sich eignete zum Geldmachen. Hermann Neuberger, Chef des Organisations-Komitees, hatte früh genug allen, die sich auf diesem Gelände tummeln wollten, einen sogenannten Persilschein ausgestellt.

Mit dem Hinweis auf die Finanzierung der Olympischen Spiele aus Steuermitteln erklärte Neuberger dem Volke den besonderen Status der Fußball-Weltmeisterschaft. Die WM, so pflegte er zu betonen, müsse sich selber tragen, und dies stelle sie gleichsam unter eine außergewöhnliche Gesetzmäßigkeit. Mit demselben Eifer jedoch, wie Neuberger seine Geisteskinder Tip und Tap unters Volk brachte, wie er Geld aus den Werbeflächen in den Stadien schlug, wie er mit den TV-Gesellschaften feilschte und wie er alles zu Geld machte, was sich dazu eignete, mit demselben Eifer stiegen auch die Stars in das lukrative Geschäft.

In den Camps der Mannschaften war vor dem Start und während der ersten Runde hauptsächlich vom Geld die Rede. Siegprämien und Zuwendungen von den Schuhfabriken, Honorar für Fotos und Interviews, Geld für das Tragen bestimmter Trainingsanzüge und bestimmter Trikots. Es wurde gekauft und verkauft, es wurde gehandelt und gezahlt, daß solchen Funktionären, die nach Franz Beckenbauers Ansicht „nicht Schritt gehalten haben mit unserer Zeit", der Mund offenblieb.

Es war deshalb geradezu Ironie eines Funktionärs-Schicksals, daß auch Neuberger in diesem fatalen Strudel schwimmen mußte. Die Stars der deutschen Elf verlangten, einig und geschlossen bis zum 22. Mann, 100 000 Mark pro Kopf für den Fall, daß sie den Titel gewännen. In einer langen Nacht betrieben sie Fingerhakeln mit dem DFB, der sich in den Fängen einer Maf-

Die Männer der bitteren Enttäuschung für die Nationalelf der Bundesrepublik im Spiel gegen die DDR: Jürgen Sparwasser ist durchgebrochen, Höttges ist schon ausgespielt, Vogts kommt zu spät und besieht sich in der Rolle des begossenen Pudels (unten) den Ball im Tor. Die DDR-Spieler haben verständlicherweise viel Spaß an diesem 1:0 – bei dem es bis zum bitteren Ende bleibt.

fia wähnte, weil er versäumt hatte zu bemerken, daß die Spieler nicht tatenlos zuschauen wollten, derweil sich der Verband bei der WM die Taschen füllte.

Die Einigung auf 60 000 Mark pro Mann für den Titel-Gewinn erschien nur oberflächlichen Beobachtern als Kompromiß. In Wirklichkeit hatte der Fußball-Bund eine ebenso schmerzliche wie schmerzhafte und außerdem sehr folgenschwere Niederlage erlitten. Und auch das gehört zu den bemerkenswerten Erkenntnissen dieser Weltmeisterschaft.

In der Bundesrepublik, wo der Fußball-Bund seinem Volke immer noch vorspiegelte, die Stars zögen in amateurhafter Freude und glückhafter Erfüllung ihrer Jungen-Träume das Trikot der ruhmreichen und traditionsschwangeren Nationalelf an, war plötzlich auch dort eiskalter Professionalismus festzustellen, wo bisher das Feld der Ehre und des vaterländischen Ruhms gewesen war.

Eine Ära ging zu Ende. Jetzt herrschte Ehrlichkeit. Und die Wehmut darüber wurde gemildert durch die offene und zum Teil schamlose Demonstration cleverer Geschäftemacherei, die offiziell betrieben wurde. Die Eröffnungsfeier der Weltmeisterschaft in Frankfurt, bei der Bundespräsident Gustav Heinemann sprach, wurde von Pepsi Cola bezahlt, und die amerikanische Firma verlangte dafür entsprechende Werbung.

Weil der Stadionsprecher angewiesen war, den Namen der Firma geschickt unter seine Ansage zu mischen, drohte das Fernsehen mit dem Boykott der Feier. Der Kompromiß: der Sprecher erwähnte die Firma nicht, dafür erschien der Name auf der elektronischen Anzeigetafel, und die Kameras schwenkten verschämt zur Seite.

Bei der Schlußfeier in München wurde auf beinahe makabre Weise „Einmarsch der Nationen“ nach olympischem Muster imitiert.

Stellvertretend für die zum Teil schon abgereisten Mannschaften ließ das Organisations-Komitee die Armada jener buntscheckigen Omnibusse über die Tartanbahn rollen, die während der drei WM-Wochen die Mannschaften transportiert hatten. Die zur Carrera-Bahn umfunktionierte Piste wurde auf diese Weise zum Reklame-Laufsteg für Mercedes.

Wie bei den meisten vorausgegangenen Weltmeisterschaften machte freilich das Finale etliches vergessen von dem, was unterschwellig oder oberflächig Blasen geworfen hatte.

Die Deutschen und die Holländer lieferten sich ein packendes Gefecht, das die Zuschauer begeisterte und als natürlicher und folgerichtiger Höhepunkt des Turniers erschien. Die beiden besten Mannschaften hatten sich durchgerungen bis zu diesem Endspiel, die Holländer hauptsächlich spielend, die Deutschen in erster Linie kämpfend.

Neuheiten freilich, Erkenntnisse für den Fachmann, lieferte die zehnte Weltmeisterschaft wenige. Die Behauptung, Holland spiele den „totalen Fußball“, wurde im Finale revidiert, wenngleich die Niederländer womöglich am perfektesten jenen Stil demonstrierten, den die Mehrzahl der Experten als hauptsächliche Entdeckung bezeichnete: jeder Mann des Teams muß auf jedem Posten spielen können, der perfekte Fußballspieler ist jener, der den taktischen Überlegungen seines Trainers nicht durch technische oder konditionelle Unzulänglichkeit Schranken auferlegt.

Hätten die Holländer neben Cruyff, Neeskens und Rep mehr absolut erstklassige Spieler besessen, wären sie mit hoher Wahrscheinlichkeit siegreich in die Heimat zurückgekehrt. Da die Mannschaft jedoch ungleichmäßig besetzt war und in der Abwehr ein deutliches Leistungsgefälle aufwies, war sie nicht in der Lage, ihren ganz persönlichen Stil, Zeitlupen-Fußball nach südamerikanischem Muster mit explosionsartigen Ausfällen vor dem Tor des Gegners, auch im Finale durchzuspielen.

Südamerika jedoch verlor bei dieser Weltmeisterschaft endgültig den Anspruch auf Erstklassigkeit. Der Weltmeister Brasilien präsentierte sich nicht mehr als spielende, sondern allein noch fightende Einheit und mußte sich glücklich schätzen mit dem vierten Platz. Überraschung und Belebung wurden die Polen, die fröhlich und herzerfrischend stürmten und vom Außenseiter zum Favoriten aufstiegen. Ihr Sieg beim olympischen Fußball-Turnier 1972 und ihr dritter Platz bei der Weltmeisterschaft 1974 sind die bedeutendsten Erfolge einer europäischen Nationalelf neben der Europa- und Weltmeisterschaft der bundesdeutschen Elf.

Einen kleinen Zipfel vom einstigen Ruhm Südamerikas retteten die Argentinier, die neben den Polen am schönsten spielten und gemeinsam mit diesen den Favoriten Italien aus dem Turnier beförderten. So rüde, wie ihre Club-Mannschaften in den vergangenen Jahren aufgetreten waren, so brav und vorbildlich benahm sich nun die Nationalmannschaft aus Buenos Aires.

Doch auch diese Freundlichkeit war nicht Selbstzweck, sie war Werbung für die nächste Weltmeisterschaft, 1978 in Argentinien, und bildhafte Demonstration jenes Spruches, den man in Buenos Aires schon geprägt hat: Kommen Sie 1978 nach Argentinien, dort sehen Sie Fußball, wie Sie ihn noch nie erlebt haben.

Die neue Schau war mit dem Ende der WM 1974 schon eingeläutet, die Weltmeisterschaft, Karawanserei des Profi-Fußballs, Mustermesse und Zirkus in vielen Manegen, macht sich auf zur nächsten Etappe.

Weltmeister werden selten in einer Nacht geboren und selten sterben sie in einer Nacht. Die deutsche Mannschaft erlebte und erlitt beides. Sie begann den Weg ihres Erfolges in einer Nacht und sie beendete ihn in einer Nacht. Zwischen diesen beiden Nächten lag, was

Rangliste der Torschützen

38 Spiele – 95 Tore

7 Tore	Lato
5 Tore	Neeskens
	Szarmach
4 Tore	Edström
	Müller
	Rep
3 Tore	Bajevic
	Breitner
	Cruyff
	Deyna
	Houseman
	Rivelino
2 Tore	Jaizinho
	Jordan
	Karasi
	Sandberg
	Sannon
	Streich
	Surjak
	Yazalde
1 Tor	29 weitere Spieler
3 Eigentore	

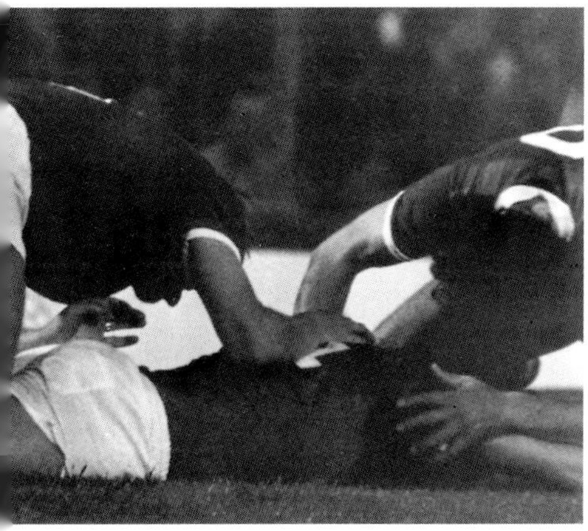

Den Weg ins Endspiel ebnet der deutschen Elf schließlich der 1:0-Erfolg über Polen in der Wasserschlacht von Frankfurt. Unten: So fällt der entscheidende Treffer durch Müller – und verständlich ist der Jubel der deutschen Spieler (rechts).

Schreck im Endspiel nach wenig mehr als einer Minute. Hoeneß hat Hollands Johan Cruyff gelegt; der Schiedsricher ermahnt zuerst Hoeneß und deutet dann auf den Elfmeterpunkt. Cruyff ist offensichtlich zufrieden mit sich und dem Schiedsrichter. Den Strafstoß verwandelt Neeskens.

Diese Szene führt schließlich zum Ausgleich. Bernd Hölzenbein wird von dem Holländer Jansen zu Fall gebracht, während Gerd Müller mit einem anderen Holländer kämpft. Der Schiedsrichter nimmt den Sturzflug von Hölzenbein zum Anlaß, einen weiteren Strafstoß zu verhängen. Breitner (oben rechts) verwandelt den Elfmeter zum Ausgleich.

man ein Wunder nennen könnte, ein Wunder des Sports.

Wunder und alle Arten von Mirakel erledigen sich freilich nie von selbst, und deshalb war einiges nötig, um Helmut Schön und seine Mannschaft ins Finale zu bringen. Einiges an Vernunft und Unerbittlichkeit, einiges an Mut und Waghalsigkeit, und festgefügte Gesetze mußten gebrochen werden. Gesetze, die unumstößlich schienen und die in einer Nacht beiseite geräumt wurden.

Zum Schmerz, aber auch zu Nutz und Frommen von Bundestrainer Schön. Und die bange Frage während der Weltmeisterschaft, ob der deutsche Coach mitten im gestreckten Galopp zum Titel vom Pferd gestoßen oder vom Pferd gefallen sei, war so unberechtigt gar nicht.

Denn ehe die deutsche Elf ins Finale vorrückte, wackelte Helmut Schöns Stuhl bedenklich. Das Nachrichten-Magazin „Der Spiegel“ wußte aus dem engsten Kreis um DFB-Vize-Chef Hermann Neuberger zu berichten, die Oberen trügen sich mit dem Gedanken, den Assistenten Jupp Derwall gleichberechtigt neben Schön zu stellen.

Doch da war die Nacht, in der sich die deutsche Mannschaft formte, schon vorüber. Die Nacht nach dem 0:1 gegen die Mannschaft der DDR. Lautstark hatte sich Franz Beckenbauer an seine Kollegen gewandt, deutlich und des Gewichts seiner Person bewußt, hatte Beckenbauer dem Bundestrainer seine Ansichten dargelegt.

Es begann ein Vorgang, der mit jenem zu vergleichen war, der die deutsche Nationalelf schon vier Jahre zuvor, nach dem mageren 2:1 gegen Marokko bei der Weltmeisterschaft in Mexiko, zu einem Team formte.

Während sich jedoch in Mexiko die Stars untereinander arrangierten, während in vielen Gesprächen die verschiedenen Gruppen zueinander fanden, setzte sich bei dieser Weltmeisterschaft ein Mann allein an die Spitze eines Teams, das durch die plötzliche Niederlage ins Taumeln geraten war und seine Basis völlig verloren hatte. Franz Beckenbauer rückte auf zu Bundestrainer Schön, als Ratgeber und rechte Hand. Franz Beckenbauer gab dem Posten des Mannschafts-Kapitäns einen neuen Inhalt, und dies änderte beinahe alles, was bisher gegolten hatte in einer deutschen Nationalelf.

Öffentlich verteilte Beckenbauer Lob und Tadel für die Kollegen. Er schob, wenn auch nur vorübergehend und gleichsam als Warnung, Uli Hoeneß und Jürgen Grabowski aus der Mannschaft. Er plädierte für Rainer Bonhof und Bernd Hölzenbein, für Dieter Herzog, er opferte die beiden Kölner Flohe und Cullmann einem neuen Stil der Mannschaft.

In diesem Augenblick, nach dem 0:1 gegen die DDR, hatte für die bundesdeutsche Mannschaft die Weltmeisterschaft erst begonnen. Sie hatte alle Brücken hinter sich verbrannt, jetzt konnte sie nur noch gewinnen oder untergehen. Es war ein teuflisches Risiko, das Beckenbauer eingegangen war,

Deshalb war der Weg ins Finale schwer für Helmut Schön. „Glückskind" und „der Mann mit der goldenen Hand" wurde er genannt. Doch der Weg zum Titel, der ihn endgültig über den langen Schatten des kleinen Sepp Herberger springen ließ, wurde kein goldener Weg für Helmut Schön.

Glück? Er hatte es im Finale. Pech blieb ihm erspart. Aber die Enttäuschungen begegneten ihm, ehe er auf dem Rasen des Münchener Olympiastadions den Welt-Cup küssen durfte. Schön erreichte das Ziel als müder Mann.

Er hatte Hoffnungen aufgeben müssen und Pläne revidieren. Er hatte umdisponieren müssen und experimentieren. Und die Welt des Fußballs, in der er bisher zu leben geglaubt hatte, stellte sich plötzlich ganz anders dar. Und ins Finale von München kam eine andere Mannschaft, als sich Helmut Schön vorgestellt hatte.

Ein spielendes Team hatte Schön bauen wollen. Eine Mannschaft, die Kunst und Schönheit des Fußballs bei der Weltmeisterschaft im eigenen Lande demonstrieren sollte. Die Europameisterschaft von 1972 und die Mannschaft, die sie gewann, schwebten ihm als Muster vor Augen.

Aber dann waren sie plötzlich Muster ohne Wert. Vor dem Finale gegen Holland hatte Schön eine Mannschaft, die sich ihre Siege nicht erspielen konnte, sondern erkämpfen mußte. Die Deutschen wuchteten sich ins Finale, verbissen statt elegant, mit Schweiß statt mit Schönheit.

Die zwei Jahre der Vorbereitung zerrannen während der Weltmeisterschaft im Sande. Sie waren verloren und vergessen. Als die WM begann, fing auch Helmut Schön von vorne an, ohne es zu wissen. Erst nach dem 0:1 gegen die DDR bemerkte er, wie leer seine Hände waren. Taktisch besaß die deutsche Mannschaft kein brauchbares Konzept. Im Spiel gegen Chile wurde dies sofort deutlich. Die Deutschen betrieben vehementen Angriffsfußball, liefen dem Gegner in die Arme, und das wurde auch der Grund ihrer Niederlage gegen die DDR.

Beckenbauer empfahl die taktische Kehrtwendung. Nicht mehr mit vier, sondern nur noch mit zwei, höchstens mit drei Spitzen sollte der deutsche Sturm angreifen. Das war auch der Stil der Bayern. Beckenbauer stellte sein Ultimatum: Entweder wir spielen nach meinem Konzept oder alle Hoffnungen sind verloren.

Bis dahin war statt kluger Taktik, die das zweifellos vorhandene spielerische Potential in der deutschen Elf zur Geltung gebracht hätte, in erster Linie Schnelligkeit angewandt worden. Siege, so schien es, waren das Ergebnis nicht von Kopf-, sondern von Beinarbeit. Gegen Jugoslawien spielte die deutsche Mannschaft zum ersten Male vor dem Finale klug, überlegt und taktisch richtig. Zum ersten und einzigen Male bestimmte sie neunzig Minuten lang, was zu geschehen hatte auf dem Rasen.

Nachdem Beckenbauer mitzureden hatte, konsolidierte sich die Mannschaft aus eigener Kraft. Ohne Einfluß von außen entwickelten sich Siegeswillen, Energie, Einsatzbereitschaft und das, was man Moral nennt, jene Eigenschaften also, die schließlich den Erfolg ausmachten. Die deutsche Mannschaft war eine Einheit geworden. Und das hatte verschiedene Gründe.

Seinen ersten Sieg erfocht das Team beim Kampf um die Prämie. Die Einigkeit der Stars legte die Basis und beseitigte Ursachen möglichen künftigen Ärgers. Weil im Erfolgsfall auf alle dieselbe Prämie wartete, gab es keinen Anlaß zu Neid und Mißgunst. Es war ein Sieg der Solidarität von jungen Männern, denen normalerweise Konkurrenz untereinander und Kampf um die besten Positionen innerhalb einer Gruppe als unvermeidbare Begleiterscheinungen ihres Berufs gegolten hatten.

Helmut Schön mochte über diese Affäre nicht mehr reden. Aber im Grunde war sie ständig gegenwärtig. Die Macht der Spieler war augenscheinlich geworden, und auch ihr Anspruch, nicht nur gehört zu werden, sondern mitzureden.

Vor diesem Hintergrund waren auch die personellen Vorgänge innerhalb der Mannschaft und vor allem die Erledigung des Falles Netzer zu sehen. Obwohl Netzer nach seinem 20minutigen Einsatz im Spiel gegen die DDR – im Austausch mit Overath – von Helmut Schön im Gespräch gehalten wurde, blieb der Kölner im Team, und Netzers Uhr lief endgültig ab. Das war zweifellos Beckenbauers Entscheidung, die von der Mannschaft akzeptiert wurde. Der Münchener hatte auf Overath gesetzt, hatte Netzer die Treue gekündigt, und das mochte ihn geschmerzt haben. Aber er setzte auf den richtigen Mann, denn Overath erlebte in dieser Weltmeisterschaft eine

Vierundzwanzigste Minute: Gerd Müller hat zum 2:1 eingeschossen. Das ist die Entscheidung. Denn die deutsche Mannschaft verteidigt den knappen Vorsprung bis zum Schlußpfiff. Rechts: Müller jubelt, Vogts läuft hinter ihm her – und Johan Cruyff hat offensichtlich die Situation noch nicht recht begriffen...

späte und letzte Wiedergeburt. Er wurde noch einmal für die deutsche Elf, was er in Mexiko gewesen war: Angelpunkt im Mittelfeld, meistens Arbeitstier, manchmal Genius, giftig und ideenreich, unermüdlich und unverdrossen. Er fuhr allen übers Maul, die ihn noch ein Jahr zuvor „Stehgeiger" und „abgewrackt" genannt hatten. Das war womöglich eines der Wunder.

Das andere geschah mit den Frankfurtern Hölzenbein und Grabowski. Wer sie ein Jahr vor der Weltmeisterschaft im deutschen Team als Rechtsaußen und Linksaußen des WM-Finales nominiert hätte, wäre ein Narr geheißen worden. Auf dem Weg ins Finale und schließlich beim 2:1 über Holland geriet auch diese Narretei zum Erfolg. Hölzenbein, der Mittelfeldspieler, wurde zum prächtigen Linksaußen, und Grabowski spielte die beste Partie seiner Karriere.

Hölzenbein, Grabowski und Overath wurden zum spielerischen Element einer Mannschaft, die auch im Finale einen erspielten Sieg durch Kampf und Arbeit mit der Brechstange retten mußte. Dieser Sieg war deshalb folgerichtig und kein Wunder.

Wundersam freilich war die Wandlung des Sepp Maier und die Entdeckung Rainer Bonhofs. Der Münchener Torwart pflegte in allen seinen Spielen mindestens einmal dort hinzulangen, wo der Ball gerade nicht war. Die Nummer eins zu sein, das durfte er nie ohne innere Zweifel von sich behaupten. In den Spielen gegen Schweden, Polen und Holland indes wurde er nicht nur die Nummer eins unter den deutschen Torhütern, er hangelte sich auf die oberste Sprosse der internationalen Torwartleiter.

Und Bonhof, wer hätte geglaubt, daß dieses Küken schon goldene Eier legt. Im Spiel gegen Jugoslawien kam der Mönchengladbacher in die deutsche Mannschaft, frisch, stark, athletisch, Muskelmann und Dauerläufer. Er zerbrach den Dirigenten die Taktstöcke, dem Jugoslawen Oblak, dem Polen Deyna, dem Holländer Neeskens. Drei Stars dieser Weltmeisterschaft erledigte Bonhof, und alle drei hatten als die besten Spielmacher, als die Gefährlichsten ihrer Mannschaft gegolten, bis sie gegen Bonhof gespielt hatten.

Am Ende, als es um den Titel ging, paßte alles zusammen in der deutschen Mannschaft. Müller schoß das Siegtor, Breitner brachte den Elfmeter ins Netz, Hölzenbein fiel im Strafraum, als er zu fallen hatte, die Mannschaft war eine perfekt funktionierende Maschine, deren Rhythmus jeden einzelnen beflügelte. Hoeneß zum Beispiel, der sich mit den Resten seiner Kraft, glanzlos, aber eifrig, ans Ufer rettete. Oder Berti Vogts, der am Abend seiner Karriere Hollands Größten, Johan Cruyff, an den Rand eines Nervenzusammenbruchs trieb.

Franz Beckenbauer hatte diese Mannschaft dirigiert, und sein Dank an Helmut Schön – „er hat uns gut gemanagt" – war die Anerkennung eines Mannes, der sich seiner eigenen Verdienste bewußt ist. Ohne Beckenbauer hätte die deutsche Elf ihr Ziel nicht erreicht, mit Beckenbauer schaffte sie es, nicht mit Glanz, aber mit jener inneren Glut, die entzündet wurde, als schon alles verloren schien. Und dann kam die Nacht, wo alles zu Ende ging, die Nacht des Rauschs, der Freude und der Erlösung.

Die Elf des Weltmeisters zerbrach in jenem Augenblick, da sie geboren war. Gerd Müller verkündete seinen Rückzug aus der Mannschaft, Wolfgang Overath folgte ihm ebenso wie Jürgen Grabowski. Paul Breitner wollte zwei Jahre aussetzen, um zu studieren – landete aber schließlich bei Real Madrid. Und Helmut Schön sagte, 1978 in Argentinien sei er gewiß nicht mehr dabei.

Schön war müde geworden auf seinem langen Weg, er war gebeutelt und ausgewrungen, mürbe geworden unter dem Druck, jetzt Weltmeister zu werden oder nie mehr. Er hatte sein Ziel erreicht, aber die Strapazen hatten ihn gezeichnet, und die Falten in seinem Gesicht waren fast so tief wie jene Sepp Herbergers.

WM 74
Fußball-Weltmeisterschaft 1974

Das erste Tor

Torschütze: Paul Breitner

3
2

Herren in Schwarz

Nie zuvor war die illustre Gesellschaft der Herren in Schwarz so exotisch wie bei dieser Weltmeisterschaft in Deutschland. Wie immer sahen manche Rot, wenn die Schiedsrichter ihre Entscheidungen pfiffen, und das war gelegentlich sogar wörtlich zu nehmen. Denn erstmals zeigten sich Schiedsrichter im roten Gewand, wie der Holländer Arie van Gemert (links im Spiel Schottland – Brasilien). Ganz links: Youssoupha N'Diaye aus Senegal. Ganz oben: Omar Delgado schickt Ndaie aus Zaire vom Platz. Oben: Govindasamy Suppiah im Spiel Polen – Haiti.

Franz Beckenbauer

Supermann der deutschen Nationalelf

Weltmeisterschaft 1978

Götterdämmerung – Tunesien spielt 0:0 gegen Deutschland

Torschützenkönig

Argentiniens Mario Kempes

C.B.D.

Jubel, Zweikampf, Schmerz: Perus Spieler freuen sich über ein Tor gegen Schottland (oben, links) – Packender Zweikampf mit Handgreiflichkeit: Brasiliens Mittelstürmer Reinaldo kommt gegen Spaniens Antonio Ramirez trotzdem nicht an den Ball (links) – Oben: Kapitän Berti Vogts – ein Bild des Jammers nach Krankls Treffer

Weltmeister

Argentiniens Kapitän Passarella

Argentinien ist Weltmeister. Nach den Spielern erobern die Fans das Fußballfeld. Der Fußball-Karneval nach dem Fußball-Sieg dauert 24 Stunden.

WM 1982 in Spanien

Zum ersten Male in der Geschichte der Weltmeisterschaften durften 24 Nationen zur Endrunde fahren. Für den Deutschen Hermann Neuberger, den zweiten Mann im Weltfußballverband (FIFA), war das eine Niederlage, für Dr. Joao Havelange, den Präsidenten, ein Sieg.

Mit viel Engagement und der ihm eigenen Eloquenz hatte der steinreiche Brasilianer die Erweiterung des Teilnehmerfeldes durchgesetzt und sich damit weltweit beliebt gemacht: Bei den Entwicklungsländern, beim Gastgeberland und bei den multinationalen Konzernen, die sich die Werberechte erkauft hatten. Und natürlich hatte Havelange auch das Wohl der FIFA im Auge, die mit entsprechenden Prozenten an allen Geschäften beteiligt war.

24 Mannschaften, 52 Spiele in einem Monat – das, so fürchteten Experten von Moskau bis Rio, werde letztlich Langeweile produzieren, dem Fußball weltweit Schaden zufügen. Viele Trainer von Rang schenkten sich die erste Hauptrunde, waren der Meinung, daß der „Mundial" in der zweiten Hauptrunde erst wirklich begänne.

Der große Irrtum war nicht vorauszusehen, so wenig wie das heillose Durcheinander beim Auslosungszeremoniell am 16. Januar 1982 im Madrider Kongreßpalast. Eine halbe Milliarde Menschen an den Bildschirmen bekamen Komödienstadel auf spanisch zu sehen. Erst wurden Schottland und Belgien auf den Anzeigetafeln falsch gesteckt, dann streikten die Lostrommeln, und zum Schluß fielen die Plastikkugeln auseinander. Die spanische Zeitung „Diario 16" nannte die Veranstaltung „Kurpfuscherei", die Kommentatoren amüsierten sich.

Bei den deutschen Fußballfreunden und ganz besonders bei den Funktionären des Deutschen Fußball-Bundes und Bundestrainer Jupp Derwall löste der Losentscheid helles Entzücken aus. DFB-Präsident Hermann Neuberger, Vorsitzender des WM-Organisationskomitees der FIFA, konnte ein Grinsen nicht unterdrücken, als Österreich aus der Glastrommel gefischt wurde. Längst waren die DFB-Kicker von der Neurose genesen, die ihnen die Männer der Alpenrepublik mit dem WM-Knockout 1978 in Cordoba vermacht hatten.

In zwei Qualifikationsspielen für die WM '82 war die Fußball-Hierarchie wieder zurechtgerückt worden, Österreich hatte seinen Schrecken verloren. Und da zwei der vier Mannschaften jeder Gruppe weiterkommen sollten, Algerien und Chile im Geiste schon abgehakt waren, konnten sich die Deutschen und Österreicher beruhigt auf Quartiersuche für die zweite Hauptrunde in oder um Madrid herum begeben.

Die Hauptstadt im Herzen Kastiliens war für Spanien und die Westeuropäer reserviert, ein Zusammentreffen mit Brasilien oder Argentinien, den Giganten aus Südamerika, vor dem Finale ausgeschlossen. Ein raffiniert ausgeklügelter Plan, der Spanien und Deutschland erheblich begünstigte, wollte das so.

Schließlich – und hier dachten die FIFA und das Ausrichterland synchron – wollte man garantieren, daß diese beiden Länder so lange wie möglich im Rennen bleiben würden. Motto: Die Weltmeisterschaft sollte ja auch ein Geschäft werden. Sie wurde ein Geschäft, was die Vermarktung des reichlich infantilen Maskottchens „Naranjito" und anderer WM-Symbole und auch die Stadionwerbung betraf,

Weltmeisterschaft 1982 – Der Verlauf des Turniers

Erste Finalrunde	Zweite Finalrunde	Semifinale		Finale	
Gruppe 1					
1. Polen					
2. Italien	**Gruppe A**				
3. Kamerun	1. Polen				
4. Peru	2. UdSSR				
	3. Belgien				
Gruppe 2					
1. Deutschland					
2. Österreich					
3. Algerien		Italien	2		
4. Chile		Polen	0		
	Gruppe B				
Gruppe 3	1. Deutschland				
1. Belgien	2. England			Italien	3
2. Argentinien	3. Spanien			Deutschland	1
3. Ungarn					
4. El Salvador					
		Deutschland	3*		
Gruppe 4		Frankreich	3		
1. England	**Gruppe C**				
2. Frankreich	1. Italien				
3. ČSSR	2. Brasilien				
4. Kuwait	3. Argentinien				
Gruppe 5					
1. Nordirland					
2. Spanien					
3. Jugoslawien	**Gruppe D**				
4. Honduras	1. Frankreich				
	2. Österreich				
Gruppe 6	3. Nordirland				
1. Brasilien				**Um den dritten Platz**	
2. UdSSR					
3. Schottland				Polen	3
4. Neuseeland				Frankreich	2

* Deutschland Sieger durch Elfmeterschießen 5:4

sie wurde es nicht, was die Besucherzahlen anging.

Der Reinfall wurde schon sichtbar, als Titelverteidiger Argentinien und Belgien zum Eröffnungsspiel den Rasen des Nou-Camp-Stadions von Barcelona betraten. Den Besuchern bot sich ein unbekanntes Premierenbild: Das Stadion war nicht ausverkauft.

Einige Wochen vor Beginn der WM hatte der Falklandkrieg politischen Zündstoff ins Spiel gebracht. Argentinier und Briten entdeckten Nationalgefühle. Osvaldo Ardiles, der feingliedrige Mittelfeldspieler des amtierenden Weltmeisters, verließ England, wo er bei den Tottenham Hotspurs unter Vertrag stand. Und Fußball-Funktionäre in England, Schottland und auch in Nordirland zogen einen Boykott in Erwägung.

Als dann König Juan Carlos und Königin Sophia zur Eröffnungsfeier ins Nou Camp nach Barcelona baten, hatten sich die Konfliktwolken am Fußballhimmel verzogen, aufgelöst waren sie noch nicht. Zwischen Luftballons, Folklore- und Fahnenschau, war auch ein Transparent aufgespannt, das die Aufschrift trug: „Las Malvinas son Argentinas" (Die Malvinen gehören Argentinien).

Mit Edson Arantes do Nasceimento, Pelé also, Franz Beckenbauer und Bobby Charlton waren Fußball-Größen der Vergangenheit unter den 85 000 in der 120 000 Zuschauer fassenden Arena des CF Barcelona. Sie provozierten die Frage, wessen Handschrift wohl diese WM tragen werde. Für bundesdeutsche Gazetten reduzierte sich das Thema auf die Frage: Rummenigge oder Maradona. Jupp Derwall rührte kräftig die Trommel für seinen Star. Mit der Floskel „Rummenigge ist mir lieber", heizte der Bundestrainer, für die Zeit des Mundials wie Rummenigge von „Bild" als Kommentator eingekauft, die Stimmung für den „Kollegen" an.

Schon lange bevor der erste WM-Ball rollte, hatte die Industrie den blonden Westfalen als Werbe-Hit entdeckt und das Wirtschaftsmagazin „Capital" herausgefunden, daß der „Kalle" aus Lippstadt in Westfalen rund 2,3 Millionen Mark neben seinem Fußball-Einkommen beim FC Bayern München im WM-Jahr versteuern müsse.

Diego Armando Maradona machten solche Summen nicht neidisch. Das 21jährige Fußball-Wunderkind aus Buenos Aires, das mit den erfüllten Forderungen seines persönlichen Managers Jorge Horacio Cyterszpiler gleich zwei Clubs an den Rand des Ruins trieb und deshalb vor seinem Wechsel zum CF Barcelona vom Verband bezahlt wurde, waren schon mit 18 Jahren ein Handgeld von 600 000 Dollar, ein Monatssalär von 60 000 Dollar und pro Freundschaftsspiel der „Boca Juniors" 10 000 Dollar extra zugebilligt worden. Für Auftritte im Ausland kassierte er außerdem 20 Prozent des vereinbarten Fixums.

Zum Zeitpunkt der Weltmeisterschaft war Diego also längst vielfacher Millionär und „Europäer" dazu – der Baulöwe Nunez, millionenschwerer Präsident des CF Barcelona, hatte das Tauziehen um den torgefährlichen Dribbler gewonnen, den Gegenwert von fast 20 Millionen DM nach Argentinien überwiesen und dort zwei Clubs sanieren geholfen, die sich Maradona gar nicht leisten konnten.

Trainer Luis Cesar Menotti paßten die vielen Privilegien des Stürmers nicht recht in den Kram. Der Kettenraucher, der sich sogar mit der Militärjunta und der Oligarchie seines Landes angelegt und Maradona nach einem Krach im WM-Vorbereitungslager nach Hause geschickt hatte, wäre am liebsten ohne das Hätschelkind der Nation

Szenen aus dem peinlichen Spiel Deutschland – Österreich in Gijon; oben rechts: Österreichs Josef Degeorgi (links) in einem scheinbar ruppigen Zweikampf mit Uli Stielike. Rechts: Befriedigte Gesichter nach dem Schlußpfiff – Breitner mit Krankl, Magath mit Degeorgi ...

Zweite Finalrunde: Toni Schumacher und Karl-Heinz Förster gegen Carlos Santillana (links); Deutschland gewinnt gegen Spanien. Unten: Hans-Peter Briegel gegen Paul Mariner; Deutschland und England spielen 0:0.

vorbereitete Mannschaft und Bundestrainer Jupp Derwall als Großsprecher. „Die Spieler lachen mich doch aus, wenn ich ihnen einen Film über die Algerier vorführe. Die müssen wir wegputzen", hatte er in Gijon in Pressekonferenzen immer wieder betont.

Schon nach Rückkehr von einem Südamerikatrip mit Testspielen gegen Argentinien (1:1) und Brasilien (0:1), die für den Sport-Informationsdienst so „überflüssig wie ein Blinddarm" waren, klangen die Töne der Selbstbeweihräucherung ein paar Oktaven zu schrill und marktschreierisch. „Wir wissen jetzt, daß wir keinen Gegner der Welt bei der WM zu fürchten haben", hatte Derwall

nach Spanien gefahren. Doch die Verhältnisse, die waren nicht so. Mario Kempes, vier Jahre zuvor auf den Pracht-Avenidas der argentinischen Hauptstadt als Heros des Weltmeisters enthusiastisch gefeiert, hatte sich als spanischer Legionär um Form und Ansehen gebracht. Andere Weltmeisterspieler waren in die Jahre gekommen.

So mußte Menotti zähneknirschend die Sonderwünsche akzeptieren, die Maradona für die Zeit des Mundials beanspruchte: Mit seinem Familienclan, den er angeblich für sein seelisches Wohlbefinden brauchte, wohnte er fern von der Mannschaft im Hotel „Castelldefels". 39 Zimmer waren für ihn reserviert.

Neben Brasilien, dem Gastgeber Spanien und Europameister Deutschland wurde Argentinien als Favorit gehandelt und bei den englischen Buchmachern entsprechend gewettet. Der Erfolgsstil von 1978 – so viel Individualismus wie möglich, so viel Mannschaftsgeist wie nötig – spukte noch immer in den Köpfen der argentinischen Fans.

Die Erwartungen der 123 Millionen Brasilianer hob der große Pelé, als er nach Besuchen im Vorbereitungslager sagte: „Das ist die beste Mannschaft seit 1970. Falls sie in der zweiten Finalrunde oder im Halbfinale auf Argentinien treffen sollte, wird der Titelverteidiger keine Chance haben."

Pelé lag ziemlich richtig mit seiner Einschätzung. Bestätigt wurde sie schon im Auftaktspiel. Belgien, für Pelé der Geheimfavorit der WM, entzauberte Argentinien und den zum Superstar hochgeputschten Maradona. Die Mannschaft des Whisky- und Zigarrenliebhabers Guy Thys schlug den Weltmeister mit 1:0. Und die Mailänder Sportzeitung „ Gazzetta dello Sport" echauffierte sich: „War das ein Sturz. Das Maradona-Fest wurde ruiniert."

Mehr noch als der Außenseiter Belgien erschütterte Afrika-Repräsentant Algerien die Fußballwelt. Der vermeintliche Fußballzwerg entlarvte die hoch eingeschätzten Deutschen als schlecht getönt und sich auch dann noch in die Brust geworfen, als sein Renommiermittelfeld mit Schuster, Magath, Hansi Müller und Breitner geplatzt war.

Breitner-Intimfeind Bernd Schuster fiel durch eine komplizierte Knieoperation aus der WM-Planung, Hansi Müller und Felix Magath, gleichfalls am Knie operiert, humpelten ihrem Leistungslimit hinterher. Zudem gab Franz Beckenbauer zu bedenken: „Für die drei Mannschaften, aus denen unser WM-Kader hauptsächlich gebildet wurde, hatte die Saison traurig geendet. Der 1. FC Köln hatte überhaupt nichts erreicht, der FC Bayern nur das deutsche Pokalendspiel, verlor aber das Europacupfinale gegen Aston Villa. Und der Hamburger SV tröstete sich mit dem deutschen Meistertitel über den Verlust des UEFA-Cups hinweg, nachdem ihn der Außenseiter IFK Göteborg mit zwei Siegen und 4:0 Toren geledert hatte wie lange kein anderer Gegner mehr."

Paul Breitner, von Derwall gegen Bedenken einiger DFB-Funktionäre und Spieler (Bernhard Dietz, Kapitän der

Europameisterelf von 1980 verspielte mit seiner Kritik an Breitner die von Derwall schon zugesagte WM-Teilnahme) zurückgeholt, erwies sich gleich im ersten WM-Spiel gegen Algerien im Mittelfeld als Fehldisposition. Deutschland verlor gegen die Nordafrikaner, eine Mixtur von Legionären der französischen Profiliga und Staatsamateuren mit sozialistischer Gesinnung, 1:2 und brachte so die ganze Kalkulation durcheinander. Im Kader griff Panik um sich und die internationale Presse empfand Schadenfreude über den Sturz des Riesen.

Zum Ärgernis ersten Ranges wurde dann das letzte Spiel der wohl leichtesten Vorrundengruppe des Turniers, zwischen Österreich und der Bundesrepublik Deutschland. Ein ganz auf Profit ausgerichteter Spielplan hatte es so gewollt, daß das Spiel einen Tag nach der Partie Algerien gegen Chile in Gijon stattfand und zum Manipulieren geradezu einlud: Nach dem 3:2-Sieg der Algerier gegen die Südamerikaner stand für Deutschland fest, daß ein Sieg gegen Österreich her mußte. Für Österreich hieß die Parole: Nicht höher als 0:2 verlieren, wollte man die 25 000 Mark Einzelprämie fürs Erreichen der zweiten Hauptrunde kassieren.

Was dann geschah, ging als Skandal in die WM-Geschichte ein. „Jetzt gibt es nur noch: Siegen oder Sterben", hatte Derwall pathetisch angekündigt. Doch die Realität sah anders aus. Nach dem frühen 1:0 durch den Bundesligaschützenkönig Horst Hrubesch, der den Bundestrainer später einen Feigling schimpfte und nach der WM als Nationalspieler zurücktreten sollte, veranstalteten die beiden Mannschaften ein schäbiges „Paarlaufen", wie es Österreichs Mittelfeldspieler Roland Hattenberger mit Schmäh umschrieb. Der Ball wurde in den eigenen Reihen hin- und hergeschoben, Pfiffe des empörten Publikums („Küßt Euch") ignoriert. Algerische Zuschauer wedelten mit Banknoten und wollten auf diese Weise darstellen, daß das Spiel gekauft gewesen sei.

Nun, verabredet war dieses Ergebnis sicherlich nicht. Der „Nichtangriffspakt" wurde erst auf dem Rasen vereinbart. Aber Betrug am Publikum war es allemal. Jupp Derwall und DFB-Pressesprecher Dr. Wilfried Gerhardt drohten jedem Journalisten juristische Schritte an, der sich der Vokabel „Betrug" oder „Absprache" bediente, erzielten indes keinerlei Eindruck.

In der ersten Finalrunde spielt Italien dreimal unentschieden. Oben: Bruno Conti gegen Polens Jan Jalocha beim 0:0 in Vigo; links: Kameruns Emmanuel Kunde schlägt den Ball Fulvio Collovati vor der Nase weg – Giancarlo schaut zu; die Begegnung endet 1:1.

Eine kleine Auswahl von Pressestimmen: „Das Spiel war nichts anderes als eine Farce, nicht einmal eine lustige, sondern eine düstere, unerträglich skandalöse Farce," schrieb die französische Sporttageszeitung „L'Equipe". Die „Kronen-Zeitung 11 in Wien bezeichnete das schaurige Schauspiel als „eine Schande für die Weltmeisterschaft", und selbst die „Neue Zürcher Zeitung" gab ihre Zurückhaltung auf: „Das passive, augenfällig auf Sicherstellung des 1:0-Resultates ausgerichtete Verhalten der meisten Spieler mußte als gegen die Sportlichkeit, ja als ein Verrat an Sportsgeist empfunden werden." Hollands „Volkskrant" formulierte pausbäckig: Ein Stück Fußball-Porno, das in die Geschichte einge-

hen wird." Die algerische Zeitung „Moudjahid" vermutete ein Komplott: „Diese beiden starken europäischen Mannschaften haben zusammen mit den Offiziellen der FIFA das Ergebnis des Spiels arrangiert."

Einen Protest der Algerier, den Fußballverbandspräsident Benali Sekkal in den Katakomben des Stadions El Molinon in Gijon verlas, wischte FIFA-Vizepräsident Hermann Neuberger gelassen vom Tisch. Für den Deutschen war die Hinhaltetaktik „das gute Recht einer Mannschaft, langsam und auf Sicherheit zu spielen, wenn es dem Erfolge dienlich ist". Er habe vergeblich dafür plädiert, die Schlußspiele der ersten Hauptrunde am gleichen Tage und zur gleichen Stunde auszutragen.

Die Algerier jedenfalls durften heimfahren und mit den Afrikanern weitere Nationen der dritten Welt, die sich als Bereicherung dieser WM erwiesen und gelegentlich nur mit Hilfe merkwürdiger Schiedsrichterentscheidungen eliminiert wurden.

Die Spanier kamen gegen Honduras zu einem Unentschieden nur deshalb, weil ihnen Artur Ithurralde aus Argentinien einen Elfmeter schenkte.

Gegen Jugoslawien gewann der Gastgeber vor allem durch die penetrante Fürsorge des Dänen Henning Lund-Sörensen, der einen Strafstoß gab, der keiner war und dann noch die Chuzpe besaß, den Elfmeter zu wiederholen, weil sich Torhüter Pantelic angeblich zu früh von der Linie bewegt habe. Dazu Pantelic: „Wir sind bestohlen worden."

Gegen Honduras freilich gewannen die Jugoslawen zur Abwechslung einmal dank dem „Unparteiischen". Der Chile-

Italien, Brasilien, Argentinien – Ex-Weltmeister und Weltmeister unter sich. Italien schlägt den Titelverteidiger 2:1, dann Brasilien (3:2) und schließlich im Halbfinale Polen. Paolo Rossi ist der Held dieser Spiele. Oben: Rossi gegen Falcao; rechts im Semifinalspiel mit Polen gegen Kusto. Links Freistoß gegen Italien; Calderon und italienische Mauer.

ne Castro Makuc verhängte kurz vor dem Abpfiff einen umstrittenen Elfmeter. Mit einem 0:0 wären die Kicker aus der Karibik, die die Europa-Reise nur mit einem 100 000-Dollar-Vorschuß der FIFA hatten antreten können, in die zweite Hauptrunde gekommen.

Tor durch Janusz Kupcewicz – mit ihm freuen sich Boniek (links) und Wojcicki (hinten). Polen gewinnt gegen Frankreich 3:2.

„Weinen um die Kleinen", kommentierten mitfühlende Reporter das Aus für die Exoten, von denen auch Kamerun in der Italien-Gruppe einen bleibenden Eindruck hinterlassen hatte. Die von dem Franzosen Jean Vincent trainierten Afrikaner vermochten weder die Peruaner noch die Polen und auch die Italiener nicht zu schlagen, Sie scheiterten allesamt an der individuellen Technik, der Einfallsfreude – und Torhüter Thomas Nkono, der die Lederkugel magisch anzuziehen schien. „Kamerun war viel stärker als ich mir habe vorstellen können", zollte der Pole Boniek, der nach der WM für viel Geld zu Juventus Turin wechseln durfte, den Spielern vom Schwarzen Kontinent höchsten Respekt.

Ein belebendes Element waren auch die Kuwaitis, die sich mit England, Frankreich und der ČSSR herumzukabbeln hatten und mit dem 1:1 gegen die ČSSR sowohl durch Leistung als auch durch die Höhe der Zuwendungen in die Schlagzeilen gerieten: Scheich Fahld Al-Ahmad Al-Sabah, der Fußballpräsident des Ölstaates, spendierte 175 000 Dollar aus der eigenen Schatulle.

Im Spiel gegen die Franzosen, das 1:4 verlorenging, protestierten der Sohn des früheren Emirs von Kuwait und eine seiner 37 Ehefrauen mit Erfolg gegen die Anerkennung eines Tores, das dem sowjetischen Schiedsrichter Miroslaw Stupar nicht zur Ehre gereichte. Unbedrängt konnte der kleine Alain Giresse,

der mit Platini und Tigana die famose Mittelfeldreihe der „Equipe Tricolore" bildete, einschießen. Die Kuwaitis hatten einen Ton gehört, der aber nicht aus der Pfeife des Russen, sondern von der Tribüne kam, was Stupar freilich nicht hinderte, den Treffer anzuerkennen.

Scheich Fahid Al-Ahmad war das zu viel. Er verließ die Tribüne und stritt so solange mit Stupar, bis dieser den Treffer wieder annullierte.

„Diese Weltmeisterschaft ist vor allem eine Weltmeisterschaft der schlechten Schiedsrichter", mäkelte die spanische Zeitung „Levante". Europas Fußballpräsident Dr. Arternio Franchi, der in Spanien auch Chef der FIFA-Schiedsrichterkommission war, zog vier Mann nach der Vorrunde aus dem Verkehr, darunter auch Stupar und Augusto Castillo aus Spanien, der den Russen im ersten Gruppenspiel gegen Brasilien zwei Elfmeter und ein reguläres Tor verweigert hatte. So war der Favorit aus Lateinamerika mit viel Glück und des Schiedsrichters Gunst zum 2:1-Sieg gekommen.

Im weiteren Verlauf des Turniers spielten sich die „Cariocas" dann in die Herzen der Fußballfreunde. Homogenität, Improvisationskunst, Ballartistik und Angriffselan machten es schwer vorstellbar, daß eine andere Mannschaft als die Truppe von Tele Santana Weltmeister werden könnte.

Nach dem Arbeitssieg gegen die Russen, die wie die Brasilianer die Vorbereitung monatelang betrieben hatten, tanzte die Mannschaft gegen Schottland (4:1) und Neuseeland (4:0) Fußball-Samba. „Brasilien übte für die zweite Runde" lautete eine Schlagzeile.

Aber auch die Sowjets boten Augenschmaus. Dem 61jährigen Konstantin Beskov war es gelungen, die Spieler vom Klischeedenken zu befreien. Oldtimer Oleg Blochin (29) von Dynamo Kiew und der vier Jahre jüngere Ramas Schengelija von Dynamo Tiflis zwangen die Abwehrreihen der Gegner zu höchster Aufmerksamkeit.

Trauer trug das schottische Team, das in dieser wohl stärksten Vorrundengruppe punktgleich mit den Russen auf der Strecke blieb. Die Weltgesundheitsorganisation (WHO) ehrte die disziplinierten Schotten, die früher so oft über die Stränge geschlagen hatten, als „Nichtraucher-Team".

Daß Polen und Italien aus Gruppe 1, Deutschland und Österreich aus Gruppe 2, Argentinien und Belgien aus Gruppe 3, England und Frankreich aus Gruppe 4 und Brasilien und die UdSSR aus Gruppe 6 in die zweite Runde kamen, galt als normal. Vom Sieg der Nordiren in Gruppe 5 ließ sich das beim besten Willen nicht behaupten. Trainer Billy Bingham hatte es geschafft, Protestanten und Katholiken, die sich in der Heimat seit Jahren einen erbarmungslosen Bürgerkrieg lieferten, auf Zeit zu versöhnen. Gemeinsam erkämpften sie die Unentschieden gegen Honduras und Jugoslawien und verteidigten mit neun Spielern – Ortiz Ramirez (Paraguay) bestrafte ein Bagatellvergehen des Verteidigers

Endspiel-Szenen. Karl-Heinz Förster und Bruno Conti (oben, links). Das 3:0 durch Alessandro Altobelli (links). Siegerehrung: König Juan Carlos überreicht die WM-Trophäe an Dino Zoff (oben). Politiker nach dem Match: Bundeskanzler Helmut Schmidt scheint die Freude des italienischen Staatspräsidenten Pertini zu teilen (rechts).

Donaghy mit Platzverweis – das 1:0 gegen Spanien. Beim Abendmahl saßen sie dann wieder getrennt.

Spätestens in diesem Spiel wurde dem spanischen Fußballvolk bewußt, daß sein Team nicht das Format hatte, dem Mundial Impulse zu geben oder gar den WM-Titel zu holen. So nahm es nicht wunder, daß der K.o. in der zweiten Runde kam. Gratulationen gab es nur noch von den Deutschen, die sich für das 0:0 gegen England bedankten, nachdem sie selbst einen recht mühsamen 2:1-Sieg gegen die „Stehgeiger" aus Kastilien und Katalonien erzielt hatten. Bei einem durchaus möglichen 2:0 der Engländer wäre die Truppe Derwalls nach Hause gefahren.

Fußball über dem Durchschnitt, also WM-würdig, zeigten in der zweiten Runde auf Madrider Boden eigentlich nur die Franzosen. Der große Fußball wurde ansonsten in Barcelona geboten, wo sich Italien wie Phönix aus der Asche erhob und über Argentinien (2:1), Brasilien (3:2) und Polen (2:0) ins Finale stürmte.

Argentinien, der Titelverteidiger, verlor Gesicht und Contenance in der zweiten Hauptrunde, versuchte mit Härte zu kompensieren, was spielerisch fehlte. Alle Sympathien büßte dabei Diego Maradona ein, der im Spiel gegen die Brasilianer dem Gegner João Battista vorsätzlich den Schuh in den Leib rammte. Schiedsrichter Vazquez (Mexiko) hatte keine andere Wahl, als Maradona vom Feld zu schicken.

Ein genauso schlimmes Foul blieb ungestraft. Begangen wurde es von Harald Schumacher im Halbfinalspiel gegen Frankreich in Sevilla gegen den Franzosen Patrick Battiston. Der Torhüter aus Köln sprang den Verteidiger aus St.Etienne an. Dabei erlitt Battiston einen Wirbelbruch und verlor zwei Zähne. „Hätte ich auf dem Spielfeld gesehen, was ich später am Fernsehen feststellte, wäre Schumacher vom Platz gegangen", sagte Schiedsrichter Charles Corver aus Holland später.

Schumacher steigerte den Unmut gegen seine Person mit unbedachten Äußerungen: „Unter Profis gibt es kein Mitgefühl" – „Ich bezahle dem Battiston die Jackettkronen."

In Brasilien aber brach zu dieser Zeit eine ganze Nation in Tränen aus und wünschte Tele Santana zum Teufel. Dabei hatten die Brasilianer gegen Italien nur versäumt, ein 2:2 zu halten. Munter stürmten sie danach in ihr Verderben, was vor allem den Toren des Paolo Rossi zuzuschreiben war.

Noch vor der Abreise nach Spanien wurden über ihn und Trainer Enzo Bearzot Kübel der Häme und der Verachtung ausgeschüttet. Rossi war wegen seiner Beteiligung an einem Totoskandal für zwei Jahre gesperrt und auf Betreiben Bearzots rechtzeitig vor der WM begnadigt worden.

Wurde das Spiel Italien gegen Brasilien als das vorweggenommene Endspiel apostrophiert (Kölns Dribbelkünstler Littbarski: „Da hätte ich noch drei Stunden zuschauen können"), so ging das Halbfinalspiel Deutschland gegen Frankreich in Sevilla als das dramatischste Ereignis dieser WM in die Geschichte ein. Nachdem der kleine Alain Giresse mit dem 3:1 in der Verlängerung die technische Überlegenheit seiner Elf nachhaltig unterstrichen hatte und das Gros der Reporter ans Telefon geeilt war, um den Triumph der Franzosen zu vermelden, brachte es die deutsche Mannschaft fertig, das Steuer noch einmal herumzureißen.

Der verzagte Derwall („Wir sind hier alle überfordert") tat einen Glücksgriff, als er den permanent mit Spritzen behandelten Rummenigge einwechselte. Der Bayern-Star erzielte den Anschlußtreffer und der Kölner Fischer mit einem Fallrückzieher das 3:3. Im abschließenden Elfmeterschießen vergab Uli Stielike wie weiland Uli Hoeneß 1976 im EM-Finale gegen die ČSSR, doch weil Schumacher anschließend die Strafstöße von Six und Bossis parierte und Hrubesch seinen Elfmeter verwandelte, zog die DFB-Elf ins Endspiel ein.

Hier freilich fanden die Deutschen in Italien ihren Meister. Die Azzurri steckten den Verlust ihres Dirigenten Giancarlo Antognoni, der im Halbfinale gegen Polen eine Knochenprellung erlitten hatte, genauso weg wie einen beim Stande von 0:0 durch Collovato vergebenen Foulelfmeter.

In der zweiten Halbzeit drehte Italien in einer Weise auf, daß den Deutschen die Beine schwer wurden und Italiens greiser Staatspräsident Sandro Pertini, der auf der Tribüne des Bernabeu-Stadions zwischen König Juan Carlos und Bundeskanzler Helmut Schmidt saß, immer wieder von seinem Sitz auf sprang und Beifall klatschte.

Zum dritten Male nach 1934 und 1938 holten die Italiener den WM-Titel – ein Erfolg, der einem Wunder gleichkam. Wenige Wochen vor dem Mundial hatte sogar die DDR die Mannschaft Bearzots besiegt und angedeutet, daß die Italiener bei der WM wohl nur den Prügelknaben spielen würden.

Die zweite Runde und das Finale belehrten die Skeptiker eines Besseren. „Wir haben die Deutschen gestellt, überwältigt und übermannt", teilte „Corriere dello Sport" seinen Lesern voller Stolz mit. „La Republica" schrieb: „im Endspiel einer mittelmäßigen Weltmeisterschaft hat Italien verdient gewonnen."

Franz Beckenbauer beteiligte sich an der Suche nach dem besten Spieler dieser WM. „Kaiser" Franz setzte die Krone dem nur 1,70 m großen Römer Bruno Conti auf, mit nur 19 Länderspielen im Alter von 27 ein Spätstarter. Die Journalisten aber entschieden sich für den ehemaligen Skandalbuben Rossi.

Die deutsche Mannschaft mußte sich von Beckenbauer vorhalten lassen, in keinem Spiel die Leistung gebracht zu haben, zu der sie fähig gewesen sei. Und Jupp Derwall galt der Vorwurf, das Training zu lasch betrieben und mit Paul Breitner aufs falsche Pferd gesetzt zu haben (Hennes Weisweiler).

Besonders scharf formulierte Derwalls Trainerkollege Dietrich Weise: „Vor einigen Jahren bot die deutsche Mannschaft neben den Brasilianern noch als einzige attraktiven Fußball. Doch in Spanien frönte auch sie erst einmal dem risikoarmen Küchenhandtuch-Fußball ... Wenn wir so weitermachen wie in Spanien, dann werden sich Spieler, Trainer, Funktionäre und Journalisten bald allein auf den Fußballplätzen treffen ... Lassen wir uns von den Erfolgen im Endstadium nicht täuschen: Sie waren auch das Abfallprodukt aus der Dummheit der anderen."

Freude war dennoch angezeigt, über die Italiener, die Brasilianer, die Franzosen und hin und wieder auch über Polen und Argentinier...

El Salvador – Algerien – Kamerun, exotische Mannschaften waren ein belebendes Element der Weltmeisterschaft 1982. Sie machten manchem Favoriten zu schaffen. Belgien hatte im Eröffnungsspiel Titelverteidiger Argentinien geschlagen und dann mit El Salvador alle Mühe, wie in dieser Szene dokumentiert ist. Die Mittelamerikaner gewannen zwar nicht einen einzigen Punkt – aber viele Sympathien.

Fußball-Weltmeisterschaft 1982

Als Superstars vorgewettete Spieler kamen wegen Verletzung nicht zum Zuge – so wie Karl-Heinz Rummenigge (obere Reihe, ganz links: beim ärgerlichen 1:2 gegen Algerien) – oder wurden gar entzaubert – so wie Argentiniens Diego Maradona (obere Reihe, Mitte: im Zangengriff eines Spielers aus El Salvador). Veteranen erwiesen sich als unentbehrlich – so wie Polens Grzegorz Lato (oben) oder Brasiliens Waldir Perez (unten). Und ein Superstar feierte Wiederauferstehung: Italiens Paolo Rossi (untere Reihe, einmal mit Mannschaftskamerad Antonio Cabrini und im Zweikampf mit dem Polen Kusto).

Verzweiflung, Aberglaube – überschäumende Begeisterung, Szenen aus dem dramatischen Elfmeter-Duell zwischen Frankreich und Deutschland im Semifinale. Schumacher und Littbarski versuchen den Pechvogel Stielike zu trösten, der seinen Elfer verschoß (Fotos links, außen). Frankreichs Star Platini küßt beschwörend den Ball, ehe er antritt (Bild Mitte). Sein Landsmann Bossis ist ein Bild des Jammers, als er seinen Elfmeter verschossen hat (Mitte, unten). Und bei Stielike entlädt sich befreiender Jubel, als er Hrubesch strahlend in die Arme springt (unten).

AZZURRI

In der 57. Minute fällt das 1:0 im Endspiel Deutschland – Italien.
Torschütze ist Rossi; Torhüter Schumacher sucht den Ball
scheinbar woanders, und der Ungläubige im Hintergrund
ist Manfred Kaltz.

Jubelnd nach dem Schlußpfiff – die Weltmeister Collovati und Zoff

WM 1986 in Mexiko

Überschäumende Begeisterung in allen Stadien, vor allem bei den Spielen der Gastgeber. Die Mexikaner wollten ihre Mannschaft auf den Weltmeisterthron jubeln, doch das „Aus" kam im Viertelfinale nach einem Elfmeter-Drama in der Begegnung mit Deutschland

Kolumbien, von der FIFA ausgewählt, die Weltmeisterschaft 1986 auszurichten, hatte den Auftrag schon bald nach dem Weltturnier 1982 in Spanien zurückgeben müssen. Der südamerikanische Staat war aus wirtschaftlichen und innenpolitischen Gründen nicht in der Lage, die Auflagen der FIFA zu erfüllen, auch wenn sich Alfonso Senor als Präsident des kolumbianischen Fußballverbandes lange Zeit gegen diese Einsicht sträubte.

So mußte der Weltverband, was Skeptiker gleich nach der umstrittenen Entscheidung für Kolumbien prophezeit hatten, nach einem neuen Veranstalterland suchen. Kandidaten waren die USA mit dem früheren Außenminister Henry Kissinger sowie den Ex-Weltstars Pelé und Beckenbauer als prominentesten Fürsprechern, dazu Mexiko und Brasilien.

Die Wahl fiel auf Mexiko. In dem mittelamerikanischen Staat war man stolz auf die Ehre, als erstes Land überhaupt die Weltmeisterschaften zum zweitenmal veranstalten zu dürfen, noch dazu von einer Pause von nur 16 Jahren. Das Votum für Mexiko fiel den FIFA-Funktionären nicht allzu schwer, zumal sich die Befürchtungen vor der WM 1970 wegen der Höhenlage und dem damit verbundenen geringeren Sauerstoffgehalt der Luft sowie wegen der Hitze weitgehend als gegenstandslos erwiesen hatten. Das Turnier in Mexiko brachte damals sogar eine Schritt nach vorn, es wurde zu einem echten Fußballfest mit vielen hochklassigen Spielen.

Allerdings erhoben sich auch diesmal warnende Stimmen, vor allem wegen der wirtschaftlichen Probleme des hochverschuldeten Landes. Sie begleiteten die Vorbereitungen bis zuletzt, blieben aber doch wirkungslos gegen die überschäumende Fußballbegeisterung in diesem Land. Selbst ein verheerendes Erdbeben im September 1985, das in der Hauptstadt über 10 000 Todesopfer forderte, konnte die Mexikaner nicht dazu bewegen, auf das große Ereignis zu verzichten.

Zum zweitenmal nach der WM 1982 in Spanien durften 24 Mannschaften teilnehmen, aber erneut hatte man sich einen anderen Modus einfallen lassen –

Coca-Cola
Canon

Kopfballtor beim 2:1 gegen Belgien durch den Mexikaner Fernando Quirarte (Nr.3) (Bild oben). Publikumsliebling Hugo Sanchez (unten) konnte beim 1:1 gegen Paraguay schon nach 140 Sekunden das Führungstor seines Mannschaftskollegen Luis Flores bejubeln, doch wenige Sekunden vor dem Schlußpfiff scheiterte er mit einem Elfmeter an Torhüter Roberto Fernandez (links).

Mit einer Galavorstellung startete die Mannschaft der UdSSR, nach einem glänzend herausgespielten 6:0-Erfolg über Ungarn rechnete man die Sowjets zu den Favoriten auf den WM-Titel. Im Bild rechts setzt sich Aleijnikow (links) gegen den Ungarn Garaba durch.

TOPPER

in Brasilianer oben, der
egner unten – ein Bild mit
ymbolkraft: Die Südamerika-
er gewannen ihre ersten
ier Spiele in Mexiko jeweils
hne Gegentor.
inior, einer der Veteranen,
iberfliegt" beim 1:0-Sieg
ber Spanien seinen Gegen-
pieler Michel.

Torjubel bei den Dänen nach
dem 2:0 gegen Deutschland.
on links: Torschütze Eriksen,
Arnesen, der die Vorlage
geliefert hatte, Morten Olsen,
Mölby und Lerby.

Ihre beste Leistung boten die
Deutschen beim sensationel-
len 2:0-Sieg über den Favori-
en Frankreich im Halbfinale.
Sie zeigten nicht nur kraftvol-
len Einsatz wie in der Szene
unten Wolfgang Rolff und
Karlheinz Förster gegen
Michel Platini, sie
berraschten auch mit moder-
nem Offensivfußball.

OPEL

0:2 lag Deutschland im Endspiel gegen Argentinien im Rückstand, doch die Mannschaft gab nicht auf. Acht Minuten vor Schluß gelang Rudi Völler mit einem Kopfball der Ausgleich (unten links). Aber der Jubel (unten Mitte) kam zu früh, drei Minuten später beendete Burruchaga mit dem 3:2 für Argentinien alle Träume vom WM-Titel. Dem Schlußpfiff folgte bei den Deutschen der Augenblick der maßlosen Enttäuschung (Bild oben). Die Argentinier dagegen feierten überschwenglich ihren Triumph. Im Mittelpunkt der Ovationen: Kapitän Diego Maradona, der überragende Spieler des Turniers (rechts).

Die Mannschaften, die sich in dem mit 117 000 Zuschauern ausverkauften Azteken-Stadion ein dramatisches Endspiel geliefert hatten. Oben die Argentinier, die verdientermaßen den Weltmeistertitel gewannen. Unten die Deutschen, die mit dem Vorstoß ins Finale mehr erreichten, als man ihnen zugetraut hatte. Mit ihrer Kampfkraft brachten sie selbst die spielerisch überlegenen Südamerikaner noch an den Rand einer Niederlage.

Weltmeisterschaft 1986

eine Regelung, die Spannung und Niveau zumindest nach der Vorrunde förderte, wie sich später zeigte. Gestartet wurde mit sechs Gruppen zu je vier Teams, 36 Spiele in den ersten zwei Wochen dienten lediglich dazu, von den angetretenen 24 Mannschaften acht zu eliminieren. Ein ziemlich aufwendiges Verfahren also, und nicht ganz befriedigend am neuen Reglement war ferner, daß neben den sechs Gruppenletzten auch die nach Punktverhältnis und Tordifferenz schlechtesten zwei Gruppendritten die Heimreise antreten mußten.

Der zweite Teil des Mammut-Turniers wurde schon vom Achtelfinale an im K.o.-System ausgetragen, gewissermaßen ein Rückgriff auf die WM-Turniere von 1934 und 1938. Die Verlierer schieden also sofort aus. Da gab es kein Taktieren mehr, da nützte kein Jonglieren – mit Unentschieden und Tordifferenz, um in das Halbfinale vorzustoßen. Die FIFA hatte aus den skandalösen Vorfällen bei der WM in Spanien Konsequenzen gezogen.

Die schon vorher berühmt gewordene „Ola", die Welle der Begeisterung, umrundete immer wieder das ausverkaufte Azteken-Stadion in Mexico City, als das Turnier am 31. Mai mit einer farbenfrohen Fiesta Mexicana eröffnet wurde. 112 500 Zuschauer bejubelten ausgelassen folkloristische Darbietungen, nahmen dagegen die Eröffnungsrede des mexikanischen Präsidenten Don Miguel de la Madrid eher reserviert auf.

Der Enthusiasmus des Publikums hielt sich auch beim Auftaktspiel in Grenzen. Die Ehre, diese erste Partie zu bestreiten, wurde – wie immer seit 1974 – dem Titelverteidiger zuteil. Und die Italiener waren sichtlich bemüht, endlich einmal den Start in eine WM nicht zu einem langweiligen Ballgeschiebe verkommen zu lassen. Gegen Bulgarien zeigten sie eine bei ihnen ungewohnte Offensivfreude, betrieben damit Sympathiewerbung. Doch nach 90 Minuten war ihnen zum Heulen zumute – nur ein 1:1 gab es gegen die Bulgaren, die das Unentschieden wie einen Sieg feierten. Von vielen Torchancen verwertete der amtierende Champion nur eine einzige: Alessandro Altobelli, der vier Jahre vorher in Spanien mit dem 3:1 gegen Deutschland den Schlußpunkt gesetzt hatte, eröffnete diesmal den Torreigen in der 43. Minute. Die Italiener waren offenbar zu sehr von ihrem Spiel angetan. Sie wurden leichtsinnig – und die Strafe folgte mit dem Ausgleich fünf Minuten vor dem Abpfiff.

Schon beim vermeintlichen „Schlager" dieser Vorrundengruppe A, beim Treffen des Titelverteidigers mit Argentinien, dominierte wieder der Sicherheitsfußball. 1:1 lautete schließlich das logische Resultat einer Partie, in der man sich gegenseitig nicht weh tat. Danach geriet Argentiniens Superstar Diego Maradona, den die Italiener bei der WM in Spanien noch als Freiwild betrachtet hatten, ins Schwärmen: „Bisher war noch keiner meiner Gegenspieler so fair."

Das konnte nicht verwundern: „Kettenhund" für den kleinen Ballzauberer war kein anderer als ein Mannschaftskollege vom SSC Neapel, Salvatore Bagni. Der ließ seinem Freund kaum einen Stich, aber seine einzige Chance nützte der Argentinier doch zum Ausgleich. Maradonas Lob trieb übrigens dem sonst so harten Bagni, der sich bei Trainer Enzo Bearzot freiwillig für den Sondereinsatz gegen Diego gemeldet hatte, Tränen in die Augen.

Nicht alle Vorrundenspiele verliefen so fair. In den 36 Begegnungen wurden nicht weniger als sechs Übeltäter vom Platz gestellt, 75 Akteure mußten verwarnt werden. Die Schiedsrichter zückten öfter als je zuvor rote und gelbe Karten, dagegen fielen weniger Tore als in den Vorrunden der vorangegangenen WM-Turniere – nur 84, was einem Schnitt von 2,33 entsprach.

Zahlreiche Spiele konnten die Zuschauer in den Stadien und das Millionen-Publikum vor den Fernsehschirmen nicht mitreißen. Allzu viele Mannschaften gingen recht vorsichtig zu Werke, und nicht jedes müde Gekicke war mit der Höhenlage oder der Hitze Mexikos zu entschuldigen. Die wenigen Glanzlichter setzten die Sowjets mit einer überzeugenden Leistung beim 6:0 über Ungarn und die Dänen mit berauschendem Angriffsfußball beim 6:1 über das Team aus Uruguay, das mit brutaler Härte alle Sympathien verspielte. Auch die Franzosen knüpften wenigstens teilweise an ihre großartige Form an, mit der sie 1984 den Europameistertitel gewonnen hatten.

Zum Überraschungsteam entwickelte sich jedoch Marokko. Mit artistischem und auch taktisch klugem Fußball wurden die von dem Brasilianer José Faria trainierten Afrikaner Sieger der Gruppe F, immerhin vor England, Polen und Portugal. Keine andere Gruppe bot so viel Spannung. Die Engländer, nach einer 0:1-Niederlage gegen Portugal und einem 0: 0 gegen Marokko bis auf die Knochen blamiert und von der Londoner Boulevardpresse schon als „Fußballtrottel der Welt" bezeichnet, zogen sich im letzten Gruppenspiel mit einer Energieleistung gerade noch selbst aus dem Sumpf. Beim 3:0-Erfolg über Polen benötigte der überragende Stürmer Gary Linecker in der ersten Halbzeit nur 28 Minuten, um mit drei Treffern, also einem lupenreinen Hattrick, zu einem WM-Star zu werden.

Bei der Gruppen-Auslosung im Dezember 1985 hatte den Deutschen Fußball-Bund zum erstenmal nach langer Zeit das schon sprichwörtliche Losglück verlassen: Die Bundesrepublik, Dänemark, Uruguay und Schottland stellten ein Quartett dar, das zumindest auf dem Papier stärker erschien als die fünf anderen. Das Schlagwort von der „Todesgruppe" machte die Runde.

Die Qualifikation hatte für den DFB nach glänzendem Start doch einige Tiefpunkte gebracht, so vor allem eine 0:1-Heimniederlage gegen Portugal, den ersten doppelten Punktverlust in einem WM-Ausscheidungsspiel überhaupt. Franz Beckenbauer, seit 1984 Teamchef als Nachfolger von Bundestrainer Jupp Derwall, war selbst in den letzten Testspielen noch zum Experimentieren gezwungen. Das war keine eingespielte Mannschaft, mit der er nach Mexiko geflogen war, da machte sich der „Kaiser" nichts vor.

Die Deutschen waren, weil sie bei der letzten WM das Endspiel erreicht hatten, neben Weltmeister Italien, dem WM-Dritten Polen, Europameister Frankreich, Brasilien und Ausrichter

Mexiko als sogenannter „Gruppenkopf" gesetzt worden. Diese privilegierten Verbände kannten schon lange Zeit vor der Auslosung die Austragungsorte ihrer Vorrundenspiele, konnten deshalb früher als die anderen mit Vorbereitungen in der Quartierfrage beginnen.

Beckenbauer hatte sich bereits 1985 für das „La Mansion" in San Juan Galindo entschieden – 40 km südlich von Queretaro, der Stadt der drei deutschen Gruppenspiele, gelegen. Die prachtvolle Hotelanlage im Stil einer alten Hazienda schien besser als jedes andere Quartier dafür geeignet zu sein, einen Lagerkoller zu vermeiden. Doch selbst in diesem „Paradies" zerrten drei Wochen der Kasernierung an den Nerven – bei Trainern, Spielern und Funktionären.

Es gab Verletzungen beim Training, Streitigkeiten in den eigenen Reihen und mit den Kritikern. Hektische Stimmung kam auf, weil sich die Spieler von den mehr als hundert im Mannschaftshotel wohnenden deutschen Journalisten auf Schritt und Tritt beobachtet fühlten, weil bei jeder sich bietenden Gelegenheit eine Fernsehkamera auf sie gerichtet war. Der Teamchef lag im Clinch mit den Medien, holte zu verbalen Rundschlägen aus und machte aus der Ferne sogar auch noch die Bundesliga nieder. Das „Kaiser"-Image war angekratzt.

Schottlands Torhüter Leighton streckt sich vergeblich, Klaus Allofs erzielt nach Vorarbeit von Rudi Völler den 2:1-Siegtreffer für Deutschland. Zuvor hatte Völler nach einer Allofs-Flanke für den Ausgleich gesorgt.

An Chancen fehlte es den Deutschen nicht im Spiel gegen Dänemark, aber alle wurden vergeben. So auch die, als Klaus Allofs (rechts) und Lothar Matthäus die gegnerische Abwehr überlaufen hatten (Bild oben).

Trotz der 0:2-Niederlage erreichte die deutsche Mannschaft das Achtelfinale, in dem sie auf Marokko traf. Gegen das Überraschungsteam der Vorrunde gelang Matthäus erst zwei Minuten vor Schluß das Siegtor. In der harten Abwehr der Marokkaner betätigte sich die Nummer 14 einige Male als Catcher. Zu seinen „Opfern" gehörten Karl-Heinz Rummenigge und Lothar Matthäus (unten links und rechts).

Im „La Mansion" gab es nur in einem Punkt völlige Übereinstimmung: Es wird höchste Zeit, daß endlich Fußball gespielt wird. Doch auch der erste Auftritt gegen Uruguay brachte erst ganz am Schluß eine gewisse Befreiung von dem Druck, der auf dem deutschen Team lastete. Bezeichnend für die Irrungen und Wirrungen im Spiel der Deutschen, daß ein unbegreiflicher Fehlpaß von Lothar Matthäus schon nach fünf Minuten dem Gegner das Führungstor ermöglichte.

Der Schock bewirkte immerhin etwas: Elf Mann wuchsen zusammen, ein „Wir-Gefühl" entwickelte sich, die Mannschaft kämpfte vorbildlich. Die Südamerikaner versuchten mit allen möglichen Tricks und Mätzchen, ihren Vorsprung ins Ziel zu retten, erst fünf Minuten vor Schluß gelang Klaus Allofs der längst verdiente Ausgleich. Beckenbauer ließ sich danach zu einem überschwenglichen Lob hinreißen: „Der Hut kann gar nicht groß genug sein, den ich nach dieser Leistung vor meiner Mannschaft ziehen muß."

Ein 2:1-Sieg über Schottland durch Tore von Rudi Völler und Klaus Allofs bedeutete bereits den Einzug ins Achtelfinale, das letzte Gruppenspiel gegen die „Wikinger" aus Dänemark mußte nur noch die Entscheidung über Platz eins und zwei bringen. Die Gerüchteküche brodelte, weil andere Gruppen ihre Treffen bereits abgeschlossen hatten und die Gegner für die Runde der letzten 16 schon feststanden: Spanien für den Gruppensieger, Marokko für den Zweiten.

Beide Lager beschuldigten sich gegenseitig geplanter Passivität: „Die wollen gar nicht gewinnen, um in der nächsten Runde Marokko zum Gegner zu bekommen.“ Und beide Seiten dementierten energisch. „So ein Schmarrn“ grantelte Beckenbauer. Sepp Piontek, der deutsche Trainer der Dänen, konnte die Auseinandersetzung kaum erwarten: „Die Deutschen sind uns so lang aus dem Weg gegangen. Jetzt wollen wir wissen, wer der Bessere ist.“ Die Besseren waren an diesem Tag die Skandinavier. Ihr 2:0-Erfolg durch Tore von Jesper Olsen (Foulelfmeter) und Eriksen war verdient.

Teamchef Beckenbauer verblüffte wiederum mit einer eigenwilligen Interpretation des Spielgeschehens. Nach der soliden Leistung beim Erfolg gegen die Schotten hatte er seine Männer ziemlich hart kritisiert, diesmal hatte er „eine sehr starke deutsche Mannschaft und das vielleicht beste WM-Spiel überhaupt“ gesehen. Nur die Tore hätten gefehlt, genügend Chancen habe man herausgespielt.

Wie auch immer – das erste Ziel, das Achtelfinale, war erreicht. Trotzdem ging der hausgemachte Ärger nicht zu Ende, sprach man im deutschen Lager noch immer nicht nur vom Fußball, sondern auch weiterhin über Querelen. Spieler der zweiten Garnitur wollten ihre undankbare Rolle nicht ohne Widerspruch hinnehmen, Karl-Heinz Rummenigge brachte mit Vorwürfen gegen den „Kölschen Klüngel“ – gemeint waren Harald Schumacher, Pierre Littbarski und Klaus Allofs – viel Unruhe in das Team. Der Kapitän der Nationalmannschaft, sei 1984 bei Inter Mailand unter Vertrag, war wegen vorangegangener Verletzungen nicht hundertprozentig fit und wurde in allen drei Vorrundenspielen nur in der Schlußphase als Austauschspieler eingesetzt. Er konnte sich nicht damit abfinden, daß er lediglich als „Joker“ zum Zug kam.

Standen die Deutschen wirklich vor der niedrigeren Hürde auf dem Weg ins Viertelfinale, war Marokko leichter zu bezwingen als Spanien? Franz Beckenbauer warnte aus eigener Erfahrung. Er war dabei gewesen, als die deutsche Mannschaft 16 Jahre vorher, bei der ersten Weltmeisterschaft in Mexiko, im ersten Spiel gegen Marokko nur mit Müh und Not 2:1 gewann. Außerdem gab es unangenehme Erinnerungen an weitere WM-Spiele gegen vermeintliche „Fußball-Zwerge“ aus Afrika, an das 0:0 gegen Tunesien 1978 in Argentinien, an die 1:2-Pleite gegen Algerien 1982 in Spanien. Und nicht ohne Grund sprach man von der „Hölle von Monterrey“ wegen der drückenden, schwülen Hitze in der Stadt, in der man zum Achtelfinalspiel antreten mußte.

Wieder tat sich das DFB-Team schwer gegen die Marokkaner, die als erste afrikanische Mannschaft in der WM-Geschichte die erste Runde überstanden hatten. Die Außenseiter zeigten allerdings viel Respekt vor dem Gegner. Sie waren nicht sehr bemüht, selbst Treffer zu erzielen, sondern offensichtlich nur darauf aus, Tore zu verhindern. Das gelang ihnen gegen die einfallslos anstürmenden Deutschen bis zwei Minuten vor Schluß, doch dann wurde den Zuschauern eine Verlängerung des Trauerspiels erspart.

Bei einem Freistoß – fast 30 Meter vom Tor entfernt – schnappte sich Lothar Matthäus den Ball vom ebenso schußwilligen Karl-Heinz Rummenigge, der zum erstenmal bei dieser WM von Anfang an mitwirken durfte. Mit einer Art Verzweiflungsschuß traf er ins Netz. Gedankenschnell hatte er erkannt, daß die marokkanische Mauer falsch stand und obendrein dem bis dahin überragenden Torhüter Zaki Baddou die Sicht verdeckte. „Immerhin sind wir bei dieser WM die ersten, die Marokko geschlagen haben“, meinte Klaus Allofs. Viel mehr Positives war zu dieser Partie nicht zu sagen.

Fußball-„Ballett“ mit Rummenigge und Briegel (großes Foto) beim Viertelfinalspiel Mexiko – Deutschland. Harald Schumacher wird zum Helden des Elfmeter-Dramas: Er hält den Strafstoß von Quirarte (links oben) und danach auch noch den Elfmeter von Servin.
Die Nervenanspannung ist vorbei; Jubel nach dem 4:1 im Elfmeterschießen (oben, Mitte). Oben rechts: Duell zwischen Karlheinz Förster und Hugo Sanchez.

Auch Argentinien, mit 3:1 über Südkorea, dem 1:1 gegen Italien und einem 2:0 gegen Bulgarien mühelos ins Achtelfinale gekommen, mußte sich gegen Uruguay mit einem 1:0 begnügen. Aber dieser Sieg war ein bißchen souveräner herausgespielt als der deutsche Erfolg über Marokko.

Dirigiert und angetrieben von Diego Maradona, erarbeiteten die Argentinier viele Chancen gegen die Bösewichte aus dem Nachbarland, die sich zum erstenmal in diesem Turnier nicht danebenbenahmen. Die FIFA hatte die Unfairneß der „Urus“ in der Vorrunde mit einer hohen Geldstrafe geahndet und außerdem Trainer Omar Borras auf die Tribüne verbannt, von wo aus er seine Direktiven per Sprechfunk gab.

Überzeugend traten am gleichen Tag die Brasilianer auf. Nach drei Zu-Null-Siegen in der Vorrunde über Spanien, Algerien und Nordirland fertigten sie Polen mit 4:0 ab. Vor allem in der zweiten Halbzeit zauberten sie zum Entzücken ihrer zu Tausenden angereisten Fans, die das Stadion in Guadalajara in ein gelb-grünes Fahnenmeer verwandelten. „Samba-Fußball“, schwärmten die Experten.

Zwei Mannschaften dagegen, die in der Vorrunde mit modernem, technisch ausgereiftem Spiel die Fußballfreunde zu Applaus auf offener Szene veranlaßt

Halbfinalspiel Deutschland – Frankreich. Kein Durchkommen gab es für die französischen Stürmer. Hier wird Yannick Stopyra nicht gerade regelrecht von Ditmar Jakobs gestoppt. Rechts Andreas Brehme.
Schon nach neun Minuten führte Deutschland mit 1:0 durch Andreas Brehme (Foto rechts, nicht sichtbar). Torwart Joel Bats ließ den scharf getretenen Ball unter dem Körper hindurch über die Linie rutschen.
Torwart Harald Schumacher war beim 2:0 in hervorragender Form. Frankreichs Superstar Michel Platini (rechts unten am Boden) machte dabei keinen Stich.

hatten, mußten vorzeitig nach Hause fahren. Die UdSSR unterlag den „Roten Teufeln" aus Belgien, die ihrem Namen plötzlich alle Ehre machten, in der Verlängerung, der ersten übrigens bei dieser WM, mit 3:4. Dieses Resultat überraschte deshalb so sehr, weil sich die Belgier gerade noch als Gruppendritter qualifiziert hatten und sich – ebenso wie die Deutschen mit internen Problemen herumplagen mußten. Es war ein mitreißendes Spiel, in dem vor allem die Kampfkraft des siegreichen Teams faszinierte.

Die Dänen wurden von den Spaniern auf grausame Weise aus dem siebten Fußball-Himmel in den nüchternen Alltag zurückgeholt. Ein katastrophaler Fehlpaß von Jesper Olsen, der die zunächst überlegenen Dänen mit einem Elfmeter in Führung gebracht hatte, führte kurz vor dem Halbzeitpfiff zum 1:1 und leitete den Umschwung ein. Den größten Tag seiner Karriere hatte Emilio Butragueno, den sie in Spanien den „Geier" nennen. Er machte reiche Beute, blitzschnell stieß er immer wieder durch die dänische Abwehr, erzielte vier der fünf spanischen Treffer.

Die Geheimfavoriten UdSSR und Dänemark waren aus dem Rampenlicht verschwunden, England dagegen erstrahlte nach enttäuschenden Startvorstellungen mit einem neuen Team zu alter Herrlichkeit. Ein 3:0 über Paraguay wurde eindrucksvoll herausgespielt. Gastgeber Mexiko setzte sich erwartungsgemäß mit 2:0 gegen Bulgarien durch, wobei Manuel Negrete mit einem zirkusreifen Scherenschlag das schönste Tor des Turniers schoß – ein Tor, von dem jeder Fußballspieler nur träumen kann.

Für den Titelverteidiger war das Achtelfinale schon Endstation. Weltmeister Italien gegen Europameister Frankreich hieß die Paarung, die 70 000 ins Aztekenstadion lockte. Dabei wurde Frankreichs Star Michel Platini, der inzwischen seine Millionen bei Juventus Turin verdiente, nach schwächerem Turnierbeginn dem Superlativ „Platinissimo" gerecht, den ihm die Tifosi in Italien verliehen hatten. Beim nie gefährdeten 2:0-Erfolg der Franzosen führte er Regie, schoß das 1:0 selbst und bereitete das 2:0 durch Yannick Stopyra vor. Das Fazit dieser reizvollen Begegnung: Spielkunst besiegte Cleverneß.

Auch dieses Aufeinandertreffen europäischer Spitzenmannschaften war eine Bestätigung dafür, daß die WM 1986 in der zweiten Runde eine Verbesserung der Qualität erlebte. Wunderdinge konnte das K.o.-System zwar nicht bewirken, aber die Risikobereitschaft mußte zwangsläufig größer werden, die Spiele wurden dadurch spannender.

Das Viertelfinale brachte sogar noch eine Steigerung der Dramatik. Drei der vier Spiele mußten durch Elfmeterschießen entschieden werden – ein Novum in der Geschichte der Weltmeisterschaften. Gleich die erste Partie in Guadalajara zwischen Frankreich und Brasilien wurde zum absoluten Höhepunkt des Turniers, zu einem Fußballfest der Superlative – und zu einer Tragödie für die Südamerikaner.

1:1 hieß es nach Ablauf der regulären Spielzeit. In der 82. Minute war der lange Zeit verletzt gewesene, erst kurz vorher eingewechselte Zico mit einem Foulelfmeter an Frankreichs Torhüter Joel Bats gescheitert, der an diesem Tag über sich hinauswuchs. Die Verlängerung brachte zwar noch viele spielerische Delikatessen, aber keine weiteren Treffer mehr.

Beim Elfmeterschießen meisterte Bats erneut einen Strafstoß, gleich den ersten, von Socrates getretenen. Von den französischen Schützen schaufelte Platini den Ball über das Tor. Schließlich stand den Europäern das Glück zur Seite: Als Bellone den Pfosten traf, prallte die zurückspringende Lederkugel vom Rücken des brasilianischen Torhüters Carlos über die Linie. Und beim Versuch des Brasilianers Julio Cesar klatschte der Ball vom Pfosten ins Feld zurück. Das geschah beim Stand von 3:3, anschließend verwandelte Fernandez den letzten der zehn Elfmeter zum entscheidenden 4:3.

Es war ein „Jahrhundert-Spiel", das eigentlich keinen Verlierer verdient hatte. „Wir scheiden aus, ohne verloren zu haben", jammerte der brasilianische Mittelfeldstar Alemao. Bei den über 12 000 meist ganz in Gelb gekleideten brasilianischen Schlachtenbummlern herrschte grenzenlose Trauer. Und keiner von ihnen schämte sich der Tränen, von denen an diesem denkwürdigen Tag viele flossen. Trainer Tele Santana erklärte noch am gleichen Abend seinen Rücktritt.

„So wunderschön und grausam kann Fußball sein", lautete die treffende Überschrift zu einem Bericht über das Drama von Guadalajara. Nicht so hochklassig, aber kaum weniger dramatisch verlief das Spiel in der Wüstenstadt Monterrey, in der sich Mexiko und Deutschland um den Einzug ins Halbfinale duellierten. In einer aufgeheizten Atmosphäre wurde verbissen gekämpft, kam das spielerische Moment zu kurz. Vor allem die Spieler des Gastgeberlandes übertrieben gelegentlich die Härte, sie verkrampften dabei, wirkten kopflos.

Die Deutschen konnten sich auf ihren großartigen Torwart Harald Schu-

macher verlassen. Sie hatten die Partie unter Kontrolle – auch dann noch, als Sie von der 65. Minute an in Unterzahl spielen mußten. Verteidiger Thomas Berthold wurde, als er sich nach einem Foul von Amador zu einer Tätlichkeit hinreißen ließ, vom Platz gestellt. Zehn Mann hielten das 0:0 bis zum Ende der regulären Spielzeit, und sie hatten in der Verlängerung sogar die größeren Reserven. Für die letzten zehn Minuten wurde das zahlenmäßige Gleichgewicht wiederhergestellt. Schiedsrichter Jesus Diaz aus Kolumbien zeigte auch dem Mexikaner Aguirre nach einem brutalen Foul an Lothar Matthäus die rote Karte. Doch es blieb beim torlosen Unentschieden.

Das Elfmeterschießen wurde zur großen Show von Supermann Schumacher. Er blieb Sieger gegen Quirarte und Servin, mußte sich nur bei Negretes Schuß geschlagen geben, für Deutschland verwandelten die nervenstarken Schützen Allofs, Brehme, Matthäus und Littbarski ihre Strafstöße sicher. 4:1 lautete das deutliche Resultat.

Typisch deutsche Fußball-Tugenden – Kampfgeist, Disziplin, mannschaftliche Geschlossenheit – hatten sich wieder einmal durchgesetzt. Franz Beckenbauer fiel fast hörbar ein Stein vom Herzen. „Der liebe Gott hat uns heute ins Gesicht geschaut" sagte er aufatmend. Die besiegten Mexikaner weinten. Und als sie sich einigermaßen wieder gefangen hatten, lobten sie ihre Gegner über alle Maßen. „Selbst wenn die Deutschen Sorgen und Probleme haben, gewinnen sie immer noch", wunderte sich Bora Milutinovic, der jugoslawische Trainer der Mexikaner.

Der dritte Elfmeter-Krimi ging in Puebla über die Bühne. 1:1 stand es nach 90 Minuten und auch noch nach Verlängerung. Als danach wieder Strafstöße geschossen werden mußten, behielten die Belgier mit 5:4 die Oberhand. Wie Schumacher bei den Deutschen, so wurde auch hier von den Siegern Jean-Marie Pfaff, Torhüter in Diensten des FC Bayern München, als Held des Tages gefeiert. Er badete im Jubel und Trubel, kostete seine Rolle voll aus. Mit einer Serie von Glanzparaden hatte Pfaff die spanischen Stürmer schier zur Verzweiflung gebracht, und er hielt auch gleich den zweiten Strafstoß von Eloy. Weil alle anderen Elfmeter auf beiden Seiten verwandelt wurden, war das die Entscheidung.

Unter 90 000 Besuchern im Aztekenstadion von Mexiko City befanden sich Tausende von Polizisten und Sicherheitskräften in Zivil, denn die Begegnung Argentinien gegen England stand unter besonderen Vorzeichen. Der 74-Tage-Krieg um die Falkland-Inseln im Jahr 1982, der über 1000 Todesopfer gefordert hatte, war noch nicht vergessen. Die Argentinier hatten bis zu diesem Zeitpunkt den Kriegszustand nicht für beendet erklärt, unterhielten keine diplomatischen Beziehungen zu Großbritannien.

Doch auf dem Rasen fand kein „Krieg" statt. Beide Teams kämpften mit hohem Einsatz, aber fair. In einem großen Spiel verloren die Engländer 1:2 – besiegt durch eine Fehlentscheidung des tunesischen Schiedsrichters Ali Bennacour, vor allem aber durch den alle überragenden Ausnahmekönner Diego Maradona. Weder der Unparteiische noch sein Assistent an der Seitenlinie hatten bemerkt, daß Maradona das Führungstor nicht mit dem Kopf, sondern mit der Hand erzielte. Blitzschnell hatte er den Arm in die Höhe gereckt und den Ball über Torwart Peter Shilton hinweg ins Netz gelenkt. Auf drängende Fragen sprach der Argentinier nach dem Spiel den am öftesten zitierten Satz dieser WM: „Es war die Hand Gottes und der Kopf Maradonas."

Drei Minuten nach dem irregulären Treffer setzte sich der 25jährige allerdings selbst die Krone des Königs auf – mit einem Tor, wie nur er es auf seine unnachahmliche Art zustande bringen konnte. Er startete von der Mittellinie aus zu einem Solo, ließ vier Engländer wie Statisten stehen, umkurvte auch noch den Torhüter und schoß zum 2:0 ein. Den Briten nützte der Anschlußtreffer durch Linecker nichts mehr. Sie verloren – im Gegensatz zu einem Teil ihrer gefürchteten Fans mit Anstand.

Gegner des DFB-Teams im Halbfinale war Frankreich. Nach den glanzvollen Vorstellungen des Europameisters in den vorangegangenen Spielen glaubten laut Umfrage eines Meinungsforschungsinstituts nur 35 Prozent der Deutschen an einen Sieg der Beckenbauer-Mannschaft. Doch Karl-Heinz Rummenigge ließ, stellvertretend für alle Spieler, wiedergewonnenes Selbstvertrauen erkennen: „Die Franzosen haben doch vor uns die Hosen gestrichen voll."

Das Treffen in Guadalajara schien seine Meinung zu bestätigen, das Europameister-Team wirkte verunsichert und ausgebrannt. Die Deutschen gewannen durch Tore von Andreas Brehme und Rudi Völler fast sensationell 2:0. Sie hatten wieder einmal ihren Ruf als Turnier-Mannschaft bestätigt, ihre Fähigkeit bewiesen, sich von Spiel zu Spiel steigern zu können. Über viel Kampf und auch Krampf hatten sie zu ihrem wirklichen Leistungsvermögen gefunden, gegen Frankreich boten sie über längere Phasen Fußball allererster Klasse. Zum fünftenmal hatte Deutschland ein WM-Endspiel erreicht – ein Rekord. „Das ist mehr, als ich mir jemals erträumt habe", gestand Teamchef Beckenbauer.

„Macht es den Deutschen nach", forderte Belgiens Trainer Guy Thys seine Männer auf, die bis dahin ebenfalls schon ihre eigenen Erwartungen übertroffen hatten. Doch im Halbfinale war Endstation für die „Roten Teufel". Gegen Argentinien verloren sie vor 110 000 im Aztekenstadion. Die Südamerikaner trumpften zwar nicht so auf wie gegen England, aber sie hatten ja einen Maradona. Der erzielte wiederum beide Treffer – und Belgiens Torhüter Jean-Marie Pfaff behauptete danach kühn: „Mit Maradona wären wir jetzt im Finale." Eine Auffassung, der man kaum widersprechen konnte.

Die deutsche Mannschaft schwamm vor dem Endspiel auf einer Welle der Begeisterung über sich selbst. „Jetzt wollen wir auch den Cup", verkündete Matthäus voller Überzeugungskraft. Der Münchner wurde mit der wichtigsten Aufgabe seiner Karriere betraut. Er sollte Maradona stoppen, den Zauberer gewissermaßen entzaubern. Argentiniens Kapitän ging im Finale tatsächlich leer aus, was Tore betraf, an Energiebündel Matthäus lag es nicht, daß Deutschland das Endspiel mit 2:3 (0:1) verlor.

Ausgerechnet der Abwehr, dem Glanzstück der Elf, unterliefen verhängnisvolle Fehler. Und ausgerechnet Weltklasse-Torwart Schuhmacher verhalf den Südamerikanern zum Führungstreffer. Bei einem Burruchaga-Freistoß flatterte er „wie ein gelber Zitronenfalter" (so die „Süddeutsche Zeitung") im Strafraum herum, Argentiniens Libero Brown hatte keine Mühe, den Ball mit dem Kopf zum 1:0 ins leere Tor zu befördern (22. Minute).

Aber es kam noch schlimmer: Nach Seitenwechsel, in der 56. Minute, funktionierte der Aufbau einer Abseitsfalle nicht, nach einem wunderschönen Steilpaß schob der allein durchgelaufene Valdano dem herausstürzenden Schumacher das Leder durch die Beine ins lange Eck. Jede andere Mannschaft hätte wohl nach einem 0:2-Rückstand gegen diese Argentinier resigniert, die deutsche tat es nicht. Daß sie nie aufgab, wurde 16 Minuten vor Schluß mit einem Abstaubertor Rummenigges belohnt. Es war der letzte Treffer in der Länderspiel-Karriere des Kapitäns. Und acht Minuten vor dem Ende geschah das Unglaubliche: Völler köpfte zum Ausgleich ein. Der Jubel im Aztekenstadion war unbeschreiblich, selbst die neutralen unter den 117 000 Zuschauern feierten das deutsche Team plötzlich überschwenglich. Zwei Tore gegen Argentinien – das hatte es bei dieser WM noch nicht gegeben.

Die deutschen Spieler ließen sich von der Euphorie mitreißen, blieben nicht kühl genug. Statt das 2:2 über die Zeit zu bringen und in einer möglichen Verlängerung die überlegene Physis auszuspielen, stürmten sie munter weiter. Das Vabanquespiel rächte sich. Ein brillanter Paß von Maradona – es war seine größte Tat in diesem Finale – erreichte Burruchaga, der ließ Schumacher keine Chance. 3:2 für Argentinien fünf Minuten vor dem Schlußpfiff: Da wußten alle, daß dies die Entscheidung bedeutete.

Die Deutschen waren wieder Vizeweltmeister – wie 1982. Aber Enttäuschung und Zufriedenheit waren diesmal größer als vier Jahre vorher in Spanien. Die Enttäuschung, weil der Titel in Mexiko bis kurz vor dem Schluß greifbar nahe schien. Und die Zufriedenheit, weil die Mannschaft viel mehr erreicht hatte, als ihr der überaus kritische Teamchef zugetraut hatte. „Ich stelle den Erfolg von Mexiko noch über meinen eigenen Titelgewinn 1974 in Deutschland als Spieler", sagte Franz Beckenbauer. Und er begründete diese Einschätzung so: „1974 waren wir der programmierte Weltmeister. Wir mußten einfach siegen. Diesmal haben wir alle mit unseren Leistungen überrascht."

Die Argentinier feierten ihren Triumph so ausgelassen, wie es nur Südländer können. Fans rollten ein Spruchband auf dem Rasen aus: „Perdon Bilardo, Graeias" – „Entschuldigung, Bilardo, danke", stand da in riesigen Lettern zu lesen. Denn der 50jährige Carlos Salvador Bilardo, Kinderarzt von Beruf, war vor der WM umstritten wie kein anderer Trainer. Hohn und Spott waren ihm und der Mannschaft in der Heimat entgegengeschlagen. Kritik hatte er sich auch von Cesar Luis Menotti, einem seiner Vorgänger, anhören müssen. „Bilardos Taktik tötet das Herz unseres Fußballs", hatte der Weltmeister-Macher von 1978 als Zeitungskolumnist getadelt.

Doch Bilardo, der nur vier Wochen Zeit hatte, um alle Auslands-„Legionäre" in seine Mannschaft zu integrieren, schaffte ein kleines Wunder. Sein Verdienst: Er formte aus Individualisten ein Team, das „Fußball total" spielte mit Herz und Hirn. Sein Glück: Zu diesem Team gehörte ein Maradona, der vier der sieben argentinischen Spiele mehr oder weniger im Alleingang entschied.

Am Ende dieser Weltmeisterschaft stand ein Bild einsamer Größe: Franz Beckenbauer allein und gedankenverloren auf dem Rasen des Olympiastadions in Rom, der Triumphator fern des lärmenden Jubels seiner Mannschaft, die soeben ihre verdiente Ehrenrunde drehte.

Noch selten war der Anteil eines Trainers am WM-Erfolg seiner Mannschaft so groß wie der des „Kaisers“ am Titelgewinn Deutschlands 1990 in Italien. Mit unangreifbarer Kompetenz bestimmte er nicht nur Aufstellung und Taktik. Es gelang ihm auch – anders als noch in Mexiko 1986 –, in der Mannschaft ein Klima harmonischer Professionalität zu erzeugen, welches ohne aufgesetzte Kumpanei der Schlüssel zum Titelgewinn wurde. Das Fehlen einer herausragenden Spielerpersönlichkeit, eines „Chefs“ auf dem Rasen, wie Herberger ihn 1954 in Fritz Walter und Schön 1974 in eben jenem Beckenbauer hatten, wurde plötzlich nicht mehr als Mangel empfunden – es gab ja den „Teamchef“. Und tatsächlich schien sich die Aura des Erfolges, die Franz Beckenbauer seit langem umgibt, reibungslos auf seine Spieler zu übertragen.

Dabei war der Anfang schwer gewesen. Noch nie schien eine deutsche Mannschaft in der WM-Qualifikation so vom Scheitern bedroht wie diesmal. Aufgrund des nicht eben leicht durchschaubaren Modus in Europa mußte das letzte Spiel in Köln gegen Wales unbedingt gewonnen werden, um hinter Holland wenigstens noch Gruppenzweiter zu werden. Groß war der Schreck, als die Waliser in Führung gingen. In einer wirklichen Zitterpartie gelang es, das Spiel noch umzudrehen und durch Tore von Völler und Häßler die Reise nach Italien sicherzustellen. „Mit Mühe und Not über den Brenner gekrochen“, urteilte die „Süddeutsche Zeitung“.

Leidtragende des deutschen Sieges waren die Dänen, überall wegen ihrer attraktiven Spielweise und ihrer phantasievollen Fans beliebt. Sie mußten in ihrer Gruppe den Rumänen den Vortritt lassen und scheiterten im Vergleich der Gruppenzweiten knapp an Deutschland. Überraschend auf der Strecke blieb auch der WM-Dritte Frankreich. Ansonsten aber waren alle dabei, die im Fußball Rang und Namen hatten. Brasilien, der dreifache Weltmeister, erreichte seine Qualifikation nach nur 69 Minuten im Rückspiel gegen Chile. Nach einem 1:1 im ersten Spiel lag Brasilien in Rio mit 1:0 in Führung, als Chiles Torwart angeblich von einer Rauchbombe am Kopf getroffen wurde und seine Mannschaft den Platz verließ. Die FIFA wertete das Verhalten als Schmierentheater und das Spiel mit 2:0 für Brasilien.

Schon lange gilt Italien als eines der fußballverrücktesten Länder der Welt, der italienische „Tifoso“ als überaus begeisterungsfähiger, aber auch sachverständiger Fan. Die italienische Liga genießt den Ruf, die stärkste der Welt zu sein. Zahlreiche ausländische Weltstars verdienen ihr Geld in Italien – mehr Geld als irgendwo anders auf der Welt, weil der Fußball in Italien einen unvergleichbar hohen gesellschaftlichen Stellenwert genießt. Der ideale Rahmen also für ein rauschendes Fußballfest, das der Gastgeber freilich auch dazu nutzte, technischen Fortschritt und seinen angestrebten Status als Wirtschaftsweltmacht zu dokumentieren. Aber schon lange gilt Italien auch als das Land des – mal mehr, mal weniger charmanten – Chaos und der Mafia. Die Frage war: Würde es den Italienern gelingen, alle notwendigen Bauten mit der zugehörigen Infrastruktur für ein einmonatiges Medienereignis ersten Ranges rechtzeitig fertigzustellen?

WM 1990 in Italien

Weltmeisterschaft 1990 – Der Verlauf des Turniers

1. Finalrunde	Achtelfinale	Viertelfinale	Semifinale	Finale
Gruppe A				
Italien	Deutschland 2			
ČSFR	Holland 1			
Österreich		Deutschland 1		
USA		ČSFR 0		
Gruppe B	ČSFR 4			
Kamerun	Costa Rica 1			
Rumänien			Deutschland 1 (5)*	
Argentinien			England 1 (4)	
UdSSR	Kamerun 2**			
Gruppe C	Kolumbien 1	England 3**		
Brasilien		Kamerun 2		
Costa Rica	England 1**			
Schottland	Belgien 0			
Schweden				
Gruppe D				Deutschland 1
Deutschland	Italien 2			Argentinien 0
Jugoslawien	Uruguay 1			
Kolumbien		Italien 1		
V.A. Emirate		Irland 0		
Gruppe E	Irland 0 (5)*			
Spanien	Rumänien 0 (4)		Argentinien 1 (5)*	
Belgien			Italien 1 (4)	
Uruguay	Jugoslawien 2**			
Spanien	Spanien 1			
Gruppe F		Argentinien 0 (3)*		
England		Jugoslawien 0 (2)		**Um den**
Irland	Argentinien 1			**dritten Platz**
Holland	Brasilien 0			Italien 2
Ägypten				England 1

** nach Elfmeterschießen, ** nach Verlängerung*

So fällt das erste Tor der Weltmeisterschaft. Oman Biyik schießt es für Kamerun im Eröffnungsspiel gegen Titelverteidiger Argentinien. Argentinien unterliegt dem Außenseiter aus Afrika mit 0:1.

Natürlich war es bei der Vergabe der Bauaufträge für die Stadien zu den üblichen Durchstechereien und zu eminenten Kostensteigerungen (insgesamt kostete die WM über 7 Milliarden DM), zu Pfusch und Verzögerungen gekommen. Mit großer Eile mußten die Arbeiten dann vorangetrieben werden, mangelhafte Sicherheit am Bau kostete 24 Arbeitern das Leben – ein nicht zu verantwortender Preis. Die italienische Öffentlichkeit nahm ihn relativ gelassen hin. Sie schien der heranrückende Termin viel mehr zu interessieren. Luca de Montezemolo, den Chef des italienischen Organisationskomitees, konnte man noch zwei Monate vor dem Eröffnungsspiel stöhnen hören: „Nichts ist fertig."

Das freilich war weit übertrieben. Letztlich lief die WM fast reibungslos ab, auch wenn nicht alle Straßen und Parkplätze termingerecht fertig wurden. Mit der Eröffnungsfeier präsentierten sich die Gastgeber von ihrer besten Seite: perfekt organisiert und doch von jener mediterranen Leichtigkeit und Eleganz, der Italien so viele Freunde verdankt.

Im Eröffnungsspiel am 8. Juni in Mailand traf Titelverteidiger Argentinien auf Kamerun. Natürlich waren die Argentinier mit dem unwiderstehlichen Fußballgenie Maradona gegen das vermeintliche Fußball-Entwicklungsland klar favorisiert. Bei Londons Buchmachern galten sie neben Italien, Deutschland und Brasilien sogar als heißer Anwärter auf einen erneuten Titelgewinn. Doch ihnen gegenüber standen keineswegs Kokosnußkicker. Fast alle Spieler Kameruns hatten Profiverträge in Frankreich. Einige, wie der famose Torwart N'Kono, waren schon 1982 in Spanien, als Kamerun nach der Vorrunde ungeschlagen (sogar dem späteren Weltmeister Italien hatte man ein Unentschieden abgetrotzt) ausscheiden mußte, dabei gewesen.

Offensichtlich unterschätzten die Argentinier ihre Gegner, jedenfalls wirkten sie einfallslos und überheblich. Kamerun dagegen spielte nicht nur Fußball mit dem logischen Motivationsvorsprung einer Mannschaft, die nichts zu verlieren hat, sondern auch taktisch klug, technisch reif und gewitzter im Zweikampf. Die Sympathien der Zuschauer flogen dem Außenseiter zu. Der Ausruf des deutschen Fernsehkommentators Marcel Reif: „Nur Mut, ihr schwarzen Freunde!" traf die Stimmungslage exakt.

Nach einer Stunde verlor Kamerun Kana Biyik durch Platzverweis doch das änderte nichts – im Gegenteil: Ein paar Minuten später ließ der argentinische Torwart Pumpido einen eher harmlosen Kopfball von Omam Biyik unter seinem Körper hindurchrutschen, Kamerun führte 1:0. Die Bemühungen der Argentinier, wenigstens noch den Ausgleich zu schaffen, blieben trotz eines weiteren Platzverweises gegen Kamerun fruchtlos. Die Sensation war perfekt. Der Titelverteidiger und haushohe Favorit war geschlagen, und Schwarzafrika mit einem Schlag auf die Landkarte des Fußballs katapultiert.

Freudentanz mit Milla.

Die beiden roten Karten gegen den Sieger waren der Auftakt zu einer wahren Flut von Verwarnungen und Ausschlüssen in den folgenden 51 Spielen. Hintergrund war eine Weisung der FIFA an die WM-Schiedsrichter, ein Foul, das eine offensichtliche Torchance zunichte macht, sofort mit Rot zu bestrafen. Auch Zeitspiel und Aufstellen der Mauer in unkorrektem Abstand sollten rigoroser geahndet werden. Viele Schiedsrichter waren dem Druck des Weltverbandes offenbar nicht gewachsen. Sie wirkten verunsichert und verhängten, wie der DFB-Ausbilder und ehemalige WM-Schiedsrichter Volker Roth in einer späteren Analyse feststellte, „mehr Verwarnungen und Feldverweise als normalerweise üblich und vertretbar". Am Ende hatten sie 163mal Gelb und 16mal Rot gezeigt – letzteres eine Steigerung von satten 100 Prozent gegenüber Mexiko '86.

Wer das Ergebnis des Eröffnungsspiels für Zufall gehalten hatte, begünstigt vielleicht durch eine gewisse Überheblichkeit der Argentinier, sah sich bald eines Besseren belehrt: Sechs Tage später besiegte Kamerun auch Rumänien, das seine Ambitionen bereits mit einem Sieg gegen Vize-Europameister UdSSR unterstrichen hatte. In diesem Spiel schob sich erstmals ein Mann ins Rampenlicht, der die Fußballschuhe eigentlich schon an den Nagel gehängt und sie erst auf persönliche Bitte des kamerunischen Staatspräsidenten Paul Biya wieder angezogen hatte: Roger Miller – oder Milla, wie alle sagten und er sich schreibt. Mit 38 Jahren schon zu alt für volle 90 Minuten und im Eröffnungsspiel nur neun Minuten im Einsatz, wurde er diesmal nach einer knappen Stunde eingewechselt. Die restlichen 30 Minuten genügten ihm, seine Mannschaft beim Stande von 0:0 mit 2:0 in Führung zu bringen, wobei er nach jedem Tor zur Eckfahne eilte und einen unnachahmlichen Freudentanz à la Lambada aufführte. Milla wurde zum Publikumsliebling und einer der großen Stars dieser an spektakulären Spielern armen WM.

Die Teilnahme am Achtelfinale war den „Lions indomptables" nun sicher. Auch Argentinien schaffte (nach einem 2:0-Sieg gegen die überraschend schwachen Russen) die nächste Runde, wobei Schiedsrichter Fredriksson ein klares Handspiel Maradonas auf der eigenen Torlinie übersah.

Thema Nr. 1 jedoch waren die sogenannten „Fußballzwerge", neben Kamerun Costa Rica und Kolumbien. Beide erreichten – Costa Rica durch Siege über Schottland und Schweden – das Achtelfinale.

Eigentliche Überraschung dieser Gruppe aber war die Spielweise der Brasilianer. Die Krise der brasilianischen Gesellschaft hatte den Fußball nicht unberührt gelassen. Etliche Spieler waren vor phantastischen Inflationsraten ins Ausland geflohen. Die Zuschauerzahlen sanken dramatisch, ein WM-

Die Mannschaft der USA – ein bunter Tupfer im Teilnehmerfeld. Sie verliert gegen die ČSFR 1:5, gegen Italien nur 0:1 und schließlich auch gegen Österreich. Oben: Armstrong stoppt den Ball vor dem österreichischen Außenstürmer Rodax.

Die deutschen Legionäre der italienischen Liga spielen bei der Mondial groß auf.

Linke Seite:
Links: Lothar Matthäus im Auftaktspiel gegen Jugoslawien. Oben: Rudi Völler in der Begegnung mit Kolumbien. Deutschland gewinnt die beiden ersten Gruppenspiele mit 4:1 gegen Jugoslawien und mit 5:1 gegen die Vereinigten Arabischen Emirate.

Rechte Seite:
Rechts: Gegen die VAR reiht sich auch Uwe Bein unter die Torschützen ein.
Bildleiste rechts, von oben nach unten: Augenthaler, Buchwald und Berthold sichern den deutschen Torraum. Klinsmann in der Pose der Verzweiflung. Und Freddy Rincon Valencia, der gerade den Ausgleich für Kolumbien erziehlt hat. Die Deutschen müssen mit einem Remis zufrieden sein.

PHILIPS

Erfolg wäre wichtiger als je zuvor gewesen. Trainer Lazaroni beschloß, aus den Mißerfolgen früherer WM-Endrunden Konsequenzen zu ziehen und verpaßte der Mannschaft ein modernes – sprich defensives – Konzept, das mit geradezu preußischer Disziplin umgesetzt wurde. „Eine Vergewaltigung des brasilianischen Naturells" schimpfte Carlos Alberto, Kapitän der Weltmeister-Mannschaft von 1970. Doch Lazaroni schien entschlossen, solche Anwürfe und seine tägliche Demontage in der brasilianischen Presse zu ignorieren: „Was zählt, ist einzig der Erfolg!" So ging Brasilien in seinen Gruppenspielen dreimal als Sieger vom Platz und hatte die Zuschauer doch dreimal mit dürrer fußballerischer Schonkost enttäuscht.

Noch ein Außenseiter sorgte für Aufsehen: Ägypten. Die Männer vom Nil überraschten mit einem 1:1 gegen Europameister Holland und einem 0:0 gegen Irland. Durchweg jedoch boten die Spiele dieser Gruppe langweilige bis ärgerliche Vorstellungen. Vor allem die Holländer, die fast die komplette Europameister-Mannschaft aufbieten konnten und mit Gullit, Rijkaard und van Basten über drei Weltstars verfügten, waren von einer unerklärlichen Schwäche befallen. Die „Chemie" der Mannschaft stimmte wohl nicht mehr, nachdem Leo Beenhakker als Trainer den Vorzug vor Johan Cruyff, dem Wunschkandidaten der Mannschaft, erhalten hatte. Auch Rinus Michels, als Technischer Direktor engagiert, fand den Draht zu den Spielern nicht mehr. „Eigentlich läuft hier alles schlecht", befand Ruud Gullit.

Wegen der englischen Fans, den berüchtigten „Hooligans", hatte man die Spiele dieser Gruppe möglichst weit weg vom italienischen Kernland nach Sardinien und Sizilien gelegt. Den Hooligans war's einerlei: sie prügelten sich halt in Cagliari mit den Carabinieri. Ihre nicht minder hirnlosen Kollegen aus Deutschland wollten da nicht zurückstehen und zettelten noch vor dem ersten Spiel der Deutschen am Gardasee und in Mailand Straßenschlachten an. In den Stadien selbst blieb es ruhig, aber ein wirksames Konzept zur Verhinderung von Randale im Umfeld, auch das hat diese WM gezeigt, gab und gibt es nicht.

Kann es wohl auch nicht geben, solange Hooligans, wie sie in einem Interview mit „Sports" bekannten, sogenannte Fanprojekte für „kindisch" und „blöd" halten, Prügeln aber als eine Art Droge empfinden, „um Aggressionen loszuwerden".

Ganz im Gegensatz zu dem gewalttätigen Teil ihrer Anhängerschaft, präsentierte sich die englische Mannschaft als ein Muster an Fairness. Am Ende gewann sie mit nur sechs gelben Karten sogar die FIFA-Fairplay-Wertung, was der Attraktivität ihres Spiels aber zunächst auch nicht dienlich war. Immerhin schaffte sie mit einem 1:0 gegen Ägypten den einzigen Sieg in dieser Gruppe und bewahrte die WM vor einer peinlichen Neuheit: Im Falle eines weiteren Unentschiedens hätten die Teilnehmer am Achtelfilnale durch das Los bestimmt werden müssen, denn alle anderen Spiele endeten 0:0 oder 1:1.

Interessanter waren da schon die Spiele der Belgier und Spanier. Belgien, wie schon '82 in Spanien und '86 in

Mexiko von dem nun fast 70jährigen Zigarrenfan Guy Thys trainiert, hatte in Enzo Scifo einen genialen Regisseur. Gegen Uruguay, jene südamerikanische Mannschaft, die ihre ausgefeilte Technik schon immer mit einer gesunden – und bisweilen für den Gegner auch ganz und gar ungesunden – Härte zu verbinden wußte, erwischten die Belgier einen wirklich guten Tag und ließen die Südamerikaner noch schlechter aussehen, als es das Ergebnis von 3:1 widerspiegelt. Im direkten Aufeinandertreffen der bei den dominierenden Teams blieb Spanien schließlich 2:1-Sieger über den WM-Vierten von '86, doch beide Mannschaften konnten für sich in Anspruch nehmen, für einen der Höhepunkte der Vorrunde gesorgt zu haben.

Von einer ganzen Nation im Fußballfieber sehnsüchtig erwartet wurde das erste Spiel der Italiener. Klar, daß bei der WM im eigenen Land der „Squadra azzura" viel zugetraut wurde. Sie war gespickt mit klangvollen Namen, die jeder Schuljunge zwischen Mailand und Palermo andächtig aufzusagen wußte: Baresi, dessen elegante Spielweise so sehr an Beckenbauer erinnerte; Giannini, der begnadete Techniker und Regisseur aus Rom; Baggio, seit seinem Transfer zu Juventus Turin der teuerste Spieler der Welt; Vialli, der gefährliche Torjäger mit dem Clownsgesicht, und Kapitän Bergomi, einziger Überdauernder des italienischen Weltmeisterteams von 1982, als er im Finale, erst 18jährig, den Deutschen Rummenigge entzaubert hatte. Der Erwartungsdruck einer enthusiastischen Fußballnation lastete tonnenschwer auf dieser italienischen Mannschaft – würde sie ihm standhalten können?

Erster Gegner war Österreich, dessen Taktik nur sein konnte, gegen den hohen Favoriten möglichst lange möglichst wenig „anbrennen" zu lassen. Das gelang auch ganz gut. Schön anzuschauen war's zwar nicht, aber das schwungvolle und überlegte Spiel der Italiener lief sich am österreichischen Strafraum fest. Die Bemühungen der drückend überlegenen Hausherren wurden immer krampfhafter und hektischer. Eine Viertelstunde vor Spielende schickte Trainer Vieini für den entnervten Carnevale einen frischen Stürmer aufs Feld; Salvatore Schillaci. Der Sizilianer, bei Juventus Turin keineswegs unumstritten, wußte seine Chance augenblicklich zu nutzen. In der 78. Minute wuchtete er einen Flankenball Viallis mit dem Kopf ins Netz. „Toto", wie er von jetzt an hieß, war der Held

Achtelfinalrunde.

Linke Seite:
Oben: So schießt Platt in der 119. Minute den entscheidenden Treffer für England und läßt seiner Freude freien Lauf.

Rechte Seite:
Oben: Serena erzielt das alles entscheidende 2:0 gegen Uruguay, das Gastgeber Italien den Einzug ins Viertelfinale ermöglicht.
Rechts: Diego Maradona gegen Brasilien. Die Argentinier gewinnen.

Die deutsche Nationalelf stürmt ins Finale. Holland wird im Achtelfinale 2:1 geschlagen.

Linke Seite:
Oben: Buchwald bejubelt den Torschützen Brehme.
Unten: Klinsmann legt mit dem 1:0 den Grundstein.
Mitte: Die peinlichste Affäre der WM: Völler sieht die rote Karte und weiß nicht warum.

Rechte Seite:
Oben: Im Spiel gegen die ČSFR verwandelt Matthäus einen Elfmeter zum alles entscheidenden Treffer, und Torwart Ilgner schreit Regieanweisungen.
Unten: Olaf Thon beendet den Nervenkrieg mit dem verwandelten Elfmeter gegen England. Deutschland steht im Finale.

Canon
PHILIPS

des Tages, und es sollten noch mehr solche Tage kommen. A Star was born.

Österreich erholte sich von dieser Auftakt-Niederlage nicht mehr. 0.-1 auch gegen die ČSFR, nach schwacher Leistung. Da half auch ein mühevoller Sieg gegen die USA nicht mehr weiter.

Die Tschechoslowaken dagegen präsentierten die beste WM-Elf seit 1962, als sie Vize-Weltmeister waren. Die politischen Veränderungen in Osteuropa wirkten auch im Fußball befreiend und lösten bei dieser Mannschaft, wie übrigens auch bei den Rumänen, einen kräftigen Motivationsschub aus. Tschechoslowakische Spieler hatten während der Zeit des Umsturzes im November '89 einen Spieltag ausfallen lassen, um am Prager Wenzelsplatz an einer Demonstration teilnehmen zu können. Mit der neugewonnenen Freiheit eröffnete sich auch die Chance auf lukrative Verträge im westlichen Ausland. Trainer Josef Venglos, ein Doktor der Philosophie, brachte das neue Lebensgefühl auf den Punkt: Wichtiger als Siege sei die Selbstverwirklichung jedes einzelnen.

Was das anging, hatten die US-Boys wohl einen uneinholbaren Erfahrungsvorsprung, fußballerisch jedoch hinkten sie noch weit hinterher. Gegen Italien zog sich die jüngste Mannschaft des Turniers mit einer knappen 0:1-Niederlage zwar noch achtbar aus der Affäre, ihre Harmlosigkeit aber konnte sie nie verbergen. Am Ende fuhr man mit drei Niederlagen nach Hause – sicher kein Beitrag, den Fußball in den USA populärer zu machen, was im Gastgeberland der WM 1994 doch dringend nötig gewesen wäre.

Einen Auftakt nach Maß erwischten die Deutschen. Beckenbauer und seine Helfer hatten die Vorbereitung generalstabsmäßig geplant und organisiert. Drei verschiedene Quartiere bezog das DFB-Aufgebot in der Vorbereitung, um die Auswirkungen des „Lagerkollers" so gering wie möglich zu halten. Immer wieder wurde die Kasernierung durch ausgedehnte Freizeit aufgelockert, in der sich die Spieler aus dem Weg gehen und auch ihre Frauen treffen konnten. Im deutschen Fußball, nicht immer ganz frei von einem gewissen provinziellen Mief, ein Entschluß, der einhellig begrüßt wurde. „Vergelt's Gott, Franz!" dankte die „Bild-Zeitung" in vollem Verständnis für den Hormonhaushalt der Spieler.

In Erba nahe Mailand, wo sich die drei „Mailänder" Matthäus, Brehme und Klinsmann wie zu Hause fühlen konnten, bezog der Vize-Weltmeister von '82 und '86 seine letzte idyllische Residenz. Dort, erklärte Beckenbauer, habe er die feste Absicht, bis zum Halbfinale zu bleiben, der Spielplan machte es möglich. Dazu mußte man allerdings konsequent den Gruppensieg ansteuern, also schon im ersten Spiel gegen die als Geheimfavoriten gehandelten Jugoslawen zwei Punkte machen. „Das erste Spiel", wußte Beckenbauer, „ist nun mal das wichtigste. Man kann sich Probleme schaffen oder sie aus der Welt räumen."

Seine Spieler nutzten dann auch die Chance, sich gleich mit einem kräftigen Schuß Selbstvertrauen zu versorgen. Zwar machten die Jugoslawen es ihnen insofern leicht, als sie ebenfalls ambitio-

niert und offensiv mitspielen wollten, aber nie kam ein Zweifel auf, wer die bessere Mannschaft war. In wirklich glanzvoller Form gewann das Team Beckenbauers mit 4:1, wobei Kapitän Lothar Matthäus zwei wunderschöne Tore erzielte. Im folgenden Pflichtsieg (5:1) gegen die Emirate versäumte es Völler in der ersten halben Stunde, die Frage nach dem Torschützenkönig dieser WM vorzeitig und für sich zu entscheiden.

Ein weit unbequemerer Gegner waren die Kolumbianer. Von ihnen war vor Beginn dieser WM hauptsächlich im Zusammenhang mit Kokain die Rede gewesen, dem Hauptausfuhrprodukt dieses Landes. Die Drogen-Mafia, vorneweg das berüchtigte Medellin-Kartell, hatte ihre Finger auch im Profi-Fußball. Mehrere Klubs der Ersten Liga wurden ganz offen von den Drogenbossen und ihren Strohmännern kontrolliert, die auch schon mal einen unbotmäßigen Schiedsrichter erschießen ließen.

Fußballerisch war Kolumbien eine in Europa fast unbekannte Größe. Am auffälligsten agierten in den ersten beiden Spielen Kapitän Valderrama, der Kopf der Mannschaft, und der eigenwillige Torwart Higuita, der immer wieder weit aus dem Strafraum herauseilte, um dort eine Art zusätzlichen Ausputzer zu spielen. Gegen Kameruns Milla ging das – im Achtelfinale prompt schief, doch Gruppengegner Deutschland konnte in der Vorrunde nicht davon profitieren und kam über ein 1:1 nicht hinaus.

Zufrieden konnten die Veranstalter nach der Vorrunde Zwischenbilanz ziehen. Offensichtlich hatten die überhöhten Eintrittspreise die Fans nicht abgeschreckt. Die meisten Spiele waren sehr gut besucht, selbst eine Partie wie

Oben Mitte: Eins zu null durch Milla.

Linke Seite:
Links: Kamerun schlägt Kolumbien in der Verlängerung 2:1 und jubelt. Und scheitert gegen England im Viertelfinale in der Verlängerung. Keeper Peter Chilton jubelt.

Rechte Seite:
Unten: Gary Lineker erziehlt das entscheidende Tor durch Elfmeter.
Rechts: Butragueno vor Ivkovic – aber Jugoslawien bezwingt Spanien und zieht ins Viertelfinale ein.

Deutschland – Arabische Emirate hatte noch über 70 000 angelockt. Insgesamt verzeichnete diese WM einen Durchschnitt von 48 411 Zuschauern pro Spiel – neuer Rekord!

Eine andere Bilanz fiel weniger positiv aus. Wer geglaubt hatte, die Phase des Sicherheitsfußballs, der die Vorrunde eindeutig dominiert hatte, sei nun überstanden, irrte gewaltig. Das „safety first“ setzte sich im Knockout-System fröhlich fort: Sieben der acht Begegnungen im Achtelfinale standen bei Halbzeit 0:0, vier gingen in die Verlängerung. „Der Kopf unseres Sports unterdrückt das Herz“ bedauerte FIFA-Generalsekretär Sepp Blätter.

Unbestrittene Meister der Defensive blieben die Italiener: fünf Spiele ohne Gegentor! Vorne lauerte der vom Joker zum Stammspieler avancierte Schillaci und wurde ein ums andere Mal zum Matchwinner. Auch im Achtel- und Viertelfinale gegen Uruguay und Irland machte er die entscheidenden Tore. Lange nicht mehr verdiente sich ein Süditaliener so sehr die ungeteilte Anerkennung und Bewunderung des reichen Nordens.

Mit Brasilien – Argentinien und Deutschland – Holland gab es bereits im Achtelfinale zwei Paarungen von Endspielformat. Die Brasilianer boten gegen das Maradona-Team vielleicht die beste spielerische Leistung des ganzen Turniers – und schieden trotzdem aus, weil sie statt des Tores immer nur Pfosten oder Latte trafen. Kurz vor Schluß zog Maradona mit einem unbeschreiblichen Solo fünf Gegner auf sich und konnte noch den alles entscheidenden Paß in die Mitte spielen, wo Caniggia völlig frei stand. Brasilien war von einem Mythos geschlagen worden.

Das Duell der Erzrivalen Deutschland und Holland mußte natürlich Erinnerungen wecken: an das WM-Finale '74 und an das EM-Halbfinale '88, als die siegreichen Holländer aus ihrer Geringschätzung für die Deutschen keinen Hehl gemacht hatten. Schon in der Qualifikation waren die beiden Teams wieder aufeinandergetroffen und hatten sich zweimal remis getrennt. Jetzt lag der Geruch von Revanche in der Luft, auch wenn niemand es zugeben mochte.

Beckenbauer überraschte mit einer äußerst defensiven Aufstellung. Gleich sechs Abwehrspezialisten bildeten einen Sperriegel vor dem deutschen Strafraum, an dem die Holländer sich erst einmal müde laufen sollten. Doch nach 20 Minuten erhielt das Spiel durch zwei Platzverweise neue taktische Vorzeichen. Der eine traf Frank Rijkaard, der Rudi Völler am Ohr gezogen und bespuckt hatte. Der andere traf Rudi Völler, der, wie alle Fernsehaufzeichnungen bewiesen, sich überhaupt nichts hatte zuschulden kommen lassen. So ärgerlich diese Fehlentscheidung von Schiri Loustau aus Argentinien auch war – die Deutschen konnten den Ausfall Völlers besser verkraften als die Holländer den Verlust Rijkaards. Ihnen fehlte nun der zentrale Mann in der Defensive, und das schuf Platz für deutsche Konter.

Vor allem Jürgen Klinsmann wuchs an diesem Abend über sich hinaus. Immer wieder jagte er im Intercity-Tempo in die freien Räume der holländischen Hälfte. Kurz nach Beginn der zweiten Halbzeit sprintete er in eine Buchwald-Flanke und lenkte sie direkt ins Tor. Nach etlichen weiteren Steilpässen und einem fulminanten Pfostenschuß aus vollem Lauf durfte er völlig ausgepumpt auf der Ersatzbank Platz nehmen. Mittlerweile hatte Brehme mit einem eleganten Kunstschuß das 2:0 erzielt, bevor den Holländern nach einer zweifelhaften Elfmeterentscheidung noch ein Tor gelang. Die Revanche war geglückt, Deutschland im Viertelfinale.

Gegner dort war die ČSFR, die wenige Wochen zuvor in einem lockeren Vorbereitungsspiel 1:0 geschlagen worden war. Auch diesmal war Deutschland die eindeutig spielbestimmende Mannschaft, die schon bald durch einen Elfmeter von Matthäus in Führung ging. Das 2:0 schien nur eine Frage der Zeit zu sein, als nach einem Platzverweis gegen den Tschechoslowaken Moraveik im deutschen Team unverständliche Konfusion ausbrach. Mehrmals hatten zehn Gegner jetzt hochkarätige Torchancen, was Beckenbauer sichtlich die Selbstbeherrschung verlieren ließ. Abwechselnd stauchte er am Spielfeldrand mit Worten und Gesten seine Akteure zusammen und verschwand nach dem Abpfiff mit verächtlicher Handbewegung in der Kabine. „Unser Verhalten in den letzten 20 Minuten", schimpfte er später, „war das genaue Gegenteil von intelligent."

Zum erstenmal hatte sich mit Kamerun eine afrikanische Mannschaft für die letzten Acht qualifiziert, zwei Milla-Tore in der Verlängerung gegen Kolumbien machten es möglich. Auch im Viertelfinale gegen die Engländer, die sich erst mit einem Tor in der 119. Minute gegen Belgien durchgesetzt hatten, waren sie dem Sieg nahe. Bis zur 83. Minute führten sie 2:1, ehe zwei von Lineker verwandelte Elfmeter den Höhenflug der Afrikaner stoppten. Dennoch konnten sie stolz sein. Sie hatten sich den jahrzehntelang dominierenden Mannschaften aus Südamerika und Europa als ebenbürtig erwiesen und den Fußball eines ganzen Kontinents aufgewertet. Die FIFA ließ sich nicht lumpen: 1994 dürfen drei statt wie bisher zwei afrikanische Teams an der Endrunde teilnehmen.

Auch Weltmeister Argentinien war der Sprung ins Halbfinale geglückt, obwohl er gegen Jugoslawien – mal wieder – die schlechtere Mannschaft gewesen war. Nach 120 Minuten ohne Tor konnte er sich bei Torwart Goycochea, der für den bereits im zweiten Spiel schwer verletzten Stammkeeper Pumpido eingesprungen war, für zwei gehaltene Elfmeter bedanken.

Das Glück verließ den Weltmeister auch im Halbfinale nicht. Gegner Italien wurde das Opfer der eigenen Defensiv-Strategie. Nach Schillacis wer sonst? – frühem Führungstor hatten sich die Italiener wie gewohnt zurückfallen lassen, um den Vorsprung zu halten. Aller-

dings schienen die Minimalisten in Blau nach der Pause zu druckvollerem Spiel auch gar nicht mehr in der Lage. In der 67. Minute mußte Torwart Walter Zenga den Ausgleich durch Caniggia und damit seinen ersten Gegentreffer im ganzen Turnier hinnehmen. Damit begann das Verhängnis. Nach ergebnisloser Verlängerung bat Schiedsrichter Vautrot aus Frankreich zum Elfmeterschießen. Lähmendes Entsetzen und Totenstille im San-Paolo-Stadion von Neapel, dem „Arbeitsplatz" von Diego Maradona, als Goycochea die Elfmeter von Serena und Donadoni hielt. Italien nicht im Finale – im WM-Land brach Volkstrauer aus. Noch stundenlang saßen weinende Tifosi im Stadion, am nächsten Morgen faßte die „Gazetta dello Sport" ihre Gefühle in einer riesigen Schlagzeile zusammen: „Italia nooo..."

Die Engländer hatten mit ihrer Tradition einer Vierer-Abwehrkette gebrochen und spielten mit einem Libero. Zudem bewiesen sie, daß sie außer „kick and rush" auch schnelles Direktpaß-Spiel beherrschten. Die Deutschen taten sich schwer, konnten nur selten in den englischen Strafraum eindringen. Gefahr kam vor allem von Schüssen aus der zweiten Reihe. Nach einer Stunde senkte sich ein abgefälschter Freistoß von Brehme hinter dem unglücklich postierten Torwart Methusalem Peter Shilton (40) ins Netz. 1:0 für Deutschland Doch 10 Minuten vor Schluß nutzte Lineker ein Mißverständnis zwischen Kohler und Augenthaler zum verdienten Ausgleich. In der Verlängerung waren beide Mannschaften noch einmal dem Sieg nahe, als Buchwald und Waddle den Pfosten trafen, bevor der Schluß-

Oben Mitte: Ein Torhüter triumphiert: Goicochea stoppt einen Elfmeter.
Linke Seite: Ein Torhüter weint. Jugoslawien hat das Elfmeterschießen gegen Argentinien verloren; der Titelverteidiger steht im Halbfinale. Und setzt sich dort auch gegen Italien durch.
Rechte Seite:
Rechts: Maradona verwandelt den entscheidenden „Elfer".
Unten: Argentinien jubelt.

Ganz anders natürlich die Stimmung in den Ländern der noch verbliebenen Teams. In Deutschland schnellten die TV-Einschaltquoten auf neue Rekordhöhen, als sich Beckenbauers Elf einen Tag nach Italiens Tragödie den Engländern stellte. Das Spiel in Turin wurde in jeder Weise zur Werbung für den Fußball. Auch außerhalb des Stadions blieb es ruhiger als befürchtet, wenn deutsche und englische Hitzköpfe aufeinanderstoßen. Vereinzelt konnte man sogar Verbrüderungsszenen beobachten.

pfiff auch diese beiden Mannschaften dem Elfmeter-Roulette überließ. Beckenbauer und Trainer Bobby Robson gaben sich die Hand und hielten noch einen freundschaftlichen Plausch. Sie wußten: Was jetzt kam, lag nicht mehr in ihrer Macht, war reine Nervensache.

Deutschlands Torwart Bodo Illgner verdankt seinen guten Ruf nicht gerade der Abwehr von Elfmetern. „Er muß schon angeschossen werden, damit er einen hält", meinte Beckenbauer. „Darauf hoffen wir." Diese Hoffnung sollte

Endspiel in Rom.

Oben: Buchwald gegen Maradona.
Linke Seite: Foul an Völler.

Rechte Seite:
Oben und unten links: Brehme verwandelt den fälligen Elfmeter zum alles entscheidenden Treffer, der zu diesem Knäuel überschäumender Freude führt.
Unten rechts: Brehme, Littbarski und Matthäus mit der Trophäe. Deutschland ist zum dritten Mal nach 1954 und 1974 Fußball-Weltmeister.

Assitalia
Ferrovie Italiane

Aufgereiht zum Erinnerungsfoto. Die Sieger von Rom, Deutschland, Fußball-Weltmeister 1990. Und oben ihr Feldherr: Franz Beckenbauer.

sich erfüllen. Die ersten drei Elfer auf beiden Seiten wurden jeweils sicher verwandelt. Dann war die Reihe an Stewart Pearce. Er plazierte den Ball so schlecht, daß er von Illgners Knien abprallte! Begeisterung bei den Deutschen. Als nächster war Olaf Thon an der Reihe. Er behielt die Nerven und schoß sicher zum 5:4 ein. Dann kam Chris Waddle – und jagte den Ball über das rechte Lattenkreuz.

In Sekundenschnelle bildete die deutsche Mannschaft ein riesiges Freudenknäuel. Das Endspiel war erreicht, und zwar, bei allem Elfmeter-Glück „ganz anders als 1986, weil wir uns diesmal nicht ins Finale gemogelt haben", wie ein strahlender Teamchef zu Protokoll gab.

Das Finale selbst war leider kein Glanzlicht des Turniers, das in seiner Gesamtbeurteilung nur mittelmäßige Noten erhielt. Bedenklich stimmte vor allem der erneut gesunkene Torquotient. Mit nur 2,21 Treffern pro Spiel fielen so wenig Tore wie nie zuvor bei einer WM.

Auch das Endspiel war arm an Ausbeute, freilich nicht durch die Schuld des neuen Weltmeisters. Es war der Titelverteidiger, der kraß enttäuschte. Die durch Verletzungen und gelbe Karten gehandicapten Argentinier waren offenbar nicht in der Lage, dem Gegner etwas anderes als reine Mauertaktik entgegenzusetzen. Auch Deutschland hatte nur wenige Torchancen, doch die Argentinier hatten gar keine.

Nach 85 Minuten vergeblichen Mühens erhielt die bessere Elf nach einem Sturz Völlers im Strafraum einen schmeichelhaften Elfmeter zugesprochen. Möglicherweise eine Konzession des mexikanischen Schiedsrichters Coderal Mendez wogen einer zuvor nicht geahndeten, jedoch eher elfmeterreifen Attacke von Torwart Goycochea gegen Augenthaler. Scharfschütze Brehme ließ sich die Chance seines Lebens nicht entgehen, Spiel und WM waren entschieden. Kein Zweifel, hier war die richtige Mannschaft Weltmeister geworden. Nur sie hatte über sieben Spiele hinweg auf so hohem Niveau gespielt. In der Heimat füllten sich die Straßen der Städte zu einem großen Freudenfest.

WM 1994 in den USA

Als die FIFA 1988 ihre 15. Weltmeisterschaft in das fußballsportliche Drittweltland USA vergab, handelte sie sich mehr Kritik als Zustimmung ein. Zwar lobten Stars wie Beckenbauer und Pelé, einst als hochbezahlte Entwicklungshelfer einer gescheiterten Profiliga in New York am Ball, die Entscheidung des Weltverbandes, doch überwogen eindeutig die kritischen Stimmen: War eine WM letztendlich nicht zu schade, um das Spiel in einer von Football, Baseball und Basketball beherrschten Diaspora überhaupt erst einmal zu etablieren? Stand „Soccer" laut letzten Umfragen im öffentlichen Interesse nicht auf einem schockierenden 95. Platz? Und hätte man die Tragfähigkeit einer Basis aus angeblich 15 Millionen kickenden Kindern und Jugendlichen – darunter Präsident Bill Clintons Tochter Chelsea – nicht zunächst einmal mit einer Junioren-WM testen sollen?

Doch auch die hohen Herren in Zürich, dem Sitz des Weltverbandes, setzen längst auf die Farbe Grün. Womit nur mittelbar das Grün des Rasens gemeint ist, primär aber das Grün des Dollar. Auf eine runde Milliarde war der Gesamtumsatz des Soccer-Spektakels hochgerechnet worden, rund 270 Millionen sollte allein der Verkauf von 3,6 Millionen überteuerter Eintrittskarten in den neun Stadien (Durchschnittspreis pro Ticket: 75 Dollar) in die Kassen bringen. Weitere 200 Millionen hatten insgesamt 19 Sponsoren avisiert, denen pro Spiel je siebeneinhalb Minuten Bildschirm-Präsenz ihres Firmen-Logos per Bandenwerbung garantiert worden war. Der Rest kam, logisch, vom Fernsehen. Damit die Rechnung auch den richtigen Wirt fand, mußte die FIFA mit dem Vorwurf leben, auf die Wahl ihres Favoriten Alan Rothenberg zum Präsidenten des US-Fußballverbandes massiv Einfluß genommen zu haben. Doch dergleichen ist längst nicht mehr ungewöhnlich, seitdem der brasilianische Unternehmer Joao Havelange an der Spitze des Weltverbandes steht, ein inzwischen 78jähriger, an dem alle Vorwürfe zwielichtiger Beziehungen und jeglicher Verdacht korruptiver Politik abzuprallen scheinen wie ein Elfmeter am Torpfosten.

Mit dem Versprechen, die Zahl der Endrundenteilnehmer von 16 auf 24 zu erhöhen, hatte der Mann, „der stets die Nähe obskurer Machtfiguren fand" („Süddeutsche Zeitung"), 1974 die nötigen Stimmen vor allem afrikanischer und asiatischer Delegierter erhalten, um FIFA-Präsident Sir Stanley Rous (England) aus dem Amt zu drängen. 20 Jahre später sicherte der betagte Südamerikaner seine Macht noch einmal für vier Jahre mittels eines ähnlichen Tricks: 1998 in Frankreich wird die Endrunde von 32 Mannschaften bestritten, eine inflationäre Entwicklung, die das Turnier zu verwässern droht.

Mit dem kalifornischen Rechtsanwalt Alan Rothenberg setzte die FIFA bei „der diesjährigen Marketingveranstaltung, genannt Weltmeisterschaft" (FAZ) unverhohlen aufs große Geld. Zwar machte Zürich zur Bedingung, daß 20 Millionen vom Reibach für die Gründung einer landesweiten US-Profiliga abgezweigt würden, doch standen nach Abschluß der WM entgegen allen Zusicherungen weder der Termin noch alle zwölf vorgesehenen Teilnehmer fest. Und trotz ausverkaufter Stadien, guter Stimmung und überraschend hoher TV-Einschaltquoten war nicht zu übersehen, daß vor allem die Zeitungen Zurückhaltung übten. Zur Halbzeit des Turniers bestand der Sportteil der „New York Times" immer noch zu 70 Prozent aus Baseball, zu 20 Prozent aus anderen Sportarten und nur zu 10 Prozent aus WM-Berichterstattung. Kein Wunder, hatte doch das Konkurrenzblatt „USA Today" schon zu Beginn geargwöhnt: „Der Rest der Welt will uns allen Ernstes einreden, daß Soccer das Größte ist. Haben uns

Weltmeisterschaft 1994 – Der Verlauf des Turniers

1. Finalrunde	Achtelfinale		Viertelfinale		Halbfinale		Finale	
Gruppe A								
USA								
Schweiz	Deutschland	3						
Kolumbien	Belgien	2						
Rumänien			Bulgarien	2				
			Deutschland	1				
Gruppe B	Spanien	3						
Brasilien	Schweiz	0						
Rußland								
Kamerun								
Schweden	Rumänien	3						
	Argentinien	2						
Gruppe C			Italien	2	Bulgarien	1		
Deutschland			Spanien	1	Italien	2		
Bolivien	Saudi-Arab.	1						
Spanien	Schweden	3					Brasilien	3****
Südkorea							Italien	2
Gruppe D	Brasilien	1						
Argentinien	USA	0						
Griechenland			Holland	2	Schweden	0		
Nigeria			Brasilien	3	Brasilien	1	**Um den 3. Platz**	
Bulgarien	Holland	2					Bulgarien	0
	Irland	0					Schweden	4
Gruppe E								
Italien								
Irland	Nigeria	1						
Norwegen	Italien	2*						
Mexiko			Rumänien	4				
			Schweden	5****				
Gruppe F	Mexiko	1						
Belgien	Bulgarien	3**						
Marokko								
Holland								
Saudi-Arabien								

* Italien Sieger nach Verlängerung
** Bulgarien Sieger nach Elfmeterschießen
*** Schweden Sieger nach Elfmeterschießen
**** Brasilien Sieger nach Elfmeterschießen

Temperamentvolle brasilianische Fans bringen Folklore und Stimmung in die Fußballstadien der USA. Ihre Nationalelf gewinnt in der Vorrunde gegen Rußland und Kamerun und kann sich im dritten Spiel ein Unentschieden leisten, das Schweden ins Viertelfinale führt.
Rechts: Torhüter Taffarel und Dunga in einer Abwehrreaktion.
Links: Kamerun am Boden – Kana-Biyiks Lage ist symbolhaft: die Überraschungself der WM 1990 in Italien beginnt zwar mit einem 2:2 gegen Schweden, verliert dann aber gegen Brasilien 0:3 und gegen Rußland gar 1:6.

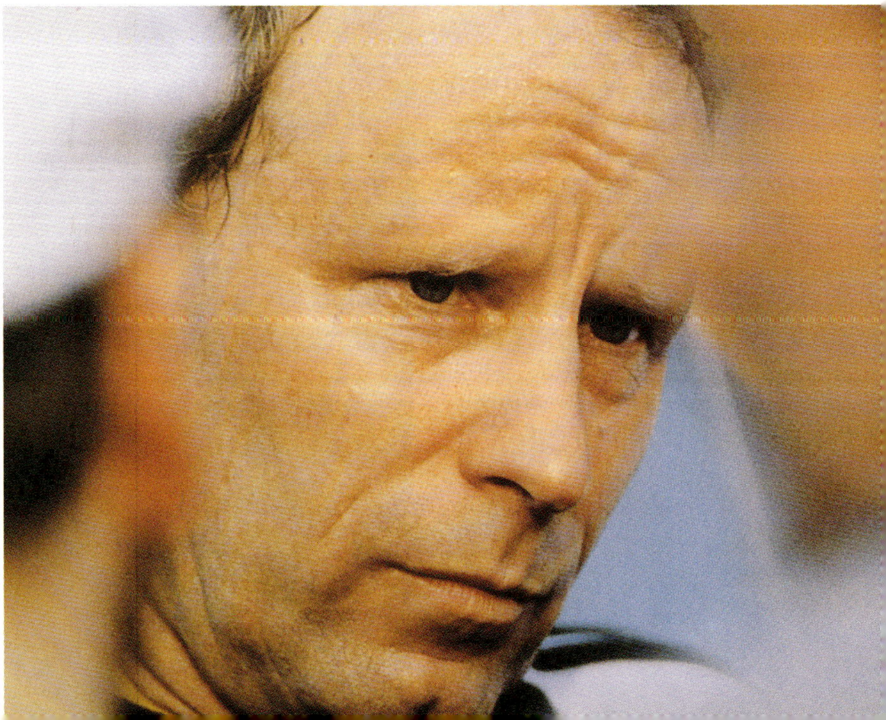

die Russen nicht das gleiche immer über den Kommunismus erzählt?"

Sollte Fußball auch künftig keine Rolle zwischen New York und Los Angeles spielen, sollte die angestrebte Profiliga scheitern oder gar nicht erst gebildet werden, sollten vor allem die großen TV-Networks dem Druck der Baseball-, Basketball- und Football-Konzerne folgen und die Bildschirme der „unamerikanischen" Konkurrenz verschließen, kann es an der WM 1994 nicht gelegen haben. Die nämlich geriet zu einem in jeder Weise spektakulären Ereignis voller Spannung, Dramatik, Komik und leider auch Tragik.

„Fast jedes Spiel verläuft hochinteressant", freute sich FIFA-Generalsekretär Sepp Blatter am Vorabend des Endspiels, nicht ahnend, daß ausgerechnet das Finale diesem Anspruch nicht gerecht werden würde. Als eines von nur drei Spielen verlief es torlos und mußte – erstmals in der WM-Geschichte – durch Elfmeterschießen entschieden werden. In den anderen 49 Begegnungen fielen deutlich mehr Tore als in den beiden vorangegangenen Turnieren. Der Torquotient stieg von 2,21 pro Spiel (1990) auf 2,71.

Zweifellos durfte die FIFA darin einen Erfolg ihrer Reformbestrebungen zugunsten des offensiven Spiels sehen. Zum ersten Mal wurden in den Gruppenspielen der Vorrunde für einen Sieg drei Punkte vergeben statt, wie bisher, zwei. Auch wenn die Experten-Meinungen über die Effizienz dieser Neuerungen noch geteilt waren, so war der positive Effekt anderer Reformen in Richtung Fußball 2000 unstrittig: Erstmals kam bei einer WM die Rückpaß-Regel zur Anwendung, wonach der Torwart den Ball nach dem Rückpaß eines Mitspielers nicht in die

Hand nehmen darf. Erstmals wurde auch die modifizierte Abseitsregel angewandt: „Gleiche Höhe“ galt nicht mehr als Abseits. Vor allem aber wurde die sogenannte „Blutgrätsche“ geächtet, das brutale sliding tackling von hinten in die Beine des Gegners. Die Schiedsrichter waren gehalten, dafür direkt und ohne gelbe Vorwarnung die rote Karte zu zücken.

Hinzu war ein dringender (und notwendiger) Appell von Blatter wenige Monate vor der WM gekommen, Regel 12 (Verbotenes Spiel) betreffend: „Es

Abwehrspieler Mauro Tassotti mit seinem Ellenbogen das Nasenbein von Luis Enrique zertrümmert. Im Strafraum! Schiedsrichter Sandor Puhl aus Ungarn, der später auch das Endspiel leitete, war schlecht postiert, erkannte das Foul nicht und gab nicht einmal „Gelb“. Auf Grund des vorliegenden Film- und Fernsehmaterials sah die FIFA sich jedoch zu einer drakonischen Reaktion veranlaßt: Sie sperrte Tassotti für acht Länderspiele, praktizierte damit erstmals in der WM-Geschichte ein „Fernseh-Urteil“ und

Titelverteidiger Deutschland spielt in der Vorrunde oft wie von allen guten Geistern verlassen.
Oben: Tohüter Bodo Illgner – ratlos.
Links: Der überforderte Bundestrainer Berti Vogts mit Leichenbittermiene. Das Comeback von Rudi Völler (rechts im Spiel gegen Belgien) läßt neue Hoffnung keimen. Aber eine Runde später scheitern die Deutschen an Bulgarien.

steht nirgendwo geschrieben, daß die Schiedsrichter bei Fouls im Strafraum weniger streng pfeifen sollen als im Mittelkreis. Die Spielregeln sind auf dem ganzen Feld die gleichen. Was an der Seitenlinie mit einem direkten Freistoß geahndet wird, muß im Strafraum einen Elfmeter nach sich ziehen.“

Die Zahl der Strafstöße hielt sich dennoch in Grenzen: insgesamt 15, sogar drei weniger als 1990. Alle 15 wurden übrigens verwandelt.

Nicht absehbar war für die FIFA eine andere „Premiere“ gewesen: Im Viertelfinalspiel gegen Spanien hatte Italiens

schuf einen Präzedenzfall, dessen Folgen unabsehbar sind.

Italien beendete das Spiel mit elf Spielern und gewann 2:1, nicht zuletzt wohl, weil den Spaniern der Foulelfmeter versagt worden war, der ihnen – so das Verdikt der FIFA – zugestanden hätte. Eine äußerst unbefriedigende Sachlage. Auch die deutsche Mannschaft kam in den Genuß mildtätigen Waltens der Rasenrichter. Im Achtelfinale gegen Belgien übersah der Schweizer Unparteiische Kurt Röthlisberger beim Stande von 3:1 ein klares Foul von Helmer an Weber. Auch hier hätte der fällige Strafstoß – rein rechnerisch –

Der bunteste aller Paradiesvögel im Torwart-Dreß war Mexikos Jorge Campos; links: nachdenklich beim 1:1 gegen Italien, das zum Auftakt gegen Irland verloren hatte und gegen Norwegen 1:0 gewann (oben: Jubel um den Matchwinner Dino Baggio). Im Achtelfinale verhilft Roberto Baggio mit einem Elfmetertor (rechts) Italien zum 2:1-Sieg, und er erziehlt auch beide Tore im Semifinale gegen Bulgarien. Danach verläßt er, weil verletzt, deprimiert den Platz (oben, rechts).

zum Ausgleich und zu einer Verlängerung führen können, denn Deutschland gewann die Partie mit 3:2. Röthlisberger, der seinen Fehler angesichts der Bildschirm-Beweise zugeben mußte, durfte nach Hause fliegen.

Eine weitere milde Gabe wurde dem Titelverteidiger im Viertelfinale gegen Bulgarien zuteil. Nach enttäuschender und torloser erster Halbzeit zeigte der kolumbianische Referee Torres Caděna vier Minuten nach der Pause auf den weißen Punkt – Klinsmann war in einem harmlosen Zweikampf zu Boden gegangen, „wie eben nur er es kann", so ein neutraler Beobachter mit der gebotenen Süffisanz.

Das 1:0 erwies sich jedoch als Gift für Matthäus und Co. Gegen eine scheinbar deprimierte bulgarische Elf, in der Stürmer-Star Stoitchkow mehr diskutierte als spielte, fühlten sie sich zu früh in Sicherheit. Torwart Illgner verschätzte sich bei einem Freistoß Stoitchkows – 1:1. Wenig später kam Letchkow gegen den nur 1,66 Meter großen Häßler zu einem Kopfball – 1:2! Der Weltmeister war draußen.

Selten hat eine Niederlage mehr Staub in der deutschen Fußball-Landschaft aufgewirbelt. Das Ausscheiden der DFB-Elf, die dreimal hintereinander im Finale gestanden und 1990 den Weltcup gewonnen hatte, wurde mit Recht als noch weit schmerzlicher empfunden als die Pleite im Endspiel um die Europameisterschaft gegen Dänemark zwei Jahre zuvor. Denn allen Beteuerungen zum Trotz war zu erkennen, daß aus diesem Mißerfolg so gut wie keine Lehren gezogen worden waren.

Vor allem keine personellen. Bundestrainer Berti Vogts verzichtete auf eine Verjüngung der Mannschaft, die mit einem Durchschnittsalter von 28,5 Jahren zu den ältesten der WM zählte, entschied sich für den falschen Torwart, lud sich den „Fall Effenberg" auf und legte sich sogar mit den Spielerfrauen an.

Stefan Effenberg war im Vorrundenspiel gegen Südkorea nach schwacher Leistung ausgewechselt und von deutschen Schlachtenbummlern mit hämischen Zurufen bedacht worden. Das „Effenberg raus!" beantwortete er schließlich mit ausgestrecktem Mittelfinger, eine obszöne Geste, deren Bedeutung nicht nur im Fußball allgemein bekannt ist.

Berti Vogts bestellte seinen Mittelfeld- und Mittelfinger-Mann zum Rapport,

Amerikanische Soccer-Fans halten, nachdem ihre Mannschaft Kolumbien geschlagen und gegen die Schweiz 1:1 gespielt hat, die Fahne hoch. Aber gegen die Brasilianer ist im Achtelfinale Endstation; Star-Kicker Thomas Dooley ist die Enttäuschung ins Gesicht geschrieben (unten). Ganz unten, rechts: Hand in Hand marschieren die Brasilianer zum Semifinal-Spiel auf. Schweden wird 1:0 besiegt.

kündigte ihm drakonische Maßnahmen an, hätte aber – auch nach Rücksprache mit dem sogenannten „Spieler-Rat" – vom Ausschluß Effenbergs wohl abgesehen. Doch dann trat DFB-Präsident Egidius Braun, 69, auf den Plan und sprach das entscheidende Machtwort: „Ein solcher Mensch hat in einer deutschen Nationalmannschaft nichts zu suchen." Und weiter: „Was soll ich denn künftig unseren Jugendleitern sagen, wenn wir dieses Benehmen von einem Nationalspieler, der doch Vorbild sein soll, hinnehmen?"

Nun ist das mit der Vorbildrolle so eine Sache. Nicht nur die „taz" erinnerte Braun an diverse verbale Entgleisungen seines Kapitäns Lothar Matthäus, die allesamt ohne Folgen geblieben waren. Pauschal schlußfolgerte das Blatt: „Man hat es in Sachen Vogts, Braun und Effenberg mit einer solchen Bündelung von Dumpfnasen, bigotten Scharfrichtern und eitlen Millionärsbübchen zu tun, daß sich eigentlich jede Parteinahme verbietet."

Starker Tobak, doch kurioserweise hieb niemand anderes als der eher konservativ gestrickte Bundestrainer wenig später in die gleiche Kerbe. Als Deutschland ausgeschieden war, benutzte Vogts in einer Serie teilweise widersprüchlicher Interviews den Begriff „Wohlstandsjünglinge" zur Kennzeichnung seiner Spieler und ihres Versagens.

Ob nun zu Recht oder zu Unrecht: Die „Stunde Null", die Vogts für den geschlagenen Titelverteidiger gekommen sah, gebietet nicht nur den personellen Neuaufbau seiner Nationalelf, sondern ein grundsätzliches Umdenken. Das Fachblatt „kicker" enthüllte geradezu deprimierende Zustände innerhalb der Mannschaft und im Umgang miteinander. Sogar Mitglieder des Ärzteteams werden von Spielern als Handlanger benutzt und in einem Jargon angesprochen, der es eigentlich

gebieten würde, den Jungmillionären etwas hinter die Ohren zu geben. Doch Nimbus und Status der geistigen Flachpaßspieler werden von Banalblättern und Trivial-TV unisono für eigene Interessen erzeugt und gepflegt. Insofern hat Vogts die gleichen Probleme wie Kollege Niki Pilic von der Tennis-Fakultät: Zunehmend weniger junge Spieler vermögen abnorm hohes Einkommen mit geistig-moralischem Anspruch an sich selbst in Einklang zu bringen. Vogts mokiert sich über die „Erziehung" seiner Spieler, „die auf nichts mehr verzichten wollen", Pilic (im übrigen auch Tiriac) beklagt die Defizite an „Kultur".

Doch „das Grundübel unserer Ego-Gesellschaft" (Vogts) hat den allerorts als „Bundes-Berti" apostrophierten 96maligen Nationalspieler nicht dazu bringen können, auf sein Amt zu verzichten. „Ich mache weiter", ließ er Präsident und Öffentlichkeit nur wenige Tage nach Schluß der WM wissen, eine Entscheidung, die allgemein mehr kritisiert als begrüßt wurde. Vorgänger Franz Beckenbauer nannte sie „mutig und richtig", der ehemalige Mitspieler Jupp Heynckes hielt sie für falsch, „weil der Druck auf ihn nun unerträglich groß wird".

Andere Experten knüpften an die Trainer-Frage weitergehende Überlegungen, Morten Olsen, dänischer Trainer des 1. FC Köln, warf dem deutschen Fußball vor, nicht „über den Tellerrand hinaus" zu sehen. „Die Fehler wurden und werden in der Ausbildung gemacht, taktische und technische Fehler in der Jugendarbeit können später nicht ... behoben werden."

Fazit: „Andere Nationen haben sich weiterentwickelt und Deutschland überholt."

Zur beklagenswerten geistigen Grundeinstellung, zu den Mängeln in Schulung und Ausbildung gesellt sich noch ein anderer Aspekt. „Taktisch muß der deutsche Fußball flexibler werden", fordert Jupp Heynckes, der 39mal für Deutschland spielte und Erfolgstrainer nicht nur bei Bayern München, sondern auch in Spanien war. Für ihn ist die sogenannte „Viererkette" unverzichtbarer Bestandteil einer modernen Mannschaft. „Das Abwehrsystem mit Libero und zwei Manndeckern, bei dieser WM von den meisten Teams praktiziert, ist überholt."

Die Viererkette bedingt jedoch die Fähigkeit, den Raum zu decken, was wiederum größere geistige und körperliche Beweglichkeit voraussetzt. Eigenschaften, die der Weltmeister zum Erstaunen der internationalen Fachwelt in den USA vermissen ließ.

Dafür trumpften andere auf. Rumänien zum Beispiel. In der Qualifikation unter anderem von Belgien und der Tschechoslowakei geschlagen, begann das Techniker-Team vom Balkan zur großen Überraschung mit einem 3:1-Sieg über Kolumbien, den Favoriten Pelés. Der Gruppensieg, vor allem aber das 3:2 im Achtelfinale gegen Vize-Weltmeister Argentinien, waren Ausdruck spielerischer Klasse und taktischer Raffinesse, wie sie vor allem ein Akteur besaß: Gheorge Hagi. Der 29jährige, der sein Geld bis dahin in Brescia (Italien) verdiente und nach der WM zum FC Barcelona wechselte, entzückte Fans und Fachwelt gleichermaßen. Seine Spielauffassung, insbesondere im Zusammenspiel mit Raducioui, seine Technik und seine Tore hätten ihn wohl zur offiziellen „Entdeckung" dieser WM werden lassen, wäre sein Team nicht im Viertelfinale mit sehr viel Pech im Elfmeterschießen gegen Schweden ausgeschieden.

Argentiniens Scheitern war der eigentliche Skandal des Turniers vorausgegangen. Diego Armando Maradona, gegen Griechenland (4:0) und Nigeria (2:1) scheinbar wie in alten Zeiten am Ball, fiel durch die Doping-Probe! Ausgerechnet der Mann, dessen Skandale und Affären in einer 15monatigen

Sperre wegen Drogenkonsums (Kokain) ihren vorläufigen Höhepunkt gefunden hatten, der sich einer Entziehungskur unterzogen und mit 33 mühsam wie der Anschluß an internationales Niveau gefunden hatte, wurde der Einnahme des Aufputschmittels Ephedrin und vier anderer verbotener Substanzen überführt.

Vergeblich beteuerte der „Göttliche", nur ein Spray für seine verstopfte Nase benutzt zu haben. Eher hätte man der Versicherung eines Löwen geglaubt, sich vegetarisch zu ernähren. Die FIFA sperrte Maradona sofort, der argentinische Verband schloß ihn aus dem WM-Kader aus. Ohne ihn verlor der Vize-Weltmeister sein letztes Gruppenspiel gegen Bulgarien 0:2 und flog im Achtelfinale prompt aus dem Turnier.

„Eine menschliche Tragödie" nannte Sepp Blatter den neuerlichen Fall Maradona. Von einer „Schande, die schwerste Strafe erfordert", sprach Organisationschef Rothenberger. Als sei der Kater, den ein Doping-Cocktail hinterläßt, das wahre Problem dieser WM gewesen, der Sturz eines Mannes, der seine Süchte und Sehnsüchte nicht unter Kontrolle brachte, die wirkliche Tragödie. Die hatte sich in Wahrheit einige tausend Kilometer weiter südlich ereignet, in der kolumbianischen Stadt Medellin. Dort war der 27jährige Andrés Escobar nachts um 3.30 Uhr auf offener Straße erschossen worden, was – leider – kaum Erwähnung gefunden hätte, wäre Escobar nicht Mitglied der kolumbianischen WM-Elf gewesen, die just zuvor aus dem Turnier geflogen und ruhmlos heimgekehrt war.

Im Gruppenspiel gegen die USA, das Kolumbien 1:2 verlor, war Escobar ein Eigentor unterlaufen. Als die Mannschaft auf dem Flughafen der Hauptstadt Bogotá landete, konnte nur ein großes Polizeiaufgebot Handgreiflichkeiten gegen Spieler und Trainer verhindern. Das Tragen von Waffen in der Öffentlichkeit war verboten worden.

Dennoch mußte Escobar sterben. Auf dem Parkplatz vor einer Bar trafen ihn nicht weniger als zwölf Schüsse. Einer der Täter begleitete sie mit dem Ausruf: „Danke für das Eigentor!"

Ob hier die kolumbianische Drogen-Mafia ihre Hände bzw. Feuerwaffen im Spiel hatte, ob enttäuschte Wetter ihre Rechnung beglichen – angeblich waren auf den WM-Sieg Kolumbiens hohe Summen gesetzt worden – oder ob es

Brasilien ist zum drittenmal Weltmeister geworden; alle jubeln. Bis auf einen: Eher Demut als Triumph spiegelt das Gesicht von Romario wider, der nach der Siegerehrung die World-Cup-Trophäe hochreckt (oben). Ganz rechts: Roberto Baggio geht als der „arme Sünder" vom Platz.

sich „nur“ um eine ausartende Kneipen-Keilerei handelte, ist bei der Bewertung des Vorgangs unerheblich. Mord für ein Eigentor – die übersteigerte Bedeutung des Fußballs, nicht zuletzt durch das Medium Fernsehen verursacht, mündet in pure Perversion.

Das sportliche Fazit dieser 15. Weltmeisterschaft darf glücklicherweise positiver gesehen werden. Es gab durchweg spannende Spiele auf gutem Niveau und – von Griechenland abgesehen – keinen eigentlichen Versager. Selbst Kolumbien rehabilitierte sich im letzten Gruppenspiel, wenn auch zu spät, mit einem 2:0 über die Schweiz.

Überraschungen waren an der Tagesordnung. Wer hätte den vermeintlichen „Wüsten-Kickern“ aus Saudi-Arabien Siege über Belgien und Marokko zugetraut? Wer Südkorea ein Unentschieden gegen Spanien? Wer den Iren einen Sieg über Italien? Und wer den Schweden einen dritten Platz?

Die Welt des Fußballs ist nicht nur geographisch eng zusammengerückt, auch Leistungsunterschiede nivellieren sich mehr und mehr. Daß unter den letzten acht sieben europäischen Mannschaften waren, täuscht ein wenig. In der Runde zuvor war Argentinien nicht zuletzt durch das Maradona-Theater ausgefallen, Mexiko im Elfmeterschießen gegen Bulgarien und Nigeria erst in der Verlängerung gegen den späteren Zweiten Italien.

Der hatte sich, so die vorherrschende Meinung, mit List und Tücke ins Finale „geschlichen" und mal wieder interessante Lektionen in Sachen Strategie und Taktik erteilt. Als gleich das erste Vorrundenspiel, gegen Irland, mit 0: 1 verlorenging, sanken Italiens Fahnen wie gewohnt auf halbmast, standen Trainer Arrigo Sacchi und ein halbes Dutzend Spieler zur Disposition und erinnerte sich die Welt des Fußballs prompt an die Pleite von 1966, als der große Favorit an Außenseiter Nordkorea gescheitert war.

Doch 28 Jahre später konnte die Niederlage ausgebügelt werden, obwohl die Voraussetzungen mehr als schlecht waren. Im zweiten Spiel, gegen Norwegen, verloren die Italiener schon nach 21 Minuten ihren Stammtorwart Pagliuca, der vor seinem Strafraum den Ball mit der Hand gespielt und damit eine große Chance des Gegners vereitelt hatte. Dem deutschen Schiedsrichter Krug blieb nichts anderes übrig, als auf diese Notbremse mit der roten Karte zu reagieren.

Zwar stellte Sacchi umgehend seinen 2. Torwart zwischen die Pfosten, doch dafür mußte natürlich ein Feldspieler raus. Zur grenzenlosen Überraschung vor allem des Betroffenen war dies Roberto Baggio, die Sturmspitze. Fassungslos nahm er auf der Ersatzbank Platz.

Doch Sacchis Rechnung ging auf. Norwegens Offensivspiel war zu schwach, um gegen die Defensivkünstler aus Mailand und Turin erfolgreich sein zu können. Und als Dino Baggio – nicht verwandt mit dem inaktiven Roberto – dann auch noch einen Kopfball „im Netz der Heringsfischer" („Tuttosport") versenken konnte, war Italien gerettet. Wenn auch nur, wie das letzte Spiel bewies, um Haaresbreite. Nach dem 1:1 gegen Mexiko hatten alle vier Teams dieser Gruppe je vier Punkte, doch nur drei kamen weiter. Norwegen (1:1 Tore) schied aus.

Das Glück verließ die Italiener vorerst nicht. Ein Elfmeter im Spiel gegen Nigeria, das gleiche Resultat (2:1) im Viertelfinale gegen Spanien und im Halbfinale gegen den enttäuschenden Deutschland-Bezwinger Bulgarien – ganz Italien lag sich vor Glück in den Armen und verfiel in „Baggiomanie". Fast immer hatte Roberto die Entscheidung herbeigeführt.

Die einzige Ähnlichkeit mit dem Endspiel-Gegner Brasilien bestand darin, daß auch die Südamerikaner auf einen Top-Stürmer setzen konnten, der die nötigen Treffer garantierte: Romário. Ansonsten unterschieden sich Italien und Brasilien, bis dahin je dreimal in Besitz des Welt-Cup, fundamental. Zwar hatte Pelé seine Landsleute hart kritisiert („Wir haben glänzende Individualisten, aber keine Organisation im Team"), doch nach den ersten beiden Spielen (2:0 gegen Rußland, 3:0 gegen Kamerun) durfte Trainer Carlos Alberto Parreira mit Recht feststellen: „Wir sind die einzige Mannschaft bei dieser WM, die den Ball das ganze Spiel über in den eigenen Reihen halten könnte."

Glücklicherweise taten sie das nicht, mußten sogar im letzten Vorrundenspiel gegen Schweden das erste Gegentor hinnehmen (1:1), doch schon im Viertelfinale gegen Holland ließen die Ballkünstler ihr Können wieder aufblitzen. 2:0 führten sie, als die Abwehr wohl der Meinung war, noch einmal für Spannung sorgen zu müssen. Urplötzlich stand es 2.2, doch erneut ließ Romário sein Team, seine Fans und sein Land nicht verkommen. Sein unhaltbarer Freistoß markierte den 3:2-Sieg, sein Solo im Halbfinale gegen Schweden den Einzug ins Finale (1:0).

Hier traf die spielkulturell und technisch klar bessere Mannschaft auf einen Gegner, der von Anfang an nur ein Ziel hatte: das Elfmeterschießen. Italien, erstmals wieder mit dem gegen Norwegen verletzten Abwehrstrategen Baresi, igelte sich ein, entwickelte keinerlei Initiative und setzte allein auf die Qualitäten Roberto Baggios, den jedoch eine Verletzung hemmte.

Brasilien fand nicht mehr die Mittel, die spielerische Überlegenheit umzusetzen. Romário sah sich von Maldini scharf bewacht, Baresi glänzte mit tollem Stellungsspiel. Zwei-, dreimal kamen Romário und Bébéto dennoch zu Chancen, die Pagliuca aber zunichte machte.

Torlos ging das 15. Finale – erstmals in der Fußball-Geschichte – zu Ende, torlos auch die Verlängerung. Elfmeterschießen! Die Welt hielt, buchstäblich, den Atem an, schätzungsweise zwei Milliarden Menschen saßen gebannt vor den Bildschirmen.

Am Nachmittag hatten die drei weltbesten Tenöre, Domingo, Carreras und Pavarotti, im Dodgers Stadion von Los Angeles, wie schon 1990 in den Caracalla-Thermen von Rom, ein Konzert gegeben, das alle begeisterte, die es – live oder per TV – miterleben konnten. Dem Vernehmen nach soll dies auch die komplette italienische Mannschaft gewesen sein. Einer von ihnen muß wohl nicht richtig hingehört haben, als Pavarotti sein „Nessun dorma" sang, die berühmte Arie aus „Turandot".

„Nessun dorma" – daß keiner schlafe, ausgerechnet Roberto Baggio jagte seinen Elfmeter über die Querlatte, nachdem auch schon Baresi und Massaro versagt hatten. 3:2 – Brasilien war Weltmeister! Und damit zweifellos die beste Mannschaft des Turniers, auch wenn sie nicht in jeder Partie zu spielerischen Höhenflügen in der Lage gewesen war, vor allem nicht im Finale. Im übrigen: Nur fünf der hier eingesetzten 13 brasilianischen Spieler verdienen ihr Geld noch in der Heimat, die anderen sind in Italien, Spanien, Frankreich und Deutschland unter Vertrag, so daß mit Dunga (VfB Stuttgart) und Jorginho (Bayern München) doch noch weltmeisterlicher Glanz auf den deutschen Fußball fiel. Seine Vertretung gehörte gewiß zu den größten Enttäuschungen dieser WM, der so große Erwartungen gegolten hatten. Kein Geringerer als Franz Beckenbauer hatte sich zu der Ansicht verstiegen: „Im Grunde ist es völlig wurscht, mit welcher Taktik Vogts spielen läßt, ob nun mit einer oder zwei Spitzen. Das deutsche Team ist einfach stark genug."

Denkste, Kaiser, die Realität sah anders aus. So ist das im Fußball. Glücklicherweise.

WM 1998 in Frankreich

Fernsehbilder: Wenn weltweit über zwei Milliarden Menschen, also etwa ein Drittel der Erdbevölkerung, vor den Flimmerkisten sitzen, ist die kulturelle, sozialpolitische und last not least wirtschaftliche Dimension bewegter Optik ausschlaggebender Faktor selbst eines sportlichen Events.

Fernsehbilder: Keineswegs liefern, etwa bei einer Fußball-WM, nur Tore, Tritte und Typen den Maßstab für Betrachtung und Bewertung eines solchen Turniers und des Landes, in dem es stattfindet. Auch die unvermeidliche Werbung tut es.

Beispiel Frankreich:

Da fliegt ein Fußball vom Bolzplatz über die Friedhofsmauer mitten in eine Trauergemeinde, kippt einen Grabengel vom Podest und provoziert den WM-reifen Hechtsprung eines schwarzgewandeten Leidtragenden, der samt Ball in der offenen Grube landet. Segnend hebt der Pfarrer die Hände: Amen. Man stelle sich diesen Werbespot, den „Snickers" in fast jeder Halbzeitpause laufen ließ, im, beispielsweise, deutschen TV vor. Das Geschreibsel und Geschrei von Parteibonzen und Rundfunkräten wäre vermutlich groß: gefühllos, pietätlos, gottlos.

In Frankreich krähte kein Hahn danach, schon gar kein gallischer. In Frankreich ist alles lockerer, heiterer, unverkrampfter. Länger als vier Wochen lang fand hier ein Fest des Fußballs statt, das schönste, das beste, das mitreißendste der letzten Jahrzehnte.

Zum ersten Mal seit 1930 trafen sich nicht weniger als 32 Nationen zur Endrunde, eine immense logistische und organisatorische Herausforderung. Der Gastgeber bestand sie glänzend und keineswegs, wie befürchtet, nur mit Mühe, auch wenn französisches Laisser faire und französischer Charme in bestimmten Bereichen oft überstrapaziert schienen.

Etwa in dem des Kartenverkaufs. Tausende waren aus Deutschland, England, USA und Japan im guten Glauben angereist, gutes Geld für gute Plätze ausgegeben zu haben. Vor Ort mußten sie feststellen, daß ihre längst bezahlten Tickets in dunkle Kanäle gewandert waren. Vor den Stadien und auf den Pariser Champs Elysées blühte ein geradezu obszöner Schwarzhandel, dem Frankreichs Fußball-Heros und WM-Organisator Michel Platini quasi die Absolution erteilte: „Das gehört zur freien Marktwirtschaft."

Ohne Zweifel waren zigtausende von Tickets verschoben, mindestens 100 000, so eine Schätzung der „Neuen Zürcher Zeitung", gefälscht worden. Für die „NZZ" „eine Konsequenz des Fußballgeschäfts", in dem mit Mitteln gearbeitet werde, „welche die wohlformulierten Grundsätze der FIFA konter-

Weltmeisterschaft 1998 – Der Verlauf des Turniers

1. Finalrunde	Achtelfinale		Viertelfinale		Halbfinale		Finale	
Gruppe A								
Brasilien								
Norwegen	Brasilien	4						
Marokko	Chile	1						
Schottland								
			Italien	3				
			Frankeich	4****				
Gruppe B								
Italien								
Chile	Italien	1						
Österreich	Norwegen	0						
Kamerun								
					Brasilien	5****		
					Holland	3		
Gruppe C								
Frankreich								
Dänemark	Frankreich	1*						
Südafrika	Paraguay	0						
Saudi-Arabien								
			Brasilien	3				
			Dänemark	2				
Gruppe D								
Nigeria								
Paraguay	Nigeria	1						
Spanien	Dänemark	4						
Bulgarien								
							Brasilien	0
							Frankreich	3
Gruppe E								
Holland								
Mexiko	Deutschland	2						
Belgien	Mexiko	1						
Südkorea								
			Holland	2				
Gruppe F			Argentinien	1			**Um den 3. Platz**	
Deutschland							Holland	1
Jugoslawien	Holland	2					Kroatien	2
Iran	Jugoslawien	1						
USA								
					Frankreich	2		
					Kroatien	1		
Gruppe G								
Rumänien								
England	Rumänien	0						
Kolumbien	Kroatien	1						
Tunesien								
			Deutschland	0				
			Kroatien	3				
Gruppe H								
Argentinien								
Kroatien	Argentinien	6**						
Jamaika	England	5						
Japan								

* Frankeich Sieger nach Verlängerung
** Argentinien Sieger nach Elfmeterschießen
*** Frankreich Sieger nach Elfmeterschießen
**** Brasilien Sieger nach Elfmeterschießen

Die mächtigen Männer des Welt-Fußballs auf Michel Platinis „Fête du Football".

Links: Der UEFA- Präsident Lennart Johannsson, der neue FIFA-Präsident Sepp Blatter und sein Vorgänger João Havelange (von links nach rechts) bestaunen die avantgardistischen Choreographien bei den Eröffnungsfeierlichkeiten in der Pariser Innenstadt (rechte Seite) und im neuen Stade de France (unten).

karieren.“ Der Skandal wurde justitiabel und aktenkundig, als führende Mitarbeiter der Agentur „ISL France“ in Polizeigewahrsam landeten. Einer von ihnen hatte Vorauszahlungen auf dem Privatkonto seiner Schwester geparkt. „ISL France“ ist ein Ableger des FIFA-Marketingpartners „ISL“ in der Schweiz, der die 12 Top-Sponsoren des Fußball-Weltverbandes betreut und mit Tickets versorgen sollte. Doch die Seuche war virulent: Im fernen Kamerun wanderte der Präsident des nationalen Fußballverbandes unter dem Verdacht, Karten nach England verschoben zu haben, hinter Gitter. In New York waren, zu horrenden Black-Market-Preisen, schon im Frühjahr Tickets aus Beständen des Kontinentalverbandes CONCACAF aufgetaucht.

Die Vorfälle überschatteten die „Fête du Football“ (Platini) zweifellos, wären aber wohl als unvermeidliche Begleiterscheinung abgetan worden, hätte es nicht im Vorrundenspiel zwischen Jugoslawien und Deutschland in Lens jenen tragischen Zwischenfall gegeben, dem der französische Polizeibeamte Daniel Nivel zum Opfer fiel. Nivel, 44, Vater von zwei Kindern, wurde von deutschen Hooligans halbtot geschlagen und lag mit schweren Gehirnverletzungen wochenlang im Koma.

Schon zuvor hatten sich die gefürchteten englischen Hools mit tunesischen Fans und französischer Polizei in Marseille blutige Schlachten geliefert. Die „Süddeutsche Zeitung“ zitierte die Mutter eines Ordnungshüters, die bei einer Telefonaktion das Unverständnis der ganzen Welt mit tränenerstickter Stimme zusammenfaßte: „Es kann doch nicht sein, daß eine zivilisierte Gesellschaft dieser Vandalen nicht Herr wird! Sie kommen um zu töten, zu töten, zu töten!“ Zum gewohnten Auslöser Alkohol kam in Frankreich der Kartenfrust. In Lens traf die „SZ“ einen deutschen Schlachtenbummler, angereist aus dem Ruhrpott, der die 500 Mark für eine Schwarzmarkt-Karte nicht aufbringen konnte und vergebens auf eine Preissenkung kurz vor Spielbeginn gehofft hatte. Er saß in einer Kneipe und schrie seine Wut heraus: „Die zerreißen die Karten lieber, als sie billiger zu machen! Manchmal bin ich froh, daß es Engländer gibt…“

Wie immer auch: Wieder einmal waren glatzköpfige deutsche Gehirnpygmäen in Springerstiefeln und mit Hitlergruß durch Straßen im Ausland gezogen, stand vor allem Deutschland am Pranger. Der Präfekt der Region, Daniel Cadoux, erkannte im extremistischen Pack des östlichen Nachbarn keineswegs, wie bei den Engländern, bierselige Raufbolde, sondern mit modernen Kommunikationsmitteln ausgestattete, gut organisierte Verbrecher, die nicht wegen des Fußballs gekommen seien, sondern „um zu zerstören und Sicherheitskräfte anzugreifen“.

Die Vorfälle lösten in Deutschland wieder einmal erregte Debatten über gesetzliche Möglichkeiten zur Prävention aus. Innenminister Kanther (CDU) plädierte für Schwarze Listen, für Reiseverbote und unverhohlen auch für den „Polizeiknüppel“. Was weder die Opposition noch die Gewerkschaft der Polizei, noch die Fan-Streetworker für besonders originell und aussichtsreich hielten.

Aussichtsreich hingegen war, trotz der Begleitumstände, die deutsche Mannschaft in dieses Turnier gestartet, das ihre schwache Vorstellung vier Jahre zuvor vergessen machen sollte. Das 2:0 gegen die USA im Pariser Prinzenpark erfüllte zwar nicht alle Erwartungen, galt aber als standesgemäßer Einstand des dreimaligen Weltmeisters. Daß er damit womöglich einen ersten Nagel in den Sarg des US-Fußballs gehämmert hatte, interessierte da allenfalls am Rande. Ein WM-Erfolg, möglichst der Titelgewinn, wäre für die Kicker in der von Football, Basketball

Das US-Team um seinen Kapitän Tom Dooley muß sich in den Gruppenspielen auch im – hochstilisierten, aber überaus fairen – Prestige-Duell gegen den Iran geschlagen geben. Ohne einen einzigen Punkt treten die mit großem Selbstbewußtsein ins Turnier gestarteten Amerikaner schließlich von der WM-Bühne ab (rechts).
Eine Runde weiter bringen es die Chilenen, die sich dank ihres aus Ivan Zamorano und Marcelo Salas bestehenden „ZaSa-Sturms" und dreier Unentschieden für das Achtelfinale qualifizieren, dort jedoch mit 1:4 am Titelverteidiger Brasilien scheitern.

Traumhochzeit.

Erst „entführt" der Norweger Oivind Ekeland im Stade Vélodrome von Marseille seine brasilianische Braut Roas Angela de Souza. Im anschließenden Vorrunden-Spiel gelingt der norwegischen Elf beim 2:1-Sieg über die Südamerikaner selbiges mit den Punkten und damit der Einzug ins Achtelfinale (rechts).

DOOLEY
5
1
IRAN
10
14
20
6
uhlsport
PUMA

PHILIPS
erCard

und Baseball beherrschten Diaspora so nötig gewesen wie Wasser in der Wüste. Doch am Ende der Vorrunde stand Tom Dooleys Team ohne einen einzigen Punkt da, hatte gar das Prestige-Match gegen den politischen Todfeind Iran verloren.

Nur noch ein anderer der 32 Endrunden-Teilnehmer mußte ohne Punktgewinn nach Hause fahren, auch er Vertreter einer Wirtschafts-Großmacht, was die Vermutung des „Spiegel" stützte. Fußball habe „vielleicht doch eine Seele": Japan, Gastgeber der WM 2002 (zusammen mit Südkorea), unterlag sogar den kunterbunten Folklore-Fußballern aus Jamaika.

Die sogenannten „Exoten" bereicherten das Turnier durchaus, auch wenn viele Experten in ihnen nur sportlichen Ballast sahen und eine Rückkehr zu reduzierter Teilnehmerzahl forderten. Afrika galt bei Berti Vogts zum Beispiel als „großer Verlierer", weil mit Nigeria nur eine einzige von fünf afrikanischen Mannschaften die Vorrunde überstanden hatte. Dabei übersah der deutsche Bundestrainer tunlichst, was er nach deren Knockout im Viertelfinale für die eigene Elf reklamierte: Nur mit ziemlich viel Pech, vor allem aber durch die Schiedsrichter waren Marokko und Kamerun vorzeitig auf der Strecke geblieben. Die Marokkaner, weil Konkurrent Norwegen einen Elfmeter geschenkt bekam und dadurch sein Vorrundenspiel gegen Weltmeister Brasilien sensationell 2:1 gewinnen konnte (wodurch zur gleichen Zeit Marokkos 3:0 über Schottland wertlos wurde), Kamerun, weil beim 1:1 gegen Chile zwei Treffer nicht anerkannt und zwei Spieler vom Platz gestellt wurden. In der Hauptstadt Yaunde kam es daraufhin zu Ausschreitungen gegen Weiße.

Kameruns französischer Trainer Claude Le Roy übte nicht nur scharfe Kritik am ungarischen Schiedsrichter, sondern auch am neuen FIFA-Präsidenten Blatter, der „von Fußball keine Ahnung" habe. Blatter hatte lange vor dem Turnier die Schiedsrichter angewiesen, bei der sogenannten „Grätsche von hinten" grundsätzlich auf Platzverweis und im übrigen öfter auf Elfmeter zu entscheiden.

Mit völlig weißer Weste, also ohne jeden Punktverlust, waren nur Gastgeber Frankreich und Argentinien durch die Vorrunde gekommen. Die größte Enttäuschung lieferte wohl Spanien, zuvor als einer der Favoriten gehandelt.

Cerny, Pfeifenberger und Polster das Spiel nicht entscheidend zu bestimmen. Immerhin gelang Toni Polster in letzter Minute der Ausgleich, nachdem man eine Viertelstunde zuvor in Rückstand geraten war. Gegen Chile benötigte das Team noch zwei Minuten länger zum Punktgewinn. Erst in der Nachspielzeit traf Vastic zum 1:1. Daß es auf diese Weise gegen Italien nicht reichen würde, war für Polster da schon klar. „Man kann zu so einem Turnier nicht fahren, wenn nur vier, fünf Spieler richtig fit sind ..." Zu denen, die es nicht waren, gehörten auch er und die anderen Bundesliga-Legionäre.

Nur ein einziges Team blieb neben Frankreich ohne Niederlage im Turnier: Belgien. Doch drei Unentschieden waren zu wenig zum Weiterkommen. Im letzten Vorrundenspiel kam man gegen Südkorea nicht über ein 1: 1 hinaus und mußte den tapferen Mexikanern den Vortritt lassen.

Die also waren im Achtelfinale, der Gegner hieß Deutschland. Das Team von Berti Vogts hatte in seiner zweiten Vorrunden-Vorstellung gegen Jugoslawien wieder einmal die vermeintlichen „deutschen Tugenden" demonstriert und sich am eigenen Schopf aus dem

Das „Last-Minute-Tor" von Ivica Vastic (oben) beim 1:1 gegen Chile rettet Österreich zwar noch einen Punkt, reicht aber letztendlich nicht, um die nächste Runde zu erreichen.
Für Englands Wunderknaben Michael Owen (linke Seite, bei seinem phantastischen Solo-Lauf zum Tor gegen Argentinien) und Paraguays stimmgewaltigen Torhüter José-Luis Chilavert (rechts, gegen Frankreich) ist im Achtelfinale Endstation.

Im Auftaktspiel verschuldete Torwart-Legende Andoni Zubizarreta die 2:3-Niederlage gegen Nigeria, gegen Paraguay reichte es nur zu einem 0:0 – aus der Traum.

Auch der von Österreich, nach achtjähriger WM-Abstinenz erstmals wieder dabei und von großer Begeisterung getragen, endete relativ schnell. Zwei Unentschieden (jeweils 1:1 gegen Kamerun und Chile) sind zu wenig, wenn der Gegner im letzten und entscheidenden Spiel Italien heißt. Der gewann dann auch erwartungsgemäß mit 2:1.

Im ersten Match hatte Teamchef Prohaska nicht weniger als fünf Spieler aus der deutschen Bundesliga aufgeboten, doch vermochten Feiersinger, Herzog,

Der jüngste Spieler im deutschen Aufgebot, Jens Jeremies, liefert den eindrucksvollen Nachweis, daß große Turniere eine hervorragende Chance bieten, auch relativ unerfahrene Spieler auf verantwortungsvollen Positionen an die Weltspitze heranzuführen (oben).

Der Anfang vom Ende.

Der norwegische Schiedsrichter Rune Pedersen zeigt Christian Wörns beim Spielstand von 0:0 für dessen Attacke gegen Davor Suker die Rote Karte. Die deutsche Nationalmannschaft muß die folgenden 50 Minuten im Viertelfinalspiel gegen Kroatien mit einem Mann weniger auskommen und wird schließlich nach Toren von Jarni, Vlaovic und Suker mit 3:0 überrollt – der höchsten Niederlage in einem WM-Endrundenspiel seit 1958 (rechts).

Nachdem Mexikos Goalgetter Luis Hermandez im Achtelfinalspiel Michael Tarnat, Christian Wörns und Markus Babbel wie Slalomstangen stehen läßt und zum 1:0 einschießt (rechts), müssen die deutschen Fans lange zittern, ehe Jürgen Klinsmann und Oliver Bierhoff mit ihren Toren doch noch den 2:1-Endstand ermöglichen (rechts).

MATTHÄUS
8
lotto
7

14
MEXICO
15
TARNAT
21

Sumpf eines schier hoffnungslosen 0:2-Rückstands gezogen. Das 2:2 empfanden nicht nur die Jugoslawen als Niederlage, auch ein Großteil der internationalen Presse beurteilte die DFB-Elf negativ, am negativsten Italiens „Gazetto dello Sport“: „Alles Muskeln, kein Hirn.“

Doch keineswegs der offensichtliche Mangel an Spielwitz und Technik ließ Berti Vogts vor Zorn erbeben, sondern ein lauter Gedanke von DFB-Vize Mayer-Vorfelder zwei Tage später. Der hatte erwogen, die Mannschaft von der WM zurückzuziehen – Reaktion auf die glücklicherweise falsche Meldung, der von deutschen Hooligans schwer verletzte französische Gendarm sei gestorben. Der nicht bei der Mannschaft weilende DFB-Präsident Egidius Braun nannte den Gedanken „irrsinnig“ und konnte Bundestrainer und Mannschaft („Was können wir denn dafür?“) nur mit Mühe beschwichtigen.

Zum Glück hieß der nächste Gegner Iran, nicht gerade der Crème de la Crème des Weltfußballs zugehörig. Aber gehörte denn Deutschland überhaupt noch dazu? Auch dieses Spiel beantwortete die Frage nicht schlüssig. Der 2:0-Erfolg war ein mühsamer „Arbeitssieg“ in der zweiten Halbzeit nach torloser erster Hälfte.

Womöglich war in diesem Spiel, trotz des Erfolgs, der Grundstein zum späteren Mißerfolg gelegt worden. Vogts hatte in der Pause Olaf Thon aus dem Spiel genommen und die Libero-Position Lothar Matthäus übertragen. Der war nach längerer Verbannung in die Nationalelf zurückgeholt worden, als sich die Hoffnung auf ein Comeback des verletzten Matthias Sammer zerschlug. Gegen Jugoslawien bestritt Matthäus sein 126. Länderspiel und wurde der erste Feldspieler der Fußballgeschichte, der in fünf WM-Endrunden zum Einsatz kam. Die imponierende Statistik verband sich mit ebensolcher Form des Veteranen. Der 37jährige war einer der wenigen Lichtblicke im enttäuschenden DFB-Team. Olaf Thon jedoch verschwand wieder in der Versenkung.

Parallel dazu ging weiteres kreatives Potential verloren: das des Andi Möller. Von seiner Begabung und Spielauffassung her ein absolutes As, gelang es ihm erneut nicht, in einem großen Turnier zu stechen und das Spiel seiner Mannschaft so zu prägen, wie er es eigentlich können müßte. Die psychische Blockade verstärkte sich, als von der Trainerbank Worte wie „Heulsuse“ und „Blinder“ zu hören waren.

Natürlich wähnte sich Berti Vogts „auf dem richtigen Weg“, als auch das Achtelfinale gegen Mexiko gewonnen wurde, womit eine deutsche Nationalelf zum 13. Mal unter die letzten Acht einer WM kam. Indessen: Der mühsame 2:1-Sieg entfachte erneut eine Diskussion über die wahren Qualitäten der ältesten Mannschaft des Turniers. Wie schon gegen den Iran hatten Bierhoff und Klinsmann quasi mit der Brechstange (und nach 0:1-Rückstand) für die nötigen Tore gesorgt. Was Vogts nicht ganz unerwartet „sehr zufrieden“ stellte, Londons „Daily Telegraph“ hingegen über ein „lahmes Deutschland ohne Inspiration und Methode“ berichten ließ. Lakonisch urteilte das Madrider Sportblatt „As“: „Deutschland hat sieben Leben.“

Doch auch die zäheste Katze stirbt einmal. Das vermeintliche Glück, im Viertelfinale auf keinen der ganz Großen wie Brasilien, Italien, Holland oder auch Gastgeber Frankreich zu treffen, sondern auf WM-Neuling Kroatien, stellte sich als fataler Irrglaube heraus. Zwei Jahre zuvor, bei der EM in England, war Kroatien im Viertelfinale ausgeschieden – gegen Deutschland. Diesmal kam es anders, obwohl die Ansicht des Bundestrainers, seine Mannschaft habe in der ersten Halbzeit ihr bis dahin bestes Spiel gezeigt, durchaus geteilt werden konnte.

In der 40. Minute jedoch unterlief Matthäus ein so unglückliches Abspiel, daß Christian Wörns den kroatischen Stürmerstar Davor Suker nur durch ein Foul stoppen konnte. Für Schiedsrichter Pedersen (Norwegen) keine Frage: Rote Karte!

Sie löste im dezimierten deutschen Team nicht nur das totale Chaos aus, sondern lieferte ihm und seinem Trainer auch so üble Ausreden für die 0:3-Niederlage und das Ausscheiden, daß die Deutschen als miserabelste Verlierer in die Geschichte dieser WM eingingen. Vogts verstieg sich gar zu Spekulationen über „von oben“ gelenkte Aktionen gegen die angeblich „zu erfolgreichen“ Germanen. Es dauerte Tage und bedurfte intensiver Medienkritik sowie der Einwirkung von Präsident Braun, ehe Deutschlands oberster Fußball-Lehrer zum Telefonhörer griff und sich bei FIFA-Präsident Blatter entschuldigte. Es dauerte noch länger, ehe er die Dinge auch in der Öffentlichkeit zurechtrückte.

Zu spät, um die Diskussion über seine eigene Person zu verhindern. Zwar sprach die Verbandsspitze dem Bundestrainer „volles Vertrauen“ aus, doch in der veröffentlichten Meinung ging der druckgeschwärzte Daumen nach unten: Rund drei Viertel aller Teilnehmer an diversen telefonischen Abstimmungen wollten einen neuen Bundestrainer.

Der alte ließ – bis auf die Entschuldigung in Richtung FIFA – nicht erkennen, daß sich künftig und vor allem im Hinblick auf die Europameisterschaft 2000 viel ändern wird. Im Gegenteil: Der deutsche Bundestrainer, den manche für ein Auslaufmodell halten, nahm Zuflucht bei einem prominenten Leidensgefährten: „Man muß weltmännisch wie Helmut Kohl über den Dingen stehen...“ Was den Anblick von Arbeitsmarkt wie Mittelfeld offenbar gleichermaßen erträglicher macht. Umgang mit Kritik in dieser Art nährte den Verdacht, der scheinbar so souveräne Coach des Europameisters von 1996 habe sich in den kleinen Berti zurückverwandelt, der voller Biedersinn, und glücklich ist, wenn die Großen der Welt ihn kennen und grüßen.

Für die – wie schon vier Jahre zuvor – im Viertelfinale gescheiterten Deutschen wurde die zutreffendste Kritik in portugiesischer Sprache formuliert. Der große Pelé (Brasilien) fällte ein vernichtendes Urteil: „Die Deutschen hatten

Mit jeweils drei Treffern rechtfertigen Oliver Bierhoff und Jürgen Klinsmann zwar ihren Einsatz in der Offensivabteilung des deutschen Nationalteams, bleiben aber im entscheidenden Spiel gegen Kroatien ohne Torerfolg.

18

Das vorweggenommene Endspiel der Weltmeisterschaft 1998: In Marseille stehen sich mit Holland und Brasilien die bis dahin spielstärksten Mannschaften des Turniers gegenüber.

Brasiliens Superstürmer Ronaldo überwindet hier beim 1:0 Philippe Cocu ebenso wie den Oranje-Keeper Edwin van der Sar. Zwar kann Patrick Kluivert mit seinem späten Ausgleichstreffer die Verlängerung erzwingen, im anschließenden Elfmeterschießen verfügt dann aber der Titelverteidiger über die nervenstärksten Schützen und mit Claudio Tarrarel über den glücklicheren Torhüter.

niemand im Mittelfeld mit Gehirn. Sie konnten nur kämpfen. Das ist heute das Problem des deutschen Fußballs, und ich denke, das wird es auch in Zukunft sein."

Die Sportzeitung „Bola" (Portugal) meinte: „Deutschland wäre eine unschlagbare Maschine, würde Fußball nicht von Menschen gespielt... Diese wichtige Erkenntnis hat Berti Vogts aber offenbar vergessen. Deshalb hatte Deutschland auch so große Probleme gegen Mannschaften, die kreativen Fußball spielen wie Kroatien... Als nach der Roten Karte für Wörns nur noch zehn Spieler auf dem Feld waren, wurde überdeutlich, daß die Vogts-Elf auf unvorhersehbare Ereignisse nicht eingestellt war..."

Vogts selbst war es auch nicht. Er wagte es nicht, seinen immer schwächer werdenden Kapitän Jürgen Klinsmann vom Rasen zu nehmen, auf dem sich zum Schluß vier Sturmspitzen tummelten, offenbar in der irrigen Meinung, daß es von der Zahl der Stürmer abhängt, ob eine Mannschaft besser oder schlechter trifft.

Es war nur ein schwacher Trost, daß auch andere renommierte Fußball-Nationen im Konzert der letzten Vier fehlten. Die Engländer zum Beispiel, die nicht einmal unter die letzten Acht kamen und denen im Achtelfinale gegen Argentinien (2:2) wieder einmal das Elfmeter-Roulette zum Schicksal geworden war. Oder die Italiener, die – ebenfalls per Elfmeter-Drama – Gastgeber Frankreich unterlagen, der im Achtelfinale gegen Außenseiter Paraguay erst in der Verlängerung durch ein Golden Goal weitergekommen war – das einzige dieser WM.

Nur mit Mühe und nach Rückstand war es Titelverteidiger Brasilien gelungen, die famosen Dänen zu schlagen (3:2). Im Halbfinale traf er auf die in glänzender Spiellaune kickenden Holländer – das vorweggenommene Finale, wie sich zeigen sollte.

Das Bild dieser letzten Spiele prägten eindeutig die in Europas besten Ligen spielenden Stars: Suker (Kroatien) und Roberto Carlos (Brasilien) bei Real Madrid, Ronaldo (Brasilien) und Djorkaeff (Frankreich) bei Inter Mailand, Zidane (Frankreich) und Deschamps (Frankreich) bei Juventus Turin, Petit (Frankreich) und Bergkamp (Holland) bei Arsenal London, Kluivert (Holland) und Boban (Kroatien) beim AC Mailand.

Von den insgesamt 88 Spielern im Kader der letzten Vier spielten 19 in Italien und je elf in England und Spanien. Deutschland? Ach ja, die hochgerühmte Bundesliga bot auf der „Beletage" des Fußballs gerade mal vier Arbeitsplätze: für den Brasilianer Emerson in Leverkusen, den Franzosen Lizarazu in München, den Kroaten Soldo in Stuttgart und seinen Landsmann Mamic in Bochum. Die Nacht von Marseille, das Halbfinale Brasilien–Holland, ging als eines der großen Dramen in die Geschichte des Fußballs ein. Hier der hohe Favorit, der unbedingt zum fünften Mal den Titel gewinnen wollte und sollte, dort die Holländer, die zweimal ein Finale erreicht und jeweils gegen den Gastgeber verloren hatten (1974 in Deutschland, 1978 in Argentinien). Sie glaubten, zu Recht, fest an eine dritte Chance.

Zur Pause stand es noch 0:0. Man spürte den ungeheuren Druck, der auf Brasiliens Elf lastete. Sie fand nie zu ihrem Spiel und der erwarteten Überlegenheit. Holland dominierte, doch Kluivert vergab drei mehr oder weniger klare Chancen. Die Binsenweisheit, daß sich so etwas rächt, schien sich Sekunden nach Wiederanstoß zu bestätigen. Roberto Carlos spielte einen langen Paß auf Ronaldo, das Wunderkind tupfte den Ball durch die Beine von Hollands Torwart Van der Sar ins Netz.

Die Entscheidung? Holland gab nicht auf, und drei Minuten vor dem Schlußpfiff traf Kluivert endlich ins Tor: Flanke, Kopfball, 1:1. Die torlose Verlängerung endete im Elfmeterschießen, dem insgesamt dritten dieser WM. Und wenn jemals ein brasilianischer Torhüter seinen minderen Status gegenüber den genialen Technikern von der Feldspieler-Fakultät aufwerten konnte, dann gelang es Taffarel in dieser südlichen Sommernacht. Er hielt die Strafstöße von Cocu und Ronald de Boer; Brasilien war, zum sechsten Mal, in einem WM-Endspiel.

Nicht weniger Spannung bot einen Tag später das andere Halbfinale zwischen Frankreich und Deutschland-Bezwinger Kroatien. Als „rêve du siècle", als Traum des Jahrhunderts, hatte „L'Equipe" den erwarteten Sieg und den Einzug ins Finale verkauft, der im übrigen die Auflage von Frankreichs täglicher Sportzeitung auf über eine Million steigerte und damit verdoppelte. Und dies, obwohl das Blatt zu den größten Kritikern von Trainer Aimé Jacquet gehörte, den es monatelang wegen angeblich falscher Taktik und zu defensiver Spielweise befehdet hatte.

Ganz Frankreich stockte der Atem, als Davor Suker, der mit 6 Treffern Torschützenkönig dieser WM werden sollte, nur eine Minute nach der Pause die Führung für Kroatien erzielte. Doch der Schock hielt nicht lange an. Verteidiger Lilian Thuram glich fast im Gegenzug aus und erzielte nach 70 Minuten auch das umjubelte Siegtor zum 2:1. „Wir waren fast schon im Finale", ärgerte sich Suker, „Wir hätten nach unserem Tor nur fünf Minuten lang gegenhalten müssen ..."

Mit einem wuchtigen Kopfball zum 1:0 leitet Frankreichs torgefährlicher Mittelfeldregisseur Zinedine Zidane (oben) den triumphalen 3:0-Finalsieg über Brasilien ein.

Der offensichtlich gesundheitlich angeschlagene Ronaldo (linke Seite) konnte sich gegen die Abwehrspieler der „Equipe tricolore" kaum in Szene setzen. Sein Vorhaben, den WM-Torrekord von Just Fontaine zu brechen und Weltmeister zu werden, ist gescheitert.

Dennoch fuhren die Kroaten erhobenen Hauptes nach Hause, zumal sie im Spiel um den dritten Platz, nach wie vor hochmotiviert, Holland schlagen und ihren Ruf als die größte Überraschung des Turniers untermauern konnten. Ihr Konterspiel, technisch und taktisch perfekt demonstriert, ließ nicht vermuten, daß sie die WM-Qualifikation nur mühsam und als Gruppenzweiter hinter Dänemark geschafft hatten. Allerdings: Schon 1987 waren ihre Leistungsträger Suker, Boban und Jarni Junioren-Weltmeister gewesen – damals noch als Jugoslawen.

Das Finale: Frankreich im Fußballfieber, überall die Trikolore, überall geschminkte Gesichter in den Landesfarben. Auf der Tribüne des Stade de France jede Menge Prominenz, Staatspräsident Chirac und Ministerpräsident Jospin mit blau-weiß-roten Schals, zwischen ihnen Michel Platini, der unter seiner Jacke ein Mannschaftstrikot angezogen hat.

La France, Terrain der Tour de France, des Rugby, des Boule, Heimat großer Boxer und Tennisspieler, ist kein typisches Land des Fußballs, sondern bewohnt von einer Gesellschaft, um deren Begeisterungsfähigkeit man sich ernsthaft gesorgt hatte, eine Kulturlandschaft, in der, wie ein Firmensprecher bedauerte, „so wenig Nationaltrikots wie nirgendwo sonst in Europa verkauft werden".

Doch in diesen Tagen, an diesem Abend, ist alles anders. Brasilien war in den Spielen zuvor viel von dem schuldig geblieben, was den Titelverteidiger zum hohen Favoriten gemacht hatte, dessen WM-Chancen Englands Buchmacher mit der geringen Wettquote von 3,5:1 notierten. Wie gut sind die Cariocas noch? Gut genug, um mit

Weltmeisterschaft 1998

Aufhören, wenn es am schönsten ist.

Der französische Nationaltrainer Aimé Jacquet hatte seinen Rücktritt nach der Weltmeisterschaft bereits lange vor dem Turnier angekündigt. Kaum jemand rechnete damit, daß der umstrittene Coach am Ende Frankreich zum ersten WM-Titel führen und den WM-Pokal in den Händen halten würde.

dem großartigen Zidane, mit Desailly, Deschamps und Dugarry fertig zu werden? Oder nur so gut wie im Spiel gegen Holland, das man eigentlich schon hätte verlieren müssen?

Die Frage ist überraschend schnell beantwortet: Brasilien kommt nicht ins Spiel, wird von den überraschend offensiven, überaus engagierten und im Zweikampf stärkeren Franzosen beherrscht. Vor allem Superstar Ronaldo kommt nicht zum Zuge, womit die wichtigste Trumpfkarte der Südamerikaner unter den Tisch fällt.

Was sich im Halbfinale schon andeutete, wird nun überdeutlich: Der Weltmeister ist dem ungeheuren Erwartungsdruck nicht gewachsen. Ronaldo, das „Millionen-Baby", kollabiert bereits in der Kabine, verfällt in konvulsivische Zuckungen, spricht später von einem „krampfartigen Anfall" – die Nerven. In einer ersten Mannschaftsaufstellung fehlt sein Name, später gibt es eine zweite mit der Nummer neun, die mit vollem Namen Ronaldo Luiz Nazario de Lima heißt, 21 Jahre jung ist und die Hoffnung von 160 Millionen Brasilianern, vor allem aber die mediokrer Verbandsbonzen und der amerikanischen Firma „Nike" trägt.

Nach nicht einmal einer halben Stunde erzielt Frankreich das 1:0. Der geniale Zinedine Zidane ist wie ein Gespenst im brasilianischen Strafraum aufgetaucht und hat einen Eckball per Kopf ins Netz gewuchtet. Das gleiche Kunststück gelingt ihm kurz vor der Pause noch einmal, womit das Spiel entschieden ist. Es war, so Lilian Thuram am Ende und nach Petits 3:0 in der 90. Minute, „fast ein bißchen bizarr und zu einfach".

Frankreich liegt sich in den Armen. Anderthalb Millionen Menschen machen die Champs Elysées tage- und vor allem nächtelang zur Bühne ihrer Freude, ihres Stolzes, ihrer Begeisterung. Der Sieg hat eine enorme politische Dimension: Finalheld Zidane ist der Sohn algerischer Einwanderer, Djorkaeff ist armenischer Abstammung, Desailly stammt aus Ghana, Karembeu aus Neu-Kaledonien und Thuram von der Karibik-Insel Guadeloupe.

Sie sind Frankreichs beste Antwort auf politische Brandstifter wie Jean-Marie Le Pen von der rechtsextremen „Front National". Er hatte ein WM-Team mit mehr „reinrassigen" Franzosen und weniger Farbigen gefordert. Kein Wunder, daß Jacques Chirac nun zusammen mit Didier Deschamps auf die Balustrade der Ehrentribüne klettert und dem Kapitän des neuen Weltmeisters die glänzende Trophäe überreicht. Sie ist wahrhaft Gold wert.

Der Fußball und seine Stars

Von Ulfert Schröder

Im Frühjahr 1970, kurz vor der Weltmeisterschaft in Mexiko, ermittelte das Institut für angewandte Sozialwissenschaft (Bad Godesberg), daß jeder vierte Bürger der Bundesrepublik Deutschland auf die Frage nach dem bekanntesten Sportler den Namen Franz Beckenbauer nennt.

Ausgehend von dieser statistischen Zahl darf angenommen werden, daß mindestens die Hälfte sämtlicher Bewohner der Bundesrepublik und ebenso mindestens ein Drittel sämtlicher Bewohner des deutschsprachigen Raums (DDR, Schweiz, Österreich) den Träger des Namens Beckenbauer einzuordnen weiß.

Auch zehn Jahre danach, bei seiner Rückkehr in die Bundesliga, besaß Beckenbauer immer noch einen Bekanntheitsgrad, der jenen von Politikern weit übersteigt, auch den der Filmstars des mittleren Genres deutlich hinter sich läßt und sicherlich gleichrangig neben der Popularität bevorzugter Schlagzeilen-Größen steht.

Im Sommer 1973 fragte das Institut für praktische Psychologie (Frankfurt) in München, Berlin, Frankfurt und Hamburg junge Damen im Alter zwischen 16 und 25 Jahren: „Wie stellen Sie sich Ihren Ehemann vor?“ Mit weitem Abstand hatte der Fußballspieler Günter Netzer die meisten Nennungen, vor einem Fernseh-Moderator, einem Politiker und einem Journalisten.

Ungefähr im gleichen Zeitraum setzte das US-amerikanische Nachrichten-Magazin “Time“ den holländischen Fußballspieler Johan Cruyff auf das Titelblatt seiner Europa-Ausgabe und widmete ihm die Top-Story der Ausgabe. Ebenso um dieselbe Zeit fand das deutsche Meinungs-Magazin „Stern“ den Wechsel des Fußballspielers Netzer von Mönchengladbach nach Madrid eine Titelgeschichte wert, und nicht lange davor hatte sich Franz Beckenbauer unter den wenigen Deutschen befunden, die ihrer Prominenz eine Einladung zum Wiener Opernball zu verdanken hatten.

Alle diese Formen öffentlicher Berücksichtigung und Wertschätzung weisen die Betroffenen als das aus, was unter dem Sammelbegriff „Star“ ein Leitbild, Ideal oder Idol für bestimmte Gruppen der Gesellschaft geworden ist.

Diese Stars sind aus ihrem eigentlichen Betätigungsfeld, ihrer Branche, herausgetreten und haben einen absoluten, von ihrer beruflichen Qualifikation unabhängigen Wert erlangt.

Sie werden beobachtet, bewundert, beäugt, belauscht, imitiert und nachgeahmt nicht um ihrer Kunst oder Leistung, sondern um ihrer selbst willen. Picasso war ein Star selbst bei jenen, die noch nie ein Gemälde betrachtet hatten. Elizabeth Taylor ist ein Star geblieben, obwohl die Besucherzahlen der Kinos immer weiter abgesunken sind. Marlene Dietrich ist immer noch ein Idol, obwohl sie die Kamera seit langem scheut.

Das Metier des Stars dient freilich als Basis und bis zu einem gewissen Punkt als Transportmittel auf dem Weg zum Star. Wenn der angehende Star diesen Punkt erreicht hat, muß er bereits das Wesen eines Stars besitzen. Er muß entweder völlig außergewöhnlich sein und den Hauch des Geheimnisvollen, des Unerklärlichen, des Hintergründigen besitzen. Oder er muß seinen Bewunderern die Möglichkeit geben, sich mit ihm zu identifizieren, er muß das Gefühl auslösen, einer der ihren zu sein, ein Kumpel, ein guter Freund, einer, den man jeden Tag überall treffen kann. Oder drittens muß er den Wunsch auslösen, ihm nachzueifern, erstrebenswertes Vorbild zu sein, Medium für erfüllbare oder unerfüllbare Träume.

Voraussetzung ist natürlich, daß das Metier des Stars allen zugänglich ist oder über ein Medium der Verbreitung verfügt, das den Star präsentiert. Zu diesem Mittler, zu diesem Wegbereiter und Produzenten der Stars ist das Fernsehen geworden.

Durch den Bildschirm erlangten und erlangen die Fußballspieler Beckenbauer, Netzer, Gerd Müller und später Paul Breitner, Hansi Müller und Karl-Heinz Rummenigge das Prädikat, erstrangige Stars zu sein, obwohl die Zuschauerzahlen in den Stadien unablässig sanken. Sie wurden vom Fernsehen sozusagen produziert und präsentiert als außergewöhnliche Erscheinungen ihrer Branche, bis sie im Bewußtsein des Bildschirm-Publikums tiefer verankert waren als der erste Mensch auf dem Mond.

Die wichtigsten Ereignisse des Fußballs erzielen nämlich innerhalb des Fernseh-Programms, als „nationale Anliegen“ hochgespielt, erstaunliche Werte. Das Zweite Deutsche Fernsehen (ZDF) wies in seinem Jahresbericht 1972 das Fußballspiel England gegen Bundesrepublik im Londoner Wembley-Stadion (3:1 für die Bundesrepublik) mit einem Index-Wert von 4,6 aus. Keine andere Sendung erhielt diese Ziffer (Maximum 5,0). Die zum deutschen Familiengut gewordenen Sendungen „Peter-Alexander-Show“ (4,4), „Aktenzeichen XY“ (4,2) und der „Kommissar“ (4,1) lagen hinter dem Fußball.

Wenn der Fußball solche Beachtung erlangt – und dies ist in den meisten europäischen und südamerikanischen Ländern genauso –, müssen seine herausragenden Figuren folgerichtig beinahe zwangsläufig zu Stars werden, die den engen Rahmen des Sports sprengen und die Bedeutung von Symbolgestalten erlangen.

Trotzdem verlangt es der Kult, der mit dem Star getrieben wird, daß jeder einzelne entsprechend der Typologie der Stars ein ganz bestimmtes Image besitzt. Dieses Erscheinungsbild wird einerseits vom Auftreten des Stars in der Öffentlichkeit geprägt, andererseits wird es, wie das in anderen Bereichen des Show-Geschäfts längst üblich ist, entsprechend gepflegt, poliert und immer wieder neu aufbereitet.

Günter Netzer zum Beispiel erschien stets als der einsame, eigenbrötlerische, in sich gekehrte, ichbezogene, schweigsame, teils wirklichkeitsfremde, teils unverstandene junge Mann. Erfolgreicher Geschäftsmann, reich und mit allen einschlägigen Attributen ausgestattet – Ferrari, exquisite Kleidung, exquisite Freundin, Urlaub an exotischen Stränden – erweckte er trotzdem den Eindruck, als mache ihn das alles nicht glücklich.

Netzer bot das Leben alle Annehmlichkeiten, und er genoß diese Freuden ohne ein Lächeln. Er schien auf der Suche zu sein nach einem Glück, das irgendwo in der Ferne lag und das ihn nie erreichte.

Dieses Image ist haarscharf auf jene Gruppen der Gesellschaft zugeschnitten, die bisher noch nie von einem Fußball-Star emotionell berührt wurden: auf die Intellektuellen und die Frauen. Deshalb erschienen im Lichtkreis Netzers Künstler, Fotografen, Fernseh-Regisseure und junge Leute, die nie ein Fußball-Stadion besuchen würden. Den Frauen galt Netzer als der Typ jenes Mannes, dessen Seelenleben ungeahnte Tiefen vermuten läßt. Eine 23jährige Sekretärin über Netzer: „Er ist äußerlich sicher hart, aber innerlich sehr sensibel." Eine 18jährige Schülerin: „Er ist ein gefeierter Mann, aber sehr einsam. Er würde mich reizen, weil ich ihm in das Herz und in die Seele schauen möchte."

Netzer war der Typ des geheimnisvollen Sonderlings, des ganz und gar Außergewöhnlichen, er umgab sich mit derselben Unberührbarkeit, der die Film-Dame Greta Garbo ihre über Jahrzehnte hinweg unerschütterliche Popularität verdankte.

Der Münchner Mittelstürmer Gerd Müller dagegen weckte völlig andere Gefühle. Er ist der Kumpel, der bodenständige Junge aus dem Volk, der Familienvater, der tropfende Wasserhähne reparieren kann, das Baby wickelt, den Wagen wäscht und mit am Stammtisch sitzt.

Deshalb war Müllers Gefolgschaft immer größer als jene von Netzer, aber bei weitem nicht so engagiert. Um Müller muß man sich nicht so kümmern, empfand das Volk, er ist recht so. Er entsprach dem Hauptdarsteller auf der Heimatbühne wie Millowitsch, Heidi Kabel, war dem Volke verbunden wie Grete Weiser.

Müllers Image war ebenso rund und perfekt wie jenes von Netzer. Der Psychologe Prof. Dr. Steinbach sagte damals: „Müller wirkt ein bißchen hausbacken, ist erdverbunden, ein Mann, der seine gewohnte Umgebung, seine Freunde braucht, um leben zu können." Und der Werbe-Fotograf und -fachmann Charles Wilp: „Müller wirkt immer ein bißchen unbeholfen, nett, lieb, naiv, brav. Der ehrliche Junge. Er ist das Bild eines typischen deutschen Ehemannes und Vaters. Er sorgt für Glück im blitzblanken Heim."

Franz Beckenbauer paßt in keines dieser Muster. Er verkörpert den wohlhabenden, distanzierten Herrn, der seiner Familie ein aufwendiges Leben gestattet und sich selbst eine „Partnerin" erlaubt. Ein Mann, der Hobbys nachgeht, einerseits leutselig ist, andererseits aber die Barrieren, die ihn umgeben, sehr zu schätzen weiß. Beckenbauer entspricht am ehesten dem Bild des Lords, der seinem Gärtner und seinem Lieblingspferd gleichermaßen liebevoll auf die Schultern klopft.

Im Grunde kam Beckenbauer den Anforderungen, die einem Star gestellt werden, am nächsten, und während seiner Zeit in den USA hat er dieses Bild noch abgerundet. Er demonstrierte die Erfüllung von Träumen, lebte in einer entrückten Welt und kehrte nur dann auf die Erde zurück, wenn er seine Arbeit zu verrichten, seine Kunst zu präsentieren hatte. Sein Image war das beste, aber auch das gefährlichste. Denn er hat sich am weitesten von der Basis, die ihn auf die Dauer ernähren mußte, entfernt. Er lebte auf Distanz mit seinem Volk.

Für einen Film- und Show-Star ist dieses Schweben in höheren Sphären eine selbstverständliche Voraussetzung, als erfolgreich und „in" betrachtet zu werden. Ein Star des Fußballs indes lebt vom direkten Kontakt mit seinen Bewunderern, muß diesen Bewunderern immer die Möglichkeit lassen, ihn, den Star, als einen der ihren zu empfinden.

Gerd Müller hatte darin keine Schwierigkeiten, und deshalb wurden ihm schwächere Leistungen als entschuldbar nachgesehen. Franz Beckenbauer hingegen wurde argwöhnisch beobachtet, seine kühle Noblesse provozierte den Widerspruch der Masse, und in einer beinahe schizophrenen Haßliebe pfiff sie ihn öfter aus, als sie ihm Beifall spendete. Versöhnt wurde sie nur immer wieder, wenn Beckenbauers Fußballkunst vergessen ließ, daß er es liebt, mit silbernen Gabeln von goldenen Tellern zu essen.

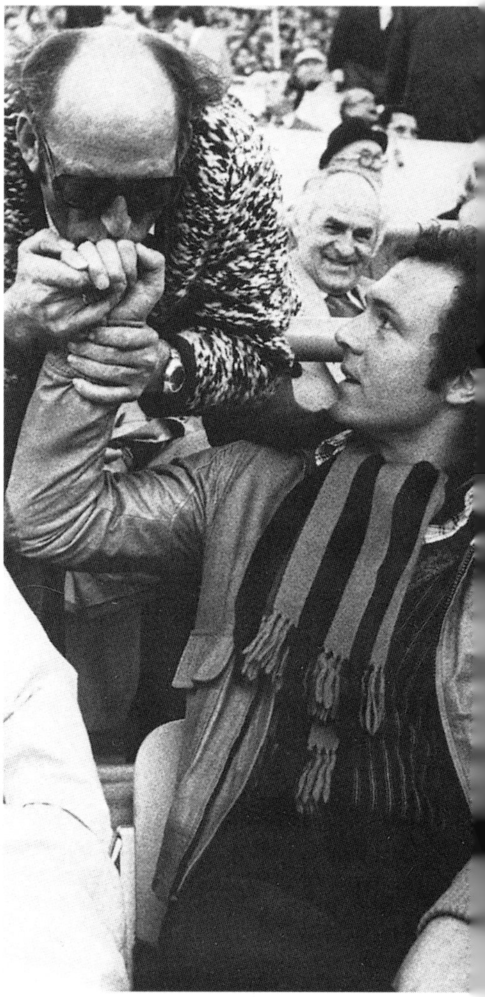

Starkult: Franz Beckenbauer und Fan im Münchner Olympiastadion.

Das Publikum ließ Beckenbauer jeden Fehler in der Arena spüren. Es hatte kein Mitleid. Es akzeptierte ihn als den besten Spieler der Welt, aber es würde ihn sofort verstoßen, wenn er dieses Prädikat nicht mehr verdient.

Bei Günter Netzer war das ähnlich und doch ganz anders. Müller wurde geliebt, Beckenbauer bewundert und doch gehaßt, aber Netzer wurde im Grunde gar nichts, weder gehaßt noch geliebt, bewundert vielleicht, mit Unverstand und Staunen betrachtet bestimmt.

Selbst in Mönchengladbach hatte er weder ein gutes noch ein schlechtes Verhältnis zum Publikum, er hatte gar keins. Er strebte nicht nach dem sogenannten „Besseren" wie Beckenbauer, und das bewahrte ihn vor den Pfiffen. Er ist aber auch kein Kumpel wie Müller, und das machte ihn suspekt. Oft in seiner Mönchengladbacher Zeit widersetzte er sich seinem Chef, dem Trainer, oder stritt mit dem Arbeitgeber, den Vorstandsherren, und das machte ihn den jungen Leuten sympathisch. Auf diese Weise erschloß Netzer dem Fußball ein neues Publikum.

All diese Erscheinungsformen der Stars – Beckenbauer, Netzer und Müller haben hier nur als, wenn auch sehr typische Muster zu gelten – sind weder zufällig, noch natürlich, noch entsprechen sie immer dem wirklichen Charakter des jeweiligen Mannes. Sie sind lediglich in Ansätzen vorhanden und werden dann sehr bewußt, sehr gezielt, sehr umsichtig und überaus opportunistisch den Anforderungen des Marktes angepaßt.

Denn es gibt einen Markt für Fußball-Stars, womit keineswegs der Handel mit Spielern gemeint ist, sondern jener Markt, auf dem der Star seinen Publicity-Wert ausschöpft, die Werbung. Die Preise auf diesem Markt können erstaunliche Höhen erreichen und liegen zwischen 10 000 Mark für eine Autogrammstunde (im Dienste irgendeiner Firma) und 300 000 Mark für eine umfangreiche Werbe-Kampagne, für die der Star die Rolle eines Blickfanges, Anreißers oder Zugpferdes spielt.

Der Spieler vermarktet seinen Namen, sein Image und spricht dabei Käufer- und Verbraucherschichten an, die normalerweise keinerlei Kontakt zum Fußball haben, nie ein Fußballspiel besucht haben und durch den Werbe-Auftritt des Stars auch nicht dazu animiert werden sollen. Gerade das beweist, wie sehr sich die prominentesten Figuren des Fußballs von der Basis ihres Geschäfts gelöst haben, wie sehr sie als eigenständige Muster-Typen der Gesellschaft gelten und wie sehr sie nur noch als Verkörperung eines Ideals, als machbare und gemachte Marionetten ins Bewußtsein der Massen gerückt werden.

Die Stars verkörpern die Gewinn- und Aufstiegschancen der Gesellschaft, täuschen deren Lebensqualitäten als Allgemeingut vor. Dabei verstellen sie den Blick auf die Wirklichkeit, weil ihr Reichtum und ihre Popularität nicht mehr als Folgen einer absolut außergewöhnlichen Begabung, sondern als Endprodukte durchaus normaler Eigenschaften wie Intelligenz, Fleiß, Opferbereitschaft und Kameradschaft dargestellt werden. Es wird außerdem allgemein kaschiert, daß sie ihre außergewöhnliche Begabung nur als Mitglieder einer Gruppe, einer Fußball-Mannschaft, anwenden können, daß sie also zumindest ebensosehr Produkte dieser Gruppe wie ihrer persönlichen Fähigkeiten sind.

Dieses durchaus ideologische Podest, auf dem die Stars stehen und präsentiert werden, festigt die Überzeugung, daß es ganz und gar legitim sei, unter Mithilfe, auf Kosten und unter Ausbeutung einer Gruppe zu Ansehen und Wohlstand zu gelangen. Der Fußball ist auf diese Weise zum Schaubild der schizophrenen Selbstbeurteilung der Gesellschaft geworden: als Spiel einer Mannschaft, einer Gruppe, die nur im Zusammenklang aller Kräfte Erfolge erreichen kann, liefert er den scheinbaren Beweis, daß nicht die Gruppe ihren Besten hervorbringt, sondern die Gruppe nur existieren kann, weil sie diesen Besten hat.

Beide Betrachtungsweisen könnten heute eigentlich nur noch Ausgangspunkte für die Diskussion über die Probleme einer Sportmannschaft sein. Durch die gesellschaftliche Position indes, die der Fußball-Star erlangen kann und erlangt hat, durch seine mit zählbaren Werten kaum noch zu ermessende Idol-Kraft, durch die Vergünstigungen, die man ihm gewährt, durch die Verbeugungen, die vor ihm gemacht werden, erscheint der Star als gültiges Ebenbild seiner Gesellschaft, tritt als konservierendes und festigendes Element jener Ordnung auf, die Cleverneß für Intelligenz hält, Raffinesse für Klugheit, und die den Wert des Individuums in der und für die Gesellschaft an der Höhe seines Bankkontos mißt.

Der Star, und vor allem der Fußball-Star, wirkt deshalb in der westlichen, kapitalistischen Lebensform ebenso als systemerhaltendes Vorbild, jegliche Tendenz zur Änderung blockierend, wie in der östlichen sozialistischen Ordnung. Durch seine Sonderstellung erhält er Symbolwert, wird zur Galionsfigur.

Deshalb mußten sich weder Beckenbauer noch Müller noch Netzer darum bemühen, in höhere soziale Schichten aufzusteigen. Kein Sport-Star dieses Formats muß sich an der sozialen Leiter nach oben hangeln, er wird gezogen. Er muß sich nicht schmücken, um dort mithalten zu können, man schmückt sich mit ihm.

Der damalige bayerische Finanzminister Huber versäumte keine Gelegenheit, Gerd Müller als seinen persönlichen Freund zu bezeichnen, und als Müller unschlüssig war, ob er ein Angebot des spanischen Vereins CF Barcelona annehmen sollte, wurde ihm im Finanzministerium vom Finanzminister persönlich Ratschlag zuteil. Günter Netzer wurde eine Hauptfigur in der Szenerie wohlhabender Hippies in Düsseldorf und München. Franz Beckenbauer geriet nur deshalb in den Geruch, ein Party-Löwe zu sein, weil Münchens Schickeria, die das sogenannte gesellschaftliche Leben darstellt, auf den Helden aus der Fußball-Arena nicht verzichten mochte.

Es macht heute keinem Star mehr Schwierigkeiten, sich auf dem glatten, oft schlüpfrigen Parkett zu bewegen, plaudernd, das Cocktail-Glas in der Hand, Komplimente haschend, über Nonsens diskutierend. Je weiter er auf dem Weg des Ruhms nach oben kriecht, desto leichter fällt es ihm, sich jene Kenntnisse anzueignen, die ihm noch fehlen. Vor allem aber, und das mag das Entscheidende sein, nimmt man den Star bereitwillig auf in jenen Kreisen, die ihm wegen seiner minderen sozialen Herkunft normalerweise auf ewig verschlossen geblieben wären. Der Star muß kein Eis mehr brechen, und das nimmt ihm die Hemmungen.

Franz Beckenbauer ist der Sohn eines biederen Postbeamten, Günter Netzers Eltern betrieben einen Krämerladen, und Gerd Müller stammt aus einer Handwerkerfamilie. Trotz vielseitiger Bildungsmöglichkeiten waren die Chancen des sozialen Aufstiegs für alle äußerst gering. Durch ihre außergewöhnlichen Fähigkeiten, Fußball zu spielen, übersprangen sie die Barriere, verdienten zuerst das Geld, um sich den äußeren Anschein von Wohlhabenheit zu geben, stiegen dann zum Star auf, wurden wirklich wohlhabend oder reich, befanden sich jedoch da schon auf einer Ebene, wo das Geld keine wichtige Rolle mehr spielt.

Sämtliche Luxus- und Verbrauchsgüter werden dem Star preiswert ins Haus geliefert. Ansehnliche Rabatte auf Autos, Freundschaftspreise für Grundstücke und Häuser, jegliche nur denkbare finanzielle Vergünstigung vertiefen die Wertschätzung, die der Star sich selbst gegenüber pflegt. Auf diese Weise wird einerseits seine Geldgier gezüchtet und andererseits seine Selbstüberschätzung genährt. Mit anderen Worten: Er erkennt, daß seine Position es zuläßt zu verlangen, was er will.

Deshalb waren die Jahresumsätze Beckenbauers, Netzers, Müllers und Breitners, ist das Einkommen von Rummenigge, um bei diesen Beispielen zu bleiben, über die Millionengrenze gestiegen.

Die Stars gelten als gute Geschäftsleute, weil sie mit einer Brutalität und Arroganz verhandeln und fordern können, die normalerweise im Geschäftsleben undenkbar ist.

Freilich befindet sich der Star dabei in einer fatalen Situation. Seine Forderungen, seine Preise, werden nur akzeptiert, solange er in seinem Metier, dem Fußball, außergewöhnliche und seinem Image entsprechende Leistungen bietet. Verlieren seine Darbietungen an Qualität, fällt sein Kurs ebenso schnell wie tief. Deshalb lebt er in dem Bewußtsein, „Heu machen zu müssen, solange die Sonne scheint", eine Redensart, die ihm gleichsam Narrenfreiheit beim Betreiben seiner Geschäfte sichert.

Es ist bezeichnend für diese Situation, daß der Star durch seine Fußball-Arbeit weitaus weniger Geld verdient als außerhalb der Arena. Günter Netzers Bezüge bei Borussia Mönchengladbach waren nie höher als 300 000 Mark im Jahr. Die Jahreseinkommen Beckenbauers und Müllers bei Bayern München waren kaum umfangreicher. Das meiste seines Geldes verdient der Star also dort, wo er uneingeschränkt als Star gilt, wo man sich seiner als Star bedient und wo er seine Popularität und Publizität am nachhaltigsten spürt.

Läßt man diesen Mechanismus rückwärts laufen, entkleidet man die Stars ihrer Eigenschaft, Stars zu sein, entwickeln sie sich zurück zu dem, was sie eigentlich sind: perfekt und meist fehlerlos arbeitende, durch besondere Fähigkeiten und Begabungen ihre Konkurrenten weit überragende Schausteller in der Arena. Gut trainierte Athleten, exzellente Spieler, gleichzusetzen anderen erstklassigen Artisten, die natürlich ebenso Seltenheitswert besitzen wie sie.

Zurückgeschraubt auf dieses Niveau, verlieren die Stars den Glanz, den der Glimmer ihres Ruhms hervorruft, und entsprechend sinken die Preise, in denen sie aufgewogen werden. An Beispielen aus dem Jahre 1973 ist das deutlich nachzuweisen. Günter Netzer verließ Borussia Mönchengladbach und unterschrieb einen Vertrag bei Real Madrid, der ihm lediglich 100 000 bis 150 000 Mark pro Jahr mehr garantierte. Wirklich reizvoll wurde das Geschäft für Netzer nur, weil er in der Bundesrepublik über 50 Prozent Steuern bezahlen mußte, in Spanien jedoch keinen Pfennig. Gerd Müller erhielt ein Angebot des CF Barcelona und hätte in Spanien, wenn er den Vertrag unterschrieben hätte, im Jahr 500 000 Mark verdient und keine Peseta mehr. Als Müller mehr verlangte, zogen sich die Spanier zurück.

Zweifellos sind das respektable Summen, sofern man den großen Fußball noch als das betrachtet, was er längst nicht mehr ist, nämlich als Spiel, als sportlichen Wettbewerb von 22 jungen Männern. Der professionell betriebene Fußball ist aber vielmehr dort einzuordnen, wo die großen Unternehmen des Schaugeschäfts stehen. Die namhaften Klubs sind an jene Stelle getreten, die der Zirkus früher besaß, das Kabarett. Die bedeutenden Spiele dieser Klubs übertreffen an Umsatz und an Unterhaltungswert fürs Publikum bei weitem andere Zweige der Show-Branche wie Beat-Konzerte, Schlager-Festivals oder ähnliches. Und für die Top-Stars dieser Branchen sind Gagen, wie sie Fußball-Assen gezahlt werden, durchaus üblich.

Anderswo nicht üblich und ein ganz spezielles Geschäftsgebaren im Fußball ist allerdings der Handel mit den Stars. Jedenfalls widerspricht es den Begriffen von Freiheit, Humanität, Moral und Sittlichkeit, daß der eine Klub, will er einen Spieler des anderen Klubs verpflichten, dafür eine Kaufsumme zu zahlen hat. Borussia Mönchengladbach forderte und bekam für Netzer von Real Madrid 1,2 Millionen Mark. Bayern München forderte und hätte von Barcelona 1,5 Millionen Mark bekommen für Gerd Müller. Der 1. FC Köln erhielt von CF Barcelona für den 20jährigen Bernd Schuster, der dort (netto) 400 000 Mark im Jahr verdient, 3,4 Millionen, und bezahlte für Klaus Allofs 2 Jahre später 2,3 Millionen.

Diese Ablösesummen sind ein Relikt aus jener Zeit, da ein Fußballverein noch der Ansicht sein durfte, der Spieler sei gleichsam ein lebender Teil seines Inventars, womöglich entdeckt, unterstützt, aufgezogen vom Verein und deshalb, bei seinem Weggang, eine Entschädigung für geleistete Erziehungsarbeit wert. Seitdem sich jedoch die Klubs als Firmen verstehen und ihre Stars wie Angestellte halten, entspricht die Ablösesumme (wenn der Vertrag des Spielers ausgelaufen ist, er also nicht losgekauft werden muß) einer Möglichkeit der Knebelung und Unterwerfung, die weder menschlich noch juristisch vertretbar oder erklärbar ist. Die Möglichkeit, mit Stars zu handeln, sie meistbietend zu verkaufen oder sie preiswert, zu erstehen, liefert dem sogenannten Spielermarkt die Existenzgrundlage. Das Geschäft auf diesem Markt machen die Spieler-Vermittler. Sie suchen und jagen die Ware, bieten an und feilschen, forcieren die Preise, weil sie prozentual beteiligt sind. Fußballspieler werden abgeschirmt, versteckt, mit Privatflugzeugen transportiert, der Markt wird durch Manipulation von Angebot und Nachfrage gesteuert.

Je mehr jedoch die Mündigkeit der Spieler zugenommen hat, um so deutlicher wurde das Arbeitsfeld der Vermittler reduziert.

Im Grunde ließ der Gang dieses Geschäfts erkennen, wie überflüssig Spieler-Vermittler sind und wie sensationsarm eine derartige Transaktion sein kann, wenn der Star in der Lage ist, selbständig zu handeln und Entscheidungen zu treffen. Derartige Emanzipation und Überwindung jenes Infantilismus, der immer noch ein Kennzeichen des Fußballspielers ist, besitzen freilich nur solche, die das Prädikat Star verdienen.

Mit dem Gewinn der Selbständigkeit und Handlungsfreiheit geht ihnen allerdings oft der kindliche Spieltrieb verloren. Weshalb auch die meisten Stars ihre Arbeit gelangweilt verrichten und von jenem Augenblick an, da sie sich als Star empfinden dürfen und als Star anerkannt sind, den Zug des Satten in den Mundwinkeln tragen.

Jose Andrade

Er war die erste „schwarze Perle", die die internationale Fußballwelt entzückte: Jose Leandro Andrade, der Pelé, der Eusebio der „goldenen zwanziger Jahre". In einer Epoche, in der sich die Lehrmeister England und Schottland in die Isolation ihrer Insel zurückzogen, führte „das schwarze Wunder" die Nationalmannschaft Uruguays zur Fußball-Weltmacht.

Dem Fußball und Andrade verdankt es die kleine Rinder-Republik am Rio de la Plata, daß sie für die Europäer nicht länger ein unbedeutender Fleck auf der Landkarte blieb. Zehn Jahre lang gehörte Andrade als sein grandioser Regisseur zu Uruguays Nationalteam, das zu jener Zeit alles gewann, was es an internationalen Trophäen zu erobern gab: Olympiasieg 1924 und 1928 – und die Weltmeisterschaft 1930.

Von Haus aus war der hagere, unscheinbare Schwarzer Musikant und Tänzer. Beim Karneval von Montevideo wurde er bereits als ungekrönter König des „Candombes", des Nationaltanzes, gefeiert. Andrade führte seine eigene Tanzgruppe, die sich „Die armen kubanischen Neger" nannten, durch sein Heimatviertel im Süden von Montevideo.

Die Grazie, der Rhythmus und die Geschmeidigkeit des Tänzers zeichnete auch das Fußballspiel Andrades aus. Ein Sugar Ray Robinson des Fußballplatzes. Und wie der große amerikanische Boxkünstler trat auch Andrade während und nach seiner Ball-Karriere in den Pariser Nachtclubs und Varietés als gefeierter Show-Star auf. Er lehrte die Französinnen, wieviel Gefühl im Tango liegt. Andrade hatte Musik und Rhythmus im Blut. Fußball schien für den genialen Außenläufer ein choreographisches Spiel. Andrade auf dem

Platz, das bedeutete Ballett, Samba, Rumba, Tango mit dem Ball als Partner.

„Entdeckt" wurden Andrade und seine „Urus" beim olympischen Turnier 1924 in Paris, und die besondere Aufgeschlossenheit, die diese Stadt und ihre Bohemiens für das Schöne, die Kunst, den Tanz und die Artistik aufbrachten, mag Andrades schnellen Ruhm besonders gefördert haben.

Er und seine Kameraden vermittelten den Europäern ein völlig neues Ballgefühl. Ihr Spiel sprühte voller Leidenschaft, Artistik und Ideen. Elf Ball-Jongleure, elf Individualisten spielten, wie ihnen gerade der Sinn stand und wie ihnen der Stiefel gewachsen war, nur durch ein sehr lockeres Mannschaftskonzept aneinander gebunden. Sie räumten mit den herkömmlichen Vorstellungen vom kraftvollen Schablone- und Reißbrett-Fußball auf, so wie ihn die Briten praktizierten und lehrten.

Die Jugoslawen, ein Land, das immerhin zur ersten europäischen Fußball-Garnitur zählte, bekamen als erste die neue Art, Fußball zu spielen, zu spüren. Die „Urus" zauberten sieben Treffer ins Tor.

Daß ein Schwarzer überhaupt und dann auch noch so brillant Fußball spielen konnte, war für die europäischen Journalisten bis dahin offenbar so unvorstellbar wie der Eskimo in der Badehose. Jedenfalls begeisterte sich der deutsche Fußball-Experte F. Richter in der Zeitschrift „Fußball":

„Bei den Läufern vertrat ein waschechter Neger namens Andrade die exotische Note mit seiner Couleur. Aber der Mann kann mehr, als nur dadurch Aufmerksamkeit auf sich zu lenken. Ein zielbewußteres, taktisch vollendeteres Spiel läßt sich kaum denken. Sein fabelhaftes Können rief spontan Beifall hervor. Der lange Andrade fällt bei Uruguay durch sein bevorzugtes Kopfballspiel auf. Die Neger scheinen Schädel wie Kokosnüsse zu haben."

Dem 7:0 über Jugoslawien folgte ein 3:0 über die USA, ein 5:1 über Frankreich, bei dem Andrade in einem 75-Meter-Solo sieben Gegenspieler austrickste und so das 4:0 einleitete, ein 2:1 über Holland und dann das Finale am 9. Juni im Stade Colombes gegen die Schweiz. Durch Andrade war Fußball auf einmal auch auf dem Kontinent zur Attraktion geworden. 50 000 Zuschauer und Einnahmen von umgerechnet 130 000 Reichsmark zum Endspiel waren Rekordzahlen außerhalb der britischen Inseln.

Wie alle übrigen Mannschaften, so hatte auch die Schweiz, der „amtierende Europameister", keine Chance gegen Andrade. „Endlich einmal ist Fässler bei den Schweizern durch, nur der verflixte Schwarze fängt ihn natürlich wieder ab", lautete ein Auszug aus Richters Endspielbericht. Der einzigartige Andrade setzte in diesem Spiel den gefürchteten Schweizer Spieldirigenten und Torjäger Abegglen vollkommen matt. 3:0 siegte Uruguay und beendete die europäische Vorherrschaft im Fußball.

Andrade war der erste der bewunderten und berühmten Ballartisten Südamerikas. Die Chronisten wollen bei ihm erstmals den Scherenschlag gesehen haben. Sein Pech war es, vierzig Jahre zu früh geboren worden zu sein. Ihm fehlte die Hilfe der modernen Kommunikationsmittel und die weltweite Kommerzialisierung des Fußballs, um es zum Ruhm und Reichtum seiner populären Nachfahren zu bringen. Heute ist sein Name allenfalls noch in den Archiven und in Uruguay bekannt, wo sein Neffe Victor Rodriguez Andrade, Politiker von einigem Ansehen und ehemals selbst bedeutender Fußballspieler, sich bemüht, die Rasentaten seines Oheims in der Erinnerung zu halten.

Licht in die private Sphäre Jose Leandro Andrades konnte – oder wollte – aber auch er nicht bringen. Sein privates Schicksal blieb weitgehend unbekannt. So soll Andrade zweimal geheiratet haben. Vom Fußball konnte er indes nicht leben, dazu waren selbst nach Einführung des Professionalismus Prämien und Gehälter noch zu niedrig. Und zum Aufbau einer Existenz langten die Fußball-Gagen schon gar nicht. Er ernährte sich durch seine zweite große Begabung, seine Musikalität. Klavierstimmer, das war sein Beruf.

Als er starb, 1957, soll er keinen Centavo mehr besessen haben. Jose Leandro Andrades Sterbebett stand in einem Armenhaus von Montevideo.

Franz Beckenbauer

In der Geschichte des deutschen Fußballs hat es einige große Spieler gegeben, aber keinen, der sich mit dem Sohn des Postobersekretärs aus dem Münchner Stadtteil Giesing messen könnte. Es waren nicht nur „die Zeiten", es waren nicht nur die Medien, es war nicht das Fernsehen, das diesen Mann groß machte, seinen Namen zu einem Markenartikel. Beckenbauer selbst stilisierte Fußball zu einer Art Kunstform hoch. „Der geht schon anders", ärgerte sich einmal der Hamburger Willi Schulz, der ja auch weit eher dem Prototyp eines deutschen Kickers entsprach als „Kaiser Franz". Und es bedurfte der Sensibilität einer Frau, den Vergleich zu einem anderen großen Athleten zu ziehen, der Jahrzehnte hindurch auch weibliche Interessenten zu nachtschlafender Zeit aus den Federn und vor den Bildschirm zu locken imstande gewesen war. „Wie Ali", lautete das Urteil. „Er bewegt sich wie Muhammad Ali."

Nun muß man wissen, daß ein Mann wie Ali nicht gerade das Idol eines durchschnittlichen deutschen Sportinteressenten war. Auch Franz Beckenbauers Art, den Ball und damit den Gegner zu behandeln, war nie unumstritten. Lange Zeit gab es nicht nur im Ruhrpott Zeitgenossen, die ihn für überheblich, einen „faulen Hund" oder gar für einen „Stehgeiger" hielten. Nur, weil er anders spielte als die anderen, leichtfüßiger, technisch perfekter, scheinbar ohne Kraftanstrengung.

Das war neu, das hatte selbst der große Fritz Walter nicht in dieser extremen Art praktiziert, ganz zu schweigen von Spielern wie Uwe Seeler oder Berti Vogts. Niemals hätten sie das Vorurteil des Auslands wegräumen können, die Deutschen spielten Fußball in der gleichen Weise wie sie arbeiten: angestrengt, verbissen, erfolgbesessen, emsig, aber kunstlos. „Panzer" und „Blitzkrieg" waren Begriffe,

die jahrelang in der englischen Presse auftauchten, wenn es um Deutschland ging. Wohlgemerkt: Auf den Sportseiten.

Erst Franz Beckenbauer räumte mit dem Bild vom Sauerkrautfußball auf und widerlegte die Ansicht, deutsche Kicker seien ausnahmslos stiernackig und krummbeinig, deutscher Fußball stacheldrahtbewehrt. Denn hier, das mußten auch mißgünstige Beobachter zugeben, blühte urplötzlich eine Orchidee im Schrebergarten. Und dieser Garten veränderte sich, auch Tulpen und Narzissen strahlten mit einem Mal in weit größerer Farbenpracht. Nie hatte es eine deutsche Nationalmannschaft gegeben, die brillanter spielte als jene, die 1972 Europameister wurde. Ihr Kapitän: Franz Beckenbauer.

Fünf Jahre später kehrte er seiner Heimat den Rücken. Die italienische Tages-Sportzeitung „Stadio" in Bologna schrieb: „Eine deutsche Nationalmannschaft ohne Beckenbauer verliert nicht nur den Glanz, sondern auch die Eleganz. Der Verlust von Beckenbauer für den deutschen Fußball ist nicht nur enorm, sondern unerträglich. Eigentlich müßten ihn Verband, Presse und Fußballfans offen bitten, im Vaterland zu bleiben." Das Wort „Vaterland" stand dort auf Deutsch.

Doch in eben jenem Vaterland regierten Fürsten, denen der Erfolg den Blick getrübt hatte. Sie taten nicht nur nichts, um ihren größten Spieler zu halten. Sie gaben ihm auch noch einen Fußtritt. „Beckenbauer ist vergessen", verkündete Hermann Neuberger, Präsident des Deutschen Fußball-Bundes, als Fazit einer trügerischen erfolgreichen Tournee durch Südamerika, ein Jahr vor der Weltmeisterschaft in Argentinien. Sein Bundestrainer Helmut Schön, der es besser hätte wissen müssen, nickte pflichteifrig.

Im Juni 1978 ging der Weltmeistertitel verloren. Alles, was die Herren zuvor behauptet hatten, erwies sich als falsch: daß nun, ohne Beckenbauer, die Kameradschaft besser sei, daß die jungen Spieler „freier aufspielen" könnten, daß man längst Ersatz zur Hand habe. Die einzigen, die freier aufspielten, waren Deutschlands Gegner. Das einzige, was man zur Hand hatte, war die Ausrede, „Cosmos" hätte seinen deutschen Star ohnehin nicht rechtzeitig freigegeben.

Der saß in New York und wunderte sich keineswegs über die Irreführung der Öffentlichkeit. Er kannte den DFB, hatte vor allem 1974 erlebt, welche Kriterien dort galten. Vor dem größten Geschäft seiner Geschichte, nämlich der Weltmeisterschaft in Deutschland, weigerten die Funktionäre sich tagelang, die Spieler mit einer angemessenen Prämie am voraussichtlichen Erfolg zu beteiligen. Und als der Titel gewonnen war, durften die Frauen nicht mitfeiern...

Als vier Jahre später alles vorbei und verloren war, hub das große Geschrei an. Unter all den Stimmen, die sich professionell mit dem „Wenn..." befaßten, war jedoch keine so originell und aufschlußreich wie jener Leserbrief an die Münchner „tz", der auf die deutsche Niederlage gegen Österreich und die entscheidenden Tore durch Krankl anspielte: „Was diesen Krankl anbelangt, so hätte Franz Beckenbauer mit ihm ein halbstündiges Dribbling in einer Telefonzelle veranstaltet, ohne daß der Österreicher auch nur einmal an den Ball gekommen wäre..."

Weit Gewichtigeres war schon über ihn gesagt und geschrieben worden. Der Tübinger Professor Walter Jens hatte sich an einem Psychogramm versucht und festgestellt, daß die Bekanntschaft zwischen Beckenbauer und Franz-Josef Strauß eigentlich nicht ins Bild passe: „Wo der eine röchelt und röhrt, tänzelt der andere anstrengungslos. Wo der eine schäumt, bleibt der andere kühl bis ans Herz. Vilshofen kontra Sanssouci!"

Dem Franz war solches eher peinlich. „Der Mann kennt mich nicht, wie kann er so was schreiben?" Freilich mußte er sich vorwerfen lassen, mit eigenen Formulierungen auch nicht immer eine glückliche Hand zu haben. In einem Buch, das offenbar nicht ganz zu Recht als „Autobiographie" verkauft wurde („Einer wie ich"), zieht er einen Vergleich zwischen sich und seinem fußballerisch unbegabteren Bruder Walter: „Kann es sein, daß aus dem gleichen Boden eine Blume und eine Brennessel hervorsprießen?"

Andere Passagen hingegen verrieten durchaus kritische Distanz zu seinem Metier: „Unsere Fußballindustrie weist längst alle depressionsauslösenden Erscheinungen der Arbeitswelt auf. Sie ist angefüllt mit Überdruß und Urlaubsbedürfnis, voll vom Kampf um Löhne und Arbeitszeit... Der Fußballer, der täglich eine Stunde Kopfball üben muß, gleicht dem Schauspieler, der zwar nie den Hamlet spielen darf, statt dessen aber dreihundertmal seinen einzigen Satz üben muß: „Hier bin ich, Liebste, töte mich!"

Tatsächlich war Franz Beckenbauer zu intelligent, um sich keine Gedanken über die Rolle zu machen, in die er einzig und allein durch Fußball hineingewachsen war. Nicht von ungefähr bezeichnete er stets Robert Schwan als seinen einzigen Freund. Schwan, 20 Jahre älter, kümmerte sich um die Geschäfte des Stars. Denn über Geld zu sprechen schien dem stets peinlich.

Doch bisweilen kam er nicht umhin. Zum Beispiel 1977, als der „Kaiser" neue Kleider brauchte, was heißen soll: Er steckte tief in der Kreide, hatte Schulden beim Finanzamt, private Sorgen. Robert Schwan streckte die Fühler in Richtung Cosmos New York aus. Der Transfer kam zustande, doch Franz mußte sich quasi selbst freikaufen vom FC Bayern. Dessen Präsident Wilhelm Neudecker verlangte 1,75 Millionen DM für sein Juwel, die Amerikaner waren nur 1,4 Millionen zu zahlen bereit.

Was „the Kaiser" in den USA selbst verdient hat, ist offiziell nie ganz bekannt geworden. Wie es hieß, überwies ihm sein neuer Arbeitgeber jeden Monat 25 000 Dollar auf ein Konto bei der New Yorker Filiale der Bayerischen Vereinsbank.

In der Anonymität der Riesenstadt verbrachte Franz Beckenbauer dreieinhalb glückliche Jahre. Endlich konnte er privat so leben, wie es ihm in Deutschland nie möglich gewesen war: Unbehelligt über die Straße gehen, in ein Restaurant, in Theater und Oper. In Deutschland hatte es 1974 und 1975 Riesenschlagzeilen gegeben, als die Beckenbauers bei den Wagner-Festspielen in Bayreuth und beim Wiener Opernball aufkreuzten. In New York pflegte er Beziehungen zu Künstlern, darunter dem Tänzer Rudolf Nurejew, ohne daß es jemand interessiert hätte.

Doch da war die andere Seite, die berufliche. Dreimal gewann Beckenbauer mit „Cosmos" den US-Titel, Henry Kissinger gratulierte ihm, als sein ehemaliger Landsmann noch in der Badewanne saß, und niemand nannte ihn jemals „Sauerkraut-Pelé" – doch befriedigend war das alles nicht für den leidenschaftlichen Fußballspieler Franz Beckenbauer. Vor allem das Spiel auf dem Kunstrasen sagte ihm nicht zu, die vielen langen Reisen über den ganzen Kontinent ermüdeten, die Temperaturen lagen in der Saison meist zwischen 30 und 40 Grad. „Ich sehne mich nach einem kühlen, feuchten Rasen", gestand er einmal.

Daß er sich entschloß, nach Hamburg und nicht nach München zurückzukehren, hatte dennoch andere Gründe: HSV-Sponsor „BP" lockte mit einem lukrativen Angebot, mit Manager Günter Netzer hatte sich Beckenbauer immer schon gut verstanden. So kam ein Comeback zustande, daß nur scheinbar sensationell war und nur für jene, die es nicht verstehen, daß einer wie er mit 35 noch die Herausforderung sucht.

Ihr ist er auch später nie ausgewichen, als die aktive Laufbahn zu Ende war und er eigentlich „nur noch Golf spielen" wollte. Da hievte das Blatt mit den großen Schlagzeilen seinen Kolumnisten unversehens in die verantwortliche Position für die Nationalelf: Nachfolger des unglücklichen Jupp Derwall, der nach mißglückter Europameisterschaft 1984 seinen Hut nahm.

Franz Beckenbauer, ohne Trainer-Lizenz und deshalb als „Teamchef" etikettiert, sah seine Aufgabe vor allem darin, „das negative Image" des bundesdeutschen Fußballs zu verbessern. Eine Fleißarbeit, die Zähigkeit und Ausdauer erforderte. Doch er bewältigte sie, auch wenn ihm dabei manch verbaler Fehlpaß unterlief, da er seine Ungeduld, sein Temperament nicht immer der großen Zielsetzung unterordnen konnte.

Der größte Rückschlag war wohl, als seine Mannschaft bei der EM 1988 im eigenen Land nicht das Finale erreichte. Doch zwei Jahre später war der Neuaufbau abgeschlossen. Bei der WM in Italien präsentierte sich eine homogene, spielerisch und kämpferisch starke deutsche Nationalelf, die verdient den Titel gewann und in der Heimat euphorische Reaktionen auslöste. Der Fußball und seine Repräsentanten waren in Deutschland wieder hoffähig. Als Spieler (1974) wie als Team-Manager (1990) Weltmeister – das war zuvor nur dem Brasilianer Mario Zagalo (1958 und 1970) gelungen. Jetzt endlich „nur noch Golf" in der Wahlheimat Kitzbühel und ein bißchen PR für Mercedes Benz? Wieder kam es anders. Und wieder ließ der „Kaiser" sich in die Pflicht nehmen. Diesmal als Vizepräsident seines FC Bayern, der sich in eine schwere Krise manövriert hatte. Das millionenschwere Star-Ensemble drohte unterzugehen. Ein Mythos als Rettungsring? Nicht wenige waren überzeugt, daß nur so das Blatt noch zu wenden war. Er selbst sah es wohl ähnlich: „Wir müssen wieder an uns glauben."

Bobby Charlton

Sorgenvoll blickt das Elternpaar auf das Neugeborene, und der Vater bedauert: „Was für ein Pech für unser Baby. Es wird niemals sagen können, es habe Bobby Charlton Fußball spielen gesehen." Derart karikierte der „Daily Express" am 17. April 1973 den großen Verlust, den der Abschied des populären Fußballspielers für jeden echten Engländer bedeutete. Noch treffender als die Karikatur beschrieben die rührseligen Worte von Manchester Uniteds Manager Tommy Docherty die Leere, die Bobby Charlton mit seinem Rücktritt hinterläßt: „Es ist schon schwer, sich mit dem Gedanken vertraut zu machen, ihn nun als Spieler ersetzen zu müssen. Doch wie soll man es erst anfangen, ihn als Menschen zu ersetzen?"

Bobby Charlton, 35 alt geworden, wollte still und ohne Aufhebens, so wie es immer seine Art war, abtreten. Er hatte seine Pflicht getan und Manchester United vor dem drohenden, Abstieg gerettet. Beim 2:2 in Stokeon-Trent gegen Stoke City hatte er sein 600. Ligaspiel für Manchester United bestritten und damit geholfen, das Abstiegsgespenst endgültig zu bannen. Er wollte sein letztes Spiel beenden, seine Sachen packen und davongehen, als ein glücklicher Mann.

Statt dessen zwang man ihn, seinen Rücktritt auf einer Pressekonferenz zu erklären. „Pressekonferenzen sind für Premierminister, nicht für Fußballspieler", wehrte sich Bobby Charlton. Er sagte, er fühle sich etwas verlegen und verabschiedete sich mit einem schlichten „Dank euch allen". Die Gründe für seinen überraschenden Entschluß nannte seine Frau Norma: „Obwohl er noch immer Spaß am Spiel hat, so fand er doch, daß das Training für ihn immer härter wurde. Deshalb hat er sich entschlossen, aufzuhören."

Derart endete die nach Sir Stanley Matthews wohl ruhmreichste Karriere eines britischen Fußballspielers. Uniteds langjähriger Kapitän verzichtete auch auf das Spektakel der in Mode gekommenen Abschiedsspiele. Es hätte nicht zu seinem Image gepaßt. Loyal und rechtschaffen, ruhig, und bescheiden, stets damit beschäftigt, die verbliebenen langen Haarsträhnen auf dem kahlen Kopf zu ordnen, am Ball gleichsam graziös und kraftvoll – so hat sich Bobby Charlton einen Sonderplatz im Herzen jedes aufrechten Briten erobert.

Zwanzig Jahre lang spielte er für Manchester United, und es wäre Ehrensache gewesen, noch das 21. anzuhängen, hätte Manchester United wirklich absteigen müssen. In den zwanzig Jahren hat es nicht an verlockenden Angeboten aus dem Ausland gefehlt. „Mehrere italienische Clubs wollten bis zu 400 000 Pfund für ihn bezahlen", erinnert sich Manchester Uniteds nicht minder berühmter Ex-Manager Matt Busby. „Doch die Aus-

sicht, in Italien ein Vermögen zu verdienen, hat ihn nie irritiert."

Als Matt Busby das einzigartige Talent des 15jährigen bei einem Schüler-Länderspiel zwischen England und Schottland entdeckte, antwortete Bobby der Einladung zum Old Trafford schüchtern: „Ich wollte immer nur für Manchester United spielen, Mr. Busby." Die Liebe und Loyalität zu dem ruhmreichen Club schienen ihm in die Wiege gelegt. Mit United gewann er Liga-Meisterschaft, FA Cup und Europa-Pokal, mit Manchester United stürzte er 1958 ab und überlebte wie durch ein Wunder die Münchner Flugzeugkatastrophe, bei der acht Kameraden ums Leben kamen – ein Ereignis, das, so Busby, aus dem verschüchterten Jungen einen verantwortungsbewußten Mann machte. Bobby Charlton wurde gleichsam zum Grundstein und zur tragenden Säule des Neuaufbaus. Die einzigen Differenzen zwischen Busby und Charlton soll es bei der Frage nach dem Nachfolger von Noel Cantwell als Mannschaftskapitän gegeben haben. „Sorry Boss, ich fühle mich dafür noch nicht reif", schlug er Busbys Angebot aus. Sonst aber waren die beiden ein Herz und eine Seele.

„Wenn ich ihn gebeten hätte, linker Verteidiger zu spielen, er hätte es getan – ohne ein Wort des Widerspruchs zu murmeln", würdigte Busby die Opferbereitschaft Bobby Charltons für den Club. An dieser Einstellung scheiterte auch die Harmonie mit George Best, dem Playboy. Denn Bobby war fest davon überzeugt, daß sich George in den neunzig Minuten eines Spiels nicht bis zum letzten Schweißtropfen für Manchester United zerriß. In den Augen von Bobby Charlton gab es für einen Spieler, der das rote Trikot von Manchester United anzog, kein größeres Vergehen.

Busby über Bobby: „In dieser kritischen Saison, in der wir gegen den Abstieg ankämpfen mußten, hat sich keiner mehr angestrengt, ist keiner mehr gelaufen und hat keiner mehr geschuftet. Hätten wir wirklich absteigen müssen, keinen hätte es persönlich härter getroffen als eben Bobby Charlton."

Mit der gleichen Ergebenheit diente Bobby Charlton England. Zwei Monate nach dem Münchner Desaster gab er als 19jähriger beim Länderspiel gegen Schottland sein Debüt in der Nationalmannschaft. Letztmals trug er das Nationaltrikot 1970 bei der Fußball-Weltmeisterschaft in Mexiko, im dramatischen Viertelfinale gegen Deutschland. Es war sein 106. Länderspiel, zum Zeitpunkt seines Rücktritts immer noch Rekord. 49 Tore schoß er für England und viermal nahm er an Weltmeisterschaften teil (1958 in Schweden wurde er allerdings nicht eingesetzt).

Zusammen mit dem damaligen Manager der englischen Nationalmannschaft, Walter Winterbottom, formte Matt Busby seinen Lieblingsschüler zum Linksaußen. In jener Zeit (1962) führte Bobby Charlton seinen Trick, den Ball mit dem linken Außenrist zu treiben, seinen Körper in diese Richtung zu legen, um dann urplötzlich einen Haken zu schlagen und nach innen durchzubrechen, nahezu zur Perfektion. Dank seiner Schnelligkeit war er danach für einen Verteidiger schier uneinholbar. Viele Tore hat er auf diese Weise für England geschossen. Doch noch wirkungsvoller wurde Bobby Charlton für England, als Sir Alf Ramsey ihn zum zurückhängenden Mittelstürmer, zum Mittelfeldstrategen, umfunktionierte. In dieser Rolle führte er England 1966 zum größten Triumph, zum Sieg in der Fußballweltmeisterschaft.

„In dieser Rolle fühlte sich Bobby am wohlsten", analysierte Matt Busby die Spielweise seines Musterschülers. „Er hatte das Talent, stets freien Raum zu finden und ihn voll zu nutzen. Er schlug lange Pässe mit unglaublicher Genauigkeit. Doch das Publikum liebte ihn vor allem wegen seiner gewaltigen Torschüsse aus dem Hinterhalt. All diese Talente machten ihn bereits zu einem Weltklassespieler, noch ehe er sich rasierte."

„Mit seinem Können hat Bobby Charlton die Herzen berührt, wo immer Fußball gespielt wird", würdigte der Journalist James Lawton Ausnahmeerscheinung und Persönlichkeit Bobby Charltons. „Sein Spiel war eine berauschende Mischung aus Grazie und Gewalt. Die Bedeutung eines Bobby Charlton übertrifft die bloße Fußballtechnik. Es ist vielmehr Lebensstil und Geisteshaltung, die die bloßen Zweikämpfe, den Streit des Profi-Fußballs übersteigen. Durch einen jener glücklichen Zufälle, von denen es im Sport nur so wimmelt, bestritt Bobby Charlton sein letztes Spiel für United am 2. Mai in Verona, Shakespeares Stadt der Gentlemen." Bobby Charlton galt als Gentleman am Ball.

Der Rücktritt und die Art, wie ihn Bobby Charlton vollzog, erinnerte an den berühmten Tom Finney, der stets sein großes Vorbild war. „Von ihm habe ich gelernt", gestand denn auch Bobby Charlton, „aufzuhören, solange man noch obenauf ist. Ich glaube, ich hätte noch ein weiteres Jahr spielen können, und ich hätte es auch getan, wenn Manchester United abgestiegen wäre. Da diese Gefahr jedoch gebannt ist, sehe ich meine Karriere als beendet an."

Von Bobby Charlton wird man noch lange schwärmen, wenn die Eskapaden eines George Best längst vergessen sind. Es gibt kaum einen Flecken auf der Welt, an dem Bobby Charlton nicht bekannt ist. Ray Wilson, der Verteidiger von Huddersfield und später Everton, der acht Jahre lang in der Nationalmannschaft Bobbys Zimmerkollege war, staunte immer wieder: „In den verlassensten Gegenden erkannten die Leute Bobby und bestürmten ihn."

Eine Erfahrung, die auch der bekannte britische Fernseh- und Sport-Journalist Michael Parkinson machte. Er schrieb vor Jahren einmal über Bobby Charlton: „In Lappland hab' ich einmal einen Mann getroffen, der gerade vier Worte Englisch sprechen konnte: ‚Bobby Charlton number one.'"

Der Titel „größter Botschafter des britischen Fußballs", den ihm der „Daily Express" zum Abschied verlieh, scheint demnach nicht übertrieben. Denn Bobby Charlton verkörperte das Symbol nicht nur für brillanten britischen Fußball, sondern vor allem für maßvolles Auftreten und untadeliges Benehmen – vom lichten Haupt bis zur Fußballstiefelspitze jeder Zoll ein Gentleman.

Nach Abschluß seiner Laufbahn strebte Bobby Charlton, der als Vater zweier Töchter ein zufriedenes Familienleben führt, an, Club-Manager zu werden. Wo anders könnte Bobby Charlton seine zweite Laufbahn eines Tages beginnen als bei Manchester United?

Johan Cruyff

Um zwei Millionen Mark sei Johan Cruyff betrogen worden, mindestens um zwei Millionen. Das meldeten die Zeitungen im April 1979. Ein betrügerischer Geschäftspartner habe den schwerreichen Holländer ausgenommen. Cruyffs Schwiegervater Cor Coster wurde zitiert: „Johan ist ruiniert." Das Zitat sollte die Geschichte besonders glaubhaft, möglichst authentisch machen. In Wirklichkeit hatte sie das Gegenteil zur Folge. Johan ruiniert, wenn er zwei Millionen einbüßt?

Natürlich, zwei Millionen zu verlieren, das schmerzt. Doch diese zwei Millionen machten kaum zehn Prozent von Cruyffs Vermögen aus. Ruiniert war er gewiß nicht. Außerdem, wem wollte es gelingen, Cruyff samt Coster, den Manager, zu betrügen? Beide sind gerissene, ausgekochte Bürschlein, was das Geschäftemachen anlangt. Die Meldung vom angeblichen Betrug zog denn auch eine andere, gewiß wichtigere, in ihrem Sog mit: Johan schlüpft wieder in die Fußballschuhe, steigt ein ins Kick-Geschäft der USA, in diese Mischung aus Zirkus und Musical, aus rosa Konfetti und welkem Lorbeer.

Warum tat er das? Warum stieß er alles um, was er bei seinem Rücktritt gesagt hatte? Das war im Herbst 1978 gewesen. Cruyff trat ab. Da war er 31. Er wolle sich nicht zum Gespött machen, er gönne seinem Gegner nicht, ihn, Johan Cruyff, halb abgetakelt über den Rasen segeln zu sehen, hatte er damals gesagt. Und dann Amerika, Cosmos, Los Angeles, Endstationen für Abgetakelte. Schließlich wieder in Spanien. Warum das? Weil er die Millionen (rund sechs für zwei Jahre) brauche, um seine geschäftlichen Verluste auszugleichen, mutmaßten die Zeitungen. Aber so simpel war die Sache gewiß nicht.

Nein, nein, der Grund mußte tiefer liegen. Wahrscheinlich hatte Johan Cruyff Heimweh bekommen, Heimweh nach der Fußball-Arena, nach seiner Bühne. Nach dem Rücktritt muß ihn die plötzliche Leere seines Lebens erdrückt haben. Denn leben, wirklich leben, kann und konnte Johan Cruyff nur auf dem Fußballplatz. Dort beherrschte er die große Geste. Dort war er nicht nur Spieler, sondern Schauspieler. Jeder Schritt, jede Bewegung schienen berechnet. Seine Hände redeten, befahlen, beschworen, beschwichtigten, verlangten und verdammten. Johan Cruyff konnte mit den Händen fluchen und loben, sich freuen und sich ärgern.

Vielleicht hat er sie studiert, diese herrischen Auftritte, diese befehlenden Bewegungen, das Reden mit dem Körper. Wahrscheinlicher freilich ist, daß es ihm angeboren, daß es eine Begabung war. Denn die Dinge, die den Star ausmachen, den Außergewöhnlichen, sind nicht erlernbar. Cruyff selber ist der Beweis. Er beherrschte sein Metier, den Profi-Fußball, kannte dessen Gesetze und bewegte sich in dieser gefährlichen verderbten Welt des Berufssports, als sei er in sie hineingeboren, als sei er ein Findelkind des Strafraums.

Und dieser Vergleich ist gar nicht so weit hergeholt, wie man glauben mag. Denn die Lebensgeschichte des 27jährigen Johan Cruyff ist tatsächlich Fußball und sonst nichts. Cruyff ist wahrscheinlich einer der wenigen, die Fußball gelernt haben, die darin aufgewachsen sind wie Bauernsöhne im Stall oder Fischerjungen auf dem Boot.

In einem Stadtteil Amsterdams, dort, wo die armen Leute wohnen, hatten die Eltern einen Gemüseladen. Als Johan zwölf war, starb der Vater, die Mutter gab den Laden auf und arbeitete fortan als Putzfrau. Das Stadion von Ajax Amsterdam lag einen Steinwurf weg. Und Johan konnte noch nicht laufen, da hörte er schon tagaus, tagein vom Fußball reden. Frau Cruyff verdingte sich bei Ajax, zum Putzen und Spülen in der Kantine.

Wenn Johan aus der Schule kam, ging er nicht nach Hause, sondern zu Ajax. Weil dort die Mutter war. Aber dann verschwand er irgendwo in den Gängen und Kabinen, saß bei den Spielern, wenn sie nach dem Training redeten, lauschte ihnen und lernte, zu denken, zu fühlen und zu handeln wie Fußball-Profis. Deshalb ist Cruyff nie etwas anderes gewesen als ein Profi. Er trug Zeitungen aus, um Geld zu verdienen. Aber beim Fußball, das wußte er, war mehr zu holen. Vielleicht ist es die ständige Angst vor dem Hunger und vor der Armut gewesen, die in ihm den Fanatismus des Besessenen nährte.

Als er sieben war, begann er ernsthaft zu trainieren; dem schmächtigen, abgehärmten Bürschlein wuchsen Muskeln. Und als er dreizehn war, gab er die Schule auf. Es war seine Entscheidung, und die Mutter war dagegen. Der Weg ins Elend schien nun vorgezeichnet. Ein Bursche ohne Beruf, ohne Schulbildung, mit leeren Händen und leerem Kopf. Aber schon ein Profi. Bei Ajax Amsterdam gab es Geld schon für die Jugendlichen. Zehn Mark zuerst für ein Spiel, später zwanzig. Achtzig Mark im Monat und die Spesen und Mittagessen und eine warme Kantine. Das war Cruyffs Jugend, aber wollte er mehr?

Es gab nur zwei Möglichkeiten: ein Star werden im Fußball oder der arme Junge bleiben, Hilfs- oder Gelegenheitsarbeiter irgendwo. Im Hafen, in der Markthalle. Einer, der sich aus den Mülltonnen der Gesellschaft ernährt.

Zehn Jahre später aß Cruyff von den Tellern der Reichen. Zwei englische Trainer entdeckten sein Talent. Sie steckten ihn in Kraftmaschinen, damit er Muskeln und kräftigere Sehnen bekäme. Schließlich kam Rinus Michels, der Mann, der etwas machte aus Ajax Amsterdam und aus Johan Cruyff. Etwas machen aus Cruyff, diese Formulierung trifft allerdings nur ungenau. Es bedurfte nur des Mannes, der Cruyffs einzigartige Begabung nutzbar machte. Denn der Athlet, der Fußballspieler, der steckte schon von Geburt an in ihm. Seine Konstitution, sein Körperbau, seine Organkraft, das Größenverhältnis der Beine zum Körper, sein Knochenbau, die Anordnung von Muskeln und Sehnen, der Ablauf seiner Bewegungen, die Kommunikation zwischen Gehirn und Muskulatur, die instinktive Reaktion auf Einwirkung von außen, sein geschwindes Reaktionsvermögen, sein Gefühl für den Flug und die physikalischen Gesetze des Balles, sein schneller, raumgreifender Schritt im Lauf, die Geschmeidigkeit seiner Bewegungen und die Raffinesse, die Jungen wie Johan Cruyff auszeichnet, das alles waren Geschenke, die Johan Cruyff schon als Baby erhalten hatte.

Johan Cruyff, geborener Fußballspieler und gelernter Profi, gewann alles, was einer gewinnen kann in diesem Job. Bis auf die Weltmeisterschaft. Und die verfehlte er nur, weil es offenbar ein nicht zu brechendes Gesetz ist, daß der Gastgeber, hat er das Finale erreicht, auch den Titel gewinnt.

Jawohl, es war Cruyffs Pech, daß die WM 1974 in der Bundesrepublik gespielt wurde und Franz Beckenbauers Mannschaft Hollands Gegner im Finale war. Als sich Johan mit dem einzigen Spieler, der ihm ebenbürtig war, messen mußte, als er die Chance hatte, Beckenbauer zu übertreffen, da hatte der Deutsche Heimvorteil. Deshalb schaut Johans Bilanz nicht so rund und fett aus wie die seines großen Zeitgenossen. Beckenbauer wurde Welt- und Europameister, gewann dreimal den Europa-Cup der Landesmeister, einmal den der Pokal-Sieger. Er holte den Welt-Pokal und eine Serie deutscher Titel.

Johan Cruyff holte auch dreimal den Europa-Cup der Landesmeister (1971, 1972, 1973), gewann einmal den Welt-Pokal (1973), wurde immer wieder holländischer Meister und in seinen vier Jahren beim CF Barcelona Spanischer Meister (1974) und Pokalsieger (1978) dazu.

Wie Beckenbauer prägte Cruyff den Fußball seiner Heimat und kreierte wie Beckenbauer einen neuen Stil. Der Deutsche verstand es, als Dirigent in der Position des Liberos, seine Mannschaft zu lenken und zu führen. Er brachte sie zum Klingen, holte alles an Kraft und Kreativität aus ihr heraus, kehrte die besten ihrer Eigenschaften hervor, ohne dabei selber die Hauptrolle zu spielen. Johan Cruyff indes trat als Heldentenor unter Chorsängern auf. Er „benutzte" seine Mannschaften. Cruyff stellte, an das Team, in dem er spielte, keine hohen, aber sehr spezifische Ansprüche. Die Mannschaft mußte athletisch und konditionsstark sein. Vor allem aber mußte sie schnell sein und eine rasche Auffassungsgabe besitzen.

Alles andere, was sonst noch zu tun war, machte Cruyff. Und das war ebenso die schöpferische Arbeit im Mittelfeld wie das Ausnutzen der Chancen vor dem gegnerischen Tor. Denn gerade diese Vielseitigkeit machte die Wirkung von Cruyff aus. Er bereitete seine eigenen Torchancen schon im Mittelfeld vor, von seinen Kollegen nur erwartend, daß sie ihm dabei behilflich seien, daß sie jene Position und jene Vorteile, die er erarbeitet hatte, bis zum endgültigen Abschluß aufrechterhalten und verteidigen. Auf diese Weise wurde Cruyff zum Kopf und zum Motor einer Mannschaft.

Und nicht nur das. Cruyff diktierte in den Clubs, wo er spielte, bei Ajax Amsterdam, beim CF Barcelona. Der deutsche Trainer Hennes Weisweiler unternahm den törichten Versuch, als Coach Barcelonas den Star Cruyff seinem Willen, seinen Vorstellungen zu unterwerfen. Daran scheiterte Weisweilers Karriere in Barcelona. Sie mußte scheitern, weil überall, wo Cruyff spielte, nur das geschah, was Cruyff wollte.

Ein Mann, der sein Leben, seine Wünsche und sein Streben nach diesem Maß mißt, kann nicht viele Freunde haben, muß als einsamer Wolf auf seine Beutezüge gehen. Wie Johan Cruyff. Aber braucht ein Mann wie Cruyff Freunde? Er braucht Glück, natürlich. Aber Freunde? Und Glück hatte Cruyff, doppeltes Glück sogar. Das erste hieß Danny und war blond und schön. Aber eigentlich war Danny ein Mädchen wie viele andere auch. Was sie besonders auszeichnete und sie besonders wertvoll machte für Johan Cruyff, das war ihr Vater: Johans zweites Glück sozusagen, Cor Coster mit Namen. Ein hellhaariger, kleiner, gerissener Diamantenhändler. Ein reicher Mann, der ein bißchen berühmt werden wollte. Oder wenigstens so berühmt wie möglich. Vielleicht wollte er auch nur das Glück seiner Tochter sichern. Cor Coster jedenfalls machte aus dem Namen Johan Cruyff ein Geschäftsunternehmen und wenn jemals der Ausdruck zutreffend war, daß man „einen Namen versilbert" hat, dann in diesem Fall. Coster machte Cruyff zum Millionär. Hart, rücksichtslos, raffiniert, unnachgiebig. Ein Manager, ein Geschäftsmann, ein Moneymaker.

Coster handelte mit Ajax einen Vertrag aus, der den Club verpflichtete, seinen Spieler Cruyff sieben Jahre lang, also bis ans Ende seiner Karriere, zu bezahlen, der den Spieler jedoch zu nichts verpflichtete. Einen solchen Vertrag hatte es noch nie gegeben. Danach brachte Coster seinen Schwiegersohn zu Barcelona. Mehr als drei Millionen flossen jährlich auf Cruyffs Konto. Nach vier Jahren waren es fünfzehn. Aber davon hatte Cruyff weniger als die Hälfte auf dem Rasen verdient. Coster machte das Geld im Werbegeschäft, er

vermarktet seinen Klienten, er verkauft den Namen Cruyff wie die Lizenz einer Erfindung. Autos, Haarwasser, Schuhe, Bücher, Unterwäsche, Cognac, Limonade. Cruyffs Namen war für alles gut. 250 000 Mark im Jahr beispielsweise zahlte die Sportschuhfabrik Puma. In einem halben Jahr hatten Coster/Cruyff den spanischen Markt erobert.

Leben in Komfort und Luxus, alle Wünsche erfüllen, bei Amsterdam ein Millionen-Bungalow, in Barcelona eine elegante Wohnung, Frau, zwei Töchter und ein Sohn, Besitzungen, Geschäfte, Kapital in der ganzen Welt. Cruyff hat Glück und Geld vermehrt, auch mit Erfolg. Das Geld verdarb ihm sein Glück nicht und das Glück blieb ihm treu wie das Geld, bis auf die zwei Millionen, die ihm der Betrüger abzwackte.

Nandor Hidegkuti

Nie zuvor waren die englischen Fußball-Fans so schockiert worden. An diesem schlimmen Tag im Londoner Wembley-Stadion wurde der englischen Nationalmannschaft, die bis dahin noch kein Spiel auf der Insel verloren hatte, eine Lektion verpaßt, die wie eine Tracht Prügel wirkte. An diesem Tag des Jahres 1953 gewann die ungarische Nationalmannschaft auf dem gepflegten Rasen des Wembley-Stadions mit 6:3 Toren. Eine Katastrophe für den englischen Fußball, eine Sensation für die internationale Presse. Ein Mann namens Hidegkuti schoß allein drei Tore in diesem Spiel, drei Tore nacheinander.

Und diesen „Hat-trick" begriffen die Engländer am allerwenigsten. Wie konnte ein Mann, der nach englischen Vorstellungen selten dort zu finden war, wo ihrer Meinung nach ein Mittelstürmer nun einmal hingehörte, nämlich ins Angriffszentrum, drei Tore schießen?

Nandor Hidegkuti war bei seinen Toren jeweils auf leisen Sohlen gekommen, er hatte sich aus der Etappe herangeschlichen und stand zur Überraschung der englischen Abwehr plötzlich „frei" in vorderster Linie. Die Engländer waren auf einen Mittelstürmer eingestellt, der sich wie ein „Tank" nach vorn bewegte, unaufhaltsam, aber immerhin deutlich sichtbar.

Der berühmte Ted Drake, ein großer, stämmiger Mann, hatte jahrelang den Idealtyp des Mittelstürmers verkörpert. Und nun war plötzlich im ungarischen Team ein Spieler aufgetaucht, der die guten alten Vorstellungen vom „Angriffsführer" völlig auf den Kopf stellte. Nandor Hidegkuti zog sich weit ins Mittelfeld zurück, dorthin also, wo ein Mittelstürmer vom Standpunkt des gegnerischen Stoppers noch keine Gefahr zu signalisieren pflegte.

Hidegkuti wurde in der englischen Presse als der „wandernde Mittelstürmer" apostrophiert; als der Mann, der die Tore, die er schoß, selbst vorbereitete. „Merry old England" mußte wohl oder übel zugeben, daß das starre WM-System des englischen Fußballs an diesem Tag im Londoner Wembley-Stadion wie der simple Zählreim eines ABC-Schützen gegenüber der Interpretation eines Künstlers wirkte.

Nach dem 6:3 vom Wembley-Stadion hatte der kontinentale Fußball eine Schlacht gewonnen. „Hidegkuti", so hieß es damals in der englischen Presse, „wird in die Geschichte des Fußballs als der erste zurückgezogen spielende Mittelstürmer eingehen".

Das war natürlich übertrieben ausgedrückt, denn immerhin hatte es im europäischen, kontinentalen Fußball schon eine ganze Reihe zurückhängender Mittelstürmer gegeben, die den Raum suchten, um zum Torschuß zu kommen.

Nur war Nandor Hidegkuti für die ungarische Nationalmannschaft noch spielbestimmender, als es in den dreißiger Jahren die Mittelstürmer der deutschen Ländermannschaft sein konnten. Man hat oft Ferenc Puskas als den wichtigsten Mann jener berühmten ungarischen Nationalmannschaft bezeichnet, die in ihren fünf großen Jahren zwischen 1951 und 1955 nur ein einziges Spiel verlor: nämlich das im Weltmeisterschaftsfinale 1954 gegen Deutschland. Sepp Herberger ist auch heute noch der

Ansicht, daß der eigentliche Spielmacher, der Dreh- und Angelpunkt dieser berühmten Elf nicht Puskas, sondern Hidegkuti gewesen ist. Und daß dieser Hidegkuti, der während seiner ganzen Laufbahn nur für einen Budapester Club, Vöros Lobogo, spielte, aus der damaligen ungarischen Nationalmannschaft am allerwenigsten wegzudenken war.

Der Aufstieg der ungarischen Nationalmannschaft zur Weltklasse begann bei den Olympischen Spielen 1952 in Helsinki. Die Ungarn hatten damals bereits technisch perfekte Spieler, aber ihnen fehlte ein Mittelstürmer von Format.

Marton Bukovi, Trainer vom MTK Budapest, machte aus der Not eine Tugend. Er steckte Peter Palotas, der vorher als Außenläufer durch sein gescheites Zuspiel aufgefallen war, in das Trikot mit der Nummer 9. Der gute Palotas fühlte sich durch die neue Rückennummer nun keineswegs veranlaßt, anders als bisher zu spielen. Er blieb also im Mittelfeld, zog die Bälle auf sich und versorgte die übrigen Stürmer mit mustergültigen Pässen.

Budai, Koesis, Palotas, Puskas, Czibor hieß die Fünferreihe des Angriffs, mit der die Ungarn 1952 das olympische Fußball-Turnier in Helsinki starteten. Hidegkuti saß bei diesem Spiel gegen Rumänien auf der Ersatzbank. Das Spiel wurde von den Ungarn zwar mit 2:1 Toren gewonnen, aber Gustav Sebes war alles andere als zufrieden.

Im nächsten Spiel, gegen Italien, trug Hidegkuti die Nummer 9, und er blieb nun bis zum Schluß seiner Karriere „Mittelstürmer" der ungarischen Nationalmannschaft. Als er in Helsinki auf diesem Posten in der Länderelf startete – ein Versuch als Linksaußen war vorher mißglückt –, war er bereits 28 Jahre alt. Noch mit 36 Jahren spielte Hidegkuti in der ungarischen Nationalmannschaft, er kam auf insgesamt 68 Länderspiele.

Der „wandernde Mittelstürmer", aus der Not geboren, prägte dem ungarischen Fußball seinen Stempel auf. Hidegkuti hatte ein Gespür für die Möglichkeiten, wie ein Spiel weiterzugehen hatte. Er sah immer schon die nächsten Stationen, bevor er den Ball an einen Mitspieler adressierte. Er besaß ein ungewöhnliches Organisationstalent im Spiel, wobei er die eigene Abwehr so einzubeziehen verstand wie den eigenen Angriff.

Als Nandor Hidegkuti seinen Mittelstürmerposten in der ungarischen Nationalmannschaft bezog, ließ er sich nicht mehr ummodeln. Er hatte seine Begabung im Mittelfeld erkannt, und Gustav Sebes dachte nicht daran, diesen Mann umzufunktionieren, nur weil er die Nummer 9 auf dem Rücken trug. Hidegkuti zog sich also ins Mittelfeld zurück und hatte dabei den gegnerischen Mittelläufer, der „seinen Mann" wie gewohnt zu beschatten versuchte, häufig genug in seinem Fahrwasser. So entstand viel freier Raum für die ungarischen Scharfschützen Puskas und Kocsis, die sich dafür mit eindrucksvollen Toren bedankten.

Natürlich waren die Ungarn damals in der glücklichen Lage, daß bei ihnen auch die anderen Schlüsselpositionen ausgezeichnet besetzt werden konnten. Für den Posten des offensiven Außenläufers gab es keinen besseren Mann als Jozsef Bozsik, als defensiver Außenläufer wirkte Jozsef Zakarias mit unerhörter Energie.

Die Außenstürmer der berühmten ungarischen Mannschaft waren Budai und Czibor. Sie hingen immer ein bißchen zurück und stifteten dadurch bei ihren Verteidigern, die nicht mehr genau wußten, ob sie mitgehen oder hintenbleiben sollten, die beabsichtigte Verwirrung. Blieben sie hinten, dann konnte Hidegkuti aus seiner Strategenposition die Angriffe über die Flügel einleiten; gingen sie mit, dann öffnete sich für Puskas und Koc sis ein noch größerer Raum.

Das war die verwirrende „Ordnung" im ungarischen Mannschaftsspiel, mit der diese Elf fast vier Jahre lang gegen die besten Mannschaften der Welt ungeschlagen blieb.

Natürlich bemühten sich die Gegner und ihre Trainer, den Schlüssel zu finden, um das Räderwerk des ungarischen Mannschaftsspiels entscheidend zu stören. Natürlich blieb es den Weisen des Fußballs auf der Gegenseite nicht verborgen, wie wichtig die Schaltstation war, die ein Nandor Hidegkuti zwischen den Fronten, zwischen Angriff und Abwehr, bezogen hatte. Aber es genügte eben nicht, einen Mann auszuschalten, um die ganze ungarische Mannschaft lahmzulegen. Hidegkuti, der Mannschaftsspieler par excellence, nahm auch diese Rolle auf sich: er konzentrierte entscheidende Kräfte des Gegners auf sich und machte durch den Verzicht, selbst entscheidend in Erscheinung treten zu können, den Weg frei für seine Mitspieler.

Ein Jahr nach dem englischen Debakel vom Wembley-Stadion spielte die schottische Nationalmannschaft im Hampden Park von Glasgow gegen Ungarn. Zu einem Zeitpunkt also, als man auf den Britischen Inseln genau wußte, nach welchem taktischen System die Ungarn spielen würden. Und trotzdem waren auch die cleveren schottischen Profis nicht in der Lage, den Rhythmus dieser Mannschaft entscheidend zu stören.

Tommy Docherty, der damals in der schottischen Nationalmannschaft spielte, bezeichnete das ungarische Team als „die beste Elf, die ich je gesehen habe".

Docherty: „Ich erinnere mich auch noch an den ersten Treffer der Ungarn in diesem Spiel. Hidegkuti lief weit zurück, um sich den Ball zu holen, und spielte ihn kurz zum Halbrechten Kocsis. Ein weiterer Querpaß wäre ‚britisch' gewesen, doch Kocsis spielte zurück zum völlig freistehenden Bozsik – und der Außenläufer zerriß mit seinem Schuß fast das Netz."

So hatten es die Ungarn auch im Wembley-Stadion gemacht. Sie hatten mit den Engländern Katz und Maus gespielt, wobei sie sich den Ball scheinbar nutzlos zuschoben, ohne einen Meter Boden zu gewinnen. Und dann war plötzlich die Gasse geöffnet, in die der Stürmer hineinstoßen konnte, während ihm der Ball vor die Füße gespielt wurde. Das alles wußten die Schotten, und sie verloren trotzdem.

Hidegkuti war auch in dieser Begegnung wieder der Feldherr am Mittelkreis gewesen, dem sich die phantastischsten Ausblicke eröffneten, ohne daß ihm einer seiner Gegner durchs Glas gucken konnte. In dem Moment, da er den Ball aufnahm, schien er auch immer schon zu wissen, wohin das Abspiel zu gehen hätte. Er sah den freien Raum, der für den Paß am geeignetsten schien; bevor der Gegner die Gefahr witterte, war der Ball schon unterwegs zu Puskas, Koesis oder Czibor. So bravourös die Schotten kämpften, gegen diese ungarische Mannschaft war kein Kraut gewachsen.

Und Docherty erinnert sich: „Sie

waren, so schien es mir damals, so unvorstellbar geschickt, daß sie Tore schießen konnten, wann sie gerade Lust hatten."

Daß die deutsche Nationalmannschaft 1954 im Weltmeisterschaftsfinale von Bern dieses ungarische Superteam mit 3:2-Toren bezwingen konnte, wurde als eine der größten Sensationen in der Geschichte des Fußballs bezeichnet. Aber Bundestrainer Sepp Herberger hatte damals selbst eine Mannschaft formen können, in der sich, gestützt auf spielerische Individualität, eine taktische Ordnung manifestierte, die der der Ungarn gleichwertig war. Und ein Fritz Walter, der die Mannschaft im Mittelfeld zu organisieren verstand, ohne auf den Vorstoß in den gegnerischen Strafraum zu verzichten, war einem Hidegkuti auf der anderen Seite in seiner Spielweise mehr als ähnlich.

1958 nahm Hidegkuti, 36jährig, noch an der Weltmeisterschaft in Schweden teil. Aber der Ruhm der großen Mannschaft war wie Putz von einem Denkmal abgebröckelt. Zwei Jahre später wurde er Trainer bei seinem alten Budapester Club MTK. 1961 ging er für zwei Jahre nach Italien. Er betreute jeweils für ein Jahr die Mannschaften vom FC Florenz und vom AC Mantua; aber er faßte keinen Fuß im italienischen Profifußball.

Im Sommer 1963 kehrte er dann, um einige Enttäuschungen, aber auch um einige Trainer-Erfahrungen reicher, in seine ungarische Heimat zurück und übernahm das Training des damals noch ziemlich bedeutungslosen Provinzvereins Vasas Györ. Ein Jahr später war dieser Verein Ungarischer Meister.

Er hatte seinen Leuten die spielerische Freiheit gelassen, die ihm in der ungarischen Nationalmannschaft selbst gewährt worden war. Hidegkuti: „Man sollte sich nie auf eine Spielweise versteifen, die Fähigkeiten und Auffassungsgabe der vorhandenen Spieler übersteigen. Desgleichen darf das eingelernte System dem einzelnen nie die Möglichkeit nehmen, selbständig zu denken und zu handeln."

Lew Jaschin

Helden der Union der Sozialistischen Sowjetrepubliken, das sind Männer wie Juri Gagarin, die sich in die Ungewißheit des Alls schießen ließen. Ihnen verleiht der Kreml Orden, den Lenin-Orden, den Verdienstorden Roter Stern. Daß ein Fußball-Torwart zu dieser Elite von dekorierten Sowjetmenschen zählt, dokumentiert wohl am nachdrücklichsten Persönlichkeit, Taten und Verdienste des Lew Jaschin.

Der Westen würdigte den Moskauer Keeper mit einem vergoldeten Fußball, die Auszeichnung für den besten europäischen „Fußballer des Jahres" (1963). Eine derartige Ehrung für einen Torwart ist so ungewöhnlich wie die Verleihung des Nobelpreises für Literatur an einen Buchdrucker. Denn Regisseure und Torjäger sind die schillernden Figuren des Spiels. Lew Jaschin ist denn auch der einzige Torhüter, dem bislang dieser Oscar des Fußballs verliehen wurde.

Und Max Urbini, Chefredakteur der für diesen Star-Kult verantwortlichen Fußball-Zeitschrift „France Football", fand, aus gutem Grund: „Ich habe in meinem Leben viele Torhüter gesehen", begann der Fußball-Papst seine Laudatio auf Jaschin, „den Swift und den Ramallets, den Zeman und den Grosics, den Gilmar und den Costa Pereira. Aber man darf nicht denken, daß ich alles verbrenne, was ich einmal verehrt habe, wenn ich nun sage, daß Jaschin sie alle übertraf und noch immer übertrifft."

Für Urbini war Jaschin gleichzeitig Combi, Zamora und Planicka. Seine Kollegen suchten passende Vergleiche weniger in der Geschichte der Torhüter, sondern in der Tierwelt. Die Briten tauften Lew Jaschin bei der Weltmeisterschaft 1966 „black octopus', (schwarzer Tintenfisch). Geläufiger war im internationalen Blätterwald indes die Bezeichnung „schwarzer Panther".

Doch weder seine polypenhaften Arme noch seine pantherartigen Sprünge charakterisierten das außergewöhnliche Torwartspiel des Lew Jaschin. Der lange Lulatsch mit den Storchenbeinen und dem trist-schwarzen, altmodischen Dress galt vielmehr als „ein Stratege der vier Dimensionen" (Urbini), was wohl seine seltene Fähigkeit beschreiben sollte, seinen Machtbereich von der Torlinie über den Strafraum hinaus auf das Spielfeld auszudehnen. Jaschin war immer ein zusätzlicher Feldspieler seiner Mannschaft, „der vierte Verteidiger" (Urbini), bevor sie das 4-2-4 erfanden. Ohne zum Vabanquespieler zu werden, verließ er nahezu in jedem Spiel seinen Hoheitsraum. Er hatte ein fast untrügerisches Gespür für die Situationen, in denen er den Ball (er verstand ihn obendrein mit beiden Füßen zu beherrschen) noch vor dem anpreschenden Stürmer erwischen würde.

Mit diesen „Ausflügen" sind auch die bemerkenswertesten Episoden in der 20jährigen Laufbahn Lew Jaschins verknüpft. Die eine Anekdote erzählte er selbst in einem Interview mit der Monatszeitschrift „Sowjetunion heute". Sie handelte vom Beginn seiner Karriere, als er seinen Vorgänger und Lehrmeister im Dynamo-Tor, Alexej Chomitsch, erstmals vertrat: „Der gegnerische Torwart machte einen Abschlag bis an unseren Strafraum. Ich lief heraus, stieß mit einem Verteidiger zusammen, und der Ball sprang über uns hinweg ins Tor. Alles lachte, doch mir war zum Heulen zumute."

Die zweite Story war weniger lustig. Beim Pokalendspiel Dynamo gegen CSKA hatte ihn Agapow bereits zweimal bezwungen, und da jagte eben dieser gefährliche Agapow einer Steilvorlage nach. Jaschin stürzte aus seinem Tor heraus, wie üblich fest davon überzeugt, den Ball noch vor dem Torjäger des Armee-Klubs zu erreichen. Doch Jaschin hatte sich diesmal verkalkuliert und brachte in einer Art Kurzschlußreaktion Agapow mit einem häßlichen Foul zu Fall. Platzverweis (der einzige) und Sperre von einem Monat kratzten an seinem Image.

Doch weder dieser Zwischenfall noch sein Alter (er beendete seine Laufbahn erst mit 41 Jahren!) hielten ihn in den letzten fünf, sechs Jahren seiner ruhmreichen Karriere immer mehr auf der Torlinie zurück. Es war vielmehr das neue Spielsystem. Jaschin klagte: „Mit dem modernen Defensivspiel hat sich für uns Torhüter viel verändert. Wir sind an die Torlinie gekettet, und vor uns steht ein Wald von Abwehrspielern und nimmt uns die Sicht. Ist es früher schon einmal passiert, daß ich einen Ball ohne jede Bewegung ins Tor ließ?"

Die Karriere des Lew Jaschin, (geboren am 22. Oktober 1929 in Bogorodskoje bei Moskau) in der Statistik spiegelt sich so wider: 20 Jahre lang ununterbrochen Torwart in der ersten Mannschaft von Dynamo Moskau, mit der er sechsmal Meister und zweimal Pokalsieger wurde. In seinem großen Jahr 1963 brachte er das Kunststück fertig, in 27 Meisterschaftsspielen ganze sechs Treffer zuzulassen. 78 Mal hütete er das Tor der sowjetischen Nationalmannschaft, mit der er 1956 in Melbourne die olympische Goldmedaille und 1960 in Paris den Europa-Pokal (den Vorgänger der Europameisterschaft) gewann. Dreimal, 1958, 1962 und 1966, nahm er an Weltmeisterschaften teil. Auch 1970 gehörte er als 40jähriger in Mexiko noch zum sowjetischen WM-Aufgebot, wurde aber nicht mehr eingesetzt – was er als ganz natürlich betrachtete (Jaschin: „Kawasaschwili ist bei uns die Nummer eins. Würde ich ohne triftigen Grund bevorzugt, käme nur Unruhe in die Mannschaft."). Jaschin war eben stets ein netter, leutseliger und bescheidener Mensch, ein Mensch, so fand Urbini, „dessen Anwesenheit die Gegner entmutigt und die Freunde begeistert".

Die Freunde kamen daher alle zu seinem rührseligen Abschiedsspiel am 27. Mai 1971 ins riesige Moskauer Leninstadion, 103 000 Zuschauer (den Kartenwünschen nach zu urteilen, hätten es 400 000 sein können) und die attraktivsten Fußball-Stars der Welt. 2:2 trennten sich Dynamo und eine Weltauswahl.

Geld, Gagen und Gewinn, davon war in Lew Jaschins Fußball-Leben nie die Rede. Das lag am System. Auch an den Einnahmen der „Farewell Party", als letzter großer Zahltag scheidender Fußball-Heroen in Mode gekommen, bereicherten sich die Jaschins nicht. Das Geld kam Waisenkindern zugute.

Lew Jaschin hat für den sowjetischen Fußball mehr getan, als fast zwei Jahrzehnte lang nur das Tor seiner Nationalmannschaft gehütet. Er hat mehr zu seinem Ruhme beigetragen als alle Siege, kurz, Lew Jaschin wurde und wird noch mit dem sowjetischen Fußball identifiziert. Er war dessen Symbolfigur schlechthin.

Diego Maradona

Schon als Dreijähriger sei er abends mit dem Ball im Arm eingeschlafen. Und noch heute sei er dem Vater dankbar für dieses Geschenk, denn als Arbeiter in einer Getreidemühle habe der es nicht leicht gehabt, habe immerhin acht hungrige Kindermäuler stopfen müssen.

Mit solchen Lobliedern auf den Erzeuger und dem Hinweis auf sein liebstes Spielzeug schmückt Diego Maradona gern seine Lebensgeschichte aus, die auch ohne Schmus das Flair des Besonderen hat – die Geschichte des Arme-Leute-Kindes aus dem Vorort Fiorito in Buenos Aires, das in wenigen Jahren zum perfektesten Fußball-Entertainer der Gegenwart aufstieg und die Vereinsbosse so faszinierte, daß sie ihm das Geld hinterherwarfen.

Ein bißchen ist an seiner atemberaubenden Karriere allerdings auch jener Talentspäher namens Francisco Cornejo beteiligt, der im Auftrag der Argentinos Juniors die Stadt nach Begabungen absuchte und dabei auf einer Weide fündig wurde: Dort jonglierte der neunjährige Diego mit dem Ball so überzeugend, daß besagter Cornejo hin- und hergerissen war und seinem Clubpräsidenten von dem Knaben aus Fiorito berichtete. Im Nachwuchsteam Las Cebolitas („Die kleinen Zwiebeln") ungeschlagen, was vor allem das Verdienst des wendigen Diego war, der wenige Tage vor seinem 16. Geburtstag für gut befunden wurde, das Trikot der Ersten Mannschaft zu tragen.

Die älteren Juniors-Spieler schauten neidisch auf den kleinen Knubbel, der in der Halbzeitpause das Publikum gern mit einer Extravorstellung unterhielt: Mehrere hundertmal ließ er den Ball auf dem Fuß tanzen, ohne daß dieser den Boden berührte. Dennoch stimmte ihn traurig, daß er nicht wachsen wollte. Und es brauchte seine Zeit, ehe er sich damit abgefunden hatte, daß er von der Natur nicht zum Riesen programmiert war. Doch schließlich siegte bei ihm die Einsicht, daß seine kleine Gestalt auch Vorteile hatte: Keiner konnte sich so elegant an den Gegnern vorbeimogeln, keiner stand nach Stürzen so schnell wieder auf seinen Beinen wie er.

Nationaltrainer Luis-Cesar Menotti teilte die Begeisterung für das Multitalent, hielt Maradona mit 17 prädestiniert für ein Debüt in der Nationalmannschaft, verzichtete aber bei der WM 1978 auf den Wunderzwerg, weil er ihn nicht verheizen wollte. Noch Jahre später, als er längst ein Weltstar war, verübelte Maradona dem feinsinnigen Trainer diese Haltung. „Das werde ich ihm ein Leben lang nicht vergessen", sagte er in Interviews. Haß war freilich nicht im Spiel. Dafür schätzt Maradona den Mann viel zu sehr. „Er hat mich zum Denken über den Fußball hinaus angeregt", bemerkte Diego gern.

Gelegenheit, von Menotti zu lernen, hatte er in der Nationalmannschaft und auch beim FC Barcelona, wo sich die beiden 1983 begegneten, nachdem Maradona seinen Teil zum Sturz des Deutschen Udo Lattek beigetragen hatte. Lattek, so wurde kolportiert, sei Kritik am undisziplinierten Lebenswandel des Argentiniers zum Verhängnis geworden.

Vor seinem Wechsel nach Europa, gleich nach der WM 1982, lieferte Maradona kaum Stoff für Sensationsblätter.

Immer kletterte sein Marktwert fast so schnell wie die Inflation im Lande. Den Argentinos Juniors wurde der Jungnationalspieler zu teuer; sie liehen ihn für 16 Monate an den Topclub Boca Juniors aus und kassierten dafür immerhin vier Millionen Dollar. Der Spieler selbst, der sich mit seinem Jugendfreund Jorge Cyterszpiler einen Manager zugelegt hatte, ließ sich den Wechsel mit 600 000 Dollar Handgeld und Anteilen an den Einnahmen aus Privatspielen honorieren.

Von da an ging es mit Maradona sportlich und finanziell steil bergauf. Cyterszipler, Sohn aus Polen ausgewanderter Juden, gründete die Maradona-Productions mit dem ausschließlichen Ziel, den Jungstar zu vermarkten. Schon ein Jahr vor der WM 1982 soll der damals 21jährige ein Vermögen von 4,5 Millionen Mark gehabt haben.

Fortan waren seine Forderungen gefürchtet, mehr noch seine Eskapaden, die auch Menotti nicht ganz unterbringen konnte. Bei der WM mußte er dulden, daß Maradona mit seinem Clan – Familie und Leibwächter – weit weg vom Mannschaftsquartier in einer Villa wohnte.

Auch auf dem Rasen leistete er sich einige Flegeleien. Zuerst bei der WM im Spiel gegen Brasilien – mit dem 1:3 mußten die Argentinier alle Hoffnungen auf erfolgreiche Titelverteidigung fahrenlassen –, als er seinen Kontrahenten Batista in den Unterleib trat und deshalb das Stadion vorzeitig unter Pfiffen verlassen mußte. Später, als Profi des FC Barcelona, zettelte er nach verlorenem Pokalfinale gegen Atletico Bilbao im Mai 1984 unter den Augen des spanischen Königs eine Massenschlägerei an. Diego wurde drei Monate gesperrt: Juan Carlos schickte er auf Betreiben seines Managers einen Entschuldigungsbrief.

Zu reparieren war sein lädierter Ruf in der katalanischen Hauptstadt nicht mehr. Höhepunkt des Zerwürfnisses: Als Clubpräsident Nunez den Argentinier rüffelte, weil dieser nach einem Spiel in Paris die Nacht in einem Edelbordell zugebracht hatte, knallte er seinem Arbeitgeber, der ihn pro Jahr immerhin mit einer Million Mark netto belohnte, die Worte an den Kopf: „Niemand hat mir vorzuschreiben, wo ich meine Freizeit verbringe."

Bald ließ er sich auch von seinem Manager nichts mehr vorschreiben. In Neapel, seinem neuen Wirkungsort, hatte er keine Verwendung mehr für ihn. Am Fuß des Vesuvs war Maradona sofort Hahn im Korbe. Als er zum Antrittsbesuch per Hubschrauber ins Stadion eingeflogen wurde, schlug ihm der Jubel von 80 000 Neapolitanern entgegen. „Maradona ist ein Geschenk des Himmels", meinte der Schriftsteller Luciano de Crescenco und konterkarierte die Ansicht des italienischen Staatspräsidenten, der den Kauf des exzentrischen Junggesellen verurteilte. „15 Milliarden Lire (rund 24 Millionen Mark) für einen solchen Spieler passen nicht in wirtschaftlich schwierige Zeiten", schimpfte Pertini.

Doch die Fans des SSC Neapel und Clubpräsident Corrado Ferlaino dachten eher wie der Schriftsteller über den Burschen, zu dem der Zürcher „Sport" feststellte: „Maradona ist ein Riesengeschäft." Die Zeitung prophezeite, daß sich alle Ausgaben – 24 Millionen Ablöse, rund 3 Millionen Jahressalär – mit Zins und Zinseszins wieder einspielen werden. Zudem profitierten die Ärmsten der Armen in der 1,3-Millionen-Einwohner-Stadt von der Anwesenheit des Weltstars. Rund 10 000 sicherten sich durch den Verkauf von Maradona-Souvenirs ihr Existenzminimum.

Ex-Bürgermeister Maurizio Valenzi hielt Maradonas Verpflichtung auch noch politisch für bedeutsam: In der Stadt mit den rund 300 000 Arbeitslosen lenke er die Massen von ihrem Elend ab. Maradona verdränge für Stunden ihre unlösbaren Alltagsprobleme. Für ihn tragen sie gern die letzten Lire zur Stadionkasse und freuen sich mit ihm, wenn er mal eben einen 450 000-Mark-Ferrari erwirbt. Angst beschleicht die Fußballfans indes, wenn Maradona zu einem seiner zwölf Freiflüge in die Heimat startet, die ihm der Club neben doppelten Auswärtsprämien vertraglich zusichern mußte.

Die Zuneigung ist noch stärker geworden, seit Maradona als Weltmeister aus Mexiko nach Neapel zurückkehrte, er ein Jahr später den SSC Neapel zum Landesmeister machte und noch im gleichen Jahr nach einer Leberkur in Meran es heißt, er habe jahrelang Cortison genommen, um die Schmerzen einer Rückgratverkrümmung zu betäuben – ein großes Comeback feierte und 1989 auch noch den UEFA-Pokal in den Mezzogiorno holte – eine Genugtuung für den armen Süden.

Im Klima der totalen Identifikation nimmt seine Popularität auch dann keinen Schaden, wenn er – wie geschehen in einen Vaterschaftsprozeß verwickelt ist, jahrelang mit seiner argentinischen Freundin Claudia in wilder Ehe lebt, in seiner Villa mit 30 Zimmern und Meeresblick heiße Feten feiert, als Ehrengast an der Hochzeit eines Camorra-Bosses teilnimmt, einer Einladung des kubanischen Staatschefs Fidel Castro folgt und dem Diktator sein Trikot schenkt oder sich nackt in einem Magazin ablichten läßt.

„Diego ist eine Kultfigur", schrieb Almando Pannone von „Il Giornale".

Wie groß sein Einfluß ist, wird immer dann klar, wenn es Diskussionen um einen Transfer gibt. Zeigt Diegos Daumen nach unten, hat der Chefcoach meist ausgespielt. So war es zuletzt wieder bei Octavio Bianchi. Obwohl er als jüngsten Erfolg den UEFA-Pokal vorweisen konnte, mußte er gehen.

Gelegentlich greift Diego auch mal in die Personalpolitik ein. So gab Clubchef Ferlaino auf sein Drängen hin seinem 18jährigen Bruder Hugo einen Vertrag, und weil der zweite Ausländerplatz in Neapel schon mit dem Brasilianer Careca besetzt war, wurde Hugo erst einmal an Ascoli ausgeliehen.

Das alles hindert Maradona freilich nicht, sich schon mal unglücklich zu fühlen. Genervt von der erdrückenden Liebe seiner Anbeter läßt der Fußball-Heilige von Neapel dann auch schon mal verlauten, daß er sich wie ein Gefangener vorkomme und keine Lust habe, länger zu bleiben.

Stanley Matthews

Im Herbst des Jahres 1961 ereignete sich in Stoke-on-Trent eines jener profanen Wunder, die sich durchaus erklären lassen und trotzdem immer ein bißchen unglaubwürdig bleiben. Diese von den Kohlengruben der englischen Grafschaft Staffordshire umschüttete Stadt, die in einer Londoner Zeitung kurz zuvor wenig galant als „Schmutzhaufen mit elektrischer Beleuchtung" apostrophiert worden war, erlebte eine merkwürdige Renaissance. Die Staatseisenbahn mußte zwei 1960 stillgelegte Eisenbahnstrecken wieder in Betrieb nehmen, die Hotels ließen ihre Fassaden streichen, die Pubs vergrößerten ihren Vorrat an Biergläsern.

Was war geschehen?

Eigentlich nur dies, daß Stanley Matthews nach 14 Jahren zum erstenmal wieder das Fußball-Trikot von Stoke City angezogen hatte, als 46jähriger. Als sich derselbe Stan Matthews 14 Jahre vorher zum FC Blackpool hatte transferieren lassen, da tat er es eigentlich nur, weil ihn Stoke nur noch in der Reserve spielen lassen wollte und weil er sich selbst noch zu jung für das Abstellgleis fühlte.

Stoke City konnte innerhalb von vier Monaten die Hälfte seiner Schulden abtragen. Stoke-on-Trent erwachte aus dem Dornröschenschlaf, Karawanen von Fußball-Fans übervölkerten wieder die Straßen der Stadt. Man wollte ihn wieder „zu Hause" spielen sehen, den berühmtesten Spieler des englischen Fußballs.

Bevor der große Stan nach Stoke zurückkehrte, hatte der Club einen Zuschauerdurchschnitt von 8000, stand am Rande des Abstiegs in die Dritte Division des englischen Profi-Fußballs. Als Matthews auftrat, ging es unablässig aufwärts. 23 000 kamen jetzt im Durchschnitt.

Gewiß, Stanley Matthews war langsamer geworden, aber seine Ballführung war immer noch perfekt, und selbst der berühmte „Matthews-Trick" – links antäuschen, rechts vorbeigehen – klappte noch vorzüglich. Vor allem die jungen Leute bei Stoke City fühlten sich durch den großen alten Mann in ihren Reihen animiert, noch mehr zu laufen, noch mehr zu kämpfen, noch mehr zu leisten.

1963 spielte Stanley Matthews immer noch. Am 18. Mai dieses Jahres gewann er mit Stoke City gegen Luton Town mit 2:1 Toren. Stoke holte sich damit den Titel der zweiten Division und stieg in die höchste Spielklasse auf. Und er war auch am 26. August 1963 dabei, als Stoke das erste Spiel in der Ersten Division gegen Tottenham mit 2:1 gewann.

1933 hatte Stanley Matthews zum erstenmal in der Ligamannschaft von Stoke City gespielt, 1965 nahm er in eben diesem Klub Abschied vom Fußball. In der Zwischenzeit hatte sich der Fußball gewandelt, neue taktische Systeme waren immer wieder wie der Weisheit letzter Schluß angeboten worden. Stanley Matthews überlebte sie. Dreißig Jahre lang spielte er „modernen Fußball".

Und Danny Blanchflower, selbst einer der Großen des englischen Liga-Fußballs, schrieb 1962 über Stanley Matthews: „Er spielte schon in den Zeiten der unvergessenen Alex James und Frank Swift. Er war es, der als erster den stolzen Rekord von Eddie Hapgood in der Nationalmannschaft brach – und das in einer Zeit, in der Länderspiele im Vergleich zu heute eine Seltenheit waren. Er ‚überlebte' Peter Doherty. Tom Finney, der nach ihm kam, hat es auch schon aufgegeben, ihn zu überflügeln. Er spielte auf einem Flügel mit Raich Carter, Willie Hall, Wilf Mannion, Stan Mortensen und Ernie Taylor. Wo sind all diese Burschen heute? 30 Jahre: Aus dem Kopfhörer wurde das Fernsehen, Raketen fliegen inzwischen zum Mond, und drei oder vier Generationen großer Fußballspieler marschieren in die Vergessenheit. Aber Stan Matthews stiehlt heute noch den Jungen, den Greaves und Haynes, die Schlagzeile."

1965 endlich war auch für Stanley Matthews Schluß. Am 1. Januar wurde ihm von Königin Elizabeth der persönliche Adel verliehen. Der Herzog von Edinburgh gratulierte mit den Worten: „Stan, Sie sind eine Legende." Einige Wochen später, am 28. April 1965, verabschiedete er sich auch auf dem Rasen von seinen Fans. Nach dem Abschiedsspiel gegen eine FIFA-Auswahl wurde er mit Ovationen überschüttet. Und Sir Stanley weinte.

Stanley Matthews war 15 Jahre alt, als er sich Stoke City anschloß. Seine Schulleistungen waren nicht eben überragend gewesen, und weil Vater Matthews selbst ein tüchtiger Sportler (nebenberuflich Profiboxer) gewesen war, schien es nicht weiter verwunderlich, daß es auch den kleinen Stan danach drängte, seine Lehre in einem Sportclub zu beginnen. Er wurde Laufbursche bei Stoke City, verdiente sich damit ein Pfund in der Woche und konnte – was wichtiger für ihn war – in unmittelbarer Nähe des großen Fußballs leben.

Schon mit 16 Jahren erhielt er seine erste Chance. In der Reservemannschaft fehlte eines Tages ein Rechtsaußen, Stanley Matthews meldete sich schüchtern und durfte spielen. Gewiß, man hatte schon viel Talent an dem kleinen schmächtigen Burschen entdeckt; aber daß er auf Anhieb in der Reserve auftrumpfen würde, das war von niemandem vorhergesehen worden. Da spielte also einer, der aussah, als könnte man ihn in die Hosentasche stecken, mit einer derartigen Cleverneß auf, als hätte er schon jahrelang zum Kreis der Profis gehört.

Natürlich, Stanley Matthews durfte auch am nächsten Wochenende wieder in der Reserve spielen. Er erhielt fünf Pfund pro Woche, als an seinem 17. Geburtstag auch ein Vertrag unterzeichnet wurde. Damit war Stanley Matthews der jüngste Profispieler des englischen Fußballs. Er eroberte sich bald einen Stammplatz in der Ligamannschaft und wurde als „Dribbelwunder von Stoke" gefeiert. 1934 stand er zum erstenmal in der englischen Nationalmannschaft. In Cardiff wurde Wales mit 4:0 bezwungen. Von diesem Zeitpunkt an war Matthews nicht mehr aus der Nationalelf wegzudenken.

Er war ein Torjäger auf dem Rechtsaußenposten, ohne selbst reihenweise Tore zu schießen. Natürlich, auch seine Trefferquote war beachtlich,

aber in die Rubrik der Torschützenkönige rückte er nicht auf. Dafür waren die Tore, die er mit mustergültigen Pässen vorbereitete, Legion. Matthews beherrschte sie alle, die Tricks, die Finten, die Körpertäuschungen, mit denen sich clevere Abwehrspieler reihenweise aufs Kreuz legen ließen.

Aber der Trick war für ihn nicht Selbstzweck, er brauchte ihn, um sich an seinem Bewacher vorbeizuspielen, die gegnerische Deckung aufzureißen. Er sagte selbst einmal: „Wenn ich den Ball habe, dann mache ich das Spiel; ich weiß, was ich tun werde, meine Gegner müssen raten." Und wie sie raten mußten, wenn der Dribbelkönig am Ball war. Er hatte immer gleich mehrere Trümpfe in der Tasche, die er nach Belieben ausspielen konnte. Und da er außerordentlich spurtschnell war, kam die Gegenreaktion, etwa nach dem berühmten „Matthews-Trick", meist zu spät.

Bis 1947 spielte Matthews bei Stoke City. Und als man begann, in Stoke-on-Trent vom „alten" Stanley zu faseln, wechselte er das Trikot. Beim FC Blackpool war man bereit, 11 500 Pfund Sterling auf den Tisch zu blättern; Stanley Matthews sagte „ja", und aus dem „alten" Mann wurde für das nächste Jahrzehnt der wichtigste Blackpool-Spieler. In Stoke-on-Trent wurden dem City-Vorstand die bittersten Vorwürfe gemacht, diesen Mann verkauft zu haben. 1950 hatte Matthews ein schlechtes Jahr. Stan ignorierte die notorischen Nörgler, die dem verdienstvollen Mann nun endlich das nahe Ende seiner Karriere prophezeiten. Aber Stan Matthews nahm diese Kassandra-Rufe gar nicht zur Kenntnis, und Danny Blanchflower schrieb 1962, als Matthews mit 47 Jahren immer noch in der englischen Fußball-Liga spielte: „Wenn Stan den Ratschlägen der Fußballexperten gefolgt wäre, er hätte schon 1950 zurücktreten müssen, als er gerade 35 Jahre alt war. Aber dann hätten wir nicht die glorreichen Minuten mit ihm erlebt, als er 1953 die Cup-Medaille gewann – Sieger im weltberühmten englischen Fußball-Pokal, Sieger im Alter von 38 Jahren."

Dieses Cup-Finale 1953 gehörte nicht zuletzt wegen der spielbestimmenden Persönlichkeit eines Stanley Matthews zu den denkwürdigsten Endspielen im englischen Fußball-Pokal. Zweimal hatte Stanley Matthews bereits im Cup-Finale gestanden. Beide Male war er mit seiner Mannschaft gescheitert. In diesem dritten Endspiel führten die Bolton Wanderers eine halbe Stunde vor Schluß mit 3:l.

Doch dann kam die große Zeit des 38jährigen Dribbelkönigs. Matthews kam immer häufiger an seinem Verteidiger vorbei. Die Abwehr der Wanderers wurde von diesem Flügel her aufgerissen. Matthews holte seiner Elf das verlorengegangene Selbstbewußtsein zurück, seine Pässe schnitten die gegnerische Abwehr entzwei, dreimal bedankte sich der Innensturm des FC Blackpool für die mustergültige Vorbereitung mit mustergültigen Toren. Der letzte Treffer wurde wenige Sekunden vor Spielschluß erzielt. Blackpool hatte mit 4:3 gewonnen, und Matthews hatte seinen Triumph.

Am 1. Dezember 1954 konnte sich die deutsche Mannschaft, Weltmeister von Bern, davon überzeugen, daß der jetzt 39jährige Matthews nichts weniger als ein „ alter Mann" war. Werner Kohlmeyer hatte diesen Matthews gegen sich, und er wurde in den neunzig Minuten dieser Begegnung vom Hexenmeister an der Außenlinie zum Anfänger degradiert. Tatsächlich war die einzige Macht der Fußball-Macht England in diesem Spiel der phänomenale, fast 40jährige Stanley Matthews gewesen. Und so blieb denn auch seine Popularität ungebrochen.

1957 erhielt er von Königin Elizabeth die Auszeichnung „Commodore des Ordens vom Britischen Empire". Die Fußball-Fans verlangten mehr. Sie wollten den Adelstitel für den großen alten Mann des englischen Fußballs. Am 25. Juli 1963 erhielt er, zurückgekehrt nach Stoke-on-Trent, die Ehrenbürgerschaft dieser Stadt. Und am 1. Januar 1965 sprach der Herzog von Edinburgh bei der Adelsverleihung den denkwürdigen Satz: „Stan, Sie sind eine Legende."

Pelé

Die Pariser Gesellschaftsreporter gaben sich erstaunt. Einen solchen Aufwand hielten sie, mit Verlaub, für übertrieben. Auch wenn es sich um den besten Fußballspieler der Welt handelte, wie sie den Fachblättern entnommen hatten. Um den „Rei Pelé", was keine Werbung für ein Waschmittel, sondern ein Wort der portugiesischen Sprache ist und König heißt. Der „König Pelé" kam also Ende März 1971 nach Paris, und zum Empfang am Flughafen stand nicht nur der brasilianische Botschafter bereit; ein leibhaftiges Regierungsmitglied, ein Staatssekretär, hatte sich ebenfalls nach Le Bourget begeben, um Pelé Reverenz zu erweisen.

Anschließend ging es in offenen Wagen, einem Triumphzug gleich, über die Champs-Elysées. Und wenn man weiß, daß solche Freilicht-Ovationen, offiziell arrangiert, nur gekrönten Häuptern von Napoleon über Elizabeth bis zu Karl dem Großen de Gaulle zuteil wurden, kann man das Erstaunen der Pariser Schreiber verstehen.

Es gab dann noch einen Empfang im Rathaus, wo Pelé eine goldene Medaille überreicht wurde, und am nächsten Tag noch einmal ein Empfang und noch einmal eine goldene Medaille, diesmal von der Sportakademie. Ein wenig süffisant fügte eine Zeitung an, es sei ein Glück, daß die Pariser Oper gerade umgebaut werde. Womöglich hätte man sonst für Pelé auch noch eine Festvorstellung gegeben.

Diese durchaus charmant zu Papier gebrachte Kritik am Aufwand für Pelé ging, insgesamt gesehen, unter im gewaltigen Jubel um den brasilianischen Fußball-Star, den die Leute an der Seine in der Tat empfingen wie einen König. Und dies, obwohl nichts Besonderes auf dem Programm stand. Pelé kam mit dem FC Santos nach Paris, um ein Spiel gegen St-Etienne und Marseille zu bestreiten, das heißt, der Gegner für Santos und Pelé wurde aus den besten Spielern St-Etiennes und Marseilles gebildet.

Zu erklären ist dieses Phänomen – und das war der Empfang für Pelé auf jeden Fall – allein durch folgende zwei Umstände: Erstens sind die Franzosen ein Volk, das dem internationalen Sport auch ohne eigene Beteiligung weit mehr Interesse entgegenbringt, als gemeinhin zu erwarten ist, und zweitens war Pelé, was Ruhm, Popularität, Zuneigung seiner Bewunderer und Fanatismus seiner Fans anlangte, um diese Zeit, Anfang der 70er Jahre, wirklich unübertroffen in der Welt. Für Südamerika, für Brasilien insbesondere, war Pelé jahrelang mehr als ein Fußball-Star. Er war in seiner Heimat, wo die christliche Religion auf seltsame Weise mit Götzenglauben und Götteranbetung afrikanischer Herkunft verbunden ist, vor allem für die farbige Bevölkerung ein Halb- und Ersatzgott, eine übersinnliche Gestalt, die gleichsam nur leihweise unter den Lebenden wandelt.

Für die Armen verkörperte er die Möglichkeit des sozialen Aufstiegs, von dem sie alle träumen. Gleichzeitig lullte er sie ein. In einem Lande, wo ein Fußballspieler, einer aus den Elendsvierteln, Multimillionär werden kann, muß so ziemlich alles zum besten bestellt sein. Diesen trügerischen Beweis schien Pelé zu liefern. Der Fußball und Pelé wurden in Brasilien zur wichtigsten staatserhaltenden Kraft. Deshalb war es selbstverständlich, daß der Präsident dem Fußballspieler Pelé sein Privatflugzeug zur Verfügung stellt, wie es anläßlich der Feiern zu Pelé tausendstem Tor geschah. Deshalb wurde Pelé auf Briefmarken noch zu Lebzeiten verewigt, dessen sich bislang noch kein Staatspräsident rühmen konnte. Dies war über zehn Jahre lang das Geheimnis des Pelé-Kults. Ein Geheimnis freilich, dessen Basis die Fähigkeiten Pelés als Fußballspieler waren.

Als Pelé am 19. November 1969 in Rio sein tausendstes Tor geschossen hatte, läuteten in sämtlichen Kirchen des Landes, und es gibt in Brasilien Hunderttausende, vielleicht Millionen Kirchen und Kirchlein, läuteten in all diesen Gotteshäusern die Glocken, und nicht nur einer von den paar Hundert Rundfunkreportern bezeichnete Pelé als ein „übernatürliches Wesen" und dankte Gott, daß er diesen „Wunder-Kreolen" den Brasilianern und keinem anderen Volk der Erde geschenkt habe.

Pelé machte bei jeder Gelegenheit das „Gute im Menschen" sichtbar, was wohl sehr pathetisch klingt, aber durchaus richtig ist. Nachdem er sein tausendstes Tor geschossen hatte, ließ er folgendes verkünden: Das Trikot, das er an diesem Tag getragen hatte, schenke er seiner Tochter Kelly Christina. Damit kehrte er den beispielhaften Familienvater hervor. Die Schuhe, die einen Liebhaberwert von etlichen tausend Mark erlangt hatten, schenke er der Kirche. Auf diese Weise stellte er seine Frömmigkeit heraus. Und bei seinem tausendsten Schuß in ein Fußballtor, so sagte, habe er „an alle armen Kinder dieser Erde gedacht, an die Tauben und Blinden, denen er während der Weihnachtszeit helfen wolle". Pelé, der reiche Mann, dem die Armut und die Sorgenkinder am Herzen liegen.

Nun könnte man sagen, daß solche frommen Sprüche aus dem Munde eines Mannes, der in der feinsten Gegend seiner Stadt in einer weißen Villa wohnt, seine Luxuskarosse täglich an heulendem Elend vorbeisteuert, der ein Vermögen von zwanzig oder dreißig Millionen besitzt, der selbst in Elendsquartieren aufgewachsen ist und immer neue Reichtümer anhäufte, daß die Sprüche aus dem Munde dieses Mannes beinahe klingen wie Ironie. Doch Pelé hat sich lange das einfältige Herz des braven Jungen bewahrt, er betrachtete seinen Reichtum als Gottesgeschenk, und sein kindliches Gemüt erhielt ihm außerdem jenen Spieltrieb, ohne den er wahrscheinlich viel früher müde, des Fußballs überdrüssig geworden wäre.

Nach dem Gewinn der Weltmeisterschaft 1970, Pelés drittem WM-Sieg nach den Erfolgen in Schweden und Chile, erhielt er vom Verband einen Scheck über annähernd 30 000 Dollar und außerdem eine Lizenz für den Verkauf von Losen der National-Lotterie, die in Brasilien nach 1970 einen großen Aufschwung erlebte. Um diese Zeit nahmen sich seine Einkünfte folgendermaßen aus: Zusammen mit dem Spieler Zito besitzt er eine Fabrik für Kunstfasern, die ihm monatlich etwa 2000 Dollar einbringt. 1000 Dollar monatlich erhält er von der Bank „Campina Grande", für die er Reklame macht. Der Bank hat er sich pro Woche einen Nachmittag lang zur Verfügung zu stellen, um mit wichtigen Kunden Kontaktgespräche zu. führen. Über 20 000 Mark monatlich bekommt er von Shell, und die Textil-Fabrik Ducal, die einen Anzug unter der Bezeichnung „Nummer Zehn" herausbrachte, (entsprechend Pelés Rücken-Nummer, die rund um die Welt gleichsam zu seiner Kenn-Ziffer geworden war), zahlt monatlich 15 000 DM. Eine weitere Textil-Firma zahlt ihm 3500 Mark monatlich, des weiteren steht er in Kontakt mit einer deutschen Sportschuh-Fabrik. Eine Fahrradfirma und ein Hersteller von Süßigkeiten überweisen ihm an jedem 30. eines Monats je 2500 Mark. Eine japanische Werbe-Agentur verpflichtet ihn zu einem Monats-Salär von 5000 Mark für den gesamten Fernen Osten, eine Schweizer Uhren-Fabrik hat einen Vertrag mit ihm, und Hollywood verhandelt im Frühjahr 1971 mit Pelé über die Hauptrolle in dem Film, der unter dem Titel „Der Markt" die Befreiung der brasilianischen Sklaven zum Gegenstand hat. 20 000 DM monatlich betragen die Einkünfte aus Appartements, Ladenlokalen und Grundstücken, die Pelé besitzt und verpachtet.

Alle diese Zahlen waren mehr oder weniger öffentlich. Niemand aber wußte, was Pelé bei seinem Club, dem FC Santos, verdiente. Aus gutem Grund. Denn schließlich war auch Pelé, der „König", Mitglied in einem Team und damit den Gesetzen der Gruppe unterworfen. Sein Gehalt hatte, eigentlich, in das allgemeine Gefüge der Bezahlung zu passen. Weil dies aber lediglich eine theoretische Bedingung und in Wirklichkeit nicht machbar war, bewahrte man über den Kick-Lohn des Göttlichen Stillschweigen. Denn auch die Außergewöhnlichen, oder gerade sie, sind dem Neid der Kollegen ausgesetzt.

Pelé mochten solche Dinge nicht kümmern. Er betrachtete sie aus der Distanz des Überlegenen. Die kleinkarierten Probleme seines Jobs konnten ihn ebensowenig anrühren oder treffen wie die Gegner auf dem Rasen, die in jedem Spiel aufs neue versuchten, Pelé zur Strecke zu bringen, ihm die Knochen zu brechen, ihn auszuschalten in des Wortes wirklicher Bedeutung.

Erst gegen Ende seiner Karriere ließ Pelé die Abneigung erkennen, die er gegen diese Sorte von Zerstörern hegte. Da goß er dann Zynismus über sie. Solche Fußballspieler, die immer nur zerstören müßten, was andere aufgebaut hätten, sagte Pelé, seien doch wohl zu bemitleiden. Ja, er empfinde Mitgefühl mit diesen armen Kreaturen. Freilich, von diesen Zerstörern konnte keiner Pelé daran hindern, die steilste und atemberaubendste Karriere des Sports zu vollziehen. Der arme Junge aus dem Elendsviertel des Ortes Tres Coracoes, Sohn des mittellosen und überaus mittelmäßigen Berufs-Fußballspielers Dondinho, stand als 15jähriger in der Profi-Elf des FC Santos und riß als 17jähriger bei der Weltmeisterschaft in Schweden die Fachleute der ganzen Welt zu jauchzenden Kommentaren hin. Pelé ging in der Tat auf wie ein Stern, nichts konnte seinen Erfolg vereiteln, und selbst nackte Brutalität, wie sie zum Beispiel seine portugiesischen Vettern bei der Weltmeisterschaft 1966 in England gegen ihn anwandten, vermochte den Namen Pelé nicht auszulöschen.

Was aber ist es gewesen, das den genialen Fußballspieler Pelé ausmachte? Was war das Geheimnis seines Erfolgs und weshalb wurden selbst die nüchternsten Theoretiker dazu verleitet, Pelé einen Zauberer, einen Künstler, ein Phantom und dergleichen mehr zu nennen? Es gibt da einen sehr authentischen Berichterstatter, einen von den Zerstörern, die Pelé nicht mochte, nämlich den deutschen Nationalspieler Jürgen Werner, der am 5. Mai 1963 in Hamburg gegen Pelé spielte. Die deutsche Elf verlor 1:2, und Jürgen Werner, mittlerweile Studienrat für alte Sprachen, gelang damals, obwohl er Pelé zu bewachen hatte, das einzige deutsche Tor.

Über seine Erfahrungen mit Pelé hat Jürgen Werner später einen Erlebnis-Bericht verfaßt, in dem ihm eine vortreffliche Charakterisierung des Spiels von Pelé, gelang. Werner schrieb: „Besser kann Fußball nicht mehr gespielt werden, wobei ich an alles denke, was ein Fußballspiel umfaßt, wie das Voraussehen von Situationen, das beinahe instinkthafte Handeln in Bruchteilen von Sekunden. Sein erstes Tor bot dafür das Musterbeispiel. Er war umringt von drei Abwehrspielern auf einem Raum von etwa einem Quadratmeter, alle bereit, seine Aktion zu verhindern. Überall standen schreiende, gestikulierende Mitspieler, 70000 Zuschauer brüllten vor Begeisterung, und nur eine winzige Lücke bot sich ihm, die den Torerfolg garantierte. Um ihn zu realisieren, bedurfte es jedoch gleichzeitig neben der Fähigkeit, die Lücke zu erkennen, einer Fertigkeit, den Ball als Objekt zu behandeln, die ans Artistische grenzt. Pelé koordinierte beides. Der Erfolg war weder ein Zufallsprodukt noch entsprang er dem Glück des Tüchtigen, sondern allein der perfekten Beherrschung aller Mittel und ihrer Ausnutzung.

Er war mir in allen Belangen überlegen, und doch, trotz dieser Gewißheit, achtete er in mir den Gegner. Konzentriert, unter Einsatz aller ihm gegebenen Mittel, schaltete er mich immer wieder aus, ohne sich in Tändeleien zu verlieren oder sein Spiel zum Selbstzweck zu erheben. Auch als ich ihn bei einem Zweikampf verletzte und er erst nach fünf Minuten wieder mitspielte, änderte sich sein Verhalten mir gegenüber nicht.

Die zweite Feststellung, die ich treffen mußte, war die dauernde Provokation des Gegners, ihn, Pelé, zu attackieren. Scheinbar ungedeckt bot er mir den Ball an, jedoch jederzeit wissend, daß mein Angriff zu spät kommen mußte und er dann Bewegungsfreiheit für eine bestimmte Aktion hatte. Er trabte oft über den Platz, scheinbar teilnahmslos, um dann im plötzlichen Antritt nicht nur mich stehenzulassen, sondern auch dem Mitspieler eine Möglichkeit zu geben, ihn einzusetzen. Für ihn existierte auch nicht das Problem, daß der Mensch eine stärkere und eine schwächere Seite besitzt. Beide Beine sind im Umgang mit dem Ball gleich traumwandlerisch sicher, so daß man nie ausrechnen kann, woher der Angriff kommt, wohin er zielt. Dieser dauernde Wechsel seiner Taktik ermüdet, glaube ich, den ausdauerndsten Spieler, ohne daß es Pelé selbst anzustrengen scheint. Schon die psychologische Wirkung seines Spiels höhlt den Gegner aus. Jede Chance, die er einem bietet, entpuppt sich beim Zugriff als Fata Morgana: Sie hat sich in nichts aufgelöst und in eine Situation verwandelt, die sich Pelé vorher ausrechnete."

Auf diese oder ähnliche Weise erzielte Pelé 1281 Tore. Wie Jürgen Werner erlebten ihn seine Gegner in 1114 Spielen für Santos, in 112 Länderspielen für Brasilien, so erlebten sie ihn bei vier Weltmeisterschaften zwischen 1958 und 1970. Pelé wurde am 23. Oktober 1940 geboren. Als er vierzehn war, unterschrieb er einen Vertrag mit Santos. In den nächsten zwanzig Jahren, also bis 1974, wird er dreimal Weltmeister: 1958 in Schweden, 1962 in Chile (wo er allerdings im zweiten Spiel verletzt wird und das Finale nicht mitmacht), 1970 in Mexico. Er wird mit Santos elfmal Brasilianischer Meister, zweimal gewinnt er den Südamerika-Pokal und zweimal den Welt-Cup.

Als er beinahe alles gewonnen hatte und auf die dreißig zusteuerte, fing er an, sich Gedanken über das Leben nach dem Fußball zu machen. Damals hatte er, obwohl längst Millionär, noch sehr naive Vorstellungen von dieser Zeit. Er wolle Trainer werden, später, sagte er, und mit Eifer machte er sich an die Sache. Denn ein richtiger Trainer braucht ein Diplom, und um das zu bekommen, muß auch ein „Rei" die Schulbank drücken, wenn auch nicht so heftig wie ein normaler Sterblicher. In Privatkursen bereitete sich Pelé also auf die Reifeprüfung vor, und die Schulbehörde des Städtchens Aparecida, die sich glücklich schätzte, Pelé unter ihren Prüflingen zu haben, befand den Fußballspieler für „reif" nach schulischen Gesichtspunkten. Mit der Note „gut" in Biologie, Erdkunde und Englisch, mit der Note „mittelmäßig" in Mathematik, Geschichte und Portugiesisch, seiner Muttersprache.

Nun besaß er also jenes Papier, das ihm den Besuch der Sporthochschule ermöglichte. Und wenn er auch nach Aparecida gehen mußte, um es zu bekommen, und wenn sich dieses Formular mit den Schul-Prädikaten auch beinahe lächerlich ausnahm neben den Kontoauszügen, Wertpapieren und Bilanzen des Millionärs, so war es doch ein Besitztum, das einen Mann glücklich machte, der mit dreizehn die Schule verließ und damals mit störrischen Fingern gerade seinen Namen schreiben konnte: Edson Arantes do Nascimento.

Hier ist die Pelé-Story eigentlich zu Ende. Wir sind beim 18. Juli 1971 angelangt. In Rio de Janeiro bestreitet Pelé sein 112. und letztes Spiel für die brasilianische Nationalelf. Das Land weint, wieder läuten die Glocken, die Reporter schluchzen in ihre Mikrophone.

Drei Jahre später, am 2. Oktober 1974, der nächste Abschied. Diesmal in Santos, diesmal Abschied von seinem

Club, vom Fußball. Pelé küßt den Ball, küßt den Rasen, zieht sein Trikot aus, wieder weinen die Menschen, läuten die Glocken, schluchzen die Reporter. Aber Pelés letzter Abschied ist das immer noch nicht.

Ziemlich genau 250 Tage später unterschreibt er bei Cosmos New York einen Vertrag für drei Jahre. Über den Wert dieses Abkommens gehen die Angaben auseinander. Zwischen 5,6 und 12,3 Millionen Mark liegen sie, ganz Genaues wird nie bekannt. Nur dies: Pelé ist vor den Karren der Firma „Warner Communications“ gespannt, und diese Firma macht so ziemlich alles, was ein Multi-Konzern der Unterhaltungsbranche machen kann. Film, Schallplatten, Werbung, Sport und so weiter und so fort. Aus Pelé wird ein Vielzweck-Star. Außerdem wird er als Pionier, als Entwicklungshelfer des Fußballs angepriesen in den USA. Das Geschäft floriert. Von 300 Zuschauern im ersten Jahr mit Pelé steigen die Ziffern auf 75 000 im dritten. Mit Pelé als Lokomotive einer typisch US-amerikanischen Kampagne gewinnt Fußball, in den USA bis dahin eine tote Sportart, derart an Popularität. daß sich zumindest vorübergehend damit Stadien füllen lassen und selbst Stars wie Beckenbauer an die Dollar-Quellen hetzen.

Doch Fußball von der Art, wie Pelé ihn spielte in seinen brasilianischen Jahren, wie Jürgen Werner ihn erlebte, ist das nicht. „Ich bin Geschäftsmann“, sagt Pelé, „jetzt bin ich Geschäftsmann“, als ihn einer seiner Freunde fragt, weshalb er diesen traurigen Seitensprung in die Glamour-Welt des US-amerikanischen Operetten-Fußballs getan habe. Natürlich, jetzt scheffelt die Millionen. Er verdient das Geld so schnell und so leicht, wie er es nie zu träumen wagte. Er verdient es in einem nie endenden Rausch süßen Lebens, und vielleicht ist es das, was sich selbst die großen Stars des Fußballs immer gewünscht haben: Immer noch Star zu sein, immer noch mittendrin, immer noch reicher werdend von Tag zu Tag, aber befreit sein vom Streß der Spiele in der Arena, befreit vom Zwang, siegen zu müssen, um gut leben zu können.

Drei Jahre tanzt und tingelt Pelé für Cosmos und Warner. Am 1. Oktober 1977 nimmt Pelé dann seinen letzten Abschied. Cosmos spielt gegen Santos vor 75 000 im Giants-Stadion von New York. Pelé die erste Halbzeit bei Cosmos, die zweite bei Santos. In der 42. Minute setzt er aus dreißig Metern Entfernung einen Freistoß ins Santos-Tor.

In der Halbzeit zieht er das Cosmios-Trikot aus und das von Santos an. Das Volk jauchzt und brüllt, Pelé hält eine Rede, die Musik spielt Pelés Abschiedslied, die Kapitäne der siegreichen Weltmeister-Mannschaften stehen Spalier: die Brasilianer Bellini (1958) und Mauro (1962), Bobby Moore (1966), Carlos Alberto (1970) und Franz Beckenbauer (1974). Cosmos hat 2:1 gewonnen, Pelé hat sein 1363. Spiel gemacht und sein 1278. Tor geschossen. Aber zählt das noch bei einem Geschäftsmann? Sind das nicht Zahlen aus einer beinahe unwirklichen Vergangenheit?

Gleich nach dem Abschied geht Pelé auf eine Welt-Tournee, im Dienst von „Warner Communications“, die noch für ein halbes Jahr die Rechte an Pelé haben. Danach wird es still um ihn. Er kehrt heim als Geschäftsmann, nicht als Fußballspieler, schon gar nicht als „Rei Pelé'. Das ist der Preis für die Dollars. Sie haben ihn sterblich gemacht.

Michel Platini

Der Kritiker, der ihn einmal den „Mozart des Fußballs“ nannte, lag so falsch nicht. Virtuos, prickelnd und unbeschwert wie die Musik des genialen Komponisten war auch das Spiel des Franzosen Michel Platini. Und Parallelen zwischen dem Ballkünstler und dem Tonsetzer gab es auch bei den Vätern. So wie Leopold Mozart, Hofkomponist und Vizekapellmeister an der Salzburger Hofkapelle, den begabten Sohn nach besten Kräften förderte, so ließ auch Aldo Platini dem Filius auf dem Wege nach oben größte Fürsorge angedeihen. Natürlich mußte Michel dort in den großen Fußball einsteigen, wo der Vater viele Jahre lang sportlicher Direktor gewesen war: Bei der AS Nancy also, obwohl er eigentlich viel lieber zum FC Metz gegangen wäre.

Mit 17 Jahren spielte der zartgliedrige Jüngling zum ersten Male in der Ersten Mannschaft des Erstliga-Clubs. Recht schnell geriet er in die Schlagzeilen der Provinzpresse. Ausgestattet mit einem Höchstmaß an Ballgefühl, an Schußtechnik und Intuition, wurde ihm eine große Zukunft prophezeit. Doch zunächst ging es eher langsam voran. Für eine Blitzkarriere fehlten ihm physische und psychische Robustheit. Erst im März 1976, drei Monate vor seinem 21. Geburtstag, durfte der Enkel italienischer Einwanderer in der Nationalmannschaft sein Debüt geben, beim 2:2 gegen die ČSSR.

Dann ging es Schlag auf Schlag, zweimal hintereinander wurde Michel Platini in Frankreich „Fußballer des Jahres“ und demzufolge mit höchsten Erwartungen zur Weltmeisterschaft 1978 nach Argentinien entsandt.

Doch die Last, die auf seine schmalen Schultern gepackt wurde, war zu schwer. Seine WM-Premiere mißglückte; Frankreich fuhr nach der Vorrunde gleich wieder nach Hause, wo der junge Himmelsstürmer – schon mit Pelé und Cruyff verglichen – recht unfreundlich empfangen wurde. Als der junge Lothringer im Dezember 1978 kundgab, er werde seinen Vertrag bei Nancy nicht verlängern, kürzte Clubpräsident Cuny kurzerhand das Gehalt des Jungstars von 6000 auf 3000 Mark.

Beim Top-Club AS St-Etienne holte er sich verlorenen Kredit zurück und Ärger ins Haus: Jean François Larios, Algerier aus Sidi Bel Abbes, der Stadt der Fremdenlegion, der als Chef der Mannschaft weichen mußte, revanchierte sich auf seine Art: Der dunkelhäutige Apoll spannte dem „Bleichgesicht" die Frau aus.

Dennoch hielt Michel Platini drei Jahre im Dunstkreis seines Widersachers aus. An der Seite von Larios, mit dem er sich auch schon mal in der Kabine prügelte, wurde er Französischer Meister.

Richtig froh aber wurde er nicht. Und so suchte Platini nach der WM 1982 in Spanien, bei der er seinen Ruhm mehrte und mit der Equipe tricolore erst im Halbfinale, einem denkwürdigen Spiel, im Elfmeterschießen an Deutschland scheiterte, neues Fußballglück. Gianni Agnelli, der Chef des Fiat-Konzerns und Geldgeber des italienischen Renommier-Clubs Juventus Turin, hatte sich in den Fußballromantiker aus Gallien verguckt und das Gefühl gewonnen, daß die alte Dame „Juve" auf Dauer nur mit ihm gegen die Konkurrenz aus Mailand und Neapel bestehen könne.

Agnelli sollte sich nicht irren. Mit Platini wurde Juventus Turin erst Landesmeister, dann zweimal Europapokal-Sieger und schließlich auch, Gewinner des Weltpokals.

Um seine Anerkennung bzw. seinen Sonderstatus auf dem Rasen mußte er freilich erst kämpfen. Die Weltmeister von 1982, allen voran Marco Tardelli, Claudio Gentile und Gaetano Scirea, verweigerten ihm die Zuarbeit. Sie rieben sich an den Bezügen des Franzosen, der mit 850 000 Mark im Jahr „ohne Nebengeräusche" (wie sich Max Merkel auszudrücken pflegt) etwa das Dreifache ihres Salärs kassierte. Doch Agnelli stärkte Platini den Rücken und setzte durch, daß Guiseppe Furino, der Sprecher der Anti-Platini-Bewegung, durch den jungen Bonini ersetzt wurde und rief zudes alle übrigen Rebellen zur Ordnung.

Fortan war Ruhe im Stall: Und Platini der Leithengst.

Gestiegenes Selbstbewußtsein und Durchsetzungsvermögen demonstrierte der Franzose dann bei der Europameisterschaft 1984 im eigenen Lande. Spätestens hier verstummten die Kritiker, die in ihm nach wie vor eher den Alleinunterhalter als den Schlachtenlenker sahen. „Frankreich mußte erst Platini finden, um endlich einen der großen internationalen Titel zu erringen. Auch mit Raimond Kopa, dem Helden der fünfziger Jahre, hat die Nationalmannschaft niemals ein großes Turnier siegreich beendet", erwies die Sportzeitung „L'Equipe" dem „König Platini" nach dem EM-Gewinn ihre Reverenz. Platini hatte nicht nur Regie geführt, sondern auch jede Menge Tore geschossen, eins schöner als das andere. Neun insgesamt.

Dreimal hintereinander wählten ihn die Sportjournalisten zu „Europas Fußballer des Jahres". Auch das ein einmaliges Ergebnis, das der Geehrte so kommentierte: „Ich habe Cruyff eingeholt und zugleich übertroffen, denn er wurde nicht dreimal hintereinander gewählt." Außerdem sagte Platini beim Festakt im Dezember 1985 in Paris: „In Mexiko möchte ich meine Karriere krönen."

Im Lande der Azteken wollte er Weltmeister werden – ein Ziel, das nach den herrlichen Siegen über Italien und Brasilien realistisch schien. Doch im Halbfinale war, wie schon vier Jahre zuvor, Deutschland für die Franzosen Endstation. Ein Fußball-Workaholiker namens Wolfgang Rolff raubte Platini in der Sonnenglut von Guadalajara den Spielraum und letztlich das Selbstvertrauen,

so daß er zum Mitläufer schrumpfte. Die Enttäuschung saß tief; nach dem Abpfiff verweigerte er dem Deutschen das gewünschte Trikot.

Ein Jahr später zog sich Michel Platini ganz vom Fußball zurück. „Als ich merkte, daß der Kopf nicht mehr wollte, habe ich aufgehört", sagte er Monate nach seinem Abschied, der ihm mit goldenen Worten versüßt worden war. Sein großer Förderer Glanni Agnelli bezeichnete ihn als „die geniale Mischung zwischen dem russischen Tänzer Nurejew und dem spanischen Torero Manoletto".

Andere drückten sich weniger poetisch aus und gerieten wegen seiner Eigenschaften sogar über Kreuz. Paul Breitner, selbst ein großer Egozentriker, sah in Platini den „absoluten Demagogen am Ball" und einen „hundertprozentigen Egoisten". Doch besser und präziser traf wohl zu, was in einer Kurzbiographie über den Franzosen zu lesen stand: „Platini war ein exzellenter Techniker, ein präziser Schütze und Torjäger, ein hervorragender Kopfballspieler, aber auch ein großer Kämpfer, wenn es die Situation erforderte. Seine Ballkunst war kein Selbstzweck, sondern stand immer im Dienste der Mannschaft." Er selbst beschrieb das Geheimnis seiner Klasse so: „Ich habe auf dem Felde eine Vision von dem, was in wenigen Sekunden passieren muß, die weit über dem Vorstellungsvermögen anderer Fußballer liegt."

Im nachhinein akzeptierte er, daß es Typen gibt, die die Show veranstalten und solche, die sie zu verhindern versuchen. Als Vertreter der ersten Kategorie mußte er viel leiden: Fünfmal hat er den Fuß, zweimal den Arm gebrochen, zwei Gehirnerschütterungen erlitten und auch eine Meniskusoperation hinnehmen müssen. Als im Sommer 1988 mit einem Abschiedsspiel in seiner Heimatstadt Nancy zwischen einer Weltauswahl und Frankreich für ihn endgültig der Vorhang fiel, schien Michel Platini erleichtert, froh darüber, ein neues Leben beginnen zu können. Der Erlös des Spiels floß einer Stiftung zu, die er selbst ins Leben gerufen hatte. Sie finanzierte den Kampf gegen Drogenmißbrauch bei Jugendlichen.

„Nie", so schwor er, „werde ich Trainer. Dazu habe ich einen zu schwierigen Charakter und zu wenig Geduld." Ein halbes Jahr nach dem Fußballfest in Nancy stand er wieder am Spielfeldrand – Beckenbauer läßt grüßen – als Teamchef der französischen Nationalmannschaft. Aufgerufen, die Equipe tricolore vor dem drohenden Aus in der WM-Qualifikation für Italien zu retten.

Gianni Rivera

Am 18. August 1980 wurde Italiens ehemaliger „Goldjunge" 37 Jahre alt. Dennoch hatten viele Freunde des AC Milan immer noch nicht recht begriffen, daß Gianni Rivera seine Künste nicht mehr auf dem grünen Rasen zeigte. Zum Ende der Saison 1978/79 hat er als Aktiver Schluß gemacht, aber Gesprächsthema der „Tifosi" blieb Rivera wie eh und je. Zwanzig Jahre nach dem Beginn seiner internationalen Karriere, in die er als 17jähriger mit der italienischen Olympia-Auswahl bei den Spielen 1960 in Rom eintrat, und nach einer ungewöhnlichen Erfolgsserie im rotschwarzen Trikot des AC Milan saß er jetzt als Vizepräsident desselben Vereins in einem Sessel der Chefetage in der Mailänder Via Turati Nr. 3. Eingeweihte wollen wissen, daß er dabei nicht selten ins Sinnieren geriet und sich, beifallumtost, auf dem satten Rasenteppich des San-Siro-Stadions wiederfand...

Es fällt schwer, vom Fußballspieler Rivera in der Vergangenheit zu sprechen. Gianni Rivera war eines jener ganz wenigen Ausnahmetalente, denen die Natur alles fix und fertig zum Gebrauch in die Wiege legt. Was immer er auf dem Spielfeld tat – für den Betrachter wirkte es leicht und selbstverständlich, wie ein Kinderspiel. Anfangs der sechziger Jahre stand Rivera noch in einer Milan-Mannschaft mit Juan Alberto Schiaffino, dem nach Mailand gewechselten Star des großen uruguayischen Teams der Weltmeisterschaft 1954. Als Schiaffino ging, übernahm der blutjunge Rivera die Dirigentenrolle in einem Ensemble gestandener Männer, die ihn voll anerkannten, so stark und überzeugend war damals schon seine Persönlichkeit – und sein Können.

Rivera „machte" das Spiel des Teams auf dem grünen Rasen, hatte die Ideen, die diesen AC Milan weit über den Durchschnitt erhoben, die ihn wiederholt zum italienischen Meistertitel, zum mehrfachen Gewinn des Europapokals der Meister und der Pokalsieger führten. Und die auch dem Nationalteam, der „Squadra azzurra", oft den Stempel aufdrückten.

Wie alle Großen des Fußballs besaß selbstverständlich auch Rivera viele Neider. Die meisten wohl in Mailand selbst bei der schwarzblauen Lokalkonkurrenz von Inter, aber auch in Rom und Turin, wo man ihn desto weniger mochte, je besser er gegen die eigenen vergötterten Idole aufspielte. Der Journalist Gianni Brera, Riveras wohl prominentester Intimfeind, mäkelte am „Goldjungen" auch dann noch herum, wenn andere Kritiker ihm eine Glanzpartie bescheinigten. „Rivera läuft und kämpft nicht, ihm fehlt die Kondition. In entscheidenden Phasen läßt er seine Kameraden im Stich", bemängelte Brera. Das war objektiv gesehen falsch. Richtig ist, daß Rivera ungezählte Spiele für den AC Milan fast allein gewonnen hat, daß er bald schon zum Kapitän ernannt – seine Mitstreiter mitriß, ihnen auf dem Spielfeld, in der Kabine und im Training ins Gewissen redete, ohne zu meckern, und daß ihn jedermann bei Milan als „Schlachtenlenker" akzeptierte. So nebenbei war Rivera auch hin und wieder Saison-Torschützenkönig seiner Mannschaft, obwohl in ihr echte Torjäger wie Altafini, Bigon und andere standen.

Sicher, zu den Gladiatoren des Fußballs zählte Rivera nicht. Von der Konstitution her schmalbrüstig und engschultrig, wich er harten Zweikämpfen gerne aus. Seine außergewöhnlichen Stärken lagen im Ballgefühl und in der Spielintelligenz, im raschen „Schalten". Gianni Rivera war ein Akademiker des Fußballs, das Gegenteil eines Holzfällers. Selbst im dichtesten Gedränge behielt er die Übersicht, überlistete die Gegner mit raffinierten Dribblings oder gefühlvollen Pässen.

Diese Stärken kamen ganz besonders im Verein zur Geltung, wo man nahezu blind aufeinander einging – ein Verdienst auch des Milan-Trainers Nereo Rocco, der mit Rivera lange Jahre ein ideales „Gespann" bildete.

In der Profi-Nationalelf brachte es Rivera auf 60 Berufungen unter fünf

„Chefs". Bei keinem fand er jedoch ein ähnlich totales Verständnis wie bei Rocco. Ferruccio Valcareggi beispielsweise ließ ihn bei der WM 1970 in Mexiko mit seinem Widerpart Sandro Mazzola von Inter Mailand „Stafette" spielen: Beide durften meistens nur abwechselnd eine Halbzeit lang mitmachen. Damit war weder Rivera noch Mazzola oder gar der Mannschaft gedient. Ausgerechnet nach seinem entscheidenden Treffer zum italienischen 4:3-Sieg in der denkwürdigen Halbfinal-Begegnung mit Deutschland erlebte Rivera anschließend im Endspiel gegen Brasilien seine vielleicht tiefste Demütigung: Coach Valcareggi wechselte ihn sechs Minuten vor Schluß für Boninsegna ein, nachdem beim Spielstand von 4:1 für Brasilien die Schlappe bereits perfekt war. Dennoch hat Rivera nicht gemurrt, aber vergessen hat er das nicht.

Die Liste der Erfolge Riveras reicht von den ersten Spielen seiner Laufbahn (mit Italien Vierter des Olympiaturniers 1960) bis buchstäblich zur allerletzten Begegnung des Ligaspieljahres 1978/79, die dem AC Milan den Gewinn des zehnten italienischen Meistertitels bescherte. Dazwischen lagen – unter anderem – zwei Final-Siege im Europapokal der Meister (1963 und 1969), zwei Final-Siege im Cup der Cupsieger (1968 und 1973), der Weltpokalsieg 1968, all dies mit dem AC Milan. Mit der Nationalelf errang Gianni Rivera 1968 die Europameisterschaft und 1970 die Vizeweltmeisterschaft, ehe er bei der für Italien restlos verkorksten WM 1974 mit dem vorzeitigen Ausscheiden der „Squadra azzurra" seinen Schwanengesang erlebte.

Aber zur Geschichte des ehemaligen „Goldjungen" gehört noch ein anderes, gleichfalls sehr gewichtiges Kapitel: Es handelt vom Funktionär Rivera. Riveras Treue zum AC Milan war seit seinem frühen Transfer von US Alessandria (als 16jähriger für damals knapp 800 000 D-Mark) über jeden Zweifel erhaben. Deshalb traf es ihn tief, als der damalige Milan-Präsident Buticchi ihn nach der mißglückten WM 1974 heimlich abschieben wollte, weil nach seiner Meinung Rivera nicht mehr Rivera war.

Rivera bekam Wind von der Sache, mobilisierte augenblicklich den ganzen Verein. Indes fand sich rasch auch ein Geldgeber, der ihm eine astronomische Summe vorstreckte, damit er in einer Nacht- und Nebel-Aktion die Mehrheit der Milan-Aktien aufkaufen konnte. Damit hatte sich die Situation innerhalb weniger Stunden buchstäblich umgekehrt: Als nunmehriger Hauptaktionär veranlaßte Rivera den Rückzug Buticchis. Praktisch übernahm der einstige „Goldjunge" mit dieser Aktion die Verantwortung für die weiteren Geschicke des Klubs, saß als immer noch aktiver Spieler eine Zeitlang gar auf dem Präsidentenstuhl. Erst als die „Gefahr Buticchi" endgültig gebannt war, konzentrierte sich Rivera wieder auf den grünen Rasen. Aber offensichtlich hatte er am Funktionärsstuhl Gefallen gefunden – als er 1979 den Rücktritt als Aktiver erklärte, ernannte ihn der Verein zu seinem Vizepräsidenten.

Ein Jahr lang schien alles normal zu laufen, abgesehen von der Tatsache, daß der AC Milan seinen Meistertitel ausgerechnet an den Lokalrivalen Inter verlor. Doch da platzte noch mitten in der Saison die Bombe: Massive Manipulationen und Betrügereien wurden aufgedeckt; der AC Milan hatte den meisten Dreck am Stecken. Nicht nur aktive Spieler, wie Albertosi, hatten sich für hohe Summen bestechen lassen und Ergebnisse verfälscht, auch Milan-Präsident Colombo entpuppte sich als einer der Hauptschuldigen. Die Quittung: lebenslange Sperre für den Präsidenten, Zwangsversetzung des Vereins in die B-Klasse!

Rivera konnte es lange Zeit nicht fassen. Eine Berufung gegen das Urteil führte zu keiner Revision. Zum erstenmal in seiner Vereinsgeschichte spielt der AC Milan in der Saison 1980/81 tatsächlich in der „Serie B". In dieser kritischen Situation erwies sich Gianni Rivera einmal mehr als Persönlichkeit: Er krempelte die Ärmel hoch und riß „ganz Milan" mit auf dem Marsch zum einzig möglichen Ziel, dem sofortigen Wiederaufstieg.

Matthias Sindelar

Auf einer Bahnfahrt zwischen Nürnberg und Wien, kurz hinter Passau, und am 7. Januar 1929 soll es gewesen sein, behaupten die Chronisten. Da habe Österreichs Fußball-Bundeskapitän Hugo Meisl mit einem Donnerwetter das verlegene Schweigen im Abteil gebrochen.

Das „nixnutze Scheiberlspiel", tobte der Verbandskapitän, die Melone auf dem Kopf und den Stock am Arm, Quasi-Insignien seiner Persönlichkeit, sollen förmlich mitgezittert haben, das „nixnutze Scheiberlspiel" also sei schuld an der Blamage gewesen, an der 0:5-Schlappe der Wiener Stadtmannschaft (damals mit der Nationalelf identisch) gegen eine Nürnberg-Fürther Auswahl.

Und dann soll der „Papierene", wie sie den dürren Matthias Sindelar nannten, die Stirn besessen haben, anstatt in Ehrfurcht zu erstarren, zum Fritz Gschweidl beiläufig, aber doch laut vernehmbar zu bemerken: „Weißt' Fritz, warum wir net g'wonnen haben? Mir hätt'n no mehr scheiberln müssen." Typisch für den „Sindi" und sein Spiel: rotzfrech und in das Scheiberln vernarrt.

Meisl strafte Sindelar mit einem bösen Blick und würdigte ihn dann zwei Jahre lang keines weiteren Blickes mehr. Die internationale Karriere des „gottbegnadeten" Supertechnikers, von dem der Wiener Journalist Ferry Wimmer heute noch als dem „größten Fußballer, den Österreich je hervorgebracht hat", schwärmt, schien durch Meisls Zorn beendet, noch ehe sie sich richtig entfaltet hatte.

In 14 Länderspielen und sieben Städtevergleichen nach dem Nürnberger Debakel fand der Motzl, auch so wurde Matthias Sindelar gerufen, nur einmal Gnade bei Meisl, ein Jahr nach dem Bahn-Bann bei Passau. Dafür durfte Gschweidl nicht spielen. Sindelar und Gschweidl, die waren wie Max und Moritz. Danach, nach dem Spiel gegen die Tschechoslowakei, verschwand der Sindelar wieder für ein weiteres Jahr in der Versenkung.

Die Wiener Zeitungskritiker zerrissen ihren Ex-Kollegen Hugo Meisl ob seiner Halsstarrigkeit, denn mit Sindelar blieben alsbald auch die rauschenden Triumphe aus. Sie forderten das Gespann Sindelar-Gschweidl für den Sturm. Mag sein, daß eine längere Krankheit und Sindelars begeisternde Spiele in der Wiener Austria Meisls Trotz besänftigt hatten. Vielleicht aber hatte auch letztlich die Einsicht gesiegt – wenn er es auch nicht zugeben wollte. Wenige Tage vor dem Länderspiel gegen Schottland, Lehrmeister wie England und auf dem Kontinent noch unbesiegt, warf Kurt Meisl jedenfalls in seinem Stammcafé, dem Ringcafé, den harrenden Journalisten mürrisch einen Zettel auf den Tisch. „Da habt's Euer Schmieransky-Team", blieb sein einziger, vom Knirschen der Zähne begleiteter Kommentar. Auf dem Fetzen Papier standen elf Namen: Hiden, Schramseis, Blum, Braun, Smistik, Gall, Zischek, Gschweidl, Sindelar, Schall, Vogel.

Die Wiener Journalisten lasen die Formation des berühmten Wiener Wunderteams, das am 16. Mai 1931 auf der Hohen Warte in Wien die Schotten sensationell mit 5:0, acht Tage später in Berlin Deutschland mit 6:0 deklassierte.

Der Magier dieses Wiener Fußballwunders hieß Matthias Sindelar dieses „halbe Hemd" mit dem schütteren Blondhaar, das mit Intelligenz, Einfallsreichtum, viel Witz und perfekter Balltechnik die Fußball-Kraftmeister meist der Lächerlichkeit preisgab. Der Mittelstürmer war in das Scheiberl verliebt. Die gegnerische Abwehr zu überlisten, zu übertölpeln, da machte dem „Sindi" – und den Zuschauern – Fußball erst richtig Spaß.

Noch heute schwärmen die alten Fußballfans beim Heurigen von den „Wunderzeiten" und den extravaganten Sindelar-Toren. Der alte Austria-Hüter Billich wußte zum Beispiel von einer Dänemark-Reise zu berichten. Da waren die Wiener den Dänen derart überlegen, daß dem Sindelar das Toreschießen auf herkömmliche Art keinen Spaß mehr machte. „Also gab Sindi die Parole aus, nur noch dann Tore zu schießen, wenn der Torwart vorher aus seinem Kasten gelockt und überspielt worden war. Nach zwei derart erzielten Treffern verließ der dänische Torhüter gekränkt das Spielfeld."

Oder 1935 beim Mitropacupspiel gegen die berühmte Prager Slavia. Da hatte Sindelar die gesamte Abwehr einschließlich des großen Torhüters Planicka ausgetrickst. Doch nun den Ball ins leere Tor zu schieben, das war ihm zu banal. Er wartete, bis er die donnernden Hufe und den keuchenden Atem eines heranbrausenden Abwehrspielers vernahm, zog den Ball noch einmal zurück ließ den Gegner ins Leere taumeln und schoß dann erst seelenruhig ins andere Toreck.

Eigenwillig wie er war, widerstand er den Verlockungen des Auslands, die den Zerfall des Wunderteams verursachten. Hiden, Braun und Gall etwa zog's nach Frankreich. Slavia Prag versuchte, mit einem lukrativen Filmvertrag den „Papierenen" an die Moldau zu locken. Doch Sindelar blieb, obwohl die Austria just in jener Zeit in einer schweren finanziellen Krise steckte.

Mit dem Ende des Wunderteams war jedoch der Glanz des Matthias Sindelar (56 Länderspiele) noch nicht erloschen. Im Mitropacup, vergleichbar etwa dem heutigen Europapokal, feierte Matthias Sindelar wahre Triumphe.

Rätselhaft wie manchmal sein Leben war auch sein Tod. Am Morgen des 23. Januar 1939 schockte die Schreckensnachricht ganz Wien. Matthias Sindelar, gerade 36, immer noch aktiv und seit kurzem Kaffeehaus-Besitzer in seinem Heimatviertel Favoriten, war tot.

Noch wenige Stunden zuvor hatte er lustig, wie es seine Art war, mit Freunden im Kaffeehaus zusammengesessen. Nach einem Anruf seiner Freundin, der Rösslwirtin in der Annagasse 3, nahm er Hut und Mantel und ging. Am Morgen wurde er zusammen mit seiner Freundin tot aufgefunden. Gerüchte um seinen mysteriösen Tod gab es später viele. Sie blieben ungeklärt. Offiziell wurde lediglich Vergiftung durch Kohlenoxyd festgestellt. Unfall oder Selbstmord? Die Trauer um den Rasen-Rastelli drängte die Frage in den Hintergrund.

Alfredo di Stefano

Alfredo di Stefano nannte selbst die Superlative, mit denen seine Genialität und seine Größe am trefflichsten zu fassen seien. Er verglich sich mit Rembrandt und Picasso. „In Vollendung praktiziert“, philosophierte er einmal in einem Interview mit der englischen Sonntagszeitung ‚News of the World‘, „ist Fußball eine Kunst – genau wie die Malerei. Und jede echte Kunst befähigt Männer zum Außergewöhnlichen. Sonst hätten Rembrandt und Picasso auch nur ‚Landschaft mit Kühen‘ gemalt.“ Alfredo di Stefano war Fußball in Vollendung, sein Spiel Kubismus und keine Landschaft mit Kühen.

Ein Vergleich mit Napoleon hätte sicherlich noch besser zum Bild und zur Persönlichkeit des Alfredo di Stefano gepaßt. Er war ein Feldherr, ein Stratege zwischen den Strafräumen, der Real Madrid in seiner „Grand Epoque“ zum Beherrscher ganz Fußball-Europas machte. In der „königlichen“ Mannschaft herrschte er wie ein Diktator. Spieler von Weltruf, die ihm die Macht über Real eines Tages hätten streitig machen können, etwa der Brasilianer Didi, der Franzose Raymond Kopa oder der Schwede Agne Simonsson, alles intelligente Spielgestalter wie er selbst, ließ „Don Alfredo“ an seiner Seite jämmerlich verkümmern.

An Napoleon fühlten sich die Publizisten jedoch erst erinnert, als Reals Imperium zu zerbröckeln und di Stefanos Stern zu sinken begann. Nach dem ersten Scheitern der „Königlichen“ im Europa-Pokal (1961), ausgerechnet an dem spanischen Erzrivalen CF Barcelona, bescheinigte die Zeitung „Pueblo“ dem bereits 35jährigen Real-Diktator gehässig: „Di Stefano hat sein Waterloo bereits hinter sich. Er befindet sich jetzt auf dem Weg nach St. Helena.“

Mit fünf aufeinanderfolgenden Siegen im Europa-Pokal hatte Alfredo di Stefano zwischen 1956 und 1960 den eigenen und den Ruhm Reals begründet. Er galt als der beste und bestbezahlte Fußballspieler seiner Zeit. Der Brasilianer Don Fleitas Solich, 1960 beim legendären Glasgower Finale gegen Eintracht Frankfurt (7:3) Real-Trainer, versuchte das Phänomen di Stefano zu ergründen: „Das Gerede von di Stefanos ‚Einmaligkeit‘ hatte ich stets für eine maßlose Übertreibung gehalten, bis ich mich nun bei Real belehren ließ. Alfredo di Stefano ist in jeder Hinsicht ein perfekter Fußballspieler, seine Ballfertigkeit technisch vollendet. Er besitzt einzigartige Spielübersicht, grandiose Improvisationsbegabung und den Instinkt für den Torschuß. Er erledigt ein Laufpensum, das einem Emil Zatopek zur Ehre gereichen würde. Er ist auf dem ganzen Spielfeld allgegenwärtig, hilft in der eigenen Abwehr aus, um schon im nächsten Augenblick die Abwehr des Gegners zu narren. So etwas gibt es auf der ganzen Welt nicht mehr.“ Di Stefano allein bestimmte und veränderte den Spielrhythmus Reals. Selbst ein Ferenc Puskas ordnete sich unter.

Alfredo di Stefano zehrte nicht wie andere begnadete Ballartisten allein von seinem Talent und seiner Begabung. Ihn trieb ein fast grimmiger Ehrgeiz zusätzlich zu Höchstleistungen. In den ersten sieben Dienstjahren bei Real fehlte der Mittelstürmer in ganzen drei Ligaspielen. Bei Verletzungen zog er sich nicht gleich wehleidig wie viele Fußball-Primadonnen aufs Krankenlager zurück. Dabei wurde der Real-Regisseur von den eigens auf ihn angesetzten Gegenspielern härter als andere getreten und geschunden. Unvergessen ist etwa die Brutalität, mit der der Fürther Herbert Erhardt 1958 beim Frankfurter Länderspiel Deutschland–Spanien (2:0) den großen Spanier bekämpfte. Alfredo di Stefano war eben nicht nur der Diktator Real Madrids, sondern gleichzeitig sein erster Diener.

Die nahezu klösterliche Selbstdisziplin ließen die jahrelange Erfolgskarriere des gebürtigen Argentiniers ohne besondere Episoden und bemerkenswerte Eskapaden. Di Stefano war zeitlebens selbstherrlich und herrisch, oft mürrisch und wortkarg. „Mit ihm ein vernünftiges Wort zu wechseln“, empörte sich die argentinische Zeitung „La Razon“ einmal bitterböse, „ist schier unmöglich. Eher singt ein Fisch Volkslieder.“

Sein herrisches Wesen und seine mürrische Verschlossenheit bereiteten ihm zu Beginn seiner zweiten Fußball-Karriere, als Trainer, größte Schwierigkeiten. Sein autoritärer Stil, von seinen Spielern Gleiches zu verlangen wie einst von sich selbst, zumindest die Disziplin, erzeugten Aufsässigkeit und ließen ihn anfangs scheitern. Als Trainer erlebte di Stefano denn auch, nach eigenen Worten, die bitterste Stunde seines Lebens.

Bereits wenige Monate nach Antritt seiner ersten Trainerstelle beim FC Elche soll er weinend in einem Winkel der Umkleidekabine gesessen und den Klub-Präsidenten um sofortige Entbindung aus seinen Pflichten gebeten haben. Durch eine 0:1-Heimniederlage gegen Saragossa war die Mannschaft des 65 000 Einwohner zählenden Provinzstädtchens unweit von Alicante auf den letzten Tabellenplatz abgesackt, di Stefano als „Hauptschuldiger“ mit wütenden Pfiffen vom Platz gejagt worden. „Es war die bitterste Stunde, die ich je auf dem Fußballplatz erlebt habe, weit schlimmer als alles, was mir in meiner aktiven Laufbahn an unangenehmen Dingen widerfahren ist.“

Der große di Stefano empfand die Schmach des persönlichen Mißerfolges unerträglich und kehrte nach nahezu 20 Jahren ohne viel Aufhebens, aber mit einem, gewiß undankbaren, Blick zurück im Zorn in seine argentinische Heimat zurück, dorthin, wo einst alles begonnen hatte.

Im Armenviertel von Buenos Aires, in Barracas, dort, wo die Boca Juniors und River Plate ihren Anhang haben, hatte Vater di Stefano, ein Viehzüchter italienischer Abstammung, den 16jährigen Alfredo (geboren am 4. Juli 1926) von der Gasse geholt und in jenen Fußballklub gesteckt, bei dem er einst selbst gespielt hatte: River Plate. Schon mit 17 wurde Alfredo di Stefano Profi und bald wegen seiner blonden Haare und seiner schnellen Sprints als „saeta rubia“ (blonder Pfeil) gefeiert.

Beim Großeinkauf der „Millionarios“ von Bogotá unter den ohnehin unterbezahlten und durch einen Generalstreik arbeitslosen argentinischen Nationalspielern war Alfredo di Stefano der erste, den die Kolumbianer 1949 anheuerten. Die „Millionäre“, für kurze Zeit eines der stärksten Teams der Welt, gingen pleite und verkauften di Stefano für 350 000 DM an den FC Barcelona, Doch auch Real

Madrid hatte 1953 Interesse bekundet und den blonden Ballstar von River Plate für 300 000 DM erworben. Denn di Stefano „gehörte“ immer noch zu einem Teil dem argentinischen Meisterklub. So stand denn di Stefano in Spanien, mit einem Bein in Barcelona, mit dem anderen in Madrid, und beide gebunden. 200 000 DM Handgeld hatte er auch bereits kassiert. Generalissimo Franco selbst soll den Streit geschlichtet und den in der Geschichte des Fußballs sicherlich einmaligen Kuhhandel vorgeschlagen haben, wonach der zwischen zwei Stühlen sitzende Argentinier wechselweise ein Jahr in Barcelona und Madrid seine Fußballdienste ableisten sollte.

FC Barcelona war offenbar weniger von der Sonderklasse di Stefanos überzeugt und überließ Real die kolumbianische Vertragshälfte für 300 000 DM. Die Quittung stellte di Stefano selber aus, denn der Terminplan wollte es, daß Real Madrid und FC Barcelona bereits im ersten Meisterschaftsspiel aufeinanderprallten. Real zerschmetterte die Katalanen mit 5:0. Vier Tore schoß allein Alfredo di Stefano. Welch ein Einstand bei Real! Trotz der nahezu 700 000 DM (für damalige Verhältnisse eine „astronomische“ Transfersumme), die Real-Patriarch Bernabeu bezahlt hatte, rieb er sich die Hände: „Das war der reinste Gelegenheitskauf.“

Und nun war Alfredo di Stefano, Vater von vier Kindern, als „verlorener Sohn“ und gescheiterter Trainer nach Buenos Aires heimgekehrt. Ohne Job und ohne Zukunft, denn bei allem materiellen Wohlstand – Fußball war sein Leben. In dem steinreichen Präsidenten der Boca Juniors, Alberto Armando, fand er indes einen Gönner und erhielt noch einmal eine Chance. Gegen den Willen der übrigen Boca-Bosse, trotz der warnenden Hinweise auf den spektakulären Mißerfolg in Elche, trotz der Ressentiments, die noch von dem fast landesverräterischen Verhalten herrührten, als di Stefano als naturalisierter Spanier sogar gegen Argentinien stürmte, stellte Armando, seinen Günstling zunächst als seinen „persönlichen Sekretär“ ein. Dahinter verbarg sich eine Anstellung auf Probe. Erst nach einigen Monaten übertrug ihm Armando auch offiziell den Trainerposten. Mehr als gegenüber Armando fühlte sich der Gescheiterte sich selbst und seinem Image verpflichtet, die neue Chance voll zu nutzen. Mit der ihm eigenen Konsequenz führte Alfredo di Stefano die Boca Juniors aus der Krise und zur argentinischen Meisterschaft. Er hatte aus dem Debakel von Elche gelernt, dem Primadonnenkult Einhalt geboten und diktatorisch die alten Stars, die nur noch von ihrem Ruhm zehrten und ständig aufmuckten, gefeuert.

Nach dem alles entscheidenden 2:2 gegen River Plate war der harte Profi sichtlich gerührt und gestand: „Dies ist einer der glücklichsten Augenblicke in meinem Fußball-Leben.“

Und deren hat es in seiner Karriere wahrscheinlich eine ganze Menge gegeben. Die di-Stefano-Laufbahn ist ein Katalog imposanter Zahlen: 565 Spiele bestritt Alfredo di Stefano zwischen 1953 und 1965 für Real Madrid, wurde fünfmal Europa-Pokal- und einmal Weltpokalsieger. In diesem Zeitraum schoß er für seine Mannschaft 466 Tore. 28mal trug er das Trikot der spanischen Nationalmannschaft und schoß 31 Tore für Spanien. Siebenmal spielte er für Argentinien, und sein erstes Länderspiel 1947 gegen Uruguay (3:1), mit dem ihm als 21jährigen der Durchbruch zum absoluten Weltklassespieler gelang, bezeichnet Alfredo di Stefano auch heute noch als sein bestes Spiel überhaupt. Zweimal, 1957 und 1959, wurde der gebürtige Argentinier zum europäischen „Fußballspieler des Jahres“ gewählt. Seine Spielerkarriere beendete er mit 40 Jahren 1966 bei Españiol Barcelona.

Mit dem Triumph seiner Boca Juniors war Alfredo di Stefano auch in Spanien als Fußballgenie plötzlich wieder rehabilitiert. Der FC Valencia engagierte den alten Real-Star, und wie einst sein Einstand als Spieler bei Real, so wurde auch die neue Traineraufgabe prompt zu einem persönlichen Triumph. Auf Anhieb führte Alfredo di Stefano den FC Valencia 1971 zur spanischen Fußballmeisterschaft.

Alfredo di Stefano hatte die Öde überwunden, die zwei Schritte hinter dem Ruhm von gestern beginnt. Im Garten seiner Villa in Madrid steht ein zuckerhutförmiger Marmorstein, in den ein lorbeerumkränzter Fußball eingemeißelt ist. Auf dem Sockel steht: „Gracias, vieja“ was soviel wie „Danke, altes Mädchen“ heißt.

Fritz Walter

Er nennt ihn einen „Künstler" und ergänzt: „Nur vergleichbar mit den ganz Großen des internationalen Fußballs wie di Stefano oder Hidegkuti." – Sepp Herberger über Fritz Walter. Der Meister und sein Schüler; das am besten funktionierende Gespann, das der deutsche Fußball jemals besaß.

Herberger hatte das Glück, in Fritz Walter einen Mann zu finden, den er für die Nationalmannschaft brauchte; dem er seine taktischen Vorstellungen anvertrauen konnte, ohne Gefahr laufen zu müssen, mißverstanden zu werden.

Wer die Leistung des überragenden Spielers Fritz Walter zu werten versucht, kann den Mann hinter den Kulissen, Sepp Herberger, schwerlich ausklammern. Hier ging der Kontakt weit über das übliche Trainer-Spieler-Verhältnis hinaus. Im Herbergerschen Management hatte Fritz Walter die Prokura auf dem Spielfeld. Herberger konnte auch als Trainer weitgehend „mitspielen", weil ihm auf dem Platz in Fritz Walter ein Gedankenübertrager zur Verfügung stand.

Herberger: „Es war wohl deshalb, weil unsere Antennen so fein aufeinander abgestimmt waren."

Möglich wurde diese sich auf Zuneigung und Autorität gründende Zusammenarbeit, weil sich Trainer und Spieler auf derselben Wellenlänge bewegten. Für Fritz Walter ist heute noch die Anrede „Chef" eine Selbstverständlichkeit; und es handelt sich dabei keineswegs um eine nur joviale, sondern vielmehr um eine durchaus respektvolle Verbeugung vor dem ehemaligen Lehrmeister. Es ist die nach wie vor bestehende Hochachtung vor der Respektsperson, von der Jupp Posipal, ebenfalls Mitglied des berühmten Weltmeisterschaftsteams von 1954, sagt: „Wir waren ihm alle hörig."

Fritz Walter akzeptierte die Autorität Herbergers aus Überzeugung. Aber es wäre völlig falsch, daraus zu schließen, daß der Schüler an den Rockschößen des Lehrmeisters gehangen hätte. Herberger suchte keine Hilfswilligen für eine taktische Schablone, er schickte keine Satelliten auf eine vorherberechnete Umlaufbahn des Erfolgs.

Er suchte die Mannschaft, in der sich jeder Spieler im Rahmen einer taktischen Ordnung ohne spielerische Zwänge frei bewegen konnte.

Herberger: „Darin liegt ja die Kunst eines Trainers; zu wissen, was er seinen Spielern anvertrauen kann, ohne sie in eine Zwangsjacke zu stecken. Das Können entscheidet, nicht das Schema. Die Qualität der einzelnen Spieler rangiert vor jedem noch so ausgeklügelten System."

Herberger hatte diese Idee eines synchron laufenden Teams, in dem selbst ein so eigenwilliger Spieler wie Helmut Rahn ungebremst funktionieren konnte, 1954 realisiert. Er war mit einer Mannschaft, in der fünf Spieler des 1. FC Kaiserslautern standen, Weltmeister geworden. Fritz Walter wurde dabei zur sportlichen Inkarnation dieser Idee: er interpretierte Fußball als Kunst einer Improvisation, die sich im Rahmen einer taktischen Ordnung verwirklichte.

Man hat immer wieder gefragt, ob die autoritäre Art eines Sepp Herbergers der Nationalmannschaft von heute besser bekäme als die demokratische Longe-Taktik eines Helmut Schön. Tatsache ist, daß sich mit den spielbestimmenden Persönlichkeiten der derzeitigen deutschen Nationalmannschaft ein ähnliches Vertrauensverhältnis zwischen Bundestrainer und Spieler nicht anbietet.

Schön/Beckenbauer, oder Schön/Netzer oder Schön/Overath – da wird immer mehr Distanz im Spiel sein als im Verhältnis Herberger/Walter.

Herberger hatte es – andererseits – schwerer, weil er vor der Einführung der Bundesliga in der Nationalmannschaft unablässig für das Fehlen einer konzentrierten Spitzenklasse kompensieren mußte. Man hatte sich fast daran gewöhnt, daß es Herberger alle vier Jahre gelang, kleine Fußball-Wunder zu vollbringen und bei den jeweiligen Weltmeisterschaften für den periodischen Höhenflug des in vier Oberligaklassen geteilten deutschen Spitzenfußballs zu sorgen. Man vergaß dabei, daß es ihm nur deshalb gelingen konnte, weil er in seinen Vorbereitungskursen jedesmal eine Abart just jener konzentrierten Spitzenklasse ins Leben rief, die dem deutschen Fußball bis 1963 fehlte.

So wird es verständlich, daß Herberger, nach seinen eigenen Worten, „wie ein Löwe kämpfte", um eine Nationalmannschaft auch gegen die öffentliche Meinung durchzupauken. Es entsprach dieser Herbergerschen Grundhaltung, daß er 1954 selbst dann noch an dem Kaiserslauterner Block festhielt, als der 1. FC Kaiserslautern im Hamburger Finale der Deutschen Fußballmeisterschaft gegen Hannover 96 sensationell mit 1:5 Toren unterlag.

Herberger suchte schon damals – wie später genauso Bundestrainer Helmut Schön – in der Nationalmannschaft die spielerische Mitte zwischen Kondition und Technik. Er suchte also den Allroundspieler, der in der Abwehr, im Aufbau und im Angriff gleichermaßen perfekt sein sollte. Und er fand diesen Typ – man nennt ihn heute „Mittelfeld-Spieler" – in Fritz Walter.

Sepp Herberger meint, daß ein Fritz Walter mit seinen spielerischen Qualitäten von damals auch heute noch einer der ganz Großen sein würde. Und er spricht ihm, gegenüber den meisten Mittelfeldspielern von heute, noch einen entscheidenden Vorzug zu: „Er ging auch vorn mit 'rein."

In seinen 61 Länderspielen schoß Fritz Walter 33 Tore. Fritz Walter, der Bescheidene, der – auch in seiner Meinungsäußerung – vorsichtig Zurückhaltende, wandelte sich auf dem Platz zu einer starken, spielbestimmenden Persönlichkeit.

Er dachte meistens einige Spielzüge weiter als seine Mitspieler. Seine Begabung, den Ball präzise wie eine Billardkugel zu adressieren, seine Fähigkeit, Kontrollfunktionen auszuüben, ohne – Blick abwärts – den Ball an seinen Füßen kontrollieren zu müssen, das alles machte ihn frei für den Überblick, selbst in verworrenen Spielsituationen. Fritz Walter besaß alle Merkmale einer Spielerpersönlichkeit, deren Kriterium Sepp Her-

berger klar umreißt: der Umgebung den Stempel des eigenen Spiels aufzudrücken.

Jede Nationalmannschaft von Klasse wird von solchen Spielerpersönlichkeiten bestimmt, die bereit sind, sich für das Spiel verantwortlich zu fühlen; die – nach Herberger – „die Deckenbeleuchtung einschalten", damit es beim Gegner brennt, oder die sie abschalten, um Kräfte für eine entscheidende Phase zu sammeln.

Von Fritz Walter ging die Initialzündung aus. So entschieden sich dieser intelligente Spieler nach den taktischen Wünschen eines Sepp Herberger orientierte, auf dem Platz war er der Freigelassene, der selbst zu entscheiden hatte, was richtig oder falsch war.

Fritz Walter war also damals der Prototyp des modernen Fußballspielers, und er wäre es auch heute noch. Man hätte ihn nur mit einem anderen Titel ausstatten müssen, mit dem des „Mittelfeldspielers".

Fritz Walter wurde in beiden Strafräumen gesehen, im eigenen und in dem des Gegners. Er schoß Tore auf der einen Seite und verhinderte sie auf der anderen. Herberger freut sich heute noch diebisch, wenn er daran denkt, „wie der Fritz dem Hidegkuti im Finale den Ball kurz vor dem Torschuß vom Stiefel schnippelte".

Fritz Walter war auch in der Abwehr der sichere Anspielpunkt für die bedrängten Kollegen, er war auch in bedrohlichen Situationen dem Spiel meistens gedanklich voraus. Man durfte somit – vom Standpunkt des Gegners – einen Fritz Walter auch nicht hinter der Mittellinie aus den Augen verlieren, wollte man keine unliebsamen Überraschungen erleben. Denn der Angriff begann bei Fritz Walter häufig genug in der eigenen Abwehr.

Man hat immer wieder gefragt – und die Ungarn fragen sich's vermutlich heute noch – wie es dazu kommen konnte, daß die deutsche Nationalelf im Berner Weltmeisterschaftsfinale 1954 gegen die beste Mannschaft aus der ersten Hälfte der fünfziger Jahre, gegen das ungarische Nationalteam, mit 3:2 Toren gewinnen konnte.

Es gibt zweifellos die verschiedensten Gründe. Aber einen der wesentlichsten nannte Herberger, indem er verschmitzt lächelnd erzählt: „Also der Bozsik spielte damals offensiv herum und ließ Fritz Walter nach Gefallen laufen. Da wußte ich, sie hatten sich wegen uns keine Gedanken gemacht."

Wie sollten sie auch, nachdem sie die deutsche Nationalelf kurz vorher in Basel mit 8:3 Toren abgekanzelt hatten. Was störte es sie, daß Herberger, der Fuchs, in Basel mit einer anderen Formation aufmarschiert war.

Die Ungarn, die jahrelang gegen die besten Mannschaften der Welt ungeschlagen geblieben waren, durften erwarten, daß sie auch der deutschen Nationalelf, gleichgültig in welcher Aufstellung diese antrat, „den Stempel ihres Spiels" würde aufdrücken können. Sie hatten sich verrechnet. Nicht aus Überheblichkeit, sondern deshalb, weil sie den spieltaktischen Details der deutschen Mannschaft nicht genügend Aufmerksamkeit schenkten. Dazu gehörte zweifellos eine etwas zu großzügige Einstellung gegenüber dem „Spielmacher" der deutschen Elf, Fritz Walter.

Die deutsche Nationalmannschaft von 1954 verkörperte Pflichten und Freiheiten, geplante und improvisierte Aktionen, Mannschaftsspiel und Einzelleistung in einem überraschend bunten Wechsel. Daß in diesem spielerischen Mosaik trotzdem die Farbanschlüsse stimmten, dafür sorgte vor allem Fritz Walter.

Es kommt nicht von ungefähr, daß viele der Herbergerschen Weisheiten, die als Gebrauchsanweisung für den modernen Fußball nach wie vor „up to date" sind, wie maßgeschneidert auf Fritz Walter passen.

Herberger: „Der Reiz des Torgewinns ist eine ständige Ermahnung, den Zweikampf nicht zum Selbstzweck werden zu lassen, sondern in ihm nur einen durch die Umstände aufgezwungenen Aufenthalt auf dem Wege zum Tor zu sehen."

Fritz Walter ging Zweikämpfen nach Möglichkeit aus dem Weg; er verbiß sich nicht in hoffnungslose Unternehmungen und sah in einer torreifen Situation immer den besser stehenden Nebenmann.

Herberger: „Gut eingespielte Paare sind eine der stärksten Waffen des Angriffsspiels gegen jede noch so gut organisierte und erst recht gegen eine massierte Abwehr."

Dieses spielwirksame „Paar" hatte Herberger zum Beispiel in Fritz und Otmar Walter. Otmar, kein „Künstler" wie sein Bruder, eher ein Draufgänger, war die spielerische Ergänzung für Fritz Walter in der vordersten Linie des Angriffs. Otmar Walter war der mannschaftsdienlichste Mittelstürmer, den Herberger sich wünschen konnte. Allein die zahlreichen Kopfballtore, die Otmar nach den präzisen Eckbällen seines Bruders erzielte, ließen die große Bedeutung eines eingespielten „Paares" erkennen.

Herberger: „Die spielerische Überlegenheit des ballführenden Mannes zeigt sich im direkten Abspiel ebenso wie im Ballhalten, in der Abgabe auf den Fuß des Mitspielers genauso wie im Paß in den freien Raum, im geraden Stoß wie im Effetball, im Drehen und Wenden, mit dem neuer Spielraum gesucht wird, ebenso wie im Dribbling, mit dem man den Mitspieler freizuspielen versucht."

Fritz Walter lieferte geradezu Musterbeispiele dieser Fähigkeit, mit dem Ball am Fuß in jedem Tempo gehen zu können, ohne die Übersicht zu verlieren. Der Paßball kam wie an der Schnur gezogen haargenau; bei Freistößen verstand er es, den Ball mit Effet gleichsam um die Ecke zu zirkeln. Eckbälle, Freistöße, Vierzig-Meter-Pässe, Fritz Walter konkretisierte die Ingredienzen des Spiels mit außerordentlicher Präzision. Wer von Fritz Walter „auf die Reise geschickt" wurde, lief kaum umsonst; der Ball wurde ihm meistens maßgerecht vor die Füße gespielt.

Herberger: „Alle Übungen enden in der Konditionsarbeit. So wichtig die Herrschaft über den Ball und die Meisterschaft in taktischen Dingen ist, nicht minder wichtig ist die Kondition. Ballkunst und taktisches Verständnis sind ohne Kondition wie ein Motor ohne Brennstoff."

Fritz Walter wäre auch in dieser Hinsicht heute noch ein „moderner Spieler" gewesen. Er konnte für seine Mannschaft „Tempo machen", ohne fürchten zu müssen, in den letzten Minuten eines Spiels hinterherzulaufen.

Er war ein Meister in der Kunst der Vorbereitung auf einen bestimmten Zeitpunkt hin, auf ein bestimmtes Ziel. Herberger konnte sich darauf verlassen, daß sein Musterschüler topfit am Start erschien. Und er konnte sich darauf sogar noch 1958 bei der Weltmeisterschaft in Schweden verlassen.

Fritz Walter war trotz seines für einen Leistungssportler relativ hohen Alters im schwedischen Weltmeisterschaftsturnier noch einmal „voll da". Mit 38 Jahren erfüllte er tatsächlich die hochgespannten Erwartungen. Es gelang ihm, wieder zur spielbestimmenden Persönlichkeit in der deutschen Mannschaft zu werden. Die neue Generation, durch einen Uwe Seeler repräsentiert, wurde durch Fritz Walter in das Ensemble der Nationalmannschaft eingeführt.

Die deutsche Nationalmannschaft erreichte das Halbfinale gegen Schweden und verlor in Göteborg mit 1:3 Toren. Fritz Walter wurde in diesem Spiel erheblich verletzt; die deutsche Mannschaft stand schließlich auf verlorenem Posten, als man nach dem Platzverweis von Juskowiak nur noch zehn Mann auf dem Spielfeld hatte. Im Spiel um den dritten Platz – 3:6-Niederlage gegen Frankreich – war Fritz Walter nicht mehr dabei.

Dreimal nahm der sensible Fritz Walter Abschied von der Nationalmannschaft. Zweimal kehrte er zurück. Und jedesmal mußte Sepp Herberger ihn dazu überreden. Beim drittenmal, 1962 vor der Weltmeisterschaft in Chile, mußte auch der „Chef" („ich hätte ihn gern dabei gehabt") passen.

Fritz Walter trug das Trikot der deutschen Nationalmannschaft im Weltmeisterschaftsspiel 1958 gegen Schweden zum letztenmal.

Ricardo Zamora

Göttliche Verehrung genossen in Spanien allenfalls Toreros. In den zwanziger und dreißiger Jahren stieg jedoch ein simpler Fußballspieler zu diesen Halbgöttern der Corrida auf. Ricardo Zamora im Tor von Español Barcelona, Real Madrid oder der spanischen Nationalmannschaft, das war für jeden Spanier ein Erlebnis wie Joselito oder Manolete in der Stierkampfarena. Derart faszinierte und begeisterte Ricardo Zamora mit seinen ans Magische grenzenden Ballparaden die Massen, daß sie ihn bald den „Göttlichen" nannten. Die Stürmer indes fanden nichts „Göttliches" an Ricardo Zamora. Für sie stand er eher mit dem Teufel im Bunde.

Seine phänomenalen Reflexe und seine katzenartige Geschmeidigkeit verdankte er jedoch weder einer Gottesgabe noch einem Pakt mit dem Teufel, sondern dem Pelota, dem Baskenball, einem Schlagballspiel, bei dem ein kleiner Hartgummiball mit Geschwindigkeiten bis zu 250 km/h von einer Granitmauer zurückprallt und unaufmerksame Spieler sogar töten kann. Als sportbegeisterter Schüler in Barcelona liebte Ricardo Zamora dieses schwere und gefährliche Spiel, das von einem Spieler ein Höchstmaß an Konzentration und Reflexen erforderte – Eigenschaften, die auch einen erstklassigen Torwart auszeichnen.

Als Ricardo, gerade 13 Jahre alt, einmal ein Fußballspiel besuchte und dabei die Torhüter besonders beobachtete, kam er schnell zu dem Schluß, daß es eigentlich viel leichter sein müßte, den großen Lederball als die kleine Hartgummikugel zu bändigen. Ricardo Zamora entdeckte sein Talent selbst. Er hat nie verhehlt, daß er seine Torwart-Ausbildung ungewollt in den „Frontos" von Barcelona, den Schlagballhallen, erhielt.

Dem Torwart-Talent und den Fußball-Ambitionen Ricardos stand jedoch der Vater entgegen, ein angesehener Arzt in der katalanischen Hauptstadt. „Was, der Kleine will Fußball spielen? Er soll erst einmal studieren. Was hat denn der Fußball schon für eine Zukunft?"

Eine Zukunft hatte zumindest Ricardo Zamora. Davon war José Maria Tallada, reicher Bankier, Finanzier von Español und Freund des alten Zamora felsenfest überzeugt. Er brach den Widerstand des Vaters gegen den Fußball, der ihm nicht fein genug schien. Drei Jahre spielte Ricardo Zamora bei Español, und den Kommentar der Madrider Zeitungen zu seinem ersten Spiel in der Hauptstadt kennt er heute noch auswendig: „Da stand im Tor von Español ein Neuling, besser gesagt ein Knäblein namens Zamora, der alle Bälle mit allen möglichen und unmöglichen, schon dagewesenen und noch nie dagewesenen Mitteln hielt, mit einer Leichtigkeit, als ob er ein Glas Wasser getrunken hätte."

Doch sein Vater drohte die Karriere vorzeitig zu beenden. Schwer erkrankt, bat der Arzt den Sohn, ihm zuliebe mit dem Fußball Schluß zu machen und sich ganz seinem Medizinstudium zu widmen. Der Sohn gehorchte. So verlangte es nun einmal die spanische Familien-Hierarchie. Monatelang blieb Ricardo Zamora dem Fußballplatz fern, bis der Vater genas und ihn von seinem Versprechen entband.

Seinen internationalen Ruhm gründete Ricardo Zamora als 19jähriger beim olympischen Fußball-Turnier 1920 in Antwerpen, in seinem ersten Länderspiel überhaupt, gegen Dänemark, den Zweiten der beiden vorangegangenen Olympischen Spiele. Die Spanier siegten fast sensationell mit 1:0, obwohl die Dänen neunzig Minuten lang nur auf das spanische Tor gespielt hatten. Aber hier stand eben dieser Ricardo Zamora, dieser Hexenmeister, der einfach jeden Ball hielt und jeden Schuß abwehrte. Auf den Schultern trugen sie ihn vom Platz.

In das olympische Turnier von Antwerpen fällt aber auch der dunkelste Punkt in der Karriere dieses sonst tadellosen Sportsmannes. Beim Spiel gegen Italien wurde Ricardo Zamora zehn Minuten vor dem Schlußpfiff vom Platz gestellt, das erste und einzige Mal in seiner 16jährigen internationalen Karriere. „Ein italienischer Spieler hat mich getreten, obwohl ich den Ball schon gar nicht mehr hatte. Da habe ich ihm eine runtergehauen, eine reine Reflexbewegung, denn sonst war ich eigentlich ein sehr disziplinierter Spieler", erinnerte sich der „Göttliche" später an seine so durchaus menschliche Tat.

Dem Turnier von Antwerpen folgte das glorreichste Jahrzehnt der spanischen Fußball-Nationalmannschaft und Ricardo Zamoras. Die Spanier eilten von Sieg zu Sieg, Zamora blieb einmal fünf Länderspiele hintereinander ohne Gegentor. Die besonderen Attraktionen waren Elfmeter gegen den spanischen Fangkünstler. Sie verursachten in den Stadien ganze Massenbewegungen hinter sein Tor. Jeder wollte aus nächster Nähe miterleben, wie der spanische Ballakrobat den Schützen hypnotisierte, mit einem Tigersatz nach dem Ball sprang und ihn oft genug auch erwischte.

Höhepunkt der spanischen Erfolgsserie war das Länderspiel gegen England am 15. Mai 1929 im Metropolitan-Stadion von Madrid vor 25 000 Zuschauern. 4:3, nach einem 1:3-Rückstand, siegten die Spanier, der Lehrmeister England bezog seine erste Niederlage gegen eine ausländische Mannschaft, die Spanier durften sich als führende Fußballmacht des Kontinents betrachten. An diesem Triumph hatte Ricardo Zamora jedoch nur geringen Anteil. Im Gegenteil: Er wirkte unsicher, machte Fehler, hatte Gegentore auf dem Gewissen und wurde sogar ausgepfiffen. Erst Tage nach dem Sieg wurde der „Versager" rehabilitiert. Ärzte hatten bei einer Untersuchung herausgefunden, daß Ricardo Zamora mit gebrochenem Brustbein gespielt hatte. Der Geschmähte wurde über Nacht zum Helden.

Denn eines hatte der Torwart mit den Toreros gemein: Mut und Draufgängertum. Zu seiner stattlichen Bilanz von 46 Länderspielen mit nur 42 Gegentoren gehören auch insgesamt zehn zum Teil schwere Knochenbrüche. Zerschlagenes Nasenbein, zertrümmerte Schulter, gespaltene Zunge, genähte Lippen, lädierte Hände, gebrochene Rippen – die Wunden der Fußballschlachten existieren nur in seiner privaten Statistik.

Der Wechsel von Español zu Real war die Folge seiner Glanztaten im Cup-Finale 1930 in Madrid, das Español allein dank Ricardo Zamora mit 2:1 gewann. Beim Bankett fragte der Präsident von Real den Präsidenten von Español, was Zamora denn kosten würde. Der Präsident von Español, nannte, mehr im Scherz, eine märchenhafte Summe, und der Präsident von Real bezahlte, 150 000 Peseten, die nach dem damaligen Kurs 120 000 Mark entsprachen – ein Transfer-Weltrekord. Zum Vergleich: Der FC Arsenal hatte für den Torwart des österreichischen Wunderteams, Rudi Hiden, nur 52 000 Mark geboten. Real scheute schon damals keine Summen, um die besten Spieler zu engagieren.

Als einer der Favoriten hatte Spanien 1930 auf eine Teilnahme an der ersten Fußball-Weltmeisterschaft in Uruguay verzichtet. 1934 in Italien waren die Spanier und Zamora, mittlerweile 33 Jahre alt, jedoch dabei, und im Viertelfinale kam es zum Spiel der Spiele, Spanien gegen Italien. Zamora war bereits zu Lebzeiten eine Legende, er galt als schier unüberwindbares Hindernis, und die Spanier verkündeten vor dem Spiel: „Zamora ist unschlagbar, also sind auch wir unschlagbar." In einer denkwürdigen Fußballschlacht trennten sich die Teams trotz Verlängerung 1:1. Held des Spiels war – wie hätte es anders sein können – Zamora, der Glanztaten zeigte, obwohl er hinkte, mehrfach verletzt war, behandelt werden mußte, es aber ablehnte, sich auswechseln zu lassen.

Die Schlacht forderte ihre Opfer. Beim Wiederholungsspiel am nächsten Tag mußten die Spanier mit sieben, die Italiener mit vier neuen Spielern antreten. Es fehlte auch Ricardo Zamora, dem die Ärzte Spielverbot erteilt hatten. Die Italiener siegten 1:0 und wurden später auch Weltmeister.

Auch der „Göttliche" hatte indes sehr menschliche Züge. Er rauchte bis zu 60 Zigaretten am Tag und konnte kläglich versagen, ohne dafür das Alibi eines Knochenbruchs vorzuweisen. So bei der Revanche gegen England 1931 in London. Die Rache der Engländer wurde fürchterlich. 7:1 siegten die Lehrmeister des Fußballs, sieben Tore gegen Ricardo Zamora – für Spanien brach eine Welt zusammen. Es war Zamoras jämmerlichste Vorstellung seiner ganzen Laufbahn.

Seine internationale Karriere beendete Ricardo Zamora, ungewollt, am 23. Februar 1936 in seiner Heimatstadt Barcelona. 65 000 Zuschauer strömten zum Länderspiel gegen Deutschland ins Estadio Municipal, doch begeisternde Paraden zeigte an diesem Tag ein anderer Torwart, Hans Jakob. Zweimal bezwang der Wormser Linksaußen Seppl Fath den „Göttlichen", und die Deutschen siegten 2:1. Es sollte Ricardo Zamoras Abschiedsspiel werden.

Denn in den Wirren und Greueln des Spanischen Bürgerkrieges dachte niemand mehr an Fußball. Zamora floh mit seiner Familie – er hatte einen kleinen Sohn – nach Frankreich, wo er sich als Spieler und Journalist recht und schlecht durchschlug. Nach Francos Sieg und dem Ausbruch des Zweiten Weltkrieges kehrte Zamora heim. Er wurde Trainer, Manager und vorübergehend sogar Betreuer der spanischen Nationalmannschaft. Sein Sohn, Ricardo jun. wurde, wie hätte es anders sein können, ebenfalls Torwart. Er spielte bei Español, Atletico Madrid und dem FC Valencia. Doch der berühmte Name wurde zur Last. Er blieb stets nur der Sohn eines berühmten Vaters, er blieb stets nur „Ricardito", der Sohn des „großen Ricardo".

Die Geschichte der olympischen Fußballturniere

Von Claus Deutelmoser
und Karl-Heinz Mrazek

Olympischer Fußball

Das sind die ersten echten Olympia-Sieger im Fußball: Großbritanniens „Fußball-Nationalmannschaft", die das Endspiel 1908 in London gegen Dänemark gewann.

Desinteresse, Hochblüte, Konflikt mit der Idee, Schatten-Dasein! Mit diesen vier Attributen könnte man die Geschichte des olympischen Fußballs schnell umreißen. Sie träfen genau die kuriose Situation, in der sich dieses populäre Ballspiel im Bereich des Olymps behauptete. Doch es wäre allzu oberflächlich, diese 72 Jahre olympischer Fußball-Geschichte so abzutun, nur weil ihr das eigentliche Erfolgs-Moment fehlt.

Denn unverkennbar verdankt der übrige Fußball seine phänomenale Entwicklung zu einem Teil dem sportlichen und ideellen Aderlaß in olympischen Arenen.

Auch wenn diese „Tragikomödie olympischer Fußball", dieser „Dauerbrenner der Schauspielkunst", den die Olympier schon so oft vom Spielplan absetzen wollten und dem sie dennoch in einer „merkwürdigen Haßliebe zugetan sind" – so ein Ausspruch Sepp Herbergers – heute so blutarm erscheint, sie hat dem Fußball einige bemerkenswerte Szenen hinzugefügt.

Es herrscht Uneinigkeit darüber, ob der Fußball tatsächlich schon im Jahre 1900 olympisch wurde. Doch wenn man die mehr ignorierten als tolerierten sportlichen Wettkämpfe im Schatten der Pariser Weltausstellung als die zweiten Olympischen Spiele moderner Zeitrechnung bezeichnet, so können auch getrost die Fußball-Länderspiele, die in diesem Rahmen ausgetragen wurden, dazugerechnet werden. Demnach hieße der erste Olympiasieger England. Die Kicker aus dem Mutterland des Fußballs schlugen nämlich die Franzosen mit 4:0, nachdem diese ihrerseits die Belgier mit 6:2 bezwungen hatten. Mehr Teilnehmer gab es nicht. Wenn also überhaupt dazugehörig, so war dieser olympische Fußball-Auftakt mehr als kümmerlich!

1904 bei den Spielen in St. Louis war zwar Fußball schon als olympischer Programm-Punkt vermerkt, doch was sich da tat, war eher ein Witz denn ein olympisches Fußball-Turnier. Aus Europa war gar nicht erst eine Mannschaft angereist, und so kickten lediglich eine kanadische und zwei amerikanische Club- beziehungsweise College-Mannschaften um das olympische Gold, das jedem Teilnehmer der siegreichen Mannschaft in Form einer Medaille verliehen werden sollte. Die siegreiche Mannschaft war der Galt F.C. aus Ontario, der die beiden amerikanischen Teams schlug: die Christian Brothers mit 7:0 und die St. Rose Kickers mit 4:0.

Erst 1908 bei den Olympischen Spielen in London sollte Fußball zum ersten Male in einem Rahmen ausgetragen werden, der die Bezeichnung „Olympisches Fußball-Turnier" verdiente. Diese Tatsache war in erster Linie zwei Umständen zu verdanken: Zunächst war Fußball in der Alten Welt populärer geworden. (Bereits 1904 hatte sich der Internationale

Fußballverband, die FIFA, konstituiert und durch Übernahme der „Laws of the Game", die von der 1863 gegründeten Football Association ausgearbeitet wurden, für ein einheitliches, verbindliches Regelwerk gesorgt.) Zum zweiten waren die Engländer, die ja als Erfinder dieses Spiels galten und für dessen Popularität gesorgt hatten, darauf aus, durch perfekte Organisation die feine Art des englischen Fußballs zu demonstrieren.

Und so geschah es dann auch. Ursprünglich hatten acht Mannschaften ihre Teilnahme zugesagt. Einer Teilnahme Ungarns und Böhmens schob Wien jedoch einen politischen Riegel vor. Blieben noch sechs: Frankreich, das mit zwei Mannschaften antrat, Dänemark, Schweden, Holland und der Gastgeber Großbritannien, der auf seine Profis verzichten mußte. Denn zum ersten Male war unmißverständlich festgelegt worden, daß besoldete Kicker nichts auf olympischem Fußball-Rasen zu suchen hatten.

Aber auch Großbritanniens Amateure wurden ihrer Favoriten-Rolle gerecht. Praktisch gab es auch nur einen ernstzunehmenden Gegner, die Dänen, die damals absolute kontinentale Spitzenklasse waren. Das bekam gleich im ersten Spiel das B-Team der

Das Endspiel des Fußball-Turniers 1912 in Stockholm aus der Vogelperspektive (ganz oben) und darunter: Der dänische Kapitän Middelboe, der als einer der besten Fußballspieler des Kontinents gefeiert wurde. Die Briten gewinnen auch dieses Endspiel gegen Dänemark.

Das schwedische Königshaus widmet dem Fußball vielbeachtete Aufmerksamkeit. Links: Der Kronprinz begrüßt die ungarische Nationalelf. Oben: Die deutsche Nationalmannschaft, die gegen Rußland 16:0 gewinnt, ein bis heute unerreichtes Rekordergebnis.

Olympischer Fußball

Unten, links: Szene aus dem Überraschungs-Endspiel Uruguay–Schweiz 1924. Unten, rechts: Die Sensations-Mannschaft des Turniers: Uruguay, deren Auftritt in Europa helle Begeisterung wachrief.

Franzosen zu spüren, das mit 9:0 überrannt wurde. Den Schweden erging es gegen die Briten noch schlechter. Obwohl sie sich gar nicht so übel schlugen, sollte es nach 90 Minuten doch 12:1 heißen. Das war allerdings nicht das Rekord-Ergebnis, denn die Dänen machten mit Frankreichs A-Team noch weniger Federlesens. Mit 17:1 Toren stellten die Dänen einen olympischen Rekord auf, der vermutlich nicht mehr gebrochen wird.

Dänemark und Großbritannien, das sich bei seinem 4:0 über die Holländer schwerer als erwartet tat, bestritten dann vor der damals beachtlichen Kulisse von immerhin 8000 Zuschauern das Endspiel. Es wurde zu einer Werbung für den Fußball.

Die Dänen spielten noch besser als in den vorangegangenen Spielen, doch die Briten hatten das Glück, die Zuschauer und schließlich auch die größeren Könner auf ihrer Seite. Nach packendem und größtenteils ausgeglichenem Spiel siegten sie mit 2:0 und waren damit die ersten echten Fußball Olympiasieger.

Eigentlich entsprach der Charakter des Fußballs nicht der Empfehlung des Olympischen Komitees, nachdem nur echte Wettkampf-Sportarten ins Programm aufgenommen wurden und von sogenannten „Spielen" abgesehen werden sollte. Doch die stürmische Entwicklung des Fußballs nahm den Organisatoren der Olympischen Spiele von 1912 in Stockholm das Heft aus der Hand. Schon zwei Jahre vor der Eröffnung lagen in der schwedischen Hauptstadt derartig viele Anfragen vor, daß man Fußball einfach nicht aus dem Programm nehmen konnte. So wurde für den Fußball-Run eifrig gerüstet. Erstmals wurde für den olympischen Fußball Geld investiert. 33 600 Kronen wurden für den Ausbau entsprechender Anlagen ausgegeben, und eigens wurde ein olympischer Fußball-Ausschuß gegründet, der die Organisation zu übernehmen hatte.

Der Aufwand war berechtigt, denn zum Meldeschluß hatten sich 13 Länder eingetragen: Belgien, Dänemark, Deutschland, Finnland, Frankreich, Großbritannien, Holland, Italien, Norwegen, Österreich, Rußland, Schweden und Ungarn.

Vor dem Anpfiff gab es noch einiges Hin und Her: Das United Kingdom wollte für jeden seiner vier Verbände eine Mannschaft aufstellen. Da die FIFA diese Konzession an das Mutterland des Fußballs machen wollte, mußte sie den anderen Nationen dieses Recht notgedrungen auch einräumen. Diese waren jedoch vernünftig genug, zu verzichten. Die Deutschen wollten die Mannschafts-Aufgebote anstatt der 33 zugelassenen Spieler auf 22 beschränkt wissen und gaben nach Ablehnung ihres Protestes schließlich durch ihr reduziertes Aufgebot ein gutes Beispiel, das später wie die Fußball-Geschichte beweist – Schule machte.

Rechts: Das ist die Schweizer Nationalelf, die überraschend ins Endspiel kam: X. Abegglen, Pulver, Reymond, Pache, Pollitz, Ehrenbolger, Dietrich, P. Schmiedlin.

Ganz oben: Stuhlfauth bei einer Abwehr-Aktion im Skandalspiel Deutschland–Uruguay 1928 in Amsterdam. Darunter: Das entscheidende Tor von Scarone im Wiederholungsspiel gegen Argentinien. Uruguay gewinnt 2:1 und ist zum zweitenmal Olympiasieger.

Zu allem Übel stimmten dann die Ausmaße des Fußball-Feldes im Olympia-Stadion nicht mit den von der FIFA geforderten Maßen überein. Die Delegations-Chefs mußten noch zwei Tage vor Beginn des Turniers eine Verpflichtung unterschreiben, daß sie wegen dieser Reglements-Widrigkeit keinen Protest einlegen würden. – Dann ging das erste große Fußball-Spektakel der Geschichte los.

Da Frankreich und Belgien unerwartet nicht antraten, erhielten fünf Mannschaften für die erste Runde Freilos. Im ersten Spiel des Turniers trafen die Mannschaften Finnlands und Italiens aufeinander. Bei glühender Hitze wurde mit Haken und Ösen gekämpft. Den Finnen gelang es, einen 2:1-Vorsprung der Italiener aufzuholen und eine Verlängerung zu erzwingen, nach der sie schließlich mit 3:2 als Sieger vom Platz gingen.

Auch gleich am ersten Tag trafen im Rasunda-Stadion die Erzrivalen Deutschland und Österreich aufeinander. Die Deutschen gingen zwar durch ein Tor von Jäger mit 1:0 in Führung. Doch nach der Pause verletzte sich Torwart Weber bei einer gewagten Parade derartig, daß er anschließend nicht mehr Herr der Situation wurde, zwei Tore in kurzer Zeit kassieren und später das Spielfeld verlassen mußte. So dezimiert hatten die Deutschen den verbissen stürmenden Österreichern nichts mehr entgegenzusetzen. Am Ende konnten sie ihre Medaillen-Hoffnungen nach der 5:1-Niederlage begraben, genauso wie Gastgeber Schweden, der gegen die Holländer eine unglückliche 3:4-Niederlage hinnehmen mußte.

In der nächsten Runde gaben dann die Briten eine Kostprobe ihrer Ausnahme-Stellung, als sie die sicher nicht chancenlosen Ungarn mit 7:0 glatt an die Wand spielten. Das gleiche Ergebnis erzielten die Dänen gegen ihren Nachbarn Norwegen. Deutschland-Bezwinger Österreich hatte gegen Holland mit 1:3 das Nachsehen, während Finnland sich in einem äußerst schwachen Spiel gegen Rußland nur mühevoll mit 2:1 behaupten konnte.

Diese Russen trafen in der Trostrunde, die die Verlierer der ersten beiden Runden unter sich austrugen, auf die Deutschen, und so hatten diese wenigstens die Gelegenheit, noch ein klein wenig Ruhm abzubekommen. Sie erzielten gegen die Kicker aus dem Zaren-Reich nicht nur mit 16:0 Toren das höchste Turnier-Ergebnis, sondern stellten auch mit Torjäger Fuchs den Schützenkönig. Im Spiel gegen Rußland schoß er allein 10 Tore.

Dieser überragende Sieg hinderte die Deutschen jedoch nicht daran, zwei Tage später ganz sang- und klanglos mit 1:3 gegen die Magyaren einzugehen, die dann auch in einem von Prügeleien mit politischem Hintergrund überschatteten Spiel mit einem 3:0 über Österreich die Trostrunde gewannen.

Da die Briten in einer Demonstration drückendster Überlegenheit die Finnen mit 4:0 bezwangen und die Dänen mit einer fast „unnatürlichen Präzision" – so ein zeitgenössischer Beobachter – den Holländern beim 4:1 keine Chance ließen, kam es vor 25 000 (!) Zuschauern im Olympia-Stadion zu einer Neuauflage des Endspiels von 1908. Das Endergebnis von 4:2 für die Briten ließ die Balltreter des United Kingdom überlegener erscheinen, als es tatsächlich der Fall war. Nach der 2:0-Führung der Briten hatten die Dänen überraschend den Anschlußtreffer erzielt und waren stärker aufgekommen, als einer ihrer zuverlässigen Außenläufer durch Verletzung ausfiel. Die darauf folgende Verwirrung nutzten die Kicker Großbritanniens, um auf 4:1 davonzuziehen. Das war in der ersten Halbzeit. Ein Achtungserfolg dennoch für die Dänen, denen es gelang, dieses Resultat nicht nur zu halten, sondern es mit nur zehn Spielern in der zweiten Halbzeit sogar noch zu verbessern.

Im Spiel um den Dritten Platz bewiesen die Holländer schließlich noch, daß auch sie etwas vom Fußballspielen verstanden. Sie fertigten die Finnen mit 9:0 Toren mehr als deutlich ab.

Eigentlich hätte das nächste olympische Fußballturnier 1914 stattfinden müssen. Doch während in der Antike noch die Waffen schwiegen, verfeindete Völker sich um Verständigung bemühten, wenn Olympia die Jugend rief, gab es in der Politik der Neuzeit solche „Sentimentalitäten" nicht mehr. Die Prügelszene zwischen österreichischen und ungarischen Fußballern im Finalspiel der Trostrunde von Stockholm war möglicherweise schon ein Vorbote drohenden Unheils, des Erste Weltkriegs.

So wurde das nächste olympische Fußballturnier, das fünfte (oder das dritte echte), erst 1920 in der belgischen Hafenstadt Antwerpen ausgetragen. Und es kam zum ersten Mal zum Skandal. Eine Folge, ganz zweifellos, des Krieges. Nach Meinung der Engländer hatte sich die FIFA nicht deutlich genug von den Verlierern des Ersten Weltkrieges distanziert. So trat England aus der FIFA aus, war aber beim olympischen Turnier doch spielberechtigt. Das wiederum verdroß die Amerikaner, die aus diesem Grund keine Fußballmannschaft entsandten. Die Schweizer folgten in letzter Minute ihrem Beispiel. Dabei wären die ganzen Querelen gar nicht nötig gewesen, denn die ehemaligen Mittelmächte waren ohnehin von diesem friedlichen sportlichen Wettstreit ausgeschlossen.

Es blieben trotzdem noch vierzehn Mannschaften übrig. Gastgeber Belgien zog gleich zweimal das Freilos, und Frankreich kam durch Verzicht der Schweiz kampflos eine Runde weiter.

Schon in der ersten Runde vollzog sich eine „Wachablösung". Die favorisierten Engländer waren ihrer Sache wohl allzu sicher und gingen – begleitet von hämischen Kommentaren der Amerikaner – ganz sang- und klanglos mit 1:3 gegen die spielfreudigen Norweger ein. Nicht anders erging es dem anderen Finalisten von Stockholm, Dänemark. Er scheiterte in den Fängen eines Mannes, dessen Name auch heute noch Legende ist – Ricardo Zamora, der es möglich machte, daß die Mannschaft Spaniens mit nur zehn Mann ihren 1:0-Vorsprung bis zum Schlußpfiff halten konnte.

Die anderen Begegnungen verliefen wie erwartet: Italien schlug Ägypten mit 2:1, die Holländer gewannen gegen ihren Nachbarn Luxemburg mit 5:0, die fast schon profimäßig eingestellten Tschechoslowaken spielten die Jugoslawen mit 7:0 an die Wand und Schweden hatte beim 9:0-Sieg gegen die lustlos spielenden Griechen allenfalls ein Trainingsspiel zu absolvieren.

Das hohe Niveau dieses Turniers hielt sich auch in der nächsten Runde: Holland und Schweden kämpften bis zum Umfallen. Immer wieder gingen die kraftvollen Schweden in Führung, doch jedesmal glichen die Niederländer den Vorsprung wieder aus. Nach 90 Minuten hieß es schließlich 4:4, und es kam zur Verlängerung, in der sich die rationeller spielenden Holländer dann doch noch den 5:4-Sieg sicherten.

Selbst Zamoras überragende Fangkünste nützten den Spaniern gegen die durch Freilos noch frischen Belgier nichts: Der Gastgeber siegte vor eigenem Publikum in einem schnellen und technisch hochklassigen Spiel mit 3:1.

Endspiel des olympischen Fußball-Turniers 1936 in Berlin. Oben: ein österreichischer Angriff wird gestoppt. Italien gewinnt 2:1, und jubelnd stellen sich die italienischen „Studenten" mit ihrem Trainer Pozzo den Ovationen der Menge (ganz unten). Ein Dokument der großen Blamage. Norwegen schlägt Deutschland 2:0 (rechts).

Torhüter in Aktion in den Endspielen des Fußballturniers 1948.
Ganz oben: Torhüter Nielsen wehrt einen Angriff der Briten ab, und Dänemark gewinnt mit 5:3 Toren das Spiel um den Dritten Platz. Darunter: Sicher fängt der schwedische Torhüter Lindberg eine hohe Flanke der Jugoslawen. Schweden siegt 3:1 und ist Olympiasieger.

Die Überraschungsmannschaft Norwegen mußte ihren Höhenflug bereits beenden. Nach ihrer 0:1-Niederlage gegen die Tschechoslowaken schwärmten die Experten von der Prager Fußballschule. Schließlich überzeugten die Franzosen bei ihrem 3:1-Sieg über die Italiener zwar nicht, aber machten doch deutlich, daß die Aera der „Azzurri“ noch eine Zeit lang auf sich warten lassen würde.

Freilich, im Semifinale gegen die Tschechoslowaken waren dann auch die gallischen Kicker mit ihrem Latein am Ende. Sie unterlagen mit 1:4.

In der anderen Halbfinal-Paarung gerieten die belgischen Fußballfans schier aus dem Häuschen. Nach ausgeglichener erster Halbzeit drehten die Belgier auf und zogen schließlich durch ihren 3:0-Sieg ins Finale gegen die Tschechoslowaken ein.

Mit einem Skandal begann das Fußballturnier von Antwerpen, mit einem Skandal sollte es enden: Vom belgischen Publikum gedemütigt, vom Schiedsrichter, dem Engländer Lewis, mehrfach ein wenig verschaukelt, standen die Tschechoslowaken von vornherein auf verlorenem Posten. Als dann die Belgier nach einem Elfmeter und einem Freistoß zwei umstrittene Tore vorlegten, wurde das Spiel hart. Der Belgier Coppée tritt vorsätzlich, Steiner von der gegnerischen Mannschaft mußte vom Feld, weil er sich revanchierte. Mit ihm ging unter Protest seine ganze Mannschaft. Die Belgier gewannen die Goldmedaille, die Tschechoslowaken wurden disqualifiziert. Nach einem eher undurchsichtigen Auswahlverfahren spielten schließlich Holland und Spanien um die Silbermedaille. Spanien gewann dank eines wieder überragenden Zamoras.

Vier Jahre später ist der Skandal vergessen. 22 Nationen beweisen durch ihre Teilnahme am olympischen Fußballturnier von Paris, daß Fußball Weltgeltung bekommen hat. Sogar Mannschaften aus Übersee kamen. Zwar schmollte England immer noch und blieb dem Turnier fern, doch das sollte schon nach der ersten Runde niemandem mehr auffallen, denn da hatte sich schon der Beginn einer neuen Fußballepoche vollzogen. In Paris ging der Fußballstern Uruguay auf.

Zehn Weiße und ein Farbiger namens Andrade, dem man Magierkräfte am Ball nachsagte, zeigten den Kickern vom Kontinent, wie man in Südamerika Fußball spielt. Sie spielten so überlegen, daß selbst die abgebrühtesten Experten mystisches Vokabular verwenden mußten.

Spanien unterliegt bereits am ersten Spieltag durch ein Eigentor den Italienern. Die USA haben beim 1:0 über Estland einige Mühe, während die Schweiz (9:0 über Litauen) und die Tschechoslowakei (5:2 über die Türkei) wie erwartet eine Runde weiterkommen. Die Leistungen dieser Mannschaften jedoch verblassen gegen den Spielwitz Uruguays, das am nächsten Tag die Jugoslawen mit 7:0 deklassiert. Die Ungarn dringen durch ihren 5:0-Sieg über Polen dann als letzte Mannschaft in die nächste Runde vor. Zehn Teams hatten Freilos.

Für die erste Überraschung dieser Runde sorgen dann die Schweizer, die die favorisierte ČSSR-Mannschaft im zweiten Anlauf (ersptes Spiel 1:1) mit 1:0 aus dem Rennen wirft. Aber damit nicht genug, denn dem krassen Außenseiter Ägypten gelingt es, die Ungarn auszuschalten. Auch Olympiasieger Belgien konnte nach seinem ersten Spiel die Fußballstiefel wieder einpacken.

Die allenfalls gleichwertig eingeschätzten Schweden bereiteten ihm ein 9:1-Waterloo. Zumindest entsprachen dann die restlichen Begegnungen in ihrem Verlauf den Erwartungen: Holland schlägt Rumänien 6:0, die Franzosen erteilen den Letten mit 9:0 eine Lektion, Irland bezwingt Bulgarien mit 1:0, auch Italien kommt durch seinen 2:0-Sieg über Luxemburg eine Runde weiter, und gnädig machen es schließlich die „Urus“ beim 3:0 über die USA.

Die Paarungen im Viertelfinale brachten den Gastgeber Frankreich und die Mannschaft der Stunde, Uruguay, zusammen. Ganz Paris träumte ausnahmsweise einmal nicht von der Liebe, sondern gab sich dem Fußball hin. Ein neuer Besucherrekord wurde mit 30 000 Zuschauern verzeichnet, doch alles Anfeuern nützte nichts. Die Mannschaft Uruguays läßt zwar den 1:1-Ausgleich zu – doch gleich anschließend zeigen sie den Franzosen, was eine Harke ist. Schließlich gewinnen sie 5:1, und kaum einer zweifelt noch an dem künftigen Olympiasieger.

Olympischer Fußball

Rechts: Tor gegen Deutschland in der Vorschlußrunde des Turniers von Helsinki. Jugoslawien gewinnt 3:1.

Schweden, dessen 5:0 über Ägypten ein wenig schmeichelt, Holland durch ein 2:1 über Irland und die Schweiz nach mühevollem 2:1 über Italien gesellten sich im Halbfinale zu Uruguay.

Die Schweiz zieht nach dem schönsten Spiel des Turniers durch einen 3:1-Sieg über Schweden ins olympische Finale. Gegner wird natürlich Uruguay. Doch so natürlich war das gar nicht. Nicht nur, daß die „Urus" gegen die clever spielenden Holländer nicht so recht zum Zuge kamen, sie hätten ohne eine Elfmeterhilfe des Schiedsrichters in der regulären Spielzeit vermutlich auch nicht mit 2:1 gewonnen. Das Unglück reißt für die Holländer auch beim Kampf um die Bronzemedaille nicht ab. Nachdem die Schweden im ersten Spiel mit Mühe das 1:1 Unentscheiden halten, gewinnen sie das zweite Spiel überraschend deutlich mit 3:1 und schnappen so den Holländern auch noch dieses Trostpflaster weg.

Im Finale vor 60 000 Zuschauern (!) waren die „Urus" dann wieder da. Sie verzichteten auf Experimente und fanden in den Eidgenossen einen erstaunlich starken Gegner, der sich aber schließlich doch dem südameri-

Endspiel Ungarn–Jugoslawien. Links unten: Puskas wird nach dem 1:0 von seinen Mannschaftkameraden beglückwünscht. Rechts: Die glänzend harmonierende ungarische Abwehr blockt einen jugoslawischen Angriff ab. Unten rechts: Die ungarische Mannschaft nach dem Sieg: von links: Lantos, Bozsik, Czibor, Palotas, Lorant, Zakarias, Grosics, Kocsis, Hidegkuti, Puskas, Busanszky.

kanischen Fußballzauber ergeben mußte. Uruguay gewann 3:0 und wurde nicht nur als Olympiasieger, sondern auch als inoffizieller Weltmeister gefeiert.

Auch 1928 bei den Olympischen Spielen von Amsterdam gelang es nicht, ein vollständiges Weltangebot zusammenzubekommen. Schuld daran war einerseits das „Geschäft Fußball" – Österreich, Ungarn und die Tschechoslowakei hatten sich voll dem Profifußball zugewandt und blieben deshalb dem Turnier fern – und andererseits war die Football Association wieder einmal aus der FIFA ausgetreten. Auch hier war das liebe Geld im Spiel. Es gab ein Hin und Her, ob den Amateuren der Verdienstausfall für die Zeit der Olympischen Spiele ersetzt werden sollte oder nicht. Die Engländer wollten das nicht, und aus Solidarität blieben auch Nordirland, Wales und Schottland diesem Turnier fern. Da auch die Skandinavier und die Balten zu Hause blieben, waren es diesmal nur 17 Mannschaften, die um olympisches Gold kämpften.

Wieder dabei war Deutschland – zum ersten Mal seit 1912, und, animiert durch den Erfolg Uruguays, kamen mit Argentinien,

Chile und Mexiko drei weitere süd- und mittelamerikanische Teams.

Nicht nur wegen der Stars Stuhlfauth, Kalb und Richard Hofmann durfte man von den Deutschen einiges erwarten, obwohl durch ihren abstinenzbedingten Mangel an Routine skeptische Prognosen überwogen. Drei Tore von Hofmann und eines von Hornauer ließen beim deutlichen Sieg über den Olympia-Zweiten von Paris, Schweiz, aufhorchen.

1956 in Melbourne: Tor für die Sowjetunion (ganz oben) – Die deutsche Amateur-Nationalelf scheitert bereits in der Qualifikation. Darunter: Radovic erreicht die sowjetische Flanke vor dem lauernden Issajew, aber die Sowjetunion gewinnt das Endspiel gegen Jugoslawien 1:0.

Die Überraschungen blieben weitgehendst aus. Portugal knockte gleich zu Beginn Chile aus dem Rennen. Belgien schlug Luxemburg, Italien nahm an Frankreich Revanche, die Jugoslawen hatten das Nachsehen gegen Portugal, Argentinien feierte beim 11:2 über die USA einen munteren Olympiaeinstand, während für Mexiko nach der 1:7-Niederlage gegen Spanien schon das Aus kam, ebenso wie für die Türkei, die Ägypten mit dem gleichen Resultat unterlag.

Das Hauptaugenmerk der Holländer lag jedoch auf dem Zusammentreffen ihrer Mannschaft mit Olympiasieger Uruguay. Doch aus der Revanche für das umstrittene Halbfinale von Paris wurde nichts. Überlegen gewann Uruguay mit 3:0 und traf in der nächsten Runde auf Deutschland.

Weniger der 4:1-Sieg der „Urus" als seine Begleiterscheinungen führten noch jahrelang zu hitzigen Diskussionen. Auf die raffinierten Fouls der Südamerikaner und die zeitweilige Benachteiligung durch den Schiedsrichter suchten die Deutschen Antwort in groben und plumpen Revanchen. Kalb und Hofmann wurden vom Platz gestellt.

Nach einem mühevollen 1:1 in der ersten Begegnung mit Spanien trumpften die Italiener im Wiederholungsspiel ganz groß auf und qualifizierten sich mit 7:1 fürs Halbfinale. Außer Uruguay sind noch Argentinien nach einem 6:3 über Belgien und Ägypten nach einem 2:1 über Portugal dabei.

Nach starkem Beginn der Italiener legte Uruguay mit Haken und Ösen drei Tore vor. Die Italienern verkürzen zwar noch auf 2:3, können aber nicht mehr verhindern, daß die „Urus" wieder ins Finale einziehen.

Mit blitzschnellen überfallartigen Sturmläufen spielen die Argentinier ihren 6:3-Sieg über Ägypten heraus. Ein rein südamerikanisches Finale also.

Das Endspiel wird zu einem Zweikampf der Spielsysteme. Virtuosität Uruguays gegen nüchternen, takti-

Olympischer Fußball

Rechts: *Exotischer Fußball 1960 in Rom: Brasiliens Torhüter Cavalheiro stoppt einen chinesischen Angriff.*

schen Fußball der Argentinier. Die Argentinier sind überlegen – und werden dann leichtsinnig. Uruguay führt 1:0. Argentinien gleicht aus, will es noch einmal wissen, und macht wieder einen Fehler. Uruguay gewinnt 2:1, ist wieder Olympiasieger und „Weltmeister". Italien landet durch ein 11:3 über Ägypten auf dem Bronzemedaillenrang und darf sich Europameister nennen.

Nachdem das Internationale Olympische Komitee Fußball wegen der permanenten Konflikte mit dem Amateurstatut für 1932 von den Spielen verbannt hatte und die FIFA durch die ersten offiziellen Weltmeisterschaften in Uruguay eine klare Trennung von Profi- und Amateurfußball ermöglichte, konnte erst 1936 bei den Olympischen Spielen in Berlin wieder ein olympisches Fußballturnier ausgetragen werden.

Die Südamerikaner – mit Ausnahme von Peru – blieben diesem Turnier fern, dafür waren erstmals Asiaten mit von der Partie: China und Japan. Da es genau 16 Teams waren, die sich gemeldet hatten, gab es keine Probleme mit der gerechten Austragung. Die Norweger gewannen gegen die temperamentlosen Türken deutlich mit 4:0. Überraschend viel Mühe hatten die italienischen Studenten gegen die Auswahl der USA. Und dann gab es schon die erste Überraschung. Die Schweden führten schon sicher mit 2:0, als die kleinen zähen Japaner einen schier unglaublichen Endspurt ansetzten und die Begegnung noch mit 3:2 für sich entschieden.

Erwartungsgemäß hatten die Deutschen bei ihrem 9:0 über Luxemburg eine leichte Aufgabe, und auch die Österreicher fertigten die technisch zwar etwas besseren Ägypter sachlich mit 3:1 ab. Die übrigen Ergebnisse: Polen siegt über Ungarn 3:0, Peru über Finnland 7:3 und Großbritannien nur dank seiner taktischen Überlegenheit 2:0 gegen China.

In der Zwischenrunde wurde dann eine beliebte olympische Fußballtradition fortgesetzt: Es kam wieder einmal zum Eklat. In der Verlängerung kämpfte Peru die Österreicher 4:2 nieder. Aber noch ehe es zur Verlängerung kam, hatten einige peruanische Schlachtenbummler in der Pause österreichische Spieler angegriffen. Es gab Protest, ein Wiederholungsspiel wurde angesetzt, zu dem die Peruaner nicht mehr antraten.

Die deutschen Zuschauer freilich interessierte die Sache schon nicht mehr, denn am Tag zuvor hatten die stets für Überraschungen guten Norweger eine schlecht eingestellte deutsche Elf mit 2:0 aus dem Rennen geworfen. Japan war bei der 0:8-Niederlage gegen Italien dann doch mit seinem Latein am Ende, und noch überraschender stieg Großbritannien nach dem 4:5 gegen Polen aus. Italien setzte sich im Halbfinale mit mehr Mühe als erwartet erst nach der Verlängerung durch ein 2:1 gegen Norwegen durch und erreichte das Endspiel. Gegner waren die Mannschaft Österreichs, die nach erbittertem Kampf die Elf Polens mit 3:1 besiegte.

Noch bevor es um Gold und Silber ging, wurde um Bronze gekickt. Norwegen rechtfertigte den guten Eindruck, den es während des gesamten Turniers hinterlassen hatte, und holte sich mit einem 3:2 über Polen den dritten Platz.

In einem schnellen von häßlichen Fouls beherrschten Spiel gelang es den Italienern wieder erst in der Verlängerung, den Siegestreffer zum 2:1-Erfolg über Österreich zu erzielen.

Das war dann fürs erste auch ein längerer Abschied vom olympischen Fußball, denn es gab wieder Krieg.

Die Situation des olympischen Nachkriegsfußballs war 1948 in London die gleiche wie 1920 in Antwerpen. Teils hatten die Nationen die Folgen des Krieges noch nicht überwunden, teils waren die Verlierer ausgeschlossen, und manche schmollten halt wieder, wie man es bei olympischen Fußballturnieren ja schon gewohnt war.

Da sich 18 Mannschaften gemeldet hatten, mußten zwei Qualifikationsspiele für die Runde der letzten 16 ausgetragen werden. Luxemburg schaltete Afghanistan mit 6:0 aus, während die Iren in einem qualitativ hochklassigen Spiel gegen die Holländer den kürzeren zogen. Nun konnte es losgehen. Italiens Kicker sorgten mit ihrem 9:0 gegen die USA gleich für ein Rekordergebnis. Die Jugoslawen ließen durch ihren überraschend klaren 6:1-Erfolg über die Luxemburger aufhorchen. Während die Chinesen sich mit 2:4 die erwartete Niederlage bei den Türken einhandelten, gewannen die Koreaner viel Sympathien bei ihrem verdienten 5:3-Erfolg über Mexiko.

Dann kamen die dicken Überraschungen: Die mit Vorschußlorbeeren bedachten Österreicher hatten gegen die wie entfesselt stürmenden Schweden nichts zu bestellen. Stärker als von den eigenen Fans erwartet, waren die britischen Amateure, die nach einem 3:3-Unentschieden in der Verlängerung noch die Holländer niederkämpften. Auch die Dänen konnten nach viel Mühe gegen die Türken durch ein 3:1 nach Verlängerung ihre erfolgreiche Tradition im olympischen Fußball fortsetzen.

Schweden, Dänemark, England, Jugoslawien – das waren die Nationen, die zum Halbfinale antraten.

Zum ersten Mal ließen die Jugoslawen mit ihrem Spiel gegen England die Fußballwelt aufhorchen. Obwohl spielerisch gleichwertig hatten die Briten den guten Ideen und der massiven Abwehr der Jugoslawen nichts entgegenzusetzen. Sie verloren mit 1:3 vielleicht eine Idee zu deutlich.

Im skandinavischen Bruderkampf sahen die Zuschauer nicht nur exzellenten Fußball, sondern auch eine enorme kämpferische Leistung von beiden Teams. Der bessere Sturm entschied das Spiel schließlich mit 4:2 für die Schweden. Immerhin konnten dann die Dänen in einem Kampf mit wechselnden Vorteilen noch durch ein 5:3 über die sich tapfer wehrenden Briten die Bronzemedaille erringen.

Der Höhenflug der Jugoslawen wurde im Endspiel von den Schweden gestoppt, die den besseren spielerischen Mitteln der Balkan-Kicker ihren einzigartigen Sturm entgegensetzten. Es war genau das Erfolgsrezept gegen die allzu ballverliebten Jugoslawen. Mit 3:1 errangen die Schweden ihren bisher größten Erfolg auf dem Fußballfeld.

So begeisternd die olympischen Amateurbegegnungen waren, das Desinteresse, das die profiverwöhnten Engländer diesen Spielen entgegenbrachten, gab einen Vorgeschmack auf die künftige Atmosphäre bei solchen Veranstaltungen.

Einen letzten Moment der Hochblüte hatte der olympische Fußball bei

Ganz links: Ehrentreffer für Dänemark im Endspiel gegen Jugoslawien, das 3:1 gewinnt. Daneben: Schiedsrichter Lo Bello schickt den Jugoslawen Galic vom Feld.

Die Auswahl der DDR vertritt Deutschland beim olympischen Turnier in Tokio und erringt den dritten Platz. Oben: 1:0 für Deutschland gegen die Tschechoslowakei, die dieses Vorrundenspiel jedoch 2:1 gewinnt. Links: Tor für die ČSSR – aber Ungarn gewinnt das Endspiel mit 2:1 und damit die Goldmedaille.

1968 in Mexiko: Endspiel am Rande des Skandals. Oben: Schiedsrichter De Leo Diego schickt den Bulgaren Dimitrow und später noch zwei seiner Landsleute vom Platz; denn Fouls, wie das von Christakijew an Dunai (rechts), sind die Regel. Unten: Dunai freut sich mit seinen Mannschaftskameraden über das 2:1 in der 42. Minute; zwei weitere ungarische Treffer besiegeln die Niederlage der Bulgaren.

den Olympischen Spielen von Helsinki 1952. Das lag in erster Linie an der Geburtsstunde einer großen Fußballelf, der Mannschaft Ungarns, die für ein halbes Jahrzehnt die Welt begeistern sollte. Zum ersten Mal nach dem Krieg waren auch die Deutschen wieder dabei und zum ersten Mal überhaupt Brasiliens Amateure. Die deutschen Amateure schlugen sich besser als erwartet: Gegen Ägypten gewannen sie mit 3:1 und bezwangen dann sogar Brasilien mit 4:2. Im Halbfinale war dann erst bei der 1:3-Niederlage gegen die wiederum enorm starken Jugoslawen Endstation. In dem anderen Spiel um den Einzug ins Finale spielten die Ungarn die ganz sicher nicht schwachen Schweden mit 6:1 förmlich an die Wand.

Im olympischen Finale standen also mit Jugoslawien und Ungarn zwei Mannschaften aus sozialistischen Ländern. Das sollte von nun an die Regel werden. Daß die Ungarn die Goldmedaille gewannen, die Jugoslawen wieder Silber und daß Deutschland den Schweden im Kampf um Bronze mit 0:2 unterlag, entsprach der Erwartung. Doch daß in Helsinki Fußball erstmals im olympischen Sinne und ohne Skandal über die Bühne ging, das sollte besonders hervorgehoben werden.

Denn schon 1956 in Melbourne ist der olympische Fußball nur noch eine Farce. Die Weltmeisterschaft von 1954 hat die Weichen ganz zweifellos in eine andere Zukunft gestellt und damit den Fußball unter den fünf Ringen zum Schattendasein verurteilt. Auf den australischen Plätzen tummelten sich Nationen, die im bezahlten Fußball nichts zu bestellen hatten – mit Ausnahme der sozialistischen Staaten. Sie hatten kein Amateurproblem. So machten sie auch das australische Fußballgold unter sich aus. Die beiden einzigen Amateurmannschaften großer Fußballnationen blieben schon in der Vorrunde beziehungsweise in der zweiten Runde auf der Strecke. Deutschland verlor gleich im ersten Spiel unglücklich mit 1:2 gegen die UdSSR, und auch Großbritannien zog mit 1:6 gegen die Bulgaren den kürzeren.

Wie schwach der olympische Fußball geworden war, beweist allein schon die Tatsache., daß die späteren Olympiasieger, die Russen, trotz Netto, Strelzow und Co., gegen den Fußball-Zwerg Indonesien gleich zwei Spiele brauchte, um weiterzukommen, Schließlich standen im Halbfinale die UdSSR, Jugoslawien, Bulgarien und die teilweise barfuß spielenden Inder. Im Finale siegte die

UdSSR über Jugoslawien mit 1:0, und Bronze holte sich Bulgarien durch ein 3:0 über Indien. Interesse war kaum vorhanden, die Leistungen waren mäßig. Ein trauriges Resümee.

Konnte man das mangelnde Interesse am olympischen Fußball-Turnier in Melbourne noch mit der geringen Popularität dieses Sports in Australien erklären, so war die Tatsache, daß nur wenige die Spiele in Rom, der Hauptstadt des Fußball-Landes Italien, sahen, Beweis dafür, daß das Kicken um olympisches Gold endgültig seine Zugkraft verloren hatte. Was einst als Kassenfüller ins olympische Programm genommen wurde,

entlockte den Fußball-Fans nun nur noch ein müdes Achselzucken. Der Grund hierfür lag auf der Hand: Es mangelte an Qualität. Die schwächsten Spiele der Profi-Liga vermochten die Zuschauer mehr zu begeistern als ein olympisches Finale.

Das Interesse am Mitmachen war jedoch so gewachsen, daß Qualifikations-Spiele wie bei den Weltmeisterschaften nötig wurden. Ihr fielen die Deutschen und der Olympiasieger von 1956, Rußland, zum Opfer. Auch Jugoslawien hätte beinahe dran glauben müssen, denn es hatte sich punktgleich nur dank des besseren Torverhältnisses qualifizieren können.

Den Jugoslawen blieb das Glück treu. Denn nachdem sich die Amateure der großen Fußball-Länder gegenseitig zerfleischt hatten, erreichten sie das Finale (nach dem 1:1 über Italiens Team) nur durch Los-Entscheid. Die große Überraschungs-Mannschaft war Dänemark, die Ungarn im Halbfinale mit 2.-0 schlug, das Finale aber 1:3 gegen Jugoslawien verlor. Immerhin: Nach acht Jahren wurde wieder einmal eine Fußball-Medaille von einem nichtsozialistischen Land errungen. Denn Italien hatte im Spiel um Bronze gegen die Ungarn wieder wenig Glück und verlor.

1964 bei den Olympischen Spielen in Tokio stand Fußball wieder ganz auf verlorenem Posten. Zwar hatten die Asiaten schon 1936 in Berlin am Fußball-Turnier teilgenommen, doch echte Begeisterung weckte dieser Sport nicht. Dennoch gab es in den Fußball-Arenen von Tokio neue Zuschauer-Rekorde. Bis zu 60 000 sahen mitunter zu, doch die Kulisse nahm sich durch ihr Schweigen etwas seltsam aus. Man hatte nämlich kurzerhand Tausende von Schulkindern delegiert, um für einen würdigen Rahmen zu sorgen.

Wieder wurden die Medaillen eine Angelegenheit sozialistischer Staaten – auch wenn auf dem dritten Treppchen zum erstenmal in der Geschichte eine deutsche Mannschaft stand. Noch im Zeichen einer gesamtdeutschen Mannschaft hatten die Kicker aus der DDR die Fußballer der Bundesrepublik ausgebootet und das erreicht, was allen anderen deutschen Vertretungen bis dahin versagt geblieben war.

Die Ungarn erlebten ein Comeback und bezwangen im Endspiel die ČSSR, die immerhin noch zwei Jahre zuvor in Chile Vize-Weltmeister geworden war, mit 2:1

Das waren die Wege beider Mannschaften: Die Ungarn schlugen Marokko (6:0), Jugoslawien (6:5), Rumänien (2:0) und Ägypten (6:0). Die ČSSR schlug Korea (6:1), die Vereinigte Arabische Republik (5:1), Brasilien (1:0), Japan (4:0) und hatte schließlich beim 2:1 über die Auswahl der DDR einiges Glück.

Die Deutschen hatten beim Spiel um Bronze mit den Ägyptern keine Mühe. Sie siegten mit 3:1.

Beim olympischen Fußball alles unter Dach und Fach zu bekommen, scheint wirklich schwer. Endlich einmal schien in Mexiko 1968 alles zu stimmen. Die Begeisterung war da und Mannschaften von Rang und Namen, doch dann gab es doch wieder einen Skandal.

Ausgerechnet im Endspiel zwischen Bulgarien und Ungarn. Die Bulgaren hatten mit 1:0 geführt, als die Ungarn innerhalb von 90 Sekunden nicht nur ausglichen, sondern auch noch mit 2:1 in Führung gingen. In der Nervosität häuften sich bei den Bulgaren Fouls, die der übereifrige mexikanische Schiedsrichter Diego dadurch ahndete, daß er innerhalb von zwei Minuten drei Bulgaren vom Platz stellte. Danach war der 4:1-Sieg der Ungarn – ihre dritte Goldmedaille – nur noch eine Formsache.

1972 in München hatten es die Deutschen in der Hand, den Fußball-Olymp vom Nebel zu befreien. Sie gaben sich alle Mühe, und es fiel ihnen auch nicht schwer, denn nach dem Sieg in der Europameisterschaft befanden sich die Fans in einem Höhenflug. Obendrein hatte der DFB auch noch eine attraktive junge Mannschaft aufgeboten, die mit überreichen Vorschußlorbeeren bedacht wurde. Doch schon bald mußten die Zuschauer feststellen, daß sich der olympische Fußball nicht nur nicht mit den Maßstäben der Europameisterschaft messen ließ, sondern daß auch zwischen deutschen Amateuren und Profis ein himmelweiter Unterschied bestand. Wieder wurde das Turnier eine Sache der sozialistischen Länder.

So kam es, daß diesmal nicht nur drei, sondern gleich vier Fußball-Medaillen an den Ostblock gingen, denn im Endspiel standen sich der dreimalige Goldmedaillen-Gewinner Ungarn und die Mannschaft Polens gegenüber. Dieses Spiel entschädigte für die während dieses Turniers so reichlich verabfolgte magere Fußball-Kost. Es wurde ein Feuerwerk moderner Fußballkunst, bei dem die Schwerpunkte gleichmäßig verteilt waren. Am Ende – nach einer 1:0-Führung der Ungarn – gewannen die Polen dank ihrer geschlosseneren mannschaftlichen Leistung mit 2:1.

Auch bei den Olympischen Spielen in Montreal und Moskau blieb das Fußballturnier, was es stets war in den zurückliegenden Jahrzehnten: willkommene Gelegenheit für die Ostblock-Nationen, sich selbst vor die

Olympischer Fußball

Olympisches Turnier in München: Uli Hoeneß, im gleichen Jahr mit der deutschen Nationalmannschaft Europameister geworden, kommt als Olympia-„Amateur" nicht zur Geltung. Rechts: Hoeneß im Spiel gegen Malaysias Starspieler Schandran.

Brust zu schlagen und mit Medaillen zu schmücken, deren Wert recht zweifelhaft war.

Während die westlichen Länder, wie gehabt, zweit- und drittklassige Spieler zum Turnier schickten, brachten die Länder hinter dem Eisernen Vorhang wie immer das Beste vom Besten, das zum Beispiel 1976 nicht gut genug war, die EM-Qualifikation zu bestehen.

So scheiterten die Pseudo-Amateure aus der DDR in den Gruppenspielen an Belgien, Polen an den Holländern und die UdSSR in der Zwischenrunde am späteren Europameister ČSSR. Alle drei Teams hatten genug Zeit, sich intensiv auf Kanada vorzubereiten. Ein Diskussionsthema war nur die Reihenfolge, allerdings ein höchst nebensächliches.

Gold gewann schließlich die DDR gegen Polen. WM-Torhüter Tomaszewski vermasselte seiner Mannschaft mit zwei Patzern die Tour und verhalf der abwehrsicheren Mannschaft aus dem anderen Deutschland zu einem 2:0-Vorsprung durch Schade und Hoffmann. Lato brachte die Polen zwar noch einmal auf 1:2 heran, doch Häfners 3:1 fünf Minuten vor Abpfiff befreite Trainer Georg Buschner von allen Sorgen. „Wir haben den Olympiasieg verschlafen", grollte Polens Trainer Gorski.

Die Sowjetunion, im Halbfinale vom „kleinen Bruder" DDR 1:2 besiegt, zeigte sich bei der Siegerehrung als schlechter Verlierer. 71 000 – Zuschauer quittierten mit Pfiffen, daß die Russen zur Entgegennahme der Bronzemedaillen lediglich Torhüter Astapowskij delegiert hatten.

Unangenehm aufgefallen waren sie auch im Spiel um den dritten Platz, als sie gegen die technisch besseren Freizeitkicker aus Brasilien mit unangemessener Härte vorgingen und ihren Star Troschkin durch Platzverweis verloren.

Auch in Moskau 1980 waren das Niveau mäßig, die Zuschauerzahlen gut und die Ostblock-Nationen unter sich. Sowjettrainer Konstantin Beskow hatte schon im Januar 42 Spieler zum regelmäßigen Olympiatraining zusammengezogen und am Ende doch nur Bronze in der Hand.

Das Gold ging an die ČSSR, in deren Elf ein paar Spieler aus dem Europameisterschafts-Aufgebot mitspielten, das Wochen vorher aus Italien mit Bronze heimgekehrt war.

Nach der Vorrunde sah es so aus, als solle die Mannschaft leer ausgehen. Gegen die Fußballwinzlinge Kuwait und Nigeria kam die CSSR gerade zu einem Unentschieden und nur weil sie in drei Spielen ein Tor weniger kassierte als die Söhne aus dem Ölparadies, gelang der Sprung ins Halbfinale.

Hier freilich fühlte sich die ČSSR-Elf herausgefordert, zeigte forschen Angriffsfußball gegen Jugoslawien, das trotz international so renommierter Stars wie Torhüter Pantelic und Stürmer Sestic einen reichlich desolaten Eindruck machte und 0:2 unterlag.

Die DDR kopierte erfolgreich das Halbfinale von Montreal und besiegte den „großen Bruder" UdSSR mit 1:0. Mit Mann und Maus wurde das frühe Tor des Ostberliner Dynamostürmers Netz gegen eine stupide anrennende Heimmannschaft verteidigt.

Im Endspiel setzte sich die ČSSR mit ein bißchen mehr Spielwitz und Glück 1: 0 gegen die DDR durch. Torschütze war ein gewisser Herr Svoboda aus Brünn.

Unter völlig veränderten Vorzeichen startete das Olympia-Turnier 1984 in Los Angeles und Umgebung. Die seit 1952 dominierenden Ostblock-Mannschaften fehlten wegen des von der UdSSR angeführten Olympia-Boykotts, dagegen reisten aus Westeuropa einige „reinrassige" Profi-Teams nach Kalifornien. Das verstieß nicht mehr gegen die olympischen Regeln, weil die Fußballer nach der Liberalisierung der Zulassungsbestimmungen nur noch einer einzigen Beschränkung unterworfen waren: Sie durften noch nicht an Weltmeisterschaften teilgenommen haben.

In den Vorrundenspielen gab es zwar einige Überraschungen durch die sogenannten Exoten, aber im Halbfinale waren die Vertretungen großer Fußball-Nationen unter sich: Brasilien, Italien, Frankreich und Jugoslawien. Endstation für die von Erich Ribbeck betreute Mannschaft des Deutschen Fußball-Bundes war das Viertelfinale. Krasse Abwehrfehler führten zu einer 2:5-Niederlage gegen Jugoslawien.

Eigentlich war das DFB-Team – eine Mischung aus Routiniers und ehrgeizigen Talenten – schon in der europäischen Qualifikation am späteren Olympiasieger Frankreich gescheitert, aber wegen des Ostblock-Boykotts durch die Hintertür doch noch nach Los Angeles gekommen. In der Vorrunde folgte nach einem 2:0 über Marokko trotz guter Leistung eine 0:1-Niederlage gegen Brasilien. Ein 6:0 gegen Saudi-Arabien sicherte den Deutschen den Einzug in die Runde der letzten Acht, in der dann die Jugoslawen alle Medaillenträume zerstörten.

Sensationell die Zuschauerzahlen, obwohl der Fußballsport in den USA nach einem kurzen Höhenflug, als Pelé und Beckenbauer für Cosmos New York spielten, seit Jahren wieder dahindämmerte. 1,4 Millionen Besucher registrierte man bei den Spielen des Olympia-Turniers, die Rose Bowl in Pasadena mit 104 000 Plätzen war zweimal ausverkauft: Beim Spiel um den dritten Platz, das Jugoslawien 2:1 gegen Italien gewann, und beim Finale, in dem sich Frankreich gegen die brasilianischen Ballzauberer mit 2:0 durchsetzte. Nach der Europameisterschaft auch noch Gold bei den Olympischen Spielen – 1984 war das Jahr der Franzosen.

1984 in Los Angeles wurde der Profifußball hoffähig. Und das sollte gleich Folgen haben. Die Staatsamateure des Ostblocks gingen bei der Medaillenverteilung zum ersten Male seit 1952 leer aus. Frankreich gewann das Gold, Brasilien Silber, Jugoslawien Bronze. Die DFB-Auswahl, immerhin mit bekannten Bundesligaprofis wie Mill, Buchwald, Schreier, Rahn, Schatzschneider und Bommer besetzt, spielte recht ambitioniert, mußte sich im Viertelfinale allerdings den Jugoslawen 2:5 beugen. Erstaunlich war die Resonanz. Der Olympiarausch, der die Kalifornier ergriffen hatte, machte auch vor dem europäischen Soccer nicht halt. 1,4 Millionen Zuschauer waren bei den Spielen präsent. Das Finale und das Spiel um den dritten Platz in Pasadena waren ausverkauft, jeweils von 104 000 Menschen besucht.

Vier Jahre später in Südkorea besaß das Fußballturnier schon die Qualität einer kleinen Weltmeisterschaft. Aufkommende Stars nutzten die Gelegenheit, sich auf dem Weltmarkt zu empfehlen. So erhielt der Brasilianer Romero einen Traumvertrag vom PSV Eindhoven, Honorar für Perfektion und Phantasie am Ball. Die DFBAuswahl hatte sogar einige WM-Kandidaten für Italien 1990 in ihren Reihen. Mit Spielern wie Mill, Klinsmann, Häßler, Fach und Wuttke gehörte sie zu den Favoriten. Doch am Gold durften die Bundesligastars nur schnuppern. Im Halbfinale gegen Brasilien versagten nach zwei Stunden Spiel Janßen, Klinsmann und Wuttke beim Elfmeterschießen. Ein 2:0 über Italien brachte der vom Kölner Hannes Löhr betreuten Mannschaft immerhin Bronze.

Brasilien aber mußte sich wie schon in Los Angeles mit Silber begnügen, kein Trost für die Cariocas, die im Endspiel gegen die Sowjets zauberten, bis zum regulären Spielschluß aber lediglich ein 1:1 erreicht hatten. In der Verlängerung siegten die Russen mit 2:1. Die unglücklichen Verlierer vergossen nach dem Abpfiff reichlich Tränen.

Die Geschichte der Europameisterschaften

Von Peter Bizer und Karl-Heinz Mrazek

Europa-Nationen-Pokal 1960

Am Anfang war die Pleite. Als am 28. September 1958 das erste Spiel um den europäischen Nationenpokal angepfiffen wurde, war das finanzielle Debakel dieses neuen Wettbewerbes bereits abzusehen. Der Grund war auf den ersten Blick ersichtlich: die renommierten Fußball-Nationen gaben dem Europäischen Fußball-Verband (UEFA) einen Korb, weder England noch Italien hatten sich zur Teilnahme bereit erklärt, genausowenig wie der Deutsche Fußball-Bund, Schottland, die Schweiz oder Belgien.

Dreißig Jahre hatte es gedauert, bis der Plan zu dieser europäischen Fußballrunde verwirklich wurde. Henri Délaunay, der Generalsekretär des Französischen Fußballverbandes, beantragte bereits 1927 beim Internationalen Fußballverband (FIFA) die Einführung dieses Wettbewerbes. Aber der Zeitpunkt war schlecht gewählt, denn damals wurde gerade die Einführung einer Fußball-Weltmeisterschaft vorbereitet. Fasziniert von der Vorstellung, daß die besten Mannschaften der Welt in einem Turnier spielen würden, legte man den Vorschlag aus Paris erst einmal zu den Akten. Jetzt, wo man dabei war, die Fußball-Welt organisatorisch in den Griff zu bekommen, da mußte ein nur europäischer Wettbewerb geradezu kleinkariert wirken.

Uruguay wurde zu einem Erfolg und künftighin war die Weltmeisterschaft im Fußball das attraktivste Spektakel des Sports, wenn man einmal von den Olympischen Spielen absieht. Henri Délaunay wollte aber diesem Weltturnier gar keine Konkurrenz machen, sondern die Europameisterschaft lediglich zwischen den World Cup einschieben. Doch der Zweite Weltkrieg und nachfolgende Wirren ließen vorerst seinen Plan scheitern. Die Schweiz, Österreich, Italien, Ungarn und die Tschechoslowakei hatten mit dem Internationalen Cup ohnehin schon eine Art Europameisterschaft kreiert, eine halbe jedenfalls.

1960 in Marseille. Hier kann der tschechoslowakische Torhüter den Angriff der Russen parieren (oben). Aber die sowjetische Mannschaft gewinnt 3:0 und steht im Finale. Rechts: Szenen aus dem Endspiel in Paris zwischen der Sowjetunion und Jugoslawien. Jerkowic wird beim Kopfballversuch von Krutikow gestört. Daneben: Vidinic fängt den Ball vor dem heranstürmenden Iwanov. Die Sowjetunion gewinnt 2:1.

Doch Délaunays Sohn Pierre ließ nicht locker und brachte über seinen Verband einen neuerlichen Antrag ein. Darüber wurde bei der UEFA-Sitzung 1957 in Köln beraten. Die Idee eines europäischen Fußballwettbewerbes war nun jedoch nicht mehr so attraktiv, denn schließlich gab es seit zwei Jahren den Europa-Cup der Landesmeister, und der füllte die Stadien des Kontinents.

Auch hier kamen die geistigen Väter aus Frankreich, denn Gabriel Hanot und seine Pariser Sportzeitung „L'Equipe" hatten diesen Wettbewerb für Clubmannschaften gefordert. Die Terminkalender der Landesverbände und Vereine waren damit prall gefüllt und schließlich beginnen ja zwei Jahre vor jeder Weltmeisterschaft auch die Qualifikationsrunden. Zwar wollte Délaunay die Lücke zwischen dem Ende eines Weltturniers und dem Beginn der Ausscheidungsspiele zur nächsten Meisterschaft füllen, aber man weiß ja, daß die Trainer diese Zeit gerne zur Verjüngung ihrer Teams benützen. Freundschaftsspiele erscheinen hier nützlicher als Prestigekämpfe – es war abzusehen, daß eine europäische Runde der Nationalmannschaften dazu ausarten würde.

Zwei Dinge waren also nicht verwunderlich: die renommierten Fußball-Nationen ließen durch ihre Delegierten bei der Kölner Sitzung gegen den Plan stimmen: Italien, die Schweiz, Holland, Belgien und Deutschland sagten „nein". Die Briten enthielten sich geschlossen der Stimme, Diese Länder wußten um ihre Chance bei den Weltturnieren. Andere hingegen, vor allem die sozialistischen Länder, waren sich ihrer Sache da nicht so sicher und erkannten in einem solchen Wettbewerb eine zusätzliche Möglichkeit, sich auf dem internationalen Fußballparkett zu profilieren.

Vierzehn Verbände stimmten zu und damit war der Nationen-Pokal, wie er getauft wurde, eine weitere Trophäe im internationalen Fußballgeschäft. Sechzehn Mannschaften meldeten sich für die erste Runde: die Sowjetunion, Frankreich, Rumänien, Griechenland, die Türkei, Norwegen, Jugoslawien, die DDR, Portugal, Polen, Dänemark, Österreich, Ungarn, Spanien, die Tschechoslowakei und Bulgarien.

Einer der Favoriten war Ungarn, doch es schaffte nicht einmal den Einzug in das Viertelfinale. Mit 3:1 und 1:0 wurden die Magyaren von der Sowjetunion besiegt und damit war endgültig eine glanzvolle Ära zu Ende gegangen. Der Kreis der acht Mannschaften im Viertelfinale bot darüberhinaus keine Überraschungen mehr: Frankreich, Österreich, Portugal, Rumänien, Jugoslawien, Tschechoslowakei, Rußland und Spanien.

Nach der ersten Runde (mit mageren Zuschauerzahlen) kam dann noch die Politik ins Spiel. Die Spanier weigerten sich, gegen die Sowjetunion anzutreten und schieden damit aus. Zu den attraktivsten Begegnungen gehörte die Auseinandersetzung zwischen Österreich und Frankreich. Zum erstenmal nach dem Kriege besaßen die Franzosen wieder eine starke Mannschaft und mit Spielern wie Fontaine, Kopa und Vincent ein furioses Sturmtrio; Frankreich war Dritter der Weltmeisterschaft 1958 geworden.

45 000 Zuschauer waren begeistert von dem 5:2-Sieg, der Frankreich im Pariser Colombes-Stadion gelang. Doch beim Rückspiel in Wien sah es böse aus für die Franzosen, denn Fontaine und Vincent waren verletzt. Die Österreicher gingen auch gleich mit 1:0 in Führung, doch dann zeigte Kopa, daß er damals mit Recht als einer der besten Spieler der Welt galt. Ihm allein verdankten die Franzosen schließlich noch einen 4:2-Erfolg und damit den Einzug ins Halbfinale. Zusammen mit Frankreich kamen auch Jugoslawien und die Tschechoslowakei unter die letzten vier.

Frankreich war Veranstalter der Endrunde. In Paris hatten es die Gastgeber mit Jugoslawien zu tun, in dessen Mannschaft Spieler wie Zebec, Soskic, Perusic, Jusufi und Sekularac standen. Zu allem Unglück für die Franzosen war nun auch noch Kopa verletzt, aber sie führten bereits mit 4:2, als die Jugoslawen mit einem phantastischen Endspurt innerhalb von drei Minuten noch drei Tore erzielten. Endergebnis: 5:4.

Die Franzosen erreichten schließlich nicht einmal mehr den dritten Platz, denn sie verloren noch gegen die Tschechoslowakei mit 0:2, das seinerseits zuvor von den Russen in Marseille klar mit 3:0 besiegt worden war.

Sowjetunion gegen Jugoslawien – so hieß das erste Finale, das im Pariser Prinzenparkstadion ausgetragen wurde. Nach 90 Minuten stand die Partie 1:1, und die Jugoslawen waren die eindeutig bessere Elf. Doch im Tor der Russen stand mit Lew Jaschin ein trefflicher Fangkünstler, der am Abend dieses 10. Juli 1960 mit seinen 31 Jahren schließlich zum Vater des Sieges wurde. Durch ein Tor von Ponedelnik gewann die Sowjetunion dann die Premiere des Nationen-Pokals, über den in Deutschland und in England die Zeitungen, nicht allzu interessiert, vorwiegend in Kurzmeldungen berichteten.

Europa-Nationen-Pokal 1964

Im Viertelfinale standen sich schließlich Frankreich und Ungarn, Spanien und Irland, Dänemark und Luxemburg sowie die UdSSR und Schweden gegenüber. Während vier Jahre zuvor die Franzosen immerhin bis ins Halbfinale vorstießen, mußten sie sich diesmal den Ungarn geschlagen geben. Irland war für die Spanier kein großes Problem und die Sowjetunion kam über Schweden weiter. Zudem mogelte sich, noch ein Fußball-Zwerg in den elitären Kreis: Dänemark, das sich sogar gegen Luxemburg mit einem dünnen 1:0-Sieg und im Rückspiel mit einem 2:2 begnügen mußte.

Um die Austragung der Endrunde hatte sich diesmal Spanien beworben, und die UEFA mußte nun recht glücklich darüber sein, denn die Qualifikation der Gastgeber versprach volle Häuser. Die Sowjetunion, gegen die Spanien beim ersten Nationencup nicht antreten wollte, hatte diesmal leichtes Spiel. Vor 30 000 Zuschauern machten die Russen in Barcelona mit Dänemark nicht viel Federlesen und qualifizierten sich mit 3:0 für das Finale. Ponedelnik, Woronin und Iwanow erzielten die Tore, die Spanier auf den Tribünen langweilten sich. Für die Russen war dieses Halbfinale nicht mehr als ein Trainingsabend, denn die Dänen erkannten sehr schnell ihre hoffnungslose Lage und gaben sich freiwillig geschlagen.

Da ging es im Bernabeu-Stadion von Madrid schon wesentlich flotter her. Vor 130 000 Zuschauern wehrten sich die Ungarn bis zur 112. Minute äußerst tapfer, bis dann Amancio endlich das siegbringende 2:1 für die Spanier erzielte. Luis Suarez, der sein Geld bei Inter Mailand verdiente, war der unumstrittene Star des Abends. Ihm allein verdankten es die Spanier, daß der unüberwindlich scheinende Abwehrblock der Ungarn schließlich doch noch gesprengt wurde. Bereits in der 35. Minute der Partie hatte Suarez mit einer mustergültigen Flanke seinen Kollegen Pereda bedient, der mit dem Kopf den Ball zum 1:0 ins ungarische Tor lenkte.

Während auf den Tribünen schon der Einzug ins Finale mit Leuchtraketen und Sprechchören gefeiert wurde, köpfte vier Minuten vor dem Ende der regulären Spielzeit Nagy zum 1:1 und damit zum Ausgleich ein. Die dampfige Hitze saugte den Spielern in der Verlängerung vollends die Luft aus den Lungen. Das entscheidende Tor war denn auch mehr ein Zufallstreffer und nicht das Resultat eines durchdachten Angriffes. Spanien stand damit im Finale, und Madrid erlebte eine lange Nacht.

UEFA-Präsident Gustav Wiederkehr kam an diesem Abend aber auch nicht so früh ins Bett. Er trommelte noch alle anwesenden UEFA-Delegierten zusammen und hielt zusammen mit den spanischen Verbandsführern Kriegsrat. Obwohl sich die politische Atmosphäre zwischen Spanien und der Sowjetunion in den letzten Jahren einigermaßen normalisiert hatte, mußte man doch Vorsorge treffen. Das Polizeikontingent wurde verstärkt, die spanische Presse ermahnte die Fans entgegen ihrer sonstigen Art zur Ruhe und Fairness.

Dennoch schien am 21. Juni 1964 die Luft über der spanischen Hauptstadt mit tausend Blitzen geladen. Und schon in der 6. Minute des Finales entlud sich das Gewitter über die Ränge des Bernabeu-Stadions: Spanien ging durch Perera mit 1:0 in Führung. Lew Jaschin im russischen Tor hatte gegen den Schuß des spanischen Torjägers keine Abwehrchance. Doch kaum hatte sich der Jubel gelegt, da rissen die 130 000 Zuschauer entsetzt die Arme hoch: Kussainow nützte ein Mißverständnis in der spanischen Abwehr zum Ausgleichstreffer.

In der zweiten Halbzeit verließen sich die Sowjets auf ihre Taktik, verlangsamten ihre Aktionen und störten so das individuelle Spiel der Spanier. Doch die erwünschte Wirkung blieb aus, die Konterattacken der Russen verfingen sich in der spanischen Abwehrreihe. Als schon alles mit einer Verlängerung rechnete, erzielte der kleine Marcelino mit einem Kopfball das 2:1. Spanien war damit Gewinner des zweiten Nationen-Pokals, während Ungarn die Dänen nach einer Verlängerung mit 3:1 im Spiel um den dritten Platz besiegte. Der eigentliche Gewinner war aber die UEFA, denn nun war der Cup endgültig zur Attraktion geworden.

Ironie der Fußballgeschichte: dreißig Jahre lang hatte die Weltmeisterschaft die Verwirklichung eines gesamteuropäischen Nationen-Wett-

bewerbes blockiert, nun verlieh das Weltturnier 1962 diesem Turnier die entscheidende Schubkraft. Brasilien hatte sich in Chile zum zweitenmal den Titel geholt, und im Endspiel stand nicht England, die Bundesrepublik, Schottland oder Italien, sondern die ČSSR. Im Nationenpokal erkannten plötzlich diese renommierten Mannschaften eine Möglichkeit, zumindest in Europa ihre dominierende Position zu beweisen.

Nur noch vier Mitglieder der UEFA standen im Abseits: Zypern, Finnland, Schottland – und Deutschland. Der DFB wollte sich nach wie vor nicht an diesem Nationen-Pokal beteiligen, nach dem enttäuschenden Abschneiden in Chile sollte nun die ganze Aufmerksamkeit der Weltmeisterschaft 1966 in England gelten. Bundestrainer Sepp Herberger und auch sein Nachfolger Helmut Schön versuchten sozusagen im stillen Kämmerlein eine neue, schlagkräftigere Formation mit großem Elan aufzubauen.

Die Engländer jedoch, und mit ihnen noch weitere 28 Nationalmannschaften, wollten sich schon ein bißchen in Stimmung bringen. Den Insulanern mißlang diese Absicht, denn nach dem mageren 1:1 gegen Frankreich im Wembley-Stadion wurden sie von der „Equipe Tricolore" in Paris mit 5:2 Toren gedemütigt. Ein ähnliches Debakel erlebten die Tschechoslowaken, immerhin die Vizeweltmeister von 1962, gegen die DDR-Vertretung. Auch die Schweiz und Portugal schieden bereits in der ersten Runde aus.

Die zweite Runde gebar ebenfalls noch einige Überraschungen. Die Schweden schalteten Jugoslawien und damit den Olympiasieger von Rom aus, und Luxemburg kletterte über Holland eine Stufe höher. Der Sieg der Russen über Italien war dagegen zu erwarten, da die italienischen Clubs permanent die Nationalmannschaft boykottierten.

Endspiel um den Nationen-Pokal 1964 zwischen Spanien und der UdSSR in Madrid. Elegant umspielt Mittelstürmer Marcelino (links oben) zwei russische Verteidiger und erzielt das entscheidende Tor zum 9:1-Sieg seiner Mannschaft. Dankbar nimmt Kapitän Suarez den Pokal entgegen (links), und der spanische Trainer wird von seinen Spielern im Triumphzug davongetragen (oben).

Europa-Meister-schaft 1968

England war Weltmeister geworden, und Deutschland durfte sich in der Hitparade des Fußballs auf dem zweiten Platz sehen. Vier europäische Mannschaften standen 1966 im Halbfinale des Turniers; es schien so, als ob das Herz der Fußballwelt nicht mehr in Südamerika, sondern in Europa schlagen würde.

Deutschland hatte das Finale verloren und jenes dritte Tor von Wembley beschäftigte immer noch die Gemüter. War der Ball vor oder hinter der Linie aufgesprungen? Genau wußte das niemand zu sagen, Schiedsrichter Gottfried Dienst jedenfalls hatte auf Tor für England entschieden, und damit war eine Legende geboren. Da kam die erste offizielle Europameisterschaft gerade recht, hier nun war für die Deutschen zu beweisen, daß sie in England nur durch ein Mißgeschick um den Triumph gebracht worden sind. Nun mußte sich auch Bundestrainer Helmut Schön überreden lassen. Der lange Sachse gab sein Einverständnis, der Deutsche Fußball-Bund meldete sich zur Teilnahme an.

Es war ihm eigentlich ohnehin nichts anderes übriggeblieben, denn eine nochmalige Absage wäre von der UEFA zu Recht als Brüskierung aufgefaßt worden. Das Kind hatte nämlich jetzt einen anderen Namen bekommen, aus dem „Europa Cup der Nationen“ war eine ausgewachsene Meisterschaft geworden. Nun war alles dabei, was Rang und Namen hatte, insgesamt mußten 31 Mannschaften in acht Qualifikationsgruppen aufgeteilt werden.

Die deutsche Elf wurde in die Gruppe Vier gesteckt und sah sich darin lediglich mit zwei Konkurrenten konfrontiert: Jugoslawien und Albanien. Während man sich vor den Jugoslawen noch in acht nehmen mußte, war Albanien ein absoluter Niemand in der Fußballandschaft. So schien es jedenfalls, und selbst der eher vorsichtige deutsche Bundestrainer versuchte erst gar nicht, wie ansonsten üblich, in Zweckpessimismus zu machen.

Das erste Spiel gab ihm recht, die Albaner wurden in Dortmund mit 6:0 in alle Bestandteile zerlegt, einige empfanden es ohnehin als Beleidigung, daß man dem Vizeweltmeister einen so wenig geschulten Gegner vorgesetzt hatte. Doch der Hochmut kam schon in Belgrad zu Fall. Die deutsche Mannschaft ließ sich von den keineswegs überragend spielenden Jugoslawen den Schneid abkaufen, und Gerd Müllers Armbruch war schließlich nicht das einzige Unglück an diesem Nachmittag: Jugoslawien gewann mit 1:0.

Im Rückspiel wurde die Sache wieder zurechtgerückt. 70 000 Zuschauer erlebten ein vergnügliches Match, bei dem Löhr, Seeler und Müller die drei deutschen Tore erzielten, während Schlußmann Sepp Maier den Gästen nur einen Gegentreffer genehmigte. Nun war die Welt wieder in Ordnung, das Spiel in Tirana gegen Albanien schien nur mehr eine Formsache zu sein, nicht mehr als ein interessanter Ausflug in ein unbekanntes Land.

In der Tat genügte den Deutschen bereits ein 1:0-Sieg über Albanien, zwei Punkte mußten es aber sein, denn die Jugoslawen hatten ihre Nachbarn mit 2:0 und 4:0 bezwungen. Der Bundestrainer griff in die vollen und bot vor allem im Mittelfeld eine ruhmreiche Crew von Spezialisten auf, lauter Supertechniker: Küppers, Netzer, Overath, dazu Peter Meyer und Hennes Löhr. Franz Beckenbauer und Uwe Seeler wurden da gar nicht vermißt.

Doch nach 90 Minuten gab es Triumph und Debakel, obwohl kein einziges Tor gefallen war. Die Albaner hatten mit ihrer unkomplizierten Spielweise, die aus keinem Taktikbuch abgeschaut war, die Deutschen in totale Verwirrung gebracht. Der Favorit stolperte über den staubigen Platz von Tirana, während sich der Zwerg plötzlich zum Riesen aufgebläht hatte. Albanien feierte den größten Erfolg seiner Fußballgeschichte, auch wenn es im gesamten Wettbewerb kein einziges Tor erzielte. Und Helmut Schön mußte am nächsten Tag hämische Schlagzeilen lesen: „Laß doch mal den Merkel ran!“

Der ungeliebte Wettbewerb hatte der deutschen Nationalmannschaft also gleich im ersten Jahr eine bittere Stunde beschert, doch dieses 0:0 von Tirana wird bis in alle Zeiten von jedem deutschen Bundestrainer als warnendes Beispiel parat gehalten, wenn sich Goliath irgendwo und irgendwann mit einem David mißt.

Aber auch anderen Mannschaften blieben Enttäuschungen nicht erspart. So verlor die ČSSR durch eine klägliche 1:2-Heimniederlage gegen Irland die Teilnahmeberechtigung am Viertelfinale an Spanien. Auch Portugal schaffte es nicht, denn Bulgarien verteidigte in Lissabon das entscheidende 0:0.

Die Sowjets, einmal Sieger und dann Finalteilnehmer dieses Wettbewerbes, gehörten auch diesmal zu dem Kreis der Favoriten. Die Russen verloren nur ihr Spiel gegen Österreich in Wien. In dieser Gruppe zeigte sich jedoch eine Erscheinung, die dann später in der Finalrunde zu ei-

Oben und rechts: Das hätte der Sieg für Jugoslawien sein können. Zoff ist schon geschlagen, aber der jugoslawische Stürmer erreicht die Flanke nicht, der Ball kullert ins Aus. So können die Italiener ausgleichen und ein Wiederholungsspiel erzwingen. Unten: 1:1 durch Domenghini. Er verwandelt den Freistoß in der 80. Minute unhaltbar.

nem trüben Gesamtbild dieser Europameisterschaft werden sollte. Während die ersten beiden „Nationen-Cups" noch nicht ganz ernstgenommen wurden, ging es nun im Kampf um den Titel um das Prestige.

Am 5. November 1967 mußte die Begegnung zwischen Österreich und Griechenland beim Stande von 1:1 abgebrochen werden. Es war einer der größten Skandale der europäischen Fußballgeschichte. Die Härte des Spiels und die ungenügende Leistung des Schiedsrichters trieb die 60 000 Zuschauer in einen Fanatismus, der sich in Schlägereien und Zerstörungen entlud. Das Praterstadion sah am nächsten Morgen wie ein Schlachtfeld aus, der Schaden betrug mehrere hunderttausend Mark.

Während in den restlichen Gruppen Ungarn und Italiener relativ wenig Mühe hatten, mußte sich Weltmeister

Europameisterschaft 1968

England zum entscheidenden Spiel gegen Schottland in den Glasgower Hampden-Park begeben. 135 000 Zuschauer, denen die Arroganz der Engländer nach deren WM-Sieg ohnehin auf die Nerven ging, wollten nun die Rache Schottlands mit eigenen Augen miterleben. Doch bereits nach zwanzig Minuten erzielte Peters für England den Führungstreffer. Den konnten die Gastgeber zwar ausgleichen, aber das 1:1 half Sir Alf Ramsey und seinen Recken eine Runde weiter.

Fast drei Millionen Zuschauer hatten die 90 Spiele der Qualifikationsrunde in den europäischen Stadien gesehen, die sportliche Zwischenbilanz war nur in zwei Positionen nicht wie vorausberechnet zu ziehen: mit Deutschland und Portugal fehlten immerhin die Silber- und Bronzemedaillengewinner der Weltmeisterschaft 1966. Qualifiziert hatten sich also Spanien, Bulgarien, die UdSSR, Italien, Frankreich, Jugoslawien, Ungarn und England.

Nun entschied das Los über die nächsten Paarungen: England gegen Spanien, Ungarn gegen die Sowjetunion, Frankreich gegen Jugoslawien und schließlich Bulgarien gegen Italien. Die Aufmerksamkeit galt natürlich insbesondere der Auseinandersetzung zwischen dem Weltmeister England und dem Nationen-Cup-Sieger Spanien. Am 3. April 1968 dröhnte aus 100 000 Kehlen das „England-England" gegen das ovale Tribünendach des Londoner Wembley Stadions, doch der Schlachtgesang vermochte die Briten nicht zu beflügeln.

Im Tor der Spanier hatte Sadurni einen großen Tag, sicher fing er die Schüsse von Hunt, Summerbee oder Peters. Zwei Jahre nach dem Triumph im WM-Finale war für jeden aufmerksamen Beobachter zu erkennen, daß Englands Fußball-Nationalmannschaft in ihrer Entwicklung stagniert. Erst ein Schuß von Bobby Charlton sechs Minuten vor dem Ende machte den cleveren Spaniern den Garaus. Dennoch: es sah nicht gut aus für Sir Alf Ramsey, denn jeder konnte sich nun ausmalen, was die Engländer in Madrid erwarten würde.

Und es kam so, wie es die Spanier erhofft und die Engländer befürchtet hatten. 130 000 Zuschauer gerieten in überschwengliche Begeisterung, als im Bernabeu-Stadion Amancio das erste Tor erzielte. Das schien bereits das endgültige Aus zu sein, nun stand es nach Toren unentschieden und in der Betonschüssel der Madrider Fußballarena fand sich kein Señor mehr, der jetzt auch nur einen Peso auf die Engländer gesetzt hätte.

Doch in der zweiten Halbzeit wurden die Spanier ein Opfer ihres vorgelegten Tempos, nun dominierte die Kraft und die Kondition der Engländer. Peters und Hunter brachten ihr Team mit 2:1 in Führung, und dieses Ergebnis öffnete den Weg in die Endrunde, die in Italien ausgetragen werden mußte.

Mit Jugoslawien, Italien und der Sowjetunion wurde der Kreis der Kandidaten geschlossen. Jugoslawien hatte nicht allzuviel Mühe mit den Franzosen gehabt, nach dem 1:1 in Marseille kam es in Belgrad zu einem deutlichen 5:1-Sieg. Italien hatte dagegen etwas mehr zu tun, denn es verlor in Sofia mit 2:3 gegen Bulgarien, doch vor 100 000 Neapolitaneri revanchierten sich die Azzurri mit einem 2:0-Sieg. Die Sowjetunion schließlich schaffte nach einer 0:2-Niederlage in Budapest im Rückspiel noch ein 3:0 gegen Ungarn

In den ersten Junitagen 1961 fieberte Italien der Europameisterschaft entgegen. Besonders in Neapel steigerten sich die Tifosi vor dem Spiel gegen die Sowjetunion in einen Rausch der Begeisterung, auf den dann fast eine deprimierende Katerstimmung gefolgt wäre. Es regnete in Strömen, und die Güsse schienen alle Hoffnungen der Italiener hinwegzuspülen. 120 Minuten kämpften die Russen mit fast unglaublichem Ehrgeiz, die italienische Abwehrkette wankte bedenklich, doch sie hielt mit Glück und durch Facchettis Hilfe. Die „Süddeutsche Zeitung" schrieb dazu: „Die Zuschauer versuchten mit neapolitanischem Temperament den Gegner niederzuschreien, was immer er auch unternahm. Sie schrien sich umsonst die Kehlen heiser. Die Russen hatten Nerven wie Drahtseile."

Nach 120 Minuten mußte das Los entscheiden, und die Münze fiel zugunsten Italiens, das damit im Endspiel von Rom stand. Der Gegner wurde zu gleicher Stunde in Florenz ermittelt und der Favorit hieß England. Doch Jugoslawien mit seinem flinken Flügelstürmer Djajic hielt bis zur 85. Minute überraschend ein 0:0, und dieser Zwischenstand schmeichelte eher den Engländern. Während auf den beiden Trainerbänken bereits die Vorkehrungen für die Verlängerung

So fallen die Tore im Wiederholungsspiel: 1:0 durch Riva in der 12. Minute (links) und 2:0 durch Anastasi (oben) in der 31. Minute, keine Chance für Torhüter Pantelic. Strahlend trägt Kapitän Facchetti die Europameisterschaftstrophäe davon (rechts). Italien ist der erste offizielle Europameister.

getroffen wurden, die Ersatzspieler Wassereimer und kühle Eisbeutel herbeischleppten, da fiel doch noch die Entscheidung: Djajic hob den Ball über Torhüter Banks hinweg ins Netz.

England war geschlagen, und Mullery, der das nicht verkraften konnte, wurde zwei Minuten vor dem Schlußpfiff noch vom Platz gestellt. Drei Tage später gewann England dann in Rom das Spiel um den dritten Platz, die Russen wurden mit 2:0 geschlagen.

Das Finale wurde dann gleich in doppelter Aufführung geboten. Im ersten Spiel stand es nach Toren von Djajic und 1:1 Unentschieden und daran änderte sich auch nach der Verlängerung nichts. Doch dieses Ergebnis war nicht das Bemerkenswerte an diesem Spiel, vielmehr forderte wieder einmal der Schweizer Schiedsrichter Gottfried Dienst die Diskussionen heraus. Er versagte den Italienern einen glasklaren Elfmeter und begünstigte auch in anderen Situationen die Gastgeber. „Bei Dienst war nicht einmal der Wille zur Objektivität erkennbar", urteilte Fernsehkommentator Rudi Michel.

Zwei Tage später kam es nicht viel besser, denn diesmal blies der Spanier Ortiz de Mendebil in die Pfeife. Er übersah die eindeutige Abseitsstellung von Riva bei dessen Schuß zum 1:0.

Dennoch, die Italiener waren bei dieser Neuauflage die bessere Elf. Der Grund war wohl darin zu suchen, daß Trainer Valcareggi fünf Spieler ausgetauscht hatte. Die Jugoslawen wirkten wesentlich müder und brachten nicht die Kraft auf, um den Italienern den Schneid abzukaufen. Nach dem 2:0 durch Anastasi verriegelten die Hausherren vollends mit dem „Catenaccio" ihren Strafraum.

„Fußball-Europa gehört uns", schrien am nächsten Morgen die Schlagzeilen der römischen Zeitungen. Obwohl über 3,7 Millionen Zuschauer bei den Spielen dieser Europameisterschaft dabei waren, blieb dennoch nach diesem Finale ein bitterer Nachgeschmack. Es stimmte nur die Kasse, sportlich jedoch ergab sich unter dem Strich ein Defizit.

Europameisterschaft 1972

Es war am 29. April 1972. Mister Tony Conyers, der Verwaltungsdirektor des Wembley-Stadions, ließ von seinem Assistenten die acht Scheinwerfer ausknipsen. Doch selbst als die Lichter oberhalb der Arena erloschen, verstummte unter dem Tribünendach das Gejohle von ein paar hundert deutschen Schlachtenbummlern nicht. Sie häuften herumliegende Zeitungen, zündeten sie an und tanzten um das Feuer wie um ein goldenes Kalb. Und sie sangen Lieder, wie man sie nur in der Karnevalszeit hört. Niemand konnte Mister Conyers verdenken, daß er dabei ein Gesicht machte, als ob er gerade eine Zitrone zwischen den Zähnen auspressen würde, und sich krampfhaft beide Ohren zuhielt. Nur seine feine Schulbildung verbot es ihm, die Kerle da unten von seinen Helfern am Kragen packen zu lassen und sie unsanft aus der heiligen Stätte von Wembley zu werfen.

Im Grunde jedoch hatte er volles Verständnis für diese Germans, die sich da wie ein paar wildgewordene Teutonen gebärdeten. Hatten sie denn nicht allen Grund dazu? Hatten sie nicht einen Sieg ihrer Elf zu feiern, der grandioser hätte gar nicht ausfallen können? Wann hatten denn schon Fußballfans vom Kontinent die Gelegenheit, in Wembley Freudenfeuer anzuzünden? Dreimal erst, soweit er sich zu erinnern vermochte, verlor England ein Länderspiel in Wembley. Und Mister Conyers dachte zurück bis in das Jahr 1953, als hier das ungarische Wunderteam die Engländer mit 6:3 besiegte. Diesen Tag wird er Zeit seines Lebens nicht vergessen, diesen Puskas, den Hidegkuti, diesen Boszik – oh, da waren Künstler am Ball.

Und heute? Hatten da die Engländer nicht wie damals ausgesehen wie Abc-Schützen dieses Sports? Hatte er nicht ein paarmal an diesem Abend geglaubt, er hätte seinen Arbeitsplatz verwechselt und wäre anstatt in Wembley in einer Kathedrale? Ruhig und andächtig fast waren die 85 000 Engländer heute auf ihren Bänken gesessen, nur in den ersten zehn Minuten und als dann Francis Lee den Ausgleich zum 1:1 schoß, da dröhnten die dumpfen Choräle durch das Oval. Aber ansonsten waren sie doch dagesessen wie staunende Kinder, die gespannt darauf warteten, was diese verflixten Deutschen im nächsten Augenblick für eine Bescherung parat hatten.

In der Tat: An diesem 29. April gab die deutsche Nationalmannschaft im Wembleystadion zu London eine Gala-Vorstellung, die in allen Geschichtsbüchern des Fußballs mit drei Ausrufezeichen zu versehen ist. Nicht allein, weil die Engländer eine 1:3-Niederlage hinnehmen mußten, sondern die Art und Weise dieser Demütigung machte dieses Spiel zu einem außergewöhnlichen Ereignis.

Seit dem 3:6 gegen Ungarn sind die Briten nie mehr so schonungslos gequält, ist ihr Selbstbewußtsein nicht mehr so erschüttert worden wie bei dieser Niederlage gegen die Deutschen. Die Chance, wie vier Jahre zuvor wieder bei der Endrunde der Europameisterschaft dabeizusein, war für die Engländer damit auf ein Minimum gesunken. Niemand wollte daran glauben, daß die Deutschen diesen Vorsprung im Rückspiel in Berlin wieder vergeben würden.

Vor allem, wenn ein Mann am Ball war, ging ein Raunen durch die Massen, und das bedeutete bei dem sachverständigen und fairen englischen Publikum Anerkennung. Günter Netzer, der Regisseur im Mittelfeld, war der Star des Abends. Der deutsche Angriff tanzte nach seinem Takt, er sorgte für ein reibungsloses Verständnis zwischen den Abteilungsleitern Abwehr und Angriff, zwischen Franz Beckenbauer und Gerd Müller.

Der Mönchengladbacher krönte seine Leistung mit einem Elfmetertor, fünf Minuten nachdem die Engländer den Ausgleich zum 1:1 erzielt hatten und das begeisternde Spiel plötzlich wieder auf des Messers Schneide stand. Bobby Moore, der englische Kapitän, hatte den Strafstoß verschuldet, als er den Offenbacher Siegfried Held an der Strafraumgrenze nur mit einem Foul bremsen konnte.

Eigentlich war der Münchner Gerd Müller an diesem Tag als Elfmeterschütze vom Bundestrainer Helmut Schön vorgesehen. Aber der Torschützenkönig der Bundesliga winkte ab und bedeutete Günter Netzer: „Schieß du, ich haue heute daneben." Und der Gladbacher zögerte keinen Augenblick, er nahm die Verantwortung auf sich.

Er legte den glatten, nassen Ball sorgfältig auf den Elfmeterpunkt. Sein Kontrahent war der in 69 Länderspielen erfahrene Gordon Banks. Netzer nahm ein paar Schritte Anlauf, Banks blieb ungerührt stehen. Der Ball sauste in die, vom Schützen aus gesehen, linke Ecke des Tores. Banks reagierte blitzschnell, erwischte den Ball auch noch mit der vollen Handfläche. Aber zu scharf war die Lederkugel abgefeuert, sie rutschte Banks über die Hand, prallte gegen den runden Torpfosten und zischte von dort ins Netz. Wenige Minuten vor dem Schlußpfiff erhöhte dann Gerd Müller das Ergebnis noch auf 3:1.

Der Mann der Stunde hieß Günter Netzer, aber das bedeutete keine Schmälerung der Leistungen der anderen deutschen Spieler. Franz Beckenbauer, Torhüter Sepp Maier, der junge Torschütze Uli Hoeneß, der Münchner Paul Breitner und Georg Schwarzenbeck, der Bremer Horst Höttges, Netzers Mannschaftskamerad Herbert Wimmer, die Flügelstürmer Sigi Held und Jürgen Grabowski und natürlich Gerd Müller – sie alle wuchsen an diesem Tag über sich selbst hinaus und boten – wie die große französische Sportzeitung „L'Equipe" schrieb – „Traumfußball aus dem Jahre 2000".

Die Europameisterschaft 1972 hatte damit ihren ersten großen Höhepunkt, und es sollte sich vor allem dann beim Endturnier in Belgien zeigen, daß dieser Wettbewerb auch sportlich wesentlich qualitativer wurde und keinen Vergleich mehr mit den vorangegangenen Turnieren zuließ. Dies war in erster Linie ein Verdienst der deutschen Mannschaft, die zwei Jahre vor der Weltmeisterschaft im eigenen Lande mit ihrer überragenden Form die Fußballwelt begeisterte.

In acht Gruppen bewarben sich die Teilnehmer um den Einzug in das Viertelfinale. Deutschland mußte sich in der Gruppe VIII in den Spielen gegen Polen, die Türkei und Albanien qualifizieren. Als härtester Brocken galt zweifelsohne die Elf aus Polen, aber auch mit Albanien verbanden sich unangenehme Erinnerungen. Doch diesmal gab es wenigstens in Tirana einen, wenn auch kläglichen 1:0-Sieg. Das Rückspiel in Karlsruhe fiel mit 2:0 auch nicht sehr viel ergiebiger aus.

Der deutschen Elf scheinen vor allem die Außenseiter viel Kummer zu machen, denn das 1:1 gegen die Türkei in Köln war auch keine Ruhmestat. Doch der 3:0-Sieg in Istanbul rückte dann die wahren Leistungsverhältnisse wieder zurecht. Einen großartigen Tag erwischte die deutsche Mannschaft aber erst in Warschau beim Spiel gegen die Polen. Obwohl die Gastgeber mit 1:0 in Führung gingen, stand es dann nach 90 Minuten durch zwei Tore von Müller und einem Treffer von Grabowski 3:1 für die Deutschen. Beim Rückspiel im Hamburger Volksparkstadion jedoch mußten sich Helmut Schöns Männer bei Regen und Schneetreiben mit einem 0:0 begnügen. Die Mannschaft hatte sich jedoch damit für das Viertelfinale qualifiziert.

In dieser Runde schaltete dann Belgien überraschend Italien aus, die So-

Endspiel unter dem Atomium der Brüsseler Weltausstellung. Höttges und Schwarzenbeck wehren einen sowjetischen Angriff ab. Und nach 27 Minuten fällt das 1:0, Müller stoppt den Ball mit der Brust rechts und lenkt ein (unten).

2:0 für Deutschland. Wimmer schießt (oben) und bejubelt (links) seinen Treffer, als eben der Ball das Netz zu blähen beginnt.

Glänzendes Zusammenspiel zwischen Schwarzenbeck und Müller führt zum dritten deutschen Treffer. Schwarzenbeck kommt über den rechten Flügel, schlägt den Ball vor Müllers Füße, der besorgt den Rest ohne Anstrengung und bedankt sich freudig bei seinem Mannschaftskameraden.

wjetunion kam über Jugoslawien weiter, Ungarn benötigte ein drittes Spiel, um endgültig Rumänien aus dem Rennen zu werfen. Belgien, Deutschland, die UdSSR und Ungarn – das waren somit die vier Teilnehmer an der Endrunde.

Der Deutsche Fußball-Bund wäre eigentlich als Ausrichter dieser Finalspiele an der Reihe gewesen, aber der DFB wurde mit den Vorbreitungen zum olympischen Fußballturnier und natürlich mit der Arbeit für die Weltmeisterschaft 1974 genügend strapaziert. So sprach die UEFA dem belgischen Verband die vier Spiele zu. Der Erfolg über Italien hatte zudem eine enorme Begeisterung in Belgien ausgelöst. Der Gegner hieß zwar nun Deutschland, aber vor eigenem Publikum durften sich die „Roten Teufel" sehr wohl eine Chance ausrechnen.

Die deutsche Mannschaft war immer noch im Höhenrausch, nach dem Sieg von Wembley hatte es keine Ernüchterung gegeben. Im Münchner Olympistadion war die Sowjetunion mit 4:1 Toren besiegt worden, man sprach bereits von einem „Wunderteam". Doch ohne Zweifel drohte der Mannschaft im alten Stadion von Antwerpen Gefahr.

60 000 Zuschauer, darunter 25 000 aus Deutschland, verwandelten die Ränge der notdürftig aufpolierten Arena in einen Hexenkessel. Die Nation hatte sich derweil an den Bildschirmen versammelt, und selbst der Bundeskanzler zählte am Abend des 14. Juni 1972 zum Millionenkreis der Fernsehsportler. 90 Minuten blieb den Belgiern Zeit, um die drohende Weltherrschaft der deutschen Kicker zu vereiteln.

Und die elf Belgier – diesmal in weißen Trikots – taten dies dann auch mit dem wirkungsvollsten aller Mittel: mit Härte und enormem körperlichen Einsatz. Der erste, der auf den holprigen Rasen sank, war Günter Netzer. Belgiens Trainer Goethals wollte nicht in den Fehler seines englischen Kollegen verfallen und dem Regisseur im Mittelfeld allzuviel Chancen zur Verwirklichung seiner Ideen schenken.

Der schottische Schiedsrichter Mullan sah sich die harten Tatsachen zuerst einmal gelassen an und knauserte mit Pfiffen. Erst als der Schalker Erwin Kremers zum dritten Mal hintereinander über die Beine seines Bewachers van den Daele stolperte, griff er in seine Brusttasche und zeigte die gelbe Karte.

In den ersten zwanzig Minuten hieß der taktische Sieger Raymond Goethals. Er hatte Raumdeckung angeordnet, und diese Maßnahme schnürte die Deutschen in ihren Bewegungsmöglichkeiten ein, ließ ihnen keinen Platz für die gewohnten Kombinationen über drei oder vier Stationen. Die Partie hatte hohes Niveau, zeichnete sich durch enorme Schnelligkeit der Aktionen aus. Die Belgier fighteten und kamen durch Lambert und van Himst zu zwei großen Chancen, aber die Deutschen bekamen das Spiel doch allmählich immer besser in den Griff.

In der 24. Minute fiel dann auch ihr erstes Tor. Günter Netzer sah Gerd Müller in günstiger Position, hob ihm den Ball auf den Kopf, und Belgiens Schlußmann Piot hatte keine Möglichkeit zur Abwehr. Nun wurde die deutsche Elf ihrer Sache immer sicherer, jetzt trieb Beckenbauer, glänzend assistiert von Breitner, Schwarzenbeck und Höttges, den Ball nach vorne. Dort übernahm Netzer, der wiederum den emsigen Herbert Wimmer und den Münchner Uli Hoeneß einsetzte. Für den wurde das Spiel sogar zu schnell, denn in der 59. Minute mußte er sich von Helmut Schön gegen Grabowski völlig erschöpft auswechseln lassen.

Die Entscheidung fiel dann in der 73. Minute. Wieder war sie eine Gemeinschaftsarbeit von Netzer und Müller. Der Gladbacher schickte einen angeschnittenen Steilpaß in Richtung Müller, der trickste zwei Belgier auf einem handtuchgroßen Raum aus und schob den Ball an dem herausstürzenden Piot vorbei ins Tor.

Die deutsche Mannschaft hielt damit die Angelegenheit so gut wie erledigt, zumal die Belgier zu resignieren schienen. Und doch zwangen sie ihren Gegner nochmals zu großer Aufmerksamkeit, als Wimmer den Belgier Polleunis Passieren ließ und der auch Sepp Maier überlistet stand damit im Finale und die Fans mit den schwarz-rot-goldenen Fahnen feierten überschwenglich diese Tatsache. Sie hatten zudem drei Tage Zeit, um sich für das Endspiel in Brüssel in Stimmung zu bringen, und das taten sie denn auch recht ausgiebig.

Die Sowjetunion konnte sich mit einem 1:0-Sieg über die Ungarn als Gegner der deutschen Elf qualifizieren. Dieses Spiel wurde zur selben Stunde wie die Partie zwischen Deutschland und Belgien ausgetragen, und so war es nicht verwunderlich, daß sich in Brüssel nur ein paar tausend Zuschauer auf den Tribünen verloren. Erst in der zweiten Halbzeit glückte den Russen durch Konkow der Siegestreffer. Verdient konnte man diesen Erfolg gerade nicht nennen, denn die Ungarn waren die technisch und spielerisch bessere Elf. Aber zu ihrem Unvermögen, aus den zahlreichen Chancen Tore zu machen, gesellte sich dann auch noch das Pech. Zambo schoß einen Elfmeter in die Hände von Rudakow, und auch der nachsetzende Szöke traf nur das Außennetz.

Favorit des Finales war zweifellos Deutschland, zu klar war die Sowjetunion wenige Wochen zuvor in München besiegt worden. Während Belgi-

en einen Tag vor dem Endspiel in Lüttich die Ungarn im Spiel um den dritten Platz mit 2:1 bezwang – nur 10 000 Zuschauer saßen im Stadion – kabelte der englische Journalist Brian Glanville eine Vorschau an seine Zeitung: „Wenn die Deutschen das Finale gegen die Sowjetunion verlieren“, so schloß er seinen Bericht ab, „dann wird der internationale Fußball um fünf Jahre zurückgeworfen.“

Seit Wembley schwelgte die internationale Fachpresse in Glückwünschen und Superlativen. „Jeder ist für sich ein Phänomen“, schwärmte „L'Equipe“ über die deutsche Mannschaft. „Natürlich, wir sind eine Wunderelf“, lachte Sepp Maier, und Bundestrainer Helmut Schön hatte Mühe, seine Truppe vor Überheblichkeiten zu bewahren: „Die Russen werden es uns nicht so leicht machen wie in München“, warnte Helmut Schön.

Da lag der Bundestrainer sicherlich richtig. Die Russen, die nach München herbe Kritik und beißenden Spott einstecken mußten, wollten sich nun rehabilitieren. Der große Lew Jaschin, nun einer der Betreuer der Nationalmannschaft, sagte vor dem Spiel: „Wenn alles mit rechten Dingen zugeht, dann gewinnen die Deutschen. Aber im Fußball kommt nicht immer das, was allgemein erwartet wird.“

Aber im Brüsseler Heyselstadion kam es vor 50 000 Zuschauern doch so, wie es sich die vielen deutschen Schlachtenbummler und natürlich auch ihre Elf erhofft hatte. Nach zehn Minuten war bereits Druck im deutschen Spiel. Die russische Abwehr wankte, doch sie fiel erst in der 27. Minute. Eine Kombination zwischen Beckenbauer, Müller und Netzer verwirrte die Sowjets. Netzers Schuß klatschte an den Querbalken, prallte zurück in den Strafraum, genau vor die Füße von Jupp Heynckes. Der gab den Ball an Gerd Müller weiter, und es stand 1:0.

Die Russen griffen zu einer härteren Gangart, und der österreichische Schiedsrichter Marschall mußte erstmals die gelbe Karte zücken. In der Pause sagte ein englischer Journalist zu einem deutschen Kollegen: „Ich kann mir nicht helfen, aber wenn ich die Russen so spielen sehe, dann glaube ich vor dem Bullauge einer Waschmaschine zu sitzen. Das ist eine emsige und sicherlich recht nützliche Umwälzerei, aber leider nicht lustig und schon gar nicht attraktiv.“

Triumph einer großen Mannschaft. Franz Beckenbauer hat den Pokal in Empfang genommen und zeigt ihn strahlend der jubelnden Menge. Die deutsche Nationalelf ist Europameister.

Trainer Ponomarjew ließ sich in der Kabine etwas einfallen, schickte Konkow unter die Dusche und beorderte Dolmatow zu Netzer. Der Effekt war gleich Null, denn Herbert Wimmer nahm nun Netzer die Arbeit ab. In der 52. Minute spielte ihn Heynckes an, Wimmer überspurtete die russische Verteidigungslinie und schoß flach an Rudakow vorbei ins Tor.

Nun lief das Spiel der Deutschen unwiderstehlich, und Gerd Müllers Tor zum 3:0 und damit zum Endergebnis bedeutete die Krönung eines großen Tages. Deutschland war Europameister.

Europameisterschaft 1976

von K. H. Mrazek

An eine erfolgreiche Titelverteidigung verschwendete in Deutschland kaum jemand einen Gedanken. Helmut Schön bosselte unfreiwillig an einer neuen Mannschaft herum. Die Stars Gerd Müller, Wolfgang Overath und Jürgen Grabowski hatten nach dem Gewinn der Weltmeisterschaft 1974 das Nationaltrikot ausgezogen, Günter Netzer und Paul Breitner ihren Arbeitsplatz in Spanien bei Real Madrid. Aus der Elf, die 1972 ruhmbekränzt aus Belgien heimgekehrt war, gehörten Beckenbauer, Maier, Schwarzenbeck, Uli Hoeneß und Heynckes noch zum „harten Kern". Andere Mannschaften schienen besser besetzt, besser gerüstet zu sein als der Europameister, zum Beispiel England, Holland oder Polen. Johan Cruyff und seine Mitstreiter wollten sich für die unglückliche Niederlage im WM-Finale, England für die durch Polen in der WM-Qualifikation erlittene Schmach revanchieren und Polen selbst beweisen, daß der dritte Platz bei der WM durchaus hätte der erste sein können.

Die Gruppenauslosung aber trieb Holländern und Polen die Zornesadern auf die Stirn. Sie mußten in einer Gruppe spielen. Hinzu kam Italien – zuviel des Guten, zumal ja nur der erste Platz zum Einzug ins Viertelfinale berechtigte.

Deutschland und die UdSSR, die Finalisten der 72er Meisterschaft, hatten es dagegen mehr oder weniger mit „Hinterbänklern" der europäischen Fußball-Hierarchie zu tun. Der Titelverteidiger spielte mit Griechenland, Bulgarien und Malta in einer Gruppe, die Sowjetunion mit Eire, der Türkei und der Schweiz.

Das 0:3 der Russen zum Auftakt gegen Eire wollte darum nicht in die Köpfe. Der beim Londoner Erstliga-Klub Queen's Park Rangers beschäftigte Linksaußen Don Givens erzielte alle drei Tore. Standesgemäß dagegen fanden Experten das 3:0, mit dem England am gleichen Tage in Wembley gegen die ČSSR seinen Einstand gab.

Drei Wochen später unterlief den Engländern in Wembley freilich ein Unentschieden, das verheerende Wirkung haben sollte. Gegen Portugal gab die Mannschaft beim 0:0 einen Punkt ab. Die ČSSR erlaubte sich nach dem mißglückten Start keinen Ausrutscher mehr, ließ beim 5:0 gegen Portugal aufhorchen und ging schließlich mit einem Punkt Vorsprung vor England durchs Ziel.

Die Gefahr, das gleiche Schicksal zu erleiden wie die Briten, bestand auch für die Sowjetunion, doch Schweizer Schützenhilfe – die Schweiz schlug Eire in Bern 1:0 und unterlag der Sowjetunion in Zürich 0:1 – bewahrte die Russen vor der „englischen Krankheit".

Schöns Dilemma wurde gleich beim ersten Spiel in Athen gegen Griechenland sichtbar. Auf der Suche nach Ersatz für Gerd Müller war er nicht fündig geworden. Und so überraschte nicht, daß das 2:2 durch die Ballschlepper Cullmann und Wimmer zustande kam. Torjäger-Probleme plagten den Bundestrainer auch weiterhin. Und so war man im Lande des Weltmeisters schon zufrieden mit dem 1:0 auf Malta – Torschütze Cullmann – und dem 1:1 in Bulgarien – Torschütze Ritschel durch Elfmeter.

Als gar nichts mehr lief, als die deutsche Mannschaft um den Gruppensieg bangen mußte, gab Schön den Einflüsterungen nach, die Spanienprofis Netzer und Breitner ins Team zurückzuholen. Doch der Einsatz der beiden im Rückspiel gegen Griechenland lohnte sich nicht. Beim 1:1 in Düsseldorf wurden sie nicht zur erhofften Verstärkung und fürderhin nicht mehr bemüht. Die Sorge, die deutsche Mannschaft könne (wie 1968) schon in der Vorrunde stolpern, wurde der Öffentlichkeit erst durch das 1:0 gegen Bulgarien – Torschütze Heynckes – genommen.

Die zweifellos größte Anteilnahme erfuhr die Gruppe Vier, in der Italien nur eine Chargenrolle spielen sollte und sich Polen und Holland mit größter Leidenschaft um den Gruppensieg balgten. Johan Cruyff bestimmte auch fern der Heimat in Barcelona, wie das Team auszusehen habe, sorgte dafür, daß sein alter Freund Wim van Hanegem aus Rotterdam nicht vergessen wurde und Torhüter Jan

Uli Hoeneß jagt den Ball in den Abendhimmel. So geht das Elfmeterschießen gegen die Tschechoslowakei verloren – und auch der Europameistertitel, den die deutsche Elf nach ihrem 72er Triumph in Belgien zu verteidigen hatte. Das dramatische Finale von Belgrad hatte nach 120 Minuten 2:2 geendet.

van Beveren und Torjäger Wilhelmus van der Kuylen aus Eindhoven nach der 1:4-Bestrafung in Chorzow aus der Mannschaft entfernt wurden. Sie hatten den Machtkampf gegen die beiden Johans (Cruyff und Neeskens) aus Barcelona gewagt und verloren.

Das Rückspiel, das die Entscheidung brachte – die Holländer siegten 3:0 –, mehr aber noch das 5:0, mit dem die Oranjes im Viertelfinale Belgien in Grund und Boden spielten, löste geradezu einen Cruyff-Boom aus. Die Medien in Holland lagen dem hageren Star zu Füßen, und alle Holländer, die etwas für Fußball übrig hatten, sprachen von der „Rache für München", waren überzeugt, daß es in Jugoslawien ein Endspiel Deutschland gegen Holland geben würde.

Den Titelverteidiger hatte ein Gewaltschuß des Schön-Favoriten Erich Beer von Hertha BSC in Madrid vor einer Niederlage bewahrt und im Rückspiel in München war weniger der 2:0-Sieg als das erstaunliche Comeback des verletzungsgeplagten Bayern-Stars Uli Hoeneß bemerkenswert.

Schwer wogen die Hiobsbotschaften, die Schön Wochen vor der Abreise nach Jugoslawien erreichten. Jupp Heynckes, gerade erst in die Fußstapfen Gerd Müllers getreten, war es leid, länger mit Spritzen zu leben und unterzog sich einer Leistenoperation. Bernd Cullmann begab sich mit einem Zehenschaden ins Krankenhaus. So blieb Franz Beckenbauers düstere Vision „Ich sehe schwarz für die Titelverteidigung" ohne Widerspruch, zumal er selbst unter Schmerzen in der Wirbelsäule litt.

„Wir sind fix und fertig", wies obendrein Rainer Bonhof auf den ausgelaugten Zustand vieler Nationalspieler hin. Zwischen Saisonende und Endrunde lagen gerade zwei Wochen.

Das 2:0 und 2:2 der ČSSR gegen die Sowjetunion war kaum geeignet, den Holländern vor dem ersten Halbfinalspiel in Zagreb den Schlaf zu rauben. Die Holländer waren zuversichtlich, daß sie – immerhin mit neun Spielern aus der 74er Endspielmannschaft – die ČSSR ähnlich aufmischen würden wie vorher die Belgier. Trainer Vaclav Jezek stärkte ihre Zuversicht, als er verkündete, daß es sinnlos sei, für Johan Cruyff einen Aufpasser abzustellen.

Doch Zagreb sollte zur Fallstudie für den Fall eines Favoriten werden. Im Dauerregen verging König Johan und seinem Hofstaat das Lachen. Nicht er, sondern der lange Libero Anton Ondrus wurde zum Herrscher auf dem nassen Rasen.

Ungezügelter Individualismus stand gegen geordnete Mannschaftsarbeit. Wenn Ondrus in den Angriff vorrückte, ging ein Raunen durch die Ränge. Und als der Star von Slovan Bratislava in der 20. Minute mit einem überraschenden Schuß aus dem Hinterhalt Torhüter Schrijvers überwand, zerdrückten ihm seine Kollegen beinahe den Brustkorb. Eine Stunde später freilich hätten sie ihn am liebsten in den Rasen gestampft, hatte derselbe Spieler den Holländern mit einem Eigentor das 1:1 geschenkt.

Die ČSSR-Elf zählte zu diesem Zeitpunkt nur noch zehn Mann. Schiedsrichter Clive Thomas aus Wales hatte es für richtig gehalten, Glatzkopf Pollak nach einem Foul an Neeskens vom Platz zu schicken. Mit einem Tritt gegen den flinken Nehoda sorgte „Johan II" dann für die Wiederherstellung der Parität. Und weil sich „Johan I" wort- und gestenreich über den Platzverweis seines Adjutanten beklagte, bekam er die gelbe Karte, die gleichbedeutend war mit einer Sperre fürs Finale beziehungsweise fürs Spiel um den dritten Platz, denn Cruyff war mit einer früheren Verwarnung bereits vorbelastet.

In der Verlängerung wartete ČSSR-Trainer Jezek mit einem gelungenen Schachzug auf. Er schickte den 33jährigen Frantisek Vesely ins Spiel. Vesely wurde zum „Matchgewinner".

Erst flankte er so genau auf Nehodas Kopf, daß dieser zum 2:1-Tor kam und kurz vor Schluß schoß er das 3:1. Zu diesem Zeitpunkt bestand die holländische Mannschaft nur noch aus neun Mann. Van Hanegem hatte, verärgert über das 2:1, den Schiedsrichter beleidigt und sich so noch einen Platzverweis eingehandelt.

Die Deutschen und Jugoslawen erlebten die Sensation von Zagreb in der Belgrader Hotelburg „Jugoslavija", wo sie gemeinsam untergebracht waren, am Bildschirm.

Eine Steigerung der Dramatik im zweiten Halbfinalspiel schien kaum denkbar, doch tatsächlich sollte die Regenschlacht von Zagreb mit seinen hektischen Begleitumständen noch übertroffen werden. 2:0 führten die Jugoslawen zur Halbzeit, spielten aufregend schön und vergaßen vor lauter Selbstgefälligkeit nur, ein drittes Tor zu erzielen. So fielen sie schließlich ihrem Fußball-Narzißmus zum Opfer.

Torschütze Svehlik jubelt (oben), die ČSSR führt in der 8. Minute 1:0 und geht in der 25. mit 2:0 in Führung. Die Sache der Deutschen scheint verloren. Aber in der 90. Minute bringt Hölzenbeins kurioses Tor mit dem Hinterkopf (oben, rechts) den Ausgleich, der zur Verlängerung führt. Links: Jubel um Hölzenbeins Treffer.

Die deutsche Elf, in der Pause von „Kaiser Franz" zur Räson gerufen, mit dem Kölner Flohe für den Gladbacher Danner, machte sich zusehends frei von den Fesseln und kam durch Flohe in der 65. Minute auch zum Anschlußtreffer. Und als die Zeit verrann, ohne daß noch etwas passierte, schickte der nervöse Helmut Schön auf Drängen seines Assistenten Jupp Derwall den Kölner Mittelstürmer Dieter Müller aufs Spielfeld, einen Mann, der nur dabei war, weil der Lauterer Klaus Toppmöller „Harakiri" begangen hatte. Nach einem selbstverschuldeten Unfall war Toppmöller für 16 Stunden verschwunden und dann erst mit einer Gehirnerschütterung im Krankenhaus aufgekreuzt.

Debütant Dieter Müller erlebte in Belgrad seine Sternstunde. Gleich bei seinem ersten Ballkontakt gelang ihm das 2:2 – er köpfte eine Ecke von Bonhof ein – und in der Verlängerung war er noch zweimal zum 4:2 erfolgreich.

Sepp Maier schaut verbiestert hinter dem Ball her, Torschütze Panenka dreht jubelnd ab – die ČSSR hat das Elfmeterschießen 5:3 gewonnen und ist Europameister ...

Aus jugoslawischer Sicht war dieses Ereignis ein unverzeihlicher Fehler des Trainers. „Wie konnte Mladinic nur auf einen Bewacher für Müller verzichten! Er hat das Spiel auf dem Gewissen“, kritisierte Petar Radenkovic, jugoslawischer Torhüter-Star in den sechziger Jahren, die taktische Arroganz des Verantwortlichen, der glaubte, ohne Vorstopper spielen zu können.

Anschließend trug Jugoslawien Fußballtrauer. Die Belgrader boykottierten das Finale. 33 000 Zuschauer im 100 000 Mann fassenden Roter-Stern-Stadion verbreiteten Melancholie.

Auch im Endspiel fiel es den Deutschen schwer, sich auf den Gegner einzustellen. Als Schiedsrichter Gonella aus Italien die Akteure zum Pausentee bat, lag die ČSSR 2:1 vorn, war ihr wie vorher den „Jugos“ die schnelle Überrumpelung zum 2:0 geglückt. Nehoda hatte auf der linken Seite die Achillesferse in der deutschen Abwehr entdeckt, Verteidiger Gögh seinen Gegenspieler Uli Hoeneß mit seinem Offensivdrang in die Defensive gezwungen und Dieter Müller mit Capkovic einen direkten Gegenspieler. Dennoch gelang dem Kölner der 1:2-Anschlußtreffer.

In der zweiten Halbzeit brachte Helmut Schön wieder den Kölner Heinz Flohe als „Joker“. Und tatsächlich wurde Flohe zum nicht kalkulierbaren Risiko für die ČSSR-Mannschaft, bei der Torhütersenior Viktor – 34 Jahre alt – tausend Hände zu haben schien. Nur einmal griff er neben den Ball. Als eilige Reporter schon ihren Endspielbericht vom entthronten Europameister in die Heimat gekabelt hatten, erwischte Hölzenbein einen Eckball von Bonhof mit dem Hinterkopf, ehe Viktor mit der Faust am Leder war. Zwei zu zwei – Sekunden vor Spielende; die deutschen Spieler sanken glücklich ins Gras.

In der Verlängerung tauchte auf der Seite der ČSSR wieder Flügelflitzer Vesely auf, doch diesmal blieb sein Auftritt bescheidener. Der Schalker Bongartz, für den Berliner Beer ins Spiel gekommen, hielt den schnellen Mann. Am Ende stand es immer noch 2:2.

Das Reglement ließ zwei Möglichkeiten zu: Elfmeterschießen oder Wiederholung. Die deutschen Funktionäre hatten sich schon vorher – ohne Absprache mit den Spielern – fürs Elfmeterschießen entschieden.

Bei der ČSSR gab es keine großen Diskussionen um die Auswahl der Schützen. Masny, Nehoda, Ondrus, Jurkemik und Panenka hatten den Ernstfall schon im Trainingslager geprobt. Bei den Deutschen wurde erst palavert, mußte Franz Beckenbauer seine ganze Autorität einsetzen, um Sepp Maier zurückzupfeifen, der für Dietz hatte einspringen wollen. So stellten sich schließlich Bonhof, Flohe, Bongartz, Hoeneß und Beckenbauer zum Duell.

Bis zum 3:3 ging alles gut. Als dann Jurkemik zum 4:3 einschoß, schlenderte Uli Hoeneß zum Elfmeterpunkt und lief ebenso lässig an. Sekunden später griff sich der blonde Bayer, verfolgt von Millionen Fernsehzuschauern – 30 Fernsehstationen übertrugen das Finale in 25 Länder – an den Kopf. Er hatte den Ball übers Tor gejagt. Anschließend „verlud“ der säbelbeinige Antonin Panenka aus Prag Sepp Maier rotzfrech mit einem Heber zum 5:3. Das Spiel war aus, Deutschland den Titel los.

Die Wut der Spieler konzentrierte sich später nicht so sehr auf den Unglücksraben Hoeneß, sondern vielmehr auf die DFB-Funktionäre, die eigenmächtig das Wiederholungsspiel abgelehnt hatten. „So ein Schmarrn. Bei unserer Kondition hätten wir das zweite Spiel gewonnen“, rügte Franz Beckenbauer, im Finale zum 100. Male im Nationaldreß.

Die Weltpresse feierte beide Mannschaften. „Dieses Finale zeigte einen großartigen Dialog zwischen der spielerischen Leichtigkeit der ČSSR und der deutschen Fußballmaschine. Es wurden bisher kaum gekannte Dimensionen erreicht“, schwärmte die französische Sportzeitung „L'Equipe“.

ČSSR-Trainer Vaclav Jezek sah eigene Recherchen honoriert. Samstag für Samstag hatte er bei einem Freund in Prag, dem es mittels einer Spezialantenne gelungen war, die Sendungen des Deutschen Fernsehens ins Wohnzimmer zu holen, die Eigenheiten der deutschen Bundesliga-Profis am Bildschirm studiert.

Europameisterschaft 1980

von K. H. Mrazek

Als sich ein halbes Dutzend walisischer Nationalspieler, alles hochbezahlte Angestellte englischer Profi-Klubs, in der Nacht zum 19. Oktober 1979 in der Diskothek des früheren Kölner Nationaltorhüters Manfred Manglitz reichlich mit Whisky und Gin füllten, verstießen sie sicherlich gegen Sitte und Ordnung ihres Berufsstandes, nichtsdestoweniger war Mitleid am Platze. Sie folgten, wenn man so will, einem inneren Zwang und sahen wahrscheinlich keinen anderen Weg, ein Ereignis zu verdrängen, das ihr Selbstwertgefühl auf eine gefährlich niedrige Schwelle gedrückt hatte: Das 1:5 gegen die „neue" deutsche Nationalelf.

„Diese Germans haben uns zerfetzt", schlug Gwynsrin Jones, Präsident des walisischen Fußballverbandes, martialische Töne an, um das Ausmaß seiner Bestürzung möglichst deutlich zu machen.

An diesem 19. Oktober 1979 war für die Verlierer von Köln die Frage beantwortet, wer in Italien die Europameisterschaft gewinnt. Nach der WM in Argentinien also eine Renaissance des deutschen Profifußballs?

Jupp Derwall, seit Helmut Schöns Rücktritt (1978) verantwortlich für eine total verunsicherte Nationalmannschaft und bemüht, so rasch wie möglich das WM-Trauma aus Leib und Seele der DFB-Starkicker zu verbannen, hatte auch zu diesem Zeitpunkt – es standen lediglich die Heimspiele gegen die Türkei und gegen Malta aus nicht die Traute, vom Gruppensieg, geschweige denn vom möglichen Titelgewinn zu sprechen.

Das konnte man durchaus Tiefstapelei nennen, denn zu diesem Zeitpunkt war die Nationalelf kein zerstrittener Haufen mehr, sondern eine junge, selbstbewußte Truppe, die über den Umweg kritikwürdiger Spiele – 0:0 auf Malta und in der Türkei – Format und Harmonie gewonnen hatte.

Bis zur Endrunde in Italien, die fast WM-Dimensionen hatte – zum ersten Male wurde in zwei Vierer-Gruppen gespielt – blieb die Mannschaft in 15 Spielen ungeschlagen.

In den Gruppenspielen zur EM war die Mannschaft auf 10:2 Punkte gekommen. Eine bessere Bilanz hatte nur England vorzuweisen (15:1 Punkte). Dabei halfen den in der Vergangenheit arg gebeutelten Briten relativ leicht verdauliche Rivalen auf die Beine! Gegen Eire, Nordirland, Bulgarien und Dänemark ließ sich's leicht siegen. Da mußten Belgien, Holland oder die ČSSR, aber auch Spanien ganz andere Hürden überwinden.

Die Gruppe II war schon fast eine Mini-Endrunde. Mit Belgien bemühten sich Österreich, Portugal und Norwegen ums Ticket nach Italien. Die Österreicher, nicht zuletzt durch ihren Sieg über die Bundesrepublik gestärkt aus der WM in Argentinien hervorgegangen, machten sich nach ihrem 2:1-Sieg in Portugal durchaus berechtigte Hoffnungen. Tabellenführer mit 11:5 Punkten, das war schon etwas. Da konnte Trainer Karl Stotz auch das 2:0 der Belgier zu Hause gegen Schottland nicht nervös machen. Im Hampden Park, so frohlockte er, werde Schottland den Belgiern die EM-Flausen schon aus dem Kopf schießen und seiner Elf das Bett machen. Doch auch in Glasgow war Schottland ein Tiger ohne Krallen, holten die Belgier einen Sieg, was Österreich nicht gelang. So gingen die Belgier mit einem Punkt vor ihrem schärfsten Widersacher durchs Ziel.

Die Polen hatten, wie schon vier Jahre zuvor, das Pech mit Holland in eine Gruppe zu kommen. Als dritte Kraft spielte die DDR eine überraschend starke Rolle. Als einzige Mannschaft ergatterten die Ostdeutschen einen Punkt in Polen. So blieb die DDR bis zum Schluß am Drücker. Holland mußte zur Entscheidungsschlacht nach Leipzig. Jan Zwartkruis, der nach der WM das Amt des Bondscoach übernommen hatte, war nicht zu beneiden. Mit Neeskens, Poortvliet, Willy van de Kerkhof, Peters, Jansen, Rep, Haan, Dusbaba und Geels mußte er eine Reihe prominenter Spieler wegen Verletzung, verweigerter Auslandsfreigabe oder schlicht wegen Desinteresse ersetzen.

Enttäuschender Auftakt zur Europameisterschafts-Endrunde. Titelverteidiger ČSSR wird im Eröffnungsspiel von Deutschland 1:0 geschlagen. Das „goldene" Tor erzielt Karl-Heinz Rummenigge.

Dennoch lehnte er das Angebot Johan Cruyffs ab, in großer Not den „Oranjes“ beizustehen. Bei der jüngeren Spielergeneration hatte König Johan keine Autorität mehr.

Sie einzubüßen – und dazu seinen Job – drohte auch dem Luftwaffenmajor Zwartkruis, denn zur Halbzeit lag die DDR in Leipzig 2:0 vorn. Holland brauchte ein Unentschieden.

Erst nach einer Prügelei zwischen dem Jenaer Weise und dem Amsterdamer La Ling, die beiden einen Platzverweis eintrug, sollte sich das Blatt wenden. Ohne Weise geriet die Abwehr der DDR ins Schwimmen Thijssen, bei Ipswich Town unter Vertrag, erzielte den Anschlußtreffer und der eingewechselte Kist den Ausgleich. Und zum Abschluß krönte Rene van de Kerkhof ein sehenswertes Solo mit dem 3:2-Siegtreffer.

„Immer wenn die Not am größten ist, werden unvermutete Kräfte zur Rettung frei“, kommentierte „Allgemeen Dagblad“ den vielbeachteten Szenenwechsel in Leipzig. DDR-Trainer Georg Buschner war dem Weinen nahe, um seinen Job mußte der stramme Parteigenosse indes nicht bangen.

Titelverteidiger ČSSR, mit Dr. Jozef Venglos als neuem Trainer, hatte wie sein Kollege Derwall WM-Ballast abzutragen. Die Mannschaft war schon in der WM-Qualifikation an Schottland und Wales gescheitert. Frankreich hinterließ einen starken Eindruck. Doch am Ende hatte Venglos sein erstes großes Erfolgserlebnis. Das 2:2, mit dem die Franzosen ohne ihren Dirigenten Michel Platini gegen Schweden gestartet waren, sollte ihnen zum Verhängnis werden. Die ČSSR wie Frankreich 3:1-Sieger in Schweden, fertigte die „Nordlichter“ im Rückspiel kurzerhand 4:1 ab. Platinis Hoffnung – „Ronnie Hellström wird die ČSSR-Stürmer zur Verzweiflung bringen“ – erfüllte sich nicht; der Torhüter des 1. FC Kaiserslautern pfiff auf dieses Spiel in Prag, weil Schweden aus dem Rennen war.

Spaniens Kampf gegen die Balkan-Konkurrenz Rumänien und Jugoslawien schien nach zwei Spielen bestanden. Dem 2:1 in Zagreb folgte ein 1:0 in Valencia gegen Rumänien. Und wer noch zweifelte, dem wurde im Frühjahr 1979 abgeholfen, als Spanien mit „Kühlschrank-Fußball“ den Rumänen in Craiova ein 2:2 abtrotzte. Da konnte auch ein 0:1-Ausrutscher gegen Jugoslawien in Valeneia keine Pferde mehr scheu machen. Jugoslawiens Wunsch, Zypern möge die Iberer im letzten Gruppenspiel besiegen und so den Weg für Jugoslawien freimachen, mußte frommer Wunsch bleiben.

Die eigentliche Sensation lieferte die Gruppe VI, in der alles auf eine Auseinandersetzung zwischen der Sowjetunion und Ungarn fixiert war. Doch die Goliaths des Ostblocks hatten die Rechnung ohne die Griechen gemacht, die von der labilen, oft sogar indiskutablen Form der beiden profitierten ebenso wie die Finnen. Mit einem 1:0 gegen die UdSSR war Griechenland Gruppensieger geworden und damit im Fußballolymp. Da sich der russische Bär sogar in Moskau vor 1000 (wörtlich: tausend) Zuschauern von Finnland das Fell über die Ohren ziehen ließ – nur das unterentwickelte Schußvermögen der Skandinavier verhinderte beim 2:2 einen Sieg –, wurde er sogar Gruppenletzter.

Das Veranstalterland Italien versprach sich von der Mammut-Endrunde grandiose Spiele, volle Stadien in Rom, Mailand, Turin und Neapel, ein großes Geschäft und was vielleicht am heftigsten ersehnt wurde, die Wiedergeburt einer großen Squadra Azzurra.

Verdrängt werden sollte der Toto-Wettskandal, in den viele Spieler, vor allem Publikumsliebling und Nationalspieler Paolo Rossi verwickelt waren.

Die hochfliegenden Erwartungen stürzten freilich wie ein Kartenhaus zusammen. Monotonie kroch durch die Stadien, die größtenteils leer blieben, weil die Teilnehmer – von Ausnahmen abgesehen – Torsicherung

Bodenkampf zwischen Krol und Horst Hrubesch (links). Deutschland schlägt Holland 3:2. Luftkampf, zwischen Keegan und Oriall (unten). Italien schlägt England 1:0.

Belgiens Jan Ceulemans verwirrt Spaniens Abwehrspieler (links). Die Belgier gewinnen 2:1 und qualifizieren sich dank der Unentschieden gegen Italien und England fürs Endspiel.
Unten: Der 35jährige belgische Spielmacher Wilfried van Moer gibt auch den Engländern Rätsel auf.

auf ihr Panier geschrieben hatten und Italien mit schlechtem Beispiel voranging. So wurde letztlich dem Ansehen des europäischen Fußballs eine kräftige Ohrfeige verpaßt.

Emotionsausbrüche blieben beim ersten Spiel der Italiener vor den Stadiontoren. Sicherlich war es unklug, dieses Spiel ausgerechnet ins Giuseppe-Meazza-Stadion nach Mailand zu legen. Einige Wochen vor der Endrunde war der AC Milan, wie andere Klubs auch in den Wettskandal verwickelt, in die Zweite Liga versetzt worden, Juventus aber unangetastet geblieben.

Das rief die AC-Sympathisanten zu Tausenden auf den Plan. Die Fußballrichter, so schrien sie im Chor, hätten die Turiner nur geschont, damit den vielen Nationalspielern des Klubs, auf die Trainer Enzo Bearzot mit Vorliebe zurückgriff, kein Leid geschähe.

So wurde Mailand zum Spießrutenlaufen für die mit Juventus-Stars gespickte italienische Mannschaft. Das 0:0, ärmlich genug, sollte zum Menetekel werden. Gegentore bekamen den Rang eines Delikts, ihre Verursacher den Status eines Kriminellen. Kein Wunder, daß unter dieser psychologischen Belastung, die geschürt wurde durch die Angst, den Ersten Platz in der Gruppe und damit das Finale zu verpassen, Kreativität und Angriffsmut verkümmerten.

Der Fußballbrei, den England und Belgien anschließend in Turin anrührten, schlug 20 000 gehörig auf den Magen. Für den unrühmlichen Höhepunkt des Spiels sorgten englische Rowdies, die beim 1:1-Ausgleich der Belgier, die Fäuste sprechen ließen. Schon am Morgen des Spieltags waren 30 „Insulaner", nicht mehr ganz nüchtern, ins Gefängnis gesteckt worden. Um die schmerzvollen Streitigkeiten auf den Rängen zu stoppen, warf die Polizei Tränengas in die „schlagenden Verbindungen". Einer aber warf das Geschoß zurück und so rieben sich alsbald auch die Akteure auf dem Rasen die Augen. Mit Tränen in den Augen mußte Schiedsrichter Aldinger aus Waiblingen die Partie für fünf Minuten unterbrechen.

„Sind das die Kinder, die wir großgezogen haben?" fragte Bobby Charlton, Englands Spielstratege der sechziger Jahre, inzwischen Fernsehreporter, entsetzt. Die Frage hätte auch den

Stars auf dem Rasen gelten können, denn was die Keegans, Woodcocks und Kennedys den Fußballfreunden in England zumuteten, war traurig genug.

Stumpfsinnige Rennerei, Kardinalschwäche der Briten, erreichte ihren unrühmlichen Höhepunkt beim 1:2 gegen Italien in Turin. Damit war das Finale praktisch verspielt, die Nation wieder einmal schmählich enttäuscht worden. „Wir Engländer laufen viel zu sehr hinter dem Ball her. Unsere Spielweise ist einfallslos, für den Gegner viel zu leicht auszurechnen“, beklagte Keegan den Zustand einer Mannschaft die mit so großen Ambitionen ins Land der Zitronen gereist war.

Die Worte Keegans waren auch auf die Italiener anwendbar, die den Kummer des krisengeschüttelten, fußballversessenen Landes noch weiter vergrößerten und Belgien den Gruppensieg und damit das Endspiel überlassen mußten.

Mittelmaß und Langeweile herrschte auch in der anderen Gruppe vor, in der Titelverteidiger ČSSR, die Bundesrepublik Deutschland und Holland Endspielansprüche hatten, Griechenland schon mit dem Erreichen der Endrunde am Ziel seiner Wünsche war.

Die Auftaktneurose, von der auch nervenstarke und selbstbewußte Mannschaften selten verschont bleiben, lähmte im Eröffnungsspiel zwischen der ČSSR und Deutschland Leib und Seele der Akteure. 15 000 im römischen Olympiastadion kamen sich veralbert vor. Rummenigges Kopfballtor auf artistische Vorlage des Stuttgarters Hansi Müller bewahrte sie vor dem Einschlafen bei hochsommerlichen Temperaturen.

Im zweiten Spiel kehrten die Deutschen dann eine Fähigkeit heraus, die ihnen schon oft weitergeholfen hat, die Fähigkeit nämlich, sich von Spiel zu Spiel steigern zu können. Geradezu klassisch wurde das am Gegner Holland in Neapel demonstriert. Als es 3:0 für Derwalls junge Mannschaft stand, schien Holland in eine Katastrophe zu schlittern. Doch mit Hilfe des Schiedsrichter-Pantomimen Wurtz aus Straßburg – er schenkte den Holländern einen Elfmeter – und einem Tor des Haudegen Willy van de Kerkhof kam der WM-Zweite noch zu einem Ergebnis, das nicht annähernd das Leistungsgefälle zwischen den beiden Mannschaften wiedergab.

Jupp Derwall aber durfte tief durchatmen, hatte mit einem Spielertausch gegenüber dem ČSSR-Spiel sich und der Karriere des jungen, damals noch für den 1. FC Köln spielenden Bernd Schuster einen großen Dienst erwiesen. Der „blonde Engel“, so genannt von seiner um einige Jahre älteren Frau, schwebte ungehindert durch die Reihen der staksigen Holländer. Schuster war die bestimmende Kraft im Mittelfeld und letztlich der Spielgewinner, auch wenn der Düsseldorfer Klaus Allofs dreimal als Torschütze in Erscheinung trat.

Zwei Siege und die Gewißheit, das Finale erreicht zu haben, war natürlich die denkbar ungünstigste Konstellation vor dem letzten Gruppenspiel gegen die Griechen in Turin. Die Motivation war weg, nachdem sich Holland und die ČSSR am Nachmittag die Punkte geteilt hatten. Zudem hielt es Jupp Derwall für angebracht, die mit gelben Karten vorbelasteten Schuster, Dietz und Klaus Allofs auf die Tribüne zu setzen. Herauskam ein Aufstellungskuddelmuddel und anschließend auch ein spielerisches Gewurstel, das vor allem die Bundesbürger verärgerte, die für einen Tag über die Alpen gekommen waren.

Versöhnlich stimmte das Finale und das Spiel um den dritten Platz. 25 000 Zuschauer in Neapel erlebten eine Torflut beim Spiel ČSSR gegen Italien, 17 der 19 Treffer fielen freilich erst im abschließenden Elfmeterschießen. Es war beendet, als ČSSR-Verteidiger Barmos gegen Dino Zoff, mit 38 ältester Teilnehmer der EM-Endrunde, den Ball zum 9:8 verwandelte. Das Thema, an dem sich die Italiener ereiferten, war die Frage, ob ČSSR-Torhüter Netolicka beim letzten Schuß der Italiener – Schütze Collovati – den Ball vor, auf oder hinter der Torlinie zu fassen bekam. Fernsehbilder lieferten keinen Beweis. So blieb es bei der Entscheidung des österreichischen Schiedsrichters Linemayr: „Kein Tor“.

Der Jubel der ČSSR war aufrichtig und entlarvend zugleich. Er bewies, daß Jezek-Nachfolger Venglos, ein Doktor der Philosophie, keine Ideenproduzenten, sondern nur eine gut funktionierende Mannschaft besaß, in der persönliche Initiativen kaum zum Tragen kamen.

Das Finale hatte einen anderen Zuschnitt. Der kleine, bewegliche Wilfried van Moer, ein Barbesitzer, der Jahre vor der Endrunde seinen internationalen Abschied gegeben hatte und schon 35 Jahre alt war, erlebte in Rom seinen dritten Fußballfrühling. Van Moer bestimmte den Rhythmus der Belgier und Bernd Schuster die Mittelfeldaktionen der Deutschen. Wie einst der junge Beckenbauer schlängelte er sich durch die Sperrgürtel der Belgier.

Daß am Ende Deutschland gewann, war ein wenig vom Glück begünstigt. Zwei Minuten vor dem Abpfiff beförderte „Kopfballungeheuer“ Horst Hrubesch einen Eckball von Karl-Heinz Rummenigge – „der Schuß auf die kurze Ecke war abgesprochen“ – mit der Stirn zum 2:1 ins belgische Tor. Zu einem Zeitpunkt also, als beide Seiten Vorkehrungen zur Verlängerung getroffen hatten.

Hrubesch durfte im vorgerückten Alter von 29 Jahren das Nationaltrikot überstreifen, weil der Schalker Mittelstürmer Klaus Fischer drei Monate vor Beginn der Endrunde in einem Bundesligaspiel einen Schienbeinbruch erlitten hatte.

„Deutschland ist ein würdiger Europameister“, sagte UEFA-Präsident Artemio Franchi in seiner Rede bei der Siegesfeier. Das abgegriffene Klischee war vertretbar. Derwalls Elf war mit einem Durchschnittsalter von 25,38 Jahren das jüngste Team der Endrunde, und auch die individuell bestbesetzte Mannschaft der Endrunde.

Europameisterschaft 1984

Von Jo Viellvoye

Wenn ein Favorit gewinnt, gerät die Welt des Sports nur selten aus der Ruhe. Das Normale, Vorhersehbare, Vorhergesagte, hinterläßt kaum Spuren in der Schlagzeilen-Landschaft, es sei denn im eigenen Land. Darüber hinaus aber geht man ob des Ergebnisses schnell zur Tagesordnung über. Es ist halt so gekommen wie erwartet, na und?

Die Fußball-Europameisterschaft 1984, das 14tägige Turnier in Frankreich, machte eine Ausnahme. Es wird nachwirken, wenn Details längst vergessen, die tollsten Tore verblassende Erinnerung sind.

Es gab unerwartet viel davon, und da sie bekanntlich „das Salz in der Suppe des Fußballs" sind, wie feuilletonisierende Berichterstatter allemal versichern, müssen dem Menü, das da in sieben französischen Städten serviert wurde, wohl die üblichen zwei oder drei Sterne zuerkannt werden. Immerhin 41 Tore in den 15 Spielen, ein Durchschnitt von 2,73 pro Spiel – das ist weit ergiebiger als die meisten nationalen Meisterschaftswettbewerbe.

Es war nur logisch, daß der neue Europameister, daß Frankreich mit 14 Treffern auch statistisch am erfolgreichsten abschnitt. Sein Super-Star Michel Platini steuerte allein neun dazu bei und krönte sich zum absoluten König dieser EM. Der französische Journalist, der schon nach Platinis Auftakt-Tor zum 1:0 im Eröffnungsspiel gegen Dänemark das superlative Adjektiv „platinissimo" erfunden hatte, mußte sich – im Gegensatz zum beschriebenen Objekt – wohl eingestehen, sein Pulver zu früh verschossen und das schöne Wortspiel verschenkt zu haben. Platinis Tore reihten sich wie Perlen (blau-weiß-rote Perlen, versteht sich) auf der Schnur dieser EM, gereichten am Ende La France zu einem dekorativen Halsschmuck und dem Fußball schlechthin zu einem neuen Image, zu einer fast blütenweißen Visitenkarte.

Frankreichs neuer Nationalheld, der sein Geld in Turin verdient, wäre dennoch nicht in der Lage gewesen, seine Mannschaft zum erhofften Erfolg zu führen, hätte er in einem anderen Umfeld, etwa dem deutschen, regieren müssen. Doch es gab in der Equipe Tricolore eben nicht nur Monsieur Platini, sondern mindestens noch zwei ebenbürtige und gleichwertige Partner: Giresse und Tigana. Diesem dynamischen Mittelfeld war auf Dauer kein Gegner gewachsen, dem Offensivdrang hielt keine Abwehr stand. Hier gewann der Fußball eine Schlacht, und es ist verständlich, daß am Morgen nach Frankreichs Finalsieg etliche europäische Zeitungen (nicht nur französische!) an den Mann erinnerten, dem das zu verdanken war: Merci, M. Hidalgo!

Michel Platini, Supermann der französischen Nationalelf und Superstar der Europameisterschaft. Ihm vor allem verdankt Frankreich den Sieg.

Frankreichs Trainer hatte schon vor dem Turnier, in das seine Mannschaft als erklärter Favorit gegangen war, die reine Offensive versprochen: „Anders können wir gar nicht spielen." Er hielt sein Versprechen, was um so bemerkenswerter ist, als auch ihm wie den meisten seiner europäischen Kollegen kaum noch Stürmer zur Verfügung stehen, die diesen Namen verdienen. Lacombe und Six bzw. Bellone hießen Frankreichs „Sturmspitzen", aber was bedeutet diese Bezeichnung schon angesichts der Tatsache, daß nur ein einziges der 14 Tore von ihnen erzielt wurde? Bezeichnend, daß es dann auch erst in der allerletzten Minute dieser EM fiel: Bellone überlistete Spaniens Keeper Arconada und sicherte den 2:0-Finalsieg.

Ansonsten hatten er und die anderen kaum etwas anderes getan als zu rochieren, als die gegnerische Abwehr in Bewegung und den Ball nach Möglichkeit so lange in Besitz zu halten, bis die Schaltzentrale aufgerückt war, die Mittelfeld-Reihe ihre Torproduktion aufnehmen konnte. Sie tat es mit Spielwitz und Intelligenz, mit technischer Perfektion, Schwung und Begeisterung: Allez la France, allez!

Ist dies der Fußball der Zukunft? Solche Fragen schlüssig beantworten zu wollen, ist immer gefährlich. Jeder Trainer wird sich darauf hinausreden, daß der Erfolg von den „richtigen Spielern" abhänge, daß Frankreichs Triumph ohne Platini, Giresse und Tigana ebenso undenkbar gewesen wäre wie der Deutschlands 1972 ohne Netzer, Beckenbauer und Müller. Indessen fängt die Kunst des Trainers wohl damit an, eben solche Spieler zu finden bzw. finden zu wollen, sie aufeinander einzustellen und ihnen das abzuverlangen, was so viel schwerer zu erlernen (und zu lehren!) ist als 90 Minuten Geradeauslaufen und scha-

Europameisterschaft 1984

Meilensteine auf dem Weg ins Endspiel. Tor für Dänemark durch Sören Lerby (rechts): aber schließlich gewinnt Spanien das Elfmeterschießen und erreicht das Endspiel.
Unten:
Schmerzhafter Sturz für den verhinderten Superstar der Europameisterschaft. Mit Karl-Heinz Rummenigge stürzt auch die Nationalelf der Bundesrepublik in den Abgrund – Spanien siegt 1:0.

blonenhafte Taktik: spielerische Intelligenz, geistige und technische Beweglichkeit.

Die silberne Trophäe des Europameisters ist dorthin zurückgekehrt, wo man sich mit diesen Tugenden immer schon etwas leichter tat als weiter nördlich. Zweifellos ist der romanische Fußball von heute gewitzter als der angelsächsisch geprägte, schöner anzuschauen war er immer schon. Nicht von ungefähr stand England in diesem Turnier erneut abseits, kamen Portugal und Spanien erstaunlich weit, war auch Rumänien dabei, immer schon technisch bester Vertreter des Balkans (übrigens auf Kosten von Weltmeister Italien, der dem Neuaufbau nach der WM '82 während der Qualifikation Tribut zollen mußte).

Wie zumeist am Ende eines strapaziösen Turniers, war das Endspiel kein großes Finale. Dafür kulminierten Spannung, Dramatik und phasenweise auch Spielkultur in den Halbfinals: Spanien schaltete die sensationell starken Dänen erst im Elfmeterschießen aus, Portugal hatte den hohen Favoriten Frankreich am Rande des Abgrunds und war – in der Verlängerung – nur fünf Minuten von der großen Sensation entfernt.

Dänemark, Portugal, wohl auch Spanien – sie gaben, neben dem neuen Europameister, diesem Turnier Gesicht und Gewicht, sie veränderten die Landschaft des europäischen Fußballs zumindest vorübergehend. Feinschmecker verabschiedeten sich aus Frankreich in einem Gefühl der Vorfreude auf anstehende WM-Qualifikationsrunden für 1986: Dänemark u.a. gegen UdSSR, Norwegen und Irland, Portugal u.a. gegen Schweden, die ČSSR und die Bundesrepublik Deutschland (!), Spanien u.a. gegen Schottland und Wales, Frankreich schließlich u.a. gegen die DDR, Bulgarien und Jugoslawien.

Vielleicht waren die Dänen die für dieses EM-Turnier '84 typischste Mannschaft: engagiert, respektlos, locker und doch diszipliniert. So gingen sie zu Werke, unterlagen im ersten Spiel dem hohen Favoriten Frankreich nur mit viel Pech, schlugen dann Jugoslawien sensationell hoch mit 5:0 und Belgien nach 0:2-Rückstand noch mit 3:2.

Gewiß, man hatte Dänemark auf der Rechnung gehabt, spätestens seit dem 1:0-Sieg in Wembley, der England aus der Qualifikation warf. Trainer Robson attestierte dem Gegner, besser zu sein als 80 Prozent der WM-Teilnehmer 1982 in Spanien. Sein Kollege Sepp Piontek hörte das nicht allzugern, obwohl längst von den Qualitäten seiner Truppe überzeugt, die er vor jedem Länderspiel buchstäblich in halb Europa einsammeln muß. Aus nicht weniger als sechs Ländern re-

Europameisterschaft 1980

Endspiel in Rom: Karl-Heiz Rummenigge ist der Star des Turniers.
Hier nimmt er den Ball mit der Brust mit, und der Belgier Michel Renquin trabt hinterher.
Zwar erreicht Rummenigge im Endspiel nicht die Höchstform.
Aber die Journalisten wählen den Deutschen zum besten Spieler des Europameisterschaftsturniers.

15

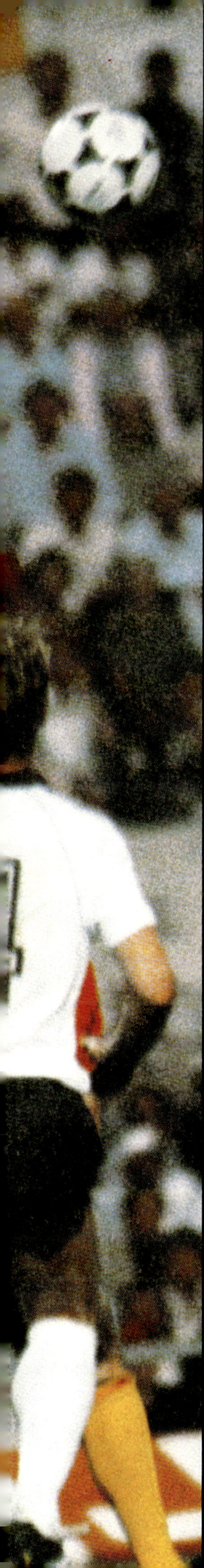

Ein Reservist wird
Stammspieler:
Hans Peter Briegel ist in Italien einer der besten Spieler der deutschen Elf. Bei seiner Kopfballabwehr (links) können Uli Stielike (Nr. 15) und Karl-Heinz Förster (Nr. 4) beruhigt zusehen. Rechts: Horst Hrubesch hat nach zehn Minuten das 1:0 erzielt. Mit ihm freut sich Bernd Schuster, der entscheidende Vorarbeit dazu geleistet hat.

9

Das Dokument einer Fehlentscheidung:
Uli Stielike (am Boden) begeht das Foul an François van der Elst,
das der rumänische Schiedsrichter mit einem Elfmeter bestraft,
eindeutig außerhalb des Strafraums – auch wenn der Belgier
erst im Strafraum stürzt (links). Torwart Harald Schumacher läßt
sich von René van der Eycken täuschen. Er startet schon in die falsche Ecke,
ehe der Belgier gegen den Ball getreten hat (oben).

Jubelnde deutsche Spieler nach dem zweiten Treffer, der alles entscheidet (unten: Bernd Cullmann, Klaus Allofs, Bernard Dietz, Karl-Heinz Rummenigge und Hansi Müller, umringen den Torschützen Hrubesch) und nach dem Schlußpfiff (rechts: Hansi Müller, Uli Stielike, Manfred Kaltz, Bernard Dietz und Harald Schumacher) im Freudentaumel.

Höhepunkt einer langen Laufbahn: Kapitän Dietz, die Zuverlässigkeit in Person, mit der EM-Trophäe.

Und immer wieder Platini.
Unten: Sein Elfmeter beim 5:0 Frankreichs im Gruppenspiel gegen Belgien.
Links: In Jubelpose nach dem 3:2-Erfolg gegen Portugal, das sich erst in der Verlängerung geschlagen gibt.

krutierte sich sein EM-Legionärsteam: Belgien, Holland, Deutschland, Italien, Spanien und Dänemark, wo aber nur ein einziger der Stammbesetzung kickt: Torwart Qvist. Es wären zwei gewesen, hätte sich Alan Simonsen aus Vejle nicht schon nach einer halben Stunde dieser EM auf grausame Art und Weise verabschieden müssen: Nach einem Zusammenprall mit Frankreichs Vorstopper Le Roux blieb er mit gebrochenem Schienbein auf dem Rasen liegen.

Die Mannschaft steckte den Verlust ihres Routiniers und Matchwinners erstaunlich cool weg, was nicht heißen soll, daß Alans Schicksal ihr nicht naheging. Vor jedem Spiel gingen Telegramme hin und her, Simonsen wünschte viel Glück, seine Kameraden versprachen, an ihn zu denken und sich ganz besonders ins Zeug zu legen. Vor dem Halbfinale produzierten Team und Trainer noch schnell eine Video-Kassette mit einem speziell Alan Simonsen gewidmeten Song: Alan, du bist unser Freund – wir sehen uns in Paris!

Es kam nicht dazu. Spanien war glücklicher, obwohl die Dänen schon frühzeitig durch Sören Lerby (Bayern München) in Führung gegangen waren und danach eine Vielzahl von Chancen hatten, die gut und gerne zum Einzug ins Finale hätte reichen müssen. Doch nach der Pause kehrte sich das Spiel um, machten die Spanier Druck. Sie erzielten den Ausgleich, erzwangen die Verlängerung und das große Shoot-out, das Elfmeterschießen. Ausgerechnet einer der besten Dänen, Preben Elkjar-Larsen, jagte den Ball über das Tor – aus und vorbei.

Sepp Piontek, der Deutsche auf Dänemarks Trainerbank, nahm's so gelassen hin, wie er sich auch zuvor gezeigt hatte: „So ist das Leben, Kinder, da kann man nichts machen. Seid nicht traurig – trinken wir einen!"

Piontek war, neben Michel Hidalgo, die auffallendste Trainerfigur dieser EM gewesen: ein kantiger Ostfriese, ruhig, entschlossen, von sich und seiner Arbeit überzeugt. Sein internationales Spieler-Ensemble bestätigte ihm hervorragende Eigenschaften in der Menschenführung, die internationale Presse lernte ihn auch als erstaunliches Sprachtalent kennen; nach dem Sieg über Belgien in Straßburg trat er als sein eigener Dolmetscher auf. Sepp kommentierte in Dänisch, übersetzte ins Deutsche, antwortete auf französisch und englisch und konnte sich die Frage nicht verkneifen: „Jemand Spanisch?"

Dabei ist er völlig unprätentiös geblieben, bei aller Popularität und Anerkennung, die er längst in Dänemark besitzt und jetzt auch darüber hinaus gewann, ein eher kumpelhafter Typ, der nicht um seine Autorität fürchten muß, wenn er mit seinen Spielern mal ein Bier trinkt (was nicht allzuoft vorkommt, weil Piontek auf dem Standpunkt steht, daß erwachsene Männer weitgehend unbeobachtet und unbeaufsichtigt bleiben sollen und wollen).

Daß die Welt des Fußballs am deutschen Wesen zu genesen habe, glaubt er längst nicht mehr – falls er es überhaupt je geglaubt hat. Immerhin machte er schon mit 31 – als Lehrgangs-Bester – sein Trainerdiplom in Köln, nach sechs Länderspielen unter Helmut Schön und 203 Bundesliga-Einsätzen für Werder Bremen. Der branchenübliche Rausschmiß (in Düsseldorf) prägte den Trainer Piontek ebenso wie Arbeit in der 2. Liga (St. Pauli). Seine (nicht nur sprachliche) Lernfähigkeit erprobte er zwischen Haiti und (dem dänischen) Grönland, und längst fühlt der 44jährige sich als „halber Däne", mit dänischem Tabak in der Pfeife und dänischer Freundin, die natürlich Gitte heißt.

„Deutschland", hat er vor dieser Europameisterschaft wissen lassen, „das ist für die meisten meiner Spieler das Land, in dem ihnen im Training gesagt wird: Halt den Mund und lauf geradeaus."

Keine Frage, daß es bei Piontek anders zugeht, keine Frage aber auch, daß er längst auf ein Spiel gegen gerade diesen Gegner brannte. Der DFB, einige Male schon mit diesbezüglichen Anfragen aus Kopenhagen konfrontiert, hatte stets bedauernd abgelehnt, aus Termingründen. Jetzt, in Frankreich, schienen Schicksal oder

Das kuriose Führungstor im Endspiel Frankreich–Spanien. Freistoß von Platini – Torhüter Arconada hat den Ball scheinbar schon unter Kontrolle (rechts) – aber zum Entsetzen seiner Mannschaftskameraden rollt das Leder doch noch über die Linie (unten).

Zufall die Karten zu mischen. Und obwohl Piontek betont cool versicherte, im Halbfinale sei „ein Gegner wie der andere", war ihm anzumerken, daß die Partie gegen das Derwall-Team kein Spiel wie jedes andere war, beziehungsweise gewesen wäre.

Es kam nicht dazu. Der regierende Europameister fiel zurück in eine Krise, die überwunden schien, sich aber nicht erst in Frankreich von neuem auftat. Die DFB-Mannschaft verspielte den 1980 gewonnenen EM-Titel und den Rest ihres Kredits auf frustrierende Art und Weise, wobei gesagt werden muß, daß sie eigentlich gar nicht in diese Endrunde gehört hätte. Zweimal, in Belfast und Hamburg, war sie den Nordiren mit 0:1 unterlegen und hatte sich erst im allerletzten Spiel gegen Albanien die Fahrkarte nach Frankreich erstolpert.

Dennoch war Bundestrainer Jupp Derwall überzeugt zuversichtlich, „zumindest das Halbfinale" zu erreichen. Doch schon das erste Spiel gegen Portugal endete nur 0:0 und zeigte überdeutlich die Schwächen auf, die Derwall nicht erkannt hatte: Mangel an Persönlichkeiten in der Mannschaft, Mangel an Kreativität, Offensivgeist und Spielwitz, Mangel schließlich an einem Regisseur im Mittelfeld.

Zwei Monate vor der EM hatte sich Bernd Schuster in Barcelona den Fuß gebrochen. Sein Ausfall konnte nicht ausgeglichen werden, schon gar nicht von Karl-Heinz Rummenigge, der weder die Mentalität eines Spielmachers hat noch in der Situation war, sich in der fremden Rolle durchzusetzen. Sein anstehender Wechsel von Bayern München zu Inter Mailand, der Zehn-Millionen-DM-Transfer, und alle damit verbundenen Konsequenzen, belasteten ihn stärker, als er zugeben wollte. Viel aufschlußreicher als alle Dementis in diese Richtung war das Geständnis gewesen, das ihm nach dem Eröffnungsspiel Frankreich–Dänemark entschlüpft war:

„Mein Gott, diese Szene mit Alan Simonsen werde ich nie vergessen. Das ist ein Schock, zu sehen und zu hören, wie sich einer so das Bein bricht."

Ausgerechnet Toni Schumacher, um dessen Teilnahme in Frankreich es aus bekannten Gründen Wochen zuvor noch Diskussionen gegeben hatte, rettete seiner Mannschaft im ersten Spiel einen Punkt und im zweiten, gegen Rumänien gar den Sieg, als er jeweils kurz vor Schluß scheinbar unhaltbare Bälle hielt. Schon das hätte die Verantwortlichen warnen müssen. Doch sie sahen nicht die Zeichen an der Wand – und sahen sie auch im Spiel gegen Spanien 90 Minuten lang nicht.

Im Pariser Prinzenpark wähnten sich Derwall und Co. in relativer Sicherheit. Ein Unentschieden hätte schon gereicht fürs Halbfinale, „aber natürlich wollen wir den Sieg", hatte der Bundestrainer verkündet.

Tatsächlich ging die Mannschaft diesmal beherzter zu Werke, kontrollierte in der ersten Halbzeit über weite Strecken das Spiel und traf – durch Briegel und Brehme – nicht weniger

So fällt der zweite Treffer für Frankreich – Bellone ist der Schütze. Spanien ist geschlagen.

Der Meistermacher auf den Schultern seiner Schützlinge. Frankreichs Nationaltrainer Michel Hidalgo nach dem Endspiel mit der Meisterschaftstrophäe.

als dreimal Latte und Pfosten. Hinzu kamen große Chancen, die Allofs und Rummenigge vergaben. Als Schumacher unmittelbar vor der Pause einen Foulelfmeter hielt, schien zumindest eine Niederlage kein Thema mehr, das Halbfinale sicher zu sein.

Doch Mitte der zweiten Halbzeit beging Derwall einen entscheidenden Fehler. Nach einer gelben Karte für ein völlig überflüssiges Foul von Meier nahm er den kleinen Bremer aus dem Spiel und ersetzte seinen besten Mittelfeldspieler durch den seit Monaten indisponierten Stürmer Pierre Littbarski. Eine Viertelstunde später ging Portugal im anderen Spiel dieser Gruppe, in Marseille, gegen Rumänien mit 1:0 in Führung, was für die Spanier das „Aus" bedeutet hätte.

Trainer Munoz signalisierte den Stand von Marseille sofort aufs Spielfeld, trieb seine bis dahin eher reserviert aufgetretene Mannschaft nach vorn. Deutschland wankte. Zuviel Energie war offenbar in das Bemühen um den Sieg investiert worden, überraschend profitierten die Spanier von konditionellen Vorteilen.

Dennoch blieb es das beste der drei Spiele, die das DFB-Team in Frankreich absolvierte. Und daran änderte auch jene grausame Minute nichts, in der Schiedsrichter Christov (ČSSR) bereits auf die Uhr schaute und das Henkerbeil heruntersauste, das mehr auslöschte und beendete als nur die Regentschaft der Bundesrepublik Deutschland als Europameister: ein Freistoß aus der Mitte der deutschen Hälfte auf den rechten spanischen Flügel, hohe Flanke von Señor in den deutschen Strafraum, wo Libero Maceda sich in die Flugbahn wirft und das Leder unbedrängt mit dem Kopf erwischt. Schumacher reißt noch die Hände hoch, doch die Distanz ist zu kurz, das Tempo dieses Kopfballs zu hoch. Erst das Netz fängt ihn auf.

Deutschland draußen – Europa schien aufzuatmen. „L'Equipe" nannte das Geschehen „köstlich", die Londoner „Sun" sah „das Team, von dem jeder wünschte, daß es verlieren möge, in der Europameisterschaft zerschmettert." Und in „Bild" meldete sich Franz Beckenbauer zu Wort: „Wir büßen für alte Fehler. Auf deutschen Fußballplätzen wurden Leichtathleten herangezogen, keine Fußballer."

Drei Tage später trat Jupp Derwall zurück und ließ wissen, diesen Entschluß habe er, unabhängig vom Abschneiden in Frankreich, schon vor Monaten gefaßt. „Ich will mithelfen, zum Wohle des deutschen Fußballs das Beste aus der kritischen Situation zu machen."

Dazu allerdings bedarf es mehr als nur eines Wechsels im Amt des Bundestrainers. Die Diskussion, die um die Nachfolge entstand und sich vor allem daran entzündete, daß der von Präsident Neuberger favorisierte Franz Beckenbauer keine DFB-Trainerlizenz besitzt, zeigte überdeutlich, wo der (Fußball-)Schuh in Wahrheit drückt. Der „Spiegel" sah Parallelen zur Bonner Politszene (tatsächlich hatte Kanzler Kohl die deutsche Mannschaft in Frankreich per Hubschrauber besucht) und sprach vom „kleinbürgerlichen Syndrom".

Die Zeche zahlen derweil andere: In einer Umfrage des Bielefelder Emnid-Instituts, die das Ansehen von Berufsständen ermittelte, landeten die Profi-Fußballer noch hinter Grundstücksmaklern und Finanzbeamten auf dem letzten Platz. Der Fußball war wortwörtlich am Ende.

Europameisterschaft 1988

Von Jürgen Altweg

Daß Fußball nur scheinbar ein logisches Spiel ist, macht gewiß einen Teil seines unbestrittenen Reizes aus. Der schlichte Bewegungsablauf von Lauf, Sprung und Stoß, die höchst konservative Regelpolitik kaschieren geschickt, welch komplizierte Zusammenhänge sich ergeben und diskutiert werden können. Das vermeintlich Einfache steckt voller Konjunktive.

Zum Beispiel wäre die Bundesrepublik Deutschland im Jahre 1974 vermutlich nicht Weltmeister geworden, hätte sie in der Vorrunde nicht den Bruderkampf gegen die DDR verloren. Das 0:1 von Hamburg ersparwasserte ihr, bereits im vorentscheidenden Durchgang auf die Holländer zu treffen, die nicht wenige Experten damals für die wahrhaft beste Mannschaft der Welt hielten. Erst im Finale standen Beckenbauer, Müller und Co. diesem Gegner gegenüber und bezwangen ihn, auch da sind sich die Experten fast einig, mit sehr viel Glück. Ob sie es auch im Halbfinale gehabt, ob sie dort ihre Energien nicht so total verbraucht hätten, daß fürs Finale nichts mehr übriggeblieben wäre – wer weiß es?

Diskutabel ist die Frage allemal, diskutabel war sie noch 14 Jahre später. Diesmal war's ein Halbfinale, in dem sich Deutschland und die Niederlande begegneten, und diesmal gewannen die Holländer. Doch wieder blieb die Frage: Was wäre gewesen wenn?

Aufgeworfen hatte sie nicht nur der deutsche Teamchef Franz Beckenbauer, der „widrige Umstände" für die Niederlage verantwortlich machte, im Klartext: einen unberechtigten Elfmeter und eine Verletzung, die seinen Libero Matthias Herget zum Ausscheiden zwang. Nein, schon im Eröffnungsspiel der 88er EM passierte etwas, was Verlauf und Ausgang der Europameisterschaft vermutlich entscheidend beeinflußte. Und was die Logik wieder einmal auf den Kopf stellte.

Im ausverkauften Düsseldorfer Rheinstadion war Gastgeber Deutschland gegen eine sehr souverän spielende italienische Elf mit 0:1 in Rückstand geraten. Doch nur vier Minuten nach dem Schock des Treffers von Mancini bestrafte der englische Schiedsrichter Keith Hackett die Italiener mit einem Freistoß an der Strafraumgrenze, weil ihr Torwart Walter Zenga angeblich einen Schritt zuviel mit dem Ball getan hatte.

Der Mann mit der besten Schußtechnik im deutschen Team legte sich das Leder zurecht: Bayern Münchens Andi Brehme, der, ebenso wie Lothar Matthäus, einen Vertrag mit Inter Mailand in der Tasche hatte. Sechs Italiener bildeten eine Mauer, doch als Brehme anlief, öffnete sie sich eine Sekunde lang um einen winzigen Spalt. Und durch eben diese Lücke jagte Brehme den Ball ins Tor. 1:1!

So endete das Spiel dann auch, womit dem Gastgeber eine peinliche Niederlage erspart blieb. Erst später wurde klar: Hätte Italiens Mauer unverrückbar gestanden, Deutschland die Partie verloren, wäre es zum „Schicksalsspiel" gegen Holland nicht schon im Halbfinale, sondern vermutlich erst im Endspiel gekommen, Neuauflage des 74er WM-Endspiels im Münchner Olympiastadion, eine klassische Revanche also. Niemand weiß, wie sie ausgegangen wäre. Im Hamburger Halbfinale jedenfalls fehlte die Unterstützung von außen, wurde das deutsche Team von seinem Publikum bereits im Stich gelassen, als es noch alle Trümpfe in der Hand hielt.

Doch alle Wenns und Abers der Welt würden nicht ausreichen, die Berechtigung nicht nur des holländischen Sieges über den bundesdeutschen Erzrivalen, sondern auch des Titelgewinns in diesem EM-Turnier zu bestreiten. Eindrucksvoller noch als Frankreich vier Jahre zuvor setzte sich ein Team in Szene, in dem hochklassige Einzelspieler zu einer grandiosen Mannschaftsleistung fanden. Ein Solist wie Ruud Gullit wurde von Chefdirigent Rinus Michels reibungslos in das Orchester integriert, wo er als erster Geiger klaglos hinter dem Mann an der Pauke zurücktrat. Nicht der geniale Gullit, sondern Torjäger van Basten avancierte zum Superstar des neuen Europameisters.

Doch ungeschlagen blieb auch das Oranje-Team nicht. Schon im ersten Spiel, in Köln gegen die UdSSR, erwischte es den Favoriten, der grandios begann, von 40 000 Landsleuten angefeuert wurde und ihnen nichts, aber auch gar nichts schuldig blieb. Außer den Toren.

Auftakt zur Europameisterschaft 1988 in der Bundesrepublik. Vor dem Spiel gegen Italien werden die deutschen Spieler dem Bundespräsidenten Richard von Weizsäcker vorgestellt (links). GoalgetterKlinsmann in theatralischer Sturzgeste nach einem sanften Rempler von Mannschaftskapitän Giuseppe Bergomi (oben). Und so fällt der Ausgleich durch Brehme, der das 1:1 für die DFB-Auswahl sicherstellt.

Zwei-zu-Null-Siege gegen Dänemark und Spanien ebnen der deutschen Elf den Weg in die Semifinalrunde. Wie ein Zwerg wirkt Olaf Thon (unten) gegen die dänischen Abwehrspieler – er erzielt in der 87. Minute das 2:0. Rudi Völler(rechts) ist der Matchwinner gegen Spanien. Er schießt beide Tore.

Am nächsten Tag wagte Ruud Gullit den Versuch einer Analyse, die den Kern des Problems traf: „Wenn man so überlegen spielt wie wir in der ersten Halbzeit, fühlt man sich zu sicher. Man glaubt, das Tor muß ja fallen, ganz logisch, wenn nicht jetzt, dann eben in zehn oder 15 Minuten. Und dann verliert man seinen Biß."

Der dunkelbraune Ruud verlor ihn im pausenlosen Anrennen gegen stets wechselnde Gegner. UdSSR-Trainer Lobanowski ließ den Rasta Rastelli nicht manndecken, sondern sozusagen von Abwehrspieler zu Abwehrspieler „weiterreichen". So verlor Gullit einen Großteil seiner Wirkung, blieb der „rote Riegel" (in Wahrheit spielte er ganz in Weiß) ein festes Bollwerk, gegen das auch van Basten nichts auszurichten vermochte, den Michels erst nach einer Stunde eingewechselt hatte. Das 0:1 von Raz vier Minuten zuvor konnte auch er nicht mehr ausgleichen.

Noch gab sich Holland nicht verloren. „Das überzeugende Spiel der ersten Halbzeit läßt hoffen", urteilte der „Telegraaf", doch Rinus Michels' Miene schien noch skeptischer als sonst. „Eine besonders gute Ausgangsposition ist das nicht", meinte er im Hinblick auf das kommende Spiel gegen die Engländer, die ihre Ouvertüre mit dem gleichen Ergebnis vergeigt hatten, freilich gegen den krassen Außenseiter Irland und deswegen unter dem Aspekt einer scheinbaren Sensation.

In Wahrheit war es gar keine. Die seit drei Jahren andauernde Abstinenz des englischen Vereinsfußballs von den europäischen Pokalwettbewerben, als Folge der Tragödie von Brüssel am 29. Mai 1985, schlug schwer zu Buche. Im Stuttgarter Neckarstadion hatte Englands Ex-Weltmeister Jack Charlton, jetzt Trainer des „Erbfeindes" Irland, das Team glänzend auf seine Landsleute eingestellt. Es verteidigte den von Houghton schon früh erzielten 1:0-Vorsprung mit Geschick und sprichwörtlicher irischer Zähigkeit 84 Minuten lang.

Torwart Bonner wurde zum Matchwinner gegen die immer hilfloser werdenden Engländer, und im Mannschaftsquartier dirigierte der große Jack Charlton zu mitternächtlicher Stunde einen Chor seiner nicht nur vor Freude trunkenen Spieler: „The boys in green". Es stimmte nicht ganz. Sie waren total blau.

Für England war die Niederlage bereits der Anfang eines ruhmlosen Endes. „Geh endlich!" schrien die Schlagzeilen der Boulevardblätter Teammanager Bobby Robson entgegen, als er mit seiner dreimal geschlagenen Truppe nach Hause zurückkehrte. Der Schock saß tief, die Enttäuschung war grausam, denn England hatte sich mit der imponierenden Bilanz von 11:1 Punkten und 19:1 Toren für dieses EM-Turnier qualifiziert. Was den Experten aus der Fleetstreet dabei entgangen war: Gegner wie Nordirland, die Türkei und Jugoslawien hielten keinen Vergleich mit jenen Mannschaften aus, die den europäischen Fußball in Wahrheit dominierten und denen in der Qualifikation sogar Titelverteidiger Frankreich zum Opfer gefallen war.

Unerwartet leicht und durch drei Treffer van Bastens löste Holland die Aufgabe gegen England, und mit dem gleichen Ergebnis (3:1) waren die gelehrigen Schüler aus der UdSSR, dem Vaterland der Werktätigen, gegen das Mutterland des Fußballs erfolgreich. Aufmerksamen Beobachtern entging dabei nicht, daß der Stil der Sowjetunion sich endlich gewandelt hatte, daß die Mannschaft verstärkt auf individuelle Fähigkeiten setzte, eine Art Perestroika-Fußball spielte. Zwar beharrte Lobanowski bis zum Endspiel auf seiner Ansicht, nicht einfach die besten Spieler aufgestellt, sondern ganz gezielt „die beste Mannschaft zusammengestellt" zu haben, doch beim 2:0 im Halbfinale gegen Italiens Manndecker sah man die vermutlich glanzvollste Vorstellung einer UdSSR-Nationalelf in den letzten Jahren. Ein bißchen spielte sie wie die berühmte „Sbornaja", die schier unschlagbare sowjetische Eishockeymannschaft: ausgeklügeltes Paßspiel mit überraschenden Zügen auf der Basis perfekter Technik und überlegener Physis, womit nicht nur die sprichwörtliche Kondition gemeint ist, sondern auch das Zweikampfverhalten.

Ebenjenes beim bundesdeutschen Aufgebot zu bemängeln, wurde Teamchef Franz Beckenbauer nicht müde. In einem Interview mit „Sports" am Tag nach dem großen Finale, das ohne deutsche Beteiligung stattgefunden hatte, brach aus ihm heraus, was ihn in den drei Wochen zuvor am meisten bewegt und geärgert hatte: „Statt Spielformen zu entwickeln, das Spiel nach vorn, mußten wir im Training hauptsächlich das Zweikampfverhalten schulen. Wir haben viele Trainingseinheiten nur zur Verbesserung des Zweikampfverhaltens benutzt. Oder zur Verbesserung des Kopfballspiels. Das muß man sich mal vorstellen!"

Englands Waterloo beginnt gegen Irland. Oben: Stapleton (Mitte) bringt die britische Abwehr in Nöte; den einzigen Treffer erzielt Houghton. Ganz oben: Haarsträubende Szene im Match Holland–England, das die Briten 1:3 verlieren. Im Zweikampf: Steven gegen Gullit (rechts).

Europameisterschaft 1988

Semifinale: Deutschland scheitert an Holland, Italien an der UdSSR. Das 2:1 durch van Basten (rechts) besiegelt die deutsche Niederlage. Unten: Strafraum-Szene beidseitiger Hilfslosigkeit beim 2:0 der sowjetischen Mannschaft gegen Italien.

Vor lauter Konditionsbolzerei ist der deutschen Fußballschule die Grundlagentechnik abhanden gekommen. Der Erfolgsdruck schon im Jugendbereich führte zu völlig falschen Trainingsformen, ein nun schon seit Jahren beklagter Mißstand. Ihn abzustellen und die Auffassungen zu ändern, erschien als die dringlichste Aufgabe des DFB, dessen Nationalelf und dessen führende Vereinsmannschaften seit langen Jahren kein großes internationales Finale mehr gewonnen haben.

Bei der EM im eigenen Land erreichte es der Europameister von 1972 und 1980 nicht einmal mehr. Im Halbfinale war Holland die Endstation. 61 000 Zuschauer im ausverkauften Hamburger Volksparkstadion sahen zwar das deutsche Führungstor durch einen Foulelfmeter von Matthäus, doch wenig später glaubte offenbar der rumänische Schiedsrichter Igna, zu einer Art Wiedergutmachung verpflichtet zu sein, als Kohler seinen Gegner van Basten hart vom Ball

Überschäumender Jubel im Münchner Olympiastadion. Gullit bejubelt das entscheidende zweite Tor durch van Basten zum 2:1 (oben, rechts) und Wogen der Begeisterung auf den Tribünen (rechts).

trennte. Der Unterschied: Zuvor war Klinsmann von Rijkaard klar gefoult worden, doch Kohlers Einsatz blieb, wie die Zeitlupenkamera des Fernsehens zeigte, durchaus in den Grenzen der Regeln.

Ronald Koeman verwandelte den Strafstoß gleichwohl wie ein Scharfrichter, womit sich eine Verlängerung anbahnte. Doch eine Minute vor Schluß der regulären Spielzeit war es erneut die Konfrontation Kohler–van Basten, die den erbitterten, von den Oranje-Hemden etwas einfallsreicher geführten Kampf entschied und beendete: Der Holländer, in seiner Torgefährlichkeit nur mit dem Gerd Müller der 70er Jahre vergleichbar, kam zum ersten und einzigen Mal schneller an den Ball und zog ihn an Torwart Immel vorbei in die lange Ecke.

Völlig konsterniert schlichen die deutschen Spieler vom Feld, mit versteinerter Miene stand Franz Beckenbauer der Presse Rede und Antwort: „Die Umstände der Niederlage sind tragisch. Wir haben das Spiel über weite Strecken kontrolliert. Natürlich ist Holland ein verdienter Sieger und ein würdiger Finalist, aber wir wären es auch gewesen. Meine Spieler haben zum Teil begeisternden Fußball geboten."

Mag sein, daß er seiner Dolchstoßlegende in diesem Augenblick selber glaubte. Später jedoch ließ er durchblicken, wie klar er die Defizite seiner Mannschaft erkannt hatte: „Ich kann nur mit dem arbeiten, was ich zur Verfügung habe. Ich kann nicht in den Supermarkt gehen und mir die Spieler kaufen. Einen Gullit, einen van Basten, einen Gianni, einen Vialli haben wir halt nicht. Was uns ein bißchen fehlt, sind die Persönlichkeiten. Im großen und ganzen wird guter Fußball gespielt, aber wir dürfen nicht zuviel erwarten."

Die halbe Welt schien sich über den deutschen Mißerfolg zu freuen, die ganze Welt Hollands Triumph zu feiern. Argentiniens Weltmeister-Trainer Luis César Menotti sah sich wieder einmal in seiner Auffassung bestätigt, daß „die Deutschen nur zerstören können", das Londoner Banalblatt „The Sun" sah „den Stolz des westdeutschen Fußballs am Boden", Hollands „Allgemeen Dagblad" hatte auf seiten des Gegners nur „arme Arbeiter" am Werk gesehen. Die Gullit,

Holland hat den Europameisterschaftstitel gewonnen. Umgeben von Bundeskanzler Helmut Kohl und UEFA-Präsident Jacques Georges nimmt Ruud Gullit ein Bad in der Menge.

van Basten, Rijkaard und Koeman aber galten als Heroen einer neuen Ära, wobei vergessen wurde, wie schwer sie sich in ihrem Vorrundenspiel gegen die tapferen Iren getan hatten. Nur ein erbärmliches Abseitstor durch Kieft in der 84. Minute, das der österreichische Schiedsrichter Brummeier anerkannte, ließ sie überhaupt das Halbfinale gegen die Deutschen erreichen.

Dennoch – Michels' Männer setzten diesem EM-Turnier die Glanzlichter auf, so wie es Beckenbauer und Co. 1972 getan hatten. Doch im Gegensatz zu damals hatte sich 16 Jahre später das Leistungsniveau nivelliert, waren die Qualitätsunterschiede sehr klein geworden. „Leichte" Spiele gab es nicht mehr unter den acht Teilnehmern – und es gab auch nicht mehr den ganz großen, herausragenden Star, wie es Beckenbauer und Netzer 1972, wie es Platini noch 1984 gewesen war. Selbst Ruud Gullit stellte sich ganz in den Dienst der Mannschaft, die auch einem Marco van Basten den Weg bei seinen sagenhaften Tor-Safaris wies.

Enttäuschend verlief das Turnier außer für England noch für die sympathischen Dänen, denen man in Gruppe I durchaus die Rolle des Züngleins an der Waage zugetraut hatte. Doch Sepp Pionteks „Wikinger", die bei der WM 1986 noch Vizeweltmeister Deutschland geschlagen hatten, waren älter geworden. Ein Fehler des 38jährigen Liberos Morten Olsen ließ sein Team schon im ersten Spiel gegen Spanien früh in Rückstand geraten. Laudrup konnte zwar ausgleichen, doch dann müssen Schieds- und Linienrichter alle vier Augen zugleich geschlossen haben, als Butragueno aus klarer Abseitsstellung das 1:2 erzielte. Ein Stellungsfehler von Torwart Rasmussen kostete das 1:3, womit Dänemark schon so gut wie ausgeschieden war, denn im zweiten Spiel traf man auf eine hochmotivierte deutsche Mannschaft, die ihre Fehler aus dem Eröffnungsspiel gutzumachen geschworen hatte.

Tatsächlich spielte Matthias Herget vor „heimischer" Kulisse im Gelsenkirchener Parkstadion weit besser, zerriß sich der Schalker Olaf Thon vor Ehrgeiz, funktionierte die Doppelspitze Klinsmann-Völler wenigstens phasenweise, die Beckenbauer zuvor herbe Kritik eingetragen hatte. Italien-Legionär Völler war im ersten Spiel deutlich von seiner Bestform entfernt gewesen, doch er steigerte sich und war in München gegen Spanien mit zwei Toren fast der alte. Auch dieses Spiel wurde, wie die Partie gegen Dänemark, mit 2:0 gewonnen.

Zukunftsmusik begleitete den Auszug Italiens aus dem Turnier. Der kommende WM-Gastgeber unterlag im Stuttgarter Halbfinale der besseren sowjetischen Kondition und Taktik, war spielerisch aber so wenig unterlegen, daß Trainer Vicini im Hinblick auf 1990 mit Recht sagen konnte: „Noch fehlte unseren jungen Spielern die Reife, aber wir sind auf dem richtigen Wege."

Das Finale im Münchner Olympiastadion krönte ein 14tägiges Ereignis, dem ob seines hohen Niveaus, der perfekten Organisation und des großartigen Zuschauer-Zuspruchs fast nur Komplimente zuteil wurden. Das 2:0 einer souverän aufspielenden niederländischen Mannschaft über die UdSSR war der würdige Schlußpunkt eines Turniers, dessen 15 Spiele von über 850 000 Menschen besucht und per TV von über 500 Millionen gesehen wurden. Zigtausende von Fans aus Dänemark, England, Irland und Italien waren – eine wunderbare, friedliche Invasion – zu Gast, bis auf die UdSSR hatten alle Teams fast nur „Heimspiele". Mit rund 60 000 Zuschauern pro Spiel wurde der Rekord von Frankreich vier Jahre zuvor weit übertroffen.

Gar keine Flecken auf dem sportlich und wirtschaftlich so glänzenden Bild? Doch, ein kleiner: Nicht die gefürchteten englischen Hooligans, sondern deutsche Schlägertrupps versuchten, ihr gewohnt übles Spiel zu treiben. Rechtsradikale Primitivlinge überfielen englische Fans am Düsseldorfer Hauptbahnhof und zogen nach dem Halbfinalspiel von Hamburg in die Hafenstraße, um dort „Ordnung zu schaffen".

Fußball nur noch als Vorwand? Spiel nur noch als Hintergrund für Aktivitäten zerstörungswütiger Schläger, deren Handlungsweise schon psychopathische Züge aufweist? Nicht die Auswirkungen, die Ursachen müssen behoben werden. Aber wie sollen sie, wenn der DFB-Sicherheitsbeauftragte zur Frage gezielter Fan-Betreuung meint, daß „gut erzogene Menschen sich ihr Hotel 14 Tage vorher buchen und ihr Kulturprogramm selbst zusammenstellen".

Europameisterschaft 1992

Von Jo Viellvoye

Alle Welt freut sich, und zwar seit biblischen Zeiten, wenn ein David die Goliaths erlegt. Als David Dänemark Titelverteidiger Holland, dessen Vorgänger Frankreich und im Finale gar Weltmeister Deutschland ein Bein stellte, kam noch ein spezieller Aspekt hinzu: Künftig würde es auf der Landkarte Europas noch eine Menge mehr Staaten geben, deren Außenseiterrolle den Fußhall herzerfrischend beleben kann. etwa die baltischen Republiken, die der ehemaligen UdSSR oder die Erben Jugoslawiens. Nicht alle vergleichbar mit Dänemark, dem kleinen Land mit der großen Fußball-Tradition (eines von 6 Gründungsmitgliedern der FIFA, Olympia-Zweiter 1908 und 1912), aber doch ein Potential, das Europas Fußball-Hierarchie tangieren kann.

Fleming Povlsen schwingt jubelnd die dänische Flagge. Dänemark hat Holland nach 2:2 im Elfmeterschießen 5:4 geschlagen und steht im Endspiel. Es soll noch besser kommen. Dänemark triumphiert im Finale über den regierenden Weltmeister Deutschland und erringt mit dem Sieg in der Europameisterschaft den bedeutendsten Erfolg seiner Fußball-Geschichte.

So reagierte die UEFA dann auch schnell und logisch. Schon 1996 in England wird die Endrunde der Europameisterschaft nicht mehr von 8, sondern von 16 Teilnehmern bestritten. Man wird sich – zumindest in der Qualifikation – an Namen gewöhnen müssen, die vor wenigen Jahren allenfalls im Erdkunde-Unterricht Bedeutung hatten.

Schweden sah 1992 Europas Fußball-Aufgebot zum letzten Mal in alter Besetzung. Abgesehen davon, daß der WM-Dritte Italien sich nicht hatte qualifizieren können, Spanien aus den gleichen Gründen fehlte, war die crème de la crème dabei. Es schien sogar. als könne der Sport endlich einmal über die Politik triumphieren. denn unter der Bezeichnung GUS nahm ein Team teil, dessen nationale Identität schon nicht mehr gegeben war: die Mannschaft der ehemaligen UdSSR, bestehend aus 12 Russen, 4 Ukrainern, je einem Litauer, Georgier, Abchasen und Weißrussen. Sie hatten zwar keine Hymne mehr und auch keine Fahne, sie würden nach diesem Turnier nie mehr zusammen spielen, doch sie schlugen sich mit Stolz und Würde und hätten dem hohen Favoriten Deutschland um ein Haar schon im ersten Spiel eine peinliche Schlappe bereitet.

Noch eine Mannschaft war angereist, deren Nationalität politischen Wirren zum Opfer gefallen war: Ju-

Dänemark tritt den Weg ins Endspiel mit einem 0:0 gegen England an. Mal klärt Torhüter Woods (links, oben), mal ist dem Schuß von John Jensen (links, Mitte) der Pfosten im Weg. Nach dem 0:1 gegen Gastgeber Schweden (rechts oben: Tomas Brolin schießt und trifft) scheint Dänemark zum Ausscheiden verurteilt. Aber der 2:1-Sieg über Frankreich ebnet den Weg ins Halbfinale. Unten: Henrik Larsen bringt Dänemark in Führung.

goslawien. In ihrem Fall sah sich die UEFA an einen Beschluß der UNO gebunden und mußte den Vize-Europameister von 1968 und EM-Gastgeber von 1976 wieder ausladen. Dänemark durfte nachrücken.

Aber was heißt „durfte“? Zunächst schien es, als müsse Trainer Richard Möller-Nielsen seine Legionäre, die in fünf verschiedenen Ländern ihr Geld verdienten, mit dem Lasso einfangen. Die meisten hatten mit ihren Clubs gerade die nationalen Punktspielrunden beendet. Kapitän Lars Olsen, für Trabzonspor in der türkischen Provinz am Ball, erfuhr erst nach seiner Heimkehr in den vermeintlichen Urlaub vom unverhofften Glück der EM-Teil-

nahme. Es erging ihm wie den meisten anderen: Zunächst mußte der Ehefrau und – soweit vorhanden – den Kindern klargemacht werden, daß aus dem geplanten Urlaub wohl nichts werde, zumindest „im Augenblick nicht“, wie Olsen meinte. Denn: „Lange werden wir ja in diesem Turnier nicht drin sein.“

Glaubte er, glaubten alle: Peter Schmeichel, der blonde Torwart von Manchester United, Bayern Münchens Brian Laudrup Fleming Povlsen von Borussia Dortmund. Daß Möller-

Keine Chance für Illgner, Dobrowolskis Elfmeter bringt die GUS-Elf in Führung (oben links); Deutschland stolpert mit einem 1:1 ins EM-Turnier. Und darf Hoffnung schöpfen, als gegen Schottland ein 2:0 gelingt (unten links: Stefan Effenberg erzielt das 2:0).

Nielsen sie an Europas Ferienstränden einsammeln mußte, wie hier und da kolportiert wurde, war zwar nur eine gut erfundene Story, aber noch nie kam ein Team weniger vorbereitet zu einem großen Wettbewerb. „Für uns", so Fleming Povlsen, „war die Saison eigentlich gelaufen. Ich war ausgebrannt."

Indessen: „Form ist auch eine Frage der Lust" (Povlsen). Die Dänen, von Haus aus lustige, unverkrampfte Typen, wollten zunächst einfach nur Spaß haben und „als nachnominierter Teilnehmer nicht einfach untergehen" – Spaß haben sie sowieso, wenn sie zusammenkommen, also mußte nur die Leistung einigermaßen stimmen. Daß niemand von ihnen die Finalteilnahme oder gar den Titel erwartete, war ohnehin klar. Englische Buchmacher notierten Dänemark als „längsten" Außenseiter und boten entsprechende Wetten mit dem Kurs von 40:1 an.

Kaum anzunehmen, daß viele ihr Geld auf diesen Tip riskierten. Favoriten der „Euro '92" waren eindeutig Titelverteidiger Holland und Weltmeister Deutschland, die zwar schon in der Vorrunde aufeinandertrafen, aber doch als potentielle Finalisten galten. Aus beiden Gruppen qualifizierten sich die ersten beiden Mannschaften für das Halbfinale.

Für den deutschen Bundestrainer Berti Vogts, als Nachfolger von Franz Beckenbauer seit zwei Jahren im Amt, war Schweden die erste große Bewährungsprobe. Er bestand sie nicht.

Tore, im Durchschnitt also ein einziges pro Spiel. Die meisten davon fielen nach Standardsituationen, Freistößen oder Eckbällen beziehungsweise durch Elfmeter.

Auch die Dänen starteten längst nicht so fulminant, wie sie das Turnier beendeten. Als trauten sie der eigenen Stärke noch nicht, spielten sie gegen England zunächst einmal auf Sicherheit und empfanden das 0:0 durchaus als Erfolg. Tatsächlich gab ihnen dieses Ergebnis das nötige Selbstvertrauen, das sie selbst eine 0:1-Niederlage gegen Gastgeber Schweden überstehen und mit einem 2:1 gegen Frankreich wider alle Erwartungen ins Halbfinale kommen ließ.

Zwar erreichte seine Mannschaft das Finale, doch gewann sie nur zwei ihrer fünf Spiele und blieb insgesamt fast alles schuldig, was sich mit dem Begriff Weltmeister verbindet: den Anspruch an sich selbst, die Spielkultur und manchmal auch den Kampfgeist.

Schon die Premiere geriet zum Reinfall. Erst eine Minute vor Schluß konnte Thomas Häßler mit einem kunstvollen Freistoß über die Abwehrmauer hinweg zum 1:1 ausgleichen und eine peinliche Auftakt-Niederlage gegen das GUS-Team abwenden. Die armen Verwandten des europäischen Fußballs hatten dem reichen Onkel gezeigt, worauf es ankommt, auch wenn sie dem Spiel keine entscheidenden Akzente verleihen und es, ebensowenig wie der Gegner, auf ein höheres Niveau heben konnten.

Leider sollte dies kein Einzelfall bleiben. In der ersten Woche dieser EM erzielten die acht Teilnehmer in insgesamt acht Spielen nur acht

Als blamabel mußte das Abschneiden von England und Frankreich empfunden werden, die beide kein Spiel gewannen und in drei Partien nur 2 (Frankreich) Tore bzw. 1 (England) Tor erzielten. Unmittelbar nach der EM trat Michel Platini als Trainer der Equipe Tricolore zurück, Englands Graham Taylor folgte ihm wenig später.

„Selber schuld“, fand Franz Beckenbauer. „Die Engländer haben wieder

ihr altes Kick and Rush gezeigt, die Franzosen sind an ihrer eigenen Mentalität gescheitert. Sie haben großartige Fußballer, aber es fehlt ihnen das Selbstvertrauen für große Aufgaben." Und Deutschland? „Ja mei..."

Es war das Turnier der Fehleinschätzungen. Daß „die Deutschen Fußball spielen, wie sie Kriege führen", hat einmal einer gesagt, der von beidem etwas versteht: Henry Kissinger. Er meinte, daß sie nichts dem Zufall überlassen, die Germans, Strategie und Taktik exakt planen, perfekt organisieren und dann losschlagen.

Der Vergleich hinkt (hoffentlich), aber in Schweden war deutsches Wesen, an dem Europas Fußball zu genesen sich weigerte, wieder einmal äußerst umstritten. Die Leichtigkeit, der Witz und Charme, mit denen Dänemark ins Finale und zum Titel stürmte, schien das Übermaß an Vorbereitung und wissenschaftlicher Betreuung made in Germany ad absurdum zu führen.

Masse war hier keineswegs Klasse. Ein Troß von 52 Leuten hatte sich, für 17 000 Mark täglich, in Atvidaberg einquartiert, darunter fünf Herren, deren Tätigkeit niemals klar ersichtlich wurde und die das offizielle Handbuch dieser EM als „other officials" führte, eine Spezies, die kein anderer Teilnehmer aufzuweisen hatte und die einen Mitarbeiter der überlasteten Geschäftsstelle im EM-Quartier argwöhnen ließ: „Die kämpfen an der Cocktailfront..."

Fußball-Gigant Deutschland zog nicht nur mit 20 Spielern, sondern auch mit vier Trainern, drei Masseuren, zwei leibhaftigen Medizinprofessoren und einem Koch in die Schlacht. Pro Spiel lagen 3 Trikotsätze bereit, die 300 Meter vom Hotel zum Trainingsplatz legte die Mannschaft jedesmal im Bus mit dem guten Stern (400 000 Mark, 366 PS) zurück.

Fehleinschätzungen. Der Turnierverlauf stellte alles auf den Kopf, was vorher von deutscher Seite zu hören und zu lesen gewesen war: „Unsere Mannschaft steht längst fest" (Berti Vogts), „Binz wird ein zweiter Baresi" (Lothar Matthäus), „Turbo Reuter brennt wieder" („Kicker"). Was brannte, war vor allem die Lage im deutschen Strafraum.

Doch auch andere irrten. Hans van Breukelen, Hollands Torwart, mutmaßte nach verlorenem Elfmeterschießen im Halbfinale gegen Dänemark, nun werde die ungeliebte deutsche Mannschaft im Finale wohl leichtes Spiel haben. „Die Dänen sind total kaputt."

Waren sie nicht, immer noch nicht. Sie schöpften Kräfte aus Quellen, die mit Laktatmessungen nicht aufzuspüren, geschweige auszuschöpfen sind. Trainer Möller-Nielsen hatte aus der Not eine Tugend gemacht und die kurze Vorbereitungszeit erst gar nicht ernstgenommen. Er wußte, daß er sei-

Endspiel in Göteborg. Guido Buchwald resignierend am Boden (unten, links), Jürgen Klinsmann einmal mehr gestoppt (unten). Und dann das 2:0 für die Dänen in der 78. Minute. Bodo Illgner verfolgt mit starrem Entsetzen den Ball auf seinem Weg ins Tor (ganz oben). Die Blamage der Deutschen ist besiegelt.

nen Spielern ohnehin nicht Steil- und Doppelpaß erklären, sondern sie bei Laune halten mußte. „Es gibt in unserer Mannschaft nicht die geringste Gruppenbildung", so Fleming Povlsen. „Wir haben absolut keinen Streß, die Chemie hat von Anfang an gestimmt."

Das war bei Finalgegner Deutschland wohl etwas anders. Der Weltmeister litt unter dem Fehlen seines Kapitäns Matthäus, dem das Kreuzband im rechten Knie gerissen war. Als Vertreter Rudi Völler sich schon im ersten Spiel den Arm brach und zurück in die Heimat geflogen werden mußte, fiel die Rolle Andi Brehme zu, der damit spürbar überlastet war. Die deutsche Elf hatte keine Leit- und Integrationsfigur mehr.

So spielte sie dann auch: jeder für sich und keiner für die Mannschaft. Hinzu kam, daß Torwart Bodo Illgner die gewohnte Zuverlässigkeit vermissen ließ. Ihm vor allem schob Gerhard Mayer-Vorfelder, Vorsitzender des DFB-Liga-Ausschusses, Delegationsmitglied in Schweden, außerdem Finanzminister von Baden-Württemberg und Präsident des VfB Stuttgart, die Verantwortung für das Scheitern zu. „Jeder Ball, der gefährlich war, war drin. Wenn du Europameister werden und ein Finale gewinnen willst, muß der Torwart auch mal einen sogenannten unmöglichen Ball halten."

Auch andere meldeten sich zu Wort. Im „ Spiegel" waren sich der Experte Paul Breitner, der Experte Hans-Peter Briegel und der Experte Harald Schumacher einig, daß Berti Vogts nur „eine Durchschnittsmannschaft" habe und die auch noch falsch anfasse. „Berti spielt gern den Fußballehrer. Noch einen Tag vor dem Schottenspiel hat er beim Training Figuren laufen lassen wie beim Eiskunstlauf – und alles nur, damit am Ende einer von rechts flankt und in der Mitte einer den Ball reinschießt" (Breitner). „Das ist eine ziemlich brave Truppe ... Die haben den Zaun ums Quartier nicht gezogen, damit keiner ausbüxt, sondern damit keiner reinkommt..." (Schumacher).

Der Zaun, die scheinbar überzogene Betreuung, das Aufgebot an Medizinern, der brave Berti mit seinen treudeutschen Vorstellungen („Wir arbeiten, das ist unsere Mentalität") – dies alles war Wasser auf den Mühlen der Kritiker, als den Deutschen mißlang, was auch andere Weltmeister aus Europa noch nicht geschafft hatten: den Erdteil-Titel zu gewinnen. England (Weltmeister 1966) scheiterte 1968 im Semifinale an Jugoslawien, Deutschland (Weltmeister 1974) unterlag 1976 den Tschecheslowaken im Elfmeterschießen, Italien (Weltmeister 1982) 1984 gegen Rumänien in der Qualifikation.

Als alles verloren war, mit 0:2 auch das Endspiel, als Tausende siegestrunkener Dänen singend durch die Straßen Göteborgs zogen, als Berti Vogts sein Statement abgesondert und versucht hatte, selbst in der Niederlage noch etwas Positives zu sehen („Eine sehr wertvolle Erfahrung für die Weltmeisterschaft in zwei Jahren"), als Franz Beckenbauer fassungslos den Kopf schüttelte („Des versteh i net"), mühten sich die professionellen Analytiker um Ursachenforschung. Nur wenige Stunden nach dem Schlußpfiff hatte die „Welt am Sonntag" ein ganzes Bündel von Gründen parat, darunter: den Schiedsrichter Bruno Galler aus der Schweiz (beide Dänen-Tore waren irregulär, weil ihnen Foul- beziehungsweise Handspiel vorausging); den Bundestrainer (rat- und hilflos); das einfallslose Spiel der Mannschaft; die Unterschätzung des Gegners im Endspiel und falsche Feindbilder.

Letzteres bezog sich auf den latenten Krieg mit einem Teil der Presse beziehungsweise den dort tätigen Kolumnisten. Die Kritik der Veteranen Briegel, Breitner und Schumacher konterte Bodo Illgner mit dem Hinweis auf deren Vorstellung bei der WM 1982: „Wenn das tolle Typen sind, die ... Fans mit Wasserbeuteln beworfen oder ihnen das nackte Hinterteil gezeigt haben, bin ich lieber farblos."

Was Punkt 2 der Mängelliste anbelangt, konnten Berti Vogts nur wenige wirkliche Fehler angelastet werden. Einer unterlief ihm im Gruppenspiel gegen Holland. Der Gegner, für den die Konfrontation mit dem mächtigen Nachbarn stets mehr ist als nur ein, wenn auch wichtiges, Fußball-Match, hatte wieder einmal alle Emotionen mobilisiert. Bis in die Haarspitzen motiviert traf er, zwei Jahre nach der dramatischen Niederlage im WM-Achtelfinale von Mailand, auf eine deutsche Elf, die sich in der Pause von ihrem Bundestrainer sagen lassen mußte, dies sei „kein Jugendturnier, sondern eine Europameisterschaft". Aber da stand es schon 2:0 und das Spiel war verloren.

Der gute Mensch Berti, nur wenige Kilometer von der deutsch-niederländischen Grenze aufgewachsen, hatte zuvor große Sympathie für „die Holländer" erkennen lassen. Er vergaß, daß dieses Gefühl kaum jemals erwidert wird. Warum auch?

Doch die Fortune, die Napoleon als wesentlichste Eigenschaft von seinen Generälen forderte, das sprichwörtliche Glück der Deutschen, blieb ihnen vorerst treu. Zwar stimmte nach dem Hollandspiel die Schlagzeile nicht mehr, die Frankreichs „L'Equipe" nach dem glücklichen 1:1 gegen die GUS artikuliert hatte: „Ils ne perdent jamais" (sie verlieren nie), doch die Hilfestellung der zuvor mit 2:0 besiegten Schotten (3:0 gegen GUS) hievte den Weltmeister ins EM-Halbfinale. Hier absolvierte eine motivierte und kurzfristig auch konzentrierte deutsche Nationalelf ihr bestes Spiel und schaltete Gastgeber Schweden in Stockholm problemloser aus, als es das 3:2 besagt.

Einen Tag später erlebte Göteborg die wahre Sensation dieser EM, ein episches Drama von zwei Stunden Dauer, in dem die Gesetze der Physik und Logik außer Kraft gesetzt schienen. Europameister Holland, nach dem Sieg über Deutschland bereits im Vorgefühl der sicheren Titelverteidigung, unterschätzte die Mannschaft Dänemarks derart, daß der Außenseiter zweimal in Führung gehen konnte und erst vier Minuten vor Schluß den Ausgleich kassieren mußte. In der Verlängerung schien er oft stehend k. o., zwei hinkende, in der Abwehr nicht mehr einsatzfähige Defensivspieler konnten nicht mehr ersetzt werden, Peter Schmeichel vollbrachte wahre Wundertaten. Es blieb beim 2:2.

Das Elfmeterschießen krönte die dramatische Partie. Alle fünf dänischen Spieler trafen. Auf der anderen Seite hingegen hatte schon die Nr. 2, ausgerechnet Weltklasse-Torschütze Marco van Basten, den Ball nicht an Schmeichel vorbeigebracht. Dänemark gewann das Elfmeter-Roulette 5:4 und das Spiel damit 7:6. Die Sensation war perfekt.

Daß der Trend sich im Finale fortsetzte, die Dänen noch einmal über sich hinauswachsen konnten, setzte dieser EM das große Glanzlicht auf. „Wir kamen durch die Küchentür, schnappten den Favoriten das Hauptgericht vor der Nase weg und verließen das Ullevi-Stadion auf dem roten Teppich", jubelte die dänische Zeitung „Politiken". Die „Göteborg Posten" glaubte gar, „die größte Sensation in der Fußball-Geschichte" miterlebt zu haben.

Fassungslos standen Deutschlands geknickte Kicker auf dem grünen Rasen. „Die waren doch anfangs so harmlos", wunderte sich Guido Buchwald über den siegreichen Gegner. Und Berti Vogts schlußfolgerte: „Wir müssen das Wort Selbstkritik lernen." Keine Kritik an der Betreuung indessen ließ Professor Dr. Wilfried Kindermann gelten, der 51jährige Internist und Kardiologe, seit 1990 zuständig für die internistische Betreuung der deutschen Elf. In einem solchen Turnier, meinte er, müsse „medizinische Rundum-Versorgung" selbstverständlich sein. Und sie sei auch keineswegs übertrieben worden. Technik könne sich im Fußball nur auf der Basis physischer Fitneß entfalten, und was die Lockerheit und scheinbare Unbekümmertheit des neuen Europameisters angehe, so sei dies sowohl eine Frage der Mentalität als auch der Erwartungshaltung. „Die waren doch totaler Außenseiter, wir dagegen Favorit." Gleichwohl, so der „Doc", müsse sich „in der Bundesliga das Grundlagentraining ändern".

Was womöglich der größte Gewinn für den Verlierer wäre.

Europameisterschaft 1996

Von Jo Viellvoye

Auftakt nach Maß. Andreas Möller schießt den zweiten Treffer zum 2:0 gegen Tschechien.

Schlußbilder. Im Zeitalter großangelegter TV-Vermarktung lieferte das Finale dieser EM optische Highlights nach Maß:

der zweifache Torschütze Oliver Bierhoff Sekunden nach dem Siegtreffer, sich das schweißnasse Trikot vom Körper zerrend und damit weltweit die neue Identität von Torschuß und Spielschluß demonstrierend: Golden Goal, das erste;

die neuen Europameister auf dem Weg in die Royal Box, dem Allerheiligsten der Fußball-Kathedrale Wembley, umarmt von einem Fan, der sportliche Höchstleistung einzuschätzen versteht wie kaum ein zweiter: Boris Becker;

der deutsche Kapitän Jürgen Klinsmann im kurzen Plausch mit einer grün behüteten Dame, die seine Freude sichtlich teilt und die ihm lächelnd die Trophäe aushändigt: the Queen.

Zum verblüffendsten, wohl auch bewegendsten Anblick aber geriet die Szene, als der kleine Mann mit dem schütteren Blondhaar, der im dunklen Blazer immer ein bißchen konfirmandenhaft wirkt, sich der Kurve mit den überwiegend deutschen Fans zuwandte und ihnen seinen Dank abstattete. Zwei-, dreimal warf Berti Vogts die Arme in die Luft, synchron zur gleichen Bewegung der vielen Tausend mit den schwarz-rot-goldenen Fahnen, Schals und Mützen vor ihm. Seine ganz persönliche La Ola, endend in einer tiefen Verbeugung.

In der Heimat, wo in diesem Moment 34 Millionen Menschen vor den Bildschirmen saßen und dem ZDF die höchste Einschaltquote aller Zeiten bescherten, rieb man sich verwundert die Augen: War dies noch der gleiche Berti, der bislang allenfalls Mitgefühl auszulösen in der Lage gewesen war, selten aber Anerkennung oder gar Bewunderung? Den einige im Team nach der WM-Pleite 1994 heimlich „Berti Bratwurst" nannten. Und dem „Bild", geschmackvoll wie immer, fünfmillionenfach eine vorgedruckte Rücktrittserklärung unter die Nase hielt mit der idiotensicheren Aufforderung: „Berti, hier bitte unterschreiben"?

An diesem Abend und an diesem Ort trat Hans-Hubert Vogts, 49, spür- und sichtbar aus dem überdimensionalen Schatten seines großen Vorgängers Franz B., der ihn nun in ebenjenern Millionenblatt wissen ließ: Herzlichen Glückwunsch, Berti diesen Titel hast du dir verdient!

Die Beziehung zwischen Ex-Teamchef und Bundestrainer war nicht immer ungetrübt, im Gegenteil. Zu unterschiedlich die Temperamente und Charaktere der beiden, zu unterschiedlich auch die Positionen des obersten DFB-Trainers und des Münchner Bayern-Präsidenten, der Länderspieltermine und -gegner schon mal für „Schmarr'n" erklärte, weil sie mit Bundesliga-Interessen kollidierten. Und zu unterschiedlich letztlich auch Persönlichkeit und Lebensstil der beiden. „Soll ich", hatte der biedere Berti einmal maliziös gefragt, „nun auch Golf spielen und öfter mal die Frau wechseln?"

Noch kurz vor der EM in England war der „Fall Matthäus" zum casus belli geworden. Vogts hatte kritische Äußerungen des nicht nominierten Rekord-Nationalspielers zum Anlaß genommen, dessen Karriere im DFB-Team für beendet zu erklären:

„Die Tür ist zu. Lothar wird nie mehr in der Nationalmannschaft spielen." Beckenbauer sah darin eine „Überreaktion, die dem Berti vermutlich schon leid tut". Was mit Sicherheit nicht der Fall war, denn die Mannschaft, vor allem deren Münchner Teil, hatte die Entscheidung mitgetragen.

Immerhin war damit ein Stein des Anstoßes weggeräumt, den andere EM-Teams – in anderer Form – noch vor sich hatten. Etliche stolperten darüber.

Ein kontinentaler Wettbewerb ist keine Weltmeisterschaft, es fehlen bei einer Europameisterschaft vor allem Südamerikaner und Afrikaner. Doch muß der sportliche Wert des EM-Turniers '96 zweifellos höher veranschlagt werden als der all seiner Vorläufer. Erstmals traten in England 16 Teams zur Endrunde an, nicht mehr 8 oder gar nur 4 wie bis 1976. Insgesamt 47 Nationalmannschaften waren durch die Mühle der Qualifikation gegangen, so renommierte Nationen wie Schweden, immerhin WM-Dritter, und Belgien auf der Strecke geblieben. Auch Holland kam nur durch ein Entscheidungsspiel gegen Irland nach England, wo die Niederländer, vor allem aufgrund ihres Ajax-Blocks, allerdings zu den Mitfavoriten zählten.

Dieser Rolle vermochten sie überraschend nicht gerecht zu werden. Die Gründe dafür lagen keineswegs im Mangel an spielerischem Potential,

Europameisterschaft 1996

Null zu null gegen Italien; rechts: Klinsmann zwischen Maldini und Mussi. Unten: Andreas Köpke, Supermann im deutschen Tor.

Drei zu null gegen Rußland. Matthias Sammer erzielt den ersten Treffer (oben), Jürgen Klinsmann das 3:0 (links).

sondern in der Zerrissenheit einer Elf, in der weiße und farbige Akteure den Begriff „Teamgeist“ höchst unterschiedlich interpretierten. Angeblich hatte sich das halbe Dutzend dunkelhäutiger Spieler aus Surinam verschworen, den EM-Titel aus Prestigegründen praktisch im Alleingang zu gewinnen. Untereinander und beim Essen am Tisch sprach man nur surinamisch.

„Gulden, Meisjes en Media“ hatte die Tageszeitung „Trouw“ als Motivation der schwarzen Perlen ausgemacht, also Geld, Mädchen und (möglichst positive) Darstellung. Das reichte nicht: Holland kam – nach einer 1:4-Pleite gegen England schon im Gruppenspiel – nur bis ins Viertelfinale. Hier war Frankreich im Elfmeterschießen glücklicher, letztlich wohl auch besser. Denn ausgerechnet Clarence Seedorf, Wort- und Rädelsführer der farbigen Fraktion, scheiterte an Torwart Lama – und an seinen Nerven.

Die Franzosen, Gastgeber der nächsten WM 1998, hatten in ihren Gruppenspielen durchaus imponiert und einem Turnier, das von großer taktischer Ausgeglichenheit gekennzeichnet war (der durchschnittliche Torquotient sank von 2,26 bei der EM ’92 auf 2,06), durchaus ein paar Glanzlichter aufgesetzt. Sie schlugen sowohl Rumänien wie auch den WM-Vierten Bulgarien, ihren alten Angstgegner.

Indessen: Im Viertelfinale gegen Holland hatten Youri Djorkaeff, Didier Deschamps und Marcel Desailly ihr 27. Spiel hintereinander ungeschlagen überstanden (und dabei eine Woche vor der EM auch Deutschland in Stuttgart mit 1:0 besiegt).

Der Glaube, das Glück gepachtet zu haben, verführte Trainer Aimé Jacquet im Halbfinale zu einer Taktik, die offenbar auf „Golden Goal“ oder gar Elfmeterschießen angelegt war.

Die FIFA hatte verfügt, künftig ab dem Viertelfinale bei unentschiedenem Spielstand zwar eine Verlängerung anzusetzen, das Spiel jedoch beim ersten Tor sofort zu beenden. Die in den USA „sudden death“ (plötzlicher Tod) genannte Bestimmung war in das weniger martialische „Golden Goal“ umbenannt worden, jedoch auf wenig Gegenliebe gestoßen, obwohl sie nur ein einziges Mal zur Anwendung kam: im Finale. Doch selbst der Trainer des Siegers, Berti Vogts, kritisierte die Neuerung: „Es wäre besser gewesen, die tschechische Mannschaft hätte die Chance gehabt, noch bis zur 120. Minute zu spielen.“

Es zeigte sich, daß die Bestimmung nur zu verstärkter Defensive in der Verlängerung führte. Die Angst vor dem sofortigen Ausscheiden lähmte Initiative und Entscheidungsfreude.

Fünf der letzten sieben Spiele bedurften einer zusätzlichen Spielzeit, vier wurden im Elfmeter-Roulette entschieden, darunter beide Halbfinals. Dabei sah das Londoner Wembley-Stadion, wo Gastgeber England auf, Deutschland traf, die wohl dramatischste Partie des Turniers. 30 Jahre nach dem WM-Finale von 1966 mit dem legendären „dritten Tor“ kam es zum vorweggenommenen Endspiel der EM ’96.

Die Partie mobilisierte Erinnerungen und Emotionen gleichermaßen. Londons Boulevardpresse entstaubte wieder einmal die alten Klischees („Wir erklären den Krauts den Krieg. Schießt sie in Fetzen“). So weit gingen die Peinlichkeiten, daß sich der Britische Presserat damit beschäftigte und bei der deutschen Botschaft in London Hunderte entschuldigender Briefe und Anrufe eingingen.

Tschechien auf dem Weg ins Viertelfinale: Italien wird 2:1 besiegt. Tschechischer Jubel (oben) und italienische Betroffenheit, dokumentiert durch Torhüter Peruzzi (links).

Prompt ging das Spiel mit 1:2 verloren, was Sacchi aber nicht weiter irritierte. „Ich würde wieder so handeln", sagte er. „Wir waren doch ganz nahe dran am Remis. Es gibt eben Tage, da verliert die Mannschaft mit dem größeren Potential."

Sie verlor nicht nur, sie flog ruhmlos heim in das Land, wo zwar die Zitronen blühen, aber auch die Tomaten wachsen. Um ihnen zu entgehen, hätte Italien im letzten Gruppenspiel einen Sieg über die Deutschen benötigt. Doch die, obwohl so gut wie sicher unter den letzten Acht, kämpften wieder einmal in altbekannter Manier, standen fast 90 Minuten mit dem Rücken zur Wand, spielten grottenschlecht, hielten aber das 0:0. Freilich profitierten sie von einer Torwartleistung, wie sie in einer deutschen Nationalelf lange nicht mehr zu sehen war. Andreas Köpke hielt unter anderem einen Foulelfmeter von Zola und handelte sich die Drohung der „Bild-Zeitung" ein: „Andy, wir küssen dir die Hände!"

Da Tschechien zur gleichen Zeit ein 3:3 gegen Rußland und damit – wie Italien – vier Punkte erreichte, trat die Regel in Kraft, wonach bei Punktgleichheit nicht mehr generell das Torverhältnis (das italienische wäre bes-

Im Viertelfinale gegen Spanien hatte England, nicht zuletzt mit Hilfe des Schiedsrichters, erst im Elfmeterschießen gewonnen, Deutschland in Manchester Kroatien mit 2:1 besiegt. Der Geheimfavorit vom Balkan, der im Gruppenspiel Titelverteidiger Dänemark mit 3:0 keine Chance gelassen hatte, wurde das Opfer seiner, nicht zuletzt politisch bedingten, Übermotivation. Trainer Miroslav Blazevic hatte sich nicht entblödet, seinen Spielern zu sagen (und dies öffentlich kundzutun):

„Ihr wißt, um was es geht. Uns steht ein Krieg auf Leben und Tod bevor. Gegen die deutschen Stukas und Messerschmitts werden wir mit Kamikazefliegern antreten."

Soviel „chauvinistische Besoffenheit" (‚Frankfurter Rundschau'), die selbst die englischen Geschmacklosigkeiten noch übertraf, führte zu einer Gangart, die den technisch versierten Kroaten überhaupt nicht lag und die sie das Spiel verdientermaßen verlieren ließ. Allerdings wurde der deutsche Sieg teuer erkauft: Jürgen Klinsmann erlitt einen Muskelfaserriß in der Wade und hörte in der Kabine das deprimierende Urteil der DFB-Ärzte: „Für dich ist die EM zu Ende."

Zu diesem Zeitpunkt war einer der großen Favoriten schon gar nicht mehr im Rennen: Vize-Weltmeister Italien hatte nicht einmal das Viertelfinale erreicht, zweifellos die größte Überraschung dieser EM. Hauptgrund: Nach dem 2:1-Auftaktsieg gegen Rußland verzichtete Trainer Arrigo Sacchi gegen Tschechien auf sechs seiner besten Spieler, darunter den zweifachen Torschützen Casiraghi.

Kroatien macht den Deutschen im Viertelfinale Probleme; Scholl hält Suker am Trikot fest (oben). Und ein Schock: Klinsmann humpelt verletzt vom Platz (links) und fehlt im Halbfinale gegen England.

ser (gewesen), sondern das Resultat des direkten Vergleichs entscheidet.

Schon zu diesem Zeitpunkt zeichneten sich überraschend Defizite in Bereichen ab, die mit Taktik, Technik und Toren gar nichts zu tun hatten. Nämlich in der Organisation. Unübersehbar waren bei den meisten Spielen die Lücken auf den Zuschauerrängen. Vor Turnierbeginn hatten die Veranstalter versichert, 90 Prozent aller Karten seien abgesetzt, die meisten Spiele ausverkauft. Doch allein bei den vier Spielen der deutschen Mannschaft in Manchester blieben 40 000 Plätze frei.

Tschechien erreicht das Finale mit Siegen gegen Portugal und Frankreich. Links: Zweikampf Kuka gegen Domingos. Unten: Kadlec posiert für die Kamera, nachdem er mit seinem Elfmeter die Entscheidung erzwungen hat.

Elfmeterdrama zwischen England und Deutschland. Köpke hält (links) und Möller jubelt, nachdem er getroffen hat (oben).

UEFA-Präsident Lennart Johanson (Schweden) gab sich verständnislos und hatte „keine Erklärung“, doch wer Englands Fußball mehr aus der Sicht des Normalverbrauchers kennt, konnte sich sehr wohl einen Reim darauf machen. Bei großen Spielen, z.B. dem alljährlichen Cupfinale, fließen erhebliche Kartenkontingente in dubiose Kanäle, die meist in den Schwarzen Markt münden.

Doch hätte es diesmal illegaler Vertriebswege und entsprechender Preise gar nicht bedurft, um die wirklichen Fans außen vor zu lassen. Schon auf legalem Weg waren für ein Gruppenspiel rund 150 Mark zu berappen, was DFB-Präsident und UEFA-Funktionär Egidius Braun mutmaßen ließ, dies

könnten die meisten Besucher „aus dem Osten" wohl kaum bezahlen. Etliche aus dem Westen wohl auch nicht.

Angesichts von 250 Millionen Mark TV- und Werbeeinnahmen drängte sich ohnehin die Frage auf, mit welchem Recht Eintrittspreise in dieser Höhe erhoben und damit das EM-Motto „Football comes home" in den Augen vieler Fans zynisch konterkariert wurde.

Wirklich und mit 75 000 nicht nur auf dem Papier ausverkauft waren die beiden letzten Matches in Wembley, jedesmal mit deutscher Beteiligung: im Halbfinale gegen England, im Finale gegen Tschechien.

Die Partie gegen Gascoigne und Co. ging als eine der dramatischsten in die Geschichte nicht nur dieser EM, sondern des Fußballs überhaupt ein. Deutschland geriet durch einen Kopfball von Torschützenkönig Shearer früh in Rückstand, fing sich aber schnell und bewies in der unvergleichlichen Atmosphäre von Wembley hohes physisches und psychisches Stehvermögen.

Wieder wuchs Torwart Köpke über sich hinaus und bewahrte seine Mannschaft nach dem Ausgleich durch Kuntz vor dem erneuten Rückstand. Auf der anderen Seite war Seaman sicher wie die Bank von England. Er wischte einen Schuß Möllers aus dem Torwinkel und hatte das Glück, daß Schiedsrichter Puhl einen weiteren Treffer von Kuntz nicht anerkannte, eine sehr zweifelhafte Entscheidung.

Schon einmal, im WM-Halbfinale 1990 in Turin, hatte England das Elfmeterschießen gegen Deutschland verloren. Auch diesmal ging es schief, zum Entsetzen des ganzen Landes, dessen Gefühle die „Daily Mail" in der Schlagzeile artikulierte: „Elfmeter brachen unsere Herzen."

Es war der jeweils sechste. Bis dahin hatte jeder Spieler unhaltbar getroffen, doch dann erahnte Andy Köpke die Ecke des jungen Verteidigers Southgate und hielt den Ball. Ausgerechnet Andreas Möller, das ewige Talent, der auch in diesem Turnier seine Kritiker nicht überzeugen konnte und der wegen seiner zweiten gelben Karte fürs Endspiel gesperrt sein würde, trat an zum goldenen Schuß. Zweifel und Selbstzweifel, so es sie denn gegeben hat, zerstoben im Tornetz: 6:5 – Deutschland war im Finale.

„Die Fußballspieler aus England und Deutschland haben alles gegeben, was sie haben, jede Unze ihres Könnens, ihres Denkens und ihrer physischen Fähigkeit", urteilte am nächsten Tag der „Guardian". „Am Ende war es ein Spiel von nahezu unerträglicher Intensität." Und die „Süddeutsche Zeitung" schwärmte ungewohnt euphorisch: „Die Nacht von Wembley hat sämtliche erregenden Facetten dieses Sports hervorgebracht, ein glückliches Zusammentreffen aller äußerer und innerer Bedingungen, die ein Meisterwerk entstehen ließen. Es gibt in der Geschichte des Balles nur wenige solcher Perlen, selten wie die Blaue Mauritius..."

Freilich wiesen in der deutschen Briefmarkensammlung jetzt einige gute Stücke erhebliche Beschädigungen auf. In der Kabine sah es aus wie nach einer Schlacht. Kaum ein Spieler, der nicht verarztet werden mußte und auf Socken zum Bus humpelte. Mit den Tapeverbänden, die sich hier stapelten, hätte Christo den Buckingham-Palast verhüllen können.

Deutschland also im Endspiel, getreu dem vielzitierten Spruch des ehemaligen englischen Torjägers Gary Lineker vor dieser EM: Fußball ist ganz

Das „Goldene Tor“ im Endspiel gegen die Tschechische Republik – so landet Oliver Bierhoffs Treffer im Netz (oben, links). Berti Vogts jubelt mit Stefan Kuntz (oben, Mitte). Und dann Klinsmann mit der Trophäe, die ihm Queen Elizabeth übergeben hat.

einfach. 22 Mann spielen gegeneinander und zum Schluß gewinnen immer die Deutschen.“ Doch die hatten nur noch 14 leidlich gesunde Spieler zur Verfügung, darunter drei Torleute und die fürs Finale gesperrten Möller und Reuter. Blieben neun einsatzfähige Feldspieler. Zur Vorsicht ließ der DFB schon mal Trikots mit den Namen Kahn und Reck anfertigen, die beiden Reservetorhüter.

Insgeheim setzte Berti Vogts auf das Prinzip Hoffnung: „Unsere medizinische Abteilung arbeitet Tag und Nacht. Sie leistet Übermenschliches.“ Das muß sie wohl wirklich getan haben. Entgegen aller medizinischen Erkenntnisse und Erfahrungen gelang es ihr nämlich, die Verletzung von Jürgen Klinsmann, der gegen England nicht hatte spielen können, so weit zu beheben, daß die Aussicht auf das Unglaubliche, nämlich sein Mitwirken im Finale, mit jedem Tag wuchs. Täglich vier bis sechs Stunden Massage, Infusionen, Infiltrationen, Lymphdrainage, Laser- und Elektrobehandlung, Heilerde, Salbenverbände – die Lageberichte aus dem deutschen Quartier nahmen Form und Inhalt medizinischer Bulletins an. Ganz Deutschland starrte auf Klinsis Wade.

Knapp 48 Stunden vor dem Finale trabte der deutsche Torjäger spät abends heimlich und nur begleitet von Mannschaftsarzt Dr. Müller-Wohlfahrt durch den Regent Park – die ersten sportlichen Gehversuche nach seiner Verletzung. 24 Stunden vor dem Spiel trat er erstmals wieder vorsichtig gegen den Ball und spürte keine Schmerzen. Zwei Stunden vor dem Anpfiff zeigte er sich auf dem Rasen von Wembley, frenetisch bejubelt von den bereits anwesenden deutschen Zuschauern.

Langsames Aufwärmen, dann die ersten Sprints – der Muskel hielt. Erst jetzt stand Klinsmanns Einsatz fest.

Mit Sicherheit war die deutsche Mannschaft weder technisch noch spielkulturell die beste dieser EM. Ihre Vorstellungen im Gruppenspiel gegen Italien und über weite Strecken auch gegen Kroatien waren eher deprimierend als imponierend. Doch hatte nicht Italiens Arrigo Sacchi auf die Frage, was ihm am deutschen Fußball am meisten gefalle, geantwortet: „Seine Ergebnisse“?

In England triumphierten wieder einmal die sogenannten „deutschen Tugenden“: Disziplin, Einsatz, Kampfmoral. Nicht zu vergessen die Organisation, und zwar nicht nur auf dem Rasen, wo Matthias Sammer unermüdlich Regie zu führen und Mut zu machen bemüht war. Hinter den Kulissen leistete der medizinische Betreuerstab nicht weniger Erstaunliches. Das hatte er zwar auch schon bei der EM '92 und der WM '94 getan, doch diesmal kamen jene Faktoren hinzu, ohne die sportlicher Erfolg nicht denkbar ist: Mannschaftsgeist und innere Geschlossenheit.

Bertis Buben, in Wahrheit millionenschwere Jungunternehmer und von Vogts in seiner WM-Enttäuschung 1994 noch als „verwöhnte Wohlstandsjünglinge" geschmäht, waren erwachsen geworden. Aber auch der Bundestrainer hatte sich entwickelt. Sein stereotyper Spruch „Die Mannschaft ist der Star" geriet ihr zum bereitwillig akzeptierten Motto und Markenzeichen. Der junge Mehmet Scholl aus München verriet dem „Spiegel": „Unser System funktioniert nur, wenn jeder bereit ist, für die Mannschaft zu arbeiten. Alle 22 Spieler hier sind in ihren Vereinen die Stars. Das muß reichen. Bei Berti Vogts muß jeder einen Teil von sich abgeben. Das tut jeder." Und weiter: „Das ist jetzt endgültig die Mannschaft von Berti Vogts. Dafür, daß wir uns nur fünfmal im Jahr treffen, hat er etwas Sensationelles geschaffen."

Die Ausgeglichenheit, wesentlichstes Merkmal der gesamten EM (Christian Ziege: „Selbst die Türkei hätte jede Mannschaft schlagen können"), prägte auch das Finale. Eine Stunde lang passierte fast gar nichts. Dann brachte ein umstrittener Foulelfmeter die Tschechen in Führung. Zehn Minuten später mußte Scholl, bis dahin einer der besten Deutschen, Platz machen für Bierhoff. Offenbar entschied Vogts sich hier für den Weg des geringsten Widerstands, denn eher hätte sich ein Wechsel Klinsmanns oder Häßlers angeboten, die bis dahin unermüdlich, letztlich aber ziemlich erfolglos rannten und kämpften.

Doch Bierhoff war ganze vier Minuten im Spiel, als er die Entscheidung des Bundestrainers rechtfertigte. Der letzte deutsche Legionär in Italien rammte einen Freistoß von Ziege mit dem Kopf ins Netz.

Der Schlußpfiff des italienischen Schiedsrichters Pairetto schien erneut eine halbstündige Verlängerung, mündend in das gewohnte Elfmeter-Drama, zu bedeuten. Fünf Minuten nach Wiederbeginn jedoch, in einer eher harmlosen Situation, kam der Ball zu Klinsmann, der auf den rechten Flügel ausgewichen war. Er schob ihn nach innen, wo Oliver Bierhoff stand, das Tor und drei Abwehrspieler im Rücken. Er drehte sich nach links und brachte einen Schuß zustande, der halbhoch aufs tschechische Tor flog und einem gut disponierten Torhüter keine Probleme hätte bereiten dürfen. Kouba brachte auch beide Hände an den Ball, ließ ihn aber zum Entsetzen seiner eigenen und zur Verblüffung selbst der deutschen Spieler darüber hinweg an den Innenpfosten fliegen, von wo er ins Netz hüpfte. 2:1, das Spiel war aus, Deutschland Europameister.

Was blieb, außer der – zum dritten Mal gewonnenen – silbernen Amphore und 250 000 Mark Prämie für jeden Spieler?

Für den Fußball die Genugtuung, ein im großen und ganzen reibungsloses Turnier erlebt zu haben, in dem nicht Hooligans und Bombenleger der IRA die Akzente setzten und man auf dem Spielfeld durchweg im Rahmen des Sportlichen blieb.

Für den Europameister sicher die Erkenntnis, wieder eine gute Mannschaft zu sein, die allerdings zweimal über die Grenzen ihrer Kräfte hinausgehen mußte (und konnte!), um den Titel zu gewinnen.

Für den deutschen Fußball nach wie vor die Notwendigkeit, in der Nachwuchsarbeit mehr Wert auf Spielwitz und Spielfreude zu legen, Defizite, auf die der Bundestrainer bei jeder Gelegenheit hinweist.

Für FIFA und UEFA die dringende Aufgabe, intensiv über Preise und technischen Fortschritt nachzudenken. Denn neben den viel zu teuren Tickets erwiesen sich diverse Schiedsrichterentscheidungen bzw. Fehlentscheidungen als das größte Ärgernis dieses Turniers.

Im Gruppenspiel gegen Bulgarien erkannte der Unparteiische Mikkelsen (Dänemark) ein Tor Rumäniens nicht an, obwohl die TV-Kamera den Ball mindestens 30 Zentimeter hinter der Linie zeigte. Rumänien verlor 0:1. Im Viertelfinale England-Spanien versagte Schiedsrichter Batta (Frankreich) einem regulären Treffer von Salinas die Anerkennung und „übersah" ein klares Foulspiel im englischen Strafraum. Spanien schied aus im Elfmeterschießen. Im Spiel Frankreich–Holland „verlegte" Schiedsrichter Lopez Nieto (Spanien) ein Handspiel des Franzosen Desailly im Strafraum nach außerhalb. Holland verlor im Elfmeterschießen.

Ohne Folgen für das Ergebnis blieb glücklicherweise die empörende Ignoranz des Schweden Sundell, der unmittelbar daneben stand, als der Kroate Bilic dem am Boden liegenden Deutschen Ziege während einer Spielunterbrechung in die Rippen trat. Herr Sundell unternahm nichts.

Jedoch: Auch künftig wird die FIFA, so ein 129:40-Entscheid beim Kongreß in Zürich, TV-Beweise zur Korrektur falscher Entscheidungen nicht zulassen. Willkommen sind TV-Kameras im immer dynamischer sich entwickelnden Spiel nur zur Vermittlung unverbindlichen Infotainments. Wofür die FIFA bei den Weltmeisterschaften 2002 und 2006 sage und schreibe 3,4 Milliarden Mark kassiert.

Was also bleibt wirklich? Für Peter Gibbons immerhin der Endspiel-Ball. Der 33jährige Londoner Fan hatte die Plastikkugel unmittelbar nach Spielschluß aufgefangen und sie eigentlich zum Torschützen Bierhoff zurückschießen wollen. Das aber vereitelte ausgerechnet ein Polizist, und zwar mit der bemerkenswerten Aufforderung: „Gut gemacht! Paß auf, daß die Deutschen ihn nie wieder kriegen."

Auch kein schlechtes Schlußbild dieser EM: England in Ballbesitz – durch die Polizei.

Europameister schaft 2000

Von Jo Viellvoye

Diesen Tag, dieses Spiel, diese Erfahrung wird Nigon Chumankuli aus Bangkok wohl Zeit seines Lebens nicht vergessen. Da hatte er sich als Reporter des „Siam Sport Daily“ bei dieser Europameisterschaft akkreditieren lassen, war 8000 Kilometer weit gereist und stand nun im belgischen Charleroi vor Leuten, die ihn schlichtweg ignorierten. Oder allenfalls blasiert mit den Schultern zuckten.

Eine knappe halbe Stunde war Nigon zu spät im Press-Center erschienen, eine knappe halbe Stunde nach der bürokratisch verfügten „Deadline“, bis zu der die Tickets für das Spiel Deutschland – England am gleichen Abend abgeholt werden mußten. Auch die der Presse. Es half dem kleinen Mann aus Fernost nicht, dass er freundlichst und geradezu unterwürfig darauf hinwies, es seien doch noch anderthalb Stunden bis zum Anstoß. Und schon gar nicht, dass er in aller Bescheidenheit die Bedeutung seines Blattes im Königreich Thailand hervorhob. Im Königreich der Belgier blieb man stur. „Sorry, ihr Ticket ist längst anderweitig vergeben.“

Erst die lautstarke Intervention eines europäischen Kollegen, der sich das Theater eine halbe Stunde lang stumm angeschaut hatte und dann ausrastete, verschaffte dem armen Thai doch noch Zutritt ins Stade du Pays. „Wissen Sie,“ sagte er halb erleichtert, halb bewundernd zu seinem rigorosen Helfer, „ich als Buddhist hätte das nicht gekonnt ...“

Solcherart Friedfertigkeit wäre manch einem in den folgenden Tagen und Wochen zu wünschen gewesen. Denn nur mit einer gehörigen Portion Gottergebenheit und Fatalismus waren zum Beispiel die Auftritte von Titelverteidiger Deutschland und Teilen seines Anhangs zu ertragen. Vom sportlichen Aspekt wird noch die Rede sein, doch ebenso schlimm wie alle Fehlpässe auf grünem Rasen wirkte wieder einmal teutonisches Brüll- und Biergelage in der City beispielsweise von Lüttich, wo das hirnrissige Jungvolk aus dem Nachbarland den Gastgebern vorsang: „Ihr seid nur ein Kinderschänderland ...“

Zugegeben: Englands Dumpfbacken trieben es noch schlimmer. Gingen unflätigste Beleidungen für David Beckham nach der 2:3-Niederlage im ersten Match gegen Portugal noch als „interne Angelegenheit“ durch, so riefen die mit Tischen, Stühlen, Flaschen und Gläsern ausgefochtenen bürgerkriegsähnlichen Straßenschlachten von Charleroi und Brüssel die Staatsgewalt auf den Plan, und zwar mit Wasserwerfern und Tränengas. 800 Hooligans sahen sich kurzerhand in Hercules-Transportmaschinen der belgischen Luftwaffe verfrachtet und nach England zurück gebracht. Dort beklagten sie lautstark die angebliche Überreaktion der belgischen Polizei.

Da mögen sogar zwei Körnchen Wahrheit im Spiel gewesen sein, doch mußte sich das Mutterland des Fußballs zu Recht vorwerfen lassen, unerläßliche Sicherheitsmaßnahmen wieder einmal allzu lasch betrieben und bekannte Übeltäter nicht von der Reise zum Kontinent abgehalten zu haben

Die UEFA sprach ein Machtwort. Als „sehr ernste und allerletzte“ Warnung“ sollte verstanden werden, was sich im Klartext so las: „Wenn so etwas noch einmal passiert, werden wir England von der EM ausschließen. Diese Hooligans sind eine Schande für ihr Land und ihre Mannschaft.“ Auf der Insel bilanzierte die ernst zu nehmende Presse: „Es wird Zeit, daß wir die Fakten akzeptieren. Es ist die englische Gesellschaft, die Gewalt und Fremdenfeindlichkeit produziert.“ (Observer). Und. „Wir sind zu einer Nation betrunkener, tätowierter und kahl geschorener Flegel geworden.“ (Sunday Mirror).

Etliche der kahl geschorenen Flegel hatten vor dem erzwungenen Rücktransport immerhin noch das Ende eines englischen „Albtraums“ miterleben dürfen: den 1:0-Sieg über die verhaßten Deutschen, den ersten in einem bedeutenden Spiel seit dem WM-Finale 1966. Ein Kopfball von Alan Shearer nach Freistoß von Beckham brachte die Entscheidung, ließ England jubeln und mal wieder von einem Finale träumen. Deutschland aber, nach dem 1:1 im ersten Gruppenspiel gegen Rumänien, mußte jetzt unbedingt Portugal schlagen, um weiter zu kommen.

Das aber hielten nur noch wenige objektive Beobachter für wahrschein-

lich, obwohl die Portugiesen sich nach Erfolgen über England und Rumänien durchaus eine Niederlage hätten leisten können und mit einer besseren B-Elf antraten. Zu konzeptionslos hatte der Titelverteidiger in den Wochen zuvor gewirkt, zu uninspiriert auch in seinen ersten Gruppenspielen. Immer deutlicher traten Unstimmigkeiten innerhalb des Teams zutage, dem Jens Jeremies schon vorher eine „jämmerliche Verfassung" bescheinigt hatte. Der allgemeine Unmut, ausgelöst unter anderem durch das Training von Teamchef Erich Ribbeck, eskalierte, als er die Mannschaft auf Vorschlag von DFB-Präsident Egidius Braun in dessen Heimatort Breinig bei Aachen üben ließ. 8000 Fans stürmten den Dorfsportplatz, auf dem Kapitän Oliver Bierhoff sich prompt verletzte. Am Ende flohen die Spieler Hals über Kopf in den Bus und schimpften lautstark über die „Kirmesveranstaltung" ihres DFB. Der Vorgang zeigte mehr als deutlich, wie es um Team und

Szenen vom Niedergang des DFB-Teams: Der hoffnungsvoll aufspielende Sebastian Deisler kann sich gegen seinen englischen Gegenspieler zu selten durchsetzen (linke Seite, oben). Mit einem wuchtigen Kopfstoß besiegelte Alan Shearer Englands 1:0-sieg im Vorrundenspiel gegen Deutschland (linke Seite, unten).

Das 0:3. Gegen Portugal – oben trifft Sergio Conceicao zum ersten Mal – stellte den Tiefpunkt einer desolaten deutschen Mannschaft dar.

Führung bestellt war. Tatsächlich stand man kurz vor einer Revolte, die bereits wenige Wochen zuvor auf Mallorca geprobt worden war. Eine Gruppe von Spielern aus München und Leverkusen hatte sich im Trainingslager zu einem konspirativen Treffen verabredet mit dem Ziel, den umstrittenen Teamchef noch vor der EM abzulösen und durch Lothar Matthäus zu ersetzen. Der Plan, in den auch DFB-Vize Franz Beckenbauer eingeweiht war, schlug fehl. Es war wie in der Fabel vom Aufstand der Mäuse: Niemand hatte den Mut, der Katze die Glocke umzuhängen.

So lief des deutschen Fußballs Flaggschiff, dreimal EM-Titelträger, völlig aus dem Ruder. Im luxuriösen Quartier „Hotel & Kasteel Vaalsbroek" an der deutsch-niederländischen Grenze bei Aachen sorgten sich zwar wieder einmal drei Ärzte, vier Masseure, drei Zeugwarte, ein Koch und jede Menge anderer Helfer, darunter zehn Bodyguards, um das Wohl der 22 Spieler, doch einer wollte sich wochenlang partout nicht einstellen: der Mannschaftsgeist. Was nicht verwunderte, waren doch selbst auf Trainer-Ebene Zustände wie bei der CDU eingerissen. Wenige Wochen vor der EM hatte Ribbeck seinen aufmüpfigen Assitenten Uli Stielike gefeuert, der noch zu Jahresbeginn im offiziellen „DFB-Journal" lesen durfte, „daß mir ein Querdenker und kritischer Geist lieber ist als einer, der mir nur nach dem Mund redet." Stielike kehrte zurück in den Jugendbereich des DFB und wurde durch den westfälischen Haudegen Horst Hrubesch ersetzt, dem selbst das „Westfalenblatt" nichts weniger als „ungeheuerliche Schlichtheit" bescheinigte.

Mehr und mehr förderte der Ernstfall EM das größte Manko des weltgrößten Fußballverbandes zutage: seine Unglaubwürdigkeit Sie färbte vom Generalstab auf die Truppe ab. Wo der sehr ehrenwerte Präsident Egidius Braun bei all seinem caritativen und sozialpolitischen Engagement (Keine Macht den Drogen!) offenbar nichts dabei findet, daß die tumultarische Entwicklung des DFB-Milliardenvermögens zum großen Teil – direkt und indirekt – mit der Droge Alkohol (Bier) zusammen hängt, konnte es nicht ausbleiben, daß auch auf unterer Ebene und im sportlichen Detail eine Schieflage entstand. Die Spieler Babbel und Ziege vermißten „Führungsfiguren wie vor vier Jahren, als wir spielerisch auch nicht viel stärker waren, aber noch hart gearbeitet haben." Das war jetzt wohl nicht mehr der Fall, denn, so Babbel, „wir haben zum Beispiel nur ein einziges Mal trainiert, wie man gegen eine Viererkette spielt". Und Ziege resumierte mit vernichtender Klarheit: „Natürlich sind wir ein Scheißhaufen. Aber das ist nicht der einzige Punkt."

Tor-Rekord für den Gastgeber: Der unumstrittene Herrscher des holländischen Mittelfelds, Edgar Davids, lässt in Rotterdam keinen Zweifel an den Titel-Ambitionen der »Oranjes« aufkommen – in einer atemberaubenden Fußball-Gala werden die Jugoslawen (im Bild Dragan Stojkovic) mit 6:1 überrannt.

Rechte Seite oben: Hemmungslose Freude bei den Spaniern. In einem Fußball-Krimi schafften die Iberer durch ein 4:3 gegen Jugoslavien doch noch die Qualifikation für das Viertelfinale.

Rechte Seite unten: Keine Chance für den Finalisten von 1996. Die Tschechen – im Bild Pavel Nedved gegen Emanuel Petit - unterlagen dem amtierenden Weltmeister Frankreich mit 1:2

Weltmeisterlich: Die wenigen Chancen der Tschechen sind meist eine sichere Beute für Fabien Barthez (unteres Bild), und im Mittelfeld gelingt es Emanuel Petit, die Solo-Ansätze des stark aufspielenden Pavel Nedved gekonnt zu unterbinden.

Sicher nicht. Die Kollateralschäden der Pleite stellten wieder einmal den gesamten deutschen Fußball in Frage: die Trainer-Ausbildung, die den Anfordungen des modernen Fußballs nicht mehr gerecht werde, die Jugendarbeit, die zu viel Wert auf Ergebnisse und zu wenig auf Spielfreude lege, gleichwohl aber pubertierende Halbtalente zu Millionären mache, denen man „nur schwer das Laufen beibringen“ könne, so DFB-Trainer Rutemöller. Last not least natürlich die hohe Zahl ausländischer Stars in der Bundesliga, die deutschen Talenten den Job wegnähmen und damit in ihrer Entwicklung blockierten. Ganz klar, daß etwas passieren mußte.

Jedoch sah sich der DFB zunächst einmal vor die Notwendigkeit gestellt, einen neuen Teamchef bzw. Bundestrainer zu finden. Zwei Jahre zuvor, nach dem Rücktritt von Berti Vogts, hatte man, nach erfolglosen Gesprächen mit Jupp Heynckes und sogar Paul Breitner, überraschend den Ruheständler Erich Ribbeck aus dem Hut gezaubert. „Sir Erich“ tat sein Bestes, schaffte auch die EM-Qualifikation (gegen die Türkei, Finnland, Nordirland und Moldawien), vermochte aber nur selten den Eindruck von Konzept und Kompetenz zu vermitteln. Was sich im Turnier letztendlich als fatal erwies.

Die krampfhafte Suche nach einem Nachfolger geriet erneut zur Posse. Sie erinnerte den ehemaligen DFB-Funktikonär Wolfgang Holzhäuser, jetzt in Diensten des Konzern-Clubs Bayer Leverkusen, an „einen Jahrmarkt, wo man mit Stoffbällchen auf Blechbüchsen wirft, und keine fällt um.“

Doch, eine fiel um. Christoph Daum von Holzhäusers Firma wird ab 2001 für die Nationalelf zuständig und verantwortlich sein. Bis dahin soll Ex-Nationalspieler Rudi Völler, ebenfalls aus dem personellen Fundus der Bayer AG, zusammen mit dem Dortmunder Michael Skibbe die Geschicke des Teams leiten und in der Qualifikation die Weichen Richtung WM 2002 stellen. Womit der DFB sich gleich zu Beginn des sogenannten Neubeginns wieder ein Problem aufhalste: Welchen Sinn würde es machen, mitten im Strom die Pferde zu wechseln, sollte der populäre „Ruuudi“ auf der Erfolgsspur fahren – wie es sich bei seinem Start andeutete?

Die elfte EM hatte ihre ganz eigene Qualität und Dramaturgie. Bis auf Rußland, den WM-Dritten Kroatien und vielleicht noch Schottland fehlte keine europäische Fußball-Nation von Rang. Spielkulturell sah man das bislang beste Turnier in Europa Der Torquotient stieg von 2,06 (1996) auf 2,74 Treffer pro Spiel. Selbst deutsche Fans, soweit sie die Absenz ihrer Mannschaft in Kauf nahmen, ließen sich von der französischen, holländischen, portugiesischen Spielweise begeistern und präsentierten ihrem heimischen Nationalverband per TV entsprechende Transparente: DAS ist Fußball!

Zum ersten Mal fand das Turnier parallel in zwei Ländern statt, was Gerhard Aigner, Generalsekretär der UEFA, allerdings als nicht ganz geglücktes Experiment empfand und überlegen ließ, „ob man solche Wettbewerbe in Zukunft nicht mit einem Projektmanagement selber in die Hand nehmen“ müsse. Vieles sei in den beiden kleinen und administrativ sehr unterschiedlichen Ländern „nicht sorgfältig genug vorbereitet worden.“ Aber immerhin: Die gewalttätigen Vorfälle mit Hooligans seien durch „die großen Spiele“ weitgehend übertüncht worden. Aigner: „Es war die beste EM aller Zeiten.“

Die großen Spiele. Noch nie erlebte man bei einer EM derart viele spannende und dramatische Duelle, prägten Tor-Tragödien schon Gruppenspiele und Viertelfinale: Portugal – England (3:2, nach 0:2-Rückstand), Rumänien – England (3:2, Siegtor in vorletzter Minute), Spanien – Jugoslawien (4:3, Siegtor in letzter Minute), Holland – Jugoslawien (6:1, mit drei Toren von Kluivert), Frankreich – Spanien (2:1, wobei Raul in letzter Minute einen Elfmeter und damit den Ausgleich vergab). Ganz zu schweigen von den Halbfinals und dem Finale.

„Was für ein Fußballfest – danke!" titelte der „Kicker" und unterstrich seine Danksagung in der Sprache der vier Halbfinalisten: Merci – Gracie – Bedankt – Obrigado. Kein Zweifel: Europas Nationalmannschaften, im Schatten der großen Klubwettbewerbe (und des großen Geldes) scheinbar auf dem Weg in die Bedeutungslosigkeit, hatten ihren Stellenwert zurück erobert.

Mit Frankreich wurde erstmals ein Weltmeister auch Europameister, und zwar mit ganz wenigen Ausnahmen in der gleichen Besetzung wie zwei Jahre zuvor beim großen Triumph im eigenen Land Wer damals noch an den Heimvorteil geglaubt hatte, mußte nun zugestehen, daß Frankreichs Qualitäten auch jenseits der blau-weiß-roten Grenzpfähle denen edelster Produkte aus dem Burgund und der Region Bordeaux entsprechen. Schon der erste Sieg, in Brügge gegen Dänemark, glich einer spritzigen Champagner-Party: 3:0. Es folgten nur noch knappe Ergebnisse mit einem Tor Differenz und auch ein 2:3 gegen Holland im (unbedeutenden) letzten Gruppenspiel, doch stets wirkte der Weltmeister, von Anelka bis Zidane, souverän, physisch und psychisch stabil, technisch brillant, taktisch clever. Seine Viererkette mit Thuram, Blanc, Desailly, Lizarazu garantierte auch im 26. Spiel hintereinander (mit Ausnahme des Holland-Spiels, das mit der halben Reserve bestriten wurde), den Sieg. Es war das Finale.

Welch ein Spiel! „Mamma mia!" überschrieb das „Allgemeen Daagblad" der Niederlande seine fünfseitigen Endspielberichterstattung. Sie wäre womöglich noch umfangreicher ausgefallen, hätte nicht am gleichen Tag Hollands Tennisprofi Schalken in der dritten Runde von Wimbledon ebenfalls Sportgeschichte geschrieben. Er unterlag dem Australier Philipoussis in einem vierstündigen Marathonmatch, dessen fünfter Satz 18:20 endete.

Fast hätte sich in Rotterdam Ähnliches zugetragen. Nach einer eher ent-

täuschenden ersten Halbzeit war Favorit Frankreich kurz nach der Pause in Rückstand geraten. Italien verteidigte die Führung meisterlich, verließ sich dabei nicht nur auf seine großartige Defensive und hatte durchaus noch weitere Chancen. Doch mit zunehmender Spielzeit kam der Weltmeister immer besser ins Bild. Vor allem der geniale Zidane zog jetzt seine Kreise. Eine „Liebeserklärung an das Spiel" nannte sie die „SZ".

Es war wohl noch etwas mehr. Daß der Weltmeister auf seinem Weg ins EM-Finale immer wieder kritische Phasen zu meistern verstand (2:1 gegen Tschechien, Spanien und Portugal) beschäftigte nicht nur Fußball-Experten. Psychologen glaubten im französischen Mannschaftsspiel Ansätze der Lehre von Alfred Adler zu erkennen, dem Begründer der Individual-Psychologie. Seine Theorien vom Gemeinschaftsgeist und der Anpassung des Individuums an ein kollektives Ziel scheinen hier durchaus praktiziert zu werden – nicht nur auf dem Rasen. Mit fassungslosem Staunen registrierte zum Beispiel der kleine Lizarazu, im Fußball-Alltag für Bayern München aktiv, was ihm an Querelen aus dem Lager der Deutschen so alles zu Ohren kam. „Das wäre bei uns undenkbar, wir wollen doch auch Spaß haben."

Frankreichs Kampfgeist und Spielkunst erlahmten auch dann nicht, als die 90 Endspiel-Minuten abgelaufen waren. Schiedsrichter Frisk aus Schweden ließ drei Minuten nachspielen, und buchstäblich mit der letzten Umdrehung des Sekundenzeigers gelang den unablässig stürmenden Franzosen der Ausgleich. Ein Kopfball von Trezeguet erreichte Wiltort, der seinen Abwehrspieler ausspielte und den Ball ins lange Eck bugsierte.

Wie vom Blitz getroffen sanken die meisten italienischen Spieler zu Boden, wohl ahnend, daß der numerische Gleichstand sie in einen entscheidenden psychologischen Rückstand gebracht hatte. So war es. Nach 13 Minuten der Verlängerung setzte

Beginn einer Pleitenserie: Frank de Boer, der beste und sicherste Elfmeter-Schütze Hollands, scheitert bereits bei seinem ersten Strafstoß in der 39. Minute an Toldo (linke Seite, oben).

Fast die komplette Mannschaft klammert sich vor Freude an den Elfmeter-Killer Francesco Toldo – Italien ist im Finale (unten).

Im zweiten Halbfinale ist auch für die Portugiesen Endstation: Blanc und Thuram lassen den Supertechniker Luis Figo kann zur Entfaltung kommen. Mit einem Golden Goal per Elfmeter entscheidet Zidane das Match für Frankreich.

sich Pires am linken Flügel durch und zog den Ball flach nach innen. Dort wartete Trezeguet und praktizierte jene Fähigkeit, mit der wirkliche Torjäger von jeher weit wirkungsvoller zu Werke gehen als mit brachialer Schußkraft oder Kopfballkunst: im richtigen Moment an der richtigen Stelle zu stehen. Aus zehn Metern Distanz ließ er Torwart Toldo keine Chance.

Wieder einmal lag sich toute la France in den Armen. Ein tolles Finale war zu Ende, ein Finale, zu dem auch der Verlierer Entscheidendes beigetragen hatte. War es im Halbfinale gegen Holland unverschämtes Glück gewesen, das Italien weitergeholfen hatte, so bewies man im Finale durchaus die Berechtigung der Teilnahme. Nur Sekunden fehlten zum Titelgewinn

Beide Halbfinals waren von ähnlicher Dramatik geprägt, vor allem die Begegnung Holland – Italien. Die Gastgeber hatten sich souverän unter die letzten Vier gespielt, dabei Jugoslawien mit 6:1 abgefertigt und mit de Boer, Stam, Davids und Kluivert absolute Weltstars präsentiert. Auf Hollands weiten Wiesen dokumentierten selbst Kühe in orangefarbenen Plastikumhängen Stolz und Zuversicht.

Der Sieg über Italiens Defensivkünstler und der Einzug ins Finale schienen sicher zu sein, als Schiedsrichter Dr. Merk aus Deutschland dem Gastgeber zum Entsetzen seines Gegners gleich zwei Strafstöße zugestand. Doch den ersten, von de Boer in der 38. Minute, hielt Toldo, den zweiten, nach etwa einer Stunde, setzte Patrick Kluivert an den Pfosten. In der Amsterdam-Arena schlugen 50 000, soweit nicht italienischer Provenienz, entsetzt die Hände vors Gesicht.

Sie wußten wohl, was kam: noch knapp eine Stunde fruchtloses Bemühen (inclusive Verlängerung) und dann die Nemesis des holländischen Fußballs, Elfmeterschießen. Zwei Jahre zuvor, im Halbfinale der WM 1998, war man dabei an Brasilien gescheitert. Und schon acht Jahre früher, bei der EM 1992 in Schweden, hatte man den späteren Europameister Dänemark auf diese Weise ins Finale befördert. Jetzt setzte sich die Serie fort: Toldo wehrte den Schuß von de Boer ab, Stam jagte den Ball über die Latte, zum Schluß scheiterte auch Bosvelt. Aus und vorbei, die Oranje-Fahnen sanken auf Halbmast

Einen Tag zuvor hatten sich in Brüssel Frankreich und die überraschend starken Portugiesen, nach eigener Einschätzung „Favorit der Außenseiter“, gegenüber gestanden. Auch hier geriet Frankreich zunächst in Rückstand, den Thierry nach der Pause ausgleichen konnte. Das Spiel stand auf des Messers Schneide, als Schiedsrichter Benkö (Österreich) drei Minuten vor Schluß den Ausrichter der EM 2004 per Elfmeter in tiefste Verzweiflung stürzte Abel Xavier hatte kurz vor der Torlinie den Ball mit der Hand touchiert. Er und seine Mitspieler protestierten so wütend, daß Gomez vom Platz flog und die UEFA drastische Strafen verhängte: Xavier wurde für neun, Gomez für acht und Bento für sechs Monate gesperrt. Der portugiesische Verband mußte außerdem 200 000 Mark Buße zahlen.

Der von Zidane verwandelte Strafstoß stieß für Frankreich die Tür zum Finale auf, war das erste „Golden Goal“ dieser EM und das zweite in der EM-Historie nach Oliver Bierhoffs Siegtreffer gegen die Tschechen vier Jahre zuvor in Wembley.

Der Schütze von damals, immer noch Kapitän, saß nicht einmal mehr auf der Bank, als seine Mannschaft unterging. Bierhoffs Trainingsverletzung hatte die Wahl Ribbecks endlich auf Carsten Jancker fallen lassen. Doch den Mut, auch auf den schwächelnden und intern höchst umstrittenen Lothar Matthäus zu verzichten, fand der Teamchef nicht. Die Konsequenz war fürchterlich. Mit 0:3 im letzten Gruppenspiel flog der Titelverteidiger aus dem Turnier.

Dabei hatte er nicht einmal schlecht begonnen. Marko Bode, erstmals eingesetzt, traf den Pfosten des portugiesischen Tors, was Erich Ribbeck am nächsten Tag darüber philosophieren ließ, wie es wohl mit der Mannschaft (und ihrem Trainer!) weiter gegangen wäre, „wenn der Ball zwei Zentimeter weiter links gekommen wäre“.

Kam er aber nicht. Stattdessen setzte ein feiner Spielzug des Gegners die von allen guten Geistern (und vor al-

lem von Matthäus!) verlassene deutsche Abwehr matt und brachte Portugal in Führung. Es war der Anfang vom Ende. Die deutsche Elf, einmal in Rückstand, verlor jedweden Halt und blamierte sich total. Sogar Oliver Kahn ließ sich von ihrem komatösen Zustand anstecken und einen Ball, wie es im Torwart-Jargon heißt, „durch die Hosenträger" schießen. Nach weiteren zehn Minuten stand das Spiel 3:0 für Portugal. Und alle drei Treffer gingen auf das Konto Sergio Conceicaos von Italiens Meister Lazio Rom, ohne daß Ribbeck den völlig überforderten Gegenspieler Linke ausgewechselt hätte. Gipfel der Schmach: Zwei Minuten vor Schluß erlaubte sich Trainer Humberto Cuelho, Torwart Nr. 3 einzuwechseln ...

In Deutschland gingen die Lichter aus. Öffentlichkeit und Fans reagierten noch weit drastischer als zwei Jahre zuvor nach der WM-Pleite in Frankreich. „Bild" forderte „im Namen aller Fans": Euch wollen wir nie mehr sehen! Das seitenbreite Foto der Mannschaft wurd mit kategorischen Imperativen versehen: Rausreißen! Zerknüllen! Wegschmeißen! Vergessen! Eine große Fußball-Nation versank in Schimpf und Schande.

Auch einer, dessen Kompetenz in Deutschland unangreifbar und unbestritten ist, ließ keinen Zweifel an seiner Mißbilligung und Verachtung aufkommen. „Was wir machen, läßt sich der Ball nicht gefallen" höhnte Franz Beckenbauer und erfand den Begriff „Rumpelfüßler" für die Versager. Was wiederum „Bild"-Leser Arno Rumpel aus Hessen um eine „Gegendarstellung" bitten ließ, „aus der hervorgeht, daß es sich hier lediglich um ein Wortspiel des Herrn Beckenbauer handelt ..."

Auch das Ausland reagierte entsprechend. Hollands „Algemeen Dagblad" befand: „Ein B-Team war den deutschen Stümpern hoch überlegen." Italiens „Corriere de la Sera" sah ein „Deutschland zum Verschrotten". Und „The Sun" argwöhnte: „Die Deutschen müssen vor Sauerkraut in Deckung gehen, wenn sie heimkehren".

Mußten sie, trotz aller Kritik, keineswegs. Sie hielten sich auch nicht an die (politisch) beziehungsreiche Feststellung von „Hürriyet" aus dem Waffenbruderland Türkei: „Die Panzer weinen".

Das taten andere. Und man hätte schon, wie Nigon Chumankuli aus Bangkok, Buddhist sein müssen, um nicht mitzuweinen.

Starkes Kollektiv: Der französische Nationaltrainer Roger Lemerre (rechts außen) brachte bei der EURO 2000 in den sechs Spielen der Endrunde bis auf den dritten Tormann alle Spieler zum Einsatz – mehr als jedes andere Team.

Europapokal der Meister

Von Ulfert Schröder und K. H. Mrazek

Auftakt zum ersten Endspiel um den Europa-Pokal der Meister: Jonquet von Stade Reims und Muñoz (rechts) von Real tauschen die Wimpel aus. Rechts: Mittelstürmer di Stefano kann die Flanke von rechts nicht erreichen, Verteidiger und Torhüter der Franzosen kommen ihm zuvor. Madrid schlägt Reims mit 4:3.

Der Europacup wurde in Paris geboren. Wer der Vater war, weiß man nicht genau. Einmal wird der in Polen geborene und in Frankfurt naturalisierte Spiele-Vermittler Julius Ukrainczyk angegeben, ein andermal erscheint der französische Journalist Gabriel Hanot als der Schöpfer jenes Wettbewerbs, der den Fußball in Europa prägte.

In Wirklichkeit werden sich beide auf halbem Wege begegnet sein, und womöglich hatte, wie das so oft geschieht, der Mann im Hintergrund, also Ukrainczyk, einen Gesinnungsfreund gefunden, dessen Stimme seriös und gewichtig genug war, um einer neuen Idee Gehör zu verschaffen.

Außerdem, und dies ist wahrscheinlich das Wichtigste gewesen, war die Zeit reif für den Europapokal. Aus verschiedenen Gründen. Erstens zerflossen nach dem Zweiten Weltkrieg die Grenzen zwischen den Ländern Westeuropas. Zweitens ließ das Flugzeug die Distanzen schrumpfen. Drittens brauchten die großen Clubs in Europa neue Einnahmequellen. Der immer stärker professionalisierte und vermarktete Fußball konnte seinen Lebensunterhalt nicht mehr auf die herkömmliche Weise fristen. Meisterschaften im eigenen Lande, Freundschaftsspiele, sie brachten für die großen Clubs nur noch das Existenzminimum. Der Fußball suchte nach neuen Dimensionen.

Den Vätern des Europapokals dienten - zwei Muster als Denkansatz. Einmal der sogenannte Mitropa-Cup, der zwischen 1927 und 1940 die Spitzenclubs aus Ungarn, Österreich, Italien und der Tschechoslowakei zusammengebracht hatte, und zum anderen der vom FC Grasshoppers Zürich nach 1945 ins Leben gerufene Grasshoppers-Cup.

Gabriel Hanot ging von der Überzeugung aus, daß nicht die Nationalmannschaften, sondern die Teams der führenden Vereine die Leistungskraft, den Stil und den Charakter des Fußballspiels in ihrem Lande repräsentieren. Ein ständiger Wettbewerb dieser Vereine, so folgerte Hanot, mußte einerseits die Entwicklung des Fußballs in Europa günstig beeinflussen und andererseits eine gültige Bewertung der Leistungskraft ermöglichen.

Hanot hatte früher selbst Fußball gespielt, hatte in Berlin studiert und dort bei den „Preußen" als Verteidiger gekickt. Als Fußball-Chef der französischen Sport-Tageszeitung „L'Equipe" besaß er einen gewichtigen Namen in der Branche. Er benutzte die Spalten seiner Zeitung, um den Europacup ins Gespräch zu bringen, und dabei wurde er einer uralten Gepflogenheit seines Blattes gerecht. Denn treu dem Grundsatz, daß der Journalist „etwas loszumachen hat, wenn nichts los ist", hatte „L'Equipe" schon gleich nach der Jahrhundertwende die Tour de France erfunden. An der Tour hatte „L'Equipe" in den verkaufsschwachen

Europa-Pokal der Meister

Unten: Raymond Kopa, jetzt im Dreß von Real, holt zum Schuß aus. Aber der Franzose bleibt ohne Tor beim 2:0-Sieg Reals über den AC Florenz im Endspiel 1957.
Rechts: Im Endspiel 1958 in Brüssel ist di Stefano glänzend in Form. Real holt den Cup schon zum dritten Male – mit 3:2 über den AC Milan.

Sommermonaten seither stets gut verdient. Die Schaffung des Europacups stand nun als weitere Pioniertat bevor. Bestärkt in seiner Idee wurde Hanot von Ukrainczyk, dessen wieselige Geschäftigkeit dem Fußball-Busineß stets nützlich gewesen ist. Von einem Wettbewerb um den Europacup versprach sich Ukrainczyk eine Belebung seines Geschäfts.

Ob nun letztlich Ukrainczyk oder Hanot der geistige Vater des Europapokals gewesen ist, steht dahin. Hanot jedenfalls kommt das Verdienst zu, mit der Idee an die Öffentlichkeit getreten zu sein. Provoziert dazu wurde er ausgerechnet von den Engländern, deren großsprecherischer Anspruch auf Beherrschung der Fußballwelt den Kickern auf dem Kontinent stets übertrieben erschienen war.

Genauso reagierte Hanot, als im Herbst 1954 die Wolverhampton Wanderers gegen Spartak Moskau 4:0 und gegen Honved Budapest 3:2 gewonnen hatten und in englischen Zeitungen die Schlagzeilen „Wölfe Weltmeister" erschienen. Man müsse, gab Hanot zu bedenken, die Rückspiele abwarten. Immerhin seien die Siege bei englischem Schmuddelwetter erzielt, was bekanntlich den Briten zum Vorteil gereiche, und außerdem gebe es in Europa auch noch die Mannschaften von Real Madrid und AC Mailand. Am 16. Dezember 1954 veröffentlichte Hanot in „L'Equipe" seinen Plan einer „Europameisterschaft der Clubs". In Hin- und Rückspielen solle die stärkste Mannschaft ermittelt werden, und teilnehmen solle jeweils der Meister des Landes, führte Hanot aus.

Das war genaugenommen der Plan einer Europa-Liga, denn vom Pokal-Modus hatte Hanot nichts gesagt. Der Plan wurde sofort allenthalben diskutiert. Die Österreicher schlugen vor, man solle keinen Punkt-, sondern einen Pokalwettbewerb daraus machen, die Belgier schlossen sich an, und im Januar 1955 verschickte „L'Equipe" an viele Clubs und alle Verbände einen Reglement-Vorschlag.

Der gerade erst gegründete Europäische Fußball-Verband, die UEFA, ließ am 1. März in Wien ihr Exekutiv-Komitee beraten. Gabriel Hanot trug seinen Plan vor und stellte der UEFA anheim, den Wettbewerb unter ihrer Regie zu führen. Am 8. Mai gab in London das Dringlichkeits-Komitee des Weltverbandes FIFA seinen Segen.

Der neue Wettbewerb wuchs rasend schnell. Die Umsätze stiegen, der Europacup brachte Millionen Menschen auf die Beine, das Fernsehen kam und kaufte die Spiele, hatte plötzlich „unter der Woche" eine vergleichsweise billige Sendung, die gewaltige Einschaltquoten garantierte. Die UEFA setzte die Fernseh-Gagen fest, eine Preis-Skala, die in den ersten Jahren von 25 000 DM für ein Vorrundenspiel bis zu 125 000 DM für das Finale reichte. Später wurden die Gagen frei ausgehandelt. Die Clubs mit den großen Stadien und den starken Mannschaften wurden reich.

Freilich, nicht alle wurden reich. Für viele Vereine wurde die Teilnahme am Europacup zum Zuschußgeschäft. Wenn beispielsweise der Luxemburger Meister Jeunesse Esch zum IFK Göteborg reisen mußte und zu Hause in einem kleinen Stadion nur eine kleine Einnahme hatte, dann konnte er beileibe nicht verdienen, sondern mußte zuzahlen.

Das Geschäft mit dem Cup blühte trotzdem, und der Fußball wurde, jedes Jahr ein bißchen mehr, zum Schaugeschäft. Was keineswegs verwunderlich war, denn der Europacup hatte seine eigene, ganz und gar typische Szenerie entwickelt: randvolle Arenen unter gleißendem Flutlicht, mitreißende Spiele, deren Darsteller, angestachelt von schwindelerregenden Erfolgsprämien, ihre Kraft und ihre Fähigkeiten bis zur Selbstaufgabe ausschöpften.

Für die Zuschauer, und hier ist wiederum in erster Linie das Bildschirmvolk gemeint, vermittelte der Europacup außerdem einen Hauch von weiter Welt. Zum ersten Male wurde einem großen Kreis von Menschen bewußt, wie klein ihr Kontinent ist. Der Europacup hat zum ersten Male einer großen Menschenmasse die Idee vom vereinigten Europa bildlich dargestellt und an einem Beispiel begreiflich gemacht.

Im ersten Jahr des Europapokals waren die deutschen Clubs noch nicht reif für ein solches Unternehmen. Kurzsichtig und hinterwäldlerisch diskutierten sie noch darüber, ob es nicht womöglich katastrophale Folgen haben könne, wenn man dem Berufs-Fußball Vorschub leiste oder ihn womöglich einführe. Es war die Zeit, wo sich Fritz Walter vor dem DFB zu verantworten hatte, weil er von seinem Club ein Darlehen angenommen hatte.

In Italien dagegen florierte der Profi-Fußball, in Spanien waren Real Madrid und FC Barcelona zu gewaltigen Geschäftsunternehmen herangewachsen, in Holland hatten sich die Clubs vom Verband losgesagt und ihre eigene Profi-Liga gegründet (nach einem Jahr erfolgreichen Widerstandes kehrten sie unter die Obhut des KNVB zurück, als Voll-Profis), in Frankreich, in Belgien, in Portugal verstanden die großen Clubs Fußball nicht mehr als fröhliche Leibesübung für Freizeitsportler, sondern hatten erkannt, daß sie ein Teil der Unterhaltungs-Industrie geworden waren.

Am besten gerüstet für die Herausforderung Europas war der spanische Club Real Madrid. Er hatte gerade den Argentinier Alfredo di Stefano gleichsam im Handstreich der Konkurrenz in Barcelona weggeschnappt und damit Kopf und Herz für seine Mannschaft gefunden. Di Stefano begann in Europa eine triumphale Karriere, die schon allein deshalb kein Beispiel besitzt, weil es keinem anderen Club gelungen ist, fünf Jahre lang beinahe ungefährdet die Mannschaften eines ganzen Kontinents zu beherrschen.

Es war gewiß ein großes Glück für Real und sicherlich bestimmend für die Zukunft dieser Mannschaft, daß ihr der Gewinn des Europapokals gleich im ersten Wettbewerb sehr schwer gemacht wurde. Auf diese Weise entging sie der Gefahr, sich irgendwann einmal selbst zu überschätzen und in jene Großmannssucht zu verfallen. In diesem ersten Wettbewerb mußten die Spanier auf dem Weg ins Finale die beiden stärksten Mannschaften des gespaltenen Kontinents schlagen: die so genannten Staats-Amateure von Partizan Belgrad aus dem kommunistischen, den Professionalismus ablehnenden Ostblock, und den AC Mailand als Vertreter des kapitalistischen und daher dem Berufssport mit allen seinen Konsequenzen weit aufgeschlossenen westlichen Teil. Real Madrid bezwang Partizan Belgrad nur mit einem Tor Unterschied.

Das erste Finale gewannen die Spanier gegen Frankreichs Fußball-Stolz, gegen Stade Reims. Kopa dirigierte den Sturm, und Jonquet organisierte die Abwehr dieser besten französischen Mannschaft aller Zeiten. Dem Coach Albert Batteux waren die ergiebigsten Jahrgänge in die Hände geraten, ein Glück, das einem gallischen Winzer weitaus häufiger widerfährt als einem Fußball-Trainer. Real gewann nur mühsam vor 40 000 Zuschauern im überfüllten Pariser Prinzenpark.

Durch Leblond und Templin führte Reims 2:0, di Stefano und Rial erzielten den Ausgleich und Hidalgo wiederum die Führung für Reims. Jonquet markierte di Stefano mit penetranter Schärfe, doch in der letzten Phase des Spiels setzte der Dirigent zum Furioso an, das die Franzosen mit sich hinwegriß. Rial und Joseito machten noch zwei Tore, und Real Madrid hatte den ersten Europacup gewonnen. Den ersten von insgesamt sechs.

Real Madrid wurde allerdings von dem furchtbaren Schicksal begünstigt, das die Mannschaft von Manchester United traf. Diese United galt als Mannschaft der Zukunft. Matt Busby hatte nach einem sehr empfehlenswerten, aber auch sehr ungebräuchlichen Prinzip ein grandioses Team geschaffen. Er hatte sich im eigenen Club umgetan und aus der näheren und weiteren Umgebung junge Burschen zusammengesucht. Er hatte Bobby Charlton gefunden, als der 18 war, einen Jüngling namens Duncan Edwards, der Englands bester Mittelfeldspieler zu werden versprach, dazu den Mittelstürmer Tommy Taylor, ein Energiebündel wie Uwe Seeler, den Halbstürmer Viollet. Die Burschen waren alle um die zwanzig. Nationalverteidiger Byrne erschien mit seinen 26 beinahe als Opa, und deshalb wurde diese Mannschaft die „Busby Babes" genannt.

Die Babies drangen gleich bei ihrem ersten Versuch bis zum Thron der königlichen Spanier vor. Reals Erfahrung freilich überwog. In Madrid wurde Manchester 3:1 geschlagen. Reals Mittelfeld – Rial, Mateos, di Stefano

Endspiel 1960 in Glasgow. Richard Kreß bringt die Eintracht in Führung (links), aber dann kommt die Real-Maschine auf Hochtouren. Madrid schießt sechs Treffer, ehe Frankfurt ein weiteres Gegentor gelingt, und gewinnt das Finale schließlich mit 7:3.

entschied ein Spiel, das zum ersten Male den europäischen Fußball-Boom andeutete. 135 000 Zuschauer, Einnahmen-Weltrekord mit 650 000 Mark, zum ersten Male ein Fußballspiel im spanischen Fernsehen, Radioübertragungen nach Südamerika. Kopa von Stade Reims stürmte jetzt bei Real rechtsaußen. Kopa und Gento, das war Europas gefährlichste Flügelzange. In Manchester erzwang Reals Taktik ein 2:2, die United war gestoppt. Aber die beiden Spiele hatten gezeigt, daß diese Briten den Real stürzen würden.

Real holte sich im Endspiel gegen den AC Florenz durch ein 2:0 (di Stefano und Gento) vor 125 000 Zuschauern in Madrid den zweiten Cup, Manchester wurde in England wieder Meister, die Babes waren keine Babys mehr. Am 5. Februar 1958 erreichten sie in Belgrad gegen Roter Stern ein 3:3, und da sie zu Hause 2:1 gewonnen hatten, standen sie wieder im Halbfinale. Sie flogen zurück in einer Charter-Maschine. In München Zwischenlandung. Frost, Schnee, schlechte Sicht. Zweimal bricht der Pilot den Startversuch ab. Beim drittenmal beschleunigt er über den Bremspunkt hinaus. Er will die Maschine hochziehen. Aber sie hebt nicht ab. Die Tragflächen sind vereist. Am Ende der Piste bohrt sich die „Elizabethan“ in eine Böschung, geht in Flammen auf.

Die Mannschaft Manchesters ist vernichtet. Duncan Edwards, Tommy Taylor, Roger Byrne, Geoff Bent, Eddie Colman, Mark Jones, Bill Whelan, David Pegg starben. Die anderen sind so schwer verletzt, daß sie nie mehr spielen werden. Unversehrt bleiben nur Torwart Gregg, Verteidiger Foulkes, die Stürmer Morgans und Viollet. Und Bobby Charlton. Die Versicherung zahlt fast drei Millionen Mark. Aber die Busby Babes gibt es nicht mehr.

Busby liegt noch wochenlang in einem Münchener Krankenhaus. Dann geht er daran, ein neues Team zu bauen. Es dauert acht Jahre, bis Manchester wieder unter den Großen erscheint, und es dauert zehn Jahre, bis Busby erklommen hat, was er „meinen Mount Everest“ nannte.

Reals Herrschaft blieb ungebrochen. Mit einem zusammengekauften Team hatte Manchester das Halbfinale des Europacups gespielt. Gegen den AC Milan. Mit dem verzweifelten Mut, dem hinterhältigen Schicksal eins überzubraten, erreichte die United zu Hause am Old Trafford einen 2:1-Sieg. Aber diese Wut ist bald erloschen. In Mailand werden die Engländer 4:0 geschlagen.

Glück hatte Real in den Jahren des Triumphs auch. Vor 70 000 Zuschauern, beim Endspiel des Jahres 1958 in Brüssel, rückte der AC Milan mit einer grandiosen Mannschaft an: Stopper Maldini, Außenläufer Bergamaschi, der Uruguayer Schiaffino (1950 Weltmeister, für 800 000 DM von Peñarol gekauft), der Schwede Liedholm als Stürmer. Juan Alberto Schiaffino erzielte das 1:0 für den Milan, der Argentinier di Stefano glich für Real aus. Der Argentinier Grillo schaffte Milans neuerliche Führung, der Argentinier Rial glich für Real aus. In der Verlängerung endlich schoß ein echter Spanier den Siegtreffer: Gento.

Madrid verstärkte sein Team. Der Argentinier Santamaria kam als Stopper, Mateos wurde Halbstürmer, del Sol Mittelfeldmann. Trotzdem brauchte Real 1959 drei Spiele, um den erbitterten Lokalrivalen Atletico 2:1, 0:1, 2:1 auszuschalten. Beim Finale 1959 erlebten 70 000 Menschen in Stuttgart ein 2:0 Reals (Mateos und di Stefano) über Kopas Club Stade Reims. Der Franzose am rechten Real-Flügel wirkte blaß wie nie und wurde danach von Reims zurückgekauft.

Atletico hatte sich dem Real noch beugen müssen, doch die Konkurrenz im eigenen Lande und gleich nebenan in der Nachbarschaft wurde stärker. Der FC Barcelona hatte kräftig investiert. Evaristo aus Brasilien, Koesis von der geflohenen ungarischen Honved-Elf, Suarez aus La Coruña. Und dazu den teuersten aller Trainer: Helenio Herrera.

1960 gab es den ersten europäischen Machtkampf zwischen Real und Barcelona. In Madrid dirigierte di Stefano seine Mannschaft zum 3:1. In Barcelona wurde der Triumph gedoppelt, wieder 3:1 für Real. Doch hinter den Kulissen dieses Spiels war zu erleben, daß in den Clubs dieser Größenordnung finanzielle Überlegungen anfingen, den sportlichen Ehrgeiz zu unterjochen. Barcelona nämlich befand sich am Rande des Bankrotts und wollte deshalb gar nicht gewinnen. Und da der FC Barcelona die spanische Meisterschaft und damit die Teilnahme am nächsten Europacup schon in der Tasche hatte, benutzte er die 500 000 DM Einnahme aus dem Spiel gegen Real lieber zur Deckung seiner Schulden als zu neuen Investitionen.

Real Madrid fuhr also nach Glasgow und traf dort im Endspiel auf den deutschen Meister Eintracht Frankfurt, dessen Vorstoß ins Finale zu den wenigen deutschen Heldentaten in den Frühjahren des Europacups gehörte.

Eintracht Frankfurt war vor 128 000 Schotten ein prächtiger Gegner. 1:0 führten die Deutschen nach achtzehn Minuten durch Kreß. Dieses Tor weckte den schlummernden Real und di Stefanos Arbeitswut. Plötzlich war er überall, ordnete sein Team, das durch den Einbau von Ferene Puskas ungemein an Durchschlagskraft gewonnen hatte. Real entfachte einen Feuerzauber. Puskas schoß vier Tore, di Stefano drei. Am Ende, als es schon 6: 1 stand, traf Frankfurts Mittelstürmer Erwin Stein noch zweimal. Die Deutschen waren an die Wand gespielt und durften sich lediglich an dem Lob gütlich tun, für den nun nicht mehr königlichen, sondern beinahe schon göttlichen Real ein würdiger Gegner gewesen zu sein.

An diesem strahlenden Sonnentag von Glasgow stand Real auf dem Gipfel, und nun begann der Abstieg. 1961 Barcelonas Rache: mit 2:2 (in Madrid) und einer 1:2-Niederlage in Barcelona wurde di Stefanos Mannschaft ausgeschaltet. Noch zweimal bäumten sich die Real-Stars gegen ihr Schicksal auf. 1962 erreichten sie wieder das Finale, und gleichsam mit ihrer letzten Kraft zwangen sie ihren Nachfolgern, der Elf von Benfica Lissabon, das schönste und mitreißendste Finale der Europacup-Geschichte ab.

Dieses Spiel übertraf alle Hoffnungen und jegliche Erwartung. Zwei Ausnahme-Mannschaften standen sich gegenüber. Benfica hatte seinen Höhepunkt erreicht. Der blutjunge Afrikaner Eusebio gab dem Team der portugiesischen Kunsthandwerker Temperament und Esprit. Und die Spanier waren noch nicht so abgenutzt und noch nicht zu müde, um noch einmal als das unvergleichliche Ensemble einzigartiger Solisten. aufzutreten. Nie mehr ist in einem Spiel so viel an Witz, Raffinesse, Schönheit, Kraft, feinnerviger Technik und kluger Taktik zu sehen gewesen wie an diesem Abend des 2. Mai 1962 in Amsterdam.

Das Spiel steigerte sich von Minute zu Minute, trieb von einem Höhepunkt zum andern. 1:0 und 2:0 durch Puskas, 1:2 durch Aguas, 2:2 durch Cavem, 3:2 für Real durch Puskas, und das alles in zwanzig Minuten.

Nach der Halbzeit verlor di Stefano die Beherrschung des Mittelfeldes an Cavem und Aguas. Die Schritte von Puskas wurden kürzer. Wenn di Stefano in den Angriff vorrückte, riß die Verbindung zur Abwehr. Fünf Minuten nach der Halbzeit 3:3 durch Coluna. Reals Nervenkraft schwindet dahin. Fehlpässe, Fehlschüsse, verschenkte Chancen, verpaßte Gelegenheiten.

In der tobenden Arena des Amsterdamer Olympiastadions entscheidet der jüngste Mann das Spiel: Eusebio wird schwer gefoult, aus dem Elfmeter macht er das 4:3 und bald darauf schießt er Benficas fünftes Tor. Beim Schlußpfiff erleidet er einen Nervenschock, wird schreiend in die Kabine getragen.

Benfica Lissabon hatte nicht erst 1962 in Amsterdam die Nachfolge Real Madrids angetreten. Schon im Jahr zuvor, als Real durch Barcelona ausgeschaltet worden war, hatten die Portugiesen das Finale gegen den FC Barcelona (der im Semifinale drei Spiele gegen den Hamburger SV benötigte) 3:2 gewonnen. Ohne Eusebio und mit einer Mannschaft, die ganz allmählich zusammengewachsen war und das Teamwork britischen Stils mit dem Temperament und dem Ideenreichtum der Brasilianer beinahe ideal in Einklang gebracht hatte.

Zwei Jahre lang wurde der Europacup also in seiner Endphase zur Auseinandersetzung der Iberer. Ein Machtkampf freilich, in dem der ungarische Einschlag unübersehbar war. Bei Real Madrid spielte Puskas, und das Management führte der ehemalige Chef der Honved-Mannschaft, Emil Österreicher. Bei Barcelona spielten die Exil-Ungarn Czibor, Kocsis und Kubala (im Finale gegen Benfica schossen Czibor und Kocsis beide Tore Barcelonas), und Trainer bei Benfica Lissabon, im Grunde der Schöpfer dieser Mannschaft, war der Ungar Bela Guttmann.

Fünfmal Real und zweimal Lissabon waren die Sieger in den ersten sieben Jahren des Cups, und nach dem Finale von Amsterdam schien es, als werde Benfica ebenso lange regieren wie Real. Das freilich war ein Trugschluß. Es begann die Zeit der Italiener, und Benfica war fortan vom Pech verfolgt.

Beim AC Milan war eine neue Mannschaft entstanden. Mit dem „Goldjungen" Gianni Rivera als Spielmacher, Altafini als Torjäger und dem harten Maldini im Abwehrzentrum. Bei Inter Mailand hatte der Trainer Herrera den destruktiven Zerstörungs-Fußball zum Blühen gebracht. Mit dem Rivera-Rivalen Sandro Mazzola und dem Spanier Suarez als Spielmacher, mit dem Ein-Mann-Sturm Jair, Corso als falschem Linksaußen und Facchetti als stürmendem Verteidiger.

Es waren die Spaghetti-Jahre des Europacups und seine schlechtesten. Im Finale 1963 schlug der AC Milan die unglücklich stürmende Benfica-Elf 2:1 durch zwei Tore Altafinis gegen eines von Eusebio. Im Jahr danach bezwang Inter Mailand im armseligsten aller Endspiele die alt und grau gewordene Elf von Real 3:1, und wieder ein Jahr später stürmte Benfica Lissabon in Mailand gegen Inter neunzig Minuten lang – aber Inter siegte durch ein Tor von Jair 1:0.

Real hatte sich an Demütigungen gewöhnt. Die Mannschaft starb einen qualvollen Tod. Qualvoll, weil immer wieder Hoffnung aufblitzte. Nach dem triumphalen Spiel von Amsterdam gab es im nächsten Jahr schon in der Qualifikationsrunde gegen Anderlecht Brüssel ein 3:3 und 0:1. Dann aber, ehe sie im Finale gegen Inter standen, schlugen die Spanier den Cup-Halter AC Milan im Viertelfinale mit 4:1 und 0:2 aus dem Rennen. Wieder ein Jahr später jedoch (als dann Inter und Benfica im 1:0-Endspiel standen) erlitt Real im Viertelfinale gegen Benfica in Lissabon eine fürchterliche 1:5-Niederlage, um ein weiteres Jahr später, im Wettbewerb 1965/66, den anderen italienischen Cup-Halter, nämlich Inter Mailand, im Halbfinale mit 1:1 und 1:0 auszuschalten.

Freilich, es war nur noch der Name. Aus dem großen Team von einst war nur noch Gento übriggeblieben, und die Neuen, Amancio zum Beispiel, Velazquez, Zoco, Pirri, hätten ihren großen Vorfahren höchstens die Stiefel schnüren dürfen. Trotzdem gewannen sie in Brüssel den Cup mit 2:1 gegen Partizan Belgrad, das sich vorher gegen Matt Busbys neue Manchester-Elf aufgerieben hatte und dessen Stars Soskic, Jusufi, Vasovic, Rasovic, Hasanagic und Galic allesamt auf dem Sprung ins Ausland lagen.

Noch einmal Real, das war der Abschied und der Abgesang des lateinischen Fußballs im Europacup. Von nun an wehte ein anderer, härterer Wind. Der britische Fußball trat seine Herrschaft an. Gewiß, 1969 erscheint noch einmal AC Milan mit einem 4:1-Finalsieg gegen Ajax Amsterdam. Doch das ist eine Ausnahme, die nur eine Regelmäßigkeit bestätigt. 1967 kommt Celtic Glasgow mit seinen knorrigen schottischen Abwehrrecken Gemmell, McNeill, Craig, dem Arbeitstier Murdoch im Mittelfeld und den Flügelflitzern Johnstone und Lennox.

Nur zwei Tore lassen die Schotten auf dem Weg ins Finale zu, und dort schlagen sie Inter Mailand 2:1. Im Jahr danach löst Matt Busby den Schwur ein, den er an den Gräbern seiner „Busby Babes" geleistet hat: „Jungens, wir holen den verfluchten Cup." Zwei Überlebende von München hatten ge schworen wie er: Bobby Charlton und Verteidiger Foulkes.

Am 29. Mai 1968 in London schlagen sie, nachdem sie vorher Real Madrid ausgeschaltet hatten, die mittlerweile von der vergeblichen Jagd auf den Cup müde gewordene Benfica-Elf in der Verlängerung 4:1. Neunzig Minuten lang freilich hält Benfica stand, obwohl Bobby Charlton klarere Angriffe inszenierte und ein höheres Tempo spielen ließ als Coluna. Das Spiel weckt Erinnerungen an die Weltmeisterschaft 1966. Damals bestritten, auch in Wembley, England und Portugal das Halbfinale. Portugals Sturm in derselben Besetzung wie jetzt Benfica gegen Manchester. Und England mit Charlton als Spielmacher und Nobby Stiles als Wachhund, was er nun auch gegen Benfica ist. Bei Manchester

Wachablösung in Bern. Barcelona hat Real ausgebootet, verliert aber das Endspiel gegen diese Mannschaft von Benfica (von links: Pereira, Coluna, Neto, Germano, Augusto, Angelo, João, Santana, Cruz, Cavem und Aguas). Unten: Kapitän Aguas nimmt den Pokal von UEFA-Präsident Ebbe Schwartz entgegen.

stürmt George Best auf dem rechten Flügel, der 19jährige, gerade entdeckte Brian Kidd soll die Tore schießen, und Crerand ist Charltons Helfer im Mittelfeld.

Charlton selber köpft das 1:0. Dann bereitet Eusebio das 1:1 vor. Graca braucht nur noch ins Tor zu schießen. Vor der Verlängerung redet Busby auf seine Spieler ein. Benfica bricht zusammen. Die Mannschaft ist am Ende ihrer Kraft wie damals in Amsterdam die Stars von Real. Ein Alleingang von Best, ein Tor von Kidd und schließlich ein Treffer von Charlton, das ist Manchesters Triumph.

Die Kraft der Manchester-Mannschaft erlahmte mit dem Gewinn des Cups. Denn dieses Team war nicht so jung, so begeisterungsfähig und nicht so idealistisch wie Busbys „Babes". Foulkes und Charlton über dreißig, George Best und Dennis Law (der im Finale wegen einer Knieoperation fehlte) kaltschnäuzige Profis. Im Jahr danach scheitert Manchester im Halbfinale am AC Milan, Benfica Lissabon im Viertelfinale an Ajax Amsterdam mit 3:1, 1:3, 1:3.

Niemand freilich glaubte damals, daß diese Ajax-Elf künftig den europäischen Club-Fußball beherrschen würde. Zu tolpatschig benahmen sich die Holländer im Finale gegen AC Milan, wo der Deutsche Schnellinger zusammen mit Malatrasi eine starke Abwehr befehligte und Rivera drei ausgezeichnete Stürmer dirigierte: Prati, den Schweden Hamrin und Sormani. Die Holländer tappten den Italienern arglos in die Falle. Sie griffen an, entblößten immer wieder ihre Abwehr, Amsterdams Wunderknabe Cruyff geriet völlig in den Schatten von Rivera, und die Mailänder machten mit leichter Hand ihre Tore. Drei Treffer von Prati und einer von Sormani.

Die Holländer waren noch nicht reif, sie hatten gerade erst hineingerochen in den Europacup. Trainer Rinus Michels, ein wortkarger, dickköpfiger Holländer, in seiner Arbeit ein beinahe fanatischer Systematiker, zog die Nutzanwendung aus der Blamage gegen Milan. Dazu kam die Konkurrenz im eigenen Lande. Denn Feyenoord Rotterdam machte im Jahr darauf den Mailändern schon im Achtelfinale den Garaus, überwand Vorwärts Ost-Berlin und Legia Warschau und schlug Celtic Glasgow in Mailand nach Verlängerung 2:1 durch Tore von Israel und den Schweden Kindvall.

Bei Ajax nutzte Rinus Michels das Jahr, in dem Feyenoord im Cup spielte, um seine Mannschaft zu formieren. Das mußte ihm leichter fallen als hinterher, während der Jahre des Ajax, stets behauptet wurde. Denn Michels hatte einen ausgezeichneten Stamm. Den Stopper Vasovic, die starken Abwehrspieler Suurbier und Hulshoff, fleißige Arbeitsbienen wie Neeskens, Mühren, Haan, Keizer, Swart und später Rep – lauter technisch gute, sehr schnelle Außenstürmer und, als Zentralfigur: Johan Cruyff.

Mit dem Niedergang der lateinischen Mannschaften (der auch auf den Ausländer-Stopp in Spanien und Italien zurückzuführen war) stieg Ajax auf und präsentierte an Stelle der spanischen oder italienischen Romantik, an Stelle des eher künstlerischen Individualismus die zweckmäßige, rationale Nüchternheit. Die Holländer beseitigten drei Jahre lang mit erstaunlicher Leichtigkeit jegliche Konkurrenz und gewannen ihre Endspiele ebenso mühelos wie undramatisch. 1971 bezwangen sie Celtic Glasgow und Atletico Madrid. Im Finale schlugen sie Panathinaikos Athen 2:0, die schwächste Mannschaft, die jemals in einem Cup-Finale gestanden hat. Ein Jahr danach erreichten die Holländer das Endspiel ohne Niederlage und erledigten den in die Mittelmäßigkeit abgesunkenen Inter im Finale 2:0. 1973 beseitigten sie auf dem Weg ins Finale Bayern München und Real Madrid. Das Endspiel gewannen sie in Belgrad gegen Juventus Turin 1:0.

Wechselhaft und bis 1974 eher dürftig als zufriedenstellend schnitten die deutschen Clubs im Europapokal ab. In den ersten 18 Jahren seines Bestehens erreichte nur Eintracht Frankfurt das Finale, der Hamburger SV und Borussia Dortmund scheiterten kurz davor. Borussia Mönchengladbach und der 1. FC Köln wurden Opfer bitteren Pechs, die Gladbacher gleich dreimal.

Eintracht Frankfurts Vorstoß ins Endspiel 1960 war eine Sensation, denn die Mannschaft spielte noch unter Bedingungen, die dem Amateurfußball näher kamen als dem Professionalismus. Ihre besten Leistungen bot sie im Halbfinale, als sie die Glasgow Rangers in Frankfurt mit 6:1 und beim Rückspiel in Schottland mit 6:3 deklassierte. Trainer Paul Osswald hatte sein Team klug auf die Rangers eingestellt, auf dem Spielfeld führte Alfred Pfaff großartig Regie. Die 3:7-Niederlage der Frankfurter gegen Real Madrid im Finale von Glasgow rückte dann die Verhältnisse wieder gerade.

Ein Jahr später schien der Hamburger SV stark genug zu sein, um als erste deutsche Mannschaft den Cup zu gewinnen. Es war vor allem ein Verdienst des Stürmergespanns Uwe Seeler – Klaus Stürmer, daß der HSV im Viertelfinale den englischen Meister FC Burnley mit 1:3 und 4:1 ausschaltete. In der Vorschlußrunde wurden die Hamburger vom FC Barcelona neun Sekunden vor dem Erreichen des großen Ziels gestoppt. In Barcelona hatten sie 0:1 verloren, im heimischen Volksparkstadion führten sie 2:0 – noch in der 91. Minute (der Schiedsrichter hatte nachspielen lassen). Doch neun Sekunden vor dem Schlußpfiff glückte den Spaniern das 2:1. Ein drittes Spiel wurde notwendig, weil damals bei Punkt- und Torgleichheit noch nicht die Regel mit den doppelt zählenden Auswärtstreffern galt. Beim Entscheidungstreffen in Brüssel hatte der HSV seinen Schock noch nicht überwunden. Er verlor gegen den FC Barcelona wieder 0:1.

Mit einem grandiosen 5:0 über Benfica Lissabon und einem nicht weniger eindrucksvollen 4:0 über Dukla–Prag gelangte Borussia Dortmund 1964 ins Halbfinale, doch hier war die Hürde Inter Mailand zu hoch. Die Dortmunder waren der letzte Deutsche Meister, der aus der Oberliga kam. Und obwohl der Fußball in der Bundesrepublik durch die Einführung der Bundesliga zweifellos weiter an Stärke gewann, mußte man bis 1974 warten, bis der FC Bayern München zum erstenmal den Europacup der Landesmeister nach Deutschland holte. Die Bayern gaben sich dann nicht mit dem einmaligen Gewinn der Trophäe zufrieden. Sie wiederholten ihren Triumph 1975 und 1976. In der Geschichte des Europapokals war nach der langen südeuropäischen, der britischen und der holländischen nun die deutsche „Epoche" angebrochen.

1966 in Brüssel: Vasovic bringt Partizan Belgrad in Führung, aber Serena und Amancio verhelfen Real zum Sieg. Zum sechsten Male triumphiert der königliche Club aus Madrid.

Dabei hatte der FC Bayern München, gemessen am internationalen Gewicht seiner Stars, bei den ersten Gastspielen in diesem Wettbewerb zunächst eine recht bescheidene Rolle gespielt – ganz im Gegensatz zum Cup der Pokalsieger, den er 1967 einmal errungen hatte und in dem er noch zweimal im Halbfinale stand. 1969, nachdem Trainer Branko Zebec die Mannschaft zum Double geführt hatte, überstand sie bei den Meistern gegen AS St-Etienne nicht einmal die erste Runde. In der Saison 1972/73 war Titelverteidiger Ajax Amsterdam noch zu stark für die Münchner. Ein 0:4 in Amsterdam beraubte die Bayern aller Hoffnungen.

Die entscheidende Wende kam in der Spielzeit 1973/74, allerdings auch erst nach erheblichen Startschwierigkeiten der Bayern. Gegen Schwedens Meister Atvidabergs FF benötigten sie in der ersten Runde zum Weiterkommen ein Elfmeterschießen, die folgenden Begegnungen mit Dynamo Dresden (4:3 und 3:3) übertrafen an Dramatik den spannendsten Krimi. Doch von Runde zu Runde wurde Trainer Udo Latteks Truppe souveräner.

Das Finale in Brüssel zwischen dem FC Bayern und Atletico Madrid geriet zu einem Drama in zwei Akten: Zum erstenmal mußte ein Endspiel im Europacup der Meister wiederholt werden, weil es auch in der Verlängerung keinen Sieger gab. 0:0 stand es nach Ablauf der regulären Spielzeit, 0:0 hieß es immer noch nach der ersten Hälfte der Verlängerung. In der 114. Minute schließlich fühlten sich die Spanier als Gewinner des Pokals. Luis hatte den Ball bei einem Freistoß mit raffiniertem Effet über die Abwehrmauer der Münchner hinweg ins Netz gezirkelt. Nur wenige Sekunden waren noch zu spielen, als Bayern-Vorstopper Hans-Georg Schwarzenbeck einen Verzweiflungsschuß aus fast 30 Metern Entfernung wagte, der zum Entsetzen der Madrider im Tor landete. 1:1, die Entscheidung war vertagt.

Zwei Tage später trafen sich die beiden Mannschaften erneut im Heysel-Stadion. Und erst die Wiederholung hielt, was man sich eigentlich schon von der Erstaufführung versprochen hatte. Vor allem die Münchner waren gegenüber der ersten Partie nicht mehr wiederzuerkennen. In einem begeisternden Spiel, in dem die Bayern mit ihrer Offensivkraft phasenweise an die großen Zeiten von Real Madrid erinnerten, überfuhr der Deutsche Meister seinen Gegner mit 4:0 (1:0). Uli Hoeneß und Gerd Müller schossen je zwei Tore, eines war schöner als das andere. „Wenn wir alle elf immer so gut wären wie diesmal, könnten wir jede Mannschaft der Welt schlagen", schwärmte Franz Beckenbauer, der in einer Mannschaft ohne schwachen Punkt seine Sonderklasse demonstriert hatte.

Als die Münchner zwölf Monate danach den Pokal durch einen 2:0-Sieg gegen Leeds United im Pariser Prinzenpark-Stadion erfolgreich verteidig-

Franz Roth ist der Europacup-Held der Bayern. Zum drittenmal entscheidet er 1976 ein Endspiel für die Bayern. Unten: So fällt der Treffer im Glasgower Finale gegen St. Etienne (Roth ist von der französischen Abwehrmauer verdeckt). Und rechts: Der Meisterschütze mit dem Pokal.

ten, war nichts mehr von dem Glanz zu sehen, den sie beim 4:0 gegen Atletico Madrid ausgestrahlt hatten. Die Experten sprachen von einem der schwächsten Europacup-Endspiele, und selbst Franz Beckenbauer räumte ein: „Wir dürfen bei allem Erfolg nicht vergessen, daß wir viel Glück hatten."

Nicht als Meister, sondern „nur" als Pokalverteidiger war der FC Bayern 1975/76 wieder dabei. Bevor er erneut das Endspiel erreichte, mußte er die ehemaligen Europacup-Sieger Benfica Lissabon und Real Madrid ausschalten. Das gelang der spielerisch, wiedererstarkten Mannschaft auf überzeugende Weise. Beim Finale im Hampden Park von Glasgow stand die Cleverneß der Münchner gegen den Elan der erstmals ins Endspiel vorgestoßenen Mannschaft von AS St-Etienne. Die Bayern gewannen durch ein Tor von Franz Roth 1:0 (0:0), der dritte Cup-Gewinn in Serie gab der Taktik Dettmar Cramers und der abgeklärten Spielweise seiner Stars recht.

Die Männer um Franz Beckenbauer ließen sich die Freude am Erfolg auch dadurch nicht verderben, daß St-Etienne in der internationalen Presse mit Lob überhäuft wurde, während sie selbst wegen ihres „schmucklosen, eiskalten Stils" mit harter, in englischen Zeitungen sogar mit verletzender Kritik bedacht wurden.

Die Saison 76/77 sollte dann zum großen Abschied für den Star-Club um Beckenbauer werden. Ein vierter Europapokal-Sieg hintereinander mußte Träumerei bleiben. Die Spielträger waren „in die Jahre gekommen" –, in der Bundesliga reichte es gerade noch zu einem siebten Platz. Und als es ernst wurde im Europapokal, kam auch schon das Aus: Am 16. März 1977 unterlag der FC Bayern vor 110 000 Zuschauern in Kiew gegen Dynamo im Viertelfinalrückspiel 0:2. Zwei Monate später schockte „Kaiser Franz" die Fußballwelt mit seinem Wechsel nach Amerika.

Borussia Mönchengladbach aber, ein Jahr zuvor nur durch den unseriös leitenden holländischen Schiedsrichter van der Kroft beim 1:1 in Madrid gegen Real daran gehindert, ins Halbfinale zu kommen, wurde als zu leicht befunden, das Erbe der Münchner zu übernehmen.

Der neue Fußball-Hit hieß FC Liverpool. Neun Jahre nach dem Sieg von Manchester United sollten die „Reds" den Cup auf die Insel zurückholen.

Die Mannschaft hatte zwar keinen Dirigenten wie Bobby Charlton und auch keinen Zauberer wie George Best, doch das Vollblut Kevin Keegan.

Der kleine stämmige Angreifer kreierte am besten den Sound seines Teams, war bärenstark, aggressiv, äußerst beweglich und von unermüdlicher Schaffenskraft. So wurde schließlich im Olympiastadion von Rom der FC Liverpool beinahe logisch Europapokal-Sieger.

„Jetzt sind wir größer als die Beatles", jubelte Mannschaftskapitän Emlyn Hughes nach dem 3:1-Sieg über eine verängstigte Gladbacher Elf im Übermut.

Daß Hughes mit seinem Vergleich übers Ziel hinausgeschossen war, machte das folgende Jahr deutlich. Ohne Kevin Keegan, den HSV-Manager Peter Krohn dem FC Liverpool für zwei Millionen Mark abgeschwätzt hatte, leuchteten die Tugenden der Mannschaft nur zu Hause an der Anfield Road auf, wurde zum Beispiel Mönchengladbach im Halbfinale 3:0 abgefertigt. Fern von der Heimat, fern von den aufputschenden Schlachtgesängen der Fans, litt die Elf dagegen unter Entzugserscheinungen. So auch vor 92 000 Augenpaaren im Londoner Wembley-Stadion, wo im Finale gegen die sperrige Mannschaft des FC Brügge mit viel, viel Glück ein 1:0 gelang. Das Tor erzielte der Mann, der für Keegan gekauft worden war: der Schotte Kenny Dalglish.

Faszination ging vom Nachfolger der Liverpooler im Europapokal kaum aus. Der FC Nottingham geriet mehr durch die großen Sprüche seines Managers Brian Clough als durch große Leistungen in die Schlagzeilen. Perfekter als jedes andere englische Profiteam beherrschte die Mannschaft die Absicherung des eigenen Tores, was der FC Liverpool gegen die „armen Vettern" aus Mittelengland gleich in der ersten Runde feststellen mußte. Als es galt, an der Anfield Road ein 0:2 aus dem Hinspiel zu korrigieren, rannten sich die Spieler des Cup-Verteidigers an der festgefügten Abwehrmauer der Landsleute die Köpfe ein.

Fußball-Ästheten rümpften zwar die Nase über die Defensiv-Spielweise des FC Nottingham, doch Erfolg hatte das Team. Erst im Halbfinale wurde die Mannschaft um Peter Shilton, „den besten Torhüter der Welt" (so Manager Clough) in ihrem Selbstwertgefühl verletzt. Der 1. FC Köln schaffte im City Ground von Nottingham ein 3:3 und schaute sich, ganz wie es rheinische Art ist, anschließend nach einem Quartier am Endspielort München um. Doch in Köln hatte die Abwehr der Engländer wieder die gewohnte Stabilität und außerdem das Glück, nach einem Eckball zum 1:0 zu kommen, allerdings erst – in der 65. Minute –, als Torjäger Dieter Müller mit einem Muskelriß im Oberschenkel das Feld geräumt hatte.

Viele hundert Kölner mußten nach diesem unerwarteten K.o. die reservierten Endspielzimmer abbestellen; auf den Karten blieben sie sitzen. „Das war das vorweggenommene Finale", versuchte Clough seinem Kollegen Hennes Weisweiler über den Schmerz der Niederlage hinwegzuhelfen.

Wie recht er hatte, sollte das Spiel im Olympiastadion ziemlich ungeschminkt zeigen. Die neutralen Beobachter unter den 65 000 Zuschauern stellten sich vor allem die Frage, welches Team wohl das schwächere sei, Malmö FF aus Schweden oder FC Nottingham aus England. Ein Treffer des vier Millionen Mark teuren Stürmers Trevor Francis entschied die reichlich fade Partie zugunsten der Briten.

Daß diese Mannschaft der Fußballerhandwerker – Zyniker sprachen von Maurern – ein Jahr später wiederum den silbernen Pott schwenken sollte und so Englands Vorherrschaft im Meisterpokal demonstrieren durfte, war nach dem Finale weder vorhersehbar noch wünschenswert.

Europas Fußballfreunde konzentrierten sich mehr auf den Hamburger SV und auf Real Madrid als auf die Inselkicker. Die Fußballroboter des SC Dynamo Ostberlin, ganz auf Kondition getrimmt, nahmen Forest im Viertelfinale überraschend mit einem 1:0 den Heimnimbus. In Berlin allerdings wurde der Selbstbehauptungswille britischer Profis sichtbar: Nottingham revanchierte sich mit einem 3:1-Sieg.

Zum Endspiel nach Madrid flogen die Engländer dennoch als Außenseiter. Das 5:1 des HSV im Halbfinalrückspiel gegen Real Madrid wog schwerer als das 2:0 von Nottingham gegen Ajax Amsterdam. Und Keegan, Magath, Kaltz, Memering, Hrubesch hatten international mehr Gewicht als der dickbäuchige Robertson, Kapitän McGovern und der dunkelhäutige Asket Anderson auf der anderen Seite.

Doch nachdem Abpfiff des Portugiesen Garrido lagen sich erneut die Männer um Torhüter Peter Shilton in den Armen, durfte wiederum Manager Brian Clough sein verbales Trommelfeuer eröffnen. Brutal wurde dem stürmenden HSV vor Augen geführt, was die Favoritenrolle im entscheidenden Augenblick wert sein kann, nämlich nichts. Ein frühes Tor des untersetzten Linksaußen Robertson, der Kaltz in der 20. Minute versetzte, hielt bis zum Spielende vor.

Wenige Monate später war es mit Nottingham und den Sprüchen des Brian Clough vorbei. Schon in der ersten Runde scheiterte das Team aus der englischen Provinz an den Armeesoldaten von CSKA Sofia.

Fußball-Europa artikulierte Schadenfreude. Bundestrainer Jupp Derwall, sonst eher zurückhaltend, gehörte dazu. „Diese Entwicklung war nicht gut für den Fußball", sah er im Knockout der Briten eine gerechte Bestrafung für ihren destruktiven Stil.

Anders präsentierte sich der FC Bayern. Eine Renaissance der alten Bayern-Herrlichkeit deutete sich an. Und nach dem 0:0 der Münchner an der gefürchteten Anfield Road in Liverpool war es eine ausgemachte Sache, daß Bayern, die Mannschaft um Breitner-Rummenigge, und sonst niemand den Europapokal gewinnen werde.

Doch vor dem Halbfinalrückspiel beging der scharfzüngige Breitner einen schwerwiegenden Fehler. Er warf den Liverpoolern vor, dummen Fußball zu spielen, dem er und seine Mannschaft in München ein verdientes Ende bereiten werde.

Besser konnte man die Engländer gar nicht „aufputschen". Sie erkämpften in München ein 1:1 und standen im Endspiel.

Im Finale zeigte es sich freilich, daß die 81er Truppe nicht das Format der Mannschaft besaß, die vor Nottingham den Pokal der Landesmeister dominierte. Beim 1:0 gegen eine total enttäuschende Elf von Real Madrid, in der Uli Stielike als Angriffsdirigent ohne Wirkung blieb, war von Fußballkunst nichts zu sehen. Zum Vorzeigen war das Endspiel höchst ungeeignet; Europas Vereinsfußball trat auf der Stelle.

Die englische Vorherrschaft hielt auch 1982 noch an, doch tauchte ein

Europa-Pokal der Meister

neuer Name in der Siegerliste auf. Aston Villa, das Team aus Birmingham, besiegte in Rotterdam den FC Bayern München mit 1:0. Auch das war kein Finale, das unvergeßliche Eindrücke hinterließ. Für Statistiker interessant: Zum sechsten Mal hintereinander triumphierte eine englische Mannschaft, zum fünften Mal in Folge endete das Endspiel mit einem 1:0, zum vierten Mal insgesamt hatte der FC Bayern das Finale im Cup der Meister erreicht – und zum ersten Mal verloren die Münchner ein Endspiel auf internationaler oder nationaler Ebene.

Die Serie der 1:0-Ergebnisse setzte sich 1983 in Athen fort – ausnahmsweise einmal ohne englische Beteiligung. Der Hamburger SV, von Trainer Ernst Happel auf Erfolgskurs geführt, behauptete sich in Athen gegen das Star-Ensemble von Juventus Turin. Beim entscheidenden Treffer betätigte sich Felix Magath als Kunstschütze.

Der Titelverteidiger HSV schied in der folgenden Saison schon beim ersten Auftreten aus, nach einem Freilos scheiterten die Hanseaten im Achtelfinale an Dinamo Bukarest. Das Finale im Olympiastadion von Rom brachte eine Novität: Ein Elfmeterschießen mußte entscheiden, da AS Rom den Heimvorteil gegen den FC Liverpool nicht nützen konnte und die Partie nach Verlängerung immer noch 1:1 stand. Die Briten, die im gleichen Stadion sieben Jahre vorher zum ersten Mal den Meistercup geholt hatten, bewiesen größere Nervenkraft und setzten sich mit 4:2 durch.

Der VfB Stuttgart als bundesdeutscher Vertreter in der Saison 1984/85 enttäuschte maßlos, ließ sich bereits in der ersten Runde von Levsky/Spartak Sofia durch zwei Unentschieden aus dem Rennen werfen. Als sich der FC Liverpool und Juventus Turin für das Endspiel qualifiziert hatten, sprach man von einem Traumfinale. Doch der 29. Mai 1985 sollte zu einem Alptraum werden, zu einem Abend, der die Fußballwelt veränderte. 39 Tote und Hunderte von Verletzten im Brüsseler Heysel-Stadion waren die schreckliche Bilanz einer Katastrophe, die durch den blindwütigen Fanatismus von Rowdys aus Liverpool ausgelöst wurde. Das Spiel wurde nach dem Massaker nur deshalb noch angepfiffen, um die alkoholisierten Rüpel unter den 60 000 Zuschauern nicht noch mehr in Rage zu versetzen. Nie zuvor war das Ergebnis in einem bedeutenden Fußballmatch so zur Nebensache geworden wie im Heysel-Stadion. Juventus siegte durch einen von Michel Platini verwandelten Foulelfmeter 1:0, doch bei den Italienern kam angesichts der tragischen Ereignisse kaum Jubel auf.

Englands Fußball mußte schwer büßen: Seine Clubs wurden von der UEFA auf unbestimmte Zeit, allerdings für mindestens fünf Jahre, von allen Europacup-Wettbewerben ausgeschlossen.

In der ersten Saison ohne die Engländer gewann mit Steaua Bukarest zum erstenmal eine Mannschaft aus dem Ostblock den Europapokal der Meister – gegen den FC Barcelona, und das sogar in Spanien. In Sevilla war in 120 Minuten kein Tor gefallen, beim anschließenden Elfmeterschießen wurde der rumänische Torhüter Helmut Ducadam zum Helden des Abends. Er hielt alle Strafstöße des Gegners, während seine Mannschaftskollegen wenigstens zwei Elfmeter verwandelten. Steaua hatte im Halbfinale den RSC Anderlecht ausgeschaltet, die Belgier wiederum hatten in der Runde zuvor dem FC Bayern München den Pokal-K.o. versetzt.

Ein Jahrzehnt lang waren die Bayern nach ihrem letzten Triumph 1977 dem großen Europacup-Ziel vergeblich nachgejagt, 1987 schien sich ihr Traum zu verwirklichen. Die Münchner galten vor dem Endspiel in Wien gegen den FC Porto als klare Favoriten. „Nie war es leichter, den Pokal zu holen", behauptete Franz Beckenbauer.

Kaum jemand zweifelte mehr am Erfolg des deutschen Meisters, als Wiggerl Kögl per Kopf das 1:0 gelang. Das Führungstor im Finale war seit vielen Jahren so etwas wie eine Garantie für den Sieg. Doch ein Doppelschlag der Portugiesen in der letzten Viertelstunde stieß die in der zweiten Hälfte enttäuschenden Bayern, die sich offenbar schon zu sicher fühlten, noch vom Sockel. Einem sagenhaften Hackentrick-Tor des Algeriers Rabah Madjer in der 78. Minute ließ der Brasilianer Juary nur zwei Minuten später das entscheidende 2:1 folgen. Keiner war mehr enttäuscht als Trainer Udo Lattek. „Das war die bitterste Niederlage meiner Laufbahn", jammerte der Coach, der sich mit einem Europacup-Triumph aus München hatte verabschieden wollen.

Latteks Nachfolger Jupp Heynckes durchlitt in seinem ersten Jahr beim FC Bayern ähnliche Seelenqualen wie sein Vorgänger zum Schluß. Das erste Mal ging's noch gut, konnte der Knockout gegen Xamax Neuchatel gerade noch verhindert werden nach der 1:2-Niederlage in der Schweiz erzielte Verteidiger Pflügler in München das rettende 1:0 erst 180 Sekunden vor dem Abpfiff. Doch das zweite Mal ging's schief: gegen Real Madrid stand es nach 47 Minuten im Olympiastadion 3:0 für Bayern. Anlaß für die Gastgeber, einen Gang zurückzuschalten. Und das rächte sich: Butragueno spritzte in eine verunglückte Rückgabe von Eder, und Torhüter Pfaff ließ anschließend auch noch ein sanftes Schüßchen des Mexikaners Sanchez passieren.

Im Rückspiel zeigte sich Real dann souverän. Die Bayern kassierten zwei Tore und die Real-Spieler nach dem 2:0 60 000 Mark Prämie. Der Sportinformationsdienst rieb sich an einem Münchner Nationalspieler: „Einmal mehr bot Lothar Matthäus in einem wichtigen Spiel eine enttäuschende Leistung."

Die Krone aber setzte sich der PSV Eindhoven auf, der im Halbfinale die Königlichen besiegte, ohne gesiegt zu haben (1:1, 0:0) und im Finale das Elfmeterschießen gegen Benfica Lissabon mit 6:5 gewann. Vorher war den 70 000 im Neckarstadion zwei Stunden lang ermüdender Breitwandfußball geboten worden. So hielt sich der Jubel in Grenzen. „Eindhoven hat noch keine Ausstrahlung", kritisierte „De Trouw" aus Amsterdam.

Der Spieler, der Ausstrahlung besaß, hatte ein Jahr vorher das PSV-Trikot mit dem Dreß des AC Milan getauscht: In seinem zweiten Jahr in Italien setzte Ruud Gullit seinen Erfolgsweg fort. Der farbige Stürmer mit den Rastazöpfen dirigierte und schoß den Club des Medienmoguls Silvio Berlusconi zwanzig Jahre nach dem 4:1-Triumpf der Mannschaft um Rivera, Prati, Hamrim und den Deutschen Schnellinger über Ajax Amsterdam zum Europapokalgewinn. „So spielt man nur im Paradies", dichtete die Fachzeitung „Gazetto dello Sport", fasziniert vom 4:0-Finalsieg des AC Milan in Barcelona über Steaua Bukarest.

Vor 97 000 Zuschauern – 80 000 davon waren Tifosi – veranstaltete das Team aus der Lombardei eine Fußball-Gala, die sogar den sonst eher kühlen Geschäftsmann Berlusconi rührte. „Dieser Titel ist mein Lebensziel", hauchte er in die Mikrophone. Gullit und van Basten dekorierten ihre Prachtleistung mit je zwei Toren, doch nicht nur diese beiden Edelsteine funkelten im Nou-Camp-Stadion. Auch Baresi und Rijkaard, Donadoni und Ancelotti lieferten hochkarätige Leistungen ab.

Auch im folgenden Jahr wurde Milan seinem Ruf gerecht, ein europäischer Ausnahmeclub zu sein. Doch auf dem Weg ins Finale wäre der FC Bayern, von Trainer Jupp Heynckes glänzend eingestellt, beinahe zum Stolperstein für das Exotenensemble aus der Lombardei geworden. Mit einem mageren 1:0-Sieg (Elfmetertor Marco van Basten) an die Isar gereist, retteten sich die Mailänder im Rückspiel mit einer 1:2-Niederlage über die Zeit. „Schade, daß wir durch die Auswärtstor-Regelung gescheitert sind", beklagte Heynckes den Knockout des deutschen Rekordmeisters im Halbfinale.

Vor dem Endspiel versprach Milan-Präsident Silvio Berlusconi seinen Stars je 340 000 Mark für den Gewinn des Cups. Und Ruud Gullit, nach einem Jahr Verletzungspause auf den Rasen zurückgekehrt, erhielt einen Dreijahresvertrag mit 2,8 Millionen Mark netto Gehalt pro anno. Von Gullit bekamen die Zuschauer im Wiener Praterstadion gegen Benfica Lissabon freilich wenig zu sehen, dafür um so mehr von seinem Kumpel Frank Rijkaard, der den 1:0-Sieg herausschoß.

Die Saison 1990/91 wurde von zwei Skandalen überschattet; verursacht durch den Fußballmob in Dresden und durch den AC Mailand:

Genervt von der spielerischen Überlegenheit von Roter Stern Belgrad, das schon im Hinspiel 3:0 dominiert hatte, reagierten Dynamo-Fans in Dresden ihren Frust mit Flaschen- und Steinwürfen ab. Der Schiedsrichter sah sich gezwungen, die Partie in der 78. Minute abzubrechen.

In Marseille kam es zum Eklat, als es im Stadion etwas dunkler wurde: Ein Techniker hatte den Pfiff des Schiedsrichters 30 Sekunden vor Spielende als Abpfiff gewertet und einige Lampen des Flutlichts abgeschaltet. Der Aufforderung des Unparteiischen, das Spiel noch einmal aufzunehmen, kamen die Mailänder nicht nach. Beim Stand von 0:1, was für die Italiener das Aus bedeutet hätte, hofften sie auf ein Wiederholungsspiel oder einen Sieg am Grünen Tisch. Doch die UEFA blieb hart und erklärte Marseille zum Sieger.

Die Italiener aber wurden für ein Jahr aus dem Europapokal ausgeschlossen. Das war ganz im Sinne von Franz Beckenbauer, seinerzeit als sportlicher Direktor im Club des französischen Finanzjongleurs, Bernard Tapie. „Eine Schande wie sich so ein renommierter Club hier aufgeführt hat", wetterte der „Kaiser".

Das Finale verspielte der FC Bayern auf höchst unglückliche Weise im Rückspiel bei Roter Stern Belgrad. Nach einem 1:2 zu Hause beinahe aussichtslos ins Hintertreffen geraten, erzwang die Jupp Heynckes-Truppe im Rückspiel ein 2:1 und damit die Verlängerung, in der ein Blackout von Torhüter Aumann – er boxte einen Querschläger von Libero Augenthaler ins eigene Netz – die Münchner aus allen Träumen riß.

Das Endspiel zwischen Marseille und den Jugoslawen entpuppte sich als Langweiler. Weder Papin und Pelé auf der einen, noch Prosinecki und Savicevic auf der anderen Seite konnten die 51 000 im italienischen Bari begeistern. Nach 120 torlosen Minuten entschied wieder einmal ein Elfmeterschießen gegen die Franzosen: Amoros vergab seinen Strafstoß.

Gleich zwei deutsche Clubs durften sich in der Saison 1991/92 mit Spaniens Champion FC Barcelona messen, der, von Hollands Fußballidol Johan Cruyff trainiert, als hoher Favorit in den Wettbewerb ging. Die UEFA gestattete vier Clubs der aufgelösten DDR ein letztes Mal, in den europäischen Pokalwettbewerben mitzumischen. So kam Hansa Rostock in der ersten Runde zu der Ehre, gegen „Barca" zu spielen. Nach dem ernüchternden 0:3 im Hinspiel und bei drastisch erhöhten Eintrittspreisen hatten allerdings nur 8500 Mecklenburger Lust, die Mannschaft mit den Stars Ronald Koeman, Michael Laudrup und Christo Stoitchkov im Ostseestadion zu erleben. Das 0:1 durch ein Tor des Westimports Michael Spies focht die Katalanen nicht an.

Mehr unter die Haut ging ihnen das Spiel in der zweiten Runde gegen den 1. FC Kaiserslautern auf dem Betzenberg. Kurz vor Spielende standen die „Roten Teufel" nach einem Treffer des Dänen Goldbaek, der mit einem herrlichen Solo das 3:0 besorgt hatte, in der erstmals eingerichteten Finalrunde, da unterlief dem kurz vorher eingewechselten Abwehrspieler Kranz ein Lapsus: Er ließ Bakero in der Nachspielzeit für eine Sekunde aus den Augen und ermöglichte dem Spanier so, eine Flanke zum erlösenden 1:3 einzuköpfen.

„Das hatten die Deutschen nicht verdient", bedauerte sogar Trainer Cruyff das Mißgeschick der Pfälzer, denen durch das Gegentür (Hinspiel 0:2) rund zehn Millionen Mark durch die Lappen gegangen waren. Auf diese Summe wurde die Teilnahme an der Finalrunde hochgerechnet.

Im Endspiel setzte sich Barcelona durch einen Gewaltschuß des Holländers Koeman mit 1:0 über Sampdoria Genua durch. Bei den Italienern vergab Vialli gleich drei Riesenmöglichkeiten.

Die von steinreichen Mäzenen und Sponsoren beherrschten Clubs im Süden Europas dominierten den Meistercup auch 1992/93. Im Endspiel hatten der AC Mailand und Olympique Marseille ihr Déjà-vu-Erlebnis.

Mit der makellosen Bilanz von 12:0 Punkten empfahlen sich die Italiener für das Endspiel in München. Doch ohne Gullit und den nicht mehr ganz taufrischen Rijkaard und van Basten enttäuschen die Italiener maßlos. So endete das Spiel durch ein Tor des aufgerückten Libero Boli mit 1:0 für Marseille – spätes Glück für den Deutschen Rudi Völler, der neben dem Kroaten Boksie für Olympique stürmte, und für den 71 Jahre alten Trainer Raymond Goethals, der mit Tränen in den Augen seufzte: „Daß ich das noch einmal erleben durfte."

Champions League

Von Jo Viellvoye

Fast 40 Jahre lang hatte der Europa-Cup der Meister den Kontinent in Spannung gehalten. Alljährlich standen sich die nationalen Titelträger in K.-o.-Runden gegenüber, die, je weiter der Wettbewerb fortschritt, zu den spektakulären Höhepunkten der Saison gehörten und mittwochs abends Millionen vor den Bildschirmen versammelten. Die Kommerzialisierung des Fußballs, die Entwicklung der TV-Honorare und die gravierenden politischen Veränderungen in Europa führten zu Beginn der 90er Jahre zu ersten größeren Korrekturen des gewohnten Bildes. Auf Beschluß der UEFA spielten die letzten Acht des Wettbewerbs nunmehr in zwei Gruppen zu je vier Teams in Hin-und Rückspiel eine normale Punkterunde. Die beiden Gruppensieger kamen ins Finale. So erhöhte sich die Zahl der Spiele in den Schlußrunden von 13 auf 25 – Futter fürs Fernsehen.

1991/92 und '92/93 gingen aus dem modifizierten Wettbewerb der FC Barcelona, dem im Achtelfinale der Deutsche Meister Kaiserslautern mit viel Pech unterlegen war, und Olympique Marseille als Sieger hervor. Als Europacup-Sieger wohlgemerkt, denn noch galt der alte Name. Doch ab '93/94 haftete Europas Spitzenfußball ein signifikantes Markenzeichen an: „Champions League". Der Hintergrund: Die UEFA hatte sich, ökonomischen Zwängen und dem Zeitgeist Rechnung tragend, mit einer Marketing-Agentur verbunden: der T.E.A.M. (Television Event and Media Marketing AG) mit Sitz in Luzern.

Durch T.E.A.M. erreichte die UEFA nicht nur „stattliche Gardemaße und einen repräsentablen Bau am Lac Leman" („Neue Züricher Zeitung"), es gelang ihr darüber hinaus, dem bisherigen Europa-Cup der Meister und damit der Spitze des kontinentalen Fußballs zu einer wirtschaftlichen Basis und Dimension zu verhelfen, die wenige Jahre zuvor noch für illusorisch gehalten worden wäre. Nicht nur Fernseh-Millionen flossen auf die Schweizer Konten und von dort an die beteiligten Vereine, auch potente Partner aus der Wirtschaft, darunter Namen wie Philips, Ferrero oder Reebok, waren als Hauptsponsoren involviert.

Ihr Engagement und die TV-Honorare steigerten den Umsatz gegen Ende der 90er Jahre auf fast 330 Millionen Schweizer Franken, wovon die beteiligten Clubs nicht nur je zwei Millionen sfr „Startgeld", sondern auch hohe Erfolgsprämien kassierten. Für einen Sieg gab es eine Million Franken, für ein Remis 500 000 sfr. Hinzu kam je ein Bonus für Halbfinale und Finale, was sich z.B. 1997, als der Deutsche Meister Borussia Dortmund die Champions League gewann, auf 21,675 Millionen sfr summierte. Über 500 Millionen TV-Zuschauer saßen vor den Geräten, als die Borussen im Münchner Olympiastadion zum Finale gegen Juventus Turin antraten. In 121 Länder wurde das Spiel live, in weitere 81 zeitversetzt übertragen.

Natürlich fehlte es nicht an warnenden Stimmen, die den Volkssport Fußball von „finanziellem Größenwahn" und „Fernseh-Diktatur" bedroht sahen. Vor allem fürchteten sie das (angeblich den nationalen Spielbetrieb bedrohende) Schreckgespenst „Europaliga", als deren Vorläufer sie, wohl nicht ganz zu Unrecht, die Champions League wähnten. Tatsächlich hatte sie sich bereits 1994/95 verdoppelt, vorerst auf 16 Vereine. Drei Jahre später legte sie noch einmal kräftig zu, dabei sogar die Berechtigung ihres Namens aufs Spiel setzend. Denn die führenden kontinentalen Verbände durften erstmals auch ihre Vize-Champions für die Champions League melden. Allerdings mußten die sich zunächst in einer Qualifikation mit den „armen Verwandten" des europäischen Fußballs herumschlagen.

In sechs Vierergruppen spielten schließlich 24 Teams, womit die Anzahl der Spiele, allen Warnungen zum Trotz, von 61 auf 85 stieg. Die Gruppenersten und die beiden besten Zweiten bestritten das Viertelfinale, was dem deutschen Fußball gleich eine ebenso reiz- wie schmerzvolle Konfrontation bescherte: Die Auslosung in Genf ergab die Paarung Borussia Dortmund – Bayern München. In Bayern wie im Ruhrpott mußte man kräftig schlucken, war aber bemüht, gute Miene zum bösen Spiel zu machen. Nur Münchens Torjäger Carsten Jancker sprach aus, was wohl viele dachten: „Schwachsinn". Vielleicht ahnte er da schon, daß er bald als der große Verlierer dieser Paarung gelten

Borussia Dortmund erobert Europa: In der Saison 1996/97 schlagen die Westfalen nach Toren von Karlheinz Riedle (2, Mitte) und Lars Ricken (rechts) Juventus Turin im Münchner Olympiastadion mit 3:1.

32 Jahre lang mußte Real Madrid warten, ehe die „Königlichen" 1998 mit Jupp Heynckes als Trainer und Bodo Illgner im Tor wieder Europas Nummer eins werden konnten.

sollte. Im ersten Spiel, in München, traf er aus bester Position nur Lattenkreuz und Außennetz und hatte erheblichen „Anteil" am 0:0. Im Rückspiel vergab er in der Verlängerung eine große Chance zum 1:1, nachdem Borussia durch Chapuisat in Führung gegangen war. Der Titelverteidiger, in der Bundesliga ins untere Mittelfeld abgerutscht, also im Halbfinale. Der Gegner hieß Real Madrid. Er hatte im Viertelfinale Bayer Leverkusen, Deutscher Vizemeister und als drittes DFB-Team für die Champions League qualifiziert, problemlos ausgeschaltet.

Auch Borussia Dortmund schien gegen die Spanier so gut wie chancenlos. Das erste Spiel, in Madrid, ging 0:2 verloren. Doch es ging auch ins Kuriositäten-Kabinett des europäischen Fußballs ein. Im Stadion Santiago Bernabeu fiel nämlich ein Tor um, und zwar schon vor dem Spiel. Randalierende Zuschauer hatten es zum Einsturz gebracht, und zur allgemeinen, weltweiten Verwunderung stellte sich heraus, daß in den Katakomben der berühmten Arena kein Ersatztor vorhanden war. 80 000 Zuschauer und Millionen vor den Bildschirmen mußten über eine Stunde warten, bis eines herbeigeschafft war und das Spiel beginnen konnte.

Borussia verzichtete auf einen offiziellen Protest und schied nach einem 0:0 im Rückspiel aus. Immerhin gegen den direkten Nachfolger, denn Real gewann das Finale mit 1:0 gegen Juventus Turin. Es war eines der besten Endspiele in der Geschichte des Meister-Cups: Trainer Jupp Heynckes hatte seine Mannschaft taktisch glänzend eingestellt, was ihn allerdings nicht vor der Entlassung einige Wochen später bewahrte. In Madrid zählt nicht die Leistung eines Trainers, sondern primär der Erfolg seiner Mannschaft im nationalen Wettbewerb. Und da war Real deutlich hinter Erzfeind Barcelona zurückgeblieben. Mit seinem Siegtor im Amsterdamer Finale krönte Reals jugoslawischer Torjäger Predrag Mijatovic die „Königlichen" zum erfolgreichsten Team in der Geschichte europäischer Clubwettbewerbe. Sie gewannen nicht weniger als siebenmal den Meister- und zweimal den UEFA-Cup. Rivale Barcelona kommt auf insgesamt acht, der AC Mailand auf sieben Erfolge. Italiens „alte Dame" Juventus Turin, die in Amsterdam zum dritten Mal hintereinander im Finale stand, hatte das Endspiel schon ein Jahr zuvor verloren. In München errang Gegner Borussia Dortmund, der bereits im Halbfinale mit Manchester United einen vermeintlichen Favoriten eliminiert hatte, einen „Sieg für die Ewigkeit", so Präsident Dr. Niebaum.

Das Olympiastadion schien in einem schwarz-gelben Fahnenmeer zu ertrinken, als der kurz vor Spielschluß eingewechselte Kapitän Michael Zorc den silbernen Pokal in die Höhe hob. Die Mannschaft hatte ein großartiges Spiel gezeigt und auf Grund ihres Kampfeswillens verdient gewonnen, auch wenn man auf italienischer Seite den ungarischen Referee Sandor Puhl für die Niederlage mitverantwortlich machte. Mit zwei Toren von Riedle noch vor der Pause entlarvte Borussia das dominierende Spiel der Turiner als Schein-Überlegenheit. Nach dem Wechsel erzielte Del Piero den Anschluß, was eine Wende herbeizuführen schien. Doch wenig später demonstrierte der gerade eingewechselte Junior Lars Ricken ein erstaunliches Maß von Technik und Nervenstärke. Aus vollem Lauf und 25 Metern Entfernung zog er den Ball über Turins Schlußmann Peruzzi ins Tor – die Entscheidung. „Borussia Dortmund erobert Europa", stellte die Londoner „Times" fest.

„Die Mannschaft hat einen der größten Schocks des europäischen Pokalfußballs der letzten Jahre zustande gebracht. Juventus wurde im Denken und teilweise auch im Spielen ausmanövriert von einer einfallsreichen Dortmunder Mannschaft." Zum ersten Mal seit 1983 (Hamburger SV) hatte damit wieder ein deutscher Verein den Meisterpokal gewonnen, nachdem die Dortmunder 1996 im Viertelfinale und die Bayern 1995 im Halbfinale jeweils an Ajax Amsterdam gescheitert waren. 1994 war auch Werder Bremen nur bis unter die letzten Acht gekommen, hatte aber im

Gruppenspiel gegen Belgiens Meister Anderlecht ein seltenes Kunststück vollbracht. Aus totaler, scheinbar hoffnungsloser, über eine Stunde währender Unterlegenheit gelang es der Mannschaft, einen 0:3-Rückstand innerhalb 25 Minuten in einen 5:3-Sieg zu verwandeln. Die junge Champions League hatte ihr erstes „Wunder". Ein weiteres ereignete sich fünf Jahre später, diesmal zu Lasten einer deutschen Mannschaft. Im Finale 1999 führte der FC Bayern München gegen Manchester United bis eine Minute vor Schluß mit 1:0 und fühlte sich bereits im Besitz der silbernen Trophäe. Nach einem frühen Freistoß-Tor von Basler hatten Scholl und Jancker nach der Pause Pfosten und Latte getroffen und die Bayern im Noucamp-Stadion von Barcelona in trügerische Siegeszuversicht versetzt.

Doch in der 89. Minute nutzte der kurz zuvor eingewechselte Teddy Sheringham einen Stellungsfehler der Bayern-Abwehr zum 1:1. Und in der Nachspielzeit vollendete sich das Drama: Der Norweger Solskjaer, ebenfalls gerade erst im Spiel, düpierte die völlig konfusen Bayern mit dem Siegtreffer für Manchester und einer sporthistorischen Großtat: mit Meisterschaft, Cup und Champions League gewann das Team von Trainer Ferguson innerhalb einer einzigen Saison die drei begehrtesten Trophäen des Fußballs, das „Triple". Im Sieg von Barcelona, wo zum ersten Mal seit 14 Jahren wieder ein britisches Team im Meistercup-Finale stand, sahen viele Experten eine Art Renaissance des Insel-Fußballs. Schon zuvor hatte Manchester Italiens Spitzenclubs Inter Mailand und Juventus Turin ausgeschaltet und mit begeisterndem Offensiv-Fußball imponiert.

Auf deutscher Seite wurde nach dem verlorenen Endspiel kein Wort so strapaziert wie der Begriff „grausam". Ein bleicher Präsident Beckenbauer, ein total deprimierter Matthäus, ein hemmungslos weinender Sammy Kuffour und ein um Fassung ringender Trainer Hitzfeld – sie alle sahen sich um die Krönung einer großen Saison gebracht.

Doch wie hatte Otto Rehhagel fünf Jahre zuvor gesagt, wenn auch mit anderem Unterton? „Was sucht ihr nach Erklärungen? Fußball ist so. Freut euch!"

Europacup der Pokalsieger

Von K. H. Mrazek

Es wurmte viele Vereinspräsidenten, daß sich nur die Landesmeister in einem Europapokal die Taschen füllen durften. Und so drängten die Präsidenten der nationalen Pokalsieger die UEFA, neben dem Meistercup einem weiteren Spektakel unter Flutlicht ihren Segen zu geben.

Als der zweite Europapokal 1960 aus der Taufe gehoben wurde, war das Teilnehmerfeld noch relativ klein. Dominiert wurde das 14er-Feld von romanischen und britischen Clubs. Begeisternd schöne Spiele, die sich der AC Florenz und Dynamo Zagreb sowie die Glasgow Rangers und Wolverhampton Wanderers im Halbfinale und die Sieger Florenz und Glasgow abschließend in den Endspielen lieferten, machten allerdings Appetit auf diesen Wettbewerb. Im zweiten Jahr meldeten sich schon doppelt so viele Interessenten, mußten dem Achtelfinale sieben Qualifikationsspiele vorgeschaltet werden.

Achtzigtausend Zuschauer füllten den Ibrox-Park in Glasgow im ersten Endspiel randvoll, doch den Rangeprs sollte nur die große Kasse bleiben. Dirigiert vom Schweden „Kurre" Hamrin, flogen die Italiener mit einem 2:0-Sieg zurück in die Toskana, ein Erfolg, der die Neugierde aufs Rückspiel dämpfen mußte. Doch rund 100 000 Mark vom Fernsehen und 40 000 zahlende Gäste und natürlich der 2:1-Sieg verbreiteten rundum Zufriedenheit.

Der AC Florenz, die kapriziöse Dame der italienischen Liga, spielte sich auch im zweiten Jahr des Pokalsieger-Cups in die Herzen der Tifosi (gegen Rapid Wien im Achtelfinale 3:1 und 6:2), im Finale freilich fand er seinen Bezwinger. Spanien, das im ersten Jahr die Teilnahme noch verschmäht hatte, feierte Atletico Madrid, das im Stuttgarter Neckarstadion das Wiederholungsspiel 3:0 gewann. In Glasgow hatte es nach 120 Minuten 1:1 gestanden.

Ein Jahr später gab es die große Demütigung für Atletico. 70 000 wurden in Rotterdam Zeuge des 5:1-Siegs des FC Tottenham Hotspur. Sie freuten sich am intelligenten Spielankurbler Danny Blanchflower und den Verwirrung stiftenden Dribblings des Stürmerstars Jimmy Greaves, den die „Heißsporne" für eine Schnapszahl-Ablösesumme (99 999 Pfund) beim AC Milan von seinem Heimweh erlöst hatten.

1964 war Sporting Lissabon an der Reihe. Und schon im fünften Jahr klopfte ein Vertreter der gerade erst zwei Jahre alten deutschen Bundesliga an die Endspiel-Pforte. Von Max Merkel in Schwung gebracht, stürmten die Münchner Löwen bis ins Finale. Vergessen waren die Zeiten, in denen die Deutschen nur die Prügelknaben waren. Vergessen war vor allem das Auftaktjahr, in dem Borussia Mönchengladbach trotz des Mitwirkens des 1962 nach Italien gewechselten Nationalspielers Albert Brülls von den Glasgow Rangers 8:0 und 3:0 deklassiert wurde.

Deutschlands Bundesliga trug überraschend schnell Zinsen. An einem heißen Sommerabend stemmte sich München 1860 auf dem „heiligen" Rasen von Wembley zwar vergeblich gegen eine 0:2-Niederlage, doch 90 000 applaudierten nicht nur der Bobby-Moore-Mannschaft West Ham United, die praktisch ein Heimspiel bestritt, sondern auch den feinen Ballpassagen der leichtfüßigen Stürmer Heiß, Küppers, Brunnenmeier, Grosser und Rebele. Und sie hatten natürlich auch ihren Spaß an Torhüter Petar Radenkovic.

Auf den Spuren der Münchner Löwen marschierte anschließend Borussia Dortmund mit kräftigen Schritten ins Endspiel. Auf der Strecke blieben Atletico Madrid ebenso wie Cup-Verteidiger West Ham United; die Briten nach zwei Niederlagen im Halbfinale. Rechts stürmte mit Libuda und Aki Schmitt ein Prominenten-Duo, links mit Sigi Held und „Emma" Emmerich das Pärchen, an dem Helmut Schön auf der Suche nach aggressiven Spielern im Vorfeld der Weltmeisterschaft 1966 nicht vorbeikam.

Dennoch wurde der FC Liverpool,

schon vor den Zeiten der Beatles eine Fußballmacht, bei den englischen Buchmachern als Favorit für das Endspiel in Glasgow gewettet. Und das Spiel sollte ihnen auch recht geben. Nur sporadisch vermochten sich die Gelbschwarzen vom Borsigplatz aus der eisernen Klammer der „Reds“ zu befreien. Torhüter Hans Tilkowski und der bärenstarke Ausputzer Wolfgang Paul kamen kaum zum Verschnaufen, verteidigten aber mit großer Bravour das 1:1, das dem Verlauf des Spiels hohnsprach.

Als beide Mannschaften schon auf ein Wiederholungsspiel eingestellt waren, versuchte „Stan“ Libuda ein letztes Dribbling, zögerte mit der Flanke, bis Held in Stellung gelaufen war, und schlug das Leder dann unerreichbar für den Kollegen vors Tor. Zur Überraschung der Liverpooler senkte sich das Leder ins Netz, vergeblich versuchte Verteidiger Lawler das Unheil noch abzuwenden.

Ein Jahr später eine Parallele: Wieder standen sich eine deutsche und eine britische Mannschaft im Endspiel gegenüber – und wieder gingen die Briten leicht vorgewettet ins Spiel. Bayern München, 1965 in die Bundesliga aufgestiegen und gleich Dritter geworden, befand sich auf dem Trip in die internationale Spitze, wo Gegner Glasgow Rangers einen Stammplatz hatte. Die große Mehrheit unter den 70 000 Zuschauern im Nürnberger Stadion bangte um ihren FC Bayern, der dank aufmerksamer Arbeit des jungen Libero Franz Beckenbauer (damals 22), des jungen Torhüters Sepp Maier (23) und des Verteidigers Hans Nowak ein 0:0 über die 90 Minuten brachte und durch einen Kraftschuß des Naturburschen Franz Roth, den Trainer Tschik Cajkovski „Bulle“ getauft hatte, in der Verlängerung mit 1:0 siegte.

Der Pokalsieger-Cup hätte ein drittes Jahr hintereinander in der Bundesrepublik bleiben können. Doch im 68er Finale gewährte der Hamburger SV dem schwedischen Wirbelwind Kurt Hamrin, inzwischen beim AC Milan, zu viel Freiheit. Hamrin nützte sie weidlich mit zwei Toren zum 2:0 für den italienischen Star-Club, der mit Rivera/Prati den Flügel der Nationalmannschaft stellte.

Der AC Milan schlug noch einmal mit seinen Schwingen, doch ehe die „Blumenvase“ in die Hände des feingliedrigen Mannschaftskapitäns Gianni Rivera zurückkehrte, wanderte sie in die Vitrinen von Slovan Bratislava, Manchester City, Chelsea London und der Glasgow Rangers.

Nostalgie war im Spiel, als Real Madrid 1971 in Athen zweimal Chelsea London gegenüberstand. Francisco Gento, schon 37, wurde als letzter Überlebender der großen Real-Elf wie ein Fossil bestaunt. Aber nicht die Künstler und Artisten aus Spanien, sondern die Handwerker und Kämpfer von der Britischen Insel behielten (nach einem 1:1 im ersten Treffen) in der Wiederholung mit 2:1 die Oberhand.

Das Spiel war so etwas wie eine Tendenzwende im europäischen Fußball. „Das Florett führte Real mit Witz und Rasse, aber eben nur halb so effektvoll wie einst Di Stefano, Puskas und Kopa. Den Säbel schlug Chelsea, athletisch, schematisch, geradlinig“, beschrieb ein Kritiker die Endspielszene.

Niveauverlust im Pokalsieger-Cup wurde 1972 nicht nur auf dem Rasen, sondern auch auf den Rängen sichtbar. Als der spanische Referee de Mendibil in Barcelona das Finale Glasgow Rangers gegen Dynamo Moskau mit 3:2 für die Schotten abpfiff, begann die Stunde des Mobs. Tausende schottischer Fußball-Rowdies wüteten im Stadion und anschließend auf den Avenidas der katalanischen Hafenstadt. Sogar der Pokal war in Gefahr. Deshalb erfolgte die Übergabe in der Kabine... Bilanz der Schreckensnacht: 97 Zuschauer und acht Polizisten im Krankenhaus; Sachschaden: 150 000 DM.

Dynamo Moskau versuchte Kapital aus den Vorkommnissen zu schlagen und forderte die Annullierung des Spiels. Die Schotten behielten den Pokal, wurden aber von der Disziplinarkommission der UEFA wegen der Ausschreitungen ihrer Anhängerschaft für ein Jahr aus den Europacup-Wettbewerben ausgeschlossen.

Ganz ohne Zwischenfälle ging es auch 1973 nicht ab. Der AC Milan benötigte in Saloniki Glück und einen sehr einseitigen Schiedsrichter – den Griechen Michas –, um Leeds United 1:0 zu besiegen. Zwar schickte Michas den Mailänder Sogliano – er stieß Hunter die Stiefelspitze in den Leib – und Hunter – er setzte seine Fäuste ein – vorzeitig vom Platz, doch heimtückische Fouls, vorwiegend von den Italienern, übersah er.

Als die Spieler um Gianni Rivera in der Ehrenloge Pokal und Medaillen erhielten, wurden sie niedergeschrien und mit Sitzkissen beworfen. Begleitet vom Unmut der Zuschauer, brachen sie ihre Ehrenrunde ab.

Walter Lutz, Chefredaktuer des „Sport“, Zürich, bemängelte die Qualität des Finales: „Es war spielerisch, vom Fußballerischen her betrachtet, das schwächste aller Europapokalfinals, denen ich beiwohnte.“

Noch langweiliger geriet das 74er Finale zwischen dem AC Milan und dem FC Magdeburg. Die Resonanz entsprach den Darbietungen: 5000 Zuschauer stellten in Rotterdam einen Minusrekord auf. Einige hundert schwenkten Fähnchen mit Hammer und Zirkel. Sie waren, gut sortiert, in einem Sonderzug für ein paar Stunden Aufenthalt in den Westen geschickt worden und mußten gleich nach dem 2:0 ihrer Mannschaft ins „Arbeiter-Paradies“ zurück.

Unter Desinteresse litt auch das Finale ’75, was indes nicht verwunderlich war. In Basel kreuzten mit Dynamo Kiew und Ferenevaros Budapest zwei Mannschaften aus dem Ostblock die Klingen. Nur 12 000 wollten „live“ dabeisein. Sie hatten freilich nichts zu bereuen. Mit einem 3:0 verschaffte die Elf aus der Ukraine dem vielkritisierten Sowjetfußball neues Prestige.

Dynamo Kiew sollte freilich der einzige Fixstern am östlichen Fußballhimmel bleiben. Fortan regierten wieder die Profis, zunächst in Gestalt des RSC Anderlecht, der so etwas wie eine belgisch-holländische Koalition darstellte und dreimal hintereinander das Finale erreichte.

Da in Belgien mehr Geld zu verdienen war als zu Hause, verkauften die holländischen Nationalspieler ihr Können im Nachbarland. Problemlos integrierte Anderlecht die „Söldner“ Haan, Rensenbrink, Ressel, Dusbaba und später Geels in das Team, das Dur und Moll zugleich beherrschte und dem Pokalsieger-Cup etwas von dem verblichenen Glanz zurückbrachte. Dabei trumpfte die Mannschaft, die Zwickaus Cheftrainer Kluge „rundum perfekt, kaltblütig und clever“ nannte, ehe seine Sachsenmannschaft im 76er Halbfinale 0:2 und 0:3 unterlag, beim 4:0 gegen Austria Wien 1978 noch stärker auf als 1976 beim 4:2 gegen West Ham United.

Europacup der Pokalsieger

Besonders spektakulär geriet das Finale '79 zwischen Fortuna Düsseldorf und FC Barcelona in Basel. Es kam wohl nur deshalb zu diesem Aufeinandertreffen, weil Cup-Verteidiger Anderlecht im Achtelfinale einen 3:0-Vorsprung wieder verspielte und im Rückspiel in Barcelona beim Elfmeter-Schießen versagte. Eine pikante Note erhielt das Spiel in Brüssel auch dadurch, daß der RSC die Dopingkontrolle für drei Spieler verweigerte. Die Spanier sperrten sich mit dem Hinweis, daß zu solchen Maßnahmen nur die UEFA berechtigt sei.

Das Rückspiel in Barcelona konnte auch als Beleg für die These herangezogen werden, daß Geld durchaus dem Erfolg auf die Beine zu helfen vermag: 13 000 Mark gab es für die Katalanen gegen Anderlecht zu gewinnen, und sie gewannen sie schließlich auch.

Nahezu doppelt soviel stand für die Spanier im Finale auf dem Spiel, dem ein dramatisches Ereignis vorausging. Hans Krankl, seit der WM in Argentinien der Deutschland-Killer, war mit seiner Frau zehn Tage vorher schwer verunglückt. Während der Torjäger nur leichte Blessuren erlitt, zog sich seine Frau bei der Pkw-Kollision auf einer Kreuzung in Barcelona lebensgefährliche Verletzungen zu.

Die Fortuna, Sphinx des deutschen Fußballs, hätte durchaus den Platz als Sieger verlassen können, war in der Verlängerung dem 3:3 nahe, ehe Krankl mit dem 4:2 alle Hoffnungen zunichte machte.

Ein Jahr später durfte Alfredo di Stefano, Reals Matador der goldenen Fünfziger, seinen ersten Triumph als Trainer auskosten. Mit dem FC Valencia gewann er in einem klassearmen Endspiel in Brüssel den Cup. Zwei Stunden lang quälten sich die Spanier und Arsenal London in brütender Hitze, ohne ein Tor zustande zu bringen.

Entschieden wurde die Partie, die ein trübes Licht auf den Status quo des europäischen Vereinsfußballs warf, mit 5:4 im Elfmeterschießen. Argentiniens WM-Star Mario Keinpes enttäuschte total, Rainer Bonhof wirkte ähnlich saftlos, und Liam Brady verspielte auf Arsenals Seite die Chance, einen Vertrag beim FC Bayern zu bekommen.

Alfredo di Stefano vergoß auf der Trainerbank trotzdem Freudentränen.

Matchwinner Volkert verwandelt den Elfmeter zum 1:0 gegen Anderlecht (oben), Grundstein des Sieges über den RSC Anderlecht. Nach dem Schlußpfiff liegen sich die HSV-Spieler Reimann, Kaltz, Kargus, Ripp und Nogly jubelnd in den Armen (rechts).

Zwischendurch mußte die von Raymond Goethals betreute Mannschaft den Kelch einer Endspielniederlage leeren. Der Hamburger SV – noch ohne Keegan – wußte 1977 in Amsterdam, wie dem erfolgsgewohnten Ensemble beizukommen war. Disziplin und Deckungstreue waren die Tugenden, auf die es Trainer Kuno Klötzer ankam. Jürgen Werner, der frühere HSV-Nationalspieler, brachte den 2:0-Sieg der Hanseaten auf diesen Nenner:

„Das Zuspiel beim HSV war genauer – und schneller. Beide erzielten Tore belegen in ihrer Entstehung diese These."

Als die getrocknet waren, saß er auf der Straße. So brutal kann das Fußballgeschäft selbst für die Helden der Fußballgeschichte sein.

Im Finale der Saison 80/81 wiederholte sich, was den Wettbewerb schon sechs Jahre zuvor viel Kredit gekostet hatte: Das Endspiel fand vor leeren Rängen statt, weil zwei Clubs aus dem Ostblock nun mal nicht in der Lage sind, ein Stadion im Westen zu füllen.

In der DDR oder in der Sowjetunion hätte das Endspiel FC Carl Zeiss Jena gegen Dynamo Tbilisi sein Publikum gehabt, im Düsseldorfer Rheinstadion „verkrochen sich 9000 Zuschauer" (FAZ).

Das Spiel entsprach dem Besuch, war eine fade Sache und nur selten geeignet, die kleine Schar von Schlachtenbummlern zu stimulieren. 1000 ausgesuchte Mitfahrer aus Jena und Gera nutzten ihr akustisches Übergewicht nicht aus und machten am Ende lange Gesichter. 50 Georgier aber feierten den 2:1-Sieg ihrer intelligenter spielenden Landsleute temperamentvoll.

Ein Jahr später streckte der deutsche Erfolgstrainer Udo Lattek den Fotografen den wohlgeformten Cup der Pokalsieger entgegen. Von José Luis Nuñez, dem millionenschweren Präsidenten des FC Barcelona, als Nachfolger für den Nothelfer Helenio Herrera verpflichtet, präsentierte er dem ungeduldigen Bauunternehmer im heimischen NouCamp-Stadion einen 2:1-Endspielsieg über Standard Lüttich und verhinderte so, daß der Trainerstuhl für ihn gleich wieder zum Schleudersitz wurde. Lattek schaffte den glanzlosen Cup-Gewinn ohne den deutschen Spiellenker Bernd Schuster, der mit einer schweren Knieverletzung schon vor dem Viertelfinale gegen Lokomotive Leipzig zum Langzeitpatienten geworden war.

In dieser Runde sah es sogar nach einem Ende für die Katalanen aus. In Leipzig entgingen die Gäste nur mit drei Kontertoren einem Debakel und stellten mit dem 3:0 den Spielverlauf auf den Kopf. In Barcelona leisteten sich die Fußballmillionäre gegen die stürmschwachen Sachsen sogar eine 1:2-Niederlage. Freude hatten die 95 000 Zuschauer lediglich an dem trickreichen Dänen Alan Simonsen, der die Führung der Belgier egalisierte und Quini die Vorlage zum 2:1 gab.

Nachdem sich der FC Barcelona auch noch Argentiniens Wunderkind Diego Maradona für 20 Millionen Mark zugelegt hatte, schien einer erfolgreichen Cup-Verteidigung nichts im Wege zu stehen. Doch nach einem 0:0 bei Austria Wien flogen die Katalanen mit einem 1:1 im Rückspiel schon im Viertelfinale aus dem Wettbewerb. Die Stars Maradona und Schuster mußten sich Pfiffe, Präsident Nuñez lautstarke Rücktrittsforderungen im Stadion gefallen lassen.

Die Trophäe wanderte für ein Jahr in die Vitrinen des FC Aberdeen, der 1983 in Göteborg Real Madrid, weit weg von früherer Fußballherrlichkeit, in der Verlängerung 2:1 bezwang. Der Erfolg war kein Zufall. Zwei Runden vorher hatten die lauf- und kampfstarken Schotten den FC Bayern München ausgehebelt. Weder die Münchner noch die Madrilenen verfügten über einen Spezialisten, der den nur 1,65 m großen Feuerkopf Gordon Strachan hätte bändigen können. Nach dessen brillanten Europacup-Spielen bewarb sich der halbe Kontinent um den Nationalspieler, u. a. der 1. FC Köln. Manchester United bekam ihn.

Das Jahr 1984 gehörte der alten Dame Juventus Turin und ihren in die Jahre gekommenen Weltmeistern. Zusammen mit dem kongenialen Franzosen Michel Platini und dem dynamischen Polen Boniek konnten die Scirea, Gentile, Caprini, Tradelli und Rossi das Aufbegehren des FC Porto in Basel mit 2:1 noch einmal zurückweisen. Die Portugiesen hatten im Halbfinale den FC Aberdeen eliminiert.

Bevor sich nach der Katastrophe von Brüssel im Meistercupfinale die Tore für britische Teams bis auf weiteres schlossen, durfte der FC Everton letztmalig die Tugenden des Inselfußballs demonstrieren. „Die spielen, als ob jeder Angst hätte, wieder arbeitslos zu werden", zeigte sich Reinhold Mathy vom FC Bayern München nach dem Halbfinal-K.o. der Münchner vom Engagement der Liverpooler beeindruckt. Im Endspiel war Rapid dem Siegeswillen der Briten nicht gewachsen und unterlag in Rotterdam 1:3.

Die Wiener hatten Dynamo Dresden im Viertelfinale einen regelrechten Zivilisationsschock versetzt, das 0:3 von Dresden mit einem 5:0 im Rückspiel beantwortet. Für die Sachsen ein Drama, das sich ein Jahr später wiederholen sollte. Mit einem 2:0-Polster aus dem Hinspiel war Dynamo zum deutsch-deutschen Duell nach Krefeld gefahren, hatte hier bis zur Pause ein 3:1 gegen Bayer 05 Uerdingen herausgeschossen und so die Zuschauer vergrault, die vom Konzernclub bis dahin restlos bedient gewesen waren. Doch beim Abpfiff stand es 7:3 für Uerdingen, ein Resultat, das Dynamo-Kapitän „Dixie" Dörner an der intakten Psyche seiner Mannschaft zweifeln ließ. „Wien war schon schrecklich, aber Krefeld war noch schrecklicher und für mich nicht zu begreifen", kommentierte der DDR-Rekordnationalspieler das Debakel. Nachfolger des FC Everton aber wurde in Lyon Dynamo Kiew mit einem glatten 3:0 über Uerdingen-Bezwinger Atletico Madrid, der im Fußballwirbel der Ukrainer die Übersicht verlor.

Mit Johan Cruyff als Fußballchef feierte Ajax Amsterdam nach 14 Jahren Abwesenheit 1987 ein Comeback auf der Europapokal-Bühne. Gegen die Fußballpragmatiker von Lokomotive Leipzig gelang im Athener Finale freilich nur ein 1:0-Sieg, der für den Torschützen Marco van Basten zum geschäftlichen Volltreffer werden sollte: Der AC Milan holte sich den ranken und gewandten Stürmer und zahlte an Ajax 2,5 Millionen Mark, 900 000 Mark davon wanderten laut Vertrag auf das Konto des Spielers. Die Fußballbiedermänner aus Leipzig machten lange Gesichter: die Prämie – ein Gutschein für ein Auto im Wert von 20 000 Ostmark – kam nicht zur Auszahlung.

Auch ohne Marco van Basten ging Ajax ein Jahr später als der große Favorit ins Endspiel, zumal der KV Mechelen international ein unbeschriebenes Blatt war. Doch vor 40 000 Zuschauern in Straßburg erlaubte sich Ajax Verteidiger Blind ein rüdes Foul an dem Belgier Emmers und erhielt die Rote Karte. So mußte Amsterdam von der 16. Minute an mit zehn Mann spielen, was der Taktik nicht bekam. Mechelen gewann durch ein Tor von Boer mit 1:0 in einem Finale, das keine Begeisterung zu entfachen vermochte. Belgiens Nationaltorhüter Preud'Homme hielt alles, was auf sein Tor kam.

1989 stand Hollands Fußballidol Johan Cruyff erneut im Rampenlicht, diesmal als Trainer des FC Barcelona, wo er viele Jahre zuvor auch als Spieler Ruhm und Geld gesammelt hatte. Mit

Europacup der Pokalsieger

einer nach seinen Wünschen neu besetzten Mannschaft erreichte er das Finale, wo es gegen Sampdoria Genua in Bern einen 2:0-Sieg gab. Die Qualität des Spiels hielt sich freilich in Grenzen. „Wir sind noch kein Klasseteam", urteilte Cruyff nüchtern. Die Abwehr der Katalanen hielt die Nationalstürmer Vialli und Mancini in Schach; das war's schon. Nach der Fußballtragödie von Sheffield – 95 Fussballfans aus Liverpool wurden auf der überfüllten Tribüne zu Tode gedrückt – waren aus Sicherheitsgründen nur 43 000 Karten verkauft worden. Johan Cruyffs Einschätzung – „ Wir sind noch kein Klasseteam" – bestätigte sich Monate nach dem Triumph von Bern. Gegen den RSC Anderlecht war für die Katalanen, bei denen sich der englische Torjäger Gary Lineker im Sommer 1989 verabschiedet hatte, in der zweiten Runde Endstation – genau wie für die Dortmunder Borussia, die an Sampdoria Genua scheiterte. Die Sturmpartner Vialli und Mancini waren das Pfund, mit dem der Club von der ligurischen Küste wucherte. Im Finale gegen Anderlecht bereitete Vialli Trainer Vujadin Boskov mit zwei Toren zum 2:0 ein schönes Geburtstagsgeschenk. Der Jugoslawe wurde am Tag des Cupgewinns 59.

Mehr Mühe als mit den Belgiern hatte der Titelverteidiger in der ersten Runde der Saison 1990/91 mit dem 1. FC Kaiserslautern, der in den beiden Spielen (1:0, 0:2) zumindest kämpferisch ein gleichwertiger Gegner war. Nachdem die Italiener im Viertelfinale ganz überraschend gegen Legia Warschau den Kürzeren gezogen hatten, galt der FC Barcelona einmal mehr als erster Anwärter auf den Cup.

Zum Höhepunkt des Wettbewerbs wurden die Halbfinalspiele zwischen „Barca" und Juventus Turin. Den Unterschied machten zwei Stars transparent: Beim 3:0 der Katalanen vor 110 000 Zuschauern im Stadion „Nou Camp" trumpfte der Bulgare Stoitchkov groß auf und erzielte zwei Tore, im Rückspiel (1:0) versagte der Deutsche Hässler vor dem Tor.

Im Endspiel, das Barcelona ohne den gesperrten Torhüter Zubizarreta und den verletzten Stoitchkov bestreiten mußte, meldete sich Englands Club-Fußball nach fünfjähriger Verbannung eindrucksvoll auf der internationalen Bühne zurück. Manchester United siegte in Rotterdam 2:1. Und beide Treffer markierte Mark Hughes – späte Genugtuung für den Waliser, der beim FC Barcelona ausgemustert worden war. Die Kollegen aus der englischen Premier League wählten Hughes daraufhin zum „ Fußballer des Jahres".

Die Saison 1991/92 wurde dann zur Renaissance des deutschen Clubfußballs, der in den achtziger Jahren keine große Rolle spielte. Werder Bremen erreichte das Finale und bewies hier gegen die hochfavorisierten Ballartisten des AS Monaco Durchsetzungsvermögen und taktische Schläue. Trainer Otto Rehhagel hatte sich etwas Besonderes einfallen lassen. Stunden vor dem Anpfiff fragte er den praktisch aufs Altenteil abgeschobenen Frankreich-Heimkehrer Klaus Allofs, was er davon halte, wenn er gegen Monaco spiele. „Viel", sagte der Altprofi und wurde so zum As, das Rehhagel aus dem Ärmel zog. Der 35 Jahre alte Düsseldorfer erzielte das 1:0 und bereitete den 2:0-Endstand mit einem Musterpaß zu dem Neuseeländer Wynton Rufer vor.

„Allofs eroberte Europa zurück", textete „Gazetta dello Sport" begeistert. Monacos Weltstar George Weah aus Liberia verfing sich ein ums andere Mal in der gut gestaffelten Bremer Abwehr und stand ganz im Schatten von Allofs.

Nachfolger der Deutschen wurde der AC Parma. Der Emporkömmling aus der Emilia Romagna eliminierte im Viertelfinale erst Werder-Bezwinger Sparta Prag und anschließend auch Atletico Madrid mit einem aggressiv auftretenden Bernd Schuster, der seine 13 Jahre Spanien gern mit einem Europapokalsieg gekrönt hätte. Doch die von dem Schweden Tomas Brolin intelligent geführten Italiener verhinderten das. Verärgert über eine Entscheidung attackierte Schuster im 1:0-Rückspiel (Hinspiel 1:2) Schiedsrichter Schmidhuber und handelte sich eine lange Europapokalsperre ein.

Das Finale gegen die Biedermänner des FC Antwerpen wurde für Parma zu einem Spaziergang. Die belgische Mannschaft mit dem Deutschen Lehnhoff hatte beim 1:3 keine Chance.

Spektakuläre Erfolge über Ajax Amsterdam und Benfica Lissabon nährten Parmas Hoffnungen, als erster Club zum zweiten Mal hintereinander im Cup-Sieger-Pokal zu triumphieren, doch im Endspiel erwies sich der FC Arsenal als unüberwindlich. Die „Gunners" aus London ließen sich den 1:0-Vorsprung, durch ein Tor von Alan Smith in der ersten Halbzeit, nicht mehr abjagen. Italiens Zaubermaus Zola und Kolumbiens Stürmerstar Asprilla rannten sich an der Abwehr der Briten mit Torhüter Seaman und Stopper Tony Adams die Köpfe ein.

Ein Jahr später scheiterte auch Arsenal bei dem Versuch, den Titel zu verteidigen – 1:1 stand es im Endspiel gegen Real Saragossa nach 90 Minuten. In der Verlängerung überwand dann Mittelfeldspieler Nayim Torhüter Seaman mit einer „Bogenlampe" aus 40 Meter Entfernung.

In der Saison 1996/97 erreichte zum großen Erstaunen der Fachwelt Rapid Wien das Endspiel. Der deutsche Legionär Carsten Jancker, für den der 1. FC Köln keine Verwendung hatte, schoß die Hütteldorfer mit sechs Treffern ins Finale. Hier allerdings wurden dem bärenstarken Mecklenburger gegen Paris St. Germain Grenzen aufgezeigt. Die spielerisch limitierten Wiener hatten den Ballpassagen der Djorkaeff, Rai und Loko wenig entgegenzusetzen. Doch Nationaltorhüter Konsel hielt bravourös und gestattete den Franzosen in Brüssel nur einen 1:0-Sieg.

Mit größeren Aussichten als Rapid flog der VfB Stuttgart 1998 zum Finale nach Stockholm. Mit einem überragenden Thomas Berthold, der den italienischen Spielertrainer Vialli zum Statisten degradierte, hielten die Schwaben den FC Chelsea in Schach. Doch ein Glücksschuß des kurz vorher eingewechselten Italieners Zola, den Viallis Vorgänger Gullit nach London geholt hatte, zum 1:0 sollte in der 71. Minute die Entscheidung bringen.

UEFA-Pokal

Von K. H. Mrazek

Schon im ersten Jahr eroberte der UEFA-Pokal die Herzen der Fußballfans von Island bis Griechenland im Sturm. Das war gar nicht so verwunderlich, denn die UEFA schob einer möglichen Verwässerung gleich den Riegel vor. Nur Mannschaften, die sich unmittelbar hinter dem nationalen Champion pladierten, wurden zugelassen. Die Zahl der reservierten Plätze richtete sich nach dem Abschneiden der Nationalmannschaft bei der Weltmeisterschaft 1970 in Mexiko.

Italien (Zweiter in Mexiko) und Deutschland (Dritter) konnte das nur recht sein. Beide Länder durften vier Teilnehmer ins Premierenjahr 71/72 schicken. Vier Plätze wurden auch England zugebilligt, das in Mexiko in der Zwischenrunde nur knapp (2:3) an Deutschland gescheitert, in den zurückliegenden Messepokaljahren dominierend gewesen war.

Der Messepokal wurde ohne Wehklagen beerdigt. Niemand war böse darum. Die Namen der Premierengäste im UEFA-Pokal zergingen den Fußballgourmets auf der Zunge: Italien war mit dem AC Milan, mit Juventus Turin, dem SSC Neapel und dem FC Bologna präsent, England mit Leeds United, dem letzten Messecupsieger, den Tottenham Hotspurs, den Wolverhampton Wanderers und dem FC Southampton. Spanien brachte Real und Atletico Madrid an den Start.

Für Farbe sorgte auch Ungarn. Es entsandte die glorreiche Mannschaft von Ferenevaros Budapest. Das Team gehörte zu den Glanznummern der Eröffnungssaison und eliminierte Eintracht Braunschweig als letzten der vier Bundesliga-Clubs im Achtelfinale. Florian Albert, 1967 „Europas Fußballer des Jahres", Mitglied der Elf, die 1965 den Messecup ins Pußtaland holte, zog mit 30 Jahren als zurückhängender Mittelstürmer so geschickt die Sturmfäden wie vor ihm Nandor Hidegkuti im ungarischen Wunderteam der fünfziger Jahre.

Ferenevaros hielt das Ansehen des ungarischen Fußballs hoch und verwandelte zum Beispiel die Spieler von Panionios Athen beim 0:6 in Budapest in einen Haufen von Amokläufern. Drei Griechen griffen völlig entnervt den Saarbrücker Schiedsrichter Biwersi an und wurden dafür fünf Jahre lang gesperrt.

Die Magyaren spielten sich bis ins Halbfinale, wo den englischen „Wölfen" nach einem schmeichelhaften 2:2 in Budapest im Rückspiel ein hart erkämpfter 2:1-Sieg gelang.

Ähnlich schwer war Wolverhampton vorher das 2:1 gegen die Haller-Elf Juventus Turin gefallen. Und auch die Tottenham Hotspurs mußten viel Schweiß vergießen, ehe das 2:1 gegen den AC Milan feststand. In San Siro fegte Karl-Heinz Schnellinger zwar wie der Leibhaftige in die wuchtigen Aktionen der Stürmer Chivers und Peters, doch Benetti, Bigon, Rivera und Prati schossen sich gegen Tottenhams irischen Nationalkeeper Pat Jennings, den britische Fachleute auf eine Stufe mit Gordon Banks stellten, die Füße wund. Rivera vermochte lediglich das Elfmetertor von Mullery zu egalisieren.

Das Millionenteam aus London behauptete sich auch in den beiden Finals. In einer ruppigen Partie in Wolverhampton schritt der berühmtberüchtigte sowjetische Schiedsrichter Tofik Bachramow – er hatte sich als Linienrichter des 66er WM-Endspiels für die Anerkennung des dritten englischen Tores stark gemacht – ziemlich spät gegen Fouls ein. Als er die Emotionen einigermaßen unter Kontrolle gebracht hatte, fielen Tore. Der lange Chivers traf zweimal, mit dem Kopf und mit einem 30-m-Schuß, die „Wölfe" nur einmal. Das Rückspiel endete 1:1. Die Tottenham-Fans durften ihr „Glory, Glory, Halleluja" singen.

Vier Tage vor dem ersten der beiden UEFA-Cup-Finals hatte die deutsche Nationalelf in Wembley mit einem 3:1 gegen England den wertvollsten Sieg auf dem Wege zur Europameisterschaft 1972 gefeiert. Sie machte die Diskrepanz deutlich, die es zwischen ihr und den vier am UEFA-Pokal beteiligten Bundesliga-Clubs noch gab. Der Hamburger SV mit den Senioren Uwe Seeler und Willi Schulz und dem jungen Manfred Kaltz, der zum ersten Mal die dünne Luft des Europapokals schnupperte, verabschiedete sich schon in der ersten Runde gegen den Schottenclub St. Johnstone. Der 1. FC Köln stieg gegen den FC Dundee in der zweiten Runde aus. Begleitet wurden die Rheinländer von der Berliner Hertha, die am AC Milan hängenblieb.

Bedauerlich endete die erste Runde für den DDR-Club Chemie Halle. Nach einem Hotelbrand in Eindhoven, bei dem ein Spieler ums Leben kam und fünf schwere Verbrennungen erlitten, zog sich der Club zurück.

Schon 1973 stimmte Hans Bangerter, Generalsekretär der UEFA, ein Loblied auf den neugeschaffenen Wettbewerb an. „Die großen Erwartungen haben sich erfüllt. Der UEFA-Pokal als Nachfolger des Messepokals hat sich einen festen Platz unter den europäischen Pokalen gesichert. Sowohl sportlich als auch finanziell hat sich der UEFA-Pokal positiv entwickelt", pries er das stramme Baby.

Grund zur Freude hatte auch der VfL Borussia Mönchengladbach, der das Finale erreichte und beim 6:3 gegen den FC Aberdeen, beim 3:0 gegen Hvidovre Kopenhagen, beim 5:0 gegen den 1. FC Köln, beim 7:1 gegen den 1. FC Kaiserslautern und beim 3:0 gegen den FC Twente Enschede auf dem Bökelberg geradezu Torefestivals veranstaltete. Der Angriff mit Wimmer, Jensen, Rupp, Netzer und Heynckes war nicht zu stoppen. Mit zwölf Treffern setzte sich Heynckes an die Spitze der Torjägerliste.

Erst an der Anfield Road in Liverpool kippten Weisweilers Himmelsstürmer mit 0:3 aus den Stiefeln.

Ein Jahr später zeigte Tottenham Muskeln. Der 1. FC Köln wurde 2:1 und 3:0, Lok Leipzig 2:1 und 2:0 aus dem Cup befördert. Im Finale verhedderte sich der Club in der Spielchoreographie von Feyenoord Rotterdam, dessen Mittelfeldasse Wim van Hanegem und Wim Jansen seinerzeit zu den besten Gespannen auf dem Kontinent gezählt wurden.

Trotz eines Eigentores durch Israel gelang den Holländern im ersten Finalspiel an der White Hart Lane ein

Berti Vogts beschließt seine Karriere mit einem zweiten UEFA-Cup-Sieg (rechts im Zweikampf mit Savic). Die Endspiele gegen Roter Stern entscheidet dieses Elfmetertor von Simonsen (unten) für Mönchengladbach.

2:2 gegen die „Heißsporne", dessen Berechtigung durch das 2:0 in Rotterdam unterstrichen wurde.

Im Sog des Weltmeisterschaftssieges 1974, weit genug weg vom bewältigten Bundesligaskandal, wuchs das Selbstwertgefühl der Bundesliga-Mannschaften. Gleich drei Mannschaften, der 1. FC Köln, der HSV und Borussia Mönchengladbach, boxten sich ins Viertelfinale der Saison 74/75. Netzers Verkauf an Real Madrid hatte keine Wunde geschlagen. Auch ohne den genialen Schlachtenlenker stürmten die Borussen mit Vehemenz über die Konkurrenz hinweg. Alan Simonsen schwirrte wie eine Wespe herum und stach empfindlich. Neunmal traf der dänische Dreikäsehoch in den UEFA-Cup-Spielen. Elf Treffer erzielte wieder Jupp Heynckes.

Der Cupgewinn der Gladbacher schien vorprogrammiert. Schon deshalb entsprach das 0:0 in Düsseldorf gegen den FC Twente Enschede der Wirkung eines mittleren Erdbebens. Doch im Rückspiel rückten die Borussen wieder alles zurecht, spielten sie so eindrucksvoll auf, daß die Mannschaft der Holländer mit Bundesligaskandalteilnehmer Volkmar Gross aus Berlin im Tor ins Rutschen kam. Heynckes (3) und Simonsen (2) waren die Torschützen beim fulminanten 5:1-Sieg, den die holländische Tageszeitung „Trouw" so beschrieb: „Ein Feuerwerk, das für den FC Twente einer Strafexpedition glich."

Die Bundesliga hatte endlich ihr erstes großes Erfolgserlebnis in dem Marathonwettbewerb (64 Teams), den nur noch Ignoranten „Europacup III" titulierten. Zwar warf die Teilnahme nicht immer Gewinn ab, zahlte Mönchengladbach drauf, weil für den Cupsieg 200 000 Mark ausgeschüttet und das Bökelberg-Stadion nicht immer gut besetzt war (gegen Lyon wurden nur 4700 Besucher registriert), doch sportlich war der UEFA-Pokal über jeden Zweifel erhaben.

Die Saison 75/76 freilich sollte ein schwarzes Jahr für die Bundesliga werden. Der 1. FC Köln, der MSV Duisburg und Hertha BSC kamen nicht weiter als bis zur zweiten Runde. Der HSV mußte sich im Halbfinale dem FC Brügge beugen, einer Mannschaft, die durchaus Europacupsieger-Format besaß und beim FC Liverpool im ersten Finalspiel nach 2:0-Führung 2:3 unterlag. In Brügge aber spielten die Belgier wie gerädert, verhedderten sie sich schon im Mittelfeld, wo Keegan, Kennedy und Callaghan eine erste Sperrlinie aufgebaut hatten. Mit einem 1:1 wurde Liverpool zum zweiten Mal Gewinner des UEFA-Pokals.

Auch in den folgenden Jahren gingen für die Bundesliga-Clubs schnell die Lichter aus. Exoten wie AEK Athen und SEC Bastia spielten sich in den Vordergrund, und auch die Grasshoppers Zürich mischten sich unter die letzten vier. Die Eidgenossen brachten, man lese und staune, die Frankfurter Eintracht im März 1978 zu Fall, die Jahr für Jahr als Geheimfavorit für die bundesdeutsche Meisterschaft gehandelt wurde. Dürftigen Fußball gab es in den Finalspielen 1977 zu sehen. Weder des 1:0 von Juventus Turin über Atletico Bilbao noch das 2:1 der Basken im Rückkampf vermochte die Zuschauer von den Sitzen zu reißen. Das Bemerkenswerteste interessierte vor allem die Statistiker: Die Italiener gewannen den UEFA-Pokal – und das hatte es noch nicht gegeben – durch das von Bettega erzielte Auswärtstor.

Einen ähnlichen Ausgang verbot ein Jahr später die Klasse des PSV Eindhoven, der mit den Zwillingsbrüdern Willi und René van de Kerkhof sowie Brandts und Poortvliet immerhin vier Spieler in seinen Reihen hatte, die einige Wochen später in Argentinien mit der holländischen Nationalmannschaft das Endspiel erreichten.

Finalgegner wurde der SEL Bastia. Nach dem 0:0 auf Korsika fiel es den

Holländern nicht schwer, mit einem 3:0 im Rückspiel Cup und „Kopfprämie" (pro Mann 20 000 Gulden) zu sichern.

Wer fürs Jahr 1979 den VfL Borussia Mönchengladbach als UEFA-Cup-Sieger vorausgesagt hätte, wäre wohl ausgelacht worden. Jupp Heynckes hatte seine Laufbahn beendet, Berti Vogts vor Saisonbeginn durch ein Foul des Wuppertalers Miss im Freundschaftsspiel einen komplizierten Beindrehbruch erlitten und Rainer Bonhof sich in Richtung Valencia abgesetzt.

So war es ein kleines Wunder, daß die Gladbacher zum zweiten Male nach 1975 auf dem Thron Platz nahmen, Berti Vogts nach einem 1:0 gegen Roter Stern Belgrad im Düsseldorfer Rheinstadion auf seine alten Tage mit dem Cup in den Händen noch einmal auf Ehrenrunde gehen durfte. Um das schier Undenkbare möglich zu machen, konnte freilich auf den Beistand der Glücksgöttin Fortuna nicht ganz verzichtet werden. Im ersten Finalspiel in Belgrad schenkten die Jugoslawen vor 98 000 Zuschauern den Westdeutschen durch ein Eigentor von Jurisic ein 1:1, im Rückspiel der italienische Schiedsrichter Michelotti den Gladbachern einen Elfmeter, den Simonsen verwandelte.

Angesichts des attraktiven Teilnehmerkreises mußte auch verblüffen, daß gleich drei Bundesliga-Clubs das Halbfinale erreichten, mit Hertha BSC und MSV Duisburg sogar zwei Mannschaften, die ständig in Abstiegsfurcht lebten. Die Berliner Hertha sorgte für die Sensation des Wettbewerbs, als sie Dukla Prag in Prag 2:1 bezwang, nachdem es im Berliner Olympiastadion ein unverdientes 1:1 gegeben hatte. Dukla stellte das Gros der Nationalmannschaft (Bramos, Rott, Vizek, Stambachr, Nehoda, Gajdusek) und war durch ein 4:0 gegen den VfB Stuttgart (Hinspiel 4:1 für die Schwaben) ins Rampenlicht gerückt.

Schon peinlich war die Situation für „Rest-Europa" in der Saison 79/80: Als am 9. April das Halbfinale angepfiffen wurde, waren die Bundesliga-Clubs unter sich. VfB Stuttgart (AC Turin, Dynamo Dresden), Bayern München (Roter Stern Belgrad, 1. FC Kaiserslautern), Borussia Mönchengladbach (Inter Mailand, AS St. Etienne) und Eintracht Frankfurt (Dinamo Bukarest, Feyenoord Rotterdam) hatten renommierte Vereine abgehakt.

Im Halbfinale mußten sie sich gegenseitig hinauswerfen. Dabei machte die Frankfurter Eintracht beim 5:1 gegen Bayern München deutlich (Hinspiel 0:2), zu welchen Taten sie gelegentlich fähig war. Cup-Verteidiger Gladbach indes mußte alle Reserven mobilisieren, um den eleganten VfB Stuttgart mit einem reifer gewordenen Hansi Müller nach einem 1:2 im Neckarstadion zu Hause 2:0 niederzukämpfen.

Die Meinungen über den Favoriten gingen auseinander. Berti Vogts, inzwischen DFB-Trainer, versuchte das Feuer mit einem Griff in die Vergangenheit zu schüren: „Der Europapokal ist nach wie vor die Domäne der Borussia", sagte er. Doch Frankfurt, Angstgegner in der Bundesliga, jagte den Borussia-Fans im Hinspiel auf dem Bökelberg einen gehörigen Schrecken ein, als Oldtimer Hölzenbein in der 71. Minute eine 2:1-Führung herausschoß. Auch wenn es am Ende 3:2 für die Gladbacher hieß, fuhren die Hessen zufrieden nach Hause. Zwei Auswärtstore hatten schließlich ihren Wert.

Tagelang überlegte Gladbachs Cheftrainer Jupp Heynckes, ob er im Rückspiel das Risiko suchen oder meiden solle. Er entschied sich für die Vorsicht und wurde so zur tragischen Figur; 80 Minuten durfte er sich im Waldstadion als taktischer Sieger fühlen, hielt Libero Hannes die Abwehr zusammen und die Elf ein 0:0, doch in der 81. Minute sprang Frankfurts Trainer Friedel Rausch hoch, durfte er sich zu dem Einfall gratulieren, in der 77. Minute den 19jährigen Schaub für den früheren DDR-Spieler Norbert Nachtweih ins Spiel genommen zu haben. Schaub faßte sich in der 81. Minute ein Herz, mogelte sich im Strafraum durch und spitzelte den Ball zum 1:0 ins Netz.

Zum zweiten Male ging der UEFA-Cup an eine Mannschaft, die bei gleichem Tor- und Punktestand auswärts mehr Tore erzielt hatte.

Nach zwei fetten Jahre gab es für die Bundesliga dann eine magere Saison. Ausgerechnet der 1. FC Köln, den die meisten nach dem 0:1 zu Hause gegen den FC Barcelona am Ende wähnten – im Rückspiel überraschte die vom Holländer Rinus Michels trainierte Elf mit einem 4:0! –, hielt das Fähnchen des deutschen Profifußballs am längsten im Wind.

Peinlich war der Abschied für Cupverteidiger Eintracht Frankfurt in der dritten Runde gegen den FC Sochaux, der nach einem 0:4-Rückstand im Frankfurter Hinspiel nicht resignierte. Noch peinlicher war das Ende des HSV. Der AS St. Etienne mit einem überragenden Michel Platini bestrafte Hanseaten-Arroganz in Hamburg mit 5:0 und ließ Frankreichs Presse in Superlativen schwelgen: „Welch ein Fußball, klar wie Kristall, schön wie die Venus von Milo und intelligent wie eine Formel von Einstein", übertrieb die sonst so trockene „L'Humanité", das Organ der Kommunistischen Partei Frankreichs.

Auf den Boden zurück wurden die Franzosen von Ipswich Town geholt, das anschließend Köln und zum Schluß auch noch Hollands neue Parademannschaft AZ '67 Alkmaar bezwang und mit dem UEFA-Pokalsieg das Ansehen des englischen Vereinsfußballs erheblich aufwertete. Das Spiel der Briten trug die Handschrift der Holländer Gerry Mühren und Thijssen.

In der Saison 81/82 blieb Ipswich Town schon in der ersten Runde am FC Aberdeen hängen. Schlagzeilen machten andere Clubs. Zum Beispiel der 1. FC Kaiserslautern, zum Beispiel IFK Göteborg, zum Beispiel der Hamburger SV bis zu den Finals. Den Cup holten die Halbtagsprofis aus der schwedischen Küstenstadt, und Schwierigkeiten machte ihnen nicht der HSV im Endspiel, sondern der 1. FC Kaiserslautern im Halbfinale.

Anders als die Hanseaten, die in den Spielen gegen die jungen Gipfelstürmer aus Göteborg (Durchschnittsalter unter 22) eine Lektion erteilt bekamen, durften die Lauterer nach dem 1:1 und 1:2 erhobenen Hauptes die Arena verlassen. Vorher waren die Männer um Hans-Peter Briegel, Hannes Bongartz und den schwedischen Torhüter Ronnie Hellström wie ein Orkan über ihre Gegner hinweggebraust, hatten auf dem heimischen Betzenberg Spartak Moskau 4:0 überrollt, den SC Lokeren mit 4:1 zu den Akten gelegt und, Höhepunkt der Clubgeschichte, Real Madrid 5:0 vom Platz gefegt.

Diego Maradona jubelt. Der SSC Neapel hat den UEFA-Pokal gewonnen. Die italienische Mannschaft sicherte sich den Cup mit einem 3:3 im Rückspiel gegen den VfB Stuttgart, nachdem sie ihr Heimspiel mit 2:1 gewonnen und zuvor auch den FC Bayern ausgeschaltet hatte.

Der HSV aber blamierte sich zum Schluß gründlich, wurde von Göteborg im Volksparkstadion 0:3 gedemütigt und mit Pfiffen überschüttet. „Unsere Jungens waren einfach besser, Hamburg aber kombinierte Arroganz mit Unterschätzung", formulierte „Expressen" giftig.

Der 5:1-Erfolg im Halbfinale über Radnicki Nisch hatte die Mannschaft von Ernst Happel zu sicher gemacht. Dabei hätte das mühevolle 3:2 über Xamax Neuchatel im Viertelfinale Selbstüberschätzung eigentlich verbieten müssen. Eine Halbzeit mischte in diesem Spiel USA-Heimkehrer Franz Beckenbauer mit, dann trat er auf eigenen Wunsch für immer von der großen Fußballbühne ab. Die Schlußbemerkung des deutschen Rekordnationalspielers: „17 Jahre hat mir mein Körper treu gedient; im 18. hat er halt mal gestreikt."

Insgesamt wurde der Triumph im UEFA-Pokal in Schweden mit dem sensationellen WM-Sieg des Schwergewichtsboxers Ingemar Johansson über Floyd Patterson in den fünfziger Jahren auf eine Stufe gestellt. HSV-Trainer Ernst Happel schien nach dem Trauerspiel seiner Mannschaft um Jahre gealtert.

Ähnlich außer sich war er in diesem Jahr nur einmal, beim UEFA-Pokalstart in Arnheim, wo der Wiener beinahe Opfer des Mob geworden war. Fanatische Fans des HSV-Gegners Utrecht hatten versucht, die Gitterzäune hinter der Trainerbank aus der Verankerung zu reißen, um seiner habhaft zu werden. Ein Getränkehändler kippte über Happel und dessen Assistenten Aleksandar Ristic ein Tablett Bier aus. Das Spiel gegen die Holländer, das wegen Stadionumbauten in Utrecht nach Arnheim verlegt worden war, gewann der HSV 6:3.

Zu einem Schockerlebnis wurde der UEFA-Pokal auch für Happels jüngeren Kollegen Jupp Heynckes. Seine Mannschaft Borussia Mönchengladbach ging bei Dundee United mit 0:5 „baden". Und zerknirscht stellt Heynckes fest: „Es hätte auch noch schlimmer kommen können."

Die Saison 1982/83 hätte das Jahr des 1. FC Kaiserslautern werden können. Die Lauterer knüpften nahtlos an ihre sensationellen Erfolge im Vorjahr an, walzten den SSC Neapel nieder, machten mit dem FC Sevilla kurzen Prozeß und schienen im Viertelfinale auf dem besten Wege, die Universitätsmannschaft aus Craiova zu eliminieren. 3:0 stand es im Hinspiel. Da verließ Hans-Peter Briegel den Platz mit einer leichten Zerrung. Ohne ihn aber gerieten die „Roten Teufel" durcheinander, arbeiteten sich die Rumänen noch auf 2:3 heran. Im Rückspiel fehlten den Pfälzern dann sieben Minuten fürs Weiterkommen. In der 83. Minute war Torhüter Reichel einmal nicht im Bilde und begünstigte so das Tor zum 1:0-Sieg der Gastgeber.

Benfica Lissabon schaffte das erwünschte 0:0 in Craiova und zog dann mit einem 2:1-Sieg zu Hause ins Finale ein, wo der RSC Anderlecht ein weiteres Mal Ehre für den belgischen Fußball einlegte. König Baudouin gratulierte der mit Stars gespickten Mannschaft und Trainer Paul van Himst zum großen Erfolg, der schon mit 16 Jahren in Anderlechts erster Mannschaft stand und sich gleich in seinem Einstandsjahr als Trainer einen internationalen Titel an sein Revers heften konnte. Benfica-Trainer Sven Göran Eriksson, ein Jahr zuvor mit Göteborg erfolgreich, war ein fairer Verlierer. „Anderlecht hat den Cup verdient gewonnen", sagte der Schwede nach den beiden Spielen, die 1:1 und 1:0 endeten.

Aufregende Ereignisse spielten sich beim Spiel AEK Athen gegen den 1. FC Köln ab. Weil kurz vor dem Abpfiff es stand 3:3 – das Flutlicht seinen Geist aufgab und es im Stadion auch anderthalb Stunden später immer noch dunkel war, mußte das Spiel wiederholt werden. Köln gewann 1:0.

Vor dem Spiel der Lauterer am Fuße des Vesuvs explodierte eine Bombe vor der Villa des Clubpräsidenten Ferlaino vom SSC Neapel, und ein Kassenhäuschen flog in die Luft. Zum sensationellen 2:1-Sieg der Pfälzer – Tore Nilsson, Thomas Allofs – bemerkte die Tageszeitung „Il Mattino": „Neapel – nach der Bombe auch noch der Spott."

Besser als die anderen beiden Wettbewerbe spiegelt das Abschneiden im UEFA-Pokal die Stärken des Clubfußballs in den einzelnen Ländern wider. Und da gab die Bundesliga in der Saison 1983/84 ein denkbar schwaches

Bild ab. Mit dem FC Bayern München verabschiedete sich die letzte bundesdeutsche Mannschaft im Achtelfinale. Daß ihm der K.o. vom späteren Cupgewinner Tottenham Hotspurs versetzt wurde, konnte kein Trost sein, zumal vorher gegen PAOK Saloniki nach zwei torlosen Unentschieden nur ein Elfmeterschießen weiterhalf, das durch den abschließenden Treffer von Torhüter Pfaff gewonnen werden konnte. Besonders peinlich: DDR-Vertreter Lok Leipzig stellte in der zweiten Runde Werder Bremen aufs Abstellgleis. Tottenham feierte im Finale Torhüter Tony Parks, der nach den beiden 1:1-Spielen gegen den RSC Anderlecht in London beim Elfmeterschießen zwei Strafstöße hielt und so zum Helden wurde.

Nach dem schnellen Absturz in der Saison 1983/84 gegen Sparta Prag erhob sich Real Madrid wie Phönix aus der Asche. Neue Namen wie Butragueno, Michel, Valdano und Sanchez bürgten für Qualität und Sturmwirbel. Außerdem bewiesen die Madrilenen enorme Nervenstärke, bügelten hohe Rückstände in Hinspielen immer wieder aus und machten so das Bernabeustadion zu einer uneinnehmbaren Festung. Das 1:3 beim FC Rijeka beantwortete Real zu Hause mit einem 3:0, das 0:3 in Brüssel gegen den RSC Anderlecht mit einem 6:1, und dem 0:2 im Halbfinale bei Inter Mailand folgte ein 3:0 vor eigenem Publikum. Die Mailänder protestierten bei der UEFA vergeblich gegen die Wertung des Spiels: Nachdem Bergomi von einer Glaskugel am Kopf getroffen worden war, hatte er sich auswechseln lassen.

Ausgerechnet im Endspiel erlaubte sich Real zu Hause eine Niederlage, doch das 0:1 gegen den krassen Außenseiter Videoton Szekesfehervar bereitete keine Schmerzen. Die Madrilenen hatten mit dem 3:0 in Ungarn schon alles klargemacht, so daß es zwei Wochen später nur noch den Cup-Gewinn und den Abschied von Uli Stielike zu feiern gab. Der Deutsche verließ nach acht Jahren den Club, wechselte zu Xamax Neuchatel.

1986 war der 1. FC Köln Finalgegner der Spanier, die das „Kommt ihr mal nach Madrid“-Spiel munter fortsetzten. Im Achtelfinale erfuhr Borussia Mönchengladbach eine Schockbehandlung. Nach dem 5:1-Sieg der Deutschen schien das Ende für Real gekommen, doch im Rückspiel erzielte das Team genau das Ergebnis – 4:0 –, das nötig war. Santillana gelang der entscheidende Treffer 70 Sekunden vor Schluß. Anschließend verhexten die Magier aus Madrid die abgebrühten Profis von Inter Mailand im Bernabeu-Stadion ein weiteres Mal. Wieder ignorierte Real das Hinspielresultat (1:3), trumpfte zu Hause 5:1 auf.

Der 1. FC Köln vertrat die Bundesliga bis ins Finale respektabel. Schlägereien, die sich Kölner Rowdies in Belgien mit Fans des SV Waregem und der Polizei im Halbfinale lieferten, veranlaßte die UEFA, tätig zu werden: Zum ersten Male wurde ein Club für Missetaten seiner Fans in einem fremden Stadion bestraft. Die Rheinländer bekamen Platzsperre und wählten das Berliner Olympiastadion als Ausweichort. Dort brachten sie Real Madrid, im Hinspiel 5:1-Sieger, ganz schön ins Schwitzen. Das Team um Toni Schumacher, Klaus Allofs und Pierre Littbarski hatte Chancen in Hülle und Fülle, mußte sich aber mit einem 2:0-Sieg begnügen und Real den Cup überlassen.

1987 stand IFK Göteborg zum zweiten Male innerhalb von fünf Jahren im Rampenlicht. Wie schon 1982 durfte Torhüter Wernersson den Pokal an seine breite Brust drücken. Gegen den HSV hatte er in den beiden Finals überhaupt kein Tor zugelassen, gegen Dundee United nur einmal den Ball aus dem Netz geholt. Nach dem 1:0 in Göteborg gab es ein 1:1 in Schottland.

Acht Jahre nach dem Sieg der Frankfurter Eintracht wanderte der UEFA-Pokal dann wieder einmal in deutsche Hände. Mit Tränen in den Augen nahm Erich Ribbeck zum Abschluß seiner 24 Jahre langen Trainerzeit die Glückwünsche zu seinem ersten Titelgewinn entgegen. Bayer Leverkusen, als Mannschaft der Minimalisten abqualifiziert, brachte das Kunststück fertig, nach einem 0:3 bei Español Barcelona im Haberland-Stadion das Blatt noch zu wenden. Der Brasilianer Tita, der ein paar Monate später nach Pescara verkauft wurde, der ehemalige DDR-Juniorennationalspieler Falko Götz und der Südkoreaner Tscha schossen einen 3:0-Sieg heraus, der ein Elfmeterschießen notwendig machte. Und das gewann Bayer mit 3:2.

Zwölf Jahre nach dem Erfolg von Juventus Turin ging 1989 der UEFA-Pokal zum zweiten Male an eine italienische Mannschaft. Der SSC Neapel durfte ihn in seinen Trophäenschrank stellen. Der Sieg entsprach den Fähigkeiten der Neapolitaner. Gleich zwei Bundesligaclubs mußten die Überlegenheit des Maradona-Teams anerkennen. Zunächst verbrannte sich der FC Bayern München die Finger. Wild entschlossen, das 0:2 im Hinspiel wettzumachen, mußte Jupp Heynckes erleben, wie seine Mannschaft in München durch zwei Black-outs des blonden Norbert Nachtweih von der Rolle kam und lediglich ein 2:2 zustande brachte. Am Ende galt auch hier, was Stuttgarts VfB-Trainer Arie Haan nach dem 3:3 im zweiten Finalspiel im Neckarstadion eingestand: „Neapel war eine Nummer zu groß für uns.“

Anders als Inter Mailand, das mit seinem stocknüchternen Zweckfußball von den Bayern vor eigenem Publikum 3:1 von den Beinen geholt wurde und so das Kapital eines 2:0-Erfolges im Hinspiel verschleuderte, präsentierten sich die Neapolitaner als Improvisationskünstler, die hundertprozentig auf die Intentionen des Superstars Diego Maradona eingingen und ganz wesentlich von dem kleinen Argentinier profitierten.

In der Saison 1989/90 verstummten die Loblieder auf den SSC Neapel. Werder Bremen gewann in Italien mit 3:2 und deklassierte das Team um Megastar Maradona im heimischen Weserstadion mit 5:1. Im deutsch-italienischen Halbfinale triumphierten allerdings die Südländer. Der 1. FC Köln kam nach einem vielversprechenden 2:3 in Turin gegen Juventus zu Hause über ein 0:0 nicht hinaus. Und Werder Bremen geriet das 1:1 gegen die Abwehrkünstler des AC Florenz zu Hause zum Nachteil. Das Rückspiel endete 0:0.

Noch deutlicher wurde die Vorherrschaft der Italiener im Jahr nach der WM. Gleich vier Clubs erreichten das Viertelfinale, in dem der FC Bologna gegen Sporting Lissabon und Bergamo gegen Inter auf der Strecke blieb. AS Rom mit den Deutschen Völler und Berthold demonstrierte Stärke beim 3:0 und 3:2 gegen den RSC Anderlecht und im Halbfinale beim 0:0 und 2:1 gegen das Überraschungsteam Bröndby Kopenhagen. Die von Morten Olsen trainierten Dänen hatten zu Hause beim 5:0 über Eintracht Frankfurt und beim 3:0 über Bayer Leverkusen begeisternden Offensivfußball geboten.

UEFA-Pokal

Gegen Bröndby gelang Völler der zehnte Treffer im laufenden Wettbewerb. In den Finalspielen gegen Inter ging der Hesse, gut bewacht, indes leer aus. Matthäus (per Elfmeter) und Berti trafen beim 2:0 in Mailand. Roms 1:0 im Rückspiel erzielte Rizzitelli.

1991 schickte Deutschland noch einmal zehn Clubs ins europäische Pokalrennen – eine letzte Reverenz der UEFA an den aufgelösten DDR-Verband. Die Ostclubs Halle und Erfurt tauchten schnell unter im UEFA-Pokal, aber auch die Bundesliga blamierte sich ausgiebig. Frankfurt flog gegen Gent, der VfB Stuttgart gegen Osasuna und der Hamburger SV gegen Olmütz aus dem Cup. Den größten Ausrutscher aber leistete sich der FC Bayern München, der bei den Halbtagsprofis von B 1909 Kopenhagen mit 2:6 unterging. Bayern-Kurzzeittrainer Sören Lerby war fassungslos. „Ich schäme mich für diese Niederlage gegen meine Landsleute", sagte er betroffen.

Ähnlich groß wie in München war das Entsetzen in Mailand. Titelverteidiger Inter verabschiedete sich in der ersten Runde gegen den portugiesischen Provinzklub Boavista Porto. In die Kritik geriet vor allem das „Teutonentrio" Matthäus, Brehme und Klinsmann, das der Mannschaft kaum noch Impulse zu geben vermochte. Nicht zu bremsen war Ajax Amsterdam mit Jungstar Dennis Bergkamp. Ein 2:2 beim AC Turin war im ersten der beiden Finals die Basis für den Gesamtsieg. Im Rückspiel (ohne Bergkamp) kamen die Holländer über ein 0:0 nicht hinaus.

Anschließend wanderte die Silbertrophäe wieder für drei Jahre in die Vitrinen italienischer Clubs. 1993 kämpfte sich die Dortmunder Borussia zwar bis in die Endspiele vor, mußte hier aber die größere Klasse von Juventus Turin akzeptieren, das mit dem Brasilianer Julio Cesar, den Deutschen Kohler und Möller, dem Mittelfeldgespann Dino und Roberto Baggio und den Stürmern Vialli und Ravanelli einfach besser besetzt war und den Westfalen beim 3:1 und 3:0 eine Lektion erteilte.

1994 war wieder Inter Mailand am Zug. Der Personaltausch – für die Deutschen Matthäus, Brehme und Klinsmann waren die Holländer Bergkamp und Jonk und der Uruguayer Sosa gekommen – trug Früchte. In den Finals gegen Austria Salzburg mit einem überragenden Torhüter Otto Konrad mußten die Mailänder allerdings Schwerstarbeit verrichten. Die Österreicher hatten mit dem Karlsruher SC und Frankfurt vorher zwei Bundesligaclubs eliminiert.

Der KSC beanspruchte in den Spielen gegen den FC Valencia die Schlagzeilen. Nach dem 1:3 in Spanien erlebten die Badener im Rückspiel eine Sternstunde. „Schäfers Herde" überrannte die Südländer mit dem späteren Real-Star Mijatovic 7:0. Fünf Treffer in beiden Spielen machten Edgar Schmitt zum „Euro-Eddy". Für die negative Sensation war ein weiteres Mal der FC Bayern zuständig: Die Münchner unterlagen in Runde zwei Norwich City zu Hause mit 1:2, ein Ergebnis, das Trainer Ribbeck in Erklärungsnotstand brachte.

Auf Inters Spuren wandelte 1995 der italienische Emporkömmling AC Parma. Die Norditaliener holten im Halbfinale Bayer Leverkusen aus dem Fußballhimmel. Dabei wurde der Mannschaft des Chemiekonzerns nach dem 1:2 in Leverkusen, das noch Trainer-Rambo Stepanovic zu verantworten hatte, eine Schnapsidee von Nachfolger Ribbeck zum Verhängnis. Der von Bayer-Manager Calmund aus dem Pensionärsdasein auf Teneriffa mit einer Millionengage in die Bundesliga zurückgeholte Coach stellte Altprofi Bernd Schuster gegen dessen Willen als Libero auf – ein gefundenes Fressen für das Tempospiel der Italiener. Mit dem 0:3 waren die Westdeutschen in Parma noch gut bedient.

Besser als Bayer „verkaufte" sich im Halbfinale Borussia Dortmund gegen Juventus Turin. Ein respektables 2:2 in Italien wurde mit einem 1:2 zu Hause ohne die gesperrten Sammer, Möller und Riedle verspielt. Nach den Finals (1:0 in Parma, 1:1 in Turin) durfte Dino Baggio jubeln. Der von Juventus abgeschobene Mittelfeldrenner erzielte beide Tore für Parma.

Ein Jahr später eroberte Bayern München verlorenes Ansehen zurück. Mit einem Weltklassetorhüter Kahn, einem gut aufgelegten Mehmet Scholl, einem Klinsmann als Torjäger par excellence und Altprofi Matthäus als umsichtig agierender Libero gewann der „FC Hollywood" trotz permanenter Querelen den Cup. Besondere Erwähnung verdient der 2:1-Sieg gegen den FC Barcelona vor 115 000 Zuschauern in „Nou Camp". Es war der letzte große Auftritt für Trainer Otto Rehhagel. In den Finalspielen gegen Bordeaux saß Franz Beckenbauer auf der Bank. Genervt von Rehhagels ständigen Reibereien mit Scholl, Sforza und Klinsmann hatten die Münchner dem „besten deutschen Trainer" (Beckenbauer bei der Verpflichtung) den Laufpaß gegeben.

Klinsmann stellte mit 15 Toren einen neuen UEFA-Pokalrekord auf. Den al-

Mit zwei Siegen über Girondins Bordeaux (2:0, 3:1) sichern sich die Bayern aus München um Kapitän Lothar Matthäus 1996 den UEFA-Pokal.

ten hielt José Altafini vom AC Mailand mit 14 Treffern.

1997 hielt Schalkes Mannschaftskapitän Thon den Fotografen den UEFA-Pokal entgegen. Mit der Holland-Connection (Trainer Stevens, De Kock, Van Hoogdalem, Mulder), den Tschechen Nemec und Latal und dem belgischen Sturmtank Wilmots (Kosename „Willi, das Kampfschwein") räumten die Schalker eine Hürde nach der anderen weg und zum Schluß auch noch Inter Mailand – mit 4:1 im Elfmeterschießen. Lediglich der Franzose Djorkaeff verwandelte seinen Strafstoß. Der Chilene Zamorano scheiterte an Torhüter Lehmann, der Holländer Winter verschoß.

Einen „schwarzen Mittwoch" erlebte der KSC. Nach einem 3:1 bei Bröndby Kopenhagen (mit Häßler) schafften es die Badener (ohne den verletzten Häßler), im Wildpark gegen die Dänen mit 0:5 zu verlieren.

In der Saison 1997/98 wollten die Schalker den Erfolg wiederholen. Doch an Inter Mailand mit dem für 54 Millionen Mark von FC Barcelona erworbenen Ronaldo kam keiner vorbei, auch Schalke nicht. Ronaldos spektakuläres Solo zum 1:0-Sieg in Mailand sollte die Blau-Schwarzen weiterbringen. Das Rückspiel, in dem Eigenrauch den brasilianischen Jungstar auch ohne Fouls weitgehend neutralisierte, endete 1:1.

Im rein italienischen Finale (zum ersten Mal gab es auch im UEFA-Pokal nur ein Spiel) bezwang Inter in Paris Lazio Rom mit 3:0. Die Tore waren eine internationale und südamerikanische Gemeinschaftsarbeit: Der Chilene Zamorano erzielte das 1:0, der Argentinier Zanetti das 2:0 und der Brasilianer Ronaldo das 3:0.

Marc Wilmots (links) verwandelte und Jens Lehmann (rechts) hielt den jeweils entscheidenden Strafstoß im Elfmeter-Krimi des UEFA-Cup-Finales 1997 Schalke 04 gegen Inter Mailand.

Statisik zur Fußball-Weltgeschichte

1. Fußball-Weltmeisterschaft 1930 in Uruguay

Gruppe 1

FRANKREICH – MEXIKO 4:1 (3:0)
Frankreich: Thépot, Mattler, Capelle, Villaplane, Pinel, Chantrel, Liberati, Delfour, Maschinot (2), Laurent (1), Langiller (1).
Mexiko: Bonfiglio, Gutierrez, M. Rosas, F. Rosas, Sanchez, Amezeua, Perez, Carreno (1), Mejia, Ruiz, Lopez.
Schiedsrichter: Lombardi (Uruguay).

ARGENTINIEN – FRANKREICH 1:o (0:0)
Argentinien: Bossio, Della Torre, Muttis, Suarez, Monti (1), J. Evaristo, Perinetti, Varallo, Ferreyra, Cherro, M. Evaristo.
Frankreich: Thépot, Mattler, Capelle, Villaplane, Pinel, Chantrel, Liberati, Delfour, Maschinot, Laurent, Langiller.
Schiedsrichter: Rego (Brasilien).

CHILE – MEXIKO 3:0 (1:0)
Chile: Cortes, Morales, Poirier, A. Torres, Savedra, Helgueta, Ojeda, Subiabre (2), Villalobos, Vidal (1), Schenerberger.
Mexiko: Sota, Gutierrez, M. Rosas, F. Rosas, Sanchez, Amezcua, Perez, Carreno, Ruiz, Gayon, Lopez.
Schiedsrichter: Christophe (Belgien).

ARGENTINIEN – MEXIKO 6:3 (3:0)
Argentinien: Bossio, Della Torre, Paternoster, Chividini, Zumelzu (1), Orlandini, Peucelle, Varallo (2), Stábile (3), Demaria, Spadaro.
Mexiko: Bonfiglio, R. Gutierrez, F. Gutierrez, M. Rosas (1), Sanchez, Rodriguez, F. Rosas (1), Lopez (1), Gayon, Carreno, Olivares.
Schiedsrichter: Saucedo (Bolivien).

CHILE – FRANKREICH 1:0 (0:0)
Chile: Cortes, Chaparro, Morales, A. Torres, Savedra, C. Torres, Ojeda, Subiabre (1), Villalobos, Vidal, Schenerberger.
Frankreich: Thépot, Mattler, Capelle, Chantrel, Delmer, Villaplane, Liberati, Delfour, Pinel, Veinante, Langiller.
Schiedsrichter: Tejada (Uruguay).

ARGENTINIEN – CHILE 3:1 (2:1)
Argentinien: Bossio, Della Torre, Paternoster, J. Evaristo, Monti, Orlandini, Peucelle, Varallo, Stábile (2), Ferreyra, M. Evaristo (1).
Chile: Cortes, Chaparro, Morales, A. Torres, Savedra, C. Torres, Arellane, Subiabre (1), Villalobos, Vidal, Aguilera.
Schiedsrichter: Langenus (Belgien).

1. Argentinien	6:0	10:4	3 3 0 0
2. Chile	4:2	5:3	3 2 0 1
3. Frankreich	2:4	4:3	3 1 0 2
4. Mexiko	0:6	4:13	3 0 0 3

Gruppe 2

JUGOSLAWIEN – BRASILIEN 2:1 (2:0)
Jugoslawien: Jaksic, Ivkovic, Mihajlovic, Arsenijevic, Stefanovic, Dokic, Tirnanic (1), B. Marjanovic, Bek (1), Vujadinovic, Sekulic.
Brasilien: Monteiro, Costa, Gervasoni, Fonseca, Santos, Giudicelli, Ribeiro, Braga, Patesco, Netto (1), Pereira.
Schiedsrichter: Tejada (Uruguay).

JUGOSLAWIEN – BOLIVIEN 4:0 (1:0)
Jugoslawien: Jaksic, Ivkovic, Mihailovic, Arsenijevic, Stefanovic, Dokic, Tirnanic, Marjanovic (1), Bek (2), Vujadinovic (1), Najdanovic.
Bolivien: Bermudez, Durandal, Chavarria, Argote, Lara, Valderrama, Gomez, Bustamante, Mendez, Alborta, Fernandez.
Schiedsrichter: Mateucci (Mexiko).

BRASILIEN – BOLIVIEN 4:0 (1:0)
Brasilien: Velloso, Gervasoni, Oliveira, Fonseca, Santos Giudicelli, Meneses, Queiros, Leite, Netto (2), Wisintainer (2).
Bolivien: Bermudez, Durandal, Chavarria, Sainz, Lara, Valderrama, Ortiz, Bustamante, Mendez, Alborta, Fernandez.
Schiedsrichter: Balway (Frankreich).

1. Jugoslawien	4:0	6:1	2 2 0 0
2. Brasilien	2:2	5:2	2 1 0 1
3. Bolivien	0:4	0:8	2 0 0 2

Gruppe 3

RUMÄNIEN – PERU 3:1 (1:0)
Rumänien: Lapusneanu, Steiner, Burger, Rafinski, Vogl, Eissembeiser, Covaci, Desu, Wetzer, Staucin (2), Barbu (1).
Peru: Valdivieso, De las Casas, Soria, Galindo, Garcia, Valle, Flores, Villanueva, Denegri, Neira, Souza (1).
Schiedsrichter: Warken (Chile).

URUGUAY – PERU 1:0 (0:0)
Uruguay: Ballesteros, Nasazzi, Tejera, Andrade, Fernandez, Gestido, Urdinaran, Castro (1), Petrone, Cea, Iriarte.
Peru: Pardon, De Las Casas, Maquillon, Denegri, Galindo, Astengo, Lavalle, Flores, Villanueva, Neira, Souza.
Schiedsrichter: Langenus (Belgien).

URUGUAY – RUMÄNIEN 4:0 (4:0)
Uruguay: Ballesteros, Nasazzi, Mascheroni, Andrade, Fernandez, Gestido, Dorado (1), Scarone (1), Anselmo (1), Cea (1), Iriarte.
Rumänien: Lapusneanu, Burger, Tacu, Robe, Vogl, Eissembeiser, Covaci, Desu, Wetzer, Rafinski, Barbu.
Schiedsrichter: Rego (Brasilien).

1. Uruguay	4:0	5:0	2 2 0 0
2. Rumänien	2:2	3:5	2 1 0 1
3. Peru	0:4	1:4	2 0 0 2

Gruppe 4

USA – BELGIEN 3:0 (2:0)
USA: Douglas, Wood, Moorhouse, Gallagher, Tracey, Brown, Gonsalvez, Florie, Patenaude (1), Auld, McGhee (2).
Belgien: Badjou, Nouwens, Hoydonckx, Braine, Hellemans, De Clerq, Diddens, Moeschal, Adams, Voorhoof, Versijp.
Schiedsrichter: Macias (Argentinien).

USA – PARAGUAY 3:0 (2:0)
USA: Douglas, Wood, Moorhouse, Gallagher, Tracey, Auld, Brown, Gonsalvez, Patenaude (2), Florie (1), McGhee.
Paraguay: Denis, Olmedo, Miracca, Etcheverry, Diaz, Aguirre, Nessi, Dominguez, Gonzalez, Caceres, Pena.
Schiedsrichter: Macias (Argentinien).

PARAGUAY – BELGIEN 1:0 (1:0)
Paraguay: P. Benitez, Olmedo, Flores, S. Benitez, Diaz, Garcete, Nessi, Romero, Gonzalez, Caceres, Pena (1).
Belgien: Badjou, De Deken, Hoydonckx, Braine, Hellemans, Moeschal, Versijp, Delbeke, Adams, Nouwens, Diddens.
Schiedsrichter: Vallarino (Uruguay).

1. USA	4:0	6:0	2 2 0 0
2. Paraguay	2:2	1:3	2 1 0 1
3. Belgien	0:4	0:4	2 0 0 2

Semifinale

Am 26. Juli:
ARGENTINIEN – USA 6:1 (1:0)
Argentinien: Botasso, Della Torre, Paternoster, J. Evaristo, Monti (2), Orlandini, Peucelle, Scopelli (2), Stábile (2), Ferreyra, M. Evaristo.
USA: Douglas, Wood, Moorhouse, Gallagher, Tracey, Auld, Brown, Gonsalvez, Patenaude, Florie (1), McGhee.
Schiedsrichter: Langenus (Belgien).

Am 27. Juli:
URUGUAY – JUGOSLAWIEN 6:1 (3:1)
Uruguay: Ballesteros, Nasazzi, Mascheroni, Andrade, Fernandez, Gestido, Dorado, Scarone, Anselmo (2), Cea (3), Iriarte (1).
Jugoslawien: Jaksic, Ivkovic, Mihajlovic, Arsenijevic, Stefanovic, Dokic, Tirnanic, Marjanovic, Bek, Vujadinovic, Sekulic (1).
Schiedsrichter: Rego (Brasilien).

Finale

Am 30. Juli:
URUGUAY – ARGENTINIEN 4:2 (1:2)
Uruguay: Ballesteros, Nasazzi, Mascheroni, Andrade, Fernandez, Gestido, Dorado, Scarone, Castro, Cea, Iriarte.
Argentinien: Botasso, Della Torre, Paternoster, J. Evaristo, Monti, Suarez, Peucelle, Varallo, Stábile, Ferreyra, M. Evaristo.
Schiedsrichter: Langenus (Belgien).
Tore: 1:0 Dorado, 1:1 Peucelle, 1:2 Stábile, 2:2 Cea, 3:2 Iriarte, 4:2 Castro.

2. Fußball-Weltmeisterschaft 1934 in Italien

Qualifikation

Gruppe I
28.1.1934 in Port-au-Prince: Haiti – Kuba **1:3**
1.2.1934 in Port-au-Prince: Haiti – Kuba **0:6**
4.2.1934 in Port-au-Prince: Haiti – Kuba **1:1**
4.3.1934 in Mexico City: Mexiko – Kuba **3:2**
11.3.1934 in Mexico City: Mexiko – Kuba **5:0**
18.3.1934 in Mexico City: Mexiko – Kuba **4:1**
Mexiko qualifiziert

Gruppe II
Brasilien qualifiziert nach Verzicht von Peru

Gruppe III
Argentinien qualifiziert nach Verzicht von Chile

Gruppe IV
16.3.1934 in Kairo: Ägypten – Palästina **7:1**
6.4.1934 in Jerusalem: Palästina – Ägypten **1:4**
Ägypten qualifiziert

Gruppe V
11.6.1933 in Stockholm: Schweden – Estland **6:2**
29.6.1933 in Kaunas: Litauen – Schweden **0:2**
Schweden qualifiziert

Gruppe VI
11.3.1934 in Madrid: Spanien – Portugal **9:0**
18.3.1934 in Lissabon: Portugal – Spanien **1:2**
Spanien qualifiziert

Gruppe VII
25.3.1934 in Mailand: Italien – Griechenland **4:0**
Italien qualifiziert

Gruppe VIII
25.3.1934 in Sofia: Bulgarien – Ungarn **1:4**
25.4.1934 in Wien: Österreich – Bulgarien **6:1**
28.4.1934 in Budapest: Ungarn – Bulgarien **4:1**
Österreich und Ungarn qualifiziert

Gruppe IX
15.10.1933 in Warschau: Polen – Tschechoslowakei **1:2**
Tschechoslowakei qualifiziert nach Verzicht Polens

Gruppe X
24.9.1933 in Belgrad: Jugoslawien – Schweiz **2:2**
29.10.1933 in Bern: Schweiz – Rumänien **2:2**
29.4.1934 in Bukarest: Rumänien – Jugoslawien **2:1**
Schweiz und Rumänien qualifiziert
Die Schweiz zum Sieger erklärt, weil Rumänien mit einem nicht spielberechtigten Spieler antrat.

Gruppe XI
25.2.1934 in Dublin: Eire – Belgien **4:4**
8.4.1934 in Amsterdam: Niederlande – Eire **5:2**
29.4.1934 in Antwerpen: Belgien – Niederlande **2:4**
Belgien und Niederlande qualifiziert

Gruppe XII
11.3.1934 in Luxemburg: Luxemburg – Deutschland **1:9**
15.4.1934 in Luxemburg: Luxemburg – Frankreich **1:6**
Deutschland und Frankreich qualifiziert
24.5.1934 in Rom: USA – Mexiko **4:2**
USA qualifiziert

Achtelfinale

Am 27. Mai in Bologna:
SCHWEDEN – ARGENTINIEN 3:2 (1:1)
Schweden: Rydberg, Axelsson, S. Andersson, Carlsson, Rosen, E. Andersson, Dunker, Gustafsson, Jonasson (2), Keller, Kroon (1).
Argentinien: Freschi, Pedevilla, Belis (1), Sosa, Urbieta, Lopez, Rua, Wilde, De Vincenzi, Galateo (1), Iraneta.
Schiedsrichter: Braun (Österreich).

Am 27. Mai in Genua:
SPANIEN – BRASILIEN 3:1 (3:1)
Spanien: Zamora, Ciriaco, Quincoces, Cilaurren, Muguerza, Marculeta, Lafuente, Iraragorri (1), Langara (2), Lecue, Gorostiza.
Brasilien: Pedrosa, Mazzi, Luz, Tinoco, Martim, Armandinho, Canalli, Oliveira, De Britt, Leonidas (1), Patesko.
Schiedsrichter: Birlem (Deutschland).

Am 27. Mai in Triest:
TSCHECHOSLOWAKEI – RUMÄNIEN 2:1 (0:1)
Tschechoslowakei: Planicka, Zenisek, Ctyroky, Kostalek, Cambal, Krcil, Junek, Silny, Sobotka, Nejedly (1), Puc (1).
Rumänien: Zambori, Vogl, Albu, Deheleanu, Cotormani, Moravet, Bindea, Covaci, Sepi, Bodola, Dobai (1).
Schiedsrichter: Langenus (Belgien).

Am 27. Mai in Rom:
ITALIEN – USA 7:1 (3:0)
Italien: Combi, Rosetta, Allemandi, Pizziolo, Monti, Bertolini, Guarisi, Meazza (1), Schiavio (3), Ferrari (1), Orsi (2).
USA: Hjulina, Czerkiewicz, Moorhouse, Pietras, Gonsalvez, Florie, Ryan, Nilsen, Donelli (1), Dick, McLean.
Schiedsrichter: Mercet (Schweiz).

Am 27. Mai in Florenz:
DEUTSCHLAND – BELGIEN 5:2 (1:2)
Deutschland: Kreß, Haringer, Schwartz, Janes, Szepan, Zielinski, Lehner, Hohmann, Conen (3), Siffling (1), Kobierski (1).
Belgien: Vandeweyer, Smellinckx, Joachim, Peeraer, Welkenhuyzen, Claessens, Devries, Voorhoof (2), Capelle, Grimmonprez, Hellemans.
Schiedsrichter: Mattea (Italien).

Am 27. Mai in Mailand:
SCHWEIZ – NIEDERLANDE 3:2 (2:1)
Schweiz: Sechehaye, Minelli, Weiler, Guinchard, Jaccard, Hufschmid, von Känel, Passelo, Kielholz (2), Abegglen (1), Bossi.
Niederlande: van der Meulen, Weber, van Run, Pellikaan, Anderiesen, van Heel, Wels, Vente (1), Bakhuys, Smit (1), van Nellen.
Schiedsrichter: Eklind (Schweden).

Am 27. Mai in Neapel:
UNGARN – ÄGYPTEN 4:2 (2:1)
Ungarn: A. Szabó, Futó, Sternberg, Palotás, Szücs, Lázár, Markos, Vincze (1), Teleki (1), Toldi (2), F. Szabó.
Ägypten: Kemal, Ali Caf, Hamitu, El Far, Refaat, Rayab, Latif, Fawzi (2), Kuktar, M. Kemal, Hassan.
Schiedsrichter: Barlassina (Italien).

Am 27. Mai in Turin:
ÖSTERREICH – FRANKREICH 3:2 (1:1, 1:1) n.V.
Österreich: Platzer, Cisar, Sesta, Wagner, Smistik, Urbanek, Zischek, Bican (1), Sindelar (1), Schall (1), Viertl.
Frankreich: Thépot, Mairesse, Mattler, Delfour, Verriest (1), Llense, Keller, Alcazar, Nicolas (1), Rio, Aston.
Schiedsrichter: van Moorsel (Niederlande).

Viertelfinale

Am 31. Mai in Turin:
TSCHECHOSLOWAKEI – SCHWEIZ 3:2 (1:1)
Tschechoslowakei: Planicka, Zenisek, Ctyroky, Kostalek, Cambal, Krcil, Junek, Svoboda (1), Sobotka (1), Nejedly (1), Puc.
Schweiz: Sechehaye, Minelli, Weiler, Guinchard, Jaccard, Hufschmid, von Känel, Jaeggi (1), Kielholz (1), Abegglen, Jaeck.
Schiedsrichter: Beranek (Österreich).

Am 31. Mai in Mailand:
DEUTSCHLAND – SCHWEDEN 2:1 (0:0)
Deutschland: Kreß, Haringer, Busch, Gramlich, Szepan, Zielinski, Lehner, Hohmann (2), Conen, Siffling, Kobierski.
Schweden: Rydberg, Axelsson, S. Andersson, Carlsson, Rosen, E. Andersson, Dunker (1), Jonasson, Gustafsson, Keller, Kroon.
Schiedsrichter: Barlassina (Italien).

Am 31. Mai in Bologna:
ÖSTERREICH – UNGARN 2:1 (1:0)
Österreich: Platzer, Cisar, Sesta, Wagner, Smistik, Urbanek, Zischek (1), Bican, Sindelar, Horvath (1), Viertl.
Ungarn, A. Szabó, Vagó, Sternberg, Palotás, Szücs, Szalay, Markos, Avar, Dr. Sárosi (1), Toldi, Kemeny.
Schiedsrichter: Mattea (Italien).

Am 31. Mai in Florenz:
ITALIEN – SPANIEN 1:1 (0:1, 1:1) n.V.
Italien: Combi, Monzeglio, Allemandi, Pizziolo, Monti, Castellazzi, Guaita, Meazza, Schiavio, Ferrari (1), Orsi.
Spanien: Zamora, Ciriaco, Quincoces, Cilaurren, Muguerza, Fede, Lafuente, Iraragorri, Regueiro (1), Langara, Gorostiza.
Schiedsrichter: Baert (Belgien).

Am 1. Juni in Florenz:
ITALIEN – SPANIEN 1:0 (1:0) Wiederholung
Italien: Combi, Monzeglio, Allemandi, Ferraris IV, Monti, Bertolini, Guaita, Meazza (1), Borel II, Demaria, Orsi.
Spanien: Nogues, Zabalo, Quincoces, Cilaurren, Muguerza, Lecue, Vantolra, Regueiro, Campanal, Chacho, Bosch.
Schiedsrichter: Mercet (Schweiz).

Semifinale

Am 3. Juni in Mailand:
ITALIEN – ÖSTERREICH 1:0 (1:0)
Italien: Combi, Monzeglio, Allemandi, Ferraris IV, Monti, Bertolini, Guaita, Meazza, Schiavio, Ferrari, Orsi.
Österreich: Platzer, Cisar, Sesta, Wagner, Smistik, Urbanek, Zischek, Bican, Sindelar, Schall, Viertl.
Schiedsrichter: Eklind (Schweden); Zuschauer: 35 000; Tore: 1:0 Guaita (18.).

Am 3. Juni in Rom:
TSCHECHOSLOWAKEI – DEUTSCHLAND 3:1 (1:0)
Tschechoslowakei: Planicka, Burgr, Ctyroky, Kostalek, Cambal, Krcil, Junek, Svoboda, Sobotka, Nejedly, Puc.
Deutschland: Kreß, Haringer, Busch, Zielinski, Szepan, Bender, Lehner, Siffling, Conen, Noack, Kobierski.
Schiedsrichter: Barlassina (Italien); Zuschauer: 15 000; Tore: 1:0 Nejedly (21.), 1:1 Noack (50.), 2:1 Nejedly (60.), 3:1 Nejedly (81.).

Um den dritten Platz

Am 7. Juni in Neapel:
DEUTSCHLAND – ÖSTERREICH 3:2 (3:1)
Deutschland: Jakob, Janes, Busch, Zielinski, Münzenberg, Bender, Lehner, Siffling, Conen, Szepan, Heidemann.
Österreich: Platzer, Cisar, Sesta, Wagner, Smistik, Urbanek, Zischek, Braun, Bican, Horvath, Viertl.
Schiedsrichter: Carraro (Italien); Zuschauer: 15 000; Tore: 1:0 Lehner (1.), 2:0 Conen (29.), 2:1 Horvath (30.), 3:1 Lehner (42.), 3:2 Sesta (55.).

Finale

Am 10. Juni in Rom:
ITALIEN – TSCHECHOSLOWAKEI 2:1 (0:0, 1:1) n.V.
Italien: Combi, Monzeglio, Allemandi, Ferraris IV, Monti, Bertolini, Guaita, Meazza, Schiavio, Ferrari, Orsi.
Tschechoslowakei: Planicka, Zenisek, Ctyroky, Kostalek, Cambal, Krcil, Junek, Svoboda, Sobotka, Nejedly, Puc.
Schiedsrichter: Eklind (Schweden); Zuschauer: 50 000; Tore: 0:1 Puc (69.), 1:1 Orsi (80.), 2:1 Schiavio (97.).

3. Fußball-Weltmeisterschaft 1938 in Frankreich

Qualifikation

EUROPA

Gruppe I

16.6.1937 in Stockholm:	Schweden – Finnland **4:0**
20.6.1937 in Stockholm:	Schweden – Estland **7:2**
29.6.1937 in Helsinki:	Finnland – Deutschland **0:2**
19.8.1937 in Aabo:	Finnland – Estland **0:1**
29.8.1937 in Königsberg:	Deutschland – Estland **4:1**

Deutschland und Schweden qualifiziert

Gruppe II

10.10.1937 in Oslo:	Norwegen – Eire **3:2**
7.11.1937 in Dublin:	Eire – Norwegen **3:3**

Norwegen qualifiziert

10.10.1937 in Warschau:	Polen – Jugoslawien **4:0**
3.4.1938 in Belgrad:	Jugoslawien – Polen **1:0**

Polen qualifiziert

Gruppe III
Rumänien qualifiziert nach Verzicht von Ägypten

Gruppe IV

1.5.1938 in Mailand:	Schweiz – Portugal **2:1**

Schweiz qualifiziert

Gruppe V

22.1.1938 in Tel Aviv:	Palästina – Griechenland **1:3**
20.2.1938 in Athen:	Griechenland – Palästina **1:0**
25.3.1938 in Budapest:	Ungarn – Griechenland **11:1**

Ungarn qualifiziert

Gruppe VI

7.11.1937 in Sofia:	Bulgarien – Tschechoslowakei **1:1**
24.4.1938 in Prag:	Tschechoslowakei – Bulgarien **6:0**

Tschechoslowakei qualifiziert

Gruppe VII

29.7.1937 in Riga:	Lettland – Litauen **4:2**
3.9.1937 in Kaunas:	Litauen – Lettland **1:5**
5.10.1937 in Wien:	Österreich – Lettland **2:1**

Österreich qualifiziert

Gruppe VIII

28.11.1937 in Rotterdam:	Niederlande – Luxemburg **4:0**
13.3.1938 in Luxemburg:	Luxemburg – Niederlande **2:3**
3.4.1938 in Antwerpen:	Belgien – Niederlande **1:1**

Niederlande und Belgien qualifiziert

AMERIKA

Gruppe I
USA verzichtete

Gruppe II
Kolumbien, Costa Rica, Kuba, Mexiko, El Salvador, Surinam
Kuba qualifiziert, nach Verzicht der anderen Nationen

Gruppe III
Brasilien qualifiziert, nach Verzicht von Argentinien

Gruppe IV
Niederländisch Indien qualifiziert, nach Verzicht von Japan

Achtelfinale

Am 4. Juni in Paris:
SCHWEIZ – DEUTSCHLAND 1:1 (1:1, 1:1) n.V.
Schweiz: Huber, Minelli, Lehmann, Springer, Vernati, Lörtscher, Amado, Wallaschek, Bickel, Abegglen (1), Aeby.
Deutschland: Raftl, Janes, Schmaus, Kupfer, Mock, Kitzinger, Lehner, Gellesch, Gauchel (1), Hahnemann, Pesser.
Schiedsrichter: Langenus (Belgien).

Am 9. Juni in Paris:
SCHWEIZ – DEUTSCHLAND 4:2 (0:2) Wiederholung
Schweiz: Huber, Minelli, Lehmann, Springer, Vernati, Lörtscher (1 Eigentor), Amado, Abegglen (2), Bickel (1), Wallaschek (1), Aeby.
Deutschland: Raftl, Janes, Streitle, Kupfer, Goldbrunner, Skoumal, Lehner, Stroh, Hahnemann (1), Szepan, Neumer.
Schiedsrichter: Eklind (Schweden).

Am 5. Juni in Toulouse:
KUBA – RUMÄNIEN 3:3 (0:1, 2:2) n.V.
Kuba: Carvajales, Barquin, Chorens, Arias, Rodriguez, Berges, Maquina (1), Fernandez, Socorro, Tunas (1), Sosa (1).
Rumänien: Pavlovici, Burger, Chiroiu, Vintilla, Rasinaru, Rafinski, Bindea, Covaci (1), Baratki (1), Bodola, Dobai (1).
Schiedsrichter: Scarpi (Italien).

Am 9. Juni in Toulouse:
KUBA – RUMÄNIEN 2:1 (0:1) Wiederholung
Kuba: Ayra, Barquin, Chorens, Arias, Rodriguez, Berges, Maquina (1), Fernandez, Socorro (1), Tunas, Sosa.
Rumänien: Sadowski, Burger, Felecan, Barbulescu, Rasinaru, Rafinski, Bogden, Moldoveanu, Baratki, Pranzler, Dobai (1).
Schiedsrichter: Birlem (Deutschland).

Am 5. Juni in Le Hâvre:
TSCHECHOSLOWAKEI – NIEDERLANDE 3:0 (0:0, 0:0) n.V.
Tschechoslowakei: Planicka, Burgr, Daucik, Kostalek (1), Boucek, Kopecky, Riha, Simunek (1), Zeman, Nejedly (1), Puc.
Niederlande: van Male, Weber, Caldenhove, Paauwe, Anderiesen, van Heel, Wels, van der Veen, Smit, Vente, de Harder.
Schiedsrichter: Leclerc (Frankreich).

Am 5. Juni in Paris:
FRANKREICH – BELGIEN 3:1 (2:1)
Frankreich: Di Lorto, Cazenave, Mattler, Bastien, Jordan, Diagne, Aston, Heisserer, Nicolas (2), Delfour, Veinante (1).
Belgien: Badjou, Paverick, Sayes, van Alphen, Stynen, de Winter, van den Wouwer, Voorhoof, Isemborghs (1), Braine, Buyle.
Schiedsrichter: Wüthrich (Schweiz).

Am 5. Juni in Reims:
UNGARN – NIEDERLÄNDISCH INDIEN 6:0 (4:0)
Ungarn: Háda, Korányi, Biró, Lazar, Turai, Balogh, Sas, Zsengeller (2), Dr. Sárosi (2), Toldi (1), Kohut (1).
Niederländisch Indien: Mo Heng, Hu Kon, Samuels, Nawir, Meng, Auwar, Hang Djin, Soedarmadji, Sommers, Pattiwael, Taihuttu.
Schiedsrichter: Conrié (Frankreich).

Am 5. Juni in Strasbourg:
BRASILIEN – POLEN 6:5 (3:1, 4:4) n.V.
Brasilien: Batatais, Domingos da Guia, Machado, Zeze, Martim, Afonsinho, Lopes, Romeu (1), Leonidas (4), Peracio (1), Hercules.
Polen: Madejski, Sczepaniak, Galecki, Gora, Nyc, Dytko, Piec, Piontek, Szerfke (1), Willimowski (3), Wodarz (1).
Schiedsrichter: Eklind (Schweden).

Am 5. Juni in Marseille:
ITALIEN – NORWEGEN 2:1 (1:0, 1:1) n.V.
Italien: Olivieri, Monzeglio, Rava, Serantoni, Andreolo, Locatelli, Pasinati, Meazza, Piola (1), Ferrari (1), Ferraris II.
Norwegen: H. Johansen, R. Johannessen, Holmsen, Henriksen, Eriksen, Holmberg, Frantzen, Kvammen, Brynhildsen, Isaksen, Brustad (1).
Schiedsrichter: Beranek (Österreich).

Schweden erreichte kampflos das Viertelfinale, da Österreich nach dem »Anschluß« an das Deutsche Reich verzichten mußte.

Viertelfinale

Am 12. Juni in Paris:
ITALIEN – FRANKREICH 3:1 (1:1)
Italien: Olivieri, Foni, Rava, Serantoni, Andreolo, Locatelli, Biavati, Meazza, Piola (2), Ferrari, Colaussi (1).
Frankreich: Di Lorto, Cazenave, Mattler, Bastien, Jordan, Diagne, Aston, Heisserer (1), Nicolas, Delfour, Veinante.
Schiedsrichter: Baert (Belgien).

Am 12. Juni in Antibes:
SCHWEDEN – KUBA 8:0 (4:0)
Schweden: Abrahamsson, Eriksson, Källgren, Almgren, Jacobsson, Svanström, Wetterström (4), Keller (1), H. Andersson (1), Jonasson (1), Nyberg (1).
Kuba: Carvajales, Barquin, Chorens, Arias, Rodriguez, Berges, Ferrer, Fernandez, Socorro, Tunas, Alonzo.
Schiedsrichter: Krist (Tschechoslowakei).

Am 12. Juni in Lille:
UNGARN – SCHWEIZ 2:0 (1:0)
Ungarn: Szabó, Korányi, Biró, Szalay, Turai, Lazar, Sas, Vincze, Dr. Sárosi, Zsengeller (2), Kohut.
Schweiz: Huber, Stelzer, Lehmann, Springer, Vernati, Lörtscher, Amado, Wallaschek, Bickel, Abegglen, Grassi.
Schiedsrichter: Barlassina (Italien).

Am 12. Juni in Bordeaux:
BRASILIEN – TSCHECHOSLOWAKEI 1:1 (1:0, 1:1) n.V.
Brasilien: Walter, Domingos da Guia, Machado, Zeze, Martim, Afonsinho, Lopes, Romeu, Leonidas (1), Peracio, Hercules.
Tschechoslowakei: Planicka, Burgr, Daucik, Kostalek, Boucek, Kopecky, Riha, Simunek, Ludl, Nejedly (1), Puc.
Schiedsrichter: von Herztka (Ungarn).

Am 14. Juni in Bordeaux:
BRASILIEN – TSCHECHOSLOWAKEI 2:1 (0:1) Wiederholung
Brasilien: Walter, Jaú, Dr. Nariz, Britto, Brandao, Argemiro, Roberto (1), Luizinho, Leonidas (1), Tim, Patesko.
Tschechoslowakei: Burkert, Burgr, Daucik, Kostalek, Boucek, Ludl, Horak, Senecky, Kreuz, Kopecky (1), Rulc.
Schiedsrichter: Capdeville (Frankreich).

Semifinale

Am 16. Juni in Paris:
UNGARN – SCHWEDEN 5:1 (3:1)
Ungarn: Szabó, Korányi, Biró, Szalay, Turai, Lazar, Sas, Zsengeller (3), Dr. Sárosi (1), Toldi, Titkos (1).
Schweden: Abrahamsson, Eriksson, Källgren, Almgren, Jacobsson, Svanström, Wetterström, Keller, Jonasson, H. Andersson, Nyberg (1).
Schiedsrichter: Leclerc (Frankreich).

Am 16. Juni in Marseille:
ITALIEN – BRASILIEN 2:1 (2:0)
Italien: Olivieri, Foni, Rava, Serantoni, Andreolo, Locatelli, Biavati, Meazza (1), Piola (1), Ferrari, Colaussi.
Brasilien: Walter, Domingos da Guia, Machado, Zeze, Martim, Afonsinho, Lopes, Luizinho, Peracio, Romeu (1), Patesko.
Schiedsrichter: Wüthrich (Schweiz).

Um den dritten Platz

Am 19. Juni in Bordeaux:
BRASILIEN – SCHWEDEN 4:2 (1:2)
Brasilien: Batatais, Domingos da Guia, Machado, Zeze, Brandao, Afonsinho, Roberto, Romeu (1), Leonidas (2), Peracio (1), Patesko.
Schweden: Abrahamsson, Eriksson, Nilsson, Almgren, Linderholm, Svanström, Persson, H. Andersson, Jonasson (1), A. Andersson, Nyberg (1).
Schiedsrichter: Langenus (Belgien).

Finale

ITALIEN – UNGARN 4:2 (3:1)
Italien: Olivieri, Foni, Rava, Serantoni, Andreolo, Locatelli, Biavati, Meazza, Piola (2), Ferrari, Colaussi (2).
Ungarn: Szabó, Polgár, Biró, Szalay, Szücs, Lazar, Sas, Vincze, Dr. Sárosi (1), Zsengeller, Titkos (1).
Schiedsrichter: Capdeville (Frankreich).

4. Fußball-Weltmeisterschaft

1950 in Brasilien

Qualifikation

EUROPA

Gruppe I

20.11.1949 in Ankara:	Türkei – Syrien **7:0**

Türkei verzichtete, nachdem auch Österreich verzichtet hatte

Gruppe II

21.8.1949 in Belgrad:	Jugoslawien – Israel **6:0**
18.9.1949 in Tel Aviv:	Israel – Jugoslawien **2:5**
9.10.1949 in Belgrad:	Jugoslawien – Frankreich **1:1**
30.10.1949 in Paris:	Frankreich – Jugoslawien **1:1**
11.12.1949 in Florenz:	Jugoslawien – Frankreich **3:2**

Jugoslawien qualifiziert

Gruppe III

26.6.1949 in Zürich:	Schweiz – Luxemburg **5:2**
18.8.1949 in Luxemburg:	Luxemburg – Schweiz **2:3**

Schweiz, qualifiziert nach dem Verzicht von Belgien

Gruppe IV

2.4.1950 in Madrid:	Spanien – Portugal **5:1**
9.4.1950 in Lissabon:	Portugal – Spanien **2:2**

Spanien qualifiziert

Gruppe V

2.4.1949 in Stockholm:	Schweden – Eire **3:1**
8.9.1949 in Dublin:	Eire – Finnland **3:0**
9.10.1949 in Helsinki:	Finnland – Eire **1:1**
13.11.1949 in Dublin:	Eire – Schweden **1:3**

Schweden qualifiziert

Gruppe VI

1.10.1949 in Belfast:	Nordirland – Schottland **2:8**
15.10.1949 in Cardiff:	Wales – England **1:4**
9.11.1949 in Glasgow:	Schottland – Wales **2:0**
16.11.1949 in Manchester:	England – Nordirland **9:2**
8.3.1950 in Wrexham:	Wales – Nordirland **0:0**
15.4.1950 in Glasgow:	Schottland – England **0:1**

England und Schottland qualifiziert, Schottland verzichtet

MITTEL/NORD-AMERIKA

4.9.1949 in Mexico City:	Mexiko – USA **6:0**
11.9.1949 in Mexico City:	Mexiko – Kuba **2:0**
14.9.1949 in Mexico City:	USA – Kuba **1:1**
18.9.1949 in Mexico City:	USA – Mexiko **2:6**
21.9.1949 in Mexico City:	USA – Kuba **5:2**
25.9.1949 in Mexico City:	Kuba – Mexiko **0:3**

USA und Mexiko qualifiziert

SÜDAMERIKA

Gruppe I

Chile und Bolivien nach Verzicht Argentiniens qualifiziert

Gruppe II

Uruguay und Paraguay nach Verzicht von Peru und Ecuador qualifiziert

ASIEN

Indien nach Verzicht Burmas qualifiziert, verzichtete dann jedoch auf die Teilnahme an der Endrunde in Brasilien

Gruppe 1

Am 24. Juni in Rio de Janeiro:
BRASILIEN – MEXIKO 4:0 (1:0)
Brasilien: Barbosa, Augusto, Juvenal, Ely, Danilo, Bigode, Maneca, Ademir (2), Baltazar (1), Jair (1), Friaca.
Mexiko: Carbajal, Zetter, Montemajr, Ruiz, Ochoa, Roca, Septien, Ortiz, Casarin, Perez, Velasquez.
Schiedsrichter: Reader (England).

Am 25. Juni in Belo Horizonte:
JUGOSLAWIEN – SCHWEIZ 3:0 (3:0)
Jugoslawien: Mrkusic, Horvat, Stankovic, Z. Cajkovski, Jovanovic, Dzajic, Ognjanov (1), Mitic (1), Tomasevic (1), Bobek, Vukas.
Schweiz: Stuber, Lusenti, Quinche, Bocquet, Eggimann, Neury, Bickel, Antenen, Tamini, Bader, Fatton.
Schiedsrichter: Galeati (Italien).

Am 28. Juni in Porto Alegre:
JUGOSLAWIEN – MEXIKO 4:1 (2:0)
Jugoslawien: Mrkusic, Horvat, Stankovic, Z. Cajkovski, Jovanovic, Dzajic, Mihajlovic, Mitic, Tomasevic (1), Bobek (1), Cajkovski II (2).
Mexiko: Carbajal, Gutierrez, Ruiz, Gomez, Ochoa, Ortiz, Florez, Naranjo, Casarin (1), Perez, Velasquez.
Schiedsrichter: Leafe (England).

Am 28. Juni in Sao Paulo:
BRASILIEN – SCHWEIZ 2:2 (2:1)
Brasilien: Barbosa, Augusto, Juvenal, Bauer, Rui, Noronha, Alfredo II (1), Maneca, Baltazar (1), Admir, Friaca.
Schweiz: Stuber, Neury, Bocquet, Lusenti, Eggimann, Quinche, Tamini, Bickel, Antenen, Bader, Fatton (2).
Schiedsrichter: Azon (Spanien).

Am 2. Juli in Porto Alegre:
SCHWEIZ – MEXIKO 2:1 (2:0)
Schweiz: Hug, Neury, Bocquet, Lusenti, Eggimann, Quinche, Tamini, Antenen (1), Friedländer, Bader (1), Fatton.
Mexiko: Carbajal, Gutierrez, Gomez, Roca, Ortiz, Ochoa, Florez, Guevara, Casarin (1), Borbolla, Velasquez.
Schiedsrichter: Eklind (Schweden).

Am 1. Juli in Rio de Janeiro:
BRASILIEN – JUGOSLAWIEN 2:0 (1:0)
Brasilien: Barbosa, Augusto, Juvenal, Bauer, Danilo, Bigode, Maneca, Zizinho (1), Ademir (1), Jair, Chico.
Jugoslawien: Mrkusic, Horvat, Brokela, Z. Cajkovski, Jovanovic, Dzajic, Vukas, Mitic, Tomasevic, Bobek, Cajkovski II.
Schiedsrichter: Griffiths (Wales).

1. Brasilien	3 2 1 0	8:2	5:1
2. Jugoslawien	3 2 0 1	7:3	4:2
3. Schweiz	3 1 1 1	4:6	3:3
4. Mexiko	3 0 0 3	2:10	0:6

Gruppe 2

Am 25. Juni in Rio de Janeiro:
ENGLAND – CHILE 2:0 (1:0)
England: Williams, Ramsey, Aston, Wright, Hughes, Dickinson, Finney, Mortensen (1), Bentley, Mannion (1), Mullen.
Chile: Livingstone, Faerias, Roldon, Alvarez, Busquez, Carvalho, Malaney, Gremaschi, Robledo, Munoz, Diaz.
Schiedsrichter: van der Meer (Niederlande).

Am 25. Juni in Curitiba:
SPANIEN – USA 3:1 (0:1)
Spanien: Eizaguirre, Antunez, Alonso, Gonzalvo III, Gonzalvo II, Puchades, Basora (2), Hernandez, Zarra (1), Igoa, Gainza.
USA: Borghi, Keough, Macca, McIlvenny, Colombo, Bahr, Craddock, J. Souza (1), Gaetjens, Pariani, Valentini.
Schiedsrichter: Viana (Brasilien).

Am 29. Juni in Rio de Janeiro:
USA – ENGLAND 1:0 (1:0)
USA: Borghi, Keough, Macca, McIlvenny, Colombo, Bahr, Walace, Pariani, Gaetjens (1), J. Souza, E. Souza.
England: Williams, Ramsey, Aston, Wright, Hughes, Dickinson, Finney, Mortensen, Bentley, Mannion, Mullen.
Schiedsrichter: Dattilo (Italien).

Am 29. Juni in Belo Horizonte:
SPANIEN – CHILE 2:0 (2:0)
Spanien: Ramallets, Alonso, Parra, Gonzalvo III, Gonzalvo II, Puchades, Basora (1), Igoa, Zarra (1), Panizo, Gainza.
Chile: Livingstone, Faerias Roldon, Alvarez, Busquez, Carvalho, Prieto, Gremaschi, Robledo, Munoz, Diaz.
Schiedsrichter: De Gama Malcher (Brasilien).

Am 2. Juli in Recife:
SPANIEN – ENGLAND 1:0 (0:0)
Spanien: Ramallets, Parra, Alonso, Gonzalvo III, Gonzalvo II, Puchades, Basora, Igoa, Zarra (1), Panizo, Gainza.
England: Williams, Ramsey, Eckersley, Wright, Hughes, Dickinson, Matthews, Mortensen, Milburn, Baily, Finney.
Schiedsrichter: Galeati (Italien).

Am 2. Juli in Rio de Janeiro:
CHILE – USA 5:2 (2:0)
Chile: Livingstone, Machuca, Roldon, Alvarez, Busquez, Faerias, Munoz, Gremaschi (3), Robledo (1), Prieto (1), Ibanez.
USA: Borghi, Keough, Macca, McIlvenny, Colombo, Bahr, Walace, Pariani (1), Gaetjens, T. Souza (1), E. Souza.
Schiedsrichter: Gardelli (Brasilien).

1. Spanien	3 3 0 0	6:1	6:0
2. England	3 1 0 2	2:2	2:4
3. Chile	3 1 0 2	5:6	2:4
4. USA	3 1 0 2	4:8	2:4

Gruppe 3

Am 25. Juni in Sao Paulo:
SCHWEDEN – ITALIEN 3:2 (2:1)
Schweden: Svensson, Samuelsson, E. Nilsson, Andersson (1), Nordahl, Gärd, Sundqvist, Palmer, Jeppsson (2), Skoglund, S. Nilsson.
Italien: Sentimenti, Giovannini, Furiassi, Annovazzi, Parola, Magli, Muccinelli (1), Boniperti, Cappello, Campatelli, Carapellese (1).
Schiedsrichter: Lutz (Schweiz).

Am 29. Juni in Curitiba:
SCHWEDEN – PARAGUAY 2:2 (2:1)
Schweden: Svensson, Samuelsson, E. Nilsson, Andersson, Nordahl, Gärd, Johnsson, Palmer (1), Jeppsson, Skoglund, Sundqvist (1).
Paraguay: Vargas, Gonzalito, Cespedes, Gavilan, Leguizamon, Cantero, Avalos, A. Lopez (1), Jara, F. Lopez (1), Unzaim.
Schiedsrichter: Mitchell (Nordirland).

Am 2. Juli in Sao Paulo:
ITALIEN – PARAGUAY 2:0 (1:0)
Italien: Moro, Blason, Furiassi, Fattori, Remondini, Mari, Muccinelli, Pandolfini (1), Amadei, Cappello, Carapellese (1).
Paraguay: Vargas, Gonzalito, Cespedes, Gavilan, Leguizamon Cantero, Avalos, A. Lopez, Jara, F. Lopez, Unzaim.
Schiedsrichter: Ellis (England).

1. Schweden	2 1 1 0	5:4	3:1
2. Italien	2 1 0 1	4:3	2:2
3 Paraguay	2 0 1 1	2:4	1:3

Gruppe 4

Am 2. Juli in Belo Horizonte:
URUGUAY – BOLIVIEN 8:0 (4:0)
Uruguay: Maspoli, M. Gonzales, Tejera, V. Gonzales, Varela, Andrade, Ghiggia (1), Perez, Miguez (2), Schiaffino (4), Vidal (1).
Bolivien: Gutierrez I, Acha, Bustamente, Greco, Valencia, Ferrel, Algaranaz, Ugarte, Caparelli, Gutierrez II, Maldonado.
Schiedsrichter: Reader (England).

1. Uruguay	1 1 0 0	8:0	2:0
2. Bolivien	1 0 0 1	0:8	0:2

Finalrunde der Gruppensieger

Am 9. Juli in Rio de Janeiro:
BRASILIEN – SCHWEDEN 7:1 (3:0)
Brasilien: Barbosa, Augusto, Juvenal, Bauer, Danilo, Bigode, Maneca (1), Zizinho, Ademir (4), Jair, Chico (2).
Schweden: Svensson, Samuelsson, E. Nilsson, Andersson (1), Nordahl, Gärd, Sundqvist, Palmer, Jeppsson, Skoglund, S. Nilsson.
Schiedsrichter: Ellis (England).

Am 9. Juli in Sao Paulo:
URUGUAY – SPANIEN 2:2 (1:2)
Uruguay: Maspoli, M. Gonzales, Tejera, V. Gonzales, Varela (1), Andrade, Ghiggia (1), Perez, Miguez, Schiaffino, Vidal.
Spanien: Ramallets, Alonso, Gonzalvo II, Gonzalvo III, Parra, Puchades, Basora (2), Igoa, Zarra, Molowny, Gainza.
Schiedsrichter: Griffiths (Wales).

Am 13. Juli in Rio de Janeiro:
BRASILIEN – SPANIEN 6:1 (3:0)
Brasilien: Barbosa, Augusto, Juvenal, Bauer, Danilo, Bigode, Friaca, Zizinho (1), Ademir, Jair (2), Chico (2).
Spanien: Ramallets, Alonso, Gonzalvo II, Gonzalvo III, Parra (1 Eigentor), Puchades, Basora, Igoa (1), Zarra, Panizo, Gainza.
Schiedsrichter: Leafe (England).

Am 13. Juli in Sao Paulo:
URUGUAY – SCHWEDEN 3:2 (1:2)
Uruguay: Paz, M. Gonzales, Tejera, Gambetta, Varela, Andrade, Ghiggia (1), Perez, Miguez (2), Schiaffino, Vidal.
Schweden: Svensson, Samuelsson, E. Nilsson, Andersson, Johansson, Gärd, Johnsson, Palmer (1), Mellberg, Skoglund, Sundqvist (1).
Schiedsrichter: Galeati (Italien).

Am 16. Juli in Sao Paulo:
SCHWEDEN – SPANIEN 3:1 (2:0)
Schweden: Svensson, Samuelsson, E. Nilsson, Andersson, Johansson, Gärd, Sundqvist, Mellberg (1), Rydell, Palmer (1), Johnsson (1).
Spanien: Eizaguirre, Asensi, Alonso, Silva, Parra, Puchades, Basora, Hernandez, Zarra (1), Panizo, Juncosa.
Schiedsrichter: van der Meer (Niederlande).

Am 16. Juli in Rio de Janeiro:
URUGUAY – BRASILIEN 2:1 (0:0)
Uruguay: Maspoli, M. Gonzales, Tejera, Gambetta, Varela, Andrade, Ghiggia (1), Perez, Miguez, Schiaffino (1), Moran.
Brasilien: Barbosa, Augusto, Juvenal, Bauer, Danilo, Bigode, Friaca (1), Zizinho, Ademir, Jair, Chico.
Schiedsrichter: Reader (England).

ENDKLASSEMENT

1. Uruguay (Weltmeister)	3 2 1 0	7:5	5:1
2. Brasilien	3 2 0 1	14:4	4:2
3. Schweden	3 1 0 2	6:11	2:4
4. Spanien	3 0 1 2	4:11	1:5

5. Fußball-Weltmeisterschaft

1954 in der Schweiz

Qualifikation

Gruppe I

24.6.1953 in Oslo:	Norwegen – Saarland **2:3**
19.8.1953 in Oslo:	Norwegen – Deutschland **1:1**
11.10.1953 in Stuttgart:	Deutschland – Saarland **3:0**
8.11.1953 in Saarbrücken:	Saarland – Norwegen **0:0**
22.11.1953 in Hamburg:	Deutschland – Norwegen **5:1**
28.3.1954 in Saarbrücken:	Saarland – Deutschland **1:3**

Deutschland qualifiziert

Gruppe II

25.5.1953 in Helsinki:	Finnland – Belgien **2:4**
28.5.1953 in Stockholm:	Schweden – Belgien **2:3**
5.8.1953 in Helsinki:	Finnland – Schweden **3:3**
16.8.1953 in Stockholm:	Schweden – Finnland **4:0**
23.9.1953 in Brüssel:	Belgien – Finnland **2:2**
8.10.1953 in Brüssel:	Belgien – Schweden **2:0**

Belgien qualifiziert

Gruppe III

3.10.1953 in Belfast:	Nordirland – Schottland **1:3**
10.10.1953 in Cardiff:	Wales – England **1:4**
4.11.1953 in Glasgow:	Schottland – Wales **3:3**
11.11.1953 in Liverpool:	England – Nordirland **3:1**

31.3.1954 in Wrexham: Wales – Nordirland **1:2**
3.4.1954 in Glasgow: Schottland – England **2:3**
England und Schottland qualifiziert

Gruppe IV
20.9.1953 in Luxemburg: Luxemburg – Frankreich **1:6**
4.10.1953 in Dublin: Eire – Frankreich **3:5**
28.10.1953 in Dublin: Eire – Luxemburg **4:1**
25.11.1953 in Paris: Frankreich – Eire **1:0**
27.12.1953 in Paris: Frankreich – Luxemburg **8:0**
7.3.1954 in Luxemburg: Luxemburg – Eire **0:1**
Frankreich qualifiziert

Gruppe V
27.9.1953 in Wien: Österreich – Portugal **9:1**
29.11.1953 in Lissabon: Portugal – Österreich **0:0**
Österreich qualifiziert

Gruppe VI
6.1.1954 in Madrid: Spanien – Türkei **4:1**
14.3.1954 in Istanbul: Türkei – Spanien **1:0**
Entscheidungsspiel in Rom: Türkei – Spanien 2:2 n.V.
Türkei durch Losentscheid qualifiziert

Gruppe VII
Ungarn durch Verzicht von Polen qualifiziert

Gruppe VIII
14.6.1953 in Prag: Tschechoslowakei – Rumänien **2:0**
28.6.1953 in Bukarest: Rumänien – Bulgarien **3:1**
6.9.1953 in Sofia: Bulgarien – Tschechoslowakei **1:2**
11.10.1953 in Sofia: Bulgarien – Rumänien **1:2**
25.10.1953 in Bukarest: Rumänien – Tschechoslowakei **0:1**
8.11.1953 in Prag: Tschechoslowakei – Bulgarien **0:0**
Tschechoslowakei qualifiziert

Gruppe IX
13.11.1953 in Kairo: Ägypten – Italien **1:2**
24.1.1954 in Mailand: Italien – Ägypten **5:1**
Italien qualifiziert

Gruppe X
9.5.1953 in Belgrad: Jugoslawien – Griechenland **1:0**
1.11.1953 in Athen: Griechenland – Israel **1:0**
8.11.1953 in Skoplje: Jugoslawien – Israel **1:0**
8.3.1954 in Tel Aviv: Israel – Griechenland **0:2**
21.3.1954 in Tel Aviv: Israel – Jugoslawien **0:1**
28.3.1954 in Athen: Griechenland – Jugoslawien **0:1**
Jugoslawien qualifiziert

Gruppe XI
19.7.1953 in Mexico City: Mexiko – Haiti **8:0**
27.12.1953 in Port au Prince: Haiti – Mexiko **0:4**
10.1.1954 in Mexico City: USA – Mexiko **0:4**
14.1.1954 in Mexico City: Mexiko – USA **3:1**
1954 in Port au Prince: Haiti – USA **2:3**
1954 in Port au Prince: USA – Haiti **3:0**
Mexiko qualifiziert

Gruppe XII
14.2.1954 in Asunción: Paraguay – Chile **4:0**
21.2.1954 in Santiago de Chile: Chile – Paraguay **1:3**
28.2.1954 in Santiago de Chile: Chile – Brasilien **0:1**
7.3.1954 in Asunción: Paraguay – Brasilien **0:1**
14.3.1954 in Rio de Janeiro: Brasilien – Chile **2:0**
21.3.1954 in Rio de Janeiro: Brasilien – Paraguay **4:1**
Brasilien qualifiziert

Gruppe XIII
7.3.1954 in Tokio: Japan – Südkorea **1:5**
14.3.1954 in Tokio: Südkorea – Japan **2:2**
Südkorea qualifiziert

Gruppe 1

Am 16. Juni in Genf:
BRASILIEN – MEXIKO 5:0 (4:0)
Brasilien: Castilho, Djalma Santos, Nilton Santos, Brandaozinho, Pinheiro, Bauer, Julinho (1), Didi (1), Baltazar (1), Pinga (2), Rodrigues.
Mexiko: Mota, Lopez, Gomez, Cardenas, Romo, Avalos, Torres, Naranjo, Lamadrid, Balcazar, Arellano.
Schiedsrichter: Wyssling (Schweiz).

Am 16. Juni in Lausanne:
JUGOSLAWIEN – FRANKREICH 1:0 (1:0)
Jugoslawien: Beara, Stankovic, Crnkovic, Z. Cajkovski, Horvat, Boskov, Milutinovic (1), Mitic, Vukas, Bobek, Zebec.
Frankreich: Remetter, Gianessi, Kaelbel, Penverne, Jonquet, Marcel, Kopa, Glovacki, Strappe, Dereuddre, Vincent.
Schiedsrichter: Griffiths (Wales).

Am 19. Juni in Genf:
FRANKREICH – MEXIKO 3:2 (1:0)
Frankreich: Remetter, Gianessi, Marche, Marcel, Kaelbel, Mahjoub, Kopa (1), Dereuddre, Strappe, Ben Tifour, Vincent (1).
Mexiko: Carbajal, Lopez, Romo, Cardenas (1 Eigentor), Avalos, Martinez, Torres, Naranjo (1), Lamadrid, Balcazar (1), Arellano.
Schiedsrichter: Asensi (Spanien).

Am 19. Juni in Lausanne:
BRASILIEN – JUGOSLAWIEN 1:1 (0:0, 1:1) n.V.
Brasilien: Castilho, Djalma Santos, Nilton Santos Brandaozinho, Pinheiro, Bauer, Julinho, Didi (1), Baltazar, Pinga, Rodrigues.
Jugoslawien: Beara, Stankovic, Crnkovic, Z. Cajkovski, Horvat, Boskov, Milutinovic, Mitic, Zebec (1), Vukas, Dvornic.
Schiedsrichter: Faultless (Schottland).

1. Brasilien	2 1 1 0	6:1	3:1
2. Jugoslawien	2 1 1 0	2:1	3:1
3. Frankreich	2 1 0 1	3:3	2:2
4. Mexiko	2 0 0 2	2:8	0:4

Gruppe 2

Am 17. Juni in Zürich:
UNGARN – SÜDKOREA 9:0 (4:0)
Ungarn: Grosics, Buzansky, Lantos (1), Bozsik, Lorant, Szojka, Budai II, Kocsis (3), Palotás (2), Puskás (2), Czibor (1).
Südkorea: Hong, Park Kju, Kang, Min, Park Sung, Chu, Chung, Park II Kap, Sung, Woo, Choi.
Schiedsrichter: Vincenti (Frankreich).

Am 17. Juni in Bern:
DEUTSCHLAND – TÜRKEI 4:1 (1:1)
Deutschland: Turek, Laband, Kohlmeyer, Eckel, Posipal, Mai, Klodt (1), Morlock (1), O. Walter (1), F. Walter, Schäfer (1).
Türkei: Turgay, Ridvan, Basri, Mustafa, Cetin, Rober, Erol, Suat (1), Feridun, Burhan, Lefter.
Schiedsrichter: Da Costa (Portugal).

Am 20. Juni in Genf:
TÜRKEI – SÜDKOREA 7:0 (4:0)
Türkei: Turgay, Ridvan, Basri, Mustafa, Cetin, Rober, Erol (1), Suat (2), Necmettin, Lefter (1), Burhan (3).
Südkorea: Hong, Park Kju, Kang, Han Lee, Chong Kop, Kim, Choi Yung, Lee Soo, Lee Gi, Woo, Won.
Schiedsrichter: Marino (Uruguay).

Am 20. Juni in Basel:
UNGARN – DEUTSCHLAND 8:3 (3:1)
Ungarn: Grosics, Buzansky, Lantos, Bozsik, Lorant, Zakarias, Toth II (1), Kocsis (4), Hidegkuti (2), Puskás (1), Czibor.
Deutschland: Kwiatkowski, Bauer, Kohlmeyer, Posipal, Liebrich, Mebus, Rahn (1), Eckel, F. Walter, Pfaff (1), Herrmann (1).
Schiedsrichter: Ling (England).

Am 23. Juni in Zürich:
(Entscheidungsspiel um den zweiten Platz)
DEUTSCHLAND – TÜRKEI 7:2 (3:1)
Deutschland: Turek, Laband, Bauer, Eckel, Posipal, Mai, Klodt, Morlock (3), O. Walter (1), F. Walter (1), Schäfer (2).
Türkei: Sükrü, Ridvan, Basri, Mehmet, Cetin, Rober, Erol, Mustafa (1), Necmettin, Soskun, Lefter (1).
Schiedsrichter: Vincenti (Frankreich).

1.	Ungarn	2 2 0 0	17:3	4:0
2.–3.	Türkei	2 1 0 1	8:4	2:2
2.–3.	Deutschland	2 1 0 1	7:9	2:2
4.	Südkorea	2 0 0 2	0:16	0:4

Gruppe 3

Am 16. Juni in Bern:
URUGUAY – TSCHECHOSLOWAKEI 2:0 (0:0)
Uruguay: Maspoli, Santamaria, Martinez, Andrade, Varela, Cruz, Abbadie, Ambrois, Miguez (1), Schiaffino (1), Borges.
Tschechoslowakei: Rajman, Safranek, Novak, Trnka, Hledik, Hertl, Hlavacek, Hemele, Kacani, Pazicky, Kraus.
Schiedsrichter: Ellis (England).

Am 16. Juni in Zürich:
ÖSTERREICH – SCHOTTLAND 1:0 (1:0)
Österreich: Schmied, Hanappi, Barschandt, Ocwirk, Happel, Koller, R. Körner, Schleger, Dienst, Probst (1), A. Körner.
Schottland: Martin, Cunningham, Aird, Docherty, Davidson, Cowie, McKenzie, Fernie, Mochan, Brown, Ormond.
Schiedsrichter: Franken (Belgien).

Am 19. Juni in Zürich:
ÖSTERREICH – TSCHECHOSLOWAKEI 5:0 (4:0)
Österreich: Schmied, Hanappi, Barschandt, Ocwirk, Happel, Koller, R. Körner, Wagner, Stojaspal (2), Probst (3), A. Körner.
Tschechoslowakei: Stacho, Safranek, Novak, Trnka, Pluskal, Hertl, Hlavacek, Hemele, Kacani, Pazicky, Kraus.
Schiedsrichter: Stefanovic (Jugoslawien).

Am 19. Juni in Basel:
URUGUAY – SCHOTTLAND 7:0 (2:0)
Uruguay: Maspoli, Santamaria, Martinez, Andrade, Varela, Cruz, Abbadie (2), Ambrois, Miguez (2), Schiaffino, Borges (3).
Schottland: Martin, Cunningham, Aird, Docherty, Davidson, Cowie, McKenzie, Fernie, Mochan, Brown, Ormond.
Schiedsrichter: Orlandini (Italien).

1. Uruguay	2 2 0 0	9:0	4:0
2. Österreich	2 2 0 0	6:0	4:0
3. Tschechoslowakei	2 0 0 2	0:7	0:4
4. Schottland	2 0 0 2	0:8	0:4

Gruppe 4

Am 17. Juni in Basel:
ENGLAND – BELGIEN 4:4 (2:1, 3:3) n.V.
England: Merrick, Staniforth, Byrne, Wright, Owen, Dickinson (1 Eigentor), Matthews, Broadis (2), Lofthouse (2), Taylor, Finney.
Belgien: Gernaey, Dries, van Brandt, Huysmans, Carré, Mees, Mermans, Houf, Coppens (1), Anoul (2), van den Bosch.
Schiedsrichter: Schmetzer (Deutschland).

Am 17. Juni in Lausanne:
SCHWEIZ – ITALIEN 2:1 (1:1)
Schweiz: Parlier, Neury, Kernen, Flückiger, Bocquet, Casali, Ballaman (1), Vonlanthen, Hügi (1), Meier, Fatton.
Italien: Ghezzi, Vincenzi, Giacomazzi, Neri, Tognon, Nesti, Muccinelli, Boniperti (1), Galli, Pandolfini, Lorenzi.
Schiedsrichter: Viana (Brasilien).

Am 20. Juni in Bern:
ENGLAND – SCHWEIZ 2:0 (1:0)
England: Merrick, Staniforth, Byrne, McGarry, Wright, Dickinson, Finney, Broadis, Wilshaw (1), Taylor, Mullen (1).
Schweiz: Parlier, Neury, Kernen, Eggimann, Bocquet, Bigler, Antenen, Vonlanthen, Meier, Ballaman, Fatton.
Schiedsrichter: Zsolt (Ungarn).

Am 20. Juni in Lugano:
ITALIEN – BELGIEN 4:1 (1:0)
Italien: Ghezzi, Magnini, Giacomazzi, Neri, Tognon, Nesti, Frignani (1), Cappello, Galli (1), Pandolfini (1), Lorenzi (1).
Belgien: Gernaey, Dries, van Brandt, Huysmans, Carre, Mees, Mermans, H. v. d. Bosch, Coppens, Anoul (1), P. v. d. Bosch.
Schiedsrichter: Steiner (Österreich).

Am 23. Juni in Basel:
(Entscheidungsspiel um den zweiten Platz)
SCHWEIZ – ITALIEN 4:1 (1:0)
Schweiz: Parlier, Neury, Kernen, Eggimann, Bocquet, Casali, Antenen, Vonlanthen, Hügi (2), Ballaman (1), Fatton (1).
Italien: Viola, Magnini, Giacomazzi, Mari, Tognon, Nest (1), Muccinelli, Pandolfini, Lorenzi, Segato, Frignani.
Schiedsrichter: Griffiths (Wales).

1.	England	2 1 1 0	6:4	3:1
2.–3.	Italien	2 1 0 1	5:3	2:2
2.–3.	Schweiz	2 1 0 1	2:3	2:2
4.	Belgien	2 0 1 1	5:8	1:3

Viertelfinale

Am 26. Juni in Lausanne:
ÖSTERREICH – SCHWEIZ 7:5 (5:4)
Österreich: Schmied, Hanappi, Barschandt, Ocwirk (1), Happel, Koller, R. Körner (2), Wagner (3), Stojaspal, Probst (1), A. Körner.
Schweiz: Parlier, Neury, Kernen, Bocquet, Eggimann, Casali, Antenen, Vonlanthen, Hügi (3), Ballaman (2), Fatton.
Schiedsrichter: Faultless (Schottland).

Am 27. Juni in Genf:
DEUTSCHLAND – JUGOSLAWIEN 2:0 (1:0)
Deutschland: Turek, Laband, Kohlmeyer, Eckel, Liebrich, Mai, Rahn (1), Morlock, O. Walter, F. Walter, Schäfer.
Jugoslawien: Beara, Stankovic, Crnkovic, Z. Cajkovski, Horvat (1 Eigentor), Boskov, Milutinovic, Mitic, Vukas, Bobek, Zebec.
Schiedsrichter: Zsolt (Ungarn).

Am 26. Juni in Basel:
URUGUAY – ENGLAND 4:2 (2:1)
Uruguay: Maspoli, Santamaria, Martinez, Andrade, Varela (1), Cruz, Abbadie, Ambrois (1), Miguez, Schiaffino (1), Borges (1).
England: Merrick, Staniforth; Byrne, McGarry, Wright, Dickinson, Matthews, Broadis, Lofthouse (1), Wilshaw, Finney (1).
Schiedsrichter: Steiner (Österreich).

Am 27. Juni in Bern:
UNGARN – BRASILIEN 4:2 (2:1)
Ungarn: Grosics, Buzansky, Lantos (1), Bozsik, Lorant, Zakarias, M. Toth, Kocsis (2), Hidegkuti (1), Czibor, J. Toth.
Brasilien: Castilho, Djalma Santos (1), Nilton Santos, Brandaozinho, Pinheiro, Bauer, Julinho (1), Didi, Indio, Humberto, Maurinho.
Schiedsrichter: Ellis (England).

Semifinale

Am 30. Juni in Basel:
DEUTSCHLAND – ÖSTERREICH 6:1 (1:0)
Deutschland: Turek, Posipal, Kohlmeyer, Eckel, Liebrich, Mai, Rahn, Morlock (1), O. Walter (2), F. Walter (2), Schäfer (1).
Österreich: Zeman, Hanappi, Schleger, Ocwirk, Happel, Koller, R. Körner, Wagner, Probst (1), Stojaspal, A. Körner.
Schiedsrichter: Orlandini (Italien).

Am 30. Juni in Lausanne:
UNGARN – URUGUAY 4:2 (1:0, 2:2) n.V.
Ungarn: Grosics, Buzansky, Lantos, Bozsik, Lorant, Zakarias, Budai, Kocsis (2), Palotas, Hidegkuti (1), Czibor (1).
Uruguay: Maspoli, Santamaria, Martinez, Andrade, Carballo, Cruz, Souto, Ambrois, Schiaffino, Hohberg (2), Borges.
Schiedsrichter: Griffiths (Wales).

Um den dritten Platz

Am 3. Juli in Zürich:
ÖSTERREICH – URUGUAY 3:1 (12)
Österreich: Schmied, Hanappi, Barschandt, Ocwirk (1), Kollmann, Koller, R. Körner, Wagner, Dienst, Stojaspal (1), Probst.
Uruguay: Maspoli, Santamaria, Martinez, Andrade, Carballo, Cruz (1 Eigentor), Abbadie, Hohberg (1), Mendez, Schiaffino, Borges.
Schiedsrichter: Wyssling (Schweiz).

Finale

Am 4. Juli in Bern:
DEUTSCHLAND – UNGARN 3:2 (2:2)
Deutschland: Turek, Posipal, Kohlmeyer, Eckel, Liebrich, Mai, Rahn (2), Morlock (1), O. Walter, F. Walter, Schäfer.

Ungarn: Grosics, Buzansky, Lantos, Bozsik, Lorant, Zakarias, Czibor (1), Kocsis, Hidegkuti, Puskás (1), M. Toth.
Schiedsrichter: Ling (England).

6. Fußball-Weltmeisterschaft 1958 in Schweden

Qualifikation

EUROPA

Gruppe I
3.10.1956 in Dublin: Eire – Dänemark **2:1**
5.12.1956 in Wolverhampton: England – Dänemark **5:2**
8.5.1957 in London: England – Eire **5:1**
15.5.1957 in Kopenhagen: Dänemark – England **1:4**
19.5.1957 in Dublin: Eire – England **1:1**
2.10.1957 in Kopenhagen: Dänemark – Eire **0:2**
England qualifiziert

Gruppe II
11.11.1956 in Paris: Frankreich – Belgien **6:3**
2.6.1957 in Nantes: Frankreich _ Island **8:0**
5.6.1957 in Brüssel: Belgien – Island **8:2**
1.9.1957 in Reykjavik: Island – Frankreich **1:5**
4.9.1957 in Reykjavik: Island – Belgien **2:5**
27.10.1957 in Brüssel: Belgien – Frankreich **0:0**
Frankreich qualifiziert

Gruppe III
22.5.1957 in Oslo: Norwegen – Bulgarien **1:2**
12.6.1957 in Oslo: Norwegen – Ungarn **2:1**
23.6.1957 in Budapest: Ungarn – Bulgarien **4:1**
15.9.1957 in Sofia: Bulgarien – Ungarn **1:2**
3.11.1957 in Sofia: Bulgarien – Norwegen **7:0**
10.11.1957 in Budapest: Ungarn – Norwegen **5:0**
Ungarn qualifiziert

Gruppe IV
1.5.1957 in Cardiff: Wales – Tschechoslowakei **1:0**
19.5.1957 in Leipzig: DDR – Wales **2:1**
26.5.1957 in Prag: Tschechoslowakei – Wales **2:0**
16.6.1957 in Brünn: Tschechoslowakei – DDR **3:1**
25.9.1957 in Cardiff: Wales – DDR **4:1**
27.10.1957 in Leipzig: DDR – Tschechoslowakei **1:4**
Tschechoslowakei qualifiziert

Gruppe V
30.9.1956 in Wien: Österreich – Luxemburg **7:0**
20.3.1957 in Rotterdam: Niederlande – Luxemburg **4:1**
26.5.1957 in Wien: Österreich – Niederlande **3:2**
11.9.1957 in Rotterdam: Luxemburg – Niederlande **2:5**
25.9.1957 in Amsterdam: Niederlande – Österreich **1:1**
29.9.1957 in Luxemburg: Luxemburg – Österreich **0:3**
Österreich qualifiziert

Gruppe VI
23.6.1957 in Moskau: UdSSR – Polen **3.:0**
5.7.1957 in Helsinki: Finnland – Polen **1:3**
27.7.1957 in Moskau: UdSSR – Finnland **2:1**
15.8.1957 in Helsinki: Finnland – UdSSR **0:10**
20.10.1957 in Kattowitz: Polen – UdSSR **2:1**
3.11.1957 in Warschau: Polen – Finnland **4:0**
Entscheidungsspiel:
24.11.1957 in Leipzig: UdSSR – Polen **2:0**
UdSSR qualifiziert

Gruppe VII
5.5.1957 in Athen: Griechenland – Jugoslawien **0:0**
16.6.1957 in Athen: Griechenland – Rumänien **1:2**
29.9.1957 in Bukarest: Rumänien – Jugoslawien **1:1**
3.11.1957 in Bukarest: Rumänien – Griechenland **3:0**
10.11.1957 in Belgrad: Jugoslawien – Griechenland **4:1**
17.11.1957 in Belgrad: Jugoslawien – Rumänien **2:0**
Jugoslawien qualifiziert

Gruppe VIII
16.1.1957 in Lissabon: Portugal – Nordirland **1:1**
24.4.1957 in Rom: Italien – Nordirland **1:0**
1.5.1957 in Belfast: Nordirland – Portugal **3:0**
26.5.1957 in Lissabon: Portugal – Italien **3:0**
22.12.1957 in Mailand: Italien – Portugal **3:0**
15.1.1958 in Belfast: Nordirland – Italien **2:1**
Nordirland qualifiziert

Gruppe IX
10.3.1957 in Madrid: Spanien – Schweiz **2:2**
8.5.1957 in Glasgow: Schottland – Spanien **4:2**
19.5.1957 in Basel: Schweiz – Schottland **1:2**
26.5.1957 in Madrid: Spanien – Schottland **4:1**
6.11.1957 in Glasgow: Schottland – Schweiz **3:2**
24.11.1957 in Lausanne: Schweiz – Spanien **1:4**
Schottland qualifiziert

SÜDAMERIKA

Gruppe I
13.4.1957 in Lima: Peru – Brasilien **1:1**
21.4.1957 in Rio de Janeiro: Brasilien – Peru **1:0**
Brasilien qualifiziert

Gruppe II
22.9.1957 in Santiago: Chile – Bolivien **2:1**
29.9.1957 in La Paz: Bolivien – Chile **3:0**
6.10.1957 in La Paz: Bolivien – Argentinien **2:0**
13.10.1957 in Santiago: Chile – Argentinien **0:2**
20.10.1957 in Buenos Aires: Argentinien – Chile **4:0**
27.10.1957 in Buenos Aires: Argentinien – Bolivien **4:0**
Argentinien qualifiziert

Gruppe III
16.6.1957 in Bogotà: Kolumbien – Uruguay **1:1**
20.6.1957 in Bogotà: Kolumbien – Paraguay **2:3**
30.6.1957 in Montevideo: Uruguay – Kolumbien **1:0**
7.7.1957 in Asunción: Paraguay – Kolumbien **3:0**
14.7.1957 in Asunción: Paraguay – Uruguay **5:0**
28.7.1957 in Montevideo: Uruguay – Paraguay **2:0**
Paraguay qualifiziert

MITTEL/NORDAMERIKA

Gruppe I
10.2.1957 in Guatemala: Guatemala – Costa Rica **2:6**
17.2.1957 in San José: Costa Rica – Guatemala **3:1** abgebr.
3.3.1957 in San José: Costa Rica – Curaçao **4:0**
10.3.1957 in Guatemala: Guatemala – Curaçao **1:3**
4.8.1957 in Curaçao: Curaçao – Costa Rica **1:2**
Wegen eines Attentats auf den Staatspräsidenten durfte Guatemala nicht in Curaçao spielen.
Costa Rica qualifiziert

Gruppe II
7.4.1957 in Mexico City: Mexiko – USA **6:0**
28.4.1957 in Long Beach: USA – Mexiko **2:7**
22.6.1957 in Toronto: Kanada – USA **5:1**
30.6.1957 in Mexico City: Mexiko – Kanada **3:0**
3.7.1957 in Mexiko City: Kanada – Mexiko **0:2**
6.7.1957 in St. Louis: USA – Kanada **2:3**
Mexiko qualifiziert
Entscheidungsspiele der Gruppensieger
20.10.1957 in Mexico City: Mexiko – Costa Rica **2:0**
27.10.1957 in San José: Costa Rica – Mexiko **1:1**
Mexiko qualifiziert

ASIEN UND AFRIKA

Gruppe I
12.5.1957 in Djakarta: Indonesien – Rotchina **2:0**
2.6.1957 in Peking: Rotchina – Indonesien **4:3**
Entscheidungsspiel
23.6.1957 in Rangoon: Indonesien – Rotchina **0:0** n.V.
Indonesien durch das bessere Torverhältnis qualifiziert

Gruppe II
Israel qualifiziert, weil die Türkei nicht antrat

Gruppe III
Ägypten qualifiziert, weil Zypern keine Reiseerlaubnis der britischen Behörden erhielt

Gruppe IV
10.3.1957 in Khartum: Sudan – Syrien **1:0**
24.5.1957 in Damaskus: Syrien – Sudan **1:1**
Sudan qualifiziert

Entscheidungsspiele
Nach dem Verzicht Indonesiens, Ägyptens und des Sudan, gegen Israel anzutreten, wurde unter den europäischen Gruppenzweiten Wales als Gegner Israels ausgelost.
15.1.1958 in Tel Aviv: Israel – Wales **0:2**
5.2.1958 in Cardiff: Wales – Israel **2:0**
Wales qualifiziert

Gruppe 1

Am 8. Juni in Halmstadt:
NORDIRLAND – TSCHECHOSLOWAKEI 1:0 (1:0)
Nordirland: Gregg, Keith, Cunningham, McMichael, Blanchflower, Peacock, Bingham, Cush (1), Dougan, McIlroy, McParland.
Tschechoslowakei: Dolejsi, Mraz, Cadek, Novak, Pluskal, Masopust, Hovorka, Dvorak, Borovicka, Hertl, Kraus.
Schiedsrichter: Seipelt (Österreich).

Am 8. Juni in Malmö:
DEUTSCHLAND – ARGENTINIEN 3:1 (2:1)
Deutschland: Herkenrath, Stollenwerk, Erhardt, Juskowiak, Eckel, Szymaniak, Rahn (2), F. Walter, Seeler (1), Schmidt, Schäfer.
Argentinien: Carrizo, Dellacha, Vairo, Lombardo, Rossi, Varacka, Corbatta (1), Prado, Menendez, Rojas, Cruz.
Schiedsrichter: Leafe (England).

Am 11. Juni in Hälsingborg:
TSCHECHOSLOWAKEI – DEUTSCHLAND 2:2 (2:0)
Tschechoslowakei: Dolejsi, Mraz, Popluhar, Novak, Pluskal, Masopust, Hovorka, Dvorak (1), Molnar, Farajzl, Zikan (1).
Deutschland: Herkenrath, Stollenwerk, Erhardt, Juskowiak, Schnellinger, Szymaniak, Rahn (1), F. Walter, Seeler Schäfer (1), Klodt.
Schiedsrichter: Ellis (England).

Am 11. Juni in Halmstadt:
ARGENTINIEN – NORDIRLAND 3:1 (1:1)
Argentinien: Carrizo, Dellacha, Vairo, Lombardo, Rossi, Varacka, Corbatta (1), Avio (1), Menendez (1), Labruna, Boggio.
Nordirland: Gregg, Keith, Cunningham, McMichael, Blanchflower, Peacock, Bingham, Cush, Coyle, McIlroy, McParland (1).
Schiedsrichter: Seipelt (Österreich).

Am 15. Juni in Hälsingborg:
TSCHECHOSLOWAKEI – ARGENTINIEN 6:1 (3:0)
Tschechoslowakei: Dolejsi, Mraz, Popluhar, Novak, Dvorak (1), Masopust, Hovorka (2), Borovicka, Molnar, Farajzl (1), Zikan (2).
Argentinien: Carrizo, Dellacha, Vairo, Lombardo, Rossi, Varacka, Corbatta (1), Avio, Menendez, Labruna, Cruz.
Schiedsrichter: Ellis (England).

Am 15. Juni in Malmö:
DEUTSCHLAND – NORDIRLAND 2:2 (1:1)
Deutschland: Herkenrath, Stollenwerk, Erhardt, Juskowiak, Eckel, Szymaniak, Rahn (1), F. Walter, Seeler (1), Schäfer, Klodt.
Nordirland: Gregg, Keith, Cunningham, McMichael, Blanchflower, Peacock, Bingham, Cush, Casey, McIlroy, McParland (2).
Schiedsrichter: Campos (Portugal).

Am 17. Juni in Malmö:
(Entscheidungsspiel um den zweiten Platz)
NORDIRLAND – ČSSR 2:1 (1:1, 1:1) n.V.
Nordirland: Uprichard, Keith, Cunningham, McMichael, Blanchflower, Peacock, Bingham, Cush, Scott, McIlroy, McParland (2).
Tschechoslowakei: Dolejsi, Mraz, Popluhar, Novak, Bubernik, Masopust, Dvorak, Molnar, Farajzl, Borovicka, Zikan (1).
Schiedsrichter: Guigue (Frankreich).

1.	Deutschland	3 1 2 0	7:5	4:2
2.–3.	Tschechoslowakei	3 1 1 1	8:4	3:3
2.–3.	Nordirland	3 1 1 1	4:5	3:3
4.	Argentinien	3 1 0 2	5:10	2:4

Gruppe 2

Am 8. Juni in Norrköping:
FRANKREICH – PARAGUAY 7:3 (2:2)
Frankreich: Remetter, Kaelbel, Jonquet, Lerond, Penverne, Marcel, Wisnieski (1), Fontaine (3), Kopa (1), Piantoni (1), Vincent (1).
Paraguay: Mayeregger, Arevalo, Lezcano, Miranda, Achucaro, Villalba, Aguero, Parodi, Romero (1), Re, Amarilla (2).
Schiedsrichter: Gardeazabal (Spanien).

Am 8. Juni in Västeras:
JUGOSLAWIEN – SCHOTTLAND 1:1 (1:0)
Jugoslawien: Beara, Sijakovic, Zebec, Crnkovic, Krstic, Boskov, Petakovic (1), Veselinovic, Milutinovic, Sekularac, Rajkow.
Schottland: Younger, Caldow, Evans, Hewie, Turnbull, Cowie, Leggat, Murray (1), Mudie, Collins, Imlach.
Schiedsrichter: Wyssling (Schweiz).

Am 11. Juni in Västeras:
JUGOSLAWIEN – FRANKREICH 3:2 (1:1)
Jugoslawien: Beara, Tomic, Zebec, Crnkovic, Krstic, Boskov, Petakovic, Veselinovic (2), Milutinovic (1), Sekularac, Rajkov.
Frankreich: Remetter, Kaelbel, Jonquet, Marche, Penverne, Lerond, Wisnieski, Fontaine (2), Kopa, Piantoni, Vincent.
Schiedsrichter: Griffiths (Wales).

Am 11. Juni in Norrköping:
PARAGUAY – SCHOTTLAND 3:2 (2:1)
Paraguay: Aguilar, Arevalo, Lezcano, Echague, Villalba, Achucaro, Aguero (1), Parodi (1), Romero, Re (1), Amarilla.
Schottland: Younger, Parker, Evans, Caldow, Turnbull, Cowie, Leggat, Collins (1), Mudie (1), Robertson, Fernie.
Schiedsrichter: Orlandini (Italien).

Am 15. Juni in Eskilstuna:
JUGOSLAWIEN – PARAGUAY 3:3 (2:1)
Jugoslawien: Beara, Tomic, Zebec, Crnkovic, Krstic, Boskov Petakovic, Veselinovic (1), Ognjanovic (1), Sekularac, Rajkov (1).
Paraguay: Aguilar, Arevalo, Lezcano, Echague, Villalba, Achucaro, Aguero (1), Parodi (2), Romero, Re, Amarilla.
Schiedsrichter: Macko (Tschechoslowakei).

Am 15. Juni in Örebro:
FRANKREICH – SCHOTTLAND 2:1 (2:0)
Frankreich: Abbes, Kaelbel, Jonquet, Lerond, Penverne, Marcel, Wisnieski, Fontaine (1), Kopa (1), Piantoni, Vincent.
Schottland: Brown, Caldow, Evans, Hewie, Turnbull, Mackay, Collins, Murray, Mudie, Baird (1), Imlach.
Schiedsrichter: Brozzi (Argentinien).

1. Frankreich	3 2 0 1	11:7	4:2
2. Jugoslawien	3 1 2 0	7:6	4:2
3. Paraguay	3 1 1 1	9:12	3:3
4. Schottland	3 0 1 2	4:6	1:5

Gruppe 3

Am 8. Juni in Stockholm:
SCHWEDEN – MEXIKO 3:0 (1:0)
Schweden: Svensson, Bergmark, Gustavsson, Axborn, Liedholm (1), Parling, Hamrin, Mellberg, Simonsson (2), Gren, Skoglund.
Mexiko: Carbajal, Del Muro, Romo, Villegas, Portugal, Flores, Hernandez, Reyes, Calderon, Gutierrez, Sesma.
Schiedsrichter: Latyschew (UdSSR).

Am 8. Juni in Sandviken:
WALES – UNGARN 1:1 (1:1)
Wales: Kelsey, Williams, Mel Charles, Hopkins, Sullivan, Bowen, Webster, Medwin, John Charles (1), Allchurch, Jones.
Ungarn: Grosics, Matrai, Sipos, Sarosi, Bozsik (1), Berendi, Sandor, Hidegkuti, Tichy, Bundzsak, Fenyvesi.
Schiedsrichter: Codesal (Uruguay).

Am 11. Juni in Stockholm:
WALES – MEXIKO 1:1 (1:0)
Wales: Kelsey, Williams, Mel Charles, Hopkins, Baker, Bowen, Webster, Medwin, John Charles, Allchurch (1), Jones.

Mexiko: Carbajal, Del Muro, Romo, Gutierrez, Cardenas, Flores, Belmonte (1), Reyes, Blanco, Gonzales, Sesma.
Schiedsrichter: Lemesic (Jugoslawien).

Am 12. Juni in Stockholm:
SCHWEDEN – UNGARN 2:1 (1:0)
Schweden: Svensson, Bergmark, Gustavsson, Axbom, Liedholm, Parling, Hamrin (2), Mellberg, Simonsson, Gren, Skoglund.
Ungarn: Grosics, Matrai, Sipos, Sarosi, Szojka, Berendi, Sandor, Tichy (1), Bozsik, Bundzsak, Fenyvesi.
Schiedsrichter: Mowatt (Schottland).

Am 15. Juni in Stockholm:
SCHWEDEN – WALES 0:0
Schweden: Svensson, Bergmark, Gustavsson, Axbom, Börjesson, Parling, Berndtsson, Selmosson, Kälgren, Löfgren, Skoglund.
Wales: Kelsey, Williams, Mel Charles, Hopkins, Sullivan, Vernon, Hewitt, John Charles, Allchurch, Jones.
Schiedsrichter: van Nuffel (Belgien).

Am 15. Juni in Sandviken:
UNGARN – MEXIKO 4:0 (1:0)
Ungarn: Ilku, Matrai, Sipos, Sarosi, Szojka, Kotasz, Budai, Bencsics (1), Hidegkuti, Tichy (2), Sandor (1).
Mexiko: Carbajal, Del Muro, Sepulveda, Gutierrez, Cardenas, Flores, Belmonte, Reyes, Blanco, Gonzales, Sesma.
Schiedsrichter: Eriksson (Finnland).

Am 17. Juni in Stockholm:
(Entscheidungsspiel um den zweiten Platz)
WALES – UNGARN 2:1 (0:1)
Wales: Kelsey, Williams, Mel Charles, Hopkins, Sullivan, Bowen, Medwin (1), Hewitt, John Charles, Allchurch (1), Jones.
Ungarn: Grosics, Matrai, Sipos, Sarosi, Bozsik, Kotasz, Budai, Bencsics, Bundzsak, Tichy (1), Fenyvesi.
Schiedsrichter: Latyschew (UdSSR).

1.	Schweden	3 2 1 0	5:1	5:1
2.–3.	Ungarn	3 1 1 1	6:3	3:3
2.–3.	Wales	3 0 3 0	2:2	3:3
4.	Mexiko	3 0 1 2	1:8	1:5

Gruppe 4

Am 8. Juni in Göteborg:
UdSSR – ENGLAND 2:2 (1:0)
UdSSR: Jaschin, Kessarjew, Krischewskij, Kusnezow, Wojnow, Zarew, A. Iwanow, V. Iwanow (1), Simonjan (1), Salnikow, Iljin.
England: McDonald, Howe, Wright, Banks, Clamp, Slater, Douglas, Robson, Kevan (1), Haynes, Finney (1).
Schiedsrichter: Zsolt (Ungarn).

Am 8. Juni in Uddevalla:
BRASILIEN – ÖSTERREICH 3:0 (1:0)
Brasilien: Gilmar, De Sordi, Bellini, Nilton Santos (1), Dino, Orlando, Joel, Didi, Mazzola (2), Dida, Zagalo.
Österreich: Szanwald, Halla, Happel, Swoboda, Hanappi, Koller, Horak, Senekowitsch, Buzek, Körner, Schleger.
Schiedsrichter: Guigue (Frankreich).

Am 11. Juni in Boras:
UdSSR – ÖSTERREICH 2:0 (1:0)
UdSSR: Jaschin, Kessarjew, Krischewskij, Kusnezow, Wojnow, Zarew, A. Iwanow (1), V. Iwanow (1), Simonjan, Salnikow, Iljin.
Österreich: Schmied, E. Kozlicek, Stotz, Swoboda, Hanappi, Koller, Horak, O. Kozlicek, Buzek, Körner, Senekowitsch.
Schiedsrichter: Jörgensen (Dänemark).

Am 11. Juni in Göteborg:
BRASILIEN – ENGLAND 0:0
Brasilien: Gilmar, De Sordi, Bellini, Nilton Santos, Dino, Orlando, Joel, Didi, Mazzola, Vavá, Zagalo.
England: McDonald, Howe, Wright, Banks, Clamp, Slater, Douglas, Robson, Kevan, Haynes, Court.
Schiedsrichter: Dusch (Deutschland).

Am 15. Juni in Göteborg:
BRASILIEN – UdSSR 2:0 (1:0)
Brasilien: Gilmar, De Sordi, Bellini, Nilton Santos, Zito, Orlando, Garrincha, Didi, Vavá (2), Pelé, Zagalo.
UdSSR: Jaschin, Kessarjew, Krischewskij, Kusnezow, Wojnow, Zarew, A. Iwanow, V. Iwanow, Simonjan, Netto, Iljin.
Schiedsrichter: Guigue (Frankreich).

Am 15. Juni in Boras:
ENGLAND – ÖSTERREICH 2:2 (0:1)
England: McDonald, Howe, Wright, Banks, Clamp, Slater, Douglas, Robson, Kevan (1), Haynes (1), Court.
Österreich: Szanwald, Kollmann, Happel, Swoboda, Hanappi, Koller (1), E. Kozlicek, O. Kozlicek, Buzek, Körner (1), Senekowitsch.
Schiedsrichter: Bronkhorst (Niederlande).

Am 17. Juni in Göteborg:
(Entscheidungsspiel um den zweiten Platz)
UdSSR – ENGLAND 1:0 (0:0)
UdSSR: Jaschin, Kessarjew, Krischewskij, Kusnezow, Woinow, Zarew, Aputschtin, V. Iwanow, Simonjan, Falin, Iljin (1).
England: McDonald, Howe, Wright, Banks, Clayton, Slater, Brabrook, Broadbent, Kevan, Haynes, Court.
Schiedsrichter: Dusch (Deutschland).

1.	Brasilien	3 2 1 0	5:0	5:1
2.–3.	UdSSR	3 1 1 1	4:4	3:3
2.–3.	England	3 0 3 0	4:4	3:3
4.	Österreich	3 0 1 2	2:7	1:5

Viertelfinale

Am 19. Juni in Norrköping:
FRANKREICH – NORDIRLAND 4:0 (1:0)
Frankreich: Abbes, Kaelbel, Jonquet, Lerond, Penverne, Marcel, Wisnieski (1), Fontaine (2), Kopa, Piantoni (1), Vincent.
Nordirland: Gregg, Keith, Cunningham, McMichael, Blanchflower, Cush, Bingham, Casey, Scott, McIlroy, McParland.
Schiedsrichter: Gardeazabal (Spanien).

Am 19. Juni in Göteborg:
BRASILIEN – WALES 1:0 (0:0)
Brasilien: Gilmar, De Sordi, Bellini, Orlando, Nilton Santos, Zito, Didi, Garrincha, Mazzola, Pelé (1), Zagalo.
Wales: Kelsey, Williams, Mel Charles, Hopkins, Sullivan, Bowen, Medwin, Hewitt, Webster, Allchurch, Jones.
Schiedsrichter: Seipelt (Österreich).

Am 19. Juni in Malmö:
DEUTSCHLAND – JUGOSLAWIEN 1:0 (1:0)
Deutschland: Herkenrath, Stollenwerk, Erhardt, Juskowiak, Eckel, Szymaniak, Rahn (1), Walter, Seeler, Schmidt, Schäfer.
Jugoslawien: Krivokuca, Sijakovic, Zebec, Crnkovic, Krstic, Boskov, Petakovic, Ognjanovic, Milutinovic, Veselinovic, Rajkov.
Schiedsrichter: Wyssling (Schweiz).

Am 19. Juni in Stockholm:
SCHWEDEN – UdSSR 2:0 (0:0)
Schweden: Svensson, Bergmark, Gustavsson, Axbom, Börjesson, Parling, Hamrin (1), Gren, Simonsson (1), Liedholm, Skoglund.
UdSSR: Jaschin, Kessarjew, Krischewskij, Kusnezow, Wojnow, Zarew, A. Iwanow, V. Iwanow, Simonjan, Salnikow, Iljin.
Schiedsrichter: Leafe (England).

Semifinale

Am 24. Juni in Stockholm:
BRASILIEN – FRANKREICH 5:2 (2:1)
Brasilien: Gilmar, De Sordi, Bellini, Orlando, Nilton Santos, Zito, Didi (1), Garrincha, Vavá (1), Pelé (3), Zagalo.
Frankreich: Abbes, Kaelbel, Jonquet, Lerond, Penverne, Marcel, Wisnieski, Fontaine (1), Kopa, Piantoni (1), Vincent.
Schiedsrichter: Griffiths (Wales).

Am 24. Juni in Göteborg:
SCHWEDEN – DEUTSCHLAND 3:1 (1:1)
Schweden: Svensson, Bergmark, Gustavsson, Axbom, Börjesson, Parling, Hamrin (1), Gren (1), Simonsson, Liedholm, Skoglund (1).
Deutschland: Herkenrath, Stollenwerk, Erhardt, Juskowiak, Eckel, Szymaniak, Rahn, Walter, Seeler (1), Schäfer, Cieslarczyk.
Schiedsrichter: Zsolt (Ungarn).

Um den dritten Platz

Am 28. Juni in Göteborg:
FRANKREICH – DEUTSCHLAND 6:3 (3:1)
Frankreich: Abbes, Kaelbel, Lafont, Lerond, Penverne, Marcel, Wisnieski, Douis (1), Kopa (1), Fontaine (4), Vincent.
Deutschland: Kwiatkowski, Stollenwerk, Wewers, Erhardt, Schnellinger, Szymaniak, Rahn (1), Sturm, Kelbassa, Schäfer (1), Cieslarczyk (1).
Schiedsrichter: Brozzi (Argentinien).

Finale

Am 29. Juni in Stockholm:
BRASILIEN – SCHWEDEN 5:2 (2:1)
Brasilien: Gilmar, Djalma Santos, Bellini, Orlando, Nilton Santos, Zito, Didi, Garrincha, Vavá (2), Pelé (2), Zagalo (1).
Schweden: Svensson, Bergmark, Gustavsson, Axbom, Börjesson, Parling, Hamrin, Gren, Simonsson (1), Liedholm (1), Skoglund.
Schiedsrichter: Guigue (Frankreich).

7. Fußball-Weltmeisterschaft 1962 in Chile

Qualifikation

EUROPA

Gruppe I
19.10.1960 in Stockholm: Schweden – Belgien **2:0**
20.11.1960 in Brüssel: Belgien – Schweiz **2:4**
20.5.1961 in Lausanne: Schweiz – Belgien **2:1**
28.5.1961 in Stockholm: Schweden – Schweiz **4:0**
4.10.1961 in Brüssel: Belgien – Schweden **0:2**
29.10.1961 in Bern: Schweiz – Schweden **3:2**
Entscheidungsspiel
12.11.1961 in Berlin: Schweiz – Schweden **2:1**
Schweiz qualifiziert

Gruppe II
25.9.1960 in Helsinki: Finnland – Frankreich **1:2**
11.12.1960 in Paris: Frankreich – Bulgarien **3:0**
16.6.1961 in Helsinki: Finnland – Bulgarien **0:2**
28.9.1961 in Paris: Frankreich – Finnland **5:1**
29.10.1961 in Sofia: Bulgarien – Finnland **3:1**
12.11.1961 in Sofia: Bulgarien – Frankreich **1:0**
Entscheidungsspiel
16.12.1961 in Mailand: Bulgarien – Frankreich **1:0**
Bulgarien qualifiziert

Gruppe III
26.10.1960 in Belfast: Nordirland – Deutschland **3:4**
20.11.1960 in Athen: Griechenland – Deutschland **0:3**
3.5.1961 in Athen: Griechenland – Nordirland **2:1**
10.5.1961 in Berlin: Deutschland – Nordirland **2:1**
17.10.1961 in Belfast: Nordirland – Griechenland **2:0**
22.10.1961 in Augsburg: Deutschl. – Griechenland **2:1**
Deutschland qualifiziert

Gruppe IV
16.4.1961 in Budapest: Ungarn – DDR **2:0**
30.4.1961 in Rotterdam: Niederlande – Ungarn **0:2**
14.5.1961 in Leipzig: DDR – Niederlande **1:1**
10.9.1961 in Berlin: DDR – Ungarn **2:3**
22.10.1961 in Budapest: Ungarn – Niederlande **3:3**
Niederlande – DDR wegen Visumschwierigkeiten nicht ausgetragen.
Ungarn qualifiziert

Gruppe V
1.6.1961 in Oslo: Norwegen – Türkei **0:1**
18.6.1961 in Moskau: UdSSR – Türkei **1:0**
1.7.1961 in Moskau: UdSSR – Norwegen **5:2**
23.8.1961 in Oslo: Norwegen – UdSSR **0:3**
29.10.1961 in Istanbul: Türkei – Norwegen **2:1**
12.11.1961 in Istanbul: Türkei – UdSSR **1:2**
UdSSR qualifiziert

Gruppe VI
19.10.1960 in Luxemburg: Luxemburg – England **0:9**
19.3.1961 in Lissabon: Portugal – Luxemburg **6:0**
21.5.1961 in Lissabon: Portugal – England **1:1**
28.9.1961 in London: England – Luxemburg **4:1**
8.10.1961 in Luxemburg: Luxemburg – Portugal **4:2**
25.10.1961 in London: England – Portugal **2:0**
England qualifiziert

Gruppe VII
Da Rumänien verzichtete, mußte Italien gegen den Sieger Naher Osten/Afrika (Israel) antreten.
15.10.1961 in Tel Aviv: Israel – Italien **2:4**
4.11.1961 in Turin: Italien – Israel **6:0**
Italien qualifiziert

Gruppe VIII
3.5.1961 in Glasgow: Schottland – Eire **4:1**
7.5.1961 in Dublin: Eire – Schottland **0:3**
14.5.1961 in Bratislava: Tschechoslowakei – Schottl. **4:0**
26.9.1961 in Glasgow: Schottl. – Tschechoslowakei **3:2**
8.10.1961 in Dublin: Eire – Tschechoslowakei **1:3**
29.10.1961 in Prag: Tschechoslowakei – Eire **7:1**
Entscheidungsspiel
29.11.1961 in Brüssel: Tschechoslowakei – Schottl. **4:2**
Tschechoslowakei qualifiziert

Gruppe IX
19.4.1961 in Cardiff: Wales – Spanien **1:2**
18.5.1961 in Madrid: Spanien – Wales **1:1**
Spanien mußte noch gegen den Sieger von Afrika (Marokko) antreten.
12.11.1961 in Casablanca: Marokko – Spanien **0:1**
23.11.1961 in Madrid: Spanien – Marokko **3:2**
Spanien qualifiziert

Gruppe X
4.6.1961 in Belgrad: Jugoslawien – Polen **2:1**
25.6.1961 in Chorzow: Polen – Jugoslawien **1:1**
Jugoslawien mußte noch gegen den Sieger von Asien (Südkorea) antreten.
8.10.1961 in Belgrad: Jugoslawien – Südkorea **5:1**
26.11.1961 in Seoul: Südkorea – Jugoslawien **1:3**
Jugoslawien qualifiziert

NAHOST/AFRIKA

13.11.1960 in Nikosia: Zypern – Israel **1:1**
27.11.1960 in Tel Aviv: Israel – Zypern **6:1**
Sudan und Ägypten verzichteten;
Israel mußte noch gegen Äthiopien antreten
14.3.1961 in Tel Aviv: Israel – Äthiopien **1:0**
19.3.1961 in Tel Aviv: Äthiopien – Israel **2:3**
Israel qualifiziert

AFRIKA

28.8.1960 in Accra: Ghana – Nigeria **4:1**
10.9.1960 in Lagos: Nigeria – Ghana **2:2**
30.10.1960 in Casablanca: Marokko – Tunesien **2:1**
13.11.1960 in Tunis: Tunesien – Marokko **2:1**
2.4.1961 in Accra: Ghana – Marokko **0:0**
28.5.1961 in Casablanca: Marokko – Ghana **1:0**
Entscheidungsspiel
11.1.1962 in Palermo: Marokko – Tunesien **1:1**
Marokko durch Losentscheid qualifiziert

ASIEN

6.11.1960 in Seoul: Südkorea – Japan **2:1**
11.6.1961 in Tokio: Japan – Südkorea **0:2**
Südkorea qualifiziert

MITTEL/NORDAMERIKA

Gruppe I
6.11.1960 in Los Angeles: USA – Mexiko **3:3**
13.11.1960 in Mexico City: Mexiko – USA **3:0**
Mexiko qualifiziert

Gruppe II
21.8.1960 in San José: Costa Rica – Guatemala **3:2**
28.8.1960 in Guatemala: Guatemala – Costa Rica **4:4**
4.9.1960 in Tegucigalpa: Honduras – Costa Rica **2:1**
11.9.1960 in San José: Costa Rica – Honduras **5:0**
25.9.1960 in Tegucigalpa: Honduras – Guatemala **1:1**
2.10.1960 in Guatemala: Guatemala – Honduras abgebr.
Entscheidungsspiel
14.1.1961 in Guatemala: Honduras – Costa Rica **0:1**
Costa Rica qualifiziert

Gruppe III
2.10.1960 in Paramaribo: Surinam – Nied. Antillen **1:2**
27.11.1960 in Curaçao: Nied. Antillen – Surinam **0:0**
Niederl. Antillen qualifiziert

Endrunde:
22.3.1961 in San José: Costa Rica – Mexiko **1:0**
29.3.1961 in San José: Costa Rica – Nied. Antillen **6:0**
5.4.1961 in Mexico City: Mexiko – Nied. Antillen **7:0**
12.4.1961 in Mexico City: Mexiko – Costa Rica **4:1**
23.4.1961 in Willemstad: Nied. Antillen – Costa Rica **2:0**
21.5.1961 in Willemstad: Nied, Antillen – Mexiko **0:0**
Mexiko qualifiziert

SÜDAMERIKA

Gruppe I
4.12.1960 in Guayaquil: Ecuador – Argentinien **3:6**
17.11.1960 in Buenos Aires: Argentinien – Ecuador **5:0**
Argentinien qualifiziert

Gruppe II
15.7.1961 in La Paz: Bolivien – Uruguay **1:1**
30.7.1961 in Montevideo: Uruguay – Bolivien **2:1**
Uruguay qualifiziert

Gruppe III
30.4.1961 in Bogotà: Kolumbien – Peru **1:0**
7.5.1961 in Lima: Peru – Kolumbien **1:1**
Kolumbien qualifiziert

Gruppe IV
Paraguay mußte noch gegen den Sieger von Mittel/Nordamerika (Mexiko) antreten.
29.10.1961 in Mexico City: Mexiko – Paraguay **1:0**
5.11.1961 in Asunción: Paraguay – Mexiko **0:0**
Mexiko qualifiziert

Gruppe 1

Am 30. Mai in Arica:
URUGUAY – KOLUMBIEN 2:1 (0:1)
Uruguay: Sosa, Troche, Goncalvez, Emilio Alvarez, Mendez, Eliseo Alvarez, Perez, Rocha, Langon, Sasia (1), Cubilla (1).
Kolumbien: Sanchez, Zuluaga (1), Lopez, Gonzales, Echeverri, Silva, Aceros, Coll, Klinger, Gamboa, Arias.
Schiedsrichter: Dorogi (Ungarn).

Am 31. Mai in Arica:
UdSSR – JUGOSLAWIEN 2:0 (0:0)
UdSSR: Jaschin, Dubinskij, Maslenkin, Ostrowskij, Woronin, Netto, Metreweli, Iwanow (1), Ponedjelnik (1), Kanewskij, Meschtschi.
Jugoslawien: Soskic, Durkovic, Markovic, Jusufi, Matus, Popovic, Mujic, Sekularac, Jerkovic, Galic, Skoblar.
Schiedsrichter: Dusch (Deutschland).

Am 2. Juni in Arica:
JUGOSLAWIEN – URUGUAY 3:1 (2:1)
Jugoslawien: Soskic, Durkovic, Markovic, Jusufi, Radakovic, Popovic, Melic, Sekularac, Jerkovic (1), Galic (1), Skoblar (1).
Uruguay: Sosa, Troche, Goncalvez, Emilio Alvarez, Mendez, Eliseo Alvarez, Rocha, Bergara, Cabrera (1), Sasia, Perez.
Schiedsrichter: Dr. Galba (Tschechoslowakei).

Am 3. Juni in Arica:
UdSSR – KOLUMBIEN 4:4 (3:1)
UdSSR: Jaschin, Tschotscheli, Maslenkin, Ostrowskij, Woronin, Netto, Tschislenko (1), Iwanow (2), Ponedjelnik (1), Kanewskij, Meschtschi.
Kolumbien: Sanchez, J. Gonzales, Alzate, Echeverri, Serrano, Lopez, Aceros (1), Coll (1), Rada (1), Klinger (1), H. Gonzales.
Schiedsrichter: Arppi Filho (Brasilien).

Am 6. Juni in Arica:
UdSSR – URUGUAY 2:1 (1:0)
UdSSR: Jaschin, Tschotscheli, Maslenkin, Ostrowskij, Woronin, Netto, Tschislenko, Iwanow (1), Ponedjelnik, Mamykin (1), Chusainow.
Uruguay: Sosa, Troche, Emilio Alvarez, Mendez, Goncalvez, Eliseo Alvarez, Cubilla, Cortes, Cabrera, Sasia (1), Perez.
Schiedsrichter: Jonni (Italien).

Am 7. Juni in Arica:
JUGOSLAWIEN KOLUMBIEN 5:0 (2:0)
Jugoslawien: Soskic, Durkovic, Markovic, Jusufi, Radakovic, Popovic, Ankovic, Sekularac, Jerkovic (2), Galic (2), Melic (1).
Kolumbien: Sanchez, J. Gonzales, Alzate, Echeverri, Serrano, Lopez, Aceros, Coll, Klinger, Rada, H. Gonzales.
Schiedsrichter: Robles (Chile).

1. UdSSR	3 2 1 0	8:5	5:1
2. Jugoslawien	3 2 0 1	8:3	4:2
3. Uruguay	3 1 0 2	4:6	2:4
4. Kolumbien	3 0 1 2	5:11	1:5

Gruppe 2

Am 30. Mai in Santiago:
CHILE – SCHWEIZ 3:1 (1:1)
Chile: Escuti, Eyzaguirre, Raul Sanchez, Navarro, Contreras, Rojas, Ramirez (1), Toro, Landa, Fouilloux, Leonel Sanchez (2).
Schweiz: Elsener, Morf, Tacchella, Schneiter, Grobéty, Weber, Antenen, Wüthrich (1), Eschmann, Pottier, Allemann.
Schiedsrichter: Aston (England).

Am 31. Mai in Santiago:
DEUTSCHLAND – ITALIEN 0:0
Deutschland: Fahrian, Nowak, Erhardt, Schnellinger, Schulz, Szymaniak, Sturm, Haller, Seeler, Brülls, Schäfer.
Italien: Buffon, Losi, Maldini, Robotti, Salvadore, Radice, Ferrini, Rivera, Altafini, Sivori, Menichelli.
Schiedsrichter: Davidson (Schottland).

Am 2. Juni in Santiago:
CHILE – ITALIEN 2:0 (0:0)
Chile: Escuti, Eyzaguirre, Raul Sanchez, Navarro, Contreras, Rojas, Ramirez (1), Toro (1), Landa, Fouilloux, Leonel Sanchez.
Italien: Mattrel, David, Janich, Robotti, Salvadore, Tumburus, Mora, Maschio, Altafini, Ferrini, Menichelli.
Schiedsrichter: Aston (England).

Am 3. Juni in Santiago:
DEUTSCHLAND – SCHWEIZ 2:1 (1:0)
Deutschland: Fahrian, Nowak, Erhardt, Schnellinger, Schulz, Szymaniak, Koslowski, Haller, Seeler (1), Brülls (1), Schäfer.
Schweiz: Elsener, Schneiter (1), Wüthrich, Tacchella, Grobéty, Weber, Antenen, Vonlanthen, Eschmann, Allemann, Dürr.
Schiedsrichter: Horn (Niederlande).

Am 6. Juni in Santiago:
DEUTSCHLAND – CHILE 2:0 (1:0)
Deutschland: Fahrian, Nowak, Erhardt, Schnellinger, Schulz, Giesemann, Kraus, Szymaniak (1), Seeler (1), Brülls, Schäfer.
Chile: Escuti, Eyzaguirre, Raul Sanchez, Navarro, Contreras, Rojas, Moreno, Tobar, Landa, Leonel Sanchez, Ramirez.
Schiedsrichter: Davidson (Schottland).

Am 7. Juni in Santiago:
ITALIEN – SCHWEIZ 3:0 (1:0)
Italien: Buffon, Losi, Maldini, Robotti, Salvadore, Radice, Mora (1), Bulgarelli (2), Sormani, Sivori, Pascutti.
Schweiz: Elsener, Schneiter, Meier, Tacchella, Grobéty, Weber, Antenen, Vonlanthen, Wüthrich, Allemann, Dürr.
Schiedsrichter: Latyschew (UdSSR).

1. Deutschland	3 2 1 0	4:1	5:1
2. Chile	3 2 0 1	5:3	4:2
3. Italien	3 1 1 1	3:2	3:3
4. Schweiz	3 0 0 3	2:8	0:6

Gruppe 3

Am 30. Mai in Vina del Mar:
BRASILIEN – MEXIKO 2:0 (0:0)
Brasilien: Gilmar, Djalma Santos, Mauro, Zozimo, Nilton Santos, Zito, Didi, Zagalo (1), Garrincha, Vavá, Pelé (1).
Mexiko: Carbajal, Del Muro, Sepulveda, Jauregui, Cardenas, Najera, Del Aguilla, Reyes, Hernandez, Jasso, Diaz.
Schiedsrichter: Dienst (Schweiz).

Am 31. Mai in Vina del Mar:
TSCHECHOSLOWAKEI – SPANIEN 1:0 (0:0)
Tschechoslowakei: Schrojf, Lala, Pluskal, Popluhar, Novak, Kvasnak, Masopust, Stibranyi (1), Scherer, Adamec, Jelinek.
Spanien: Carmelo Sedrun, Rivilla, Santamaria, Reija, Segarra, Garay, Del Sol, Puskas, Martinez, Suarez, Gento.
Schiedsrichter: Steiner (Österreich).

Am 2. Juni in Vina del Mar:
TSCHECHOSLOWAKEI – BRASILIEN 0:0
Tschechoslowakei: Schrojf, Lala, Pluskal, Popluhar, Novak, Kvasnak, Masopust, Stibranyi, Scherer, Adamec, Jelinek.
Brasilien: Gilmar, Djalma Santos, Mauro, Zozimo, Nilton Santos, Zito, Didi, Zagalo, Garrincha, Vavá, Pelé.
Schiedsrichter: Schwinte (Frankreich).

Am 3. Juni in Vina del Mar:
SPANIEN – MEXIKO 1:0 (0:0)
Spanien: Carmelo Sedrun, Rodriguez, Santamaria, Gracia, Verges, Pachin, Del Sol, Peiro (1), Puskas, Suarez, Gento.
Mexiko: Carbajal, Del Muro, Sepulveda, Jauregui, Cardenas, Najera, Del Aguilla, Reyes, Hernandez, Jasso, Diaz.
Schiedsrichter: Tesanic (Jugoslawien).

Am 6. Juni in Vina del Mar:
BRASILIEN – SPANIEN 2:1 (0:1)
Brasilien: Gilmar, Djalma Santos, Mauro, Zozimo, Nilton Santos, Zito, Didi, Zagalo, Garrincha, Vavá, Amarildo (2).
Spanien: Araquistain, F. Rodriguez, Echeberria, Gracia, Verges, Pachin, Collar, Adelardo Rodriguez (1), Puskas, Peiro Gento.
Schiedsrichter: Bustamente (Chile).

Am 7. Juni in Vina del Mar:
MEXIKO – TSCHECHOSLOWAKEI 3:1 (2:1)
Mexiko: Carbajal, Del Muro, Sepulveda, Jauregui, Cardenas, Najera, Del Aguilla (1), Reyes, H. Hernandez (1), A. Hernandez, Diaz (1).
Tschechoslowakei: Schrojf, Lala, Pluskal, Popluhar, Novak, Kvasnak, Masopust, Stibranyi, Scherer, Adamec, Masek (1).
Schiedsrichter: Dienst (Schweiz).

1. Brasilien	3 2 1 0	4:1	5:1
2. Tschechoslowakei	3 1 1 1	2:3	3:3
3. Mexiko	3 1 0 2	3:4	2:4
4. Spanien	3 1 0 2	2:3	2:4

Gruppe 4

Am 30. Mai in Rancagua:
ARGENTINIEN – BULGARIEN 1:0 (1:0)
Argentinien: Roma, Navarro, Marzolini, Sainz, Sacchi, Paez, Facundo (1), Rosi, Pagani, Sanfilippo, Belen.
Bulgarien: Naidenow, Rakarow, Dimitrow, Kitow, Kostow, Kowatschew, Dijew, Welitschkow, Iljew, Kolew, Jakimow.
Schiedsrichter: Gardeazabal (Spanien).

Am 31. Mai in Rancagua:
UNGARN – ENGLAND 2:2 (1:0)
Ungarn: Grosics, Matrai, Meszöly, Sarosi, Solymosi, Sipos, Sandor, Rakosi, Albert (1), Tichy (1), Fenyvesi.
England: Springett, Armfield, Norman, Wilson, Moore, Flowers (1), Douglas, Greaves, Hitchens, Haynes, B. Charlton.
Schiedsrichter: Horn (Niederlande).

Am 2. Juni in Rancagua:
ENGLAND – ARGENTINIEN 3:1 (2:0)
England: Springett, Armfield, Norman, Wilson, Moore, Flowers (1), Douglas, Greaves (1), Peacock, Haynes, B. Charlton (1).
Argentinien: Roma, Capp, Navarro, Marzolini, Sacchi, Paez, Oleniak, Albrecht, Pagani, Sanfilippo (1), Belen.
Schiedsrichter: Latyschew (UdSSR).

Am 3. Juni in Rancagua:
UNGARN – BULGARIEN 6:1 (4:0)
Ungarn: Ilku, Matrai, Meszöly, Sarosi, Solymosi (1), Sipos, Sandor, Göröcs, Albert (3), Tichy (2), Fenyvesi.
Bulgarien: Naidenow, Rakarow, Dimitrow, Kitow, Kostow, Kowatschew, Sokolow (1), Welitschkow, Asparuchow, Kolew, Jakimow.
Schiedsrichter: Gardeazabal (Spanien).

Am 6. Juni in Rancagua:
UNGARN – ARGENTINIEN 0:0
Ungarn: Grosics, Matrai, Meszöly, Sarosi, Solymosi, Sipos, Kuharszki, Göröcs, Monostori, Tichy, Rakosi.
Argentinien: Dominguez, Sainz, Delgado, Capp, Sacchi, Marzolini, Facundo, Pando, Pagani, Oleniak, Gonzales.
Schiedsrichter: Yamasaki (Peru).

Am 7. Juni in Rancagua:
ENGLAND – BULGARIEN 0:0
England: Springett, Armfield, Norman, Moore, Wilson, Flowers, Douglas, Greaves, Peacock, Haynes, B. Charlton.
Bulgarien: Naidenow, Rakarow, Dimitrow, Kitow, Kostow, Kowatschew, Sokolow, Welitschkow, Iljew, Kolew, Jakimow.
Schiedsrichter: Blavier (Belgien).

1. Ungarn	3 2 1 0	8:2	5:1
2. England	3 1 1 1	4:3	3:3
3. Argentinien	3 1 1 1	2:3	3:3
4. Bulgarien	3 0 1 2	1:7	1:5

Viertelfinale

Am 10. Juni in Arica:
CHILE – UdSSR 2:1 (2:1)
Chile: Escuti, Eyzaguirre, Raul Sanchez, Navarro, Contreras, Rojas (1), Leonel Sanchez (1), Tobar, Landa, Toro, Ramirez.
UdSSR: Jaschin, Ostrowskij, Maslenkin, Tschotscheli, Woronin, Netto, Tschislenko (1), Iwanow, Ponedjelnik, Mamykin, Meschtschi.
Schiedsrichter: Horn (Niederlande).

Am 10. Juni in Santiago:
JUGOSLAWIEN – DEUTSCHLAND 1:0 (0:0)
Jugoslawien: Soskic, Durkovic, Markovic, Jusufi, Radakovic (1), Popovic, Kovacevic, Sekularac, Jerkovic, Galic, Skoblar.
Deutschland: Fahrian, Nowak, Erhardt, Schnellinger, Schulz, Giesemann, Haller, Szymaniak, Seeler, Brülls, Schäfer.
Schiedsrichter: Yamasaki (Peru).

Am 10. Juni in Vina del Mar:
BRASILIEN – ENGLAND 3:1 (1:1)
Brasilien: Gilmar, Djalma Santos, Mauro, Zozimo, Nilton Santos, Zito, Didi, Zagalo, Garrincha (2), Vavá (1), Amarildo.
England: Springett, Armfield, Norman, Moore, Wilson, Flowers, Douglas, Greaves, Hitchens (1), Haynes, B. Charlton.
Schiedsrichter: Schwinte (Frankreich).

Am 10. Juni in Rancagua:
TSCHECHOSLOWAKEI – UNGARN 1:0 (1:0)
Tschechoslowakei: Schrojf, Lala, Pluskal, Popluhar, Novak, Kvasnak, Masopust, Pospichal, Scherer (1), Kadraba, Jelinek.
Ungarn: Grosics, Matrai, Meszöly, Sarosi, Solymosi, Sipos, Sandor, Rakosi, Albert, Tichy, Fenyvesi.
Schiedsrichter: Latyschew (UdSSR).

Semifinale

Am 13. Juni in Santiago:
BRASILIEN – CHILE 4:2 (2:1)
Brasilien: Gilmar, Djalma Santos, Mauro, Zozimo, Nilton Santos, Zito, Didi, Zagalo, Garrincha (2), Vavá (2), Amarildo.

Chile: Escuti, Eyzaguirre, Raul Sanchez, Rodriguez, Contreras, Rojas, Ramirez, Toro (1), Landa, Tobar, Leonel Sanchez (1).
Schiedsrichter: Yamasaki (Peru).

Am 13. Juni in Vina del Mar:
TSCHECHOSLOWAKEI – JUGOSLAWIEN 3:1 (0:0)
Tschechoslowakei: Schrojf, Lala, Pluskal, Popluhar, Novak, Kvasnak, Masopust, Pospichal, Scherer (2), Kadraba (1), Jelinek.
Jugoslawien: Soskic, Durkovic, Markovic, Jusufi, Radakovic, Popovic, Sijakovic, Sekularac, Jerkovic (1), Galic, Skoblar.
Schiedsrichter: Dienst (Schweiz).

Um den dritten Platz

Am 16. Juni in Santiago:
CHILE – JUGOSLAWIEN 1:0 (0:0)
Chile: Godoy, Eyzaguirre, Raul Sanchez, Rodriguez, Cruz, Rojas (1), Ramirez, Toro, Campos, Tobar, Leonel Sanchez.
Jugoslawien: Soskic, Durkovic, Markovic, Svinjarevic, Radakovic, Popovic, Kovacevic, Sekularac, Jerkovic, Galic, Skoblar.
Schiedsrichter: Gardeazabal (Spanien).

Finale

Am 17. Juni in Santiago:
BRASILIEN – TSCHECHOSLOWAKEI 3:1 (1:1)
Brasilien: Gilmar, Djalma Santos, Mauro, Zozimo, Nilton Santos, Zito (1), Didi, Zagalo, Garrincha, Vavá (1), Amarildo (1).
Tschechoslowakei: Schrojf, Tichy, Pluskal, Popluhar, Novak, Kvasnak, Masopust (1), Pospichal, Scherer, Kadraba, Jelinek.
Schiedsrichter: Latyschew (UdSSR).

8. Fußball-Weltmeisterschaft 1966 in England

Qualifikation

EUROPA

Gruppe I
9.5.1965 in Brüssel: Belgien – Israel **1:0**
13.6.1965 in Sofia: Bulgarien – Israel **4:0**
26.9.1965 in Sofia: Bulgarien – Belgien **3:0**
27.10.1965 in Brüssel Belgien – Bulgarien **5:0**
10.11.1965 in Tel Aviv: Israel – Belgien **0:5**
21.11.1965 in Tel Aviv: Israel – Bulgarien **1:2**
Entscheidungsspiel
29.12.1965 in Florenz: Bulgarien – Belgien **2:1**
Bulgarien qualifiziert

Gruppe II
4.11.1964 in Berlin: Deutschland – Schweden **1:1**
24.4.1965 in Karlsruhe: Deutschland – Zypern **5:0**
5.5.1965 in Norrköping: Schweden – Zypern **3:0**
26.9.1965 in Stockholm: Schweden – Deutschland **1:2**
7.11.1965 in Famagusta: Zypern – Schweden **0:5**
14.11.1965 in Nikosia: Zypern – Deutschland **0:6**
Deutschland qualifiziert

Gruppe III
20.9.1964 in Belgrad: Jugoslawien – Luxemburg **3:1**
4.10.1964 in Luxemburg: Luxemburg – Frankreich **0:2**
8.11.1964 in Luxemburg: Luxemburg – Norwegen **0:2**
11.11.1964 in Paris: Frankreich – Norwegen **1:0**
18.4.1965 in Belgrad: Jugoslawien – Frankreich **1:0**
27.5.1965 in Trondheim: Norwegen – Luxemburg **4:2**
16.6.1965 in Oslo: Norwegen – Jugoslawien **3:0**
15.9.1965 in Oslo: Norwegen – Frankreich **0:1**
19.9.1965 in Luxemburg: Luxemburg – Jugoslawien **2:5**
9.10.1965 in Paris: Frankreich – Jugoslawien **1:0**
6.11.1965 in Marseille: Frankreich – Luxemburg **4:1**
7.11.1965 in Belgrad: Jugoslawien – Norwegen **1:1**
Frankreich qualifiziert

Gruppe IV
24.1.1965 in Lissabon: Portugal – Türkei **5:1**
19.4.1965 in Ankara: Türkei – Portugal **0:1**
25.4.1965 in Bratislava: Tschechoslowakei – Portugal **0:1**
2.5.1965 in Bukarest: Rumänien – Türkei **3:0**
30.5.1965 in Bukarest: Rumänien – Tschechoslowakei **1:0**
13.6.1965 in Lissabon: Portugal – Rumänien **2:1**
19.9.1965 in Prag: Tschechoslowakei – Rumänien **3:1**
9.10.1965 in Istanbul: Türkei – Tschechoslowakei **0:6**
23.10.1965 in Ankara: Türkei – Rumänien **2:1**
31.10.1965 in Porto: Portugal – Tschechoslowakei **0:0**
21.11.1965 in Bukarest: Rumänien – Portugal **2:0**
21.11.1965 in Brünn: Tschechoslowakei – Türkei **3:1**
Portugal qualifiziert

Gruppe V
24.5.1964 in Rotterdam: Niederlande – Albanien **2:0**
14.10.1964 in Belfast: Nordirland – Schweiz **1:0**
25.10.1964 in Tirana: Albanien – Niederlande **0:2**
14.11.1964 in Lausanne: Schweiz – Nordirland **2:1**
17.3.1965 in Belfast: Nordirland – Niederlande **2:1**
7.4.1965 in Rotterdam: Niederlande – Nordirland **0:0**
11.4.1965 in Tirana: Albanien – Schweiz **0:2**
2.5.1965 in Genf: Schweiz – Albanien **1:0**
7.5.1965 in Belfast: Nordirland – Albanien **4:1**
17.10.1965 in Amsterdam: Niederlande – Schweiz **0:0**
14.11.1965 in Bern: Schweiz – Niederlande **2:1**
24.11.1965 in Tirana: Albanien – Nordirland **1:1**
Schweiz qualifiziert

Gruppe VI
25.4.1965 in Wien: Österreich – DDR **1:1**
23.5.1965 in Leipzig: DDR – Ungarn **1:1**
13.6.1965 in Wien: Österreich – Ungarn **0:1**
5.9.1965 in Budapest: Ungarn – Österreich **3:0**
9.10.1965 in Budapest: Ungarn – DDR **3:2**
31.10.1965 in Leipzig: DDR – Österreich **1:0**
Ungarn qualifiziert

Gruppe VII
21.10.1964 in Kopenhagen: Dänemark – Wales **1:0**
29.11.1964 in Athen: Griechenland – Dänemark **4:2**
9.12.1964 in Athen: Griechenland – Wales **2:0**
17.3.1965 in Cardiff: Wales – Griechenland **4:1**
23.5.1965 in Moskau: UdSSR – Griechenland **3:1**
30.5.1965 in Moskau: UdSSR – Wales **2:1**
7.6.1965 in Moskau: UdSSR – Dänemark **6:0**
3.10.1965 in Athen: Griechenland – UdSSR **1:4**
17.10.1965 in Kopenhagen: Dänemark – UdSSR **1:3**
27.10.1965 in Kopenhagen: Dänemark – Griechenland **1:1**
27.10.1965 in Cardiff: Wales – UdSSR **2:1**
1.12.1965 in Wrexham: Wales – Dänemark **4:2**
UdSSR qualifiziert

Gruppe VIII
1.10.1964 in Glasgow: Schottland – Finnland **3:1**
4.11.1964 in Genua: Italien – Finnland **6:1**
18.4.1965 in Warschau: Polen – Italien **0:0**
23.5.1965 in Kattowitz: Polen – Schottland **1:1**
27.5.1965 in Helsinki: Finnland – Schottland **1:2**
23.6.1965 in Helsinki: Finnland – Italien **0:2**
26.9.1965 in Helsinki: Finnland – Polen **2:0**
13.10.1965 in Glasgow: Schottland – Polen **1:2**
24.10.1965 in Stettin: Polen – Finnland **7:0**
1.11.1965 in Rom: Italien – Polen **6:1**
9.11.1965 in Glasgow: Schottland – Italien **1:0**
7.12.1963 in Neapel: Italien – Schottland **3:0**
Italien qualifiziert

Gruppe IX
5.5.1963 in Dublin: Eire – Spanien **1:0**
27.10.1965 in Sevilla: Spanien – Eire **4:1**
Entscheidungsspiel
10.11.1965 in Paris: Spanien – Eire **1:0**
Spanien qualifiziert

SÜDAMERIKA

Gruppe I
16.5.1965 in Lima: Peru – Venezuela **1:0**
23.5.1965 in Montevideo: Uruguay – Venezuela **5:0**
30.5.1965 in Caracas: Venezuela – Uruguay **1:3**
2.6.1965 in Caracas: Venezuela – Peru **3:6**
6.6.1965 in Lima: Peru – Uruguay **0:1**
13.6.1965 in Montevideo: Uruguay – Peru **2:1**
Uruguay qualifiziert

Gruppe II
20.7.1965 in Barranquilla: Kolumbien – Ecuador **0:1**
25.7.1965 in Guayaquil: Ecuador – Kolumbien **2:0**
1.8.1965 in Santiago: Chile – Kolumbien **7:2**
7.8.1965 in Barranquilla: Kolumbien – Chile **2:0**
15.8.1965 in Guayaquil: Ecuador – Chile **2:2**
22.8.1965 in Santiago: Chile – Ecuador **3:1**
Entscheidungsspiel
12.10.1965 in Lima: Chile – Ecuador **2:1**
Chile qualifiziert

Gruppe III
25.7.1965 in Asunción: Paraguay – Bolivien **2:0**
1.8.1965 in Buenos Aires: Argentinien – Paraguay **3:0**
8.8.1965 in Asunción: Paraguay – Argentinien **0:0**
17.8.1965 in Buenos Aires: Argentinien – Bolivien **4:1**
22.8.1965 in La Paz: Bolivien – Paraguay **2:1**
29.8.1965 in La Paz: Bolivien – Argentinien **1:2**
Argentinien qualifiziert

MITTEL/NORDAMERIKA

Gruppe I
16.1.1965 in Kingston: Jamaika – Kuba **2:0**
20.1.1965 in Kingston: Kuba – Niederl. Antillen **1:1**
23.1.1965 in Kingston: Jamaika – Niederl. Antillen **2:0**
30.1.1965 in Havanna: Niederl. Antillen – Kuba **1:0**
3.2.1965 in Havanna: Niederl. Antillen – Jamaika **0:0**
7.2.1965 in Havanna: Kuba – Jamaika **2:1**
Jamaika qualifiziert

Gruppe II
7.2.1965 in Port of Spain: Trinidad – Surinam **4:1**
12.2.1965 in San José: Costa Rica – Surinam **1:0**
21.2.1965 in San José: Costa Rica – Trinidad **4:0**
28.2.1965 in Paramaribo: Surinam – Costa Rica **1:3**
7.3.1965 in Port of Spain: Trinidad – Costa Rica **0:1**
14.3.1965 in Paramaribo: Surinam – Trinidad **6:1**
Costa Rica qualifiziert

Gruppe III
28.2.1965 in San Pedro Sula: Honduras – Mexiko **0:1**
4.3.1965 in Mexico City: Mexiko – Honduras **3:0**
7.3.1965 in Los Angeles: USA – Mexiko **2:2**
12.3.1965 in Mexico City: Mexiko – USA **2:0**
17.3.1965 in San Pedro Sula: Honduras – USA **0:1**
21.3.1965 in Tegucigalpa: USA – Honduras **1:1**
Mexiko qualifiziert

Endrunde der Gruppensieger
25.4.1965 in San José: Costa Rica – Mexiko **0:0**
3.5.1965 in Kingston: Jamaika – Mexiko **2:3**
7.5.1965 in Mexico City: Mexiko – Jamaika **8:0**
11.5.1965 in San José: Costa Rica – Jamaika **7:0**
16.5.1965 in Mexico City: Mexiko – Costa Rica **1:0**
15.6.1965 in Kingston: Jamaika – Costa Rica **1:1**
Mexiko qualifiziert

AUSTRALASIEN
21.11.1965 in Phnom Penh: Australien – Nordkorea **1:6**
24.11.1965 in Phnom Penh: Nordkorea – Australien **3:1**
Nordkorea qualifiziert

Gruppe 1

Am 11. Juli in London:
ENGLAND – URUGUAY 0:0
England: Banks, Cohen, J. Charlton, Moore, Wilson, Stiles, B. Charlton, Ball, Greaves, Hunt, Connelly.
Uruguay: Mazurkiewicz, Troche, Ubinas, Manicera, Goncalvez, Caetano, Viera, Cortez, Rocha, Silva, Perez.
Schiedsrichter: Zsolt (Ungarn).

Am 13. Juli in London:
FRANKREICH – MEXIKO 1:1 (0:0)
Frankreich: Aubour, Djorkaeff, Budzinski, Artelesa, De Michele, Bonnel, Bosquier, Combin, Gondet, Herbin, Hausser (1).
Mexiko: Calderon, Chaires, Pena, Nunez, Hernandez, Diaz, Mercado, Reyes, Fragoso, Padilla, Borja (1).
Schiedsrichter: Ashkenasi (Israel).

Am 15. Juli in London:
URUGUAY – FRANKREICH 2:1 (2:1)
Uruguay: Mazurkiewicz, Troche, Manicera, Ubinas, Goncalvez, Caetano, Cortez (1), Viera, Sasia, Rocha (1), Perez.
Frankreich: Aubour, Djorkaeff, Artelesa, Budzinski, Bosquier, Bonnel, Simon, Herbet, De Bourgoing (1), Gondet, Hausser.
Schiedsrichter: Dr. Galba (Tschechoslowakei).

Am 16. Juli in London:
ENGLAND – MEXIKO 2:0 (1:0)
England: Banks, Cohen, Wilson, Stiles, J. Charlton, Moore, Paine, Greaves, B. Charlton (1), Hunt (1), Peters.
Mexiko: Calderon, Chaires, Pena, Diaz, Reyes, Del Muro, Jauregui, Hernandez, Borja, Nunez, Padilla.
Schiedsrichter: Lo Bello (Italien).

Am 19. Juli in London:
URUGUAY – MEXIKO 0:0
Uruguay: Mazurkiewicz, Troche, Manicera, Ubinas, Goncalvez, Caetano, Cortez, Viera, Sasia, Rocha, Perez.
Mexiko: Carvajal, Chaires, Pena, Nunez, Hernandez, Diaz, Mercado, Reyes, Cisneros, Borja, Padilla.
Schiedsrichter: Lööw (Schweden).

Am 20. Juli in London:
ENGLAND – FRANKREICH 2:0 (1:0)
England: Banks, Cohen, J. Charlton, Moore, Wilson, Stiles, B. Charlton, Callaghan, Greaves, Hunt (2), Peters.
Frankreich: Aubour, Djorkaeff, Artelesa, Budzinski, Bosquier, Bonnel, Herbin, Simon, Herbet, Gondet, Hausser.
Schiedsrichter: Yamasaki (Peru).

1. England	3 2 1 0	4:0	5:1
2. Uruguay	3 1 2 0	2:1	4:2
3. Mexiko	3 0 2 1	1:3	2:4
4. Frankreich	3 0 1 2	2:5	1:5

Gruppe 2

Am 12. Juli in Sheffield:
DEUTSCHLAND – SCHWEIZ 5:0 (3:0)
Deutschland: Tilkowski, Höttges, Weber, Schulz, Schnellinger, Haller (2), Beckenbauer (2), Brülls, Seeler, Overath, Held (1).
Schweiz: Elsener, Grobety, Schneiter, Tacchella, Fuhrer, Bäni, Dürr, Odermatt, Künzli, Hosp, Schindelholz.
Schiedsrichter: Phillips (Schottland).

Am 13. Juli in Birmingham:
ARGENTINIEN – SPANIEN 2:1 (0:0)
Argentinien: Roma, Ferreiro, Perfumo, Albrecht, Marzolini, Solari, Rattin, A. Gonzalez, Onega, Artime (2), Mas.
Spanien: Iribar, Sanchis, Zoco, Gallego, Eladio, Pirri (1), Suarez, Del Sol, Ufarte, Peiro, Gento.
Schiedsrichter: Roumentschew (Bulgarien).

Am 15. Juli in Sheffield:
SPANIEN – SCHWEIZ 2:1 (0:1)
Spanien: Iribar, Sanchis (1), Reija, Pirri, Gallego, Zoco, Amancio (1), Del Sol, Peiro, Suarez, Gento.
Schweiz: Elsener, Fuhrer, Brodmann, Leimgruber, Stierli, Bäni, Armbruster, Gottardi, Hosp, Kuhn, Quentin (1).
Schiedsrichter: Bachramow (UdSSR).

Am 16. Juli in Birmingham:
DEUTSCHLAND – ARGENTINIEN 0:0
Deutschland: Tilkowski, Höttges, Schulz, Weber, Schnellinger, Haller, Beckenbauer, Brülls, Seeler, Overath, Held.
Argentinien: Roma, Ferreiro, Perfumo, Albrecht, Marzolini, Solari, Rattin, Gonzalez, Onega, Artime, Mas.
Schiedsrichter: Zecevic (Jugoslawien).

Am 19. Juli in Sheffield:
ARGENTINIEN – SCHWEIZ 2:0 (0:0)
Argentinien: Roma, Ferreiro, Perfumo, Calics, Marzolini, Solari, Rattin, Gonzalez, Onega (1), Artime (1), Mas.
Schweiz: Eichmann, Fuhrer, Brodmann, Bäni, Stierli, Armbruster, Kuhn, Gottardi, Hosp, Künzli, Quentin.
Schiedsrichter: Campos (Portugal).

Am 20. Juli in Birmingham:
DEUTSCHLAND – SPANIEN 2:1 (1:1)
Deutschland: Tilkowski, Höttges, Schulz, Weber, Schnellinger, Beckenbauer, Overath, Krämer, Seeler (1), Held, Emmerich (1).

Spanien: Iribar, Sanchis, Gallego, Zoco, Reija, Glaria, Fusté (1), Amancio, Adelardo, Marcelino, Lapetra.
Schiedsrichter: Marques (Brasilien).

1. Deutschland	3 2 1 0	7:1	5:1
2. Argentinien	3 2 1 0	4:1	5:1
3. Spanien	3 1 0 2	4:5	2:4
4. Schweiz	3 0 0 3	1:9	0:6

Gruppe 3

Am 12. Juli in Liverpool:
BRASILIEN – BULGARIEN 2:0 (1:0)
Brasilien: Gilmar, Djalma Santos, Bellini, Altair, Paulo Henrique, Denilson, Lima, Garrincha (1), Alcindo, Pelé (1), Jairzinho.
Bulgarien: Naidenow, Schalamanow, Penew, Wutzow, Gaganelow, Kitow, Jetschew, Dermendjiew, Asparuchow, Jakimow, Kolew.
Schiedsrichter: Tschenscher (Deutschland).

Am 13. Juli in Manchester:
PORTUGAL – UNGARN 3:1 (1:0)
Portugal: Carvalho, Morais, Baptista, Vicente, Hilario, Graca, Coluna, Augusto (2), Eusebio, Torres (1), Simoes.
Ungarn: Szentmihalyi, Matrai, Kaposzta, Meszöly, Sipos, Sovari, Nagy, Rakosi, Bene (1), Albert, Farkas.
Schiedsrichter: Callaghan (Wales).

Am 15. Juli in Liverpool:
UNGARN – BRASILIEN 3:1 (1:2)
Ungarn: Gelei, Matrei, Kaposzta, Meszöly (1), Sipos, Szepesi, Mathesz, Rakosi, Bene (1), Albert, Farkas (1).
Brasilien: Gilmar, Djalma Santos, Bellini, Altair, Paulo Henrique, Gerson, Lima, Garrincha, Alcindo, Tostao (1), Jairzinho.
Schiedsrichter: Dagnall (England).

Am 16. Juli in Manchester:
PORTUGAL – BULGARIEN 3:0 (2:0)
Portugal: Pereira, Festa, Germano, Vicente, Hilario, Graca, Coluna, Augusto, Eusebio (1), Torres (1), Simoes.
Bulgarien: Naidenow, Schalamanow, Penew, Wutzow (1 Eigentor), Gaganelow, Jetschew, Jakimow, Dermendjiew, Jekow, Asparuchow, Kostow.
Schiedsrichter: Codesal (Uruguay).

Am 19. Juli in Liverpool:
PORTUGAL – BRASILIEN 3:1 (2:0)
Portugal: Pereira, Morais, Baptista, Lucas, Conceicao, Coluna, Graca, Augusto, Eusebio (2), Torres, Simoes (1).
Brasilien: Manga, Fidelis, Brito, Orlando, Rildo (1), Denilson, Lima, Jairzinho, Silva, Pelé, Parana.
Schiedsrichter: McCabe (England).

Am 20. Juli in Manchester:
UNGARN – BULGARIEN 3:1 (2:1)
Ungarn: Gelei, Kaposzta, Matrai, Szepesi, Meszöly (1), Sipos, Mathesz, Bene (1), Albert, Farkas, Rakosi.
Bulgarien: Simeonow, Largow, Penew, Wutzow, Gaganelow, Jetschew, Dawidow (1 Eigentor), Asparuchow (1), Kolew, Jakimow, Kotkow.
Schiedsrichter: Goicoechea (Argentinien).

1. Portugal	3 3 0 0	9:2	6:0
2. Ungarn	3 2 0 1	7:5	4:2
3. Brasilien	3 1 0 2	4:6	2:4
4. Bulgarien	3 0 0 3	1:8	0:6

Gruppe 4

Am 12. Juli in Middlesbrough:
UdSSR – NORDKOREA 3:0 (2:0)
UdSSR: Kawasaschwilij, Ponomarjew, Schesternjew, Churzilawa, Ostrowskij, Sabo, Sitschinawa, Tschislenko, Banischewskij (1), Malofejew (2), Chusainow.
Nordkorea: Li Chan Myung, Pak Li Sup, Shin Yung Kyoo, Kang Bong Chil, Lim Zoong Sun, Im Sung Hwi, Pak Seung Zin, Han Bong Zin, Pak Doo Ik, Kang Ryong Woon, Kim Seung Il.
Schiedsrichter: Gardeazabal (Spanien).

Am 13. Juli in Sunderland:
ITALIEN – CHILE 2:0 (1:0)
Italien: Albertosi, Burgnich, Rosato, Salvadore, Facchetti, Bulgarelli, Lodetti, Perani, Mazzola (1), Rivera, Barison (1).
Chile: Olivares, Eyzaguirre, Cruz, Figueroa, Villanueva, Prieto, Marcos, Araya, Tobar, Fouilloux, Sanchez.
Schiedsrichter: Dienst (Schweiz).

Am 15. Juli in Middlesbrough:
NORDKOREA – CHILE 1:1 (0:1)
Nordkorea: Li Chan Myung, Pak Li Sup, Shin Yung Kyoo, Lim Zoong Sun, Oh Yoon Kyung, Pak Seung Zin (1), Im Sung Hwi, Han Bong Zin, Pak Doo Ik, Li Dong Woon, Kim Seung Il.
Chile: Olivares, Valentini, Cruz, Figueroa, Villanueva, Prieto, Marcos (1), Araya, Landa, Fouilloux, Sanchez.
Schiedsrichter: Kandil (VAR).

Am 16. Juli in Sunderland:
UdSSR – ITALIEN 1:0 (0:0)
UdSSR: Jaschin, Ponomarjew, Schesternjew, Churzilawa, Danilow, Sabo, Woronin, Tschislenko (1), Malofejew, Banischewskij, Chusainow.
Italien: Albertosi, Burgnich, Rosato, Salvadore, Facchetti, Lodetti, Leoncini, Meroni, Mazzola, Bulgarelli, Pascutti.
Schiedsrichter: Kreitlein (Deutschland).

Am 19. Juli in Middlesbrough:
NORDKOREA – ITALIEN 1:0 (1:0)
Nordkorea: Li Chan Myung, Lim Zoong Sun, Shin Yung Kyoo, Ha Jung Won, Oh Yoon Kyung, Im Sung Hwi, Han Bong Zin, Pak Doo Ik (1), Pak Seung Zin, Kim Bong Hwan, Yang Sung Kook.
Italien: Albertosi, Landini, Guarneri, Janich, Facchetti, Bulgarelli, Fogli, Perani, Rivera, Mazzola, Barison.
Schiedsrichter: Schwinte (Frankreich).

Am 20. Juli in Sunderland:
UdSSR – CHILE 2:1 (1:1)
UdSSR: Kawasaschwilij, Getmanow, Schesternjew, Kornejew, Ostrowskij, Woronin, Afonin, Metreweli, Serebrjannikow, Markarow, Porkujan (2).
Chile: Olivares, Valentini, Cruz, Figueroa, Villanueva, Marcos (1), Prieto, Araya, Landa, Yavar, Sanchez.
Schiedsrichter: Adair (Nordirland).

1. UdSSR	3 3 0 0	6:1	6:0
2. Nordkorea	3 1 1 1	2:4	3:3
3. Italien	3 1 0 2	2:2	2:4
4. Chile	3 0 1 2	2:5	1:5

Viertelfinale

Am 23. Juli in Sheffield:
DEUTSCHLAND – URUGUAY 4:0 (1:0)
Deutschland: Tilkowski, Höttges, Schulz, Weber, Schnellinger, Beckenbauer (1), Haller (2), Overath, Seeler (1), Held, Emmerich.
Uruguay: Mazurkiewicz, Troche, Ubinas, Goncalvez, Manicera, Caetano, Salva, Cortez, Silva, Rocha, Perez.
Schiedsrichter: Finney (England).

Am 23. Juli in Sunderland:
UdSSR – UNGARN 2:1 (1:0)
UdSSR: Jaschin, Ponomarjew, Schesternjew, Woronin, Danilow, Sabo, Chusainow, Tschislenko (1), Banischewskij, Malofejew, Porkujan (1).
Ungarn: Gelei, Kaposzta, Szepesi, Meszöly, Matrei, Sipos, Nagy, Bene (1), Albert, Farkas, Rakosi.
Schiedsrichter: Gardeazabal (Spanien).

Am 23. Juli in Liverpool:
PORTUGAL – NORDKOREA 5:3 (2:3)
Portugal: Pereira, Morais, Baptista, Vicente, Hilario, Graca, Coluna, Augusto (1), Eusebio (4), Torres, Simoes.
Nordkorea: Li Chan Myung, Lim Zoong Sun, Shin Yung Kyoo, Ha Jung Won, Oh Yoon Kyung, Pak Seung Zin (1), Im Sung Hwi, Han Bong Zin, Pak Doo Ik, Li Dong Woon (1), Yang Sung Kook (1).
Schiedsrichter: Ashkenasi (Israel).

Am 23. Juli in London:
ENGLAND – ARGENTINIEN 1:0 (0:0)
England: Banks, Cohen, J. Charlton, Moore, Wilson, Stiles, B. Charlton, Ball, Hurst (1), Hunt, Peters.
Argentinien: Roma, Ferreiro, Perfumo, Albrecht, Marzolini, Solari, Rattin, Gonzalez, Onega, Artime, Mas.
Schiedsrichter: Kreitlein (Deutschland).

Semifinale

Am 25. Juli in Liverpool:
DEUTSCHLAND – UdSSR 2:1 (1:0)
Deutschland: Tilkowski, Lutz, Schulz, Weber, Schnellinger, Haller (1), Beckenbauer (1), Overath, Seeler, Held, Emmerich.
UdSSR: Jaschin, Ponomarjew, Schesternjew, Woronin, Danilow, Sabo, Chusainow, Tschislenko, Banischewskij, Malofejew, Porkujan (1).
Schiedsrichter: Lo Bello (Italien).

Am 26. Juli in London:
ENGLAND – PORTUGAL 2:1 (1:0)
England: Banks, Cohen, J. Charlton, Moore, Wilson, Stiles, B. Charlton (2), Ball, Hunt, Hurst, Peters.
Portugal: Pereira, Festa, Baptista, Carlos, Hilario, Graca, Coluna, Augusto, Eusebio (1), Torres, Simoes.
Schiedsrichter: Schwinte (Frankreich).

Um den dritten Platz

Am 28. Juli in Liverpool:
PORTUGAL – UdSSR 2:1 (1:1)
Portugal: Pereira, Festa, Baptista, Carlos, Hilario, Graca, Coluna, Augusto, Eusebio (1), Torres (1), Simoes.
UdSSR: Jaschin, Ponomarjew, Kornejew, Churzilawa, Danilow, Woronin, Sitschinawa, Metreweli, Banischewskij (1), Malofejew, Serebrjannikow.
Schiedsrichter: Dagnall (England).

Finale

Am 30. Juli in London:
ENGLAND – DEUTSCHLAND 4:2 (1:1, 2:2) n.V.
England: Banks, Cohen, J. Charlton, Moore, Wilson, Stiles, B. Charlton, Peters (1), Ball, Hurst (3), Hunt.
Deutschland: Tilkowski, Höttges, Schulz, Weber (1), Schnellinger, Beckenbauer, Overath, Haller (1), Seeler, Held, Emmerich.
Schiedsrichter: Dienst (Schweiz).

9. Fußball-Weltmeisterschaft
1970 in Mexico

Qualifikation

EUROPA

Gruppe I

12.10.1968 in Basel:	Schweiz – Griechenland **1:0**
27.10.1968 in Lissabon:	Portugal – Rumänien **3:0**
23.11.1968 in Bukarest:	Rumänien – Schweiz **2:0**
11.12.1968 in Athen:	Griechenland – Portugal **4:2**
16.4.1969 in Lissabon:	Portugal – Schweiz **0:2**
16.4.1969 in Athen:	Griechenland – Rumänien **2:2**
4.5.1969 in Porto:	Portugal – Griechenland **2:2**
14.5.1969 in Lausanne:	Schweiz – Rumänien **0:1**
12.10.1969 in Bukarest:	Rumänien – Portugal **1:0**
15.10.1969 in Saloniki:	Griechenland – Schweiz **4:1**
2.11.1969 in Bern:	Schweiz – Portugal **1:1**
16.11.1969 in Bukarest:	Rumänien – Griechenland **1:1**

Rumänien qualifiziert

Gruppe II

25.9.1968 in Kopenhagen:	Dänemark – ČSSR **0:3**
20.10.1968 in Bratislava:	ČSSR – Dänemark **1:0**
4.5.1969 in Dublin:	Eire – Tschechoslowakei **1:2**
25.5.1969 in Budapest:	Ungarn – Tschechoslowakei **2:0**
27.5.1969 in Kopenhagen:	Dänemark – Eire **2:0**
8.6.1969 in Dublin:	Eire – Ungarn **1:2**
15.6.1969 in Kopenhagen:	Dänemark – Ungarn **3:2**
14.9.1969 in Prag:	Tschechoslowakei – Ungarn **3:3**
7.10.1969 in Prag:	Tschechoslowakei – Eire **3:0**
15.10.1969 in Dublin:	Eire – Dänemark **1:1**
22.10.1969 in Budapest:	Ungarn – Dänemark **3:0**
5.11.1969 in Budapest:	Ungarn – Eire **4:0**

Entscheidungsspiel

3.12.1969 in Marseille:	Tschechoslowakei – Ungarn **4:1**

Tschechoslowakei qualifiziert

Gruppe III

23.10.1968 in Cardiff:	Wales – Italien **0:1**
29.3.1969 in Berlin:	DDR – Italien **2:2**
16.4.1969 in Dresden:	DDR – Wales **2:1**
22.10.1969 in Cardiff:	Wales – DDR **1:3**
4.11.1969 in Rom:	Italien – Wales **4:1**
22.11.1969 in Neapel:	Italien – DDR **3:0**

Italien qualifiziert

Gruppe IV

23.10.1968 in Belfast:	Nordirland – Türkei **4:1**
11.12.1968 in Istanbul:	Türkei – Nordirland **0:3**
10.9.1969 in Belfast:	Nordirland – UdSSR **0:0**
15.10.1969 in Kiew:	UdSSR – Türkei **3:0**
22.10.1969 in Moskau:	UdSSR – Nordirland **2:0**
16.11.1969 in Istanbul:	Türkei – UdSSR **1:2**

UdSSR qualifiziert

Gruppe V

9.10.1968 in Stockholm:	Schweden – Norwegen **5:0**
6.11.1968 in Straßburg:	Frankreich – Norwegen **0:1**
19.6.1969 in Oslo:	Norwegen – Schweden **2:5**
10.9.1969 in Oslo:	Norwegen – Frankreich **1:3**
15.10.1969 in Stockholm:	Schweden – Frankreich **2:0**
1.11.1969 in Paris:	Frankreich – Schweden **3:0**

Schweden qualifiziert

Gruppe VI

19.6.1968 in Helsinki:	Finnland – Belgien **1:2**
25.9.1968 in Belgrad:	Jugoslawien – Finnland **9:1**
9.10.1968 in Waregem:	Belgien – Finnland **6:1**
16.10.1968 in Brüssel	Belgien – Jugoslawien **3:0**
27.10.1968 in Belgrad:	Jugoslawien – Spanien **0:0**
11.12.1968 in Madrid:	Spanien – Belgien **1:1**
23.2.1969 in Lüttich:	Belgien – Spanien **2:1**
30.4.1969 in Barcelona:	Spanien – Jugoslawien **2:1**
4.6.1969 in Helsinki:	Finnland – Jugoslawien **1:5**
25.6.1969 in Helsinki:	Finnland – Spanien **2:0**
15.10.1969 in La Linea:	Spanien – Finnland **6:0**
19.10.1969 in Skopje:	Jugoslawien – Belgien **4:0**

Belgien qualifiziert

Gruppe VII

19.5.1968 in Wien:	Österreich – Zypern **7:1**
13.10.1968 in Wien:	Österreich – Deutschland **0:2**
6.11.1968 in Glasgow:	Schottland – Österreich **2:1**
23.11.1968 in Nikosia:	Zypern – Deutschland **0:1**
11.12.1968 in Nikosia:	Zypern – Schottland **0:5**
6.4.1969 in Glasgow:	Schottland – Deutschland **1:1**
19.4.1969 in Nikosia:	Zypern – Österreich **1:2**
10.5.1969 in Nürnberg:	Deutschland – Österreich **1:0**
17.5.1969 in Glasgow:	Schottland – Zypern **8:0**
21.5.1969 in Essen:	Deutschland – Zypern **12:0**
22.10.1969 in Hamburg:	Deutschland – Schottland **3:2**
5.11.1969 in Wien:	Österreich – Schottland **2:0**

Deutschland qualifiziert

Gruppe VIII

4.9.1968 in Rotterdam:	Luxemburg – Niederlande **0:2**
27.10.1968 in Sofia:	Bulgarien – Niederlande **2:0**
26.3.1969 in Rotterdam:	Niederlande – Luxemburg **4:0**
20.4.1969 in Krakau:	Polen – Luxemburg **8:1**
23.4.1969 in Sofia:	Bulgarien – Luxemburg **2:1**
7.5.1969 in Rotterdam:	Niederlande – Polen **1:0**
15.6.1969 in Sofia:	Bulgarien – Polen **4:1**
7.9.1969 in Chorzow:	Polen – Niederlande **2:1**
12.10.1969 in Luxemburg:	Luxemburg – Polen **1:5**
22.10.1969 in Rotterdam:	Niederlande – Bulgarien **1:1**
9.11.1969 in Warschau:	Polen – Bulgarien **3:0**
7.12.1969 in Luxemburg:	Luxemburg – Bulgarien **1:3**

Bulgarien qualifiziert

SÜDAMERIKA

Gruppe I

27.7.1969 in La Paz:	Bolivien – Argentinien **3:1**
3.8.1969 in Lima:	Peru – Argentinien **1:0**
10.8.1969 in La Paz:	Bolivien – Peru **2:1**
17.8.1969 in Lima:	Peru – Bolivien **3:0**
24.8.1969 in Buenos Aires:	Argentinien – Bolivien **1:0**
31.8.1969 in Buenos Aires:	Argentinien – Peru **2:2**

Peru qualifiziert

Gruppe II

27.7.1969 in Bogotá:	Kolumbien – Venezuela **3:0**
2.8.1969 in Caracas:	Venezuela – Kolumbien **1:1**
6.8.1969 in Caracas:	Venezuela – Paraguay **0:2**
6.8.1969 in Bogotá:	Kolumbien – Brasilien **0:2**
10.8.1969 in Caracas:	Venezuela – Brasilien **0:5**

10.8.1969 in Bogotá: Kolumbien – – Paraguay **0:1**
17.8.1969 in Asunción: Paraguay – Brasilien **0:3**
21.8.1969 in Rio de Janeiro: Brasilien – Kolumbien **6:2**
21.8.1969 in Asunción: Paraguay – Venezuela **1:0**
24.8.1969 in Asunción: Paraguay – Kolumbien **2:1**
24.8.1969 in Rio de Janeiro: Brasilien – Venezuela **6:0**
31.8.1969 in Rio de Janeiro: Brasilien – Paraguay **1:0**
Brasilien qualifiziert

Gruppe III
6.7.1969 in Guayaquil: Ecuador – Uruguay **0:2**
13.7.1969 in Santiago: Chile – Uruguay **0:0**
20.7.1969 in Montevideo: Uruguay – Ecuador **1:0**
27.7.1969 in Santiago: Chile – Ecuador **4:1**
3.8.1969 in Guayaquil: Ecuador – Chile **1:1**
10.8.1969 in Montevideo: Uruguay – Chile **2:0**
Uruguay qualifiziert

MITTEL/NORDAMERIKA

Gruppe I
27.11.1968 in San José: Costa Rica – Jamaica **3:0**
1.12.1968 in San José: Jamaica – Costa Rica **1:3**
5.12.1968 in Tegucigalpa: Honduras – Jamaica **3:1**
8.12.1968 in Tegucigalpa: Jamaica – Honduras **0:2**
22.12.1968 in Tegucigalpa: Honduras – Costa Rica **1:0**
29.12.1968 in San José: Costa Rica – Honduras **1:1**
Costa Rica qualifiziert

Gruppe II
17.11.1968 in Guatemala: Guatemala – Trinidad **4:0**
20.11.1968 in Guatemala: Trinidad – Guatemala **0:0**
13.11.1968 in Port-au-Prince: Haiti – Trinidad **4:0**
25.11.1968 in Port-au-Prince: Trinidad – Haiti **4:2**
8.12.1968 in Port-au-Prince: Haiti – Guatemala **2:0**
23.2.1969 in Guatemala: Guatemala – Haiti **1:1**
Haiti qualifiziert

Gruppe III
24.11.1968 in Paramaribo: Surinam – Niederl. Ant. **6:0**
1.12.1968 in San Salvador: El Salvador – Surinam **6:0**
5.12.1968 in Aruba: Niederl. Antillen – Surinam **2:0**
12.12.1968 in San Salvador: El Salvad. – Niederl. Ant. **1:0**
15.12.1968 in San Salvador: Niederl. Ant. – El Salvad. **1:2**
22.12.1968 in Paramaribo: Surinam – El Salvador **4:1**
El Salvador qualifiziert

Gruppe IV
6.10.1968 in Toronto: Kanada – Bermuda **4:0**
13.10.1968 in Toronto: Kanada – USA **4:2**
20.10.1968 in Hamilton: Bermuda – Kanada **0:0**
26.10.1968 in Atlanta: USA – Kanada **1:0**
3.11.1968 in Kansas City: USA – Bermuda **6:2**
11.11.1968 in Hamilton: Bermuda – USA **0:2**
USA qualifiziert

ENDRUNDE MITTEL/NORDAMERIKA

Semifinale
23.4.1969 in Port-au-Prince: Haiti – USA **2:0**
11.5.1969 in San Diego: USA – Haiti **0:1**
8.6.1969 in Tegucigalpa: Honduras – El Salvador **1:0**
15.6.1969 in San Salvador: El Salvador – Honduras **3:0**
Entscheidungsspiel
27.6.1969 in Mexico City: El Salvador – Honduras **3:2**
Haiti und El Salvador qualifiziert

Endspiele
21.9.1969 in Port-au-Prince: Haiti – El Salvador **1:2**
28.9.1969 in San Salvador: El Salvador – Haiti **0:3**
Entscheidungsspiel
8.10.1969 in Kingston: El Salvador – Haiti **1:0**
El Salvador qualifiziert

ASIEN

Untergruppe a
erste Runde
10.10.1969 in Seoul: Japan – Australien **1:3**
12.10.1969 in Seoul: Südkorea – Japan **2:2**
14.10.1969 in Seoul: Australien – Südkorea **2:1**
16.10.1969 in Seoul: Australien – Japan **1:1**
18.10.1969 in Seoul: Japan – Südkorea **0:2**
20.10.1969 in Seoul: Südkorea – Australien **1:1**
Australien qualifiziert

zweite Runde
23.11.1969 in Lourenco Marques: Austr. – Rhodesien **1:1**
27.11.1969 in Lourenco Marques: Rhodesien – Austr. **0:0**
Entscheidungsspiel
29.11.1969 in Lourenco Marques: Austr. – Rhodesien **3:1**
Australien qualifiziert

Untergruppe b
28.9.1969 in Tel Aviv: Israel – Neuseeland **4:0**
1.10.1969 in Tel Aviv: Neuseeland – Israel **0:2**
Israel qualifiziert

Endspiele
4.12.1969 in Tel Aviv: Israel – Australien **1:0**
14.12.1969 in Sydney: Australien – Israel **1:1**
Israel qualifiziert

AFRIKA

Gruppe I
17.11.1968 in Algier: Algerien – Tunesien **1:2**
29.12.1968 in Tunis: Tunesien – Algerien **0:0**
Tunesien qualifiziert

Gruppe II
3.11.1968 in Casablanca: Marokko – Senegal **1:0**
5.1.1969 in Dakar: Senegal – Marokko **2:1**
Entscheidungsspiel
13.2.1969 in Las Palmas: Marokko – Senegal **2:0**
Marokko qualifiziert

Gruppe III
26.1.1969 in Tripolis: Libyen – Äthiopien **2:0**
9.2.1969 in Addis Abeba: Äthiopien – Libyen **5:1**
Äthiopien qualifiziert

Gruppe IV
27.10.1968 in Ndola: Sambia – Sudan **4:2**
8.11.1968 in Khartum: Sudan – Sambia **4:2**
Sudan qualifiziert

Gruppe V
7.12.1968 in Lagos: Nigeria – Kamerun **1:1**
22.12.1968 in Duala: Kamerun – Nigeria **2:3**
Nigeria qualifiziert

Freilos: Ghana

ENDRUNDE AFRIKA

Semifinale
27.4.1969 in Tunis: Tunesien – Marokko **0:0**
4.5.1969 in Addis Abeba: Äthiopien – Sudan **1:1**
10.5.1969 in Ibadan: Nigeria – Ghana **2:1**
11.5.1969 in Khartum: Sudan – Äthiopien **3:1**
18.5.1969 in Accra: Ghana – Nigeria **1:1**
18.5.1969 in Casablanca: Marokko – Tunesien **0:0**
Entscheidungsspiel
13.6.1969 in Marseille: Marokko – Tunesien **2:2**
Marokko Sieger durch Losentscheid
Nigeria, Sudan und Marokko qualifiziert

Endspiele
13.9.1969 in Lagos: Nigeria – Sudan **2:2**
21.9.1969 in Casablanca: Marokko – Nigeria **2:1**
3.10.1969 in Khartum: Sudan – Nigeria **3:3**
10.10.1969 in Khartum: Sudan – Marokko **0:0**
26.10.1969 in Casablanca: Marokko – Sudan **3:0**
8.11.1969 in Ibadan: Nigeria – Marokko **2:0**
Marokko qualifiziert

Gruppe 1

Am 31. Mai in Mexico City:
MEXIKO – UdSSR 0:0
Mexiko: Calderon, Pena, Perez, Hernandez, Lopez, Vantolra, Guzman, Pulido, Velarde (ab 69. Munguia), Valdivia, Fragoso.
UdSSR: Kawasaschwilij, Kaplitschnij, Lowtschew, Logofet, Schesternjew, Asatianij, Muntjan, Serebrjannikow (46. Pusatsch), Bischowez, Jewrjuschichin, Nodja (67. Chmelnizkij).
Schiedsrichter: Tschenscher (Deutschland).

Am 3. Juni in Mexico City:
BELGIEN – EL SALVADOR 3:0 (1:0)
Belgien: Piot, Heylens, Thissen, Dewalque, Dockx, Semmeling (79. Polleunis), van Moer (2), Devrindt, van Himst, Puis, Lambert (1).
El Salvador: Magana, Rivas, Mariona, Osorio, Quintanilla, Rodriguez, Vasquez, Martinez, Flamenco Cabezas, Aparicio, Manzano (67. Cortes).
Schiedsrichter: Radulescu (Rumänien).

Am 6. Juni in Mexico City:
UdSSR – BELGIEN 4:1 (1:0)
UdSSR: Kawasaschwilij, Afonin, Dsodsuaschwilij (73. Kiselew), Kaplitschnij (35. Lowtschew), Churzilawa, Schesternjew, Asatianij (1), Muntjan, Bischowez (2), Jewrjuschichin, Chmelnizkij (1).
Belgien: Piot, Heylens, Thissen, Dewalque, Jeck, Dockx, Semmeling, van Moer, van Himst, Puis, Lambert (1).
Schiedsrichter: Scheurer (Schweiz).

Am 7. Juni in Mexico City:
MEXIKO – EL SALVADOR 4:0 (1:0)
Mexiko: Calderon, Vantolra (1), Pena, Guzman, Perez Gonzalez, Munguia, Valdivia (1), Fragoso (1), Borja (46. Lopez, 77. Basaguren – 1), Padilla.
El Salvador: Magana, Rivas, Mariona, Cortes (67. Monge), Osorio, Quintanilla, Flamenco Cabezas, Vasquez, Rodriguez, Martinez, Aparicio.
Schiedsrichter: Kandil (VAR).

Am 10. Juni in Mexico City:
UdSSR – EL SALVADOR 2:0 (0:0)
UdSSR: Kawasaschwilij, Afonin, Churzilawa, Schesternjew, Dsodsuaschwilij, Kiselew (80. Asatianij), Muntjan (1), Pusatsch (46. Jewrjuschichin), Serebrjannikow, Bischowez (1), Chmelnizkij.
El Salvador: Magana, Rivas, Mariona, Osorio, Rodriguez (85. Sermeno), Vasquez, Flamenco Cabezas (81. Aparicio), Monge, Portillo, Castro, Mendez.
Schiedsrichter: Hormazabal Diaz (Chile).

Am 11. Juni in Mexico City:
MEXIKO – BELGIEN 1:0 (1:0)
Mexiko: Calderon, Vantolra, Pena (1), Guzman, Perez, Pulido, Gonzalez, Munguia, Valdivia (46. Basaguren), Fragoso, Padilla.
Belgien: Piot, Heylens, Dewalque, Jeck, Thissen, van Moer, Dockx, Puis, Semmeling, Polleunis (64.Devrindt), van Himst.
Schiedsrichter: Coerezza (Argentinien).

1.–2.	UdSSR	3 2 1 0	6:1	5:1
1.–2.	Mexiko	3 2 1 0	5:0	5:1
3.	Belgien	3 1 0 2	4:5	2:4
4.	El Salvador	3 0 0 3	0:9	0:6

Gruppe 2

Am 2. Juni in Puebla:
URUGUAY – ISRAEL 2:0 (1:0)
Uruguay: Mazurkiewicz, Ubinas, Ancheta, Matosas, Mujica (1), Montero Castillo, Rocha (12. Cortez), Maneiro (1), Cubilla, Esparrago, Losada.
Israel: Wissoker, Schwager, Rozen, Rosenthal, Primo, Spiegel, Shoum, Rom (57. Vollach), Spiegler, Talbi (46. Bar), Faigenbaum.
Schiedsrichter: Davidson (Schottland).

Am 3. Juni in Toluca:
ITALIEN – SCHWEDEN 1:0 (1:0)
Italien: Albertosi, Burgnich, Facchetti, Bertini, Niccolai (47. Rosato), Cera, Domenghini (1), Mazzola, Boninsegna, De Sisti, Riva.
Schweden: Hellström, Axelsson, Nordqvist, Grip, Svensson, B. Larsson (80. Nicklasson), Eriksson (57. Ejderstedt), Kindvall, Grahn, Cronqvist, Olsson.
Schiedsrichter: Taylor (England).

Am 6. Juni in Puebla:
URUGUAY – ITALIEN 0:0
Uruguay: Mazurkiewicz, Ancheta, Matosas, Ubinas, Montero Castillo, Mujica, Cubilla, Esparrago, Maneiro, Bareno (73. Zubia), Cortez.
Italien: Albertosi, Burgnich, Facchetti, Cera, Rosato, Bertini, Riva, Domenghini (46. Furino), Mazzola, De Sisti, Boninsegna.
Schiedsrichter: Glöckner (DDR).

Am 7. Juni in Toluca:
SCHWEDEN – ISRAEL 1:1 (0:0)
Schweden: S. G. Larsson, Selander, Axelsson, Olsson, Grip, B. Larsson, Nordahl, Svensson, Turesson (1), Kindvall, Persson (75. Palsson).
Israel: Wissoker, Schwager, Rozen, Vollach (48. Shuruk), Primo, Rosenthal, Spiegel, Spiegler (1), Shoum, Faigenbaum, Bar.
Schiedsrichter: Tarekegn (Äthiopien).

Am 10. Juni in Puebla:
SCHWEDEN – URUGUAY 1:0 (0:0)
Schweden: S. G. Larsson, Selander, Axelsson, Nordqvist, Grip, Svensson, B. Larsson, Eriksson, Kindvall (60. Turesson), Nicklasson (84. Grahn – 1), Persson.
Uruguay: Mazurkiewicz, Ancheta, Matosas, Ubinas, Montero Castillo, Mujica, Zubia, Esparrago (62. Fontes), Maneiro, Cortez, Losada.
Schiedsrichter: Landauer (USA).

Am 11. Juni in Toluca:
ITALIEN – ISRAEL 0:0
Italien: Albertosi, Burgnich, Cera, Rosato, Facchetti, De Sisti, Domenghini (46. Rivera), Mazzola, Bertini, Boninsegna, Riva.
Israel: Wissoker, Schwager, Rozen, Rosenthal, Primo, Bello, Spiegel, Spiegler, Shoum, Faigenbaum (46. Rom), Bar.
Schiedsrichter: De Moraes (Brasilien).

1. Italien	3 1 2 0	1:0	4:2
2. Uruguay	3 1 1 1	2:1	3:3
3. Schweden	3 1 1 1	2:2	3:3
4. Israel	3 0 2 1	1:3	2:4

Gruppe 3

Am 2. Juni in Guadalajara:
ENGLAND – RUMÄNIEN 1:0 (0:0)
England: Banks, Newton (50. Wright), Labone, Moore, Cooper, Mullery, Ball, B. Charlton, Peters, Lee (77. Osgood), Hurst (1).
Rumänien: Adamache, Satmareanu, Lupescu, Dinu, Mocanu, Dumitru, Nunweiler, Dembrowski, Dumitrache, Tataru (75. Neagu), Lucescu.
Schiedsrichter: Loraux (Belgien).

Am 3. Juni in Guadalajara:
BRASILIEN – TSCHECHOSLOWAKEI 4:1 (1:1)
Brasilien: Felix, Carlos Alberto, Brito, Piazza, Everaldo, Clodoaldo, Gerson (74. Paulo Cesar), Rivelino (1), Jairzinho (2), Tostao, Pelé (1).
Tschechoslowakei: Viktor, Dobias, Horvath, Migas, Hagara, Hrdlicka (46. Kvasnak), Kuna, F. Vesely (75. B. Vesely), Petras (1), Adamec, Jokl.
Schiedsrichter: Barreto Ruiz (Uruguay).

Am 6. Juni in Guadalajara:
RUMÄNIEN – TSCHECHOSLOWAKEI 2:1 (0:1)
Rumänien: Adamache, Satmareanu, Dinu, Lupescu, Mocanu Dumitru (81. Gergely), Nunweiler, Dembrowski, Neagu (1), Dumitrache (1), Lucescu (46. Tataru).
Tschechoslowakei: Vencel, Dobias, Migas, Horvath, J. Zlocha, Kuna, Kvasnak, B. Vesely, Jurkanin (46. Adamec), Petras (1), Jokl (67. F. Vesely).
Schiedsrichter: De Leo Diego (Mexiko).

Am 7. Juni in Guadalajara:
BRASILIEN – ENGLAND 1:0 (0:0)
Brasilien: Felix, Carlos Alberto, Brito, Piazza, Everaldo, Paulo Cesar, Rivelino, Clodoaldo, Jairzinho (1), Tostao (68. Roberto), Pelé.
England: Banks, Wright, Labone, Moore, Cooper, Mullery, Ball, B. Charlton (64. Astle), Peters, Lee (64. Bell), Hurst.
Schiedsrichter: Klein (Israel).

Am 10. Juni in Guadalajara:
BRASILIEN – RUMÄNIEN 3:2 (2:1)
Brasilien: Felix, Carlos Alberto, Brito, Fontana, Everaldo (56. Marco Antonio), Clodoaldo (73. Edu), Piazza, Paulo Cesar, Jairzinho (1), Tostao, Pelé (2).
Rumänien: Adamache (28. Raducanu), Satmareanu, Lupescu, Dinu, Mocanu, Dumitru, Nunweiler, Dembrowski (1), Neagu, Dumitrache (1 – 71. Tataru), Lucescu.
Schiedsrichter: Marschall (Österreich).

Am 11. Juni in Guadalajara:
ENGLAND – TSCHECHOSLOWAKEI 1:0 (0:0)
England: Banks, Newton, J. Charlton, Moore, Cooper, Mullery, Bell, B. Charlton (66. Ball), Peters, Clarke (1), Astle (60. Osgood).

Tschechoslowakei: Viktor, Dobias, Migas, Hrivnak, Hagara, Pollak, Kuna, F. Vesely, Petras, Adamec, Capkovic (70. Jokl).
Schiedsrichter: Machin (Frankreich).

1. Brasilien	3 3 0 0	8:3	6:0
2. England	3 2 0 1	2:1	4:2
3. Rumänien	3 1 0 2	4:5	2:4
4. Tschechoslowakei	3 0 0 3	2:7	0:6

Gruppe 4

Am 2. Juni in León:
PERU – BULGARIEN 3:2 (0:1)
Peru: Rubinos, Campos (27. J. Gonzalez), de la Torre, Chumpitaz (1), Fuentes, Mifflin, Challe, Baylon (50. Sotil), Leon, Cubillas (1), Gallardo (1).
Bulgarien: Simeonow, Schalamanow, Dimitrow, Dawidow, Aladjow, Penew, Bonew (1 – 73. Asparuchow), Jakimow, Popow (59. Maratschliew), Jekow, Dermendjiew (1).
Schiedsrichter: Sbardella (Italien).

Am 3. Juni in León:
DEUTSCHLAND – MAROKKO 2:1 (0:1)
Deutschland: Maier, Vogts, W. Schulz, Fichtel, Höttges (75. Löhr), Haller (46. Grabowski), Beckenbauer, Overath, Seeler (1), Müller (1), Held.
Marokko: Kassou, Lamrani, Benkhrif, Slimani, Khanoussi, Filali, Maaroufi, Bamous (71. Faras), Ghandi, Jarir (1), Mouhob (55. Elkhiatti).
Schiedsrichter: van Ravens (Niederlande).

Am 6. Juni in León:
PERU – MAROKKO 3:0 (0:0)
Peru: Rubinos, P. Gonzalez, de la Torre, Chumpitaz, Fuentes, Mifflin, Challe (1 – 55. Cruzado), Sotil, Leon, Cubillas (2), Gallardo (76. Ramirez).
Marokko: Kassou, Lamrani, Slimani, Khanoussi, Benkhrif (65. Fadili), Maaroufi, Filali, Ghandi (80. Allaoui), Jarir, Bamous, Mouhob.
Schiedsrichter: Bachramow (UdSSR).

Am 7. Juni in León:
DEUTSCHLAND – BULGARIEN 5:2 (2:1)
Deutschland: Maier, Schnellinger, Vogts, Fichtel, Höttges, Seeler (1), Beckenbauer (72. Weber), Overath, Libuda (1), Müller (3), Löhr (59. Grabowski).
Bulgarien: Simeonow, Gajdarski, Jetschew, Nikodimow (1), Gaganelow (58. Schalamanow), Bonew, Penew, Kolew (1), Maratschliew, Asparuchow, Dermendjiew (46. Mitkow).
Schiedsrichter: de Mendibil (Spanien).

Am 10. Juni in León:
DEUTSCHLAND – PERU 3:1 (3:1)
Deutschland: Maier, Vogts, Fichtel, Schnellinger, Höttges (46. Patzke), Seeler, Beckenbauer, Overath, Libuda (75. Grabowski), Müller (3), Löhr.
Peru: Rubinos, P. Gonzalez, de la Torre, Chumpitaz, Fuentes, Mifflin, Challe (70. Cruzado), Sotil, Leon (55. Ramirez), Cubillas (1), Gallardo.
Schiedsrichter: Aguilar (Mexiko).

Am 11. Juni in León:
BULGARIEN – MAROKKO 1:1 (1:0)
Bulgarien: Jordanow, Schalamanow, Nikodimow, Jetschew (1), Gajdarski, Jakimow (60. Bonew), Kolew, Penew (42. Dimitrow), Popow, Asparuchow, Mitkow.
Marokko: Hazzaz, Fadili, Khanoussi, Slimani, Benkhrif, Maaroufi, Bamous (46. Choukri), Filali, Ghandi, Allaoui (73. Faras), Mouhob (1).
Schiedsrichter: Saldanha (Portugal).

1. Deutschland	3 3 0 0	10:4	6:0
2. Peru	3 2 0 1	7:5	4:2
3. Bulgarien	3 0 1 2	5:9	1:5
4. Marokko	3 0 1 2	2:6	1:5

Viertelfinale

Am 14. Juni in Mexico City:
URUGUAY – UdSSR 1:0 (0:0) n.V.
Uruguay: Mazurkiewicz, Ubinas, Matosas, Ancheta, Mujica, Cortez, Montero Castillo, Maneiro, Cubilla, Morales (95. Gomez), Fontes (115. Esparrago – 1).
UdSSR: Kawasaschwilij, Dsodsuaschwilij, Schesternjew, Kaplitschnij, Afonin, Muntjan, Churzilawa (85. Logofet), Asatianij (72. Kiselew), Jewrjuschichin, Bischowez, Chmelnizkij.
Schiedsrichter: van Ravens (Niederlande).

Am 14. Juni in Toluca:
ITALIEN – MEXIKO 4:1 (1:1)
Italien: Albertosi, Burgnich, Cera, Rosato, Facchetti, Domenghini (1 – Gori), De Sisti, Mazzola (46. Rivera – 1), Bertini, Boninsegna, Riva (2).
Mexiko: Calderon, Vantolra, Pena, Guzman, Perez, Munguia (59. Diaz), Pulido, Gonzalez (1 – Borja), Valdivia, Fragoso, Padilla.
Schiedsrichter: Scheurer (Schweiz).

Am 14. Juni in Guadalajara:
BRASILIEN – PERU 4:2 (2:1)
Brasilien: Felix, Carlos Alberto, Brito, Piazza, Marco Antonio, Gerson, Clodoaldo, Rivelino (1), Jairzinho (1 – 67. Paulo Cesar), Tostao (2), Pelé.
Peru: Rubinos, Campos, Fernandez, Chumpitaz, Fuentes, Mifflin, Challe, Cubillas (1), Baylon (53. Sotil), Leon (61. Reyes), Gallardo (1).
Schiedsrichter: Loraux (Belgien).

Am 14. Juni in León:
DEUTSCHLAND – ENGLAND 3:2 (0:1, 2:2) n.V.
Deutschland: Maier, Vogts, Schnellinger, Fichtel, Höttges (46. W. Schulz), Seeler (1), Beckenbauer (1), Overath, Libuda (57. Grabowski), Müller (1), Löhr.
England: Bonetti, Newton, Labone, Moore, Cooper, Mullery (1), Ball, B. Charlton (71. Bell), Peters (1 – 81. Hunter), Lee, Hurst.
Schiedsrichter: Coerezza (Argentinien).

Semifinale

Am 17. Juni in Mexico City:
ITALIEN – DEUTSCHLAND 4:3 (1:0, 1:1) n.V.
Italien: Albertosi, Burgnich (1), Cera, Rosato (91. Poletti), Facchetti, Domenghini, Mazzola (46. Rivera – 1), Bertini, De Sisti, Boninsegna (1), Riva (1).
Deutschland: Maier, Vogts, Schnellinger (1), W. Schulz, Patzke (66. Held), Seeler, Beckenbauer, Overath, Grabowski, Müller (2), Löhr (52. Libuda).
Schiedsrichter: Yamasaki (Mexiko).

Am 17. Juni in Guadalajara:
BRASILIEN – URUGUAY 3:1 (1:1)
Brasilien: Felix, Carlos Alberto, Brito, Piazza, Everaldo, Gerson, Clodoaldo (1), Rivelino (1), Jairzinho (1), Tostao, Pelé.
Uruguay: Mazurkiewicz, Ubinas, Matosas, Ancheta Mujica, Cortez, Maneiro (73. Esparrago), Montero Castillo, Cubilla (1), Fontes, Morales.
Schiedsrichter: de Mendibil (Spanien).

Um den dritten Platz

Am 20. Juni in Mexico City:
DEUTSCHLAND – URUGUAY 1:0 (1:0)
Deutschland: Wolter, Patzke, Weber, Schnellinger (46. Lorenz), Vogts, Seeler, Fichtel, Overath (1), Libuda (75. Löhr), Müller, Held.
Uruguay: Mazurkiewicz, Ubinas, Ancheta, Matosas, Mujica, Maneiro (69. Sandoval), Montero Castillo, Cubilla, Cortez, Fontes (46. Esparrago), Morales.
Schiedsrichter: Sbardella (Italien).

Finale

Am 21. Juni in Mexico City:
BRASILIEN – ITALIEN 4:1 (1:1)
Brasilien: Felix, Carlos Alberto (1), Brito, Piazza, Everaldo, Clodoaldo, Gerson (1), Rivelino, Jairzinho (1), Tostao, Pelé (1).
Italien: Albertosi, Cera, Burgnich, Bertini (74. Juliano), Rosato, Facchetti, Domenghini, De Sisti, Mazzola, Boninsegna (1 – 84. Rivera), Riva.
Schiedsrichter: Glöckner (DDR).

10. Fußball-Weltmeisterschaft
1974 in Deutschland

Qualifikation

EUROPA GRUPPE I

Am 14. November 1971 in Malta:
MALTA – UNGARN 0:2 (0:1)
MALTA: Borg Bonaci, Pace, Grima (30. Scerri), A. Camilleri, Micallef, Damanin, Cocks, Vassallo, Bonett, Theobald, Arpa.
UNGARN: Geczy, Nosko, Kovacs, I. Juhasz, Vidats, Szücs, Fazekas, P. Juhasz, Bene (2), A. Dunai, Zambo.
Schiedsrichter: Lo Bello (Italien); Zuschauer: 12 000.

Am 30. April 1972 in Wien:
ÖSTERREICH – MALTA 4:0 (3:0)
ÖSTERREICH: Stachowicz, Schmidradner, Sturmberger, Horvath, Eigenstiller, Daxbacher, Kreuz, Hof (1), Hickersberger (3), Parits, Jara.
MALTA: Borg Bonaci, Pace, Scerri, A. Camilleri, Cini, Darmanin, Cocks, Vassallo, Theobald, Arpa, Spiteri.
Schiedsrichter: Kruaschwili (UdSSR); Zuschauer: 17 000.

Am 6. Mai 1972 in Budapest:
UNGARN – MALTA 3:0 (1:0)
UNGARN: Geczy, Vepi, Pancsics, P. Juhasz, Vidats (57. Balint), Szücs, Szöke, I. Juhasz (1), Bene (1), A. Dunai (24. Kocsis – 1), Zambo.
MALTA: Mizzi, Spiteri, Scerri, A. Camilleri, Cini, Briffa, Cocks, Vassallo, Arpa, Darmanin, Schembri.
Schiedsrichter: Gugulovic (Jugoslawien); Zuschauer: 5600.

Am 25. Mai 1972 in Stockholm:
SCHWEDEN – UNGARN 0:0
SCHWEDEN: Hellström, Cronqvist, Grip, Kristensson, Nordqvist, T. Svensson, B. Larsson, Grahn, Kindvall (82. Flink), Eklund (74. Sandberg), Persson.
UNGARN: Geczy, Fabian, Pancsics, Balint, P. Juhasz, Szücs, Kocsis, Zambo, Szöke (74. A. Dunai), Kü, Bene.
Schiedsrichter: van Ravens (Niederlande); Zuschauer: 29 000.

Am 10. Juni 1972 in Wien:
ÖSTERREICH – SCHWEDEN 2:0 (0:0)
ÖSTERREICH: Koncilia, Pumm (1), Sturmberger, Horvath, Eigenstiller, Hasil, Hof (Hattenberger), Hickersberger, Parits (1), Ettmayer (28. Starek), Jara.
SCHWEDEN: Hellström, Kristensson, Nordqvist, Grip, T. Svensson, B. Larsson, Kindvall, Eklund, Persson, Cronqvist, Eriksson.
Schiedsrichter: Bucheli (Schweiz); Zuschauer: 45 000.

Am 15. Oktober 1972 in Göteborg:
SCHWEDEN – MALTA 7:0 (5:0)
SCHWEDEN: Hellström, Cronqvist, Grip, Maalberg, Nordqvist, B. Larsson (2), Torstensson, Sandberg (1), Szepansky (1), Edström (3), Leback.
MALTA: Mizzi, A. Debono, Scerri (E. Micallef), Briffa, Spiteri, Darmanin, Cocks, Vassallo, Xuereb, Arpa, Seychell (C. Micallef).
Schiedsrichter: Hirviniemi (Finnland); Zuschauer: 24 000.

Am 15. Oktober 1972 in Wien:
ÖSTERREICH – UNGARN 2:2 (0:2)
ÖSTERREICH: Stachowicz, Pumm, Schmidradner, Eigenstiller, Starek, Horvath, Hickersberger, Hasil (1), Parits, Köglberger, Jara (1).
UNGARN: Geczy, Pancsics, P. Juhasz, I. Juhasz, Kovacs, Balint, Szöke, Kocsis (1), A. Dunai (1), Szücs, Zambo.
Schiedsrichter: Glöckner (DDR); Zuschauer: 74 000.

Am 25. November 1972 in La Valetta:
MALTA – ÖSTERREICH 0:2 (0:0)
MALTA: A. W. Debono, Ciantar, Spiteri (1 Eigentor), A. Debono, Darmanin, E. Micallef, Cocks (78. Briffa), Vassallo, An. Camilleri, Arpa, Xuereb.
ÖSTERREICH: Stachowicz, Sara, Eigenstiller (83. Hof), Schmidradner, Pumm, Starek, Hickersberger, Köglberger (1), Parits, Gallos, Jara.
Schiedsrichter: Francescon (Italien); Zuschauer: 5000.

Am 29. April 1973 in Budapest:
UNGARN – ÖSTERREICH 2:2 (1:2)
UNGARN: Geczy, Pancsics (46. Fabian), Kovacs, P. Juhasz, Balint (1), Szücs, Fazekas, Kocsis, Bene, A. Dunai, Zambo (1 – 46. Varadi).
ÖSTERREICH: Koncilia, Sara, Sturmberger, Krieger, Schmidradner, Eigenstiller, Starek (1), Hasil, Parits (72. Hattenberger), Kreuz, Jara (1).
Schiedsrichter: Kitabdjian (Frankreich); Zuschauer: 74 000.

Am 24. Mai 1973 in Göteborg:
SCHWEDEN – ÖSTERREICH 3:2 (1:0)
SCHWEDEN: S. Larsson, Jan Olsson (Atvidaberg), Grip, Jan Olsson (GAIS), Nordqvist, B. Larsson, Grahn (1), Magnusson (73. Palsson), Kindvall, Edström, Sandberg (2).
ÖSTERREICH: Stachowicz, Sara, Sturmberger, Krieger, Schmidradner, Starek (1), Hasil (70. Ettmayer), Kreuz, Parits, Jara (1), Hickersberger.
Schiedsrichter: Loraux (Belgien); Zuschauer: 48 000.

Am 13. Juni 1973 in Budapest:
UNGARN – SCHWEDEN 3:3 (1:1)
UNGARN: Bicskei, Török, Kovacs, Szücs, Balint, Vidats (1), Kozma (1 – 46. Szöke), I. Juhasz, Bene, Toth (46. Kocsis), Zambo (1).
SCHWEDEN: S. Larsson, Jan Olsson (Atvidaberg), Jan Olsson (GAIS), Nordqvist, Grip, Grahn, Tapper, Magnusson (46. Torstensson), Kindvall (1), Edström (1 – 80. S. Andersson), Sandberg (1).
Schiedsrichter: Lo Bello (Italien); Zuschauer: 75 000.

Am 11. November 1973 in La Valetta:
MALTA – SCHWEDEN 1:2 (1:2)
MALTA: A. W. Debono, Ciantar, Farrugia, Spiteri, A. Camilleri, Darmanin, Cocks, Vassallo, An. Camilleri (1), Arpa, Aquilina.
SCHWEDEN: Hellström, Jan Olsson, Tapper, Nordqvist, B. Andersson, Grahn, B. Larsson (1), Sandberg, Kindvall (1 – 53. Torstensson), Edström, Ahlström.
Schiedsrichter: Katsoras (Griechenland); Zuschauen 25 000.

1. Schweden	6 3 2 1	8:4	15:8
2. Österreich	6 3 2 1	8:4	14:7
3. Ungarn	6 2 4 0	8:4	12:7
4. Malta	6 0 0 6	0:12	1:20

Entscheidungsspiel
Am 27. November 1973 in Gelsenkirchen:
SCHWEDEN – ÖSTERREICH 2:1 (2:1)
SCHWEDEN: Hellström, Jan Olsson, Karlsson, Nordqvist, B. Andersson, Grahn, B. Larsson (1), Torstensson, Kindvall, Edström, Sandberg (1).
ÖSTERREICH: Rettensteiner, Eigenstiller, Horvath, Schmidradner, Kriess, Hattenberger (1), Hof, Hasil, Krankl, Kreuz, Jara.
Schiedsrichter: Glöckner (DDR); Zuschauer: 25 000.
Schweden qualifiziert

EUROPA GRUPPE II

Am 7. Oktober 1972 in Luxemburg:
LUXEMBURG – ITALIEN 0:4 (0:3)
LUXEMBURG: Zender, Da Grava, J. Hoffmann, Roemer, Jeitz, Flenghi, Dussier, Weis, Martin, Philipp, Bamberg (46. J.-P. Hoffmann).
ITALIEN: Zoff, Spinosi, Bellugi, Agroppi, Rosato, Burgnich, Mazzola, Capello (1), Chinaglia (1), Rivera, Riva (2).
Schiedsrichter: Wurtz (Frankreich); Zuschauer: 12 000.

Am 21. Oktober 1972 in Bern:
SCHWEIZ – ITALIEN 0:0
SCHWEIZ: Prosperi, Ramseier, Mundschin, Hasler, Boffi, Kuhn (63. Demarmels), Balmer, Odermatt, Müller, Chapuisat, Jeandupeux.
ITALIEN: Zoff, Spinosi, Bellugi, Agroppi, Rosato, Burgnich, Mazzola, Capello, Chinaglia), Rivera, Riva.
Schiedsrichter: Tschenscher (Deutschland); Zuschauer: 58 000.

Am 22. Oktober 1972 in Esch-sur-Alzette:
LUXEMBURG – TÜRKEI 2:0 (2:0)
LUXEMBURG: Zender, Kirsch, Da Grava, Jeitz, Pilot, Trierweiler, Weis, Flenghi, Martin, Braun (1. – 70. Welcher), Dussier (1).
TÜRKEI: Yasin, Ekrem (36. Metin), Tuncay, Özer, Zekeriya, Köksal (75. Cetin), O. Mehmet, Ziya, Gökmen, Osman, Ender.
Schiedsrichter: Riegg (Deutschland); Zuschauer: 5000.

Am 10. Dezember 1972 in Istanbul:
TÜRKEI – LUXEMBURG 3:0 (2:0)
TÜRKEI: Sabri, Ahmet, Ismail, Özer, Zekeriya, Ziya, Metin, Fuat, Osman (2), Köksal (1), O. Mehmet (46. Sevki).
LUXEMBURG: Zender (Martin), Kirsch, Flenghi, Jeitz, Da Grava, Fandel, Trierweiler, Philipp, Dussier, J.-P. Hoffmann, Di Genova.
Schiedsrichter: Bachramow (UdSSR); Zuschauer: 30 000.

Am 13. Januar 1973 in Neapel:
ITALIEN – TÜRKEI 0:0
ITALIEN: Zoff, Spinosi, Marchetti, Agroppi, Bellugi, Burgnich, Causio, Capello, Chinaglia (46. Anastasi), Rivera, Riva.
TÜRKEI: Sabri, A. Mehmet, Özer, Muzaffer, Zekeriya, Ziya, Fuat (88. Köksal), Bülent, O. Mehmet, Cemil (82. Osman), Metin.
Schiedsrichter: Kruaschwili (UdSSR); Zuschauer: 70 000.

Am 25. Februar 1973 in Istanbul:
TÜRKEI – ITALIEN 0:1 (0:1)
TÜRKEI: Sabri, A. Mehmet, Zekeriya, Özer, Muzaffer, Ziya, Fuat (86. Köksal), Metin, Bülent, Cemil, O. Mehmet (65. Osman).
ITALIEN: Zoff, Spinosi, Facchetti, Furino, Morini, Burgnich, Causio, Mazzola, Anastasi (1), Capello, Riva.
Schiedsrichter: Aouissi (Algerien); Zuschauer: 40 000.

Am 31. März 1973 in Genua:
ITALIEN – LUXEMBURG 5:0 (2:0)
ITALIEN: Zoff, Sabadini, Facchetti, Benetti, Spinosi, Burgnich, Mazzola, Capello, Anastasi (44. Pulici), Rivera (1 – 83. Sala), Riva (4).
LUXEMBURG: Zender, Kirsch, Hansen, Jeitz, Da Grava, Fandel, Trierweiler (84. Weis), Dussier, Braun, Philipp, Langers.
Schiedsrichter: Seoudi (Tunesien); Zuschauer: 40 000.

Am 8. April 1973 in Luxemburg:
LUXEMBURG – SCHWEIZ 0:1 (0:1)
LUXEMBURG: Moes, Kirsch, Da Grava, Jeitz, Hansen, Pilot, Trierweiler, Langers, Philipp, Braun, Dussier (71. J.-P. Hoffmann).
SCHWEIZ: Prosperi, Boffi, Hasler, Ramseier, Chapuisat, Kuhn Balmer, Odermatt (1), Müller, Quentin, Jeandupeux (46. Demarmels).
Schiedsrichter: Wöhrer (Österreich); Zuschauer: 8000.

Am 9. Mai 1973 in Basel:
SCHWEIZ – TÜRKEI 0:0
SCHWEIZ: Prosperi, Boffi, Hasler, Heer, Chapuisat, Kuhn Balmer, Odermatt, Künzli (45. Quentin), Demarmels, Müller.
TÜRKEI: Sabri, A. Mehmet, Zekeriya, Özer, Ismail, Ziya, Bülent, Köksal, O. Mehmet, Cemil, Metin.
Schiedsrichter: Emsberger (Ungarn); Zuschauer: 52 000.

Am 26. September 1973 in Luzern:
SCHWEIZ – LUXEMBURG 1:0 (1:0)
SCHWEIZ: Deck, Valentini, Hasler, Wegmann, Mundschin, Kuhn, Cornioley (67. Balmer), Odermatt, Müller, Blättler (1), Demarmels.
LUXEMBURG: Moes, Kirsch, Hansen, Pilot, Da Grava, Flenghi, Weis (12. Krecke), Philipp, Dussier, J.-P. Hoffmann (Grettnich), Braun.
Schiedsrichter: Riedel (DDR); Zuschauer: 18 000.

Am 20. Oktober 1973 in Rom:
ITALIEN – SCHWEIZ 2:0 (1:0)
ITALIEN: Zoff, Spinosi, Facchetti, Benetti, Morini, Burgnich, Mazzola, Capello, Anastasi, Rivera (1 – 44. Causio), Riva (1).
SCHWEIZ: Deck, Wegmann (46. Stierli), Hasler, Schild, Chapuisat (62. Luisier), Kuhn, Vuilleumier, Odermatt, Müller, Blättler, Jeandupeux.
Schiedsrichter: Camacho (Spanien); Zuschauer: 75 000.

Am 18. November 1973 in Izmir:
TÜRKEI – SCHWEIZ 2:0 (1:0)
TÜRKEI: Yasin, Alpaslan (72. Timucin), Zekeriya, Özer, Tuncay, Ziya, A. Mehmet (46. Melin – 1), Bülent, O. Mehmet, Cemil, T. Mehmet (1).
SCHWEIZ: Deck, Valentini, Hasler, Wegmann, Vuilleumier, Kuhn, Pfister, Odermatt (70. Demarmels), Jeandupeux, Blättler, Chapuisat (70. Meyer).
Schiedsrichter: Davidson (Schottland); Zuschauer: 75 000.

1. Italien	6 4 2 0	10:2	12:0
2. Türkei	6 2 2 2	6:6	5:3
3. Schweiz	6 2 2 2	6:6	2:4
4. Luxemburg	6 1 0 5	2:10	2.14

Italien qualifiziert

EUROPA GRUPPE III

Am 18. Mai 1972 in Lüttich:
BELGIEN – ISLAND 4:0 (2:0)
BELGIEN: Piot, Heylens, Thissen, Dolmans, Vandendaele, Dockx, Semmeling, Polleunis (3), Lambert (46. Teugels), van Himst (1), Verheyen.
ISLAND: Dagsson, J. Atlason, O. Sigurvinsson, E. Gunnarsson, Kjartansson, M. Geirsson, Juliusson, Leifsson, H. Gunnarsson, Eliasson, E. Geirsson.
Schiedsrichter: Rasmussen (Dänemark); Zuschauer: 7000.

Am 22. Mai 1972 in Brügge:
ISLAND – BELGIEN 0:4 (0:2)
ISLAND: Dagsson, J. Atlason, O. Sigurvinsson, E. Gunnarsson, Kjartansson, M. Geirsson, Juliusson, Leifsson, E. Geirsson, Eliasson, Palsson.
BELGIEN: Piot, Heylens, Thissen, Verheyen, Vandendaele, Dockx (1), F. Janssens (1), Polleunis, Lambert (2), Thio, van Himst.
Schiedsrichter: Byrne (Eire); Zuschauer 12 000.

Am 3. August 1972 in Stavanger:
NORWEGEN – ISLAND 4:1 (0:0)
NORWEGEN: G. Karlsen, Meirik, Slinning, Pettersen, Spydevold, Christiansen, Johansen (1), Lund (1), Berg, J. Fuglset (1), Hestad (1).
ISLAND: T. Atlason, O. Sigurvinsson, E. Gunnarsson, Kjartansson, M. Geirsson, Leifsson, Oskarsson (1), Hafsteinsson, Thordarson, Eliasson, A. Sigurvinsson.
Schiedsrichter: Riedel (DDR); Zuschauer: 8000.

Am 4. Oktober 1972 in Oslo:
NORWEGEN – BELGIEN 0:2 (0:0)
NORWEGEN: Antonsen, Meirik, Pettersen, Spydevold, Alsaker-Nöstdahl, Bornd, Berg, Aas (46. Johansen), Hestad (80. Birkland), T. Fuglset, J. Fuglset.
BELGIEN: Piot, Heylens, Dolmans (1 – 86. Martens), Thissen, Vandendaele, Dockx, Semmeling (1), Polleunis, Lambert (75. Teugels), von Himst, Verheyen.
Schiedsrichter: Mullan (Schottland); Zuschauer: 10 000.

Am 1. November 1972 in Rotterdam:
NIEDERLANDE – NORWEGEN 9:0 (1:0)
NIEDERLANDE: van Beveren, Schneider, Mansveld, Hulshoff, Krol, de Jong (1), Neeskens (3), Pahlplatz (65. Brokamp – 2), Cruyff (2), van Hanegem, Keizer (1).
NORWEGEN: Haftorsen, Pettersen, Spydevold, Meirik, Slinning (Lund), Hammerö (Birkelund), Bornd, Hestad, T. Fuglset, J. Fuglset, Johansen.
Schiedsrichter: Eksztajn (Polen); Zuschauer: 40 000.

Am 19. November 1972 in Antwerpen:
BELGIEN – NIEDERLANDE 0:0
BELGIEN: Piot, Heylens, Thissen, Dewalque, Vandendaele, Dockx, Semmeling, van Moer (75. Verheyen), van Himst, Devrindt, Martens.
NIEDERLANDE: van Beveren, Mansveld, Suurbier, Hulshoff, Krol, de Jong, Neeskens, Brokamp, Cruyff, van Hanegem, Keizer.
Schiedsrichter: Walker (England); Zuschauer: 57 000.

Am 2. August 1973 in Reykjavik:
ISLAND – NORWEGEN 0:4 (0:1)
ISLAND: Olafsson, E. Sigurvinsson, A. Gunnarsson, Kjartansson, E. Gunnarsson, M. Geirsson, Edvaldsson, Leifsson, Juliusson, Hallgrimsson, E. Geirsson.
NORWEGEN: G. Karlsen, H. Karlsen, Birkelund, Olafsen, Pettersen (1), Johansen (1), Hovdan, Kvia, Iversen (75. Hestad), Sunde (1), Lund (1).
Schiedsrichter: Dahlberg (Schweden), Zuschauer: 6000.

Am 22. August 1973 in Amsterdam:
NIEDERLANDE – ISLAND 5:0 (4:0)
NIEDERLANDE: van Beveren, Suurbier, Krol (32. Schneider), Neeskens, Hulshoff, Haan (1), Rep, Brokamp (1 – 61. G. Mühren), Cruyff (2), van Hanegem (1), Keizer.
ISLAND: Olafsson, O. Sigurvinsson, A. Gunnarsson, Kjartansson, E. Gunnarsson (63. Hallgrimsson), M. Geirsson, Edvaldsson, Leifsson, Juliusson, H. Gunnarsson, E. Geirsson.
Schiedsrichter: Colling (Luxemburg); Zuschauer: 26 000.

Am 29. August 1973 in Deventer:
ISLAND – NIEDERLANDE 1:8 (1:4)
ISLAND: Olafsson, E. Sigurvinsson, A. Gunnarsson, Kjartansson, E. Gunnarsson, M. Geirsson, Edvaldsson, Leifsson, Juliusson, Hallgrimsson, E. Geirsson (1).
NIEDERLANDE: Schryvers, Suurbier, Schneider (1), Hulshoff, Krol, Haan, Neeskens (1), van Hanegem (1), R. v. d. Kerkhof (1), Cruyff (2), Brokamp (2).
Schiedsrichter: Hirviniemi (Finnland); Zuschauer: 23000.

Am 12. September 1973 in Oslo:
NORWEGEN – NIEDERLANDE 1:2 (0:1)
NORWEGEN: G. Karlsen, H. Karlsen, J. Birkelund, Gröndalen, Hovdan, Christiansen, Pettersen, Kvia, Sunde (Johansen), Hestad (1), Lund.
NIEDERLANDE: van Beveren, Schneider, Hulshoff (1), Drost, Krol, Jansen, van Hanegem (80. Haan), G. Mühren, R. v. d. Kerkhof, Cruyff (1), Brokamp.
Schiedsrichter: Wright (Nordirland); Zuschauer: 2000.

Am 31. Oktober 1973 in Brüssel:
BELGIEN – NORWEGEN 2:0 (1:0)
BELGIEN: Sanders, Bastijns, Dolmans (1), van Binst (75. van der Elst), Dewalque, Dockx, Verheyen, F. Janssens, van Herp (46. Lambert – 1), van Himst, J. Janssens.
NORWEGEN: G. Karlsen, H. Karlsen, J. Birkelund, Gröndalen, Hovdan, Christiansen (70. Johansen), Pettersen, Kvia (80. S. Karlsen), Sunde, Hestad, Lund.
Schiedsrichter: Jursa (ČSSR); Zuschauer: 25 000.

Am 18. November 1973 in Amsterdam:
NIEDERLANDE – BELGIEN 0:0
NIEDERLANDE: Schryvers, Suurbier, Mansveld, Hulshoff, Krol, Haan, Neeskens, Rep, G. Mühren, Rensenbrink, Cruyff.
BELGIEN: Piot, van Binst (78. Desanghere), Thissen, Dewalque, Vandendaele, Dockx, Semmeling, Verheyen, Lambert, van Himst, Martens.
Schiedsrichter: Kasakow (UdSSR); Zuschauer: 63 000.

1. Niederlande	6 4 2 0	10:2	24:2
2. Belgien	6 4 2 0	10:2	12:0
3. Norwegen	6 2 0 4	4:8	9:16
4. Island	6 0 0 6	0:12	2:29

Niederlande qualifiziert

EUROPA GRUPPE IV

Am 21. Juni 1972 in Helsinki:
FINNLAND – ALBANIEN 1:0 (1:0)
FINNLAND: Nevanperä, Kosonen, Rajantie, Mäkynen, Ranta, Suomalainen, Heikkilä, Litmanen, Toivola (1), Suhonen, Nuoranen.
ALBANIEN: Muhedini, Ghika, Berisha, Ziu, Cani, Seidini, Pernaska, Ragami, Bizi, Pano, Giafa.
Schiedsrichter: Lööw (Schweden); Zuschauer: 1500.

Am 20. September 1972 in Helsinki:
FINNLAND – RUMÄNIEN 1:1 (0:0)
FINNLAND: Nevanperä, Kosonen, Rajantie, Saviomaa, Ranta, Heikkilä, Forssell (Suhonen), Toivola, Rissanen (1), Paatelainen, Nuoranen (Flink).
RUMÄNIEN: Raducanu, Satmareanu, Dobrau, Nicolae, Dumitru, Dinu, Lucescu, Domide, Neagu, Nunweiler (1), Dumitrescu.
Schiedsrichter: Eksztajn (Polen); Zuschauer: 5500.

Am 7. Oktober 1972 in Dresden:
DDR – FINNLAND 5:0 (0:0)
DDR: Croy, Weise (65. Ganzera), Bransch, Sammer, Wätzlich, Seguin, Pommerenke, Sparwasser (2), P. Ducke, Kreische (1), Streich (2).
FINNLAND: Nevanperä, Kosonen, Rajantie, Saviomaa, Ranta, Forssell, Heikkilä, Toivola, Rissanen, Suhonen (65. Paatelainen), Flink (53. Nuoranen).
Schiedsrichter: Radountschew (Bulgarien); Zuschauer: 16 000.

Am 29. Oktober 1972 in Bukarest:
RUMÄNIEN – ALBANIEN 2:0 (2:0)
RUMÄNIEN: Adamache, Satmareanu, Deleanu, Anca, Dobrau, Antonescu, Dembrovschi (1 – 60. Iordanescu), Dobrin (1), Dumitrache, Nunweiler, Lucescu.
ALBANIEN: Muhedini, Ghika, Berisha, Seidini, Ibershimi, G. Xhafa, Ragami, Pernaska, Bizi, Gurma, Pano.
Schiedsrichter: Vamvacopoulos (Griechenland); Zuschauer: 20 000.

Am 7. April 1973 in Magdeburg:
DDR – ALBANIEN 2:0 (0:0)
DDR: Croy, Kische, Zapf, Bransch, Kurbjuweit, Seguin, Sparwasser (1), Streich (1), Ducke (78. Löwe), Kreische, Vogel.
ALBANIEN: Rama, Ghika, Berisha, Seidini, Ibershimi, G. Xhafa, Pernaska, Ragami, Pano, Gurma, U. Xhafa.
Schiedsrichter: Helies (Frankreich); Zuschauer: 25 000.

Am 6. Mai 1973 in Tirana:
ALBANIEN – RUMÄNIEN 1:4 (0:2)
ALBANIEN: Rama (30. Muhedini), Ghika, Berisha, Ibershimi, Seidini, Ragami, G. Xhafa, Gurma, Pernaska (12. Sthama), Pano, Bizi (1).
RUMÄNIEN: Raducanu, Satmareanu, Antonescu, Dinu, Deleanu, Dumitru (1), Nunweiler, Troi (1), Dumitrache, Iordanescu, Marcu (46. Taralunga – 1).
Schiedsrichter: Raus (Jugoslawien); Zuschauer: 40 000.

Am 27. Mai 1973 in Bukarest:
RUMÄNIEN – DDR 1:0 (0:0)
RUMÄNIEN: Raducanu, Satmareanu, Deleanu, Antonescu, Dinu, Dumitru, Troi, Dobrin, Dumitrache (1), Nunweiler, Marcu (77. Taralunga).
DDR: Blochwitz, Ganzera (68. Pommerenke), Bransch, Sammer, Kurbjuweit, Lauck, Seguin, Löwe, Ducke (65. Vogel), Kreische, Streich.
Schiedsrichter: Linemayr (Österreich); Zuschauer: 75 000.

Am 6. Juni 1973 in Tampere:
FINNLAND – DDR 1:5 (0:3)
FINNLAND: Enckelman, Forssell, Rajantie, Saviomaa, Ranta, Suomalainen, Nikkanen, Virkkunen (46. Suhonen), Manninen (1), Paatelainen, Toivola.
DDR: Blochwitz, Weise, Bransch, Sammer, Kurbjuweit, Lauck, Pommerenke (22. Häfner), Löwe (1), Ducke (1), Kreische (1), Streich (2).
Schiedsrichter: Kasakow (UdSSR); Zuschauer: 6500.

Am 26. September 1973 in Leipzig:
DDR – RUMÄNIEN 2:0 (1:0)
DDR: Croy, Kurbjuweit, Bransch (2), Sammer, Fritsche, Lauck, Seguin, Streich, Ducke, Kreische (61. Sparwasser), Löwe.
RUMÄNIEN: Raducanu, Satmareanu, Antonescu, Deleanu, Dumitru, Dinu, Nunweiler, Taralunga (46. Sames), Dumitrache, Dobrin (83. Dembrovschi), Iordanescu.
Schiedsrichter: Scheurer (Schweiz); Zuschauer: 95 000.

Am 10. Oktober 1973 in Tirana:
ALBANIEN – FINNLAND 1:0 (1:0)
ALBANIEN: Dinella, Vaso, Ibershimi, Berisha, Seidini, Allai, Ragami (1), Braho, Pernaska (46. Murati), Hoxha, Kalluci.
FINNLAND: Alaja, Ranta, Virkkunen, Saviomaa, Mäkynen, Suomalainen, Toivola, Paavolainen, Manninen, Bergström, Suhonen (46. Paatelainen).
Schiedsrichter: Angonese (Italien); Zuschauer: 15 000.

Am 14. Oktober 1973 in Bukarest:
RUMÄNIEN – FINNLAND 9:0 (5:0)
RUMÄNIEN: Raducanu, Satmareanu, Deleanu, Antonescu, Sames, Dinu, Pantea (2), Dumitrache (2 – 75. Georgescu – 1), Sandu (1), Dumitru (1), Marcu (2).
FINNLAND: Alaja, Virkkunen, Saviomaa, Rajantie (70. Forssell), Ranta, Suomalainen, Kallio, Paavolainen, Manninen, Paatelainen (70. Bergström), Toivola.
Schiedsrichter: Emsberger (Ungarn); Zuschauer: 27 000.

Am 3. November 1973 in Tirana:
ALBANIEN – DDR 1:4 (1:2)
ALBANIEN: Muhedini (67. Dinella), Ghika (1), Berisha, Vaso, Ibershimi, Seidini, Braho, Ragami, Pernaska, Pano, Curri (46. Gurma).
DDR: Croy, Fritsche, Bransch, Weise (81. Vogel), Kurbjuweit, Lauck, Sparwasser (1), Frenzel (67. Stein), Ducke, Streich (2), Löwe (1).
Schiedsrichter: Bonett (Malta); Zuschauer: 25 000.

1. DDR	6 5 0 1	10:2	18:3
2. Rumänien	6 4 1 1	9:3	17:4
3. Finnland	6 1 1 4	3:9	3:21
4. Albanien	6 1 0 5	2:10	3:13

DDR qualifiziert

EUROPA GRUPPE V

Am 15. November 1973 in Cardiff:
WALES – ENGLAND 0:1 (0:1)
WALES: Sprake, Thomas, Rodriguez, England, Hennessey, Hockey, Phillips, Mahoney, W. Davies, Toshack, James.
ENGLAND: Clemence, Storey, Hughes, Hunter, McFarland, Moore, Keegan, Bell (1), Chivers, Marsh, Ball.
Schiedsrichter: Mullan (Schottland); Zuschauer: 36 000.

Am 24. Januar 1973 in London:
ENGLAND – WALES 1:1 (1:1)
ENGLAND: Clemence, Storey, Hughes, Hunter (1), McFarland, Moore, Keegan, Bell, Chivers, Marsh, Ball.
WALES: Sprake, Rodriguez, Thomas, Hockey, England, J. Roberts, James, Yorath, Toshack (1), Mahoney, Evans.
Schiedsrichter: Wright (Nordirland); Zuschauer: 62 000.

Am 28. März 1973 in Cardiff:
WALES – POLEN 2:0 (0:0)
WALES: Sprake, Rodriguez, Thomas, D. Roberts, J. Roberts, Hockey (1), James (1), Yorath, Toshack, Mahoney, Evans.
POLEN: Tomaszewski, Gut, Gorgon, Anczok, Cmikiewicz, Mascczyk, Kasperczak, Kraska, Deyna, Lubanski, Gadocha.
Schiedsrichter: Rigo-Sureda (Spanien); Zuschauer: 13 000.

Am 6. Juni 1973 in Kattowitz:
POLEN – ENGLAND 2:0 (1:0)
POLEN: Tomaszewski, Rzesny, Gorgon, Musial, Bulzacki, Kraska, Banas (1), Cmikiewicz, Deyna, Lubanski (1 – 57. Domarski), Gadocha.
ENGLAND: Shilton, Madeley, Hughes, Storey, McFarland, Moore, Ball, Bell, Chivers, Clarke, Peters.
Schiedsrichter: Schiller (Österreich); Zuschauer: 130 000.

Am 26. September 1973 in Kattowitz:
POLEN – WALES 3:0 (2:0)
POLEN: Tomaszewski, Szymanowski, Gorgon, Musial, Bulzacki, Kasperczak, Lato (1), Cmikiewicz, Deyna, Domarski (1), Gadocha (1).
WALES: Sprake, Rodriguez, Thomas, Mahoney, England, J. Roberts, Evans, Yorath, W. Davies, Hockey, James.
Schiedsrichter: Dahlberg (Schweden); Zuschauer: 120 000.

Am 17. Oktober 1973 in London:
ENGLAND – POLEN 1:1 (0:0)
ENGLAND: Shilton, Madeley, Hughes, Bell, McFarland, Hunter, Currie, Channon, Chivers (89. Hector), Clarke (1), Peters.
POLEN: Tomaszewski, Szymanowski, Musial, Cmikiewicz, Gorgon, Bulzacki, Kasperczak, Deyna, Lato, Domarski (1), Gadocha.
Schiedsrichter: Loraux (Belgien); Zuschauer: 100 000.

1. Polen	4 2 1 1	5:3	6:3
2. England	4 1 2 1	4:4	3:4
3. Wales	4 1 1 2	3:5	3:5

Polen qualifiziert

EUROPA GRUPPE VI

Am 29. März 1972 in Lissabon:
PORTUGAL – ZYPERN 4:0 (2:0)
PORTUGAL: J. Henrique, Rebelo, Carrico, Humberto (1), Rolando, Toni, Graca, Eusebio (58. Peres), Nene (1 – 58. Dinis), Artur Jorge (1), Jordao (1).
ZYPERN: Varnavas, Partasides (30. Angelides), K. Constantinou, Michalakis, Stephanou, Charalambous, Koureas, Vassiliou, Theodorou (64. Asprou), A. Stylianou, Papadopoulos.
Schiedsrichter: Loraux (Belgien); Zuschauer: 3000.

Am 10. Mai 1972 in Nikosia:
ZYPERN – PORTUGAL 0:1 (0:0)
ZYPERN: Varnavas, Theodorou, Partasides, Charalambous, Koureas, Stephanou, Papadopoulos, Antoniou, Asprou, Vassiliou, A. Stylianou.
PORTUGAL: J. Henrique, Artur, Humberto, Freitas, Toni, Graca, Matine, Chico (1), Artur Jorge (Abel), Batesta (Dinis), Peres
Schiedsrichter: Chevorc (Rumänien)'; Zuschauer: 12 000.

Am 18. Oktober 1972 in Sofia:
BULGARIEN – NORDIRLAND 3:0 (1:0)
BULGARIEN: Filipow, I. Safirow, Stankow, Janow, Kolew (1), Penew, M. Wassilew, Bonew (2), Denew, Stojanow, Simow (76. Swetkow).
NORDIRLAND: Jennings, Rice, Nelson, Neill, Hunter, Clements, Hamilton (56. Morgan), McMordie, Dougan, Hegan, Best.
Schiedsrichter: Schulenburg (Deutschland); Zuschauer: 50 000.

Am 19. November 1972 in Nikosia:
ZYPERN – BULGARIEN 0:4 (0:3)
ZYPERN: Aligviades, Kattos, Theodorou, K. Constantinou (Leonidas), S. Stylianou, Asprou, Stephanou, Charalambous, Kaiafas, Koudas, A. Stylianou.
BULGARIEN: Filipow, I. Safirow, Stankow, Jonow, Kolew, Bantschew, Kirow (M. Wassilew), Bonew (1), Michailow (1 – Dimitrow), Stojanow, Denew (2).
Schiedsrichter: Lo Bello (Italien); Zuschauer: 12 000.

Am 14. Februar 1973 in Nikosia:
ZYPERN – NORDIRLAND 1:0 (0:0)
ZYPERN: Fanos, N. Stylianou, Theodorou, S. Stylianou, Koureas, Stephanou, Efthymiades (88. Yiolitis), Charalambous, Papadopoulos, Antoniou (1), A. Stylianou (85. Tartaros).
NORDIRLAND: Jennings, Craig, Rice, Neill, Hunter, Clements, Hamilton, Hegan, Dougan, Dickson, Nelson.
Schiedsrichter: Bentu (Rumänien); Zuschauer: 10 000.

Am 28. März 1973 in Coventry (England):
NORDIRLAND – PORTUGAL 1:1 (1:0)
NORDIRLAND: Jennings, Nelson, O'Kane, Neill, Hunter, Clements, Hamilton, O'Neill (1), Morgan, Dickson, Coyle.
PORTUGAL: J. Henrique, Artur, Alhinho, Freitas, Adolfo, Pavao (70. Dinis), Nene, Matine, Abel, Eusebio (1), Simoes.
Schiedsrichter: Schiller (Österreich); Zuschauer: 11 000.

Am 2. Mai 1973 in Sofia:
BULGARIEN – PORTUGAL 2:1 (10)
BULGARIEN: Jordanow, I. Safirow, Iwkow, Aladjow, Kolew, Penew, M. Wassilew (60. Dermendjiew), Bonew (1), Michailow (75. Jekow), Stojanow, Denew (1).
PORTUGAL: J. Henrique, Artur, Humberto, Mendes, Adolfo, Toni, Quaresma (64. Pavao), Jacinto (46. Nene – 1), Artur Jorge, Eusebio, Simoes.
Schiedsrichter: Gugulovic (Jugoslawien); Zuschauer: 62 000.

Am 8. Mai 1973 in London (England):
NORDIRLAND – ZYPERN 3:0 (3:0)
NORDIRLAND: McFaul, O'Kane, Craig, Neill, Hunter, Clements, Jackson, Hamilton, Morgan (1), O'Neill, Anderson (2).
ZYPERN: Varnavas, N. Stylianou, Theodorou, S. Stylianou, Koureas, Stephanou, Efthymiades, K. Constantinou, Papadopoulos, Koudas, A. Stylianou.
Schiedsrichter: Jones (Wales); Zuschauer: 7000.

Am 26. September 1973 in Sheffield (England):
NORDIRLAND – BULGARIEN 0:0
NORDIRLAND: McFaul, Rice, Craig, O'Kane, Hunter, Clements, Hamilton, Jackson (Coyle), Morgan, O'Neill (Cassidy), Anderson.
BULGARIEN: Goranow, I. Safirow, Iwkow, Aladjow, Kolew, Jetschew, Alexandrow, Bonew, Milanow, Stojanow, Denew.
Schiedsrichter: Nyhus (Norwegen); Zuschauer: 6300.

Am 13. Oktober 1973 in Lissabon:
PORTUGAL – BULGARIEN 2:2 (0:0)
PORTUGAL: J. Henrique, Artur, Humbert, Alhinho, Matine, Toni, Simoes (1), Nene, Torres, Eusebio (30. Quaresma – 1), Dinis.
BULGARIEN: Goranow, I. Safirow, Iwkow, Aladjow, Kolew, Jetschew, Woinow, Bonew (2), Milanow, Stojanow, Nikolow.
Schiedsrichter: Taylor (England), Zuschauer: 35 000.

Am 14. November 1973 in Lissabon:
PORTUGAL – NORDIRLAND 1:1 (1:0)
PORTUGAL: Damas, Pietra, Humberto, Alhinho, Adolfo, Octavio, Nene, Toni, Jordao (1), Fraguito, Dinis.
NORDIRLAND: Jennings, Rice, Craig, Jackson, O'Kane, Clements, Anderson, O'Neill, Morgan, Lutton (1), Best.
Schiedsrichter: Sanchez Ibanez (Spanien); Zuschauer: 12 000.

Am 18. November 1973 in Sofia:
BULGARIEN – ZYPERN 2:0 (1:0)
BULGARIEN: Goranow, I. Safirow, Iwkow, Aladjow, Kolew (1), Jetschew, Woinow, Bonew, Milanow, Stojanow, Denew (1).
ZYPERN: A. Constantinou, S. Stylianou, Michalakis, K. Constantinou, Koureas, Antoniou, Papettas, Efthymiades, Kaiafas, Charalambous, Kanaris.
Schiedsrichter: Placek (CSSR); Zuschauer: 20 000.

1. Bulgarien	6 4 2 0	10:2	13:3
2. Portugal	6 2 3 1	7:5	10:6
3. Nordirland	6 1 3 2	5:7	5:6
4. Zypern	6 1 0 5	2:10	1:14

Bulgarien qualifiziert

EUROPA GRUPPE VII

Am 19. Oktober 1972 in Las Palmas:
SPANIEN – JUGOSLAWIEN 2:2 (1:0)
SPANIEN: Iribar, Sol (46. Lora, 65. Ufarte), Gallego, De La Cruz, Tonono, Jose Luis, Amancio (1), Pirri, Marcial, Asensi (1), Valdez.
JUGOSLAWIEN: Maric, Krivokuca, Stepanovic, Pavlovic, Paunovic, Holcer, Petkovic, Acimovic, Bajevic (2), Vladic, Dzajic.
Schiedsrichter: Walker (England); Zuschauer: 35 000.

Am 19. November 1972 in Belgrad:
JUGOSLAWIEN – GRIECHENLAND 1:0 (1:0)
JUGOSLAWIEN: Maric, Krivokuca, Stepanovic, Pavlovic, Paunovic, Holcer, Petkovic, Acimovic (1), Bajevic (Bjekovic), Vladic, Dzajic.
GRIECHENLAND: Christidis, Dimitriou, Angelis, Siokos, Glezos, Sarafis, Elekfterakis, Delikaris, Koudas, Kritikopoulos (Antoniadis), Papaioannou.
Schiedsrichter: Tschenscher (Deutschland); Zuschauer: 73 000.

Am 17. Januar 1973 in Athen:
GRIECHENLAND – SPANIEN 2:3 (0:1)
GRIECHENLAND: Konstantinou, Dimitriou, Angelis, Siokos, Glezos, Elekfterakis, Koudas (1), Sarafis, Antoniadis, Papaioannou (67. Aslanidis), Delikaris (46. Domazos – 1).
SPANIEN: Iribar, Macias (63. Quini), Gallego, Benito, Violeta, Jose Luis, Amancio, Pirri, Garate (63. Claramunt – 1), Asensi, Valdez (2).
Schiedsrichter: Glöckner (DDR); Zuschauer 25 000.

Am 21. Februar 1973 in Malaga:
SPANIEN – GRIECHENLAND 3:1 (2:1)
SPANIEN: Reina, Sol (1), Gallego, Benito, Violeta, Claramunt (1), Amancio (Martinez – 1), Rojo, Garate, Asensi, Valdez.
GRIECHENLAND: Konstantinou, Pallas, Athanasopoulos, Siokos, Kapsis, Dimitriou, Terzanidis (70. Nikolaidis), Sarafis, Antoniadis (1), Elefteraks, Michalopoulos.
Schiedsrichter: Kitabdjian (Frankreich); Zuschauer: 35 000.

Am 21. Oktober 1973 in Zagreb:
JUGOSLAWIEN – SPANIEN 0:0
JUGOSLAWIEN: Maric, Krivokuca (61. Surjak), Bogicevic, Pavlovic, Katalinski, Vabec, Bjekovic (77. Karasi), Acimovic, Bajevic, Jerkovic, Oblak.
SPANIEN: Iribar, Sol, Benito, Uriarte, J. Martinez (30. Irureta), Costas, R. Martinez, Claramunt, Garate, Asensi, Valdez.
Schiedsrichter: Wöhrer (Österreich); Zuschauer: 65 000.

Am 19. Dezember 1973 in Piräus:
GRIECHENLAND – JUGOSLAWIEN 2:4 (2:2)
GRIECHENLAND: Kelesidis, Dimitriou, Angelis, Siokos, Glezos, Elekfterakis (1), Paridis (62. Koudas), Terzanidis, Kritikopoulos, Domazos, Delikaris (77. Aslanidis).
JUGOSLAWIEN: Maric, Buljan, E. Hadziabdic, Pavlovic, Katalinski (1 Eigentor), Jerkovic (46. Surjak – 1), Petkovic, Karasi (2), Bajevic (1), Acimovic, Dzajic (58. V. Petrovic).
Schiedsrichter: Tschenscher (Deutschland); Zuschauer: 15 000.

1. Spanien	4 2 2 0	6:2	8:5
2. Jugoslawien	4 2 2 0	6:2	7:4
3. Griechenland	4 0 0 4	0:8	5:11

Entscheidungsspiel
Am 13. Februar 1974 in Frankfurt am Main:
JUGOSLAWIEN – SPANIEN 1:0 (1:0)
JUGOSLAWIEN: Maric, Buljan, E. Hadziabdic, Oblak, Katalinski (1), Bogicevic, Petkovic, Karasi, Surjak, Acimovic, Dzajic.
SPANIEN: Iribar, Sol, Benito, Uriarte, J. Martinez, Claramunt, Amancio (73. Quini), Perez (73. Marcial), Garate, Asensi, Valdez.
Schiedsrichter: Loraux (Belgien); Zuschauer: 62 000.

Jugoslawien qualifiziert

EUROPA GRUPPE VIII

Am 18. Oktober 1972 in Kopenhagen:
DÄNEMARK – SCHOTTLAND 1:4 (1:2)
DÄNEMARK: Therkildsen, T. Nielsen, Munk-Jensen, H. Jensen, Roentved, Ahlberg, E. Nielsen, Steen Olsen, Laudrup (1), Björnmose, J. Hansen (58. B. Jensen).
SCHOTTLAND: Clark, Brownlie, Forsyth, Bremner, Colquhoun, Buchan, Lorimer, Macari (1), Bone (1 – 68. Harper – 1), Graham, Morgan (1).
Schiedsrichter: Bachramow (UdSSR); Zuschauer: 31 000.

Am 15. November 1972 in Glasgow:
SCHOTTLAND – DÄNEMARK 2:0 (1:0)
SCHOTTLAND: Harvey, Brownlie, Donachie, Bremner, Colquhoun, Buchan, Lorimer (1), Dalglish (1), Harper, Graham, Morgan.
DÄNEMARK: Therkildsen, Ahlberg, J. Hansen, Munk-Jensen, Roentved, Gjerre, Michaelsen, Le Fevre, Steen Olsen, B. Jensen, Christensen.
Schiedsrichter: Corver (Niederlande); Zuschauer: 50 000.

Am 2. Mai 1973 in Kopenhagen:
DÄNEMARK – TSCHECHOSLOWAKEI 1:1 (1:1)
DÄNEMARK: Therkildsen, Ahlberg, V. Jensen, Björnmose (1), Andresen (46. Rastad), Bjerre, Lund, Steen Olsen, Dahl, Nygaard, Holmström.
TSCHECHOSLOWAKEI: Viktor, Dobias, Samek, L. Zlocha, Hagara, Bicovsky, B. Vesely, Stafura, Kuna (1 – 46. Adamec), Petras, J. Capkovic.
Schiedsrichter: Lo Bello (Italien); Zuschauer: 21 000.

Am 6. Juni 1973 in Prag:
TSCHECHOSLOWAKEI – DÄNEMARK 6:0 (0:0)
TSCHECHOSLOWAKEI: Viktor, Pivarnik, Hagara (1), L. Zlocha, Samek (69. Dobias), Bicovsky (1), B. Vesely (3), I. Novak (46. Adamec), Kuna, Nehoda (1), Stratil.
DÄNEMARK: Therkildsen, Ahlberg, Bjerre, Roentved, V. Jensen, H. E. Hansen (64. Vonsyld), E. Nielsen, Nygaard, Lund (68. Fritsen), Dahl, H. Hansen.
Schiedsrichter: Bucheli (Schweiz); Zuschauer: 15 000.

Am 26. September 1973 in Glasgow:
SCHOTTLAND – TSCHECHOSLOWAKEI 2:1 (1:1)
SCHOTTLAND: Hunter, Jardine, McGrain, Bremner, Holton (1), Connelly, Morgan, Hay, Law, Dalglish, Hutchison (46. Jordan – 1).
TSCHECHOSLOWAKEI: Viktor, Pivarnik, Bendl, Bicovsky, Samek, L. Zlocha, Nehoda (1), Adamec, Kuna (14. Dobias), Stratil, Panenka (76. Capkovic).
Schiedsrichter: Öberg (Norwegen); Zuschauer: 100 000.

Am 17. Oktober 1973 in Bratislava:
TSCHECHOSLOWAKEI – SCHOTTLAND 1:0 (1:0)
TSCHECHOSLOWAKEI: Viktor, Pivarnik, Hagara, Samek, Dvorak, Bicovsky, Pollak, Gajdusek, F. Vesely (62. Klement), Nehoda (1), J. Capkovic (76. Panenka).
SCHOTTLAND: Harvey, Jardine, McGrain, Hay, Forsyth, Blackley, Morgan, Dalglish, Law (62. Ford), Jordan, Hutchison.
Schiedsrichter: Biwersi (Deutschland); Zuschauer: 15 000.

1. Schottland	4 3 0 1	6:2	8:3
2. Tschechoslowakei	4 2 1 1	5:3	9:3
3. Dänemark	4 0 1 3	1:7	2:13

Schottland qualifiziert

EUROPA GRUPPE IX

Am 13. Oktober 1972 in Paris:
FRANKREICH – UdSSR 1:0 (0:0)
FRANKREICH: Camus, Broissart, Rostagni, Quittet, Tresor, Adams, Chiesa (Loubet), Michel, Revelli, Larque, Bereta (1).
UdSSR: Rudakow, Dsodsuaschwilij, Churzilawa, Lowtschew, Kaplitschnij, Olschanskij, Ischtojan (75. Jewrjuschichin), Semjonow, Fedotow, Kolotow, Blochin.
Schiedsrichter: Scheurer (Schweiz); Zuschauer: 30 000.

Am 18. Oktober 1972 in Dublin:
EIRE – UdSSR 1:2 (0:0)
EIRE: Kelly, Kinnear, Carroll, Hand, McConville, Martin, Campbell, Rogers (63. Leech), Heighway, Treacy, Conroy (1).
UdSSR: Pilgui (Rudakow), Dsodsuaschwilij, Churzilawa, Lowtschew, Kaplitschnij, Kolotow (1), Muntjan, Semjonow, Fedotow (1), Pusatsch, Jewrjuschichin.
Schiedsrichter: Öberg (Norwegen); Zuschauer: 28 000.

Am 15. November 1972 in Dublin:
EIRE – FRANKREICH 2:1 (1:0)
EIRE: Kelly, Kinnear, Mulligan, McConville, Holmes, Byrne (63. Campbell), Giles, Hand, Conroy (1), Treacy (1), Givens.
FRANKREICH: Camus, Broissart, Rostagni, Quittet, Tresor, Adams, Loubet (63. Molitor), Huck, Revelli, Larque (1), Bereta.
Schiedsrichter: Rasmussen (Dänemark); Zuschauer: 33 000.

Am 13. Mai 1973 in Moskau:
UdSSR – EIRE 1:0 (1:0)
UdSSR: Pilgui, Dsodsuaschwilij, Churzilawa, Lowtschew, Kaplitschnij, Kolotow, Muntjan (78. Olschanskij), Kusnezow, Adriasjan (65. Fedotow), Onischenko (1), Blochin.
EIRE: Kelly, Carroll, Holmes, Mulligan, McConville, Hand, Givens, Martin, Treacy, Giles (46. Byrne), Conroy (46. Dennehy).
Schiedsrichter: Dahlberg (Schweden); Zuschauer: 68 000.

Am 19. Mai 1973 in Paris:
FRANKREICH – EIRE 1:1 (0:0)
FRANKREICH: Carnus, Domenech, Rostagni, Quittet, Tresor, Adams, Floch, Michel, Revelli, Larque (61. Chiesa – 1), Bereta.
EIRE: Kelly, Carroll (25. Herrick), Holmes, Mulligan, McConville Martin, Dennehy, Hand, Treacy, Byrne, Givens (1).
Schiedsrichter: Rainea (Rumänien); Zuschauer: 40 000.

Am 26. Mai 1973 in Moskau:
UdSSR – FRANKREICH 2:0 (0:0)
UdSSR: Rudakow, Dsodsuaschwilij, Churzilawa (46. Fedotow), Lowtschew, Kaplitschnij, Wasenin, Muntjan, Kusnezow (46. Olschanskij), Andriasjan, Onischenko (1), Blochin (1).
FRANKREICH: Baratelli, Broissart, Rostagni, Gardon, Tresor, Quittet, Floch (46. Mezy), Michel, Revelli, Chiesa, Bereta.
Schiedsrichter: Biwersi (Deutschland); Zuschauer: 90 000.

1. UdSSR	4 3 0 1	6:2	5:2
2. Irland	4 1 1 2	3:5	4:5
3. Frankreich	4 1 1 2	3:5	3:5

UdSSR für das Entscheidungsspiel mit Chile, dem Sieger der Südamerika-Gruppe III, qualifiziert.

SÜDAMERIKA GRUPPE I

Am 21. Juni 1973 in Bogota:
KOLUMBIEN – EKUADOR 1:1 (1:0)
KOLUMBIEN: Zape, Ortega, Rodriguez, Segovia, Caycedo, Segrera (1 Eigentor), Diaz, Brand, Willington Ortiz (1), Campaz, Moron.
EKUADOR: Mendez, Pelaez, Ortiz, Camacho, Portilla, Cabezas, Bolanos, Lasso, Estupinan, Guime, Noriega.
Schiedsrichter: Guerrero (Peru); Zuschauer: 45 000.

Am 24. Juni 1973 in Bogota:
KOLUMBIEN – URUGUAY 0:0
KOLUMBIEN: Zape, Segovia, Ortega, Rodriguez, Gonzalez, Segrera, Caycedo, Ortiz, Brand, Moron, Campaz.
URUGUAY: Santes, Ubina, Olivera, Masnik, Zoryez, Esparrago, Cardaccio, Maneiro, Cubilla, Rey, Corbo.
Schiedsrichter: Goicoechea (Argentinien).

Am 28. Juni 1973 in Guayaquil:
EKUADOR – KOLUMBIEN 1:1 (1:0)
EKUADOR: Mendez, Pelaez, Portilla, Noriega, Ortiz, Bolanos, Camacho, Munoz (1), Lasso, Estupinan, Guime.
KOLUMBIEN: Zape, Moncada, Rodriguez, Ortega, Segovia, Gonzalez, Soto, Segrera, Diaz, Willington Ortiz (1), Moron.
Schiedsrichter: Pestarino (Argentinien).

Am 1. Juli 1973 in Quito:
EKUADOR – URUGUAY 1:2 (1:1)
EKUADOR: Mendez, Pelaez, Portilla, Noriega, Tobar, Camacho, Bolanos, Lasso, Estupinan (1), Guime, Carrera.
URUGUAY: Santos, Masnik, De Simone, Ubina, Cardaccio, Zoryez, Cubilla (1), Esparrago, Morena (1), Maneiro, Bertocchi (Rey).
Schiedsrichter: Arppi Folho (Brasilien); Zuschauer: 50 000.

Am 5. Juli 1973 in Montevideo:
URUGUAY – KOLUMBIEN 0:1 (0:0)
URUGUAY: Santos, Masnik, De Simone, Ubina, Cardaccio, Zoryez, Cubilla, Esparrago, Morena, Bertocchi, R. Corbo.
KOLUMBIEN: Zape, Ortega, Moncada, Segovia, Rodriguez, Segrera, Diaz, Soto, Willington Ortiz (1), Gonzalez, Moron.
Schiedsrichter: Martinez (Chile); Zuschauer: 35 000.

Am 8. Juli 1973 in Montevideo:
URUGUAY – EKUADOR 4:0 (3:0)
URUGUAY: Santos, Masnik, De Simone, Ubina, Cardaccio, Zoryez, Cubilla (1), Esparrago, Morena (2), Bertocchi, Milar (1).
EKUADOR: Mendez, Portilla, Noriega, Pelaez, Perez, Guerrero, Bolanos, Camacho, Estupinan, Guime, Tenorio.
Schiedsrichter: Romei (Paraguay); Zuschauer: 50 000.

1. Uruguay	4 2 1 1	5:3	6:2
2. Kolumbien	4 1 3 0	5:3	3:2
3. Ekuador	4 0 2 2	2:6	3:8

Uruguay qualifiziert

SÜDAMERIKA GRUPPE II

Am 2. September 1973 in La Paz:
BOLIVIEN – PARAGUAY 1:2 (1:1)
BOLIVIEN: C. Jimenez, Olivera, Perez, Cabrera Bucet, Antelo, Costa (Rocabado), Fernandez, Vargas, Cabrera Rivero, Meza, Morales (1).
PARAGUAY: Baez, Molinas, Ortiz, Cobo, Sosa, Jara, Escobar (1), Osorio, Diarte (Espinoza), Versa, Gimenez (Insfran – 1).
Schiedsrichter: Rendon Villacis (Ekuador); Zuschauer: 22 000.

Am 9. September 1973 in Buenos Aires:
ARGENTINIEN – BOLIVIEN 4:0 (2:0)
ARGENTINIEN: Carnevali, Sa, Correa, Wolff, Telch, Bargas, Balbuena, Brindisi (2), Ayala (2), Babington, Guerini.
BOLIVIEN: C. Jimenez, Olivera, Perez, Iriondo, Antelo, Saucedo (Rocabado), Vargas, Cabrera Rivero, Angulo, Meza (P. Jimenez), Fernandez.
Schiedsrichter: Pazos (Uruguay); Zuschauer: 50 000.

Am 16. September 1973 in Asunción:
PARAGUAY – ARGENTINIEN 1:1 (1:1)
PARAGUAY: Benitez, Molinas, Ortiz Aquino, Cobo, Sosa, Escobar, Osorio (Espinoza), Diarte, Arrua (1), Gimenez (Insfran), Jara Saguier.
ARGENTINIEN: Carnevali, Sa, Correa, Wolff, Telch, Bargas, Balbuena, Brindisi (Babington), Ayala (1), Chazarreta, Guerini (Avallay).
Schiedsrichter: Delgado (Kolumbien); Zuschauer: 65 000.

Am 23. September 1973 in La Paz:
BOLIVIEN – ARGENTINIEN 0:1 (0:1)
BOLIVIEN: C. Jimenez, Angulo, Perez, Iriondo, Antelo, Costa (Olivera), Morales (Llado), Vargas, Linares, Meza, Fernandez.
ARGENTINIEN: Carnevali, Bargas, Cortez, Glaria, Telch (Trobbiani), Tagliani, Fornari (1), Galvan, Ayala, Kempes (Bochini), Poy.
Schiedsrichter: Coelho (Brasilien); Zuschauer: 60 000.

Am 30. September 1973 in Asunción:
PARAGUAY – BOLIVIEN 4:0 (3:0)
PARAGUAY: Alineida, Molinas, Ortiz Aquino, Leon, Sosa, Jara Saguier, Escobar, Osorio (1), Insfran (1), Arrua (1), Bareiro (1).
BOLIVIEN: C. Jimenez, Olivera, Perez, Cabrera Bucet, Antelo, Vargas, Cabrera Rivero, Meza, Morales, Fernandez, Iriondo.
Schiedsrichter: Tejada (Peru).

Am 7. Oktober 1973 in Buenos Aires:
ARGENTINIEN – PARAGUAY 3:1 (1:1)
ARGENTINIEN: Carnevali, Sa, Correa, Wolff, Telch, Bargas, Babington (Balbuena), Brindisi, Ayala (2), Chazarreta, Ponce (Guerini – 1).
PARAGUAY: Almeida, Molinas, Ortiz Aquino, Leon, Sosa, Jara Saguier, Escobar (1), Osorio (Correa), Insfran (Gimenez), Arrua, Espinoza.
Schiedsrichter: Hormazabal (Chile); Zuschauer 80 000.

1. Argentinien	4 3 1 0	7:1	9:2
2. Paraguay	4 2 1 1	5:3	8:5
3. Bolivien	4 0 0 4	0:8	1:11

Argentinien qualifiziert

SÜDAMERIKA GRUPPE III

Am 29. April 1973 in Lima:
PERU – CHILE 2:0 (1:0)
PERU: Uribe, Navarro, Manzo, Chumpitaz, Luna, Mayorga, Challe, Quejada, Cubillas, Sotil (2), Ramirez.
CHILE: Neff, Machuca, Quintano, Herrera, Arias, Lara, Caszely, Valdez, Ahumada, Messen, Munoz.
Schiedsrichter: Marques (Brasilien); Zuschauer: 45 000.

Am 13. Mai 1973 in Santiago:
CHILE – PERU 2:0 (0:0)
CHILE: Neff, Quintano, Galindo, Herrera, Arias, Lara, Caszely (Crisosto – 1), Valdez, Paez, Ahumada (1), Munoz (Castro).
PERU: Uribe, Navarro, Manzo, Chumpitaz, Luna, Mayorga, Challe, Quejada (Velasquez), Cubillas, Sotil, Ramirez (Munante).
Schiedsrichter: Barreto (Uruguay).

1. Chile	2 1 0 1	2:2	2:2
2. Peru	2 1 0 1	2:2	2:2

Venezuela verzichtete.

Entscheidungsspiel
Am 5. August 1973 in Montevideo:
CHILE – PERU 2:1 (1:1)
CHILE: Olivares, Machuca, Quintano, Arias, Lara, Valdez (1), J. Rodriguez, Reynoso (1), Crisosto, Ahumada, Caszely.
PERU: Uribe, Navarro, La Torre, Chumpitaz, Carbonell, Mifflin, Challe, Munante, Bailetti (1), Sotil (Oblitas), Ramirez.
Schiedsrichter: Da Rosa (Uruguay); Zuschauer: 60 000.

Chile für das Entscheidungsspiel mit der UdSSR, dem Sieger der Europa-Gruppe IX, qualifiziert.

Am 26. September 1973 in Moskau:
UdSSR – CHILE 0:0
UdSSR: Rudakow, Dsodsuaschwilij, Fomenko, Lowtschew, Kaplitschnij, Kusnezow, Muntjan, Dolmatow (64. Guzajew), Andriasjan (29. Koschemjakin), Onischenko, Blochin.
CHILE: Olivares, Machuca, Quintano, Figueroa, Arias, Valdez, Paez, Caszely, Ahumada, J. Rodriguez, Veliz (56. Crisosto).
Schiedsrichter: Marques (Brasilien); Zuschauer: 70 000.

Am 21. November 1973 in Santiago:
CHILE – UdSSR*
* Die Sowjetunion trat zu diesem Spiel nicht an.

Chile qualifiziert

MITTEL/NORDAMERIKA

ENDRUNDE DER GRUPPENSIEGER (in Port-au-Prince)

Am 29. November 1973:
HONDURAS – TRINIDAD 2:1 (1:0)
HONDURAS: Stewart Bodden, Alvarez, Villegas Roura, Matamoros Morales, Ruiz, Goday Cerrato, Guifarro (1), Hernandez (1), Gomez Murillo, Blandon Artica, Bran Guevaros.
TRINIDAD: Barclay, Tescheira, Phillips, Murren, Rondon, Cummings, Carpette, Morgan, David (1), Archibald, Roberts.
Schiedsrichter: Davies (Kanada); Zuschauer: 26 000.

Am 30. November 1973:
MEXIKO – GUATEMALA 0:0
MEXIKO: Puente, Vasquez, Guzman, Hernandez, Sanchez, De La Torre, Bustos, Pulido, Boria, Victorino, Cuellar.
GUATEMALA: Guerra, Aquilar Lopez, Hasse Qualle, Villavicencio, Melgar, Roldan, Morales, Gomez, Gonzalez, Bolanos, Anderson.
Schiedsrichter: Highet (Kanada); Zuschauer: 26 000.

Am 1. Dezember 1973:
HAITI – NIEDERL. ANTILLEN 3:0 (2:0)
HAITI: Francillon, Bayonne, Ducoste, Auguste, Nazaire, Francois, Ph. Vorbe, G. St. Vil, Desir (1), Sannon (2), R. St. Vil.
NIEDERL. Antillen: Raven, Bonevacia, Melfor, Brunken, Clemencia, Tromp, Virginie, Maria, Zimmerman, Flores, Toppenberg.
Schiedsrichter: Juan Soto Paris (Costa Rica); Zuschauer: 25 000.

Am 3. Dezember 1973:
HONDURAS – MEXIKO 1:1 (0:0)
HONDURAS: Stewart Bodden, Alvarez, Villegas Roura, Matamoros Morales, Goday Cerrato, Hernandez, Guifarro (1), Gomez Murillo, Blandon Artica, Bran Guevaros, Ruiz.
MEXIKO: Brambila, Bermudez, Guzman, Hernandez, Vasquez, Pulido, De La Torre, Bustos, Mucino, Delgado, Lopez (1).
Schiedsrichter: Winsemann (Kanada); Zuschauer: 25 000.

Am 4. Dezember 1973:
HAITI – TRINIDAD 2:1 (1:1)
HAITI: Francillon, Bayonne, Ducoste, Auguste, Nazaire, Francois, Ph. Vorbe, Barthelmy, Desir, Sannon (1), R. St. Vil (1).
TRINIDAD: Barclay, Rondon, Figaro, Murren, Phillips, Morgan, Douglas, Cummings, David (1), Roberts, Archibald.
Schiedsrichter: Henriquez (El Salvador); Zuschauer: 25 000.

Am 5. Dezember 1973:
NIEDERL. ANTILLEN – GUATEMALA 2:2 (1:1)
NIEDERL. ANTILLEN: Raven, Bonevacia, Melfor, Diaoen, Clemencia, Maria, Zimmerman, Virginie, Koots (1), Flores (Schopp – 1), Toppenberg.
GUATEMALA: Guerra, Aquilar Lopez, Hasse Qualle, Villavicencio, C. A. Monterroso, Roldan, Sandoval, Gomez, Morales (2), Bolanos, Anderson.
Schiedsrichter: Kibritjian (USA); Zuschauer: 25 000.

Am 7. Dezember 1973:
HONDURAS – HAITI 0:1 (0:0)
HONDURAS: Baynes, Alvarez, Villegas Roura, Matamoros Morales, Ruiz, Goday Cerrato, Guifarro, Mejia, Gomez Murillo, Blandon Artica, Bran Guevaros.
HAITI: Francillon, Leandre Marion, Jean-Joseph, Auguste, Nazaire, Francois, G. St. Vil (1), Bayonne, Desir, Sannon, Antoine.
Schiedsrichter: Winsemann (Kanada); Zuschauer: 25 000.

Am 8. Dezember 1973:
NIEDERL. ANTILLEN – MEXIKO 0:8 (0:4)
NIEDERL. ANTILLEN: Bernardina, Bonevacia, Melfor, Brunken, Clemencia, Maria, Zimmerman, Virginie, Koots, Flores, Toppenberg.
MEXIKO: Brambila, Bermudez, Guzman, Hernandez, Vasquez, Delgado, Pulido (1), Valdez (1), Lopez (1), Mucino (4), Cuellar (Lapuente – 1).
Schiedsrichter: Siles (Costa Rica);, Zuschauer: 26 000.

Am 10. Dezember 1973:
TRINIDAD – GUATEMALA 1:0 (1:0)
TRINIDAD: Barclay, Rondon, Figaro, Murren, Phillips, Morgan, Cummings, Douglas, David (1), Roberts, Archibald.
GUATEMALA: Galan, Olivia Lopez, Melgar, Villavicencio, Hasse Qualle, Fion, Morales, Gomez, Mendez, Roldan, Anderson.
Schiedsrichter: Juan Soto Paris (Costa Rica); Zuschauer: 20 000.

Am 12. Dezember 1973:
HONDURAS – NIEDERL. ANTILLEN 2:2 (1:0)
HONDURAS: Nazar, Carcamo, Cruz, Duron, Villegas Roura, Guifarro (1), Paz, Soza (1), Gomez Murillo, Blandon Artica, Bran Guevaros.
NIEDERL. ANTILLEN: Raven, Mollis, Melfor, Brunken, Clemencia (1), Flores, Zimmerman, Sintjago (1), Schoop, Diaoen, Koots.
Schiedsrichter: Chaplin (Jamaika); Zuschauer: 22 000.

Am 13. Dezember 1973:
GUATEMALA – HAITI 1:2 (1:1)
GUATEMALA: Galan, Gomez, Fion, Villavicencio, C. A. Monterroso, Roldan, Mendez, B. Monterroso, Gonzalez, Bolanos (1), Stockes.
HAITI: Francillon, Leandre Marion, Bayonne, Auguste, Nazaire, Francois, G. St. Vil, Jean-Joseph, Desir, Sannon (2), Antoine.
Schiedsrichter: Davies (Kanada); Zuschauer: 25 000.

Am 14. Dezember 1973:
TRINIDAD – MEXIKO 4:0 (2:0)
TRINIDAD: Barclay, Tescheira, Murren, Figaro, Rondon, Cummings (2), Morgan, Douglas (Roberts – 1), Khan, David, Archibald (1).
MEXIKO: Brambila, Bermudez, Guzman, Hernandez, Vasquez, Lapuente, Valdez, Delgado, Lopez, Mucino, Cuellar.
Schiedsrichter: Winsemann (Kanada); Zuschauer: 25 000.

Am 15. Dezember 1973:
HONDURAS – GUATEMALA 1:1 (1:0)
HONDURAS: Stewart Bodden, Carcamo, Villegas Roura, Cruz, Ramirez, Guifarro (1), Hernandez, Paz, Goday Cerrato, Gomez Murillo, Bran Guevaros.
GUATEMALA: Estrada, Olivia Lopez, Aquilar Lopez, Melgar, Fion, Roldan, Sandoval, Gomez, Mendez (1), B. Monterroso, Gonzalez.
Schiedsrichter: Schott (USA); Zuschauer: 23 000.

Am 17. Dezember 1973:
NIEDERL. ANTILLEN – TRINIDAD 0:4 (0:2)
NIEDERL. ANTILLEN: Raven, Mollis, Melfor, Brunken, Clemencia, Diaoen, Zimmerman, Sintjago, Virginie, Maria, Koots.
TRINIDAD: Barclay, Tescheira, Phillips, Murren, Figaro, Douglas, Cummings, Brewster, Morgan (1), David (3), Archibald.
Schiedsrichter: Villarejo (Puerto Rico); Zuschauer: 24 000.

Am 18. Dezember 1973:
MEXIKO – HAITI 1:0 (1:0)
MEXIKO: Calderon, Bermudez, Ramos, Hernandez, Vasquez, De La Torre, Valdez, Pulido, Borja (1), Delgado, Mucino.
HAITI: Francillon, Leandre Marion, Jean-Joseph, Gilles, Nazaire, Francois, Ph. Vorbe, Antoine, Desir, Sannon, R. St. Vil.
Schiedsrichter: Kibritjian (USA); Zuschauer: 26 000.

1. Haiti	5 4 0 1	8:2	8:3
2. Trinidad	5 3 0 2	6:4	11:4
3. Mexiko	5 2 2 1	6:4	10:5
4. Honduras	5 1 3 1	5:5	6:6
5. Guatemala	5 0 3 2	3:7	4:6
6. Niederl. Antillen	5 0 2 3	2:8	4:19

Haiti qualifiziert

ASIEN/OZEANIEN GRUPPE I

Semifinale
Am 18. August 1973 in Sydney:
AUSTRALIEN – IRAN 3:0 (1:0)
AUSTRALIEN: Fraser, Utjesenovic, Wilson (1), Watkiss, Curran, Richards, Warren, Baartz, Mackay, Alston (1), Abonyi (1).
IRAN: Hejazi, Monajati, Mazloumi, Ashtiani, Kashani, Kargarjam, Adelkhani, Ghorab, Ghelichkhani, Rahimipour, Lavasani.
Schiedsrichter: Scheurer (Schweiz); Zuschauer: 29 000.

Am 24. August 1973 in Teheran:
IRAN – AUSTRALIEN 2:0 (2:0)
IRAN: Rashidi, Ashtiani, Kashani, Kargarjam, Haghverdian (Ghorab), Sadeghi, Tabibi, Parvin, Mazloumi, Ghelichkhani, Adelkhani (Sharafi).
AUSTRALIEN: Fraser, Utjesenovic, Curran, Watkiss, Wilson, Baartz, Mackay, Warren (Rooney), Abonyi, Alston (Tolson), Richards
Schiedsrichter: Kasakow (UdSSR); Zuschauer: 56 000.

Finale
Am 28. Oktober in Sydney:
AUSTRALIEN – SÜDKOREA 0:0
AUSTRALIEN: Fraser, Utjesenovic, Curran, Watkiss, Wilson, Richards, Mackay, Warren, Baartz, Alston, Abonyi.
SÜDKOREA: Byoun Ho Young, Kim Ho Kon, Park Young Tae, Yoo Kee Heung, Kang Kee Wook, Koh Jae Wook, Park Byoung Chul, Cha Bum Keun, Kyu Poong Chung, Han Kim Jae, Park Ee Chun.
Schiedsrichter: Loraux (Belgien); Zuschauer: 32 000.

Am 10. November in Seoul:
SÜDKOREA – AUSTRALIEN 2:2 (2:1)
SÜDKOREA: Byon Ho Young, Kim Ho Kon, Yoo Kee Heung, Kang Kee Wook, Park Young Tae, Park Byoung Chul, Koh Jae Wook (1), Cha Bum Keun, Park Ee Chun, Kim Jae Han (1), Kyu Poong Chung.
AUSTRALIEN: Fraser, Utjesenovic, Wilson, Schaefer, Curran, Richards, Mackay, Rooney, Abonyi, Baartz (1), Buljevic (1).
Schiedsrichter: van Gemert (Niederlande); Zuschauer: 33 000.

Entscheidungsspiel
Am 13. November in Hongkong:
AUSTRALIEN – SÜDKOREA 1:0 (0:0)
AUSTRALIEN: Fraser, Utjesenovic, Wilson, Schaefer, Curran, Richards, Mackay (1), Rooney, Baartz, Buljevic, Abonyi.
SÜDKOREA: Lee Sae Yun, Kim Ho Kon, Park Young Tae, Yoo Kee Heung, Kang Kee Wook, Koh Jae Wook, Park Byoung Chul, Cha Bum Keun, Kim Jin Kook, Kim Jae Han, Kang Tae Hyun.
Schiedsrichter: van Gemert (Niederlande): Zuschauer 27 000.

Australien qualifiziert

AFRIKA

ENDRUNDE
Am 21. Oktober 1973 in Lusaka:
SAMBIA – MAROKKO 4:0 (2:0)
SAMBIA: Emmanuel Mwape, Peter Mhango, Ackim Musenge, Dick Chama, Dickson Makwaza, Boniface Simutowe, Moses Simwala (1), Jan Simulambo, Simon Kaushi, Bernard Chanda (1), Brighton Sinyangwe (2).
MAROKKO: Hazzaz, Fetoui, Ihardane, Lamrani, Benkhrif, Chebbak, Maghfour, Zahraoui, Faras, Choukry, Amcharat.
Schiedsrichter: Tesfaye (Äthiopien); Zuschauer: 75 000.

Am 4. November 1973 in Lusaka:
SAMBIA – ZAIRE 0:2 (0:2)
SAMBIA: Joseph Chomba, Peter Mhango, Ackim Musenge, Dick Chama, Dickson Makwaza, Boniface Simutowe, Moses Simwala, Jan Simulambo, Bernard Chanda, Godfrey Chitalu, Brighton Sinyangwe.
ZAIRE: Kazadi, Mwepu, Mukombo, Buhanga, Lobilo, Kibonge, Mayanga (1), Mana, Kembo, Kidumu, Kakoko (1).
Schiedsrichter: Farah Wehelie Addo (Somalia); Zuschauer: 75 000.

Am 18. November 1973 in Kinshasa:
ZAIRE – SAMBIA 2:1 (1:1)
ZAIRE: Kazadi, Mwepu, Mukombo, Buhanga, Lobilo, Kibonge, Mana, Mayanga, Kembo (1), Kidumu, Kakoko (1).
SAMBIA: Emmanuel Mwape, Peter Mhango, Edward Musonda, Dick Chama, Dickson Makwaza, Ackim Musenge, Bernard Chanda, Boniface Simutowe, Obby Kapita, Godfrey Chitalu (1), Willie Phiri.
Schiedsrichter: N'Diaye (Senegal); Zuschauer: 75 000.

Am 25. November 1973 in Tetuan:
MAROKKO – SAMBIA 2:0 (1:0)
MAROKKO: Belkorchi, Benkhrif, Ihardane, Megrou, Zahraoui, Chebbak, Maghfour (1), Haddadi, Faras (1), Choukry, Ajri (Amcharat)
SAMBIA: Emmanuel Mwape, Peter Mhango, Edward Musonda, Dick Chama (Joseph Mapulanga), Dickson Makwaza, Ackim Musenge, Biri Chanda, Jan Simulambo, Bernard Chanda (Moses Simwala), Godfrey Chitalu, Brighton Sinyangwe.
Schiedsrichter: El Attar (Ägypten); Zuschauer 25 000.

Am 9. Dezember 1973 in Kinshasa:
ZAIRE – MAROKKO 3:0 (0:0)
ZAIRE: Kazadi, Mwepu, Mukombo, Buhanga, Lobilo, Mana, Mayanga (Ndale – 1), Kibonge, Kembo (1 – Mbungu – 1), Kidumu, Kakoko.
MAROKKO: Belkorchi, Benkhrif, Ihardane, Hagrouh, Zahraoui, Najah, Fetoui, Chebbak, Faras (Choukry), Haddadi, Amcharat.
Schiedsrichter: Lamptey (Ghana): Zuschauer: 70 000.

Am 23. Dezember 1973 in Rabat:
MAROKKO – ZAIRE *
* Marokko trat zu diesem Spiel nicht an, die FIFA wertete die Begegnung mit 2:0 Toren für Zaire.

1. Zaire	4 4 0 0	8:0	9:1
2. Sambia	4 1 0 3	2:6	5:6
3. Marokko	4 1 0 3	2:6	2:9

Zaire qualifiziert

Endrunde in Deutschland

Erste Finalrunde

GRUPPE I

Am 14. Juni 1974 in Berlin:
DEUTSCHLAND – CHILE 1:0 (1:0)
DEUTSCHLAND: Maier, Vogts, Beckenbauer, Schwarzenbeck, Breitner, Hoeneß, Cullmann, Overath (76. Hölzenbein), Grabowski, Müller, Heynckes.
CHILE: Vallejos, Garcia, Figueroa, Quintano-Cruz, Arias, Valdez (79. Veliz), Rodriguez (84. Lara), Reynoso, Caszely, Ahumada, Paez.
Schiedsrichter: Babacan (Türkei); Linienrichter: Taylor (England), Winsemann (Kanada).
Zuschauer: 83 000; Tor: 1:0 Breitner (16).

Am 14. Juni in Hamburg:
DDR – AUSTRALIEN 2:0 (0:0)
DDR: Croy, Kische, Bransch, Weise, Wätzlich, Pommerenke, Irmscher, Löwe (54. Hoffmann), Streich, Sparwasser, Vogel.
AUSTRALIEN: Reilly, Utjesenovic, Wilson, Schaefer, Curran, Richards, Mackay, Rooney, Warren, Alston, Buljevic.
Schiedsrichter: N'Diaye (Senegal); Linienrichter: Sanchez-Ibanez (Spanien), Delgado (Kolumbien).
Zuschauer: 15 000; Tore: 1:0 Curran (57., Eigentor), 2:0 Streich (69.).

Am 18. Juni in Hamburg:
DEUTSCHLAND – AUSTRALIEN 3:0 (2:0)
DEUTSCHLAND: Maier, Vogts, Beckenbauer, Schwarzenbeck, Breitner, Hoeneß, Cullmann (68. Wimmer), Overath, Grabowski, Müller, Heynckes (46. Hölzenbein).
AUSTRALIEN: Reilly, Utjesenovic, Wilson, Schaefer, Curran, Richards, Rooney, Mackay, Campbell (46. Abonyi), Buljevic (60. Ollerton), Alston.
Schiedsrichter: Mostafa Kamel (Ägypten); Linienrichter: Nunez (Peru), Archundia (Mexiko).
Zuschauer: 55 000; Tore: 1:0 Overath (12.), 2:0 Cullmann (34.), 3:0 Müller (53.).

Am 18. Juni in Berlin:
CHILE – DDR 1:1 (0:0)
CHILE: Vallejos, Garcia, Quintano-Cruz, Figueroa, Arias, Valdez (46. Yavar), Paez, Reynoso, Ahumada, Veliz, Socias (65. Farias).
DDR: Croy, Kische, Weise, Bransch, Wätzlich, Sparwasser, Seguin (73. Kreische), Irmscher, Hoffmann, Streich, Vogel (29. Ducke).
Schiedsrichter: Angenose (Italien); Linienrichter: Scheurer (Schweiz), Davidson (Schottland).
Zuschauer: 30 000; Tore: 0:1 Hoffmann (55.), 1:1 Ahumada (69.).

Am 22. Juni in Berlin:
AUSTRALIEN – CHILE 0:0
AUSTRALIEN: Reilly, Utjesenovic, Wilson, Schaefer; Curran (79. Williams), Richards, Rooney, Mackay, Abonyi, Alston (66. Ollerton), Buljevic.
CHILE: Vallejos, Garcia, Quintano-Cruz, Arias, Figueroa, Paez, Valdez (57. Farias), Caszely, Ahumada, Reynoso, Veliz (72. Yavar).
Schiedsrichter: Namdar (Iran); Linienrichter: Loraux (Belgien), van Gemert (Niederlande).
Zuschauer: 16 000.

Am 22. Juni in Hamburg:
DDR – DEUTSCHLAND 1:0 (0:0)
DDR: Croy, Kische, Bransch, Weise, Wätzlich, Irmscher (65. Hamann), Lauck, Kreische, Kurbjuweit, Sparwasser, Hoffmann.
DEUTSCHLAND: Maier, Vogts, Beckenbauer, Schwarzenbeck (69. Höttges), Breitner, Hoeneß, Cullmann, Overath (70. Netzer), Grabowski, Müller, Flohe.
Schiedsrichter: Barreto Ruiz (Uruguay); Linienrichter: Marques (Brasilien), Pestarino (Argentinien).
Zuschauer: 63 000; Tor: 1:0 Sparwasser (77.).

GRUPPE II

Am 13. Juni in Frankfurt:
BRASILIEN – JUGOSLAWIEN 0:0
BRASILIEN: Leao, Nelinho, Luiz Pereira, Mario Marinho, Francisco Marinho, Piazza, Rivelino, Paulo Cezar L., Valdomiro, Jairzinho, Leivinha.
JUGOSLAWIEN: Maric, Buljan, Katalinski, Bogicevic, Hadziabdic, Muzinic, Oblak, Acimovic, Petkovic, Surjak, Dzajic.
Schiedsrichter: Scheurer (Schweiz); Linienrichter: Loraux (Belgien), Pestarino (Argentinien).
Zuschauer: 62 000.

Am 14. Juni in Dortmund:
SCHOTTLAND – ZAIRE 2:0 (2:0)
SCHOTTLAND: Harvey, Jardine, Blackey, Holton, McGrain Bremner, Dalglish (75. Hutchison), Hay, Lorimer, Jordan, Law.
ZAIRE: Kazadi, Mwepu, Buhanga, Lobilo, Mukombo, Mana, Kilasu, Kidumu (75. Kibonge), Mayanga (68. Kembo), Ndaie, Kakoko.
Schiedsrichter: Schulenburg (Deutschland); Linienrichter: Weyland (Deutschland), Boskovic (Australien).
Zuschauer: 30 000; Tore: 1:0 Lorimer (26.), 2:0 Jordan (33.).

Am 18. Juni in Gelsenkirchen:
JUGOSLAWIEN – ZAIRE 9:0 (6:0)
JUGOSLAWIEN: Maric, Buljan, Katalinski, Bogicevic, Hadziabdic, Acimovic, Oblak, Surjak, Petkovic, Bajevic, Dzajic.
ZAIRE: Kazadi (21. Tubilandu), Mwepu, Mukombo, Buhanga, Lobilo, Kilasu, Ndaie, Mana, Kembo, Kidumu, Kakoko (46. Mayanga).
Schiedsrichter: Delgado (Kolumbien); Linienrichter: Barreto Ruiz (Uruguay), Llobregat (Venezuela).
Zuschauer 25 000; Tore: 1:0 Bajevic (7.), 2:0 Dzajic (13.), 3:0 Surjak (18.), 4:0 Katalinski (21.), 5:0 Bajevic (29.), 6:0 Bogicevic (34.), 7:0 Oblak (60.), 8:0 Petkovic (62.), 9:0 Bajevic (70).

Am 18. Juni in Frankfurt:
SCHOTTLAND – BRASILIEN 0:0
SCHOTTLAND: Harvey, Jardine, McGrain, Buchan, Holton, Bremner, Dalglish, Hay, Morgan, Jordan, Lorimer.
BRASILIEN: Leao, Nelinho, Lutz Pereira, Mario Marinho Francisco Marinho, Piazza, Rivelino, Paulo Cesar L., Jairzinho, Mirandinha, Leivinha (63. Paulo Cezar C.).
Schiedsrichter: van Gemert (Niederlande); Linienrichter: Unemayr (Österreich), Palotai (Ungarn).
Zuschauer: 61 500.

Am 22. Juni in Gelsenkirchen:
BRASILIEN – ZAIRE 3:0 (1:0)
BRASILIEN: Leao, Nelinho, Luiz Pereira, Mario Marinho, Francisco Marinho, Piazza (60. Mirandinha), Paulo Cezar C., Rivelino, Jairzinho, Leivinha (12. Valdomiro), Edu.
ZAIRE: Kazadi, Mwepu, Buhanga, Kibonge, Ntumba, Kidumu (61. Kilasu), Mayanga, Lobilo, Mukombo, Mana, Tshinabu (Kembo).
Schiedsrichter: Rainea (Rumänien); Linienrichter: Angonese (Italien), Ohmsen (Deutschland).
Zuschauer: 37 000; Tore: 1:0 Jairzinho (13.), 2:0 Rivelino (67.), 3:0 Valdomiro (79.).

Am 22. Juni in Frankfurt:
SCHOTTLAND – JUGOSLAWIEN 1:1 (0:0)
SCHOTTLAND: Harvey, Jardine, Holton, Buchan, McGrain, Bremner, Hay, Dalglish (66. Hutchison), Morgan, Jordan, Lorimer.
JUGOSLAWIEN: Maric, Buljan, Katalinski, Bogicevic, Hadziabdic, Acimovic, Oblak, Petkovic, Dzajic, Surjak, Bajevic (70. Karasi).
Schiedsrichter: Archundia (Mexiko); Linienrichter: Tschenscher (Deutschland), Glöckner (DDR).
Zuschauer: 56 000; Tore: 0:1 Karasi (81.), 1:1 Jordan (89.).

GRUPPE III

Am 15. Juni in Düsseldorf:
SCHWEDEN – BULGARIEN 0:0
SCHWEDEN: Hellström, Olsson, Bo Larsson, Karlsson, Andersson, Tapper, Grahn, Kindvall (71. Magnusson), Torstensson, Edström, Sandberg.
BULGARIEN: Goranow, S. Wassilew, Iwkow, Penew, Welitschkow, Kolew, Nikodimow, Bonew, Woinow (71. Michailow), Panow (75. M. Wassilew), Denew.
Schiedsrichter: Nunez (Peru); Linienrichter: Suppiah (Singapur), Archundia (Mexiko).
Zuschauer: 25 000.

Am 15. Juni in Hannover:
NIEDERLANDE – URUGUAY 2:0 (1:0)
NIEDERLANDE: Jongbloed, Suurbier, Haan, Rijsbergen, Krol, Jansen, Neeskens, van Hanegem, Rep, Cruyff, Rensenbrink.
URUGUAY: Mazurkiewicz, Jauregui, Masnik, Forlan, Pavoni, Montero Castillo, Esparrago, Rocha, Mantegazza, Morena, Cubilla (64. Milar).
Schiedsrichter: Palotai (Ungarn); Linienrichter: Kasakow (UdSSR), Rainea (Rumänien).
Zuschauer: 56 000; Tore: 1:0 Rep (7.), 2:0 Rep (87.).

Am 19. Juni in Dortmund:
NIEDERLANDE – SCHWEDEN 0:0
NIEDERLANDE: Jongbloed, Suurbier, Rijsbergen, Haan, Krol, van Hanegem (73. de Jong), Jansen, Neeskens, Rep, Cruyff, Keizer.
SCHWEDEN: Hellström, Olsson (74. Grip), Karlsson, Nordqvist, Andersson, Bo Larsson, Grahn, Tapper (60. Persson), Ejderstedt, Edström, Sandberg.
Schiedsrichter: Winsemann (Kanada); Linienrichter: Tschenscher (Deutschland), Thomas (Wales).
Zuschauer: 54 000.

Am 19. Juni in Hannover:
BULGARIEN – URUGUAY 1:1 (0:0)
BULGARIEN: Goranow, Wassilew, Penew, Iwkow, Welitschkow, Nikodimow (59. Michailow), Bonew, Kolew, Woinow, Panow, Denew.
URUGUAY: Mazurkiewicz, Forlan, Garisto (71. Masnik), Jauregui, Pavoni, Mantegazza (64. Cardaccio), Esparrago, Morena, Rocha, Milar, Corbo.
Schiedsrichter: Taylor (England); Linienrichter: Babacan (Türkei), Ohmsen (Deutschland).
Zuschauer: 10 000; Tore: 1:0 Bonew (75.), 1:1 Pavoni (87.).

Am 23. Juni in Düsseldorf:
SCHWEDEN – URUGUAY 3:0 (0:0)
SCHWEDEN: Hellström, Andersson, Nordqvist, Karlsson, Grip, Grahn, Kindvall (77. Torstensson), Bo Larsson, Magnusson (62. Ahlström), Edström, Sandberg.
URUGUAY: Mazurkiewicz, Forlan, Jauregui, Garisto (46. Masnik), Pavoni, Esparrago, Mantegazza, Rocha, Milar, Morena, Corbo (43. Cubilla).
Schiedsrichter: Linemayr (Österreich); Linienrichter: Llobregat (Venezuela), Aldinger (Deutschland).
Zuschauer: 27 000; Tore: 1:0 Edström (46.), 2:0 Sandberg (74.), 3:0 Edström (78.).

Am 23. Juni in Dortmund:
NIEDERLANDE – BULGARIEN 4:1 (2:0)
NIEDERLANDE: Jongbloed, Suurbier, Rijsbergen, Haan, Krol, Jansen, Neeskens (79. de Jong), van Hanegem (46. Israel), Rep, Cruyff, Rensenbrink.
BULGARIEN: Stajkow, Welitschkow, Iwkow, Penew, S. Wassilow, Kolew, Stojanow (46. Michailow), Bonew, Woinow, Panow (57. Borissow), Denew.
Schiedsrichter: Boskovic (Australien); Linienrichter: Eschweiler (Deutschland), Biwersi (Deutschland).
Zuschauer: 54 000; Tore: 1:0 Neeskens (6., Foulelfmeter), 2:0 Neeskens (45., Foulelfmeter), 3:0 Rep (71.), 3:1 Krol (78., Eigentor), 4:1 de Jong (86.).

GRUPPE IV

Am 15. Juni in München:
ITALIEN – HAITI 3:1 (0:0)
ITALIEN: Zoff, Spinosi, Morini, Burgnich, Facchetti, Benetti, Capello, Rivera, Mazzola, Chinaglia (70. Anastasi), Riva.
HAITI: Francillon, Bayonne, Nazaire, Jean Joseph, Auguste, Francois, Vorbe, Antoine, Desir, Sannon, G. St. Vil (46. Barthelmy).
Schiedsrichter: Llobregat (Venezuela); Linienrichter: Marques (Brasilien), Namdar (Iran).
Zuschauer: 55 000; Tore: 0:1 Sannon (46.), 1:1 Rivera (52.), 2:1 Benetti (66.), 3:1 Anastasi (79.).

Am 15. Juni in Stuttgart:
POLEN – ARGENTINIEN 3:2 (2:0)
POLEN: Tomaszewski, Szymanowski, Gorgon, Musial, Zmuda, Kasperczak, Deyna, Maszczyk, Lato, Szarmach (72. Domarski), Gadocha (84. Cmikiewicz).
ARGENTINIEN: Carnevali, Wolff, Perfumo, Heredia, Barg (68. Telch), Sa, Balbuena, Brindisi (46. Houseman), Babington, Ayala, Kempes.
Schiedsrichter: Thomas (Wales); Linienrichter: Davidson

(Schottland), Aldinger (Deutschland).
Zuschauer: 32 000; Tore: 1:0 Lato (6.), 2:0 Szarmach (8.), 2:1 Heredia (61.), 3:1 Lato (62.), 3:2 Babington (66.).

Am 19. Juni in München:
POLEN – HAITI 7:0 (5:0)
POLEN: Tomaszewski, Szymanowski, Zmuda, Gorgon, Musial (71. Gut), Kasperczak, Maszczyk (65. Cmikiewicz), Deyna, Lato, Szarmach, Gadocha.
HAITI: Francillon, Bayonne, Nazaire, Vorbe, Auguste, Francois, Antoine, Andre (38. Barthelmy), Desir, R. St. Vil (46. Racine), Sannon.
Schiedsrichter: Suppiah (Singapur); Linienrichter: Biwersi (Deutschland), Eschweiler (Deutschland).
Zuschauer: 21 000; Tore: 1:0 Lato (17.), 2:0 Deyna (19.), 3:0 Szarmach (30.), 4:0 Gorgon (32.), 5:0 Szarmach (34.), 6:0 Szarmach (51.), 7:0 Lato (87.).

Am 19. Juni in Stuttgart:
ARGENTINIEN – ITALIEN 1:1 (1:1)
ARGENTINIEN: Carnevali, Sa, Heredia, Perfumo, Wolff (61. Glaria), Babington, Telch, Ayala, Yazalde (78. Chazarreta), Kempes, Houseman.
ITALIEN: Zoff, Benetti, Facchetti, Morini (65. Wilson), Spinosi, Capello, Rivera (65. Causio), Burgnich, Mazzola, Anastasi, Riva.
Schiedsrichter: Kasakow (UdSSR); Linienrichter: Glöckner (DDR), Rainea (Rumänien).
Zuschauer: 73 000; Tore: 1:0 Houseman (19.), 1:1 Perfumo (35., Eigentor).

Am 23. Juni in München:
ARGENTINIEN – HAITI 4:1 (2:0)
ARGENTINIEN: Carnevali, Wolff, Perfumo, Heredia, Sa, Babington, Telch, Houseman (57. Brindisi), Yazalde, Ayala, Kempes (57. Balbuena).
HAITI: Francillon, Ducoste, Bayonne, Nazaire (25. Marion J. Leandre), Louis, Ph. Vorbe, Desir, G. St. Vil (53. Fritz Leandre), Antoine, Racine, Sannen.
Schiedsrichter: Sanchez-Ibanez (Spanien); Linienrichter: Mostafa Kamel (Ägypten), N'Diaye (Senegal).
Zuschauer: 18 000; Tore: 1:0 Yazalde (15.), 2:0 Houseman (18.), 3:0 Ayala (56.), 3:1 Sannen (63.), 4:1 Yazalde (67.).

Am 23. Juni in Stuttgart:
POLEN – ITALIEN 2:1 (2:0)
POLEN: Tomaszewski, Szymanowski, Gorgon, Musial, Zmuda, Kasperczak, Deyna, Maszczyk, Lato, Szarmach (76. Cmikiewicz), Gadocha.
ITALIEN: Zoff, Spinosi, Burgnich (34. Wilson), Facchetti, Morini, Benetti, Capello, Mazzola, Causio, Anastasi, Chinaglia (46. Boninsegna).
Schiedsrichter: Weyland (Deutschland); Linienrichter: Winsemann (Kanada), Schulenburg (Deutschland).
Zuschauer: 73 000; Tore: 1:0 Szarmach (38.), 2:0 Deyna (44.), 2:1 Capello (86.).

Zweite Finalrunde

GRUPPE A

Am 26. Juni in Gelsenkirchen:
NIEDERLANDE – ARGENTINIEN 4:0 (2:0)
NIEDERLANDE: Jongbloed, Suurbier (86. Israel), Rijsbergen, Haan, Krol, Jansen, Neeskens, van Hanegem, Rep, Cruyff, Rensenbrink.
ARGENTINIEN: Carnevali, Wolff (46. Glaria), Perfumo, Heredia, Sa, Squeo, Telch, Houseman (64. Kempes), Balbuena, Yazalde, Ayala.
Schiedsrichter: Davidson (Schottland); Linienrichter: Tschenscher (Deutschland), Kasakow (UdSSR).
Zuschauer: 55 000; Tore: 1:0 Cruyff (11.), 2:0 Krol (25.), 3:0 Rep (72.), 4:0 Cruyff (91.).

Am 26. Juni in Hannover:
BRASILIEN – DDR 1:0 (0:0)
BRASILIEN: Leao, Ze Maria, Luiz Pereira, Mario Marinho, Francisco Marinho, Paulo Cezar C., Rivelino, Paulo Cezar L., Valdomiro, Jairzinho, Dirceu.
DDR: Croy, Kische, Bransch, Weise, Wätzlich, Lauck (65. Löwe), Sparwasser, Hamann (46. Irmscher), Kurbjuweit, Streich, Hoffmann.
Schiedsrichter: Thomas (Wales); Linienrichter: Babacan (Türkei), Boskovic (Australien).
Zuschauer: 53 000; Tor: 1:0 Rivelino (61.).

Am 30. Juni in Gelsenkirchen:
NIEDERLANDE – DDR 2:0 (1:0)
NIEDERLANDE: Jongbloed, Suurbier, Haan, Rijsbergen, Krol, Jansen, Neeskens, van Hanegem, Rep, Cruyff, Rensenbrink.
DDR: Croy, Kische, Bransch, Weise, Kurbjuweit, Lauck (65. Kreische), Pommerenke, Schnuphase, Löwe (54. Ducke), Sparwasser, Hoffmann.
Schiedsrichter: Scheurer (Schweiz); Linienrichter: Linemayr (Österreich), Delgado (Kolumbien).
Zuschauer: 70 000; Tore: 1:0 Neeskens (8.), 2:0 Rensenbrink (59.).

Am 30. Juni in Hannover:
BRASILIEN – ARGENTINIEN 2:1 (1:1)
BRASILIEN: Leao, Ze Maria, Luiz Pereira, Mario Marinho, Francisco Marinho, Paulo Cezar C., Rivelino, Paulo Cezar L., Valdomiro, Jairzinho, Dirceu.
ARGENTINIEN: Carnevali, Glaria, Heredia, Bargas, Sa (46. Carrascosa), Brindisi, Squeo, Babington, Balbuena, Ayala, Kempes (46. Houseman).
Schiedsrichter: Loraux (Belgien); Linienrichter: Taylor (England), N'Diaye (Senegal).
Zuschauer: 25 000; Tore: 1:0 Rivelino (31.), 1:1 Brindisi (34.), 2:1 Jairzinho (48.).

Am 3. Juli in Dortmund:
NIEDERLANDE – BRASILIEN 2:0 (0:0)
NIEDERLANDE: Jongbloed, Suurbier, Haan, Rijsbergen, Krol, Neeskens (84. Israel), van Hanegem, Jansen, Rep, Cruyff, Rensenbrink (67. de Jong).
BRASILIEN: Leao, Ze Maria, Luiz Pereira, Mario Marinho, Francisco Marinho, Paulo Cezar C., Rivelino, Paulo Cezar L. (61. Mirandinha), Valdomiro, Jairzinho, Dirceu.
Schiedsrichter: Tschenscher (Deutschland); Linienrichter: Davidson (Schottland), Suppiah (Singapur).
Zuschauer: 54 000; Tore: 1:0 Neeskens (50.), 2:0 Cruyff (65.)

Am 3. Juli in Gelsenkirchen:
ARGENTINIEN – DDR 1:1 (1:1)
ARGENTINIEN: Fillol, Wolff, Bargas, Heredia, Carrascosa, Brindisi, Telch, Babington, Houseman, Kempes, Ayala.
DDR: Croy, Kische, Weise, Bransch, Kurbjuweit, Pommerenke, Sparwasser, Schnuphase, Löwe (66. Vogel), Streich (81. Ducke), Hoffmann.
Schiedsrichter: Taylor (England); Linienrichter: Thomas (Wales), Mostafa Kamel (Ägypten).
Zuschauer: 15 000; Tore: 0:1 Streich (14.), 1:1 Houseman (22.).

GRUPPE B

Am 26. Juni in Düsseldorf:
DEUTSCHLAND – JUGOSLAWIEN 2:0 (1:0)
DEUTSCHLAND: Maier, Vogts, Beckenbauer, Schwarzenbeck, Breitner, Wimmer (70. Hoeneß), Bonhof, Overath, Hölzenbein (74. Flohe), Müller, Herzog.
JUGOSLAWIEN: Maric, Buljan, Muzinic, Katalinski, Hadziabdic, Oblak (78. Jerkovic), Surjak, Acimovic, Povivoda, Karasi, Dzajic (78. Petkovic).
Schiedsrichter: Marques (Brasilien); Linienrichter: Angonese (Italien), Nunez (Peru).
Zuschauer: 67 000; Tore: 1:0 Breitner (38.), 2:0 Müller (77.).

Am 26. Juni in Stuttgart:
POLEN – SCHWEDEN 1:0 (1:0)
POLEN: Tomaszewski, Gut, Gorgon, Zmuda, Szymanowski Kasperczak, Deyna, Maszczyk, Lato, Szarmach (61. Kmiezik), Gadocha.
SCHWEDEN: Hellström, Andersson (61. Augustsson), Grip, Nordqvist, Tapper (81. Ahlström), Bo Larsson, Torstensson, Grahn, Karlsson, Edström, Sandberg.
Schiedsrichter: Barreto Ruiz (Uruguay); Linienrichter: Pestarino (Argentinien), Archundia (Mexiko).
Zuschauer: 40 000; Tor: 1:0 Lato (42.).

Am 30. Juni in Frankfurt:
POLEN – JUGOSLAWIEN 2:1 (1:1)
POLEN: Tomaszewski, Szymanowski, Zmuda, Gorgon, Musial, Kasperczak, Deyna (80. Domarski), Maszczyk, Lato, Szarmach (57. Cmikiewicz), Gadocha.
JUGOSLAWIEN: Maric, Buljan, Bogicevic, Katalinski, Hadziabdic, Oblak (19. Jerkovic), Karasi, Acimovic, Petkovic (81. V. Petrovic), Bajevic, Surjak.
Schiedsrichter: Glöckner (DDR); Linienrichter: Marques (Brasilien), Winsemann (Kanada).
Zuschauer: 55 000; Tore: 1:0 Deyna (26., Foulelfmeter), 1:1 Karasi (44.), 2:1 Lato (64.).

Am 30. Juni in Düsseldorf:
DEUTSCHLAND – SCHWEDEN 4:2 (0:1)
DEUTSCHLAND: Maier, Vogts, Beckenbauer, Schwarzenbeck, Breitner, Hoeneß, Bonhof, Overath, Hölzenbein (81. Flohe), Müller, Herzog (65. Grabowski).
SCHWEDEN: Hellström, Olsson, Nordqvist, Karlsson, Augustsson, Grahn, Bo Larsson (34. Ejderstedt), Tapper, Torstensson, Edström, Sandberg.
Schiedsrichter: Kasakow (UdSSR); Linienrichter: Rainea (Rumänien), Sanchez-Ibanez (Spanien).
Zuschauer: 67 500; Tore: 0:1 Edström (26.), 1:1 Overath (50.), 2:1 Bonhof (51.), 2:2 Sandberg (53.), 3:2 Grabowski (78.), 4:2 Hoeneß (90., Foulelfmeter).

Am 3. Juli in Frankfurt:
DEUTSCHLAND – POLEN 1:0 (0:0)
DEUTSCHLAND: Maier, Vogts, Beckenbauer, Schwarzenbeck, Breitner, Hoeneß, Bonhof, Overath, Grabowski, Müller, Hölzenbein.
POLEN: Tomaszewski, Szymanowski, Gorgon, Zmuda, Musial, Maszczyk (80. Kmiecik), Deyna, Kasperczak (80. Cmikiewicz), Lato, Domarski, Gadocha.
Schiedsrichter: Linemayr (Österreich); Linienrichter: Scheurer (Schweiz), Palotai (Ungarn).
Zuschauer: 62 000; Tor: 1:0 Müller (75.).

Am 3. Juli in Düsseldorf:
SCHWEDEN – JUGOSLAWIEN 2:1 (1:1)
SCHWEDEN: Hellström, Olsson, Nordqvist, Karlsson, Augustsson, Tapper, Grahn, Persson, Torstensson, Edström, Sandberg.
JUGOSLAWIEN: Maric, Buljan, Katalinski, Pavlovic (77. Peruzovic), Hadziabdic, Jerkovic, Bogicevic, Acimovic, V. Petrovic (67. Karasi) Surjak, Dzajic.
Schiedsrichter: Pestarino (Argentinien); Linienrichter: Barreto Ruiz (Uruguay), Llobregat (Venezuela).
Zuschauer: 14 000; Tore: 0:1 Surjak (27.), 1:1 Edström (30.), 2:1 Torstensson (85.).

UM DEN DRITTEN PLATZ

Am 6. Juli in München:
POLEN – BRASILIEN 1:0 (0:0)
POLEN: Tomaszewski, Szymanowski, Gorgon, Musial, Zmuda, Maszczyk, Kasperczak (71. Cmikiewicz), Deyna, Lato, Szarmach (71. Kapka), Gadocha.
BRASILIEN: Leao, Mario Marinho, Alfredo, Ze Maria, Francisco Marinho, Paulo Cezar C., Rivelino, Valdomiro (65. Mirandinha), Ademir, Dirceu, Jairzinho.
Schiedsrichter: Angonese (Italien); Linienrichter: N'Diaye (Senegal), Namdar (Iran).
Zuschauer: 80 000; Tor: 1:0 Lato (75.).

ENDSPIEL

Am 7. Juli in München:
DEUTSCHLAND – NIEDERLANDE 2:1 (2:1)
DEUTSCHLAND: Maier, Schwarzenbeck, Vogts, Beckenbauer, Breitner, Hoeneß, Bonhof, Overath, Grabowski, Müller, Hölzenbein.
NIEDERLANDE: Jongbloed, Suurbier, Rijsbergen (68. de Jong), Haan, Krol, Jansen, Neeskens, van Hanegem, Rep, Cruyff, Rensenbrink (46. Rene van de Kerkhof).
Schiedsrichter: Taylor (England); Linienrichter: Barreto Ruiz (Uruguay), Archundia (Mexiko).
Zuschauer: 80 000; Tore: 0:1 Neeskens (1., Foulelfmeter), 1:1 Breitner (26., Foulelfmeter), 2:1 Müller (44.).

11. Fußball-Weltmeisterschaft 1978 in Argentinien

Qualifikation
EUROPA

Gruppe 1

Am 23. Mai 1976 in Limassol:
ZYPERN – DÄNEMARK 1:5 (1:3)
Zypern: D. Constantinou (F. Stylianou), Mertakas, Patikis, S. Stylianou, Lysandrou, Savva, Michael, Marcou, Kaiafas (Miamiliotis), Charalambous, Kanaris.
Dänemark: B. Larsen, J. Hansen, Munk-Jensen, Röntved, Tune, Rasmussen, Olsen, H. Hansen, Simonsen, H. Jensen, Bastrup.
Schiedsrichter: Doudine (Bulgarien); Zuschauer: 10 000.

Am 16. Oktober 1976 in Porto:
PORTUGAL – POLEN 0:2 (0:0)
Portugal: Bento, Artur (65. Moinhos), Rodrigues, Freitas, Pietra, Octavio, Toni (46. Celso), Alves, Oliveira, Fernandes, Nene.
Polen: Kukla, Rzesny, Zmuda, Rudy, Kasperczak, Masztaler, Szarmach, Lato, Deyna, Maculewicz, Terlecki (75. Wawrowski).
Schiedsrichter: Kitabdjian (Frankreich); Zuschauer: 30 000.

Am 27. Oktober 1976 in Kopenhagen:
DÄNEMARK – ZYPERN 5:0 (0:0)
Dänemark: Larsen, J. Hansen, Ahlberg, Munk-Jensen, Röntved, Olsen, Björnmose, Nielsen, Flindt-Bjerg, H. Jensen, Kristensen.
Zypern: G. Pandjaras, K. Constantinou, Patikis, Lilos, S. Stylianou, Michael, Miamiliotis, Marcou, Kaiafas, Savva, Kanaris.
Schiedsrichter: Colling (Luxemburg); Zuschauer: 31 000.

Am 31. Oktober 1976 in Warschau:
POLEN – ZYPERN 5:0 (3:0)
Polen: Kukla, Maculewicz, Zmuda, Masztaler, Kasperczak, Boniek, Sybis, Lubanski, Szarmach, Deyna, Terlecki.
Zypern: G. Pandjaras, Patikis, Papaloukas, Lilos, S. Stylianou, K. Constantinou, Michael, Savva, Kaiafas, Marcou, Kanaris.
Schiedsrichter: Müncz (Ungarn); Zuschauer: 80 000.

Am 17. November 1976 in Lissabon:
PORTUGAL – DÄNEMARK 1:0 (0:0)
Portugal: Fonseca, Artur, Humberto Coelho (46. Laranjeira), Jose Mendes, Tai, Celso, Nene, Chalana, Vitor Baptista, Alves, Oliveira (46. Fernandes).
Dänemark: B. Jensen, J. Hansen, Röntved, Munk-Jensen, Ahlberg, Björnmose (78. Andersen), H. Hansen, Flindt-Bjerg (54. Le Fevre), Simonsen, Holmström, Kristensen.
Schiedsrichter: Aouissi (Algerien); Zuschauer: 35 000.

Am 5. Dezember 1976 in Limassol:
ZYPERN – PORTUGAL 1:2 (0:1)
Zypern: Pandjaras, Patikis, Papaloukas, S. Stylianou, K. Constantinou, Michael, Omirou, Savva, Kaiafas, Marcou, Miamiliotis.
Portugal: Bento, Artur, Laranjeira, Jose Mendes, Augusto Inacio, Octavio, Francisco Mario Silva, Nene, Fernandes, Chalana, Albertino Pereira.
Schiedsrichter: Chita (Rumänien); Zuschauer: 10 000.

Am 1. Mai 1977 in Kopenhagen:
DÄNEMARK – POLEN 1:2 (0:1)
Dänemark: Jensen, J. Hansen, Röntved, Munk-Jensen (60. L. Larsen), Ahlberg, Björnmose, Höjland, H. Hansen (80. Sörensen), Flindt-Bjerg, Simonsen, Lund.
Polen: Tomaszewski, Dziuba, Wieczorek, Zmuda, Rudy (24. Boguszewicz), Kasperczak, Deyna, Masztaler, Lato, Lubanski (82. Boniek), Szarmach.
Schiedsrichter: Mattsson (Finnland); Zuschauer: 50 000.

Am 15. Mai 1977 in Limassol:
ZYPERN – POLEN 1:3 (1:2)
Zypern: G. Pandjaras, Patikis, Pastellides, Vrakimis (53. Mavris), S. Stylianou, K. Constantinou, Michael, Savva, Antoniou, Kaiafas (60. Gavalas), Kanaris.
Polen: Tomaszewski, Wawrowski, Zmuda, Maculewicz, Ludyga, Kasperczak, Deyna, Masztaler (85. Nawalka), Lato, Szarmach, Terlecki (68. Mazur).
Schiedsrichter: Ashkenazi (Israel); Zuschauer: 10 000.

Am 21. September 1977 in Kattowitz:
POLEN – DÄNEMARK 4:1 (2:0)
Polen: Tomaszewski, Wawrowski, Zmuda, Maculewicz, Rudy, Kasperczak, Deyna (70. Boniek), Masztaler (80. Nawalka), Lato, Lubanski, Szarmach.
Dänemark: P. Poulsen, Mortensen, Munk-Jensen, Röntved, Ahlberg, Andersen, Nygaard, A. Hansen, H. Hansen, Flindt-Bjerg, Mogensen.
Schiedsrichter: Rainea (Rumänien); Zuschauer: 60 000.

Am 9. Oktober 1977 in Kopenhagen:
DÄNEMARK – PORTUGAL 2:4 (1:2)
Dänemark: P. Poulsen, J. Hansen, Munk-Jensen, Röntved, Mortensen, Tune, Nygaard, H. Hansen, Lund, Andersen (79. A. Hansen), Kristensen.
Portugal: Bento, Gabriel, Humberto Coelho, Laranjeira, Murca, Octavio, Nene (46. Fernandes), Toni, Jordao, Alves, Chalana (59. Rodolfo).
Schiedsrichter: Azim-Zade (UdSSR); Zuschauer: 23 000.

Am 29. Oktober 1977 in Chorzow:
POLEN – PORTUGAL 1:1 (1:0)
Polen: Tomaszewski, Wawrowski, Zmuda, Rudy, Maculewicz, Kasperczak, Lato, Masztaler (36. Boniek), Szarmach, Deyna (83. Erlich), Nawalka.
Portugal: Bento, Gabriel, Humberto Coelho, Laranjeira, Murca, Octavio, Oliveira, Toni, Fernandes, Alves, Chalana (64. Seninho).
Schiedsrichter: Eschweiler (Deutschland); Zuschauer: 85 000.

Am 16. November 1977 in Faro:
PORTUGAL – ZYPERN 4:0 (2:0)
Portugal: Bento, Artur, Humberto Coelho, Laranjeira, Murca (Vital), Pietra (Chico Faria), Seninho, Toni, Fernandes, Alves, Chalana.
Zypern: G. Pandjaras, Patikis, Kolokasis, N. Pandjaras, K. Constantinou, Michael, Damianou (Omirou), Savva Theofanous, Charalambous, Kanaris.
Schiedsrichter: Jursa (ČSSR); Zuschauer: 10 000.

1. Polen	6 5 1 0	11:1	17:4
2. Portugal	6 4 1 1	9:3	12:6
3. Dänemark	6 2 0 4	4:8	14:12
4. Zypern	6 0 0 6	0:12	3:24

Gruppe 2

Am 13. Juni 1976 in Helsinki:
FINNLAND – ENGLAND 1:4 (1:2)
Finnland: Enckelman, Vihtilä, Tolsa, Mäkynen, Ranta, Jantunen, Suomalainen, E. Heiskanen, Rissanen, A. Heiskanen, Paatelainen.
England: Clemence, Todd, Mills, Thompson, Madeley, Cherry, Keegan, Channon, Pearson, Brooking, Francis.
Schiedsrichter: Delcourt (Belgien); Zuschauer: 24 000.

Am 22. September 1976 in Helsinki:
FINNLAND – LUXEMBURG 7:1 (3:0)
Finnland: Enckelman, Heikkinen, Vihtilä, Mäkynen, Ranta, Jantunen (75. Pyykkö), E. Heiskanen, A. Heiskanen, Rissanen, Paatelainen (53. Nieminen), Toivola.
Luxemburg: R. Zender, Schaul, Flenghi (46. G. Zender), Hansen, Margue, Dresch, Pilot, Philippe Orioli, Braun, Dussier.
Schiedsrichter: Thime (Norwegen); Zuschauer: 4500.

Am 13. Oktober 1976 in London:
ENGLAND – FINNLAND 2:1 (1:0)
England: Clemence, Todd, Thompson, Greenhoff, Beattie, Wilkins, Brooking, Keegan, Channon, Royle, Tueart (73. Hill).
Finnland: Enckelman, Heikkinen, Mäkynen, Vihtilä, Ranta, Jantunen, Suomalainen (75. Pyykkö), Toivola, Nieminen, A. Heiskanen, Paatelainen.
Schiedsrichter: U. Eriksson (Schweden); Zuschauer: 92 000.

Am 16. Oktober 1976 in Luxemburg:
LUXEMBURG – ITALIEN 1:4 (0:2)
Luxemburg: Zender, Schaul, Mond, Pilot, De Grava, Orioli (64. Langers), Dresch, Margue, Krecke, Dussier, Braun.
Italien: Zoff, Facchetti, Tardelli, Mozzini, Rocca, Causio, Capello, Antognoni, P. Sala, Graziani, Bettega.
Schiedsrichter: Dörflinger (Schweiz); Zuschauer: 13 000.

Am 11. November 1976 in Rom:
ITALIEN – ENGLAND 2:0 (1:0)
Italien: Zoff, Cuccureddu, Tardelli, Benetti, Facchetti, Causio, Capello, Graziani, Antognoni, Bettega, Gentile.
England: Clemence, Clement (81. Beattie), Mills, Greenhoff, McFarland, Hughes, Keegan, Channon, Bowles, Cherry, Brooking.
Schiedsrichter: Klein (Israel); Zuschauer: 71 000.

Am 30. März 1977 in London:
ENGLAND – LUXEMBURG 5:0 (1:0)
England: Clemence, Gidman, Cherry, Kennedy, Watson, Hughes, Keegan, Channon, Royle (46. Mariner), Francis, Hill.
Luxemburg: Zender, Fandel, Margue, Mond, Pilot, Zuang, Di Domenico (Orioli), Dresch, Braun, Philipp, Dussier.
Schiedsrichter: Bonett (Malta); Zuschauer: 81 000.

Am 26. Mai 1977 in Luxemburg:
LUXEMBURG – FINNLAND 0:1 (0:0)
Luxemburg: Zender, Barthel (52. Orioli), Pilot, Mond, Fandel, Zuang, Krecke (86. Margue), Di Domenico, Michaux, Dussier, Braun.
Finnland: Enckelman, Heikkinen, Ranta, Tolsa, Vihtilä, Jantunen, Toivola (63. Nieminen), A. Heiskanen (79. Haaskivi), Suomalainen, Rissanen, Paatelainen.
Schiedsrichter: Amundsen (Dänemark); Zuschauer: 1800.

Am 8. Juni 1977 in Helsinki:
FINNLAND – ITALIEN 0:3 (0:1)
Finnland: Enckelman, Heikkinen, Vihtilä, Tolsa, Ranta, Jantunen, Suomalainen, Toivola (51. Nieminen), Rissanen, A. Heiskanen (74. Närvä), Paatelainen.
Italien: Zoff, Tardelli, Mozzini, Facchetti, Gentile, Zaccarelli, Antognoni, Benetti, Causio (46. C. Sala), Graziani, Bettega.
Schiedsrichter: Helles (Frankreich); Zuschauer: 17 500.

Am 12. Oktober 1977 in Luxemburg:
LUXEMBURG – ENGLAND 0:2 (0:1)
Luxemburg: Moes, Barthel, Fandel (81. Zangerle), Mond, Rohmann, Philipp, Michaux, Zuang, Dussier, Braun (81. Di Domenico), Monacelli.
England: Clemence, Cherry, Hughes, Watson (69. Beattie), Kennedy, Callaghan, McDermott (65. Whymark), Wilkins, Mariner, Francis, Hill.
Schiedsrichter: Jarguz (Polen); Zuschauer: 11 000.

Am 15. Oktober 1977 in Turin:
ITALIEN – FINNLAND 6:1 (3:0)
Italien: Zoff, Tardelli, Gentile, Benetti, Mozzini, Facchetti, Causio, Zaccarelli, Graziani, Antognoni, Bettega.
Finnland: Enckelman, Suomalainen (7. Vaittinen), Vihtilä, Mäkynen, Ranta, Jantunen, Haaskivi, Toivola, Suhonen, A. Heiskanen (61. Heikkinen), Paatelainen.
Schiedsrichter: Doudine (Bulgarien); Zuschauer: 63 000.

Am 16. November 1977 in London:
ENGLAND – ITALIEN 2:0 (1:0)
England: Clemence, Neal, Cherry, Wilkins, Watson, Hughes, Keegan (84. Francis), Coppell, Latchford (75 Pearson), Brooking, Barnes.
Italien: Zoff, Tardelli, Gentile, Benetti, Mozzini, Facchetti (85. Cuccureddu), Causio, Zaccarelli, Graziani (46. C. Sala), Antognoni, Bettega.
Schiedsrichter: Palotai (Ungarn); Zuschauer: 92 000.

Am 3. Dezember 19.7 in Rom:
ITALIEN – LUXEMBURG 3:0 (2:0)
Italien: Zoff, Cuccureddu, Tardelli, Benetti, Gentile, Manfredonia, Causio, Zaccarelli, Graziani, Antognoni, Bettega.
Luxemburg: Moes, Barthel, Fandel, Mond, Rohmann, Zuang, Michaux, Di Domenico, Dussier, Philipp, Zwally.
Schiedsrichter: Maksimovic (Jugoslawien); Zuschauer: 85 000.

1. Italien	6 5 0 1	10:2	18:4
2. England	6 5 0 1	10:2	15:4
3. Finnland	6 2 0 4	4:8	11:16
4. Luxemburg	6 0 0 6	0:12	2:22

Gruppe 3

Am 31. Oktober 1976 in Izmir:
TÜRKEI – MALTA 4:0 (1:0)
Türkei: Senol, Turgay, Alpaslan, Ali, Ismail, Ö. Mehmet, Fatih, Ali Kemal, Kemal, Cemil, Isa.
Malta: A. Mizzi, Gouder, Ed. Farrugia, Darmanin, Holland, R. Mizzi, Vella, W. Vassallo, R. Xuereb, G. Xuereb, Magro.
Schiedsrichter: Jursa (ČSSR), Zuschauer: 70 000.

Am 17. November 1976 in Dresden:
DDR – TÜRKEI 1:1 (1:1)
DDR: Croy, Schmuck (47. Dörner), Kische, Weise, K. Müller, Häfner, Schade, Lauck (71. Riedel), Kotte, Streich, Heidler.
Türkei: Senol, Fatih, Turgay, Erol, Katir, Alpaslan, Ali (5. Necati), Mehmet, Isa, Ali Kemal, Cemil.
Schiedsrichter: Partridge (England); Zuschauer: 18 000.

Am 5. Dezember 1976 in Gzira:
MALTA – ÖSTERREICH 0:1 (0:0)
Malta: A. Mizzi, L. Borg, Ed. Farrugia, Holland, Darmanin, F. Micallef, Magro, W. Vassallo, G. Xuereb, R. Xuereb, Seychell.
Österreich: F. Koncilia, R. Sara, Persidis, Strasser, Pezzey, Oberhofer, Stering (46. Prohaska), Hickersberger, Krankl, Hattenberger, Schachner (81. Pirkner).
Schiedsrichter: Seoudi (Tunesien); Zuschauer: 10 000.

Am 2. April 1977 in La Valetta:
MALTA – DDR 0:1 (0:0)
Malta: Gatt, Darmanin, Ciantar, Holland, E. Farrugia, Micallef, R. Xuereb, Azzopardi, Magro, G. Xuereb (74. Fabri), Seychell.
DDR: Grapenthin, Dörner, Kische, Weise, Kurbjuweit, Häfner, Heidler (53. Schade), Lauck, Riediger, Streich, Hoffmann.
Schiedsrichter: Della Bruna (Schweiz); Zuschauer: 10 000.

Am 17. April 1977 in Wien:
ÖSTERREICH – TÜRKEI 1:0 (1:0)
Österreich: F. Koncilia, R. Sara, Persidis, Pezzey, Breitenberger, Hattenberger, Prohaska, Hickersberger, Stering, Krankl, Schachner.
Türkei: Senol, Turgay, Erol, Fatih, Alpaslan, K. Mehmet (75. Hüsejin), Niko (70. Kemal), Necati, Engin, Ali Kemal, Cemil.
Schiedsrichter: Jarkow (UdSSR); Zuschauer 72 000.

Am 30. April 1977 in Salzburg:
ÖSTERREICH – MALTA 9:0 (5:0)
Österreich: F. Koncilia, Persidis, R. Sara, Pezzey, Strasser, Hickersberger, Prohaska, Hattenberger, Stering (78. P. Koncilia), Krankl, Schachner (46. Pirkner).
Malta: Gatt, Darmanin, Ciantar, Holland, Schembri, Ed. Farrugia, Fabri, F. Micallef, R. Xuereb, Magro, Seychell (46. G. Xuereb).
Schiedsrichter: Jarguz (Polen), Zuschauer: 18 000.

Am 24. September 1977 in Wien:
ÖSTERREICH – DDR 1:1 (1:1)
Österreich: F. Koncilia, Krieger, Sara, Pezzey, Breitenberger, Stering, Hattenberger, Hickersberger, Jara (78. Prohaska), Krankl, Kreuz.
DDR: Croy, Dörner, Kische, Weise, Weber, Häfner, Schade, Lindemann, Heidler (73. Riediger), Kotte (46. Sparwasser), Hoffmann.
Schiedsrichter: Reynolds (Wales); Zuschauer: 72 000.

Am 12. Oktober 1977 in Leipzig:
DDR – ÖSTERREICH 1:1 (0:1)
DDR: Croy, Dörner, Kische, Weise, Weber, Häfner, Schade, Lindemann, Löwe, Kotte (56. Riediger), Hoffmann (87. Sparwasser).
Österreich: F. Koncilia, Krieger, Sara, Pezzey, Breitenberger, Prohaska (90. Obermayer), Hattenberger, Hickersberger, Jara, Stering, Kreuz.
Schiedsrichter: Foote (Schottland); Zuschauer: 95 000.

Am 29. Oktober 1977 in Babelsberg:
DDR – MALTA 9:0 (3:0)
DDR: Croy, Kische, Dörner, Weise, Weber, Schade, Pommerenke (46. Streich), Häfner, Riediger, Sparwasser, Hoffmann.
Malta: Debono, Ciantar (68. Em. Farrugia), L. Borg, Holland, Camilleri, Azzopardi, Magre, A. Vassallo, G. Xuereb, R. Xuereb, F. Micallef (34. Darmanin).
Schiedsrichter: Namdar (Iran); Zuschauer: 15 000.

Am 30. Oktober 1977 in Izmir:
TÜRKEI – ÖSTERREICH 0:1 (0: 0)
Türkei: Eser, Turgay, Erdogan, Erol, Fatih, Volkan, Engin, Sedat (76. Isa), Ali Kemal, Cemil, Mustafa (17. Gökmen).
Österreich: F. Koncilia, R. Sara, Krieger, Breitenberger, Pezzey, Hattenberger, Stering, Prohaska, Kranki, Kreuz, Jara.
Schiedsrichter: Gordon (Schottland); Zuschauer: 70 000.

Am 16. November 1977 in Izmir:
TÜRKEI – DDR 1:2 (0:1)
Türkei: Eser (46. Rasim), Fatih, Turgay, Erol, Erdogan, Önder, Volkan, Isa, Öner, Cemil (73. Sedat), Mustafa I.
DDR: Croy, Dörner, Kische, Weise, Weber, Häfner, Lindemann, Schade, Riediger, Streich (55. Pommerenke), Hoffmann (88. Sparwasser).
Schiedsrichter: Michelotti (Italien); Zuschauer: 10 000.

Am 27. November 1977 in Gzira:
MALTA – TÜRKEI 0:3 (0:2)
Malta: Sciberras, Losco, Em. Farrugia, Holland, Darmanin, Azzopardi, Magro, A. Vassallo, G. Xuereb, Arpa, Seychell.
Türkei: Eser, Turgay, Erdogan, Erol, Necati, Engin, Önder, Volkan, Ali Kemal, Cemil, Sedat.
Schiedsrichter: Larache (Marokko); Zuschauer: 4000.

1. Österreich	6 4 2 0	10:2	14:2
2. DDR	6 3 3 0	9:3	15:4
3. Türkei	6 2 1 3	5:7	9:5
4. Malta	6 0 0 6	0:12	0:27

Gruppe 4

Am 5. September 1976 in Reykjavik:
ISLAND – BELGIEN 0:1 (0:0)
Island: Stefansson, Leifsson, Torfason, Petursson, Geirsson, J. Edvaldsson, Thorbjörnsson, O. Sigurvinsson, Thordarson, A. Sigurvinsson, Sveinsson.
Belgien: Piot, Gerets, Martens, Renquin, van den Daele, Coeck, van der Elst, Verheyen, Wellens, Courant, Teugels.
Schiedsrichter: Carpenter (Eire); Zuschauer: 8000.

Am 8. September 1976 in Reykjavik:
ISLAND – NIEDERLANDE 0:1 (0:1)
Island: Stefansson, O. Sigurvinsson, J. Edvaldsson, Geirsson, Leifsson, Petursson, Thordarson, A. Sigurvinsson, Eliasson, Hallgrimsson, Torfason.
Niederlande: Ruiter, W. v. d. Kerkhof, van Kraay, Rijsbergen, Krol, Jansen, Haan, v. d. Kuylen, R. v. d. Kerkhof, Geels (65. Kist), Rensenbrink.
Schiedsrichter: Mulhall (Eire); Zuschauer: 12 000.

Am 13. Oktober 1976 in Rotterdam
NIEDERLANDE – NORDIRLAND 2:2 (03)
Niederlande: Treytel, W. v. d. Kerkhof (46. R. v. d. Kerkhof), van Kraay, Rijsbergen, Krol, Neeskens, Jansen, Haan, Cruyff, Geels, Rensenbrink.
Nordirland: Jennings, J. Nicholl, Jackson, Hunter, Rice, Hamilton, McCreery, McIlroy, McGrath (72. Spence), Best, Anderson.
Schiedsrichter: Franco Martinez (Spanien): Zuschauer: 55 000.

Am 10. November 1976 in Lüttich:
BELGIEN – NORDIRLAND 2:0 (1:0)
Belgien: Piot, Gerets, Broos, van den Daele, Renquin, Cools, van der Elst, Courant, Coeck, van Gool, Lambert.
Nordirland: Jennings, J. Nicholl, Jackson, Hunter, Rice (64. Nelson), Hamilton, McCreery, McGrath, Anderson, Best, McIlroy.
Schiedsrichter: Prokop (DDR); Zuschauer: 28 000.

Am 26. März 1977 in Antwerpen:
BELGIEN – NIEDERLANDE 0:2 (0:1)
Belgien: Piot, Coeck, Bastijns, Broos, Volders, van der Elst, Cools, Verheyen, Courant, van Gool (50. Ceulemans), Wellens.
Niederlande: Schrijvers, Krol, Suurbier, Rijsbergen, Hovenkamp, Neeskens, Kist (66. v. d. Kuylen), W. v. d. Kerkhof, Rep, Cruyff, Rensenbrink.
Schiedsrichter: Gonella (Italien); Zuschauer: 65 000.

Am 11. Juni 1977 in Reykjavik:
ISLAND – NORDIRLAND 1:0 (1:0)
Island: Dagsson, O. Sigurvinsson, Gudlaugsson, Torfason, Geirsson, J. Edvaldsson, Albertsson, Thorbjörnsson, Thordarson, A. Sigurvinsson, Leifsson.
Nordirland: Jennings, Rice, Nelson, J. Nicholl, Hunter, Hamilton, McGrath, McIlroy, Jackson, McCreery, Anderson.
Schiedsrichter: Glöckner (DDR); Zuschauer: 10 300.

Am 31. August 1977 in Nimwegen:
NIEDERLANDE – ISLAND 4:1 (3:0)
Niederlande: van Beveren, Suurbier, Krol, Rijsbergen (Dusbaba), Hovenkamp, W. v. d. Kerkhof, Jansen, van Hanegem, Rep, Geels, R. v. d. Kerkhof.
Island: Dagsson, O. Sigurvinsson, Geirsson, Torfason, Gudlaugsson, Leifsson, A. Sigurvinsson, Sveinsson, Hilmarsson, Albertsson, Thordarson.
Schiedsrichter: Hirviniemi (Finnland); Zuschauer: 25 000.

Am 3. September 1977 in Brüssel:
BELGIEN – ISLAND 4:0 (2:0)
Belgien: Pfaff, van Binst, Broos, Meeuws, Martens, Cools, Courant, van der Eycken, van der Elst, Lambert, Ceulemans.
Island: Stefansson, O. Sigurvinsson, Gudlaugsson, Torfason, Geirsson, A. Edvaldsson, Hilmarsson, Hallgrimsson, A. Sigurvinsson, Leifsson Eliasson.
Schiedsrichter: Thime (Norwegen); Zuschauer: 8000.

Am 21. September 1977 in Belfast:
NORDIRLAND – ISLAND 2:0 (0:0)
Nordirland: Jennings, Rice, Hunter, J. Nicholl, O'Neill, McCreery, McIlroy, Nelson, McGrath, Anderson, Best.
Island: Dagsson, Halldorsson, Gudlaugsson, Geirsson, J.

Edvaldsson, Leifsson, A. Edvaldsson, Hallgrimsson, Eliasson, Sveinsson, Gunnlaugsson.
Schiedsrichter: Lund-Sörensen (Dänemark); Zuschauer: 16 000.

Am 12. Oktober 1977 in Belfast
NORDIRLAND – NIEDERLANDE 0:1 (0:0)
Nordirland: Jennings, Rice, Nelson, J. Nicholl, Hunter, O'Neill, McCreery, McIlroy, McGrath, Best, Anderson.
Niederlande: Jongbloed, Suurbier, Hovenkamp, Rijsbergen (55. Dusbaba), Krol, W. v. d. Kerkhof, Jansen, Rep, Cruyff (70. v. d. Kuylen), van Hanegem, R. v. d. Kerkhof.
Schiedsrichter: Da Silva Garrida (Portugal), Zuschauer: 33 000.

Am 26. Oktober 1977 in Amsterdam:
NIEDERLANDE – BELGIEN 1:0 (1:0)
Niederlande: Jongbloed, Krol, Suurbier, Dusbaba, Hovenkamp, Neeskens, Jansen (15. van Hanegem), W. v. d. Kerkhof, R. v. d. Kerkhof (63. Geels), Cruyff, Rensenbrink.
Belgien: Pfaff, Gerets, Broos, Thissen (64. van der Elst), Renquin, van der Eycken, Meeuws, Coeck, Cools, van Gool, Lambert.
Schiedsrichter: Partridge (England); Zuschauer: 65 000.

Am 16. November 1977 in Belfast:
NORDIRLAND – BELGIEN 3:0 (1:0)
Nordirland: Jennings, Rice, Nelson, J. Nicholl, Hunter, McIlroy, McGrath, McCreery, Armstrong, Stewart, Anderson.
Belgien: Pfaff, Gerets, Broos, Meeuws, Renquin, Cools, Vercauteren, Wellens, Ceulemans, Coeck, Mommens.
Schiedsrichter: Konrath (Frankreich); Zuschauer: 8000.

1. Niederlande	6 5 1 0	11:1	11:3
2. Belgien	6 3 0 3	6:6	7:6
3. Nordirland	6 2 1 3	5:7	7:6
4. Island	6 1 0 5	2:10	2:12

Gruppe 5

Am 9. Oktober 1976 in Sofia:
BULGARIEN – FRANKREICH 2:2 (1:2)
Bulgarien: Krastew, Grantscharow, Titschanski, Wassilew, B. Dimitrow (Alexandrow), Stankow, Woinow, Ch. Bonew, Milanow, Denew (Zwetkow), Panow.
Frankreich: Baratelli, Janvion, Bossis, Lopez, Tresor, Bathenay, Gallice, Synaeghel, Lacombe, Platini, Six.
Schiedsrichter: Foote (Schottland); Zuschauer: 60 000.

Am 17. November 1976 in Paris:
FRANKREICH – EIRE 2:0 (0:0)
Frankreich: Baratelli, Janvion, Bossis, Lopez, Tresor, Bathenay, Rocheteau, Keruzore, Lacombe (76. Rouyer), Platini, Six.
Eire: Kearns, Mulligan, Holmes, Martin, O'Leary, Brady, Daly, Stapleton (64. Conroy), Heighway, Giles, Givens.
Schiedsrichter: Maksimovic (Jugoslawien); Zuschauer: 50 000.

Am 30. März 1977 in Dublin:
EIRE – FRANKREICH 1:0 (1:0)
Eire: Kearns, Mulligan, Holmes, Martin, O'Leary, Brady, Daly, Treacy, Heighway, Giles, Givens.
Frankreich: Rey, Janvion, Tusseau, Rio, Lopez, Bathenay, Rocheteau, Synaeghel, Lacombe, Platini, Rouyer.
Schiedsrichter: Linemayr (Österreich); Zuschauer: 47 000.

Am 1. Juni 1977 in Sofia:
BULGARIEN – EIRE 2:1 (1:0)
Bulgarien: Goranow, Dimitrow, Iwkow, Wassilew, Arabow, Barsow (53. Alexandrow), Zdrawkow (62. Scheliaskow), Borisow, Milanow, Panow, Zwetkow.
Eire: Kearns, Mulligan, Holmes, Martin, O'Leary, Brady, Daly (77. Campbell), Stapleton, Heighway, Giles, Givens.
Schiedsrichter: Zlatanos (Griechenland); Zuschauer: 45 000.

Am 12. Oktober 1977 in Dublin:
EIRE – BULGARIEN 0:0
Eire: Peyton, Mulligan, Holmes, Lawrenson, O'Leary, Brady, Daly, Stapleton, Heighway, Giles, Givens.
Bulgarien: Staikow, Wassilew (70. Grantscharow), Angelow, G. Bonew, Iwkow, Arabow, Kolew, Kostow, Djewisow, Panow, Zwetkow (52. Alexandrow).
Schiedsrichter: Gonella (Italien); Zuschauer: 28 000.

Am 16. November 1977 in Paris:
FRANKREICH – BULGARIEN 3:1 (1:0)
Frankreich: Rey, Janvion, Bossis, Rio, Tresor, Bathenay, Rocheteau (72. Dalger), Guillou, Lacombe, Platini, Six.
Bulgarien: Goranow, Wassilew, Angelow, G. Bonew, Iwkow (46. Zwetkow), Arabow, Alexandrow, Ch. Bonew, Stankow, Kostow, Kolew (54. Woinow).
Schiedsrichter: Corver (Niederlande); Zuschauer: 50 000.

1. Frankreich	4 2 1 1	5:3	7:4
2. Bulgarien	4 1 2 1	4:4	5:6
3. Eire	4 1 1 2	3:5	2:4

Gruppe 6

Am 16. Juni 1976 in Stockholm:
SCHWEDEN – NORWEGEN 2:0 (2:0)
Schweden: Hellström, Werner, Karlsson, Nordqvist, B. Andersson, Tapper, Linderoth, Grahn, Torstensson, Sjöberg, Sandberg (35. Mattsson).
Norwegen: T. Jacobsen, H. Karlsen, Birkelund, Gröndalen, Pedersen, Johansen, Kvia, Skistad, Skuseth, Lund, Höyland.
Schiedsrichter: Corver (Niederlande); Zuschauer: 31 000.

Am 8. September 1976 in Oslo:
NORWEGEN – SCHWEIZ 1:0 (0:0)
Norwegen: T. Jacobsen, Kordahl, H. Karlsen, Birkelund, Gröndalen, Albertsen, Kvia, Hansen, Thunberg, Iversen, Lund.
Schweiz: Burgener, Trinchero, Stohler, Bizzini, Brechbühl, Barberis, Kuhn, Botteron, Jeandupeux, Künzli, Müller.
Schiedsrichter: Rion (Belgien); Zuschauer: 15 000.

Am 9. Oktober 1976 in Basel:
SCHWEIZ – SCHWEDEN 1:2 (1:1)
Schweiz: Burgener (77. Grob), Trinchero, Brechbühl, Bizzini, Chapuisat, Conz, Barberis, Botteron, Küttel (62. Müller), Seiler, Jeandupeux.
Schweden: Hellström, Nordqvist, Andersson, Karlsson, Borg, Börjesson, Linderoth, Torstensson, Nilsson (69. Nordin), Sjöberg, Wendt (73. Ljungberg).
Schiedsrichter: Ok (Türkei); Zuschauer: 30 000.

Am 8. Juni 1977 in Stockholm:
SCHWEDEN – SCHWEIZ 2:1 (0:0)
Schweden: Hellström, Augustsson, Roy Andersson (78. M. Andersson), Nordqvist, B. Andersson, Börjesson, Larsson, Linderoth, Sjöberg, Borg, Wendt.
Schweiz: Burgener, Trinchero (46. von Wartburg), Bizzini, Chapuisat, Brechbühl, Barberis, Botteron, Sulser (60. Müller), Demarmels, Risi, Elsener.
Schiedsrichter: Wright (Nordirland); Zuschauer: 43 000.

Am 7. September 1977 in Oslo:
NORWEGEN – SCHWEDEN 2:1 (1:0)
Norwegen: G. Karlsen, H. Karlsen, Gröndalen, Birkelund, Pedersen, Lund, Ottesen, Johansen, Iversen, P. Jacobsen, Thunberg.
Schweden: Hellström, Roland Andersson, Roy Andersson, Nordqvist, Borg, Börjesson, Fredriksson (46. Sjöberg), Linderoth, Edström, Torstensson (60. Larsson), Wendt.
Schiedsrichter: Prokop (DDR); Zuschauer: 23 000.

Am 30. Oktober 1977 in Bern:
SCHWEIZ – NORWEGEN 1:0 (1:0)
Schweiz: Burgener, Chapuisat, Trinchero, Bizzini, In-Albon, Barberis, Meyer, Botteron, Elsener, Sulser (72. Müller), Schönenberger (64. Schnyder).
Norwegen: G. Karlsen, Gröndalen, H. Karlsen (64. Kordahl), Birkelund, Pedersen (75. Aase), Ottesen, Johansen, Thunberg, P. Jacobsen, Iversen, Lund.
Schiedsrichter: Lipatow (UdSSR); Zuschauer: 11 000.

1. Schweden	4 3 0 1	6:2	7:4
2. Norwegen	4 2 0 2	4:4	3:4
3. Schweiz	4 1 0 3	2:6	3:5

Gruppe 7

Am 13. Oktober 1976 in Prag:
ČSSR – SCHOTTLAND 2:0 (0:0)
ČSSR: Vencel, Ondrus, Biros, Jo. Capkovic (68. Jurkemik), Gögh (14. Kozak), Dobias, Pollak, Panenka, Masny, Nehoda, Petras.
Schottland: Rough, McQueen, McGrain, Buchan, Donachie, Rioch, Masson (48. Hartford), Gemmill, Dalglish (62. Burns), Jordan, Gray.
Schiedsrichter: Michelotti (Italien); Zuschauer: 38 000.

Am 17. November 1976 in Glasgow:
SCHOTTLAND – WALES 1:0 (1:0)
Schottland: Rough, McGrain, Donachie, Blackley, McQueen, Rioch (78. Hartford), Burns, Dalglish, Jordan, Gemmill, Gray.
Wales: Davies, Page, J. Jones, Phillips, Roberts, Evans, M. Thomas, Flynn, Yorath, Toshack, James (76. Curtis).
Schiedsrichter: Biwersi (Deutschland); Zuschauer: 63 000.

Am 30. März 1977 in Wrexham:
WALES – ČSSR 3:0 (1:0)
Wales: Davies, R. Thomas, Evans, Phillips, J. Jones, Mahoney, Yorath, Flynn, Sayer, Deacy, James.
ČSSR: Vencel, Pivarnik, Biros, Jurkemik, Gögh, Dobias, Pollak, Panenka, Masny, Nehoda, Moder.
Schiedsrichter: Da Silva Garrido (Portugal); Zuschauer: 22 000.

Am 21. September 1977 in Glasgow:
SCHOTTLAND – ČSSR 3:1 (2:0)
Schottland: Rough, Forsyth, Jardine, McQueen, McGrain, Masson, Rioch, Hartford, Dalglish, Jordan, Johnston.
ČSSR: Michalik, Paurik, Dvorak, Jo. Capkovic, Gögh, Dobias (64. Gallis), Pollak, Moder (46. Knapp), Gajdusek, Masny, Nehoda.
Schiedsrichter: Rion (Belgien); Zuschauer: 85 000.

Am 12. Oktober 1977 in Liverpool:
WALES – SCHOTTLAND 0:2 (0:0)
Wales: Davies, R. Thomas, J. Jones, Mahoney, D. Jones, Phillips, Sayer (Deacy), Flynn, Yorath, Toshack, M. Thomas.
Schottland: Rough, Jardine (62. Buchan), Donachie, Forsyth, McQueen, Masson, Macari, Dalglish, Jordan, Hartford, Johnston.
Schiedsrichter: Wurtz (Frankreich); Zuschauer: 51 000.

Am 16. November in Prag:
ČSSR – WALES 1:0 (1:0)
ČSSR: Hruska, Barmos, Fiala (77. Prokes), Vojacek, Gögh, Bilsky, Gajdusek, Jarusek, Kroupa, Masny, Nehoda.
Wales: Davies, J. Jones, R. Thomas, Mahoney, D. Jones, Phillips, Nardiello, Flynn, Yorath, Toshack, M. Thomas.
Schiedsrichter: Prokop (DDR); Zuschauer: 20 000.

1. Schottland	4 3 0 1	6:2	6:3
2. ČSSR	4 2 0 2	4:4	4:6
3. Wales	4 1 0 3	2:6	3:4

Gruppe 8

Am 10. Oktober 1976 in Sevilla:
SPANIEN – JUGOSLAWIEN 1:0 (0:0)
Spanien: Miguel Angel, Pirri, Capon, Cortabarria, Camacho, Migueli, Villar, Del Bosque (28. Juanito), Quini, Santillana, Churruca (63. Rojo).
Jugoslawien: Svilar, Katalinski, Muzinic, Peruzovic, Hadziabdic, Oblak, Jerkovic, Bogicevic, Zungul (72. Filipovic), Popivoda, Surjak.
Schiedsrichter: Palotai (Ungarn); Zuschauer: 35 000.

Am 16. April 1977 in Bukarest.
RUMÄNIEN – SPANIEN 1:0 (1:0)
Rumänien: Cristian, Satmareanu, Cheran, Sames (62. Grigore), Vigu, Dumitru, Bölöni, Iordanescu, Crisan (76. Balaci), Georgescu, Zamfir.
Spanien: Miguel Angel, Benito, Capon, Pirri, Camacho, Villar, Leal, Asensi, Juanito, Ruben Cano, Churruca.
Schiedsrichter: Gordon (Schottland); Zuschauer: 25 000.

Am 8. Mai 1977 in Zagreb:
JUGOSLAWIEN – RUMÄNIEN 0:2 (0:2)
Jugoslawien: Katalinic, Buljan (46. Savic), Katalinski, Peruzovic, Muzinic, Oblak, Jerkovic, Surjak, Popivoda, Bajevic (46. Filipovic), Dzajic.
Rumänien: Cristian, Cheran, Sames, Satmareanu, Vigu, Romila, Bölöni, Iordanescu, Crisan (81. Balaci), Georgescu, Zamfir.
Schiedsrichter: Ashkenazi (Israel); Zuschauer: 60 000.

Am 26. Oktober 1977 in Madrid:
SPANIEN – RUMÄNIEN 2:0 (0:0)
Spanien: Arconada, Benitez (86. Marcelino), Migueli, Camacho, Pirri, Leal, Juanito, Churruca (56. Satrustegui), Ruben Cano, Asensi, Dani Ruiz.
Rumänien: Cristian, Cheran, Vigu, Sames, Satmareanu, Bölöni, Troi, Balaci, Georgescu, Dumitru, Iordanescu.
Schiedsrichter: Wurtz (Frankreich); Zuschauer: 40 000.

Am 13. November 1977 in Bukarest:
RUMÄNIEN – JUGOSLAWIEN 4:6 (3:2)
Rumänien: Moraru, Cheran, Vigu, Sames, Satmareanu (46. Dobrau), Bölöni, Crisan, Georgescu, Iordanescu, Dumitru (65. Romila), Zamfir.
Jugoslawien: Borota, Boljat, Muzinic, Trifunovic, Stojkovic, Hatunic, Zungul (60. Vukotic), Nikolic (65. Zajec), Filipovic, Surjak, Sa. Susic.
Schiedsrichter: Delcourt (Belgien): Zuschauer: 35 000.

Am 30. November 1977 in Belgrad:
JUGOSLAWIEN – SPANIEN 0:1 (0:0)
Jugoslawien: Katalinic, Muzinic, Boljat, Trifunovic, Stojkovic, Hatunic, Popivoda (62. Halilhodzic), Se. Susic (62. Vukotic), Kustudic, Surjak, Sa. Susic.
Spanien: Miguel Angel, Marcelino, Migueli, Camacho, Pirri (15. Olmo), San Jose, Juanito (75. Santillana), Leal, Ruben Cano, Asensi, Cardenosa.
Schiedsrichter: Burns (England); Zuschauer: 90 000.

1. Spanien	4 3 0 1	6:2	4:1
2. Rumänien	4 2 0 2	4:4	7:8
3. Jugoslawien	4 1 0 3	2:6	6:8

Gruppe 9

Am 9. Oktober 1976 in Piräus:
GRIECHENLAND – UNGARN 1:1 (0:0)
Griechenland: Konstantinou, Intzoglou, Kirastas, Kapsis, Nikolaou, Sarafis, Nikolaou, Delikaris (59. Davourlis), Nikoloudis, Kritikopoulos, Papaioannou.
Ungarn: Kovacs, Balint, Török (46. Nagy), Kereki, Toth, Nyilasi, Ebedli, Pinter, Fazekas, Pusztai (55. Magyar), Varadi.
Schiedsrichter: Wöhrer (Österreich); Zuschauer: 30 000.

Am 24. April 1977 in Moskau:
UdSSR – GRIECHENLAND 2:0 (1:0)
UdSSR: Astapowski, Chintschagaschwili, Troschkin, Olschanski, Lowtschew, Minajew (83. Maximenkow), Burjak, Konkow, Kipiani, Fjodorow (83. Onischtschenko), Blochin.
Griechenland: Konstantinou, Kirastas, Firos, Iosifidis, Kapsis, Terzanidis, Ardizoglou, Sarafis, Delikaris, Koudas, Galakos.
Schiedsrichter: Dubach (Schweiz); Zuschauer: 100 000.

Am 30. April 1977 in Budapest:
UNGARN – UdSSR 2:1 (1:0)
Ungarn: Gujdar, Balint, Martos, J. Toth, Nyilasi (50. Török), Zombori, Kereki, Pinter, Pusztai, Kovacs, Varadi (80. Fazekas).
UdSSR: Astapowski, Chintschagaschwili, Kruglow (32. Troschkin), Bajsakow, Lowtschew, Minajew, Burjak, Konkow, Dolmatow (60. Kipiani), Fjodorow, Blochin.
Schiedsrichter: Aldinger (Deutschland); Zuschauer: 70 000.

Am 10. Mai 1977 in Saloniki:
GRIECHENLAND – UdSSR 1:0 (0:0)
Griechenland: Konstantinou, Kirastas, Firos, Iosifidis, Nikolaou, Terzanidis, Anastasiadis, Koudas, Delikaris (68. Nikoloudis), Papaioannou (88. Pallas), Ardizoglou.
UdSSR: Degtjarew, Troschkin, Bajsakow, Chintschagaschwili, Matwijenko, Konkow, Burjak (65. Maximenkow), Kipiani, Onishtschenko, Minajew (65. Fjodorow), Blochin.
Schiedsrichter: Gussoni (Italien); Zuschauer: 35 000.

Am 18. Mai 1977 in Tbilisi:
UdSSR – UNGARN 2:0 (2:0)
UdSSR: Degtjarew, Nowikow, Troschkin, Chintschagaschwili, Matwijenko, Maximenkow (46. Minajew), Konkow, Burjak, Kipiani, Onischtschenko, Blochin.
Ungarn: Gujdar, Balint, Martos, Kereki, J. Toth, Nyilasi, Pinter, Zombori (77. Fazekas), Pusztai (46. Török), Kovacs, Varadi.
Schiedsrichter: Taylor (England); Zuschauer: 80 000.

Am 28. Mai 1977 in Budapest:
UNGARN – GRIECHENLAND 3:0 (2:0)
Ungarn: Gujdar, Balint, Martos, Kereki, J. Toth, Nyilasi, Pinter, Zombori (74. Török), Pusztai, Kovacs (84. Fazekas), Varadi.
Griechenland: Konstantinou, Kirastas (78. Eleftherakis), Nicolaou, Firos, Iosifidis, Terzanidis, Koudas, Anastasiadis, Papaioannou, Ardizoglou, Antoniadis.
Schiedsrichter: Beck (Niederlande); Zuschauer: 70 000.

1. Ungarn	4 2 1 1	5:3	6:4
2. UdSSR	4 2 0 2	4:4	5:3
3. Griechenland	4 1 1 2	3:5	2:6

SÜDAMERIKA

Gruppe I

Am 20. Februar 1977 in Bogotò:
KOLUMBIEN – BRASILIEN 0:0
Kolumbien: L. Lopez, Bolanos, Zarate, Caicedo (Verdugo), Segovia, Calero, Willington Ortiz, Retat, Vilarete, Umana, Caceres.
Brasilien: Leao, Ze Maria, Amaral, Beto Fuscao, Wladimir, Givanildo (Cazapava), Falcao, Rivellino, Zico, Gil (Valdomiro), Roberto Dinamite.
Schiedsrichter: Comesana (Argentinien).

Am 24. Februar 1977 in Bogotò:
KOLUMBIEN – PARAGUAY 0:1 (0:1)
Kolumbien: L. Lopez, Segovia, Zarate, Caicedo (Verdugo), Bolanos, Amado, Willington Ortiz, Retat, Vilarete (Moreno), Umana, Caceres.
Paraguay: Benitez de la Cruz, G. Espinola, Aifuch, Yusfran Domingo, Benitez Isasi, Sosa, Lazzarini, Santos Jara, Paniagua (Vera), Kiese Wisner (Aquino), Bareiro.
Schiedsrichter: Orozco Guerrero (Peru); Zuschauer: 70 000.

Am 6. März 1977 in Asunciõn
PARAGUAY – KOLUMBIEN 1:1 (0:0)
Paraguay: Benitez de la Cruz, Aifuch, Insfran, Benitez Isasi, Sosa, Paniagua (Vera), Baez (Lazzarini), J. Espinola, Aquino, Bareiro, Jara Saguier.
Kolumbien: L. Lopez, Bolanos, Zarate, Willington Ortiz, Retat, Calero, Vilarete, Umana (Amado), Segovia, Moreno (Rojas), Soto.
Schiedsrichter: Cerullo (Uruguay); Zuschauer: 60 000.

Am 9. März 1977 in Rio de Janeiro:
BRASILIEN – KOLUMBIEN 6:0 (4:0)
Brasilien: Leao, Ze Maria, Luiz Pereira, Carlos Alberto, Francisco Marinho (Edinho), Toninho Cerezo, Zico, Rivellino, Gil (Joaozinho), Roberto, Paulo Cesar.
Kolumbien: L. Lopez, Segovia, Zarate, Verdugo, Bolanos, Calero (Amado), Retat, Willington Ortiz (Moreno), Vilarete, Caceres, Umana.
Schiedsrichter: Coerezza (Argentinien); Zuschauer: 162 000.

Am 13. März 1977 in Asunciõn:
PARAGUAY – BRASILIEN 0:1 (0:0)
Paraguay: Benitez de la Cruz, Solalinde, Benitez Isasi, Aifuch, Insfran, Osorio, Sosa, Jara Saguier, Lazzarini, Kiese Wisner, Bareiro (Vera).
Brasilien: Leao, Ze Maria (Marco Antonio), Carlos Alberto, Luiz Pereira, Francisco Marinho, Gil, Falcao, Toninho Cerezo, Rivellino, Roberto, Paulo Cesar.
Schiedsrichter: Pestarino (Argentinien); Zuschauer: 50 000.

Am 20. März 1977 in Rio de Janeiro:
BRASILIEN – PARAGUAY 1:1 (1:0)
Brasilien: Leao, Francisco Marinho, Carlos Alberto, Edinho, Marco Antonio, Toninho Cerezo (Pintinho), Falcao, Rivellino, Valdomiro, Roberto, Paulo Cesar.
Paraguay: Benitez de la Cruz, Solalinde, Aifuch, Benitez Isasi, Insfran, Sosa, Gonzalez, Jara Saguier, Lazzarini (Espinola), Paniagua (Colman), Baez.
Schiedsrichter: Barreto Ruiz (Uruguay); Zuschauer: 95 000.

1. Brasilien	4	2 2 0	6:2	8:1
2. Paraguay	4	1 2 1	4:4	3:3
3. Kolumbien	4	0 2 2	2:6	1:8

Gruppe II

Am 9. Februar 1977 in Caracas:
VENEZUELA – URUGUAY 1:1 (0:1)
Venezuela: Romero, Ochoa, Elie, Betancourt, Salas, Marin (Fuenmayor), Moss, Echenausi, Iriarte, Flores, Mora (Garcia).
Uruguay: Rodriguez, De Los Santos, Villazan, Ramirez, Fraggiona, Morales, Pizzani (Santelli), Carrasco, Morenz, Pereira (Unanue), Olivera.
Schiedsrichter: Velasquez Ramirez (Kolumbien).

Am 27. Februar 1977 in La Paz:
BOLIVIEN – URUGUAY 1:0 (0:0)
Bolivien: C. Jimenez, Campos, Rimazza, Lima, Baldiviezo, Angulo, Aragones, Mezza, Morales, P. Jimenez, Aguilar.
Uruguay: Rodriquez, Ramirez, De Los Santos, Salomon, Morales, Graffigna, Carrasco, Pereira, Victorino, Morena, Olivera.
Schiedsrichter: Arppi Filho (Brasilien); Zuschauer: 20 000.

Am 6. März 1977 in Caracas:
VENEZUELA – BOLIVIEN 1:3 (0:1)
Venezuela: Romero, Fuenmayor, Elie, Betancourt, Salas, Moss, Marin, Echenausi, Flores, Iriarte, Chiazzaro.
Bolivien: C. Jimenez, Campos, Rimazza, Lima, Baldiviezo, Aragones, Angulo, Saucedo, Mezza, P. Jimenez, Aguilar.
Schiedsrichter: Silvagno (Chile).

Am 13. März 1977 in La Paz:
BOLIVIEN – VENEZUELA 2:0 (2:0)
Bolivien: C. Jimenez, Campos, Lima, Baldiviezo, Rimazza, Morales (Saucedo), Aragones, Angulo, Porfirio, P. Jimenez, Mezza (Romero), Aguilar.
Venezuela: Jimenez, Marin, Elie, Toro, Salas, Echenausi, Moss, Iriarte, Flores, Chiazzaro, Soto.
Schiedsrichter: Perez Nunez (Peru); Zuschauer: 45 000.

Am 17. März in Montevideo:
URUGUAY – VENEZUELA 2:0 (1:0)
Uruguay: Rodriguez, Moller, Taborda, Ramirez, Graffigna, Santana, Pizzani, Caillava, Santelli, Unanue, Olivera.
Venezuela: Romero, Toro, Betancourt, Elie, Vielma, Marin, Moss, Echenausi, Iriarte, Flores, Chiazzaro.
Schiedsrichter: Marques (Brasilien).

Am 27. März 1977 in Montevideo:
URUGUAY – BOLIVIEN 2:2 (1:1)
Uruguay: Rodriguez, Moller, Taborda, Del Capellan, Graffigna, Santana, Pizzani, Unanue, Santelli, Pereira, Rodriguez Cantero.
Bolivien: C. Jimenez, Campos, Lima, Baldiviezo, Rimazza, Angulo, Saucedo, Aragones, P. Jimenez, Romero, Aguilar.
Schiedsrichter: Ithurralde (Argentinien).

1. Bolivien	4	3 1 0	7:1	8:3
2. Uruguay	4	1 2 1	4:4	5:4
3. Venezuela	4	0 1 3	1:7	2:8

Gruppe III

Am 20. Februar 1977 in Quito:
EKUADOR – PERU 1:1 (0:1)
Ekuador: Delgado, Mendez, Carrera, Villena, Klinger, Gomez, Villafuerte, Granda, Rohn, Liciardi, Nieves (Paz).
Peru: Quiroga, Soria, Chumpitaz, Melendez, Diaz, Velasquez, Quesada, Cubillas, Munante, Sotil, Oblitas.
Schiedsrichter: Röhrig (Brasilien); Zuschauer: 50 000.

Am 27. Februar 1977 in Guayaquil:
EKUADOR – CHILE 0:1 (0:1)
Ekuador: Delgado, Mendez, Carrera, Campoverde, Klinger, Tenorio, Gomez, Villafuerte, Rohn, Liciardi, Nieves.
Chile: Neff, Diaz, Figueroa, Quintano, Escobar, Hodge, Prieto, Reinoso, Ahumada, Castro, Gamboa.
Schiedsrichter: Romero (Argentinien); Zuschauer: 50 000.

Am 6. März 1977 in Santiago:
CHILE – PERU 1:1 (1:0)
Chile: Neff, Diaz, Figueroa, Quintano, Escobar, Prieto, Hodge, Reinoso, Castro, Gamboa, Miranda (Ahumada).
Peru: Quiroga, Soria, Melendez, Chumpitaz, Diaz, Quesada, Velasquez, Cubillas, Munante, Rojas, Oblitas.
Schiedsrichter: Neto (Brasilien); Zuschauer: 70 000.

Am 12. März 1977 in Lima:
PERU – EKUADOR 4:0 (1:0)
Peru: Quiroga, Soria, Melendez, Chumpitaz, Diaz, Quesada, Velasquez, Rojas (52. Luces), Munante, Sotil, Oblitas.
Ekuador: Garcia, Mendez, Carrera, Villena, Klinger, Figueroa, Granda, Villafuerte, Paz, Rohn, Nieves.
Schiedsrichter: Barrancos Alvarez (Bolivien): Zuschauer: 43 000.

Am 20. März 1977 in Santiago:
CHILE – EKUADOR 3:0 (2:0)
Chile: Neff, Galindo, Quintano, Figueroa, Escobar, Dubo, H. Pinto, Reinoso, Rojas (Ahumada), Castro (Crisosto), P. Pinto.
Ekuador: Pinillos, Carrera, Klinger, Gomez, Granda, Villafuerte, Rohn, Ortiz, Caicedo, Mantilla, Paz.
Schiedsrichter: Llobregat (Venezuela), Zuschauer 35 000.

Am 26. März 1977 in Lima:
PERU – CHILE 2:0 (0:0)
Peru: Quiroga, Melendez, Chumpitaz, Velasquez, Diaz, Navarro, Quesada, Munante, Sotil, Rojas, Oblitas.
Chile: Vallejos, Diaz, Figueroa, Quintano, Escobar, Romero, H. Pinto, Hinostroza, Dubo, Castro, Spedalatti.
Schiedsrichter: Coelho (Brasilien); Zuschauer: 45 000.

1. Peru	4	2 2 0	6:2	8:2
2. Chile	4	2 1 1	5:3	5:3
3. Ekuador	4	0 1 3	1:7	1:9

Endrunde

Am 10. Juli 1977 in Cali:
BRASILIEN – PERU 1:0 (0:0)
Brasilien: Leao, Luiz Pereira, Ze Maria, Edinho, Rodrigues Neto, Toninho Cerezo, Paulo Isidoro (46. Dirceu), Rivellino, Gil, Roberto, Paulo Cesar.
Peru: Quiroga, Navarro, Melendez, Chumpitaz, Diaz, Velasquez, Quesada, Cubillas, Munante, Sotil (46. P. Rojas), Oblitas.
Schiedsrichter: Comesana (Argentinien); Zuschauer: 55 000.

Am 14. Juli 1977 in Cali:
BRASILIEN – BOLIVIEN 8:0 (4:0)
Brasilien: Leao, Luiz Pereira, Ze Maria, Amaral, Rodrigues Neto, Toninho Cerezo, Rivellino, Zico (Marcelo), Gil Roberto (Reynaldo), Dirceu.
Bolivien: C. Jimenez (Peinado), Del Llano, Rimazza, Lima, Baldiviezo, Coimbra, Angulo, Romero, Morales (Saucedo), P. Jimenez, Aguilar.
Schiedsrichter: Silvagno (Chile); Zuschauer: 40 000.

Am 17. Juli 1977 in Cali:
PERU – BOLIVIEN 5:0 (2:0)
Peru: Quiroga, Navarro, Melendez, Chumpitaz, Diaz, Velasquez, Aparicio, Cubillas (Ramirez), Munante (P. Rojas), Sotil, Oblitas.
Bolivien: Peinado, Campos, Lima, Rimazza, Baldiviezo, Angulo, Aragones, Del Llano, P. Jimenez, Romero, Aguilar.
Schiedsrichter: Barreto Ruiz (Uruguay); Zuschauer: 35 000.

1. Brasilien	2	2 0 0	4:0	9:0
2. Peru	2	1 0 1	2:2	5:1
3. Bolivien	2	0 0 2	0:4	0:13

Qualifikation SÜDAMERIKA/EUROPA

Am 29. Oktober 1977 in Budapest:
UNGARN – BOLIVIEN 6:0 (5:0)
Ungarn: Gujdar, Török, Kocsis, Kereki, Toth, Nyilasi (78. Nagy), Pinter, Zombori, Fazekas (67. Pusztai), Töröcsik, Varadi.
Bolivien: A. Galarza, Del Llano, Villalon, Baldiviezo, Taritolay, Angulo, Aragones, Romero, Mezza (79. Vargas), Bastida (46. Sanchez), Aguilar.
Schiedsrichter: Barreto Ruiz (Uruguay); Zuschauer: 60 000.

Am 30. November in La Paz:
BOLIVIEN – UNGARN 2:3 (1:2)
Bolivien: L. Galarza, Campos, Villalon, Del Llano, Taritolay, Angulo (30. Espinoza), Bastida (46. Sanchez), Aragones, Mezza, Romero, Aguilar.
Ungarn: Gujdar, Martos, Kocsis, Toth, Zombori, Kereki, Fazekas (67. Pusztai), Halasz, Töröcsik, Pinter, Varadi (67. Nagy).
Schiedsrichter: Corver (Niederlande); Zuschauer: 55 000.

MITTEL-/NORDAMERIKA

Endrunde

Am 8. Oktober 1977 in Monterrey:
GUATEMALA – SURINAM 3:2 (2:1)
Guatemala: Garcia, Gomez, Wellman, Bolanos, Rivera, Valle, Monterroso, MacDonald, Sanchez, Anderson, Gonzalez.
Surinam: Leilis, Vanenburg, Garden, Olmberg, Brondenstein, George, Purderhart, Rigters, Entingh, Emanuelson, Schal.
Schiedsrichter: Wuertz (USA).

Am 8. Oktober 1977 in Monterrey:
EL SALVADOR – KANADA 2:1 (1:0)
El Salvador: Dessent, Jovel Cruz, Recinos, Fagoaga, Pena, Huezo Montoya, Rivera, Quinteros, Gonzalez, Rosas, Ramirez Zapata.
Kanada: Bilecki, Wilson, S. Lenarduzzi, Kodelja, Strenicer, Bolitho, I. Mackay, McGrane, Roe, Gant, Ayre.
Schiedsrichter: Pestarino (Argentinien).

Am 9. Oktober 1977 in Mexico City:
HAITI – MEXIKO 1:4 (0:1)
Haiti: Francillon, Jean Joseph, Mathieu, Auguste, Nazaire, Antoine, Dorsainville, Desir, Bayonne, Sanon, Domingue.
Mexiko: Castrejon, Najera, Ramos Eduardo, Gomez, Vazquez Ayala, Cuellar, De La Torre, Chavez, Ortega, Jimenez, Sanchez.

Am 12. Oktober 1977 in Monterrey:
GUATEMALA – HAITI 1:2 (0:2)
Guatemala: Piccinini A., Gomez, Wellman, Bolanos, Rivera, Valle, Monterroso, MacDonald, Sanchez, Gonzalez, Rozotto.
Haiti: Francillon, Bayonne, Mathieu, Jean Joseph, Auguste, Antoine, Romulus, Desir, Domingue, Dorsainville, Sanon.
Schiedsrichter: Pestarino (Argentinien).

Am 12. Oktober 1977 in Mexico City:
MEXIKO – EL SALVADOR 3:1 (1:0)
Mexiko: Reyes, Najera, Ramos, Gomez, Vazquez Ayala, Cuellar, De La Torre, Cardenas, Rangel, Ortega, Sanchez.
El Salvador: Dessent, Jovel Cruz, Recinos, Fagoaga, Pena, Huezo Montoya, Rivera, Quinteros, Ramirez Zapata, Gonzalez, Rosas.
Schiedsrichter: Kibritjian (USA).

Am 12. Oktober 1977 in Mexico City:
KANADA – SURINAM 2:1 (1:1)
Kanada: Chursky, Iarusci, Wilson, B. Lenarduzzi, S. Lenarduzzi, Kodelja, Strenicer, Parsons, I. Mackay, Ayre, Schal.
Surinam: De Mees, Vanenburg, Garden, Olmberg, Brondenstein, George, Zebeda, Entingh, Rigters, Corte, Schal.
Schiedsrichter: Siles (Costa Rica).

Am 15. Oktober 1977 in Monterrey:
MEXIKO – SURINAM 8:1 (3:1)
Mexiko: Reyes, Trujillo, Ramos, Gomez, Vazquez Ayala, Guillen, Real, Solis, Rangel, Isiordia, Sanchez.
Surinam: Leilis, Leefland, Rustenberg, Garden, Olmberg, Brondenstein, Purperhart, Zebeda, Entingh, Schal, Emanuelson.
Schiedsrichter: Valverde Salazar (Costa Rica).

Am 16. Oktober 1977 in Mexico City:
EL SALVADOR – HAITI 0:1 (0:1)
El Salvador: Dessent, Jovel Cruz, Fagoaga, Pena, Penate Calderon, Quinteros, Rivera, Huezo Montoya, Gonzalez, Rosas, Romero Aquino.
Haiti: Francillon, Bayonne, Mathieu, Jean Joseph, Auguste, Antoine, Romulus, Desir, Domingue, Dorsainville, Sanon.
Schiedsrichter: Calderon (Kuba).

Am 16. Oktober 1977 in Mexico City:
KANADA – GUATEMALA 2:1 (2:0)
Kanada: Chursky, Iarusci, Wilson, B. Lenarduzzi, S. Lenarduzzi, Strenicer, Parsons, Bolitho, I. Mackay, Ayre, Bakic.
Guatemala: Garcia, Valle, Bolanos, Gomez, Wellman, Rozotto, MacDonald, Monterroso, Rivera, Sanchez, Mitrovich.
Schiedsrichter: Barreto Ruiz (Uruguay).

Am 19. Oktober 1977 in Mexico City:
MEXIKO – GUATEMALA 2:1 (1:1)
Mexiko: Castrejon, Ramos Eduardo, Gomez, Vazquez Ayala, Cuellar, De La Torre, Najera, Cardenas, Rangel, Ortega, Sanchez.
Guatemala: Garcia, Bolanos, Anderson, Rivera, Monterroso, Alfaro, Salguero, Mitrovich, Gomez, Perez Macnish, Perez Monje.
Schiedsrichter: Pestarino (Argentinien).

Am 20. Oktober 1977 in Monterrey:
EL SALVADOR – SURINAM 3:2 (1:0)
El Salvador: Dessent, Jovel Cruz, Fagoaga, Romero L., Pena, Huezo Montoya, Valencia, Quinteros, Gonzalez, Rosas, Cabrera.
Surinam: De Mees, Vanenburg, Garden, Olmberg, Brondenstein, George, Purperhart, Rigters, Entingh, Emanuelson, Schal.
Schiedsrichter: Crockwell (Bermuda).

Am 20. Oktober 1977 in Monterrey:
KANADA – HAITI 1:1 (0:0)
Kanada: Chursky, Iarusci, Wilson, B. Lenarduzzi, S. Lenarduzzi, Strenicer, Parsons, D. Mackay, McGrane, Ayre, Bakic.
Haiti: Francillon, Bayonne, Mathieu, Jean Joseph, Auguste, Antoine, Romulus, Labissiere, Domingue, Sanon, Cadet.
Schiedsrichter: Valverde Salazar (Costa Rica).

Am 22. Oktober 1977 in Monterrey:
MEXIKO – KANADA 3:1 (2:1)
Mexiko: Castrejon, Najera, Pena, Guzman, Vazquez Ayala, Cuellar, De La Torre, Solis, Jimenez, Isiordia, Sanchez.
Kanada: Chursky, Iarusci, Twamley, S. Lenarduzzi, Parsons, Bolitho, Roe, Gant, Ayre, Thompson, Bakic.
Schiedsrichter: Moses (Niederl. Antillen).

Am 23. Oktober 1977 in Mexico City:
GUATEMALA – EL SALVADOR 2:2 (0:1)
Guatemala: Piccinini A., Anderson, Rivera, Monterroso, Alfaro, Rozotto, Gomez, Perez Monje, Gonzalez:, MacDonald, Wellman.
El Salvador: Dessent, Jovel Cruz, Rodriguez, Fagoaga, Pena, Gonzalez, Rivera, Quinteros, Huezo Montoya, Rosas, Ramirez.
Schiedsrichter: Freundt (Dominikanische Republik).

Am 23. Oktober 1977 in Mexico City:
HAITI – SURINAM 1:0 (1:0)
Haiti: Francillon, Jean Joseph, Bayonne, Mathieu, Auguste, Antoine, Romulus, Cadet, Labissiere, Dorsainville, Domingue.
Surinam: De Mees, Forster, Garden, Olmberg, Brondenstein, George, Corte, Rigters, Schal, Castillon, Entingh.
Schiedsrichter: Ortiz Perez (Honduras).

1. Mexiko	5 5 0 0	10:0	20:5
2. Haiti	5 3 1 1	7:3	6:6
3. El Salvador	5 2 1 2	5:5	8:9
4. Kanada	5 2 1 2	5:5	7:8
5. Guatemala	5 1 1 3	3:7	8:10
6. Surinam	5 0 0 5	0:10	6:17

ASIEN/OZEANIEN

Endrunde

19.6.1977 in Hongkong:	Hongkong – Iran **0:2**
26.6.1977 in Hongkong:	Hongkong – Südkorea **0:1**
3.7.1977 in Pusan:	Südkorea – Iran **0:0**
10.7.1977 in Adelaide:	Australien – Hongkong **3:0**
14.8.1977 in Melbourne:	Australien – Iran **0:1**
27.8.1977 in Sydney:	Australien – Südkorea **2:1**
2.10.1977 in Hongkong:	Hongkong – Kuwait **1:3**
9.10.1977 in Seoul:	Südkorea – Kuwait **1:0**
16.10.1977 in Sydney:	Australien – Kuwait **1:2**
23.10.1977 in Seoul:	Südkorea – Australien **0:0**
28.10.1977 in Teheran:	Iran – Kuwait **1:0**
30.10.1977 in Hongkong:	Hongkong – Australien **2:5**
5.11.1977 in Kuwait:	Kuwait – Südkorea **2:2**
11.11.1977 in Teheran:	Iran – Südkorea **2:2**
12.11.1977 in Kuwait:	Kuwait – Hongkong **4:0**
18.11.1977 in Teheran:	Iran – Hongkong **3:0**
19.11.1977 in Kuwait:	Kuwait – Australien **1:0**
25.11.1977 in Teheran:	Iran – Australien **1:0**
3.12.1977 in Kuwait:	Kuwait – Iran **1:2**
4.12.1977 in Pusan:	Südkorea – Hongkong **5:2**

1. Iran	8 6 2 0	14:2	12:3
2. Südkorea	8 3 4 1	10:6	12:8
3. Kuwait	8 4 1 3	9:7	13:8
4. Australien	8 3 1 4	7:9	11:8
5. Hongkong	8 0 0 8	0:16	5:26

AFRIKA

Endrunde

Am 25. September 1977 in Tunis:
TUNESIEN – NIGERIA 0:0
Tunesien: Sassi, Dhouieb, Kaabi, Gasmi, Jebali, Gommidh, Lahzami, Ben Rehaiem, Manai, Dhiab, Akid.
Nigeria: Okala, Ekeji, Ojebode, Lawal, Chukwu, Odiye, Odegbami, Atuegbu, Nwadioha, Iwelumo, Amiesimaka.
Schiedsrichter: Carpenter (Eire).

Am 8. Oktober 1977 in Lagos:
NIGERIA – ÄGYPTEN 4:0 (1:0)
Nigeria: Okala, Ahmed, Ojebode, Lawal, Chukwu, Odiye, Odegbami, Atuegbu, Iwelumo, Amiesimaka, Nwadioha.
Ägypten: Ikramy, Salah El Din, G. Moustafa, Y. Mohamed, B. Mohamed, Farouk, Saad, S. Hassan, Mohamed El S., Qsama, Mossad.
Schiedsrichter: Correia (Portugal).

Am 21. Oktober 1977 in Kairo:
ÄGYPTEN – NIGERIA 3:1 (2:0)
Ägypten: Ikramy, Salah El Din, Samy, Y. Mohamed, B. Mohamed, Farouk, Saad, S. Hassan, A. Moustafa, Ali Khalil, Moukhtar.
Nigeria: Okala, Ekeji, Ojebode, Lawal, Chukwu, Odiye, Odegbami, Atuegbu, Nwadioha, Iwelumo, Amiesimaka.
Schiedsrichter: Platopoulos (Griechenland).

Am 12. November 1977 in Lagos:
NIGERIA – TUNESIEN 0:1 (0:0)
Nigeria: Okala, Ekeji, Ojebode, Lawal, Chukwu, Odiye, Odegbami, Atuegbu, Nwadioha, Emetiole, Amiesimaka.
Tunesien: Sassi, Manai, Gommidh, Dhiab, Akid, Jebali, Dhouieb, Ben A.iza, Gasmi, Labidi, Kaabi.
Schiedsrichter: Dörflinger (Schweiz).

Am 25. November in Kairo:
ÄGYPTEN – TUNESIEN 3:2 (1:0)
Ägypten: Ikramy, Salah El Din, Y. Mohamed, Saad, Farouk, S. Hassan, A. Moustafa, Ali Khalil, Moukhtar, B. Mohamed, A. Hassan.
Tunesien: Sassi, Ben Rehaiem, Gommidh, Dhiab, Akid, Jebali, Gasmi, Dhouieb, Limam, Labidi, Kaabi.
Schiedsrichter: Ok (Türkei).

Am 11. Dezember 1977 in Tunis:
TUNESIEN – ÄGYPTEN 4:1 (2:0)
Tunesien: Sassi, Dhouieb, Kaabi, Gasmi, Chebli, Gommidh, Lahzami, Ben Rehaiem, Akid, Dhiab, Limam.
Ägypten: Ikramy, Ahmed, Samy, B. Mohamed, Y. Mohamed, Taher, Saad, S. Hassan, A. Moustafa, Mahmoud, Moukhtar.
Schiedsrichter: Menegali (Italien).

1. Tunesien	4 2 1 1	5:3	7:4
2. Ägypten	4 2 0 2	4:4	7:11
3. Nigeria	4 1 1 2	3:5	5:4

Endrunde in Argentinien

Erste Finalrunde

Gruppe 1

Am 2. Juni in Mar del Plata:
ITALIEN – FRANKREICH 2:1 (1:1)
Italien: Zoff, Gentile, Scirea, Bellugi, Cabrini, Benetti, Causio, Tardelli, Antognoni (46. Zaccarelli), Rossi, Bettega.
Frankreich: Bertrand-Demanes, Janvion, Tresor, Rio, Bossis, Guillou, Michel, Platini, Dalger, Lacombe (73. Berdoll), Six (75. Rouyer).
Schiedsrichter: Rainea (Rumänien); Zuschauer: 42 000; Tore: 0:1 Lacombe (1.), 1:1 Rossi (29.), 2:1 Zaccarelli (52.).

Am 2. Juni in Buenos Aires:
ARGENTINIEN – UNGARN 2:1 (1:1)
Argentinien: Fillol, Olguin, Luis Galvan, Passarella, Tarantini, Ardiles, Gallego, Valencia (75. Alonso), Houseman (60. Bertoni), Luque, Kempes.
Ungarn: Gujdar, Török (46. Martos), Kereki, Kocsis, J. Toth, Nyilasi, Pinter, Zombori, Csapo, Töröcsik, Nagy.
Schiedsrichter: Da Silva Garrido (Portugal); Zuschauer: 80 000; Tore: 0:1 Csapo (10.), 1:1 Luque (15.), 2:1 Bertoni (85.).

Am 6. Juni in Mar del Plata:
ITALIEN – UNGARN 3:1 (2:0)
Italien: Zoff, Gentile, Scirea, Bellugi, Cabrini (79. Cuccureddu), Benetti, Tardelli, Antognoni, Causio, Rossi, Bettega (84. Graziani).
Ungarn: Meszaros, Martos, Kereki, Kocsis, J. Toth, Csapo, Pinter, Zombori, Pusztai, Fazekas (46. Halasz), Nagy (46. A. Toth).
Schiedsrichter: Barreto Ruiz (Uruguay); Zuschauer: 32 000; Tore: 1:0 Rossi (34.), 2:0 Bettega (36.), 3:0 Benetti (60.), 3:1 A. Toth (81., Foulelfmeter).

Am 6. Juni in Buenos Aires:
ARGENTINIEN – FRANKREICH 2:1 (1:0)
Argentinien: Fillol, Olguin, Luis Galvan, Passarella, Tarantini, Ardiles, Gallego, Valencia (64. Alonso, 71. Ortiz), Houseman, Luque, Kempes.
Frankreich: Bertrand-Demanes (55. Baratelli), Batiston, Tresor, Lopez, Bossis, Bathenay, Michel, Platini, Rocheteau, Lacombe, Six.
Schiedsrichter: Dubach (Schweiz); Zuschauer: 77 000; Tore: 1:0 Passarella (45., Handelfmeter), 1:1 Platini (60.), 2:1 Luque (73.).

Am 10. Juni in Mar del Plata:
FRANKREICH – UNGARN 3:1 (3:1)
Frankreich: Dropsy, Janvion, Tresor, Lopez, Bracci, Petit, Bathenay, Papi (46. Platini), Rocheteau (75. Six), Berdoll, Rouyer.
Ungarn: Gujdar, Martos, Kereki, Balint, J. Toth, Nyilasi, Pinter, Zombori, Pusztai, Töröcsik, Nagy (73. Csapo).
Schiedsrichter: Coelho (Brasilien); Zuschauer: 28 000; Tore: 1:0 Lopez (22.), 2:0 Berdoll (36.), 2:1 Zombori (40.), 3:1 Rocheteau (42.).

Am 10. Juni in Buenos Aires:
ITALIEN – ARGENTINIEN 1:0 (0:0)
Italien: Zoff, Gentile, Scirea, Bellugi (6. Cuccureddu), Cabrini, Benetti, Tardelli, Antognoni (72. Zaccarelli), Causio, Rossi, Bettega.
Argentinien: Fillol, Olguin, Luis Galvan, Passarella, Tarantini, Ardiles, Gallego, Valencia, Bertoni, Kempes, Ortiz (72. Houseman).
Schiedsrichter: Klein (Israel); Zuschauer: 77 000; Tor: 1:0 Bettega (67.).

Abschlußtabelle Gruppe 1	ITA	ARG	FRA	HUN	Tore	Punkte	Rang
Italien		1:0	2:1	3:1	6:2	6:0	1
Argentinien	0:1		2:1	2:1	4:3	4:2	2
Frankreich	1:2	1:2		3:1	5:5	2:4	3
Ungarn	1:3	1:2	1:3		3:8	0:6	4

Gruppe 2

Am 1. Juni in Buenos Aires:
DEUTSCHLAND – POLEN 0:0
Deutschland: Maier, Vogts, Kaltz, Rüßmann, Zimmermann, Bonhof, Flohe, Beer, Abramczik, Fischer, H. Müller.
Polen: Tomaszewski, Szymanowski, Gorgon, Zmuda, Maculewicz, Nawalka, Masztaler (83. Kasperczak), Deyna, Lato, Lubanski (78. Boniek), Szarmach.
Schiedsrichter: Coerezza (Argentinien); Zuschauer: 77 000.

Am 2. Juni in Rosario:
TUNESIEN – MEXIKO 3:1 (0:1)
Tunesien: Naili, Dhouieb, Kaabi, Jebali, Mohsen Labidi Jendoubi, Gommidh, Temime Lahzami (88. Khemais Labidi), Ben Rehaiem Agrebi, Akid, Tarek, Ben Aziza (80. Karoui).
Mexiko: Pilar Reyes, Martinez Diez, Tena, Ramos, Vasquez Ayala, Mendizabal (67. Lugo), De La Torre, Cuellar, Isiordia, Rangel, Sanchez.
Schiedsrichter: Gordon (Schottland); Zuschauer: 25 000; Tore: 0:1 Vasquez Ayala (45., Handelfmeter), 1:1 Kaabi (54.), 2:1 Gommidh (79.), 3:1 Dhouieb (86.).

Am 6. Juni in Cordoba:
DEUTSCHLAND – MEXIKO 6:0 (4:0)
Deutschland: Maier, Vogts, Kaltz, Rüßmann, Dietz, Bonhof, Flohe, H. Müller, Rummenigge, Fischer, D. Müller.
Mexiko: Pilar Reyes (40. Soto), Martinez Diez, Ramos, Tena, Vasquez Ayala, Mendizabal, De La Torre, Cuellar, Lopez Zarza (46. Lugo), Rangel, Sanchez.
Schiedsrichter: F. Bouzo (Syrien); Zuschauer: 37 000; Tore: 1:0 D. Müller (14.), 2:0 H. Müller (30.), 3:0 Rummenigge (38.), 4:0 Flohe (43.), 5:0 Rummenigge (72.), 6:0 Flohe (89.).

Am 6. Juni in Rosario:
POLEN – TUNESIEN 1:0 (1:0)
Polen: Tomaszewski, Szymanowski, Gorgon, Zmuda, Maculewicz, Nawalka, Deyna, Kasperczak, Lato, Lubanski (76. Boniek), Szarmach (61. Iwan).
Tunesien: Naili, Dhouieb, Jebali, Gasmi, Kaabi, Gommidh, Tarek, Ben Rehaiem Agrebi, Mohsen Labidi Jendoubi, Temime Lahzami, Akid.
Schiedsrichter: Franco Martinez (Spanien); Zuschauer: 17 000; Tor: 1:0 Lato (43.).

Am 10. Juni in Cordoba:
DEUTSCHLAND – TUNESIEN 0:0
Deutschland: Maier, Vogts, Kaltz, Rüßmann, Dietz, Bonhof, Flohe, H. Müller, Rummenigge, Fischer, D. Müller.
Tunesien: Naili, Dhouieb, Jebali, Mohsen Labidi Jendoubi, Kaabi, Gasmi, Gommidh, Tarek, Ben Rehaiem Agrebi, Temime Lahzami, Akid (83. Ben Aziza).
Schiedsrichter: Orosco (Peru); Zuschauer: 35 000.

Am 10. Juni in Rosario:
POLEN – MEXIKO 3:1 (1:0)
Polen: Tomaszewski, Szymanowski, Gorgon, Zmuda, Kasperczak, Deyna, Masztaler, Rudy (84. Maculewicz), Boniek, Lato, Iwan (76. Lubanski).
Mexiko: Soto, Cisneros, Gomez, De La Torre, Vasquez Ayala, Cuellar, Flores, Cardenas (46. Mendizabal), Ortega, Rangel, Sanchez.
Schiedsrichter: Namdar (Iran); Zuschauer: 25 000; Tore: 1:0 Boniek (43.), 1:1 Rangel (52.), 2:1 Deyna (56.), 3:1 Boniek (84.).

Abschlußtabelle Gruppe 2	POL	GER	TUM	MEX	Tore	Punkte	Rang
Polen		0:0	1:0	3:1	4:1	5:1	1
Deutschland	0:0		0:0	6:0	6:0	4:2	2
Tunesien	0:1	0:0		3:1	3:2	3:3	3
Mexico	1:3	0:6	1:3		2:12	0:6	4

Gruppe 3

Am 3. Juni in Buenos Aires:
ÖSTERREICH – SPANIEN 2:1 (1:1)
Österreich: Koncilia, Sara, Obermayer, Pezzey, Breitenberger, Prohaska, Kreuz, Hickersberger (67. Weber), Jara, Schachner (80. Pirkner), Krankl.
Spanien: Miguel Angel, Marcelino, Pirri, Migueli, San Jose, De La Cruz, Asensi, Rexach (60. Quini), Cardenosa (46. Leal), Dani, Ruben Cano.
Schiedsrichter: Palotai (Ungarn); Zuschauer: 49 000; Tore: 1:0 Schachner (10.), 1:1 Dani (21.), 2:1 Krankl (76.).

Am 3. Juni in Mar del Plata:
SCHWEDEN – BRASILIEN 1:1 (1:1)
Schweden: Hellström, Borg, Nordqvist, Roy Andersson, Erlandsson, L. Larsson (81. Edström), Tapper, Linderoth, Bo Larsson, Sjöberg, Wendt.
Brasilien: Leao, Toninho, Amaral, Oscar, Edinho, Batista, Zico, Cerezo (87. Dirceu), Gil (66. Nelinho), Reinaldo, Rivelino.
Schiedsrichter: Thomas (Wales); Zuschauer: 38 000; Tore: 1:0 Sjöberg (37.), 1:1 Reinaldo (45.).

Am 7. Juni in Buenos Aires:
ÖSTERREICH – SCHWEDEN 1:0 (1:0)
Österreich: Koncilia, Sara, Obermayer, Pezzey, Breitenberger, Prohaska, Hickersberger, Krieger (71. Weber), Jara, Krankl, Kreuz.
Schweden: Hellström, Borg, Roy Andersson, Nordqvist, Erlandsson, Tapper (36. Torstensson), Bo Larsson, Linderoth (60. Edström), L. Larsson, Sjöberg, Wendt.
Schiedsrichter: Corver (Niederlande); Zuschauer: 46 000; Tor: 1:0 Krankl (42., Foulelfmeter).

Am 7. Juni in Mar del Plata:
BRASILIEN – SPANIEN 0:0
Brasilien: Leao, Nelinho (71. Gil), Amaral, Oscar, Edinho, Batista, Cerezo, Dirceu, Zico (83. Mendonca), Toninho, Reinaldo.
Spanien: Miguel Angel, Marcelino, Olmo, Migueli (51. Biosca), Uria (80. Guzman), San Jose, Leal, Asensi, Cardenosa, Juanito, Santillana.
Schiedsrichter: Gonella (Italien); Zuschauer: 40 000.

Am 11. Juni in Mar del Plata:
BRASILIEN – ÖSTERREICH 1:0 (1:0)
Brasilien: Leao, Toninho, Amaral, Oscar, Rodrigues Neto, Batista, Cerezo (71. Chicao), Dirceu, Gil, Roberto, Mendonca (84. Zico).
Österreich: Koncilia, Sara, Obermayer, Pezzey, Breitenberger, Hickersberger (61. Weber), Prohaska, Jara, Krieger (84. Happich), Krankl, Kreuz.
Schiedsrichter: Wurtz (Frankreich); Zuschauer: 42 000; Tor: 1:0 Roberto (40.).

Am 11. Juni in Buenos Aires:
SPANIEN – SCHWEDEN 1:0 (0:0)
Spanien: Miguel Angel, Marcelino, Olmo (46. Pirri), Biosca, Uria, San Jose, Leal, Asensi, Cardenosa, Juanito, Santillana.
Schweden: Hellström, Borg, Nordqvist, Roy Andersson, Erlandsson, Bo Larsson, L. Larsson, Nordin, Nilsson, Sjöberg (65. Linderoth), Edström (58. Wendt).
Schiedsrichter: Biwersi (Deutschland); Zuschauer: 48 000; Tor: 1:0 Asensi (76.).

Abschlußtabelle Gruppe 3	AUT	BRA	ESP	SWE	Tore	Punkte	Rang
Österreich		0:1	2:1	1:0	3:2	4:2	1
Brasilien	1:0		0:0	1:1	2:1	4:2	2
Spanien	1:2	0:0		1:0	2:2	3:3	3
Schweden	0:1	1:1	0:1		1:3	1:5	4

Gruppe 4

Am 3. Juni in Cordoba:
PERU – SCHOTTLAND 3:1 (1:1)
Peru: Quiroga, Duarte, Chumpitaz, Manzo, Diaz, Velasquez, Cueto (83. Percy Rojas), Cubillas, Munante, La Rosa (64. Sotil), Oblitas.
Schottland: Rough, Kennedy, Burns, Forsyth, Buchan, Rioch (76. Macari), Masson (76. Gemmill), Hartford, Dalglish, Jordan, Johnston.
Schiedsrichter: U. Eriksson (Schweden); Zuschauer: 45 000; Tore: 0:1 Jordan (14.), 1:1 Cueto (43.), 2:1 Cubillas (72.), 3:1 Cubillas (79.).

Am 3. Juni in Mendoza:
NIEDERLANDE – IRAN 3:0 (1:0)
Niederlande: Jongbloed, Suurbier, Krol, Rijsbergen, Haan, Neeskens, Jansen, W. van de Kerkhof, Rep, Rensenbrink, R. van de Kerkhof (71. Nanninga).
Iran: Hejazi, Nazari, Abdullahi, Kazerani, Eskandarian, Parvin, Ghasempoor, Sadeghi, Nayebagha, Faraki (52. Roshan), Jahani.
Schiedsrichter: Archundia (Mexiko); Zuschauer: 42 000; Tore: 1:0 Rensenbrink (40., Foulelfmeter), 2:0 Rensenbrink (62.), 3:0 Rensenbrink (79., Foulelfmeter).

Am 7. Juni in Mendoza:
NIEDERLANDE – PERU 0:0
Niederlande: Jongbloed, Suurbier, Krol, Rijsbergen, Poortvliet, Neeskens (69. Nanninga), Jansen, Haan, W. van de Kerkhof, R. van de Kerkhof (46. Rep), Rensenbrink.
Peru: Quiroga, Duarte, Chumpitaz, Manzo, Diaz, Velasquez, Cueto, Cubillas, Munante, La Rosa (62. Sotil), Oblitas.
Schiedsrichter: Prokop (DDR); Zuschauer: 29 000.

Am 7. Juni in Cordoba:
SCHOTTLAND – IRAN 1:1 (1:0)
Schottland: Rough, Jardine, Burns, Buchan (56. Forsyth), Donachie, Rioch, Gemmill, Hartford, Jordan, Dalglish (74. Harper), Robertson.
Iran: Hejazi, Nazari, Kazerani, Abdullahi, Eskandarian, Parvin, Ghasempoor, Sadeghi, Danaiifar (89. Nayebagha), Faraki (86. Roshan), Jahani.
Schiedsrichter: N'Diaye (Senegal); Zuschauer: 9000; Tore: 1:0 Eskandarian (43., Eigentor), 1:1 Danaiifar (60.).

Am 11. Juni in Cordoba:
PERU – IRAN 4:1 (3:1)
Peru: Quiroga, Duarte, Chumpitaz, Manzo (68. Leguia), Diaz, Velasquez, Cueto, Cubillas, Munante, La Rosa (60. Sotil), Oblitas.
Iran: Hejazi, Nazari, Kazerani, Abdullahi, Allahverdi, Parvin, Ghasempoor, Sadeghi, Danaiifar, Faraki (52. Jahani), Roshan (66. Fariba).
Schiedsrichter: Jarguz (Polen); Zuschauer: 25 000; Tore: 1:0 Velasquez (2.), 2:0 Cubillas (36., Foulelfmeter), 3:0 Cubillas (39., Foulelfmeter), 3:1 Roshan (41.), 4:1 Cubillas (78.).

Am 11. Juni in Mendoza:
SCHOTTLAND – NIEDERLANDE 3:2 (1:1)
Schottland: Rough, Kennedy, Buchan, Forsyth, Donachie, Rioch, Gemmill, Hartford, Souness, Dalglish, Jordan.
Niederlande: Jongbloed, Suurbier, Krol, Rijsbergen (46. Wildschut), Poortvliet, Neeskens (10. Boskamp), Jansen, W. van de Kerkhof, R. van de Kerkhof, Rep, Rensenbrink.
Schiedsrichter: Linemayr (Österreich); Zuschauer: 30 000; Tore: 0:1 Rensenbrink (33., Foulelfmeter), 1:1 Dalglish (45.), 2:1 Gemmill (47., Foulelfmeter), 3:1 Gemmill (68.), 3:2 Rep (72.).

Abschlußtabelle Gruppe 4	PER	HOL	SCO	IRN	Tore	Punkte	Rang
Peru		0:0	3:1	4:1	7:2	5:1	1
Holland	0:0		2:3	3:0	5:3	3:3	2
Schottland	1:3	3:2		1:1	5:6	3:3	3
Iran	1:4	0:3	1:1		2:8	1:5	4

Zweite Finalrunde

GRUPPE A

Am 14. Juni in Buenos Aires
DEUTSCHLAND – ITALIEN 0:0
Deutschland: Maier, Vogts, Kaltz, Rüßmann, Dietz, Bonhof, Flohe (70. Beer), Zimmermann (54. Konopka), Rummenigge, Fischer, Hölzenbein.
Italien: Zoff, Gentile, Scirea, Bellugi, Cabrini, Benetti, Tardelli, Antognoni (46. Zaccarelli), Causio, Rossi, Bettega.
Schiedsrichter: Maksimovic (Jugoslawien); Zuschauer: 60 000.

Am 14. Juni in Cordoba:
NIEDERLANDE – ÖSTERREICH 5:1 (3:0)
Niederlande: Schrijvers, Wildschut, Krol, Brandts (67. van Kraay), Poortvliet, Jansen, Haan, W. van de Kerkhof, Rep, Rensenbrink, R. van de Kerkhof (61. Schoenaker).
Österreich: Koncilia, Sara, Obermayer, Pezzey, Breitenberger, Hickersberger, Prohaska, Krieger, Jara, Kreuz, Krankl.
Schiedsrichter: Gordon (Schottland); Zuschauer: 15 000; Tore: 1:0 Brandts (6.), 2:0 Rensenbrink (35., Foulelfmeter), 3:0 Rep (36.), 4:0 Rep (53.), 4:1 Obermayer (79.), 5:1 W. van de Kerkhof (82.).

Am 18. Juni in Cordoba:
DEUTSCHLAND – NIEDERLANDE 2:2 (1:1)
Deutschland: Maier, Vogts, Kaltz, Rüßmann, Dietz, Bonhof, Beer, Hölzenbein, Abramczik, D. Müller, Rummenigge.
Niederlande: Schrijvers, Poortvliet, Krol, Brandts, Wildschut (79. Nanninga), Jansen, Haan, W. van de Kerkhof, R. van de Kerkhof, Rep, Rensenbrink.
Schiedsrichter: Barreto Ruiz (Uruguay); Zuschauer: 46 000; Tore: 1:0 Abramczik (3.), 1:1 Haan (27.), 2:1 D. Müller (70.), 2:2 R. van de Kerkhof (84.).

Am 18. Juni in Buenos Aires:
ITALIEN – ÖSTERREICH 1:0 (1:0)
Italien: Zoff, Scirea, Bellugi (46. Cuccureddu), Cabrini, Gentile, Benetti, Zaccarelli, Tardelli, Causio, Rossi, Bettega (71. Graziani).
Österreich: Koncilia, Obermayer, Sara, Pezzey, Strasser, Hickersberger, Prohaska, Kreuz, Krieger, Schachner (64. Pirkner), Krankl.
Schiedsrichter: Rion (Belgien); Zuschauer: 50 000; Tor: 1:0 Rossi (13.).

Am 21. Juni in Cordoba:
ÖSTERREICH – DEUTSCHLAND 3:2 (0:1)
Österreich: Koncilia, Sara, Obermayer, Pezzey, Strasser, Hickersberger, Prohaska, Kreuz, Krieger, Schachner (71. Oberacher), Krankl.
Deutschland: Maier, Vogts, Kaltz, Rüßmann, Dietz, Beer (46. H. Müller), Bonhof, Hölzenbein, Abramczik, D. Müller (60. Fischer), Rummenigge.
Schiedsrichter: Klein (Israel); Zuschauer: 20 000; Tore: 0:1 Rummenigge (19.), 1:1 Vogts (59., Eigentor), 2:1 Krankl (65.), 2:2 Hölzenbein (67.), 3:2 Krankl (88.).

Am 21. Juni in Buenos Aires:
NIEDERLANDE – ITALIEN 2:1 (0:1)
Niederlande: Schrijvers (18. Jongbloed), Krol, Brandts, Neeskens, Poortvliet, W. van de Kerkhof, Haan, Jansen, R. van de Kerkhof, Rep (65. van Kraay), Rensenbrink.
Italien: Zoff, Scirea, Cuccureddu, Gentile, Cabrini, Tardelli, Benetti (79. Graziani), Zaccarelli, Causio (46. C. Sala), Rossi, Bettega.
Schiedsrichter: Franco Martinez (Spanien); Zuschauer: 66 000; Tore: 0:1 Brandts (19., Eigentor), 1:1 Brandts (50.), 2:1 Haan (75.).

Abschlußtabelle Gruppe A	HOL	ITA	GER	AUT	Tore	Punkte	Rang
Holland		2:1	2:2	5:1	9:4	5:1	1
Italien	1:2		0:0	1:0	2:2	3:3	2
Deutschland	2:2	0:0		2:3	4:5	2:4	3
Österreich	1:5	0:1	3:2		4:8	2:4	4

GRUPPE B

Am 14. Juni in Mendoza:
BRASILIEN – PERU 3:0 (2:0)
Brasilien: Leao, Toninho, Amaral, Oscar, Rodrigues Neto, Cerezo (77. Chicao), Dirceu, Batista, Mendonca, Gil (70. Zico), Roberto.
Peru: Quiroga, Diaz (12. Navarro), Chumpitaz, Manzo, Duarte, Velasquez Cueto, Cubillas, Munante, La Rosa, Oblitas (46. Percy Rojas).
Schiedsrichter: Rainea (Rumänien); Zuschauer: 35 000; Tore: 1:0 Dirceu (15.), 2:0 Dirceu (28.), 3:0 Zico (73., Foulelfmeter).

Am 14. Juni in Rosario:
ARGENTINIEN – POLEN 2:0 (1:0)
Argentinien: Fillol, Olguin, Passarella, Luis Galvan, Tarantini, Ardiles, Gallego, Valencia (46. Villa), Houseman (83. Ortiz), Kempes, Bertoni.
Polen: Tomaszewski, Szymanowski, Kasperczak, Zmuda, Maculewicz, Masztaler (65. Mazur), Deyna, Nawalka, Boniek, Lato, Szarmach.
Schiedsrichter: U. Eriksson (Schweden); Zuschauer: 40 000; Tore: 1:0 Kempes (16.), 2:0 Kempes (71.).

Am 18. Juni in Mendoza:
POLEN – PERU 1:0 (0:0)
Polen: Kukla, Gorgon, Szymanowski, Zmuda, Maculewicz, Boniek (86. Lubanski), Deyna, Nawalka, Masztaler (46. Kasperczak), Lato, Szarmach.
Peru: Quiroga, Chumpitaz, Duarte, Manzo, Navarro, Quesada, Cueto, Cubillas, Munante (46. Percy Rojas), La Rosa (73. Sotil), Oblitas.
Schiedsrichter: Partridge (England); Zuschauer: 33 000; Tor: 1:0 Szarmach (65.).

Am 18. Juni in Rosario:
ARGENTINIEN – BRASILIEN 0:0
Argentinien: Fillol, Passarella, Olguin, Ruben Galvan, Tarantini, Ardiles (44. Villa), Gallego, Ortiz, Bertoni, Luque, Kempes.
Brasilien: Leao, Amaral, Chicao, Oscar, Rodrigues Neto (35. Edinho), Batista, Mendonca, Toninho, Dirceu, Gil, Roberto.
Schiedsrichter: Palotai (Ungarn); Zuschauer: 40 000.

Am 21. Juni in Mendoza:
BRASILIEN – POLEN 3:1 (1:1)
Brasilien: Leao, Amaral, Nelinho, Oscar, Toninho, Cerezo (78. Rivelino), Batista, Dirceu, Zico (6. Mendonca), Gil, Roberto.
Polen: Kukla, Gorgon, Szymanowski, Zmuda, Maculewicz, Boniek, Kasperczak (64. Lubanski), Deyna, Nawalka, Lato, Szarmach.
Schiedsrichter: Silvagno (Chile); Zuschauer: 44 000; Tore: 1:0 Nelinho (14.), 1:1 Lato (45.), 2:1 Roberto (58.), 3:1 Roberto (63.).

Am 21. Juni in Rosario:
ARGENTINIEN – PERU 6:0 (2:0)
Argentinien: Fillol, Luis Galvan, Olguin, Passarella, Tarantini, Larrosa, Gallego (87. Oviedo), Kempes, Bertoni (66. Houseman), Luque, Ortiz.
Peru: Quiroga, Chumpitaz, Duarte, Manzo, Roberto Rojas, Quesada, Cueto, Cubillas, Velasquez (52. Gorriti), Munante, Oblitas.
Schiedsrichter: Wurtz (Frankreich); Zuschauer: 41 000; Tore: 1:0 Kempes (21.), 2:0 Tarantini (43.), 3:0 Kempes (49.), 4:0 Luque (50.), 5:0 Houseman (67.), 6:0 Luque (71.).

Abschlußtabelle Gruppe B	ARG	BRA	POL	PER	Tore	Punkte	Rang
Argentinien		0:0	2:0	6:0	8:0	5:1	1
Brasilien	0:0		3:1	3:0	6:1	5:1	2
Polen	0:2	1:3		1:0	2:5	2:4	3
Peru	0:6	0:3	0:1		0:10	0:6	4

Endspiele

UM DEN DRITTEN PLATZ

Am 24. Juni in Buenos Aires:
BRASILIEN – ITALIEN 2:1 (0:1)
Brasilien: Leao, Nelinho, Amaral, Oscar, Rodrigues Neto, Batista, Cerezo (65. Rivelino), Dirceu, Gil (46. Reinaldo), Roberto, Mendonca.
Italien: Zoff, Cabrini, Scirea, Gentile, Cuccureddu, Maldera, Antognoni (79. C. Sala), P. Sala, Causio, Rossi, Bettega.
Schiedsrichter: Klein (Israel); Zuschauer: 77 000; Tore: 0:1 Causio (38.), 1:1 Nelinho (64.), 2:1 Dirceu (71.).

ENDSPIEL

Am 25. Juni in Buenos Aires:
ARGENTINIEN – NIEDERLANDE 3:1 (1:0, 1:1) n.V.
Argentinien: Fillol, Olguin, Luis Galvan, Passarella, Tarantini, Ardiles (66. Larrosa), Gallego, Kempes, Bertoni, Luque, Ortiz (75. Houseman).
Niederlande: Jongbloed, Poortvliet, Krol, Brandts, Jansen (72. (Suurbier), Neeskens, Haan, W. van de Kerkhof, R. van de Kerkhof, Rep (59. Nanninga), Rensenbrink.
Schiedsrichter: Gonella (Italien); Zuschauer: 77 000; Tore: 1:0 Kempes (38.), 1:1 Poortvliet (81.), 2:1 Kempes (105.), 3:1 Bertoni (115.).

12. Fußball-Weltmeisterschaft
1982 in Spanien

Qualifikation

EUROPA

Gruppe 1

Am 4. Juni 1980 in Helsinki:
FINNLAND – BULGARIEN 0:2 (0:1)
Finnland: Sairanen (8. Nurmio), Tolsa, Lampi, Houtsonen, Ranta, Ronkainen (65. Ismail), Pykkö, Toivola, Rautiainen, Hatala, Nieminen.
Bulgarien: Christov, Kolev, Firov, Maldjanski, Karakolev, Dimitrov, Kostadinov, Markov (87. P. Zvetkov), Jeliaskov, Kostov, T. Zvetkov (87. Iliev).

Am 3. September 1980 in Tirana:
ALBANIEN – FINNLAND 2:0 (2:0)
Albanien: Kaci, Berisha, Baci, Targaj, Hysi, Ragami, Zeri, Lieshi, Marko, Braho, Minga.
Finnland: Isoaho, Lathinen, Tolsa, Helin (ab 46. Raiainen), Ahonen, Pykkö, Dahlund, Poulliainen (ab 46. Turunen), Virtanen, Hatala, Himanoa.

Am 24. September 1980 in Helsinki:
FINNLAND – ÖSTERREICH 0:2 (0:1)
Finnland: Isoaho, Lathinen, Tolsa, Houtsonen, Ranta, Virtanen, Pykkö, Dahlund, Ronkainen (ab 62. Turunen), Tissari, Rajaniemi (ab 77. Jaiasvaari).
Österreich: Koncilia, Pregesbauer, Obermayer, Pezzey, Zuenelli, Wartinger (ab 53. Welzl), Hattenberger, Prohaska, Jara, Schachner, Krankl.

Am 19. Oktober 1980 in Sofia:
BULGARIEN – ALBANIEN 2:1 (1:0)
Bulgarien: Christov, Zafirov, B. Dimitrov, Maldjanski, Bangev, Slavkov, Markov (Iliev), Kerimov, G. Dimitrov, Kostadinov, Jeliaskov.
Albanien: Kaci, Baci, Gusi, Targaj, Berisha, Cipi, Baligijni, Lecci (Bajazidi), Shehl, Pernasca, Braho.

Am 15. November 1980 in Wien:
ÖSTERREICH – ALBANIEN 5:0 (3:0)
Österreich: Feurer, Dihanich, Obermayer, Pezzey, Mirnegg, Hattenberger, Prohaska, Jara, Welzl, Krankl, Schachner (84. Keglevits).
Albanien: Kaci, Baci, Berisha, Hysi, Targaj, Cipi, Baligijni, Zeri, Lieshi, Pernasca, Braho (62. Bergu).

Am 3. Dezember 1980 in Sofia:
BULGARIEN – DEUTSCHLAND 1:3 (0:2)
Bulgarien: Christov, Zafirov, Rangelov, G. Dimitrov (ab 46. Slavkov), Vassilev, Iliev, Jeliaskov, Markov, Iontchev, Dzevizov, Zdravkov (79. Kerimov).
Deutschland: Schumacher, Kaltz, Stielike, K. Förster, Dietz, Briegel, Magath (ab 71. Votava), Müller, Rummenigge, Hrubesch, K. Allofs (71. Borchers).

Am 6. Dezember 1980 in Tirana:
ALBANIEN – ÖSTERREICH 0:1 (0:1)
Albanien: Kaci, Baci, Berisha, Hysi, Targaj, Ragarm, Zeri, Marko, Kola, Braho, Pernasca.
Österreich: Feurer, Weber, Pezzey, Obermayer, Mirnegg, Hattenberger, Prohaska, Jara, Welzl, Gasselich (75. Baumeister), Schachner (48. Jurtin).

Am 1. April 1981 in Tirana:
ALBANIEN – DEUTSCHLAND 0:2 (0:1)
Albanien: Kaci, Berisha, Targaj, Hysi, Cocoli, Sahla, Lame, Baligijni (74. Baci), Pernasca, Minga, Lieshi.
Deutschland: Schumacher, Kaltz, Stielike, K. Förster (74. Hannes), Dietz, Magath, Schuster, Müller, Allofs, Rummenigge, Hrubesch.

Am 29. April 1981 in Hamburg:
DEUTSCHLAND – ÖSTERREICH 2:0 (2:0)
Deutschland: Schumacher, Kaltz, Stielike, K. Förster, Briegel, Schuster, Magath, Breitner, Müller, Fischer (76. Allgöwer), Rummenigge.
Österreich: Koncilia, Krauss, Obermayer, Pezzey, Mirnegg, Hattenberger (69. Weber), Prohaska, Hintermaier (69. Baumeister), Jara, Krankl, Welzl.

Am 13. Mai 1981 in Sofia:
BULGARIEN – FINNLAND 4:0 (1:0)
Bulgarien: Velinov, Vassilev, Balevski, Bonev, G. Dimitrov, Grigorov, Kostadinov, Slavkov, Jeliaskov, P. Zvetkov (57. Zdravkov), T. Zvetkov.
Finnland: Isoaho, Lathinen, Tolsa, Virtanen, Pekkonen (70. Berqvist), Ikäläinen, Dahlund (64. Jakonsari), Pykkö, Houtsonen, Ismail, Valvee.

Am 24. Mai 1981 in Lahti:
FINNLAND – DEUTSCHLAND 0:4 (0:3)
Finnland: Isoaho, Tolsa (46. Helin), Lathinen, Vaittinen, Houtsonen, Ikäläinen, Virtanen, Kupiainen, Pykkö, Kousa, Valvee (64. Ismail).
Deutschland: Schumacher, Kaltz, Hannes, K. Förster, Briegel, Dremmler, Magath (75. Borchers), Breitner, Müller (75. Allgöwer), Rummenigge, Fischer.

Am 28. Mai 1981 in Wien:
ÖSTERREICH – BULGARIEN 2:0 (1:0)
Österreich: Feurer, Weber, Dihanich, Pezzey, Mirnegg, Prohaska, Hattenberger, Jara, Welzl, Kranki, Keglevits (56. Schachner).
Bulgarien: Christov, Sabotinov, Balevski, Maldjanski, Vassilev, Zdravkov (75. Kostadinov), Dimitrov, Jeliaskov, Grigorov (75. Markov), Slavkov, T. Zvetkov.

Am 17. Juni 1981 in Linz:
ÖSTERREICH – FINNLAND 5:1 (2:0)
Österreich: Feurer, Dihanich, Pezzey, Weber, Mirnegg, Hattenberger, Prohaska (80. Kreuz), Jara, Welzl, Krankl, Jurtin.
Finnland: Huttunen, Helin, Lathinen, Vaittinen, Houtsonen, Ikäläinen, Virtanen, Kousa, Turunen, Dahlund, Valvee.

Am 2. September 1981 in Kotka:
FINNLAND – ALBANIEN 2:1 (0:0)
Finnland: Isoaho, Lathinen, Dahlund, Vaittinen, Pekkonen, Turunen, Houtsonen, Pykkö, Rautiainen, Rajaniemi, Kousa, Jakonsari.
Albanien: Musta, Targaj, Hysi, Cocoli, Berisha, Lieshi (Minga), Lame, Houtsi (Hashmi), Walkani, Sygheri, Pernasca.

Am 23. September 1981 in Bochum:
DEUTSCHLAND – FINNLAND 7:1 (2:1)
Deutschland: Schumacher, Kaltz, Stielike, B. Förster, Briegel, Dremmler, Breitner, Magath, Borchers, Fischer, Rummenigge.
Finnland: Isoaho, Dahlund, Pekkonen, Lathinen, Houtsonen, Turunen, Ikäläinen (70. Nieminen), Utriainen, Pykkö, Kousa, Jakonsari (70. Ronkainen).

Am 14. Oktober 1981 in Wien:
ÖSTERREICH – DEUTSCHLAND 1:3 (1:2)
Österreich: Koncilia, Dihanich, Pezzey, Weber, Mirnegg, Hattenberger, Prohaska, Jara, Hintermaier (71. Hagmayr), Schachner, Krankl.
Deutschland: Schumacher, Kaltz, Stielike, K. Förster, Briegel, Dremmler, Breitner, Magath, Littbarski, Fischer, Rummenigge.

Am 14. Oktober 1981 in Tirana:
ALBANIEN – BULGARIEN 0:2 (0:0)
Albanien: Musta, Baci, Cocoli, Targaj, Berisha, Ragami, Minga, Lame, Zeri (64. Saidi), Walkani, Kola.
Bulgarien: Velinov, Nikolov, Balevski, Blangev, Dimitrov, Lubomirov, Slavkov, P. Zvetkov (83. Sybotinov), Jeliaskov (46. Markov), Kostadinov, Mladenov.

Am 11. November 1981 in Sofia:
BULGARIEN – ÖSTERREICH 0:0
Bulgarien: Velinov, Balevski, Nikolov, Dimitrov Blangev, Slavkov, Lubomirov, Jeliaskov (46. Markov), Kostadinov, Mladenov, Zvetkov.
Österreich: Feurer, Krauss, Pezzey, Weber, Mirnegg (56. Dihanich), Hattenberger, Prohaska, Jara, Hintermaier, Schachner, Krankl (73. Hagmayr).

Am 18. November 1981 in Dortmund:
DEUTSCHLAND – ALBANIEN 8:0 (5:0)
Deutschland: Immel, Kaltz (60. Matthäus), Stielike, K. Förster, Briegel, Dremmler, Breitner, Magath, Rummenigge (48. Milewski), Fischer, Littbarski.
Albanien: Musta (57. Luarasi), Berisha, Targaj, Hysi, Kola, Lieshi, Ragami, Baligijni, Braho, Popa, Luci.

Am 22. November 1981 in Düsseldorf:
DEUTSCHLAND – BULGARIEN 4:0 (1:0)
Deutschland: Schumacher, Kaltz, Hannes, K. Förster, Briegel, Dremmler, Breitner, Magath (56. K. Allofs), Hrubesch, Fischer, Rummenigge.
Bulgarien: Velinov, Balevski, Nikolov, Dimitrov, Bonev, Iliev, Kostadinov, Markov (46. Lubomirov), Zdravkov, Iontchev, Mladenov.

1. Deutschland	8 8 0 0	33:3	16:0
2. Österreich	8 5 1 2	16:6	11:5
3. Bulgarien	8 4 1 3	11:10	9:7
4. Albanien	8 1 0 7	4:22	2:14
5. Finnland	8 1 0 7	4:27	2:14

Gruppe 2

Am 26. März 1980 in Nikosia:
ZYPERN – EIRE 2:3 (1:3)
Zypern: Fanos, Papacostas, Fitas, Papadopoulos, Stefanos, N. Pantziarias, Filipos (Tsingis), Mavroudis, Kaifas, Kissonergis, Kanaris (Theofanou).
Eire: Peyton, D. O'Leary, Lawrenson, Grimes, Daly, Grealish, Brady, Murphy, McGee, Stapleton, Heighway.

Am 10. September 1980 in Dublin:
EIRE – HOLLAND 2:1 (0:0)
Eire: Peyton, Langan, D. O'Leary, P. O'Leary, Hughton, Lawrenson, Grealish, Daly, Brady, Stapleton, Givens.
Holland: Hiele, van de Korput (45. Vermeulen), Wijnstekers, Spelbos, Brandts, Peters, Schoenmaker (65. W. van de Kerkhof), Thijssen, Deinsen, Tahamata, Mierlo.

Am 11. Oktober 1980 in Limassol:
ZYPERN – FRANKREICH 0:7 (0:4)
Zypern: G. Pantziarias, Papacostas, Kizas, Papadopoulos, Erotokritou, N. Pantziarias, Mavroudis, Tsingis (48. Lysandrou), Omirou, Kaifas (21. Theofanou), Kissonergis.
Frankreich: Dropsy, Battiston, Specht, Michel, Bossis, Tigana (52. Petit), Larios, Platini, Baronchelli (73. Zimako), Lacombe, Six.

Am 15. Oktober 1980 in Dublin:
EIRE – BELGIEN 1:1 (1:1)
Eire: Peyton, Langan, Lawrenson, Hughton, Moran, Daly, Grealish, Brady, Stapleton, Givens (76. McGee), Heighway.
Belgien: Pfaff, Meeuws, Gerets, Millecamps (87. De Wolf), Renquin, Van Moer (85. Heyligen), Coeck, Vandereycken, Cluytens, Vandenbergh, Ceulemans.

Am 28. Oktober 1980 in Paris:
FRANKREICH – EIRE 2:0 (1:0)
Frankreich: Dropsy, Battiston, Lopez, Specht, Bossis, Tigana, Larios, Platini (74. Petit), Rocheteau, Lacombe (67. Zimako), Six.
Eire: Peyton, Hughton, Lawrenson, Moran, Langan, Grealish, Brady, Martin (78. Ryan), Heighway, Stapleton, Robinson.

Am 19. November 1980 in Brüssel:
BELGIEN – HOLLAND 1:0 (0:0)
Belgien: Pfaff, Gerets, Millecamps, Meeuws, Renquin, Coeck, Vandereycken, Van Moer, Cluytens, Vandenbergh, Ceulemans.
Holland: Doesburg, Krol, Wijnstekers (26. Metgod), Brandts, Hovenkamp, van de Korput, W. van de Kerkhof, Peters, Kist, Tol (30. R. van de Kerkhof), Tahamata.

Am 19. November 1980 in Dublin:
EIRE – ZYPERN 6:4 (4:0)
Eire: Peyton, Langan, Hughton, Lawrenson, Moran, Daly, Grealish, Brady, Stapleton, Heighway, Robinson (74. Givens).
Zypern: Konstantinou, Louka, Kalotheou, Lysandrou, N. Pantziarias, Erotokritou, Theofanou, Yiangoudakis, Kaifas (46. Kouis), Tsingis, Miamijoutis (63. Mavroudis).

Am 21. Dezember 1980 in Nikosia:
ZYPERN – BELGIEN 0:2 (0:1)
Zypern: Konstantinou, Louka, Erotokritou, N. Pantziarias, Lysandrou, Kalotheou, Yiangoudakis, Tsingis, Theofanou, Kaifas, Mavroudis.
Belgien: Pfaff, Gerets, Millecamps, Meeuws, De Wolf, Van Moer, Vandereycken, Coeck, Cluytens, Vandenbergh, Ceulemans.

Am 18. Februar 1981 in Brüssel:
BELGIEN – ZYPERN 3:2 (2:1)
Belgien: Pfaff, Coeck, Gerets, Renquin, Plessers, Cluytens (72. Vercauteren), Vandereycken, Mommens, Weilens, Vandenbergh, Ceulemans.
Zypern: Konstantinou, Louka, Toumazou, Erotokritou, Lysandrou, Demetriou, Miamijoutis, Pantziarias, Vrakimis, Theofanou, Yiangoudakis.

Am 22. Februar 1981 in Groningen:
HOLLAND – ZYPERN 3:0 (1:0)
Holland: Doesburg, Metgod, Zondervan, Spelbos, Hovenkamp, Arntz (Nanninga), Peters, Thijssen, Jonker, Tol (Vermeulen), Schapendonk.
Zypern: Konstantinou, Louka, Erotokritou, Lysandrou, Toumazou, Demetriou, Miamijoutis (Tsingis), Pantziarias, Vrakimis (Lahos), Theofanou, Yiangoudakis.

Am 25. März 1981 in Rotterdam:
HOLLAND – FRANKREICH 1:0 (0:0)
Holland: Schrijvers, Krol, Ophof, Poortvliet, Hovenkamp (46. La Ling), W. van de Kerkhof, Thijssen, Peters (71. Stevens), Mühren, Rep, R. van de Kerkhof.
Frankreich: Dropsy, Lopez, Janvion, Specht, Bossis, Moizan (76. Christophe), Larios, Giresse, Rocheteau, Lacombe (63. Zimako), Six.

Am 25. März 1981 in Brüssel:
BELGIEN – EIRE 1:0 (0:0)
Belgien: Preud'homme, Meeuws, Gerets, Millecamps, Renquin, Mommens (84. Vercauteren), Coeck (74. Wellens), Vandereycken, Cluytens, Vandenbergh, Ceulemans.
Eire: McDonagh, Langan, Hughton, Martin, Moran, Brady, Daly, Grealish, Stapleton (71. Walsh), Heighway, Robinson.

Am 29. April 1981 in Nikosia:
ZYPERN – HOLLAND 0:1 (0:1)
Zypern: G. Pantziarias, Louka, Papadopoulos, Erotokritou, N. Pantziarias, Kounas, Theofanou (46. Lahos), Kalotheou, Demetriou, Vrakimis, Yiangoudakis.
Holland: Schrijvers, Wijnstekers, Stevens, Krol, Hovenkamp, W. van de Kerkhof, Metgod, Mühren, La Ling, van Kooten, Rep (60. Tahamata).

Am 29. April 1981 in Paris:
FRANKREICH – BELGIEN 3:2 (3:1)
Frankreich: Dropsy, Janvion, Lopez, Tresor, Bossis, Giresse, Tigana, Genghini, Soler (71. Zimako), Rocheteau, Six.
Belgien: Preud'homme, Gerets, Millecamps (17. De Wolf), Meeuws, Renquin, Vercauteren (64. Verheyen), Van Moer, Vandereycken, Cluytens, Vandenbergh, Ceulemans.

Am 9. September 1981 in Rotterdam:
HOLLAND – EIRE 2:2 (1:1)
Holland: Schrijvers, Krol, van de Korput, Wijnstekers, Brandts, Thijssen, van Kooten, Mühren, La Ling (59. R. van de Kerkhof), Geels (46. Peters), Rep.
Eire: McDonagh, Langan, Devine, Lawrenson, O'Leary, Brady, Martin (Whelan), Grealish, Heighway (Ryan), Stapleton, Robinson.

Am 9. September 1981 in Brüssel:
BELGIEN – FRANKREICH 2:0 (1:0)
Belgien: Pfaff, Meeuws, Baecke, L. Millecamps, Renquin, Coeck, Van Moer (52. M. Millecamps), Vercauteren, Ceulemans, Vandenbergh, Czerniatynski.
Frankreich: Hiard, Lopez, Janvion, Mahut, Bossis, Moizan (60. Stopyra), Larios, Giresse, Zimako, Platini, Six.

Am 14. Oktober 1981 in Dublin:
EIRE – FRANKREICH 3:2 (3:1)
Eire: McDonagh, Langan, Moran, O'Leary, Hughton, Lawrence, Whelan, Brady, Martin, Stapleton (87. Givens), Robinson.
Frankreich: Castaneda, Lopez, Bossis, Mahut (69. Bracci), Janvion, Girard, Larios, Christophe, Platini, Couriol, Bellone (62. Six).

Am 14. Oktober 1981 in Rotterdam:
HOLLAND – BELGIEN 3:0 (2:0)
Holland: van Breukelen, Krol, van de Korput, Metgod, Hovenkamp, Mühren, Neeskens, Thijssen, La Ling, van Kooten (46. Geels), Rep.
Belgien: Pfaff, Meeuws, Gerets, L. Millecamps, Renquin, Vercauteren, Vandereycken, M. Millecamps, Czerniatynski, Snelders (62. Plessers), Voordeckers (46. Cluytens).

Am 18. November 1981 in Paris:
FRANKREICH – HOLLAND 2:0 (0:0)
Frankreich: Castaneda, Tresor, Janvion, Lopez, Bossis, Giresse, Genghini, Platini (81. Tigana), Rocheteau, Lacombe (71. Zimako), Six.
Holland: van Breukelen, Krol, Wijnstekers, van de Korput (75. La Ling), Poortvliet, Metgod (46. Tahamata), Neeskens, Mühren, Peters, Rep, van Kooten.

Am 5. Dezember 1981 in Paris:
FRANKREICH – ZYPERN 4:0 (2:0)
Frankreich: Castaneda, Tresor, Janvion, Lopez, Bossis, Tigana, Giresse, Genghini, Rocheteau, Lacombe, Six (63. Bellone).
Zypern: Stylianou, Miamijoutis, Erotokritou, Lysandrou, Kesos, Pantziarias, Demetriou, Theofanou, Vrakimis, Mavroudis.

1. Belgien	8 5 1 2	12:9	11:5
2. Frankreich	8 5 0 3	20:8	10:6
3. Eire	8 4 2 2	17:11	10:6
4. Holland	8 4 1 3	11:7	9:7
5. Zypern	8 0 0 8	4:29	0:16

Gruppe 3

Am 2. Juni 1980 in Reykjavik:
ISLAND – WALES 0:4 (0:1)
Island: Olafsson, Edvaldsson, Gudjohnsson, Gudlaugsson, Thordarsson, Thorbjörnsson, Geirsson, Jonsson, Petursson, Haraldsson, Halldorsson.
Wales: D. Davies, Jones, Flynn, Nicholas, Price, Yorath (Stevenson), Giles, Phillips, Walsh, James, J. Davies.

Am 3. September 1980 in Reykjavik:
ISLAND – UdSSR 1:2 (0:1)
Island: Bjarnasson, Gudmundsson, Sveinsson, Thorbjörnsson, Bergs, Geirsson, Halldorsson, Ormslev, Gretarsson, Oskarsson, Thorleifsson.
UdSSR: Dassajew, Chidijatullin, Romantsew, Gawrilow, Schawlo, Bessonow, Andrejew, Tschiwadse, Blochin, Oganesjan, Burjak (Sulakwelidse).

Am 24. September 1980 in Izmir:
TÜRKEI – ISLAND 1:3 (0:1)
Türkei: Senol, Turgay, Erol, Fatih, Cem, Sedat, S. Mustafa (46. Volkan), Serdar, Necdet, Sadullah (46. Ayhan), B. Mustafa.
Island: Bjarnasson, Halldorsson, S. Haraldsson, V. Haraldsson, Geirsson, Gudlaugsson, Gudmundsson, A. Edvaldsson, Thordarsson, Sigurvinsson, Thorbjörnsson (Gretarsson).

Am 15. Oktober 1980 in Moskau:
UdSSR – ISLAND 5:0 (2:0)
UdSSR: Dassajew, Sulakwelidse, Chidijatullin (54. Mirosjan), Tschiwadse, Baltatscha, Schawlo (46. Jewtuschenko), Bessonow, Tarchanow, Andrejew, Gawrilow, Oganesjan.
Island: Bjarnasson, Oskarsson, P. Haraldsson, V. Haraldsson, Geirsson, Halldorsson, Thordarsson, Gudmundsson (46. Sveinsson), Thorbjörnsson (65. Thorleifsson), Sigurvinsson, Gudjohnsson.

Am 15. Oktober 1980 in Cardiff:
WALES – TÜRKEI 4:0 (2:0)
Wales: Davies, Price, Jones, Nicholas, Phillips, Yorath, Flynn, Giles, Harris, Walsh, James.
Türkei: Senol, Turgay, Cem, Hüsnü, Fatih, Erhan, Necdet, Güngör, Tuncay, Sedat, Halil.

Am 19. November 1980 in Cardiff:
WALES – ČSSR 1:0 (1:0)
Wales: Davies, Price, Charles, Phillips, Ratcliffe, Flynn, Yorath, Nicholas, Giles (49. Harris), Walsh, Thomas.
ČSSR: Hruska, Barmos, Vojacek, Jurkemik, Macela, Radimec, Kozak, Panenka, Vizek, Masny, Nehoda.

Am 3. Dezember 1980 in Prag:
ČSSR – TÜRKEI 2:0 (2:0)
ČSSR: Hruska, Barmos, Vojacek, Jurkemik, Macela, Kozak, Bicovsky, Panenka, Janecka, Nehoda, Vizek.
Türkei: Senol, Turgay, Necati, Zafer, Omür, Sedat, Güngör, Muzaffer, Ibrahim, Bahtiyar, Iskender.

Am 25. März 1981 in Ankara:
TÜRKEI – WALES 0:1 (0:0)
Türkei: Senol, Omür, Necati, Hüsnü, Sedat, Güngör, Volkan, Ergün, Halil (70. Turhan), Karaoglu.
Wales: Davies, Price, Yorath, Harris (46. Giles), Ratcliffe, Flynn, Walsh (46. Charles), Nicholas, Phillips, Jones, James.

Am 15. April 1981 in Istanbul:
TÜRKEI – ČSSR 0:3 (0:0)
Türkei: Senol, Omür, Fatih, Sedat I, Zafer, Sedat III, Önal, Tuncay (31. Öksi), Bahtiyar, Ibrahim (78. Necdet), Tüfekci.
ČSSR: Seman, Jakubec, Barmos, Macela, Radimec, Kozak, Berger, Nemec (84. Masny), Vizek, Janecka, Nehoda.

Am 27. Mai 1981 in Bratislava:
ČSSR – ISLAND 6:1 (2:0)
ČSSR: Seman, Radimec, Jakubec, Macela, Barmos, Kozak, Berger, Panenka (74. Janecka), Masny, Nehoda, Vizek.
Island: Bjarnasson, Gudlaugsson, Thraisson, Halldorsson, Haraldsson, Gudjohnsson, Bergs, Sigurvinsson, Petursson, A. Edvaldsson, Sveinsson.

Am 30. Mai 1981 in Wrexham:
WALES – UdSSR 0:0
Wales: Davies, Ratcliffe, Price, Phillips, Jones, Nicholas, Flynn, Yorath, Harris (74. Giles), Walsh (70. Charles), Thomas.
UdSSR: Dassajew, Sulakwelidse, Tschiwadse, Borowskij, Baltatscha, Burjak, Andrejew, Bessonow, Kipiani (84. Gawrilow), Oganesjan, Blochin.

Am 9. September 1981 in Reykjavik:
ISLAND – TÜRKEI 2:0 (1:0)
Island: Baldursson, Geirsson, Oskarsson, S. Halldorsson, Jonsson, Edvaldsson, Bergs, Sveinsson, Gudmundsson, Petursson, Ormslev.
Türkei: G. Senol, Fatih, Omür, Zafer, A. Turgay, Engin, Sedat, Bahtiyar, Cehun, Ibrahim, Tüfekci.

Am 9. September 1981 in Prag:
ČSSR – WALES 2:0 (1:0)
ČSSR: Seman, Bicovsky, Vojacek, Radimec, Barmos, Kozak, Berger, Jurkemik, Panenka, Vizak, Nehoda.
Wales: Davies, Stevenson, Jones, Phillips, Ratcliffe, Flynn, Nicholas, Thomas, James, Harris, Curtis.

Am 23. September 1981 in Moskau:
UdSSR – TÜRKEI 4:0 (3:0)
UdSSR: Dassajew, Losinskij, Tschiwadse, Baltatscha, Demjanenko, Darasselija, Bessonow, Burjak (46. Oganesjan), Schengelija, Gawrilow, Blochin (64. Andrejew).
Türkei: Senol I, Turgay I, Necati, Fatih, Turgay II (46. Sadik), Hüsnü, Cehun, Sedat, Muzaffer, Bahtiyar, Senol II.

Am 23. September 1981 in Reykjavik:
ISLAND – ČSSR 1:1 (1:0)
Island: Baldursson, Halldorsson, Geirsson, Jonsson, Oskarsson, A. Edvaldsson (79. Margeisson), Gudlaugsson, Ormslev, Bergs (67. Larusson), Gudjohnsson, Sigurvinsson.
ČSSR: Seman, Bicovsky, Radimec, Vojacek, Barmos, Kozak, Berger, Panenka (66. Nemec), Vizek, Nehoda, Licka (46. Masny).

Am 7. Oktober 1981 in Izmir:
TÜRKEI – UdSSR 0:3 (0:2)
Türkei: Senol (46. Yasar), Erhan, Necati, Hüsnü, Suleiman, Coueyt, Fatih, Sedat, Selcuk, Bora, Sadik (46. Isa).
UdSSR: Dassajew, Tschiwadse, Demjanenko, Asloparow, Baltatscha, Darasselija, Schengelija (46. Andrejew), Bessonow, Gawrilow, Burjak, Blochin.

Am 14. Oktober 1981 in Swansea:
WALES – ISLAND 2:2 (1:0)
Wales: Davies, Jones, Charles, Ratcliffe, Harris (64. Rush), Nicholas, R. James, Mahoney, L. James, Walsh, Curtis.
Island: Baldursson, Halldorsson, Oskarsson, Ormslev, Geirsson, Jonsson, Gudlaugsson, A. Edvaldsson, Gudjohnsson, Sigurvinsson, Bergs.

Am 28. Oktober 1981 in Tbilisi:
UdSSR – ČSSR 2:0 (1:0)
UdSSR: Dassajew, Sulakwelidse, Tschiwadse (55. Susloparow), Baltatscha, Borowskij, Darasselija (80. Schawlo), Burjak, Bessonow, Schengelija, Gawrilow, Blochin.
ČSSR: Seman, Barmos, Jurkemik, Vojacek, Radimec, Bicovsky, Berger, Kozak, Vizek (70. Licka), Kriz, Nehoda.

Am 18. November 1981 in Tbilisi:
UdSSR – WALES 3:0 (2:0)
UdSSR: Dassajew, Borowskij, Susloparow, Demjanenko, Baltatscha, Darasselija, Schengelija, Sulakwelidse, Gawrilow (71. Guzajew), Burjak, Blochin.
Wales: Davies, Ratcliffe, Jones (85. Stouvel), Nicholas, Phillips, Price, Curtis, Flynn, Rush, Mahoney (46. Thomas), L. James.

Am 29. November 1981 in Bratislava:
ČSSR – UdSSR 1:1 (1:1)
ČSSR: Hruska, Jakubec, Fiala, Vojacek, Barmos, Bicovsky, Kozak, Panenka, Kriz (59. Vizek), Masny, Nehoda.
UdSSR: Dassajew, Borowskij, Susloparow, Sulakwelidse, Demjanenko, Darasselija, Bal, Gawrilow, Burjak, Schengelija (74. Andrejew), Blochin.

1. UdSSR	8 6 2 0	20:2	14:2
2. ČSSR	8 4 2 2	15:6	10:6
3. Wales	8 4 2 2	12:7	10:6
4. Island	8 2 2 4	10:21	6:10
5. Türkei	8 0 0 8	1:22	0:16

Gruppe 4

Am 10. September 1980 in London:
ENGLAND – NORWEGEN 4:0 (1:0)
England: Shilton, Anderson, Thompson, Watson, Sansom, McDermott, Robson, Rix, Woodcock, Mariner, Gates.
Norwegen: T. Jacobsen, Aas, Berntsen, Kordahl, Gröndalen, Albertsen, Hareide, Dokken, Ökland, P. Jacobsen, Erlandsen (83. Ottesen).

Am 24. September 1980 in Oslo:
NORWEGEN – RUMÄNIEN 1:1 (1:1)
Norwegen: T. Jacobsen, Aas, Berntsen, Kordahl, Gröndalen, Hareide, Dokken, Ottesen, Ökland, P. Jacobsen, Thoresen.
Rumänien: Iordache, Stefanescu (75. Alexandru), Negrila, Sames, Munteanu, Ticleanu (69. Balaci), Beldeanu, Iordanescu, Crisan, Camataru, Raducanu.

Am 15. Oktober 1980 in Bukarest:
RUMÄNIEN – ENGLAND 2:1 (1:0)
Rumänien: Iordache, Stefanescu, Negrila, Sames, Munteanu, Ticleanu (70. Dumitru), Beldeanu, Iordanescu, Crisan, Camataru, Raducanu.
England: Clemence, Neal, Thompson, Watson, Sansom, McDermott, Robson, Gates (46. Coppell), Rix, Woodcock, Birtles (65. Cunningham).

Am 29. Oktober 1980 in Bern:
SCHWEIZ – NORWEGEN 1:2 (0:1)
Schweiz: Engel, Wehrli, Stohler, Lüdi, H. Hermann, Barberis, Zappa (46. Elsener), Botteron, Marti, Schönenberger, Tanner.
Norwegen: T. Jacobsen, Berntsen, Kordahl, Aas, Gröndalen, Albertsen, Hareide, Ottesen (64. Vinje), Dokken (51. Mathisen), P. Jacobsen, Thoresen.

Am 19. November 1980 in London:
ENGLAND – SCHWEIZ 2:1 (2:0)
England: Shilton, Neal, Watson, Robson, Sansom, Coppell, McDermott, Mills, Brooking (83. Hoddle), Mariner, Woodcock.
Schweiz: Burgener, Geiger, H. Hermann, Lüdi, Pfister, Botteron, Barberis, Tanner (46. Egli), Wehrli, Elsener, Schönenberger (37. Marti).

Am 28. April 1981 in Luzern:
SCHWEIZ – UNGARN 2:2 (1:1)
Schweiz: Burgener, Herb. Hermann, Egli, Zappa, Heinz Hermann, Wehrli, Botteron, Barberis, Scheiwiler (78. Zwicker), Elsener, Sulser.
Ungarn: Meszaros, Martos, Balint, Garaba, Toth, Csapo (75. Szanto), Müller (81. Varga), Mucha, Fazekas, Töröcsik, Kiss.

Am 29. April 1981 in London:
ENGLAND – RUMÄNIEN 0:0
England: Shilton, Anderson, Watson, Osman, Sansom, Robson, Wilkins, Brooking (70. McDermott), Coppell, Francis, Woodcock.
Rumänien: Iordache, Negrila, Sames, Stefanescu, Munteanu, Beldeanu, Iordanescu, Stoica, Crisan, Camataru, Balaci.

Am 13. Mai 1981 in Budapest:
UNGARN – RUMÄNIEN 1:0 (1:0)
Ungarn: Katzirz, Balint, Martos, Garaba, J. Toth, Müller (78. Szanto), Nyilasi, J. Varga, Fazekas, Kiss (74. Bödöni), Töröcsik.
Rumänien: Iordache, Negrila, Tilihoi, Stefanescu, Munteanu, Beldeanu, Iordanescu (68. Raducanu), Stoica, Crisan, Camataru, Balaci.

Am 20. Mai 1981 in Oslo:
NORWEGEN – UNGARN 1:2 (0:0)
Norwegen: Abrahamsen, Aas, Berntsen (83. Mathisen), Kordahl, Pedersen, Hareide (82. Davidsen), Lund, Giske, P. Jacobsen, Ökland, Thoresen.
Ungarn: Katzirz, Kerekes, Martos, Garaba, Toth, Müller, Nyilasi, Varga, Fazekas, Töröcsik (62. Bödöni), Kiss.

Am 30. Mai 1981 in Basel:
SCHWEIZ – ENGLAND 2:1 (2:0)
Schweiz: Burgener, Zappa, Lüdi, Egli, Wehrli, Botteron, Scheiwiler, Herb. Hermann (88. Weber), Elsener (85. Maissen), Barberis, Sulser.
England: Clemence, Osman, Mills, Watson, Sansom, Coppell, Keegan, Wilkins, Robson, Mariner, Francis (46. McDermott).

Am 3. Juni 1981 in Bukarest:
RUMÄNIEN – NORWEGEN 1:0 (0:0)
Rumänien: Cristian, Negrila, Sames, Stefanescu, Munteanu, Ticleanu, Beldeanu, Balaci (62. Talnar), Crisan, Camataru (89. Sandu), Raducanu.
Norwegen: Amundsen, Kordahl, Aas, Pedersen, Gröndalen, Hansen, Berntsen, Giske (75. Brandhang), Dokken, Mathisen, Ökland (44. Davidsen).

Am 6. Juni 1981 in Budapest:
UNGARN – ENGLAND 1:3 (1:1)
Ungarn: Katzirz, Martos, Balint, Garaba, Varga, Müller (54. Komjati), Nyilasi, Mucha, Fazekas (61. Bödöni), Kiss, Töröcsik.
England: Clemence, Neal, Thompson, Watson, Mills, Robson, Coppell, Brooking (72. Wilkins), McDermott, Mariner, Keegan.

Am 17. Juni 1981 in Oslo:
NORWEGEN – SCHWEIZ 1:1 (0:0)
Norwegen: Amundsen, Aas, Pedersen, Kordahl, Gröndalen, Hareide (73. Mathisen), Giske, Hansen (83. Davidsen), P. Jacobsen, Ökland, Lund.
Schweiz: Burgener, Zappa, Lüdi, Egli, Herb. Hermann, Wehrli, Botteron, Scheiwiler, Elsener (61. Zwicker), Barberis (86. Maissen), Sulser.

Am 9. September 1981 in Oslo:
NORWEGEN – ENGLAND 2:1 (2:1)
Norwegen: Antonsen, Aas, Thoresen, Berntsen, Hareide, Gröndalen, Giske, Albertsen, Lund (75. Dokken), Ökland (86. Pedersen), Jacobsen.
England: Clemence, Neal, Osman, Thompson, Mills, McDermott, Robson, Hoddle (63. Barnes), Francis, Mariner (77. White), Keegan.

Am 23. September 1981 in Bukarest:
RUMÄNIEN – UNGARN 0:0
Rumänien: Cristian, Negrila, Stefanescu, Sames, Munteanu II, Stoica, Beldeanu (73. Ticleanu), Iordanescu, Crisan (64. Cimpeanu), Camataru, Balaci.
Ungarn: Meszaros, Martos, Balint, Garaba, Toth, Sallai, Nyilasi, Rab, Fazekas, Töröcsik (61. Csapo), Kiss (51. Müller).

Am 10. Oktober 1981 in Bukarest:
RUMÄNIEN – SCHWEIZ 1:2 (0:0)
Rumänien: Cristian, Stefanescu, Negrila, Sames, Munteanu II, Ticleanu (53. Augustin), Stoica, Iordanescu, Talnar, Georgescu, Balaci.
Schweiz: Burgener, Zappa, Lüdi, Egli, Herb. Hermann, Wehrli (64. Lüthi), Botteron, Barberis, Heinz Hermann, Elsener (64. Elia), Sulser.

Am 14. Oktober 1981 in Budapest:
UNGARN – SCHWEIZ 3:0 (1:0)
Ungarn: Meszaros, A. Kerekes, Szanto, Garaba, Toth, Müller, Nyilasi, Sallai, Fazekas, Töröcsik, Kiss (65. G. Kerekes).
Schweiz: Burgener, Zappa, Lüdi, Egli, Herb. Hermann, Wehrli, Heinz Hermann, Elsener (33. Elia), Sulser.

Am 31. Oktober 1981 in Budapest:
UNGARN – NORWEGEN 4:1 (1:1)
Ungarn: Meszaros, Balint, Martos, Garaba, Toth, Müller (68. Csapo), Nyilasi, Sallai, Fazekas, Töröcsik, Kiss.
Norwegen: Antonsen, Pedersen, Berntsen, Grönlund, Gröndalen, Davidsen, Jacobsen, Giske (70. Mathisen), Lund, P. Jacobsen, Reivik.

Am 11. November 1981 in Bern:
SCHWEIZ – RUMÄNIEN 0:0
Schweiz: Burgener (46. Engel), Zappa, Egli, Herb. Hermann (66. Elia), Wehrli, Botteron, Lüdi, Favre, Elsener, Barberis, Sulser.
Rumänien: Moraru, Stefanescu, Rednic, Iorgulescu, Stanescu, Ticleanu (82. Andone), Balaci, Augustin, Klein, Gabor, Sandu (90. Bölöni).

Am 18. November 1981 in London:
ENGLAND – UNGARN 1:0 (1:0)
England: Shilton, Neal, Thompson, Martin, Mills, McDermott, Robson, Brooking, Coppell (68. Morley), Mariner, Keegan.
Ungarn: Meszaros, Balint, Martos, Garaba, Toth, Csapo (78. Szanto), Müller, Sallai, Fazekas (46. Kerekes), Töröcsik, Kiss.

1. Ungarn	8	4 2 2	13:8	10:6
2. England	8	4 1 3	13:8	9:7
3. Rumänien	8	2 4 2	5:5	8:8
4. Schweiz	8	2 3 3	9:12	7:9
5. Norwegen	8	2 2 4	8:15	6:10

Gruppe 5

Am 10. September 1980 in Luxemburg:
LUXEMBURG – JUGOSLAWIEN 0:5 (0:0)
Luxemburg: Moes, Girres, Zuang, Dax (72. Bossi), Meunier, Wagner (83. Hochscheid), Dresch, Di Domenico, Weis, Langers, Reiter.
Jugoslawien: Pantelic, Zoran Vujovic (85. Gudelj), Klincarski, Buljan, Jovanovic, Slijvo, Petrovic, Sestic (85. Surjak), Zlatko Vujovic, Susic, Secerbegovic.

Am 27. September 1980 in Ljubljana:
JUGOSLAWIEN – DÄNEMARK 2:1 (2:1)
Jugoslawien: Pantelic, Zoran Vujovic, Hrstic, Buljan (Mustedanagic), Primorac, Jovanovic, Petrovic, Jerolimov, Zlatko Vujovic, Susic, Secerbegovic (Klincarski).
Dänemark: Qvist, Roentved, Rasmussen, Ziegler, Steffensen, Lerby, Bertelsen, Arnesen, Jensen (Nielsen), Eekjär, Bastrup.

Am 11. Oktober 1980 in Luxemburg:
LUXEMBURG – ITALIEN 0:2 (0:1)
Luxemburg: Moes, Dax, Bossi (38. Schreiner), Weis, Philipp (30. Wagner), Dresch, Di Domenico, Langers, Reiter.
Italien: Zoff, Gentile, Scirea, Collovati, Baresi, Tardelli (45. Sala), Oriali, Antognoni, Causio, Altobelli (67. Conti), Bettega.

Am 15. Oktober 1980 in Kopenhagen:
DÄNEMARK – GRIECHENLAND 0:1 (0:0)
Dänemark: Qvist, Rasmussen, Ziegler, Steffensen, Olsen, Bertelsen (59. Nielsen), Arnesen, Lerby, Jensen (76. Bastrup), Simonsen, Eekjär.
Griechenland: Sarganis, Kyrastas, Firos, Kapsis, Iosifidis, Livathinos, Kouis, Delikaris (72. Paraskos), Ardizoglou, Mavros, Kostikos (87. Mitropoulos).

Am 1. November 1980 in Rom:
ITALIEN – DÄNEMARK 2:0 (1:0)
Italien: Zoff, Gentile, Scirea, Collovati, Cabrini, B. Conti, Marini, Tardelli, Bettega, Altobelli, Graziani.
Dänemark: Kjär, Rasmussen, Roentved, Olsen, Lerby, Steffensen, Bertelsen, Jensen, Arnesen, Eekjär, Bastrup.

Am 15. November 1980 in Turin:
ITALIEN – JUGOSLAWIEN 2:0 (1:0)
Italien: Zoff, Gentile, Scirea, Collovati, Cabrini, Marini, Tardelli, Antognoni (79. Zaccarelli), B. Conti, Graziani, Bettega.
Jugoslawien: Pantelic, Krmpotic, Simonovic, Primorac, Zo. Vujovic, Salov, Slijvo, Jerolimov (88. M. Petrovic), Secebergovic, Zl. Vujovic, Sestic (63. Halilhodzic).

Am 19. November 1980 in Kopenhagen:
DÄNEMARK – LUXEMBURG 4:0 (2:0)
Dänemark: Kjär, Rasmussen, Roentved, Nielsen, Steffensen, Bertelsen, Lerby, Arnesen, Simonsen, Bastrup (82. Brylle), Eekjär.
Luxemburg: Moes, Dax, Philipp, Bossi, Meunier, Girres, Weis, Drescher, Di Domenico, Reiter (63. Bianchini), Langers

Am 6. Dezember 1980 in Athen:
GRIECHENLAND – ITALIEN 0:2 (0:1)
Griechenland: Sarganis, Kyrastas, Iosifidis, Firos, Kapsis, Livathinos (46. Galakos), Ardizoglou, Kouis, Kostikos (67. Karalambidis), Delikaris, Mavros.
Italien: Zoff, Scirea, Gentile, Collovati, Cabrini, Marini, Conti, Tardelli, Antognoni (86. Oriali), Graziani, Altobelli.

Am 28. Januar 1981 in Thessaloniki:
GRIECHENLAND – LUXEMBURG 2:0 (2:0)
Griechenland: Sarganis, Kyrastas, Iosifidis, Kapsis, Ravousis, Damanakis, Kouis, Kousoulakis (46. Delikaris), Anastopoulos (69. Karalambidis), Kostikos, Galakos.
Luxemburg: Moes, Dax (32. Bossi), Philipp, Rohmann, Wagner, Girres, Drescher, Langers, Reiter (52. Hochscheid), Zuang, Di Domenico.

Am 11. März 1981 in Luxemburg:
LUXEMBURG – GRIECHENLAND 0:2 (0:1)
Luxemburg: Moes, Dax, Philipp, Rohmann, Wagner (70. Meunier), Girres, Weis, Drescher, Di Domenico, Langers, Reiter.
Griechenland: Sarganis, Kyrastas, Kapsis, Firos, Iosifidis, Kouis, Kousoulakis (70. Anastopoulos), Galakos, Damanakis, Kostikos, Mavros.

Am 29. April 1981 in Split:
JUGOSLAWIEN – GRIECHENLAND 5:1 (3:0)
Jugoslawien: Pantelic, Krmpotic, Hrstic, Zajek, Stojkovic, Buljan, Vujovic, Sliskovic, Halilhodzic, Slijvo, Pasic.
Griechenland: Sarganis, Gounaris, Iosifidis, Firos, Kapsis, Livathinos (46. Koudas), Kousoulakis, Kouis, Kostikos, Gallis, Ardizoglou.

Am 1. Mai 1981 in Luxemburg:
LUXEMBURG – DÄNEMARK 1:2 (1:0)
Luxemburg: Moes, Meunier (88. A. Schreiner), Philipp, Dax, Wagner, Langers, Weis, Nuremberg, Girres, Di Domenico, Schreiner (87. Back).
Dänemark: Qvist, Rasmussen, Roentved, Dusk, Eigenbrod (60. Simonsen), Bertelsen, Lerby, Arnesen, Olsen, Eriksen, Larsen.

Am 3. Juni 1981 in Kopenhagen:
DÄNEMARK – ITALIEN 3:1 (0:0)
Dänemark: Qvist, Roentved, O. Rasmussen, Dusk, Lerby, Olsen (75. Eigenbrod), Bertelsen, Arnesen, Simonsen, Bastrup, Eekjär.
Italien: Zoff, Scirea, Gentile, Collovati, Cabrini, Marini (67. Dossena), Tardelli, Antognoni, Conti, Graziani, Bettega (67. Ancelotti).

Am 9. September 1981 in Kopenhagen:
DÄNEMARK – JUGOSLAWIEN 1:2 (0:0)
Dänemark: Qvist, Roentved, Rasmussen, Ziegler, Madsen, Lerby, Bertelsen, Arnesen, Simonsen, Bastrup, Eekjär.
Jugoslawien: Pantelic, Krmpotic, Zajek, Stojkovic, Hrstic, Gudelj, Petrovic, Slijvo, Surjak, Vujovic, Halilhodzic.

Am 14. Oktober 1981 in Thessaloniki:
GRIECHENLAND – DÄNEMARK 2:3 (0:2)
Griechenland: Konstantinou, Gounaris (46. Karoulias), Iosifidis, Firos, Papazoglou, Livathinos, Kouis, Koudas, Delikaris (25. Kostikos), Anastopoulos, Mitropoulos.
Dänemark: Qvist, Roentved, Rasmussen, Nielsen, Lerby, Bertelsen, Olsen, Arnesen (82. Ziegler), Simonsen, Bastrup, Eekjär.

Am 17. Oktober 1981 in Belgrad:
JUGOSLAWIEN – ITALIEN 1:1 (1:1)
Jugoslawien: Pantelic, Buljan, Stojkovic, Zajek, Gudelj, Surjak, Zl. Vujovic (82. Zo. Vujovic), Petrovic, Slijvo, Halilhodzic, Pasic.
Italien: Zoff, Scirea, Gentile, Cabrini, Collovati, Dossena, Conti, Tardelli, Antognoni (62. Oriali), Altobelli, Bettega.

Am 14. November 1981 in Turin:
ITALIEN – GRIECHENLAND 1:1 (0:0)
Italien: Zoff, Scirea, Gentile, Collovati, Cabrini, Conti (85. Pruzzo), Dossena, Marini, Antognoni (66. Oriali), Graziani, Selvaggi.
Griechenland: Pantelis, Firos, Karoulias, Iosifidis, Kapsis, Damanakis, Ardizoglou (46. Zindros), Kouis, Mitropoulos (69. Kostikos), Vanvakoulias, Anastopoulos.

Am 21. November 1981 in Novi Sad:
JUGOSLAWIEN – LUXEMBURG 5:0 (2:0)
Jugoslawien: Pantelic, Krmpotic, Stojkovic, Zajek, Buljan, Gudelj, Vujovic, Petrovic, Halilhodzic (53. Jerolimov), Susic, Surjak (70. Pasic).
Luxemburg: Moes, Dax (Schreiner), Bossi, Rohmann, Clemens, Girres, Weis, Drescher, Di Domenico (Wagner), Langers, Reiter.

Am 29. November 1981 in Athen
GRIECHENLAND – JUGOSLAWIEN 1:2 (1:2)
Griechenland: Pantelis (46. Dafkos), Karoulias, Ravousis, Kapsis, Iosifidis (46. Kostikos), Vanvakoulias, Livathinos, Kouis, Anastopoulos, Mitropoulos, Mavros.
Jugoslawien: Pantelic, Buljan, Zo. Vujovic (84. Hrstic), Stojkovic, Zajek, Gudelj, Zl. Vujovic (77. Pasic), Petrovic, Jerkovic, Surjak, Susic.

Am 5. Dezember 1981 in Neapel:
ITALIEN – LUXEMBURG 1:0 (1:0)
Italien: Zoff, Scirea, Gentile, Collovati, Cabrini, Oriali, Tardelli, Dossena, Marocchino, Pruzzo, Graziani.
Luxemburg: Moes, Meunier, Bossi, Rohmann, Clemens, Weis, Wagner (88. Schreiner), Drescher, Reiter (73. Girres), Langers, Di Domenico.

1. Jugoslawien	8	6 1 1	22:7	13:3
2. Italien	8	5 2 1	12:5	12:4
3. Dänemark	8	4 0 4	14:11	8:8
4. Griechenland	8	3 1 4	10:13	7:9
5. Luxemburg	8	0 0 8	1:23	0:16

Gruppe 6

Am 26. März 1980 in Tel Aviv:
ISRAEL – NORDIRLAND 0:0
Israel: Haviv, Machness, Shum, Bar, I. Cohen, A. Cohen, Spiegel, Gariani, Türk, Vicky Peretz, Damti.
Nordirland: Jennings, J. Nicholl, Nelson, J. O'Neill, C. Nicholl, M. O'Neill, Cassidy, McIlroy, Armstrong, Cochrane, Finney.

Am 18. Juni 1980 in Solna:
SCHWEDEN – ISRAEL 1:1 (1:0)
Schweden: Möller, Gustafsson, Borg, Arvidsson, Erlandsson, Holmgren, Ramberg (65. Nilsson), Sjöberg, Nordgren, Backe, Edström.
Israel: Mizrahi, Machness, Bar, Shum, I. Cohen, Türk (32. Ekhois), Spiegel (89. Fogel), A. Cohen, Gariani, Peretz, Damti.

Am 10. September 1980 in Solna:
SCHWEDEN – SCHOTTLAND 0:1 (0:0)
Schweden: Hellström, Bild, Gustafsson, Borg, Arvidsson, Ramberg, Nordgren, Erlandsson (80. P. Nilsson), T. Nilsson, Sjöberg, Ohlsson.
Schottland: Rough, Thistle, McGrain, Miller, McLeish, F. Gray, Hansen, Strachan, Gemmill, Robertson, Dalglish (80. Archibald), A. Gray.

Am 15. Oktober 1980 in Belfast:
NORDIRLAND – SCHWEDEN 3:0 (3:0)
Nordirland: Platt, J. Nicholl, Donachie, McClelland, C. Nicholl, Cassidy, O'Neill, Hamilton (Cochrane), Armstrong, McIlroy, Brotherston.
Schweden: Möller, Borg, Arvidsson, Börjesson, Holmgren, Larsson, Ramberg (46. Erlandsson), P. Nilsson, T. Nilsson, Edström, Ohlsson (68. Sjöberg).

Am 15. Oktober 1980 in Glasgow:
SCHOTTLAND – PORTUGAL 0:0
Schottland: Rough, McGrain, F. Gray, Souness, Hansen, Miller, Gemmill, Strachan, Dalglish, A. Gray, Robertson.
Portugal: Bento, Gabriel, Pietra, Simoes, Laranjeira, Fernandez, Enrico, Costa, Chalana (59. Sheu), Dos Santos, Jordão (63. Nene).

Am 12. November 1980 in Tel Aviv:
ISRAEL – SCHWEDEN 0:0
Israel: Mizrahi, A. Cohen, Shum, Bar, I. Cohen, Ekhois, Türk, Gariani, Damti, Spiegel, Peretz.
Schweden: Wernersson, Frederiksson, Arvidsson, Börjesson, Erlandsson, Larsson, Pryntz, Holmgren, Nilsson, Edström, Ohlsson.

Am 19. November 1980 in Lissabon:
PORTUGAL – NORDIRLAND 1:0 (0:0)
Portugal: Bento, Gabriel, Pietra, Laranjeira, Simoes, Sheu, Carlos Manuel, Alves (84. Texeira), Costa, Chalana, Jordão.
Nordirland: Platt, J. Nicholl, Donachie, J. O'Neill, C. Nicholl, McCreery, M. O'Neill, McIlroy, Armstrong, Brotherston, Cochrane.

Am 17. Dezember 1980 in Lissabon:
PORTUGAL – ISRAEL 3:0 (2:0)
Portugal: Bento, Gabriel, Humberto, Laranjeira (54. Simoes), Pietra, Carlos Manuel (85. Manuel Fernandes), Alves, Sheu, Chalana, Nene, Jordão.
Israel: Mizrahi, Kirat, Bar, Shum, Y. Cohen, Einstein, Ekhois, Türk, Gariani (72. Shwartz), Damti, Peretz (72. Nissim).

Am 25. Februar 1981 in Tel Aviv:
ISRAEL – SCHOTTLAND 0:1 (0:0)
Israel: Mizrahi, Machness, A. Cohen, Bar, I. Cohen, Ekhois, Shum, Sinai, N. Cohen, Damti, Tabak.
Schottland: Rough, McGrain, F. Gray, Souness, McLeish, Bums, Wark (46. Miller), Dalglish, Archibald, Gemmill, Robertson.

Am 25. März 1981 in Glasgow:
SCHOTTLAND – NORDIRLAND 1:1 (0:0)
Schottland: Rough (80. Thompson), McGrain, F. Gray, Burns (77. Hartford), Miller, McLeish, Wark, Gemmill, Archibald, Robertson, A. Gray.
Nordirland: Jennings, J. Nicholl, C. Nicholl, O'Neill, Nelson, McCreery, McIlroy, McClelland, Cochrane, Armstrong, Hamilton (78. Spence).

Am 28. April 1981 in Glasgow:
SCHOTTLAND – ISRAEL 3:1 (2:0)
Schottland: Rough, McGrain, McLeish, Hansen, F. Gray, Souness, Provan, Hartford, Archibald, Jordan, Robertson.
Israel: Mizrahi, Machness, I. Cohen, Ekhois, A. Cohen, Bar, Shum, Paitouni, Sinai, Damti, Tabak.

Am 29. April 1981 in Belfast:
NORDIRLAND – PORTUGAL 1:0 (0:0)
Nordirland: Jennings, J. Nicholl, Nelson, C. Nicholl, J. O'Neill, McIlroy, M. O'Neill, McCreery, Cochrane, Armstrong, Hamilton.
Portugal: Bento, Gabriel, Humberto, Simoes, Pietra, Carlos Manuel, Sheu, Alves, Costa, Oliveira, Jordão.

Am 3. Juni 1981 in Solna:
SCHWEDEN – NORDIRLAND 1:0 (0:0)
Schweden: T. Ravelli, Frederiksson, Hysen, Börjesson, Erlandsson, Persson, Borg, P. Nilsson, Th. Nilsson (69. Torbjörn Nilsson), Sjöberg, Svensson.
Nordirland: Jennings, J. Nicholl (62. McClelland), C. Nicholl, J. O'Neill, Nelson, M. O'Neill, McCreery, McIlroy, Cochrane, Armstrong, Hamilton (70. Spence).

Am 24. Juni 1981 in Solna:
SCHWEDEN – PORTUGAL 3:0 (1:0)
Schweden: T. Ravelli, Frederiksson, Erlandsson, Börjesson, Hysen, P. Nilsson, Björklund, A. Ravelli (81. Hallen), Sjöberg, Persson (78. T. Nilsson), Svensson.
Portugal: Bento, Simoes, Gabriel, Pietra, Eurico, Sheu, Manuel, Costa, Alves (17. Sousa), Nene, Fernandez (58. Chalana).

Am 9. September 1981 in Glasgow:
SCHOTTLAND – SCHWEDEN 2:0 (1:0)
Schottland: Rough, McGrain, Gray, Wark, McLeish, Hansen, Provan, Dalglish (70. A. Gray), Jordan, Hartford, Robertson.
Schweden: T. Ravelli, Erlandsson, Börjesson, Hysen, Frederiksson, Borg, Nilsson, Björklund, Larsson, Sjöberg, Svensson.

Am 14. Oktober 1981 in Belfast:
NORDIRLAND – SCHOTTLAND 0:0
Nordirland: Jennings, J. Nicholl, C. Nicholl, J. O'Neill, Donachie, McCreery, McIlroy, M. O'Neill, Brotherston, Armstrong, Hamilton.
Schottland: Rough, Stewart, Miller, Hansen, Gray, Souness, Strachan, Dalglish, Archibald, Hartford, Robertson.

Am 14. Oktober 1981 in Lissabon:
PORTUGAL – SCHWEDEN 1:2 (0:1)
Portugal: Bento (46. Amaral), Humberto, Gabriel, Eurico, Pietra, Sheu, Carlos Manuel, Romeu, Chalana (16. Costa), Nene, Jordão.
Schweden: T. Ravelli, E. Börjesson, Hallen, Hysen, Erlandsson, Borg, A. Ravelli, Holmgren, S. Börjesson (75. Persson), Larsson, Björklund.

Am 28. Oktober 1981 in Tel Aviv:
ISRAEL – PORTUGAL 4:1 (4:1)
Israel: Mizrahi (30. Haviv), Machness, A. Cohen, Bar, I. Cohen, Ekhois, Shum, McMillian, Gariani, Tabak, Damti.
Portugal: Amaral, Gabriel, Eurico, Humberto, Texeira, Rodolfo, Sousa, Fernandez, Freire, Romeu, Jordão.

Am 18. November 1981 in Belfast:
NORDIRLAND – ISRAEL 1:0 (1:0)
Nordirland: Jennings, J. Nicholl, C. Nicholl, J. O'Neill, Donachie, McCreery, Cassidy, McIllroy, Brotherston, Armstrong, Hamilton.
Israel: Mizrahi, Machness, I. Cohen, Bar, A. Cohen, Shum, Ekhois, McMillian, Lamm (Sinai), Damti, Tabak.

Am 18. November 1981 in Lissabon:
PORTUGAL – SCHOTTLAND 2:1 (1:1)
Portugal: Bento, Freire (50. Veloso), Simoes, Eurico, Texeira, Oliveira, Dito, Romeu, Magalhaes (46. Diamantino), Fernandez, Costa.
Schottland: Thompson, Stewart, Hansen, Miller, Gray (42. Kennedy), Provan, Souness, Strachan, Hartford, Sturrock, Archibald (65. Dalglish).

1. Schottland	8 4 3 1	9:4	11:5
2. Nordirland	8 3 3 2	6:3	9:7
3. Schweden	8 3 2 3	7:8	8:8
4. Portugal	8 3 1 4	8:11	7:9
5. Israel	8 1 3 4	6:10	5:11

Gruppe 7

Am 7. Dezember 1980 in La Valletta:
MALTA – POLEN 0:2 (0:0), abgebrochen
Malta: Bonello, Ed. Farrugia, Holland, Buttigieg, Em. Farrugia, Fabri, Fenech, Curmi (70. De Giorgio), J. Xuereb, Conzi (78. Zeref), G. Xuereb.
Polen: Mowlik, Milewski, Janas, Skrobowski, Rudy, Lipka, Dziuba, Ciolek, Palasz, Iwan, Smolarek.

Am 4. April 1981 in La Valletta:
MALTA – DDR 1:2 (1:2)
Malta: Bonello, Ed. Farrugia, Mizzi (46. R. Xuereb), Holland, Buttigieg, Fabri, J. Xuereb, Em. Farrugia, G. Xuereb, De Giorgio, Spiteri-Gonzi.
DDR: Grapenthin, Noack, Dörner, Schnuphase, Ullrich (46. Strozniak), Häfner, Liebers, Netz, Steinbach, Streich, Hoffmann.

Am 2. Mai 1981 in Warschau:
POLEN – DDR 1:0 (0:0)
Polen: Tomaszewski, Dziuba, Janas, Zmuda, Jalocha, Lato, Kupcewicz, Buncol, Iwan (80. Skrobowski), Szarmach, Smolarek.
DDR: Grapenthin, Strozniak, Dörner, Schmuck, Kurbjuweit, Häfner, Schnuphase, Steinbach, Riediger, Streich (71. Liebers), Hoffmann (64. Bielau).

Am 10. Oktober 1981 in Leipzig:
DDR – POLEN 2:3 (0:2)
DDR: Grapenthin, Baum, Dörner, Weise, Schnuphase, Kurbjuweit, Pommerenke (46. Steinbach), Liebers, Riediger, Streich, Trocha.
Polen: Mlynarczyk, Dziuba (64. Wojcicki), Zmuda, Janas, Jalocha, Lato, Matysik, Majewski, Boniek, Smolarek, Szarmach (8. Iwan).

Am 11. November 1981 in Jena:
DDR – MALTA 5:1 (2:1)
DDR: Rudwaleit, Schnuphase, Ullrich, Troppa, Baum, Liebers, Krause, Steinbach (79. Ernst), Bielau (59. Heun), Streich, Trocha.
Malta: Bonello, Consiglio (49. M. Farrugia), Ed. Farrugia, Holland, Buttigieg, Fabri, Em. Farrugia, J. Xuereb, Spiteri-Gonzi, R. Xuereb, Fenech (83. De Giorgio).

Am 15. November 1981 in Wroclaw:
POLEN – MALTA 6:0 (1:0)
Polen: Mowlik, Zmuda, Majewski, Dolny, Jalocha, Matysik, Boniek, Buncol, Okonski, Iwan, Smolarek.
Malta: Sciberras, Em. Farrugia, Holland, Buttigieg, Ed. Farrugia, Fabri, R. Xuereb, M. Farrugia, Fenech, J. Xuereb, Spiteri-Gonzi.

1. Polen	4 4 0 0	12:2	8:0
2. DDR	4 2 0 2	9:6	4:4
3. Malta	4 0 0 4	2:15	0:8

In Gruppe 7 nur ein Teilnehmer qualifiziert. 14. Europa-Team: Gastgeber Spanien.

SÜDAMERIKA

GRUPPE 1

8. 2. 81	Venezuela – Brasilien	0:1 (0:0)
15. 2. 81	Bolivien – Venezuela	3:0 (1:0)
22. 2. 81	Bolivien – Brasilien	1:2 (1:1)
15. 3. 81	Venezuela – Bolivien	1:0 (1:0)
22. 3. 81	Brasilien – Bolivien	3:1 (1:0)
29. 3. 81	Brasilien – Venezuela	5:0 (1:0)

Qualifiziert: BRASILIEN

GRUPPE 2

26. 7. 81	Kolumbien – Peru	1:1 (0:0)
9. 8. 81	Uruguay – Kolumbien	3:2 (1:1)
16. 8. 81	Peru – Kolumbien	2:0 (1:0)
23. 8. 81	Uruguay – Peru	1:2 (0:2)
6. 9. 81	Peru – Uruguay	0:0
13. 9. 81	Kolumbien – Uruguay	1:1 (1:1)

Qualifiziert: PERU

GRUPPE 3

17. 5. 81	Ecuador – Paraguay	1:0 (0:0)
24. 5. 81	Ecuador – Chile	0:0
31. 5. 81	Paraguay – Ecuador	3:1 (0:0)
7. 6. 81	Paraguay – Chile	0:1 (0:0)
14. 6. 81	Chile – Ecuador	2:0 (1:0)
21. 6. 81	Chile – Paraguay	3:0 (3:0)

Qualifiziert: CHILE

CONCACAF-LÄNDER

NÖRDLICHE ZONE

18.10. 80	Kanada – Mexiko	1:1 (1:0)
25.10. 80	USA – Kanada	0:0
1.11. 80	Kanada – USA	2:1 (2:0)
9.11. 80	Mexiko – USA	5:1 (4:0)
16.11. 80	Mexiko – Kanada	1:1 (0:0)
23.11. 80	USA – Mexiko	2:1 (1:1)

ZENTRALZONE

2. 7. 80	Panama – Guatemala	0:2 (0:1)
30. 7. 80	Panama – Honduras	0:2 (0:1)
10. 8. 80	Panama – Costa Rica	1:1 (1:0)
24. 8. 80	Panama – El Salvador	1:3 (0:1)
1.10. 80	Costa Rica – Honduras	2:3 (0:2)
5.10. 80	El Salvador – Panama	4:1 (2:1)
12.10. 80	Guatemala – Costa Rica	0:0
26.10. 80	Honduras – Guatemala	0:0
26.10. 80	El Salvador – Costa Rica (Spiel fiel aus, Strafentscheid):	2:0
5.11. 80	Costa Rica – Panama	2:0 (1:0)
9.11. 80	Guatemala – El Salvador	0:0
16.11. 80	Guatemala – Panama	5:0 (2:0)
16.11. 80	Honduras – Costa Rica	1:1 (0:1)
23.11. 80	El Salvador – Honduras	2:1 (1:0)
26.11. 80	Costa Rica – Guatemala	0:3 (0:1)
30.11. 80	Honduras – El Salvador	2:0 (1:0)
7.12. 80	Guatemala – Honduras	0:1 (0:0)
10.12. 80	Costa Rica – El Salvador	0:0
14.12. 80	Honduras – Panama	5:0 (3:0)
21.12. 80	El Salvador – Guatemala	1:0 (0:0)

KARIBISCHE ZONE
EXTRARUNDE

30. 3. 80	Guyana – Grenada	5:2 (2:2)
13. 4. 80	Grenada – Guyana	2:3 (0:2)

GRUPPE A

17. 8. 80	Kuba – Surinam	3:0 (0:0)
7. 9. 80	Surinam – Kuba	0:0
28. 9. 80	Guyana – Surinam	0:1 (0:1)
12.10. 80	Surinam – Guyana	4:0 (2:0)
9.11. 80	Kuba – Guyana	1:0 (1:0)
30.11. 80	Guyana – Kuba	0:3 (0:3)

GRUPPE B

1. 8. 80	Haiti – Trinidad Tobago	2:0 (0:0)
17. 8. 80	Trinidad Tobago – Haiti	1:0 (0:0)
12. 9. 80	Haiti – Niederl. Antillen	1:0 (0:0)
9.11. 80	Trinidad Tob. – Niederl. Ant.	0:0
29.11. 80	Nied. Ant. – Trinidad Tob.	0:0
12.12. 80	Niederl. Antillen – Haiti	1:1 (0:1)

FINALRUNDE

1.11. 81	Mexiko – Kuba	4:0 (2:0)
2.11. 81	Kanada – El Salvador	1:0 (0:0)
3.11. 81	Honduras – Haiti	4:0 (2:0)
6.11. 81	Haiti – Kanada	1:1 (1:0)
6.11. 81	Mexiko – El Salvador	0:1 (0:0)
8.11. 81	Honduras – Kuba	2:0 (1:0)
11.11. 81	El Salvador – Kuba	0:0
11.11. 81	Mexiko – Haiti	1:1 (0:0)
12.11. 81	Honduras – Kanada	2:1 (2:1)
15.11. 81	Haiti – Kuba	0:2 (0:0)
15.11. 81	Mexiko – Kanada	1:1 (1:0)
16.11. 81	Honduras – El Salvador	0:0
19.11. 81	Haiti – El Salvador	0:1 (0:1)
21.11. 81	Kuba – Kanada	2:2 (1:0)
22.11. 81	Honduras – Mexiko	0:0

Qualifiziert: EL SALVADOR
HONDURAS

AFRIKA

(Freilose: Liberia, Sudan, Togo, Simbabwe, Zentralafrika ausgeschl. wegen Terminversäumnis Teilnehmergebühr)

1. RUNDE

8. 5. 80	Libyen – Gambia	2:1 (1:0)
6. 7. 80	Gambia – Libyen	0:0
18. 5. 80	Äthiopien – Sambia	0:0
1. 6. 80	Sambia – Äthiopien	4:0 (2:0)
31. 5. 80	Sierra Leone – Algerien	2:2 (0:0)
13. 6. 80	Algerien – Sierra Leone	3:1 (1:0)
	Ghana * – Ägypten (*Rücktritt)	
	Ägypten ** – Ghana (**qual. f. 2. Rd.)	
22. 6. 80	Senegal – Marokko	0:1 (0:1)
6. 7. 80	Marokko – Senegal	0:0
13. 7. 80	Zaire – Mozambique	5:2 (1:1)
27. 7. 80	Mozambique – Zaire	1:2 (0:2)
29. 6. 80	Kamerun – Malawi	3:0 (1:0)
20. 7. 80	Malawi – Kamerun	1:1 (0:0)
22. 6. 80	Guinea – Lesotho	3:1 (1:1)
6. 7. 80	Lesotho – Guinea	1:1 (0:1)
29. 6. 80	Tunesien – Nigeria	2:0 (1:0)

12. 7. 80	Nigeria – Tunesien	2:0 (1:0)
	(qualif. d. Elfm.-Entsch.)	4:3 (o.V.)
16. 7. 80	Niger – Somalia	0:0
27. 7. 80	Somalia – Niger*	1:1 (0:1)
	(*qualif. d. Auswärtstor)	
5. 7. 80	Kenya – Tansania	3:1 (1:1)
19. 7. 80	Tansania – Kenya	5:0 (1:0)
	Uganda* – Madagaskar (*Rücktritt)	
	Madagaskar** – Uganda (**qual. f. 2. Rd.)	

2. RUNDE

	Libyen* – Ägypten (*Rücktritt)	
	Ägypten** – Libyen (**qual. f. 3. Rd.)	
12.10. 80	Kamerun – Simbabwe	2:0 (0:0)
16.11. 80	Simbabwe – Kamerun	1:0 (1:0)
16.11. 80	Madagaskar – Zaire	1:1 (1:0)
21.12. 80	Zaire – Madagaskar	3:2 (2:2)
16.11. 80	Marokko – Sambia	2:0 (2:0)
30.11. 80	Sambia – Marokko	2:0 (0:0)
	(Elfm.-Entscheidung:)	4:5 (o.V.)
6.12. 80	Nigeria – Tansania	1:1 (1:0)
20.12. 80	Tansania – Nigeria	0:2 (0:1)
7.12. 80	Liberia – Guinea	0:0
21.12. 80	Guinea – Liberia	1:0 (1:0)
12.12. 80	Algerien – Sudan	2:0 (2:0)
28.12. 80	Sudan – Algerien	1:1 (0:0)
14.12. 80	Niger – Togo	0:1 (0:0)
28.12. 80	Togo – Niger	1:2 (0:0)

3. RUNDE

1. 5. 81	Algerien – Niger	4:0 (1:0)
31. 5. 81	Niger – Algerien	1:0 (0:0)
12. 4. 81	Guinea – Nigeria	1:1 (0:1)
25. 4. 81	Nigeria – Guinea	1:0 (0:0)
26. 4. 81	Marokko – Ägypten	1:0 (1:0)
8. 5. 81	Ägypten – Marokko	0:0
12. 4. 81	Zaire – Kamerun	1:0 (1:0)
26. 4. 81	Kamerun – Zaire	6:1 (3:0)

FINALRUNDE

10.10. 81	Nigeria – Algerien	0:2 (0:2)
30.10. 81	Algerien – Nigeria	2:1 (1:1)
15.11. 81	Marokko – Kamerun	0:2 (0:2)
29.11. 81	Kamerun – Marokko	2:1 (1:1)

Qualifiziert: ALGERIEN
KAMERUN

ASIEN – OZEANIEN

(Israel wurde auf Antrag der Europa-Gruppe 7 zugewiesen, der Iran trat zurück.)

GRUPPE 1

25. 4. 81	Neuseeland – Australien	3:3 (2:3)
3. 5. 81	Fidschi – Neuseeland	0:4 (0:3)
7. 5. 81	Taiwan – Neuseeland	0:0
11. 5. 81	Indonesien – Neuseeland	0:2 (0:1)
16. 5. 81	Australien – Neuseeland	0:2 (0:1)
20. 5. 81	Australien – Indonesien	2:0 (2:0)
23. 5. 81	Neuseeland – Indonesien	5:0 (2:0)
30. 5. 81	Neuseeland – Taiwan	2:0 (1:0)
31. 5. 81	Fidschi – Indonesien	0:0
6. 6. 81	Fidschi – Taiwan	2:1 (1:0)
10. 6. 81	Australien – Taiwan	3:2 (1:0)
15. 6. 81	Indonesien – Taiwan	1:0 (0:0)
28. 6. 81	Taiwan – Indonesien	2:0 (2:0)
26. 7. 81	Fidschi – Australien	1:4 (0:4)
4. 8. 81	Taiwan – Fidschi	0:0
10. 8. 81	Indonesien – Fidschi	3:3 (3:1)
14. 8. 81	Australien – Fidschi	10:0 (3:0)
16. 8. 81	Neuseeland – Fidschi	13:0 (7:0)
30. 8. 81	Indonesien – Australien	1:0 (0:0)
6. 9. 81	Taiwan – Australien	0:0

GRUPPE 2

18. 3. 81	Katar – Irak	0:1 (0:0)
19. 3. 81	Syrien – Bahrain	0:1 (0:0)
21. 3. 81	Irak – Saudi-Arabien	0:1 (0:0)
22. 3. 81	Katar – Bahrain	3:0 (2:0)
24. 3. 81	Syrien – Saudi-Arabien	0:2 (0:0)
25. 3. 81	Irak – Bahrain	2:0 (1:0)
27. 3. 81	Katar – Syrien	2:1 (1:1)
28. 3. 81	Bahrain – Saudi-Arabien	0:1 (0:0)
30. 3. 81	Irak – Syrien	2:1 (1:0)
31. 3. 81	Katar – Saudi-Arabien	0:1 (0:0)

GRUPPE 3

21. 4. 81	Malaysia – Rep. Korea	1:2 (1:1)
22. 4. 81	Kuwait – Thailand	6:0 (4:0)
24. 4. 81	Rep. Korea – Thailand	5:1 (2:1)
25. 4. 81	Kuwait – Malaysia	4:0 (2:0)
27. 4. 81	Malaysia – Thailand	2:2 (0:0)
29. 4. 81	Kuwait – Rep. Korea	2:0 (0:0)

GRUPPE 4

21.12. 80	Hongkong – VR China	0:1 (0:0)
22.12. 80	VR Korea – Makao	3:0 (2:0)
22.12. 80	Singapur – Japan	0:1 (0:1)

GRUPPENSPIELE A

24.12. 80	VR China – Makao	3:0 (2:0)
26.12. 80	VR China – Japan	1:0 (1:0)
28.12. 80	Japan – Makao	3:0 (0:0)

GRUPPENSPIELE B

24.12. 80	Hongkong – Singapur	1:1 (0:0)
26.12. 80	Singapur – VR Korea	0:1 (0:1)
28.12. 80	Hongkong – VR Korea	2:2 (1:2)

SEMIFINALSPIELE

30.12. 80	VR Korea – Japan	1:0 (0:0)
31.12. 80	VR China – Hongkong	0:0*
	(*Elfm.-Entscheidung)	5:4

FINALE

4. 1. 81	VR Korea – VR China	2:2 (1:1)
	nach Verl.	2:4

FINAL-RUNDE

24. 9. 81	VR China – Neuseeland	0:0
3.10. 81	Neuseeland – VR China	1:0 (1:0)
10.10. 81	Neuseeland – Kuwait	1:2 (1:0)
18.10. 81	VR China – Kuwait	3:0 (2:0)
4.11. 81	Saudi-Arabien – Kuwait	0:1 (0:0)
12.11. 81	Saudi-Arabien – VR China	2:4 (2:0)
19.11. 81	VR China – Saudi-Arabien	2:0 (2:0)
28.11. 81	Neuseeland – Saudi-Arabien	2:2 (2:1)
30.11. 81	Kuwait – VR China	1:0 (1:0)
7.12. 81	Kuwait – Saudi-Arabien	2:0 (1:0)
14.12. 81	Kuwait – Neuseeland	2:2 (1:0)
19.12. 81	Saudi-Arabien – Neuseeland	0:5 (0:5)
	Sieger Kuwait	

ENTSCHEIDUNGSSPIEL UM DEN 2. PLATZ

10. 1.82	VR China – Neuseeland	1:2 (0:1)

Qualifiziert: KUWAIT
NEUSEELAND

Endrunde in Spanien

Erste Finalrunde

Gruppe 1

Am 14. Juni in Vigo:
ITALIEN – POLEN 0:0
Italien: Zoff, Cabrini, Collovati, Gentile, Scirea, Antognoni, Marini, Tardelli, Conti, Graziani, Rossi.
Polen: Mlynarczyk, Janas, Jalocha, Matysik, Zmuda, Majewski, Smolarek, Buncol, Lato, Iwan (71. Kusto), Boniek.
Schiedsrichter: Vautrot (Frankreich).

Am 15. Juni in La Coruña:
PERU – KAMERUN 0:0
Peru: Quiroga, Diaz, Duarte, Salguero, Leguia (56. Barbadillo), Velazquez, Cueto, Uribe, Cubillas (58. La Rosa), Oblitas, Olaechea.
Kamerun: Nkono, Kaham, Ndjeya, Onana, Kunde, Mbom, Mbida, Milla, Abega, Aoudou, Nguea (74. Bahoken).
Schiedsrichter: Wöhrer (Österreich).

Am 18. Juni in Vigo:
ITALIEN – PERU 1:1 (1:0)
Italien: Zoff, Cabrini, Collovati, Gentile, Scirea, Antognoni, Marini, Conti, Graziani, Rossi (46. Causio), Tardelli.
Peru: Quiroga, Duarte, Diaz, Barbadillo (52. Leguia), Salguero, Olaechea, Cubillas, Cueto, Velazquez (64. La Rosa), Oblitas, Uribe.
Schiedsrichter: Eschweiler (Deutschland).
Tore: 1:0 Conti (18.), 1:1 Diaz (84.).

Am 19. Juni in La Coruña:
POLEN – KAMERUN 0:0
Polen: Mlynarczyk, Majewski, Janas, Zmuda, Jalocha, Lato, Buncol, Boniek, Iwan (25. Szarmach), Palasz, Smolarek.
Kamerun: Nkono, Kaham, Onana, Ndjeya, Mbom, Aoudou, Abega, Kunde, Mbida, Milla, Nguea.
Schiedsrichter Ponnet (Belgien).

Am 22. Juni in La Coruña:
PERU – POLEN 1:5 (0:0)
Peru: Quiroga, Duarte, Diaz, Salguero, Olaechea, Cubillas (51. Barbadillo), Velazquez, Cueto, Leguia, La Rosa, Oblitas (51. Uribe).
Polen: Mlynarczyk, Majewski, Janas, Zmuda, Jalocha (26. Dziuba), Buncol, Boniek, Matysik, Kupcewicz, Lato, Smolarek (75. Ciolek).
Schiedsrichter: Rubio (Mexiko).
Tore: 0:1 Smolarek (56.), 0:2 Lato (59.), 0:3 Boniek (62.), 0:4 Buncol (69.), 0:5 Ciolek (77.), 1:5 La Rosa (84.).

Am 23. Juni in Vigo:
ITALIEN – KAMERUN 1:1 (0:0)
Italien: Zoff, Cabrini, Collovati, Gentile, Scirea, Antognoni, Conti, Graziani, Rossi, Tardelli, Oriali.
Kamerun: Nkono, Kaham, Onana, Ndjeya, Mbom, Aoudou, Abega, Kunde, Mbida, Milla, Tokoto.
Schiedsrichter: Dotschew (Bulgarien).
Tore: 1:0 Graziani (61.), 1:1 Mbida (62.).

Abschlußtabelle Gruppe 1	POL	ITA	CMR	PER	Tore	Punkte	Rang
Polen	X	0:0	0:0	5:1	5:1	4:2	1
Italien	0:0	X	1:1	1:1	2:2	3:3	2
Kamerun	0:0	1:1	X	0:0	1:1	3:3	3
Peru	1:5	1:1	0:0	X	2:6	2:4	4

Gruppe 2

Am 16. Juni in Gijon:
DEUTSCHLAND – ALGERIEN 1:2 (0:0)
Deutschland: Schumacher, Briegel, Breitner, K. Förster, Dremmler, Littbarski, Hrubesch, Rummenigge, Magath (84. Fischer), Stielike, Kaltz.
Algerien: Cerbah, Guendouz, Kourichi, Merzekane, Assad, Fergani, Belloumi, Madjer (88. Larbes), Zidane (64. Bensaoula), Dahleb, Mansouri.
Schiedsrichter: Labo (Peru).
Tore: 0:1 Madjer (53.), 1:1 Rummenigge (68.), 1:2 Belloumi (69.).

Am 17. Juni in Oviedo:
CHILE – ÖSTERREICH 0:1 (0:1)
Chile: Osben, Garrido, Valenzuela, Figueroa, Bigorra, Dubo, Yanez, Bonvallet, Caszely, Neira (72. Rojas), Moscoso (70. Gamboa).
Österreich: Koncilia, Krauss, Obermayer, Degeorgi, Pezzey, Hattenberger, Schachner, Prohaska, Krankl, Hintermaier, Weber (80. Jurtin).
Schiedsrichter: Cardellino (Uruguay).
Tor: 0:1 Schachner (21.).

Am 20. Juni in Gijon:
DEUTSCHLAND – CHILE 4:1 (1:0)
Deutschland: Schumacher, Briegel, Breitner (61. Matthäus), K. Förster, Dremmler, Littbarski (86. Reinders), Hrubesch, Rummenigge, Magath, Stielike, Kaltz.
Chile: Osben, Garrido, Valenzuela, Figueroa, Bigorra, Dubo, Bonvallet, Soto, Yanez, Gamboa (67. Neira), Moscoso.
Schiedsrichter: Galler (Schweiz).
Tore: 1:0 Rummenigge (8.), 2:0 Rummenigge (58.), 3:0 Rummenigge (67.), 4:0 Reinders (82.), 4:1 Moscoso (90.).

Am 21. Juni in Oviedo:
ALGERIEN – ÖSTERREICH 0:2 (0:0)
Algerien: Cerbah, Guendouz, Kourichi, Merzekane, Assad, Fergani, Belloumi (66. Bensaoula), Madjer, Zidane, Dahleb (77. Tlemcani), Mansouri.
Österreich: Koncilia, Krauss, Obermayer, Degeorgi, Pezzey, Hattenberger, Schachner, Prohaska (81. Weber), Krankl, Hintermaier, Baumeister.
Schiedsrichter: Boskovic (Australien).
Tore: 0:1 Schachner (56.), 0:2 Krankl (68.).

Am 24. Juni in Oviedo:
ALGERIEN – CHILE 3:2 (3:0)
Algerien: Cerbah, Merzekane, Larbes, Kourichi, Guendouz, Fergani, Mansouri (74. Dahleb), Bourebbou, Bensaoula, Assad, Madjer.
Chile: Osben, Galindo, Valenzuela, Figueroa, Bigorra, Dubo, Bonvallet (37. Soto), Neira, Yanez, Caszely (60. Letelier), Moscoso.
Schiedsrichter: Mendez (Guatemala).
Tore: 1:0 Assad (8.), 2:0 Assad (32.), 3:0 Bensaoula (36.), 3:1 Neira (60., Foulelfmeter), 3:2 Letelier (74.).

Am 25. Juni in Gijon:
DEUTSCHLAND – ÖSTERREICH 1:0 (1:0)
Deutschland: Schumacher, Briegel, Breitner, K. Förster, Dremmler, Littbarski, Hrubesch (70. Fischer), Rummenigge (67. Matthäus), Magath, Stielike, Kaltz.
Österreich: Koncilia, Krauss, Obermayer, Degeorgi, Pezzey, Hattenberger, Schachner, Prohaska, Krankl, Hintermaier, Weber.
Schiedsrichter: Valentine (Schottland).
Tor: 1:0 Hrubesch (11.).

Abschlußtabelle Gruppe 2	GER	AUT	ALG	CHI	Tore	Punkte	Rang
Deutschland	X	1:0	1:2	4:1	6:3	4:2	1
Österreich	0:1	X	2:0	1:0	3:1	4:2	2
Algerien	2:1	0:2	X	3:2	5:5	4:2	3
Chile	1:4	0:1	2:3	X	3:8	0:6	4

Gruppe 3

Am 13. Juni in Barcelona:
ARGENTINIEN – BELGIEN 0:1 (0:0)
Argentinien: Fillol Olguin, Galvan, Passarella, Tarantini, Ardiles, Gallego, Maradona, Bertoni, Diaz (65. Valdano), Kempes.
Belgien: Pfaff, Gerets, L. Millecamps, de Schrijver, Baecke, Coeck, Vercauteren, Vandersmissen, Czerniatynski, Vandenbergh, Ceulemans.
Schiedsrichter: Christov (ČSSR).
Tor: 0:1 Vandenbergh (63.).

Am 15. Juni in Elche:
UNGARN – EL SALVADOR 10:1 (3:0)
Ungarn: Meszaros, Martos, Balint, Toth, Müller (69. Szentes), Garaba, Fazekas, Nyilasi, Töröcsik (58. Kiss), Pölöskei, Sallai.
El Salvador: Mora, Castillo, Jovel, Recinos, Ventura, Rugamas (27. Ramirez), Hernandez, Huezo, Gonzales, Rivas, Rodriguez.
Schiedsrichter: Al Doy (Bahrein).
Tore: 1:0 Nyilasi (5.), 2:0 Pölöskei (12.), 3:0 Fazekas (24.), 4:0 Toth (51.), 5:0 Fazekas (55.), 5:1 Ramirez (65.), 6:1 Kiss (70.), 7:1 Szentes (71.), 8:1 Kiss (73.), 9:1 Kiss (77.), 10:1 Nyilasi (84.).

Am 18. Juni in Alicante:
ARGENTINIEN – UNGARN 4:1 (2:0)
Argentinien: Fillol, Ardiles, Bertoni, Galvan, Gallego, Maradona, Kempes, Olguin, Passarella, Tarantini (52. Barbas), Valdano (25. Calderon).
Ungarn: Meszaros, Martos (46. Fazekas), Balint Toth, Varga, Garaba, Nyilasi, Sallai, Rab, Kiss (62. Szentes), Pölöskei.
Schiedsrichter: Lacarne (Algerien).
Tore: 1:0 Bertoni (27.), 2:0 Maradona (29.), 3:0 Maradona (58.), 4:0 Ardiles (61.), 4:1 Pölöskei (77.).

Am 19. Juni in Elche:
BELGIEN – EL SALVADOR 1:0 (1:0)
Belgien: Pfaff, Gerets, L. Millecamps, Meeuws, Baecke, Vandersmissen (46. Van der Elst), Coeck, Vercauteren, Czerniatynski, Vandenbergh, Ceulemans (80. Van Moer).
El Salvador: Mora, Jovel, Recinos, Fagoaga, Ventura, Huezo, Gonzales, Osorto (46. Diaz), Rivas, Ramirez, Rodriguez.
Schiedsrichter: Moffatt (Nordirland).
Tor: 1:0 Coeck (20.).

Am 22. Juni in Elche:
BELGIEN – UNGARN 1:1 (0:1)
Belgien: Pfaff, Gerets (63. Plessers), L. Millecamps, Meeuws, Baecke, Coeck, Vercauteren, Vandersmissen, Czerniatynski, Vandenbergh, Ceulemans.
Ungarn: Meszaros, Martos, Kerekes, Garaba, Varga, Nyilasi, Müller (6 7. Sallai), Fazekas, Töröcsik, Kiss (71. Csongradi), Pölöskei.
Schiedsrichter: White (England).
Tore: 0:1 Varga (28.), 1:1 Czerniatynski (77.).

Am 23. Juni in Alicante:
ARGENTINIEN – EL SALVADOR 2:0 (1:0)
Argentinien: Fillol, Olguin, Galvan, Passarella, Tarantini, Ardiles, Gallego, Kempes, Bertoni (67. R. Diaz), Maradona, Calderon (78. Santamaria).
El Salvador: Mora, Osorto (78. Diaz), Jovel, Rodriguez, Recinos, Rugamas, Ventura (78. Alfaro), Huezo, Ramirez, Gonzales, Rivas.
Schiedsrichter: Barrancos (Bolivien).
Tore: 1:0 Passarella (22., Foulelfmeter), 2:0 Bertoni (53.).

Abschlußtabelle Gruppe 3	BEL	ARG	HUN	SAL	Tore	Punkte	Rang
Belgien	X	1:0	1:1	1:0	3:1	5:1	1
Argentinien	0:1	X	4:1	2:0	6:2	4:2	2
Ungarn	1:1	1:4	X	10:1	12:6	3:3	3
El Salvador	0:1	0:2	1:10	X	1:13	0:6	4

Gruppe 4

Am 16. Juni in Bilbao:
ENGLAND – FRANKREICH 3:1 (1:1)
England: Shilton, Butcher, Mills, Sansom (90. Neal), Thompson, Coppell, Robson, Wilkins, Francis, Mariner, Rix.
Frankreich: Ettori, Battiston, Bossis, Tresor, Lopez, Larios (75. Tigana), Girard, Giresse, Rocheteau (72. Six), Platini, Soler.
Schiedsrichter: Garrido (Portugal).
Tore: 1:0 Robson (1.), 1:1 Soler (25.), 2:1 Robson (68.), 3:1 Mariner (84.).

Am 17. Juni in Valladolid:
ČSSR – KUWAIT 1:1 (1:0)
ČSSR: Hruska, Jurkemik, Barmos, Panenka, Vizek, Kriz (58. Bicovsky), Nehoda, Berger, Kukucka, Janecka (69. Petrzela), Vizek.
Kuwait: Tarabulsi, N. Mubarak, K. Mubarak, Al Mubarak, Houti, Bouloushi, Sultan, Anbari, Mayoof, Dakhil, Ahmed (58. Marzouq).
Schiedsrichter: Dwomoh (Ghana).
Tore: 1:0 Panenka (21., Foulelfmeter), 1:1 Dakhil (58.).

Am 20. Juni in Bilbao:
ENGLAND – ČSSR 2:0 (0:0)
England: Shilton, Butcher, Mills, Sansom, Thompson, Coppell, Robson (46. Hoddle), Wilkins, Francis, Mariner, Rix.
ČSSR: Seman (76. Stromsik), Barmos, Fiala, Radimec, Vojacek, Jurkemik, Chaloupka, Vizek, Berger, Janecka (78. Masny), Nehoda.
Schiedsrichter: Corver (Niederlande).
Tore: 1:0 Francis (63.), 2:0 Barmos (66., Eigentor).

Am 21. Juni in Valladolid:
FRANKREICH – KUWAIT 4:1 (2:0)
Frankreich: Ettori, Amoros, Tresor, Janvion (15. Lopez), Bossis, Giresse, Platini (45. Girard), Genghini, Soler, Lacombe, Six.
Kuwait: Tarabulsi, N. Mubarak, Mayoof, M. Mubarak, Al Mubarak (79. Shemmari), Bouloushi, Houti, Ahmed, Dakhil, Sultan, Anbari.
Schiedsrichter: Stupar (UdSSR).
Tore: 1:0 Genghini (32.), 2:0 Platini (44.), 3:0 Six (49.), 3:1 Bouloushi (76.), 4:1 Bossis (90.).

Am 24. Juni in Valladolid:
FRANKREICH – ČSSR 1:1 (0:0)
Frankreich: Ettori, Amoros, Tresor, Janvion, Bossis, Giresse, Platini, Genghini, Soler (89. Girard), Lacombe (71. Couriol), Six.
ČSSR: Stromsik, Barmos, Fiala, Vojacek, Stambachr, Radimec, Bicovsky, Kriz, Nehoda, Vizek, Janecka (71. Panenka).
Schiedsrichter: Casarin (Italien).
Tore: 1:0 Six (67.), 1:1 Panenka (86., Foulelfmeter).

Am 25. Juni in Bilbao:
ENGLAND – KUWAIT 1:0 (1:0)
England: Shilton, Neal, Mills, Foster, Thompson, Coppell, Hoddle, Wilkins, Mariner, Francis, Rix.
Kuwait: Tarabulsi, N. Mubarak, M. Mubarak, Al Mubarak (77. Shemmari), Mayoof, Houti, Bouloushi, Suwayed, Marzouq, Dakhil, Anbari.
Schiedsrichter: Aristizabal (Kolumbien).
Tor: 1:0 Francis (28.).

Abschlußtabelle Gruppe 4	ENG	FRA	TCH	KUW	Tore	Punkte	Rang
England	X	3:1	2:0	1:0	6:1	6:0	1
Frankreich	1:3	X	1:1	4:1	6:5	3:3	2
CSSR	0:2	1:1	X	1:1	2:4	2:4	3
Kuwait	0:1	1:4	1:1	X	2:6	1:5	4

Gruppe 5

Am 16. Juni in Valencia:
SPANIEN – HONDURAS 1:1 (0:1)
Spanien: Arconada, Camacho, Cordillo, Alonso, Tendillo, Alesanco, Juanito, Joaquin, Satrustegui, Zamora, Ufarte.
Honduras: Arzu, Gutierrez, Villegas, Bulnez, Costly, Madariaga, Zelaya, Gilberto, Betancourt, Norales (70. Caballero), Figueroa.
Schiedsrichter: Ithurralde (Argentinien).
Tore: 0:1 Zelaya (8.), 1:1 Ufarte (20., Elfmeter).

Am 17. Juni in Saragossa:
JUGOSLAWIEN – NORDIRLAND 0:0
Jugoslawien: Pantelic, Gudelj, Zajec, Stojkovic, Petrovic, Sljivo, Zl. Vujovic, Susic, Jovanovic, Hrstic, Surjak.
Nordirland: Jennings, J. Nicholl, Donaghy, McCreery, C. Nicholl, McClelland, M. O'Neill, Armstrong, McIlroy, Hamilton, Whiteside.
Schiedsrichter: Fredriksson (Schweden).

Am 20. Juni in Valencia:
SPANIEN – JUGOSLAWIEN 2:1 (1:1)
Spanien: Arconada, Camacho, Tendillo, Alesanco, Cordillo, Alonso, Sanchez (63. Saura), Zamora, Juanito, Satrustegui (63. Quini), Ufarte.
Jugoslawien: Pantelic, Krmpotic, Zajek, Stojkovic, Jovanovic (75. Halilhodzic), Gudelj, Petrovic, Sljivo, Zl. Vujovic (84. Sestic), Surjak, Susic.
Schiedsrichter: Lund-Sörensen (Dänemark).
Tore: 0:1 Gudelj (11.), 1:1 Juanito (14., Elfmeter), 2:1 Saura (67.).

Am 21. Juni in Saragossa:
HONDURAS – NORDIRLAND 1:1 (0:1)
Honduras: Arzu, Madariaga, Figueroa, L. Cruz, Gutierrez, Villegas, Costly, Norales (59. Laing), Zelaya, Betancourt, Gilberto.
Nordirland: Jennings, J. Nicholl, Donaghy, McCreery, C. Nicholl, M. O'Neill (79. Healy), Armstrong, McIllroy, Hamilton, McClelland, Whiteside (67. Brotherston).
Schiedsrichter: Chan Tam Sun (Hongkong).
Tore: 0:1 Armstrong (10.), 1:1 Laing (61.).

Am 24. Juni in Saragossa:
HONDURAS – JUGOSLAWIEN 0:1 (0:0)
Honduras: Arzu, Droumond, Villegas, Costly, Bulnez, Zelaya, Gilberto, Madariaga, L. Cruz (66. Laing), Betancourt, Figueroa.
Jugoslawien: Pantelic, Krmpotic, Stojkovic, Zajec, Jovanovic (46. Halilhodzic), Sljivo, Gudelj, Surjak, Zl. Vujovic (62. Sestic), Susic, Petrovic.
Schiedsrichter: Castro (Chile).
Tor: 0:1 Petrovic (89., Foulelfmeter).

Am 25. Juni in Valencia:
SPANIEN – NORDIRLAND 0:1 (0:0)
Spanien: Arconada, Camacho, Tendillo, Alesanco, Cordillo, Alonso, Saura, Sanchez, Juanito, Satrustegui, Ufarte (79. Gallego).
Nordirland: Jennings, J. Nicholl, Donaghy, McCreery, C. Nicholl, M. O'Neill, Armstrong, McIllroy (51. Cassidy), Hamilton, McClelland, Whiteside (74. Nelson).
Schiedsrichter: Ortiz (Paraguay).
Tor: 0:1 Armstrong (48.).

Abschlußtabelle Gruppe 5	NIR	ESP	YUG	HON	Tore	Punkte	Rang
Nordirland	X	1:0	0:0	1:1	2:1	4:2	1
Spanien	0:1	X	2:1	1:1	3:3	3:3	2
Jugoslawien	0:0	1:2	X	1:0	2:2	3:3	3
Honduras	1:1	1:1	0:1	X	2:3	2:4	4

Gruppe 6

Am 14. Juni in Sevilla:
BRASILIEN – UdSSR 2:1 (0:1)
Brasilien: Perez, Leandro, Oscar, Luizinho, Junior, Socrates, Serginho, Zico, Eder, Falcao, Dirceu (46. Paolo Isidoro).
UdSSR: Dassajew, Sulakwelidse, Tschiwadse, Baltatscha, Demjanenko, Schengelija (89. Andrejew), Bessonow, Gawrilow (75. Susloparow), Blochin, Bal, Darasselija.
Schiedsrichter: Castillo (Spanien).
Tore: 0:1 Bal (35.), 1:1 Socrates (76.), 2:1 Eder (89.).

Am 15. Juni in Malaga:
SCHOTTLAND – NEUSEELAND 5:2 (3:0)
Schottland: Rough, McGrain, Evans, Hansen, Gray, Souness, Strachan (38. Narey), Dalglish, Wark, Brazil (54. Archibald), Robertson.
Neuseeland: Van Hattum, Hill, Almond (66. Herbert), Malcolmson (77. Cole), Elrick, Sumner, Mackay, Cresswell, Boath, Rufer, Wooddin.
Schiedsrichter: Socha (USA).
Tore: 1:0 Dalglish (19.), 2:0 Wark (30.), 3:0 Wark (33.), 3:1 Sumner (55.), 3:2 Wooddin (65.), 4:2 Robertson (74.), 5:2 Archibald (80.).

Am 18. Juni in Sevilla:
BRASILIEN – SCHOTTLAND 4:1 (1:1)
Brasilien: Perez, Leandro, Oscar, Luizinho, Cerezo, Junior, Socrates, Serginho (81. Paolo Isidoro), Zico, Eder, Falcao.
Schottland: Rough, Gray, Souness, Hansen, Miller (63. Dalglish), Strachan, Wark, Robertson, Narey, Hartford (67. McLeish), Archibald.
Schiedsrichter: Calderon (Costa Rica).
Tore: 0:1 Narey (19.), 1:1 Zico (34.), 2:1 Oscar (49.), 3:1 Eder (64.), 4:1 Falcao (88.).

Am 19. Juni in Malaga:
UdSSR – NEUSEELAND 3:0 (1:0)
UdSSR: Dassajew, Sulakwelidse, Tschiwadse, Baltatscha, Demjanenko, Schengelija, Bessonow, Bal, Darasselija, Gawrilow (80. Rodjonow), Blochin.
Neuseeland: Van Hattum, Dods, Herbert, Elrick, Boath, Cole, Sumner, Mackay, Cresswell, Rufer, Wooddin.
Schiedsrichter: Ghoul (Libyen).
Tore: 1:0 Gawrilow (25.), 2:0 Blochin (49.), 3:0 Baltatscha (69.).

Am 22. Juni in Malaga:
UdSSR – SCHOTTLAND 2:2 (0:1)
UdSSR: Dassajew, Sulakwelidse, Tschiwadse, Baltatscha, Demjanenko, Bessonow, Gawrilow, Borowskij, Schengelija (88. Andrejew), Bal, Blochin.
Schottland: Rough, Narey, Miller, Hansen, Gray, Souness, Wark, Archibald, Strachan (70. McGrain), Jordan (70. Brazil), Robertson.
Schiedsrichter: Rainea (Rumänien).
Tore: 0:1 Jordan (15.), 1:1 Tschiwadse (60.), 2:1 Schengelija (85.), 2:2 Souness (87.).

Am 23. Juni in Sevilla:
BRASILIEN – NEUSEELAND 4:0 (2:0)
Brasilien: Perez, Leandro, Oscar (76. Edevaldo), Luizinho, Junior, Falcao, Cerezo, Socrates, Zico, Serginho (76. Paolo Isidoro), Eder.
Neuseeland: Van Hattum, Dods, Herbert, Elrick, Boath, Sumner, Mackay, Cresswell (79. Cole), Almond, Rufer (79. Turner), Wooddin.
Schiedsrichter: Matovinovic (Jugoslawien).
Tore: 1:0 Zico (29.), 2:0 Zico (32.), 3:0 Falcao (55.), 4:0 Serginho (71.).

Abschlußtabelle Gruppe 6	BRA	URS	SCO	NZL	Tore	Punkte	Rang
Brasilien	X	2:1	4:1	4:0	10:2	6:0	1
UdSSR	1:2	X	2:2	3:0	6:4	3:3	2
Schottland	0:4	2:2	X	5:2	8:8	3:3	3
Neuseeland	0:4	0:3	2:5	X	2:12	0:6	4

Zweite Finalrunde

GRUPPE A

Am 28. Juni in Barcelona:
POLEN – BELGIEN 3:0 (2:0)
Polen: Mlynarczyk, Zmuda, Dziuba, Janas, Majewski, Kupcewicz (82. Ciolek), Matysik, Buncol, Lato, Boniek, Smolarek.
Belgien: Custers, Meeuws, Renquin, L. Millecamps, Plessers (87. Baecke), Van Moer (46. Van der Elst), Vercauteren, Coeck, Ceulemans, Vandenbergh, Czerniatynski.
Schiedsrichter: Calderon (Costa Rica).
Tore: 1:0 Boniek (4.), 2:0 Boniek (27.), 3:0 Boniek (53.).

Am 1. Juli in Barcelona:
BELGIEN – UdSSR 0:1 (0:0)
Belgien: Munaron, Meeuws, Renquin, L. Millecamps, de Schrijver (65. M. Millecamps), Coeck, Vandersmissen (67. Czerniatynski), Vercauteren, Ceulemans, Vandenbergh, Verheyen.
UdSSR: Dassajew, Tschiwadse, Demjanenko, Baltatscha, Borowskij, Bessonow, Oganesjan, Bal (88. Darasselija), Schengelija (89. Rodjonow), Gawrilow, Blochin.
Schiedsrichter: Vautrot (Frankreich).
Tor: 0:1 Oganesjan (49.).

Am 4. Juli in Barcelona:
POLEN – UdSSR 0:0
Polen: Mlynarczyk, Zmuda, Majewski, Janas, Dziuba, Lato, Kupcewicz (52. Ciolek), Matysik, Buncol, Smolarek, Boniek.
UdSSR: Dassajew, Tschiwadse, Baltatscha, Borowskij, Demjanenko, Bessonow, Sulakwelidse, Oganesjan, Schengelija (58. Andrejew), Gawrilow (79. Darasselija), Blochin.
Schiedsrichter: Valentine (Schottland).

Abschlußtabelle Gruppe A	POL	URS	BEL	Tore	Punkte	Rang
Polen	X	0:0	3:0	3:0	3:1	1
UdSSR	0:0	X	1:0	1:0	3:1	2
Belgien	0:3	0:1	X	0:4	0:4	3

GRUPPE B

Am 29. Juni in Madrid:
DEUTSCHLAND – ENGLAND 0:0
Deutschland: Schumacher, Stielike, Kaltz, K. Förster, Briegel, Dremmler, B. Förster, Breitner, Müller (74. Fischer), Reinders (63. Littbarski), Rummenigge.
England: Shilton, Mills, Butcher, Thompson, Sansom, Coppell, Robson, Wilkins, Rix, Francis (76. Woodcock), Mariner.
Schiedsrichter: Coelho (Brasilien).

Am 2. Juli in Madrid:
DEUTSCHLAND – SPANIEN 2:1 (0:0)
Deutschland: Schumacher, Stielike, Kaltz, K. Förster, B. Förster, Dremmler, Breitner, Briegel, Rummenigge (46. Reinders), Fischer, Littbarski.
Spanien: Arconada, Alesanco, Urquiaga, Tendillo, Cordillo, Juanito (46. Ufarte), Camacho, Alonso, Zamora, Santillana, Quini.
Schiedsrichter: Casarin (Italien).
Tore: 1:0 Littbarski (50.), 2:0 Fischer (76.), 2:1 Zamora (83.).

Am 5. Juli in Madrid:
SPANIEN – ENGLAND 0:0
Spanien: Arconada, Alesanco, Urquiaga, Tendillo (73. Maceda), Cordillo, Alonso, Zamora, Camacho, Saura (67. Uralde), Satrustegui, Santillana.
England: Shilton, Mills, Butcher, Thompson, Sansom, Woodcock (63. Brooking), Robson, Wilkins, Rix (63. Keegan), Francis, Mariner.
Schiedsrichter: Ponnet (Belgien).

Abschlußtabelle Gruppe B	GER	ENG	ESP	Tore	Punkte	Rang
Deutschland	X	0:0	2:1	2:1	3:1	1
England	0:0	X	0:0	0:0	2:2	2
Spanien	1:2	0:0	X	1:2	1:3	3

GRUPPE C

Am 29. Juni in Barcelona:
ITALIEN – ARGENTINIEN 2:1 (0:0)
Italien: Zoff, Scirea, Gentile, Collovati, Cabrini, Oriali (75. Marini), Antognoni, Tardelli, Conti, Rossi (81. Altobelli), Graziani.
Argentinien: Fillol, Passarella, Olguin, Galvan, Tarantini, Ardiles, Gallego, Maradona, Kempes (58. Valencia), Bertoni, Diaz (58. Calderon).
Schiedsrichter: Rainea (Rumänien).
Tore: 1:0 Tardelli (56.), 2:0 Cabrini (68.), 2:1 Passarella (84.).

Am 2. Juli in Barcelona:
BRASILIEN – ARGENTINIEN 3:1 (1:0)
Brasilien: Perez, Oscar, Leandro (82. Edevaldo), Luizinho, Junior, Cerezo, Falcao, Socrates, Zico (84. Battista), Serginho, Eder.
Argentinien: Fillol, Passarella, Olguin, Galvan, Tarantini, Ardiles, Barbas, Kempes (46. Diaz), Calderon, Maradona, Bertoni (65. Santamaria).
Schiedsrichter: Vazquez (Mexiko).
Tore: 1:0 Zico (12.), 2:0 Serginho (68.), 3:0 Junior (74.), 3:1 Diaz (89.).

Am 5. Juli in Barcelona:
BRASILIEN – ITALIEN 2:3 (1:2)
Brasilien: Perez, Oscar, Leandro, Luizinho, Junior, Cerezo, Falcao, Socrates, Zico, Serginho (68. Paolo Isidoro), Eder.
Italien: Zoff, Scirea, Gentile, Collovati (34. Bergomi), Cabrini, Conti, Tardelli (76. Marini), Antognoni, Oriali, Graziani, Rossi.
Schiedsrichter: Klein (Israel).
Tore: 0:1 Rossi (5.), 1:1 Socrates (12.), 1:2 Rossi (25.), 2:2 Falcao (68.), 2:3 Rossi (75.).

Abschlußtabelle Gruppe C	ITA	BRA	ARG	Tore	Punkte	Rang
Italien	X	3:2	2:1	5:3	4:0	1
Brasilien	2:3	X	3:1	5:4	2:2	2
Argentinien	1:2	1:3	X	2:5	0:4	3

GRUPPE D

Am 28. Juni in Madrid:
ÖSTERREICH – FRANKREICH 0:1 (0:1)
Österreich: Koncilia, Obermayer, Krauss, Pezzey, Degeorgi (46. Baumeister), Hattenberger, Prohaska, Hintermaier, Jara (46. Welzl), Schachner, Krankl.
Frankreich: Ettori, Tresor, Janvion, Bossis, Battiston, Genghini (86. Girard), Giresse, Tigana, Soler, Lacombe (15. Rocheteau), Six.
Schiedsrichter: Palotai (Ungarn).
Tor: 0:1 Genghini (40.).

Am 1. Juli in Madrid:
ÖSTERREICH – NORDIRLAND 2:2 (0:1)
Österreich: Koncilia, Obermayer, Krauss, Pezzey, Pregesbauer (46. Hintermaier), Pichler, Prohaska, Baumeister, Schachner, Hagmayr (46. Welzl), Jurtin.
Nordirland: Platt, J. Nicholl, C. Nicholl, McClelland, Nelson, M. O'Neill, McIlroy, McCreery, Armstrong, Whiteside (67. Brotherston), Hamilton.
Schiedsrichter: Prokop (DDR).
Tore: 0:1 Hamilton (28.), 1:1 Pezzey (53.), 2:1 Hintermaier (67.), 2:2 Hamilton (74.).

Am 4. Juli in Madrid:
FRANKREICH – NORDIRLAND 4:1 (1:0)
Frankreich: Ettori, Tresor, Amoros, Janvion, Bossis, Giresse, Genghini, Platini, Tigana, Rocheteau (83. Couriol), Soler (63. Six).
Nordirland: Jennings, J. Nicholl, Donaghy, McClelland, C. Nicholl, M. O'Neill, McIlroy, Armstrong, McCreery (85. J. O'Neill), Whiteside, Hamilton.
Schiedsrichter: Jarguz (Polen).
Tore: 1:0 Giresse (34.), 2:0 Rocheteau (47.), 3:0 Rocheteau (68.), 3:1 Armstrong (75.), 4:1 Giresse (81.).

Abschlußtabelle Gruppe D	FRA	AUT	NIR	Tore	Punkte	Rang
Frankreich	X	1:0	4:1	5:1	4:0	1
Österreich	0:1	X	2:2	2:3	1:3	2
Nordirland	1:4	2:2	X	3:6	1:3	3

Halbfinale

Am 8. Juli in Barcelona:
ITALIEN – POLEN 2:0 (1:0)
Italien: Zoff, Scirea, Bergomi, Collovati, Oriali, Tardelli, Antognoni (28. Marini), Cabrini, Conti, Rossi, Graziani (70. Altobelli).
Polen: Mlynarczyk, Zmuda, Dziuba, Janas, Majewski, Buncol, Kupcewicz, Matysik, Ciolek (46. Palasz), Lato, Smolarek (77. Kusto).
Schiedsrichter: Cardellino (Uruguay).
Tore: 1:0 Rossi (22.), 2:0 Rossi (73.).

Am 8. Juli in Sevilla:
DEUTSCHLAND – FRANKREICH 3:3 (1:1, 1:1) n.V.*
Deutschland: Schumacher, Stielike, K. Förster, B. Förster, Kaltz, Dremmler, Breitner, Briegel (96. Rummenigge), Magath (68. Hrubesch), Littbarski, Fischer.
Frankreich: Ettori, Tresor, Janvion, Amoros, Bossis, Giresse, Tigana, Platini, Genghini (50. Battiston, 60. Lopez), Rocheteau, Six.
Schiedsrichter: Corver (Niederlande).
Tore: 1:0 Littbarski (18), 1:1 Platini (27., Foulelfmeter), 1:2 Tresor (93.), 1:3 Giresse (99.), 2:3 Rummenigge (103.), 3:3 Fischer (108.).

* Deutschland Sieger durch Elfmeterschießen 5:4

Endspiele

Um den dritten Platz

Am 10. Juli in Alicante:
FRANKREICH – POLEN 2:3 (1:2)
Frankreich: Castaneda, Tresor, Amoros, Mahut, Janvion (64. Lopez), Tigana (82. Six), Girard, Larios, Couriol, Soler, Bellone.
Polen: Mlynarczyk, Zmuda, Dziuba, Janas, Majewski, Lato, Matysik (46. Wojcicki), Kupcewicz, Buncol, Boniek, Szarmach.
Schiedsrichter: Garrido (Portugal).
Tore: 1:0 Girard (13.), 1:1 Szarmach (41.), 1:2 Majewski (45.), 1:3 Kupcewicz (47.), 2:3 Couriol (73.).

Endspiel

Am 11. Juli in Madrid:
DEUTSCHLAND – ITALIEN 1:3 (0:0)
Deutschland: Schumacher, Stielike, B. Förster, K. Förster, Kaltz, Dremmler (63. Hrubesch), Breitner, Briegel, Rummenigge (70. Müller), Fischer, Littbarski.
Italien: Zoff, Scirea, Gentile, Collovati, Bergomi, Conti, Oriali, Tardelli, Cabrini, Rossi, Graziani (8. Altobelli, 88. Causio).
Schiedsrichter: Coelho (Brasilien).
Tore: 0:1 Rossi (57.), 0:2 Tardelli (69.), 0:3 Altobelli (81.), 1:3 Breitner (83.).

13. Fußball-Weltmeisterschaft
1986 in Mexiko

Qualifikation

EUROPA

Gruppe 1

Am 17. Oktober 1984 in Brüssel:
BELGIEN – ALBANIEN 3:1 (0:0)
Belgien: Munaron, Grun, Renquin, de Vriese, Dewolf, L. van der Elst (54. Degryse), Scifo, Vandereycken, Vercauteren, Czerniatynski (79. Voordeckers), Claesen.
Albanien: Musta, Zmijani, Omuri, Targaj, Demollari, Hodja, Josa, Muca, Bállgjini (70. Eksarko), Minga, Kola (65. Lame).

Am 17. Oktober 1984 in Zabrze:
POLEN – GRIECHENLAND 3:1 (0:1)
Polen: Kazimierski, Kubicki, Zmuda, Wojcicki, Wdowczik, Wijas, Boniek, Buncol (46. Karas), Palasz (80. Matysik), Dziekanowski, Smolarek.
Griechenland: Sarganis, Xanthopoulos, Karoulias, Michos, Motsibonas, Vamvakoulas, Hadzopoulos, Semertzidis, Mitropoulos, Anastopoulos, Kofidis.

Am 31. Oktober 1984 in Mielec:
POLEN – ALBANIEN 2:2 (1:0)
Polen: Kazimierski, Kubicki, Zmuda, Wojcicki (76. Dzimba), Wdowczik, Buda (76. Komorwicki), Matysik, Palasz, Dziekanowski, Boniek, Smolarek.
Albanien: Musta, Ragami, Hodja, Targaj, Omuri, Muca, Bállgjini (60. Lame, 90. Eksarko), Minga, Josa, Kola, Demollari.

Am 19. Dezember 1984 in Athen:
GRIECHENLAND – BELGIEN 0:0
Griechenland: Sarganis, Xanthopoulos, Karoulias, Kyrastas, Manolas, Alavantas, Saravakos, Vamvakoulas (80. Kostkos), Anastopoulos, Mitropoulos, Papaioannou.
Belgien: Munaron, Grun, Jaspers, F. van der Elst, Renquin, de Groote, Ceulemans, Scifo, Vercauteren, Czerniatynski (62. Voordeckers), Claesen.

Am 22. Dezember 1984 in Tirana:
ALBANIEN – BELGIEN 2:0 (0:0)
Albanien: Musta, Ragami, Targaj, Hodja, Zmijani, Ocelli, Muca, Demollari, Minga, Kola, Josa.
Belgien: Pfaff, Grun, Jaspers, Renquin, de Groote, F. van der Elst, Scifo (46. Clijsters), Vercauteren, Ceulemans, Claesen, Czerniatynski (60. Voordeckers).

Am 27. Februar 1985 in Athen:
GRIECHENLAND – ALBANIEN 2:0 (2:0)
Griechenland: Sarganis, Alavantas, Karoulias, Kyrastas, Manolas, Michos, Saravakos (81. Batsinilas), Antoniou, Anastopoulos, Papaioannou (89. Semertzidis), Kofidis.
Albanien: Musta, Zmijani, Ocelli, Targaj, Demollari, Hodja (46. Ahmetlz), Josa, Muca, Bállgjini (60. Zagami), Minga, Kola.

Am 27. März 1985 in Brüssel:
BELGIEN – GRIECHENLAND 2:0 (0:0)
Belgien: Pfaff, Grun, Plessers, Renquin, de Wolf, Scifo, Vandereycken, Ceulemans, Vercauteren, Vandenbergh, Voordeckers.
Griechenland: Sarganis, Karoulias Kyrastas, Manolas, Alavantas, Antoniou (29. Kofidis), Mitropoulos, Michos, Papaioannou, Anastopoulos, Saravakos (77. Dimopoulos).

Am 1. Mai 1985 in Brüssel:
BELGIEN – POLEN 2:0 (1:0)
Belgien: Munaron, Grun, van der Elst, Plessers, Renquin, Vercauteren (81. Mommens), Vandereycken, Scifo, (82. Clijsters), Vandenbergh, Voordeckers, Ceulemans.
Polen: Mlynarczyk, Pawlak, Zmuda, Ostrowski, Wojcicki, Matysik, Buncol, Jalocha (46. Komornicki), Boniek, Dziekanowski (67. Palasz), Smolarek.

Am 19. Mai 1985 in Athen:
GRIECHENLAND – POLEN 1:4 (0:1)
Griechenland: Sarganis, Alavantas, Kyrastas, Mitsibonas (ab 46. Saravakos), Karoulias (ab 67. Skartados), Antoniou, Michos, Dimopoulos, Papaioannou, Anastopoulos, Mitropoulos.
Polen: Mlynarczyk, Pawlak, Wojcicki, Przybys, Ostrowski, Tarasiewicz (ab 15. Dziekanowski), Matysik, Buncol, Urban, Boniek, Smolarek.

Am 30. Mai 1985 in Tirana:
ALBANIEN – POLEN 0:1 (0:1)
Albanien: Musta, Zmijani, Omuri, Taragaj, Hadja, Jera, Josa, Demollari (83. Marco), Muca (61. Mile), Minga, Kola.
Polen: Mlynarczyk, Pawlak, Przybys, Ostrowski, Wojcicki, Matysik, Buncol, Urban (88. Tarasiewicz), Boniek, Dziekanowski, Smolarek.

Am 11. September 1985 in Chorzow:
POLEN – BELGIEN 0:0
Polen: Mlynarczyk, Pawlak, Wojcicki, Przybys, Ostrowski, Matysik, Komornicki, Urban, Boniek (86. Buncol), Smolarek (63. Palasz), Dziekanowski.
Belgien: Pfaff, Gerets, Grun (52. de Grijse), Plessers, Renquin, van der Elst, Ceulemans, Scifo, Vandereycken, Vandenbergh (73. Clijsters), Voordeckers.

Am 30. Oktober 1985 in Tirana:
ALBANIEN – GRIECHENLAND 1:1 (1:0)
Albanien: Musta, Zmijani, Hodja, Targaj, Bino, Josa, Demollari, Muca, Omuri, Minga, Abazi (46. Kola).
Griechenland: Sarganis, Alavantas, Michos, Manolas, Mavriosis, Skartados, P. Papaioannou (50. Antoniou), A. Papaioannou (81. Semertzidis), Kofidis, Mitropoulos, Anastopoulos.

1. Polen	6 3 2 1	10:6	8:4
2. Belgien	6 3 2 1	7:3	8:4
3. Albanien	6 1 2 3	6:9	4:8
4. Griechenland	6 1 2 3	5:10	4:8

Qualifiziert: Polen

Gruppe 2

Am 23. Mai 1984 in Norrköping:
SCHWEDEN – MALTA 4:0 (2:0)
Schweden: T. Ravelli, Erlandsson, Hysen, Dahlqvist, Fredriksson, Prytz (56. Ramberg), Strömberg, Eriksson, Holmgren (ab 61. Holmqvist), Corneliusson, Sunesson.
Malta: Mifsud, Aquilina, Alex Azzopardi, Borg, Buttigieg, Holland, Alfred Azzopardi, Farrugia, Vella, Degiorgio, Muscat (76. Gatt).

Am 12. September 1984 in Stockholm:
SCHWEDEN – PORTUGAL 0:1 (0:0)
Schweden: Ljung, Erlandsson, Hysen, Dahlqvist, Fredriksson, Eriksson, Bergman (77. Borg), Tord Holmgren, Tommy Holmgren, Sandberg, Holmqvist.
Portugal: Bento, Joao Pinto, Lima Pereira, Eurico, Inacio, Frasco, Jaime Pacheco, Carlos Manuel, Sousa, Gomes (89. Futre), Diamantino (87. Vermelhinho).

Am 14. Oktober 1984 in Porto:
PORTUGAL – ČSSR 2:1 (1:1)
Portugal: Bento, Joao Pinto, Lima Pereira, Eurico, Inacio, Carlos Manuel (ab 65. Virgilio), Frasco, Jaime Pacheco, Jaime Magalhaes, Gomes, Diamantino (40. Futre).
ČSSR: Miklosko, Jakubec, Prokes, Fiala, Rada, Berger, Janecka, Jarolim, Ondra (ab 74. Levy), Zelensky, Knoflicek (71. Micinec).

Am 17. Oktober 1984 in Köln:
DEUTSCHLAND – SCHWEDEN 2:0 (0:0)
Deutschland: Schumacher, Herget, K. Förster, Jakobs, Matthäus, Brehme, Falkenmayer (59. K. Allofs), Magath (75. Rahn), Briegel, Völler, K. Rummenigge.
Schweden: T. Ravelli, Erlandsson (33. Borg), Hysen, Dahlqvist, Fredriksson, Eriksson, Strömberg, Tord Holmgren, Tommy Holmgren, Corneliusson (69. Holmqvist), Gren.

Am 31. Oktober 1984 in Prag:
ČSSR – MALTA 4:0 (2:0)
ČSSR: Miklosko, Straka, Ondra, Fiala, Levy (77. Jakubec), Berger, Jarolim, Zajaros, Visek, Griga (77. Micinec), Janecka.
Malta: Mifsud, Aquilina, Scicluna, Holland, J. Azzopardi (46. Buttigieg), Ed. Farrugia, Vella, A. Azzopardi, Degiorgio, Gatt, Muscat (80. Mizzi).

Am 14. November 1984 in Lissabon:
PORTUGAL – SCHWEDEN 1:3 (1:3)
Portugal: Bento, Joao Pinto, Lima Pereira, Eurico, Inacio (78. Sousa), Jaime Magalhaes, Carlos Manuel, Frasco (46. Futre), Diamantino, Gomes, Jordao.
Schweden: T. Ravelli, Erlandsson, Hysen, Dahlqvist, Fredriksson, Prytz, Strömberg, Larsson (70. Tord Holmgren), T. Nilsson, Gren, Tommy Holmgren (89. Eriksson).

Am 16. Dezember 1984 in La Valletta:
MALTA – DEUTSCHLAND 2:3 (1:1)
Malta: Mifsud, Aquilina, G. Xuereb, Holland (12. Azzopardi), Scicluna, Busuttil, Woods, Vella, R. Xuereb, Muscat (61. Gatt), Degiorgio.
Deutschland: Schumacher, K. Förster, Herget, Jakobs (ab 46. Thon), Matthäus, Rahn, Brehme, Briegel, K. Rummenigge, Völler, K. Allofs.

Am 10. Februar 1985 in La Valletta:
MALTA – PORTUGAL 1:3 (0:2)
Malta: Mifsud, Buttigieg, Aquilina (29. Em. Farrugia), Woods, Azzopardi, Scicluna (33. Muscat), Busuttil, Vella, Degiorgio, Leonard Farrugia, Ray Xuereb.
Portugal: Bento, Joao Pinto, Lima Pereira, Eurico, Inacio, Andre, Jaime Magalhaes, Frasco (82. Virgilio), Carlos Manuel, Futre (80. Diamantino), Gomes.

Am 24. Februar 1985 in Lissabon:
PORTUGAL – DEUTSCHLAND 1:2 (0:2)
Portugal: Bento, Joao Pinto, Lima Pereira (78. Sousa), Eurico, Inacio, Jaime Magalhaes, Andre (46. Diamantino), Carlos Manuel, Jaime Pacheco, Gomes, Futre.
Deutschland: Schumacher, Berthold, Herget, Frontzeck, Jakobs, Matthäus, Falkenmayer, Briegel, Magath, Völler, Littbarski.

Am 27. März 1985 in Saarbrücken:
DEUTSCHLAND – MALTA 6:0 (5:0)
Deutschland: Schumacher, Berthold, K. Förster, Herget, Frontzeck, Rahn (67. Thon), Magath, Briegel (77. Brehme), Littbarski, Völler, K. Rummenigge.
Malta: Bonello, Azzopardi, Holland, Buttigieg, Em. Farrugia (51. Aquilina), Busuttil, Vella, Woods, L. Farrugia, Mizzi (82. R. Xuereb), Degiorgio.

Am 21. April 1985 in La Valletta:
MALTA – ČSSR 0:0
Malta: Bonello, Mifsud, Aquilina, Buttigieg, G. Xuereb, Alex Azzopardi, Holland, Theuma, Alf. Azzopardi, Woods, Busuttil (46. R. Xuereb).
ČSSR: Borovicka, Hasek, Fiala, Prokes, Kubucka, Chaloupka (65. Micinec), Berger, Sloup, Janecka, Griga, Knoflicek (46. Zelensky).

Am 30. April 1985 in Prag:
ČSSR – DEUTSCHLAND 1:5 (0:4)
ČSSR: Borovicka, Fiala, Hasek, Prokes, Kubucka, Berger, Chaloupka (64. Zelensky), Sloup (46. Chovanec), Vizek, Griga, Janecka.
Deutschland: Schumacher, Jakobs, Berthold, K. Förster, Brehme, Herget, Matthäus (82. Thon), Magath, Rahn (70. K. Allofs), Littbarski, Völler.

Am 5. Juni 1985 in Stockholm:
SCHWEDEN – ČSSR 2:0 (0:0)
Schweden: T. Ravelli, Dahlqvist, Erlandsson, Fredriksson, Hysen, A. Ravelli, Stromberg, Prytz, Svensson, Nilsson, Truedsson (51. Larsson).
ČSSR: Miklosko, Bazant, Fiala, Straka, Pelc (73. Brezina), Berger, Chovanec, Kubik, Kula, Vizek, Hruska.

Am 25. September 1985 in Prag:
ČSSR – PORTUGAL 1:0 (1:0)
ČSSR: Miklosko, Hasek, Straka, Chovanec, Ondra, Chaloupka (ab 56. Micinec), Berger, Kula, Vizek, Griga (75. Lauda), Hruska.
Portugal: Bento, Joao Pinto, Frederico, Venancio, Inacio, Jose Luis, Carlos Manuel, Andre, Sousa (46. Ribeiro), Gomes, Futre (65. Xavier).

Am 25. September 1985 in Malmö:
SCHWEDEN – DEUTSCHLAND 2:2 (0:2)
Schweden: T. Ravelli, Erlandsson, Hysen, Dahlqvist, Fredriksson, Prytz, Strömberg, Jan Svensson (76. Holmqvist), A. Ravelli (88. Magnusson), T. Nilsson, Corneliusson.
Deutschland: Schumacher, Augenthaler, Brehme, K. Förster, Jakobs, Herget, Berthold, Briegel, Littbarski, Völler, K. Rummenigge.

Am 12. Oktober 1985 in Lissabon:
PORTUGAL – MALTA 3:2 (1:0)
Portugal: Bento, Joao Pinto, Frederico, Venancio, Alvaro, Jaime Pacheco, Litos, Carlos Manuel, Palhares (46. Jaime), Gomes, Jordao (46. Jose Rafael).
Malta: Bonello, Buttigieg, Aquilina, Woods, Holland, Azzopardi, Vella (51. Degiorgio), Busuttil, Scerri, Gregory (87. Xuereb), Farrugia.

Am 16. Oktober 1985 in Stuttgart:
DEUTSCHLAND – PORTUGAL 0:1 (0:0)
Deutschland: Schumacher, Berthold, K. Förster, Jakobs (46. Gründel), Brehme, Allgöwer, Herget, Briegel, Meier, Littbarski (64. T. Allofs), K. Rummenigge.
Portugal: Bento, Joao Pinto, Venancio, Frederico, Inacio, Carlos Manuel (81. Litos), Jaime Pacheco, Veloso, Jose Antonio, Gomes (84. Jose Rafael), Mario Jorge.

Am 16. Oktober 1985 in Prag:
ČSSR – SCHWEDEN 2:1 (1:1)
ČSSR: Miklosko, Levy, Chovanec, Straka, Ondra, Hasek, Berger, Kula, Vizek, Lauda (78. Luhovy), Micinec (82. Novak).
Schweden: T. Ravelli, Erlandsson, Hysen, Dahlqvist, Fredriksson, Prytz, A. Ravelli (67. Holmqvist), Strömberg, Svensson (75. Magnusson), T. Nilsson, Corneliusson.

Am 17. November 1985 in München:
DEUTSCHLAND – ČSSR 2:2 (1:0)
Deutschland: Schumacher, Augenthaler, Brehme, K. Förster, Briegel (46. Frontzeck), Allgöwer, Rolff, Thon, Littbarski (79. Rahn), Rummenigge, Kögl.
ČSSR: Miklosko, Chovanec, Levy, Straka, Ondra, Hasek, Berger, Novak, Kula, Vizek, Lauda (73. Luhovy).

Am 17. November 1985 in La Valletta:
MALTA – SCHWEDEN 1:2 (0:1)
Malta: Bonello, Aquilina (60. Camilleri), Scicluna, Woods, Holland, Buttigieg, Busuttil, Vella, Gregory (83. Xuereb), Farrugia, Degiorgio.
Schweden: Wernersson, A. Ravelli, P. Larsson, Dahlqvist, Fredriksson, Eriksson, Prytz (84. Tord Holmgren), Strömberg, Sanders (80. L. Larsson), Holmqvist, Tommy Holmgren.

1. Deutschland	8 5 2 1	22:9	12:4
2. Portugal	8 5 0 3	12:10	10:6
3. Schweden	8 4 1 3	14:9	9:7
4. ČSSR	8 3 2 3	11:12	8:8
5. Malta	8 0 1 7	6:25	1:15

Qualifiziert: Deutschland und Portugal

Gruppe 3

Am 27. Mai 1984 in Pori:
FINNLAND – NORDIRLAND 1:0 (0:0)
Finnland: Huttunen, Pekonen, Kymalainen, Ikalainen (50. Europeus), Petaja, Ukkonen, Turunen, Houtsonen, Valvee, Rautiainen, Rantanen.
Nordirland: Jennings, J. Nicholl, McClelland, McElhinney, Donaghy, M. O'Neill, McIlroy (75. Worthington), Armstrong (64. Cochrane), Hamilton, Whiteside, Stewart.

Am 12. September 1984 in Belfast:
NORDIRLAND – RUMÄNIEN 3:2 (1:1)
Nordirland: Jennings, Nicholl, Donaghy, McClelland, McElhinney, M. O'Neill, Armstrong, McCreery, Hamilton, Whiteside, Stewart.
Rumänien: Lung, Rednic, Stefanescu, Ungureanu, Andone, Iorgulescu, Ticleanu, Klein, Augustin, Irimescu, Hagi.

Am 17. Oktober 1984 in London:
ENGLAND – FINNLAND 5:0 (2:0)
England: Shilton, Duxbury (46. Stevens), Wright, Butcher, Sansom, Williams, Wilkins, Robson (80. Chamberlain), Barnes, Woodcock, Hateley.
Finnland: Huttunen, Pekonen, Kymalainen, Lahtinen, Petaja, Haaskivi (46. Turunen), Houtsonen, Ukkonen, Ikainen, Rautiainen, Valvee (70. Hjelm).

Am 31. Oktober 1984 in Antalya:
TÜRKEI – FINNLAND 1:2 (0:1)
Türkei: Arif, Muharrem, Abdulkerim, Riza (71. Mujdat), Rasit, Cem, Aykut (46. Ridvan), Ismail, Tüfekci, Keser, Hasan.
Finnland: Huttunen, Lahtinen, Kymalainen, Ikalainen, Pekonen, Turunen, Virtanen, Houtsonen, Ukkonen, Lipponen, Hjelm (86. Valvee).

Am 14. November 1984 in Belfast:
NORDIRLAND – FINNLAND 2:1 (1:1)
Nordirland: Jennings, Nicholl, J. O'Neill, McClelland, Donaghy, M. O'Neill, McIlroy, Armstrong, Quinn, Whiteside, Stewart.
Finnland: Huttunen, Pekonen, Kymalainen, Lahtinen, Ikalainen, Turunen, Europeus, Ukkonen, Houtsonen, Hjelm, Lipponen.

Am 14. November 1984 in Istanbul:
TÜRKEI – ENGLAND 0:8 (0:3)
Türkei: Yasar, Yusuf, Ismail, Cem, Kemal, Mujdat, Rasit, Tüfekci (46. Hassan), Kelogiu, Ridvan, Keser.
England: Shilton, Anderson, Wright, Butcher, Sansom, Robson, Wilkins, Williams (67. Stevens), Barnes, White, Woodcock (67. Francis).

Am 27. Februar 1985 in Belfast:
NORDIRLAND – ENGLAND 0:1 (0:0)
Nordirland: Jennings, Nicholl, McClelland, J. O'Neill, Donaghy, McIlroy, Ramsey, Armstrong, Stewart, Quinn, Whiteside.
England: Shilton, Anderson, Martin, Butcher, Sansom, T. Stevens, Wilkins, G. Stevens, Woodcock (78. Francis), Hateley, Barnes.

Am 3. April 1985 in Craiova
RUMÄNIEN – TÜRKEI 3:0 (3:0)
Rumänien: Lung, Negrila, Iorgulescu, Stefanescu, Ungureanu, Rednic, Irimescu, Mateut (56. Lacatus), Hagi, Coras (70. Balaci), Camataru.
Türkei: Arif, Semih, Abdulkerim, Kemal, Mujdat, Senol (45. Hasan), Huseyin, Yusuf, Metin, Selcuk (75. Iskender), Ridvan.

Am 1. Mai 1985 in Belfast:
NORDIRLAND – TÜRKEI 2:0 (1:0)
Nordirland: Jennings, J. Nicholl, McClelland, J. O'Neill, Donaghy, McIlroy, Ramsey, Brotherston, Whiteside, Quinn, Stewart.
Türkei: Erhan, Rasit, Abdulkerim, Semih, O. Hasan, A. Yusuf, Ismail, Metin, Tüfekci, Mujdat, K. Hassan.

Am 1. Mai 1985 in Bukarest:
RUMÄNIEN – ENGLAND 0:0
Rumänien: Lung, Negrila, Iorgulescu (40. Iovan), Stefanescu, Ungureanu, Rednic, Hagi, Coras (78. Lacatus), Bölöni, Klein, Camataru.
England: Shilton, Anderson, Butcher, Wright, Sansom, Wilkins, Robson, Steven, Barnes (72. Waddle), Mariner (85. Lineker), Francis.

Am 22. Mai 1985 in Helsinki:
FINNLAND – ENGLAND 1:1 (1:0)
Finnland: Huttunen, Lahtinen (84. Petaja), Ikalainen, Kymalainen, Nieminen, Houtsonen, Rautiainen, Turunen, Ukkonen (78. Hjelm), Rantanen, Lipponen.
England: Shilton, Anderson, Fenwick, Butcher, Sansom, Stevens (78. Waddle), Wilkins, Robson, Francis, Hateley, Barnes.

Am 6. Juni 1985 in Helsinki:
FINNLAND – RUMÄNIEN 1:1 (1:1)
Finnland: Huttunen, Lahtinen, Kymalainen (78. Pekonen), Houtsonen, Nieminen (70. Petaja), Turunen, Rautiainen, Ukkonen, Ikalainen, Lipponen, Rantanen.
Rumänien: Lung, Iovan, Iorgulescu, Stefanescu, Ungureanu, Rednic, Bölöni, Klein, Hagi, Coras (67. Lacatus), Camataru.

Am 28. August 1985 in Timisoara:
RUMÄNIEN – FINNLAND 2:0 (1:0)
Rumänien: Moraru, Rednic, Stefanescu, Ungureanu, Mateut, Iorgulescu (67. Iovan), Coras (46. Gabor), Klein, Camataru, Bölöni, Hagi.
Finnland: Huttunen, Houtsonen, Nieminen, Europeus, Ikalainen, Rautiainen, Ukkonen (71. Petaja), Hjelm, Lipponen, Rantanen, Turunen.

Am 11. September 1985 in Izmir:
TÜRKEI – NORDIRLAND 0:0
Türkei: Yasar, Ismail, Rasit, Sedat, Erdogan, Tüfekci (74. Bahattin), Mujdat, Hasan, Metin, Senol, Keser (27. Tanju).
Nordirland: Jennings, Nicholl, McClelland, O'Neill, Donaghy, Ramsey, Quinn, McIlroy (74. McCreery), Penney, Armstrong, Worthington.

Am 11. September 1985 in London:
ENGLAND – RUMÄNIEN 1:1 (1:0)
England: Shilton, Stevens, Wright, Fenwick, Sansom, Hoodle, Robson, Reid, Hateley, Lineker (80. Woodcock), Waddle (69. Barnes).
Rumänien: Lung, Negrila, Stefanescu, Ungureanu, Rednic, Iovan, Coras (81. Gabor), Klein (88. Mateu), Camataru, Bölöni, Hagi.

Am 25. September 1985 in Tampere:
FINNLAND – TÜRKEI 1:0 (1:0)
Finnland: Huttunen, Lahtinen, Kymalainen, Rantanen, Nieminen (79. Petaja), Turunen, Houtsonen, Ukkonen (57. Lipponen), Ikalainen, Rautiainen, Hjelm.
Türkei: Yasar, Ismail, Sedat, Rasit, Erdogan (46. Yusuf), Mujdat, Arif (46. Tüfekci), Selcuk, Hasan, Senol, Corlu.

Am 16. Oktober 1985 in Bukarest:
RUMÄNIEN – NORDIRLAND 0:1 (0:1)
Rumänien: Lung, Negrila (46. Geolgau), Iovan Ungureanu, Mateut, Iorgulescu, Rednic, Klein, Coras (62. Piturca), Bölöni, Hagi.
Nordirland: Jennings, J. Nicholl, Donaghy, J. O'Neill, McDonald, McCreery, Penney (72. Armstrong), McIlroy, Quinn, Whiteside, Stewart (46. Worthington).

Am 16. Oktober 1985 in London:
ENGLAND – TÜRKEI 5:0 (4:0)
England: Shilton, Stevens, Wright, Fenwick, Sansom, Hoddle, Wilkins, Robson (66. Steven), Lineker, Hateley (84. Woodcock), Waddle.
Türkei: Yasar, Ismail, Yusuf, Rasit, Sedat, Abdulkerim, Huseyin, Mujdat, Senol (37. Hasan Sengun), Hasan Vezir, Selcuk.

Am 13. November 1985 in London:
ENGLAND – NORDIRLAND 0:0
England: Shilton, Stevens, Wright, Fenwick, Sansom, Hoddle, Wilkins, Bracewell, Lineker, Dixon, Waddle.
Nordirland: Jennings, Nicholl, O'Neill, McDonald, Donaghy, McIlroy, McCreery, Whiteside, Penney (59. Armstrong), Quinn, Stewart (72. Worthington).

Am 13. November 1985 in Izmir:
TÜRKEI – RUMÄNIEN 1:3 (0:2)
Türkei: Öcan, Mujdat, Ismail, Yusuf, Erdogan, Riza, Metin, Unal, Senol (61. Ismail II), Tanju, Selcuk.
Rumänien: Lung, Iovan, Iorgulescu, Stefanescu, Barbulescu, Rednic, Bölöni, Klein, Hagi, Coras (83. Geolgau), Piturca (64. Camataru).

1. England	8 4 4 0	21:2	12:4
2. Nordirland	8 4 2 2	8:5	10:6
3. Rumänien	8 3 3 2	12:7	9:7
4. Finnland	8 3 2 3	7:12	8:8
5. Türkei	8 0 1 7	2:24	1:15

Qualifiziert: England und Nordirland

Gruppe 4

Am 29. September 1984 in Belgrad:
JUGOSLAWIEN – BULGARIEN 0:0
Jugoslawien: Stojic, Zoran Vujovic (40. Gracan), Baljic, Gudelj, Hadzibegic, Radanovic, Sestic, Sliskovic, Vokrri (70. Pancev), Bazdarevic, Zlatko Vujovic.
Bulgarien: Michailov, Petrov, Arabov, Markov, Dimitrov, Zdravkov, Yanchev (50. Tanev), Sadkov, Velitschkov, Gospodinov, Mladenov.

Am 13. Oktober 1984 in Luxemburg:
LUXEMBURG – FRANKREICH 0:4 (0:4)
Luxemburg: van Rijswick, Michaud, Scheuer, Petry, Meunier, Schonckert, Hellers, Weis, Dresch, Langers, Reiter.
Frankreich: Bats, Bibard, Battiston, Bossis, Amoros, Fernandez, Tusseau, Giresse, Platini (57. Ferreri), Stopyra, Brisson (73. Anziani).

Am 20. Oktober 1984 in Leipzig:
DDR – JUGOSLAWIEN 2:3 (1.1)
DDR: Müller, Kreer, Dörner, Stahmann, Zötzsche, Rohde, Ernst (70. Streich), Troppa, Steinbach, Minge, Glowatzky.
Jugoslawien: Stojic, Radovic, Hadzibegic, Radanovic, Baljic, Gudelj, Zajec, Bazdarevic, Sestic (83. Josk), Vokrri (88. Deveric), Zlatko Vujovic.

Am 17. November 1984 in Esch-sur-Alzette:
LUXEMBURG – DDR 0:5 (0:0)
Luxemburg: van Rijswick, Girres, Schonckert, Weis, Scheuer, Meunier, Hellers, Petry, Malget (74. Dresch), Langers (71. Bossi), Reiter.
DDR: Müller, Kreer, Stahmann (65. Stübner), Dörner, Döschner, Thom, Troppa, Ernst, Steinbach, Minge, Glowatzky (46. Liebers).

Am 21. November 1984 in Paris:
FRANKREICH – BULGARIEN 1:0 (0:0)
Frankreich: Bats, Bibard, Senac, Bossis, Amoros, Fernandez, Tigana, Platini, Genghini, Stopyra (57. Toure, 83. Tusseau), Bellone.
Bulgarien: Michailov, Nikolov, Arabov, Dimitrov, Markov, Zdravkov, Sadkov, Gochev (46. Gospodinov), Sirakov, Iskrenov, Mladenov (74. Spassov).

Am 5. Dezember 1984 in Sofia:
BULGARIEN – LUXEMBURG 4:0 (2:0)
Bulgarien: Michailov, Pl. Nikolov, Arabov, Al. Markov (67. Getov), G. Dimitrov, Zdraykov, Gochev (59. Mladenov), Sirakov, Velitschkov, Spassov, Pashev.
Luxemburg: van Rijswick, Schonckert, Scheuer, Weis, Petry, Meunier, Girres, Hellers, Reiter (67. Bossi), Dresch, Malget (78. Hoscheid).

Am 8. Dezember 1984 in Paris:
FRANKREICH – DDR 2:0 (1:0)
Frankreich: Bats, Bibard, Bossis, Amoros, Giresse, Tigana, Fernandez, Platini, Stopyra (84. Anziani), Bellone.
DDR: Müller, Trautmann, Stahmann, Dörner, Döschner, Lieber, Troppa, Stübner, Steinbach (75. Richter), Minge (79. Glowatzky), Thom.

Am 27. März 1985 in Zenica:
JUGOSLAWIEN – LUXEMBURG 1:0 (1:0)
Jugoslawien: Stojic, Zoran Vujovic, Hadzibegic, Baljic, Radanovic, Gudelj, Sliskovic, Bazdarevic, Zlatko Vujovic, Durovski, Pasic (70. Sestic).
Luxemburg: van Rijswick, Schonckert, Wagner, Rohmann, Bossi, Barboni, Hellers, Weis (61. Malget), Dresch, Langers, Reiter.

Am 3. April 1985 in Sarajevo:
JUGOSLAWIEN – FRANKREICH 0:0
Jugoslawien: Stojic, Capljic, Baljic, Gudelj, Hadzibegic, Radanovic, Sestic (67. Sliakovic), Zajec, Halilhodzic, Bazdarevic, Zlatko Vujovic (63. Durovski
Frankreich: Bats, Ayache, Amoros, Specht, Battiston, Fernandez (82. Tusseau), Tigana, Giresse, Stopyra (69. Toure), Platini, Bellone.

Am 6. April 1985 in Sofia:
BULGARIEN – DDR 1:0 (0:0)
Bulgarien: Michailov, Iliev, Arabov, Petrov, Dimitrov, Zdravkov, Gochev (25. Getov), Sadkov, Mladenov, Sirakov (60. Velitschkov), Iskrenov.
DDR: Müller, Kreer, Dörner, Stahmann, Döschner, Stübner, Krause, Backs (88. Schulz), Minge (88. Weidemann), Ernst, Thom.

Am 1. Mai 1985 in Luxemburg:
LUXEMBURG – JUGOSLAWIEN 0:1 (0:0)
Luxemburg: van Rijswick, Schonckert, Wagner, Bossi, Rohmann, Barboni, Hellers, Dresch, Reiter, Weis (72. Girres), Langers.
Jugoslawien: Stojic, Milius, Baljic, Hadzibegic, Zajec, Radanovic (46. Durovski), Zlatko Vujovic (75. Pancev), Gudelj, Vokrri, Bazdarevic, Minaric.

Am 2. Mai 1985 in Sofia:
BULGARIEN – FRANKREICH 2:0 (1:0)
Bulgarien: Michailov, Nikolov, Arabov, Petrov, Dimitrov, Zdravkov, Getov (75. Pashev), Sirakov, Velitschkov (56. Jeliaskov), Sadkov, Mladenov.
Frankreich: Bats, Ayache, Amoros, Specht, Bossis, Fernandez (69. Tusseau), Toure, Tigana, Stopyra, Platini, Bellone.

Am 18. Mai 1985 in Babelsberg:
DDR – LUXEMBURG 3:1 (3:0)
DDR: Müller, Kreer, Dörner, Rohde (57. Döschner), Zötzsche, Pilz, Ernst, Liebers, Kirsten, Minge, Thom.
Luxemburg: van Rijswick, Schonckert (60. Meunier), Rohmann, Bossi, Wagner, Weis, Barboni, Dresch, Hellers, Reiter (71. Malget), Langers.

Am 1. Juni 1985 in Sofia:
BULGARIEN – JUGOSLAWIEN 2:1 (1:1)
Bulgarien: Michailov, Nikolov, Arabov, Petrov, G. Dimitrov, Zdravkov, Getov, Sirakov (53. Jeliazkov), Velitschkov (46. Kostadinov), Sadkov, S. Mladenov.
Jugoslawien: Stojic, Capljic, Radanovic, Gudelj, Zajec, Hadzibegic, Bahtic (35. Mrkela), Mlinaric, Vokrri, Bazdarevic, Durovski.

Am 11. September 1985 in Leipzig:
DDR – FRANKREICH 2:0 (0:0)
DDR: Müller, Kreer, Rohde, Sänger, Zötzsche, Stübner, Liebers, Minge, Thom, Kirsten, Ernst.
Frankreich: Bats, Bibard, Ayache, Le Roux, Bossis, Fernandez, Poullain (75. Bellone), Giresse, Platini, Rocheteau, Toure.

Am 25. September in Luxemburg:
LUXEMBURG – BULGARIEN 1:3 (0:3)
Luxemburg: van Rijswick, Schonckert, Dresch, Scheuer, Meunier, Jeitz, Weis (46. Girres), Hellers, Barboni (74. Malget), Retier, Langers.
Bulgarien: Valov, Zdravkov, Arabov, P. Petrov, G. Dimitrov, Sadkov, Getov (69. Kolev), Gochev, Kostadinov, Gospodinov, Iskrenov (80. Paschev).

Am 28. September 1985 in Belgrad:
JUGOSLAWIEN – DDR 1:2 (0:0)
Jugoslawien: Ljukovcan, Elsner, Gracan, Radanovic, Kapetanovic, Gudelj (62. Capljic), Skoro, Bazdarevic, Nicolic (46. Durovski), Bursac, Zlatko Vujovic.
DDR: Müller, Rohde, Kreer, Sänger, Zötzsche, Pilz, Minge, Liebers, Thom, Kirsten (89. Heun), Ernst.

Am 30. Oktober 1985 in Paris:
FRANKREICH – LUXEMBURG 6:0 (4:0)
Frankreich: Bats, Ayache, Battiston, Bossis (28. Le Roux), Amoros, Tigana, Fernandez, Giresse, Platini, Rocheteau (64. Bellone), Toure.
Luxemburg: von Rijswick, Meunier, Bossi, Dresch, Schonckert, Weis, Jeitz (62. Wagner), Hellers, Hoscheid (84. Scholten), Langers, Girres.

Am 16. November 1985 in Karl-Marx-Stadt:
DDR – BULGARIEN 2:1 (2:1)
DDR: Müller, Kreer, Rohde, Sänger, Zötzsche, Stübner, Liebers, Pilz, Kirsten (78. Heun), Ernst (78. Glowatzki), Minge.
Bulgarien: Valov, E. Dimitrov, G. Dimitrov, Kolev, Petrov, Zdravkov (65. Kh. Kolev), Jeliaskov, Gochev, Gospodinov, Kostadinov, Iskrenov (78. Getov).

Am 16. November 1985 in Paris:
FRANKREICH – JUGOSLAWIEN 2:0 (1:0)
Frankreich: Bats, Ayache, Amoros, Le Roux, Battiston, Fernandez, Tigana, Giresse, Rocheteau (76. Stopyra), Platini, Toure.
Jugoslawien: Stojic, Milius, Kapetanovic, Gudelj, Veremezovic, Radanovic, Stojkovic (46. Soro), Sliskovic, Bursac, Bazdarevic, Zlatko Vujovic.

1. Frankreich	8 5 1 2	15:4	11:5
2. Bulgarien	8 5 1 2	13:5	11:5
3. DDR	8 5 0 3	16:9	10:6
4. Jugoslawien	8 3 2 3	7:8	8:8
5. Luxemburg	8 0 0 8	2:27	0:16

Qualifiziert: Frankreich und Bulgarien

Gruppe 5

Am 21. Mai 1984 in Nikosia:
ZYPERN – ÖSTERREICH 1:2 (0:1)
Zypern: Konstantinou, Miamiliotis, Erotokritou, Pandsaras, Jangukadis, Kounas (69. Christophorou), Demetriou, Foti, Kious (58. Tsingis), Theophanou.
Österreich: Koncilia, Obermayer, Krauss, Pezzey, Pregesbauer, Gisinger, Prohaska, Weber, Hörmann, Niederbacher (88. Willfurth), Schachner.

Am 26. September 1984 in Budapest:
UNGARN – ÖSTERREICH 3:1 (0:1)
Ungarn: Andrusch, Roth, Csuhay (46. Sallai), Garaba, Varga, Kardos, Nagy, Detari, Kiprich, Nyilasi, Esterhazy.
Österreich: Koncilia, Pezzey, Dihanich, Messlender, Pregesbauer, Weber, Prohaska, Gisinger (75. Drabits), Gasselich (64. Hörmann), Schachner, Polster.

Am 17. Oktober 1984 in Rotterdam:
HOLLAND – UNGARN 1:2 (1:1)
Holland: van Breukelen, Silooy, Spelbos, van de Kerkhof, Wijnstekers, Gullit, Rijkaard, Valke (67. Koeman), van der Gijp, van Basten (61. Houtman), Kieft.
Ungarn: Andrusch, Sallai, Roth, Garaba (46. Csongradi), Varga, Kardos, Nagy (90. Bodonyi), Detari, Kiprich, Nyilasi, Esterhazy.

Am 14. November 1984 in Wien:
ÖSTERREICH – HOLLAND 1:0 (1:0)
Österreich: Koncilia, Pezzey, Weber, Messlender (86. Lainer), Hörmann, Prohaska, Brauneder, Jara, Polster, Schachner, Steinkogler.
Holland: van Breukelen, Spelbos, van Tiggelen, Brandts, Ophof, Lokhoff (73. Been), W. van de Kerkhof, Valke, Boeve (33. van der Gijp), Gullit, van Basten.

Am 17. November 1984 in Nikosia:
ZYPERN – UNGARN 1:2 (1:0)
Zypern: Konstantinou, K. Pandsaras, N. Pandsaras, Klitos, Miamiliotos, Jangukadis, Savidis (85. Damianou), Marangos, Mavris, Fotis, Tsikos.
Ungarn: Andrusch, Sallai, Roth, Garaba, Varga, Csongradi (46. Daika), Nagy, Detari, Kiprich (46. Bodonyi), Nyilasi, Esterhazy.

Am 23. Dezember 1984 in Nikosia:
ZYPERN – HOLLAND 0:1 (0:0)
Zypern: Konstantinou, Kouis, K. Pandsaras, N. Pandsaras, Erotokritou, Miamiliotis, Jangudakis, Mavris, Marangos, Tsikos, Savidis, Fotis.
Holland: van Breukelen, Boeve, Spelbos, Brandts, Wijnstekers, Valke, W. van de Kerkhof, Gullit, Houtman, van Basten, van der Gijp.

Am 27. Februar 1985 in Amsterdam:
HOLLAND – ZYPERN 7:1 (3:1)
Holland: van Breukelen, W. van de Kerkhof, Wijnstekers, Brandts, Boeve, Schoenaker, Koeman, Gullit (66. van der Gijp), van Basten, Kieft, Tahamata.
Zypern: Konstantinou, K. Pandsaras, Miamiliotis, Erotokritou, N. Pandsaras, K. Konstantinou, Marangos, Kouis (75. Damianou), Savidis, Tsikos (78. Nikolaou), Fotis.

Am 3. April 1985 in Budapest:
UNGARN – ZYPERN 2:0 (0:0)
Ungarn: Disztl, Roth, Sallai, Garaba, Varga, Kardos, Nagy, Nyilasi, Detari, Bodonyi (64. Kiprich), Esterhazy (78. Szokolai).
Zypern: Konstantinou, Karseras (86. Nikolaou), N. Pandsaras, Erotokritou, Miamiliotis, K. Konstantinou, Marangos, Tsingis, Jangudakis, Savidis (90. Mavroudis), Fotis.

Am 17. April 1985 in Wien:
ÖSTERREICH – UNGARN 0:3 (0:2)
Österreich: Koncilia, Lainer, Weber, Pezzey, Degeorgi (46. Türmer), Prohaska, Hörmann, Oberacher (46. Polster), Jara, Schachner, Krankl.
Ungarn: Disztl, Sallai, Roth, Garaba, Peter, Kardos, Nagy, Nyilasi, Detari, Kiprich, Esterhazy.

Am 1. Mai 1985 in Rotterdam:
HOLLAND – ÖSTERREICH 1:1 (0:0)
Holland: van Breukelen, van de Korput, Wijnstekers, Brandts, Schoenaker, Rijkaard, van de Kerkhof, Koeman, van der Gijp (77. de Witt), Kieft, Tahamata.
Österreich: Koncilia, Pezzey, Lainer, Brauneder, Türmer, Hörmann, Prohaska, Kienast, Willfurth, Schachner, Polster (79. Hrstic).

Am 7. Mai 1985 in Graz:
ÖSTERREICH – ZYPERN 4:0 (2:0)
Österreich, Koncilia, Pezzey, Lainer, Pichler, Brauneder, Hörmann, Prohaska, Hrstic, Willfurth, Schachner, Polster (68. Pacult).
Zypern: Konstantinou, C. Konstantinou, N. Pandsaras (46. K. Pandsaras), Erotokritou, Paktikis, Marangos, Jangudakis, Nikolaou, Tsingis (87. Christophi), Savidis, Fotis.

Am 14. Mai 1985 in Budapest:
UNGARN – HOLLAND 0:1 (0:0)
Ungarn: Disztl, Kardos, Roth, Peter, Sallai, Nagy (56. Varga), Garaba, Detari, Kiprich, Nyilasi, Esterhazy (71. Meszaros).
Holland: van Breukelen, van de Korput, Wijnstekers, Rijkaard, van Tiggelen, Schoenaker, Lokhoff (46. de Witt), W. van de Kerkhof (63. Koeman), Tahamata, Kieft, van Basten.

1. Ungarn	6	5 0 1	12:4	10:2
2. Holland	6	3 1 2	11:5	7:5
3. Österreich	6	3 1 2	9:8	7:5
4. Zypern	6	0 0 6	3:18	0:12

Qualifiziert: Ungarn

Gruppe 6

Am 12. September 1984 in Oslo:
NORWEGEN – SCHWEIZ 0:1 (0:1)
Norwegen: Thorstvedt, Soler, Hareide, Kojedal, Gröndalen, Herlovsen, Ahlsen, Davidsen, Giske (ab 61. Albertsen), Dokken, Brandhaug (43. Seland).
Schweiz: Engel, Wehrli, In-Albon, Egli, Schällibaum, Koller, Geiger, Hermann, Brigger, Barberis, Sutter.

Am 12. September 1984 in Dublin:
IRLAND – UdSSR 1:0 (0:0)
Irland: McDonagh, Devine, Hughton, Lawrenson, O'Leary, Brady, Whelan, Grealish, Galvin, Walsh (80. O'Keefe), Robinson.
UdSSR: Dassajew, Sulakwelidse, Schiwadse, Demjanenko, Baltatscha, Oganesjan (80. Gotsmanow), Litowtschenko, Bessonow (38. Sigmantowitsch), Aleijnikow.

Am 26. September 1984 in Kopenhagen:
DÄNEMARK – NORWEGEN 1:0 (0:0)
Dänemark: Qvist, M. Olsen, Busk, Nielsen, Bertelsen, Berggreen (ab 54. Brylle), Mölby, J. Olsen (77. Lauridsen), Christofte, Laudrup, Elkjaer-Larsen.
Norwegen: Thorstvedt, Hareide, Fjellberg, Kojedal, Groendalen, Soler, Thoresen, Ahlsen, Davidsen, Jacobsen (75. Matjiesen), Vaadal (54. Moon).

Am 10. Oktober 1984 in Oslo:
NORWEGEN – UdSSR 1:1 (0:0)
Norwegen: Thorstvedt, Fjellberg, Kojedal, Hareide, Mordt, Soler, Ahlsen, Davidsen (71. Johansen), Thoresen, Oekland, Jacobsen.
UdSSR: Dassajew, Posdnjakow, Sulakwelidse, Baltatscha, Bubnow, Litowtschenko, Gotsmanow, Oganesjan (46. Sigmantowitsch), Aleijnikow, Protassow (67. Kondratjew), Rodionow.

Am 17. Oktober 1984 in Bern:
SCHWEIZ – DÄNEMARK 1:0 (1:0)
Schweiz: Engel, Wehrli, Egli, In-Albon, Hermann, Geiger, Schällibaum, Bregy, Zwicker, Barberis (85. Ponte), Briggler (75. Sutter).
Dänemark: Qvist, M. Olsen, Busk, Christofte, Nielsen, Mölby (57. Brylle), Bertelsen, J. Olsen, Berggreen (79. Sievebaeck), Laudrup, Elkjaer-Larsen.

Am 17. Oktober 1984 in Oslo:
NORWEGEN – IRLAND 1:0 (1:0)
Norwegen: Thorstvedt, Fjellberg (33. Davidsen), Kojedal, Hareide, Mordt, Soler, Ahlsen, Herlovsen, Thoresen, Oekland, Jacobsen (89. Henriksen).
Irland: McDonagh, Devine, Hughton, Lawrenson O'Leary, Brady, Whelan (68. O'Callaghan), Grealish: Galvin, Stapleton, Robinson (69. Walsh).

Am 14. November 1984 in Kopenhagen:
DÄNEMARK – IRLAND 3:0 (1:0)
Dänemark: Qvist, M. Olsen, Sievebaeck, Busk, Nielsen, Bertelsen (57. Mölby), Berggreen, Arnesen, Lerby, Laudrup, Elkjaer-Larsen (64. Brylle).
Irland: McDonagh, Lawrensen, McCarthy, O'Leary, Beglin, Grealish, Brady, Sheedy, Galvin (46. O'Callaghan), Stapleton, Walsh.

Am 17. April 1985 in Bern:
SCHWEIZ – UdSSR 2:2 (1:1)
Schweiz: Engel, Wehrli, In-Albon, Egli, Lüdi, Geiger, Bregy, Hermann, Brigger, Barberis, Cina.
UdSSR: Dassajew, Baltatscha, Larionow, Wischnewski, Demjanenko, Gotsmanow, Aleijnikow, Litowtschenko, Protassow, Gawrilow, Kondratjew.

Am 1. Mai 1985 in Dublin:
IRLAND – NORWEGEN 0:0
Irland: Bonner, Langan (83. McGrath), O'Leary, Lawrensen, Beglin, Waddock, Brady (67. Whelan), Daly, Robinson, Stapleton, Galvin.
Norwegen: Thorstvedt, Fjellberg, Kojedal, Hareide, Henriksen, Herlovsen (58. Erlandsen), Ahlsen, Oekland, Soler, Moen (87. Jacobsen), Thoresen.

Am 2. Mai 1985 in Moskau:
UdSSR – SCHWEIZ 4:0 (4:0)
UdSSR: Dassajew, Wischnewski, Larionow, Sulakwelidse, Demjanenko, Litowtschenko (77. Belanow), Aleijnikow, Gotsmanow, Protassow, Gawrilow, Kondratjew (72. Tscherenkow).
Schweiz: Engel, Wehrli, Lüdi, Egli, In-Albon, Schällibaum, Geiger, Hermann, Bregy (61. Braschler), Barberis (61. Matthey), Brigger.

Am 2. Juni 1985 in Dublin:
IRLAND – SCHWEIZ 3:0 (2:0)
Irland: McDonagh, Langan, O'Leary, McCarthy, Beglin, Daly (46. Whelan), Grealish (61. McGrath), Brady, Sheedy, Robinson, Stapleton.
Schweiz: Engel (24. Burgener), Wehrli, In-Albon, Lüdi, Geiger, Hermann, Decastel, Egli, Matthey, Barberis (59. Bregy), Braschler.

Am 5. Juni 1985 in Kopenhagen:
DÄNEMARK – UdSSR 4:2 (2:1)
Dänemark: Qvist, M. Olsen, Busk, Nielsen, Lerby, Arnesen (78. Andersen), Berggreen, J. Olsen (46. Frimann), Bertelsen, Laudrup, Elkjaer-Larsen.
UdSSR: Dassajew, Sulakwelidse, Posniakow, Demjanenko, Baltatscha, Aleijnikow, Gotsmanow, Litowtschenko (22. Sigmanowitsch), Gawrilow (75. Kondratjew), Protassow, Belanow.

Am 11. September 1985 in Bern:
SCHWEIZ – IRLAND 0:0
Schweiz: Engel, Geiger, In-Albon, Egli, Schällibaum (75. Brigger), Koller, Perret, Hermann, Bregy, Matthey, Lüdi.
Irland: McDonagh, Hughton, O'Leary, McCarthy, Beglin, Daly (60. McGrath), Lawrensen, Brady, Sheedy (71. O'Callaghan), Stapleton, Cascarino.

Am 25. September 1985 in Moskau:
UdSSR – DÄNEMARK 1:0 (0:0)
UdSSR: Dassajew, Tschiwadse, Morosow, Bubnow, Demjanenko, Larionow (27. Sawarow), Aleijnikow, Tscherenkow, Gotsmanow, Protassow, Blochin (84. Kondratjew).
Dänemark: T. Rasmussen, M. Olsen, Sievebaeck, Nielsen (30. Mölby), Busk, Berggreen, Bertelsen, Arnesen, Lerby, Laudrup, Elkjaer-Larsen.

Am 9. Oktober 1985 in Kopenhagen:
DÄNEMARK – SCHWEIZ 0:0
Dänemark: T. Rasmussen, M. Olsen, Berggreen, Busk, Nielsen, Simonsen (46. Sievebaeck), Bertelsen, Lerby, Arnesen (81. Mölby), Laudrup, Elkjaer-Larsen.
Schweiz: Engel, Geiger, Lüdi, In-Albon, Hermann, Koller, Bregy, Schällibaum, Matthey, Egli, Sutter (64. Braschler).

Am 16. Oktober 1985 in Moskau:
UdSSR – IRLAND 2:0 (0:0)
UdSSR: Dassajew, Tschiwadse, Morosow, Bubnow, Demjanenko, Aleijnikow, Gotsmanow, Sawarow (64. Bessonow), Tscherenkow, Protassow, Blochin (57. Kondratjew).
Irland: McDonagh, Hughton, O'Leary, McCarthy, Beglic (81. O'Callaghan), Waddock, Lawrensen, Brady, Grealish (71. Whelan), Stapleton, Cascarino.

Am 16. Oktober 1985 in Oslo:
NORWEGEN – DÄNEMARK 1:5 (1:0)
Norwegen: Thorstvedt, Fjellberg (51. Kojedal), Hareide (71. Jacobsen), Ahlsen, Henriksen, Davidsen, Herlovsen, Thoresen, Sundby, Oekland, Andersen.
Dänemark: Rasmussen, M. Olsen, Busk, Nielsen, Sievebaeck, Berggreen, Bertelsen (46. Mölby), Arnesen (70. Frimann), Lerby, Laudrup, Elkjaer-Larsen.

Am 31. Oktober 1985 in Moskau:
UdSSR – NORWEGEN 1:0 (0:0)
UdSSR: Dassajew, Morosow, Tschiwadse, Demjanenko, Bubnow, Sawarow, Gotsmanow, Tscherenko, Aleijnikow (46. Bessonow), Protassow (85. Gawrilow), Kondratjew.
Norwegen: Thorstvedt, Henriksen, Kojedal, Hareide, Mordt, Davidsen, Herlovsen, Sundby, Andersen (75. Brandhug), Oekland, Thoresen.

Am 13. November 1985 in Luzern:
SCHWEIZ – NORWEGEN 1:1 (0:1)
Schweiz: Engel, Lüdi, Geiger, In-Albon, Schällibaum, Egli, Hermann, Bregy (73. Koller), Matthey, Brigger, Sulser (78. Cina).
Norwegen: Thorstvedt, Henriksen, Kojedal, Hareide, Mordt, Davidsen, Ahlsen (78. Brandhug), Herlovsen, Thoresen, Sundby, Oekland (73. Andersen).

Am 13. November 1985 in Dublin:
IRLAND – DÄNEMARK 1:4 (1:1)
Irland: McDonagh, Lawrensen, Moran, O'Leary, Beglin, McGrath, Brady, Grealish (31. Byrne), Sheedy (17. Robinson), Stapleton, Cascarino.
Dänemark: Rasmussen, M. Olsen (17. Arnesen), Busk, Nielsen, Sievebaeck, Mölby, Berggreen, Lerby (78. Bertelsen), J. Olsen, Elkjaer-Larsen, Laudrup.

1. Dänemark	8	5 1 2	17:6	11:5
2. UdSSR	8	4 2 2	13:8	10:6
3. Schweiz	8	2 4 2	5:10	8:8
4. Irland	8	2 2 4	5:10	6:10
5. Norwegen	8	1 3 4	4:10	5:11

Qualifiziert: Dänemark und UdSSR

Gruppe 7

Am 12. September 1984 in Reykjavik:
ISLAND – WALES 1:0 (0:0)
Island: Sigurdsson, Thrainsson, Sveinsson, Bergs, Jonsson, Edvaldsson, Thorbjörnsson, Sigurvinsson, Gudlaugsson, Petursson, Gretarsson.
Wales: Southall, Slatter, Hopkins, Ratcliff, Jones, G. Davies (60. Charles), A. Davies, Jackett, Thomas, R. James, Hughes.

Am 17. Oktober 1984 in Sevilla:
SPANIEN – WALES 3:0 (1:0)
Spanien: Arconada, Senor, Goicoechea, Maceda, Camacho, Victor, Francisco (33. Roberto), Gordillo, Rincon (80. Julio Alberto), Butragueño, Carasco.
Wales: Southall, Jackett, Ratcliff, Charles, Slatter, Philips, James, Nicholas, Thomas (60. Vaughan), Curtis, Hughes.

Am 17. Oktober 1984 in Glasgow:
SCHOTTLAND – ISLAND 3:0 (1:0)
Schottland: Leighton, Nicol, McLeish, Miller, Albiston, Souness, McStay, Cooper, Bett, Dalglish (68. Nicholas), Johnston.
Island: Sigurdsson, Thrainsson, Jonsson, Sveinsson, Bergs, Gudlaugsson, Sigurvinsson, Margeirsson, Gudjonsson, Edvaldsson, Petursson.

Am 14. November 1984 in Glasgow:
SCHOTTLAND – SPANIEN 3:1 (2:0)
Schottland: Leighton, Nicol, Miller, McLeish, Albiston, Dalglish, Souness, Cooper, Bett, McStay, Johnston.
Spanien: Arconada, Maceda, Urquiaga, Goicoechea, Camacho, Senor, Victor, Urtabi, Gordillo, Rincon (46. Butrageno), Santillana.

Am 14. November 1984 in Cardiff:
WALES – ISLAND 2:1 (1:0)
Wales: Southall, Slatter, Jackett, Ratcliff, Charles (30. Hopkins), Philips, James, Hughes, Rush, Thomas, Davies.
Island: Sigurdsson, Thrainsson, Bergs, St. Johnsson, Gretarsson, S. Jonsson, Gudjonsson, Petursson, Geirsson, Thorbjörnsson, Sveinsson.

Am 27. Februar 1985 in Sevilla:
SPANIEN – SCHOTTLAND 1:0 (0:0)
Spanien: Arconada, Maceda, Gerardo, Goicoechea, Camacho, Senor, Roberto, Gallego (82. Julio Alberto), Gordillo, Butragueño, Clos.
Schottland: Leighton, Gough, McLeish, Miller, Albiston, McStay (77. Strachan), Bett, Souness, Cooper, Archibald (85. Nicholas), Johnston.

Am 27. März 1985 in Glasgow:
SCHOTTLAND – WALES 0:1 (0:1)
Schottland: Leighton, Nicol, McLeish, Miller, Albiston (58. Hansen), Johnston, Souness, Cooper, Bett, Dalglish, McStay (75. Nicholas).
Wales: Southall, Slatter, Jones, Philips, Jackett, Ratcliff, James, P. Nicholas, Thomas, Hughes, Rush.

Am 30. April 1985 in Wrexham:
WALES – SPANIEN 3:0 (1:0)
Wales: Southall, Slatter, van den Houwe, Philips, Jackett, Ratcliff, James, P. Nicholas, Thomas, Rush, Hughes.
Spanien: Arconada, Maceda, Gerardo, Goicoechea, Liceranzu, Julio Alberto, Victor, Gallego (46. Caldere), Gordillo, Rojo, Rincon (57. Clos).

Am 28. Mai in Reykjavik:
ISLAND – SCHOTTLAND 0:1 (0:0)
Island: Gudmundsson, Thrainsson, Siggi Jonsson, Bergs, Petursson, Seiver Jonsson, Gudlaugsson, Edvaldsson, Thordarsson, Gretarsson, Sveinsson.
Schottland: Leighton, Gough, McLeish, Miller, Malpas, Strachan, Souness, Atkin, Bett, Sharp, Gray (46. Archibald).

Am 12. Juni 1985 in Reykjavik:
ISLAND – SPANIEN 1:2 (1:0)
Island: Sigurdsson, Thrainsson, Bergs, Jonsson, Gudlaugsson, Thorbjörnsson, Edvaldsson, Torfasson (77. Sveinsson), Gretarsson (68. Gislarsson), Margeirsson, Thordarsson.
Spanien: Zubizarreta, Gerardo, Maceda, Goicoechea, Camacho, Victor, Gallego (77. Caldere), Quique, Rincon (46. Sarabia), Santillana, Marcos.

Am 10. September 1985 in Cardiff:
WALES – SCHOTTLAND 1:1 (1:0)
Wales: Southall, van den Houwe, Jones, Ratcliff, Jackett, James (81. Lovell), Philips, Nicholas, Thomas (84. Blackmore), Rush, Hughes.
Schottland: Leighton (46. Rough), Gough, McLeish, Miller, Malpas, Aitken, Nicol, Strachan (52. Cooper), Bett, Sharp, Speedy.

Am 25. September 1985 in Sevilla:
SPANIEN – ISLAND 2:1 (1:1)
Spanien: Zubizarreta, Maceda, Gerardo, Goicoechea, Camacho, Victor, Gallego, Gordillo, Butragueño, Rincon, Rojo.
Island: Sigurdsson, Seiver Jonsson, Thrainsson, Edvaldsson, Gudlansson, Gudjonsson, Sigurvinsson, Sigurdur Jonsson, Thorbjörnsson, Petursson, Thordarsson.

1. Spanien	6	4 0 2	9:8	8:4
2. Schottland	6	3 1 2	8:4	7:5
3. Wales	6	3 1 2	7:6	7:5
4. Island	6	1 0 5	4:10	2:10

Qualifiziert: Spanien

Zusätzliche Qualifikationen

Entscheidungsspiele zwischen den Zweiten der Gruppen 1 und 5:

Am 16. Oktober 1985 in Brüssel:
BELGIEN – HOLLAND 1:0 (1:0)
Belgien: Pfaff, Gerets, Grun (69. Czerniatynski), F. van der Elst, Renquin, L. van der Elst, Ceulemans, Vandereycken, Vercauteren, Vandenbergh, Claesen.
Holland: van Breukelen, Wijnstekers, Spelbos, van de Korput, van Tiggelen, Gullit (85. Ophof), Rijkaard, W. van de Kerkhof, van Basten, Kieft, de Witt (88. Tahamata).

Am 17. November 1985 in Rotterdam:

HOLLAND – BELGIEN 2:1 (0:0)

Holland: van Breukelen, Wijnstekers, Spelbos, van de Korput (46. van Loen), van Tiggelen, Gullit, Rijkaard, Valke, Tahamata (75. Silooy), Houtman, de Witt.

Belgien: Pfaff, Gerets, Broos, F. van der Elst (73. Veyt), de Wolf, Vercauteren, Vandereycken, L. van der Elst (46. Grun), Clijsters, Desmet, Ceulemans.

Qualifiziert: Belgien (bei Torgleichheit zählte das Auswärtstor der Belgier doppelt)

Entscheidungsspiele zwischen dem Zweiten der Gruppe 7 und dem Sieger der Ozeanien-Gruppe:

Am 20. November 1985 in Glasgow:

SCHOTTLAND – AUSTRALIEN 2:0 (0:0)

Schottland: Leighton, Nicol, Malpas, Souness, McLeish, Miller, Dalglish (69. Sharp), Strachan, McAvennie, Aitken, Cooper.

Australien: Greedy, Davidson, Jennings, Yankos, Radcliff, O'Connor, Watson, Mitchell, Kosmina, Murphy, Crino.

Am 4. Dezember 1985 in Melbourne:

AUSTRALIEN – SCHOTTLAND 0:0

Australien: Greedy, Davidson, Jennings, Yankos, Radcliff, Crino (70. Odsakov), Dunn (76. Farina), Murphy, Patikas, Kosmina, Mitchell.

Schottland: Leighton, Gough, Malpas, Souness, McLeish, Miller, Speedy (76. Sharp), McStay, McAvennie, Aitken, Cooper.

Qualifiziert: Schottland

Italien als Titelverteidiger automatisch qualifiziert

SÜDAMERIKA

GRUPPE 1

26. 5. 85	Kolumbien – Peru	1:0
25. 5. 85	Venezuela – Argentinien	2:3
2. 6. 85	Kolumbien – Argentinien	1:3
2. 6. 85	Venezuela – Peru	0:1
9. 6. 85	Peru – Kolumbien	0:0
9. 6. 85	Argentinien – Venezuela	3:0
16. 6. 85	Peru – Venezuela	4:1
16. 6. 85	Argentinien – Kolumbien	1:0
23. 6. 85	Venezuela – Kolumbien	2:2
23. 6. 85	Peru – Argentinien	1:0
30. 6. 85	Argentinien – Peru	2:2
30. 6. 85	Kolumbien – Venezuela	2:0

1.	Argentinien	6 4 1 1	12:6	9:3
2.	Peru	6 3 2 1	8:4	8:4
3.	Kolumbien	6 2 2 2	6:6	6:6
4.	Venezuela	6 0 1 5	5:15	1:11

Qualifiziert: Argentinien

GRUPPE 2

3. 3. 85	Ecuador – Chile	1:1
10. 3. 85	Uruguay – Ecuador	2:1
17. 3. 85	Chile – Ecuador	6:2
24. 3. 85	Chile – Uruguay	2:0
31. 3. 85	Ecuador – Uruguay	0:2
7. 4. 85	Uruguay – Chile	2:1

1.	Uruguay	4 3 0 1	6:4	6:2
2.	Chile	4 2 1 1	10:5	5:3
3.	Ecuador	4 0 1 3	4:11	1:7

Qualifiziert: Uruguay

GRUPPE 3

26. 5. 85	Bolivien – Paraguay	1:1
2. 6. 85	Bolivien – Brasilien	0:2
9. 6. 85	Paraguay – Bolivien	3:0
16. 6. 85	Paraguay – Brasilien	0:2
23. 6. 85	Brasilien – Paraguay	1:1
30. 6. 85	Brasilien – Bolivien	1:1

1.	Brasilien	4 2 2 0	6:2	6:2
2.	Paraguay	4 1 2 1	5:4	4:4
3.	Bolivien	4 0 2 2	2:7	2:6

Qualifiziert: Brasilien

Die drei Gruppenzweiten und der Dritte der Gruppe 1 ermittelten den vierten Teilnehmer aus Südamerika.

HALBFINALE

27.10. 85	Chile – Peru	4:2
3.11. 85	Peru – Chile	0:1
27.10. 85	Paraguay – Kolumbien	3:0
3.11. 85	Kolumbien – Paraguay	2:1

ENDSPIELE

10.11. 85	Paraguay – Chile	3:0
17.11. 85	Chile – Paraguay	2:2

Qualifiziert: Paraguay

NORD – UND MITTELAMERIKA

1. RUNDE (K.-o.-System)

29. 7. 84	El Salvador – Puerto Rico	5:0
5. 8. 84	Puerto Rico – El Salvador	0:3
29. 9. 84	Niederländ. Antillen – USA	0:0
6.10. 84	USA – Niederländ. Antillen	4:0
15. 6. 84	Panama – Honduras	0:3
24. 6. 84	Honduras – Panama	1:0
4. 8. 84	Antigua – Haiti	0:4
7. 8. 84	Haiti – Antigua	1:2
15. 8. 84	Surinam – Guayana	1:0
29. 8. 84	Guayana – Surinam	1:1

Freilos: Guatemala; Jamaika verzichtete gegen Kanada; Grenada verzichtete gegen Trinidad/Tobago: Barbados verzichtete gegen Costa Rica.

2. RUNDE, GRUPPE 1

24. 2. 85	Surinam – El Salvador	0:3
27. 2. 85	El Salvador – Surinam	3:0
3. 3. 85	Surinam – Honduras	1:1
6. 3. 85	Honduras – Surinam	2:1
10. 3. 85	El Salvador – Honduras	1:2
14. 3. 85	Honduras – El Salvador	0:0

1.	Honduras	4 2 2 0	5:3	6:2
2.	El Salvador	4 2 1 1	7:2	5:3
3.	Surinam	4 0 1 3	2:9	1:7

2. RUNDE, GRUPPE 2

13. 4. 85	Kanada – Haiti	2:0
20. 4. 85	Kanada – Guatemala	2:1
26. 4. 85	Haiti – Guatemala	0:1
5. 5. 85	Guatemala – Kanada	1:1
8. 5. 85	Haiti – Kanada	0:2
15. 5. 85	Guatemala – Haiti	4:0

1.	Kanada	4 3 1 0	7:2	7:1
2.	Guatemala	4 2 1 1	7:3	5:3
3.	Haiti	4 0 0 4	0:9	0:8

2. RUNDE, GRUPPE 3

24. 4. 85	Trinidad/Tobago – Costa Rica	0:3
28. 4. 85	Costa Rica – Trinidad/Tobago	1:1
15. 5. 85	Trinidad/Tobago – USA	1:2
19. 5. 85	USA – Trinidad/Tobago	1:0
26. 5. 85	Costa Rica – USA	1:1
31. 5. 85	USA – Costa Rica	0:1

1.	Costa Rica	4 2 2 0	6:2	6:2
2.	USA	4 2 1 1	4:3	5:3
3.	Trinidad/Tobago	4 0 1 3	2:7	1:7

3. RUNDE

11. 8. 85	Costa Rica – Honduras	2:2
17. 8. 85	Kanada – Costa Rica	1:1
25. 8. 85	Honduras – Kanada	0:1
1. 9. 85	Costa Rica – Kanada	0:0
8. 9. 85	Honduras – Costa Rica	3:1
14. 9. 85	Kanada – Honduras	2:1

1.	Kanada	4 2 2 0	4:2	6:2
2.	Honduras	4 1 1 2	6:6	3:5
3.	Costa Rica	4 0 3 1	4:6	3:6

Qualifiziert: Kanada (und Mexiko als Veranstalter)

OZEANIEN

3. 9. 85	Israel – Taiwan	6:0
8. 9. 85	Taiwan – Israel	0:5
21. 9. 85	Neuseeland – Australien	0:0
5.10. 85	Neuseeland – Taiwan	5:1
8.10. 85	Israel – Australien	1:2
12.10. 85	Taiwan – Neuseeland	0:5
20.10. 85	Australien – Israel	1:1
23.10. 85	Australien – Taiwan	7:0
26.10. 85	Neuseeland – Israel	3:1
27.10. 85	Taiwan – Australien	0:8
3.11. 85	Australien – Neuseeland	2:0
10.11. 85	Israel – Neuseeland	3:0

1.	Australien	6 4 2 0	20:2	10:2
2.	Israel	6 3 1 2	17:6	7:5
3.	Neuseeland	6 3 1 2	13:7	7:5
4.	Taiwan	6 0 0 6	1:36	0:12

Entscheidungsspiele des Ozeanien-Siegers gegen den Zweiten der Europa-Gruppe 7:

20.11. 85	Schottland – Australien	2:0
4.12. 85	Australien – Schottland	0:0

Keine Mannschaft aus Ozeanien qualifiziert

AFRIKA

Alle Spiele im K.-o.-System

1. RUNDE

28. 8. 84	Ägypten – Simbabwe	1:0
30. 9. 84	Simbabwe – Ägypten	1:1
13.10. 84	Kenia – Äthiopien	2:1
28.10. 84	Äthiopien – Kenia	3:3
15. 7. 84	Mauritius – Malawi	0:1
28. 7. 84	Malawi – Mauritius	4:0
29. 7. 84	Sambia – Uganda	3:0
25. 8. 84	Uganda – Sambia	1:0
13.10. 84	Tansania – Sudan	1:1
27.10. 84	Sudan – Tansania	0:0
30. 6. 84	Sierra Leone – Marokko	0:1
15. 7. 84	Marokko – Sierra Leone	4:0
28.10. 84	Benin – Tunesien	0:2
13.11. 84	Tunesien – Benin	4:0
21.10. 84	Elfenbeinküste – Gambia	4:0
4.11. 84	Gambia – Elfenbeinküste	3:2
20.10. 84	Nigeria – Liberia	3:0
4.11. 84	Liberia – Nigeria	0:1
1. 7. 84	Angola – Senegal	1:0
15. 7. 84	Senegal – Angola	n.V. 1:0
	(Angola 4:2-Sieger im Elfmeterschießen)	

Freilos für die 1. Runde erhielten Algerien, Kamerun, Ghana; Lesotho verzichtete gegen Madagaskar, Niger verzichtete gegen Libyen, Togo verzichtete gegen Guinea.

2. RUNDE

7. 4. 85	Sambia – Kamerun	4:1
21. 4. 85	Kamerun – Sambia	1:1
7. 4. 85	Marokko – Malawi	2:0
21. 4. 85	Malawi – Marokko	0:0
31. 3. 85	Angola – Algerien	0:0
19. 4. 85	Algerien – Angola	3:2
6. 4. 85	Kenia – Nigeria	0:3
20. 4. 85	Nigeria – Kenia	3:1
5. 4. 85	Ägypten – Madagaskar	1:0
21. 4. 85	Madagaskar – Ägypten	n.V. 1:0
	(Ägypten 4:2-Sieger im Elfmeterschießen)	
10. 2. 85	Guinea – Tunesien	1:0
24. 2. 85	Tunesien – Guinea	2:0
22. 2. 85	Sudan – Libyen	0:0
8. 3. 85	Libyen – Sudan	4:0
7. 4. 85	Elfenbeinküste – Ghana	0:0
21. 4. 85	Ghana – Elfenbeinküste	2:0

3. RUNDE

13. 7. 85	Algerien – Sambia	2:0
28. 7. 85	Sambia – Algerien	0:1
6. 7. 85	Nigeria – Tunesien	1:0
20. 7. 85	Tunesien – Nigeria	2:0
14. 7. 85	Ghana – Libyen	0:0
26. 7. 85	Libyen – Ghana	2:0
12. 7. 85	Ägypten – Marokko	0:0
28. 7. 85	Marokko – Ägypten	2:0

4. RUNDE

6.10. 85	Tunesien – Algerien	1:4
18.10. 85	Algerien – Tunesien	3:0
6.10. 85	Marokko – Libyen	3:0
18.10. 85	Libyen – Marokko	1:0

Qualifiziert: Algerien und Marokko

ASIEN

1. RUNDE, GRUPPE 1A

12. 4. 85	Saudi-Arabien – VA Emirate	0:0
19. 4. 85	VA Emirate – Saudi-Arabien	1:0

Oman verzichtete

1. RUNDE, GRUPPE 1B

15. 3. 85	Jordanien – Katar	1:0
29. 3. 85	Jordanien – Irak	2:3
5. 4. 85	Katar – Irak	3:0
12. 4. 85	Katar – Jordanien	2:0
19. 4. 85	Irak – Jordanien	2:0
5. 5. 85	Irak – Katar	2:1

1.	Irak	4 3 0 1	7:6	6:2
2.	Katar	4 2 0 2	6:3	4:4
3.	Jordanien	4 1 0 3	3:7	2:6

1. RUNDE, GRUPPE 2A

22. 3. 85	Syrien – Kuwait	1:0
29. 3. 85	Nordjemen – Syrien	0:1
5. 4. 85	Kuwait – Nordjemen	5:0
12. 4. 85	Kuwait – Syrien	0:0
19. 4. 85	Syrien – Nordjemen	3:0
26. 4. 85	Nordjemen – Kuwait	1:3

1.	Syrien	4 3 1 0	5:0	7:1
2.	Kuwait	4 2 1 1	8:2	5:3
3.	Nordjemen	4 0 0 4	1:12	0:8

1. RUNDE, GRUPPE 2B

29. 3. 85	Südjemen – Bahrain	1:4
12. 4. 85	Bahrain – Südjemen	3:3

Iran disqualifiziert (wegen der Weigerung, seine Heimspiele auf neutralen Plätzen auszutragen)

1. RUNDE, GRUPPE 3A

2. 3. 85	Nepal – Südkorea	0:2
10. 3. 85	Malaysia – Südkorea	1:0
16. 3. 85	Nepal – Malaysia	0:0
31. 3. 85	Malaysia – Nepal	5:0
6. 4. 85	Südkorea – Nepal	4:0
19. 5. 85	Südkorea – Malaysia	2:0

1.	Südkorea	4 3 0 1	8:1	6:2
2.	Malaysia	4 2 1 1	6:2	5:3
3.	Nepal	4 0 1 3	0:11	1:7

1. RUNDE, GRUPPE 3B

15. 3. 85	Indonesien – Thailand	1:0
18. 3. 85	Indonesien – Bangladesch	2:0
21. 3. 85	Indonesien – Indien	2:1
23. 3. 85	Thailand – Bangladesch	3:0
26. 3. 85	Thailand – Indien	0:0
29. 3. 85	Thailand – Indonesien	0:1
30. 3. 85	Bangladesch – Indien	1:2
2. 4. 85	Bangladesch – Indonesien	2:1
5. 4. 85	Bangladesch – Thailand	1:0
6. 4. 85	Indien – Indonesien	1:1
9. 4. 85	Indien – Thailand	1:1
12. 4. 85	Indien – Bangladesch	2:1

1.	Indonesien	6 4 1 1	8:4	9:3
2.	Indien	6 2 3 1	7:6	7:5
3.	Thailand	6 1 2 3	4:4	4:8
4.	Bangladesch	6 2 0 4	5:10	4:8

RUNDE, GRUPPE 4A

17. 2. 85	Macao – Brunei	2:0
17. 2. 85	Hongkong – China	0:0
20. 2. 85	Macao – China	0:4
23. 2. 85	Hongkong – Brunei	8:0
26. 2. 85	China – Brunei	8:0
1. 3. 85	Brunei – China	0:4
6. 4. 85	Brunei – Hongkong	1:5
13. 4. 85	Brunei – Macao	1:2
28. 4. 85	Macao – Hongkong	0:2
4. 5. 85	Hongkong – Macao	2:0
12. 5. 85	China – Macao	6:0
19. 5. 85	China – Hongkong	1:2

1.	Hongkong	6 5 1 0	19:2	11:1
2.	China	6 4 1 1	23:2	9:3
3.	Macao	6 2 0 4	4:15	4:8
4.	Brunei	6 0 0 6	2:29	0:12

1. RUNDE, GRUPPE 4B

19. 1. 85	Singapur – Nordkorea	1:1
23. 2. 85	Singapur – Japan	1:3
21. 3. 85	Japan – Nordkorea	1:0
30. 4. 85	Nordkorea – Japan	0:0
18. 5. 85	Japan – Singapur	5:0
25. 5. 85	Nordkorea – Singapur	2:0

1.	Japan	4 3 1 0	9:1	7:1
2.	Nordkorea	4 1 2 1	3:2	4:4
3.	Singapur	4 0 1 3	2:11	1:7

2. RUNDE (K.-o.-System)

20. 9. 85	Ver. Arab. Emirate – Irak	2:3
27. 9. 85	Irak – Ver. Arab. Emirate	1:2
6. 9. 85	Bahrain – Syrien	1:1
20. 9. 85	Syrien – Bahrain	1:0
21. 7. 85	Südkorea – Indonesien	2:0
30. 7. 85	Indonesien – Südkorea	1:4
11. 8. 85	Japan – Hongkong	3:0
22. 9. 85	Hongkong – Japan	1:2

3. RUNDE (K.-o.-System)

15.11. 85	Syrien – Irak	0:0
29.11. 85	Irak – Syrien	3:1
26.10. 85	Japan – Südkorea	1:2
3.11. 85	Südkorea – Japan	1:0

Qualifiziert: Irak und Südkorea

Endrunde in Mexiko

Der Verlauf des Turniers

1. Finalrunde

Gruppe A
1. Argentinien
2. Italien
3. Bulgarien
4. Südkorea

Gruppe B
1. Mexiko
2. Paraguay
3. Belgien
4. Irak

Gruppe C
1. UdSSR
2. Frankreich
3. Ungarn
4. Kanada

Gruppe D
1. Brasilien
2. Spanien
3. Nordirland
4. Algerien

Gruppe E
1. Dänemark
2. Deutschland
3. Uruguay
4. Schottland

Gruppe F
1. Marokko
2. England
3. Polen
4. Portugal

Achtelfinale

Argentinien	1
Uruguay	0
England	3
Paraguay	0
Spanien	5
Dänemark	1
Belgien	4*
UdSSR	3
Frankreich	2
Italien	0
Brasilien	4
Polen	0
Mexiko	2
Bulgarien	0
Deutschland	1
Marokko	0

Viertelfinale

Argentinien	2
England	1
Belgien	1**
Spanien	1
Frankreich	1***
Brasilien	1
Deutschland	0****
Mexiko	0

Halbfinale

Argentinien	2
Belgien	0
Deutschland	2
Frankreich	0

Finale

Argentinien	3
Deutschland	2

Um den 3. Platz

Frankreich	4*
Belgien	2

* nach Verlängerung
** Belgien Sieger durch Elfmeterschießen 5:4
*** Frankreich Sieger durch Elfmeterschießen 4:3
**** Deutschland Sieger durch Elfmeterschießen 4:1

Erste Finalrunde

Gruppe A

Am 31. Mai in Mexico City:
BULGARIEN – ITALIEN 1:1 (0:1)
Bulgarien: Michailov, Arabov, Zdravkov, Dimitrov, Markov, Sadkov, Sirakov, Getov, Gospodinov (74. Jeliaskov), Iskrenov (66. Kostadinov), Mladenov.
Italien: Galli, Scirea, Bergomi, Vierchowod, Cabrini, de Napoli, Bagni, di Gennaro, Conti (66. Vialli), Altobelli, Galderisi.
Tore: 0:1 Altobelli (43.), 1:1 Sirakov (85.).
Schiedsrichter: Frederiksson (Schweden); Zuschauer: 110 000.

Am 2. Juni in Mexico City:
ARGENTINIEN – SÜDKOREA 3:1 (2:0)
Argentinien: Pumpido, Brown, Ruggeri, Garre, Clausen, Batista (75. Olarticoechea), Maradona, Burruchaga, Giusti, Valdano, Pasculli (73. Tapia).
Südkorea: Oh, Min-Kook Cho, Jung, Pyung-Suk Kim (22. Kwang-Rae Cho), Kyung-Hoon Park, Chang-Sun Park, Yong-Se Kim (46. Byun), Huh, Joo-Sung Kim, Choi, Cha.
Tore: 1:0 Valdano (6.), 2:0 Ruggeri (18.), 3:0 Valdano (46 .) 3:1 Chang Sun Park (73.).
Schiedsrichter: Sanchez (Spanien); Zuschauer: 60 000.

Am 5. Juni in Puebla:
ITALIEN – ARGENTINIEN 1:1 (1:1)
Italien: Galli, Scirea, Bergomi, Vierchowod, Cabrini Conti (66. Vialli), Bagni, de Napoli (88. Baresi), di Gennaro, Galderisi, Altobelli.
Argentinien: Pumpido, Brown, Ruggeri, Cucciuffo, Batista (61. Olarticoechea), Maradona, Giusti, Garre, Burruchaga, Borghi (75. Enrique), Valdano.
Tore: 1:0 Altobelli (8./Handelfmeter), 1:1 Maradona (34.).
Schiedsrichter: Keizer (Niederlande); Zuschauer: 25 000.

Am 5. Juni in Mexico City:
SÜDKOREA – BULGARIEN 1:1 (0:1)
Südkorea: Oh, Young-Jeung Cho, Jung, Kang-Rae Cho (72. Min-Kook Cho), Kyung-Hoon Park, Chang-Sun Park, Byun, Huh, Joo-Sung Kim, No (46. Jong-Boo Kim), Cha.
Bulgarien: Michailov, Arabov, Zdravkov, Dimitrov, Sadkov, Petrov (58. Jeliaskov), Sirakov, Gospodinov, Getov, Iskrenov (46. Kostadinov), Mladenov.
Tore: 0:1 Getov (11.), 1:1 Jong-Boo Kim (70.).
Schiedsrichter: Al-Shanar (Saudi-Arabien); Zuschauer: 18 000.

Am 10. Juni in Puebla:
SÜDKOREA – ITALIEN 2:3 (0:1)
Südkorea: Oh, Young-Jeung Cho, Jung, Kwang-Rae Cho, Kyung-Hoon Park, Chang-Sun Park, Huh, Joo-Sung Kim (46. Chang), Byun (71. Jong-Boo Kim), Choi, Cha.
Italien: Galli, Scirea, Collovati, Vierchowod, Cabrini, Conti, de Napoli, Bagni (67. Baresi), di Gennaro, Galderisi (88. Vialli), Altobelli.
Tore: 0:1 Altobelli (18.), 1:1 Choi (63.), 1:2 Altobelli (73.), 1:3 Kwang-Rae Cho (83., Eigentor), 2:3 Huh (88.).
Schiedsrichter: Socha (USA); Zuschauer: 14 000

Am 10. Juni in Mexico City:
ARGENTINIEN – BULGARIEN 2:0 (1:0)
Argentinien: Pumpido, Brown, Ruggeri, Cucciuffo, Batista (4 6. Enrique), Maradona, Giusti, Garre, Burruchaga, Borghi (46. Olarticoechea), Valdano.
Bulgarien: Michailov, Jeliaskov, Sirakov (71. Zdravkov), Dimitrov, Markov, Petrov, Sadkov, Jardanov, Markov, Getov, Mladenov (55. Velitschkov).
Tore: 1:0 Valdano (4.), 2:0 Burruchaga (77.).
Schiedsrichter: Ulloa (Costa Rica); Zuschauer: 40 000.

Abschlußtabelle Gruppe A	ARG	ITA	BUL	KOR	Tore	Punkte	Rang
Argentinien	X	1:1	2:0	3:1	6:2	5:1	1
Italien	1:1	X	1:1	3:2	5:4	4:2	2
Bulgarien	0:2	1:1	X	1:1	2:4	2:4	3
Südkorea	1:3	2:3	1:1	X	4:7	1:5	4

Für das Achtelfinale qualifiziert: Argentinien, Italien und Bulgarien

Gruppe B

Am 3. Juni in Mexico City:
BELGIEN – MEXIKO 1:2 (1:2)
Belgien: Pfaff, van der Elst, Gerets, Broos, de Wolf, Scifo, Vandereycken, Ceulemans, Vercauteren, Desmet (60. Claesen), Vandenbergh (65. Demol).
Mexiko: Larios, Felix Cruz, Trejo, Aguirre, Servin, Quirarte, Munoz, Negrete, Boy (70. Espana), Sanchez, Flores (80. Javier Cruz).
Tore: 0:1 Quirarte (23.), 0:2 Sanchez (39.), 1:2 Vandenbergh (45.).
Schiedsrichter: Esposito (Argentinien); Zuschauer: 100 000.

Am 4. Juni in Toluca:
PARAGUAY – IRAK 1:0 (1:0)
Paraguay: Fernandez, Delgado, Torales, Zavala, Schettina, Nunes, Romero, Canete, Ferreira, Cabanas, Mendoza (88. Guasch).

Irak: Hamoudi, Samir Shakir, Khalil Alawi, Nadhum Shakir, Al-Roubai, Gorgis, Hashim (67. Aufi), Harris Muhammed (81. Kassim), Saeed, Radhi, Hussein.
Tor: 1:0 Romero (56.).
Schiedsrichter: Picon (Mauritius); Zuschauer: 12 000.

Am 7. Juni in Mexico City:
MEXIKO – PARAGUAY 1:1 (1:0)
Mexiko: Larios, Felix Cruz, Trejo, Aguirre, Servin, Quirarte, Munoz, Boy (58. Espana), Negrete, Sanchez, Flores (76. Javier Cruz).
Paraguay: Fernandez, Delgado, Zavala, Schettina, Torales (81. Hicks), Romero, Nunes, Canete, Ferreira, Cabanas, Mendoza (62. Guasch).
Tore: 1:0 Flores (3.), 1:1 Romero (85.).
Schiedsrichter: Courtney (England); Zuschauer: 115 000.

Am 8. Juni in Toluca:
IRAK – BELGIEN 1:2 (0:2)
Irak, Hamoudi, Samir Shakir, Khalil Alawi, Nadhum Shakir, Al-Roubai, Harris Muhammed, Gorgis, Hashim, Hussein, Radhi, Kerim (81. Aufi).
Belgien: Pfaff, van der Elst, Gerets, Demol (69. Grun), de Wolf, Scifo (66. Clijsters), Vandereycken, Ceulemans, Vercauteren, Desmet, Claesen.
Tore: 0:1 Scifo (16.), 0:2 Claesen (21./Foulelfmeter), 1:2 Radhi (57.).
Schiedsrichter: Diaz (Kolumbien); Zuschauer: 10 000.

Am 11. Juni in Mexico City:
IRAK – MEXIKO 0:1 (0:0)
Irak: Jassim, Nadhum Hamoudi, Khalil Alawi, Nadhum Shakir, Al-Roubai, Abid (70. Mahmoud), Hashim (61. Aufi), Kassim, Hussein, Radhi, Saddam.
Mexiko: Larios, Felix Cruz, Amador, Aguirre (62. Dominguez), Servin, Espana, Quirarte, Boy, Negrete, de los Cobos (78. Javier Cruz), Flores.
Tor: 0:1 Quirarte (54.).
Schiedsrichter: Petrovic (Jugoslawien); Zuschauer: 108 000.

Am 11. Juni in Toluca:
PARAGUAY – BELGIEN 2:2 (0:1)
Paraguay: Fernandez, Delgado, Torales, Zavala, Romero, Nunes, Canete, Guasch, Ferreira, Cabanas, Mendoza (68. Hicks).
Belgien: Pfaff, Renquin, Grun (90. L. van der Elst), Broos, Vervoort, Scifo, Ceulemans, Demol, Vercauteren, Veyt, Claesen.
Tore: 0:1 Vercauteren (33.), 1:1 Cabanas (50.), 1:2 Veyt (60.), 2:2 Cabanas (67.).
Schiedsrichter: Dotschev (Bulgarien); Zuschauer: 8000.

Abschlußtabelle

Gruppe B	MEX	PAR	BEL	IRQ	Tore	Punkte	Rang
Mexiko	X	1:1	2:1	1:0	4:2	5:1	1
Paraguay	1:1	X	2:2	1:0	4:3	4:2	2
Belgien	1:2	2:2	X	2:1	5:5	3:3	3
Irak	0:1	0:1	1:2	X	1:4	0:6	4

Für das Achtelfinale qualifiziert: Mexiko, Paraguay und Belgien

Gruppe C

Am 1. Juni in Leon:
KANADA – FRANKREICH 0:1 (0:0)
Kanada: Dolan, Lenarduzzi, Bridge, Samuel, Wilson, Ragan, Sweeney (54. Lowery), Norman, James (83. Segota), Valentine, Vrablic.
Frankreich: Bats, Bossis, Amoros, Battiston, Tusseau, Tigana, Giresse, Platini, Fernandez, Rocheteau (71. Stopyra), Papin.
Tor: 0:1 Papin (79.).
Schiedsrichter: Hernan Silva (Chile); Zuschauer: 35 748.

Am 2. Juni in Irapuato:
UdSSR – UNGARN 6:0 (3:0)
UdSSR: Dassajew, Bessonow, Larionow, Kusnezow, Demjanenko, Jaremtschuk, Jakowenko (72. Jewtuschenko), Aleijnikow, Belanow (70. Rodionow), Raz, Sawarow.
Ungarn: Disztl, Roth (13. Burcsa), Sallai, Garaba, Peter (63. Dajka), Nagy, Kardos, Bognar, Detari, Kiprich, Esterhazy.
Tore: 1:0 Jakowenko (3.), 2:0 Aleijnikow (4.), 3:0 Belanow (25., Foulelfmeter), 4:0 Jaremtschuk (66.), 5:0 Jaremtschuk (71.), 6:0 Rodionow (78.).
Schiedsrichter: Agnolin (Italien); Zuschauer: 16 500.

Am 5. Juni in Leon:
FRANKREICH – UdSSR 1:1 (0:0)
Frankreich: Bats, Battiston, Ayache, Bossis, Amoros, Tigana, Giresse (83. Vercruysse), Platini, Fernandez, Papin (76. Bellone), Stopyra.
UdSSR: Dassajew, Bessonow, Larionow, Kusnezow, Demjanenko, Jaremtschuk, Jakowenko (69. Rodionow), Aleijnikow, Sawarow (59. Blochin), Belanow, Raz.
Tore: 0:1 Raz (54.), 1:1 Fernandez (61.).
Schiedsrichter: Arppi (Brasilien); Zuschauer: 27 000.

Am 6. Juni in Irapuato:
UNGARN – KANADA 2:0 (1:0)
Ungarn: Szendrei, Kardos, Sallai, Garaba, Varga, Nagy (61. Dajka), Burcsa (29. Roth), Detari, Bognar, Kiprich, Esterhazy.

Kanada: Lettieri, Lenarduzzi, Bridge, Samuel, Wilson (41. Sweeney), Ragan, Norman, Gray, James (54. Segota), Vrablic, Valentine.
Tore: 1:0 Esterhazy (2.), 2:0 Detari (75.).
Schiedsrichter: Al-Sharif (Syrien); Zuschauer: 13 800.

Am 9. Juni in Leon:
FRANKREICH – UNGARN 3:0 (1:0)
Frankreich: Bats, Battiston, Ayache, Bossis, Amoros, Tigana, Giresse, Platini, Fernandez, Stopyra (7 1. Ferreri), Papin (61. Rocheteau).
Ungarn: Disztl, Roth, Garaba, Kardos, Sallai, Hannich (46. Nagy), Detari, Varga, Kovacs (65. Bognar), Dajka, Esterhazy.
Tore: 1:0 Stopyra (30.), 2:0 Tigana (63.), 3:0 Rocheteau (85.).
Schiedsrichter: Da Silva (Portugal); Zuschauer: 21 000.

Am 9. Juni in Irapuato:
UdSSR – KANADA 2:0 (0:0)
UdSSR: Tschanow, Kusnezow, Morosow, Bubnow, Litowtschenko, Bal, Rodionow, Aleijnikow, Jewtuschenko, Protassow (57. Belanow), Blochin (62. Sawarow).
Kanada: Lettieri, Lenarduzzi, Samuel, Bridge, Wilson, Norman, Gray (70. Pakos), Ragan, James (64. Segota), Valentine, Mitchell.
Tore: 1:0 Blochin (59.), 2:0 Sawarow (75.).
Schiedsrichter: Traore (Mali); Zuschauer: 8000.

Abschlußtabelle

Gruppe C	URS	FRA	HUN	CAN	Tore	Punkte	Rang
UdSSR	X	1:1	6:0	2:0	9:1	5:1	1
Frankreich	1:1	X	3:0	1:0	5:1	5:1	2
Ungarn	0:6	0:3	X	2:0	2:9	2:4	3
Kanada	0:2	0:1	0:2	X	0:5	0:6	4

Für das Achtelfinale qualifiziert: UdSSR und Frankreich

Gruppe D

Am 1. Juni in Guadalajara:
SPANIEN – BRASILIEN 0:1 (0:0)
Spanien: Zubizarreta, Maceda, Tomas, Goicoechea, Camacho, Michel, Francisco (81. Senor), Alberto, Victor, Salinas, Butragueño.
Brasilien: Carlos, Edson, Edinho, Julio Cesar, Branco, Junior (79. Falcao), Alemao, Socrates, Elzo, Careca, Casagrande (66. Müller).
Tor: 0:1 Socrates (62.).
Schiedsrichter: Bambridge (Australien); Zuschauer: 60 162.

Am 3. Juni in Guadalajara:
ALGERIEN – NORDIRLAND 1:1 (0:1)
Algerien: Larbi, Kourichi, Medjadi, Guendouz, Mansouri, Ben-Mabrouk, Kaci-Said, Maroc, Madjer (33. Harkouk), Assad, Zidane (72. Belloumi).
Nordirland: Jennings, Nicholl, McDonald, O'Neill, Donaghy, Penney (68. Stewart), McCreery, McIlroy, Worthington, Whiteside (82. Clarke), Hamilton.
Tore: 0:1 Whiteside (6.), 1:1 Zidane (59.).
Schiedsrichter: Butenko (UdSSR); Zuschauer: 25 000.

Am 6. Juni in Guadalajara:
BRASILIEN – ALGERIEN 1:0 (0:0)
Brasilien: Carlos, Edson (11. Falcao), Edinho, Julio Cesar, Branco, Alemao, Elzo, Socrates, Junior, Casagrande (60. Müller), Careca.
Algerien: Drid, Megharia, Medjadi, Guendouz, Mansouri, Kaci-Said, Ben-Mabrouk, Belloumi (80. Zidane), Madjer, Menad, Assad (68. Bensaoula).
Tor: 1:0 Careca (67.).
Schiedsrichter: Mendez (Guatemala); Zuschauer: 38 000.

Am 7. Juni in Guadalajara:
NORDIRLAND – SPANIEN 1:2 (0:2)
Nordirland: Jennings, Nicholl, O'Neill, McDonald, Donaghy, Penney (54. Stewart), McIlroy, McCreery, Worthington (71. Hamilton), Clarke, Whiteside.
Spanien: Zubizarreta, Gallego, Goicoechea, Camacho, Tomas, Michel, Victor, Francisco, Gordillo (54. Caldere), Butragueño, Salinas (79. Senor).
Tore: 0:1 Butragueño (2.), 0:2 Salinas (18.), 1:2 Clarke (47.).
Schiedsrichter: Brummeier (Österreich); Zuschauer: 28 000.

Am 12. Juni in Guadalajara:
NORDIRLAND – BRASILIEN 0:3 (0:2)
Nordirland: Jennings, Nicholl, O'Neill, McDonald, Donaghy, McIlroy, McCreery, Campbell (71. Armstrong), Stewart, Whiteside (68. Hamilton), Clarke.
Brasilien: Carlos, Josimar, Edinho, Julio Cesar, Branco, Alemao, Junior, Socrates (68. Zico), Elzo, Müller (27. Casagrande), Careca.
Tore: 0:1 Careca (15.), 0:2 Josimar (42.), 0:3 Careca (87.).
Schiedsrichter: Kirschen (DDR); Zuschauer: 42 000.

Am 12. Juni in Monterrey:
ALGERIEN – SPANIEN 0:3 (0:1)
Algerien: Drid (21. Larbi), Guendouz, Megharia, Kourichi, Kaci-Said, Madjer, Maroc, Mansouri, Belloumi, Harkouk, Zidane (59. Menad).
Spanien: Zubizarreta, Gallego, Tomas, Goicoechea, Camacho, Michel (64. Senor), Victor, Francisco, Caldere, Butragueño (64. Eloy), Salinas.
Tore: 0:1 Caldere (16.), 0:2 Caldere (68.), 0:3 Eloy (71.).
Schiedsrichter: Takada (Japan); Zuschauer: 23 980.

Abschlußtabelle

Gruppe D	URS	FRA	HUN	CAN	Tore	Punkte	Rangs
Brasilien	X	1:0	3:0	1:0	5:0	6:0	1
Spanien	0:1	X	2:1	3:0	5:2	4:2	2
Nordirland	0:3	1:2	X	1:1	2:6	1:5	3
Algerien	0:1	0:3	1:1	X	1:5	1:5	4

Für das Achtelfinale qualifiziert: Brasilien und Spanien

Gruppe E

Am 4. Juni in Queretaro:
URUGUAY – DEUTSCHLAND 1:1 (1:0)
Uruguay: Alvez, Acevedo, Diogo, Gutierrez, Batista, Barrios (57. Saralegui), Bossio, Santin, Francescoli, Alzamendi (83. Ramos), da Silva.
Deutschland: Schumacher, Augenthaler, Berthold, Förster, Eder, Briegel, Matthäus (70. Rummenigge), Magath, Brehme (46. Littbarski), Völler, Allofs.
Tore: 1:0 Alzamendi (5.), 1:1 Allofs (85.).
Schiedsrichter: Christov (ČSSR); Zuschauer: 25 000.

Am 4. Juni in Nezahualcoyotl:
SCHOTTLAND – DÄNEMARK 0:1 (0:0)
Schottland: Leighton, Miller, McLeish, Malpas, Gough, Souness, Strachan (75. Bannon), Aitken, Nicol, Sturrock (60. McAvennie), Nicholas.
Dänemark: Rasmussen, M. Olsen, Busk, I. Nielsen, Bertelsen, Berggren, Lerby, Arnesen (75. Sivebaek), J. Olsen (80. Mölby), Laudrup, Elkjaer-Larsen.
Tor: 0:1 Elkjaer-Larsen (59.).
Schiedsrichter: Nemeth (Ungarn); Zuschauer: 20 000.

Am 8. Juni in Queretaro:
DEUTSCHLAND – SCHOTTLAND 2:1 (1:1)
Deutschland: Schumacher, Augenthaler, Berthold, Förster, Eder, Littbarski (76. Rummenigge), Matthäus, Magath, Briegel (63. Jakobs), Völler, Allofs.
Schottland: Leighton, Malpas, Miller, Narey, Gough, Nicol (61. McAvennie), Bannon (75. Cooper), Aitken, Souness, Archibald, Strachan.
Tore: 0:1 Strachan (18.), 1:1 Völler (23.), 2:1 Allofs (50.).
Schiedsrichter: Igna (Rumänien); Zuschauer: 28 000.

Am 8. Juni in Nezahualcoyotl:
DÄNEMARK – URUGUAY 6:1 (2:1)
Dänemark: Rasmussen, M. Olsen, Busk, I. Nielsen, Andersen, Berggren, Bertelsen (57. Mölby), Arnesen, Lerby, Laudrup (82. J. Olsen), Elkjaer-Larsen.
Uruguay: Alvez, Batista, Gutierrez, Diogo, Acevedo, Bossio, Alzamendi (57. Ramos), Saralegui, Francescoli, da Silva, Santin (57. Zalazar).
Tore: 1:0 Elkjaer-Larsen (11.), 2:0 Lerby (41.), 2:1 Francescoli (45., Foulelfmeter), 3:1 Laudrup (52.), 4:1, 5:1 Elkjaer-Larsen (67./80.), 6:1 J. Olsen (89.).
Schiedsrichter: Marquez (Mexiko); Zuschauer: 15 000.

Am 13. Juni in Queretaro:
DÄNEMARK – DEUTSCHLAND 2:0 (1:0)
Dänemark: Högh, M. Olsen, Sivebaek, Busk, Andersen, Arnesen, Mölby, Lerby, J. Olsen (72. Simonsen), Elkjaer-Larsen (46. Eriksen), Laudrup.
Deutschland: Schumacher, Jakobs, Förster (72. Rummenigge), Eder, Brehme, Berthold, Matthäus, Herget, Rolff (46. Littbarski), Völler, Allofs.
Tore: 1:0 J. Olsen (44., Foulelfmeter), 2:0 Eriksen (63.).
Schiedsrichter: Ponnet (Belgien); Zuschauer: 30 000.

Am 13. Juni in Nezahualcoyotl:
SCHOTTLAND – URUGUAY 0:0
Schottland: Leighton, Miller, Gough, Narey, Albiston, Strachan, Aitken, McStay, Nichol (70. Cooper), Sturrock (71. Nicholas), Sharp.
Uruguay: Alvez, Acevedo, Diogo, Gutierrez, Barries, Batista, Pareyra, Santin, Ramos (71. Saralegui), Francescoli (84. Alzamendi), Cabrera.
Schiedsrichter: Quiniou (Frankreich); Zuschauer: 15 000.

Abschlußtabelle

Gruppe E	DAN	GER	URU	SCO	Tore	Punkte	Rang
Dänemark	X	2:0	6:1	1:0	9:1	6:0	1
Deutschland	0:2	X	1:1	2:1	3:4	3:3	2
Uruguay	1:6	1:1	X	0:0	2:7	2:4	3
Schottland	0:1	1:2	0:0	X	1:3	1:5	4

Für das Achtelfinale qualifiziert: Dänemark, Deutschland und Uruguay

Gruppe F

Am 2. Juni in Monterrey:
MAROKKO – POLEN 0:0
Marokko: Baddou, Bouyahiaoui, Labid, Biyaz, Lamriss, Bouderbala, Dolmy, Timoumi (90. Khairi), Haddaoui (90. Soulaimani), Krimou Merry, Mustafa Merry.
Polen: Mlynarczyk, Wojcicki, Kubicki (46. Przybys), Majewski, Ostrowski, Komornicki, Matysik, Buncol, Boniek, Dziekanowski (52. Urban), Smolarek.
Schiedsrichter: Martinez (Uruguay); Zuschauer: 12 000.

Am 3. Juni in Monterrey:
PORTUGAL – ENGLAND 1:0 (0:0)
Portugal: Bento, Alvaro Magalhaes, Frederico, Oliveiro, Inacio, Diamantino (83. Jose Antonio), Carlos Manuel, Andre Antonio, Pacheco, Sousa, Gomez (73. Futre).
England: Shilton, Fenwick, Gary M. Stevens, Butcher, Sansom, Hoddle, Wilkins, Robson (79. Hodge), Lineker, Hateley, Waddle (80. Beardsley).
Tor: 1:0 Carlos Manuel (75.).
Schiedsrichter: Roth (Deutschland); Zuschauer: 18 000.

Am 6. Juni in Monterrey:
ENGLAND – MAROKKO 0:0
England: Shilton, Fenwick, Gary M. Stevens, Butcher, Sansom, Hoddle, Robson (42. Hodge), Wilkins, Lineker (76. Gary A. Stevens), Hateley, Waddle.
Marokko: Baddou, Bouyahiaoui, Labid, Biyaz, Lamriss (73. Oudani), Dolmy, Bouderbala, Timoumi, Krimou Merry, Mustafa Merry (87. Soulaimani), Khairi.
Schiedsrichter: Gonzales (Paraguay); Zuschauer: 10 000.

Am 7. Juni in Monterrey:
POLEN – PORTUGAL 1:0 (0:0)
Polen: Mlynarczyk, Wojcicki, Pawlak, Majewski, Ostrowski, Komornicki (58. Karas), Boniek, Matysik, Urban, Dziekanowski, Smolarek (77. Zgutczynski).
Portugal: Damas, Oliveira, Alvaro Magalhaes, Frederico, Inacio, Diamantino, Carlos Manuel, Pacheco, Andre Antonio (75. Jaime Magalhaes), Antonio Gomes, Fernando Gomes (46. Futre).
Tor: 1:0 Smolarek (67.).
Schiedsrichter: Bennaceur (Tunesien); Zuschauer: 19 951.

Am 11. Juni in Guadalajara:
PORTUGAL – MAROKKO 1:3 (0:2)
Portugal: Damas, Oliveiro, Frederico, Inacio, Alvaro Magalhaes (55. Rui Aguas), Carlos Manuel, Pacheco, Jaime Magalhaes, Sousa (69. Diamantino), Gomes, Futre.
Marokko: Baddou, Bouyahiaoui, Labid, Biyaz, Lamriss, Dolmy, Bouderbala, Timoumi, Haddaoui (72. Soulaimani), Krimou Merry, Khairi.
Tore: 0:1 Khairi (19.), 0:2 Khairi (27.), 0:3 Krimou Merry (62.), 1:3 Diamantino (80.).
Schiedsrichter: Snoddy (Nordirland); Zuschauer: 25 000.

Am 11. Juni in Monterrey:
ENGLAND – POLEN 3:0 (3:0)
England: Shilton, Fenwick, Gary M. Stevens, Butcher, Sansom, Steven, Reid, Hoddle, Hodge, Beardsley (75. Waddle), Lineker (86. Dixon).
Polen: Mlynarczyk, Wojcicki, Pawlak, Majewski, Ostrowski, Komornicki (23. Karas), Matysik (46. Buncol), Boniek, Urban, Dziekanowski, Smolarek.
Tore: 1:0, 2:0, 3:0 Lineker (8., 15., 36.).
Schiedsrichter: Daina (Schweiz); Zuschauer: 22 600.

Abschlußtabelle Gruppe F	MAR	ENG	POL	POR	Tore	Punkte	Rang
Marokko	X	0:0	0:0	3:1	3:1	4:2	1
England	0:0	X	3:0	0:1	3:1	3:3	2
Polen	0:0	0:3	X	1:0	1:3	3:3	3
Portugal	1:3	1:0	0:1	X	2:4	2:4	4

Für das Achtelfinale qualifiziert: Marokko, England und Polen

Achtelfinale

Am 15. Juni in Leon:
UdSSR – BELGIEN 3:4 (2:2, 1:0) n.V.
UdSSR: Dassajew, Bessonow, Bal, Kusnezow, Demjanenko, Jaremtschuk, Jakowenko (79. Jewtuschenko), Alejnikow, Raz, Belanow, Sawarow (73. Rodionow).
Belgien: Pfaff, Renquin, Grun (100. Clijsters), Demol, Gerets (113. Leo van der Elst), Scifo, Ceulemans, Vercauteren, Vervoort, Veyt, Claesen.
Tore: 1:0 Belanow (28.), 1:1 Scifo (56.), 2:1 Belanow (70.), 2:2 Ceulemans (77.), 2:3 Demol (102.), 2:4 Claesen (109.), 3:4 Belanow (111., Foulelfmeter).
Schiedsrichter: Fredriksson (Schweden); Zuschauer: 27 000.

Am 15. Juni in Mexiko City:
MEXIKO – BULGARIEN 2:0 (1:0)
Mexiko: Larios, Felix Cruz, Amador, Quirarte, Servin, Munoz, Aguirre, Boy (80. de los Cobos), Negrete, Espana, Sanchez.
Bulgarien: Michailov, Arabov, Zdravkov, Dimitrov Petrov, Sadkov, Jordanov, Kostadinov, Getov (59. Sirakov), Gospodinov, Paschev (72. Iskrenov).
Tore: 1:0 Negrete (35.), 2:0 Servin (61.).
Schiedsrichter: Arppi (Brasilien); Zuschauer: 114 000.

Am 16. Juni in Puebla:
ARGENTINIEN – URUGUAY 1:0 (1:0)
Argentinien: Pumpido, Brown, Ruggeri, Cucciuffo, Garre, Burruchaga, Maradona, Batista (86. Olarticoechea), Giusti, Pasculli, Valdano.
Uruguay: Alvez, Acevedo (61. Paz), Bossio, Gutierrez Barrios, Pareyra, Santin, Rivero, Francescoli, Ramos: Cabrera (46. da Silva).
Tor: 1:0 Pasculli (42.).
Schiedsrichter: Agnolin (Italien); Zuschauer: 15 000.

Am 16. Juni in Guadalajara:
BRASILIEN – POLEN 4:0 (1:0)
Brasilien: Carlos, Julio Cesar, Josimar, Edinho, Branco, Alemao, Junior, Socrates (70. Zico), Elzo, Müller (74. Silas), Careca.
Polen: Mlynarczyk, Wojcicki, Ostrowski, Majewski, Przybys (59. Furtok), Karas, Urban (83. Zmuda), Tarasiewicz, Dziekanowski, Boniek, Smolarek.
Tore: 1:0 Socrates (30., Foulelfmeter), 2:0 Josimar (54.), 3:0 Edinho (78.), 4:0 Careca (82., Foulelfmeter).
Schiedsrichter: Roth (Salzgitter); Zuschauer: 48 000.

Am 17. Juni in Monterrey:
MAROKKO – DEUTSCHLAND 0:1 (0:0)
Marokko: Zaki, Bouyahiaoui, Khalifa, Quadanhi, Lamriss, Haddaoui, Dolmy, Bouderbala, Timoumi, Khairi, Krimou, Merry.
Deutschland: Schumacher, Jakobs, Förster, Eder, Berthold, Matthäus, Magath, Briegel, Rummenigge, Völler (46. Littbarski), Allofs.
Tor: 0:1 Matthäus (88.).
Schiedsrichter: Petrovic (Jugoslawien); Zuschauer: 48 000.

Am 17. Juni in Mexiko City:
ITALIEN – FRANKREICH 0:2 (0:1)
Italien: Galli, Scirea, Bergomi, Vierchowod, Cabrini, Bagni, Baresi (46. di Gennaro), de Napoli, Conti, Altobelli, Galderisi (58. Vialli).
Frankreich: Bats, Battiston, Ayache, Bossis, Amoros, Tigana, Giresse, Platini (85. Ferreri), Fernandez (74. Tusseau), Stopyra, Rocheteau.
Tore: 0:1 Platini (15.), 0:2 Stopyra (57.).
Schiedsrichter: Esposito (Argentinien); Zuschauer: 70 000.

Am 18. Juni in Queretaro:
DÄNEMARK – SPANIEN 1:5 (1:1)
Dänemark: Hoegh, M. Olsen, Busk, I. Nielsen, J. Olsen (71. Mölby), Berggren, Bertelsen, Lerby, Andersen (61. Eriksen), Elkjaer-Larsen, Laudrup.
Spanien: Zubizarreta, Gallego, Camacho, Goicoechea, Tomas, Michel (84. Francisco), Victor, Caldere, Julio Alberto, Butragueño, Salinas (46. Eloy).
Tore: 1:0 J. Olsen (33., Foulelfmeter), 1:1 Butragueño (44.), 1:2 Butragueño (57.), 1:3 Goicoechea (69., Foulelfmeter), 1:4 Butragueño (80.), 1:5 Butragueño (89., Foulelfmeter).
Schiedsrichter: Keizer (Holland); Zuschauer: 35 000.

Am 18. Juni in Mexiko City:
ENGLAND – PARAGUAY 3:0 (1:0)
England: Shilton, Gary M. Stevens, Bucher, Martin, Sansom, Hoddle, Steven, Reid (58. Gary A. Stevens), Hodge, Beardsley (81. Hateley), Lineker.
Paraguay: Fernandez, Delgado, Torales, Zavala, Schettina, Ferreira, Nunez, Romero, Canete, Cabanas (63. Guasch), Mendoza.
Tore: 1:0 Lineker (32.), 2:0 Beardsley (55.), 3:0 Lineker (73.).
Schiedsrichter: Al-Sharif (Syrien); Zuschauer: 50 000.

Viertelfinale

Am 21. Juni in Guadalajara:
BRASILIEN – FRANKREICH 1:1 (1:1, 1:1) n.V., 3:4 im Elfmeterschießen
Brasilien: Carlos, Edinho, Josimar, Julio Cesar, Branco, Alemao, Elzo, Socrates, Junior (91. Silas), Müller (72. Zico) Careca.
Frankreich: Bats, Battiston, Amoros, Bossis, Tusseau, Tigana, Giresse (84. Ferreri), Platini, Fernandez, Rocheteau (100. Bellone), Stopyra.
Tore: 1:0 Careca (17.), 1:1 Platini (41.); Elfmeterschießen: Bats hält gegen Socrates, 0:1 Stopyra, 1:1 Alemao, 1:2 Amoros, 2:2 Zico, 2:3 Bellone, 3:3 Branco, Platini übers Tor, Julio Cesar gegen den Pfosten, 3:4 Fernandez.
Schiedsrichter: Igna (Rumänien); Zuschauer: 68 000.

Am 21. Juni in Monterrey:
DEUTSCHLAND – MEXIKO 0:0 n.V., 4:1 im Elfmeterschießen
Deutschland: Schumacher, Jakobs, Eder (115. Littbarski), Förster, Brehme, Berthold, Matthäus, Magath, Briegel, Rummenigge (58. Hoeneß), Allofs.
Mexiko: Larios, Felix Cruz, Amador (70. Javier Cruz), Quirarte, Servin, Munoz, Aguirre, Espana, Boy (32. de los Cobos), Negrete, Sanchez.
Elfmeterschießen: 1:0 Allofs, 1:1 Negrete, 2:1 Brehme, 3:1 Matthäus, 4:1 Littbarski (Schumacher hält Elfmeter von Quirarte und Servin).
Schiedsrichter: Jesus Diaz (Kolumbien); Zuschauer: 45 000.

Am 22. Juni in Mexiko City:
ARGENTINIEN – ENGLAND 2:1 (0:0)
Argentinien: Pumpido, Brown, Cucciuffo, Ruggeri, Olarticoechea, Batista, Burruchaga (75. Tapia), Maradona, Enrique, Giusti, Valdano.
England: Shilton, Stevens, Fenwick, Butcher, Sansom, Steven (74. Barnes), Hoddle, Reid (64. Waddle), Hodge, Beardsley, Lineker.
Tore: 1:0, 2:0 Maradona (50., 55.), 2:1 Lineker (81.).
Schiedsrichter: Bennaceur (Tunesien); Zuschauer: 50 000.

Am 22. Juni in Puebla:
SPANIEN – BELGIEN 1:1 (0:1, 1:1) n.V., 4:5 im Elfmeterschießen
Spanien: Zubizarreta, Gallego, Tomas (46. Senor), Chendo, Camacho, Victor, Michel, Caldere, Julio Alberto, Butragueño, Salinas (63. Eloy).
Belgien: Pfaff, Gerets, Demol, Renquin, Grun, Vervoort, Veyt (83. Broos), Vercauteren (106. L. van der Elst), Scifo, Ceulemans, Claesen.
Tore: 0:1 Ceulemans (35.), 1:1 Senor (85.); Elfmeterschießen: 1:0 Senor, 1:1 Claesen, Pfaff hält gegen Eloy, 1:2 Scifo, 2:2 Chendo, 2:3 Broos, 3:3 Butragueño, 3:4 Vervoort, 4:4 Victor, 4:5 van der Elst.
Schiedsrichter: Kirschen (DDR); Zuschauer: 40 000.

Halbfinale

Am 25. Juni in Guadalajara:
FRANKREICH – DEUTSCHLAND 0:2 (0:1)
Frankreich: Bats, Battiston, Ayache, Bossis, Amoros, Tigana, Giresse (72. Vercruysse), Platini, Fernandez, Stopyra, Bellone (66. Xuereb).
Deutschland: Schumacher, Jakobs, Brehme, Förster, Eder, Matthäus, Rolff, Magath, Briegel, Rummenigge (57. Völler), Allofs.
Tore: 0:1 Brehme (9.), 0:2 Völler (90.).
Schiedsrichter: Agnolin (Italien); Zuschauer: 40 000.

Am 25. Juni in Mexiko City:
ARGENTINIEN – BELGIEN 2:0 (0:0)
Argentinien: Pumpido, Brown, Ruggeri, Cucciuffo, Giusti, Batista, Enrique, Burruchaga (85. Bochini), Olarticoechea, Valdano, Maradona.
Belgien: Pfaff, Renquin (54. Desmet), Grun, Demol, Gerets, Scifo, Ceulemans, Vercauteren, Vervoort, Veyt, Claesen.
Tore: 1:0 Maradona (52.), 2:0 Maradona (63.).
Schiedsrichter: Marquez (Mexiko); Zuschauer: 111 000.

Spiel um den dritten Platz

Am 28. Juni in Puebla:
BELGIEN – FRANKREICH 2:4 (2:2, 1:2) n.V.
Belgien: Pfaff, Renquin (46. Franky van der Elst), Gerets, Demol, Vervoort, Scifo (64. Leo van der Elst), Grun, Mommens, Ceulemans, Claesen, Veyt.
Frankreich: Rust, Battiston, Bibard, Le Roux (56. Bossis), Amoros, Tigana (83. Tusseau), Ferreri, Vercruysse, Genghini, Papin, Bellone.
Tore: 1:0 Ceulemans (11.), 1:1 Ferreri (27.), 1:2 Papin (43.), 2:2 Claesen (72.), 2:3 Genghini (104.), 2:4 Amoros (109., Foulelfmeter).
Schiedsrichter: Courtney (England); Zuschauer: 21 500.

Endspiel

Am 29. Juni in Mexiko City:
ARGENTINIEN – DEUTSCHLAND 3:2 (1:0)
Argentinien: Pumpido, Brown, Cucciuffo, Ruggeri, Olarticoechea, Giusti, Batista, Maradona, Enrique, Burruchaga (89. Trobbiani), Valdano.
Deutschland: Schumacher, Jakobs, Berthold, Förster, Briegel, Matthäus, Brehme, Magath (62. Hoeneß), Eder, Rummenigge, Allofs (46. Völler).
Tore: 1:0 Brown (23.), 2:0 Valdano (56.), 2:1 Rummenigge (74.), 2:2 Völler (82.), 3:2 Burruchaga (85.).
Schiedsrichter: Arppi (Brasilien); Zuschauer: 117 000.

14. Fußball-Weltmeisterschaft

1990 in Italien

Qualifikation

EUROPA

Gruppe 1

19.10. 88	Griechenland – Dänemark	1:1
19.10. 88	Bulgarien – Rumänien	1:3
2.11. 88	Dänemark – Bulgarien	1:1
2.11. 88	Rumänien – Griechenland	3:0
26. 4. 89	Griechenland – Rumänien	0:0
26. 4. 89	Bulgarien – Dänemark	0:2
17. 5. 89	Rumänien – Bulgarien	1:0
17. 3. 89	Dänemark – Griechenland	7:1
11.10. 89	Bulgarien – Griechenland	4:0
11.10. 89	Dänemark – Rumänien	3:0
15.11. 89	Griechenland – Bulgarien	1:0
15.11. 89	Rumänien – Dänemark	3:1

1.	Rumänien	6 4 1 1	10:5	9:3
2.	Dänemark	6 3 2 1	15:6	8:4
3.	Griechenland	6 1 2 3	3:15	4:8
4.	Bulgarien	6 1 1 4	6:8	3:9

Qualifiziert: Rumänien

GRUPPE 2

19.10. 88	England – Schweden	0:0
19.10. 88	Polen – Albanien	1:0
5 11. 88	Albanien – Schweden	1:2
8. 3. 89	Albanien – England	0:2
26. 4. 89	England – Albanien	5:0
7. 5. 89	Schweden – Polen	2:1
3. 6. 89	England – Polen	3:0
6. 9. 89	Schweden – England	0:0
8.10. 89	Schweden – Albanien	3:1
11.10. 89	Polen – England	0:0
25.10. 89	Polen – Schweden	0:2
15.11. 89	Albanien – Polen	1:2

1.	Schweden	6 4 2 0	9:3	10:2
2.	England	6 3 3 0	10:0	9:3
3.	Polen	6 2 1 3	4:8	5:7
4.	Albanien	6 0 0 6	3:15	0:12

Qualifiziert: Schweden und England

Gruppe 3

Am 31. August 1988 in Reykjavik:
ISLAND – UdSSR 1:1 (0:1)
Island: Sigurdsson, Bergsson, Saevar Jonsson, Edvaldsson, Thordarsson, Gislason, Ormslev, Sigurd Jonsson, Sigurvinsson, Gudjohnsson, Gretarsson (82. Torfason). UdSSR: Dassajew, Chidijatulin, Bessonow (60. Dobrowolski), Kusnetzow, Demjanenko, Litowtschenko, Michailitschenko, Raz, Sawarow, Protassow, Aleijnikow.

Am 12. Oktober 1988 in Istanbul:
Türkei – Island 1:1 (0:0)
Türkei: Faith, Recep (57. Feyyaz), Semih, Cüneyt, Mucahit, Gökhan, Ugur, Ridvan, Ünal, Colak, Savas. Island: Frederiksson, Gislason, Edvaldsson, Arnthorsson (79. Askelsson), Bergsson, Sigurd Jonsson, Margeirsson, O. Torfason, G. Torfason, Gudjohnsen, Thordarsson.

Am 19. Oktober 1988 in Kiew:
UdSSR – Österreich 2:0 (0:0)
UdSSR: Dassajew, Chidijatulin, Iwanauskas (ab 46. Gorlukowitsch), Sigmantowitsch, Demjanenko, Litowtschenko, Aleijnikow, Michailitschenko, Sawarow, Raz, Protassow (83. Sawitschew). Österreich: Lindenberger, Weber, Pfeffer, Degeorgi, Artner, Zsak, Willfurth, Russ, Hörmann (63. Herzog), Keglevits, Polster.

Am 19. Oktober 1988 in Ost-Berlin:
DDR – Island 2:0 (1:0)
DDR: Weißflog, Stahmann, Schößler, Lindner, Döschner, Ernst, Raab, Steinmann, Stübner (38. Sammer), Kirsten, Thom. Island: Sigurdsson, Bergsson, Saevar Jonsson, Edvaldsson, Gislason, Thordarsson, Sigurvinsson, Gudjohnsen, O. Torfason, G. Torfason (77. Margeirsson), Gretarsson.

Am 2. November 1988 in Wien:
Österreich – Türkei 3:2 (2:0)
Österreich: Lindenberger, Weber, Artner, Pfeffer, Russ Willfurth (54. Pacult), Prohaska, Herzog (68. Glatzmayer), Degeorgi, Ogris, Polster. Türkei: Fatih, Cüneyt, Recep, K. Gökhan, Semih, G. Gökhan (60. Savas, Ünal, Oguz, Mustafa, Ridvan, Feyaz (68. Colak).

Am 30. November 1988 in Istanbul:
Türkei – DDR 3:1 (1:0)
Türkei: Fatih, G. Gökhan, Recep, Cüneyt, Semih, Oguz (87. Hasan), Ugur, Ünal, Ridvan, Colak (79. Metin), Feyyaz. DDR: Weißflog, Stahmann, Kreer (66. Schößler), Lindner, Döschner, Pilz, Stübner, Ernst (44. Doll), Steinmann, Kirsten, Thom.

Am 12. April 1989 in Magdeburg:
DDR – Türkei 0:2 (0:1)
DDR: Müller, Rohde, Hauptmann, Trautmann, Lindner, Pilz (18. Doll), Stübner (64. Wuckel), Sammer, Minge, Kirsten, Thom. Türkei: Engin, K. Gökham, Yusuf, Cüneyt, Semih, Recep, Tütüneker (65. Keser), Oguz (80. G. Gökhan), Unal, Ridvan, Colak.

Am 26. April 1989 in Kiew:
UdSSR – DDR 3:0 (3:0)
UdSSR: Dassajew, Gorlukowitsch, Luschny, Kusnetzow, Michailitschenko, Aleijnikow (81. Kulkow), Litowtschenko, Sawarow, Raz, Protassow, Dobrowolski (75. Sawitschew). DDR: Weißflog, Lieberam, Hauptmann (74. März), Trautmann, Döschner, Scholz (55. Kirsten), Sammer, Dwosch, Köhle, Doll, Thom.

Am 10. Mai 1989 in Istanbul:
Türkei – UdSSR 0:1 (0:1)
Türkei: Engin, Gökhan, Cüneyt, Semih, Recep, Tütüneker (46. Hasan, 58. Feyyaz), Yusuf, Ünal, Mustafa, Ridvan, Colak. UdSSR: Dassajew, Gorlukowitsch, Luschny, Kusnetzow, Aleijnikow, Litowtschenko, Sawarow, Michailitschenko, Raz, Dobrowolski, Protassow (87. Borodjuk).

Am 20. Mai 1989 in Leipzig:
DDR – Österreich 1:1 (0:1)
DDR: Weißflog, Stahmann, Lindner, Trautmann (46. Doll), Kreer, Stübner, Rohde, Steinmann, Sammer (68. Weidemann), Kirsten, Thom. Österreich: Lindenberger, Weber, Russ, Pfeffer, Pecl, Zsak, Prohaska, Herzog (60. Stöger), Artner, Rodax (68. Ogris), Polster.

Am 31. Mai 1989 in Moskau:
UdSSR – Island 1:1 (0:0)
UdSSR: Dassajew, Gorlukowitsch, Luschny, Kusnetzow, Bessonow (80. Kitaschwili), Aleijnikow, Litowtschenko, Sawarow, Dobrowolski, Raz, Protassow (80. Sawitschew). Island: Sigurdsson, Bergsson, Evaldsson, Saevar Jonsson, Gislason, Sigurd Jonsson, Thordarsson, O. Torfason (82. Kristinsson), Arnthorsson, Gretarsson, G. Torfason (69. Askelsson).

Am 14. Juni 1989 in Reykjavik:
Island – Österreich 0:0
Island: Sigurdsson, Bergsson, Edvaldsson, Gislason (65. Thorkelsson), Sigurd Jonsson, Thordarsson, Saevar Jonsson, Arnthorsson, Sigurvinsson, Gretarsson, Torfason. Österreich: Lindenberger, Weber, Peel, Pfeffer, Hörtnagl (36. Herzog), Russ, Zsak, Artner, Prohaska, Polster, Rodax (46. Ogris).

Am 23. August 1989 in Salzburg:
Österreich – Island 2:1 (0:0)
Österreich: Lindenberger, Weber, Russ, Peel (30. Streiter), Pfeffer, Linzmaier, Zsak, Herzog (59. Hörtnagl), Ogris, Rodax, Pfeifenberger. Island: Sigurdsson, Agust Jonsson, Saevar Jonsson, Bergsson, Gislason, Thordarsson, Margeirsson (70. Kristinsson), Arnthorsson, Sigurd Jonsson (80. Torfason), G. Torfason, Gretarsson.

Am 6. September 1989 in Wien:
Österreich – UdSSR 0:0
Österreich: Lindenberger, Weber, Russ, Pfeffer, Streiter, Linzmaier, Artner, Zsak, Herzog (77. Hörtnagl), Ogris (66. Rodax), Polster. UdSSR: Tschanow, Chidijatulin, Bessonow, Kusnetzow, Gorlukowitsch, Litowtschenko, Sawarow, Tschrenkow, Michailitschenko, Dobrowolski, Protassow.

Am 6. September 1989 in Reykjavik:
Island – DDR 0:3 (0:0)
Island: Sigurdsson, Bergsson, Agust Jonsson, Saevar Jonsson, Thordarsson, Gislason (58. Margeirsson), Gudjohnsen, Sigurvinsson, O. Torfason, G. Torfason, Gretarsson. DDR: Heyne, Stahmann, Kreer, Reich, Stübner, Lindner, Ernst (81. Steinmann), Döschner, Sammer, Doll, Kirsten.

Am 20. September 1989 in Reykjavik:
Island – Türkei 2:1 (0:0)
Island: Sigurdsson, Kristinsson, Gislason, Oddsson, Orlygsson, Gudjohnsen, Bergsson, Thordarsson, Sigurvinsson, Petursson, Gratarsson. Türkei: Engin, Gökhan, Recep, Cüneyt, Yusuf (60. Feyyaz), Semih, Tütüneker (46. Mustafa), Oguz, Ünal, Hakan, Hasan.

Am 8. Oktober 1989 in Karl-Marx-Stadt:
DDR – UdSSR 2:1 (0:0)
DDR: Heyne, Stahmann, Kreer, Lindner, Döschner, Sammer, Stübner, Ernst (74. Doll), Steinmann (88. Weidemann), Kirsten, Thom. UdSSR: Tschanow, Chidijatulin, Bessonow, Kusnetzow, Gorlukowitsch, Litowtschenko, Aleijnikow, Sawarow, Michailitschenko, Dobrowolski, Protassow.

Am 25. Oktober 1989 in Istanbul:
Türkei – Österreich 3:0 (1:0)
Türkei: Engin, Riza, Semih, Cüneyt, Gökhan, Ünal, Ugur (87. Colak), Ridvan, Mustafa, Oguz, Feyyaz, (87. Metin). Österreich: Lindenberger, Weber, Russ, Pfeffer, Streiter, Linzmaier, Artner (46. Rodax), Zsak, Herzog (58. Glatzmayer), Ogris, Polster.

Am 15. November 1989 in Simferopol:
UdSSR – Türkei 2:0 (0:0)
UdSSR: Dassajew, Chidijatulin, Luschny, Gorlukowitsch, Sigmantowitsch, Jaremtschuk, Litowtschenko (66. Raz), Michailitschenko, Sawarow, Dobrowolski (76. Tscherenkow), Protassow. Türkei: Engin, Gökhan, Recep, Riza, Semih, Kemal, Mustafa (46. Metin), Oguz, Hakan (65. Colak), Ridvan, Feyyaz.

Am 15. November 1989 in Wien:
Österreich – DDR 3:0 (2:0)
Österreich: Lindenberger, Aigner, Peel, Pfeffer, Artner, Keglevits, Zsak, Linzmaier, Hörtnagl (76. Herzog, 82. Pfeifenberger), Ogris, Polster. DDR: Heyne, Stahmann, Lindner, Schößler, Kreer, Steinmann, Stübner, Sammer (80. Weidemann), Döschner (43. Doll), Kirsten, Thom.

1. UdSSR	8 4 3 1	11:4	11:5
2. Österreich	8 3 3 2	9:9	9:7
3. Türkei	8 3 1 4	12:10	7:9
4. DDR	8 3 1 4	9:13	7:9
5. Island	8 1 4 3	6:11	6:10

Qualifiziert: UdSSR und Österreich

Gruppe 4

Am 31. August 1988 in Helsinki:
Finnland – Deutschland 0:4 (0:2)
Finnland: Laukkanen, Europaeus, Haenikaeinen (44. Lipponen), Lahtinen, Petaejae, Myyry, Pekkonen, Ukkonen (63. Alatensioe), Hjelm, Rantanen, Paatelainen. Deutschland: Illgner, Fach, Kohler, Buchwald (27. Rolff), Brehme, Häßler, Matthäus, Görtz, Littbarski, Völler, Eckstein (76. Riedle).

Am 14. September 1988 in Amsterdam:
Holland – Wales 1:0 (0:0)
Holland: Van Breukkelen, R. Koeman, Van Tiggelen, Rijkaard, Van Aerle, Wouters, Vanenburg (66. Kieft), E. Koeman, Krüzen, Gullit, Van Basten. Wales: Southall, Nicholas, Knill, Horne, Hall, Williams, Davis, Blackmore, Aizlewood, Rush, Hughes (77. Saunders).

Am 19. Oktober 1988 in Swansea:
Wales – Finnland 2:2 (2:2)
Wales: Southall, Hall (57. Bowen), Van den Hauwe, Ratcliffe, Blackmore, Nicholas, Horne, Pascoe, Saunders, Rush, Hughes. Finnland: Huttunen, Pekkonen, Lahtinen, Europaeus, Kanerva, Myyry, Holmgren, Ukkonen, Petaejae (59. Rantanen), Paatelainen, Hjelm.

Am 19. Oktober 1988 in München:
Deutschland – Holland 0:0
Deutschland: Illgner, Fach, Kohler, Buchwald, Berthold, Brehme, Matthäus, Thon, Häßler, Klinsmann (68. Mill), Völler. Holland: Van Breukkelen, R. Koeman, Rijkaard, Van Tiggelen, Van Aerle (19. Winter), Wouters, Silooy, Vanenburg, E. Koeman, Van Basten, Bosman.

Am 26. April 1989 in Rotterdam:
Holland – Deutschland 1:1 (0:0)
Holland: Hiele, R. Koeman, Van Tiggelen, Rijkaard, E. Koeman, Van Aerle, Vanenburg, Hofkens (84. Rutjes), Huistra (74. Eijkelkamp), Van Basten, Winter. Deutschland: Illgner, Berthold, Reuter, Buchwald, Kohler (74. Rolff), Matthäus, Möller, Häßler, Brehme, Riedle, Völler (34. Klinsmann).

Am 31. Mai 1989 in Cardiff:
Wales – Deutschland 0:0
Wales: Southall, Blackmore (81. Bowen), Ratcliffe, Aizlewood, Phillips, Nicholas, Horne, Williams (81. Pascoe), Saunders, Hughes, Rush. Deutschland: Illgner, Berthold, A. Reinhardt, Buchwald, Reuter, Fach, Brehme, Möller, Häßler, Riedle (78. Klinsmann), Völler.

Am 31. Mai 1989 in Helsinki:
Finnland – Holland 0:1 (0:0)
Finnland: Laukkanen, Europaeus, Holmgren, Heikkinen (82. Petaejae), Kanerva, Myyry, Ikaelaeinen, Ukkonen (68. Tornvall), Lipponen, Paatelainen, Hjelm. Holland: Van Breukkelen, R. Koeman, Rutjes, Van Tiggelen, Vanenburg (82. Huistra), Van Aerle, Rijkaard, E. Koeman, Kieft, Van Basten, Ellerman (55. Gullit).

Am 6. September 1989 in Helsinki:
Finnland – Wales 1:0 (0:0)
Finnland: Laukkanmen, Europaeus, Holmgren, Heikkinen, Lahtinen, Myyry, Ukkonen (82. Tauriainen), Ikaelaeinen, Tarkkio, Liponen, Paatelainen (65. Tornvall). Wales: Southall, Ratcliffe, Blackmore, Aizlewood, Nicholas (88. McGuire), Phillips, Davies, Williams, Saunders, Rush, Hughes.

Am 4. Oktober 1989 in Dortmund:
Deutschland – Finnland 6:1 (1:0)
Deutschland: Illgner, Augenthaler, Reuter, Buchwald, Brehme, Häßler (46. Bein), Matthäus, Möller (81. Mill), Littbarski, Klinsmann, Völler. Finnland: Laukkanen, Europaeus, Holmgren, Heikkinen, Lahtinen, Myyry, Ikaelaeinen (71. Hjelm), Ukkonen, Tarkkio, Lipponen, Paatelainen (62. Lius).

Am 11. Oktober 1989 in Wrexham:
Wales – Holland 1:2 (0:1)
Wales: Southall, Blackmore, Hopkins, McGuire, Bowen, Phillips, Saunders, Williams (82. Pascoe), Nicholas, Roberts (62. Jones), Allen. Holland: Van Breukelen, Van Aerle, R. Koeman, Rutjes, Koot, Van't Schip, Wouters, Rijkaard (46. Bosman), Hofkens, Kieft, Witschge (68. Van Basten).

Am 15. November 1989 in Köln:
Deutschland – Wales 2:1 (1:1)
Deutschland: Illgner, Augenthaler (46. A. Reinhardt), Reuter, Buchwald, Brehme, Häßler, Dorfner, Möller (82. Bein), Littbarski, Klinsmann, Völler. Wales: Southall, Phillips, Melville (80. Pascoe), McGuire, Aizlewood, Saunders, Blackmore, Nicholas, Bowen (65. Horne), Hughes, Allen.

Am 15. November 1989 in Rotterdam:
Holland – Finnland 3:0 (0:0)
Holland: Van Breukelen, R. Koeman, Van Aerk, Van Tiggelen, Rijkaard, Wouter, Bosman, E. Koeman (71. Hofkens), Van't Schip (78. Witschge), Van Basten, Ellermann. Finnland: Laukkanen, Holmgren, Europaeus, Heikkinen, Kanerva, Myyry, Ikaelaeinen, Ukkonen (57. Tariainen), Paatelainen, Tarkkio (76. Pataejae), Lipponen.

1.	Holland	6 2 0	8:2	10:2
2.	Deutschland	6 3 3 0	13:3	9:3
3.	Finnland	6 1 1 4	4:16	3:9
4.	Wales	6 0 2 4	4:8	2:10

Qualifiziert: Holland und Deutschland

GRUPPE 5

14. 9. 88	Norwegen – Schottland	1:2
28. 9. 88	Frankreich – Norwegen	1:0
19.10. 88	Schottland – Jugoslawien	1:1
22.10. 88	Zypern – Frankreich	1:1
2.11. 88	Zypern – Norwegen	0:3
19.11. 88	Jugoslawien – Frankreich	3:2
11.12. 88	Jugoslawien – Zypern	4:0
8. 2. 89	Zypern – Schottland	2:3
8. 3. 89	Schottland – Frankreich	2:0
26. 4. 89	Schottland – Zypern	2:1
29. 4. 89	Frankreich – Jugoslawien	0:0
21. 5. 89	Norwegen – Zypern	3:1
14. 6. 89	Norwegen – Jugoslawien	1:2
5. 9. 89	Norwegen – Frankreich	1:1
6. 9. 89	Jugoslawien – Schottland	3:1
11.10. 89	Jugoslawien – Norwegen	1:0
11.10. 89	Frankreich – Schottland	3:0
28.10. 89	Zypern – Jugoslawien	1:2
15.11. 89	Schottland – Norwegen	1:1
18.11. 89	Frankreich – Zypern	2:0

1.	Jugoslawien	8 6 2 0	16:6	14:2
2.	Schottland	8 4 2 2	12:12	10:6
3.	Frankreich	8 3 3 2	10:7	9:7
4.	Norwegen	8 2 2 4	10:9	6:10
5.	Zypern	8 0 1 7	6:20	1:15

Qualifiziert: Jugoslawien und Schottland

GRUPPE 6

21. 5. 98	Nordirland – Malta	3:0
14. 9. 88	Nordirland – Irland	0:0
19.10. 88	Ungarn – Nordirland	1:0
16.11. 88	Spanien – Irland	2:0
11.12. 88	Malta – Ungarn	2:2
21.12. 88	Spanien – Nordirland	4:0
22. 1. 89	Malta – Spanien	0:2
8. 2. 89	Nordirland – Spanien	0:2
8. 3. 89	Ungarn – Irland	0:0
23. 3. 89	Spanien – Malta	4:0
12. 4. 89	Ungarn – Malta	1:1
26. 4. 89	Malta – Nordirland	0:2
26. 4. 89	Irland – Spanien	1:0
28. 5. 89	Irland – Malta	2:0
4. 6. 89	Irland – Ungarn	2:0
6. 9. 89	Nordirland – Ungarn	1:2
11.10. 89	Ungarn – Spanien	2:2
11.10. 89	Irland – Nordirland	3:0
15.11. 89	Spanien – Ungarn	4:0
15.11. 89	Malta – Irland	0:2

1.	Spanien	8 6 1 1	20:3	13:3
2.	Irland	8 5 2 1	10:2	12:4
3.	Ungarn	8 2 4 2	8:12	8:8
4.	Nordirland	8 2 1 5	6:12	5:11
5.	Malta	8 0 2 6	3:18	2:14

Qualifiziert: Spanien und Irland

GRUPPE 7

21. 9. 88	Luxemburg – Schweiz	1:4
19.10. 88	Belgien – Schweiz	1:0
18.10. 88	Luxemburg – ČSFR	0:2
16.11. 88	ČSFR – Belgien	0:0
16.11. 88	Portugal – Luxemburg	1:0
15. 2. 89	Portugal – Belgien	1:1
26. 4. 89	Portugal – Schweiz	3:1
29. 4. 89	Belgien – ČSFR	2:1
9. 5. 89	ČSFR – Luxemburg	4:0
1. 6. 89	Luxemburg – Belgien	0:5
7. 6. 89	Schweiz – ČSFR	0:1
6. 9. 89	Belgien – Portugal	3:0
20. 9. 89	Schweiz – Portugal	1:2
6.10. 89	ČSFR – Portugal	2:1
11.10. 89	Schweiz – Belgien	2:2
11.10. 89	Luxemburg – Portugal	0:3
25.10. 89	Belgien – Luxemburg	1:1
25.10. 89	CSFR – Schweiz	3:0
15.11. 89	Schweiz – Luxemburg	2:1
15.11. 89	Portugal – ČSFR	0:0

1.	Belgien	8 4 4 0	15:5	12:4
2.	ČSFR	8 5 2 1	13:3	12:4
3.	Portugal	8 4 2 2	11:8	10:6
4.	Schweiz	8 2 1 5	10:14	5:11
5.	Luxemburg	8 0 1 7	3:22	1:15

Qualifiziert: Belgien und ČSFR

SÜDAMERIKA

GRUPPE 1

20. 8. 89	Bolivien – Peru	2:1
17. 8. 89	Peru – Uruguay	0:2
3. 9. 89	Bolivien – Uruguay	2:1
10. 9. 89	Peru – Bolivien	1:2
17. 9. 89	Uruguay – Bolivien	2:0
24. 9. 89	Uruguay – Peru	2:0

1.	Uruguay	4 3 0 1	7:2	6:2
2.	Bolivien	4 3 0 1	6:5	6:2
3.	Peru	4 0 0 4	2:8	0:8

Qualifiziert: Uruguay

GRUPPE 2

10. 8. 89	Kolumbien – Ecuador	2:0
27. 3. 89	Paraguay – Kolumbien	2:1
3. 9. 89	Ecuador – Kolumbien	0:0
10. 9. 89	Paraguay – Ecuador	2:1
17. 9. 89	Kolumbien – Paraguay	2:1
24. 9. 89	Ecuador – Paraguay	3:1

1.	Kolumbien	4 2 1 1	5:3	5:3
2.	Paraguay	4 2 0 2	6:7	4:4
3.	Ecuador	4 1 1 2	4:5	3:5

Qualifiziert: Kolumbien*

GRUPPE 3

30. 7. 89	Venezuela – Brasilien	0:4
6. 8. 89	Venezuela – Chile	1:3
13. 8. 89	Chile – Brasilien	1:1
20. 8. 89	Brasilien – Venezuela	6:0
27. 8. 89	Chile – Venezuela	5:0
3. 9. 89	Brasilien – Chile	abgebr. 1:0
	Wertung	2:0

1.	Brasilien	4 3 1 0	13:1	7:1
2.	Chile	4 2 1 1	9:4	5:3
3.	Venezuela	4 0 0 4	1:18	0:8

*Entscheidungsspiele zwischen Südamerika Gruppe 2 und Ozeanien/Israel:

15.10. 89	Kolumbien – Israel	1:0
30.10. 89	Israel – Kolumbien	0:0

Qualifiziert: Kolumbien
Argentinien als Titelverteidiger automatisch qualifiziert

NORD- UND MITTELAMERIKA

1. RUNDE

17. 4. 88	Guyana – Trinidad & Tobago	0:4
8. 5. 88	Trinidad & Tobago – Guyana	1:0
30. 4. 88	Kuba – Guatemala	0:1
15. 5. 88	Guatemala – Kuba	1:1
12. 5. 88	Jamaika – Puerto Rico	1:0
29. 5. 88	Puerto Rico – Jamaika	1:2
19. 6. 88	Antigua – Niederl. Antillen	0:1
29. 7. 88	Niederl. Antillen – Antigua	n.V. 3:1
17. 7. 88	Costa Rica – Panama	1:1
31. 7. 88	Panama – Costa Rica	0:2

Freilos: Kanada, Honduras, El Salvador, USA

2. RUNDE

1.10. 88	Niederl. Antillen – El Salvador	0:1
16.10. 88	El Salvador – Niederl. Antillen	5:0
24. 7. 88	Jamaika – USA	0:0
13. 8. 88	USA – Jamaika	5:1
30.10. 88	Trinidad & Tobago – Honduras	0:0
13.11. 88	Honduras – Trinidad & Tobago	1:1
	Costa Rica – Mexiko*	
9.10. 88	Guatemala – Kanada	1:0
15.10. 88	Kanada – Guatemala	3:2

***Mexiko disqualifiziert, Costa Rica kampflos in die 3. Runde**

3. RUNDE

19. 3. 89	Guatemala – Costa Rica	1:0
2. 4. 89	Costa Rica – Guatemala	2:1
16. 4. 89	Costa Rica – USA	1:0
30. 4. 89	USA – Costa Rica	1:0
13. 5. 89	USA – Trinidad & Tobago	1:1
28. 5. 89	Trinidad & Tobago – Costa Rica	1:1
11. 6. 89	Costa Rica – Trinidad & Tobago	1:0
17. 6. 89	USA – Guatemala	2:1
25. 6. 89	(in Honduras)	
	El Salvador – Costa Rica	2:4
	abgebr. (so gewertet)	
16. 7. 89	Costa Rica – El Salvador	1:0
30. 7. 89	Trinidad & Tobago – El Salvador	2:0
13. 8. 89	(in Honduras)	
	El Salvador – Trinidad & Tobago	0:0
20. 8. 89	Guatemala – Trinidad & Tobago	0:1
3. 9. 89	Trinidad & Tobago – Guatemala	2:1
17. 9. 89	(in Honduras)	
	El Salvador – USA	0:1
8.10. 89	Guatemala – USA	0:0
5.11. 89	USA – El Salvador	0:0
19.11. 89	Trinidad & Tobago – USA	0:1
	Guatemala – El Salvador*	
	El Salvador – Guatemala*	

*Spiele durch FIFA-Entscheid annulliert

1.	Costa Rica	8 5 1 2	10:6	11:5
2.	USA	8 4 3 1	6:3	11:5
3.	Trinidad & Tobago	8 3 3 2	7:5	9:7
4.	Guatemala	6 1 1 4	4:7	3:9
5.	El Salvador	6 0 2 4	2:3	2:10

Qualifiziert: Costa Rica und USA

OZEANIEN

1. RUNDE

26.11. 88	Fidschi – Australien	1:0
3.12. 88	Australien – Fidschi	5:1
11.12. 88	Taiwan – Neuseeland	0:4
15.12. 88	Neuseeland – Taiwan	4:1

Freilos: Israel

2. RUNDE

5. 3. 89	Israel – Neuseeland	1:0
12. 2. 89	Australien – Neuseeland	4:1
19. 3. 89	Israel – Australien	1:1
2. 4. 89	Neuseeland – Australien	2:0
9. 4. 89	Neuseeland – Israel	2:2
16. 4. 89	Australien – Israel	1:1

1.	Israel	4 1 3 0	5:4	5:3
2.	Australien	4 1 2 1	6:5	4:4
3.	Neuseeland	4 1 1 2	5:7	3:5

Keine Mannschaft aus Ozeanien/Israel qualifiziert

AFRIKA

1. RUNDE

GRUPPE 1

7. 8. 88	Angola – Sudan	0:0
11.11. 88	Sudan – Angola	1:2
	Lesotho – Zimbabwe	
	(Lesotho verzichtet)	
	Ruanda – Sambia	
	(Ruanda verzichtet)	
16. 7. 88	Uganda – Malawi	1:0
30. 7. 88	Malawi – Uganda	3:1

GRUPPE 2

3. 6. 88	Libyen – Burkina Faso	3:0
3. 7. 88	Burkina Faso – Libyen	
7. 8. 88	Ghana – Liberia	0:0
21. 8. 88	Liberia – Ghana	2:0
5. 8. 88	Tunesien – Guinea	5:0
21. 8. 88	Guinea – Tunesien	3:0
	Togo – Gabun	
	(Togo verzichtet)	

Freilos: Algerien, Kamerun, Ägypten, Marokko, Elfenbeinküste, Kenia, Nigeria, Zaire

2. RUNDE

GRUPPE A

6. 1. 89	Algerien – Zimbabwe	3:0
22. 1. 89	Zimbabwe – Elfenbeinküste	0:0
11. 6. 99	Elfenbeinküste – Algerien	0:0
25. 6. 89	Zimbabwe – Algerien	1:2
13. 8. 89	Elfenbeinküste – Zimbabwe	5:0
25. 8. 89	Algerien – Elfenbeinküste	1:0
	Libyen verzichtet	

1.	Algerien	4 3 1 0	6:1	7:1
2.	Elfenbeinküste	4 1 2 1	5:1	4:4
3.	Zimbabwe	4 0 1 3	1:10	1:7

Qualifiziert: Algerien

GRUPPE B

6. 1. 89	Ägypten – Liberia	2:0
7. 1. 89	Kenia – Malawi	1:1
21. 1. 89	Malawi – Ägypten	1:1
22. 1. 89	Liberia – Kenia	0:0
10. 6. 89	Kenia – Ägypten	0:0
11. 6. 89	Liberia – Malawi	1:0
24. 6. 89	Malawi – Kenia	1:0
25. 6. 89	Liberia – Ägypten	1:0
11. 8. 89	Ägypten – Malawi	1:0
12. 8. 89	Kenia – Liberia	1:0
26. 8. 89	Ägypten – Kenia	2:0
26. 8. 89	Malawi – Liberia	0:0

1.	Ägypten	6 3 2 1	0:2	6:4
2.	Liberia	6 2 2 2	2:3	6:6
3.	Malawi	6 1 3 2	3:4	5:7
4.	Kenia	6 1 3 2	2:4	5:7

Qualifiziert: Ägypten

GRUPPE C

7. 1. 89	Nigeria – Gabun	1:0
8. 1. 89	Kamerun – Angola	1:1
22. 1. 89	Gabun – Kamerun	1:3
22. 1. 89	Angola – Nigeria	2:2
10. 6. 89	Nigeria – Kamerun	2:0
11. 6. 89	Angola – Gabun	2:0
25. 6. 89	Angola – Kamerun	1:2
25. 6. 89	Gabun – Nigeria	2:1
13. 8. 89	Nigeria – Angola	1:0
13. 8. 89	Kamerun – Gabun	2:1
27. 8. 89	Kamerun – Nigeria	1:0
27. 8. 89	Gabun – Angola	1:0

1.	Kamerun	6 4 1 1	9:6	9:3
2.	Nigeria	6 3 1 2	7:5	7:5
3.	Angola	6 1 2 3	6:7	4:0
4.	Gabun	6 2 0 4	5:5	4:8

Qualifiziert: Kamerun

GRUPPE D

2. 1. 89	Marokko – Sambia	1:0
8. 1. 89	Zaire – Tunesien	3:1
22. 1. 89	Tunesien – Marokko	2:1
22. 1. 89	Sambia – Zaire	4:2
11. 6. 89	Zaire – Marokko	0:0
11. 6. 89	Sambia – Tunesien	1:0
25. 6. 89	Sambia – Marokko	2:1
25. 6. 89	Tunesien – Zaire	1:0
13. 8. 89	Marokko – Tunesien	0:0
13. 8. 89	Zaire – Sambia	1:0
27. 8. 89	Tunesien – Sambia	1:0
27. 8. 89	Marokko – Zaire	1:1

1. Tunesien	6 3 1 2	5:5	7:5
2. Sambia	6 3 0 3	7:6	6:5
3. Zaire	6 2 2 2	7:7	6:6
4. Marokko	6 1 3 2	4:5	5:7

Qualifiziert: Tunesien

3. RUNDE

8.10. 89	Algerien – Ägypten	0:0
17.11. 89	Ägypten – Algerien	1:0
8.10. 89	Kamerun – Tunesien	2:0
19.11. 89	Tunesien – Kamerun	0:1

Qualifiziert: Ägypten und Kamerun

ASIEN

1. RUNDE

GRUPPE 1

6. 1. 89	Katar – Jordanien	1:0
6. 1. 89	Oman – Irak	1:1
13. 1. 89	Oman – Katar	0:0
13. 1. 89	Jordanien – Irak	0:1
20. 1. 89	Jordanien – Oman	2:0
20. 1. 89	Katar – Irak	1:0
27. 1. 89	Jordanien – Katar	1:1
27. 1. 89	Irak – Oman	3:1
3. 2. 89	Katar – Oman	3:0
3. 2. 89	Irak – Jordanien	4:0
10. 2. 89	Oman – Jordanien	0:2
10. 2. 89	Irak – Katar	2:2

1. Katar	6 3 3 0	8:3	5:3
2. Irak	6 3 2 1	11:5	8:4
3. Jordanien	6 2 1 3	5:7	5:7
4. Oman	6 0 2 4	2:11	2:10

Qualifiziert: Katar

GRUPPE 2

10. 3. 89	Nordjemen – Syrien	0:1
15. 3. 89	Saudi-Arabien – Syrien	5:4
20. 3. 89	Nordjemen – Saudi-Arabien	0:1
25. 3. 89	Syrien – Nordjemen	2:0
30. 3. 89	Syrien – Saudi-Arabien	0:0
5. 4. 89	Saudi-Arabien – Nordjemen	1:0
	Bahrein verzichtet	

1. Saudi-Arabien	4 3 1 0	7:4	7:1
2. Syrien	4 2 1 1	7:5	5:3
3. Nordjemen	4 0 0 4	0:5	0:8

Qualifiziert: Saudi-Arabien

GRUPPE 3

6. 1. 89	Pakistan – Kuwait	0:1
13. 1. 89	Kuwait – Ver. Arab. Emirate	3:2
20. 1. 89	Ver. Arab. Emirate – Pakistan	5:0
27. 1. 89	Kuwait – Pakistan	2:0
3. 2. 89	Ver. Arab. Emirate – Kuwait	1:0
10. 2. 89	Pakistan – Ver. Arab. Emirate	1:4
	Volksrepublik Jemen verzichtet	

1. Ver. Arab. Emirate	4 3 0 1	12:4	6:2
2. Kuwait	4 3 0 1	6:3	6:2
3. Pakistan	4 0 0 4	1:12	0:9

Qualifiziert: Vereinigte Arabische Emirate

GRUPPE 4

23. 5. 89	Malaysia – Nepal	2:0
23. 5. 89	Singapur – Südkorea	0:3
25. 5. 89	Malaysia – Singapur	1:0
25. 5. 89	Nepal – Südkorea	0:9
27. 5. 89	Singapur – Nepal	3:0
27. 5. 89	Südkorea – Malaysia	3:0
3. 6. 89	Singapur – Malaysia	2:2
3. 6. 89	Südkorea – Nepal	4:0
5. 6. 89	Malaysia – Südkorea	0:3
5. 6. 89	Nepal – Singapur	0:7
7. 6. 89	Singapur – Südkorea	0:3
7. 6. 89	Malaysia – Nepal	3:0
	Indien verzichtet	

1. Südkorea	6 6 0 0	25:0	12:0
2. Malaysia	6 3 1 2	8:6	7:5
3. Singapur	6 2 1 3	12:5	5:7
4. Nepal	6 0 0 6	0:28	0:12

Qualifiziert: Südkorea

GRUPPE 5

9. 2. 89	Thailand – Bangladesch	1:0
23. 2. 89	Thailand – Iran	0:3
23. 2. 89	China – Bangladesch	2:0
27. 2. 89	Bangladesch – Iran	1:2
28. 2. 89	Thailand – China	0:3
4. 3. 89	Bangladesch – China	0:2
8. 3. 89	Bangladesch – Thailand	3:1
17. 3. 89	Iran – Bangladesch	1:0
30. 5. 89	Iran – Thailand	3:0
15. 7. 89	China – Iran	2:0
22. 7. 89	Iran – China	3:2
29. 7. 89	China – Thailand	2:0

1. China	6 5 0 1	13:3	10:2
2. Iran	6 5 0 1	12:5	10:2
3. Bangladesch	6 1 0 5	4:9	2:10
4. Thailand	6 1 0 5	2:14	2:10

Qualifiziert: China

GRUPPE 6

1. 5. 89	Indonesien – Nordkorea	0:0
21. 5. 89	Hongkong – Japan	0:0
27. 5. 89	Hongkong – Nordkorea	1:2
28. 5. 89	Indonesien – Japan	0:0
4. 6. 89	Hongkong – Indonesien	1:1
4. 6. 89	Japan – Nordkorea	2:1
11. 6. 89	Japan – Indonesien	5:0
18. 6. 89	Japan – Hongkong	0:0
25. 6. 89	Indonesien – Hongkong	3:2
25. 6. 89	Nordkorea – Japan	2:0
2. 7. 89	Nordkorea – Hongkong	4:1
9. 7. 89	Nordkorea – Indonesien	2:1

1. Nordkorea	6 4 1 1	11:5	9:3
2. Japan	6 2 3 1	7:3	7:5
3. Indonesien	6 1 3 2	5:10	5:7
4. Hongkong	6 0 3 3	5:10	3:9

Qualifiziert: Nordkorea

2. RUNDE

12.10. 89	Ver. Arab. Emirate – Nordkorea	0:0
12.10. 89	China – Saudi-Arabien	2:1
13.10. 89	Südkorea – Katar	0:0
16.10. 89	Katar – Saudi-Arabien	1:1
16.10. 89	Südkorea – Nordkorea	1:0
17.10. 89	China – Ver. Arab. Emirate	1:2
20.10. 89	China – Südkorea	0:1
20.10. 89	Nordkorea – Katar	2:0
21.10. 89	Saudi-Arabien – V. Arab. Emirate	0:0
24.10. 89	Ver. Arab. Emirate – Katar	1:1
24.10. 89	Nordkorea – China	0:1
25.10. 89	Saudi-Arabien – Südkorea	0:2
28.10. 89	(in Kuala Lumpur)	
	Ver. Arab. Emirate – Südkorea	1:1
28.10.89	(in Kuantan)	
	Saudi-Arabien – Nordkorea	2:0
28.10.89	Katar – China	2:1

1. Südkorea	5 3 2 0	5:1	8:2
2. Ver. Arab. Emirate	5 1 4 0	4:3	6:4
3. Katar	5 1 3 1	4:5	5:5
4. China	5 2 0 1	5:6	4:6
5. Saudi-Arabien	5 1 2 2	4:5	4:6
6. Nordkorea	5 1 1 3	2:4	3:7

Qualifiziert: Südkorea und Ver. Arab. Emirate

Erste Finalrunde

Gruppe A

Am 9. Juni in Rom:
ITALIEN – ÖSTERREICH 1:0 (0:0)
Italien: Zenga, Baresi, Bergomi, Ferri, Maldini, Donadoni, Ancelotti (46. de Agostini), de Napoli, Giannini, Vialli, Carnevale (75. Schillaci).
Österreich: Lindenberger, Aigner, Russ, Peel, Streiter, Artner (61. Zsak), Linzmaier (78. Hörtnagl), Schöttel, Herzog, Ogris, Polster.
Tor: 1:0 Schillaci (78.).
Schiedsrichter: Wright (Brasilien); Zuschauer: 72 300.

Am 10. Juni in Florenz:
USA – ČSFR 1:5 (0:2)
USA: Meola, Windischmann, Trittschuh, Armstrong, Caligiuri, Stollmeyer (63. Balboa), Ramos, Harkes, Wynalda, Murray (78. Sullivan), Vermes.
ČSFR: Stejskal, Kocian, Straka, Kadlec, Hasek, Chovanec, Kubik, Moravcik (82. Weiss), Bilek, Skuhravy, Knoflicek (77. Luhovy).
Tore: 0:1 Skuhravy (25.), 0:2 Bilek (39., Foulelfmeter), 0:3 Hasek (51.), 1:3 Caligiuri (61.), 1:4 Skuhravy (79)., 1:5 Luhovy (90.).
Schiedsrichter: Röthlisberger (Schweiz); Zuschauer: 33 200.

Am 14. Juni in Rom:
ITALIEN – USA 1:0 (1:0)
Italien: Zenga, Baresi, Bergomi, Ferri, Maldini, Berti, de Napoli, Giannini, Donadoni, Carnevale (51. Schillaci) Vialli.
USA: Meola, Windischmann, Banks (81. Stollmeyer), Doyle, Armstrong, Caligiuri, Harkes, Ramos, Balboa, Vermes, Murray (82. Sullivan).
Tor: 1:0 Giannini (12.).
Schiedsrichter: Mendes (Mexiko); Zuschauer: 73 400.

Am 15. Juni in Florenz:
ÖSTERREICH – ČSFR 0:1 (0:1)
Österreich: Lindenberger, Aigner, Peel, Pfeffer, Russ (46. Ogris), Hörtnagl, Zsak, Schöttel (46. Streiter), Herzog, Rodax, Polster.
ČSFR: Stejskal, Kocian, Kadlec, Nemecek, Hasek, Moravcik, Chovanec (30. Bielik), Kubik, Bilek, Skuhravy, Knoflicek (82. Weiss).
Tor: 0:1 Bilek (29. Foulelfmeter).
Schiedsrichter: Smith (Schottland); Zuschauer: 38 900.

Am 19. Juni in Rom:
ITALIEN – ČSFR 2:0 (1:0)
Italien: Zenga, Baresi, Ferri, Bergomi, de Napoli (66. Vierchowod), Donadoni (51. de Agostini), Berti, Giannini, Maldini, Schillaci, Baggio.
ČSFR: Stejskal, Kadlec, Nemecek (46. Bielik), Kinier, Moravcik, Hasek, Chovanec, Weiss (59. Griga), Bilek, Skuhravy, Knoflicek.
Tore: 1:0 Schillaci (9.), 2:0 Baggio (78.).
Schiedsrichter: Quiniou (Frankreich); Zuschauer: 73 300.

Am 19. Juni in Florenz:
ÖSTERREICH – USA 2:1 (0:0)
Österreich: Lindenberger, Aigner, Pecl, Pfeffer, Artner, Zsak, Herzog, Streiter, Ogris, Polster (46. Reisinger), Rodax (85. Glatzmayer).
USA: Meola, Windischmann, Armstrong, Doyle, Bank (56. Wynalda), Caligiuri (76. Bliss), Ramos, Balboa, Harkes, Vermes, Murray.
Tore: 1:0 Ogris (50.), 2:0 Rodax (63.), 2:1 Murray (84.).
Schiedsrichter: Jamal Al Sharif (Syrien); Zuschauer: 34 800.

Abschlußtabelle Gruppe A	ITA	CSFR	AUT	USA	Tore	Punkte	Rang
Italien	X	2:0	1:0	1:0	4:0	6:0	1
CSFR	0:2	X	1:0	5:1	6:3	4:2	2
Österreich	0:1	0:1	X	2:1	2:3	2:4	3
USA	0:1	1:5	1:2	X	2:8	0:6	4

Gruppe B

Am 8. Juni in Mailand:
ARGENTINIEN – KAMERUN 0:1 (0:0)
Argentinien: Pumpido, Simon, Ruggeri (46. Caniggia), Fabbri, Basualdo, Burruchaga, Batista, Lorenzo, Sensini (69. Calderon), Balbo, Maradona.
Kamerun: N'Kono, N'Dip, Kunde, Massing, Tataw, Makanaky (83. Milla), Kana Biyik, M'Bouh, Ebwelle, Omam Biyik, M'Fede (66. Libiih).
Tor: 0:1 Omam Biyik (67.).
Schiedsrichter: Vautrot (Frankreich); Zuschauer: 73 700.

Am 9. Juni in Bari:
UdSSR – RUMÄNIEN 0:2 (0:1)
Dassajew, Chidijatulin, Gorlukowitsch, Kusnetzow, Raz, Litowtschenko (66. Jaremtschuk), Bessonow, Aleijnikow, Sawarow, Protassow, Dobrowolski (72. Borodjuk).
Rumänien: Lung, Rednic, Klein, Andone, G. Popescu, Sabau, Rotariu, Timofte, Lupescu, Lacatus (87. Dumitrescu), Raducioiu (81. Balint).
Tore: 0:1 Lacatus (41.), 0:2 Lacatus (55., Handelfmeter).
Schiedsrichter: Cardellin (Uruguay); Zuschauer: 20 000.

Am 13. Juni in Neapel:
ARGENTINIEN – UdSSR 2:0 (1:0)
Argentinien: Pumpido (10. Goycochea), Simon, Monzon (79. Lorenzo), Serrizuela, Basualdo, Batista, Troglio, Burruchaga, Olarticochea, Caniggia, Maradona.
UdSSR: Uwarow, Chidijatulin, Bessonow, Kusnetzow, Gorlukowitsch, Schalimow, Aleijnikow, Sawarow (86. Ljuty), Sigmantowitsch, Dobrowolski, Protassow (74. Litowtschenko).
Tore: 1:0 Troglio (27.), 2:0 Burruchaga (80.).
Schiedsrichter: Fredriksson (Schweden); Zuschauer: 55 700.

Am 14. Juni in Bari:
KAMERUN – RUMÄNIEN 2:1 (0:0)
Kamerun: N'Kono, Tataw, Kunde (70. Pagal), Onana, Ebwelle, N'Dip, M'Bouh, M'Fede, Mabdan Kessack (57. Milla), Omam Biyik, Makanaky.
Rumänien: Lung, Rednic, Klein, Andone, Popescu, Sabau, Rotariu, Hagi (56. Dumitrescu), Timofte, Lacatus, Raducioiu (63. Balint).
Tore: 1:0 Milla (77.), 2:0 Milla (87.), 2:1 Balint (88.).
Schiedsrichter: Silva Arce (Chile); Zuschauer: 25 000.

Am 18. Juni in Neapel:
ARGENTINIEN – RUMÄNIEN 1:1 (0:0)
Argentinien: Goycochea, Simon, Monzon, Serrizuela, Basualdo, Troglio (55. Giusti), Batista, Burruchaga (60. Dezotti), Olarticochea, Caniggia, Maradona.
Rumänien: Lung, Popescu , Andone, Rotariu, Rednic Sabau (81. Mateut), Hagi, Lupescu, Klein, Lacatus: Balint (74. Lupu).
Tore: 1:0 Monzon (61.), 1:1 Balint (69.).
Schiedsrichter: Valente (Portugal); Zuschauer: 45 000.

Am 18. Juni in Bari:
KAMERUN – UdSSR 0:4 (0:2)
Kamerun: N'Kono, Tataw, Kunde (34. Milla), Onana Ebwelle, N'Dip, M'Bouh, M'Fede, Kana Biyik, Omam Biyik, Makanaky (57. Pagal).
UdSSR: Uwarow, Chidijatulin, Gorlukowitsch, Sigmantowitsch, Schalimow (46. Sawarow), Kusnetzow, Demjanenko, Litowtschenko (73. Jaremtschuk), Aleijnikow, Protassow (20. Dobrowolski).
Tore: 0:1 Protassow (20.), 0:2 Sigmantowitsch (29.), 0:3 Sawarow (53.), 0:4 Dobrowolski (63.).
Schiedsrichter: Wright (Brasilien); Zuschauer: 20 000.

Abschlußtabelle Gruppe B	CMR	RUM	ARG	URS	Tore	Punkte	Rang
Kamerun	X	2:1	1:0	0:4	3:0	4:2	1
Rumänien	1:2	X	1:1	2:0	4:3	3:3	2
Argentinien	0:1	1:1	X	2:0	3:2	3:3	3
UdSSR	4:0	0:2	0:2	X	4:4	2:4	4

Gruppe C

Am 10. Juni in Turin:
BRASILIEN – SCHWEDEN 2:1 (1:0)
Brasilien: Taffarel, Galvao, Jorginho, Mozer, Ricardo Gomez, Alemao, Dunga, Valdo (82. Silas), Branco, Muller, Careca.
Schweden: Ravelli, R. Nilsson, Larsson, Ljung (70. Strömberg), Schwarz, Limpar, Thern, Ingesson, J. Nilsson, Brolin, Magnusson.
Tore: 1:0 Careca (41.), 2:0 Careca (63.), 2:1 Brolin (78.).
Schiedsrichter: Lanese (Italien); Zuschauer: 62 600.

Am 11. Juni in Genua:
COSTA RICA – SCHOTTLAND 1:0 (0:0)
Costa Rica: Conejo, Flores, Montero, Marchena, Chavarria, Gomez, Ramirez, Cayasso, Chaves, Gonzales, Jara (86. Medford).
Schottland: Leighton, Gough, McLeish, McPherson, Malpas, McStay, Aitken, McCall, Bett (74. McCoist), Johnston, McInally.
Tor: 1:0 Cayasso (49.).
Schiedsrichter: Lousteau (Argentinien); Zuschauer: 30 800.

Am 16. Juni in Turin:
BRASILIEN – COSTA RICA 1:0 (1:0)
Brasilien: Taffarel, Galvao, Mozer, Gomez, Jorginho, Dunga, Alemao, Valdo (88. Silas), Branco, Muller, Careca (83. Bebeto).
Costa Rica: Conejo, Flores, Marchena, Montero, Gonzales, Chavarria, Ramirez, Gomez, Cayasso (78. Guimaraes), Chaves, Jara (71. Mayers).
Tor: 1:0 Muller (35.).
Schiedsrichter: Jouini (Tunesien); Zuschauer: 55 000.

Am 16. Juni in Genua:
SCHWEDEN – SCHOTTLAND 1:2 (0:1)
Schweden: Ravelli, Roland Nilsson, Hysen, Larsson (75. Strömberg), Schwarz, Limpar, Ingesson, Thern, Joakim Nilsson, Brolin, Pettersson (62. Ekström).
Schottland: Leighton, McPherson, Levein, McLeish, Malpas, Aitken, McCall, MacLeod, Duric (75. McStay), Fleck (84. McCoist), Johnston.
Tore: 0:1 McCall (10.), 0:2 Johnston (81., Foulelfmeter), 1:2 Strömberg (85.).
Schiedsrichter: Maciel (Paraguay); Zuschauer: 31 800.

Am 20. Juni in Turin:
BRASILIEN – SCHOTTLAND 1:0 (0:0)
Brasilien: Taffarel, Mauro Galvao, Ricardo Gomez, Ricardo Rocha, Jorginho, Alemao, Valdo, Dunga, Branco, Romario, (64. Muller), Careca.
Schottland: Leighton, Aitken, McPherson, McLeish, McKimmie, McCall, McStay, MacLeod (40. Gillespie), Malpas, McCoist (78. Fleck), Johnston.
Tor: 1:0 Muller (81.).
Schiedsrichter: Kohl (Österreich); Zuschauer: 62 500.

Am 20. Juni in Genua:
SCHWEDEN – COSTA RICA 1:2 (1:0)
Schweden: Ravelli, R. Nilsson, Hysen, Larsson, Schwarz, Pettersson, Strömberg (82. Engqvist), Ingesson, J. Nilsson, Ekström, Brolin (34. Gren).
Costa Rica: Conejo, Flores, Marchena, Montero, Chavarria (74. Guimaraes), Gomez (60. Medford), Gonzales, Ramirez, Chaves, Cayasso, Jara.
Tore: 1:0 Ekström (32.), 1:1 Flores (75.), 1:2 Medford (87.).
Schiedsrichter: Petrovic (Jugoslawien); Zuschauer: 30 200.

Abschlußtabelle Gruppe C	BRA	COR	SCO	SWE	Tore	Punkte	Rang
Brasilien	X	1:0	1:0	2:1	4:1	6:0	1
Costa Rica	0:1	X	1:0	2:1	3:2	4:2	2
Schottland	0:1	0:1	X	2:1	2:3	2:4	3
Schweden	1:2	1:2	1:2	X	3:6	0:6	4

Gruppe D

Am 9. Juni in Bologna:
VEREINIGTE ARABISCHE EMIRATE – KOLUMBIEN 0:2 (0:0)
VAE: Faraj, E. M. Abdulrahman (78. Sultan), Mohamed, K. G. Mubarak, I. M. Abdulrahman, Abdullah, N. K. Mubarek, Juma'a, Abbas, F. K. Mubarak (60. Bilal), Al Taliyani.
Kolumbien: Higuita, Herrera, Perea, Escobar, Gilardo Gomez, Rincon, Alvarez, Valderrama, Gabriel Gomez, Redin, Iguaran (79. Estrada).
Tore: 0:1 Redin (52.), 0:2 Valderrama (85.).
Schiedsrichter: Courtney (England); Zuschauer: 30 700.

Am 10. Juni in Mailand
DEUTSCHLAND – JUGOSLAWIEN 4:1 (2:0)
Deutschland: Illgner, Augenthaler, Berthold, Buchwald, Reuter, Häßler (75. Littbarski), Matthäus, Bein (75. Möller), Brehme, Klinsmann, Völler.
Jugoslawien: Ivkovic, Jozic, Hadzibegic, Spasic, Baljic, Vulic, Susic (56. Prosinecki), Katanec, Stojkovic, Savicevic, Vujovic.
Tore: 1:0 Matthäus (29.), 2:0 Klinsmann (40.), 2:1 Jozic (55.), 3:1 Matthäus (64.), 4:1 Völler (70.).
Schiedsrichter: Mikkelsen (Dänemark); Zuschauer: 74 700.

Am 14. Juni in Bologna:
JUGOSLAWIEN – KOLUMBIEN 1:0 (0:0)
Jugoslawien: Ivkovic, Hadzibegic, Spasic, Stanojkovic, Sabanadzovic, Stojkovic, Katanec (46. Jarni), Susic, Jozic, Brnovic, Vujovic (55. Pancev).
Kolumbien: Higuita, Herrera, Perea, Escobar, Gilardo Gomez, Alvarez, Valderrama, Gabriel Gomez, Rincon (69. Hernandez), Redin (81. Estrada), Iguaran.
Tor: 1:0 Jozic (75.).
Schiedsrichter: Agnolin (Italien); Zuschauer: 32 000.

Am 15. Juni in Mailand:
DEUTSCHLAND – VEREINIGTE ARABISCHE EMIRATE 5:1 (2:0)
Deutschland: Illgner, Augenthaler, Berthold (46. Littbarski), Buchwald, Reuter, Häßler, Matthäus, Bein, Brehme, Klinsmann (72. Riedle), Völler.
VAE: Faraj, K. G. Mubarak, Abdullah, I. M. Abdulrahman (87. Al Hadda-Sharjah), Mohamed, E. M. Abdulrahman, Abbas, F. K. Mubarak, K. I. Mubarak (84. Hussain-Al-Wasl), Juma'a, Al Taliyani.
Tore: 1:0 Völler (36.), 2:0 Klinsmann (38.), 2:1 K. I. Mubarak (46.), 3:1 Matthäus (47.), 4:1 Bein (59.), 5:1 Völler (75.).
Schiedsrichter: Spirin (UdSSR); Zuschauer: 71 100.

Am 19. Juni in Mailand:
DEUTSCHLAND – KOLUMBIEN 1:1 (0:0)
Deutschland: Illgner, Augenthaler, Berthold, Buchwald, Reuter, Häßler (84. Thon), Matthäus, Bein (46. Littbarski), Pflügler, Klinsmann, Völler.
Kolumbien: Higuita, Herrera, Perea, Escobar, Gilardo Gomez, Alvarez, Fajardo, Valderrama, Gabriel Gomez, Estrada, Rincon.
Tore: 1:0 Littbarski (88.), 1:1 Rincon (90.).
Schiedsrichter: Snoddy (Nordirland); Zuschauer: 72 500.

Am 19. Juni in Bologna:
JUGOSLAWIEN – VEREINIGTE ARABISCHE EMIRATE 4:1 (2:1)
Jugoslawien: Ivkovic, Hadzibegic, Juzic, Spasic, Stanojkovic, Stojkovic, Susic, Sabanadzovic (79. Prosinecki), Brnovic, Pancev, Vujovic (64. Vulic).
VAE: Faraj, Eissa Abdulrahman, Al Hadda, Khaleel Mubarak, Ibrahim Abdulrahman, Nasser Mubarak (35. Sultan), Abdullah, Abbas, Khalid Mubarak, Juma'a (46. Fahad Mubarak), Al Taliyani.
Tore: 1:0 Susic (5.), 2:0 Pancev (9.), 2:1 Juma'a (22.), 3:1 Pancev (46.), 4:1 Prosinecki (90.).
Schiedsrichter: Takada (Japan); Zuschauer 27 800.

Abschlußtabelle Gruppe D	GER	YUG	KOL	VAE	Tore	Punkte	Rang
Deutschland	X	4:1	1:1	5:1	10:3	5:1	1
Jugoslawien	1:4	X	1:0	4:1	6:5	4:2	2
Kolumbien	1:1	0:1	X	2:0	3:2	3:3	3
V.A. Emirate	1:5	1:4	0:2	X	2:11	0:6	4

Gruppe E

Am 12. Juni in Verona:
BELGIEN – SÜDKOREA 2:0 (0:0)
Belgien: Preud'homme, Clijsters, Gerets, Demol, Emmers, van der Elst, Scifo, Versavel, de Wolf, Degryse, van der Linden (46. Ceulemans).
Südkorea: I. Y. Choi, Hong, Park, Y. H. Chung, K. H. Choi, S. H. Choi, Lee (46. Cho), Noh, Gu-Hwang, Kim.
Tore: 1:0 Degryse (53.), 2:0 de Wolf (65.).
Schiedsrichter: Mauro (USA); Zuschauer: 32 400.

Am 13. Juni in Udine:
URUGUAY – SPANIEN 0:0
Uruguay: Alvez, de Leon, Gutierrez, Herrera, Dominguez, Pereira (66. Correa), Perdomo, Paz, Alzamendi (66. Aguilera), Francescoli, Sosa.
Spanien: Zubizarreta, Andrinua, Jimenez, Sanchis, Chendo, Michel, Roberto, Martin Vazquez, Villaroya (83. Paz), Manolo (83. Gorriz), Butragueño.
Schiedsrichter: Kohl (Österreich); Zuschauer: 35 700.

Am 17. Juni in Verona:
BELGIEN – URUGUAY 3:1 (2:0)
Belgien: Preud'homme, Demol, Gerets, Grun, de Wolf, Clijsters (46. Emmers), van der Elst, Scifo, Versavel (74. Vervoort), Ceulemans, Degryse.
Uruguay: Alvez, de Leon, Herrera, Gutierrez, Dominguez, Ostolaza, Perdomo, Paz, Alzamendi (46. Aguilera), Francescoli, Sosa.
Tore: 1:0 Clijsters (15.), 2:0 Scifo (23.), 3:0 Ceulemans (47.), 3:1 Aguilera (71.).
Schiedsrichter: Kirschen (DDR); Zuschauer: 33 700.

Am 17. Juni in Udine:
SÜDKOREA – SPANIEN 1:3 (1:1)
Südkorea: I. Y. Choi, Hong, K. H. Choi, Yoon, Park (70. J. S. Chung), H. W. Chung (53. Noh), J. S. Kim, Hwangbo, Gu, Byun, S. H. Choi.
Spanien: Zubizarreta, Andrinua, Gorriz, Sanchis, Chendo, Michel, Roberto (82. Bakero), Vazquez, Villaroya, Butragueño (77. Gomez), Salinas.
Tore: 0:1 Michel (24.), 1:1 Hwangbo (43.), 1:2 Michel (61.), 1:3 Michel (81.).
Schiedsrichter: Guerrero (Ekuador); Zuschauer: 32 700.

Am 21. Juni in Verona:
BELGIEN – SPANIEN 1:2 (1:2)
Belgien: Preud'homme, Demol, Staelens (76. van der Linden), Albert, de Wolf, Emmers (31. Plovic), van der Elst, Scifo, Degryse, Vervoort, Ceulemans.
Spanien: Zubizarreta, Andrinua, Chendo, Sanchis, Gorriz, Michel, Villaroya, Vazquez, Roberto, Butragueño (82. Alcorta), Salinas (86. Pardeza).
Tore: 0:1 Michel (27., Foulelfmeter), 1:1 Vervoort (30.), 1:2 Gorriz (39.).
Schiedsrichter: Lousteau (Argentinien); Zuschauer: 36 000.

Am 21. Juni in Udine:
SÜDKOREA – URUGUAY 0:1 (0:0)
Südkorea: I. Y. Choi, Hong, Park, K. H. Choi, J. S. Chung, Yoon, Hwangbo (79. H. W. Chung), Lee, Kim, Byun (43. Hwang), S. H. Choi.
Uruguay: Alvez, Herrera, Gutierrez, de Leon, Dominguez, Ostolaza (46. Aguilera), Perdomo, Francescoli, Paz, Martinez, Sosa (62. Fonseca).
Tor: 0:1 Fonseca (90.).
Schiedsrichter: Lanese (Italien); Zuschauer: 29 000.

Abschlußtabelle Gruppe E	ESP	BEL	URU	KOR	Tore	Punkte	Rang
Spanien	X	2:1	0:0	3:1	5:2	5:1	1
Belgien	1:2	X	3:1	2:0	6:3	4:2	2
Uruguay	0:0	1:3	X	1:0	2:3	3:3	3
Südkorea	1:3	0:2	0:1	X	1:6	0:6	4

Gruppe F

Am 11. Juni in Cagliari:
ENGLAND – IRLAND 1:1 (1:0)
England: Shilton, Walker, Stevens, Butcher, Pearce, Waddle, Gascoigne, Robson, Barnes, Lineker (84. Bull), Beardsley (70. McMahon).
Irland: Bonner, McCarthy, McGrath, Moran, Morris, Staunton, Houghton, Townsend, Sheedy, Cascarino, Aldridge (65. McLoughlin).
Tore: 1:0 Lineker (9.), 1:1 Sheedy (73.).
Schiedsrichter: Schmidhuber (Deutschland); Zuschauer: 35 000.

Am 12. Juni in Palermo:
HOLLAND – ÄGYPTEN 1:1 (0:0)
Holland: van Breukelen, van Aerle, R. Koeman, Rutjes, van Tiggelen, Vanenburg (46. Kieft), Wouters, Rijkaard, E. Koeman (69. Witschge), Gullit, van Basten.
Ägypten: Shobeir, Hany Ramzy, Ibrahim Hassan, Yakan, Yassein, Abedelghani, Ahmed Ramzi (69. Tolba), Abedelhamid (69. Abdelrahman), Youssef, Hossam Hassan, Abdou.
Tore: 1:0 Keift (58.), 1:1 Abedelghani (82., Foulelfmeter).
Schiedsrichter: Soriano Aladren (Spanien); Zuschauer: 33 200.

Am 16. Juni in Cagliari:
ENGLAND – HOLLAND 0:0
England: Shilton, Walker, Butcher, Wright, Pearce, Parker, Waddle (59. Bull), Gascoigne, Robson (65. Platt), Lineker, Barnes.
Holland: van Breukelen, R. Koeman, van Aerle, Rijkaard, van Tiggelen, van't Schip (75. Kieft), Gullit, Wouters, Witschge, van Basten, Gillhaus.
Schiedsrichter: Petrovic (Jugoslawien); Zuschauer: 35 200.

Am 17. Juni in Palermo:
IRLAND – ÄGYPTEN 0:0
Irland: Bonner, Morris, McCarthy, Moran, Staunton, Houghton, McGrath, Townsend, Sheedy, Cascarino (84. Quinn), Aldridge (69. McLoughlin).
Ägypten: Shobeir, Hany Ramzy, Ibrahim Hassan, Yassein, Yakan, Tolba (60. Abou Zeid), Abedelghani, Youssef, Oraby, Hossam Hassan, Abdou (77. Abedelhamid).
Schiedsrichter: van Langenhove (Belgien); Zuschauer: 33 200.

Am 2 1. Juni in Cagliari:
ENGLAND – ÄGYPTEN 1:0 (0:0)
England: Shilton, Wright, Parker, Walker, Pearce, Waddle (66. Platt), McMahon, Gascoigne, Barnes, Lineker, Bull (64. Beardsley).
Ägypten: Shobeir, Hany Ramzy, Ibrahim Hassan, Yakan, Yassein, Abedelghani, Abedelhamid (78. Abdelrahman), Ahmed Ramzi, Youssef, Hossam Hassan, Abdou (78. Soliman).
Tor: Wright (57.).
Schiedsrichter: Röthlisberger (Schweiz); Zuschauer: 25 000.

Am 21. Juni in Palermo:
IRLAND – HOLLAND 1:1 (0:1)
Irland: Bonner, Morris, McCarthy, Moran, Staunton, Houghton, McGrath, Sheedy (81. Whelan), Townsend, Aldridge (81. Cascarino), Quinn.
Holland: van Breukelen, R. Koeman, van Aerle, Rijkaard, van Tiggelen, Wouters, Gullit, Witschge (59. Fraeser), Gillhaus, van Basten, Kieft (79. van Loen).
Tore: 0:1 Gullit (11.), 1:1 Quinn (71.).
Schiedsrichter: Vautrot (Frankreich); Zuschauer: 33 200.

Abschlußtabelle Gruppe F	ENG	IRL	HOL	ÄGY	Tore	Punkte	Rang
England	X	1:1	0:0	1:0	2:1	4:2	1
Irland	1:1	X	1:1	0:0	2:2	3:3	2
Holland	0:0	1:1	X	1:1	2:2	3:3	3
Ägypten	0:1	0:0	1:1	X	1:2	2:4	4

Achtelfinale

Am 23. Juni in Neapel:
KAMERUN – KOLUMBIEN 2:1 (0:0, 0:0) n.V.
Kamerun: N'Kono, N'Dip, Onana, Ebwelle, Tataw, Mabdan Kessack, Kana Biyik, M'Bouh, M'Fede (54. Milla), Omam Biyik, Makanaky (68. Djonkep).
Kolumbien: Higuita, Herrera, Perea, Escobar, Gilardo Gomez, Alvarez, Valderrama, Gabriel Gomez (80. Redin), Rincon, Fajardo (63. Iguaran), Estrada.
Tore: 1:0 Milla (106.), 2:0 Milla (109.), 2:1 Redin (117.).
Schiedsrichter: Lanese (Italien); Zuschauer: 50 300.

Am 23. Juni in Bari:
ČSFR – COSTA RICA 4:1 (1:0)
ČSFR: Stejskal, Kocian, Straka, Kadlec, Hasek, Moravcik, Kubik, Chovanec, Bilek, Skuhravy, Knoflicek.
Costa Rica: Barrantes, Flores, Montero, Marchena, Chavez, Ramirez, Chavarria (66. Guimaraes), Gonzales, Obando (46. Medford), C. Jara, Cayasso.
Tore: 1:0 Skuhravy (11.), 1:1 Gonzales (56.), 2:1 Skuhravy (63.), 3:1 Kubik (77.), 4:1 Skuhravy (81.).
Schiedsrichter: Kirschen (DDR); Zuschauer: 47 600.

Am 24. Juni in Turin:
BRASILIEN – ARGENTINIEN 0:1 (0:0)
Brasilien: Taffarel, Mauro Galvao (83. Renato), Ricardo Rocha, Ricardo Gomez, Jorginho, Alemao (83. Silas), Dunga, Valdo, Branco, Muller, Careca.
Argentinien: Goycochea, Simon, Monzon, Ruggeri, Basualdo, Giusti, Burruchaga, Troglio (62. Calderon), Olarticochea, Maradona, Caniggia.
Tor: 0:1 Caniggia (80.).
Schiedsrichter: Quiniou (Frankreich); Zuschauer: 61 300.

Am 24. Juni in Mailand:
DEUTSCHLAND – HOLLAND 2:1 (0:0)
Deutschland: Illgner, Augenthaler, Reuter, Berthold, Kohler, Brehme, Littbarski, Matthäus, Buchwald, Klinsmann (79. Riedle), Völler.
Holland: van Breukelen, R. Koeman, van Aerle (68. Kieft), Wouters, Rijkaard, van Tiggelen, van't Schip, Gullit, Winter, Witschge (79. Gillhaus), van Basten.
Tore: 1:0 Klinsmann (51.), 2:0 Brehme (85.), 2:1 R. Koeman (89., Foulelfmeter).
Schiedsrichter: Loustau (Argentinien); Zuschauer: 74 500.

Am 25. Juni in Genua:
IRLAND – RUMÄNIEN 0:0 n.V; 5:4 n. E.
Irland: Bonner, Morris, McCarthy, Moran, Staunton (94. O'Leary), Houghton, McGrath, Townsend, Sheedy, Quinn, Aldridge (20. Cascarino).
Rumänien: Lung, Popescu, Lupescu, Andone, Rednic, Sabau (97. Timofte), Hagi, Rotariu, Klein, Balint, Raducioiu (75. Lupu).
Tore im Elfmeterschießen: Sheedy, Houghton, Townsend, Cascarino, O'Leary für Irland – Hagi, Lupu, Rotariu, Lupescu für Rumänien; Timofte verschießt.
Schiedsrichter: Wright (Brasilien); Zuschauer: 31 800.

Am 25. Juni in Rom:
ITALIEN – URUGUAY 2:0 (0:0)
Italien: Zenga, Baresi, Bergomi, Ferri, Maldini, de Napoli, Berti (52. Serena), Giannini, de Agostini, Baggio (79. Vierchowod), Schillaci.
Uruguay: Alvez, de Leon, Saldana, Gutierrez, Dominguez, Perdomo, Ostolaza (78. Alzamendi), Francescoli, R. Pereira, Aquilera (55. Sosa), Fonseca.
Tore: 1:0 Schillaci (65.), 2:0 Serena (83.).
Schiedsrichter: Courtney (England); Zuschauer: 73 300.

Am 26. Juni in Verona:
SPANIEN – JUGOSLAWIEN 1:2 (0:0, 1:1) n.V.
Spanien: Zubizarreta, Andrinua (48. Jimenez), Chendo, Sanchis, Gorriz, Michel, Roberto, Martin Vazquez, Villaroya, Salinas, Butragueño (78. Paz).
Jugoslawien: Ivkovic, Sabanadzovic, Hadzibegic, Spasic, Brnovic, Stojkovic, Katanec (78. Vulic), Jozic, Susic, Pancev (55. Savicevic), Vujovic.
Tore: 0:1 Stojkovic (78.), 1:1 Salinas (83.), 1:2 Stojkovic (92.).
Schiedsrichter: Schmidhuber (Deutschland); Zuschauer: 35 500.

Am 26 Juni in Bologna:
ENGLAND – BELGIEN 1:0 (0:0, 0:0) n.V.
England: Shilton, Wright, Walker, Butcher, Parker, Waddle, Gascoigne, McMahon (72. Platt), Barnes (75. Bull), Pearce, Lineker.
Belgien: Preud'homme, Demol, Grun, Gerets, Clijsters, Scifo, v. d. Elst, de Wolf, Versavel (108. Vervoort), (68. Claesen), Ceulemans.
Tor: 1:0 Platt (119).
Schiedsrichter: Mikkelsen (Dänemark); Zuschauer: 34 500.

Viertelfinale

Am 30. Juni in Florenz:
ARGENTINIEN – JUGOSLAWIEN 0:0 n.V; 3:2 n. E.
Argentinien: Goycochea, Simon, Ruggeri, Giusti, Calderon (87. Dezotti), Burruchaga, Basualdo, Olarticochea (54. Troglio), Serrizuela, Caniggia, Maradona.
Jugoslawien: Ivkovic, Hadzibegic, Sabanadzovic, Spasic, Vulic, Stojkovic, Jozic, Prosinecki, Brnovic, Susic (66. Savicevic), Vujovic.
Tore im Elfmeterschießen: Serrizuela, Burruchaga, Dezotti für Argentinien – Prosinecki, Savicevic für Jugoslawien.
Schiedsrichter: Röthlisberger (Schweiz); Zuschauer: 38 900.

Am 30. Juni in Rom:
IRLAND – ITALIEN 0:1 (0:1)
Irland: Bonner, Morris, McCarthy, Moran, Staunton, Houghton, McGrath, Townsend, Sheedy, Quinn (53. Cascarino), Aldridge (78. Sheridan).
Italien: Zenga, Baresi, Ferri, Maldini, Bergomi, de Napoli, Giannini (62. Ancelotti), Donadoni, de Agostini, Baggio (70. Serena), Schillaci.
Tor: 0:1 Schillaci (37.).
Schiedsrichter: Valente (Portugal); Zuschauen 73 300.

Am 1. Juli in Mailand:
ČSFR – DEUTSCHLAND 0:1 (0:1)
ČSFR: Stejskal, Kocian, Hasek, Straka, Kadlec, Moravcik, Chovanec, Kubik (80. Griga), Bilek (68. Nemecek), Skuhravy, Knoflicek.
Deutschland: Illgner, Augenthaler, Berthold, Kohler, Brehme, Littbarski, Buchwald, Matthäus, Bein (83. Möller), Riedle, Klinsmann.
Tor: 0:1 Matthäus (24., Foulelfmeter).
Schiedsrichter: Kohl (Österreich); Zuschauer: 73 300.

Am 1. Juli in Neapel:
KAMERUN – ENGLAND 2:3 (0:1, 2:2) n.V.
Kamerun: N'Kono, Kunde, Massing, Mabdan Kessack (46. Milla), Tataw, Libiih, Pagal, Ebwelle, Makanaky, M'Fede (62. Ekeke), Omam Biyik.
England: Shilton, Wright, Parker, Walker, Butcher (75. Steven), Waddle, Platt, Gascoigne, Barnes (46. Beardsley), Pearce, Lineker.
Tore: 0:1 Platt (25.), 1:1 Kunde (61., Foulelfmeter), 2:1 Ekeke (65.), 2:2 Lineker (82., Foulelfmeter), 2:3 Lineker (104., Foulelfmeter).
Schiedsrichter: Codesal (Mexiko); Zuschauer: 55 200.

Halbfinale

Am 3. Juli in Neapel:
ARGENTINIEN – ITALIEN 1:1 (0:1, 1:1) n.V; 5:4 n. E.
Argentinien: Goycochea, Simon, Ruggeri, Serrizuela, Giusti, Calderon (46. Troglio), Burruchaga, Basualdo (98. Batista), Olarticochea, Maradona, Caniggia.
Italien: Zenga, Baresi, Bergomi, Ferri, de Napoli, Donadoni, Giannini (7 3. Baggio), de Agostini, Maldini, Schillaci, Vialli (70. Serena).
Tore: 1:0 Schillaci (17.), 1:1 Caniggia (67.). Tore im Elfmeterschießen: Serrizuela, Burruchaga, Olarticochea, Maradona für Argentinien – Baresi, Baggio, de Agostini für Italien; Donadoni und Serena verschießen.
Schiedsrichter: Vautrot (Frankreich); Zuschauer: 59 900.

Am 4. Juli in Turin:
DEUTSCHLAND – ENGLAND 1:1 (0:0, 1:1) n.V., 5:4 n. E.
Deutschland: Illgner, Augenthaler, Buchwald, Kohler, Berthold, Häßler (67. Reuter), Matthäus, Thon, Brehme, Klinsmann, Völler (38. Riedle).
England: Shilton, Butcher (71. Steven), Walker, Wright, Pearce, Parker, Waddle, Gascoigne, Platt, Lineker, Beardsley.
Tore: 1:0 Brehme (59.), 1:1 Lineker (80.). Tore im Elfmeterschießen: Brehme, Matthäus, Riedle, Thon für Deutschland – Lineker, Beardsley, Platt für England. Pearce scheitert an Illgner, Waddle verschießt.
Schiedsrichter: Wright (Brasilien); Zuschauer: 45 000.

Spiel um den dritten Platz

Am 7. Juli in Bari:
ITALIEN – ENGLAND 2:1 (0:0)
Italien: Zenga, Baresi, Ferrara, Vierchowod, Bergomi, Ancelotti, Giannini (90. Ferri), de Agostini (67. Berti), Maldini, Baggio, Schillaci.
England: Shilton, Wright (72. Webb), Parker, Walker, Stevens, Steven, Platt, McMahon (72. Waddle), Dorigo, Lineker, Beardsley.
Tore: 1:0 Baggio (72.), 1:1 Platt (82.), 2:1 Schillaci (86., Foulelfmeter).
Schiedsrichter: Quiniou (Frankreich); Zuschauer: 51 400.

Endspiel

Am 8. Juli in Rom:
DEUTSCHLAND – ARGENTINIEN 1:0 (0:0)
Deutschland: Illgner, Augenthaler, Berthold (73. Reuter), Kohler, Buchwald, Littbarski, Matthäus, Häßler, Brehme, Klinsmann, Völler.
Argentinien: Goycochea, Simon, Sensini, Serrizuela, Ruggeri (46. Monzon), Troglio, Burruchaga (53. Calderon), Basualdo, Lorenzo, Dezotti, Maradona.
Tor: 1:0 Brehme (85., Foulelfmeter).
Schiedsrichter: Mendez (Mexiko); Zuschauer: 73 600.

15. Fußball-Weltmeisterschaft

1994 in den USA

Qualifikation

EUROPA/ISRAEL

GRUPPE 1

16. 8. 92	Estland – Schweiz	0:6
9. 9. 92	Schweiz – Schottland	3:1
14.10. 92	Schottland – Portugal	0:0
4.10. 92	Italien – Schweiz	2:2
25.10. 92	Malta – Estland	0:0
18.11. 92	Schweiz – Malta	3:0
18.11. 92	Schottland – Italien	0:0
19.12. 92	Malta – Italien	1:2
24. 1. 93	Malta – Portugal	0:1
17. 2. 93	Schottland – Malta	3:0
24. 2. 93	Portugal – Italien	1:3
24. 3. 93	Italien – Malta	61
31. 3. 93	Schweiz – Portugal	1:1
14. 4. 93	Italien – Estland	2:0
17. 4. 93	Malta – Schweiz	0:2
18. 4. 93	Portugal – Schottland	5:0
1. 5. 93	Schweiz – Italien	1:0
12. 5. 93	Estland – Malta	0:1
19. 5. 93	Estland – Schottland	0:3
2. 6. 93	Schottland – Estland	3:1
19. 6. 93	Portugal – Malta	4:0
5. 9. 93	Estland – Portugal	0:2
8. 9. 93	Schottland – Schweiz	1:1
22. 9. 93	Estland – Italien	0:3
13.10. 93	Portugal – Schweiz	1:0
13.10. 93	Italien – Schottland	3:1
10.11. 93	Portugal – Estland	3:0
17.11. 93	Italien – Portugal	1:0
17.11. 93	Malta – Schottland	0:2
17.11. 93	Schweiz – Estland	4:0

Die Qualifikationsspiele der Schweiz:

16.8.1992 in Talinn:
ESTLAND – SCHWEIZ (0:6)
Estland: Poom – Hepner, Kaljend, T. Kallaste, Lindmaa (ab 76. Veensalu) – Kristal, Olumets, Linnumae, R. Kallaste – Reim, Pustov (ab 64. Kirs).
Schweiz: Pascolo – Egli, Geiger, Hottiger, Rothenbühler, Bregy, B. Sutter (ab 79. Bonvin), Ohrel, Sforza, Chapuisat, Knup.

9.9.1992 in Bern:
SCHWEIZ – SCHOTTLAND (3:1)
Schweiz: Pascolo – Hottiger, Quentin, Egli, Geiger, Bregy (ab 89. Piffaretti) – A. Sutter, Ohrel, Knup (ab 86. B. Sutter) – Sforza, Chapuisat.
Schottland: Goram – Gough, Malpas, McCall, Boyd (ab 75. Galacher), McPherson, Durie, McAllister, McCoist, McStay, McClair (ab 57. Durrant).

14.10.1992 in Cagliari:
ITALIEN – SCHWEIZ (2:2)
Italien: Marchegiani – Tassoti, DiChiara, Eranio, Costacurta, Lanna, Lentini, Donadoni (ab 71. Albertini), Vialli, Baggio, Eviani (ab 48. Bianchi).
Schweiz: Pascolo – Hottiger, Quentin, Egli, Geiger, Bregy, Sutter, Ohrel (ab 56. Piffaretti), Knup (ab 89. B. Sutter) – Sforza, Chapuisat.

18.11.1992 in Bern:
SCHWEIZ – MALTA (3:0)
Schweiz: Pascolo – Hottiger, Geiger, Egli, Rothenbühler, Bickel (ab 82. Bonvin), Bregy, Sforza, A. Sutter, Knup (ab 75. Türkyilmaz), Chapuisat.
Malta: Cluett – Buttigieg, Buhagiar, Galea (ab 17. E. Camilleri), S. Vella, Brincat, Gregory, J. Camilleri, Saliba, R. Vella (ab 75. Scerri), Bussuttil.

31.3.1993 in Bern:
SCHWEIZ – PORTUGAL (1:1)
Schweiz: Pascolo – Hottiger, Geiger, Herr, Rothenbühler, Bregy, Ohrel, A. Sutter, Sforza, Chapuisat, Knup (ab 46. Bonvin).
Portugal: Vitor Baia – Abel Xavier, Oceano, Jorge Costa, Peixe, Semedo (ab 50. Fernando Mendes), Rui Costa, Paulo Sousa, Figo (ab 70. Rui Barrios), Rui Aguas, Futre.

17.4.1993 in La Valetta:
MALTA – SCHWEIZ (0:2)
Malta: Cluett – S. Vella, Galea, Buttigieg, Brincat, Laferfa, Buhagiar, Camilleri (ab 75. Della), Scerri, Saliba (ab 56. Carabott), Bussuttil.
Schweiz: Pascolo – Hottiger, Geiger, Herr, Rothenbühler (ab 68. Sylvestre), Ohrel, Henchoz, Sforza, A. Sutter, Bonvin (ab 77. Türkyilmaz), Grassi.

1.5.1993 in Bern:
SCHWEIZ – ITALIEN (1:0)
Schweiz: Pascolo – Herr, Geiger, Hottiger, Quentin, Ohrel, Bregy, Sforza, A. Sutter, Knup (ab 75. Grassi), Chapuisat.
Italien: Paglicua – Mannini, Vierchowod, Baresi, P. Maldini, Zoratto (ab 65. Lentini), D. Baggio, R. Baggio, Fuser, Mancini (ab. 45. Di Mauro), Signori.

8.9.1993 in Aberdeen:
SCHOTTLAND – SCHWEIZ (1:1)
Schottland: Gunn – McKimmie, Irvine, Levein, Robertson, Nevin, Bowman (ab 75. O'Donell), McAllister, Collins, Booth (ab 75. Jess), Durie.
Schweiz: Pascolo – Quentin, Herr, Geiger, Rothenbühler (ab 55. Grassi), Ohrel, Bregy, Sforza, A. Sutter, Knup, Chapuisat.

13.10.1993 in Porto:
PORTUGAL – SCHWEIZ (1:0)
Portugal: Vitor Baia – Joao D. S. Pinto, Peixe, Jorge Costa, Paulo Sousa, Oceano, Semedo (ab 81. Vitor Paneira), Rui Costa, Joao M. V. Pinto, Cadete (ab 55. Nogeira), Futre.
Schweiz: Pascolo – Hottiger, Herr, Geiger, Quentin, Bregy (ab 89. Rueda), A. Sutter, Ohrel, Sforza, Knup (ab 81. Grassi), Chapuisat.

17.11.1993 in Zürich:
SCHWEIZ – ESTLAND (4:0)
Schweiz: Pascolo – Hottiger, Herr, Geiger, Quentin (ab 75. Türkyilmaz), Ohrel (ab 47. Rueda), Bregy, Bickel, A. Sutter, Knup, Chapuisat.
Estland: Poom – Hepner, Borissow, R. Kallaste, Krins, Kaljend, Klavan (ab 80. Putsov), Bregin, Olumets, Rajälä (ab 47. Linnumae), Reim.

1.	Italien	10 7 2 1	22:7	16:4
2.	Schweiz	10 6 3 1	23:6	15:5
3.	Portugal	10 6 2 2	18:5	14:6
4.	Schottland	10 4 3 3	14:13	11:9
5.	Malta	10 1 1 8	3:23	3:17
6.	Estland	10 0 1 9	1:27	1:19

Qualifiziert: Italien und Schweiz

GRUPPE 2

9. 9. 92	Norwegen – San Marino	10:0
23. 9. 92	Norwegen – Holland	2:1
23. 9. 92	Polen – Türkei	1:0
7.10. 92	San Marino – Norwegen	0:2
14.10. 92	Holland – Polen	2:2
14.10. 92	England – Norwegen	1:1
28.10. 92	Türkei – San Marino	4:1
18.11. 92	England – Türkei	4:0
16.12. 92	Türkei – Holland	1:3
17. 2. 93	England – San Marino	6:0
24. 2. 93	Holland – Türkei	3:1
10. 3. 93	San Marino – Türkei	0:0
24. 3. 93	Holland – San Marino	6:0
31. 3. 93	Türkei – England	0:2
28. 4. 93	England – Holland	2:2
28. 4. 93	Norwegen – Türkei	3:1
28. 4. 93	Polen – San Marino	1:0
19. 5. 93	San Marino – Polen	0:3
29. 5. 93	Polen – England	1:1
2. 6. 93	Norwegen – England	2:0
9. 6. 93	Holland – Norwegen	0:0
8. 9. 93	England – Polen	3:0
22. 9. 93	San Marino – Holland	0:7
22. 9. 93	Norwegen – Polen	1:0
13.10. 93	Holland – England	2:0
13.10. 93	Polen – Norwegen	0:3
27.10. 93	Türkei – Polen	2:1
10.11. 93	Türkei – Norwegen	2:1
16.11. 93	San Marino – England	1:7
17.11. 93	Polen – Holland	1:3

1.	Norwegen	10 7 2 1	25:5	16:4
2.	Holland	10 6 3 1	29:9	15:5
3.	England	10 5 3 2	26:9	13:7
4.	Polen	10 3 2 5	10:15	8:12
5.	Türkei	10 3 1 6	11:19	7:13
6.	San Marino	10 0 1 9	2:46	1:19

Qualifiziert: Norwegen und Holland

GRUPPE 3

22. 4. 92	Spanien – Albanien	3:0
28. 4. 92	Nordirland – Litauen	2:2
28. 5. 92	Irland – Albanien	2:0
3. 8. 92	Albanien – Litauen	1:0
12. 8. 92	Lettland – Litauen	1:2
26. 8. 92	Lettland – Dänemark	0:0
9. 9. 92	Irland – Lettland	4:0
9. 9 .92	Nordirland – Albanien	3:0
23. 9. 92	Lettland – Spanien	0:0
23. 9. 92	Litauen – Dänemark	0:0
14.10. 92	Nordirland – Spanien	0:0
14.10. 92	Dänemark – Irland	0:0
28.l0. 92	Litauen – Lettland	1:1
11.11. 92	Albanien – Lettland	1:1
18.11. 92	Spanien – Irland	0:0
18.11. 92	Nordirland – Dänemark	0:1
16.12. 92	Spanien – Lettland	5:0
17. 2. 93	Albanien – Nordirland	1:2
24. 2. 93	Spanien – Litauen	5:0
31. 3. 93	Irland – Nordirland	3:0
31. 3. 93	Dänemark – Spanien	1:0
14. 4. 93	Litauen – Albanien	3:1
14. 4. 93	Dänemark – Lettland	2:0
28. 4. 93	Irland – Dänemark	1:1
28. 4. 93	Spanien – Nordirland	3:1
15. 5. 93	Lettland – Albanien	0:0
25. 5. 93	Litauen – Nordirland	0:1
28. 5. 93	Albanien – Irland	1:2
2. 6. 93	Litauen – Spanien	0:2
2. 6. 93	Lettland – Nordirland	1:2
2. 6. 93	Dänemark – Albanien	4:0
9. 6. 93	Lettland – Irland	0:2
16. 8. 93	Litauen – Irland	0:1
25. 8. 93	Dänemark – Litauen	4:0
8. 9. 93	Albanien – Dänemark	0:1
8. 9. 93	Nordirland – Lettland	2:0
8. 9. 93	Irland – Litauen	2:0
22. 9. 93	Albanien – Spanien	1:5
13.10. 93	Irland – Spanien	1:3
13.10. 93	Dänemark – Nordirland	1:0
17.11. 93	Nordirland – Irland	1:1
17.11. 93	Spanien – Dänemark	1:0

1.	Spanien	12 8 3 1	27:4	19:5
2.	Irland	12 7 4 1	19:6	18:6
3.	Dänemark	12 7 4 1	15:2	18:6
4.	Nordirland	12 5 3 4	14:13	13:11
5.	Litauen	12 2 3 7	8:21	7:17
6.	Lettland	12 0 5 7	4:21	5:19
7.	Albanien	12 1 2 9	6:26	4:20

Qualifiziert: Spanien und Irland

GRUPPE 4

22. 4. 92	Belgien – Zypern	1:0
6. 5. 92	Rumänien – Faröer	7:0
20. 5. 92	Rumänien – Wales	5.1
3. 6. 92	Färöer – Belgien	3:3
17. 6. 92	Faröer – Zypern	0:2
2. 9. 92	CSFR – Belgien	1:2
9. 9. 92	Wales – Faröer	6:0
23. 9. 92	CSFR – Faröer	4:0
14.10. 92	Belgien – Rumänien	1:0
14.10. 92	Zypern – Wales	0:1
14.11. 92	Rumänien – CSFR	1:1
18.11. 92	Belgien – Wales	2:0
29.11. 92	Zypern – Rumänien	1:4
13. 2. 93	Zypern – Belgien	0:3
24. 3. 93	Zypern – Tschechien	1:1
31. 3. 93	Wales – Belgien	2:0
14. 4. 93	Rumänien – Zypern	2:1
25. 4. 93	Zypern – Faröer	3:1
28. 4. 93	Tschechien – Wales	1:1
22. 5. 93	Belgien – Faröer	3:0
2. 6. 93	Tschechien – Rumänien	5:2
6. 6. 93	Faröer – Wales	0:3
16. 6. 93	Faröer – Tschechien	0:3
8. 9. 93	Wales – Tschechien	2:2
8. 9. 93	Faröer – Rumänien	0:4
13.10. 93	Rumänien – Belgien	2:1
13.10. 93	Wales – Zypern	2:0
27.10. 93	Tschechien – Zypern	3:0
17.11. 93	Wales – Rumänien	1:2
17.11. 93	Belgien – Tschechien	0:0

1.	Rumänien	10 7 1 2	29:12	15:5
2.	Belgien	10 7 1 2	16:5	15:5
3.	Tschechien (ehemals CSFR)	10 4 5 1	21:9	13:7
4.	Wales	10 5 2 3	19:12	12:8
5.	Zypern	10 2 1 7	8:18	5:15
6.	Faröer	10 0 0 10	1:38	0:20

Qualifiziert: Rumänien und Belgien

GRUPPE 5

13. 5. 92	Griechenland – Island	1:0
3. 6. 92	Ungarn – Island	1:2
9. 9. 92	Luxemburg – Ungarn	0:3
7.10. 92	Island – Griechenland	0:1
14.10. 92	Rußland – Island	1:0
28.10. 92	Rußland – Luxemburg	2:0
11.11. 92	Griechenland – Ungarn	0:0
17. 2. 93	Griechenland – Luxemburg	2:0
31. 3. 93	Ungarn – Griechenland	0:1
14. 4. 93	Luxemburg – Rußland	0:4
28. 4. 93	Rußland – Ungarn	3:0
20. 5. 93	Luxemburg – Island	1:1
23. 5. 93	Rußland – Griechenland	1:1
2. 6. 93	Island – Rußland	1:1
16. 6. 93	Island – Ungarn	2:0
8. 9. 93	Ungarn – Rußland	1:3
8. 9. 93	Island – Luxemburg	1:0
12.10. 93	Luxemburg – Griechenland	1:3
27.10. 93	Ungarn – Luxemburg	1:0
17.11. 93	Griechenland – Rußland	1:0

1.	Griechenland	8 6 2 0	10:2	14:2
2.	Rußland	8 5 2 1	15:4	12:4
3.	Island	8 3 2 3	7:6	12:4
4.	Ungarn	8 2 1 5	6:11	5:11
5.	Luxemburg	8 0 1 7	2:17	1:15

Qualifiziert: Griechenland und Rußland

GRUPPE 6

14. 5. 92	Finnland – Bulgarien	0:3
9. 9. 92	Bulgarien – Frankreich	2:0
9. 9. 92	Finnland – Schweden	0:1
7.10. 92	Schweden – Bulgarien	2:0
14.10. 92	Frankreich – Österreich	2:0
28.10. 92	Österreich – Israel	5:2
11.11. 92	Israel – Schweden	1:3
14.11. 92	Frankreich – Finnland	2:1
2.12. 92	Israel – Bulgarien	0:2
17. 2. 93	Israel – Frankreich	0:4
27. 3. 93	Österreich – Frankreich	0:1
14. 4. 93	Österreich – Bulgarien	3:1
28. 4. 93	Frankreich – Schweden	2:1
28. 4. 93	Bulgarien – Finnland	2:0
12. 5. 93	Bulgarien – Israel	2:2
13. 5. 93	Finnland – Österreich	3:1
19. 5. 93	Schweden – Österreich	1:0
2. 6. 93	Schweden – Israel	5:0
16. 6. 93	Finnland – Israel	0:0
22. 8. 93	Schweden – Frankreich	1:1
25. 8. 93	Österreich – Finnland	3:0
8. 9. 93	Finnland – Frankreich	0:2
8. 9. 93	Bulgarien – Schweden	1:1
13.10. 93	Frankreich – Israel	2:3
13.10. 93	Bulgarien – Österreich	4:1
13.10. 93	Schweden – Finnland	3:2
27.10. 93	Israel – Österreich	1:1
10.11. 93	Österreich – Schweden	1:1
10.11. 93	Israel – Finnland	1:3
17.11. 93	Frankreich – Bulgarien	1:2

Die Qualifikationsspiele Österreichs:

Am 14. August 1992 in Paris:
FRANKREICH – ÖSTERREICH 2:0 (1:0)
Frankreich: Martini, Sauzée, Boll, Casoni, Sassus, Fournier (64. Gnako), Deschamps, Durand, Papin, Gravelaine, Cantona.
Österreich: Wohlfahrt, Zsak, Feiersinger, Streiter, Wazinger, Stöger (84. Pfeifenberger), Artner, Baur, Herzog, Schinkels (46. Andi Ogris), Polster.

Am 28. Oktober 1992 in Wien:
ÖSTERREICH – ISRAEL 5:2 (2:0)
Österreich: Wohlfahrt, Zsak, Streiter (71. Baur), Wazinger, Prosenik, Stöger, Artner, Herzog, Schinkels (78. Flögel), Andi Ogris, Polster.

Israel: Ginzburg, Ben Shimon, Amar Beytar, H. Harazi, A. Cohen (52. Berkovitch), Zahar, Klinger, Hazan, Nimny, Rosenthal, Tikva (78. Drix).

Am 27. März 1993 in Wien:
ÖSTERREICH – FRANKREICH 0:1 (0:0)
Österreich: Wohlfahrt, Zsak, Pecl, Artner, Cerny, Kühbauer, Herzog, Schinkels, Andi Ogris, Feiersinger, Pfeifenberger, Polster.
Frankreich: Lama, Blanc, Roche, Petit, Angloma, Sauzée (87. Martina), Le Guen, Deschamps, Lizarazu, Papin, Gravelaine (70. Loko).

Am 14. April 1993 in Wien:
ÖSTERREICH – BULGARIEN 3:1 (2:0)
Österreich: Wohlfahrt, Zsak, Streiter, Pecl, Feiersinger, Kühbauer (86. Cerny), Lainer, Baur, Herzog, Pfeifenberger (68. Andi Ogris), Polster.
Bulgarien: Michailow, Illiew (73. Letschkow), Iwanow, Bezinski (83. Iskrenow), Jankow, Kirjakow, Balakow, Kostadinow, Penew, Stoitschkow.

Am 13. Mai 1993 in Turku:
FINNLAND – ÖSTERREICH 3:1 (2:0)
Finnland: Jakonen, Kinnunen, Kanerva, Heikkinen, Petäjä, Holmgren (66. Lindberg), Suomino, Litmanen, Rajamäki, Hjlem, Paatelainen (76. Grönholm).
Österreich: Wohlfahrt, Zsak (60. Cerny), Streiter, Zisser, Baur, Kühbauer, Artner, Herzog, Lainer, Andi Ogris, Polster (57. Stöger).

Am 19. Mai 1993 in Stockholm:
SCHWEDEN – ÖSTERREICH 1:0 (0:0)
Schweden: Ravelli, Nilsson, Eriksson, Björklund, Ljung, Rehn, Brolin, Schwarz, Ingesson, Ekström (79. Zetterberg), Dahlin (84. Eklund).
Österreich: Wohlfahrt, Streiter, Lainer, Pecl, Feiersinger, Stöger, Artner, Herzog, Baur, Andi Ogris (80. Janeschitz), Pfeifenberger.

Am 25. August 1993 in Wien:
ÖSTERREICH – FINNLAND 3:0 (2:0)
Österreich: Wohlfahrt, Streiter, W. Kogler, Pfeffer, Artner, Stöger, Herzog, Feiersinger (82. Flögel), Kühbauer (83. Baur), Andi Ogris,)Pfeifenberger.
Finnland: Jakonen, Kinnunen, Kanerva, Heikkinen, Petäjä, Sunminen, Lindberg (68. Ruhanen), Litmanen (76. Grönholm), Hjlem, Rajamäki, Paatelainen.

Am 13. Oktober 1993 in Sofia:
BULGARIEN – ÖSTERREICH 4:1 (2:0)
Bulgarien: Michailow, Iwanow, Kremenlijew, Hubschew, Zwetanow, Jankow (81. Todorow), Letschkow, Balakow, Kostadinow (62. Borimirow), Penew, Stojtschkow.
Österreich: Wohlfahrt, Streiter, W. Kogler, Schöttl, Pfeffer, Armer, Stöger, Baur, Herzog, Andi Ogris, Polster.

Am 27. Oktober 1993 in Tel Aviv:
ISRAEL – ÖSTERREICH 1:1 (1:1)
Israel: Ginzburg, Klinger, Halfon, A. Harazi, Glam, Hazan, Levy Berovich (68. Ohana), R. Harazi, Rosenthal.
Österreich: Wohlfahrt, Streiter, W. Kogler, Pfeffer, Winklhofer, Stöger, Artner, Reinmayr, Feiersinger, Andi Ogris, Polster (68. Pfeifenberger).

Am 10. November 1993 in Wien:
ÖSTERREICH – SCHWEDEN 1:1 (0:0)
Österreich: Wohlfahrt, Lainer, Winklhofer, Kogler, Feiersinger, Stöger, Artner, Herzog, Reinmayr, Pacult (71. Westerthaler), Polster.
Schweden: Ravelli, Nilsson, Andersson, Kamark, Ljung, Mild, Zetterberg, Landberg (80. Alexandersson), Schwarz, Jansson, Larsson (72. Lilienberg).

1. Schweden	10 6 3 1	19:8	15:5
2. Bulgarien	10 6 2 2	19:10	14:6
3. Frankreich	10 6 1 3	17:10	13:7
4. Österreich	10 3 2 5	15:16	8:12
5. Finnland	10 2 1 7	9:18	5:15
6. Israel	10 1 3 6	10:27	5:15

Qualifiziert: Schweden und Bulgarien
Außerdem qualifiziert: Deutschland als Titelverteidiger

SÜDAMERIKA

GRUPPE A

1. 8. 93	Kolumbien – Paraguay	0:0
1. 8. 93	Peru – Argentinien	0:1
1. 8. 93	Paraguay – Argentinien	1:3
8. 8. 93	Peru – Kolumbien	0:1
15. 8. 93	Kolumbien – Argentinien	2:1
15. 8. 93	Paraguay – Peru	2:1
22. 8. 93	Argentinien – Peru	2:1
22. 8. 93	Paraguay – Kolumbien	1:1
29. 8. 93	Argentinien – Paraguay	0:0
29. 8. 93	Kolumbien – Peru	4:0
5. 9. 93	Argentinien – Kolumbien	0:5
5. 9. 93	Peru – Paraguay	2:2

1. Kolumbien	6 4 2 0	13:2	10:2
2. Argentinien	6 3 1 2	7:9	7:5
3. Paraguay	6 1 4 1	6:7	6:6
4. Peru	6 0 1 5	4:12	1:11

Qualifiziert: Kolumbien (Argentinien qualifiziert für eine Ausscheidungsrunde mit dem Gewinner der Qualifikationsrunde zwischen dem Sieger der Ozeanien-Gruppen und dem Zweiten der Nord-Südamerika-Gruppen)

GRUPPE B

18. 7. 93	Ecuador – Brasilien	0:0
18. 7. 93	Venezuela – Bolivien	1:7
25. 7. 93	Bolivien – Brasilien	2:0
25. 7. 93	Venezuela – Uruguay	0:1
1. 8. 93	Uruguay – Ecuador	0:0
1. 8. 93	Venezuela – Brasilien	1:5
8. 8. 93	Bolivien – Uruguay	3:1
8. 8. 93	Ecuador – Venezuela	5:0
15. 8. 93	Bolivien – Ecuador	1:0
15. 8. 93	Uruguay – Brasilien	1:1
22. 8. 93	Bolivien – Venezuela	7:0
22. 8. 93	Brasilien – Ecuador	2:0
29. 8. 93	Brasilien – Bolivien	6:0
29. 8. 93	Uruguay – Venezuela	4:0
5. 9. 93	Brasilien – Venezuela	4:0
5. 9. 93	Ecuador – Uruguay	0:1
12. 9. 93	Uruguay – Bolivien	2:1
12. 9. 83	Venezuela – Ecuador	2:1
19. 9. 93	Brasilien – Uruguay	2:0
19. 9. 93	Ecuador – Bolivien	1:1

1. Brasilien	8 5 2 1	20:4	12:4
2. Bolivien	8 5 1 2	22:11	11:5
3. Uruguay	8 4 2 2	10:7	10:6
4. Ecuador	8 1 3 4	7:7	5:11
5. Venezuela	8 1 0 7	4:34	2:14

Qualifiziert: Brasilien, Bolivien

NORD- UND MITTELAMERIKA

KARIBIK – VOR-VORRUNDE

21. 3. 92	Dominik. Republik – Puerto Rico	1:2
28. 3. 92	Puerto Rico – Dominik. Republik	1:1
22. 3. 92	St. Lucia – St. Vincent	3:1
29. 3. 92	St. Vincent – St. Lucia	3:1

KARIBIK – VORRUNDE

26. 4. 92	Bermuda – Haiti	1:8
24. 5. 92	Haiti – Bermuda	2:1
23. 5. 92	Jamaika – Puerto Rico	2:1
30. 5. 92	Puerto Rico – Jamaika	0:1
1. 1. 92	St. Vincent – Kuba	Rückzug Kubas
19. 4. 92	Niederländische Antillen – Antigua	1:1
26. 4. 92	Antigua – Niederländische Antillen	3:0
26. 4. 92	Guyana – Surinam	1:2
24. 5. 92	Surinam – Guyana	1:1
19. 4. 92	Barbados – Trinidad & Tobago	1:2
31. 5. 92	Trinidad & Tobago – Barbados	3:0

1. RUNDE – ZENTRALREGION

19. 7. 92	Guatemala – Honduras	0:0
26. 7. 92	Honduras – Guatemala	2:0
16. 8. 92	Panama – Costa Rica	1:0
23. 8. 92	Costa Rica – Panama	5:1
19. 7. 92	Nicaragua – El Salvador	0:5
23. 7. 92	El Salvador – Nicaragua	5:1

1. RUNDE – KARIBIK

2. 8. 92	Surinam – St. Vincent	0:0
30. 8. 92	St. Vincent – Surinam	2:1
14. 6. 92	Antigua – Bermuda	0:3
4. 7. 92	Bermuda – Antigua	2:1
5. 7. 92	Trinidad & Tobago – Jamaika	1:2
16. 8. 92	Jamaika – Trinidad & Tobago	1:1

2. RUNDE – GRUPPE A

8.11. 92	Costa Rica – Honduras	2:3
5.11. 92	St. Vincent – Mexiko	0:4
15.11. 92	Mexiko – Honduras	2:0
15.11. 92	St. Vincent – Costa Rica	0:1
22.11. 92	Mexiko – Costa Rica	4:0
22.11. 92	St. Vincent – Honduras	0:4
28.11. 92	Honduras – St. Vincent	4:0
29.11. 92	Costa Rica – Mexiko	2:0
5.12. 92	Honduras – Costa Rica	2:1
6.12. 92	Mexiko – St. Vincent	11:0
13.12. 92	Costa Rica – St. Vincent	5:0
13.12. 92	Honduras – Mexiko	1:1

1. Mexiko	6 4 1 1	22:3	9:3
2. Honduras	6 4 1 1	14:6	9:3
3. Costa Rica	6 3 0 3	11:9	6:6
4. St. Vincent	6 0 0 6	0:29	0:12

2. RUNDE GRUPPE B

18.10. 92	Bermuda – El Salvador	1:0
18.10. 92	Jamaika – Kanada	1:1
25.10. 92	Bermuda – Jamaika	1:1
25.10. 92	El Salvador – Kanada	1:1
1.11. 92	Kanada – Jamaika	1:0
1.11. 92	El Salvador – Bermuda	4:1
8.11. 92	Kanada – El Salvador	2:3
8.11. 92	Jamaika – Bermuda	3:2
15.11. 92	Kanada – Bermuda	4:2
22.11. 92	Jamaika – El Salvador	0:2
6.12. 92	Bermuda – Kanada	0:0
6.12. 92	El Salvador – Jamaika	2:1

1. El Salvador	6 4 1 1	12:6	9:3
2. Kanada	6 2 3 1	9:7	7:5
3. Jamaika	6 1 2 3	6:9	4:8
4. Bermuda	5 1 2 3	7:12	4:8

3. RUNDE

4. 4. 93	Honduras – Kanada	2:2
4. 4. 93	El Salvador – Mexiko	2:1
11. 4. 93	Kanada – El Salvador	2:0
11. 4. 93	Mexiko – Honduras	3:0
18. 4. 93	Kanada – Honduras	3:1
18. 4. 93	Mexiko – El Salvador	3:1
25. 4. 93	Honduras – El Salvador	2:0
25. 4. 93	Mexiko – Kanada	4:0
2. 5. 93	Honduras – Mexiko	1:4
2. 5.915	El Salvador – Kanada	1:2
9. 5. 93	Kanada – Mexiko	1:2
9. 5. 93	El Salvador – Honduras	2:1

1. Mexiko	6 5 0 1	17:5	10:2
2. Kanada	6 3 1 2	10:10	7:5
3. El Salvador	6 2 0 4	6:11	4:8
4. Honduras	6 1 1 4	7:14	3:9

Qualifiziert: Mexiko und USA als Veranstalter (Kanada qualifiziert für eine Ausscheidungsrunde mit dem Gewinner der Qualifikationsrunde zwischen dem Sieger der Ozeanien-Gruppen und dem Zweiten der Nord-Südamerika-Gruppen)

AUSSCHEIDUNGSRUNDE

30. 5. 93	Neuseeland – Australien	0:1
6. 6. 93	Australien – Neuseeland	3:0
31. 7. 93	Kanada – Australien	2:1
15. 8. 93	Australien – Kanada	2:1
31.10. 93	Australien – Argentinien	1:1
17.11. 93	Argentinien – Australien	1:0

Qualifiziert: Argentinien

OZEANIEN

GRUPPE 1

17. 7. 92	Salomonen-Inseln – Tahiti	1:1
4. 9. 92	Salomonen-Inseln – Australien	1:2
11. 9. 92	Tahiti – Australien	0:3
20. 9. 92	Australien – Tahiti	2:0
26. 9. 92	Australien – Salomonen-Inseln	6:1
9.10. 92	Tahiti – Salomonen-Inseln	4:2

1. Australien	4 4 9 0	13:2	8:0
2. Tahiti	4 1 1 2	5:8	3:5
3. Salomon-Inseln	4 0 1 3	5:13	1:7

Keine direkte Qualifikation

GRUPPE 2

7. 6. 92	Neuseeland – Fidschi	3:0
27. 6. 92	Vanuatu – Neuseeland	1:4
1. 7. 92	Neuseeland – Vanuatu	8:0
12. 9. 92	Fidschi – Vanuatu	3:0
19. 9. 92	Fidschi – Neuseeland	0:0
26. 9. 92	Vanuatu – Fidschi	0:3

1. Neuseeland	4 3 1 0	15:1	7:1
2. Fidschi	4 2 1 1	6:3	5:3
3. Vanuatu	4 0 0 4	1:18	0:8

Keine direkte Qualifikation

AFRIKA

1. RUNDE

GRUPPE A

9.10. 92	Algerien – Burundi	3:1
25.10. 92	Burundi – Ghana	1:0
20.12. 92	Ghana – Algerien	2:0
17. 1. 93	Burundi – Algerien	0:0
31. 1. 93	Ghana – Burundi	1:0
26. 2. 93	Algerien – Ghana	2:1

1. Algerien	4 2 1 1	5:4	5:3
2. Ghana	4 2 0 2	4:3	4:4
3. Burundi	4 1 1 2	2:4	3:5

Qualifiziert: Algerien

GRUPPE B

11.10. 92	Kamerun – Swasiland	5:0
25.10. 92	Swasiland – Zaire	1:0
10. 1. 93	Zaire – Kamerun	1:2
17. 1. 93	Swasiland – Kamerun	0:0
25. 2. 93	Kamerun – Zaire	0:0
	Zaire – Swasiland nicht ausgetragen	

1. Kamerun	4 2 2 0	1:1	6:2
2. Swasiland	3 1 1 1	1:5	3:3
3. Zaire	3 0 1 2	1:3	1:5

Qualifiziert: Kamerun

GRUPPE C

11.10. 92	Ägypten – Angola	1:0
11.10. 92	Simbabwe – Togo	1:0
25.10. 92	Togo – Ägypten	1:4
20.12. 92	Simbabwe – Ägypten	2:1
10. 1. 93	Angola – Simbabwe	1:1
17. 1. 93	Togo – Simbabwe	1:2
16. 1. 93	Angola – Ägypten	0:0
31. 1. 93	Ägypten – Togo	3:0
31. 1. 93	Simbabwe – Angola	1:1
26. 2. 93	Togo – Angola	0:1
15. 4. 93	Ägypten – Simbabwe	0:0
	Angola – Togo nicht ausgetragen	

1. Simbabwe	6 4 2 0	8:4	10:2
2. Ägypten	6 3 2 1	9:3	8:4
3. Angola	5 1 2 2	3:4	4:6
4. Togo	5 0 0 5	2:11	0:10

Qualifiziert: Simbabwe

GRUPPE D

10.10. 92	Nigeria – Südafrika	4:0
25.10. 92	Südafrika – Kongo	1:0
20.12. 92	Kongo – Nigeria	0:1
16. 1. 93	Südafrika – Nigeria	0:0
31. 1. 93	Kongo – Südafrika	0:1
28. 2. 93	Nigeria – Kongo	2:0

1. Nigeria	4 3 1 0	7:0	7:1
2. Südafrika	4 2 1 1	2:4	5:3
3. Kongo	4 0 0 4	0:5	0:8

Qualifiziert: Nigeria

GRUPPE E

10.10. 92	Elfenbeinküste – Botswana	6:0
25.10. 92	Niger – Elfenbeinküste	0:0
20.12. 92	Botswana – Niger	0:1
17. 1. 93	Botswana – Elfenbeinküste	0:0
31. 1. 93	Elfenbeinküste – Niger	1:0
28. 2. 93	Niger – Botswana	2:1

1.	Elfenbeinküste	4	2 2 0	7:0	6:2
2.	Niger	4	2 1 1	3:2	5:3
3.	Botswana	4	0 1 3	1:9	1:7

Qualifiziert: Elfenbeinküste

GRUPPE F

11.10. 92	Marokko – Äthiopien	5:0
11.10. 92	Tunesien – Benin	5:1
25.10. 92	Benin – Marokko	0:1
25.10. 92	Äthiopien – Tunesien	0:0
20.12. 92	Tunesien – Marokko	1:1
20.12. 92	Äthiopien – Benin	3:1
17. 1. 93	Äthiopien – Marokko	0:1
17. 1. 93	Benin – Tunesien	0:5
31. 1. 93	Marokko – Benin	5:0
31. 1. 93	Tunesien – Äthiopien	3:0
28. 2. 93	Marokko – Tunesien	0:0
28. 2. 93	Benin – Äthiopien	1:0

1.	Marokko	6	4 2 0	13:1	10:2
2.	Tunesien	6	3 3 0	14:2	9:3
3.	Äthiopien	6	1 1 4	3:11	3:9
4.	Benin	6	1 0 5	3:19	2:10

Qualifiziert: Marokko

GRUPPE G

11.10. 92	Gabun – Mosambik	3:1
25.10. 92	Mosambik – Senegal	0:1
19.12. 92	Gabun – Senegal	3:2
17. 1. 93	Mosambik – Gabun	1:1
31. 1. 93	Senegal – Mosambik	6:1
28. 2. 93	Senegal – Gabun	1:0

1.	Senegal	4	3 0 1	10:4	6:2
2.	Gabun	4	2 1 1	7:5	5:3
3.	Mosambik	4	0 1 3	3:11	1:7

Qualifiziert: Senegal

GRUPPE H

11.10. 92	Madagaskar – Namibia	3:0
25.10. 92	Namibia – Sambia	0:4
20.12. 92	Madagaskar – Sambia	2:0
17. 1. 93	Namibia – Madagaskar	0:1
30. 1. 93	Sambia – Namibia	4:0
27. 2. 93	Sambia – Madagaskar	3:1

1.	Sambia	4	3 0 1	11:3	6:2
2.	Madagaskar	4	3 0 1	7:3	6:2
3.	Namibia	4	0 0 4	0:12	0:8

Qualifiziert: Sambia

GRUPPE I

20.12. 92	Guinea – Kenia	4:0
27. 2. 93	Kenia – Guinea	2:0

1.	Guinea	2	1 0 1	4:2	2:2
2.	Kenia	2	2 0 1	2:4	2:2

Qualifiziert: Guinea

2. RUNDE

GRUPPE A

16. 4. 93	Algerien – Elfenbeinküste	1:1
2. 5. 93	Elfenbeinküste – Nigeria	2:1
3. 7. 93	Nigeria – Algerien	4:1
18. 7. 93	Elfenbeinküste – Algerien	1:0
25. 9. 93	Nigeria – Elfenbeinküste	4:1
8.10. 93	Algerien – Nigeria	1:1

1.	Nigeria	4	2 1 1	10:5	5:3
2.	Elfenbeinküste	4	2 1 1	5:6	5:3
3.	Algerien	4	0 2 2	3:7	2:6

Qualifiziert: Nigeria

GRUPPE B

18. 4. 93	Marokko – Senegal	1:0
4. 7. 93	Sambia – Marokko	2:1
17. 7. 93	Senegal – Marokko	1:3
7. 8. 93	Senegal – Sambia	0:0
26. 9. 93	Sambia – Senegal	4:0
10.10. 93	Marokko – Sambia	1:0

1.	Marokko	4	3 0 1	6:3	6:2
2.	Sambia	4	2 1 1	6:2	5:3
3.	Senegal	4	0 1 3	1:8	1:7

Qualifiziert: Marokko

GRUPPE C

18. 4. 93	Kamerun – Guinea	3:1
2. 5. 93	Guinea – Simbabwe	3:0
4. 7. 93	Simbabwe – Kamerun	1:0
18. 7. 93	Guinea – Kamerun	0:1
26. 9. 93	Simbabwe – Guinea	1:0
10.10. 93	Kamerun – Simbabwe	3:1

1.	Kamerun	4	3 0 1	7:3	6:2
2.	Simbabwe	4	2 0 2	3:6	4:4
3.	Guinea	4	1 0 3	4:5	2:6

Qualifiziert: Kamerun

ASIEN

1. RUNDE

GRUPPE A

22. 5. 93	Jordanien – Jemen	1:1
22. 5. 93	Pakistan – China	0:5
24. 5. 93	Jordanien – Irak	1:1
24. 5. 93	Jemen – Pakistan	5:1
26. 5. 93	Jordanien – China	0:3
26. 5. 93	Jemen – Irak	1:6
28. 5. 93	Pakistan – Irak	0:8
28. 5. 93	Jemen – China	1:0
30. 5. 93	Irak – China	1:0
30. 5. 93	Jordanien – Pakistan	3:1
12. 6. 93	China – Pakistan	3:0
12. 6. 93	Jemen – Jordanien	1:1
14. 6. 93	Irak – Jordanien	4:0
14. 6. 93	Pakistan – Jemen	0:3
16. 6. 93	China – Jordanien	4:1
16. 6. 93	Irak – Jemen	3:0
18. 6. 93	Irak – Pakistan	4:0
18. 6. 93	China – Jemen	1:0
20. 6. 93	China – Irak	2:1
20. 6. 93	Pakistan – Jordanien	0:5

1.	Irak	8	6 1 1	28:4	13:3
2.	China	8	6 0 2	18:4	12:5
3.	Jemen	8	3 2 3	12:13	8:8
4.	Jordanien	8	2 3 3	12:15	7:9
5.	Pakistan	8	0 0 8	2:36	0:16

Qualifiziert: Irak

GRUPPE B

23. 6. 93	Taiwan – Syrien	0:2
23. 6. 93	Iran – Oman	0:0
25. 6. 93	Iran – Taiwan	6:0
25. 6. 93	Oman – Syrien	0:0
27. 6. 93	Iran – Syrien	1:1
27. 6. 93	Oman – Taiwan	2:1
2. 7. 93	Syrien – Taiwan	8:1
2. 7. 93	Oman – Iran	0:1
4. 7. 93	Taiwan – Iran	0:6
4. 7. 93	Syrien – Oman	2:1
6. 7. 93	Taiwan – Oman	1:7
6. 7. 93	Syrien – Iran	1:1

1.	Iran	6	3 3 0	15:2	9:3
2.	Syrien	6	3 3 0	14:4	9:3
3.	Oman	6	2 2 2	10:5	6:6
4.	Taiwan	6	0 0 6	3:31	0:12

Qualifiziert: Iran

GRUPPE C

9. 4. 93	Nordkorea – Vietnam	3:0
9. 4. 93	Katar – Indonesien	3:1
11. 4. 93	Nordkorea – Singapur	2:1
11. 4. 93	Katar – Vietnam	4:0
13. 4. 93	Nordkorea – Indonesien	4:0
13. 4. 93	Vietnam – Singapur	2:3
16. 4. 93	Katar – Singapur	4:1
16. 4. 93	Vietnam – Indonesien	1:0
18. 4. 93	Indonesien – Singapur	0:2
18. 4. 93	Katar – Nordkorea	1:2
24. 4. 93	Vietnam – Nordkorea	0:1
24. 4. 93	Indonesien – Katar	1:4
26. 4. 93	Singapur – Nordkorea	1:3
26. 4. 93	Vietnam – Katar	0:4
28. 4. 93	Indonesien – Nordkorea	1:2
28. 4. 93	Singapur – Vietnam	1:0
30. 4. 93	Singapur – Katar	1:0
30. 4. 93	Indonesien – Vietnam	2:1
2. 5. 93	Singapur – Indonesien	2:1
2. 5. 93	Nordkorea – Katar	2:2

1.	Nordkorea	8	7 1 0	19:6	15:1
2.	Katar	8	5 1 2	22:8	11:5
3.	Singapur	8	5 0 3	12:12	10:6
4.	Indonesien	8	1 0 7	6:19	2:14
5.	Vietnam	8	1 0 7	4:18	2:14

Qualifiziert: Nordkorea

GRUPPE D

7. 5. 93	Hongkong – Bahrain	2:1
7. 5. 93	Libanon – Indien	2:2
9. 5. 93	Bahrain – Südkorea	0:0
9. 5. 93	Libanon – Hongkong	2:2
11. 5. 93	Indien – Hongkong	1:2
11. 5. 93	Libanon – Südkorea	0:1
13. 5. 93	Libanon – Bahrain	0:0
15. 5. 93	Bahrain – Indien	2:1
15. 5. 93	Hongkong – Südkorea	0:3
5. 6. 93	Bahrain – Libanon	0:0
5. 6. 93	Südkorea – Hongkong	4:1
7. 6. 93	Indien – Bahrain	0:3
7. 6. 93	Südkorea – Libanon	2:0
9. 6. 93	Hongkong – Libanon	1:2
9. 6. 93	Südkorea – Indien	7:0
11. 6. 93	Bahrain – Hongkong	3:0
11. 6. 93	Indien – Libanon	1:2
13. 6. 93	Hongkong – Indien	1:3
13. 6. 93	Südkorea – Bahrain	3:0

1.	Südkorea	8	7 1 0	19:6	15:1
2.	Bahrain	8	3 3 2	9:6	9:7
3.	Libanon	8	2 4 2	8:9	8:8
4.	Hongkong	8	2 1 5	9:19	5:11
5.	Indien	8	1 1 6	8:22	3:13

Qualifiziert: Südkorea

GRUPPE E

1. 5. 93	Macao – Saudi-Arabien	0:6
1. 5. 93	Malaysia – Kuwait	1:1
3. 5. 93	Macao – Kuwait	1:10
3. 5. 93	Malaysia – Saudi-Arabien	1:1
5. 5. 93	Kuwait – Saudi-Arabien	0:0
5. 5. 93	Malaysia – Macao	9:0
14. 5. 93	Kuwait – Malaysia	2:0
14. 5. 93	Saudi-Arabien – Macao	8:0
16. 5. 93	Kuwait – Macao	8:0
16. 5. 93	Saudi-Arabien – Malaysia	3:0
18. 5. 93	Macao – Malaysia	0:5
18. 5. 93	Saudi-Arabien – Kuwait	2:0

1.	Saudi-Arabien	6	4 2 0	20:1	10
2.	Kuwait	6	3 2 1	21:4	8
3.	Malaysia	6	2 2 2	16:7	6
4.	Macao	6	0 0 6	1:46	0

Qualifiziert: Saudi-Arabien

GRUPPE F

8. 4. 93	Japan – Thailand	1:0
8. 4. 93	Sri Lanka – VA Emirate	0:4
11. 4. 93	Japan – Bangladesch	8:0
11. 4. 93	Thailand – Sri Lanka	1:0
13. 4. 93	Sri Lanka – Bangladesch	0:1
13. 4. 93	VA Emirate – Thailand	1:0
15. 4. 93	Japan – Sri Lanka	5:0
15. 4. 93	VA Emirate – Bangladesch	1:0
18. 4. 93	Japan – VA Emirate	2:0
18. 4. 93	Thailand – Bangladesch	4:1
28. 4. 93	Thailand – Japan	0:1
28. 4. 93	VA Emirate – Sri Lanka	3:0
30. 4. 93	Bangladesch – Japan	1:4
30. 4. 93	Thailand – VA Emirate	1:2
3. 5. 93	Bangladesch – VA Emirate	0:7
3. 5. 93	Bangladesch – Thailand	1:4
5. 5. 93	Sri Lanka – Japan	0:6
7. 5. 93	Bangladesch – Sri Lanka	3:0
7. 5. 93	VA Emirate – Japan	1:1

1.	Japan	8	7 1 0	28:2	15
2.	VA Emirate	8	6 1 1	19:4	13
3.	Thailand	8	4 0 4	13:7	8
4.	Bangladesch	8	2 0 6	7:28	4
5.	Sri Lanka	8	0 0 8	0:26	0

Qualifiziert: Japan

2. RUNDE

15.10. 93	Nordkorea – Irak	3:2
15.10. 93	Saudi-Arabien – Japan	0:0
16.10. 93	Iran – Südkorea	0:3
18.10. 93	Nordkorea – Saudi-Arabien	1:2
18.10. 93	Japan – Iran	1:2
19.10. 93	Irak – Südkorea	2:2
21.10. 93	Nordkorea – Japan	0:3
22.10. 93	Iran – Irak	1:1
22.10. 93	Südkorea – Saudi-Arabien	1:1
24.10. 93	Irak – Saudi-Arabien	1:1
25.10. 93	Japan – Südkorea	1:0
25.10. 93	Iran – Nordkorea	2:1
28.10. 93	Südkorea – Nordkorea	3:0
28.10. 93	Saudi-Arabien – Iran	4:3
28.10. 93	Irak – Japan	2:2

1.	Saudi-Arabien	5	2 3 0	8:6	7:3
2.	Südkorea	5	2 2 1	9:4	6:4
3.	Japan	5	2 2 1	7:4	6:4
4.	Irak	5	1 3 1	9:9	5:5
5.	Iran	5	2 0 3	8:11	4:6
6.	Korea	5	1 0 4	5:12	2:8

Qualifiziert: Saudi-Arabien und Südkorea

Gruppe A

Am 18. Juni in Detroit:
USA – SCHWEIZ 1:1 (1:1)
USA: Meola, Kooiman, Balbao, Caligiuri, Ramos, Sorber, Dooley, Harkes, Stewart (80. Jones), Wynalda (58. Wegerle) – Trainer: Milutinovic.
Schweiz: Pascolo, Geiger, Hottiger, Herr, Quentin, Bregy, Sforza (75. Wyss), Ohrel, Sutter, Bickel (72. Subiat), Chapuisat – Trainer: Hodgson.
Tore: 0:1 Bregy (40.), 1:1 Wynalda (45.).
Schiedsrichter: Lamolina (Argentinien); Zuschauer: 75 000.

Am 19. Juni in Los Angeles:
KOLUMBIEN – RUMÄNIEN 1:3 (1:2)
Kolumbien: Cordoba, Herrera, Perea, Escobar, Perez, Valderrama, Alvarez, Gomez, Rincon, Valenia, Asprilla – Trainer: Maturana.
Rumänien: Stelea, Belodedici, Prodan, Mihali, Petrescu, Lupescu, Popescu, Munteanu, Dumitrescu (68. Selymes), Hagi, Raducioiu (89. Panduru) – Trainer: Iordanescu.
Tore: 0:1 Raducioiu (6.), 0:2 Hagi (34.), 1:2 Valencia (43.), 1:3 Raducioiu (88.).
Schiedsrichter: Al-Sharif (Syrien); Zuschauer: 91 856 (ausverkauft).

Am 22. Juni in Detroit:
RUMÄNIEN – SCHWEIZ 1:4 (1:1)
Rumänien: Stelea, Belodedici, Mihali, Prodan, Petrescu, Lupescu (86. Panduru), Popescu, Hagi, Munteanu, Dumitrescu (71. Vladoiu), Raducioiu – Trainer: Iordanescu.
Schweiz: Pascolo, Hottiger, Geiger, Herr, Quentin, Ohrel (83. Sylvestre), Sforza, Bregy, Sutter (71. Bickel), Knup, Chapuisat – Trainer: Hodgson.
Tore: 0:1 Sutter (17.), 1:1 Hagi (36.), 1:2 Chapuisat (52.), 1:3 Knup (66.),1:4 Knup (73.).
Schiedsrichter: Jouni (Tunesien); Zuschauer: 61 428.

Am 23. Juni in Los Angeles:
USA – KOLUMBIEN 2:1 (1:0)
USA: Meola, Clavijo, Balboa, Lalas, Caligiuri, Ramos, Dooley, Sorber, Harkes, Stewart (65. Jones), Wynalda (60. Wegerle) – Trainer: Milutinovic.
Kolumbien: Cordoba, Herrera, Perea, Escobar, Perez, Gaviria, Valderrama, Rincon, Alvarez, De Avila (46. Valenciano), Asprilla (46. Valencia) – Trainer: Maturana.
Tore: 1:0 Escobar (35. Eigentor), 2:0 Stewart (52.), 2:1 Valencia (90.).
Schiedsrichter: Baldas (Italien); Zuschauer: 91 200 (ausverkauft).

Am 26. Juni in Los Angeles:
USA – RUMÄNIEN 0:1 (0:1)
USA: Meola, Clavijo, Balboa, Lalas, Caligiuri, Ramos (64. Jones), Harkes, Dooley, Sorber (75. Wegerle), Stewart, Wynalda – Trainer: Milutinovic.
Rumänien: Stelea, Belodedici, Prodan, Selymes, Petrescu, Popescu, Lupescu, Hagi, Munteanu, Dumitrescu, Raducioiu (83. Galca) – Trainer: Iordanescu.
Tor: 1:0 Petrescu (18.).
Schiedsrichter: van der Ende (Holland); Zuschauer: 93 869 (ausverkauft).

Am 26. Juni in San Francisco:
SCHWEIZ – KOLUMBIEN 0:2 (0:1)
Schweiz: Pascolo, Hottiger, Geiger, Herr, Quentin, Ohrel, Sforza, Bregy, Sutter (82. Grassi), Knup (82. Subiat), Chapuisat – Trainer: Hodgson.
Kolumbien: Cordoba, Perez, Escobar, Mendoza, Herrera, Gaviria (79. Lozano), Alvarez, Valderrama, Rincon, Valencia (64. De Avilla), Asprilla – Trainer: Maturana.
Tore: 0:1 Gaviria (44.), 0:2 Lozano (90.).
Schiedsrichter: Mikkelsen (Dänemark); Zuschauer: 83 769.

Abschlußtabelle Gruppe A	Rumänien	Schweiz	USA	Kolumbien	Tore	Punkte	Rang
Rumänien	X	1:4	1:0	3:1	5:5	6	1
Schweiz	4:1	X	1:1	0:2	5:4	4	2
USA	0:1	1:1	X	2:1	3:3	4	3
Kolumbien	1:3	2:0	1:2	X	4:5	3	4

Für das Achtelfinale qualifiziert: Rumänien, Schweiz und USA

Gruppe B

Am 20. Juni in Los Angeles:
KAMERUN – SCHWEDEN 2:2 (1:1)
Kamerun: Bell, Song, Kalla, Mbouh, Tataw, Libih, Mfede (87. Maboang-Kessack), Foe, Agbo, Omam-Biyik, Embe (81. Monyeme) – Trainer: Michel.
Schweden: Ravelli, Nilsson, Andersson, Björklund, Ljung, Ingesson (75. K. Andersson), Schwarz, Thern, Blomqvist (61. Larsson), Brolin, Dahlin – Trainer: Svensson.
Tore: 0:1 Ljung (8.), 1:1 Embe (31.), 2:1 Omam-Biyik (47.), 2:2 Dahlin (75.).
Schiedsrichter: Noriega (Peru); Zuschauer: 83 595.

Am 20. Juni in San Francisco:
BRASILIEN – RUSSLAND 2:0 (1:0)
Brasilien: Taffarel, Jorginho, Marcio Santos, Ricardo Rocha (75. Aldair), Leonardo, Mauro Silva, Rai, Dunga (85. Mazinho), Zinho, Bebeto, Romario – Trainer: Parreira.
Rußland: Charin, Nikiforow, Ternjawski, Chlestow, Gorlukowitsch, Karpin, Pjatnitzki, Kusnetsow, Zimbalar, Juran (56. Salenko), Radschenko (78. Borodjuk) – Trainer: Sadyrin.
Tore: 1:0 Romario (27.), 2:0 Rai (53. Foulelfmeter).
Schiedsrichter: Lim Kee Chong (Mauritius); Zuschauer: 81 000.

Am 24. Juni in San Francisco:
BRASILIEN – KAMERUN 3:0 (1:0)
Brasilien: Taffarel, Aldair, Mauro Silva, Leonardo, M. Santos, Rai (83. Müller), Dunga, Zinho (75. Paulo Sergio), Bebeto, Romario – Trainer: Parreira.
Kamerun: Bell, Song, Mbouh, Kalla, Tataw, Libih, Foe, Mfede (77. Kessack), Agbo, Embe (65. Milla), Omam-Biyik – Trainer: Michel.
Tore: 1:0 Romario (39.), 2:0 Marcio Santos (66.), 3:0 Bebeto (72.).
Schiedsrichter: Brizio Carter (Mexiko); Zuschauer: 83 401.

Am 26. Juni in Detroit:
SCHWEDEN – RUSSLAND 3:1 (1:1)
Schweden: Ravelli, Roland Nilsson, Patrik Andersson, Björklund (87. Erlingmark), Ljung, Brolin, Thern, Schwarz, Ingesson, Dahlin, Kennet Andersson (84. Larsson) – Trainer: Svensson.
Rußland: Charin, Nikiforow, Onopko, Gorlukowitsch, Popow (40. Karpin), Kusnetsow, Radschenko, Mostowoi, Chlestow, Salenko, Borodjuk (51. Gaijamin) – Trainer: Sadyrin.
Tore: 0:1 Salenko (4. Foulelfmeter), 1:1 Brolin (39. Foulelfmeter), 2:1 Dahlin (60.), 3:1 Dahlin (82.).
Schiedsrichter: Quiniou (Frankreich); Zuschauer: 71 528.

Am 28. Juni in San Francisco:
RUSSLAND – KAMERUN 6:1 (3:0)
Rußland: Tschertschessow, Nikiforow, Chlestow, Onopko, Ternjawski, Karpin, Tetradse, Kornejew (64. Radschenko), Zimbalar, Salenko, Ledjachow (77. Bestschastnich) – Trainer: Sadyrin.
Kamerun: Songo'o, N'Dip, Tataw, Kalla, Kana-Biyik, Libih, Foe, Mfede (46. Milla), Agbo, Embe (48. Tchami), Omam-Biyik – Trainer: Michel.
Tore: 1:0 Salenko (16.), 2:0 Salenko (41.), 3:0 Salenko (44. Foulelfmeter), 3:1 Milla (47.), 4:1 Salenko (73.), 5:1 Salenko (75.), 6:1 Radschenko (86.).
Schiedsrichter: Al-Sharif (Syrien); Zuschauer: 74 914.

Am 28. Juni in Detroit:
BRASILIEN – SCHWEDEN 1:1 (0:1)
Brasilien: Taffarel, Jorginho, Aldair, Marcio Santos, Leonardo, Rai (83. Paulo Sergio), Dunga, Mauro Silva (46. Mazinho), Zinho, Bebeto, Romario – Trainer: Parreira.
Schweden: Ravelli, Roland Nilsson, Patrik Andersson, Kamark, Ljung, Larsson (65. Blomqvist), Thern, Schwarz, (75. Mild), Ingesson, Brolin, Kennet Andersson – Trainer: Svensson.
Tore: 0:1 Kennet Andersson (24.), 1:1 Romario (47.).
Schiedsrichter: Puhl (Ungarn); Zuschauer: 77 217.

Abschlußtabelle Gruppe B	Brasilien	Schweden	Rußland	Kamerun	Tore	Punkte	Rang
Brasilien	X	1:1	2:0	3:0	6:1	7	1
Schweden	1:1	X	3:1	2:2	6:4	5	2
Rußland	0:2	1:3	X	6:1	7:6	3	3
Kamerun	0:3	2:2	1:6	X	3:11	1	4

Für das Achtelfinale qualifiziert: Brasilien und Schweden

Gruppe C

Am 17. Juni in Chicago:
DEUTSCHLAND – BOLIVIEN 1:0 (0:0)
Deutschland: Illgner, Matthäus, Kohler, Berthold, Effenberg, Sammer, Brehme, Häßler (84. Strunz), Möller, Riedle (60. Basler), Klinsmann – Trainer: Vogts.
Bolivien: Trucco, Rimba, Quiriteros, Sandy, Borja, Soria, Melgar, Cristaldo, E. Sanchez, Baldivieso (66. Moreno), Ramallo (79. Etcheverry) – Trainer: Azkargorta.
Tor: 1:0 Klinsmann (61.).
Schiedsrichter: Arturo Brizio Carter (Mexiko); Zuschauer: 63 117 (ausverkauft).

Am 18. Juni in Dallas:
SPANIEN – SÜDKOREA 2:2 (0:0)
Spanien: Canizares, Ferrer, Alcorta, Nadal, Abelardo, Sergi, Gojcoechea, Hierro, Guerrero (46. Caminero), Luis Enrique, Salinas (63. Felipe) – Trainer: Clemente.
Südkorea: In Young Choi, Hong, Park, Noh (73. Ha), Pan Keun Kim, Young Il Choi, Joo Sung Kim (59. Seo), Lee, Ko, Shin, Hwang – Trainer: Kim.
Tore: 1:0 Salinas (51.), 2:0 Gojcoechea (56.), 2:1 Hong (85.), 2:2 Seo (90.).
Schiedsrichter: Mikkelsen (Dänemark); Zuschauer: 56 247.

Am 21. Juni in Chicago:
DEUTSCHLAND – SPANIEN 1:1 (0:1)
Deutschland: Illgner, Kohler, Berthold, Strunz, Effenberg, Sammer, Brehme, Häßler, Möller (62. Völler), Klinsmann – Trainer: Vogts.
Spanien: Zubizarreta, Hierro, Alkorta, Abelardo, Ferrer, Guardiola (77. Camarasa), Sergi, Gojcoechea (67. Bakero), Caminero, Luis Enrique, Salinas – Trainer: Clemente.
Tore: 0:1 Gojcoechea (14.), 1:1 Klinsmann (48.).
Schiedsrichter: Ernesto Filippi Cavani (Uruguay); Zuschauer: 63 000.

Am 24. Juni in Boston:
SÜDKOREA – BOLIVIEN 0:0
Südkorea: In Young Choi, Hong, Park, Noh (71. Young Il Choi), Pan Keun Kim, Lee, Ko, Shin, Seo (65. Ha), Hwang, Joo Sung Kim – Trainer: Kim.
Bolivien: Trucco, Rimba, Quinteros, Sandy, Borja, Sanchez, Soria, Melgar, Baldivieso, Cristaldo, Ramallo (66. Pena) – Trainer: Azkargorta.
Schiedsrichter: Mottram (Schottland); Zuschauer: 54 456.

Am 27. Juni in Chicago:
BOLIVIEN – SPANIEN 1:3 (0:1)
Bolivien: Trucco, Rimba, Juan Pena. Sandy, Borja, Ramos (46. Moreno), Soria (64. Castillo), Melgar, Sanchez, Soruco, Ramallo – Trainer: Azkargorta.
Spanien: Zubizarreta, Ferrer, Voro, Abelardo, Gojcoechea, Guardiola (69. Bakero), Guerrero, Caminero, Sergi, Salinas, Felipe (46. Hierro) – Trainer: Clemente.
Tore: 0:1 Guardiola (19. Foulelfmeter), 0:2 Caminero (66.), 1:2 Sanchez (67.), 1:3 Caminero (72.).
Schiedsrichter: Badilla (Costa Rica); Zuschauer: 63 089.

Am 27. Juni in Dallas:
DEUTSCHLAND – SÜDKOREA 3:2 (3:0)
Deutschland: Illgner, Matthäus (64. Möller), Kohler, Berthold, Effenberg (75. Helmer), Buchwald, Brehme, Häßler, Sammer, Klinsmann, Riedle – Trainer: Vogts.
Südkorea: Il Young Choi (46. W. J. Lee), Hong, Park, Pan Keun Kim, Ko (46. Seo), Y. J. Lee (39. Chung), Young Il Choi, Shin, Joo Sung Kim, Cho, Hwang – Trainer: Kim.
Tore: 1:0 Klinsmann (12.), 2:0 Riedle (20.), 3:0 Klinsmann (37.), 3:1 Hwang (52.), 3:2 Hong (63.).
Schiedsrichter: Joel Quiniou (Frankreich); Zuschauer: 63 998.

Abschlußtabelle Gruppe C	Deutschland	Spanien	Südkorea	Bolivien	Tore	Punkte	Rang
Deutschland	X	1:1	3:2	1:0	5:3	7	1
Spanien	1:1	X	2:2	3:1	6:4	5	2
Südkorea	2:3	2:2	X	0:0	4:5	2	3
Bolivien	0:1	1:3	0:0	X	1:4	1	4

Für das Achtelfinale qualifiziert: Deutschland und Spanien

Gruppe D

Am 21. Juni in Boston:
ARGENTINIEN – GRIECHENLAND 4:0 (2:0)
Argentinien: Islas, Sensini, Caceres, Ruggeri, Chamot, Simeone, Redondo, Balbo (81. Mancuso), Maradona (84. Ortega), Batistuta, Caniggia – Trainer: Basile.
Griechenland: Minou, Manolas, Apostolakis, Kolitsidakis, Tsiantakis (46. Marangos), Nioplias, Kalitzakis, Tsalouchidid, Kofidis, Saravakos, Machlas (59. Mitropoulos) – Trainer: Panagoulias.
Tore: 1:0 Batistuta (2.), 2:0 Batistuta (45.), 3:0 Maradona (60.), 4:0 Batistuta (90. Handelfmeter).
Schiedsrichter: Angeles (USA); Zuschauer: 57 000 (ausverkauft).

Am 22. Juni in Dallas:
NIGERIA – BULGARIEN 3:0 (2:0)
Nigeria: Rufai, Eguavoen, Okechukwu, N'wanu, Iroha, George (77. Ezeugo), Siasia (70. Adepoju), Oliseh, Amunike, Yekini, Amokachi – Trainer: Westerhof.
Bulgarien: Mihailow, Kremenliew, Hubchew, Yankow, Ivanow, Zvetanow, Borimirow (73. Yordanow), Letchkow (58. Sirakow), Balakow, Kostadinow, Stoitchkow – Trainer: Penew.
Tore: 1:0 Yekini (21.), 2:0 Amokachi (41.), 3:0 Amunike (55.).
Schiedsrichter: Badilla (Costa Rica); Zuschauer: 44 000.

Am 25. Juni in Boston:
ARGENTINIEN – NIGERIA 2:1 (2:1)
Argentinien: Islas, Sensini (87. Diaz), Caceres, Ruggeri, Chamot, Redondo, Simeone, Caniggia, Maradona, Balbo (71. Mancuso), Batistuta – Trainer: Basile.
Nigeria: Rufai, Eguavoen, N'wanu, Uche, Emenalo, George, Siasia (56. Adepoju), Oliseh (87. Okocha), Amunike, Amokachi, Yekini – Trainer: Westerhof.
Tore: 0:1 Siasia (9.), 1:1 Caniggia (22.) ,2:1 Caniggia (29.).
Schiedsrichter: Carlsson (Schweden); Zuschauer: 61 000.

Am 26. Juni in Chicago:
BULGARIEN – GRIECHENLAND 4:0 (1:0)
Bulgarien: Mihailow, Hubchew, Ivanow, Zvetanow (78. Kiriakow), Kremenliew, Letchkow, Yankow, Sirakow, Balakow, Kostadinow (82. Borimirow), Stoitchkow – Trainer: Penew.
Griechenland: Atmatzidis, Karataides, Apostolakis, Karagiannis Marangos, Hantzidis (46. Mitropoulos), Nioplias, Kofidis, Alexoudis (58. Dimitraidis), Machlas – Trainer: Panagoulias.
Tore: 1:0 Stoitchkow (5. Handelfmeter), 2:0 Stoitchkow (55. Foulelfmeter), 3:0 Letchkow (66.), 4:0 Borimirow (90.).
Schiedsrichter: Bujsaim (Vereinigte Arabische Emirate); Zuschauer: 63 160.

Am 1. Juli in Dallas:
ARGENTINIEN – BULGARIEN 0:2 (0:0)
Argentinien: Islas, Diaz, Caceres, Ruggeri, Chamot, Simeone, Redondo, Rodriguez, Balbo, Batistuta, Caniggia (27. Ortega) – Trainer: Basile.
Bulgarien: Mihailow, Kremenliew, Ivanow, Hubchew, Zvetanow, Letchkow (76. Borimirow), Yankow, Sirakow, Balakow, Kostadinow (74. Kiriakow), Stoitchkow – Trainer: Penew.
Tore: 0:1 Stoitchkow (61.), 0:2 Sirakow (92.).
Schiedsrichter: Jouini (Tunesien); Zuschauer: 67 000 (ausverkauft).

Am 1. Juli in Boston:
GRIECHENLAND – NIGERIA 0:2 (0:1)
Griechenland: Karkamanis, Alexiou, Kalitzakis, Karagiannis, Hantzidis, Tsalouchidis, Mitropoulos (71. Tsiantakis), Alexandris, Nioplias, Kofidis, Machlas (79. Dimitriadis) – Trainer: Panagoulias.
Nigeria: Rufai, Keshi, Okechukwu, George (83. Adepoju), N'wanu, Oliseh, Siasia, Emenalo, Amunike, Amokachi, Yekini (68. Okocha) – Trainer: Westerhof.
Tore: 0:1 George (45.), 0:2 Amokachi (90.).
Schiedsrichter: Mottram (Schottland); Zuschauer: 53 000.

Abschlußtabelle Gruppe D	Nigeria	Bulgarien	Argentinien	Griechenland	Tore	Punkte	Rang
Nigeria	X	3:0	1:2	2:0	6:2	6	1
Bulgarien	0:3	X	2:0	4:0	6:3	6	2
Argentinien	2:1	0:2	X	4:0	6:3	6	3
Griechenland	0:2	0:4	0:4	X	0:10	0	4

Für das Achtelfinale qualifiziert: Nigeria, Bulgarien und Argentinien

Gruppe E

Am 18. Juni in New York:
ITALIEN – IRLAND 0:1 (0:1)
Italien: Pagliuca, Tassotti, Costacurta, Baresi, Maldini, Donadoni, Albertini, D. Baggio, Evani (46. Massaro), R. Baggio, Signori (84. Berti) – Trainer: Sacchi.
Irland: Bonner, Irwin, McGrath, Babb, Phelan, Houghton (68. McAteer), Sheridan, Keane, Townsend, Staunton, Coyne (90. Aldridge) – Trainer: Charlton.
Tore: 0:1 Houghton (12.).
Schiedsrichter: van der Ende (Holland); Zuschauer: 70 000 (ausverkauft).

Am 19. Juni in Washington:
NORWEGEN – MEXIKO 1:0 (0:0)
Norwegen: Thorstvedt, Haland, Berg, Bratseth, Björnebye, Flo, Bohinen, Mykland (78. Rekdal), Leonhardsen, Jakobsen (46. Halle), Fjörtorft – Trainer: Olsen.
Mexiko: Campos, Gutierrez (71. Bernal), Suarez, Juan Ramirez, Ramon Ramirez, Valdez (46. Galindo), Garcia, Ambriz, Del Olmo, Sanchez, Alves »Zague« – Trainer: Baron.
Tor: 1:0 Rekdal (85.).
Schiedsrichter: Sandor Puhl (Ungarn); Zuschauer: 52 395.

Am 23. Juni in New York:
MEXIKO – IRLAND 2:1 (1:0)
Mexiko: Campos, Rodriguez (81. Gutierrez), Suarez, Ramirez Perales, Del Olmo, Bernal, Ambriz, Luis Garcia, Garcia Aspe, Hermosillo (81. Salvador), Alves »Zague« – Trainer: Baron.
Irland: Bonner, Irwin, McGrath, Babb, Phelan, Houghton, Sheridan, Keane, Townsend, Staunton (67. McAteer), Coyne (67. Aldridge) – Trainer: Charlton.
Tore: 1:0 Luis Garcia (44.), 2:0 Luis Garcia (66.), 2:1 Aldridge (84.).
Schiedsrichter: Röthlisberger (Schweiz); Zuschauer: 70 000 (ausverkauft).

Am 24. Juni in Orlando:
ITALIEN – NORWEGEN 1:0 (0:0)
Italien: Pagliuca, Benarrivo, Costacurta, Baresi (49. Apolloni), Maldini, Berti, Albertini, Dino Baggio, Signori, Roberto Baggio (22. Marchegiani), Casiraghi (69. Massaro) – Trainer: Sacchi.
Norwegen: Thorstvedt, Bratseth, Haaland, Berg, Björnebye, Flo, Bohinen, Mykland (81. Rekdal), Leonhardsen, Rushfeldt (46. Jakobsen), Fjörtorft – Trainer: Olsen.
Tor: 1:0 Dino Baggio (70.).
Schiedsrichter: Krug (Deutschland); Zuschauer: 75 338 (ausverkauft).

Am 28. Juni in New York:
IRLAND – NORWEGEN 0:0
Irland: Bonner, G. Kelly, McGrath, Babb, Staunfon, McAteer, Sheridan, Keane, Townsend (75. Whelan), Houghton, Aldridge (64. D. Kelly) – Trainer: Charlton.
Norwegen: Thorstvedt, Berg, Johnsen, Bratseth, Björnebye, Flo, Leonhardsen (67. Bohinen), Rekdal, Mykland, Halle (34. Jakobsen), Sörloth – Trainer: Olsen.
Schiedsrichter: Torres (Kolumbien); Zuschauer: 76 322 (ausverkauft).

Am 28. Juni in Washington:
ITALIEN – MEXIKO 1:1 (0:0)
Italien: Marchegiani, Benarrivo, Costacurta, Apolloni, Maldini, Berti, Albertini, D. Baggio (66. Donadoni), R. Baggio, Signori, Casiraghi (46. Massaro) – Trainer: Sacchi.
Mexiko: Campos, Rodriguez, Suarez, Juan Ramirez, Del Olmo, Bernal, Ambriz, Garcia Aspe, Luis Garcia (82. Chavez), Alves »Zague«, Hermosillo – Trainer: Baron.
Tore: 1:0 Massaro (48.), 1:1 Bernal (58.).
Schiedsrichter: Lamolina (Argentinien); Zuschauer: 53 168.

Abschlußtabelle Gruppe E	Mexiko	Irland	Italien	Norwegen	Tore	Punkte	Rang
Mexiko	X	2:1	1:1	0:1	3:3	4	1
Irland	1:2	X	1:0	0:0	2:2	4	2
Italien	1:1	0:1	X	1:0	2:2	4	3
Norwegen	1:0	0:0	0:1	X	1:1	4	4

Für das Achtelfinale qualifiziert: Mexiko, Irland und Italien

Gruppe F

Am 19. Juni in Orlando:
BELGIEN – MAROKKO 1:0 (1:0)
Belgien: Preud'homme, Staelens, Grun, de Wolf, Smidts, Nilis (54. Emmers), Degryse, Scifo, van der Elst, Boffin (86. Borkelmans), Weber – Trainer: van Himst.
Marokko: Azmi, Nacer, Triki, Naybet, El Hadrioui, El Hadaoui (69. Bahja), Azzouzi, Hababi, Daoudi, Chaouch (82. Samadi), Hadji – Trainer: Blinda.
Tor: 1:0 Degryse (12.).
Schiedsrichter: Cadena (Kolumbien); Zuschauer: 50 000.

Am 21. Juni in Washington:
HOLLAND – SAUDI-ARABIEN 2:1 (0:1)
Holland: de Goej, Koeman, van Gobbel, Frank de Boer, Rijkaard, Jonk, Wouters, Bergkamp, Overmars (59. Taument), Ronald de Boer, Roy (81. van Vossen) – Trainer: Advocaat.
Saudi-Arabien; Al-Deayea, Madani, Amin, Al-Klaiwi, Jawad, Al-Dosari, Al-Bishi, Jibreen, Al-Muwallid, Owairan (69. Saleh), Majed Abdallah (45. Falatah) – Trainer: Solari.
Tore: 0:1 Amin (19.), 1:1 Jonk (51.), 21 Taument (36.).
Schiedsrichter: Diaz Vega (Spanien); Zuschauer: 45 000.

Am 25. Juni in Orlando:
BELGIEN – HOLLAND 1:0 (0:0)
Belgien: Preud'homme, de Wolf, Emmers (78. Medved), Albert, Borkelmans (61. Smidts), van der Eist, Scifo, Grun, Staelens, Degryse, Weber – Trainer: van Himst.
Holland: de Goej, Valckx, Koeman, Frank de Boer, Rijkaard, Jonk, Bergkamp, Wouters, Taument (64. Overmars), Ronald de Boer (46. Witschge), Roy – Trainer: Advocaat.
Tor: 1:0 Albert (65.).
Schiedsrichter: Marsiglia (Brasilien); Zuschauer: 70 000 (ausverkauft).

Am 25. Juni in New York:
SAUDI-ARABIEN – MAROKKO 2:1 (2:1)
Saudi-Arabien: Al-Deayea, Al-Anazi (30. Zebermawi), Madani, Al-Khlawi, Jawad, Amin, Al-Bishi, Al-Muwallid, Al-Jibreen, Owairan, Al-Jaber (80. Al-Ghashayan) – Trainer: Solari.
Marokko: Azmi, Nacer (57. Laghrissi), Triki, Naybet, El Hadrioui, Hababi (77. Hadji), El Khalej, Azzouzi, Daoudi, Chaouch, Bahja – Trainer: Blinda.
Tore: 1:0 Al-Jaber (7. Foulelfmeter), 1:1 Chaouch (27.), 2:1 Amin (45.).
Schiedsrichter: Philip Don (England); Zuschauer: 72 404.

Am 29. Juni in Orlando:
MAROKKO – HOLLAND 1:2 (0:1)
Marokko: Alaoui, Samadi, Triki, Negrouz, El Hadrioui, Bouyboud (46. Hadji), Azzouzi (61. Daoudi), El Kahlaj, Hababi, Nader, Bahja – Trainer: Blinda.
Holland: de Goej, Koeman, Valckx, Frank de Boer, Winter, Jonk, Wouters, Witschge, Overmars (56. Taument), Bergkamp, van Vossen (67. Roy) – Trainer: Advocaat.
Tore: 0:1 Bergkamp (43.), 1:1 Nader (47.), 1:2 Roy (78.).
Schiedsrichter: Tejada Noriega (Peru); Zuschauer: 60 000.

Am 29. Juni in Washington:
BELGIEN – SAUDI-ARABIEN 0:1 (0:1)
Belgien: Preud'homme, Medved, Albert, de Wolf, Smidts, van der Elst, Scifo, Staelens, Boffin, Wilmots (54. Wilmots), Degryse (24. Nilis) – Trainer: van Himst.

Abschlußtabelle Gruppe F	Holland	Saudi-Arabien	Belgien	Marokko	Tore	Punkte	Rang
Holland	X	2:1	0:1	2:1	4:3	6	1
Saudi-Arabien	1:2	X	1:0	2:1	4:3	6	2
Belgien	1:0	0:1	X	1:0	2:1	6	3
Marokko	1:2	1:2	0:1	X	2:5	0	4

Für das Achtelfinale qualifiziert: Holland, Saudi-Arabien und Belgien

Saudi-Arabien: Al-Deayea, Zebermawi, Al-Khlawi, Madani, Jawad, Al-Jibreen, Saleh, Al-Bishi, Falatah, Owairan (63. Al-Dosari), Abdallah (46. Al-Muwallid) – Trainer: Solari.
Tor: 0:1 Owairan (5.).
Schiedsrichter: Krug (Deutschland): Zuschauer: 45 000.

Achtelfinale

Am 2. Juli in Chicago:
DEUTSCHLAND – BELGIEN 3:2 (3:1)
Deutschland: Illgner, Matthäus (46. Brehme), Kohler, Helmer, Berthold, Buchwald, Wagner, Häßler, Sammer, Klinsmann (86. Kuntz), Völler – Trainer: Vogts.
Belgien: Preud'homme, de Wolf, Albert, Grun, Smidts (66. Boffin), Staelens, Emmers, Scifo, van der Elst, Nilis (77. Czerniatynski), Weber – Trainer: van Himst.
Tore: 1:0 Völler (6.), 1:1 Grun (8.), 2:1 Klinsmann (11.), 3:1 Völler (39.), 3:2 Albert (90.).
Schiedsrichter: Kurt Röthlisberger (Schweiz); Zuschauer: 60 246.

Am 2. Juli in Washington:
SPANIEN – SCHWEIZ 3:0 (1:0)
Spanien: Zubizarreta, Nadal, Alkorta. Abelardo, Camerasa, Ferrer, Gojcoechea (62. Beguiristain), Hierro (76. Otero), Bakero, Sergi, Luis Enrique – Trainer: Clemente.
Schweiz: Pascolo, Hottiger, Herr, Geiger, Quentin (58. Studer), Ohrel (73. Subiat), Bregy, Sforza, Bickel, Knup, Chapuisat – Trainer: Hodgson.
Tore: 1:0 Hierro (15.), 2:0 Luis Enrique (67.), 3:0 Beguiristain (87., Foulelfmeter).
Schiedsrichter: Van der Ende (Holland); Zuschauer: 53 121.

Am 3. Juli in Los Angeles:
ARGENTINIEN – RUMÄNIEN 1:3 (1:2)
Argentinien: Islas, Sensini (63. Medino Bello), Caceres, Ruggeri, Chamot, Simeone, Ortega, Redondo, Basualdo, Batistuta, Balbo – Trainer: Basile.
Rumänien: Prunea, Belodedici, Prodan, Mihali, Selymes, Petrescu, Lupescu, Popescu, Hagi (90. Galga), Munteanu, Dumitrescu (89. Papura) – Trainer: Iordanescu.
Tore: 0:1 Dumitrescu (11.), 1:1 Batistuta (15., Foulelfmeter), 1:2 Dumitrescu (18.),1:3 Hagi (58.).
Schiedsrichter: Pairetto (Italien); Zuschauer: 90 469 (ausverkauft).

Am 3. Juli in Dallas:
SAUDI-ARABIEN – SCHWEDEN 1:3 (0:1)
Saudi-Arabien: Al-Deayea, Zebermawi, Al-Khlawi, Madani, Al-Jawad (55. Al-Ghashayan), Amin, Al-Bishi (63. Al-Muwallid), Owairan, Saleh, Al-Jaber, Fatalah – Trainer: Solari.
Schweden: Ravelli, Roland Nilsson, Patrik Andersson, Björklund (55. Kamark), Ljung, Brolin, Thern (69. Mild), Schwarz, Ingesson, Dahlin, Kennet Andersson – Trainer: Svensson.
Tore: 0:1 Dahlin (6.), 0:2 Kennet Andersson (51.), 1:2 Al-Ghashayan (86.), 1:3 Kennet Andersson (88.).
Schiedsrichter: Marsiglia (Brasilien); Zuschauer: 59 000.

Am 4. Juli in San Francisco:
BRASILIEN – USA 1:0 (0:0)
Brasilien: Taffarel, Jorginho, Aldair, Marcio Santos, Leonardo, Mazhino, Dunga, Mauro Silva. Zinho (69. Cafú), Bebeto, Romario – Trainer: Parreira.
USA: Meola, Clavijo, Balboa, Lalas, Caligiuri, Jones, Dooley, Ramos (46. Wynalda), Perez (66. Wegerle), Sorber, Stewart – Trainer: Milutinovic.
Tor: 1:0 Bebeto (73.).
Schiedsrichter: Quiniou (Frankreich); Zuschauer: 84 147.

Am 4. Juli in Orlando:
HOLLAND – IRLAND 2:0 (2:0)
Holland: de Goej, Rijkaard, Koeman, Valckx, S. de Boer, Winter, Jonk, Witschge (79. Numan), Overmars, Bergkamp, van Vossen (71. Roy) – Trainer: Advocaat.
Irland: Bonner, Kelly, McGrath, Babb, Phelan, Sheridan, Houghton, Keane, Townsend, Staunton (64. McAteer), Coyne (74. Cascarino) – Trainer: Charlton.
Tore: 1:0 Bergkamp (12.), 2:0 Jonk (41.).
Schiedsrichter: Mikkelsen (Dänemark); Zuschauer: 61 000.

Am 5. Juli in Boston:
NIGERIA – ITALIEN n.V. 1:2 (1:0)
Nigeria: Rufai, N'wanu, Okechukwu, Oliseh, Eguavoen, George, Okocha, Amunike (57. Oliha), Emenalo, Yekini, Amokachi (35. Adepoju) – Trainer: Westerhof.
Italien: Marchegiani, Costacurta, Maldini, Benarrivo, Mussi, Berti (46. Dino Baggio), Albertini, Donadoni, Signori (64. Zola), Massaro, Roberto Baggio – Trainer: Sacchi.
Tore: 1:0 Amunike (27.), 1:1 Roberto Baggio (89.), 1:2 Roberto Baggio (102., Foulelfmeter).
Schiedsrichter: Brizio Carter (Mexiko); Zuschauer: 54 367 (ausverkauft).

Am 5. Juli in New York:
MEXIKO – BULGARIEN 1:1 (1:1, 1:1) n.V., 2:4 im Elfmeterschießen
Mexiko: Campos, J. Rodriguez, Suarez, Ramirez Perales, Juan Ramirez, Bernal, Galindo, Ambriz, Garcia Aspe, Luis Garcia, Alves „Zague" – Trainer: Baron.
Bulgarien: Michailow, Kremenliew, Hubchew, Yordanow, Kiriakow, Letchkow, Sirakow (104. Guentchew), Borimirow, Balakow, Kostadinow (119. Mitharski), Stoitchkow – Trainer: Penew.
Tore: 0:1 Stoitchkow (7.), 1:1 Kremenliew (18., Foulelfmeter).
Elfmeterschießen: Garcia Aspe (verschossen), Bernal (gehalten), J. Rodriguez (gehalten), Suarez – Balakow (gehalten), Guentchew, Borimirow, Letchkow.
Schiedsrichter: Al-Sharif Jamal (Syrien); Zuschauer: 71 030.

Viertelfinale

Am 9. Juli in Boston:
ITALIEN – SPANIEN 2:1 (1:0)
Italien: Pagliuca, Tassotti, Costacurta, Maldini, Benarrivo, Conte (66. Berti), Albertini (46. Signori), Dino Baggio, Donadoni, Massaro, Roberto Baggio – Trainer: Sacchi.
Spanien: Zubizarreta, Nadal, Ferrer, Alkorta, Abelardo, Otero, Gojcoechea, Bakero (65. Hierro), Caminero, Sergi (59. Salinas), Luis Enrique – Trainer: Clemente.
Tore: 1:0 Dino Baggio (26.), 1:1 Caminero (59.), 2:1 Roberto Baggio (88.).
Schiedsrichter: Puhl (Ungarn); Zuschauer: 54 605.

Am 9. Juli in Dallas:
BRASILIEN – HOLLAND 3:2 (0:0)
Brasilien: Taffarel, Jorginho, Aldair, Marcio Santos, Branco (90. Cafú), Mazinho (80. Rai), Mauro Silva, Dunga, Zinho, Bebeto, Romario – Trainer: Parreira.
Holland: de Goej, Valckx, Koeman, Wouters, Winter, Rijkaard (65. Ronald de Boer), Jonk, Witschge, Overmars, Bergkamp, van Vossen (54. Roy) – Trainer: Advocaat.
Tore: 1:0 Romario (52.), 2:0 Bebeto (62.), 2:1 Bergkamp (64.), 2:2 Winter (76.), 3:2 Branco (81.).
Schiedsrichter: Badilla (Costa Rica); Zuschauer: 67 700 (ausverkauft).

Am 10. Juli in New York:
BULGARIEN – DEUTSCHLAND 2:1 (0:0)
Bulgarien: Michailow, Hubchew, Yankow, Ivanow, Kiriakow, Zwetanow, Letchkow, Sirakow, Balakow, Kostadinow (89. Guentchev), Stoitchkow (84. Yordanow) – Trainer: Penew.
Deutschland: Illgner, Matthäus, Helmer, Kohler, Wagner (59. Strunz), Berthold, Möller, Buchwald, Häßler (83. Brehme), Klinsmann, Völler – Trainer: Vogts.
Tore: 0:1 Matthäus (49., Foulelfmeter), 1:1 Stoitchkow (76.), 2:1 Letchkow (79.).
Schiedsrichter: Jose Torres Cadena (Kolumbien); Zuschauer: 75 338 (ausverkauft).

Am 10. Juli in Los Angeles:
RUMÄNIEN – SCHWEDEN 2:2 (0:0; 2:2) n.V., 6:7 im Elfmeterschießen
Rumänien: Prunea, Belodedici, Prodan, Munteanu (83. Panduru), Petrescu, Popescu, Lupescu, Hagi, Selymes, Dumitrescu, Raducioiu – Trainer: Iordanescu.
Schweden: Ravelli, Nilsson, Andersson, Björklund (83. Kamark), Ljung, Ingesson, Schwarz, Brolin, Mild, Dahlin (106. H. Larsson), K. Andersson – Trainer: Svensson.
Tore: 0:1 Brolin (79.), 1:1 Raducioiu (89.), 2:1 Raducioiu (101.), 2:2 K. Andersson (115.).
Elfmeterschießen: Raducioiu, Hagi, Lupescu, Petrescu (gehalten), Dumitrescu, Belodedici (gehalten) – Mild (verschossen), K. Andersson, Brolin, Ingeson, R. Nilsson, Larsson.
Schiedsrichter: Don (England); Zuschauer: 81 715.

Halbfinale

Am 13. Juli in Boston:
BULGARIEN – ITALIEN 1:2 (1:2)
Bulgarien: Michailow, Kremenliew, Hubchew, Zwetanow, Ivanow, Kiriakow, Letchkow, Yankow, Sirakow, Balakow, Kostadinow (72. Yordanow), Stoitchkow (79. Guentchev) – Trainer: Penew.
Italien: Pagliuca, Mussi, Costacurta, Maldini, Benarrivo, Berti, Albertini, Dino Baggio (56. Conte), Donadoni, Casiraghi, Roberto Baggio (71. Signori) – Trainer: Sacchi.
Tore: 0:1 Roberto Baggio (21.), 0:2 Roberto Baggio (25.), 1:2 Stoitchkow (44., Foulelfmeter).
Schiedsrichter: José Quiniou (Mexiko); Zuschauer: 77 094.

Am 14. Juli in Los Angeles:
SCHWEDEN – BRASILIEN 0:1 (0:0)
Schweden: Ravelli, Roland Nilsson, Patrik Andersson, Björklund, Ljung, Ingesson, Brolin, Thern, Mild, Dahlin (67. Rehn), Kennet Andersson – Trainer: Svensson.
Brasilien: Taffarel, Jorginho, Marcio Santos, Aldair, Branco, Dunga, Mauro Silva, Mazhino (46. Rai), Zinho, Bebeto, Romario – Trainer: Parreira.
Tor: 0:1 Romario (81.).
Schiedsrichter: Jose Torres Cadena (Kolumbien); Zuschauer: 92 000.

Spiel um den dritten Platz

Am 16. Juli in Boston:
SCHWEDEN – BULGARIEN 4:0 (4:0)
Schweden: Ravelli, Roland Nilsson, Patrik Andersson, Kamark, Björklund, Ingesson, Schwarz, Brolin, Mild, Larsson (78. Limpar), Kennet Andersson – Trainer: Svensson.
Bulgarien: Michailow (46. Nikolow), Hubchew, Zwetanow, Ivanow (42. Kremenliew), Kiriakow, Letchkow, Yankow, Sirakow (46. Yordanow), Balakow, Kostadinow, Stoitchkow (79. Guentchev) – Trainer: Penew.
Tore: 1:0 Brolin (8.), 2:0 Mild (30.), 3:0 Larsson (37.), 4:0 Kennet Andersson (40.).
Schiedsrichter: Ali Mohamed Bujsaim (Vereinigte Arabische Emirate); Zuschauer: 83 716.

Endspiel

Am 17. Juli in Los Angeles:
BRASILIEN – ITALIEN 0:0 (0:0, 0:0) n.V., 3:2 im Elfmeterschießen
Brasilien: Taffarel, Jorginho (20. Cafú), Marcio Santos, Aldair, Branco, Dunga, Mauro Silva, Mazhino, Zinho (106. Viola), Bebeto, Romario – Trainer: Parreira.
Italien: Pagliuca, Baresi, Mussi (36. Apolloni), Maldini, Benarrivo, Berti, Albertini, Dino Baggio (95. Min Evani), Donadoni, Massaro, Roberto Baggio – Trainer: Sacchi.
Tore/Elfmeterschießen: Marcio Santos (gehalten), Romario, Branco, Dunga – Baresi (verschossen), Albertini, Evani, Massaro (gehalten), Roberto Baggio (verschossen).
Schiedsrichter: Puhl (Ungarn); Zuschauer: 94 349 (ausverkauft).

16. Fußball-Weltmeisterschaft

1998 in Frankreich

Qualifikation
EUROPA/ISRAEL

GRUPPE 1

24. 4. 96	Griechenland – Slowenien	2:0
1. 9. 96	Griechenland – Bosnien-Herzeg.	3:0
1. 9. 96	Slowenien – Dänemark	0:2
8.10. 96	Bosnien-Herzegowina – Kroatien	1:4
9.10. 96	Dänemark – Griechenland	2:1
10.11. 96	Kroatien – Griechenland	1:1
10.11. 96	Slowenien – Bosnien-Herzegowina	1:2
29. 3. 97	Kroatien – Dänemark	1:1
2. 4. 97	Bosnien-Herzeg. – Griechenland	0:1
2. 4. 97	Kroatien – Slowenien	3:3
30. 4. 97	Dänemark – Slowenien	4:0
30. 4. 97	Griechenland – Kroatien	0:1
8. 6. 97	Dänemark – Bosnien-Herzegowina	2:0
20. 8. 97	Bosnien-Herzegowina – Dänemark	3:0
6. 9. 97	Kroatien – Bosnien-Herzegowina	3:2
6. 9. 97	Slowenien – Griechenland	0:3
10. 9. 97	Dänemark – Kroatien	3:1
10. 9. 97	Bosnien-Herzegowina – Slowenien	1:0
11.10. 97	Griechenland – Dänemark	0:0
11.10. 97	Slowenien – Kroatien	1:3

1.	Dänemark	8 5 2 1	14:6	17
2.	Kroatien	8 4 3 1	17:12	15
3.	Griechenland	8 4 2 2	11:4	14
4.	Bosnien-Herzegowina	8 3 0 5	9:14	9
5.	Slowenien	8 0 1 7	5:20	1

Qualifiziert: Dänemark **Entscheidungsspiel: Kroatien**

GRUPPE 2

1. 9. 96	Moldawien – England	0:3
5.10. 96	Moldawien – Italien	1:3
9.10. 96	England – Polen	2:1
9.10. 96	Italien – Georgien	1:0
9.11. 96	Georgien – England	0:2
10.11. 96	Polen – Moldawien	2:1
12. 2. 97	England – Italien	0:1
29. 3. 97	Italien – Moldawien	3:0
2. 4. 97	Polen – Italien	0:0
30. 4. 97	England – Georgien	2:0
30. 4. 97	Italien – Polen	3:0
31. 5. 97	Polen – England	0:2
7. 6. 97	Georgien – Moldawien	2:0
14. 6. 97	Polen – Georgien	4:1
10. 9. 97	England – Moldawien	4:0
10. 9. 97	Georgien – Italien	0:0
24. 9. 97	Moldawien – Georgien	0:1
7.10. 97	Moldawien – Polen	0:3
11.10. 97	Italien – England	0:0
11.10. 97	Georgien – Polen	3:0

1.	England	8 6 1 1	15:2	19
2.	Italien	8 5 3 0	11:1	18
3.	Polen	8 3 1 4	10:12	10
4.	Georgien	8 3 1 4	7:9	10
5.	Moldawien	8 0 0 8	2:21	0

Qualifiziert: England **Entscheidungsspiel: Italien**

GRUPPE 3

2. 6. 96	Norwegen – Aserbaidschan	5:0
31. 8. 96	Aserbaidschan – Schweiz	1:0
1. 9. 96	Ungarn – Finnland	1:0
6.10. 96	Finnland – Schweiz	2:3
9.10. 96	Norwegen – Ungarn	3:0
10.11. 96	Aserbaidschan – Ungarn	0:3
10.11. 96	Schweiz – Norwegen	0:1
2. 4. 97	Aserbaidschan – Finnland	1:2
30. 4. 97	Norwegen – Finnland	1.1
30. 4. 97	Schweiz – Ungarn	1:0
8. 6. 97	Finnland – Aserbaidschan	3:0
8. 6. 97	Ungarn – Norwegen	1:1
20. 8. 97	Finnland – Norwegen	0:4
20. 8. 97	Ungarn – Schweiz	1:1
6. 9. 97	Schweiz – Finnland	1:2
6. 9. 97	Aserbaidschan – Norwegen	0:1
10. 9. 97	Ungarn – Aserbaidschan	3:1
10. 9. 97	Norwegen – Schweiz	5:0
11.10. 97	Finnland – Ungarn	1:1
11.10. 97	Schweiz – Aserbaidschan	5:0

Die Qualifikationsspiele der Schweiz
31.8.1996 in Baku:
ASERBAIDSCHAN – SCHWEIZ 1:0 (1:0)
Aserbaidschan: Jidkov, Gaisumov, Asadov, Abusev, Agayev (86. Getman), Ahmedov, Rzayev (69. Gurbanov G.), Idigov, Lychkin (89. Alekberov), Suleymanov, Huseynov.
Schweiz: Pascolo, Hottiger, Vega, Henchoz, Quentin, Ohrel (75. Sesa), Yakin, Sforza, Comisetti (81. Bonvin), Knup (67. Chapuisat), Türkyilmaz.

6.10.1996 in Helsinki:
FINNLAND – SCHWEIZ 2:3 (1:2)
Finnland: Niemi, Huhtamäki, Rissanen, Hyryläinen, Myyry, Lindberg (37. Kolkka), Suominen, Grönlund, Koskinen, Sumiala (82. Hyypiä), Vanhala.
Schweiz: Pascolo, Haas, Vega, Henchoz, Walker, Lombardo, Yakin, Sforza, Vogel (90. Wicky), Chapuisat (88. Bonvin), Kunz (78. Knup).

10.11.1996 in Bern:
SCHWEIZ – NORWEGEN 0:1 (0:1)
Schweiz: Pascolo, Wicky, Vega, Henchoz, Walker, Lombardo (70. Subiat), Yakin (88. Piffaretti), Sforza, Vogel, Türkyilmaz, Chapuisat (85. Bonvin).
Norwegen: Grodas, Haland, Berg, Johnsen R., Nilsen, Flo T. A. (75. Solskjaer), Mykland (62. Solbakken), Rekdal, Leonhardsen, Strand, Oestenstad (87. Flo H.).

30.4.1997 in Zürich:
SCHWEIZ – UNGARN 1:0 (0:0)
Schweiz: Lehmann, Ohrel, Walker, Vega, Wicky (63. Lombardo), Yakin, Kunz (56. Chassot), Vogel, Türkyilmaz, Sforza, Chapuisat (74. Grassi).
Ungarn: Sáfár, Kuttor, Bánfi, Nagy (57. Szlezák), Lorincz, Keresztúri, Mracskó (70. Nyilas), Urbán, Orosz (80. Halmai), Illés, Klausz.

20.8.1997 in Budapest:
UNGARN – SCHWEIZ 1:1 (0:0)
Ungarn: Sáfár, Kuttor, Mracskó, Dragoner (46. Halmai), Keresztúri, Lipcsei, Dombi, Urbán, Kovács (79. Nagy), Illés (46. Nyilas), Klausz.
Schweiz: Lehmann, Ohrel, Walker, Henchoz, Wolf, Yakin, Sesa, Wicky, Cantaluppi, Sforza, Chapuisat.

06.9.1997 in Lausanne:
SCHWEIZ – FINNLAND 1:2 (0:1)
Schweiz: Lehmann, Ohrel, Walker, Henchoz, Wolf, Fournier, Sesa (58. Kunz), Wicky, Cantaluppi (70. Zambaz), Zuffi, Chapuisat.
Finnland: Niemi, Rissanen, Tuomela, Reini, Koskinen, Mahlio, Vanhala, Valakari, Sumiala, Litmanen, Paatelainen.

10.9.1997 in Oslo:
NORWEGEN – SCHWEIZ 5:0 (0:0)
Norwegen: Grodas, Halle (84. Haland), Eggen, Berg, Bjoernebye, Flo J. (46. Oestenstad), Solbakken, Jakobsen (72. Strand), Flo T. A., Rekdal, Rudi.
Schweiz: Lehmann, Ohrel, Walker, Henchoz, Wolf, Yakin, Fournier, Wicky, Kunz, Sforza, Chapuisat.

11.10.1997 in Zürich:
SCHWEIZ – ASERBAIDSCHAN 5:0 (3:0)
Schweiz: Lehmann, Ohrel (46. Sesa), Walker, Henchoz, Vega, Yakin, Cantaluppi (74. Zambaz), Wicky, Türkyilmaz, Zuffi, Chapuisat (63. Kunz).
Aserbaidschan: Zhidkov, Gaisumov, Nossenko, Suleymanov, Lychkin, Abouchov, Moussaev, Kouliev, Kourbanov, Gourbanov, Sirkhaev.

1.	Norwegen	8 6 2 0	21:2	20
2.	Ungarn	8 3 3 2	10:8	12
3.	Finnland	8 3 2 3	11:12	11
4.	Schweiz	8 3 1 4	11:12	10
5.	Aserbaidschan	8 1 0 7	3:22	3

Qualifiziert: Norwegen **Entscheidungsspiel: Ungarn**

GRUPPE 4

1. 6. 96	Schweden – Weißrußland	5:1
31. 8. 96	Österreich – Schottland	0:0
31. 8. 96	Weißrußland – Estland	1:0
1. 9. 96	Lettland – Schweden	1:2
5.10. 96	Estland – Weißrußland	1:0
5.10. 96	Lettland – Schottland	0:2
9.10. 96	Weißrußland – Lettland	1:1
9.10. 96	Schweden – Österreich	0:1
9.11. 96	Österreich – Lettland	2:1
10.11. 96	Schottland – Schweden	1:0
11. 2. 97	Estland – Schottland	0:0
29. 3. 97	Schottland – Estland	2:0
2. 4. 97	Schottland – Österreich	2:0
30. 4. 97	Österreich – Estland	2:0
30. 4. 97	Lettland – Weißrußland	2:0
30. 4. 97	Schweden – Schottland	2:1
18. 5. 97	Estland – Lettland	1:3
8. 6. 97	Weißrußland – Schottland	0:1
8. 6. 97	Estland – Schweden	2:3
8. 6. 97	Lettland – Österreich	1:3
20. 8. 97	Estland – Österreich	0:3
20. 8. 97	Weißrußland – Schweden	1:2
6. 9. 97	Österreich – Schweden	1:0
6. 9. 97	Lettland – Estland	1:0
7. 9. 97	Schottland – Weißrußland	4:1
10. 9. 97	Schweden – Lettland	1:0
10. 9. 97	Weißrußland – Österreich	0:1
11.10. 97	Österreich – Weißrußland	4:0
11.10. 97	Schottland – Lettland	2:0
11.10. 97	Schweden – Estland	1:0

Die Qualifikationsspiele Österreichs
31.8.1996 in Wien:
ÖSTERREICH – SCHOTTLAND 0:0
Österreich: Konsel, Schopp, Schöttel, Pfeffer, Feiersinger, Marasek, Ramusch (77. Ogris), Kühbauer, Polster (68. Sabitzer), Herzog, Heraf.
Schottland: Goram, Burley, McKinlay T., Calderwood, Hendry, Boyd, McCall, Ferguson D., McCoist (75. Durie), McAllister G., Collins.

9.10.1996 in Stockholm:
SCHWEDEN – ÖSTERREICH 0:1 (0:1)
Schweden: Ravelli, Nilsson R., Björklund, Andersson P., Schwarz, Thern, Blomquist, Zetterberg, Ingesson (68. Mild), Dahlin (84. Andersson A.), Andersson K. (43. Larsson).
Österreich: Konsel, Schopp (78. Hatz), Pfeffer, Schöttel, Feiersinger, Hütter, Heraf, Herzog, Stöger (72. Ramusch), Polster, Wetl.

9.11.1996 in Wien:
ÖSTERREICH – LETTLAND 2:1 (1:1)
Österreich: Konsel, Schöttel, Karalija, Pfeffer, Heraf, Schopp, Stöger (59. Kühbauer), Hütter (59. Ramusch), Herzog, Wetl, Polster.
Lettland: Karavayev, Troitsky, Stepanov, Shevlyakov, Bleidelis, Zemlinsky, Shtolcers, Astafyev, Ivanov, Rimkus, Babichev (65. Pakhar).

2.4.1997 in Glasgow:
SCHOTTLAND – ÖSTERREICH 2:0 (1:0)
Schottland: Leighton, Burley, Boyd, Lambert, Hendry, Calderwood, McKinlay T., Gallacher (85. McCoist), Jackson (75. McGinlay), McAllister G. (89. McStay), Collins.
Österreich: Konsel, Schöttel (46. Kogler), Feiersinger, Pfeffer, Schopp, Heraf, Aigner (81. Ogris), Wetl, Stöger (68. Vastic), Herzog, Polster.

30.4.1997 in Wien:
ÖSTERREICH – ESTLAND 2:0 (0:0)
Österreich: Konsel, Feiersinger, Schöttel (69. Kogler), Pfeffer, Cerny, Herauf, Kühbauer, Herzog, Wetl, Vastic (51. Stöger), Polster.
Estland: Poom, Kirs, Hohlov-Simson, Lemsalu, Meet, Viikmäe (83. Leetma), Pari (64. Rooba M.), Reim, Alonen (79. Arbeiter), Kristal, Oper.

8.6.1997 in Riga:
LETTLAND – ÖSTERREICH 1:3 (0:0)
Lettland: Karavayev, Troitsky, Astafyev, Zemlinsky, Shevlyakov, Stepanov, Ivanov, Pakhar, Babichev (68. Zakreshevsky), Rimkus (59. Yeliseyev), Bleidelis (64. Shtolcers).
Österreich: Konsel, Schöttel, Pfeffer, Feiersinger, Cerny (84. Ramusch), Heraf, Kühbauer, Herzog (78. Stöger), Wetl (46. Pfeifenberger), Vastic, Polster.

20.8.1997 in Tallinn:
ESTLAND – ÖSTERREICH 0:3 (0:0)
Estland: Poom, Lemsalu, Kirs (77. Leetma), Hohlov-Simson, Meet, Vilkmäe (66. Terekhov), Arbeiter (75. Rooba), Oper, Kristal, Reim, Zelinski.
Österreich: Konsel, Cerny (84. Schopp), Kogler, Pfeffer, Pfeifenberger, Mählich, Vastic, Kühbauer, Polster, Herzog (69. Stöger), Prilasnig.

6.9.1997 in Wien:
ÖSTERREICH – SCHWEDEN 1:0 (0:0)
Österreich: Konsel, Cerny, Schöttel, Pfeffer, Feiersinger, Mählich, Vastic (65. Stöger), Pfeifenberger, Polster, Herzog (82. Wohlfahrt), Prilasnig.
Schweden: Ravelli, Nilsson, Andersson P., Björklund, Kamark, Alexandersson, Zetterberg, Mild, Thern, Dahlin, Andersson K.

10.9.1997 in Minsk:
WEISSRUSSLAND – ÖSTERREICH 0:1 (0:0)
Weißrußland: Satsunkhevich, Geraschenko, Shtanyuk, Ostrovski, Dovnar (77. Orlovski), Chernyavski (55. Gerasimets), Kulchy, Gurenko, Belkevich, Kachuro, Romashchenko.
Österreich: Wohlfahrt, Cerny, Schöttel, Kogler, Feiersinger, Mählich, Vastic (46. Stöger), Pfeifenberger, Polster, Herzog (72. Hütter), Prilasnig.

11.10.1997 in Wien:
ÖSTERREICH – WEISSRUSSLAND 4:0 (4:0)
Österreich: Konsel, Cerny (75. Ramusch), Kogler, Pfeffer, Feiersinger, Mählich, Prilasnig (66. Schopp), Pfeifenberger, Polster, Herzog (63. Reinmayr), Stöger.
Weißrußland: Satsunkhevich, Lavrik, Shtanyuk, Ostrovski, Makovski, Orlovski, Gerasimets, Gurenko, Belkevich, Romashchenko, Kulchy.

1.	Österreich	10 8 1 1	17:4	25
2.	Schottland	10 7 2 1	15:3	23
3.	Schweden	10 7 0 3	16:9	21
4.	Lettland	10 3 1 6	10:14	10
5.	Estland	10 1 1 8	4:16	4
6.	Weißrußland	10 1 1 8	5:21	4

Qualifiziert: Österreich und Schottland

GRUPPE 5

1. 9. 96	Israel – Bulgarien	2:1
1. 9. 96	Rußland – Zypern	4:0
8.10. 96	Luxemburg – Bulgarien	1:2
9.10. 96	Israel – Rußland	1:1
10.11. 96	Zypern – Israel	2:0
10.11. 96	Luxemburg – Rußland	0:4
14.12. 96	Zypern – Bulgarien	1:3
15.12. 96	Israel – Luxemburg	1:0
29. 3. 97	Zypern – Rußland	1:1
30. 3. 97	Luxemburg – Israel	0:3
2. 4. 97	Bulgarien – Zypern	4:1
30. 4. 97	Israel – Zypern	2:0
30. 4. 97	Rußland – Luxemburg	3:0
8. 6. 97	Bulgarien – Luxemburg	4:0
6. 6. 97	Rußland – Israel	2:0
20. 8. 97	Bulgarien – Israel	1:0
7. 9. 97	Luxemburg – Zypern	1:3
10. 9. 97	Bulgarien – Rußland	1:0
11.10. 97	Zypern – Luxemburg	2:0
11.10. 97	Rußland – Bulgarien	4:2

1.	Bulgarien	8 6 0 2	18:9	18
2.	Rußland	8 5 2 1	19:5	17
3.	Israel	8 4 1 3	9:7	13
4.	Zypern	8 3 1 4	10:15	10
5.	Luxemburg	8 0 0 8	2:22	0

Qualifiziert: Bulgarien **Entscheidungsspiel: Rußland**

GRUPPE 6

24. 4. 96	Jugoslawien – Färöer-Inseln	3:1
2. 6. 96	Jugoslawien – Malta	6:0
31. 8. 96	Färöer-Inseln – Slowakei	1:2
4. 9. 96	Färöer-Inseln – Spanien	2:6
18. 9. 96	Tschechien – Malta	6:0
22. 9. 96	Slowakei – Malta	6:0
6.10. 96	Färöer-Inseln – Jugoslawien	1:8

9.10. 96	Tschechien – Spanien	0:0
23.10. 96	Slowakei – Färöer-Inseln	3:0
10.11. 96	Jugoslawien – Tschechien	1:0
13.11. 96	Spanien – Slowakei	4:1
14.12. 96	Spanien – Jugoslawien	2:0
13.12. 96	Malta – Spanien	0:3
12. 2. 97	Spanien – Malta	4:0
31. 3. 97	Malta – Slowakei	0:2
2. 4. 97	Tschechien – Jugoslawien	1:2
30. 4. 97	Malta – Färöer-Inseln	1:2
30. 4. 97	Jugoslawien – Spanien	1:1
8. 6. 97	Färöer-Inseln – Malta	2:1
8. 6. 97	Spanien – Tschechien	1:0
8. 6. 97	Jugoslawien – Slowakei	2:0
20. 8. 97	Tschechien – Färöer-Inseln	2:0
24. 8. 97	Slowakei – Tschechien	2:1
6. 9. 97	Färöer-Inseln – Tschechien	0:2
10. 9. 97	Slowakei – Jugoslawien	1:1
24. 9. 97	Malta – Tschechien	0:1
24. 9. 97	Slowakei – Spanien	1:2
11.10. 97	Malta – Jugoslawien	0:5
11.10. 97	Spanien – Färöer-Inseln	3:1
11.10. 97	Tschechien – Slowakei	3:0

1.	Spanien	10	8 2 0	26:6	26
2.	Jugoslawien	10	7 2 1	29:7	23
3.	Tschechien	10	5 1 4	16:6	16
4.	Slowakei	10	5 1 4	18:14	16
5.	Färöer-Inseln	10	2 0 8	l0:31	6
6.	Malta	10	0 0 10	2:37	0

Qualifiziert: Spanien **Entscheidungsspiel: Jugoslawien**

GRUPPE 7

2. 6. 96	San Marino – Wales	0:5
31. 8. 96	Belgien – Türkei	2:1
31. 8. 96	Wales – San Marino	6:0
5.10. 96	Wales – Holland	1:3
9.10. 96	San Marino – Belgien	0:3
9.11. 96	Holland – Wales	7:1
10.11. 96	Türkei – San Marino	7:0
14.12. 96	Belgien – Holland	0:3
11.12. 96	Wales – Türkei	0:0
29. 3. 97	Holland – San Marino	4:0
29. 3. 97	Wales – Belgien	1:2
2. 4. 97	Türkei – Holland	1:0
30. 4. 97	San Marino – Holland	0:6
30. 4. 97	Türkei – Belgien	1:3
7. 6. 97	Belgien – San Marino	6:0
20. 8. 97	Türkei – Wales	6:4
6. 9. 97	Holland – Belgien	3:1
10. 9. 97	San Marino – Türkei	0:5
11.10. 97	Belgien – Wales	3:2
11.10. 97	Holland – Türkei	0:0

1.	Holland	8	6 1 1	26:4	19
2.	Belgien	8	6 0 2	20:11	18
3.	Türkei	8	4 2 2	21:9	14
4.	Wales	8	2 1 5	20:21	7
5.	San Marino	8	0 0 8	0:42	0

Qualifiziert: Holland **Entscheidungsspiel: Belgien**

GRUPPE 8

24. 6. 96	Mazedonien – Liechtenstein	3:0
1. 6. 96	Island – Mazedonien	1:1
31. 8. 96	Liechtenstein – Irland	0:5
31. 8. 96	Rumänien – Litauen	3:0
5.10. 96	Litauen – Island	2:0
9.10. 96	Island – Rumänien	0:4
9.10. 96	Litauen – Liechtenstein	2:1
9.10. 96	Irland – Mazedonien	3:0
9.11. 96	Liechtenstein – Mazedonien	1:11
10.11.96	Irland – Island	0:0
14.12. 96	Mazedonien – Rumänien	0:3
29. 3. 97	Rumänien – Liechtenstein	8:0
2. 4. 97	Litauen – Rumänien	0:1
2. 4. 97	Mazedonien – Irland	3:2
30. 4. 97	Liechtenstein – Litauen	0:2
30. 4. 97	Rumänien – Irland	1:0
21. 5. 97	Irland – Liechtenstein	5:0
7. 6. 97	Mazedonien – Island	1:0
11. 6. 97	Island – Litauen	0:0
20. 8. 97	Liechtenstein – Island	0:4
20. 8. 97	Irland – Litauen	0:0
20. 8. 97	Rumänien – Mazedonien	4:2
6. 9. 97	Island – Irland	2:4
6. 9. 97	Liechtenstein – Rumänien	1:8
6. 9. 97	Litauen – Mazedonien	2:0
10. 9. 97	Rumänien – Island	4:0
10. 9. 97	Litauen – Irland	1:2
11.10. 97	Island – Liechtenstein	4:0
11.10. 97	Irland – Rumänien	1:1
11.10. 97	Mazedonien – Litauen	1:2

1.	Rumänien	10	9 1 0	37:4	28
2.	Irland	10	5 3 2	22:8	18
3.	Litauen	10	5 2 3	11:8	17
4.	Mazedonien	10	4 1 5	22:18	13
5.	Island	10	2 3 5	11:16	9
6.	Liechtenstein	10	0 0 10	3:52	0

Qualifiziert: Rumänien **Entscheidungsspiel: Irland**

GRUPPE 9

31. 8. 96	Armenien – Portugal	0:0
31. 8. 96	Nordirland – Ukraine	0:1
5.10. 96	Nordirland – Armenien	1:1
5.10. 96	Ukraine – Portugal	2:1
9.10. 96	Albanien – Portugal	0:3
9.10. 96	Armenien – Deutschland	1:5
9.11. 96	Albanien – Armenien	1:1
9.11. 96	Deutschland – Nordirland	1:1
9.11. 96	Portugal – Ukraine	1:0
14.12. 96	Nordirland – Albanien	2:0
14.12. 96	Portugal – Deutschland	0:0
29. 3. 97	Albanien – Ukraine	0:1
29. 3. 97	Nordirland – Portugal	0:0
2. 4. 97	Albanien – Deutschland	2:3
2. 4. 97	Ukraine – Nordirland	2:1
30. 4. 97	Armenien – Nordirland	0:0
30. 4. 97	Deutschland – Ukraine	2:0
7. 5. 97	Ukraine – Armenien	1:1
7. 6. 97	Portugal – Albanien	2:0
7. 6. 97	Ukraine – Deutschland	0:0
20. 8. 97	Nordirland – Deutschland	1:3
20. 8. 97	Portugal – Armenien	3:1
20. 8. 97	Ukraine – Albanien	1:0
6. 9. 97	Deutschland – Portugal	1:1
6. 9. 97	Armenien – Albanien	3:0
10. 9. 97	Albanien – Nordirland	1:0
10. 9. 97	Deutschland – Armenien	4:0
11.10. 97	Deutschland – Albanien	4:3
11.10. 97	Portugal – Nordirland	1:0
11.10. 97	Armenien – Ukraine	0:2

Die Qualifikationsspiele Deutschlands:

9.10.1996 in Yerevan:
ARMENIEN – DEUTSCHLAND 1:5 (0:3)
Armenien: Berezovski, Souklasyan, Khachatryan V., Hovsepyan, Der Zakarian, Oganesyan (46. Ter-Petrosyan), Vardanyan (74. Minasyan), Tonoyan (46. Avetisyan A.), Mkhitaryan, Assadourian, Mikaelyan.
Deutschland: Köpke, Paßlack, Babbel, Kohler, Reuter, Bode (73. Kuntz), Eilts, Häßler (75. Tarnat), Scholl, Klinsmann, Bierhoff (64. Bobic).

9.11.1996 in Nürnberg:
DEUTSCHLAND – NORDIRLAND 1:1 (1:1)
Deutschland: Köpke, Strunz, Reuter, Kohler, Babbel, Tarnat, Häßler, Eilts (62. Paßlack), Möller, Klinsmann, Bobic (70. Bierhoff).
Nordirland: Wright, Hill, Nolan, Hunter, Taggart, Horlock, Morrow, Lornas, Dowie (76. Gray), Lennon (86. Rogan), Hughes.

14.12.1996 in Lissabon:
PORTUGAL – DEUTSCHLAND 0:0
Portugal: Vitor Baia, Secretario, Dimas, Fernando Couto, Hélder, Oceano, Paulinho Santos, Rui Barros (78. Cadete), Figo, Joao Pinto, Rui Costa.
Deutschland: Köpke, Reuter, Sammer, Kohler, Ziege, Eilts, Basler (71. Kirsten), Möller, Babbel (85. Tarnat), Klinsmann, Bobic.

2.4.1997 in Granada:
ALBANIEN – DEUTSCHLAND 2:3 (0:0)
Albanien: Strakosha, Shpuza (68. Bellai), Shulku, Vata R., Kacaj, Abazi, Haxhi, Kola, Bushi (89. Lamee), Rraklli, Tare (73. Vata F.).
Deutschland: Köpke, Reuter (61. Heinrich), Kohler, Sammer, Helmer, Ziege, Möller, Eilts (62. Kirsten), Wosz, Klinsmann, Bierhoff.

30.4.1997 in Bremen:
DEUTSCHLAND – UKRAINE 2:0 (0:0)
Deutschland: Köpke, Helmer, Kohler, Heinrich, Eilts, Ziege, Basler, Wosz (84. Tarnat), Bobic (16. Nowotny), Klinsmann, Bierhoff.
Ukraine: Shovkovskyi, Golovko, Luzhnyi, Skrypnyk (70. Vashchuk), Nagornyak (69. Orbu), Bezhenar, Maximov, Rebrov, Kalitvintsev (76. Mykhailenko), Kosovskyi, Shevchenko.

7.6.1997 in Kiew:
UKRAINE – DEUTSCHLAND 0:0
Ukraine: Shovkovskyi, Luzhnyi, Golovko, Vashchuk, Koval, Dimitrulin, Maximov (71. Shkapenko), Gussin, Nahornyak (89. Bezhenar), Rebrov (82. Mykhailenko), Shevchenko.
Deutschland: Köpke, Heinrich, Kohler, Sammer, Helmer, Ziege, Eilts, Wosz (70. Scholl), Basler, Klinsmann, Kirsten (87. Bierhoff).

20.8.1997 in Belfast:
NORDIRLAND – DEUTSCHLAND 1:3 (0:0)
Nordirland: Davison, Nolan, Morrow, Hill, Taggart, Magilton, Quinn, Lennon, Gillespie (78. McMahon), Hughes, Horlock (82. Griffin).
Deutschland: Köpke, Heinrich. Ziege, Kohler, Helmer, Wörns (64. Häßler), Möller, Basler (83. Babbel), Klinsmann, Nowotny, Kirsten (70. Bierhoff).

6.9.1997 in Berlin:
DEUTSCHLAND – PORTUGAL 1:1 (0:0)
Deutschland: Köpke, Heinrich (77. Wosz), Ziege, Kohler, Helmer, Reuter (46. Babbel), Nowotny, Basler, Klinsmann, Häßler, Bierhoff (68. Kirsten).
Portugal: Silvino, Dimas, Beto, Oceano (84. Panleta), Helder, Sousa, Figo, Joao Pinto (77. Conceicao), Pedro Barbosa, Rui Costa, Paulinho Santos.

10.9.1997 in Dortmund:
DEUTSCHLAND – ARMENIEN 4:0 (0:0)
Deutschland: Köpke, Heinrich, Thon, Tarnat (66. Bierhoff), Helmer, Wörns, Kmetsch (21. Ricken), Wosz (81. Nowotny), Klinsmann, Häßler, Kirsten.
Armenien: Berezovski, Nazaryan, Krbachian (62. Ter-Petrosyan), Hovsepyan, Avalyan (46. Sarkissyan), Vardanyan, Petrosyan (79. Avetisyan A.), Shahgeldyan, Mkhitaryan, Assadourian, Mikaelyan.

11.10.1997 in Hannover:
DEUTSCHLAND – ALBANIEN 4:3 (0:0)
Deutschland: Kahn, Reuter, Heinrich, Kohler, Helmer, Thon, Möller, Bobic (60. Tarnat), Bierhoff, Häßler, Kuntz (72. Marschall).
Albanien: Strakosha, Tole (79. Gallo), Shulku, Fakaj, Vata, Haxhi, Halili (55. Peco), Bujshi (90. Prenga), Tare, Xhumba, Kola.

1.	Deutschland	10	6 4 0	23:9	22
2.	Ukraine	10	6 2 2	10:6	20
3.	Portugal	10	5 4 1	12:4	19
4.	Armenien	10	1 5 4	8:17	8
5.	Nordirland	10	1 4 5	6:10	7
6.	Albanien	10	1 1 8	7:20	4

Qualifiziert: Deutschland **Entscheidungsspiel: Ukraine**

QUALIFIKATIONSRUNDE

29.10. 97	Kroatien – Ukraine	2:0
15.11. 97	Ukraine – Kroatien	1:1
29.10. 97	Rußland – Italien	1:1
15.11. 97	Italien – Rußland	1:0
19.10. 97	Irland – Belgien	1:1
15.11. 97	Belgien – Irland	2:1
29.10. 97	Ungarn – Jugoslawien	1:7
15.11. 97	Jugoslawien – Ungarn	5:0

Qualifiziert: Kroatien, Italien, Belgien, Jugoslawien

SÜDAMERIKA

24. 4. 96	Argentinien – Bolivien	3:1
24. 4. 96	Venezuela – Uruguay	0:2
24. 4. 96	Kolumbien – Paraguay	1:0
24. 4. 96	Ecuador – Peru	4:1
2. 6. 96	Ecuador – Argentinien	2:0
2. 6. 96	Uruguay – Paraguay	0:2
2. 6. 96	Venezuela – Chile	1:1
2. 6. 96	Peru – Kolumbien	1:1
7. 7. 96	Chile – Ecuador	4:1
7. 7. 96	Peru – Argentinien	0:0
7. 7. 96	Kolumbien – Uruguay	3:1
7. 7. 96	Bolivien – Venezuela	6:1
1. 9. 96	Argentinien – Paraguay	1:1
1. 9. 96	Bolivien – Peru	0:0
1. 9. 96	Kolumbien – Chile	4:1
1. 9. 96	Ecuador – Venezuela	1:0
8.10. 96	Uruguay – Bolivien	1:0
9.10. 96	Venezuela – Argentinien	2:5
9.10. 96	Ecuador – Kolumbien	0:1
9.10. 96	Paraguay – Chile	2:1
10.11. 96	Bolivien – Kolumbien	2:2
10.11. 96	Paraguay – Ecuador	1:0
10.11. 96	Peru – Venezuela	4:1
12.11. 96	Chile – Uruguay	1:0
15.12. 96	Argentinien – Chile	1:1
15.12. 96	Uruguay – Peru	2:0
15.12. 96	Venezuela – Kolumbien	0:2
15.12. 96	Bolivien – Paraguay	0:0
12. 1. 97	Venezuela – Paraguay	0:2
12. 1. 97	Bolivien – Ecuador	2:0
12. 1. 97	Peru – Chile	2:1
12. 1. 97	Uruguay – Argentinien	0:0
12. 2. 97	Kolumbien – Argentinien	0:1
12. 2. 97	Ecuador – Uruguay	4:0
12. 2. 97	Paraguay – Peru	2:1
12. 2. 97	Bolivien – Chile	1:1
2. 4. 97	Bolivien – Argentinien	2:1
2. 4. 97	Uruguay – Venezuela	3:1
2. 4. 97	Paraguay – Kolumbien	2:1
2. 4. 97	Peru – Ecuador	1:1
29. 4. 97	Chile – Venezuela	6:0
30. 4. 97	Argentinien – Ecuador	2:1
30. 4. 97	Paraguay – Uruguay	3:1
30. 4. 97	Kolumbien – Peru	0:1
8. 6. 97	Argentinien – Peru	2:0
8. 6. 97	Ecuador – Chile	1:1
8. 6. 97	Uruguay – Kolumbien	1:1
8. 6. 97	Venezuela – Bolivien	1:1
5. 7. 97	Chile – Kolumbien	4:1
6. 7. 97	Paraguay – Argentinien	1:2
6. 7. 97	Peru – Bolivien	2:1
6. 7. 97	Venezuela – Ecuador	1:1
20. 7. 97	Argentinien – Venezuela	2:0
20. 7. 97	Bolivien – Uruguay	1:0
20. 7. 97	Kolumbien – Ecuador	1:0
20. 7. 97	Chile – Paraguay	2:1
20. 8. 97	Uruguay – Chile	1:0
20. 8. 97	Kolumbien – Bolivien	3:0
20. 8. 97	Ecuador – Paraguay	2:1
20. 8. 97	Venezuela – Peru	0:3
10. 9. 97	Chile – Argentinien	1:2
10. 9. 97	Peru – Uruguay	2:1
10. 9. 97	Kolumbien – Venezuela	1:0
10. 9. 97	Paraguay – Bolivien	2:1
12.10. 97	Argentinien – Uruguay	0:0
12.10. 97	Chile – Peru	4:0
12.l0. 97	Paraguay – Venezuela	1:0
12.10. 97	Ecuador – Bolivien	1:0
16.11. 97	Argentinien – Kolumbien	1:1
16.11. 97	Chile – Bolivien	3:0
16.11. 97	Peru – Paraguay	1:0
16.11. 97	Uruguay – Ecuador	5:3

1.	Argentinien	16	8 6 2	23:13	30
2.	Paraguay	16	9 2 5	21:14	29
3.	Kolumbien	16	8 4 4	23:15	28
4.	Chile	16	7 4 5	32:18	25
5.	Peru	16	7 4 5	19:20	25
6.	Ecuador	16	6 3 7	22:21	21
7.	Uruguay	16	6 3 7	18:21	21
8.	Bolivien	16	4 5 7	18:21	17
9.	Venezuela	16	0 3 13	8:41	3

Qualifiziert: Argentinien, Paraguay, Kolumbien, Chile und Titelverteidiger Brasilien

NORD- UND MITTELAMERIKA

KARIBIK

1. RUNDE

10. 3. 96	Dominica – Antigua	3:3
31. 3. 96	Antigua – Dominica	1:3
24. 3. 96	Dominikanische Republik – Aruba	3:2
31. 3 .96	Aruba – Dominikanische Republik	1:3
29. 3. 96	Guyana – Grenada	1:2
7. 4. 96	Grenada – Guyana	6:0
	Bahamas – St. Kitts-Nevis (Bahamas zog zurück)	

2. RUNDE

31. 3. 96	Surinam – Jamaika	0:1
21. 4. 96	Jamaika – Surinam	1:0
4. 5. 96	Puerto Rico – St. Vincent	1:2
12. 5. 96	St. Vincent – Puerto Rico	7:0
4. 5. 96	Dominikanische Republik – Antillen	2:1
11. 5. 96	Antillen – Dominikanische Republ.	0:0
5. 5. 96	St. Kitts-Nevis – St. Lucia	5:1
19. 5. 96	St. Lucia – St. Kitts-Nevis	0:1
12. 5. 96	Cayman Islands – Kuba	0:1
14. 5. 96	Kuba – Cayman Islands	5:0
12. 5. 96	Haiti – Grenada	6:1
18. 5. 96	Grenada – Haiti	0:1
14. 5. 96	Dominica – Barbados	0:1
19. 5. 96	Barbados – Dominica	1:0
	Bermuda – Trinidad & Tobago (Bermuda zog zurück)	

3. RUNDE

10. 6. 96	Kuba – Haiti	6:1
30. 6. 96	Haiti – Kuba	1:1
15. 6. 96	Dominikanische Republik – Trinidad & Tobago	1:4
13. 6. 96	Trinidad & Tobago – Dominikanische Republik	8:0
23. 6. 96	St. Kitts-Nevis – St. Vincent	2:2
30. 6. 96	St. Vincent – St. Kitts-Nevis	0:0
23. 6. 96	Barbados – Jamaika	0:1
30. 6. 96	Jamaika – Barbados	2:0

ZENTRALREGION

5. 5. 96	Nicaragua – Guatemala	0:1
10. 5. 96	Guatemala – Nicaragua	2:1
2. 6. 96	Belize – Panama	1:2
9. 6. 96	Panama – Belize	4:1

ZWEITE RUNDE

GRUPPE 1

1. 9. 96	Trinidad & Tobago – Costa Rica	0:1
6.10. 96	Trinidad & Tobago – Guatemala	1:1
3.11. 96	USA – Guatemala	2:0
10.11. 96	USA – Trinidad & Tobago	2:0
17.11. 96	Costa Rica – Guatemala	3:0
24.11. 96	Guatemala – Costa Rica	1:0
24.11. 96	Trinidad & Tobago – USA	0:1
1.12. 96	Costa Rica – USA	2:1
8.12. 96	Guatemala – Trinidad & Tobago	2:1
14.12. 96	USA – Costa Rica	2:1
21.12. 96	Costa Rica – Trinidad & Tobago	2:1
21.12. 96	Guatemala – USA	2:2

1.	USA	6 4 1 1	10:5	13
2.	Costa Rica	6 4 0 2	9:5	12
3.	Guatemala	6 2 2 2	6:9	8
4.	Trinidad & Tobago	6 0 1 5	3:9	1

GRUPPE 2

30. 8. 96	Kanada – Panama	3:1
8. 9. 96	Kuba – El Salvador	0:5
22. 9. 96	Kuba – Panama	3:1
6.10. 96	Panama – El Salvador	1:1
10.10. 96	Kanada – Kuba	2:0
13.10. 96	Kuba – Kanada	0:2
27.10. 96	Panama – Kanada	0:0
3.11. 96	Kanada – El Salvador	1:0
10.11. 96	El Salvador – Panama	3:2
1.12. 96	El Salvador – Kuba	3:0
15.12. 96	El Salvador – Kanada	0:2
15.12. 96	Panama – Kuba	3:1

1.	Kanada	6 5 1 0	10:1	16
2.	El Salvador	6 3 1 2	12:6	10
3.	Panama	6 1 2 3	8:11	5
4.	Kuba	6 1 0 5	4:16	3

GRUPPE 3

15. 9. 96	Jamaika – Honduras	3:0
15. 9. 96	St. Vincent – Mexiko	0:3
21. 9. 96	Honduras – Mexiko	2:1
23. 9. 96	St. Vincent – Jamaika	1:2
13.10. 96	St. Vincent – Honduras	1:4
16.10. 96	Mexiko – Jamaika	2:1
27.10. 97	Honduras – Jamaika	0:0
30.10. 96	Mexiko – St. Vincent	5:1
6.11. 96	Mexiko – Honduras	3:1
10.11. 96	Jamaika – St. Vincent	5:0
17.11. 96	Jamaika – Mexiko	1:0
17.11. 96	Honduras – St. Vincent	11:3

1.	Jamaika	6 4 1 1	12:3	13
2.	Mexiko	6 4 0 2	14:6	12
3.	Honduras	6 3 1 2	18:11	10
4.	St. Vincent	6 0 0 6	6:30	0

ENDRUNDE

2. 3. 97	Mexiko – Kanada	4:0
2. 3. 97	Jamaika – USA	0:0
16. 3. 97	USA – Kanada	3:0
16. 3. 97	Costa Rica – Mexiko	0:0
23. 3. 97	Costa Rica – USA	3:2
6. 4. 97	Kanada – El Salvador	0:0
13. 4. 97	Mexiko – Jamaika	6:0
20. 4. 97	USA – Mexiko	2:2
27. 4. 97	Kanada – Jamaika	0:0
4. 5. 97	El Salvador – Costa Rica	2:1
11. 5. 97	Costa Rica – Jamaika	3:1
18. 5. 97	Jamaika – El Salvador	1:0
1. 6. 97	Kanada – Costa Rica	1:0
8. 6. 97	El Salvador – Mexiko	0:1
29. 6.9 7	El Salvador – Mexiko	1:1
10. 8. 97	Costa Rica – El Salvador	0:0
7. 9. 97	USA – Costa Rica	1:0
7. 9. 97	Jamaika – Kanada	1:0
14. 9. 97	Jamaika – Costa Rica	1:0
14. 9. 97	El Salvador – Kanada	4:1
3.10. 97	USA – Jamaika	1:1
5.10. 97	Mexiko – El Salvador	4:1
12.10. 97	Kanada – Mexiko	2:2
1.11. 97	Mexiko – USA	0:0
9.11. 97	Kanada – USA	0:3
9.11. 97	El Salvador – Jamaika	2:2
9.11. 97	Mexiko – Costa Rica	3:3
16.11. 97	USA – El Salvador	4:2
16.11. 97	Jamaika – Mexiko	0:0
16.11. 97	Costa Rica – Kanada	3:1

1.	Mexiko	10 4 6 0	23:7	18
2.	USA	10 4 5 1	17:9	17
3.	Jamaika	10 3 5 2	7:12	14
4.	Costa Rica	10 3 3 4	13:12	12
5.	El Salvador	10 2 4 4	11:16	10
6.	Kanada	10 1 3 6	5:20	6

Qualifiziert: Mexiko, USA und Jamaika

AFRIKA

1. RUNDE

31. 5. 96	Mauretanien – Burkina Faso	0:0
16. 6. 96	Burkina Faso – Mauretanien	2:0
1. 6. 96	Gambia – Liberia	2:1
23. 6. 96	Liberia – Gambia	4:0
1. 6. 96	Malawi – Südafrika	0:1
15. 6. 96	Südafrika – Malawi	3:0
1. 6. 96	Uganda – Angola	0:2
16. 6. 98	Angola – Uganda	3:1
1. 6. 96	Guinea-Bissau – Guinea	3:2
16. 6. 96	Guinea – Guinea-Bissau	3:1
1. 6. 96	Namibia – Mosambik	2:0
16. 6. 96	Mosambik – Namibia	1:1
2. 6. 96	Burundi – Sierra Leone	1:0
15. 6. 96	Sierra Leone – Burundi (Burundi zog anschließend zurück wegen des Bürgerkriegs im eigenen Land)	0:1
2. 6. 96	Kongo – Elfenbeinküste	2:0
16. 6. 96	Elfenbeinküste – Kongo	1:1
2. 6. 96	Kenia – Algerien	3:1
14. 6. 96	Algerien – Kenia	1:0
2. 6. 96	Madagaskar – Simbabwe	1:2
16. 6. 96	Simbabwe – Madagaskar	2:2
2. 6. 96	Mauritius – Zaire	1:5
16. 6. 96	Zaire – Mauritius	2:0
2. 6. 96	Ruanda – Tunesien	1:3
16. 6. 96	Tunesien – Ruanda	2:0
2. 6. 96	Sudan – Sambia	2:0
16. 6. 96	Sambia – Sudan	3:0
2. 6. 96	Swasiland – Gabun	0:1
16. 6. 96	Gabun – Swasiland	2:0
2. 6. 96	Togo – Senegal	2:1
15. 6. 96	Senegal – Togo	1:1
8. 6. 96	Tansania – Ghana	0:0
17. 6. 96	Ghana – Tansania	2:1

Freilose: Ägypten, Kamerun, Marokko und Nigeria

2. RUNDE

GRUPPE 1

9.11. 96	Nigeria – Burkina Faso	2:0
10.11. 96	Guinea – Kenia	3:1
12. 1. 97	Kenia – Nigeria	1:1
12. 1. 97	Burkina Faso – Guinea	0:2
5. 4. 97	Nigeria – Guinea	2:1
6. 4. 97	Kenia – Burkina Faso	4:3
27. 4. 97	Burkina Faso – Nigeria	1:2
27. 4. 97	Kenia – Guinea	1:0
7. 6. 97	Nigeria – Kenia	3:0
8. 6. 97	Guinea – Burkina Faso	3:1
17. 8. 97	Burkina Faso – Kenia	2:4
17. 8. 97	Guinea – Nigeria	1:0

1.	Nigeria	6 4 1 1	10:4	13
2.	Guinea	6 4 0 2	10:5	12
3.	Kenia	6 3 1 2	11:12	10
4.	Burkina Faso	6 0 0 6	7:17	0

Qualifiziert: Nigeria

GRUPPE 2

8.11. 96	Ägypten – Namibia	7:1
10.11. 96	Liberia – Tunesien	0:1
11. 1. 97	Namibia – Liberia	0:0
12. 1. 97	Tunesien – Ägypten	1:0
6. 4. 97	Liberia – Ägypten	1:0
6. 4. 97	Namibia – Tunesien	1:2
26. 5. 97	Namibia – Ägypten	2:3
27. 4. 97	Tunesien – Liberia	2:0
8. 6. 97	Liberia – Namibia	1:2
8. 6. 97	Ägypten – Tunesien	0:0
16. 8. 97	Tunesien – Namibia	4:0
17. 8. 97	Ägypten – Liberia	5:0

1.	Tunesien	6 5 1 0	10:1	16
2.	Ägypten	6 3 1 2	15:5	10
3.	Liberia	6 1 1 4	2:10	4
4.	Namibia	6 1 1 4	6:17	4

Qualifiziert: Tunesien

GRUPPE 3

9.11. 96	Südafrika – Zaire	1:0
10.11. 96	Kongo – Sambia	1:0
11. 1. 97	Sambia – Südafrika	0:0
12. 1. 97	Zaire – Kongo	1:1
6. 4. 97	Kongo – Südafrika	2:0
9. 4. 97	Zaire – Sambia	2:2
27. 4. 97	Sambia – Kongo	3:0
27. 4. 97	Zaire – Südafrika	1:2
8. 6. 97	Kongo – DR Kongo	1:0
8. 6. 97	Südafrika – Sambia	3:0
16. 8. 97	Südafrika – Kongo	1:0
16. 8. 97	Sambia – DR Kongo	2:0

1.	Südafrika	6 4 1 1	7:3	13
2.	Kongo	6 3 1 2	5:5	10
3.	Sambia	6 2 2 2	7:6	8
4.	DR Kongo (Zaire)	6 0 2 4	4:9	2

Qualifiziert: Südafrika

GRUPPE 4

10.11. 96	Angola – Simbabwe	2:1
10.11. 96	Togo – Kamerun	2:4
12. 1. 97	Kamerun – Angola	0:0
12. 1. 97	Simbabwe – Togo	3:0
6. 4. 97	Angola – Togo	3:1
6. 4. 97	Kamerun – Simbabwe	1:0
27. 4. 97	Simbabwe – Angola	0:0
27. 4. 97	Kamerun – Togo	2:0
8. 6. 97	Angola – Kamerun	1:1
8. 6. 97	Togo – Simbabwe	2:1
17. 8. 97	Togo – Angola	1:1
17. 8. 97	Simbabwe – Kamerun	1:2

1.	Kamerun	6 4 2 0	7:3	13
2.	Angola	6 3 1 2	5:5	10
3.	Simbabwe	6 1 1 4	7:6	8
4.	Togo	6 1 1 4	4:9	2

Qualifiziert: Kamerun

GRUPPE 5

9.11. 96	Marokko – Sierra Leone	4:0
10.11. 96	Gabun – Ghana	1:1
11. 1. 97	Sierra Leone – Gabun	1:0
12. 1. 97	Ghana – Marokko	2:2
5. 4. 97	Sierra Leone – Ghana	1:1
6. 4. 97	Gabun – Marokko	0:4
26. 4. 97	Sierra Leone – Marokko	0:1
27. 4. 97	Ghana – Gabun	3:0
8. 6. 97	Marokko – Ghana	1:0
17. 8. 97	Marokko – Gabun	2:0
17. 8. 97	Ghana – Sierra Leone	0:2

1.	Marokko	6 5 1 0	14:2	16
2.	Sierra Leone	5 2 1 2	4:6	7
3.	Ghana	6 1 3 2	7:7	6
4.	Gabun	5 0 1 4	1:11	1

Das Spiel Gabun – Sierra Leone wurde nicht ausgetragen.

Qualifiziert: Marokko

ASIEN

1. RUNDE

GRUPPE 1

Turnier in Malaysia

16. 3. 97	Taiwan – Saudi-Arabien	0:2
16. 3. 97	Malaysia – Bangladesch	2:0
18. 3. 97	Bangladesch – Taiwan	1:3
18. 3. 97	Malaysia – Saudi-Arabien	0:0
20. 3. 97	Bangladesch – Saudi-Arabien	1:4
20. 3. 97	Malaysia – Taiwan	2:0

Turnier in Saudi-Arabien

27. 3. 97	Taiwan – Malaysia	0:0
27. 3. 97	Saudi-Arabien – Bangladesch	3:0
29. 3. 97	Taiwan – Bangladesch	1:2
29. 3. 97	Saudi-Arabien – Malaysia	3:0
31. 3. 97	Bangladesch – Malaysia	1:1
31. 3. 97	Saudi-Arabien – Taiwan	6:0

1.	Saudi-Arabien	6 5 1 0	18:1	16
2.	Malaysia	6 2 3 1	5:3	9
3.	Taiwan	6 2 1 4	4:13	7
4.	Bangladesch	6 1 2 3	4:14	5

GRUPPE 2

Turnier in Syrien

2. 6. 97	Malediven – Iran	0:17
4. 6. 97	Syrien – Malediven	12:0
4. 6. 97	Kirgistan – Iran	0:7
6. 6. 97	Syrien – Iran	0:1
6. 6. 97	Kirgistan – Malediven	3:0

Syrien – Kirgistan nicht ausgetragen

Turnier im Iran

9. 6. 97	Iran – Kirgistan	3:1
9. 6. 97	Malediven – Syrien	0:12
11. 6. 97	Iran – Malediven	9:0
11. 6. 97	Kirgistan – Syrien	2:1
15. 6. 97	Iran – Syrien	2:2
15. 6. 97	Malediven – Kirgistan	0:6

1.	Iran	6 5 1 0	39:3	16
2.	Kirgistan	5 3 0 2	12:11	9
3.	Syrien 5 2 1 2		27:5	7
4.	Malediven	6 0 0 6	0:59	0

GRUPPE 3

Turnier in Bahrain

8. 4. 97	Jordanien – VA Emirate	0:0
11. 4. 97	Bahrain – VA Emirate	1:2
14. 4. 97	Bahrain – Jordanien	1:0

Turnier in VA Emirate

19. 4. 97	Jordanien – Bahrain	4:1
22. 4. 97	VA Emirate – Bahrain	3:0
26. 4. 97	VA Emirate – Jordanien	2:0

1. VA Emirate	4 3 1 0	7:1	10
2. Jordanien	4 1 1 2	4:4	4
3. Bahrain	4 1 0 3	3:9	3

GRUPPE 4

Turnier in Oman

23. 3. 97	Nepal – Macao	1:1
23. 3. 97	Oman – Japan	0:1
25. 3. 97	Macao – Japan	0:10
25. 3. 97	Oman – Nepal	1:0
27. 3. 97	Nepal – Japan	0:6
27. 3. 97	Oman – Macao	4:0

Turnier in Japan

22. 6. 97	Japan – Macao	10:0
22. 6. 97	Nepal – Oman	0:6
25. 6. 97	Japan- Nepal	3:0
25. 6. 97	Macao – Oman	0:2
28. 6. 97	Japan – Oman	1:1
28. 6. 97	Macao – Nepal	2:1

1. Japan	6 5 1 0	31:1	16
2. Oman	6 4 1 1	14:2	13
3. Macao	6 1 1 4	3:28	4
4. Nepal	6 0 1 5	2:19	1

GRUPPE 5

6. 4. 97	Indonesien – Kambodscha	8:0
13. 4. 97	Indonesien – Jemen	0:0
20. 4. 97	Kambodscha – Jemen	0:1
27. 4. 97	Kambodscha – Indonesien	1:1
9. 5. 97	Jemen – Usbekistan	0:1
16. 5. 97	Jemen – Kambodscha	7:0
25. 5. 97	Usbekistan – Kambodscha	6:0
1. 6. 97	Indonesien – Usbekistan	1:1
13. 6. 97	Jemen – Indonesien	1:1
20. 6. 97	Usbekistan – Indonesien	3:0
29. 6. 97	Kambodscha – Usbekistan	1:4
24. 8. 97	Usbekistan – Jemen	5:1

1. Usbekistan	6 5 1 0	20:3	16
2. Jemen	6 2 2 2	10:7	8
3. Indonesien	6 1 4 1	11:6	7
4. Kambodscha	6 0 1 5	2:27	1

GRUPPE 6

22. 2. 97	Hongkong – Südkorea	0:2
2. 3. 97	Thailand – Südkorea	1:3
9. 3. 97	Thailand – Hongkong	2:0
16. 3. 97	Hongkong – Thailand	3:2
28. 5. 97	Südkorea – Hongkong	4:0
1. 6. 97	Südkorea – Thailand	0:0

1. Südkorea	4 3 1 0	9:1	10
2. Thailand	4 1 1 2	5:6	4
3. Hongkong	4 1 0 3	3:10	3

GRUPPE 7

13. 4. 97	Libanon – Singapur	1:1
26. 4. 97	Singapur – Kuwait	0:1
8. 5. 97	Singapur – Libanon	1:2
5. 6. 97	Kuwait – Singapur	4:0
22. 6. 97	Libanon – Kuwait	1:3

1. Kuwait	4 4 0 0	10:1	12
2. Libanon	4 1 1 2	4:7	4
3. Singapur	4 0 1 3	2:8	1

GRUPPE 8

4. 5. 97	Tadschikistan – Vietnam	4:0
4. 5. 97	Turkmenistan – China	1:4
11. 5. 97	Tadschikistan – China	0:1
11. 5. 97	Turkmenistan – Vietnam	2:1
25. 5. 97	Vietnam – China	1:3
25. 5. 97	Turkmenistan – Tadschikistan	1:2
1. 6. 97	China – Turkmenistan	1:0
1. 6. 97	Vietnam – Tadschikistan	0:4
8. 6. 97	China – Tadschikistan	0:0
8. 6. 97	Vietnam – Turkmenistan	0:4
22. 6. 97	China – Vietnam	4:0
22. 6. 97	Tadschikistan – Turkmenistan	5:0

1. China	6 5 1 0	13:2	16
2. Tadschikistan	6 4 1 1	15:2	13
3. Turkmenistan	6 2 0 4	8:13	6
4. Vietnam	6 0 0 6	2:21	0

GRUPPE 9

11. 5. 97	Kasachstan – Pakistan	3:0
23. 5. 97	Pakistan – Irak	2:6
6. 6. 97	Irak – Kasachstan	1:2
11. 6. 97	Pakistan – Kasachstan	0:7
20. 6. 97	Irak – Pakistan	6:1
29. 6. 97	Kasachstan – Irak	3:1

1. Kasachstan	4 4 0 0	15:2	12
2. Irak	4 2 0 2	14:8	6
3. Pakistan	4 0 0 4	3:22	0

GRUPPE 10

Turnier in Katar

20. 9. 97	Katar – Sri Lanka	3:0
21. 9. 97	Indien – Philippinen	2:0
23. 9. 97	Katar – Philippinen	5:0
24. 9. 97	Sri Lanka – Indien	1:1
26. 9. 97	Philippinen – Sri Lanka	3:0
27. 9. 97	Katar – Indien	6:0

1. Katar	3 3 0 0	14:0	9
2. Sri Lanka	3 1 1 1	4:4	4
3. Indien	3 1 1 1	3:7	4
4. Philippinen	3 0 0 3	0:10	0

2. RUNDE

GRUPPE A

13. 9. 97	China – Iran	2:4
14. 9. 97	Saudi-Arabien – Kuwait	2:1
19. 9. 97	Iran – Saudi-Arabien	1:1
19. 9. 97	Katar – Kuwait	0:2
26. 9. 97	Kuwait – Iran	1:1
26. 9. 97	Katar – China	1:1
3.10. 97	China – Saudi-Arabien	1:0
3.10. 97	Iran – Katar	3:0
10.10. 97	Kuwait – China	1:2
11.10. 97	Saudi-Arabien – Katar	1:0
17.10. 97	Kuwait – Saudi-Arabien	2:1
17.10. 97	Iran – China	4:1
24.10. 97	Saudi-Arabien – Iran	1:0
24.10. 97	Kuwait – Katar	0:1
31.10. 97	China – Katar	2:3
31.10. 97	Iran – Kuwait	0:0
6.11. 97	Saudi-Arabien – China	1.1
7.11. 97	Katar – Iran	2:0
12.11. 97	China – Kuwait	1:0
12.11. 97	Katar – Saudi-Arabien	0:1

1. Saudi-Arabien	8 4 2 2	8:6	14
2. Iran	8 3 3 2	13:8	12
3. China	8 3 2 3	11:14	11
4. Katar	8 3 1 4	7:10	10
5. Kuwait	8 2 2 4	7:8	8

Qualifiziert: Saudi-Arabien **Entscheidungsspiel: Iran**

GRUPPE B

6. 9. 97	Südkorea – Kasachstan	3:0
7. 9. 97	Japan – Usbekistan	6:3
12. 9. 97	VA Emirate – Kasachstan	4:0
13. 9. 97	Südkorea – Usbekistan	2:1
19. 9. 97	VA Emirate – Japan	0:0
20. 9. 97	Kasachstan – Usbekistan	1:1
27. 9. 97	Usbekistan – VA Emirate	2:3
28. 9. 97	Japan – Südkorea	1:2
4.10. 97	Kasachstan – Japan	1:1
4.10. 97	Südkorea – VA Emirate	3:0
11.10. 97	Kasachstan – Südkorea	1:1
11.10. 97	Usbekistan – Japan	1:1
18.10. 97	Kasachstan – VA Emirate	3:0
18.10. 97	Usbekistan – Südkorea	1:5
25.10. 97	Usbekistan – Kasachstan	4:0
26.10. 97	Japan – VA Emirate	1:1
1.11. 97	Südkorea – Japan	0:2
2.11. 97	VA Emirate – Usbekistan	0:0
8.11. 97	Japan – Kasachstan	5:1
9.11. 97	VA Emirate – Südkorea	1:3

1. Südkorea	8 6 1 1	19:7	19
2. Japan	8 3 4 1	17:9	13
3. VA Emirate	8 2 3 3	9:12	9
4. Usbekistan	8 1 3 4	13:18	6
5. Kasachstan	8 1 3 4	7:19	6

Qualifiziert: Südkorea **Entscheidungsspiel: Japan**

ENTSCHEIDUNGSSPIEL

in Malaysia

16.11. 97	Iran – Japan	2:3 n.V.

Qualifiziert: Japan **Entscheidungsspiele: Iran**

OZEANIEN

GRUPPE MELANESIEN

Turnier in Papua-Neuguinea

16. 9 .96	Papua-Neuguinea – Solomonen	1:1
18. 9. 96	Solomonen – Vanuatu	1:1
20. 6. 96	Papua-Neuguinea – Vanuatu	2:1

1. Papua-Neuguinea	2 1 1 0	3:2	4
2. Solomonen	2 0 2 0	2:2	2
3. Vanuatu	2 0 1 1	2:3	1

GRUPPE POLYNESIEN

Turnier in Tonga

11.11. 96	Tonga – Cook Islands	2:0
13.11. 96	Westsamoa – Cook Islands	2:1
15.11. 96	Tonga – Westsamoa	1:0

1. Tonga	2 2 0 0	3:0	6
2. Westsamoa	2 1 0 1	2:2	3
3. Cook Islands	2 0 0 2	1:4	0

ENTSCHEIDUNGSSPIELE

15. 2. 97	Tonga – Solomonen	0:4
1. 3. 97	Solomonen – Tonga	9:0

2. RUNDE

GRUPPE 1

Turnier in Australien

11. 6. 97	Australien – Solomonen	13:0
13. 6. 97	Australien – Tahiti	5:0
15. 6. 97	Solomonen – Tahiti	4:1
17. 6. 97	Solomonen – Australien	2:6
19. 6. 97	Tahiti – Australien	0:2
21. 6. 97	Tahiti – Solomonen	1:1

1. Australien	4 4 0 0	26:2	12
2. Solomonen	4 1 1 2	7:21	4
3. Tahiti	4 0 1 3	2:12	1

GRUPPE 2

31. 5. 97	Papua-Neuguinea – Neuseeland	1:0
7. 6. 97	Fidschi – Neuseeland	0:1
11. 6. 97	Neuseeland – Papua-Neuguinea	7:0
15. 6. 97	Fidschi – Papua-Neuguinea	3:1
18. 6. 97	Neuseeland – Fidschi	5:0
21. 6. 97	Papua-Neuguinea – Fidschi	0:1

1. Neuseeland	4 3 0 1	13:1	9
2. Fidschi	4 2 0 2	4:7	6
3. Papua-Neuguinea	4 1 0 3	2:11	3

ENDSPIELE

28. 6. 97	Neuseeland – Australien	0:3
5. 7. 97	Australien – Neuseeland	2:0

ENTSCHEIDUNGSSPIELE GEGEN ASIEN-VIERTEN

22.11. 97	Iran – Australien	1:1
29.11. 97	Australien – Iran	2:2

Qualifiziert: Iran

Endrunde in Frankreich

Gruppe A

Am 10. Juni in Paris-St. Denis:
BRASILIEN – SCHOTTLAND 2:1 (1:1)
Brasilien: Taffarel, Cafú, Aldair, Junior Baiano, Cesar Sampaio, Roberto Carlos, Giovanni (46. Leonardo), Dunga, Rivaldo, Ronaldo, Bebeto (70. Denilson).
Schottland: Leighton, Calderwood, Boyd, Hendry, Dailly (85. T. McKinlay), Lambert, Burley, Collins, Jackson (78. W. McKinlay), Gallacher, Durie.
Tore: 1:0 Cesar Sampaio (5.), 1:1 Collins (38., Foulelfmeter), 2:1 Boyd (74., Eigentor).
Schiedsrichter: Garcia Aranda (Spanien); Zuschauer: 85 000.

Am 10. Juni in Montpellier:
MAROKKO – NORWEGEN 2:2 (1:1)
Marokko: Benzekri, Saber, Naybet, El Hadrioui, Rossi, Tahar (90. Azzouzi), Hadji, Chiba, Chippo (78. Amzine), Bassir, Hadda (87. El Khattabi).
Norwegen: Grodas, Berg, Johnsen, Eggen, Bjoernebye, H. Flo (72. Solbakken), Mykland, Rekdal, Leonhardsen, Solskjaer (46. Riseth), T. A. Flo,
Tore: 1:0 Hadji (38.), 1:1 Chippo (45., Eigentor), 2:1 Hadda (60.) 2:2 Eggen (62.).
Schiedsrichter: Un-Prasert (Thailand); Zuschauer: 35 500.

Am 16. Juni in Bordeaux:
SCHOTTLAND – NORWEGEN 1:1 (0:0)
Schottland: Leighton, Burley, Calderwood (60. Weir), Hendry, Boyd, Dailly, Collins, Lambert, Jackson (62. McNamara), Durie, Gallacher.
Norwegen: Grodas, Eggen, Berg (81. Halle), Johnsen, Bjoernebye, H. Flo (61. Jakobsen), Rekdal, Strand, Solbakken, Riseth (72. Östenstad), T. A. Flo.
Tore: 0:1 H. Flo (46.), 1:1 Burley (66.).
Schiedsrichter: Vagner (Ungarn); Zuschauer: 35 200.

Am 16. Juni in Nantes:
BRASILIEN – MAROKKO 3:0 (2:0)
Brasilien: Taffarel, Cafú, Junior Baiano, Aldair, Roberto Carlos, Leonardo, Cesar Sampaio (67. Doriva), Dunga, Rivaldo (87. Denilson), Ronaldo, Bebeto (71. Edmundo).
Marokko: Benzekri, Saber (76. Abrami), El Hadrioui, Naybet, Rossi, Chiba (76. Amzine), Hadji, El Khaley, Chippo, Bassir, Hadda (89. Khattabi).
Tore: 1:0 Ronaldo (9.), 2:0 Rivaldo (45.), 3:0 Bebeto (50.).
Schiedsrichter: Lewnikow (Rußland); Zuschauer: 33 266.

Am 23. Juni in Marseille:
BRASILIEN – NORWEGEN 1:2 (0:0)
Brasilien: Taffarel, Cafú, Junior Baiano, Goncalves, Roberto Carlos, Dunga, Leonardo, Rivaldo, Denilson, Bebeto, Ronaldo.
Norwegen: Grodas, Bjoernebye, Johnsen, Eggen, Berg, Riseth (78. J. Flo), Leonhardsen, Rekdal, Strand (46. Mykland), H. Flo (68. Solskjaer), T. A. Flo.
Tore: 1:0 Bebeto (78.), 1:1 T. A. Flo (83), 1:2 Rekdal (88., Foulelfmeter).
Schiedsrichter: Baharmast (USA); Zuschauer: 57 000.

UMBRO
ENGLAND
FIFA WORLD CUP
FRANCE 1998
7
UMBRO

Am 23. Juni in St. Etienne:
SCHOTTLAND – MAROKKO 0:3 (0:1)
Schottland: Leighton, Weir, Hendry, Boyd, McNamara (54. McKinlay), Lambert, Dailly, Burley, Collins, Gallacher, Durie (84. Booth).
Marokko: Benzekri, Naybet, Triki, Abrami, Saber (72. Rossi). Chippo (88. Sellami), Tahar, Amzine (77. Azzouzi), Hadji, Bassir, Hadda.
Tore: 0:1 Bassir (23.), 0:2 Hadda (47.), 0:3 Bassir (86.).
Rote Karte: Burley (54., grobes Foulspiel).
Schiedsrichter: Bujsaim (Vereinigte Arabische Emirate); Zuschauer: 36 000.

Abschlußtabelle Gruppe A	Brasilien	Norwegen	Marokko	Schottland	Tore	Punkte	Rang
Brasilien	X	1:2	3:0	2:1	6:3	6	1
Norwegen	2:1	X	2:2	1:1	5:4	5	2
Marokko	0:3	2:2	X	3:0	5:5	4	3
Schottland	1:2	1:1	0:3	X	2:6	1	4

Für das Achtelfinale qualifiziert: Brasilien und Norwegen

Gruppe B

Am 11. Juni in Bordeaux:
ITALIEN – CHILE 2:2 (1:1)
Italien: Pagliuca, Costacurta, Di Livio (60. Chiesa), Nesta, Cannavaro, Maldini, Albertini, D. Baggio, Di Matteo (57. Di Biagio), Vieri (72. Inzaghi), R. Baggio.
Chile: Tapia, Fuentes, Reyes, Margas (64. Miguel Ramirez), Villaroel, Acuna (82. Cornejo), Parraguez, Rojas, Estay (81. Sierra), Salas, Zamorano.
Tore: 1:0 Vieri (10.), 1:1 Salas (45.), 1:2 Salas (50.), 2:2 R. Baggio (85., Handelfmeter).
Schiedsrichter: Bouchardeau (Niger); Zuschauer: 35 200.

Am 11. Juni in Toulouse:
KAMERUN – ÖSTERREICH 1:1 (0:0)
Kamerun: Songo'o, Song, Kalla, Njanka, Wome, Angibeaud, M'boma, Simo (65. Olembe), Ndo, Ipoua (65. Job), Omam-Biyik (84. Tchami).
Österreich: Konsel, Feiersinger, Schöttel, Pfeffer, Cerny (82. Stöger), Mählich, Kühbauer, Pfeifenberger (82. Haas), Wetl, Herzog (82. Vastic), Polster.
Tore: 1:0 Njanka (77.), 1:1 Polster (90.).
Schiedsrichter: Chaves (Paraguay); Zuschauer: 36 500.

Am 17. Juni in St. Etienne:
CHILE – ÖSTERREICH 1:1 (0:0)
Chile: Tapia, Fuentes, Reyes, Margas, Villaroel (67. Castaneda), Acuna, Parraguez, Rojas, Estay (57. Sierra), Salas, Zamorano.
Österreich: Konsel, Feiersinger, Schöttel, Pfeffer, Cerny (46. Schopp), Mählich, Kühbauer (46. Herzog), Wetl, Haas (74. Vastic), Pfeifenberger, Polster.
Tore: 1:0 Salas (70.), 1:1 Vastic (90.).
Schiedsrichter: Ghandour (Ägypten); Zuschauer: 36 000.

Am 17. Juni in Montpellier:
ITALIEN – KAMERUN 3:0 (1:0)
Italien: Pagliuca, Nesta, Costacurta, Cannavaro, Maldini, D. Baggio, Di Biagio, Moriero (83. Di Livio), Albertini (62. Di Matteo), Vieri, R. Baggio (65. Del Piero).
Kamerun: Songo'o, Song, Kalla, Njanka, Wome, M'boma (66. Eto'o), Olembe, Angibeaud, Ndo, Omam-Biyik (66. Tchami), Ipoua (46. Job).
Tore: 1:0 Di Baggio (8.), 2:0 Vieri (75.), 3:0 Vieri (88.).
Rote Karte: Kalla (43., grobes Foulspiel).
Schiedsrichter: Lennie (Australien); Zuschauer: 35 500.

Am 23. Juni in Paris – St. Denis:
ITALIEN – ÖSTERREICH 2:1 (0:0)
Italien: Pagliuca, Nesta (4. Bergomi), Costacurta, Cannavaro, Maldini, Moriero, D. Baggio, Di Biagio, Pessotto, Vieri (60. Inzaghi), Del Piero (73. R. Baggio).
Österreich: Konsel, Feiersinger, Pfeffer, Schöttel, Wetl, Pfeifenberger (78. Herzog), Kühbauer (75. Stöger), Mählich, Reinmayr, Polster (62. Haas), Vastic.
Tore: 1:0 Vieri (49.), 2:0 R. Baggio, 2:1 Herzog (90., Foulelfmeter).
Schiedsrichter: Durkin (England); Zuschauer: 80 000.

Am 23. Juni in Nantes:
CHILE – KAMERUN 1:1 (1:0)
Chile: Tapia, Reyes, Fuentes, Margas, Villaroel (71. Cornejo), Acuna, Parraguez, Rojas (77. Ramirez), Sierra (71. Estay), Zamorano, Salas.
Kamerun: Songo'o, Song, Njanka, Pensee Bilong, Wome, Olembe (69. Angibeaud), Mahouve, Ndo (82. Etame), Job (73. Tchami), M'boma, Omam-Biyik.
Tore: 1:0 Sierra (21.), 1:1 M'boma (56.).
Rote Karten: Song (51., Tätlichkeit), Etame (88., grobes Foul).
Schiedsrichter: Vagner (Ungarn); Zuschauer: 38 000.

Abschlußtabelle Gruppe B	Italien	Chile	Österreich	Kamerun	Tore	Punkte	Rang
Italien	X	2:2	2:1	3:0	7:3	7	1
Chile	2:2	X	1:1	1:1	4	2	
Österreich	1:2	1:1	X	1:1	3:4	2	3
Kamerun	0:3	1:1	1:1	X	2:5	2	4

Für das Achtelfinale qualifiziert: Italien und Chile

Gruppe C

Am 12. Juni in Lens:
SAUDI-ARABIEN – DÄNEMARK 0:1 (0:0)
Saudi-Arabien: Al-Deayea, Al-Jahani, Al-Khilaiwi, S. Al-Owairan (80. Al-Dosari), Amin (79. Al-Saleh), Zubromawi, Al-Sharani, Al-Muwalid, Sulimani, K. Al-Owairan, Al-Jaber (84. Al-Tunian).
Dänemark: Schmeichel, Colding, Högh, Rieper, Schjönberg, Jörgensen (74. Frandsen), Helveg, Wieghorst (66. A. Nielsen), M. Laudrup, B. Laudrup (84. Heintze), Sand.
Tor: 0:1 Rieper (68.).
Schiedsrichter: Castrilli (Argentinien); Zuschauer: 38 140.

Am 12. Juni in Marseille:
FRANKREICH – SÜDAFRIKA 3:0 (1:0)
Frankreich: Barthez, Thuram, Desailly, Blanc, Lizarazu, Deschamps, Petit (73. Boghossian), Zidane, Djorkaeff (83. Trezeguet), Guivarc'h (26. Dugarry), Henry.
Südafrika: Vonk, Jackson, Fish, Nyathi, Radebe, Issa, Fortune, Augustine (57. Mkhalele), Moshoeu, Masinga, McCarthy (88. Bartlett).
Tore: 1:0 Dugarry (35.), 2:0 Issa (78., Eigentor), 3:0 Issa (90., Eigentor).
Schiedsrichter: De Freitas (Brasilien); Zuschauer: 60 000.

Am 18. Juni in Toulouse:
SÜDAFRIKA – DÄNEMARK 1:1 (0:1)
Südafrika: Vonk, Fish, Issa, Radebe, Nyathi (87. Buckley), Mkhalele, Augustine (46. Phiri), Moshoeu, Fortune, McCarthy, Bartlett (78. Masinga).
Dänemark: Schmeichel, Colding, Rieper, Högh, Schjönberg (82. Wieghorst), Jörgensen, Helveg, Nielsen, M. Laudrup (58. Heintze), B. Laudrup, Sand (58. Molnar).
Tore: 0:1 Nielsen (13.), 1:1 McCarthy (52.).
Rote Karten: Phiri (69., Tätlichkeit), Molnar (67., grobes Foulspiel), Wieghorst (85., grobes Foulspiel).
Schiedsrichter: Rendon (Kolumbien); Zuschauer: 33 000.

Am 18. Juni in Paris – St. Denis:
FRANKREICH – SAUDI-ARABIEN 4:0 (1:0)
Frankreich: Barthez, Thuram, Blanc, Desailly, Lizarazu, Boghossian, Deschamps, Henry (78. Pires), Zidane, Diomède (58. Djorkaeff), Dugarry (29. Trezeguet).
Saudi-Arabien: Al-Deayea, Al-Jahani (81. A. Al-Dosari), Al-Khilaiwi, Zubromawi, Sulimani, K. Al-Owairan, Amin, Al-Sharani, Saleh, S. Al-Owairan (33. Al-Harbi, 64. Al-Muwalid).
Tore: 1:0 Henry (36.), 2:0 Trezeguet (68.), 3:0 Henry (77.), 4:0 Lizarazu (84).
Rote Karten: Al-Khilaiwi (19., grobes Foulspiel), Zidane (70., Tätlichkeit).
Schiedsrichter: Brizio Carter (Mexiko); Zuschauer: 80 000.

Am 24. Juni in Lyon:
FRANKREICH – DÄNEMARK 2:1 (1:1)
Frankreich: Barthez, Leboeuf, Desailly, Karembeu, Candela, Viera, Petit (65. Boghossian), Pires (72. Henry), Djorkaeff, Diomède, Trezeguet (86. Guivarc'h).
Dänemark: Schmeichel, Heintze, Högh, Rieper, Laursen (46. Colding), Schjönberg, Nielsen, Helveg, M. Laudrup, Jörgensen (55. Sand), B. Laudrup (75. Töfting).
Tore: 1:0 Djorkaeff (13., Foulelfmeter), 1:1 M. Laudrup (42., Foulelfmeter), 2:1 Petit.
Schiedsrichter: Collina (Italien); Zuschauer: 43 300.

Am 24. Juni in Bordeaux:
SÜDAFRIKA – SAUDI-ARABIEN 2:2 (1:1)
Südafrika: Vonk, Fish, Issa, Jackson (46. Buckley), Nyathi, Mkhalele, Radebe, Fortune (67. Khumalo), Moshoeu, Bartlett, McCharty (46. Sikhosana).
Saudi-Arabien: Al-Deayea, Sulimani, Zubromawi, Amin, Al-Jahani, Saleh, Al-Tunian (81. Al-Harbi), Al-Owairan, Al-Temiyat, Al-Mehalel (65. Al-Sharani), Al-Jaber.
Tore: 1:0 Bartlett (20.), 1:1 Al-Jaber (45., Foulelfmeter), 1:2 Al-Tunian (74., Foulelfmeter), 2:2 Bartlett (90., Foulelfmeter).
Schiedsrichter: Yanten (Chile); Zuschauer: 28 000.

Abschlußtabelle Gruppe C	Frankreich	Dänemark	Südafrika	Saudi-Arabien	Tore	Punkte	Rang
Brasilien	X	1:2	3:0	2:1	6:3	6	1
Norwegen	2:1	X	2:2	1:1	5:4	5	2
Marokko	0:3	2:2	X	3:0	5:5	4	3
Schottland	1:2	1:1	0:3	X	2:6	1	4

Für das Achtelfinale qualifiziert: Frankreich und Dänemark

Gruppe D

Am 12. Juni in Montpellier:
PARAGUAY – BULGARIEN 0:0 (0:0)
Paraguay: Chilavert, Ayala, Morales (43. Caniza), Enciso, Gamarra, Sarabia, Paredes, Acuna, Campos (79. Yegros), Benitez, Cardozo (70. Ramirez).
Bulgarien: Zdravkov, Kishishev, I. Petkov, Ivanov, Yordanov, Nankov, Yankov, Balakov, Stoitchkov, Iliev (78. Borimirov), Penev (69. Kostadinov).
Gelb-Rote Karte: Nankov (65., wiederholtes Foulspiel).
Schiedsrichter: Al Zeid (Saudi-Arabien); Zuschauer: 30 000.

Am 13. Juni in Nantes:
SPANIEN – NIGERIA 2:3 (1:1)
Spanien: Zubizarreta, Alkorta, Ferrer (46. Amor), Nadal (76. Celades), Sergi, Hierro, Campo, Luis Enrique, Raul, Kiko, Alfonso (58. Etxeberria).
Nigeria: Rufai, Oparaku (70. Yekini), Babayaro, Okechukwu, West, Lawall, Adepoju, Oliseh, Okocha, George, Ikpeba (83. Babangida).
Tore: 1:0 Hierro (21.), 1:1 Adepoju (24.), 2:1 Raul (47.), 2:2 Lawall (73.), 2:3 Oliseh (78.).
Schiedsrichter: Baharmast (USA); Zuschauer: 33 000.

Am 19. Juni in Paris:
NIGERIA – BULGARIEN 1:0 (1:0)
Nigeria: Rufai, Adepoju, Uche, West, Babayaro, Oliseh, Lawal, George (85. Babangida), Okocha, Ikpeba (75. Yekini), Amokachi (67. Kanu).
Bulgarien: Zdravkov, T. Ivanov, Kishishev, Ginchev, Petkov, Iliev (68. Penev), Yankov (85. Bachev), Balakov, Hristov (46. Borimirov), Kostadinov, Stoitchkov.
Tor: 1:0 Ikpeba (27.).
Schiedsrichter: Sanchez Yanten (Chile); Zuschauer: 48 000.

Am 19. Juni in St. Etienne:
SPANIEN – PARAGUAY 0:0 (0:0)
Spanien: Zubizarreta, Aguilera, Alkorta, Abelardo (65. Celades), Sergi, Hierro, Amor, Etxeberria, Raul (65. Kiko), Luis Enrique, Pizzi (52. Morientes).
Paraguay: Chilavert, Gamarra, Ayala, Sarabia, Caniza, Enciso, Arce, Acuna (74. Yegros), Benitez, Acuna, Campos (46. Paredes), A. Rojas (84. Ramirez).
Schiedsrichter: McLeod (Südafrika); Zuschauer: 36 000.

Am 24. Juni in Lens:
SPANIEN – BULGARIEN 6:1 (2:0)
Spanien: Zubizarreta, Aguilera, Alkorta, Nadal, Sergi, Hierro, Amor, Etxeberria (52. Raul), Luis Enrique (70. Guerrero), Morientes, Alfonso (65. Kiko).
Bulgarien: Zdravkov, Ivanov, Ginchev, Yordanov, Bachev, Kishishev, Nankov (28. Penev), Borimirov, Balakov (60. Hristov), Stoitchkov (46. Iliev), Kostadinov.
Tore: 1:0 Hierro (6.. Foulelfmeter), 2:0 Luis Enrique (18.), 3:0 Morientes (53.), 3:1 Kostadinov (56.), 4:1 Morientes (80.), 5:1 Kiko (90.), 6:1 Kiko (90.).
Schiedsrichter: Van der Ende (Holland); Zuschauer: 41 275.

Am 24. Juni in Toulouse:
NIGERIA – PARAGUAY 1:3 (1:1)
Nigeria: Rufai, Eguavoen, Okafor, West, Iroha, Oliseh (46. G. Okpara), Babangida, Oruma (69. George), Lawal, Kanu, Yekini.
Paraguay: Chilavert, Gamarra, Ayala, Sarabia, Caniza (56. Yegros), Paredes, Enciso, Arce, Benitez (68. Acuna), Brizuela (78. A. Rojas), Cardozo.
Tore: 0:1 Ayala (1.), 1:1 Oruma (11.), 1:2 Benitez (59.), 1:3 Cardozo (86.).
Schiedsrichter: Un-Prasert (Thailand); Zuschauer: 35 000.

Abschlußtabelle Gruppe D	Nigeria	Paraguay	Spanien	Bulgarien	Tore	Punkte	Rang
Nigeria	X	1:3	3:2	1:0	5:5	6	1
Paraguay	3:1	X	0:0	0:0	3:1	5	2
Spanien	2:3	0:0	X	6:1	8:4	4	3
Bulgarien	0:1	0:0	1:6	X	1:7	1	4

Für das Achtelfinale qualifiziert: Nigeria und Paraguay

Gruppe E

Am 13. Juni in Lyon:
SÜDKOREA – MEXIKO 1:3 (1:0)
Südkorea: B. J. Kim, M. B. Hong, T. Y. Kim, M. C. Lee, S. C. Yoo, J. Y. Noh (56. H. S. Jang), S. J. Ha, S. Y. Lee, D. K. Kim (61. S. Y. Choi), J. S. Ko, D. H. Kim (71. J. W. Seo).
Mexiko: Campos, Pardo, Suarez, Davino, Luna (46. Arellano), Ordiales (46. Pelaez), Lara, Ramirez, Garcia Aspe (72. Bernal), Hernandez, Blanco.
Tore: 1:0 S. J. Ha (17.), 1:1 Pelaez (50.), 1:2 Hernandez (74.), 1:3 Hernandez (84.).
Rote Karte: S. J. Ha (29.).
Schiedsrichter: Benkö (Österreich); Zuschauer: 44 000.

Am 13. Juni in Paris-St. Denis:
HOLLAND – BELGIEN 0:0 (0:0)
Holland: Van der Sar, F. de Boer, Stam, Numan, Winter, Seedorf (65. Bergkamp), Cocu, Overmars, R. de Boer (79. Jonk), Hasselbaink (65. Zenden), Kluivert.
Belgien: De Wilde, Crasson (22. Deflandre), Staelens, Verstraeten, Borkelmans, Clement, Van der Elst, Wilmots, Boffin, Oliveira (59. L. Mpenza), Nilis.
Rote Karte: Kluivert (80., Tätlichkeit).
Schiedsrichter: Collina (Italien); Zuschauer: 80 000.

Am 20. Juni in Bordeaux:
BELGIEN – MEXIKO 2:2 (1:0)
Belgien: De Wilde, Deflandre, Staelens, Vidovic, Borkelmans, Van der Elst (67. De Boeck), Scifo, Boffin (18. Verheyen), Wilmots, Nilis (77. L. Mpenza), Oliveira.
Mexiko: Campos, Pardo, J. Sanchez, Davino, Ramirez, Ordiales (58. Villa) , Suarez, Garcia Aspe (68. Lara), Palencia (46. Arellano) , Hernandez, Blanco.
Tore: 1:0, 2:0 Wilmots (44., 48.), 2:1 Garcia Aspe (56., Elfmeter), 2:2 Blanco (63.).
Rote Karten: Pardo (29., grobes Foulspiel), Verheyen (54., Notbremse).
Schiedsrichter: Dallas (Schottland); Zuschauer: 35 200.

Am 20. Juni in Marseille:
HOLLAND – SÜDKOREA 5:0 (2:0)
Holland: Van der Sar, Winter, Stam, F. de Boer, Numan (80. Bogarde), Davids, Jonk, R. de Boer (84. Zenden), Overmars, Cocu, Bergkamp (78. Van Hooijdonk).
Südkorea: B. R. Kim, Hong, Y. J. Choi, M. S. Lee, S. Y. Choi (53. T. Kim), Yoo, S. Y. Lee, D. K. Kim, J. Seo (77. D. Lee), D. H. Kim (69. Ko), Y. S. Choi.
Tore: 1:0 Cocu (37.), 2:0 Overmars (41.), 3:0 Bergkamp (71.), 4:0 Van Hooijdonk (79.), 5:0 R. de Boer (82.).
Schiedsrichter: Wojcik (Polen); Zuschauer: 57 000.

Am 25. Juni in St. Etienne:
HOLLAND – Mexiko 2:2 (2:0)
Holland: Van der Sar, Stam, F. de Boer, Reiziger, Numan (72. Bogarde), Jonk (71. Winter), Davids, Cocu, R. de Boer, Overmars, Bergkamp (79. Hasselbaink).
Mexiko: Campos, Suarez, Davino, Sanchez (55. Pelaez), Luna (46. Arellano), Carmona, Ramirez, Garcia Aspe, Villa, Hernandez, Blanco.
Tore: 1:0 Cocu (5.), 2:0 R. de Boer (19.), 2:1 Pelaez (76.), 2:2 Hernandez (90.).
Rote Karte: Ramirez (90., Schiedsrichterbeleidigung).
Schiedsrichter: Al Zeid (Saudi-Arabien); Zuschauer: 36 000.

Am 25. Juni in St. Etienne:
BELGIEN – SÜDKOREA 1:1 (1:0)
Belgien: Van de Walle, Deflandre, Staelens, Vidovic, Borkelmans, Clement (76. L. Mpenza), Oliveira (46. M. Mpenza). Scifo (65. Van der Elst), Van Kerckhofen, Nilis, Wilmots.
Südkorea: B. R. Kim, Hong, Yoo, T. Y. Kim, S. H. Lee (65. D. I. Jang), Ha, D. K. Kim (46. Ko), M. S. Lee, S. Y. Choi (46. L. S. Lee), J. Seo, Y. S. Choi.
Tore: 1:0 Nilis (7.). 1:1 Yoo (71.).
Schiedsrichter: De Freitas (Brasilien); Zuschauer: 45 000.

Abschlußtabelle Gruppe E	Holland	Mexiko	Belgien	Südkorea	Tore	Punkte	Rang
Holland	X	2:2	0:0	5:0	7:2	5	1
Mexiko	2:2	X	2:2	3:1	7:5	5	2
Belgien	0:0	2:2	X	1:1	3:3	3	3
Südkorea	0:5	1:3	1:1	X	2:9	1	4

Für das Achtelfinale qualifiziert: Holland und Mexiko

Gruppe F

Am 14. Juni in St. Etienne:
JUGOSLAWIEN – IRAN 1:0 (0:0)
Jugoslawien: Kralj, Mirkovic, Djorovic, Mihajlovic, Petrovic, Brnovic (51. Stankovic), Jokanovic, Stojkovic (69. Kovacevic), Jugovic, Mijatovic, Milosevic (59. Ognjenovic).
Iran: Nakisa, Mohammadkhani, Khakpour, Paschazadeh, Zarincheh, Mahdavikia, Bagheri, Estili (69. Mansourian), Minavand, Azizi, Daei.
Tor: 1:0 Mihajlovic (73.).
Schiedsrichter: Noriega (Peru); Zuschauer: 36 000.

Am 15. Juni in Paris:
DEUTSCHLAND – USA 2:0 (1:0)
Deutschland: Köpke, Thon, Wörns, Kohler, Heinrich, Jeremies, Reuter (69. Ziege), Möller (90. Babbel), Häßler (50. Hamann), Klinsmann, Bierhoff.
USA: Keller, Dooley, Pope, Regis, Burns (46. Hejduk), Deering (70. Ramos), Maisonneuve, Jones, Stewart, Reyna, Wynalda (64. Wegerle).
Tore: 1:0 Möller (9.), 2:0 Klinsmann (65.)
Schiedsrichter: Belqola (Marokko); Zuschauer: 48 000.

Am 21. Juni in Lens:
DEUTSCHLAND – JUGOSLAWIEN 2:2 (0:1)
Deutschland: Köpke, Wörns, Thon, Kohler, Heinrich, Hamann (46. Matthäus), Jeremies, Ziege (67. Tarnat), Möller (58. Kirsten), Klinsmann, Bierhoff.
Jugoslawien: Kralj, Djorovic, Mihajlovic, Petrovic (74. Stevie), Komljenovic, Jokanovic, Jugovic, Stankovic (68. Govedarica), Stojkovic, Kovacevic (58. Ognjenovic), Mijatovic.
Tore: 0:1 Mijatovic (13.), 0:2 Stojkovic (54.), 1:2 Mihajlovic (74., Eigentor), 2:2 Bierhoff (80.).
Schiedsrichter: Nielsen (Dänemark); Zuschauer: 41 275.

Am 21. Juni in Lyon:
USA – IRAN 1:2 (0:1)
USA: Keller, Dooley (82. Maisonneuve), Pope, Regis, Hejduk, Jones, Ramos (58. Stewart), Moore, Reyna, McBride, Wegerle (58. Radosavljevic).
Iran: Abedzadeh, Mohammadkhani (76. Peiravany), Khakpour, Paschazadeh, Zarincheh (77. Saadavi), Estili, Bagheri, Mahdavikia, Minavand, Azizi (74. Mansourian), Daei.
Tore: 0:1 Estili (40.), 0:2 Mahdavikia (84.), 1:2 McBride (88.).
Schiedsrichter: Meier (Schweiz); Zuschauer: 43 300.

Am 25. Juni in Montpellier:
DEUTSCHLAND – IRAN 2:0 (0:0)
Deutschland: Köpke, Kohler, Thon (46. Hamann), Wörns, Heinrich, Matthäus, Helmer, Tarnat (77. Ziege), Häßler (70. Kirsten), Bierhoff, Klinsmann.
Iran: Abedzadeh, Mohammadkhani, Paschazadeh, Khakpour, Zarincheh (71. Din-Mohammadi), Minavand, Estili, Bagheri, Mahdavikia, Daei, Azizi.
Tore: 1:0 Bierhoff (51.), 2:0 Klinsmann (58.).
Schiedsrichter: Chavez (Paraguay); Zuschauer: 35 500.

Am 25. Juni in Nantes:
USA – JUGOSLAWIEN 0:1 (0:1)
USA: Friedel, Dooley (82. Balboa), Regis, Burns, Hejduk (65. Wynalda), Stewart, Maisonneuve, Jones, Reyna, McBride, Moore (58. Radosavljevic).
Jugoslawien: Kralj, Petrovic, Mihajlovic, Djorovic, Jugovic, Jokanovic, Stankovic (54. Brnovic), Komljenovic, Stojkovic (63. Savicevic), Mijatovic (31. Ognjenovic), Milosevic.
Tor: 0:1 Komljenovic (4.).
Schiedsrichter: Ghandour (Ägypten); Zuschauer: 38 500.

Abschlußtabelle Gruppe F	Deutschland	Jugoslawien	Iran	USA	Tore	Punkte	Rang
Deutschland	X	2:2	0	2:0	6:2	7	1
Jugoslawien	2:2	X	1:0	1:0	4:2	7	2
Iran	0:2	0:1	X	2:1	2:4	3	3
USA	0:2	0:1	1:2	X	1:5	0	4

Für das Achtelfinale qualifiziert: Deutschland und Jugoslawien

Gruppe G

Am 15. Juni in Marseille:
ENGLAND – TUNESIEN 2:0 (1:0)
England: Seaman, Southgate, Adams, Campbell, Anderton, Batty, Ince, Scholes, Le Saux, Shearer, Sheringham (85. Owen).
Tunesien: El Ouader, Boukadida, S. Trabelsi, Badra, H. Trabelsi (79. Thabat), Chihi, Ghodhbane, Clayton, Souayah (46. Baya), Ben Slimane (65. Ben Younes), Sellimi.
Tore: 1:0 Shearer (42.), 2:0 Scholes (90.).
Schiedsrichter: Okada (Japan); Zuschauer: 55 000.

Am 15. Juni in Lyon:
RUMÄNIEN – KOLUMBIEN 1:0 (1:0)
Rumänien: Stelea, Petrescu, Filipescu, Gh. Popescu, Ciobotari, Hagi (77. Marinescu), Galca, Ga. Popescu (68. Stanga), Munteanu, Ilie, Moldovan (85. Niculescu).
Kolumbien: Mondragon, Santa, Bermudez, Palacios, Cabrera, Lozano, Serna, Valderrama, Rincon, Aristizabal (46. Valencia), Asprilla (84. Preciado).
Tor: 1:0 Ilie (45.).
Schiedsrichter: Lim Kee Chong (Mauritius); Zuschauer: 44 000.

Am 22. Juni in Montpellier:
KOLUMBIEN – TUNESIEN 1:0 (0:0)
Kolumbien: Mondragon, Cabrera, Bermudez, Palacios, Santa, Serna (66. Bolano), Lozano, Rincon (56. Aristizabal), Valderrama. De Avila, Valencia (56. Preciado).
Tunesien: El Ouader, S. Trabelsi, Chouchane, Thabat (76. Ghodhbane), Chihi, Bouazizi, Baya (74. Ben Ahmed), Souayah, Sellimi (69. Ben Younes), Ben Slimane.
Tor: 1:0 Preciado (83.).
Schiedsrichter: Heynemann (Deutschland); Zuschauer: 35 500.

Am 22. Juni in Toulouse:
RUMÄNIEN – ENGLAND 2:1 (0:0)
Rumänien: Stelea, Gh. Popescu, Ciobotariu, Filipescu, Petrescu, Galca, Munteanu, Ga. Popescu, Hagi (73. Stanga, 83. Marinescu), Ilie, Moldovan (87. Lacatus).
England: Seaman, Campbell, Adams, Neville, Batty, Ince (33. Beckham), Le Saux, Anderton, Scholes, Sheringham (73. Owen), Shearer.
Tore: 1:0 Moldovan (47.), 1:1 Owen (79.), 2:1 Petrescu (86.).
Schiedsrichter: Batta (Frankreich); Zuschauer: 33 140.

Am 26. Juni in Paris-St. Denis:
RUMÄNIEN – TUNESIEN 1:1 (0:1)
Rumänien: Stelea, Dobos, Ciobotariu, Dulca (31. Gh. Popescu), Petrescu, Galca, Munteanu, Hagi, Marinescu, Dumitrescu (67. Moldovan), Lacatus (46. Ilie).
Tunesien: El Ouader, Chouchane, S. Trabelsi, Bouazizi, Chihi, Ghodhbane (83. Thabet), Baya, Souayeh (90. Ben Younes), Boukadida, Ben Slimane (55. Jelassi), Sellimi.
Tore: 0:1 Souayeh (10., Foulelfmeter), 1:1 Moldovan (73.).
Schiedsrichter: Lennie (Australien); Zuschauer: 80 000.

Am 26. Juni in Lens:
KOLUMBIEN – ENGLAND 0:2 (0:2)
Kolumbien: Mondragon, Cabrera, Bermudez, Palacios, Moreno, Serna (46. Valencia), Lozano, Rincon, Valderrama, De Avila (46. Aristizabal), Preciado (46. Ricard).
England: Seaman, Campbell, Adams, Neville, Le Saux, Ince (83. Batty), Anderton (80. Lee), Beckham, Scholes (74. McManaman), Shearer, Owen.
Tore: 0:1 Anderton (20.), 0:2 Beckham (30.).
Schiedsrichter: Brizio Carter (Mexiko); Zuschauer: 42 000.

Abschlußtabelle Gruppe G	Rumänien	England	Kolumbien	Tunesien	Tore	Punkte	Rang
Rumänien	X	2:1	1:0	1:1	4:2	7	1
England	1:2	X	2:0	2:0	5:2	6	2
Kolumbien	0:1	0:2	X	1:0	1:3	3	3
Tunesien	1:1	0:2	0:1	X	1:4	1	4

Für das Achtelfinale qualifiziert: Rumänien und England

Gruppe H

Am 14. Juni in Toulouse:
ARGENTINIEN – JAPAN 1:0 (1:0)
Argentinien: Roa, Sensini (74. Chamot), Ayala, Vivas, Zanetti, Veron, Simeone, Almeyda, Ortega, Batistuta, Lopez (62. Balbo).
Japan: Kawaguchi, Ihara, Narahashi, Akita, Nakanishi, Soma (85. Hirano), Yamaguchi, Nakata, Nanami, Nakayama (66. Lopes), Jo.
Tor: 1:0 Batistuta (28.).
Schiedsrichter: Van der Ende (Holland); Zuschauer: 36 500.

Am 14. Juni in Lens:
JAMAIKA – KROATIEN 1:3 (1:1)
Jamaika: Barrett, Sinclair, Lowe, Goodison, Gardener, Earle (70. Williams), Cargill (73. Powell), Whitmore, Simpson, Hall (82. Boyd), Burton.
Kroatien: Ladic, Soldo, Stimac, Bilic, Simic, Boban, Asanovic, Prosinecki, Jarni, Suker, Stanic (73. Vlaovic).
Tore: 0:1 Stanic (27.), 1:1 Earle (45.), 1:1 Prosinecki (53.), 1:3 Suker (68.).
Schiedsrichter: Pereira (Portugal); Zuschauer: 40 000.

Am 20. Juni in Nantes:
JAPAN – KROATIEN 0:1 (0:0)
Japan: Kawaguchi, Akita, Ihara, Nakanishi, Nanami, Yamaguchi, Narahashi (79. Morishima), Nakata, Soma, Joh (83. Lopez), Nakayama (61. Okano).
Kroatien: Ladic, Stimac (46. Vlaovic), Soldo, Bilic, Jarni, Simic, Asanovic, Jurcic, Prosinecki (67. Maric), Suker, Stanic (88. Tudor).
Tor: 0:1 Suker (76.).
Schiedsrichter: Ramdhan (Trinidad); Zuschauer: 47 000.

Am 21. Juni in Paris:
ARGENTINIEN – JAMAIKA 5:0 (1:0)
Argentinien: Roa, Sensini (25. Vivas), Ayala, Chamot, Zanetti, Veron, Almeyda, Simeone (81. Pineda), Ortega, Batistuta, Lopez (75. Gallardo).
Jamaika: Barrett, Goodison, Dawes, Sinclair, Malcolm (62. Boyd), Powell, Gardener, Simpson, Whitmore (73. Earle), Burton (46. Cargill), Hall.
Tore: 0:1, 0:2 Ortega (32., 55.), 3:0, 4:0, 5:0 Batistuta (73., 80., 88., Foulelfmeter).
Schiedsrichter: Pedersen (Norwegen); Zuschauer: 48 712.

Am 26. Juni in Bordeaux:
ARGENTINIEN – KROATIEN 1:0 (1:0)
Argentinien: Roa, Ayala, Vivas, Paz, Zanetti (68. Simeone), Almeyda, Veron, Pineda, Gallardo (81. Berti), Ortega (53. Lopez), Batistuta.
Kroatien: Ladic, Simic, Soldo, Bilic, Maric (46. Vlaovic), Jarni, Asanovic, Boban, Prosinecki (68. Stimac), Stanic, Suker.
Tor: 1:0 Pineda (36.).
Schiedsrichter: Belqola (Marokko); Zuschauer: 35 200.

Am 26. Juni in Lyon:
JAPAN – JAMAIKA 1:2 (0:2)
Japan: Kawaguchi, Ihara, Akita, Omura (59. Hirano), Narahashi, Soma, Yamaguchi, Nanami (80. Ono), Nakata, Jo (59. Lopes), Nakayama.
Jamaika: Lawrence, Goodison, Lowe, Sinclair, Gardener, Simpson (90. Earle), Dawes, Malcolm, Whitmore, Gayle (80. Burton), Hall (71. Boyd).
Tore: 0:1 Whitmore (40.), 0:2 Whitmore (54.), 1:2 Nakayama (74.).
Schiedsrichter: Benkö (Österreich); Zuschauer: 43 300.

Abschlußtabelle Gruppe H	Argentinien	Kroatien	Jamaika	Japan	Tore	Punkte	Rang
Argentinien	X	1:0	5:0	1:0	7:0	9	1
Kroatien	0:1	X	3:1	1:0	4:2	6	2
Jamaika	0:5	1:3	X	2:1	3:9	3	3
Japan	0:1	0:1	1:2	X	1:4	0	4

Für das Achtelfinale qualifiziert: Argentinien und Kroatien

Achtelfinale

Am 27. Juni in Marseille:
ITALIEN – NORWEGEN 1:0 (1:0)
Italien: Pagliuca, Costacurta, Bergomi, Cannavaro, Maldini, Albertini (73. Pessotto), Di Biagio, D. Baggio, Moriero (63. Di Livio), Del Piero (78. Chiesa), Vieri.
Norwegen: Grodas, Bjoernebye, Johnsen, Eggen, Berg, Rekdal, Leonhardsen (13. Strand, 38. Solbakken), Mykland, Riseth, H. Flo (73. Solskjaer), T. A. Flo.
Tor: 1:0 Vieri (18.).
Schiedsrichter: Heynemann (Deutschland); Zuschauer: 60 000.

Am 27. Juni in Paris:
BRASILIEN – CHILE 4:1 (3:0)
Brasilien: Taffarel, Cafú, Junior Baiano, Aldair (77. Goncalves), Roberto Carlos, Cesar Sampaio, Dunga, Leonardo, Rivaldo, Bebeto (65. Denilson), Ronaldo.
Chile: Tapia, Fuentes, Margas, Reyes, Aros, M. Ramirez (46. Vega), Acuna (80. Musrri), Cornejo, Sierra (46. Estay), Zamorano, Salas.
Tore: 1:0 Cesar Sampaio (11.), 2:0 Cesar Sampaio (27.), 3:0 Ronaldo (45., Foulelfmeter), 3:1 Salas (68.), 4:1 Ronaldo (70.).
Schiedsrichter: Batta (Frankreich); Zuschauer: 48 000.

Am 28. Juni in Lens:
FRANKREICH – PARAGUAY 1:0 (0:0) n.V.
Frankreich: Barthez, Thuram, Blanc, Desailly, Lizarazu, Deschamps, Petit (70. Boghossian), Djorkaeff, Henry (65. Pires), Diomède (77. Guivarc'h), Trezeguet.
Paraguay: Chilavert, Sarabia, Ayala, Gamarra, Arce, Enciso, Paredes (75. Caniza), Acuna, Campos (56. Yegros), Benitez, Cardozo (91. A. Rojas).
Tor: 1:0 Blanc (114.).
Schiedsrichter: Bujsaim (Vereinigte Arabische Emirate); Zuschauer: 41 000.

Am 28. Juni in Paris-St. Denis:
NIGERIA – DÄNEMARK 1:4 (0:2)
Nigeria: Rufai, Adepoju, Okechukwa, West, Babayaro, Oliseh, George, Lawal (73. Babangida), Okocha, Ikpeba, Kanu (65. Yekini).
Dänemark: Schmeichel, Heintze, Högh, Rieper, Colding, Nielsen, Helveg, Jörgensen, M. Laudrup (84. Frandsen), Möller (59. Sand), B. Laudrup (78. Wieghorst).
Tore: 0:1 Möller (3.), 0:2 B. Laudrup (12.), 0:3 Sand (60.), 0:4 Helveg (76.), 1:4 Babangida (77.).
Schiedsrichter: Meier (Schweiz); Zuschauer: 80 000.

Am 29. Juni in Montpellier:
DEUTSCHLAND – MEXIKO 2:1 (0:0)
Deutschland: Köpke, Matthäus, Wörns, Babbel, Heinrich (59. Möller), Helmer (37. Ziege), Tarnat, Hamann, Häßler (75. Kirsten), Klinsmann, Bierhoff.
Mexiko: Campos, Villa, Davino, Suarez, Lara, Blanco, Garcia Aspe (87. Peleaz), Bernal (46. Carmona), Pardo, Hernandez, Palencia (54. Arellano).
Tore: 0:1 Hernandez (47.), 1:1 Klinsmann (76.), 2:1 Bierhoff (87.).
Schiedsrichter: Pereira (Portugal); Zuschauer: 35 500.

Am 29. Juni in Toulouse:
HOLLAND – JUGOSLAWIEN 2:1 (1:0)
Holland: Van der Sar, Reiziger, Stam, F. de Boer, Numan, Seedorf, Davids, R. de Boer, Overmars, Cocu, Bergkamp.
Jugoslawien: Kralj, Komljenovic, Mihajlovic (78. Saveljic), Djorovic, Mirkovic, Jugovic, Brnovic, Jokanovic, Petrovic, Mijatovic, Stojkovic (57. Savicevic).
Tore: 1:0 Bergkamp (38.), 1:1 Komljenovic (48.), 2:1 Davids (90.).
Schiedsrichter: Garcia Aranda (Spanien); Zuschauer: 33 000.

Am 30. Juni in Bordeaux:
RUMÄNIEN – KROATIEN 0:1 (0:1)
Rumänien: Stelea, Filipescu, Gh. Popescu, Ciobotariu, Petrescu (76. Marinescu), Galca, Ga. Popescu (61. Niculescu), Hagi (57. Craioveanu), Munteanu, Moldovan, Ilie.
Kroatien: Ladic, Bilic, Stimac, Simic, Jarni, Asanovic, Boban, Jurcic, Stanic (83. Tudor), Vlaovic (77. Krpan), Suker.
Tore: 0:1 Suker (45., Foulelfmeter).
Schiedsrichter: Castrilli (Argentinien); Zuschauer: 35 200.

Am 30. Juni in St. Etienne:
ARGENTINIEN – ENGLAND 2:2 (2:2, 2:2) n.V., 4:3 im Elfmeterschießen
Argentinien: Roa, Vivas, Ayala, Chamot, Zanetti, Almeyda, Veron, Simeone (91. Berti), Ortega, Batistuta (86. Crespo), Lopez (68. Gallardo).
England: Seaman, Campbell, Adams, Neville, Ince, Le Saux (71. Southgate), Beckham, Anderton (97. Batty), Scholes (78. Merson), Owen, Shearer.
Tore: 1:0 Batistuta (6., Foulelfmeter), 1:1 Shearer (10., Foulelfmeter), 1:2 Owen (16.), 2:2 Zanetti (45.).
Elfmeterschießen: Berti, Shearer, Crespo (gehalten), Ince (gehalten), Veron, Merson, Gallardo, Owen, Ayala, Batty (gehalten).
Rote Karte: Beckham (47., Tätlichkeit).
Schiedsrichter: Nielsen (Dänemark); Zuschauer: 36 000.

Viertelfinale

Am 3. Juli in Paris-St. Denis:
ITALIEN – FRANKREICH 0:0 (0:0) n.V., 3:4 im Elfmeterschießen
Italien: Pagliuca, Cannavaro, Bergomi, Costacurta, Pessotto (90. Di Livio), P. Maldini, D. Baggio (52. Albertini), Di Biagio, Moriero, Vieri, Del Piero (67. R. Baggio).
Frankreich: Barthez, Lizarazu, Desailly, Blanc, Thuram, Petit, Deschamps, Karembeu (65. Henry), Zidane, Djorkaeff, Guivarc'h (65. Trezeguet).
Elfmeterschießen: Zidane, R. Baggio, Lizarazu (gehalten), Albertini (gehalten), Trezeguet, Costacurta, Henry, Vieri, Blanc, Di Biagio (verschossen).
Schiedsrichter: Dallas (Schottland); Zuschauer: 80 000.

Am 3. Juli in Nantes:
BRASILIEN – DÄNEMARK 3:2 (2:1)
Brasilien: Taffarel, Cafú, Junior Baiano, Aldair, Roberto Carlos, Cesar Sampaio, Dunga, Leonardo (72. Emerson), Rivaldo (88. Ze Roberto), Bebeto (64. Denilson), Ronaldo.
Dänemark: Schmeichel, Heintze, Högh, Rieper, Colding, A. Nielsen (46. Töfting), Helveg (88. Schjönberg), Jörgensen, M. Laudrup, Möller (67. Sand), B. Laudrup.
Tore: 0:1 Jörgensen (2.), 1:1 Bebeto (10.), 2:1 Rivaldo (26.), 2:2 Laudrup (50.), 3:2 Rivaldo (60.).
Schiedsrichter: Ghandour (Ägypten); Zuschauer: 49 500.

Am 4. Juli in Marseille:
HOLLAND – ARGENTINIEN 2:1 (1:1)
Holland: Van der Sar, Reiziger, Stam, F, de Boer, Numan, Jonk, Davids, R. de Boer (64. Overmars), Cocu, Bergkamp, Kluivert.
Argentinien: Roa, Chamot (90. Balbo), Ayala, Sensini, Almeyda (67. Pineda), Simeone, Veron, Zanetti, Ortega, Lopez, Batistuta.
Tore: 1:0 Kluivert (12.), 1:1 Lopez (18.), 2:1 Bergkamp (89.).
Rote Karte: Ortega (87., Tätlichkeit).
Schiedsrichter: Brizio Carter (Mexiko); Zuschauer: 55 000.

Am 4. Juli in Lyon:
DEUTSCHLAND – Kroatien 0:3 (0:1)
Deutschland: Köpke, Matthäus, Wörns, Kohler, Heinrich, Hamann (79. Marschall), Jeremies, Tarnat, Häßler (69. Kirsten), Klinsmann, Bierhoff.
Kroatien: Ladic, Simic, Stimac, Bilic, Jarni, Asanovic, Soldo, Stanic, Boban, Suker, Vlaovic (83. Maric).
Tore: 0:1 Jarni (45.), 0:2 Vlaovic (80.), 0:3 Suker (85.).
Rote Karte: Wörns (40., Notbremse).
Schiedsrichter: Pedersen (Norwegen); Zuschauer: 43 300.

Halbfinale

Am 7. Juli in Marseille:
BRASILIEN – HOLLAND 1:1 (1:1, 0:0) n.V., 4:2 im Elfmeterschießen
Brasilien: Taffarel, Ze Carlos, Junior Baiano, Aldair, Roberto Carlos, Cesar Sampaio, Dunga, Leonardo (85. Emerson), Rivaldo, Bebeto (70. Denilson), Ronaldo.
Holland: Van der Sar, Cocu, F. de Boer, Stam, Reiziger (57. Winter), Davids, Jonk (111. Seedorf), Zenden (75. Van Hooijdonk), R. de Boer, Bergkamp, Kluivert.
Tore: 1:0 Ronaldo (46.), 1:1 Kluivert (86.).
Elfmeterschießen: Ronaldo, F. de Boer, Rivaldo, Bergkamp, Emerson, Cocu (gehalten), Dunga, R. de Boer (gehalten).
Schiedsrichter: Bujsaim (Vereinigte Arabische Emirate); Zuschauer: 60 000.

Am 8. Juli in Paris-St. Denis:
FRANKREICH – KROATIEN 2:1 (0:0)
Frankreich: Barthez, Thuram, Blanc, Desailly, Lizarazu, Karembeu (31. Henry), Deschamps, Petit, Zidane, Djorkaeff (75. Leboeuf), Guivarc'h (69. Trezeguet).
Kroatien: Ladic, Bilic, Stimac, Simic, Soldo, Jarni, Stanic (90. Prosinecki), Asanovic, Boban (65. Maric), Suker, Vlaovic.
Tore: 0:1 Suker (46.), 1:1, 1:2 Thuram (47., 70.).
Rote Karte: Blanc (74., Tätlichkeit).
Schiedsrichter: Garcia Aranda (Spanien); Zuschauer: 80 000.

Spiel um Platz 3

Am 11. Juli in Paris:
HOLLAND – KROATIEN 1:2 (1:2)
Holland: Van der Sar, Stam, F. de Boer, Jonk, Numan, Seedorf, Davids, Zenden, Cocu (46. Overmars). Bergkamp (58. Van Hooijdonk), Kluivert.
Kroatien: Ladic, Soldo, Stimac, Bilic, Jarni, Jurcic, Stanic, Asanovic, Prosinecki (76. Vlaovic), Boban (86. Tudor), Suker.
Tore: 0:1 Prosinecki (13.), 1:1 Zenden (21.), 1:2 Suker (36.).
Schiedsrichter: Gonzales (Paraguay); Zuschauer: 44 000.

Finale

Am 12. Juli in Paris-St. Denis:
BRASILIEN – FRANKREICH 0:3 (0:2)
Brasilien: Taffarel, Cafú, Junior Baiano, Aldair, Roberto Carlos, Dunga, Cesar Sampaio (74. Edmundo), Leonardo (46. Denilson), Rivaldo, Ronaldo, Bebeto.
Frankreich: Barthez, Lizarazu, Desailly, Leboeuf, Thuram, Deschamps, Petit, Karembeu (57. Boghossian), Zidane, Djorkaeff (76. Vieira), Guivarc'h (66. Dugarry).
Tore: 0:1, 0:2 Zidane (27., 45.), 0:3 Petit (90.).
Gelb-Rote Karte: Desailly (68.).
Schiedsrichter: Belqola (Marokko); Zuschauer: 80 000.

Europa-Nationenpokal

1960

Qualifikation

5.4.1959 in Dublin:	Eire – Tschechoslowakei **2:0**
10.5.1959 in Bratislava:	Tschechoslowakei – Eire **4:0**
Tschechoslowakei qualifiziert	

Erste Runde

28.9.1958 in Moskau:	UdSSR – Ungarn **3:1**
27.9.1959 in Budapest:	Ungarn – UdSSR **0:1**
UdSSR qualifiziert	
1.10.1958 in Paris:	Frankreich – Griechenland **7:1**
3.12.1958 in Athen:	Griechenland – Frankreich **1:1**
Frankreich qualifiziert	
2.11.1958 in Bukarest:	Rumänien – Türkei **3:0**
26.4.1959 in Istanbul:	Türkei – Rumänien **2:0**
Rumänien qualifiziert	
20.5.1959 in Oslo:	Norwegen – Österreich **0:1**
23.9.1959 in Wien:	Österreich – Norwegen **5:2**
Österreich qualifiziert	
31.5.1959 in Belgrad:	Jugoslawien – Bulgarien **2:0**
25.10.1959 in Sofia:	Bulgarien – Jugoslawien **1:1**
Jugoslawien qualifiziert	
21.6.1959 in Berlin:	DDR – Portugal **0:2**
28.6.1959 in Porto:	Portugal – DDR **3:2**
Portugal qualifiziert	
28.6.1959 in Chorzow:	Polen – Spanien **2:4**
14.10.1959 in Madrid:	Spanien – Polen **3:0**
Spanien qualifiziert	
23.9.1959 in Kopenhagen:	Dänemark – ČSSR **2:2**
18.10.1959 in Brünn:	ČSSR – Dänemark **5:1**
ČSSR qualifiziert	

Viertelfinale

13.12.1959 in Paris:	Frankreich – Österreich **5:2**
27.3.1960 in Wien:	Österreich – Frankreich **2:4**
Frankreich qualifiziert	
8.5.1960 in Lissabon:	Portugal – Jugoslawien **2:1**
22.5.1960 in Belgrad:	Jugoslawien – Portugal **5:1**
Jugoslawien qualifiziert	
22.5.1960 in Bukarest:	Rumänien – CSSR **0:2**
29.5.1960 in Bratislava:	CSSR – Rumänien **3:0**
CSSR qualifiziert	

UdSSR qualifiziert, weil Spanien nicht antrat

Semifinale

6.7.1960 in Paris:	Jugoslawien – Frankreich **5:4**
6.7.1960 in Marseille:	UdSSR – Tschechoslowakei **3:0**

Um den dritten Platz

9.7.1960 in Marseille: Tschechoslowakei – Frankreich **2:0**

Finale

Am 10. Juli in Paris:
UdSSR – JUGOSLAWIEN 2:1 n.V.
UdSSR: Jaschin, Tschotscheli, Krutikow, Woinow, Maslionkin, Netto, Metreweli, W. Iwanow, Ponedjelnik, Bubukin, Meschtschi.
JUGOSLAWIEN: Vidinic, Durkovic, Jusufi, Zanetic, Miladinovic, Perusic, Matus, Jerkovic, Galic, Sekularac, Kostic.
Schiedsrichter: Ellis (England); Zuschauer: 18 000.

1964

Erste Runde

1.11.1962 in Madrid:	Spanien – Rumänien **6:0**
25.11.1962 in Bukarest:	Rumänien – Spanien **3:1**
Spanien qualifiziert	
10.10.1962 in Chorzow:	Polen – Nordirland **0:2**
28.11.1962 in Belfast:	Nordirland – Polen **2:0**
Nordirland qualifiziert	
12.8.1962 in Dublin:	Eire – Island **4:2**
2.9.1962 in Reykjavik:	Island – Eire **1:1**
Eire qualifiziert	
7.11.1962 in Budapest:	Ungarn – Wales **3:1**
20.3.1963 in Cardiff:	Wales – Ungarn **1:1**
Ungarn qualifiziert	
21.11.1962 in Berlin:	DDR – Tschechoslowakei **2:1**
31.3.1963 in Prag:	Tschechoslowakei – DDR **1:1**
DDR qualifiziert	
3.10.1962 in Sheffield:	England – Frankreich **1:1**
27.2.1963 in Paris:	Frankreich – England **5:2**
Frankreich qualifiziert	
7.11.1962 in Sofia:	Bulgarien – Portugal **3:1**
16.12.1962 in Lissabon:	Portugal – Bulgarien **3:1**
Entscheidungsspiel	
23.1.1963 in Rom:	Bulgarien – Portugal **1:0**
Bulgarien qualifiziert	
11.11.1962 in Amsterdam:	Niederlande – Schweiz **3:1**
31.3.1963 in Bern:	Schweiz – Niederlande **1:1**
Niederlande qualifiziert	
28.6.1962 in Kopenhagen:	Dänemark – Malta **6:1**
8.12.1962 in Malta:	Malta – Dänemark **1:3**
Dänemark qualifiziert	
4.11.1962 in Belgrad:	Jugoslawien – Belgien **3:2**
31.3.1963 in Brüssel:	Belgien – Jugoslawien **0:1**
Jugoslawien qualifiziert	
21.6.1962 in Oslo:	Norwegen – Schweden **0:2**
4.11.1962 in Malmö:	Schweden – Norwegen **1:1**
Schweden qualifiziert	
2.12.1962 in Bologna:	Italien – Türkei **6:0**
27.3.1963 in Istanbul:	Türkei – Italien **0:1**
Italien qualifiziert	

Albanien qualifiziert, weil Griechenland nicht antrat

Freilos: UdSSR, Österreich und Luxemburg

Zweite Runde

30.5.1963 in Bilbao:	Spanien – Nordirland **1:1**
30.10.1963 in Belfast:	Nordirland – Spanien **0:1**
Spanien qualifiziert	
25.9.1963 in Wien:	Österreich – Eire **0:0**
13.10.1963 in Dublin:	Eire – Österreich **3:2**
Eire qualifiziert	
19.10.1963 in Berlin:	DDR – Ungarn **1:2**
3.11.1963 in Budapest:	Ungarn – DDR **3:3**
Ungarn qualifiziert	
29.9.1963 in Sofia:	Bulgarien – Frankreich **1:0**
26.10.1963 in Paris:	Frankreich – Bulgarien **3:1**
Frankreich qualifiziert	
11.9.1963 in Amsterdam:	Luxemburg – Niederlande **1:1**
30.10.1963 in Rotterdam:	Niederlande – Luxemburg **1:2**
Luxemburg qualifiziert	
29.6.1963 in Kopenhagen:	Dänemark – Albanien **4:0**
30.10.1963 in Tirana:	Albanien – Dänemark **1:0**
Dänemark qualifiziert	
19.6.1963 in Belgrad:	Jugoslawien – Schweden **0:0**
18.9.1963 in Malmö:	Schweden – Jugoslawien **3:2**
Schweden qualifiziert	
13.10.1963 in Moskau:	UdSSR – Italien **2:0**
10.11.1963 in Rom:	Italien – UdSSR **1:1**
UdSSR qualifiziert	

Viertelfinale

4.12.1963 in Luxemburg:	Luxemburg – Dänemark **3:3**
10.12.1963 in Kopenhagen:	Dänemark – Luxemburg **2:2**
Entscheidungsspiel	
18.12.1963 in Amsterdam:	Dänemark – Luxemburg **1:0**
Dänemark qualifiziert	
11.3.1964 in Sevilla:	Spanien – Eire **5:1**
8.4.1964 in Dublin:	Eire – Spanien **0:2**
Spanien qualifiziert	
25.4.1964 in Paris:	Frankreich – Ungarn **1:3**
23.5.1964 in Budapest:	Ungarn – Frankreich **2:1**
Ungarn qualifiziert	
13.5.1964 in Stockholm:	Schweden – UdSSR **1:1**
24.5.1964 in Moskau:	UdSSR – Schweden **3:1**
UdSSR qualifiziert	

Semifinale

Am 17. Juni in Madrid:
SPANIEN – UNGARN 2:1 (1:0, 1:1) n.V.
SPANIEN: Iribar, Rivilla, Calleja, Zoco, Olivella, Fusté, Amancio, Pereda, Marcelino, Suarez, Lapetra.
UNGARN: Szentmihalyi, Matrai, Sarosi, Nagy, Meszöly, Sipos, Bene, Komora, Albert, Tichy, Fenyvesi.
Schiedsrichter: Blavier (Belgien); Zuschauer: 42 000; Tore: 1:0 Pereda (35.), 1:1 Nagy (85.), 2:1 Amancio (113.).

Am 17. Juni in Barcelona:
UdSSR – DÄNEMARK 3:0 (2:0)
UdSSR: Jaschin, Schustikow, Schesternjew, Mudrik, Woronin, Anitschkin, Tschislenko, Iwanow, Ponedjelnik, Gusarow, Chusainow.
DÄNEMARK: L. Nielsen, J. Hansen, K. Hansen, B. Hansen, Larsen, E. Nielsen, Bertelsen, Thorst, O. Madsen, O. Sörensen, Danielsen.
Schiedsrichter: Lo Bello (Italien); Zuschauer: 65 000; Tore: 1:0 Woronin (18.), 2:0 Ponedjelnik (40.), 3:0 Iwanow (89.).

Spiel um den dritten Platz

Am 20. Juni in Barcelona:
UNGARN – DÄNEMARK 3:1 (1:0, 1:1) n.V.
UNGARN: Szentmihalyi, Novak, Meszöly, Ihasz, Solymosi, Sipos, Farkas, Varga, Albert, Bene, Fenyvesi.
DÄNEMARK: L. Nielsen, Wolkar, K. Hansen, B. Hansen, Larsen, E. Nielsen, Bertelsen, O. Sörensen, O. Madsen, Thorst, Vamelsen.
Schiedsrichter: Mellet (Schweiz); Zuschauer: 4000; Tore: 1:0 Bene (10.), 1:1 Bertelsen (85.), 2:1 Novak (107., Foulelfmeter), 3:1 Novak (111.).

Finale

Am 21. Juni in Madrid:
SPANIEN – UdSSR 2:1 (1:1)
SPANIEN: Iribar, Rivilla, Calleja, Zoco, Olivella, Fusté, Amancio, Pereda, Marcelino, Suarez, Lapetra.
UdSSR: Jaschin, Schustikow, Schesternjew, Mudrik, Woronin, Anitschkin, Tschislenko, Iwanow, Ponedjelnik, Kornejew, Chusainow.
Schiedsrichter: Holland (England); Zuschauer: 120 000; Tore: 1:0 Pereda (6.), 1:1 Chusainow (8.), 2:1 Marcelino (84.).

Europameisterschaft

1968

Gruppe I

23.10.1966 in Dublin:	Eire – Spanien **0:0**
16.11.1966 in Dublin:	Eire – Türkei **2:1**
7.12.1966 in Valencia:	Spanien – Eire **2:0**
1.2.1967 in Istanbul:	Türkei – Spanien **0:0**
22.2.1967 in Ankara:	Türkei – Eire **2:1**
21.5.1967 in Dublin:	Eire – Tschechoslowakei **0:2**
31.5.1967 in Bilbao:	Spanien – Türkei **2:0**
18.6.1967 in Bratislava:	Tschechoslowakei – Türkei **3:0**
1.10.1967 in Prag:	Tschechoslowakei – Spanien **1:0**
22.10.1967 in Madrid:	Spanien – Tschechoslowakei **2:1**
15.11.1967 in Ankara:	Türkei – Tschechoslowakei **0:0**
22.11.1967 in Prag:	Tschechoslowakei – Eire **1:2**

Endstand der Gruppe I

1.	Spanien	6 3 2 1	8:4	6:2
2.	Tschechoslowakei	6 3 1 2	7:5	8:4
3.	Eire	6 2 1 3	5:7	5:8
4.	Türkei	6 1 2 3	4:8	3:8

Gruppe II

13.11.1966 in Sofia:	Bulgarien – Norwegen **4:2**
13.11.1966 in Lissabon:	Portugal – Schweden **1:2**
1.6.1967 in Stockholm:	Schweden – Portugal **1:1**
8.6.1967 in Oslo:	Norwegen – Portugal **1:2**
11.6.1967 in Stockholm:	Schweden – Bulgarien **0:2**
29.6.1967 in Oslo:	Norwegen – Bulgarien **0:0**
3.9.1967 in Oslo:	Norwegen – Schweden **3:1**
5.11.1967 in Stockholm:	Schweden – Norwegen **5:2**
12.11.1967 in Sofia:	Bulgarien – Schweden **3:0**
12.11.1967 in Porto:	Portugal – Norwegen **2:1**
26.11.1967 in Sofia:	Bulgarien – Portugal **1:0**
17.12.1967 in Lissabon:	Portugal – Bulgarien **0:0**

Endstand der Gruppe II

1.	Bulgarien	6 4 2 0	10:2	10:2
2.	Portugal	6 2 2 2	6:6	6:6
3.	Schweden	6 2 1 3	5:7	9:12
4.	Norwegen	6 1 1 4	3:9	9:14

Gruppe III

2.10.1966 in Helsinki:	Finnland – Österreich **0:0**
16.10.1966 in Saloniki:	Griechenland – Finnland **2:1**
10.5.1967 in Helsinki:	Finnland – Griechenland **1:1**
11.6.1967 in Moskau:	UdSSR – Österreich **4:3**
16.7.1967 in Tiflis:	UdSSR – Griechenland **4:0**
30.8.1967 in Moskau:	UdSSR – Finnland **2:0**
6.9.1967 in Turku:	Finnland – UdSSR **2:5**
24.9.1967 in Wien:	Österreich – Finnland **2:1**
4.10.1967 in Athen:	Griechenland – Österreich **4:1**
15.10.1967 in Wien:	Österreich – UdSSR **1:0**
31.10.1967 in Athen:	Griechenland – UdSSR **0:1**
5.11.1967 in Wien:	Österreich – Griechenland **1:1***

* abgebrochen, nicht gewertet

Endstand der Gruppe III

1.	UdSSR	6 5 0 1	10:2	16:6
2.	Griechenland	5 2 1 2	5:5	7:8
3.	Österreich	5 2 1 2	5:5	7:9
4.	Finnland	6 0 2 4	2:12	5:12

Gruppe IV

9.4.1967 in Dortmund:	Deutschland – Albanien **6:0**
3.5.1967 in Belgrad:	Jugoslawien – Deutschland **1:0**
14.5.1967 in Tirana:	Albanien – Jugoslawien **0:2**
7.10.1967 in Hamburg:	Deutschland – Jugoslawien **3:1**
12.11.1967 in Belgrad:	Jugoslawien – Albanien **4:0**
17.12.1967 in Tirana:	Albanien – Deutschland **0:0**

Endstand der Gruppe IV

1.	Jugoslawien	4 3 0 1	8:2	8:3
2.	Deutschland	4 2 1 1	5:3	9:2
3.	Albanien	4 0 1 3	1:7	0:12

Gruppe V

7.9.1966 in Rotterdam:	Niederlande – Ungarn **2:2**
21.9.1966 in Budapest:	Ungarn – Dänemark **6:0**
30.11.1966 in Rotterdam:	Niederlande – Dänemark **2:0**
5.4.1967 in Leipzig:	DDR – Niederlande **4:3**
10.5.1967 in Budapest:	Ungarn – Niederlande **2:1**
24.5.1967 in Kopenhagen:	Dänemark – Ungarn **0:2**
4.6.1967 in Kopenhagen:	Dänemark – DDR **1:1**
13.9.1967 in Amsterdam:	Niederlande – DDR **1:0**
27.9.1967 in Budapest:	Ungarn – DDR **3:1**
4.10.1967 in Kopenhagen:	Dänemark – Niederlande **3:2**
11.10.1967 in Leipzig:	DDR – Dänemark **3:2**
29.10.1967 in Leipzig:	DDR – Ungarn **1:0**

Endstand der Gruppe V

1.	Ungarn	6 4 1 1	9:3	15:5
2.	DDR	6 3 1 2	7:5	10:10
3.	Niederlande	6 2 1 3	5:7	11:11
4.	Dänemark	6 1 1 4	3:9	6:16

Gruppe VI

2.11.1966 in Bukarest:	Rumänien – Schweiz **4:2**
26.11.1966 in Neapel:	Italien – Rumänien **3:1**
3.12.1966 in Nikosia:	Zypern – Rumänien **1:5**
22.3.1967 in Nikosia:	Zypern – Italien **0:2**
23.4.1967 in Bukarest:	Rumänien – Zypern **7:0**
24.5.1967 in Zürich:	Schweiz – Rumänien **7:1**
25.6.1967 in Bukarest:	Rumänien – Italien **0:1**
1.11.1967 in Cosenza:	Italien – Zypern **5:0**
8.11.1967 in Lugano:	Schweiz – Zypern **5:0**
18.11.1967 in Bern:	Schweiz – Italien **2:2**
23.12.1967 in Cagliari:	Italien – Schweiz **4:0**
17.2.1968 in Nikosia:	Zypern – Schweiz **2:1**

Endstand der Gruppe VI

1.	Italien	6 5 1 0	11:1	17:3
2.	Rumänien	6 3 0 3	6:6	18:14
3.	Schweiz	6 2 1 3	5:7	17:13
4.	Zypern	6 1 0 5	2:10	3:25

Gruppe VII

2.10.1966 in Stettin:	Polen – Luxemburg **4:0**
12.10.1966 in Paris:	Frankreich – Polen **2:1**
11.11.1966 in Brüssel:	Belgien – Frankreich **2:1**
16.11.1966 in Luxemburg:	Luxemburg – Frankreich **0:3**
19.3.1967 in Luxemburg:	Luxemburg – Belgien **0:5**
16.4.1967 in Luxemburg:	Luxemburg – Polen **0:0**
21.5.1967 in Chorzow:	Polen – Belgien **3:1**
17.9.1967 in Warschau	Polen – Frankreich **1:4**
8.10.1967 in Brüssel:	Belgien – Polen **2:4**
28.10.1967 in Nantes:	Frankreich – Belgien **1:1**
22.11.1967 in Brügge:	Belgien – Luxemburg **3:0**
23.12.1967 in Paris:	Frankreich – Luxemburg **3:1**

Endstand der Gruppe VII

1.	Frankreich	6 4 1 1	9:3	14:6
2.	Belgien	6 3 1 2	7:5	14:9
3.	Polen	6 3 1 2	7:5	13:9
4.	Luxemburg	6 0 1 5	1:11	1:18

Gruppe VIII

22.10.1966 in Cardiff:	Wales – Schottland **1:1**
11.10.1966 in Belfast:	Nordirland – England **0:2**
16.11.1966 in Glasgow:	Schottland – Nordirland **2:1**
16.11.1966 in London:	England – Wales **5:1**
12.4.1967 in Belfast:	Nordirland – Wales **0:0**
15.4.1967 in London:	England – Schottland **2:3**
21.10.1967 in Cardiff:	Wales – England **0:3**
21.10.1967 in Belfast:	Nordirland – Schottland **1:0**
22.11.1967 in London:	England – Nordirland **2:0**
22.11.1967 in Glasgow:	Schottland – Wales **3:2**
24.2.1968 in Glasgow:	Schottland – England **1:1**
28.2.1968 in Wrexham:	Wales – Nordirland **2:0**

Endstand der Gruppe VIII

1.	England	6 4 1 1	9:3	15:5
2.	Schottland	6 3 2 1	8:4	10:8
3.	Wales	6 1 2 3	4:8	6:12
4.	Nordirland	6 1 1 4	3:9	2:8

Viertelfinale

Am 3. April in London:
ENGLAND – SPANIEN 1:0 (0:0)
ENGLAND: Banks, Knowles, Wilson, Mullery, J. Charlton, Moore, Ball, Hunt, B. Charlton, Summerbee, Peters.
SPANIEN: Sadurni, Saez, Zoco, Gallego, Canos, Pirri, Grosso, Poli, Amancio, Ansola, Claramunt.
Tor: 1:0 B. Charlton (84.); Zuschauer: 100 000; Schiedsrichter: Droz (Schweiz).

Am 8. Mai in Madrid:
SPANIEN – ENGLAND 1:2 (0:0)
SPANIEN: Sadurni, Saez, Gallego, Zoco, Canos, Pirri, Grosso, Rifé, Amancio, Velazquez, Gento.
ENGLAND: Bonetti, Wilson, Labone, Mullery, Newton, Moore, B. Charlton, Ball, Peters, Hunt, Hunter.
Tore: 1:0 Amancio (48.), 1:1 Peters (54.), 1:2 Hunter (82.); Zuschauer: 120 000; Schiedsrichter: Krnavek (Tschechoslowakei).

England qualifiziert

Am 6. April in Marseille:
FRANKREICH – JUGOSLAWIEN 1:1 (0:0)
FRANKREICH: Aubour, Djorkaeff, Bosquier, Quittet, Baeza, Herbin, Simon, Loubet, Combin, Di Nallo, Bereta.
JUGOSLAWIEN: Pantelic, Fazlagic, Holcer, Djordjevic, Paunovic, Mihailovic, Musovic, Musemic, Osim, Trivic, Dzajic.
Tore: 0:1 Musemic (66.), 1:1 Di Nallo (79.); Zuschauer: 45 000; Schiedsrichter: Vetter (DDR).

Am 24. April in Belgrad:
JUGOSLAWIEN – FRANKREICH 5:1 (4:1)
JUGOSLAWIEN: Pantelic, Fazlagic, Ramljak, Mihailovic, Holcer, Belin, Osim, Trivic, Petkovic, Musemic, Dzajic.
FRANKREICH: Aubour, Esteve, Quittet, Bosquier, Baeza, Herbet, Djorkaeff, Szepaniak, Guy, Di Nallo, Loubet.
Tore: 1:0 Petkovic (3.), 2:0 Musemic (13.), 3:0 Dzajic (15.), 4:0 Petkovic (32.), 4:1 Di Nallo (33.), 5:1 Musemic (80.); Zuschauer: 70 000; Schiedsrichter Schiller (Österreich).

Jugoslawien qualifiziert

Am 6. April in Sofia:
BULGARIEN – ITALIEN 3:2 (1:0)
BULGARIEN: Bontschew, Schalamanow, Penew, Jetschew, Gaganelow, Jakimow, Popow, Jekow, Asparouchow, Kotkow, Dermendjiew.
ITALIEN: Albertosi (66. Vieri), Burgnich, Facchetti, Bertini, Bercellino, Picchi, Domenghini, Juliano, Mazzola, Rivera, Prati.
Tore: 1:0 Kotkow (11., Foulelfmeter), 1:1 Penew (61., Eigentor), 2:1 Dermendjiew (66.), 3:1 Jekow (73.), 3:2 Prati (83.); Zuschauer: 65 000; Schiedsrichter: Schulenburg (Deutschland).

Am 20. April in Neapel:
ITALIEN – BULGARIEN 2:0 (1:0)
ITALIEN: Zoff, Burgnich, Castano, Facchetti, Ferrini, Guarneri, Domenghini, Juliano, Mazzola, Rivera, Prati.
BULGARIEN: Simeonow, Schalamanow, Gaganelow, Jetschew, Dimitrow, Penew, Popow, Bonew, Asparouchow, Jakimow, Dermendjiew.
Tore: 1:0 Prati (14.), 2:0 Domenghini (55.); Zuschauer: 100 000; Schiedsrichter: Dienst (Schweiz).

Italien qualifiziert

Am 4. Mai in Budapest:
UNGARN – UdSSR 2:0 (1:0)
UNGARN: Fater, Nowak, Solymosi, Meszöly, Ihasz, Göröcs, Szücs, Fazekas, Varga, Farkas, Rakosi.
UdSSR: Kawasaschwilij, Anitschkin, Schesternjew, Churzilawa, Istomin, Woronin, Malofejew, Tschislenko, Banischewskij, Strelzow, Kaplitschnij.
Tore: 1:0 Farkas (22.), 2:0 Göröcs (84.); Zuschauer: 80 000; Schiedsrichter: van Ravens (Niederlande).

Am 11. Mai in Moskau:
UdSSR – UNGARN 3:0 (1:0)
UdSSR: Pschenitschnikow, Afonin, Schesternjew, Churzilawa, Anitschkin, Woronin, Kaplitschnij, Tschislenko, Banischewskij, Bischowez, Jewrjuschichin.
UNGARN: Tamas, Nowak, Solymosi, Szücs, Ihasz, Meszöly, Komora, Varga, Albert, Farkas, Rakosi.
Tore: 1:0 Banischewskij (23.), 2:0 Churzilawa (60.), 3:0 Bischowez (72.); Zuschauer: 103 000; Schiedsrichter: Tschenscher (Deutschland).

UdSSR qualifiziert

Semifinale

Am 5. Juni in Florenz:
JUGOSLAWIEN – ENGLAND 1:0 (0:0)
JUGOSLAWIEN: Pantelic, Fazlagic, Paunovic, Holcer, Damjanovic, Osim, Trivic, Pavlovic, Petkovic, Musemic, Dzajic.
ENGLAND: Banks, Newton, Labone, Moore, Wilson, Mullery, B. Charlton, Peters, Hunter, Ball, Hunt.
Tor: 1:0 Dzajic (87.); Zuschauer: 35 000; Schiedsrichter: Ortiz de Mendibil (Spanien).

Jugoslawien qualifiziert

Am 5. Juni in Neapel:
ITALIEN – UdSSR 0:0 n.V.
ITALIEN: Zoff, Castano, Burgnich, Bercellino, Ferrini, Facchetti, Juliano, Rivera, Domenghini, Mazzola, Prati.
UdSSR: Pschenitschnikow, Istomin, Schesternjew, Kaplitschnij, Afonin, Lenjew, Logofet, Malofejew, Bischowez, Banischewskij, Jewrjuschichin.
Zuschauer: 70 000; Schiedsrichter: Tschenscher (Deutschland).

Italien durch Losentscheid qualifiziert

Spiel um den dritten Platz

Am 8. Juni in Rom:
ENGLAND – UdSSR 2:0 (1:0)
ENGLAND: Banks, Wright, Labone, Moore, Wilson, Stiles, Peters, B. Charlton, Hunter, Hunt, Hurst.
UdSSR: Pschenitschnikow, Schesternjew, Kaplitschnij, Afonin, Lenjew, Logofet, Istomin, Malofejew, Bischowez, Banischewskij, Jewrjuschichin.
Tore: 1:0 B. Charlton (39.), 2:0 Hurst (64.); Zuschauer: 19 000; Schiedsrichter: Zsolt (Ungarn).

Finale

Am 8. Juni in Rom:
ITALIEN – JUGOSLAWIEN 1:1 (0:1, 1:1) n.V.
ITALIEN: Zoff, Burgnich, Facchetti, Ferrini, Guarneri, Castano, Domenghini, Juliano, Anastasi, Lodetti, Prati.
JUGOSLAWIEN: Pantelic, Holcer, Fazlagic, Paunovic, Damjanovic, Acimovic, Trivic, Pavlovic, Petkovic, Musemic, Dzajic.
Tore: 0:1 Dzajic (38.), 1:1 Domenghini (80.); Zuschauer: 90 000; Schiedsrichter: Dienst (Schweiz).

Wiederholung

Am 10. Juni in Rom:
ITALIEN – JUGOSLAWIEN 2:0 (2:0)
ITALIEN: Zoff, Salvadore, Burgnich, Guarneri, Rosato, Facchetti, Mazzola, De Sisti, Domenghini, Anastasi, Riva.
JUGOSLAWIEN: Pantelic, Fazlagic, Paunovic, Holcer, Damjanovic, Acimovic, Trivic, Pavlovic, Hosic, Musemic, Dzajic.
Tore: 1:0 Riva (12.), 2:0 Anastasi (31.); Zuschauer: 70 000; Schiedsrichter: Ortiz de Mendibil (Spanien).

Sieger Italien

1972

Gruppe I

7.10.1970 in Prag: Tschechoslowakei – Finnland **1:1**
11.10.1970 in Bukarest: Rumänien – Finnland **3:0**
11.11.1970 in Cardiff: Wales – Rumänien **0:0**
21.4.1971 in Swansea: Wales – Tschechoslowakei **1:3**
16.5.1971 in Bratislava: ČSSR – Rumänien **1:0**
26.5.1971 in Helsinki: Finnland – Wales **0:1**
16.6.1971 in Helsinki: Finnland – Tschechoslowakei **0:4**
22.9.1971 in Helsinki: Finnland – Rumänien **0:4**
13.10.1971 in Swansea: Wales – Finnland **3:0**
27.10.1971 in Prag: Tschechoslowakei – Wales **1:0**
14.11.1971 in Bukarest: Rumänien – ČSSR **2:1**
24.11.1971 in Bukarest: Rumänien – Wales **2:0**

Endstand der Gruppe I

1.	Rumänien	6 4 1 1	9:3	11:2
2.	Tschechoslow.	6 4 1 1	9:3	11:4
3.	Wales	6 2 1 3	5:7	5:6
4.	Finnland	6 0 1 5	1:11	1:16

Gruppe II

7.10.1970 in Oslo: Norwegen – Ungarn **1:3**
11.11.1970 in Lyon: Frankreich – Norwegen **3:1**
15.11.1970 in Sofia: Bulgarien – Norwegen **1:1**
24.4.1971 in Budapest: Ungarn – Frankreich **1:1**
19.5.1971 in Sofia: Bulgarien – Ungarn **3:0**
9.6.1971 in Oslo: Norwegen – Bulgarien **1:4**
8.9.1971 in Oslo: Norwegen – Frankreich **1:3**
25.9.1971 in Budapest: Ungarn – Bulgarien **2:0**
9.10.1971 in Paris: Frankreich – Ungarn **0:2**
27.10.1971 in Budapest: Ungarn – Norwegen **4:0**
10.11.1971 in Nantes: Frankreich – Bulgarien **2:1**
4.12.1971 in Sofia: Bulgarien – Frankreich **2:1**

Endstand der Gruppe II

1.	Ungarn	6 4 1 1	9:3	12:5
2.	Bulgarien	6 3 1 2	7:5	11:7
3.	Frankreich	6 3 1 2	7:5	10:8
4.	Norwegen	6 0 1 5	1:11	5:18

Gruppe III

11.10.1970 in La Valetta: Malta – Griechenland **1:1**
16.12.1970 in Athen: Griechenland – Schweiz **0:1**
20.12.1970 in La Valetta: Malta – Schweiz **1:2**
3.2.1971 in La Valetta: Malta – England **0:1**
21.4.1971 in London: England – Griechenland **3:0**
21.4.1971 in Luzern: Schweiz – Malta **5:0**
12.5.1971 in London England – Malta **5:0**
12.5.1971 in Bern: Schweiz – Griechenland **1:0**
18.6.1971 in Athen: Griechenland – Malta **2:0**
13.10.1971 in Basel: Schweiz – England **2:3**
10.11.1971 in London: England – Schweiz **1:1**
1.12.1971 in Athen: Griechenland – England **0:2**

Endstand der Gruppe III

1.	England	6 5 1 0	11:1	15:3
2.	Schweiz	6 4 1 1	9:3	12:5
3.	Griechenland	6 1 1 4	3:9	3:8
4.	Malta	6 0 1 5	1:11	2:16

Gruppe IV

11.11.1970 in Sevilla: Spanien – Nordirland **3:0**
15.11.1970 in Nikosia: Zypern – UdSSR **1:3**
3.2.1971 in Nikosia: Zypern – Nordirland **0:3**
21.4.1971 in Belfast: Nordirland – Zypern **5:0**
9.5.1971 in Nikosia: Zypern – Spanien **0:2**
30.5.1971 in Moskau: UdSSR – Spanien **2:1**
7.6.1971 in Moskau: UdSSR Zypern **6:1**
22.9.1971 in Moskau: UdSSR – Nordirland **1:0**
13.10.1971 in Belfast: Nordirland – UdSSR **1:1**
27.10.1971 in Sevilla: Spanien – UdSSR **0:0**
24.11.1971 in Granada: Spanien – Zypern **7:0**
16.2.1972 in Hull (England): Nordirland – Spanien **1:1**

Endstand der Gruppe IV

1.	UdSSR	6 4 2 0	10:2	13:4
2.	Spanien	6 3 2 1	8:4	14:3
3.	Nordirland	6 2 2 2	6:6	10:6
4.	Zypern	6 0 0 6	0:12	2:26

Gruppe V

14.10.1970 in Kopenhagen: Dänemark – Portugal **0:1**
11.11.1970 in Glasgow: Schottland – Dänemark **1:0**
25.11.1970 in Brügge: Belgien – Dänemark **2:0**
3.2.1971 in Lüttich: Belgien – Schottland **3:0**
17.2.1971 in Brüssel: Belgien – Portugal **3:0**
21.4.1971 in Lissabon: Portugal – Schottland **2:0**
12.5.1971 in Porto: Portugal – Dänemark **5:0**
26.5.1971 in Kopenhagen: Dänemark – Belgien **1:2**
9.6.1971 in Kopenhagen: Dänemark – Schottland **1:0**
13.10.1971 in Glasgow: Schottland – Portugal **2:1**
10.11.1971 in Aberdeen: Schottland – Belgien **1:0**
21.11.1971 in Lissabon: Portugal – Belgien **1:1**

Endstand der Gruppe V

1.	Belgien	6 4 1 1	9:3	11:3
2.	Portugal	6 3 1 2	7:5	10:6
3.	Schottland	6 3 0 3	6:6	4:7
4.	Dänemark	6 1 0 5	2:10	2:11

Gruppe VI

14.10.1970 in Dublin: Eire – Schweden **1:1**
28.10.1970 in Stockholm: Schweden – Eire **1:0**
31.10.1970 in Wien: Österreich – Italien **1:2**
8.12.1970 in Florenz: Italien – Eire **3:0**
10.5.1971 in Dublin: Eire – Italien **1:2**
26.5.1971 in Stockholm: Schweden – Österreich **1:0**
30.5.1971 in Dublin: Eire – Österreich **1:4**
9.6.1971 in Stockholm: Schweden – Italien **0:0**
4.9.1971 in Wien: Österreich – Schweden **1:0**
9.10.1971 in Mailand: Italien – Schweden **3:0**
10.10.1971 in Wien: Österreich – Eire **6:0**
20.11.1971 in Rom: Italien – Österreich **2:2**

Endstand der Gruppe VI

1.	Italien	6 4 2 0	10:2	12:4
2.	Österreich	6 3 1 2	7:5	14:6
3.	Schweden	6 2 2 2	6:6	3:5
4.	Eire	6 0 1 5	1:11	3:17

Gruppe VII

11.10.1970 in Rotterdam: Niederlande – Jugoslawien **1:1**
14.10.1970 in Luxemburg: Luxemburg – Jugoslaw. **0:2**
11.11.1970 in Dresden: DDR – Niederlande **1:0**
15.11.1970 in Luxemburg: Luxemburg – DDR **0:5**
24.2.1971 in Rotterdam Niederlande – Luxemburg **6:0**
4.4.1971 in Split: Jugoslawien – Niederlande **2:0**
24.4.1971 in Gera: DDR – Luxemburg **2:1**
9.5.1971 in Leipzig: DDR – Jugoslawien **1:2**
10.10.1971 in Rotterdam: Niederlande – DDR **3:2**
16.10.1971 in Belgrad: Jugoslawien – DDR **0:0**
27.10.1971 in Titograd: Jugoslawien – Luxemburg **0:0**
17.11.1971 in Eindhoven: Luxemburg – Niederlande **0:8**

Endstand der Gruppe VII

1.	Jugoslawien	6 3 3 0	9:3	7:2
2.	Niederlande	6 3 1 2	7:5	18:6
3.	DDR	6 3 1 2	7:5	11:6
4.	Luxemburg	6 0 1 5	1:11	1:23

Gruppe VIII

14.10.1970 in Chorzow: Polen – Albanien **3:0**
17.10.1970 in Köln: Deutschland – Türkei **1:1**
13.12.1970 in Istanbul: Türkei – Albanien **2:1**
17.2.1971 in Tirana: Albanien – Deutschland **0:1**
25.4.1971 in Istanbul: Türkei – Deutschland **0:3**
12.5.1971 in Tirana: Albanien – Polen **1:1**
12.6.1971 in Karlsruhe: Deutschland – Albanien **2:0**
22.9.1971 in Krakau: Polen – Türkei **5:1**
10.10.1971 in Warschau: Polen – Deutschland **1:3**
14.11.1971 in Tirana: Albanien – Türkei **3:0**
17.11.1971 in Hamburg: Deutschland – Polen **0:0**
5.12.1971 in Izmir: Türkei – Polen **1:0**

Endstand der Gruppe VIII

1.	Deutschland	6 4 2 0	10:2	10:2
2.	Polen	6 2 2 2	6:6	10:6
3.	Türkei	6 2 1 3	5:7	5:13
4.	Albanien	6 1 1 4	3:9	5:9

Viertelfinale

Am 29. April in Mailand:
ITALIEN – BELGIEN 0:0
ITALIEN: Albertosi, Cera, Burgnich, Rosato, Facchetti, Mazzola, De Sisti, Bedin, Domenghini (46. Causio), Anastasi, Riva.
BELGIEN: Piot, van den Daele, Heylens, Thissen, Martens (53. Dolmans), van Moer, Dockx, Verheyen, Semmeling, Lambert, van Himst.
Zuschauer: 70 000; Schiedsrichter: Nikolow (Bulgarien).

Am 13. Mai in Brüssel:
BELGIEN – ITALIEN 2:1 (1:0)
BELGIEN: Piot, Heylens, van den Daele, Thissen, Dolmans van Moer (46. Polleunis), Dockx, Verheyen, Semmeling, Lambert, van Himst.
ITALIEN: Albertosi, Burgnich, Cera, Spinosi, Facchetti, Bertini (46. Capello), Benetti, De Sisti, Mazzola, Boninsegna, Riva.
Tore: 1:0 van Moer (23.), 2:0 van Himst (72.), 2:1 Riva (85., Foulelfmeter).
Zuschauer: 38 000; Schiedsrichter: Schiller (Österreich).

Belgien qualifiziert

Am 30. April in Belgrad:
JUGOSLAWIEN – UdSSR 0:0
JUGOSLAWIEN: Maric, Ramljak, Stepanovic, Pavlovic, Paunovic, Oblak, Holcer, Acimovic, Jankovic, Bukal (84. Bajevic), Dzajic.
UdSSR: Rudakow, Dsodsuaschwilij, Churzilawa, Kaplitschnij, Istomin, Machowikow (61. Troschkin), Dolmatow, Baidatschnij, Banischewskij, Konkow, Kosinkewitsch (78. Jewrjuschichin).
Zuschauer: 80 000; Schiedsrichter: Scheurer (Schweiz).

Am 13. Mai in Moskau:
UdSSR – JUGOSLAWIEN 3:0 (0:0)
UdSSR: Rudakow, Dsodsuaschwilij, Churzilawa, Abramow, Istomin, Kolotow, Troschkin, Baidatschnij (65. Kopeijkin), Banischewskij, Konkow, Jewrjuschichin (46. Kosinkewitsch).
JUGOSLAWIEN: Maric, Holcer (57. Petkovic), Ramljak, Stepanovic, Pavlovic, Paunovic, Antonijevic, Oblak (71. Jerkovic), Jankovic, Acimovic, Dzajic.
Tore: 1:0 Kolotow (53.), 2:0 Banischewskij (74.), 3:0 Kosinkewitsch (90.).
Zuschauer: 100 000; Schiedsrichter: Angonese (Italien).

UdSSR qualifiziert

Am 29. April in London:
ENGLAND – DEUTSCHLAND 1:3 (0:1)
ENGLAND: Banks, Moore, Madeley, Hunter, Hughes, Bell, Ball, Peters, Lee, Chivers, Hurst (60. Marsh).
DEUTSCHLAND: Maier, Beckenbauer, Höttges, Schwarzenbeck, Breitner, Hoeneß, Netzer, Wimmer, Grabowski, Müller, Held.
Tore: 0:1 Hoeneß (26.), 1:1 Lee (77.), 1:2 Netzer (84., Foulelfmeter), 1:3 Müller (89.).
Zuschauer: 100 000; Schiedsrichter: Helies (Frankreich).

Am 13. Mai in Berlin:
DEUTSCHLAND – ENGLAND 0:0
DEUTSCHLAND: Maier, Höttges, Beckenbauer, Schwarzenbeck, Breitner, Flohe, Netzer, Wimmer, Hoeneß (71. Heynckes), Müller Held.
ENGLAND: Banks, Madeley, McFarland, Moore, Hughes, Ball, Storey, Hunter (72. Peters), Bell, Chivers, Marsh (60. Summerbee).
Zuschauer: 78 000; Schiedsrichter: Gugulovic (Jugoslawien).

Deutschland qualifiziert

Am 29. April in Budapest:
UNGARN – RUMÄNIEN 1:1 (1:0)
UNGARN: Geczi, Fabian, Pancsics, Balint, Vepi, Kocsis (59. Bene), Szücs, Fazekas, Branikovits, A. Dunai, Zambo.
RUMÄNIEN: Raducanu, Szathmari, Lupescu, Dinu, Deleanu, Dumitru, Nunweiler, Lucescu, Dembrovski, Domide, Iordanescu.
Tore: 1:0 Branikovits (11.), 1:1 Szathmari (55.).
Zuschauer: 75 000; Schiedsrichter: Smith (England).

Am 14. Mai in Bukarest:
RUMÄNIEN – UNGARN 2:2 (1:2)
RUMÄNIEN: Raducanu, Szathmari, Lupescu, Dinu, Deleanu (69. Anca), Dumitru, Nunweiler, Dembrovski (75. Neagu), Domide, Dobrin, Iordanescu.
UNGARN: Geczi, Fabian, Pancsics, Balint, P. Juhasz, I. Juhasz, Kocsis (61. Kü), Szücs, Szöke, Bene, Zambo (61. A. Dunai).
Tore: 0:1 Szöke (5.), 1:1 Dobrin (14.), 1:2 Kocsis (35.), 2:2 Neagu (82.).
Zuschauer: 80 000; Schiedsrichter: Tschenscher (Deutschland).

Wiederholung
am 17. Mai in Belgrad:
UNGARN – RUMÄNIEN 2:1 (1:1)
UNGARN: Rothermel, Fabian, Pancsics, Balint, P. Juhasz, I. Juhasz, Szöke, Kocsis, Bene, Kü, Zambo.
RUMÄNIEN: Raducanu, Szathmari, Lupescu, Dumitru, Deleanu (65. Halmageanu), Dinu, Dobrin, Nunweiler, Neagu, Domide, Lucescu.
Tore: 1:0 Kocsis (27.), 1:1 Neagu (34.), 2:1 Kocsis (89.).
Zuschauer: 50 000; Schiedsrichter: Michas (Griechenland).

Ungarn qualifiziert

Semifinale

Am 14. Juni in Brüssel:
UdSSR – UNGARN 1:0 (0:0)
UdSSR: Rudakow, Churzilawa, Dsodsuaschwilij, Kaplitschnij, Istomin, Konkow, Troschkin, Kolotow, Baidatschnij, Banischewskij (70. Nodija), Onischenko.
UNGARN: Geczi, Balint, Fabian, Pancsics, P. Juhasz, I. Juhasz, Kocsis (60. Albert), Kü, Szöke, Bene (60. A. Dunai), Zambo.
Tor: 1:0 Konkow (53.).
Zuschauer: 1500; Schiedsrichter: Glöckner (DDR).

UdSSR qualifiziert

Am 14. Juni in Antwerpen:
DEUTSCHLAND – BELGIEN 2:1 (1:0)
DEUTSCHLAND: Maier, Höttges, Beckenbauer, Schwarzenbeck, Breitner, Hoeneß (59. Grabowski), Netzer, Wimmer, Heynckes, Müller, E. Kremers.
BELGIEN: Piot, Heylens, van den Daele, Thissen, Dolmans, Verheyen, Dockx, Martens (70. Polleunis), Semmeling, Lambert, van Himst.
Tore: 1:0 Müller (24.), 2:0 Müller (72.), 2:1 Polleunis (84.).
Zuschauer: 60 000; Schiedsrichter: Mullan (Schottland).

Deutschland qualifiziert

Um den dritten Platz

Am 17. Juni in Lüttich:
BELGIEN – UNGARN 2:1 (2:0)
BELGIEN: Piot, Heylens, van den Daele, Thissen, Dolmans, Dockx, Verheyen, Polleunis, Semmeling, Lambert, van Himst.
UNGARN: Geczi, Balint, Fabian, Pancsics, P. Juhasz, I. Juhasz, Albert, Kü, Kozma, A. Dunai, Zambo (46. Szücs).
Tore: 1:0 Lambert (24.), 2:0 van Himst (29.), 2:1 Kü (52., Foulelfmeter).
Zuschauer: 9000; Schiedsrichter: Boström (Schweden).

Finale

Am 18. Juni in Brüssel:
DEUTSCHLAND – UdSSR 3:0 (1:0)
DEUTSCHLAND: Maier, Höttges, Beckenbauer, Schwarzenbeck, Breitner, Hoeneß, Netzer, Wimmer, Heynckes, Müller, E. Kremers.
UdSSR: Rudakow, Dsodsuaschwilij, Churzilawa, Kaplitschnij, Istomin, Kolotow, Troschkin, Konkow (46. Dolmatow), Baidatschnij, Banischewskij (65. Kosinkewitsch), Onischenko.
Tore: 1:0 Müller (27.), 2:0 Wimmer (62.), 3:0 Müller (58.).
Zuschauer: 50 000; Schiedsrichter: Marschall (Österreich).

1976

Gruppe I

	Punkte	Tore	Spiele	Gewonnen	Unentschieden	Verloren	ČSSR	England	Portugal	Zypern
ČSSR	9:3	15:5	6	4	1	1	□	2:1	5:0	4:0
England	8:4	11:3	6	3	2	1	3:0	□	0:0	5:0
Portugal	7:5	5:7	6	2	3	1	1:1	1:1	□	1:0
Zypern	0:12	0:16	6	0	0	6	0:3	0:1	0:2	□

Gruppe II

	Punkte	Tore	Spiele	Gewonnen	Unentschieden	Verloren	Wales	Ungarn	Österreich	Luxemburg
Wales	10:2	14:4	6	5	0	1	□	2:0	1:0	5:0
Ungarn	7:5	15:8	6	3	1	2	1:2	□	2:1	8:1
Österreich	7:5	11:7	6	3	1	2	2:1	0:0	□	6:2
Luxemburg	0:12	7:28	6	0	0	6	1:3	2:4	1:2	□

Gruppe III

	Punkte	Tore	Spiele	Gewonnen	Unentschieden	Verloren	Jugoslawien	Nordirland	Schweden	Norwegen
Jugoslawien	10:2	12:4	6	5	0	1	□	1:0	3:0	3:1
Nordirland	6:6	8:5	6	3	0	3	1:0	□	1:2	3:0
Schweden	6:6	8:9	6	3	0	3	1:2	0:2	□	3:1
Norwegen	2:10	5:15	6	1	0	5	1:3	2:1	0:2	□

Gruppe IV

	Punkte	Tore	Spiele	Gewonnen	Unentschieden	Verloren	Spanien	Rumänien	Schottland	Dänemark
Spanien	9:3	10:6	6	3	3	0	□	1:1	1:1	2:0
Rumänien	7:5	11:6	6	1	5	0	2:2	□	1:1	6:1
Schottland	7:5	8:6	6	2	3	1	1:2	1:1	□	3:1
Dänemark	1:11	3:14	6	0	1	5	1:2	0:0	0:1	□

Gruppe V

	Punkte	Tore	Spiele	Gewonnen	Unentschieden	Verloren	Niederlande	Polen	Italien	Finnland
Niederlande	8:4	14:8	6	4	0	2	□	3:0	3:1	4:1
Polen	8:4	9:5	6	3	2	1	4:1	□	0:0	3:0
Italien	7:5	3:3	6	2	3	1	1:0	0:0	□	0:0
Finnland	1:11	3:13	6	0	1	5	1:3	1:2	0:1	□

Gruppe VI

	Punkte	Tore	Spiele	Gewonnen	Unentschieden	Verloren	UdSSR	Eire	Türkei	Schweiz
UdSSR	8:4	10:6	6	4	0	2	□	2:1	3:0	4:1
Eire	7:5	11:5	6	3	1	2	3:0	□	4:0	2:1
Türkei	6:6	5:10	6	2	2	2	1:0	1:1	□	2:1
Schweiz	3:9	5:10	6	1	1	4	0:1	1:0	1:1	□

Gruppe VII

	Punkte	Tore	Spiele	Gewonnen	Unentschieden	Verloren	Belgien	DDR	Frankreich	Island
Belgien	8:4	6:3	6	3	2	1	□	1:2	2:1	1:0
DDR	7:5	8:7	6	2	3	1	0:0	□	2:1	1:1
Frankreich	5:7	7:6	6	1	3	2	0:0	2:2	□	3:0
Island	4:8	3:8	6	1	2	3	0:2	2:1	0:0	□

Gruppe VIII

	Punkte	Tore	Spiele	Gewonnen	Unentschieden	Verloren	Deutschland	Griechenland	Bulgarien	Malta
Deutschland	9:3	14:4	6	3	3	0	□	1:1	1:0	8:0
Griechenland	7:5	12:9	6	2	3	1	2:2	□	2:1	4:0
Bulgarien	6:6	12:7	6	2	2	2	1:1	3:3	□	5:0
Malta	2:10	2:20	6	1	0	5	0:1	2:0	0:2	□

Viertelfinale

Am 24. April 1976 in Zagreb:
Jugoslawien – Wales 2:0 (1:0)
JUGOSLAWIEN: O. Petrovic, Buljan, Hadziabdic, Katalinski, Muzinic, Oblak, Acimovic, Vukotic (60. Jerkovic), Popivoda, Surjak, Vabec. WALES: Davies, Thomas, Page, Mahoney, Phillips, Evans, James (85. Curtis), Flynn, Yorath, Toshack, Griffiths. Schiedsrichter: Schiller (Österreich); Zuschauer: 50 000; Tore: 1:0 Vukotic (1.), 2:0 Popivoda (56.).

Am 22. Mai in Cardiff:
Wales – Jugoslawien 1:1 (1:1)
WALES: Davies, Phillips, D. Roberts, Evans, Page, Griffiths (66. Curtis), Yorath, Mahoney, Flynn, Toshack, James. JUGOSLAWIEN: Maric, Buljan, Muzinic, Katalinski, Hadziabdic, Zungul (60. Vladic), Jerkovic, Oblak, Surjak, Djordjevic, Popivoda. Schiedsrichter: Glöckner (DDR); Zuschauer: 30 000; Tore: 0:1 Katalinski (18., Foulelfmeter), 1:1 Evans (38.). Jugoslawien qualifiziert

Am 24. April in Bratislava:
ČSSR – UdSSR 2:0 (1:0)
CSSR: Viktor, Dobias, Jo. Capkovic, Ondrus, Gögh, Pollak, Moder (78. Knapp), Panenka, Masny, Nehoda, Petras (17. Kroupa). UdSSR: Prochorow, Reschko, Swjaginzew, Fomenko, Lowtschew (67. Weremejew), Konkow, Troschkin, Kolotow, Matwijenko, Onischtschenko (68. Nasarenko), Blochin. Schiedsrichter: Ok (Türkei); Zuschauer: 53 000; Tore: 1:0 Moder (35.), 2:0 Panenka (48.).

Am 22. Mai in Kiew:
UdSSR – ČSSR 2:2 (0:1)
UdSSR: Rudakow, Fomenko, Konkow (55. Minajew), Swjaginzew, Lowtschew, Troschkin, Muntjan, Weremejew, Onischtschenko, Burjak, Blochin. ČSSR: Viktor, Ondrus, Pivarnik, Jo. Capkovic (83. Jurkemik), Gogh, Dobias, Pollak, Moder, Masny, Gallis (88. Svehlik), Nehoda. Schiedsrichter: MacKenzie (Schottland); Zuschauer: 100 000; Tore: 0:1 Moder (44.), 1:1 Burjak (53.), 1:2 Moder (82.), 2:2 Blochin (88.). ČSSR qualifiziert

Am 25. April in Rotterdam:
Niederlande – Belgien 5:0 (2:0)
NIEDERLANDE: Schrijvers, van Kraay, Suurbier, Rijsbergen, Krol, Neeskens (82. Peters), Jansen, W. v.d. Kerkhof, Rep, Cruyff, Rensenbrink. BELGIEN: Piot, van Binst, Martens, Leekens, Gerets, Colls (46. van der Elst), Coeck, Verheyen, van der Eycken, van Gool, Lambert (84. Teugels). Schiedsrichter: Dubach (Schweiz); Zuschauer: 54 000; Tore: 1:0 Rijsbergen (17.), 2:0 Rensenbrink (28.), 3:0 Rensenbrink (58.), 4:0 Neeskens (80., Handelfmeter), 5:0 Rensenbrink (86.).

Am 22. Mai in Brüssel:
Belgien – Niederlande 1:2 (1:0)
BELGIEN: Pfaff, van Binst, Renquin, Dalving, Martens, van der Elst, Cools, Verheyen, van der Eycken, van Gool (68. Delesie), Wellens. NIEDERLANDE: Schrijvers, van Kraay, Suurbier, Rijsbergen, Krol, W. v.d. Kerkhof, Neeskens, van Hanegem (81. Peters), Rep, Cruyff, Rensenbrink. Schiedsrichter: Michelotti (Italien); Zuschauer: 45 000; Tore: 1:0 van Gool (28.), 1:1 Rep (64.), 1:2 Cruyff (79.). Niederlande qualifiziert

Am 24. April in Madrid:
Spanien – Deutschland 1:1 (1:0)
SPANIEN: Iribar, Sol, Migueli (82. Satrustegui), Benito, Capon, Villar, Del Bosque, Camacho, Quini (82. Alabanda), Santillana, Churruca. DEUTSCHLAND: Maier, Vogts, Beckenbauer, Schwarzenbeck (46. Cullmann), Dietz (82. Reichel), Bonhof, Danner, Beer, Wimmer, Hölzenbein, Worm. Schiedsrichter: Taylor (England); Zuschauer: 63 000; Tore: 1:0 Santillana (21.), 1:1 Beer (60.).

Am 22. Mai in München:
Deutschland – Spanien 2:0 (2:0)
DEUTSCHLAND: Maier, Vogts, Beckenbauer, Schwarzenbeck, Dietz, Wimmer, Beer, Bonhof, Hoeneß, Toppmöller, Hölzenbein. SPANIEN: Miguel, Angel, Capon, Pirri, Sol (18. Cortabarria), Camacho, Villar (46. Ramos), Del Bosque, Asensi, Churruca, Santillana, Quini. Schiedsrichter: Wurtz (Frankreich); Zuschauer: 77 000; Tore: 1:0 Hoeneß (17.), 2:0 Toppmöller (43.). Deutschland qualifiziert

Semifinale

Am 16. Juni in Zagreb:
ČSSR – Niederlande 3:1 (1:0, 1:1) n.V.
ČSSR: Viktor, Pivarnik, Ondrus, Capkovic (106. Jurkemik), Gögh, Pollak, Moder (91. Vesely), Panenka, Dobias, Nehoda, Masny. NIEDERLANDE: Schrijvers, Suurbier, van Kraay, Rijsbergen (37. van Hanegem), Krol, Neeskens, Jansen, W. v.d. Kerkhof, Rep (65. Geels), Cruyff, Rensenbrink. Schiedsrichter: Thomas (Wales); Zuschauer: 40 000; Tore: 1:0 Ondrus (20.), 1:1 Ondrus (73., Eigentor), 2:1 Nehoda (114.), 3:1 Vesely (119.).

Am 17. Juni in Belgrad:
Deutschland – Jugoslawien 4:2 (0:2, 2:2) n.V.
DEUTSCHLAND: Maier, Vogts, Beckenbauer, Schwarzenbeck, Dietz, Wimmer (79. D. Müller), Beet, Bonhof, Danner (46. Flohe), Hoeneß, Hölzenbein. JUGOSLAWIEN: O. Petrovic, Buljan, Katalinski, Zungul, Muzinic, Jerkovic, Surjak, Oblak (106. Vladic), Acimovic (106. Peruzovic), Popivoda, Dzajic. Schiedsrichter: Delcourt (Belgien); Zuschauer: 75 000; Tore: 0:1 Popivoda (18.), 0:2 Dzajic (32.), 1:2 Flohe (65.), 2:2 Müller (80.), 3:2 Müller (115.), 4:2 Müller (119.).

Spiel um den dritten Platz

Am 19. Juni in Zagreb:
Niederlande – Jugoslawien 3:2 (2:1, 2:2) n.V.
NIEDERLANDE: Schrijvers, Suurbier, van Kraay, Krol, Jansen (46. Meutstege), Peters, Arntz (71. Kist), W. v.d. Kerkhof, R. v.d. Kerkhof, Geels, Rensenbrink. JUGOSLAWIEN: O. Petrovic, Buljan, Katalinski, Muzinic, Oblak, Surjak, Acimovic (46. Vladic), Jerkovic, Popivoda, Zungul (46. Halilhodzic), Dzajic. Schiedsrichter: Hungerbühler (Schweiz); Zuschauer: 10 000; Tore: 1:0 Geels (27.), 2:0 W. v.d. Kerkhof (39.), 2:1 Katalinski (43.), 2:2 Dzajic (83.), 3:2 Geels (107.).

Endspiel

Am 20. Juni in Belgrad:
ČSSR – Deutschland 2:2 (2:1, 2:2) n.V.*
ČSSR: Viktor, Pivarnik, Ondrus, Capkovic, Gögh, Dobias, Panenka, Moder, Masny, Svehlik, (79. Jurkemik), Nehoda. DEUTSCHLAND: Maier, Vogts, Beckenbauer, Schwarzenbeck, Dietz, Wimmer (46. Flohe), Bonhof, Beer (79. Bongartz), Hoeneß, D. Müller, Hölzenbein. Schiedsrichter: Gonella (Italien); Zuschauer: 33 000; Tore: 1:0 Svehlik, (8.), 2:0 Dobias (25.), 2:1 D. Müller (28.), 2:2 Hölzenbein (90.).

* ČSSR Sieger durch Elfmeterschießen 5:3.

1980

Gruppe I

	Punkte	Tore	Spiele	Gewonnen	Unentschieden	Verloren	England	Nordirland	Eire	Bulgarien	Dänemark
England	15:1	22:5	8	7	1	0	□	4:0	2:0	2:0	1:0
Nordirland	9:7	8:14	8	4	1	3	1:5	□	1:0	2:0	2:1
Eire	7:9	9:8	8	2	3	3	1:1	0:0	□	3:0	2:0
Bulgarien	5:11	6:14	8	2	1	5	0:3	0:2	1:0	□	3:0
Dänemark	4:12	13:17	8	1	2	5	3:4	4:0	3:3	2:2	□

Gruppe II

	Punkte	Tore	Spiele	Gewonnen	Unentschieden	Verloren	Belgien	Österreich	Portugal	Schottland	Norwegen
Belgien	12:4	12:5	8	4	4	0	□	1:1	2:0	2:0	1:1
Österreich	11:5	14:7	8	4	3	1	0:0	□	1:2	3:2	4:0
Portugal	9:7	10:11	8	4	1	3	1:1	1:2	□	1:0	3:1
Schottland	7:9	15:13	8	3	1	4	1:3	1:1	4:1	□	3:2
Norwegen	1:15	5:20	8	0	1	7	1:2	0:2	0:1	0:4	□

Gruppe III

	Punkte	Tore	Spiele	Gewonnen	Unentschieden	Verloren	Spanien	Jugoslawien	Rumänien	Zypern
Spanien	9:3	13:5	6	4	1	1	□	0:1	1:0	5:0
Jugoslawien	8:4	14:6	6	4	0	2	1:2	□	2:1	5:0
Rumänien	6:6	9:8	6	2	2	2	2:2	3:2	□	2:0
Zypern	1:11	2:19	6	0	1	5	1:3	0:3	1:1	□

Gruppe IV

	Punkte	Tore	Spiele	Gewonnen	Unentschieden	Verloren	Niederlande	Polen	DDR	Schweiz	Island
Niederlande	13:3	20:6	8	6	1	1	□	1:1	3:0	3:0	3:0
Polen	12:4	13:4	8	5	2	1	2:0	□	1:1	2:0	2:0
DDR	11:5	18:11	8	5	1	2	2:3	2:1	□	5:2	3:1
Schweiz	4:12	7:18	8	2	0	6	1:3	0:2	0:2	□	2:0
Island	0:16	2:21	8	0	0	8	0:4	0:2	0:3	1:2	□

Gruppe V

	Punkte	Tore	Spiele	Gewonnen	Unentschieden	Verloren	ČSSR	Frankreich	Schweden	Luxemburg
ČSSR	10:2	17:4	6	5	0	1	□	2:0	4:1	4:0
Frankreich	9:3	13:7	6	4	1	1	2:1	□	2:2	3:0
Schweden	4:8	9:13	6	1	2	3	1:3	1:3	□	3:0
Luxemburg	1:11	2:17	6	0	1	5	0:3	1:3	1:1	□

Gruppe VI

	Punkte	Tore	Spiele	Gewonnen	Unentschieden	Verloren	Griechenland	Ungarn	Finnland	UdSSR
Griechenland	7:5	13:7	6	3	1	2	□	4:1	8:1	1:0
Ungarn	6:6	9:9	6	2	2	2	0:0	□	3.1	2:0
Finnland	6:6	10:15	6	2	2	2	3:0	2:1	□	1:1
UdSSR	5:7	7:8	6	1	3	2	2:0	2:2	2:2	□

Gruppe VII

	Punkte	Tore	Spiele	Gewonnen	Unentschieden	Verloren	Deutschland	Türkei	Wales	Malta
Deutschland	10:2	17:1	6	4	2	0	□	2:0	5:1	8:0
Türkei	7:5	5:5	6	3	1	2	0:0	□	1:0	2:1
Wales	6:6	11:8	6	3	0	3	0:2	1:0	□	7:0
Malta	1:11	2:21	6	0	1	5	1:2	1:2	0:2	□

Endrunde in Italien

Gruppe I

Am 11. Juni 1980 in Rom:
DEUTSCHLAND – ČSSR 1:0 (0:0)
DEUTSCHLAND: Schumacher, Cullmann, Briegel, K.-H. Förster, Kaltz, B. Förster (60. Magath), Stielike, Dietz, H. Müller, Rummenigge, K. Allofs. ČSSR: Netolicka, Ondrus, Barmos, Jurkemik, Gögh, Kozak, Panenka, Stambachr, Gajdusek (86. Masny), Vizek, Nehoda. Schiedsrichter: Michelotti (Italien); Zuschauer: 15 000; Tor: 1:0 Rummenigge (56.).

Am 11. Juni in Neapel:
NIEDERLANDE – GRIECHENLAND 1:0 (0:0)
NIEDERLANDE: Schrijvers (16. Doesburg), Krol, Wijnstekers, van de Korput, Hovenkamp, W. van de Kerkhof, Haan, Stevens, Vreijsen (46. Nanninga), Kist, R. van de Kerkhof. GRIECHENLAND: Konstantinou, Firos, Kirastas, Kapsis, Iosifidis, Livathinos, Terzanidis, Kouis, Ardizoglou (68. Anastopoulos), Kostikos (78. Galakos), Mavros. Schiedsrichter: Prokop (DDR); Zuschauer: 20 000; Tor: 1:0 Kist (65., Foulelfmeter).

Am 14. Juni in Neapel:
DEUTSCHLAND – NIEDERLANDE 3:2 (1:0)
DEUTSCHLAND: Schumacher, Stielike, Kaltz, K.-H. Förster, Dietz (73. Matthäus), Schuster, Briegel, H. Müller (65. Magath), Rummenigge, Hrubesch, K. Allofs. NIEDERLANDE: Schrijvers, Krol, Wijnstekers, van de Korput, Hovenkamp (46. Nanninga), W. van de Kerkhof, Haan, Stevens , Rep, Kist (70. Thijssen), R. van, de Kerkhof. Schiedsrichter: Wurtz (Frankreich); Zuschauer: 25 000; Tore: 1:0 Allofs (19.), 2:0 Allofs (59.), 3:0 Allofs (66.), 3:1 Rep (79., Foulelfmeter), 3:2 W. van de Kerkhof (85.).

Am 14. Juni in Rom:
ČSSR – GRIECHENLAND 3:1 (2:1)
ČSSR: Seman, Ondrus, Barmos, Jurkemik, Gogh, Kozak, Panenka, Berger (18. Licka), Masny, Vizek, Nehoda (75. Gajdusek). GRIECHENLAND: Konstantinou, Firos, Kirastas, Iosifidis, Kapsis, Livathinos (46. Galakos), Terzanidis, Kouis, Kostikos (57. Xanthopoulos), Mavros, Anastopoulos. Schiedsrichter: Partridge (England); Zuschauer: 7600; Tore: 1:0 Panenka (6.), 1:1 Anastopoulos (13.), 2:1 Vizek (26.), 3:1 Nehoda (63.).

Am 17. Juni in Mailand:
ČSSR – NIEDERLANDE 1:1 (1:0)
ČSSR: Netolicka, Ondrus, Barmos, Vojacek, Gögh, Panenka (89. Stambachr), Kozak, Jurkemik, Masny (67. Licka), Vizek, Nehoda. NIEDERLANDE: Schrijvers, Krol, Wijnstekers, van de Korput, Hovenkamp, Thijssen, W. van de Kerkhof, Poortvliet, Rep, Nanninga (46. Haan), R. van de Kerkhof (15. Kist). Schiedsrichter: Ok (Türkei); Zuschauer: 12 000; Tore: 1:0 Nehoda (16.), 1:1 Kist (59.).

Am 17. Juni in Turin;
DEUTSCHLAND – GRIECHENLAND 0:0
DEUTSCHLAND: Schumacher, Stielike, Kaltz, K.-H. Förster, B. Förster (46. Votava), Cullmann, Briegel, H. Müller, Rummenigge (66. Del'Haye), Hrubesch, Memering. GRIECHENLAND: Poupakis, Nikolaou, Gounaris, Ravousis, Xanthopoulos, Livathinos, Nikoloudis (65. Koudas), Galakos, Ardizoglou, Mavros (79. Kostikos), Kouis. Schiedsrichter: McGinlay (Schottland); Zuschauer: 17 000.

Endstand

	Punkte	Tore	Spiele	Gewonnen	Unentschieden	Verloren	Deutschland	ČSSR	Niederlande	Griechenland
Deutschland	5:1	4:2	3	2	1	0	□	1:0	3:2	0:0
ČSSR	3:3	4:3	3	1	1	1	0:1	□	1:1	3:1
Niederlande	3:3	4:4	3	1	1	1	2:3	1:1	□	1:0
Griechenland	1:5	1:4	3	0	1	2	0:0	1:3	0:1	□

Gruppe II

Am 12. Juni in Mailand:
SPANIEN – ITALIEN 0:0
SPANIEN: Arconada, Alesanco, Tendillo, Migueli, Gordillo, Saura, Asensi, Zamora, Quini, Dani (54. Juanito), Satrustegui. ITALIEN: Zoff, Scirea, Gentile, Collovati, Cabrini (55. Benetti), Oriali, Tardelli, Antognoni, Causio, Graziani, Bettega. Schiedsrichter: Palotai (Ungarn); Zuschauer: 75 000.

Am 12. Juni in Turin:
ENGLAND – BELGIEN 1:1 (1:1)
ENGLAND: Clemence, Thompson, Neal, Watson, Sansom, Coppell (80. McDermott), Wilkins, Keegan, Brooking, Johnson (68. Kennedy), Woodcock. BELGIEN: Pfaff, Meeuws, Gerets, Millecamps, Renquin, van der Elst, Cools, van Moer (88. Mommens), van der Eycken, van den Bergh, Ceulemans. Schiedsrichter: Aldinger (Deutschland); Zuschauer: 20 000; Tore: 1:0 Wilkins (26.), 1:1 Ceulemans (30.).

Am 15. Juni in Mailand:
BELGIEN – SPANIEN 2:1 (1:1)
BELGIEN: Pfaff, Meeuws, Gerets, Millecamps, Renquin, van der Elst, Cools, van Moer (80. Mommens), van der Eycken, van den Bergh (82. Verheyen), Ceulemans. SPANIEN: Arconada, Alesanco, Tendillo (79. Carrasco), Migueli, Gordillo, Saura, Zamora, Asensi (37. Del Bosque), Quini, Juanito, Satrustegui. Schiedsrichter: Corver (Niederlande); Zuschauer: 15 000; Tore: 1:0 Gerets (17.), 1:1 Quini (36.), 2:1 Cools (64.).

Am 15. Juni in Turin:
ITALIEN – ENGLAND 1:0 (0:0)
ITALIEN: Zoff, Scirea, Gentile, Collovati, Benetti, Oriali, Tardelli, Antognoni, Causio (89. Baresi), Graziani, Bettega. ENGLAND: Shilton, Thompson, Neal, Watson, Sansom, Coppell, Wilkins, Keegan, Kennedy, Birtles (79. Mariner), Woodcock. Schiedsrichter: Rainea (Rumänien); Zuschauer: 65 000; Tor: 1:0 Tardelli (78.).

Am 18. Juni in Neapel:
ENGLAND – SPANIEN 2:1 (1:0)
ENGLAND: Clemence, Watson, Anderson (85. Cherry), Thompson, Mills, Wilkins, Hoddle (77. Mariner), McDermott, Brooking, Keegan, Woodcock. SPANIEN: Arconada, Alesanco, Gordillo, Olmo, Cundi, Uria, Cardenosa (46. Carrasco), Saura, Zamora, Juanito (46. Dani), Santillana. Schiedsrichter: Linemayr (Österreich); Zuschauer: 10 000; Tore: 1:0 Brooking (19.), 1:1 Dani (48., Foulelfmeter), 2:1 Woodcock (61.).

Am 18. Juni in Rom:
ITALIEN – BELGIEN 0:0
ITALIEN: Zoff, Scirea, Gentile, Collovati, Oriali (46. Altobelli), Benetti, Tardelli, Antognoni (35. Baresi), Causio, Graziani, Bettega. BELGIEN: Pfaff, Meeuws, Gerets, Millecamps, Renquin, Cools, van der Eycken, van Moer (49. Verheyen), Mommens (78. van den Bergh), van der Elst, Ceulemans. Schiedsrichter: Garrido (Portugal); Zuschauer: 60 000.

Endstand

	Punkte	Tore	Spiele	Gewonnen	Unentschieden	Verloren	Belgien	Italien	England	Spanien
Belgien	4:2	3:2	3	1	2	0	□	0:0	1:1	2:1
Italien	4:2	1:0	3	1	2	0	0:0	□	1:0	0:0
England	3:3	3:3	3	1	1	1	1:1	0:1	□	2:1
Spanien	1:5	2:4	3	0	1	2	1:2	0:0	1:2	□

Spiel um den dritten Platz

Am 21. Juni in Neapel:
ČSSR – ITALIEN 1:1 (0:0)*
ČSSR: Netolicka, Ondrus, Barmos, Vojacek, Gögh, Kozak, Jurkemik, Panenka, Masny, Vizek (64. Gajdusek), Nehoda. ITALIEN: Zoff, Scirea, Gentile, Collovati, Cabrini, Baresi, Tardelli, Causio, Graziani, Altobelli, Bettega (84. Benetti). Schiedsrichter: Linemayr (Österreich); Zuschauer: 25 000; Tore: 1:0 Jurkemik (54.), 1:1 Graziani (73.).
* CSSR Sieger durch Elfmeterschießen 9:8

Endspiel

Am 22. Juni in Rom:
DEUTSCHLAND – BELGIEN 2:1 (1:0)
DEUTSCHLAND: Schumacher, Stielike, Kaltz, K.-H. Förster, Dietz, Briegel (55. Cullmann), Schuster, H. Müller, Rummenigge, Hrubesch, K. Allofs. BELGIEN: Pfaff, Gerets, Millecamps, Meeuws, Renquin, Cools, van der Eycken, van Moer, Mommens, van der Elst, Ceulemans. Schiedsrichter: Rainea (Rumänien); Zuschauer: 48 000; Tore: 1:0 Hrubesch (10.), 1:1 Mommens (70., Foulelfmeter), 2:1 Hrubesch (88.).

Europameisterschaft 1984

Gruppe I

	Punkte	Tore	Spiele	Gewonnen	Unentschieden	Verloren	Belgien	Schweiz	DDR	Schottland
Belgien	9:3	12:8	6	4	1	1	□	3:0	2:1	3:2
Schweiz	6:6	7:9	6	2	2	2	3:1	□	0:0	2:0
DDR	5:7	7:7	6	2	1	3	1:2	3:0	□	2:1
Schottland	4:8	8:10	6	1	2	3	1:1	2:2	2:0	□

Gruppe II

	Punkte	Tore	Spiele	Gewonnen	Unentschieden	Verloren	Portugal	UdSSR	Polen	Finnland
Portugal	10:2	11:6	6	5	0	1	□	1:0	2:1	5:0
UdSSR	9:3	11:2	6	4	1	1	5:0	□	2:0	2:0
Polen	4:8	6:9	6	1	2	3	0:1	1:1	□	1:1
Finnland	1:11	3:14	6	0	1	5	0:2	0:1	2:3	□

Gruppe III

	Punkte	Tore	Spiele	Gewonnen	Unentschieden	Verloren	Dänemark	England	Griechenland	Ungarn	Luxemburg
Dänemark	13:3	17:5	8	6	1	1	□	2:2	1:0	3:1	6:0
England	12:4	23:3	8	5	2	1	0:1	□	0:0	2:0	9:0
Griechenland	8:8	8:10	8	3	2	3	0:2	0:3	□	2:2	1:0
Ungarn	7:9	18:17	8	3	1	4	1:0	0:3	2:3	□	6:2
Luxemburg	0:16	5:36	8	0	0	8	1:2	0:4	0:2	2:6	□

Gruppe IV

	Punkte	Tore	Spiele	Gewonnen	Unentschieden	Verloren	Jugoslawien	Bulgarien	Wales	Norwegen
Jugoslawien	8:4	12:5	6	3	2	1	□	0:0	2:0	6:2
Bulgarien	8:4	6:3	6	3	2	1	0:2	□	1:1	2:0
Wales	6:6	5:6	6	2	2	2	1:0	0:1	□	0:0
Norwegen	2:10	6:15	6	0	2	4	2:2	0:2	2:3	□

Gruppe V

	Punkte	Tore	Spiele	Gewonnen	Unentschieden	Verloren	Italien	ČSSR	Rumänien	Zypern
Italien	10:2	9:3	6	5	0	1	□	2:1	2:0	2:0
ČSSR	9:3	15:7	6	4	1	1	2:1	□	2:2	2:0
Rumänien	5:7	8:12	6	2	1	3	0:1	1:4	□	3:2
Zypern	0:12	4:14	6	0	0	6	0:1	1:4	1:2	□

Gruppe VI

	Punkte	Tore	Spiele	Gewonnen	Unentschieden	Verloren	Deutschland	Nordirland	Österreich	Türkei	Albanien
Deutschland	11:5	15:5	8	5	1	2	□	0:1	3:0	5:1	2:1
Nordirland	11:5	8:5	8	5	1	2	1:0	□	3:1	2:1	1:0
Österreich	9:7	15:10	8	4	1	3	0:0	2:0	□	4:0	5:0
Türkei	7:9	8:16	8	3	1	4	0:3	1:0	3:1	□	1:0
Albanien	2:14	4:14	8	0	2	6	1:2	0:0	1:2	1:1	□

Gruppe VII

	Punkte	Tore	Spiele	Gewonnen	Unentschieden	Verloren	Spanien	Niederlande	Eire	Island	Malta
Spanien	13:3	24:8	8	6	1	1	□	1:0	2:0	1:0	12:1
Niederlande	13:3	22:6	8	6	1	1	2:1	□	2:1	3:0	5:0
Eire	9:7	20:10	8	4	1	3	3:3	2:3	□	2:0	8:0
Island	3:13	3:13	8	1	1	6	0:1	1:1	0:3	□	1:0
Malta	2:14	5:37	8	1	0	7	2:3	0:6	0:1	2:1	□

Endrunde in Frankreich

Gruppe I

Am 12. Juni 1984 in Paris:
FRANKREICH – DÄNEMARK 1:0 (0:0)
FRANKREICH: Bats, Battiston, Le Roux (60. Domergue), Bossis, Amoros, Tigana, Giresse, Platini, Fernandez, Lacombe, Bellone. DÄNEMARK: Qvist, Nielsen, M. Ohlsen, Busk, Bertelsen, Arnesen (80. J. Olsen), Berggreen, Lerby, Simonsen (44. Lauridsen), Laudrup, Larsen. Schiedsrichter: Roth (Deutschland); Zuschauer: 48 00; Tor: 1:0 Platini (78.).

Am 13. Juni in Lens:
BELGIEN – JUGOSLAWIEN 2:0 (2:0)
BELGIEN: Pfaff, Grün, De Greef, Clijsters (34. Lambrichts), De Wolf, Scifo, Van der Eycken, Vercauteren, Ceulemans, Claesen, Vandenbergh. JUGOSLAWIEN: Simovic, N. Stojkovic, Zajec, Hadzibegic, Sestic, Katanec, Gudelj, Bazdarevic (60. D. Stojkovic), Susic, Halilovic, Vujovic (77. Cvetkovic). Schiedsrichter: Fredriksson (Schweden); Zuschauer: 40 000; Tore: 1:0 Vandenbergh (28.), 2:0 Grün (45.).

Am 16. Juni in Nantes:
FRANKREICH – BELGIEN 5:0 (3:0)
FRANKREICH: Bats, Fernandez, Bossis, Battiston, Domergue, Tigana, Genghini (79. Tusseau), Giresse, Platini, Lacombe (65. Rocheteau), Six. BELGIEN: Pfaff, Grün, Lambrichts, De Greef, De Wolf, Van der Eycken (46. Coeck), Scifo (52. Verheyen), Vercauteren, Ceulemans, Claesen, Vandenbergh. Schiedsrichter: Valentine (Schottland); Zuschauer: 40 000; Tore: 1:0 Platini (3.), 2:0 Giresse (31.), 3:0 Fernandez (44.), 4:0 Platini (74., Elfmeter), 5:0 Platini (89.).

Am 16. Juni in Lyon:
DÄNEMARK – JUGOSLAWIEN 5:0 (2:0)
DÄNEMARK: Qvist, Rasmussen (60. Sivebaek), Busk, M. Olsen, Nielsen, Lerby, Bertelsen, Berggreen, Arnesen (78. Lauridsen), Larsen, Laudrup. JUGOSLAWIEN: Ivkovic, N. Stojkovic, Radanovic, Zajec, Miljus, Katanec (57. Halilovic), Gudelj, Bazdarevic (25. D. Stojkovic), Susic, Cvetkovic, Vujovic. Schiedsrichter: Lamo Castillo (Spanien); Zuschauer: 35 000; Tore: 1:0 Arnesen (8.), 2:0 Berggreen (18.), 3:0 Arnesen (68., Elfmeter), 4:0 Larsen (82.), 5:0 Lauridsen (84.).

Am 19. Juni in Saint-Etienne:
FRANKREICH – JUGOSLAWIEN 3:2 (0:1)
FRANKREICH: Bats, Fernandez, Battiston, Bossis, Domergue, Tigana, Giresse, Ferreri (77. Bravo), Platini, Rocheteau (46. Tusseau), Six. JUGOSLAWIEN: Simovic, Radanovic, N. Stojkovic, Zajec, Miljus, Sestic, Gudelj, Bazdarevic (84. Katanec), D. Stojkovic, Susic, Vujkovic (60. Deveric). Schiedsrichter: Daina (Schweiz); Zuschauer: 50 000; Tore: 0:1 Sestic (31.), 1:1 Platini (59.), 2:1 Platini (61.), 3:1 Platini (76.), 3:2 D. Stojkovic (80., Elfmeter).

Am 19. Juni in Straßburg:
DÄNEMARK – BELGIEN 3:2 (1:2)
DÄNEMARK: Qvist, O. Rasmussen (57. Brylle), M. Olsen, Nielsen, Busk, Lerby, Berggreen, Bertelsen, Arnesen (78. Sivebaek), Laudrup, Larsen. BELGIEN: Pfaff, Grün, De Greef, Clijsters, De Wolf, Van der Eycken, Scifo, Vercauteren (62. Voordeckers), Ceulemans, Claesen (46. Coeck), Vandenbergh. Schiedsrichter: Prokop (DDR); Zuschauer: 37 000; Tore: 0:1 Ceulemans (27.), 0:2 Vercauteren (39.), 1:2 Arnesen (40., Elfmeter), 2:2 Brylle (60.), 3:2 Larsen (84.).

Endstand

	Punkte	Tore	Spiele	Gewonnen	Unentschieden	Verloren	Frankreich	Dänemark	Belgien	Jugoslawien
Frankreich	6:0	9:2	3	3	0	0	□	1:0	5:0	3:2
Dänemark	4:2	8:3	3	2	0	1	0:1	□	3:2	5:0
Belgien	2:4	4:8	3	1	0	2	0:5	2:3	□	2:0
Jugoslawien	0:6	2:10	3	0	0	3	2:3	0:5	0:2	□

Gruppe II

Am 14. Juni in Straßburg:
DEUTSCHLAND – PORTUGAL 0:0
DEUTSCHLAND: Schumacher, B. Förster, K.-H. Förster, Stielike, Briegel, Rolff, Brehme (67. Matthäus), Buchwald (67. Bommer), Rummenigge, Völler, Allofs. PORTUGAL: Bento, Joao Pinto, Eurico, Lima Pereira, Alvaro, Frasco (78. Veloso), Carlos Manuel, Jaime Pacheco, Sousa, Chalana, Jordao. Schiedsrichter: Juschka (UdSSR); Zuschauer: 45 000.

Am 14. Juni in Saint-Etienne:
RUMÄNIEN – SPANIEN 1:1 (1:1)
RUMÄNIEN: Lung, Rednic, Iorgulescu, Stefanescu, Ungureanu, Coras, Bölöni, Klein, Camataru, Gabor (78. Hagi), Dragnea (59. Ticleanu). SPANIEN: Arconada, Camacho, Maceda, Goicoechea, Urquiaga, Victor, Senor, Gallego (74. Julio Alberto), Gordillo, Santillana, Carrasco. Schiedsrichter: Ponnet (Belgien); Zuschauer: 8000; Tore: 0:1 Carrasco (23., Elfmeter), 1:1 Bölöni (36.).

Am 17. Juni in Lens:
DEUTSCHLAND – RUMÄNIEN 2:1 (1:0)
DEUTSCHLAND: Schumacher, B. Förster, K.-H. Förster (79. Buchwald), Stielike, Briegel, Matthäus, Brehme, Meier (64. Littbarski), Völler, Allofs, Rummenigge. RUMÄNIEN: Lung, Rednic, Andone, Stefanescu, Ungureanu, Dragea (61. Ticleanu), Coras, Bölöni, Klein, Camataru, Hagi (46. Zaré). Schiedsrichter: Keizer (Niederlande); Zuschauer: 30 000; Tore: 1:0 Völler (24.), 1:1 Coras (46.), 2:1 Völler (66.).

Am 17. Juni in Marseille:
PORTUGAL – SPANIEN 1:1 (0:0)
PORTUGAL: Bento, Joao Pinto, Eurico, Lima Pereira, Alvaro, Frasco (77. Diamantino), Carlos Manuel, Jaime Pacheco, Sousa, Chalana, Jordao. SPANIEN: Arconada, Urquiaga (78. Senor), Goicoechea, Maceda, Camacho, Victor, Julio Alberto (69. Sarabia), Gallego, Gordillo, Santillana, Carrasco. Schiedsrichter: Vautrot (Frankreich); Zuschauer: 22 000; Tore: 1:0 Sousa (52.), 1:1 Santillana (72.).

Am 20. Juni in Paris:
DEUTSCHLAND – SPANIEN 0:1 (0:0)
DEUTSCHLAND: Schumacher, B. Förster, K.-H. Förster. Stielike, Briegel, Brehme (79. Rolff), Meier (60. Littbarski), Matthäus, Allofs, Völler, Rummenigge. SPANIEN: Arconada, Senor, Goicoechea (28. Salva), Maceda, Camacho, Gordillo, Victor, Julio Alberto (81. Lopez), Gallego, Santillana, Carrasco. Schiedsrichter: Christov (ČSSR); Zuschauer: 48 000; Tor: 0:1 Maceda (89.).

Am 20. Juni in Nantes:
PORTUGAL – RUMÄNIEN 1:0 (0:0)
PORTUGAL: Bento, Joao Pinto, Eurico, Lima Pereira, Alvaro, Chalana (18. Diamantino), Sousa, Frasco, Carlos Manuel (67. Nene), Jordao, Gomes. RUMÄNIEN: Moraru, Negrila, Iorgulescu, Stefanescu, Ungureanu, Rednic, Irimescu (59. Gabor), Bölöni, Klein, Coras, Camataru (34. Augustin). Schiedsrichter: Fahnler (Österreich); Zuschauer: 25 000; Tor: 1:0 Nene (81.).

Endstand

	Punkte	Tore	Spiele	Gewonnen	Unentschieden	Verloren	Spanien	Portugal	Deutschland	Rumänien
Spanien	4:2	3:2	3	1	2	0	□	1:1	1:0	1:1
Portugal	4:2	2:1	3	1	2	0	1:1	□	0:0	1:0
Deutschland	3:3	2:2	3	1	1	1	0:1	0:0	□	2:1
Rumänien	1:5	2:4	3	0	1	2	1:1	0:1	1:2	□

SEMIFINALE

Am 23. Juni in Marseille:
FRANKREICH – PORTUGAL 3:2 (1:0, 1:1) n.V.
FRANKREICH: Bats, Battiston, Le Roux, Bossis, Domergue, Fernandez, Tigana, Giresse, Platini, Lacombe (66. Ferreri), Six (101. Bellone). PORTUGAL: Bento, Joao Pinto, Eurico, Lima Pereira, Alvaro, Jaime Pacheco, Frasco, Sousa (63. Nene), Chalana, Jordao, Diamantino (46. Gomes). Schiedsrichter: Bergamo (Italien); Zuschauer: 55 000; Tore: 1:0 Domergue (25.), 1:1 Jordao (74.), 1:2 Jordao (98.), 2:2 Domergue (115.), 3:2 Platini (119.).

Am 24. Juni in Lyon:
SPANIEN – DÄNEMARK 1:1 (0:1, 1:1) n.V.*
SPANIEN: Arconada, Senor, Maceda, Salva (102. Urquiaga), Camacho, Victor, Gordillo, Julio Alberto (60. Sarabia), Gallego, Santillana, Carrasco. DÄNEMARK: Qvist, Busk, M. Olsen (113. Brylle), Sivebaek, Berggreen, Bertelsen, Nielsen, Arnesen (68. J. Olsen), Lerby, Laudrup, Larsen. Schiedsrichter: Courtney (England); Zuschauer: 48 000; Tore: 0:1 Lerby (6.), 1:1 Maceda (67.).
* Spanien Sieger durch Elfmeterschießen 5:4.

ENDSPIEL

Am 27. Juni in Paris:
FRANKREICH – SPANIEN 2:0 (0:0)
FRANKREICH: Bats, Battiston (72. Amoros), Le Roux, Bossis, Domergue, Giresse, Tigana, Fernandez, Platini, Lacombe (80. Genghini), Bellone. SPANIEN: Arconada, Urquiaga, Salva (85. Roberto), Gallego, Julio Alberto (77. Sarabia), Senor, Victor, Camacho, Francisco, Santillana, Carrasco. Schiedsrichter: Christov (ČSSR); Zuschauer: 47 000; Tore: 1:0 Platini (57.), 2:0 Bellone (90.).

Europameisterschaft 1988

Gruppe I

	Punkte	Tore	Spiele	Gewonnen	Unentschieden	Verloren	Spanien	Rumänien	Österreich	Albanien
Spanien	10:2	14:6	6	5	0	1	□	1:0	2:0	5:0
Rumänien	9:3	13:3	6	4	1	1	3:1	□	4:0	5:1
Österreich	5:7	6:9	6	2	1	3	2:3	0:0	□	3:0
Albanien	0:12	2:17	6	0	0	6	1:2	0:1	0:1	□

Gruppe II

	Punkte	Tore	Spiele	Gewonnen	Unentschieden	Verloren	Italien	Schweden	Portugal	Schweiz	Malta
Italien	13:3	16:4	8	6	1	1	□	2:1	3:0	3:2	5:0
Schweden	10:6	12:5	8	4	2	2	1:0	□	0:1	2:0	1:0
Portugal	8:8	6:8	8	2	4	2	0:1	1:1	□	0:0	2:2
Schweiz	7:9	9:9	8	1	5	2	0:0	1:1	1:1	□	4:1
Malta	2:14	4:21	8	0	2	6	0:2	0:5	0:1	1:1	□

Gruppe III

	Punkte	Tore	Spiele	Gewonnen	Unentschieden	Verloren	UdSSR	DDR	Frankreich	Island	Norwegen
UdSSR	13:3	14:3	8	5	3	0	□	2:0	1:1	2:0	4:0
DDR	11:5	13:2	8	4	3	1	1:1	□	0:0	2:0	3:1
Frankreich	6:10	4:7	8	1	4	3	0:2	0:1	□	2:0	1:1
Island	6:10	4:14	8	2	2	4	1:1	0:6	0:0	□	2:1
Norwegen	4:12	5:12	8	1	2	5	0:1	0:0	2:0	0:1	□

Gruppe IV

	Punkte	Tore	Spiele	Gewonnen	Unentschieden	Verloren	England	Jugoslawien	Nordirland	Türkei
England	11:1	19:1	6	5	1	0	□	2:0	3:0	8:0
Jugoslawien	8:4	13:9	6	4	0	2	1:4	□	3:0	4:0
Nordirland	3:9	2:10	6	1	1	4	0:2	1:2	□	1:0
Türkei	2:10	2:16	6	0	2	4	0:0	2:3	0:0	□

Gruppe V

	Punkte	Tore	Spiele	Gewonnen	Unentschieden	Verloren	Niederlande	Griechenland	Ungarn	Polen	Zypern
Niederlande	14:2	15:1	8	6	2	0	□	1:1	2:0	0:0	4:0
Griechenland	9:7	12:13	8	4	1	3	0:3	□	2:1	1:0	3:1
Ungarn	8:8	13:11	8	4	0	4	0:1	3:0	□	5:3	1:0
Polen	8:8	9:11	8	3	2	3	0:2	2:1	3:2	□	0:0
Zypern	1:15	3:16	8	0	1	7	0:2	2:4	0:1	0:1	□

Gruppe VI

	Punkte	Tore	Spiele	Gewonnen	Unentschieden	Verloren	Dänemark	ČSSR	Wales	Finnland
Dänemark	8:4	4:2	6	3	2	1	□	1:1	1:0	1:0
ČSSR	7:5	7:5	6	2	3	1	0:0	□	2:0	3:0
Wales	6:6	7:5	6	2	2	2	1:0	1:1	□	4:0
Finnland	3:9	4:10	6	1	1	4	0:1	3:0	1:1	□

Gruppe VII

	Punkte	Tore	Spiele	Gewonnen	Unentschieden	Verloren	Irland	Bulgarien	Belgien	Schottland	Luxemburg
Irland	11:5	10:5	8	4	3	1	□	2:0	0:0	0:0	2:1
Bulgarien	10:6	12:6	8	4	2	2	2:1	□	2:0	0:1	3:1
Belgien	9:7	16:8	8	3	3	2	2:2	1:1	□	4:1	3:0
Schottland	9:7	7:5	8	3	3	2	0:1	0:0	2:0	□	3:0
Luxemburg	1:15	2:23	8	0	1	7	0:2	1:4	0:6	0:0	□

Endrunde in Deutschland

Gruppe I

Am 10. Juni 1988 in Düsseldorf:
DEUTSCHLAND – ITALIEN 1:1 (0:0)
DEUTSCHLAND: Immel, Herget, Kohler, Buchwald, Berthold, Matthäus, Littbarski, Brehme (76. Borowka), Thon, Klinsmann, Völler (82. Eckstein). ITALIEN: Zenga, Baresi, Bergomi, Ferri, Maldini, Donadoni, de Napoli (86. de Agostini), Giannini, Ancelotti, Mancini, Vialli (89. Altobelli). Schiedsrichter: Hackett (England); Zuschauer: 68 400; Tore: 0:1 Mancini (53.), 1:1 Brehme (56.).

Am 11. Juni 1988 in Hannover:
DÄNEMARK – SPANIEN 2:3 (1:1)
DÄNEMARK: Rasmussen, M. Olsen (66. L. Olsen), Busk, I. Nielsen, Sivebaek, Helt (46. Jensen), Lerby, M. Laudrup, Heintze, Elkjaer-Larsen, Povlsen. SPANIEN: Zubizarreta, Andrinua, Tomas, Sanchis, Camacho (46. Soler), Michel, Gallego, Victor, Gordillo (84. Martin Vazquez), Butragueño, Bakero. Schiedsrichter: Thomas (Niederlande); Zuschauer: 60 000; Tore: 0:1 Michel (6.), 1:1 Laudrup (26.), 1:2 Butragueño (53.), 1:3 Gordillo (67.), 2:3 Povlsen (84.).

Am 14. Juni 1988 in Gelsenkirchen:
DEUTSCHLAND – DÄNEMARK 2:0 (1:0)
DEUTSCHLAND: Immel, Herget, Kohler, Buchwald (33. Borowka), Rolff, Littbarski, Matthäus, Thon, Brehme, Klinsmann, Völler (75. Mill). DÄNEMARK: Schmeichel, L. Olsen, Sivebaek, I. Nielsen, M. Olsen, Lerby, Heintze, Laudrup (63. Eriksen), Vilfort (73. Berggren), Povlsen, Elkjaer-Larsen. Schiedsrichter: Valentine (Schottland); Zuschauer: 70 000; Tore: 1:0 Klinsmann (10.), 2:0 Thon (87.).

Am 14. Juni 1988 in Frankfurt:
ITALIEN – SPANIEN 1:0 (0:0)
ITALIEN: Zenga, Baresi, Bergomi, Ferri, Donadoni, de Napoli, Giannini, Ancelotti, Maldini, Mancini (69. Altobelli), Vialli (89. de Agostini). SPANIEN: Zubizarreta, Andrinua, Tomas, Sanchis, Michel (73. Beguiristain), Victor, Gallego (67. Martin Vazquez), Soler, Gordillo, Butragueno, Bakero. Schiedsrichter: Frederiksson (Schweden); Zuschauer: 51 790; Tor: 1:0 Vialli (73.).

Am 17. Juni 1988 in München:
DEUTSCHLAND – SPANIEN 2:0 (1:0)
DEUTSCHLAND: Immel, Herget, Kohler, Borowka, Littbarski (62. Wuttke), Matthäus, Rolff, Thon, Brehme, Klinsmann (85. Mill), Völler. SPANIEN: Zubizarreta, Andrinua, Renones, Sanchis, Camacho, Michel, Martin Vazquez, Victor Munoz, Gordillo, Butragueño (51. Salinas), Bakero. Schiedsrichter: Vautrot (Frankreich); Zuschauer: 72 308; Tore: 1:0 Völler (30.), 2:0 Völler (51.).

Am 17. Juni 1988 in Köln:
ITALIEN – DÄNEMARK 2:0 (0:0)
ITALIEN: Zenga, Baresi, Bergomi, Ferri, Maldini, Ancelotti, de Napoli, Giannini, Donadoni (85. de Agostini), Mancini (66. Altobelli), Vialli. DÄNEMARK: Schmeichel, L. Olsen, Kristensen, Nielsen, Friman (58. Vilfort), Heintze, Laudrup, M. Olsen (67. Berggren), J. Jensen, Povlsen, Eriksen. Schiedsrichter: Galler (Schweiz); Zuschauer: 60 500; Tore: 1:0 Altobelli (66.), 2:0 de Agostini (87.).

Endstand

	Punkte	Tore	Spiele	Gewonnen	Unentschieden	Verloren	Deutschland	Italien	Spanien	Dänemark
Deutschland	5:1	5:1	3	2	1	0	□	1:1	2:0	2:0
Italien	5:1	4:1	3	2	1	0	1:1	□	1:0	2:0
Spanien	2:4	3:5	3	1	0	2	0:2	0:1	□	3:2
Dänemark	0:6	2:7	3	0	0	3	0:2	0:2	2:3	□

Gruppe II

Am 12. Juni 1988 in Stuttgart:
ENGLAND – REPUBLIK IRLAND 0:1 (0:1)
ENGLAND: Shilton, Stevens, Adams, Wright, Sansom, Waddle, Byron Robson, Webb (60. Hoddle), Barnes, Beardsley (83. Hateley), Lineker. REPUBLIK IRLAND: Bonner, Morris, Moran, McCarthy, Hughton, Houghton, McGrath, Whelan, Galvin (77. Sheedy), Aldridge, Stapleton (63. Quinn). Schiedsrichter: Kirschen (DDR); Zuschauer: 55 500. Tor: 0:1 Houghton (6.).

Am 12. Juni 1988 in Köln:
NIEDERLANDE – UdSSR 0:1 (0:0)
NIEDERLANDE: van Breukelen, R. Koeman, van Aerle, Rijkaard, van Tiggelen, Mühren, Gullit, Wouters, van't Schip, Vanenburg (58. van Basten), Bosman. UdSSR: Dassajew, Chidijatulin, Bessonow, Kusnetzow, Demjanenko, Litowtschenko, Sawarow (89. Sulakwelidse), Michailitschenko, Raz, Belanow (80. Aleijnikow), Protassow. Schiedsrichter: Pauly (Deutschland); Zuschauer: 60 000; Tor: 0:1 Raz.

Am 15. Juni 1988 in Düsseldorf:
ENGLAND – NIEDERLANDE 1:3 (0:1)
ENGLAND: Shilton, Stevens, Wright, Adams, Sansom, Steven (69. Waddle), Robson, Hoddle, Beardsley (73. Hateley), Lineker, Barnes. NIEDERLANDE: van Breukelen, van Aerle, R. Koeman, Rijkaard, van Tiggelen, Wouters, Mühren, Gullit, Vanenburg (62. Kieft), van Basten (87. Krüzen), E. Koeman. Schiedsrichter: Casarin (Italien); Zuschauer: 65 000; Tore: 0:1 van Basten (44.), 1:1 Robson (55.), 1:2 van Basten (73.), 1:3 van Basten (76.).

Am 15. Juni 1988 in Hannover:
REPUBLIK IRLAND – UdSSR 1:1 (1:0)
REPUBLIK IRLAND: Bonner, Morris, McCarthy, Moran, Hughton, Houghton, Whelan, Sheddy, Galvin, Aldridge, Stapleton (81. Cascarino). UdSSR: Dassajew (68. Tschanow), Chidijatulin, Sulakwelidse (46. Gotsmanow), Kusnetzow, Demjanenko, Aleijnikow, Sawarow, Michailitschenko, Raz, Belanow, Protassow. Schiedsrichter: Aladren (Spanien); Zuschauer: 45 290. Tore: 1:0 Whelan (39.), 1:1 Protassow (74.).

Am 18. Juni 1988 in Frankfurt:
ENGLAND – UdSSR 1:3 (1:2)
ENGLAND: Woods, Stevens, Watson, Adams, Sansom, Steven, McMahon (53. Webb), Bryan Robson, Hoddle, Barnes, Lineker (69. Hateley). UdSSR: Dassajew, Chidijatulin, Bessonow, Kusnetzow, Litowtschenko, Michailitschenko, Aleijnikow, Sawarow (86. Gotsmanow), Raz, Belanow (45. Passulko), Protassow. Schiedsrichter: dos Santos (Portugal); Zuschauer: 53 000; Tore: 0:1 Aleijnikow (3.), 1:1 Adams (16.), 1:2 Michailitschenko (28.), 1:3 Passulko (72.).

Am 18. Juni 1988 in Gelsenkirchen:
REPUBLIK IRLAND – NIEDERLANDE 0:1 (0:0)
REPUBLIK IRLAND: Bonner, Morris (46. Sheddy), McCarthy, Moran, Hughton, Houghton, McGrath, Whelan, Galvin, Aldridge, Stapleton (84. Cascarino). NIEDERLANDE: van Breukelen, R. Koeman, van Aerle, van Tiggelen, Vanenburg, Mühren (77. Bosman), Rijkaard, Wouters, E. Koeman (50. Kieft), Gullit, van Basten. Schiedsrichter: Brummeier (Österreich); Zuschauer: 70 800; Tor: 0:1 Kieft (82.).

Endstand

	Punkte	Tore	Spiele	Gewonnen	Unentschieden	Verloren	UdSSR	Niederlande	Republik Irland	England
UdSSR	5:1	5:2	3	2	1	0	□	1:0	1:1	3:1
Niederlande	4:2	4:2	3	2	0	1	0:1	□	1:0	3:1
Rep. Irland	3:3	2:2	3	1	1	1	1:1	0:1	□	1:0
England	0:6	2:7	3	0	0	3	1:3	1:3	0:1	□

SEMIFINALE

Am 21. Juni 1988 in Hamburg:
DEUTSCHLAND – NIEDERLANDE 1:2 (0:0)
DEUTSCHLAND: Immel, Herget (45. Pflügler), Kohler, Borowka, Brehme, Matthäus, Rolff, Thon, Klinsmann, Völler, Mill (85. Littbarski). NIEDERLANDE: van Breukelen, R. Koeman, van Aerle, Rijkaard, van Tiggelen, Vanenburg, Mühren (59. Kieft), Wouters, E. Koeman (90. Suvrijn), Gullit, van Basten. Schiedsrichter: Igna (Rumänien); Zuschauer: 61 330; Tore: 1:0 Matthäus (55., Foulelfmeter), 1:1 R. Koeman (74., Foulelfmeter), 1:2 van Basten (89.).

Am 22. Juni 1988 in Stuttgart:
ITALIEN – UdSSR 0:2 (0:0)
ITALIEN: Zenga, Baresi, Bergomi, Ferri, Donadoni, de Napoli, Giannini, Ancelotti, Maldini, (63. de Agostini), Mancini (46. Altobelli), Vialli. UdSSR: Dassajew, Chidijatulin, Bessonow (36. Demjanenko), Kusnetzow, Litowtschenko, Aleijnikow, Sawarow, Michailitschenko, Gotsmanow, Raz, Protassow. Schiedsrichter: Ponnet (Belgien); Zuschauer: 70 000; Tore: 0:1 Litowtschenko (60.), 0:2 Protassow (63.).

ENDSPIEL

Am 25. Juni 1988 in München:
NIEDERLANDE – UdSSR 2:0 (1:0)
NIEDERLANDE: van Breukelen, R. Koeman, van Aerle, Rijkaard, van Tiggelen, Vanenburg, Wouters, E. Koeman, Mühren, Gullit, van Basten. UdSSR: Dassajew, Chidijatulin, Demjanenko, Litowtschenko, Aleijnikow, Sawarow, Michailitschenko, Gozmanow (69. Baltatscha), Raz, Protassow (71. Passulko), Belanow. Schiedsrichter: Vautrot (Frankreich); Zuschauer: 72 300; Tore: 1:0 Gullit (33.), 2:0 van Basten (54.).

Europameisterschaft 1992

Gruppe I

	Punkte	Tore	Spiele	Gewonnen	Unentschieden	Verloren	Frankreich	ČSFR	Spanien	Island	Albanien
Frankreich	16:0	20:6	8	8	0	0	□	2:1	3:1	3:1	5:0
ČSFR	10:6	12:9	8	5	0	3	1:2	□	3:2	1:0	2:1
Spanien	6:8	17:12	7	3	0	4	1:2	2:1	□	2:1	9:0
Island	4:2	7:10	8	2	0	6	1:2	0:1	2:0	□	2:0
Albanien	2:12	2:21	7	1	0	6	0:1	0:2	/	1:0	□

Gruppe II

	Punkte	Tore	Spiele	Gewonnen	Unentschieden	Verloren	Schottland	Schweiz	Rumänien	Bulgarien	San Marino
Schottland	11:5	14:7	8	4	3	1	□	2:1	2:1	11	4:0
Schweiz	10:6	19:7	8	4	2	2	2:2	□	0:0	2:0	7:0
Rumänien	10:6	13:7	8	4	2	2	1:0	1:0	□	0:3	6:0
Bulgarien	9:7	15:8	8	3	3	2	1:1	2:3	1:1	□	4:0
San Marino	0:16	1:33	8	0	0	8	0:2	0:4	1:3	0:3	□

Gruppe III

	Punkte	Tore	Spiele	Gewonnen	Unentschieden	Verloren	UdSSR	Italien	Norwegen	Ungarn	Zypern
UdSSR	13:3	13:2	8	5	3	0	□	0:0	2:0	2:2	4:0
Italien	10:6	12:5	8	3	4	1	0:0	□	1:1	3:1	2:0
Norwegen	9:7	9:5	8	3	3	2	0:1	2:1	□	0:0	3:0
Ungarn	8:8	10:9	8	2	4	2	0:1	1:1	0:0	□	4:2
Zypern	0:16	2:25	8	0	0	8	0:3	0:4	0:3	0:2	□

Gruppe IV

	Punkte	Tore	Spiele	Gewonnen	Unentschieden	Verloren	Jugoslawien	Dänemark	Nordirland	Österreich	Färöer
Jugoslawien	14:2	24:4	8	7	0	1	□	1:2	4:1	4:1	7:0
Dänemark	13:3	18:7	8	6	1	1	0:2	□	2:1	2:1	4:1
Nordirland	7:9	11:11	8	2	3	3	0:2	1:1	□	2:1	1:1
Österreich	3:13	6:14	8	1	1	6	0:2	0:3	0:0	□	3:0
Färöer	3:13	3:26	8	1	1	6	0:2	0:4	0:5	1:0	□

Gruppe V

	Punkte	Tore	Spiele	Gewonnen	Unentschieden	Verloren	Deutschland	Wales	Belgien	Luxemburg
Deutschland	10:2	13:4	6	5	0	1	□	4:1	1:0	4:0
Wales	9:3	8:6	6	4	1	1	1:0	□	3:1	1:0
Belgien	5:7	7:6	6	2	1	3	0:1	1:1	□	3:0
Luxemburg	0:12	2:14	6	0	0	6	2:3	0:1	0:2	□

Gruppe VI

	Punkte	Tore	Spiele	Gewonnen	Unentschieden	Verloren	Holland	Portugal	Griechenland	Finnland	Malta
Holland	13:3	17:2	8	6	1	1	□	1:0	2:0	2:0	1:0
Portugal	11:5	11:4	8	5	1	2	1:0	□	1:0	1:0	5:0
Griechenland	8:8	11:9	8	3	2	3	0:2	3:2	□	2:0	4:0
Finnland	6:10	5:8	8	1	4	3	1:1	0:0	1:1	□	2:0
Malta	2:14	2:23	8	0	2	6	0:8	0:1	1:1	1:1	□

Gruppe VII

	Punkte	Tore	Spiele	Gewonnen	Unentschieden	Verloren	England	Irland	Polen	Türkei
England	9:3	7:3	6	3	3	0	□	1:1	2:0	1:0
Irland	6:4	13:6	6	2	4	0	1:1	□	0:0	5:0
Polen	7:5	8:6	6	2	3	1	1:1	3:3	□	3:0
Türkei	0:12	1:14	6	0	0	6	0:1	1:3	0:1	□

Endrunde in Schweden

Gruppe I

Am 10. Juni 1992 in Stockholm:
SCHWEDEN – FRANKREICH 1:1 (1:0)
SCHWEDEN: Ravelli, R. Nilsson, Eriksson, P. Andersson, Björklund, Ingersson, Schwarz, Thern, Limpa, Brolin, K. Andersson (74. Dahlin) – Trainer: Svensson. FRANKREICH: Martini, Blanc, Angloma (67. Fernandez), Boli, Casoni, Amoros, Sauzée, Deschamps, Cantona, Papin, Vahirua (46. Perez) – Trainer: Platini. Schiedsrichter: Spirin (GUS); Zuschauer: 28 000 (ausverkauft); Tore: 1:0 Eriksson (25.); 1:1 Papin (59.).

Am 11. Juni 1992 in Malmö:
DÄNEMARK – ENGLAND 0:0
DÄNEMARK: Schmeichel, Olsen, Kent, Nielsen, Christofte, Sivebaek, Vilfort, Laudrup, Jensen, Andersen, Christensen, Povlsen – Trainer: Möller-Nielsen. ENGLAND: Woods, Curle (62. Daley), Keown, Walker, Pearce, Steven, Palmer, Platt, Merson (71. Webb), Smith, Lineker – Trainer: Taylor. Schiedsrichter: Blankenstein (Holland); Zuschauer: 26 385.

Am 14. Juni 1992 in Mälmö:
FRANKREICH – ENGLAND 0:0
FRANKREICH: Martini, Blanc, Boli, Casoni, Amoros, Deschamps, Fernandez (76. Perez), Sauzée (46. Angloma), Durand, Papin, Cantona – Trainer: Platini. ENGLAND: Woods, Palmer, Walker, Keown, Sinton, Steven, Batty, Platt, Pearce, Shearer, Lineker – Trainer: Taylor. Schiedsrichter: Sandor Puhl (Ungarn); Zuschauer: 26 535.

Am 14. Juni 1992 in Stockholm:
SCHWEDEN – DÄNEMARK 1:0 (0:0)
SCHWEDEN: Ravelli, R. Nilsson, Eriksson, P. Andersson, Björklund, Ingesson, Thern, Schwarz, Limpar (90. Erlingmark), Brolin, Dahlin (77. Ekström) – Trainer: Svensson. DÄNEMARK: Schmeichel, Olsen, K. Nielsen, Christofte, Sivebaek, Vilfort, B. Laudrup, Jensen (64. Larsen), Andersen, Povlsen, Christensen (52. Frank) – Trainer: Möller-Nielsen. Schiedsrichter: Schmidhuber (Deutschland); Zuschauer: 29 902 (ausverkauft); Tor: Brolin.

Am 17. Juni 1992 in Stockholm:
SCHWEDEN – ENGLAND 2:1 (0:1)
SCHWEDEN: Ravelli, R. Nilsson, Eriksson, P. Andersson, Björklund, Ingesson, Thern, Schwarz, Limpar (46. Ekström), Brolin, Dahlin – Trainer: Svensson. ENGLAND: Woods, Batty, Keown, Walker, Pearce, Webb, Palmer, Platt, Sinton (77. Merson), Daley, Lineker (67. Smith) – Trainer: Taylor. Schiedsrichter: José Rosa dos Santos (Portugal); Zuschauer: 30 126; Tore: 0:1 Platt (5.), 1:1 Eriksson (54.), 2:1 Brolin (83.).

Am 17. Juni 1992 in Malmö:
FRANKREICH – DÄNEMARK 1:2 (0:1)
FRANKREICH: Martini, Blanc, Boli, Casoni, Amoros, Deschamps, Perez (81. Cocard), Durand, Vahirua (46. Fernandez), Papin, Cantona – Trainer: Platini. DÄNEMARK: Schmeichel, Olsen, Christofte, Kent-Nielsen (62. Piechnik), Sivebaek, Jensen, Laudrup (68. Elstrup), Larsen, Andersen, Povlsen, Frank – Trainer: Möller-Nielsen. Schiedsrichter: Forstinger (Österreich); Zuschauer: 25 763; Tore: 0:1 Larsen (7.), 1:1 Papin (61.), 1:2 Elstrup (78.).

Endstand

	Punkte	Tore	Spiele	Gewonnen	Unentschieden	Verloren	Schweden	Dänemark	Frankreich	England
Schweden	5:1	4:2	3	2	1	0	□	1:0	1:1	2:1
Dänemark	3:3	2:2	3	1	1	1	0:1	□	2:1	0:0
Frankreich	2:4	2:3	3	0	2	1	1:1	1:2	□	0:0
England	2:4	1:2	3	0	2	1	1:2	0:0	0:0	□

Gruppe II

Am 12. Juni in Göteborg:
HOLLAND – SCHOTTLAND 1:0 (0:0)
HOLLAND: Van Breukelen, Koeman, Van Aerle, Van Tiggelen, Gullit, Rijkaard, Wouters (55. Jonk), Bergkamp (85. Winter), Witschge, Van Basten, Roy – Trainer: Michels. SCHOTTLAND: Goram, McKimmie, Gough, McPherson, Malpas, McAllister, McStay (79. Ferguson), McCall, McClair, Durie, McCoist (74. Gallacher) – Trainer: Roxburgh. Schiedsrichter: Bo Carlsson (Schweden); Zuschauer: 35 720; 1:0 Bergkamp (77.).

Am 12. Juni 1992 in Norrköping:
GUS – DEUTSCHLAND 1:1 (1:0)
GUS: Charin, O. Kusnetzow, Tschernischow, Zweijba, Kantschelskis, Ljuty (46. Onopko), Michailitschenko, D. Kusnetzow, Dobrowolski, Schalimow (85. Iwanow), Kollwanow – Trainer: Byschowetz. DEUTSCHLAND: Illgner, Binz, Kohler, Reuter (64. Klinsmann), Häßler, Buchwald, Effenberg, Doll, Brehme, Riedle, Völler (46. Möller) – Trainer: Vogts. Schiedsrichter: Gérard Biguet (Frankreich); Zuschauer: 17 110; Tore: 1:0 Dobrowolski (64., Foulelfmeter), 1:1 Häßler (90.).

Am 15. Juni 1992 in Norrköping:
SCHOTTLAND – DEUTSCHLAND 0:2 (0:1)
SCHOTTLAND: Goram, McKimmie, Gough, McPherson, Malpas, McAllister, McStay, McCall, McClair, Durie (55. Nevin), McCoist (70. Gallacher) – Trainer: Roxburgh. DEUTSCHLAND: Illgner, Binz, Kohler, Buchwald, Brehme, Sammer, Möller, Effenberg, Häßler, Klinsmann, Riedle (69. Reuter, 75. Schulz) – Trainer: Vogts. Schiedsrichter: Goethals (Belgien); Zuschauer: 16 000; Tore: Riedle (30.), 0:2 Effenberg (47.).

Am 15. Juni 1992 in Göteborg:
HOLLAND – GUS 0:0
HOLLAND: Van Breukelen, Koeman, Van Tiggelen, Van Aerle, Wouters, Rijkaard, Bergkamp (80. Viscaal), Witschge, Gullit (71. van't Schip), Van Basten, Roy – Trainer: Michels. GUS: Charin, Tschernischow, Kantschelskis, O. Kusnetzow, Onopko, Dobrowolski, Zweijba, Michailitschenko, Aleijnikow (57. D. Kusnetzow), Juran (64. Kirjakow), Koliwanow – Trainer: Byschowetz. Schiedsrichter: Mikkelsen (Dänemark); Zuschauer: 34 000.

Am 18. Juni 1992 in Göteborg:
HOLLAND – DEUTSCHLAND 3:1 (2:0)
HOLLAND: Van Breukelen, Koeman, Van Tiggelen, De Boer (62. Winter), Wouters, Gullit, Rijkaard, Bergkamp (88. Bosz), Witschge, Van Basten, Roy – Trainer: Michels. DEUTSCHLAND: Illgner, Binz (46. Sammer), Brehme, Kohler, Häßler, Helmer, Effenberg, Möller, Frontzeck, Riedle (77. Doll), Klinsmann – Trainer: Vogts. Schiedsrichter: Dr. Parietto (Italien); Zuschauer: 37 000; Tore: 1:0 Rijkaard (3.), 2:0 Witschge (15.), 2:1 Klinsmann (54.), 3:1 Bergkamp (73.).

Am 18. Juni 1992 in Norrköping:
SCHOTTLAND – GUS 3:0 (2:0)
SCHOTTLAND: Goram, McKimmie, Gough, McPherson, Boyd, McAllister, McClair, McStay, McCall, Gallacher, McCoist (68. McInally) – Trainer: Roxburgh. GUS: Charin, Tschernischow, Zchadadse, O. Kusnetzow, Kantschelskis, Aleijnikow (46. D. Kusnetzow), Michailitschenko, Dobrowolski, Onopko, Juran, Kirjakow (46. Kornejew) – Trainer: Byschowetz. Schiedsrichter: Röthlisberger (Schweiz); Zuschauer: 14 660; Tore: 1:0 McStay (7.), 2:0 McClair (17.), 3:0 McAllister (85., Foulelfmeter).

Endstand

	Punkte	Tore	Spiele	Gewonnen	Unentschieden	Verloren	Holland	Deutschland	Schottland	GUS
Holland	5:1	4:1	3	2	1	0	□	3:1	1:0	0:0
Deutschland	3:3	4:4	3	1	1	1	1:3	□	2:0	1:1
Schottland	2:4	3:3	3	1	0	2	0:1	0:2	□	3:0
GUS	2:4	1:4	3	0	2	1	0:0	1:1	0:3	□

SEMIFINALE

Am 21. Juni 1992 in Stockholm
SCHWEDEN – DEUTSCHLAND 2:3 (0:1)
SCHWEDEN: Ravelli, R. Nilsson, Eriksson, Björklund, Ljung, K. Andersson, Thern, Ingesson, J. Nilsson (61. Limpar), Dahlin (73. Ekström), Brolin – Trainer: Svensson. DEUTSCHLAND: Illgner, Helmer, Buchwald, Kohler, Reuter, Häßler, Effenberg, Sammer, Brehme, Klinsmann (90. Doll), Riedle – Trainer: Vogts. Schiedsrichter: Lanese (Italien); Zuschauer: 28 500; Tore: 0:1 Häßler (11.), 0:2 Riedle (59.), 1:2 Brolin (65., Foulelfmeter), 1:3 Riedle (89.), 2:3 K. Andersson (90.).

Am 22. Juni 1992 in Göteborg:
HOLLAND – DÄNEMARK 2:2 n.V. 4:5 n. E.
HOLLAND: Van Breukelen, Koeman, Van Tiggelen, De Boer (46. Kieft), Rijkaard, Wouters, Bergkamp, Witschge, Gullit, Van Basten, Roy (116. van't Schip) – Trainer: Michels. DÄNEMARK: Schmeichel, Olsen, Sivebaek, Christofte, Piechnik, Vilfort, Larsen, Jensen, Laudrup (57. Elstrup), Andersen (71. Christiansen), Povlsen – Trainer: Möller-Nielsen. Schiedsrichter: Soriano-Aladren (Spanien); Zuschauer: 37 450; Tore: 0:1 Larsen (6.), 1:1 Bergkamp (24.), 1:2 Larsen (33.), 2:2 Rijkaard (86.); Elfmeterschießen: 1:0 Koeman, 1:1 Larsen, Van Basten verschießt, 1:2 Povlsen, 2:2 Bergkamp, 2:3 Elstrup, 3:3 Rijkaard, 3:4 Vilfort, 4:4 Witschge, 4:5 Christofte.

ENDSPIEL

Am 26. Juni 1992 in Göteborg:
DEUTSCHLAND – DÄNEMARK 0:2 (0:1)
DEUTSCHLAND: Illgner, Helmer, Kohler, Buchwald, Reuter, Häßler, Effenberg (81. Thom), Sammer (46. Doll), Brehme, Klinsmann, Riedle – Trainer: Vogts. DÄNEMARK: Schmeichel, Olsen, Piechnik, K. Nielsen, Sivebaek (66. Christiansen), Jensen, Larsen, Vilfort, Christofte, Laudrup, Povlsen – Trainer: Möller-Nielsen. Schiedsrichter: Galler (Schweiz); Zuschauer: 37 800; Tore: 0:1 Jensen (19.), 0:2 Vilfort (78.).

Europameisterschaft 1996

Gruppe I

	Punkte	Tore	Spiele	Gewonnen	Unentschieden	Verloren	Rumänien	Frankreich	Slowakei	Polen	Israel	Aserbaidschan
Rumänien	21	18:8	10	6	3	1	□	1:3	3:2	2:1	2:1	3:0
Frankreich	20	22:2	10	5	5	0	0:0	□	4:0	1:1	2:0	10:0
Slowakei	14	14:18	10	4	2	4	0:2	0:0	□	4:1	1:0	4:1
Polen	13	14:12	10	3	4	3	0:0	0:0	5:0	□	4:3	1:0
Israel	12	13:11	10	3	3	4	1:1	0:0	2:2	2:1	□	2:0
Aserbaidschan	1	2:29	10	0	1	9	1:4	0:2	0:1	0:0	0:2	□

Gruppe II

	Punkte	Tore	Spiele	Gewonnen	Unentschieden	Verloren	Spanien	Dänemark	Belgien	Mazedonien	Zypern	Armenien
Spanien	26	25:4	10	8	2	0	□	3:0	1:1	3:0	6:0	1:0
Dänemark	21	19:9	10	6	3	1	1:1	□	3:1	1:0	4:0	3:1
Belgien	15	16:12	10	4	3	3	1:4	1:3	□	1:1	2:0	2:0
Mazedonien	7	9:18	10	1	4	5	0:2	1:1	0:5	□	3:0	1:2
Zypern	7	5:19	10	1	4	5	1:2	1:1	1:1	1:1	□	2:0
Armenien	5	5:17	10	1	2	7	0:2	0:2	0:2	2:2	0:0	□

Gruppe III

	Punkte	Tore	Spiele	Gewonnen	Unentschieden	Verloren	Schweiz	Türkei	Schweden	Ungarn	Island
Schweiz	17	15:7	8	5	2	1	□	1:2	4:2	3:0	1:0
Türkei	15	16:8	8	4	3	1	1:2	□	2:1	2:0	5:0
Schweden	9	9:10	8	2	3	3	0:0	2:2	□	2:0	1:1
Ungarn	8	7:13	8	2	2	4	2:2	2:2	1:0	□	1:0
Island	5	3:12	8	1	2	5	0:2	0:0	0:1	2:1	□

Gruppe IV

	Punkte	Tore	Spiele	Gewonnen	Unentschieden	Verloren	Kroatien	Italien	Litauen	Ukraine	Slowenien	Estland
Kroatien	23	22:5	10	7	2	1	□	1:1	2:0	4:0	2:0	7:1
Italien	23	20:6	10	7	2	1	1:2	□	4:0	3:1	1:0	4:1
Litauen	16	13:12	10	5	1	4	0:0	0:1	□	1:3	2:1	5:0
Ukraine	13	11:15	10	4	1	5	1:0	0:2	0:2	□	0:0	3:0
Slowenien	11	13:13	10	3	2	5	1:2	1:1	1:2	3:2	□	3:0
Estland	0	3:31	10	0	0	10	0:2	0:2	0:1	0:1	1:3	□

Gruppe V

	Punkte	Tore	Spiele	Gewonnen	Unentschieden	Verloren	Tschechien	Holland	Norwegen	Weißrußland	Luxemburg	Malta
Tschechien	21	21:6	10	6	3	1	□	3:1	2:0	4:2	3:0	6:1
Holland	20	23:5	10	6	2	2	0:0	□	3:0	1:0	5:0	4:0
Norwegen	20	17:7	10	6	2	2	1:1	1:1	□	1:0	5:0	2:0
Weißrußland	11	8:13	10	3	2	5	0:2	1:0	0:4	□	2:0	1:1
Luxemburg	10	3:21	10	3	1	6	1:0	0:4	0:2	0:0	□	1:0
Malta	2	2:22	10	0	2	8	0:0	0:4	0:1	0:2	0:1	□

Gruppe VI

	Punkte	Tore	Spiele	Gewonnen	Unentschieden	Verloren	Portugal	Irland	Nordirland	Österreich	Lettland	Liechtenstein
Portugal	23	28:7	10	7	2	1	□	3:0	1:1	1:0	3:2	8:0
Irland	17	17:11	10	5	2	3	1:0	□	1:1	1:3	2:1	4:0
Nordirland	17	21:15	10	5	2	3	1:2	0:4	□	5:3	1:2	4:1
Österreich	16	29:14	10	5	1	4	1:1	3:1	1:2	□	5:0	7:0
Lettland	12	11:20	10	4	0	6	1:3	0:3	0:1	3:2	□	1:0
Liechtenstein	1	1:40	10	0	1	9	0:7	0:0	0:4	0:4	0:1	□

Gruppe VII

	Punkte	Tore	Spiele	Gewonnen	Unentschieden	Verloren	Deutschland	Bulgarien	Georgien	Moldawien	Wales	Albanien
Deutschland	25	27:10	10	8	1	1	□	3:1	4:1	6:1	1:1	2:1
Bulgarien	22	24:10	10	7	1	2	3:2	□	2:0	4:1	3:1	3:0
Georgien	15	14:13	10	5	0	5	0:2	2:1	□	0:1	5:0	2:0
Moldawien	9	11:27	10	3	0	7	0:3	0:3	3:2	□	3:2	2:3
Wales	8	9:19	10	2	2	6	1:2	0:3	0:1	1:0	□	2:0
Albanien	8	10:16	10	2	2	6	1:2	1:1	0:1	3:0	1:1	□

Gruppe VIII

	Punkte	Tore	Spiele	Gewonnen	Unentschieden	Verloren	Rußland	Schottland	Griechenland	Finnland	Färöer	San Marino
Rußland	26	34:5	10	8	2	0	□	0:0	2:1	3:1	3:0	4:0
Schottland	23	19:3	10	7	2	1	1:1	□	1:0	1:0	5:1	5:0
Griechenland	18	23:9	10	6	0	4	0:3	1:0	□	4:0	5:0	2:0
Finnland	15	18:18	10	5	0	5	0:6	0:2	2:1	□	5:0	4:1
Färöer	6	10:35	10	2	0	8	2:5	0:2	1:5	0:4	□	3:0
San Marino	0	2:36	10	0	0	10	0:7	0:2	0:4	0:2	1:3	□

Entscheidungsspiel
HOLLAND – IRLAND 2:0 (1:0)

Endrunde in England

Gruppe A

Am 8. Juni 1996 in London:
ENGLAND – SCHWEIZ 1:1 (1:0)
ENGLAND: Seaman, Gary Neville, Adams, Southgate, Pearce, Ince, Anderton, Gascoigne (77. Platt), McManaman (69. Stone), Sheringham (69. Barmby), Shearer. SCHWEIZ: Pascolo, Vega, Henchoz, Quentin, Geiger (69. Koller), Jeanneret, Vogel, Sforza, Bonvin (67. Chapuisat), Grassi, Türkyilmaz. Schiedsrichter: Manuel Diaz Vega (Spanien); Zuschauer: 76 000; Tore: 1:0 Shearer (23.), 1:1 Türkyilmaz (83., Handelfmeter).

Am 10. Juni 1996 in Birmingham:
HOLLAND – SCHOTTLAND 0:0
HOLLAND: van der Sar, Reiziger, de Kock, Davids, Bogarde, Seedorf, Ronald de Boer (68. Winter), Witschge (78. Cocu), Taument (63. Kluivert), Bergkamp, Cruyff. SCHOTTLAND: Goram, McKimmie (85. Burley), Calderwood, Hendry, Boyd, Gallacher (56. Billy McKinlay), McCall, McAllister, Collins, Durie, Booth (46. Spencer). Schiedsrichter: Sundell (Schweden); Zuschauer: 39 000.

Am 13. Juni 1996 in Birmingham:
SCHWEIZ – HOLLAND 0:2 (0:0)
SCHWEIZ: Pascolo, Jeanneret (69. Comisetti), Vega, Henchoz, Quentin, Hottiger, Sforza, Vogel, Grassi, Türkyilmaz, Chapuisat. HOLLAND: van der Sar, Reiziger, Blind, Seedorf (26. de Kock), Bogarde, Winter, de Boer (80. Davids), Witschge, Cruyff (84. Kluivert), Bergkamp, Hoekstra. Schiedsrichter: Usunow (Bulgarien); Zuschauer: 39 000; Tore: 0:1 Cruyff (66.), 0:2 Bergkamp (79.).

Am 15. Juni 1996 in London:
SCHOTTLAND – ENGLAND 0:2 (0:0)
SCHOTTLAND: Goram, Boyd, Hendry, Calderwood, Tosh, McKinlay (83. Burley), Collins, McAllister, McCall, McKimmie, Spencer (67. McCoist), Durie (87. Jess). ENGLAND: Seaman, Gary Neville, Adams, Pearce (46. Redknapp, 84. Campbell), Anderton, Ince (80. Stone), Gascoigne, Southgate, McManaman, Shearer, Sheringham. Schiedsrichter: Pairetto (Italien); Zuschauer: 76 864; Tore: 0:1 Shearer (54.), 0:2 Gascoigne (79.).

Am 18. Juni 1996 in Birmingham:
SCHOTTLAND – SCHWEIZ 1:0 (1:0)
SCHOTTLAND: Goram, Calderwood, Hendry, Boyd, Burley, McCall, McAllister, Collins, McKinlay (60. Booth), Durie, McCoist (84. Spencer). SCHWEIZ: Pascolo, Hottiger, Vega, Henchoz, Quentin (81. Comisetti), Vogel, Sforza, Koller (46. Fournier), Türkyilmaz, Bonvin, Chapuisat (46. Wicky). Schiedsrichter: Krondl (Tschechien); Zuschauer: 34 926; Tor: 1:0 McCoist (36.).

Am 18. Juni 1996 in London:
HOLLAND – ENGLAND 1:4 (0:1)
HOLLAND: van der Sar, Reiziger, Blind, Bogarde, Winter, Seedorf, Witschge (46. de Kock), de Boer (72. Kluivert), Cruyff, Bergkamp, Hoekstra (72. Cocu). ENGLAND: Seaman, Neville, Adams, Southgate, Pearce, McManaman, Gascoigne, Ince (68. Platt), Anderton, Shearer (76. Barmby), Sheringham (76. Fowler). Schiedsrichter: Grabher (Österreich); Zuschauer: 76 798; Tore: 0:1 Shearer (23., Foulelfmeter), 0:2 Sheringham (51.), 0:3 Shearer (56.), 0:4 Sheringham (62.), 1:4 Kluivert (78.).

Endstand

	Punkte	Tore	Spiele	Gewonnen	Unentschieden	Verloren	England	Holland	Schottland	Schweiz
England	7	7:2	3	2	1	0	□	4:1	2:0	1:1
Holland	4	3:4	3	1	1	1	1:4	□	0:0	2:0
Schottland	4	1:2	3	1	1	1	0:2	0:0	□	1:0
Schweiz	1	1:4	3	0	1	2	1:1	0:2	0:1	□

Gruppe B

Am 9. Juni 1996 in Leeds:
SPANIEN – BULGARIEN 1:1 (0:0)
SPANIEN: Zubizarreta, Belsue, Alkorta, Abelardo, Sergi, Caminero (82. Donato), Hierro, Guerrero (52. Amavisca), Amor (73. Alfonso), Luis Enrique, Pizzi. BULGARIEN: Michailov, Kischischev, Ivanov, Houbtchev, Kiriakov (72. Zvetanov), Letchkov, Jankov, Penev (78. Borimirov), Balakov, Kostadinov (73. Jordanov), Stoitchkov. Schiedsrichter: Ceccarini (Italien); Zuschauer: 20 000; Tore: 0:1 Stoitchkov (65., Foulelfmeter), 1:1 Sergi (74.).

Am 10. Juni 1996 in Newcastle:
RUMÄNIEN – FRANKREICH 0:1 (0:1)
RUMÄNIEN: Stelea, Petrescu (78. Filipescu), Mihali, Lupescu, Belodedici, Popescu, Hagi, Munteanu, Selymes, Lacatus (56. Ilie), Raducioiu (46. Moldovan). FRANKREICH: Lama, Thuram, Blanc, Desailly, di Méco (69. Lizarazu), Karembeu, Deschamps, Djorkaeff, Zidane (80. Roche), Guérin, Dugarry (69. Loko). Schiedsrichter: Krug (Deutschland); Zuschauer: 30 000; Tor: 0:1 Dugarry (24.).

Am 13. Juni 1996 in Newcastle:
BULGARIEN – RUMÄNIEN 1:0 (1:0)
BULGARIEN: Michailov, Ivanov, Kischischev, Jankov, Zvetanov, Jordanov, Letchkov (90. Güntchev), Balakov, Kostadinov (33. Borimirov), Penev (72. Sirakov), Stoitchkov. RUMÄNIEN: Stelea, Petrescu, Belodedici, Prodan, Selymes, Hagi, Lupescu (46. Galca), Popescu (78. Ilie), Munteanu, Lacatus (29. Moldovan), Raducioiu. Schiedsrichter: Mikkelsen (Dänemark); Zuschauer: 19 107; Tor: 1:0 Stoitchkov (3.).

Am 15. Juni 1996 in Leeds:
FRANKREICH – SPANIEN 1:1 (0:0)
FRANKREICH: Lama, Angloma (65. Roche), Blanc, Desailly, Lizarazu, Karembeu, Deschamps, Djorkaeff, Zidane, Guérin (81. Thuram), Loko (74. Dugarry). SPANIEN: Zubizarreta, Otero (59. Kiko), Lopez, Abelardo, Sergi, Luis Enrique (55. Manjarin), Caminero, Alkorta, Hierro, Amavisca, Alfonso (82. Salinas). Schiedsrichter: Schuk (Weißrußland); Zuschauer: 35 000; Tore: 1:0 Djorkaeff (48.), 1:1 Caminero (85.).

Am 18. Juni 1996 in Newcastle:
FRANKREICH – BULGARIEN 3:1 (1:0)
FRANKREICH: Lama, Thuram, Blanc, Desailly, Lizarazu, Karembeu, Deschamps, Guérin, Zidane (62. Pedros), Djorkaeff, Dugarry (70. Loko). BULGARIEN: Michailov, Kremenliev, Ivanov, Houbtchev, Zvetanov, Letchkov, Jankov (79. Borimirov), Balakov (82. Donkov), Jordanov, Penev, Stoitchkov. Schiedsrichter: Dermot Gallagher, ab 28. Paul Durkin (beide England); Zuschauer: 23 976; Tore: 1:0 Blanc (21.), 2:0 Penev (63., Eigentor), 2:1 Stoitchkov (69.), 3:1 Loko (90.).

Am 18. Juni 1996 in Leeds:
RUMÄNIEN – SPANIEN 1:2 (1:1)
RUMÄNIEN: Prunea, Petrescu, Prodan (84. Lupescu), Dobos, Galca, Hagi, Popescu, Stinga, Selymes, Raducioiu (79. Vladoiu), Ilie (66. Munteanu). SPANIEN: Zubizarreta, Sergi, Abelardo (64. Amor), Alkorta, Lopez, Amavisca (72. Guerrero), Hierro, Nadal, Kiko, Manjarin, Pizzi (57. Alfonso). Schiedsrichter: Cakar (Türkei); Zuschauer: 15 000; Tore 0:1 Manjarin (11.), 1:1 Raducioiu (29.), 1:2 Amor (84.).

Endstand

	Punkte	Tore	Spiele	Gewonnen	Unentschieden	Verloren	Frankreich	Spanien	Bulgarien	Rumänien
Frankreich	7	5:2	3	2	1	0	□	1:1	3:1	1:0
Spanien	5	4:3	3	1	2	0	1:1	□	1:1	2:1
Bulgarien	4	3:4	3	1	1	1	1:3	1:1	□	1:0
Rumänien	0	1:4	3	0	0	3	0:1	1:2	0:1	□

Gruppe C

Am 9. Juni 1996 in Manchester:
DEUTSCHLAND – TSCHECHIEN 2:0 (2:0)
DEUTSCHLAND: Köpke, Sammer, Kohler (14. Babbel), Reuter, Eilts, Helmer, Ziege, Häßler, Möller, Bobic (65. Strunz), Kuntz (83. Bierhoff). TSCHECHIEN: Kouba, Kadlec, Hornak, Suchoparek, Latal, Bejbl, Nemec, Frydek (46. Berger), Nedved, Kuka, Poborsky (46. Drulak). Schiedsrichter: Elleray (England); Zuschauer: 45 000; Tore: 1:0 Ziege (26.), 2:0 Möller (32.).

Am 11. Juni 1996 in Liverpool:
ITALIEN – RUSSLAND 2:1 (1:1)
ITALIEN: Peruzzi, Mussi, Costacurta, Apolloni, Maldini, Di Livio (62. Fuser), Albertini, Di Matteo, Del Piero (46. Donadoni), Casiraghi (80. Ravanelli), Zola. RUSSLAND: Tschertschessow, Buschmanow (46. Janowski), Tetradse, Onopko, Kowtun, Kantschelskis, Radimow, Mostowoi, Zimbalar (71. Dobrowolski), Karpin (63. Kirjakow), Koliwanow. Schiedsrichter: Mottram (Schottland); Zuschauer: 35 120; Tore: 1:0 Casiraghi (5.), 1:1 Zimbalar (21.), 2:1 Casiraghi (52.).

Am 14. Juni 1996 in Liverpool:
TSCHECHIEN – ITALIEN 2:1 (2:1)
TSCHECHIEN: Kouba, Kadlec, Hornak, Suchoparek, Latal (88. Nemecek), Bejbl, Nemec, Berger (64. Smicer), Nedved, Kuka, Poborsky. ITALIEN: Peruzzi, Mussi, Costacurta, Apolloni, Maldini, Fuser, Baggio (39. Carboni), Albertini, Donadoni, Ravanelli (58. Casiraghi), Chiesa (78. Zola). Schiedsrichter: Lopez Nieto (Spanien); Zuschauer: 37 350; Tore: 1:0 Nedved (5.), 1:1 Chiesa (18.), 2:1 Bejbl (35.).

Am 16. Juni 1996 in Manchester:
RUSSLAND – DEUTSCHLAND 0:3 (0:0)
RUSSLAND: Charin, Nikiforow, Onopko, Kowtun, Kantschelskis, Chochlow (66. Simutenkow), Tetradse, Radimow (46. Karpin), Zimbalar, Mostowoi, Koliwanow. DEUTSCHLAND: Köpke, Sammer, Babbel, Reuter, Eilts, Helmer, Ziege, Häßler (67. Freund), Möller (87. Strunz), Klinsmann, Bierhoff (85. Kuntz). Schiedsrichter: Nielsen (Dänemark); Zuschauer: 50 067; Tore: 0:1 Sammer (56.), 0:2 Klinsmann (77.), 0:3 Klinsmann (90.).

Am 19. Juni 1996 in Liverpool:
RUSSLAND – TSCHECHIEN 3:3 (0:2)
RUSSLAND: Tschertschessow, Nikiforow, Gorlukowitsch, Tetradse, Karpin, Radimow, Chochlow, Janowski, Zimbalar (67. Schalimow), Simutenkow (46. Mostowoi), Koliwanow (46. Bestschastnich). TSCHECHIEN: Kouba, Kubik, Hornak, Suchoparek, Latal, Bejbl, Berger (90. Nemecek), Nemec, Nedved, Poborsky, Kuka (68. Smicer). Schiedsrichter: Frisk (Schweden); Zuschauer: 15 000; Tore: 0:1 Suchoparek (6.), 0:2 Kuka (19.), 1:2 Mostowoi (49.), 2:2 Tetradse (54.), 3:2 Bestschastnich (85.), 3:3 Smicer (89.).

Am 19. Juni 1996 in Manchester:
ITALIEN – DEUTSCHLAND 0:0
ITALIEN: Peruzzi, Mussi, Costacurta, Maldini, Carboni (77. Torricelli), Fuser (82. Di Livio), Di Matteo (68. Chiesa), Albertini, Donadoni, Casiraghi, Zola. DEUTSCHLAND: Köpke, Sammer, Helmer, Strunz, Eilts, Freund, Ziege, Häßler, Möller, Klinsmann, Bobic. Schiedsrichter: Goethals (Belgien); Zuschauer: 53 740.

Endstand

	Punkte	Tore	Spiele	Gewonnen	Unentschieden	Verloren	Deutschland	Tschechien	Italien	Rußland
Deutschland	7	5:0	3	2	1	0	□	2:0	0:0	3:0
Tschechien	4	5:6	3	1	1	1	0:2	□	2:1	3:3
Italien	4	3:3	3	1	1	1	0:0	1:2	□	2:1
Rußland	1	4:8	3	0	1	2	0:3	3:3	1:2	□

Gruppe D

Am 9. Juni 1996 in Sheffield:
DÄNEMARK – PORTUGAL 1:1 (1:0)
DÄNEMARK: Schmeichel, Jes Högh, Rieper, Risager, Helveg, Steen-Nielsen, Thomsen (83. Piechnik), Michael Laudrup, Larsen (90. Vilfort), Brian Laudrup, Beck. PORTUGAL: Vitor Baia, Helder, Fernando Couto, Dimas, Paulinho Santos, Figo (62. Domingos), Rui Costa, Oceano (37. Folha), Paulo Sousa (79. Tavares), Joáo Pinto, Sa Pinto. Schiedsrichter: Van der Ende (Holland); Zuschauer: 38 000; Tore: 1:0 Brian Laudrup (22.), 1:1 Sa Pinto (53.).

Am 11. Juni 1996 in Nottingham:
TÜRKEI – KROATIEN 0:1 (0:0)
TÜRKEI: Rüstü, Rahim, Alpay, Vedat, Ogün, Tugay, Sergen, Tolunay (88. Saffet), Abdullah, Hakan, Arif (82. Hami). KROATIEN: Ladic, Jerkan, Stanic, Stimac, Bilic, Jarni, Boban (58. Soldo), Prosinecki, Asanovic, Suker (90. Pavlicic), Boksic (73. Vlaovic). Schiedsrichter: Muhmenthaler (Schweiz); Zuschauer: 22 406; Tor: 0:1 Vlaovic (86.).

Am 14. Juni 1996 in Nottingham:
PORTUGAL – TÜRKEI 1:0 (0:0)
PORTUGAL: Vitor Baia, Fernando Couto, Dimas, Paulinho Santos, Helder, Figo, Rui Costa, Folha (46. Tavares), Paulo Sousa, Joáo Pinto (77. Porifirio), Sa Pinto (65. Cadete). TÜRKEI: Rüstü, Ogün (46. Rahim), Alpay, Vedat, Oguz (69. Arif), Tugay, Recep, Sergen, Abdullah, Hakan, Saffet (63. Tolunay). Schiedsrichter: Puhl (Ungarn); Zuschauer: 22 670; Tor: 1:0 Fernando Couto (66.).

Am 16. Juni 1996 in Sheffield:
KROATIEN – DÄNEMARK 3:0 (0:0)
KROATIEN: Ladic, Jerkan, Stanic, Bilic, Stimac, Jarni, Asanovic, Boban (82. Saldo), Prosinecki (88. Mladenovic), Vlaovic (82. Jurcevic), Suker. DÄNEMARK: Schmeichel, Jes Högh, Rieper, Helveg (46. Laursen), Vilfort (59. Beck), Thomsen, Michael Laudrup, Larsen (69. Töfting), Steen-Nielsen, Schjönberg, Brian Laudrup. Schiedsrichter: Batta (Frankreich); Zuschauer: 33 671; Tore: 1:0 Suker (53., Elfmeter), 2:0 Boban (80.), 3:0 Suker (90.).

Am 19. Juni 1996 in Nottingham:
KROATIEN – PORTUGAL 0:3 (0:2)
KROATIEN: Mrmic, Mladenovic (46. Boban), Bilic, Pavlicic, Soldo, Simic, Jurcevic, Prosinecki (46. Asanovic), Jarni, Pamic (46. Suker), Vlaovic. PORTUGAL: Vitor Baia, Fernando Couto, Secretario, Dimas, Helder, Paulo Sousa (71. Tavares), Oceano, Rui Costa (61. Pedro), Figo, Joáo Pinto, Sa Pinto (46. Domingos). Schiedsrichter: Heynemann (Deutschland); Zuschauer: 20 000; Tore: 0:1 Figo (4.), 0:2 Joáo Pinto (33.), 0:3 Domingos (83.).

Am 19. Juni 1996 in Sheffield:
TÜRKEI – DÄNEMARK 0:3 (0:0)
TÜRKEI: Rüstü, Ogün, Recep (68. Saffet), Alpay, Vedat, Abdullah, Tugay, Tayfun, Hami, Hakan (46. Arif), Orhan (68. Bülent). DÄNEMARK: Schmeichel, Högh, Helveg, Rieper, Thomsen, Allan Nielsen, Michael Laudrup, Steen-Nielsen, Schjönberg (46. Larsen), Erik Andersen (88. Sören Andersen), Brian Laudrup. Schiedsrichter: Lewnikow (Rußland); Zuschauer: 25 000; Tore: 0:1 Brian Laudrup (50.), 0:2 Allan Nielsen (69.), 0:3 Brian Laudrup (83.).

Endstand

	Punkte	Tore	Spiele	Gewonnen	Unentschieden	Verloren	Portugal	Kroatien	Dänemark	Türkei
Portugal	7	5:1	3	2	1	0	□	3:0	1:1	1:0
Kroatien	6	4:3	3	2	0	1	0:3	□	3:0	1:0
Dänemark	4	4:4	3	1	1	1	1:1	0:3	□	3:0
Türkei	0	0:5	3	0	0	3	0:1	0:1	0:3	□

VIERTELFINALE

Am 22. Juni 1996 in London:
SPANIEN – ENGLAND 0:0 n.V., 2:4 n. E.
SPANIEN: Zubizarreta, Sergi, Abelardo, Alkorta (46. Lopez), Belsue, Amor, Nadal, Hierro, Kiko, Manjarin (46. Caminero), Salinas (46. Alfonso). ENGLAND: Seaman, Gary Neville, Adams, Pearce, Southgate, McManaman (109. Barmby), Platt, Gascoigne, Anderton (109. Fowler), Shearer, Sheringham (109. Stone). Schiedsrichter: Batta (Frankreich); Zuschauer: 76 440; Elfmeterschießen: 0:1 Shearer, Hierro verschießt, 0:2 Platt, 1:2 Amor, 1:3 Pearce, 2:3 Belsue, 2:4 Gascoigne, Seaman hält gegen Nadal.

Am 22. Juni 1996 in Liverpool:
FRANKREICH – HOLLAND 0:0 n.V., 5:4 n. E.
FRANKREICH: Lama, Thuram, Blanc, Desailly, Lizarazu, Karembeu, Djorkaeff, Deschamps, Zidane, Guérin, Loko (62. Dugarry/80. Pedros). HOLLAND: van der Sar, Reiziger, Blind, de Kock, Bogarde, de Boer, Bergkamp (60. Seedorf), Witschge (80. Mulder), Cruyff (69. Winter), Kluivert, Coeu. Schiedsrichter: Manuel Lopez Nieto (Spanien); Zuschauer: 37 465; Elfmeterschießen: 0:1 de Kock, 1:1 Zidane, 1:2 de Boer, 2:2 Djorkaeff, 21:3 Kluivert, 3:3 Lizarazu, Lama hält gegen Seedorf, 4:3 Guérin, 4:4 Blind, 5:4 Blanc.

Am 23. Juni 1996 in Manchester:
DEUTSCHLAND – KROATIEN 2:1 (1:0)
DEUTSCHLAND: Köpke, Sammer, Babbel, Helmer, Reuter, Eilts, Ziege, Scholl (88. Häßler), Möller, Klinsmann (40. Freund), Bobic (46. Kuntz). KROATIEN: Ladic, Jerkan, Bilic, Stimac, Stanic, Asanovic, Jurcevic (78. Mladenovic), Boban, Jarni, Suker, Vlaovic. Schiedsrichter: Sudell (Schweden); Zuschauer: 43 412; Tore: 1:0 Klinsmann (21., Elfmeter), 1:1 Suker (51.), 2:1 Sammer (59.).

Am 23. Juni 1996 in Birmingham:
TSCHECHIEN – PORTUGAL 1:0 (0:0)
TSCHECHIEN: Kouba, Kadlec, Suchoparek, Hornak, Latal, Poborsky, Bejbl, Nemec, Nemecek (90. Berger), Kuka, Smicer (85. Kubik). PORTUGAL: Vitor Baia, Secretario, Helder, Fernando Couto, Dimas, Figo (82. Cadete), Oceano (65. Folha), Rui Costa, Paulo Sousa, Sa Pinto (46. Domingos), Joáo Pinto. Schiedsrichter: Krug (Deutschland); Zuschauer: 25 000; Tor: 1:0 Poborsky (53.).

HALBFINALE

Am 26. Juni 1996 in Manchester:
FRANKREICH – TSCHECHIEN: 0:0 n.V., 5:6 n. E.
FRANKREICH: Lama, Thuram (83. Angloma), Blanc, Roche, Lizarazu, Lamouchi (62. Pedros), Desailly, Guérin, Djorkaeff, Zidane, Loko. TSCHECHIEN: Kouba, Kadlec, Hornak, Rada, Nedved, Nemecek, Nemec (84. Kubik), Novotny, Poborsky, Smicer (46. Berger), Drulak (70. Kotulek). Schiedsrichter: Mottram (Schottland); Zuschauer: 43 877; Elfmeterschießen: 1:0 Zidane, 1:1 Kubik, 2:1 Djorkaeff, 2:2 Nedved, 3:2 Lizarazu, 3:3 Berger, 4:3 Guérin, 4:4 Poborsky, 5:4 Blanc, 5:5 Rada, Kouba hält gegen Pedros, 5:6 Kadlec.

Am 26. Juni 1996 in London:
DEUTSCHLAND – ENGLAND 1:1 (1:1), 6:5 n. E.
DEUTSCHLAND: Köpke, Babbel, Sammer, Helmer (110. Bode), Reuter, Freund (119. Strunz), Eilts, Ziege, Scholl (77. Häßler), Möller, Kuntz. ENGLAND: Seaman, Pearce, Adams, Southgate, Gascoigne, Platt, Ince, McManaman, Anderton, Sheringham, Shearer. Schiedsrichter: Puhl (Ungarn); Zuschauer: 75 862; Tore: 0:1 Shearer (3.), 1:1 Kuntz (16.); Elfmeterschießen: 0:1 Shearer, 1:1 Häßler, 1:2 Platt, 2:2 Strunz, 2:3 Pearce, 3:3 Reuter, 3:4 Gascoigne, 4:4 Ziege, 4:5 Sheringham, 5:5 Kuntz, Köpke hält gegen Southgate, 6:5 Möller.

FINALE

Am 30. Juni 1996 in London
TSCHECHIEN – DEUTSCHLAND 1:2 (0:0) n.V.
TSCHECHIEN: Kouba, Kadlec, Rada, Suchoparek, Hornak, Bejbl, Nedved, Nemec, Poborsky (88. Smicer), Berger, Kuka. DEUTSCHLAND: Köpke, Sammer, Babbel, Ziege, Helmer, Eilts (46. Bode), Strunz, Häßler, Scholl (69. Bierhoff), Kuntz, Klinsmann. Schiedsrichter: Pairetto; Zuschauer: 76 000; Tore: 1:0 Berger (59., Elfmeter), 1:1 Bierhoff (73.), 1:2 Bierhoff (95.).

Europameisterschaft 2000

Gruppe I

	Spiele	Tore	Punkte	Gewonnen	Unentschieden	Verloren	Italien	Dänemark	Schweiz	Wales	Weißrussland
Italien	8	13:5	15	4	3	1	□	2:3	2:0	4:0	1:1
Dänemark	8	11:8	14	4	2	2	1:2	□	2:1	1:2	1:0
Schweiz	8	9:5	14	4	2	2	0:0	1:1	□	2:0	2:0
Wales	8	7:16	9	3	0	5	0:2	0:2	0:2	□	3:2
Weißrussland	8	4:10	3	0	3	5	0:0	0:0	0:1	1:2	□

Gruppe II

	Spiele	Tore	Punkte	Gewonnen	Unentschieden	Verloren	Norwegen	Slowenien	Griechenland	Lettland	Albanien	Georgien
Norwegen	10	21:9	25	8	1	1	□	4:0	1:0	1:3	2:2	1:0
Slowenien	10	12:14	17	5	2	3	1:2	□	0:3	1:0	2:0	2:1
Griechenland	10	13:8	15	4	3	3	0:2	2:2	□	1:2	2:0	3:0
Lettland	10	13:12	13	3	4	3	1:2	1:2	0:0	□	0:0	1:0
Albanien	10	8:14	7	1	4	5	1:2	0:1	0:0	3:3	□	2:1
Georgien	10	8:18	5	1	2	7	1:4	1:1	1:2	2:2	1:0	□

Gruppe III

	Spiele	Tore	Punkte	Gewonnen	Unentschieden	Verloren	Deutschland	Türkei	Finnland	Nordirland	Moldawien
Deutschland	8	20:4	19	6	1	1	□	0:0	2:0	4:0	6:1
Türkei	8	15:6	17	5	2	1	1:0	□	1:3	3:0	2:0
Finnland	8	13:13	10	3	1	4	1:2	2:4	□	4:1	3:2
Nordirland	8	4:19	5	1	2	5	0:3	0:3	1:0	□	2:2
Moldawien	8	7:17	4	0	4	4	1:3	1:1	0:0	0:0	□

Gruppe IV

	Spiele	Tore	Punkte	Gewonnen	Unentschieden	Verloren	Frankreich	Urkraine	Russland	Island	Armenien	Andorra
Frankreich	10	17:10	21	6	3	1	□	0:0	2:3	3:2	2:0	2:0
Ukraine	10	14:4	20	5	5	0	0:0	□	3:2	1:1	2:0	4:0
Russland	10	22:12	19	6	1	3	2:3	1:1	□	1:0	2:0	6:1
Island	10	12:7	15	4	3	3	1:1	0:1	1:0	□	2:0	3:0
Armenien	10	8:15	8	2	2	6	2:3	0:0	0:3	0:0	□	3:1
Andorra	10	3:28	0	0	0	8	0:1	0:2	1:2	0:2	0:3	□

Gruppe V

	Spiele	Tore	Punkte	Gewonnen	Unentschieden	Verloren	Schweden	England	Polen	Bulgarien	Luxemburg
Schweden	8	10:1	22	7	1	0	□	2:1	2:0	1:0	2:0
England	8	14:4	13	3	4	1	0:0	□	3:1	0:0	6:0
Polen	8	12:8	13	4	1	3	0:1	0:0	□	2:0	3:0
Bulgarien	8	6:8	8	2	2	4	0:1	1:1	0:3	□	3:0
Luxemburg	8	2:23	0	0	0	8	0:1	0:3	2:3	0:2	□

Gruppe VI

	Spiele	Tore	Punkte	Gewonnen	Unentschieden	Verloren	Spanien	Israel	Österreich	Zypern	San Marino
Spanien	8	42:5	21	7	0	1	□	3:0	9:0	8:0	9:0
Israel	8	25:9	13	4	1	3	1:2	□	5:0	3:0	8:0
Österreich	8	19:20	13	4	1	3	1:3	1:1	□	3:1	7:0
Zypern	8	12:21	12	4	0	4	3:2	3:2	0:3	□	4:0
San Marino	8	1:44	0	0	0	8	0:6	0:5	1:4	0:1	□

Gruppe VII

	Spiele	Tore	Punkte	Gewonnen	Unentschieden	Verloren	Rumänien	Portugal	Slowakei	Ungarn	Aserbaidschan	Liechtenstein
Rumänien	10	25:3	24	7	3	0	□	1:1	0:0	2:0	4:0	7:0
Portugal	10	32:4	23	7	2	1	0:1	□	1:0	3:0	7:0	8:0
Slowakei	10	12:9	17	5	2	3	1:5	0:3	□	0:0	3:0	2:0
Ungarn	10	14:10	12	3	3	4	1:1	1:3	0:1	□	3:0	5:0
Aserbaidschan	10	6:26	4	1	1	8	0:1	1:1	0:1	0:4	□	4:0
Liechtenstein	10	2:39	4	1	1	8	0:3	0:5	0:4	0:0	2:1	□

Gruppe VIII

	Spiele	Tore	Punkte	Gewonnen	Unentschieden	Verloren	Jugoslawien	Irland	Kroatien	Mazedonien	Malta
Jugoslawien	8	18:8	17	5	2	1	□	1:0	0:0	3:1	4:1
Irland	8	14:6	16	5	1	2	2:1	□	2:0	1:0	5:0
Kroatien	8	13:9	15	4	3	1	2:2	1:0	□	3:2	2:1
Mazedonien	8	13:14	8	2	2	4	2:4	1:1	1:1	□	4:0
Malta	8	6:27	0	0	0	8	0:3	2:3	1:4	1:2	□

Gruppe IX

	Spiele	Tore	Punkte	Gewonnen	Unentschieden	Verloren	Tschechien	Schottland	Bosnien-Herzegowina	Litauen	Estland	Faröer
Tschechien	10	26:5	30	10	0	0	□	3:2	3:0	2:0	4:1	2:0
Schottland	10	15:10	18	5	3	2	1:2	□	1:0	3:0	3:2	2:0
Bosnien-Herzegowina	10	14:17	11	3	2	5	1:3	1:2	□	2:0	1:1	1:0
Litauen	10	8:16	11	3	2	5	0:4	0:0	4:2	□	1:2	0:0
Estland	10	15:17	11	3	2	5	0:2	0:0	1:4	1:2	□	5:0
Faröer	10	4:17	3	0	3	7	0:1	1:1	2:2	0:1	0:2	□

Für die Endrunde gesetzte Mannschaften:

1. Holland Veranstalter
2. Belgien Veranstalter
3. Tschechien Erster Gruppe 9
4. Norwegen Erster Gruppe 2
5. Schweden Erster Gruppe 5
6. Spanien Erster Gruppe 6
7. Frankreich Erster Gruppe 4
8. Deutschland Erster Gruppe 3
9. Italien Erster Gruppe 1
10. Rumänien Erster Gruppe 7
11. Jugoslawien Erster Gruppe 8
12. Portugal Bester Gruppenzweiter

Die Rangliste der Gruppenzweiten:

(Zur Ermittlung der besten Gruppenzweiten wurden nur die Egebnisse der betreffenden Länder gegen den Ersten, Dritten und Vierten ihrer Gruppe berücksichtigt. Die beste Gruppenzweite war direkt für die EM-Endrunde qualifiziert, die übrigen acht bestritten Play-off-Spiele mit Hin- und Rückspielen, deren vier Sieger ebenfalls für die EURO 2000 qualifiziert waren.)

1.	Portugal	6	10:2	13
2.	Türkei	6	12:5	13
3.	Schottland	6	9:5	10
4.	Dänemark	6	10:8	10
5.	Ukraine	6	6:4	10
6.	Irland	6	6:4	7
7.	Israel	6	12:9	7
8.	England	6	5:4	7
9.	Slowenien	6	6:12	7

Play-offs der Gruppenzweiten

13. 11. 1999	Irland - Türkei	1:1
17. 11. 1999	Türkei - Irland	0:0
13. 11. 1999	Israel - Dänemark	0:5
17. 11. 1999	Dänemark - Israel	3:0
13. 11. 1999	Schottland - England	0:2
17. 11. 1999	England - Schottland	0:1
13. 11. 1999	Slowenien - Ukraine	2:1
17. 11. 1999	Ukraine - Slowenien	1:1

Endrunde in Holland und Belgien

Gruppe A

12.06.2000 in Lüttich
DEUTSCHLAND - RUMÄNIEN 1:1 (1:1)
DEUTSCHLAND: Kahn - Linke (46. Rehmer), Matthäus (77. Deisler), Nowotny - Babbel, Jeremies, Ziege - Häßler (73. Hamann), Scholl - Rink, Bierhoff. RUMÄNIEN: Stelea - Ciobotariu, Popescu, Filipescu - Petrescu (69. Contra), Galca, Munteanu, Chivu - Hagi (73. Mutu) - Moldovan (85. Lupescu), Ilie. Tore: 0:1 Moldovan (5.), 1:1 Scholl (28.). Schiedsrichter: Nielsen, Kim Milton (Dänemark). Zuschauer: 30 000 (ausverkauft).

12.06.2000 in Eindhoven
PORTUGAL - ENGLAND 3:2 (2:2)
PORTUGAL: Vitor Baia - Abel Xavier, Fernando Couto, Jorge Costa, Dimas - Bento, Jose Vidigal - Luis Figo, Rui Costa (85. Beto), Joao Pinto (76. Sergio Conceicao) - Nono Gomes (90. Nuno Capucho). ENGLAND: Seaman - Neville, Adams (82. Keown), Campbell, Neville - Ince - Beckham, McManaman (58. Wise) - Scholes - Shearer, Owen (46. Heskey). Tore: 0:1 Scholes (3.), 0:2 McManaman (17.), 1:2 Luis Figo (22.), 2:2 Joao Pinto (37.), 3:2 Nono Gomes (59.Costa). Schiedsrichter: Frisk, Anders (Schweden). Zuschauer: 30 000 (ausverkauft).
17.06.2000 in Arnheim

RUMÄNIEN - PORTUGAL 0:1 (0:0)
RUMÄNIEN: Stelea - Popescu - Contra, Filipescu - Petrescu (64. Petre), Galca, D. Munteanu, Chivu - Hagi - Moldovan (69. Ganea), Ilie (78. Rosu). PORTUGAL: Vitor Baia - Carlos Secretario, Couto, Jorge Costa, Dimas - Luis Figo, Paulo Bento, Jose Vidigal, Joao Pinto (56. Sergio Conceicao) - Rui Costa (87. Costinha) - Nuno Gomes (56. Ricardo Sa Pinto). Tore: 0:1 Costinha (90.). Schiedsrichter: Veissière, Gilles (Frankreich). Zuschauer: 25 000.

17.06.2000 in Charleroi
ENGLAND - DEUTSCHLAND 1:0 (0:0)
ENGLAND: Seaman - G. Neville, Keown, Campbell, P. Neville - Beckham, Ince, Scholes (72. Barnby), Wise - Shearer, Owen (61. Gerrard). DEUTSCHLAND: Kahn - Babbel, Matthäus, Nowotny - Deisler (72. Ballack), Hamann, Jeremies (78. Bode), Ziege - Scholl - Kirsten (70. Rink), Jancker. Tore: 1:0 Shearer (53.). Schiedsrichter: Collina, Pierluigi (Italien). Zuschauer: 30 000 (ausverkauft).

20.06.2000 in Charleroi
ENGLAND - RUMÄNIEN 2:3 (2:1)
ENGLAND: Martyn - G. Neville, Keown, Campbell, P. Neville - Beckham, Ince, Scholes (81. Southgate) , Wise (76. Barnby) - Shearer, Owen (67. Heskey). RUMÄNIEN: Stelea - Popescu (32. Belodedici) - Contra, Filipescu - Petrescu, Mutu, Chivu, Galca (68. Rosu) , D. Munteanu - Moldovan, Ilie (74. Ganea). Tore: 0:1 Chivu (22.), 1:1 Shearer (41.), 2:1 Owen (45.), 2:2 D. Munteanu (48.), 2:3 Ganea (89.). Schiedsrichter: Meier, Urs (Schweiz). Zuschauer: 28 000.

20.06.2000 in Rotterdam
PORTUGAL - DEUTSCHLAND 3:0 (1:0)
PORTUGAL: Pedro Espinha (90. Quim) - Beto, Fernando Couto, Jorge Costa, Rui Jorge - Sergio Conceicao, Costinha, Paulo Sousa (72. Jose Vidigal) , Nuno Capucho - Ricardo Sa Pinto, Pauleta (67. Nuno Gomes). DEUTSCHLAND: Kahn - Nowotny, Matthäus, Linke - Rehmer, Hamann, Ballack (46. Rink) - Scholl (59. Häßler) - Deisler, Jancker (69. Kirsten) , Bode. Tore: 1:0 Sergio Conceicao (35.), 2:0 Sergio Conceicao (54.), 3:0 Sergio Conceicao (71.). Schiedsrichter: Jol, Dick (Holland). Zuschauer: 51504 (ausverkauft).

Deutschland - Rumänien	1:1
Portugal - England	3:2
Rumänien - Portugal	0:1
England - Deutschland	1:0
England - Rumänien	2:3
Portugal - Deutschland	3:0

Gruppe A

	Spiele	Tore	Punkte	Gewonnen	Unentschieden	Verloren	Portugal	Rumänien	England	Deutschland
Portugal	9	7:2	3	3	0	0	□		3:2	3:0
Rumänien	4	4:4	3	1	1	1	0:1	□		
England	3	5:6	3	1	0	2		2:3	□	1:0
Deutschland	1	1:5	3	0	1	2		1:1		□

Gruppe B

10.06.2000 in Brüssel
BELGIEN - SCHWEDEN 2:1 (1:0)
BELGIEN: De Wilde - Valgaeren, Staelens, Leonard (73. van Kerckhoven) - Deflandre - Vanderhaeghe - Verheyen (87. Peeters), Wilmots, Goor - Strupar (69. Nilis), E. Mpenza. SCHWEDEN: Hedman - Nilsson (46. Lucic), Andersson, Björklund, Mellberg - Alexandersson, Andersson (70. Osmanovski), Mjällby, Ljungberg - Pettersson (50. Larsson), Andersson. Tore: 1:0 Goor (43.), 2:0 E. Mpenza (46.), 2:1 Mjällby (53.). Schiedsrichter: Merk, Dr. Markus (Deutschland). Zuschauer: 50 000 (ausverkauft).

11.06.2000 in Arnheim
TÜRKEI - ITALIEN 1:2 (0:0)
TÜRKEI: Rüstü Recber - Ogün Temizkanoglu - Alpay Özalan, Fatih Akyel - Ümit Davala (76. Tugay Kerimoglu), Tayfun Korkut, Tayfur Havutcu, Abdullah Ercan - Okan Buruk (89. Ergün Penbe) - Sergen Yalcin (81. Arif Erdem) - Hakan Sükür. ITALIEN: Toldo - Cannavaro, Nesta, Maldini - Zambrotta, Conte, Albertini, Pessotto (62. Iuliano) - Fiore (75. Del Piero) - Totti (83. Di Livio) - Inzaghi. Tore: 0:1 Conte (52.), 1:1 Okan Buruk (61.), 1:2 Inzaghi (70.). Schiedsrichter: Dallas, Hugh (Schottland). Zuschauer: 25 000.

14.06.2000 in Brüssel
ITALIEN - BELGIEN 2:0 (1:0)
ITALIEN: Toldo - Fabio Cannavaro, Nesta, Iuliano - Zambrotta, Conte, Albertini, Maldini - Fiore (83. Ambrosini) - Totti (64. Del Piero), Inzaghi (76. Del Vecchio). BELGIEN: De Wilde - Deflandre, Valgaeren, Staelens, van Kerckhoven (45. Hendrikx) - Vanderhaeghe - Verheyen (68. M. Mpenza), Wilmots, Goor - E. Mpenza, Strupar (58. Nilis). Tore: 1:0 Totti (6.), 2:0 Fiore (68.). Schiedsrichter: Garcia Aranda, José M. (Spanien). Zuschauer: 45 000.

15.06.2000 in Eindhoven
SCHWEDEN - TÜRKEI 0:0
SCHWEDEN: Hedman - Lucic, Mellberg, Björklund, Sundgren - Mild, Mjällby, Ljungberg, Alexandersson (63. A. Andersson) - K. Andersson (46. Pettersson), Larsson (78. M. Svensson). TÜRKEI: Rüstü Recber - Alpay Özalan, Ogün Temizkanoglu (59. Tugay Kerimoglu), Fatih Akyel - Ümit Davala (45. Tayfun Korkut), Okan Buruk, Suat Kaya, Mustafa Izzet (58. Sergen Yalcin), Hakan Ünsal - Hakan Sükür, Arif Erdem. Schiedsrichter: Jol, Dick (Holland). Zuschauer: 30 000.

19.06.2000 in Eindhoven
ITALIEN - SCHWEDEN 2:1 (1:0)
ITALIEN: Toldo - Ferrara, Negro, Iuliano (46. Cannavaro) - Pessotto, Di Livio (64. Fiore), Di Biagio, Ambrosini, Maldini (41. Nesta) - Montella, Del Piero. SCHWEDEN: Hedman - Mellberg, P. Andersson, Björklund, Gustafsson (75. K. Andersson) - Mild, Mjällby (56. D. Andersson), Ljungberg, M. Svensson (52. Alexandersson) - Osmanovski, Larsson. Tore: 1:0 Di Biagio (39.), 1:1 Larsson (77.), 2:1 Del Piero (88.). Schiedsrichter: Melo Pereira, Vitor (Portugal). Zuschauer: 25 000.

19.06.2000 in Brüssel
TÜRKEI - BELGIEN 2:0 (1:0)
TÜRKEI: Rüstü Recber - Ogün Temizkanoglu - Alpay Özalan, Fatih Akyel - Tayfur Havutcu, Okan Buruk (77. Ergün Penbe), Tugay Kerimoglu (37. Tayfun Korkut), Suat Kaya, Abdullah Ercan - Arif Erdem (87. Osman Ozkoylu), Hakan Sükür. BELGIEN: De Wilde - Deflandre, Valgaeren, Staelens, van Kerckhoven - Verheyen (63. Strupar), Vanderhaeghe, Wilmots, Goor (59. Hedrikx) - Nilis (77. De Bilde), E. Mpenza. Tore: 1:0 Hakan Sükür (45.), 2:0 Hakan Sükür (70.). Schiedsrichter: Milton Nielsen, Kim (Dänemark). Zuschauer: 50 000 (ausverkauft).

Belgien - Schweden	2:1
Türkei - Italien	1:2
Italien - Belgien	2:0
Schweden - Türkei	0:0
Türkei - Belgien	2:0
Italien - Schweden	2:1

Gruppe B

	Spiele	Tore	Punkte	Gewonnen	Unentschieden	Verloren	Italien	Türkei	Belgien	Schweden
Italien	9	6:2	3	3	0	0	□		2:0	2:1
Türkei	4	3:2	3	1	1	1	1:2	□	2:0	
Belgien	3	2:5	3	1	0	2			□	2:1
Schweden	1	2:4	3	0	1	2		0:0		□

Gruppe C

13.06.2000 in Rotterdam
SPANIEN - NORWEGEN 0:1 (0:0)
SPANIEN: Molina - Salgado, Hierro, Jemez, Aranzabal - Etxeberria (73. Mendieta), Valeron (80. Helguera), Guardiola, Gonzales (73. Perez) - Urzaiz, Raul. NORWEGEN: Myhre - Heggem, Berg (59. Eggen), Bragstad, Bergdölmo - Bakke, Skammelsrud, Mykland - Iversen (90. Riseth), Solskjaer - Flo (70. Carew). Tore: 0:1 Iversen (66.). Schiedsrichter: El Ghandour, Gamal (Ägypten). Zuschauer: 42 500.

13.06.2000 in Charleroi
JUGOSLAWIEN - SLOWENIEN 3:3 (0:1)
JUGOSLAWIEN: Kralj - Dudic, Djukic, Mihajlovic, Nadj - Jokanovic, Jugovic - Stankovic (36. Stojkovic), Drulovic - Kovacevic (52. Milosevic), Mijatovic (82. Kezman). SLOWENIEN: Dabanovic - Galic - Milanic, Milinovic - Ceh, Pavlin (74. Pavlovic) - Novak, Karic (78. Osterc) - Zahovic - Rudonja - Udovic (64. Acimovic). Tore: 0:1 Zahovic (23.), 0:2 Pavlin (52.), 0:3 Zahovic (57.), 1:3 Milosevic (67.), 2:3 Drulovic (70.), 3:3 Milosevic (73.). Schiedsrichter: Melo Pereira, Victor (Portugal). Zuschauer: 20 000.

18.06.2000 in Amsterdam
SLOWENIEN - SPANIEN 1:2 (0:1)
SLOWENIEN: Dabanovic - Galic - Milanic (68. Knavs), Milinovic - N. Ceh, Pavlin (82. Acimovic) - Novak, Karic - Zahovic - Rudonja, Udovic (46. Osterc). SPANIEN: Canizares - Salgado, Hierro, Abelardo, Aranzabal - Etxeberria, Valeron (89. Engonga), Guardiola (81. Helguera), Mendieta - Perez (71. Urzaiz), Raul. Tore: 0:1 Raul (4.), 1:1 Zahovic (58.), 1:2 Etxeberria (60.). Schiedsrichter: Merk, Dr. Markus (Deutschland). Zuschauer: 41 000.

18.06.00 in Lüttich
NORWEGEN - JUGOSLAWIEN 0:1 (0:1)
NORWEGEN: Myhre - Heggem (35. Björnebye), Eggen, Bragstad, Bergdölmo - Bakke (75. Strand), Skammelsrud, Mykland - Iversen (70. Carew), Solskjaer, Flo. JUGOSLAWIEN: Kralj - Komljenovic, Saveljic, Djukic, Djorovic - Jokanovic (89. Govedarica), Jugovic - Drulovic, Stojkovic (84. Nadj) - Mijatovic (87. Kezman), Milosevic. Tore: 0:1 Milosevic (8.). Schiedsrichter: Dallas, Hugh (Schottland). Zuschauer: 27 000.

21.06.2000 in Arnheim
SLOWENIEN - NORWEGEN 0:0
SLOWENIEN: Dabanovic - Milinovic, Galic (83. Acimovic), Knavs - A. Ceh, Pavlin - Novak, Karic - Zahovic, Rudonja - Siljak (86. Osterc). NORWEGEN: Myhre - Bergdölmo, Eggen, Bragstad, Björnebye - Solbakken - Iversen, Mykland - Carew (61. Bakke, 83. Strand), Solskjaer, Flo. Schiedsrichter: Poll, Graham (England). Zuschauer: 35 000.

21.06.2000 in Brügge
JUGOSLAWIEN - SPANIEN 3:4 (1:1)
JUGOSLAWIEN: Kralj - Komljenovic, Djukic, Mihajlovic, Djorovic (13. Stankovic) - Jokanovic, Jugovic (46. Govedarica) - Stojkovic (69. Saveljic), Drulovic - Milosevic, Mijatovic. SPANIEN: Canizares - Salgado (46. Munitis), Abelardo, Jemez (65. Urzaiz), Sergi - Mendieta, Guardiola, Helguera, Gonzales (23. Etxeberria) - Perez, Raul. Tore: 1:0 Milosevic (30.), 1:1 Perez (39.), 2:1 Govedarica (51.), 2:2 Munitis (52.), 3:2 Komljenovic (75.), 3:3 Mendieta (90., Foulelfmeter), 3:4 Perez (90.). Schiedsrichter: Veissiere, Gilles (Frankreich). Zuschauer: 23 000.

Spanien - Norwegen	0:1
Jugoslawien - Slowenien	3:3
Slowenien - Spanien	1:2
Norwegen - Jugoslawien	0:1
Jugoslawien - Spanien	3:4
Slowenien - Norwegen	0:0

Gruppe C

	Spiele	Tore	Punkte	Gewonnen	Unentschieden	Verloren	Spanien	Jugoslawien	Norwegen	Slowenien
Spanien	6	6:5	3	2	0	1	□		0:1	
Jugoslawien*	4	7:7	3	1	1	1	3:4	□		3:3
Norwegen*	4	1:1	3	1	1	1		0:1	□	
Slowenien	2	4:5	3	0	2	1	1:2		0:0	□

* bei Punktgleichheit gibt das Resultat des direkten Vergleiches den Ausschlag und den hatte Jugoslawien gegen Norwegen 1:0 gewonnen.

Gruppe D

11.06.2000 in Brügge
FRANKREICH - DÄNEMARK 3:0 (1:0)
FRANKREICH: Barthez - Thuram, Blanc, Desailly, Lizarazu - Deschamps - Petit - Djorkaeff (58. Vieira), Zidane - Anelka (80. Wiltord), Henry. DÄNEMARK: Schmeichel - Colding, Henriksen, Schjönberg, Heintze - Nielsen, Töfting (72. Gravesen) - Bisgaard (72. Jörgensen) - Tomasson (79. Beck), Grönkjaer - Sand. Tore: 1:0 Blanc (16.), 2:0 Henry (64.), 3:0 Wiltord (90.). Schiedsrichter: Benkö, Günter (Österreich). Zuschauer: 30 000.

11.06.2000 in Amsterdam
NIEDERLANDE - TSCHECHIEN 1:0 (0:0)
NIEDERLANDE: Van der Sar - Reiziger, Stam (75. Konterman), F. de Boer, van Bronckhorst - Seedorf (57. R. de Boer), Cocu, Davids - Bergkamp, Zenden (78. Overmars) - Kluivert. TSCHECHIEN: Srnicek - Latal (70. Bejbl), Repka, Rada, Gabriel - Nemec - Poborsky, Nedved (90. Lokvenc), Rosicky, Smicer (83. Kuka) - Koller. Tore: 1:0 F. de Boer (89.). Schiedsrichter: Collina, Pierluigi (Italien). Zuschauer: 50 000 (ausverkauft).

16.06.2000 in Brügge
TSCHECHIEN - FRANKREICH 1:2 (1:1)
TSCHECHIEN: Srnicek - Gabriel (46. Kuka), Rada, Repka - Poborsky, Rosicky (62. Jankolovski), Nemec, Bejbl (49. Lokvenc) - Nedved - Smicer, Koller. FRANKREICH: Barthez - Thuram, Blanc, Desailly, Candela - Deschamps, Petit (46. Djorkaeff), Vieira - Zidane - Anelka (55. Dugarry), Henry (90. Wiltord). Tore: 0:1 Henry (7.), 1:1 Poborsky (35., Foulelfmeter), 1:2 Djorkaeff (60.). Schiedsrichter: Poll, Graham (England). Zuschauer: 30 000 (ausverkauft).

16.06.2000 in Rotterdam
DÄNEMARK - NIEDERLANDE 0:3 (0:0)
DÄNEMARK: Schmeichel - Colding, Henriksen, Schjönberg (82. Helveg), Heintze - Bisgaard, A. Nielsen (61. Töfting), Gravesen (67. B. Nielsen), Grönkjaer - Tomasson, Sand. NIEDERLANDE: Van der Sar (89. Westerveld) - Reiziger, Konterman, F. De Boer, van Bronckhorst - Zenden, Cocu, Davids, Overmars (61. R. De Boer) - Bergkamp (75. Winter), Kluivert. Tore: 0:1 Kluivert (57.), 0:2 R. De Boer (67.), 0:3 Zenden (77.). Schiedsrichter: Meier, Urs (Schweiz). Zuschauer: 50 000 (ausverkauft).

21.06.2000 in Lüttich
DÄNEMARK - TSCHECHIEN 0:2 (0:0)
DÄNEMARK: Schmeichel - Helveg, Henriksen, Schjönberg, Heintze (68. Colding) - Töfting, B. Nielsen - Goldbaek, Grönkjaer - Beck (74. Molnar), Tomasson (3). TSCHECHIEN: Srnicek - Fukal, Rada, Repka - Bejbl (61. Jankolovski), Nemec - Poborsky - Nedved, Berger - Smicer (79. Lokvenc), Koller (74. Kuka). Tore: 0:1 Smicer (64.), 0:2 Smicer (67.). Schiedsrichter: Ghandour, Gamal M. A. (Ägypten). Zuschauer: 18 000.

21.06.2000 in Amsterdam
FRANKREICH - NIEDERLANDE 2:3 (2:1)
FRANKREICH: Lama - Karembeu, Leboeuf, Desailly, Candela - Vieira (90. Deschamps), Pires (3) - Dugarry (69. Djorkaeff), Micoud - Trezeguet, Wiltord (81. Anelka). NIEDERLANDE: Westerveld - Bosvelt, Stam, F. De Boer, Numan - Cocu, Davids (2,5) - Overmars (89. Van Vossen), Bergkamp (78. Winter), Zenden - Kluivert (60. Makaay). Tore: 1:0 Dugarry (8.), 1:1 Kluivert (14.), 2:1 Trezeguet (31.), 2:2 F. De Boer (51.), 2:3 Zenden (59.). Schiedsrichter: Frisk, Anders (Schweden). Zuschauer: 50 000 (ausverkauft).

Frankreich - Dänemark	3:0
Holland - Tschechien	1:0
Tschechien - Frankreich	1:2
Dänemark - Holland	0:3
Dänemark - Tschechien	0:2
Frankreich - Holland	2:3

Gruppe D

	Spiele	Tore	Punkte	Gewonnen	Unentschieden	Verloren	Holland	Frankreich	Tschechien	Dänemark
Holland	9	7:2	3	3	0	0	□		1:0	
Frankreich	6	7:4	3	2	0	1	2:3	□		3:0
Tschechien	3	3:3	3	1	0	2		1:2	□	
Dänemark	0	0:8	3	0	0	3	0:3		0:2	□

Viertelfinale

24.06.2000 in Amsterdam
TÜRKEI - PORTUGAL 0:2 (0:1)
TÜRKEI: Rüstü Recber - Alpay Özalan, Ogün Temizkanoglu (84. Sergen Yalcin), Fatih Akyel - Tayfun Korkut, Okan Buruk (62. Oktay Derelioglu), Tayfur Havutcu, Ergün Penbe, Hakan Ünsal - Hakan Sükür, Arif Erdem (62. Suat Kaya). PORTUGAL: Vitor Baia - Sergio Conceicao, Fernando Couto, Jorge Costa, Dimas - Costinha (46. Paulo Sousa), Bento - Joao Pinto, Rui Costa (87. Nuno Capucho), Luis Figo - Nuno Gomes (74. Ricardo Sa Pinto)
Tore: 0:1 Nuno Gomes (44.), 0:2 Nuno Gomes (56.). Schiedsrichter: Jol, Dick (Holland). Zuschauer: 40 000.

24.06.2000 in Brüssel
ITALIEN - RUMÄNIEN 2:0 (2:0)
ITALIEN: Toldo - Cannavaro, Nesta, Iuliano - Zambrotta, Albertini, Fiore, Maldini (46. Pessotto) - Inzaghi, Conte (54. Di Biagio) - Totti (75. Del Piero). RUMÄNIEN: Stelea - Filipescu, Ciobotariu, Belodedici, Chivu - Petre, Hagi, Galca (68. Lupescu), D. Munteanu - Mutu, Moldovan (54. Ganea). Tore: 1:0 Totti (33.), 2:0 Inzaghi (43.). Schiedsrichter: Melo Pereira, Vitor (Portugal). Zuschauer: 35 000.

25.06.2000 in Rotterdam
NIEDERLANDE - JUGOSLAWIEN 6:1 (2:0)
NIEDERLANDE: Van der Sar (65. Westerveld) - Bosvelt, Stam, F. De Boer, Numan - Cocu, Davids - Overmars, Bergkamp, Zenden (80. R. De Boer) - Kluivert (60. Makaay). JUGOSLAWIEN: Kralj - Komljenovic, Djukic, Mihajlovic, Saveljic (56. J. Stankovic) - Govedarica, Jugovic - Stojkovic (52. D. Stankovic), Drulovic (70. Kovacevic) - Milosevic, Mijatovic. Tore: 1:0 Kluivert (24.), 2:0 Kluivert (38.), 3:0 Kluivert (51.), 4:0 Kluivert (54.), 5:0 Overmars (78.), 6:0 Overmars (90.), 6:1 Milosevic (90.). Schiedsrichter: Garcia Aranda, José M. (Spanien). Zuschauer: 51 504 (ausverkauft).

25.06.2000 in Brügge
SPANIEN - FRANKREICH 1:2 (1:2)
SPANIEN: Canizares - Salgado, Abelardo, Jemez, Aranzabal - Mendieta (57. Urzaiz), Helguera (77. Gerard), Guardiola, Munitis (73. Etxeberria) - Perez, Raul. FRANKREICH: Barthez - Thuram, Blanc, Desailly, Lizarazu - Deschamps, Vieira - Dugarry, Zidane, Djorkaeff - Henry (82. Anelka). Tore: 0:1 Zidane (33.), 1:1 Mendieta (38.), 1:2 Djorkaeff (44.). Schiedsrichter: Collina, Pierluigi (Italien). Zuschauer: 28 000.

Halbfinale

28.06.2000 in Brüssel
PORTUGAL - FRANKREICH N.V. 1:2 (1:1; 1:0)
PORTUGAL: Vitor Baia - Abel Xavier, Fernando Couto, Jorge Costa, Dimas (91. Rui Jorge) - Costinha, Jose Vidigal (61. Paulo Bento) - Sergio Conceicao, Rui Costa (78. Joao Pinto), Luis Figo - Nuno Gomes. FRANKREICH: Barthez - Thuram, Blanc, Desailly, Lizarazu - Vieira, Deschamps, Petit (87. Pires) - Zidane - Anelka (72. Wiltord), Henry (105. Trezeguet). Tore: 1:0 Nuno Gomes (19.), 1:1 Henry (51.), 1:2 Zidane (117.). Schiedsrichter: Benkö, Günter (Österreich) Zuschauer: 47 000.

29.06.2000 in Amsterdam
ITALIEN - HOLLAND N. E. 3:1, N.V. 0:0
ITALIEN: Toldo - Maldini, Cannavaro, Nesta, Iuliano - Zambrotta, Di Biagio, Albertini (78. Pessotto), Fiore (83. Totti) - Inzaghi (67. Del Vecchio), Del Piero. HOLLAND: Van der Sar - Bosvelt, Stam, F. De Boer, Van Bronckhorst - Overmars, Davids, Cocu (95. Winter), Zenden (77. Van Vossen) - Kluivert, Bergkamp (86. Seedorf). Elfmeterschießen: 1:0 Di Biagio, Toldo hält gegen Frank de Boer, 2:0 Pessotto, Stam schießt drüber, 3:0 Totti, 3:1 Kluivert, Van der Sar hält gegen Maldini, Toldo hält gegen Bosvelt. Schiedsrichter: Merk, Dr. Markus (Deutschland) Zuschauer: 51 300 (ausverkauft).

Finale

2.7.2000 in Rotterdam
FRANKREICH - ITALIEN N.V. 2:1 (1:1, 0:0)
FRANKREICH: Barthez - Thuram, Blanc, Desailly, Lizarazu (85. Pires), Vieira, Deschamps - Djorkaeff (76. Trezeguet), Zidane, Dugarry (58. Wiltord) - Henry. ITALIEN: Toldo - Cannavaro, Nesta, Iuliano - Pessotto, Albertini, Di Biagio (66. Ambrosini), Maldini - Totti, Fiore (53. Del Piero) - Del Vecchio (86. Montella). Tore: 0:1 Del Vecchio (55.), 1:1 Wiltord (90.), 2:1 Trezeguet (103.). Schiedsrichter: Frisk, Anders (Schweden). Zuschauer: 48 200 (ausverkauft).

Europapokal der Meister

1956 in Paris:
REAL MADRID – STADE REIMS 4:3
Real Madrid: Alonso, Atienza, Lesmes, Munoz, Marquitos, Zarraga, Joseito (1), Marchal, Di Stefano (1), Rial (2), Gento. Stade Reims: Jacquet, Zimny, Giraudo, Leblond (1), Jonquet, Siatka, Hidalgo (1), Glowacki, Kopa, Bliard, Templin (1).

1957 in Madrid:
REAL MADRID – AC FLORENZ 2:0
Real Madrid: Alonso, Torres, Lesmes, Munoz, Marquitos, Zarraga, Kopa, Mateos, Di Stefano (1), Rial, Gento (1). AC Florenz: Sarti, Magnini, Cervato, Scaramucci, Orzan, Segato, Julinho, Gratton, Virgili, Montuori, Bizzarri.

1958 in Brüssel:
REAL MADRID – AC MILAN 3:2 n.V.
Real Madrid: Alonso, Atienza, Lesmes, Santisteban, Santamaria, Zarraga, Kopa, Joseito, Di Stefano (1), Rial (1), Gento (1). AC Milan: Soldan, Fontana, Beraldo, Bergamaschi, Maldini, Radice, Danova, Liedholm, Schiaffino (1), Grillo (1), Cucchiaroni.

1959 in Stuttgart:
REAL MADRID – STADE REIMS 2:0
Real Madrid: Dominguez, Marquitos, Zarraga, Santisteban, Santamaria, Ruiz, Kopa, Mateos (1), Di Stefano (1), Rial, Gento. Stade Reims: Colonna, Rodzik, Giraudo, Periverne, Jonquet, Leblond, Lamartine, Bliard, Fontaine, Piantoni, Vincent.

1960 in Glasgow:
REAL MADRID – EINTRACHT FRANKFURT 7:3
Real Madrid: Dominguez, Marquitos, Pachin, Vidal, Santamaria, Zarraga, Canario, Del Sol, Di Stefano (3), Puskas (4), Gento. Eintracht Frankfurt: Loy, Lutz, Höfer, Weilbächer, Eigenbrodt, Stinka, Kreß (1), Lindner, Stein (2), Pfaff, Meier.

1961 in Bern:
BENFICA LISSABON – FC BARCELONA 3:2
Benfica Lissabon: Costa Pereira, Joao, Angelo, Neto, Germano, Cruz, Augusto (1), Santana, Aguas (1), Coluna (1), Cavem. FC Barcelona: Ramallets, Foncho, Gracia, Verges, Gensana, Garay, Kubala, Kocsis (1), Evaristo, Suarez, Czibor (1).

1962 in Amsterdam:
BENFICA LISSABON – REAL MADRID 5:3
Benfica Lissabon: Costa Pereira, Joao, Angelo, Cavem (1), Germano, Cruz, Augusto, Eusebio (2), Aguas (1), Coluna (1), Simoes. Real Madrid: Araquistain, Casado, Miera, Felo, Santamaria, Pachin, Tejada, Del Sol, Di Stefano, Puskas (3), Gento.

1963 in London:
AC MILAN – BENFICA LISSABON 2:1
AC Milan: Ghezzi, David, Trebbi, Benitez, Maldini, Trapattoni, Pivatelli, Sani, Altafini (2), Rivera, Mora. Benfica Lissabon: Costa Pereira, Cavem, Cruz, Humberto, Raul, Coluna, Augusto, Santana, Torres, Eusebio (1), Simoes.

1964 in Wien:
INTER MAILAND – REAL MADRID 3:1
Inter Mailand: Sarti, Burgnich, Facchetti, Tagnin, Guarneri, Picchi, Jair, Mazzola (2), Milani (1), Suarez, Corso. Real Madrid: Vicente, Isidro, Pachin, Muller, Santamaria, Zoco, Amancio, Felo (1), Di Stefano, Puskas, Gento.

1965 in Mailand:
INTER MAILAND – BENFICA LISSABON 1:0
Inter Mailand: Sarti, Burgnich, Facchetti, Bedin, Guarneri, Picchi, Jair (1), Mazzola, Peiro, Suarez, Corso. Benfica Lissabon: Costa Pereira, Cavem, Cruz, Raul, Germano, Neto, Augusto, Coluna, Torres, Eusebio, Simoes.

1966 in Brüssel:
REAL MADRID – PARTIZAN BELGRAD 2:1
Real Madrid: Araquistain, Pachin, Sanchiz, Pirri, Zoco, De Felipe, Serena (1), Amancio (1), Grosso, Velazquez, Gento. Partizan Belgrad: Soskic, Jusufi, Mihajlovic, Becejac, Vasovic (1), Rasovic, Bajic, Kovacevic, Hasanagic, Galic, Pirmajer.

1967 in Lissabon:
CELTIC GLASGOW – INTER MAILAND 2:1
Celtic Glasgow: Simpson, Craig, Gemmell (1), Murdoch, McNeill, Clark, Johnstone, Wallace, Chalmers (1), Auld, Lennox. Inter Mailand: Sarti, Burgnich, Facchetti, Bedin, Guarneri, Picchi, Domenghini, Mazzola (1), Cappellini, Bicicli, Corso.

1968 in London:
MANCHESTER UNITED – BENFICA LISSABON 4:1 n.V.
Manchester United: Stepney, Brennan, Dunne, Crerand, Foulkes, Stiles, Best (1), Kidd (1), B. Charlton (2), Sadler, Aston. Benfica Lissabon: Henrique, Adolfo, Humberto, Cruz, Graca (1), Coluna, Augusto, Torres, Jacinto, Eusebio, Simoes.

1969 in Madrid:
AC MILAN – AJAX AMSTERDAM 4:1
AC Milan: Cudicini, Anquilletti, Rosato, Schnellinger, Malatrasi, Trapattoni, Hamrin, Lodetti, Sormani (1), Rivera, Prati (3). Ajax Amsterdam: Bals, Suurbier (46. Muller), Hulshoff, Vasovic (1), van Duivenbode, Groot (46. Nuninga), Pronk, Swart, Cruyff, Danielsson, Keizer.

1970 in Mailand:
FEYENOORD ROTTERDAM – CELTIC GLASGOW 2:1 n.V.
Feyenoord Rotterdam: Graafland, Romeijn (106. Haak), Israel (1), Laseroms, van Duivenbode, van Hanegem, Jansen, Hasil, Wery, Kindvall (1), Moulijn. Celtic Glasgow: Williams, Hay, McNeill, Brogan, Gemmell (1), Murdoch, Auld (77. Connelly), Johnstone, Wallace, Lennox, Hughes.

1971 in London:
AJAX AMSTERDAM – PANATHINAIKOS ATHEN 2:0
Ajax Amsterdam: Stuy, Neeskens, Hulshoff, Suurbier, Vasovic, Swart (46. Haan, 1), Rijnders (46. Blankenburg), G. Mühren, van Dijck (1), Cruyff, Keizer. Panathinaikos Athen: Ekonomopoulos, Tomaras, Sourpis, Kamaras, Vlachos, Eleftherakis, Domazos, Kapsis, Grammos, Antoniadis, Filakouris.

1972 in Rotterdam:
AJAX AMSTERDAM – INTER MAILAND 2:0
Ajax Amsterdam: Stuy, Blankenburg, Hulshoff, Krol, Suurbier, Haan, Neeskens, G. Mühren, Swart, Cruyff (2), Keizer. Inter Mailand: Bordon, Burgnich, Bellugi, Oriali, Facchetti, Bedin, Mazzola, Giubertoni (20. Bertini), Frustalupi, Jair (59. Pelizzaro), Boninsegna.

1973 in Belgrad:
AJAX AMSTERDAM – JUVENTUS TURIN 1:0
Ajax Amsterdam: Stuy, Suurbier, Hulshoff, Blankenburg, Krol, Neeskens, G. Mühren, Haan, Rep (1), Cruyff, Keizer. Juventus Turin: Zoff, Marchetti, Morini, Salvadore, Longobucco, Causio (74. Cuccureddu), Furino, Capello, Altafini, Anastasi, Bettega (63. Haller).

1974 in Brüssel:
BAYERN MÜNCHEN – ATLETICO MADRID 1:1 n.V.
Bayern München: Maier, Hansen, Breitner, Schwarzenbeck (1), Beckenbauer, Roth, Torstensson (76. Dürnberger), Zobel, Müller, Hoeneß, Kapellmann. Atletico Madrid: Reina, Melo, Capon, Adelardo, Heredia, Bejarano Eusebio, Ufarte (69. Becerra), Luis (1), Garate, Irureta, Salcedo (90. Alberto).

Wiederholung in Brüssel:
BAYERN MÜNCHEN – ATLETICO MADRID 4:0
Bayern München: Maier, Hansen, Schwarzenbeck, Beckenbauer, Breitner, Roth, Zobel, Hoeneß (2), Torstensson, Müller (2), Kapellmann. Atletico Madrid: Reina, Melo, Bejarano Eusebio, Heredia, Capon, Adelardo (61. Benegas), Luis, Becerra, Alberto (65. Ufarte), Garate, Salcedo.

1975 in Paris:
BAYERN MÜNCHEN – LEEDS UNITED 2:0
Bayern München: Maier, Beckenbauer, Zobel, Schwarzenbeck, Dürnberger, Roth (1), Hoeneß (42. Wunder), Andersson (5. Weiß), Torstensson, Kapellmann, Müller (1). Leeds United: Stewart, Reaney, Madeley, Hunter, F. Gray. Bremner, Giles, Yorath (78. E. Gray), Lorimer, Jordan, Clarke.

1976 in Glasgow:
BAYERN MÜNCHEN – AS ST-ETIENNE 1:0
Bayern München: Maier, Hansen, Schwarzenbeck, Beckenbauer, Horsmann, Roth (1), Kapellmann, Dürnberger, Rummenigge, Müller, Hoeneß. AS St-Etienne: Curkovic, Janvion, Piazza, Lopez, Repellini, Bathenay, Larque, Santini, H. Revelli, P. Revelli, Sarramagna (82. Rocheteau).

1977 in Rom:
FC LIVERPOOL – BOR. MÖNCHENGLADBACH 3:1
FC Liverpool: Clemence, Neal (1), Smith (1), Hughes, Jones, Case, McDermott (1), Kennedy, Keegan, Johnson, Heighway. Bor. Mönchengladbach: Kneib, Vogts, Wittkamp, Schäffer, Klinkhammer, Bonhof, Wohlers (79. Hannes), Stielike, Wimmer (24. Kulik), Simonsen (1), Heynckes.

1978 in London:
FC LIVERPOOL – FC BRÜGGE 1:0
FC Liverpool: Clemence, Neal, Hansen, Thompson, Hughes, McDermott, Souness, Kennedy, Case (64. Heighway), Dalglish (1), Fairclough. FC Brügge: Jensen, Bastijns, Krieger, Leekens, Maes (71. Volders), Cools, de Cubber, Kü (60. Sanders), van der Eycken, Sörensen, Simoen.

1979 in München:
NOTTINGHAM FOREST – MALMÖ FF 1:0
Nottingham Forest: Shilton, Anderson, Burns, Lloyd, Clark, McGovern, Bowyer, Francis (1), Birtles, Woodcock, Robertson. Malmö FF: Möller, Roland Andersson, Jönsson, M. Andersson, Erlandsson, Ljungberg, Prytz, Tapper (34. Malmberg), Hansson (82. T. Andersson), Cervin, Kinnvall.

1980 m Madrid:
NOTTINGHAM FOREST – HAMBURGER SV 1:0
Nottingham Forest: Shilton, Anderson, Burns, Lloyd, Gray (83. Gunn), McGovern, O'Neill, Bowyer, Mills (67. O'Hare), Robertson (1), Birtles. Hamburger SV: Kargus, Kaltz, Nogly, Buljan, Jakobs, Keegan, Hieronymus (46. Hrubesch), Magath, Memering, Reimann, Mielewski.

1981 in Paris:
FC LIVERPOOL – REAL MADRID 1:0
FC Liverpool: Clemence, Neal, Hansen, Thompson, A. Kennedy (1), McDermott, Souness, Lee, R. Kennedy, Johnson, Dalglish (87. Case). Real Madrid: Augustin, Cortes, Navajas, Sabido, Angel, Camacho, Stielike, Del Bosque, Juanito, Santillana, Cunningham.

1982 in Rotterdam:
ASTON VILLA – FC BAYERN MÜNCHEN 1:0
Aston Villa: Rimmer (9. Spink), Swain, McNaught, Evans, Williams, Bremner, Mortimer, Cowans, Shaw, White (1), Morley. FC Bayern München: Müller, Dremmler, Augenthaler, Weiner, Horsmann, Kraus (78. Niedermayer), Dürnberger, Breitner, Mathy (51. Güttler), Rummenigge, Hoeneß.

1983 in Athen:
HAMBURGER SV – JUVENTUS TURIN 1:0
Hamburger SV: Stein, Hieronymus, Kaltz, Jakobs, Wehmeyer, Rolff, Groh, Milewski, Magath (1), Hrubesch, Bastrup (56. von Heesen). Juventus Turin: Zoff, Scirea, Gentile, Brio, Cabrini, Platini, Bonini, Tardelli, Boniek, Rossi (56. Marocchino), Bettega.

1984 in Rom:
FC LIVERPOOL – AS ROM 1:1 n.V.*
FC Liverpool: Grobbelaar, Neal (1), Lawrenson, Hansen, Kennedy, Lee, Johnston (72. Nicol), Souness, Whelan, Dalglish (95. Robinson), Rush. AS Rom: Tancredi, Righetti, Nappi, Bonetti, Nela, Cerezo (114. Strukeij), Di Bartolomei, Falcao, Conti, Graziani, Pruzzo (1, 64. Chierico).
* FC Liverpool Sieger durch Elfmeterschießen 4:2

1985 in Brüssel:
JUVENTUS TURIN – FC LIVERPOOL 1:0
Juventus Turin: Tacconi, Favero, Scirea, Brio, Cabrini, Bonini, Platini (1), Tardelli, Boniek, Rossi (89. Vignola), Briaschi (84. Prandelli). FC Liverpool: Grobbelar, Lawrenson (3. Gillespie), Neal, Hansen, Beylin, Nicol, Dalglish, Wark, Whelan, Rush, Walsh (46. Johnson).

1986 in Sevilla:
STEAUA BUKAREST – FC BARCELONA 0:0 n.V.*
Steaua Bukarest: Ducadam, Belodedici, Iovan, Bumbescu, Barbulescu, Balint, Balan (72. Iordanescu), Majaru, Boloni, Lacatus, Piturca (112. Radu). FC Barcelona: Urruti, Alesanco, Gerardo, Migueli, Julio Alberto, Victor, Pedraza, Schuster (84. Moratalla), Marcos, Archibald (111. Alonso), Carrasco.
* Steaua Bukarest Sieger durch Elfmeterschießen 2:0

1987 in Wien:
FC PORTO – FC BAYERN MÜNCHEN 2:1
FC Porto: Mlynarczyk, Joao Pinto, Eduardo Luis, Celso, Inacio (66. Frasco), Andre, Magalhaes, Quim (46. Juary, 1), Sousa, Futre, Madjer (1). FC Bayern München: Pfaff, Nachtweih, Winklhofer, Eder, Pflügler, Flick (82. Lunde), Matthäus, Brehme, M. Rummenigge, D. Hoeneß, Kögl (1).

1988 in Stuttgart:
PSV EINDHOVEN – BENFICA LISSABON 0:0 n.V. (6:5 n. Elfmeterschießen)
PSV Eindhoven: van Breukelen, Koeman, Gerets, Nielsen, Heintze, Vanenburg, Linksens, Lerby, van Aerle, Gillhaus (106. Janssen), Kieft. Benfica Lissabon: Silvino, Mozer, Veloso, Dito, Alvaro, Chiquinho, Elzo, Pacheco, Sheu, Aguas (56. Wando), Magnusson (111. Hajry).

1989 in Barcelona:
STEAUA BUKAREST – AC MILAN 0:4
Steaua Bukarest: Lung, Iovan, Petrescu, Bumbescu, Ungureanu, Hagi, Stoica, Rotariu (46. Balint), Minea, Lacatus, Piturca. AC Milan: Galli, Baresi, Tassotti, Costacurta (74. F. Galli), Maldini, Colombo, Rijkaard, Donadoni, Ancelotti, Gullit (2; 59. Virdis), van Basten (2).

1990 in Wien:
AC MAILAND – BENFICA LISSABON 1:0
Mailand: Galli, Baresi, Tassotti, Costacurta, Colombo (B. Galli), Ancelotti (74. Massaro), Rijkeerd, Evani, Maldini, Gullit, van Basten. Lissabon: Silvino, Jose Carlos, Ricardo, Aldair, Samuel, Paneira (77. Vata), Hernani, Valdo, Thern, Pacheco (60. Brito), Magnusson.

1991 in Bari:
ROTER STERN BELGRAD – OLYMPIQUE MARSEILLE 0:0 n.V. (5:3 nach Elfmeterschießen)
Roter Stern Belgrad: Stojanovic, Belodedic, Sabanadzovic, Najdoski, Marovic, Jugovic, Savicevic (84. Dodic), Prosinecki, Mihajlovic, Binic, Pancey. Olympique Marseille: Olmeta, Mozer, Boli, Casoni, Amoros, Di Meco (112. Stojkovic), Germain, Fournier (75. Vercruysse), Waddle, Papin, Pelé.

1992 in London:
FC BARCELONA – SAMPDORIA GENUA 1:0 (0:0) n.V.
Barcelona: Zubizarreta, Koeman, Ferrer, Nando, Eusebio, Guardiola (112. Alexanko), Laudrup, Bakero, Carlos Lopez, Stoitschkow, Salinas (67. Goicoechea). Sampdoria Genua: Paghiuca, Lanna, Mannini, Vierchowod, Lombardo, Katanec, Cerezo, Pari, I. Bonetti (76. Invernizzi), Vialli (100. Buso), Mancini.

1993 in München:
OLYMPIQUE MARSEILLE – AC MAILAND 1:0 (1:0)
Marseille: Marthez, Boli, Angloma (62. Durand), Desailly, Di Meco, Eydelie, Sauzée, Deschamps, Pelé, Boksic, Völler (80. Thomas). Mailand: Rossi, Baresi, Tassotti, Costacurta, Donadoni (54. Papin), Rijkaard, Albertini, Lentini, Maldini, van Basten (85. Eranio), Massaro.

1994 in Athen:
AC MAILAND – FC BARCELONA 4:0 (2:0)
Mailand: Rossi, Panucci, Galli, Maldini (84. Nava), Tassotti, Donadoni, Desailly, Albertini, Boban, Savicevic, Massaro. Barcelona: Zubizarreta, Koeman, Ferrer, Nadal, Sergi (72. Esteberanz), Guardiola, Bakero, Amor, Beriguistain (52. Eusebio), Stoitschkow, Romario.

Champions League

1995 in Wien:

AJAX AMSTERDAM – AC MAILAND 1:0 (0:0)
Amsterdam: Van der Sar, Reiziger, Blind, Rijkaard, F. De Boer, Seedorf (53. Kanu), George, Davids, R. De Boer, Litmanen (69. Kluivert, 1), Overmars. Mailand: Rossi, Panucci, Maldini, Albertini, Costacurta, Baresi, Donadoni, Desailly, Massaro (90. Eranio), Boban (86. Lentini), Simone.

1996 in Rom:

JUVENTUS TURIN – AJAX AMSTERDAM 1:1 (1:1) n.V.
(4:2 n. Elfmeterschießen)
Turin: Peruzzi, Ferrara, Pessotto, Toricelli, Vierchowod, Paulo Sousa (57. Di Livio), Deschamps, Conte (43. Jugovic), Vialli, Del Piero, Ravanelli (1, 77. Padovano). Amsterdam: Van der Sar, Silooy, Blind, F. De Boer (69. Scholten), Bogarde, R. De Boer (91. Wooter), George, Davids, Kanu, Litmanen (1), Musampa (46. Kluivert).

1997 in München:

BORUSSIA DORTMUND – JUVENTUS TURIN 3:1 (1:0)
Dortmund: Klos, Kohler, Sammer, Kree, Reuter, Lambert, Sousa, Möller (89. Zorc), Heinrich, Riedle (2, 67. Herrlich), Chapuisat (70. Ricken, 1). Turin: Peruzzi, Porrini (46. Del Piero, 1), Ferrara, Montero, Juliano, Di Livio, Zidane, Deschamps, Jugovic, Vieri (71. Amoruso), Boksic (87. Tacchinardi).

1998 in Amsterdam:

JUVENTUS TURIN – REAL MADRID 0:1 (0:0)
Turin: Peruzzi, Toricelli, Juliano, Montero, Deschamps (78. Conte), Pessotto (71. Fonseca), Di Livio (45. Tacchinardi), Davids, Zidane, Inzaghi, Del Piero. Madrid: Illgner, Roberto Carlos, Sanchis, Hierro, Panucci, Redondo, Karambeu, Seedorf, Raul (90. Amavica), Morientes (82. Jaime), Mijatovic (1, 89. Suker).

1999 in Barcelona:

BAYERN MÜNCHEN – MANCHESTER UNITED 1:2 (1:0)
Bayern München: Kahn, Linke, Matthäus (80. Fink), Kuffour, Babbel, Tarnat, Jeremies, Effenberg, Basler (1, 89. Salihamidzic), Zickler (71. Scholl), Jancker. Manchester United: Schmeichel, Irwin, Stam, G. Neville, Butt, Beckham, Blomquist (1, 67. Sheringham), Giggs, Cole (81. Solskjaer), Yorke.

Europacup der Pokalsieger

1961 in Glasgow:

GLASGOW RANGERS – AC FLORENZ 0:2
Glasgow: Ritchie, Shearer, Caldow, Davis, Paterson, Baxter, Hume, McMillan, Scott, Brand, Wilson. Florenz: Albertosi, Robotti, Castelletti, Gonfiantini, Orzan, Rimbaldo, Hamrin, Micheli, Da Costa, Milan (2), Petris.

Rückspiel in Florenz:

AC FLORENZ – GLASGOW RANGERS 2:1
Florenz: Albertosi, Robotti, Castelletti, Gonfiantini, Orzan, Rimbaldo, Hamrin (1), Micheli, Da Costa, Milan (1), Petris. Glasgow: Ritchie, Shearer, Caldow, Davis, Paterson, Baxter, Scott, McMillan (1), Millar, Brand, Wilson.

1962 in Glasgow:

AC FLORENZ – ATLETICO MADRID 1:1 n.V.
Florenz: Sarti, Orzan, Castelletti, Ferretti, Gonfiantini, Rimbaldo, Hamrin (1), Can, Milani, Dell'Angelo, Petris. Atletico: Madinabeytia, Rivilla, Calleja, Ramiro, Chuzo, Glaria, Jones, Adelardo, Mendonca, Peiro (1), Collar.

Wiederholung in Stuttgart:

ATLETICO MADRID – AC FLORENZ 3:0
Atletico: Madinabeytia, Rivilla, Calleja, Ramiro, Griffa, Glaria, Jones, Adelardo, Mendonca (2), Peiro (1), Collar. Florenz: Albertosi, Robotti, Castelletti, Malatrasi, Orzan, Marchesi, Hamrin, Ferretti, Milani, Dell'Angelo, Petris.

1963 in Rotterdam:

TOTTENHAM HOTSPUR – ATLETICO MADRID 5:1
Tottenham: Brown, Baker, Henry, Blanchflower, Norman, Marchi, Jones, White (1), Smith, Greaves (2), Dyson (2). Atletico: Madinabeytia, Rivilla, Rodriguez, Ramiro, Griffa, Glaria, Jones, Adelardo, Chuzo, Mendonca, Collar (1).

1964 in Brüssel:

MTK BUDAPEST – SPORTING LISSABON 3:3 n.V.
MTK: Kovalik, Keszler, Jeszenszky, Nagy, Danszky, Kovacs, Sandor (1), Vasas, Bödör, Kuti (2), Halapi. Lissabon: Carvalho, Gomes, Moraes (1), Mendes, Baptista, Carlos, Mascarenhas, Osvaldo, Figueiredo (1), Geraldo, Bocaleri.

Wiederholung in Antwerpen:

SPORTING LISSABON – MTK BUDAPEST 1:0
Lissabon: Carvalho, Gomes, Carlos, Peridis, Baptista, Mendes, Osvaldo, Mascarenhas, Figueiredo, Geo, Moraes (1). MTK: Kovalik, Keszler, Jeszenszky, Nagy, Danszky, Kovacs, Sandor, Kuti, Bödör, Vasas, Halapi.

1965 in London:

WEST HAM UNITED – 1860 MÜNCHEN 2:0
West Ham United: Standen, Kirkup, Burkett, Peters, Brown, Moore, Sealey (2), Boyce, Hurst, Dear, Sissons. München: Radenkovic, Wagner, Kohlars, Bena, Reich, Luttrop, Heiß, Küppers, Brunnenmeier, Grosser, Rebele.

1966 in Glasgow:

BORUSSIA DORTMUND – FC LIVERPOOL 2:1 n.V.
Dortmund: Tilkowski, Cyliax, Redder, Kurrat, Paul, Assauer, Libuda (1), Schmidt, Held (1), Sturm, Emmerich. Liverpool: Lawrence, Lawler, Byrne, Milne, Yeats, Stevenson, Callaghan, Hunt (1), St. John, Smith, Thompson.

1967 in Nürnberg:

BAYERN MÜNCHEN – GLASGOW RANGERS 1:0 n.V.
München: Maier, Nowak, Kupferschmidt, Roth (1), Beckenbauer, Olk, Nafziger, Ohlhauser, Müller, Koulmann, Brenninger. Glasgow: Martin, Johansen, Provan, Jardine, McKinnon, Greig, Henderson, A. Smith, Hynd, D. Smith, Johnston.

1968 in Rotterdam:

AC MILAN – HAMBURGER SV 2:0
Mailand: Cudicini, Anquilletti, Schnellinger, Trapattoni, Rosato, Scala, Hamrin (2), Lodetti, Sormani, Rivera, Prati. Hamburg: Özcan, Sandmann, Kurbjuhn, Dieckmann, Horst, H. Schulz, B. Dörfel, Krämer, Seeler, Hönig, G. Dörfel.

1969 in Basel:

SLOVAN BRATISLAVA – CF BARCELONA 3:2
Bratislava: Vencel, Fillo, Hrivnak (1), Zlocha, Horvath, Hrdlicka, Cvetler (1), Moder (67. Hatar), Jos. Capkovic, Jokl, Jan Capkovic (1). Barcelona: Sadurni, Franch (Pereda), „Eladio“ Silvestre, Rife, Olivella, Zabalza, Pellicer, Castro (Mendoza), Zaldua (1), Fusté, Rexach (1).

1970 in Wien:

MANCHESTER CITY – GORNIK ZABRZE 2:1
Manchester: Corrigan, Book, Pardoe, Doyle (24. Bowyer), Booth, Oakes, Heslop, Bell, Lee (1), Young (1), Towers. Zabrze: Kostka, Latocha, Oslizlo (1), Gorgon, Florenski (84. Deyna), Szoltysik, Wilczek (75. Skowronek), Olek, Banas, Lubanski, Szarynski.

1971 in Athen:

CHELSEA LONDON – REAL MADRID 1:1 n.V.
London: Bonetti, Boyle, Harris, Hollins (91. Mulligan), Dempsey, Webb, Weller, Hudson, Osgood (1, 86. Baldwin), Cooke, Houseman. Madrid: Borja, Jose Luis, Zunzunegui, Zoco (1), Benito, Pirri, Grosso, Perez (65. Fleitas), Amancio, Velazquez, Gento (70. Grande).

Wiederholung in Athen:

CHELSEA LONDON – REAL MADRID 2:1
London: Bonetti, Boyle, Harris, Cooke, Dempsey, Webb (1), Weller, Baldwin, Osgood (1, 73. Smethurst), Hudson, Houseman. Madrid: Borja, José, Luis, Zunzunegui, Pirri, Benito, Zoco, Fleitas (1), Amancio, Grosso, Velazquez (75. Gento), Bueno (60. Grande).

1972 in Barcelona:

GLASGOW RANGERS – DYNAMO MOSKAU 3:2
Glasgow: McCloy, Smith, Jardine, Johnstone, Mathieson, MacDonald, Greig, Conn, McLean, Stein (1), Johnston (2). Moskau: Pilgui, Dolbonossow (69. Gerschkowitsch), Bassalajew, Dolmatow, Sijkow, Jakubik (56. Eschtrekow, 1), Sabo, Schukow, Baidatschnij, Machowikow (1), Jewrjuschichin.

1973 in Saloniki:

AC MILAN – LEEDS UNITED 1:0
Mailand: Vecchi, Turone, Sabadini, Anquilletti, Zignoli, Sogliano, Benetti, Rosato (59. Dolci), Rivera, Bigon, Chiarugi (1). Leeds: Harvey, Reaney, Yorath, Hunter, Cherry, Bates, Madeley, F. Gray (54. McQueen), Lorimer, Jones, Jordan.

1974 in Rotterdam:

1. FC MAGDEBURG – AC MILAN 2:0
Magdeburg: Schulze, Zapf, Tyll, Abraham, Enge, Gaube, Seguin (1), Pommerenke, Raugust, Sparwasser, Hoffmann. Mailand: Pizzaballa, Schnellinger, Anquilletti, Lanzi (1, Eigentor), Sabadini, Maldera, Benetti, Rivera, Tresoldi, Bigon, Bergamaschi (60. Turini).

1975 in Basel:

DYNAMO KIEW – FERENCVAROS BUDAPEST 3:0

Kiew: Rudakow, Fomenko, Troschkin, Reschko, Matwijenko, Muntjan, Konkow, Burjak, Kolotow, Onischtschenko (2), Blochin (1). Budapest: Geczi, Dr. Pataki, Martos, Rab, Megyesi, Nyilasi (61. Onhausz), Juhasz, Mucha, Szabo, Mate, Magyar.

1976 in Brüssel:

RSC ANDERLECHT – WEST HAM UNITED 4:2

Anderlecht: Ruiter, van Binst, Lomme, Broos, Thissen, Dockx, Coeck (32. Vercauteren), van der Elst (2), Ressel, Haan, Rensenbrink (2). West Ham: Day, Coleman, Bonds, T. Taylor, Lampard (46. A. Taylor), McDowell, Brooking, Paddon, Holland (1), Jennings, Robson (1).

1977 in Amsterdam:

HAMBURGER SV – RSC ANDERLECHT 2:0

Hamburger SV: Kargus, Kaltz, Ripp, Nogly, Hidien, Memering, Magath (1), Steffenhagen, Keller, Reimann, Volkert (1). RSC Anderlecht: Ruiter, van Binst, van den Daele, Thissen, Broos, Haan, Coeck, Dockx (80. van Paucke), van der Eist, Ressel, Rensenbrink.

1978 in Paris:

RSC ANDERLECHT – AUSTRIA WIEN 4:0

RSC Anderlecht: de Bree, van Binst (2), Dusbaba, Broos, Thissen, Haan, Coeck, Vercauteren (88. Dockx), van der Elst, Nielsen, Rensenbrink (2). Austria Wien: Baumgartner, Obermayer, R. Sara, J. Sara, Baumeister, Prohaska, Daxbacher (60. Martinez), Gasselich, Parits, Pirkner, Morales (74. Drazan).

1979 in Basel:

CF BARCELONA – FORTUNA DÜSSELDORF 4:3 n.V.

CF Barcelona: Artola, Zuviria, Costas (66. Martinez), Migueli, Albaladejo (57. de la Cruz), Neeskens, Asensi (1), Sanchez (1), Rexach (1), Krankl (1), Carrasco. Fortuna Düsseldorf: Daniel, Baltes, Zewe, Zimmermann (81. Lund), Köhnen, Brei (25. Weikl), Schmitz, Bommer, T. Allofs (1), K. Allofs, Seel (2).

1980 in Brüssel:

CF VALENCIA – ARSENAL LONDON 0:0 n.V.*

CF Valencia: Pereira, Carrete, Arias, Tendillo, Botubot, Solsona, Bonhof, Subirats (112. Castellanos), Pablo Rodriguez, Saura, Kempes. Arsenal London: Jennings, Rice, O'Leary, Young, Nelson, Talbot, Brady, Sunderland, Price (106. Hollins), Stapleton, Rix.

* CF Valencia Sieger durch Elfmeterschießen 5:4

1981 in Düsseldorf:

DINAMO TBILISI – FC CARL ZEISS JENA 2:1

Dinamo Tbilisi: Gabelija, Kostawa, Tschiwadse, Schisanischwili, Tawadse, Darasselija (1), Swanadse (67. Kakilaschwili), Sulakwelidse, Gussajew (1), Kipiani, Schengelija. FC Carl Zeiss Jena: Grapenthien, Brauer, Schnuphase, Kurbjuweit, Schilling, Hoppe (1, 89. Overmann). Krause, Lindemann, Bielau (76. Töpfer), Raab, Vogel.

1982 in Barcelona:

CF BARCELONA – STANDARD LÜTTICH 2:1

CF Barcelona: Urruti, Gerardo, Alesanco, Migueli, Manolo, Sanchez, Esteban, Moratalla, Simonsen (1), Quini (1), Carasco. Standard Lüttich: Preud'homme, Gerets, Meeuws, Poel, Plessers, van der Smissen (1), Daerden, Haan, Botteron, Tamahata, Wendt.

1983 in Göteborg:

FC ABERDEEN – REAL MADRID 2:1 n.V.

FC Aberdeen: Leighton, Rougvie, Miller, McLeish, McMaster, Cooper, Simpson, Strachan, McGhee, Black (1, 87. Hewitt, 1), Weir. Real Madrid: Rodriguez, Jiminez, Metgod, Bonet, Camacho (91. San José), Gallego, Angel, Stielike, Gomez (1), Santillana, Isidoro (104. Salguero).

1984 in Basel:

JUVENTUS TURIN – FC PORTO 2:1

Juventus Turin: Tacconi, Scirea, Gentile, Brio, Cabrini, Tardelli, Platini, Bonini, Vignola (1, 90. Caricola), Boniek (1), Rossi. FC Porto: Ze Beto, Joao Pinto, Lima Pereira, Eurico, Luis (83. Costa), Magalhaes (65. Walsh). Frasco, Pacheco, Sousa (1), Gomes, Vermelhinho.

1985 in Rotterdam:

FC EVERTON – RAPID WIEN 3:1

FC Everton: Southall, Stevens, Mountfield, Ratcliffe, van den Houwe, Reid, Steven (1), Bracewell, Sheedy (1), Gray (1), Sharp. Rapid Wien: Konsel, Kienast, Weber, Garger, Brauneder, Lainer, Kranjcar, Hristic, Weinhofer (67. Panenka), Kranki (1), Pacult (60. Göss).

1986 in Lyon:

DYNAMO KIEW – ATLETICO MADRID 3:0

Dynamo Kiew: Tschanow, Bessonow, Baltatscha (39. Bal), Kusnezow, Demjanenko, Jaremtschuk, Raz, Jakowenko, Sawarow (1, 69. Jewtuschenko, 1), Belanow, Blochin (1). Atletico Madrid: Fillol, Arteche, Tomas, Ruiz, Clemente, Prieto, Marino, Quique, Landaburu (60. Selim), da Silva, Cabrera.

1987 in Athen:

AJAX AMSTERDAM – LOKOMOTIVE LEIPZIG 1:0

Ajax Amsterdam: Menzo, Silooy, Verlaat, Boeve, Wouters, Winter, Rijkaard, A. Mühren (84. Scholten), van't Schip, van Basten (1), Witschge (67. Bergkamp). Lokomotive Leipzig: Müller, Baum, Kreer, Lindner, Zötzsche, Bredow, Scholz, Edmond (56. Leitzke), Marschall, Liebers (75. Kühn), Richter.

1988 in Straßburg:

KV MECHELEN – AJAX AMSTERDAM 1:0

KV Mechelen: Preud'homme, Clijsters, Sanders, Rutjes, Deferm, Emmers, E. Koeman, de Wilde (60. Demesmaeker), Hofkens (74. Theunis), Ohana, den Boer (1). Ajax Amsterdam: Menzo, Wouters, Blind, Verlaat (73. Meijer), Winter, Scholten, Larsson, Mühren, van't Schip, Bosman, Witschge.

1989 in Bern:

FC BARCELONA – SAMPDORIA GENUA 2:0

Barcelona: Zubizarreta, Alexanco, Urbano, Aloisio, Milla (64. Soler), Eusebio, Amor, Roberto, Lineker, J. Salinas (1), Beguiristain (L. Rekarte, 1). Sampdoria: Pagluica, L. Pellegrini (50. Bonomi), Mannini (27. S. Pellegrini), Lanna, Pari, Dossena, Cerezo, Victor, Salsano, Vialli, Mancini.

1990 in Göteborg:

SAMPDORIA GENUA – RSC ANDERLECHT 2:0 n.V.

Sampdoria: Pagliuca, Pollegrini, Vierchowod, Invernizzi (55. Lombardo), Katanec (93. Salsano), Pari, Mannini, Dossena, Carboni, Mancini, Vialli. Anderlecht: De Wilde, Marchoul, Keshi, Kooiman, Grun, Gudjohnson, Degryse (102. Nilis), Jankovic (116. Oliveira), Musonda, Vervoot, Vanderlinden.

1991 in Rotterdam:

MANCHESTER UNITED – FC BARCELONA 2:1 (0:0)

Manchester: Sealey, Irwin, Blackmore, Pallister, Bruce, Phelan, Robson, Ince, McClair, Hughes, Sharpe. Barcelona: Busquets, Alexanco (73. Pinilla), Nando, Koeman, Eusebio, Bakero, Goichoeches, Beguiristain, Ferrer, Salinas, Laudrup.

1992 in Lissabon:

WERDER BREMEN – AS MONACO 2:0 (1:0)

Bremen: Rollman, Bratseth, Wolter (35. Schaaf), Borowka, Bockenfeld, Votava, Neubarth (75. Kohn), Eilts, Bode, Rufer, Allofs. Monaco: Ettori, Mendy, Valery (62. Djorkajew), Petit, Dib, Barros, Gnako, Passi, Sonor, Weah, Fofana (59. Clement).

1993 in London:

AC PARMA – FC ANTWERPEN

Parma: Ballotta, Minotti, Di Chiara, Benarrivo, Appoloni, Grun, Zoratto, Osio (65. Pizzi), Brolin, Melli, Coughi. Antwerpen: Stojanovic, Broeckaert, Taeymans, Smidts, Kiekens, Lehnhoff, van Rethy, Jacovljevic (57. van Veirdeghem), Segers (85. Moukrim), Czerniatzynski, Severeyns.

1994 in Kopenhagen:

ARSENAL LONDON – AC PARMA 1:0 (1:0)

Arsenal: Seaman, Dixon, Bould, Adams, Davis, Morrow, Campbell, Merson (87. McGoldrick), Winterburn, Smith, Selley. Parma: Bucci, Minotti, Sensini, Apolloni, Di Chiara, Brolin, Zola, Pin (71. Melli), Benarrivo, Crippa, Asprilla.

1995 in Paris:

REAL SARAGOSSA – ARSENAL LONDON 2:1 (1:1) n.V.

Saragossa: Cedrun, Belsue, Solana, Caceres, Nayim (1), Aguado, Pardeza, Aragon, Esnaider (1), Higuera (66. Garcia Sanjuan, 115. Geli), Poyet. Arsenal: Seaman, Dixon, Winterburn (47. Morrow), Schwarz, Linigham, Adams, Keown (46. Hillier), Wright, Hartson (1), Merson, Parlour.

1996 in Brüssel:

PARIS ST. GERMAIN – RAPID WIEN 1:0 (1:0)

Paris: Lama, Le Guen, Colleter, N'gotty (1), Roche, Djorkaeff, Bravo, Guerin, Fournier (76. Llacer), Rai (11. Dely Valdes), Loko. Wien: Konsel, Hatz, Guggi, Ivanov, Schöttel, Stöger, Stumpf (46. Barisic), Marasek, Jancker, Kühbauer, Heraf.

1997 in Rotterdam:

FC BARCELONA – PARIS ST. GERMAIN 1:0 (1:0)

Barcelona: Vitor Baia, Ferrer, Fernando Couto, Abelardo, Sergi, Popescu (46. Amor), Guardiola, Figo, De la Pena (84. Stoitchkov), Luis Enrique (88. Pizzi), Ronaldo (1). Paris: Lama, Fournier (57. Algerino), N'gotty, Le Guen, Domi, Leroy, Guerin (68. Dely Valdes), Rai, Cauet, Loko (77. Pouget), Leonardo.

1998 in Stockholm:

VFB STUTTGART – FC CHELSEA 0:1 (0:0)

Stuttgart: Wohlfahrt, Schneider (55. Endreß), Yakin, Berthold, Haber (75. Djordjevic), Soldo, Poschner, Hagner (78. Ristic), Balakov, Bobic, Akpoborie. Chelsea: De Goey, Granville, Leboeuf, Duberry, Clarke, Poyet (81. Newton), Di Matteo, Wise, Petrescu, Vialli, Flo (71. Zola, 1).

1999 in Birmingham:

REAL MALLORCA – LAZIO ROM 1:2 (1:1)

Real Mallorca: Roa, Olaizola, Marcellino, Siviero, M. Soler, Lauren, Ibagaza, Engonga, Stankovic, Biagini (74. Paunovic), Dani (1). Lazio Rom: Marchegiani, Pancaro, Mihajlovic, Nesta, Favalli, Stankovic (56. Sergio Conceicao), Almeyda, Mancini (89. Fernando Couto), Nedved (1, 84. Lombardo), Vieri (1), Salas.

UEFA-Pokal

1972

Am 3. Mai in Wolverhampton:
WOLVERHAMPTON WANDERERS – TOTTENHAM HOTSPUR 1:2
Wolverhampton: Parkes, Shaw, Munro, McAlle, Taylor, Hegan, Hibbitt, McCalliog (1), Richards, Dougan, Wagstaffe. Tottenham: Jennings, Kinnear, England, Beal, Knowles, Mullery, Perryman, Coates (68. Pratt), Peters, Gilzean, Chivers (2).

Am 17. Mai in London:
TOTTENHAM HOTSPUR – WOLVERHAMPTON WANDERERS 1:1
Tottenham: Jennings, Kinnear, England, Beal, Knowles, Mullery (1), Perryman, Peters, Gilzean, Chivers, Coates. Wolverhampton: Parkes, Shaw, Hegan, Munro, Taylor, McAlle, Hibbitt (55. Bailey), Dougan (84. Curran), McCalliog, Richards, Wagstaffe (1).

1973

Am 10. Mai in Liverpool:
FC LIVERPOOL – BOR. MÖNCHENGLADBACH 3:0*
Liverpool: Clemence, Lawler, Smith, Lloyd (1), Lindsay, Hughes, Cormack, Callaghan, Keegan (2), Toshack, Heighway (83. Hall). Mönchengladbach: Kleff, Netzer, Vogts, Bonhof, Michallik, Danner, Wimmer, Kulik, Jensen, Rupp (82. Simonsen), Heynckes.
* Wiederholung des am Vortag wegen Regens abgebrochenen Spiels.

Am 23. Mai in Mönchengladbach:
BOR. MÖNCHENGLADBACH – FC LIVERPOOL 2:0
Mönchengladbach: Kleff, Bonhof, Surau, Vogts, Danner, Netzer, Kulik, Wimmer, Jensen, Rupp, Heynckes (2). Liverpool: Clemence, Lawler, Smith, Lloyd, Lindsay, Hughes, Cormack, Callaghan, Keegan, Toshack, Heighway (77. Boersma).

1974

Am 21. Mai in London:
TOTTENHAM HOTSPUR – FEYENOORD 2:2
Tottenham: Jennings, Evans, England (1), Beal, Naylor, Pratt, Perryman, Peters, McGrath, Chivers, Coates. Rotterdam: Treytel, Rijsbergen, van Daele, Israel (1 Eigentor), Vos, Jansen, de Jong (1), van Hanegem (1), Ressel, Schoenmaker, Kristensen.

Am 29. Mai in Rotterdam:
FEYENOORD ROTTERDAM – TOTTENHAM 2:0
Rotterdam: Treytel, Israel, Rijsbergen (1), van Daele, Vos, Schoenmaker, Ramljak, Jansen, Ressel (1), de Jong, Kristensen. Tottenham: Jennings, Beal, Evans, England, Naylor, Pratt, McGrath, Coates, Perryman, Chivers, Peters.

1975

Am 7. Mai in Düsseldorf:
MÖNCHENGLADBACH – TWENTE ENSCHEDE 0:0
Mönchengladbach: Kleff, Vogts, Surau, Wittkamp, Bonhof, Stielike, Wimmer, Danner (75. Del'Haye), Simonsen, Jensen, Kulik (78. Schaffer). Enschede: Groß, van Ierssel, Overweg, Drost, Oranen, Thyssen, van der Vall, Pahlplatz, Bos, Jeuring (86. Achterberg), Zuidema.

Am 21. Mai in Enschede:
TWENTE ENSCHEDE – MÖNCHENGLADBACH 1:5
Enschede: Groß, van Ierssel, Drost (1), Overweg, Oranen, Thyssen, van der Vall, Pahlplatz (75. Achterberg), Bos (53. Mühren), Jeuring, Zuidema. Mönchengladbach: Kleff, Vogts, Surau (13. Schäffer), Wittkamp, Bonhof, Klinkhammer, Simonsen (2), Wimmer (75. Koppel), Jensen, Danner, Heynckes (3).

1976

Am 8. April in Liverpool:
FC LIVERPOOL – FC BRÜGGE 3:2
Liverpool: Clemence, Hughes, Smith, Kennedy (1), Neal, Thompson, Callaghan, Keegan (1), Fairclough, Heighway, Toshack (46. Case, 1). Brügge: Jensen, Bastijns, Krieger, Leekens, Volders, Cools (1), van der Eycken, de Cubber, van Gool, Lambert (1), Le Fevre.

Am 19. Mai in Brügge:
FC BRÜGGE – FC LIVERPOOL 1:1
Brügge: Jensen, Bastijns, Krieger, Leekens, Volders, Cools. de Cubber (68. Hinderyckx), van der Eycken, van Gool, Lambert (1, 75. Sanders) Le Fevre. Liverpool: Clemence, Hughes, Neal, Kennedy, Thompson, Keegan (1), Callaghan, Smith, Case, Toshack (64. Fairclough), Heighway.

1977

Am 4. Mai in Turin:
JUVENTUS TURIN – ATHLETIC CLUB BILBAO 1:0
Juventus Turin: Zoff, Scirea, Cuccureddu, Morini, Gentile, Tardelli (1), Benetti, Furino, Causio, Boninsegna (40. Gori), Bettega. Athletic Club Bilbao: Iribar, Guisasola, Onaederra, Goicoechea, Escalza, Villar, Rojo II, Irureta, Ruiz Dani, Churruca, J. F. Rojo.

Am 18. Mai in Bilbao:
ATHLETIC CLUB BILBAO – JUVENTUS TURIN 2:1
Athletic Club Bilbao: Iribar, Alesanco, Lasa (64. Ruiz Carlos, 1), Guisasola, Escalza, Villar, Churruca, Irureta (1), Amorretu, Ruiz Dani, J. F. Rojo. Juventus Turin: Zoff, Scirea, Cuccureddu, Morini, Gentile, Causio, Tardelli, Furino, Benetti, Boninsegna (60. Spinosi), Bettega (1).

1978

Am 26. April in Bastia:
SEC BASTIA – PSV EINDHOVEN 0:0
SEC Bastia: Hiard, Guesdon, Cazes, Orlanducci, Burkhardt, Lacuesta (55. Felix), Larios, Papi, Rep, Krimau, Mariot. PSV Eindhoven: van Beveren, van Kraay, Krijgh, Brandts, Stevens, Poortvliet, Lubse, van der Kuylen, W. van de Kerkhof, Deykers, R. van de Kerkhof.

Am 9. Mai in Eindhoven:
PSV EINDHOVEN – SEC BASTIA 3:0
PSV Eindhoven: van Beveren, van Kraay (80. Daecy), Krijgh, Brandts, Stevens, W. van de Kerkhof (1), van der Kuylen (1), Poortvliet, R. van de Kerkhof, Deykers (1), Lubse. SEC Bastia: Hiard (75. Weller), Marchioni, Orlanducci, Guesdon, Cazes, Lacuesta, Larios, Papi, Rep, Krimau, Mariot (58. De Zerbi).

1979

Am 9. Mai in Belgrad:
ROTER STERN BELGRAD – BOR. MÖNCHENGLADBACH 1:1
Roter Stern Belgrad: Stojanovic, Jovanovic, Muslin (88 Krmpotic). Miletovic, Jovin, Jurisic (1, Eigentor), Petrovic, Blagojevic, Milosavljevic (88. Milovanovic), Savic, Sestic (1). Bor. Mönchengladbach: Kneib, Ringels, Vogts, Schäffer, Hannes, Wohlers (80. Gores), Kulik, Schäfer, Nielsen (75. Danner), Simonsen, Lienen.

Am 23. Mai in Düsseldorf:
BOR. MÖNCHENGLADBACH – ROTER STERN BELGRAD 1:0
Bor. Mönchengladbach: Kneib, Ringels, Vogts, Schäffer, Schäfer, Hannes, Kulik (59. Köppel), Wohlers, Simonsen (1), Lienen, Gores. Roter Stern Belgrad: Stojanovic, Jovanovic, Miletovic, Jurisic, Jovin, Muslin, Blagojevic, Milovanovic (46. Sestic), Petrovic, Savic, Milosavljevic.

1980

Am 7. Mai in Mönchengladbach:
BORUSSIA MÖNCHENGLADBACH – EINTRACHT FRANKFURT 3:2
Bor. Mönchengladbach: Kneib, Schäfer, Hannes, Schäffer, Ringels, Matthäus (1), Kulik (2), Nielsen (86. Thychosen), Del'Haye (72. Bödeker), Nickel, Lienen. Eintracht Frankfurt: Pahl, Neuberger, Pezzey, Körbel, Ehrmanntraut, Lorant, Borchers, Nickel, Hölzenbein (1, 79. Nachtweih), Karger (1, 81. Trapp), Cha.

Am 21. Mai in Frankfurt:
EINTRACHT FRANKFURT – BORUSSIA MÖNCHENGLADBACH 1:0
Eintracht Frankfurt: Pahl, Neuberger, Pezzey, Körbel, Ehrmanntraut, Lorant, Hölzenbein, Nickel, Borchers, Cha, Nachtweih (77. Schaub, 1). Bor. Mönchengladbach: Kneib, Fleer, Hannes, Schäfer, Ringels, Bödeker, Matthäus (86. Thychosen), Kulik, Nielsen (68. Del'Haye), Nickel, Lienen.

1981

Am 7. Mai in Ipswich:
IPSWICH TOWN – AZ'67 ALKMAAR 3:0
Ipswich Town: Cooper, Mills, Osman, Butcher, McCall, Wark (1), Thijssen (1), Mühren, Gates, Brazil, Mariner (1). AZ'67 Alkmaar: Treytel, Metgod, van der Meer, Spelbos, Hovenkamp, Arntz, Peters, Nygaard (75. Welzl), Jonker, Kist, Tol.

Am 20. Mai in Amsterdam:
AZ'67 ALKMAAR – IPSWICH TOMIN 4:2
AZ'67 Alkmaar: Treytel, Reynders, Metgod (1), Spelbos, Hovenkamp, Peters, Jonker (1), Arntz, Nygaard, Welzl (1, 81. Talan), Tol (1, 46. Kist). Ipswich Town: Cooper, Mills, Osman, Butcher, McCall, Thijssen (1), Mühren, Wark (1), Gates, Mariner, Brazil.

1982

Am 5. Mai in Göteborg:
IFK GÖTEBORG – HAMBURGER SV 1:0
IFK Göteborg: Wernersson, Svensson, Hysen, Conny Karlsson, Strömberg, Corneliusson, Nilsson (20. Sandberg), Tommy Holmgren (46. Schiller). Hamburger SV: Stein, Kaltz, Groh, Jakobs, Hieronymus, Hartwig, Wehmeyer, von Heesen (83. Memering), Hrubesch, Magath, Bastrup.

Am 20. Mai in Hamburg:
HAMBURGER SV – IFK GÖTEBORG 0:3
Hamburger SV: Stein, Kaltz (76. Hidien), Wehmeyer, Groh, Hieronymus, Hartwig, Memering, von Heesen, Magath, Hrubesch, Bastrup. IFK Göteborg: Wernersson, Svensson, Conny Karlsson, Hysen (19. Schiller), Frederiksson (1), Tord Holmgren, Strömberg, Jerry Karlsson, Corneliusson (1, 68. Sandberg), Nilsson (1), Tommy Holmgren.

1983

Am 4. Mai in Brüssel:
RSC ANDERLECHT – BENFICA LISSABON 1:0
RSC Anderlecht: Munaron, Hofkens, Olsen, Peruzovic, De Groote, Friman, Lozano, Coeck, Vercauteren, Vandenbergh (79. Czeniatynski), Larsen (1). Benfica Lissabon: Bento, Pietra, Coelho, Rosa (79. Lopes), Magalhaes, Sheu, Santos, Delgado, Chalana, Miranda, Zoran (68. Nene).

Am 18. Mai in Lissabon:
BENFICA LISSABON – RSC ANDERLECHT 1:1
Benfica Lissabon: Bento, Coelho, Pietra, Lopes, Veloso, Santos, Sheu (1, 50. Zoran), Strömberg, Chalana, Nene, Diamantino (61. Alves). RSC Anderlecht: Munaron, Olsen. De Greef, Peruzovic, De Groote, Broos, Coeck, Friman, Vercauteren, Vandenbergh (78. Brylle), Lozano (1).

1984

Am 9. Mai in Brüssel:
RSC ANDERLECHT – TOTTENHAM HOTSPUR 1:1
RSC Anderlecht: Munaron, Grün, De Greef, Olsen (1), Hofkens, Scifo, Van der Eycken, De Groote, Czerniatynski (61. Vercauteren), Vandenbergh (82. Arnesen), Brylle. Tottenham Hotspur: Parks, Thomas, Miller (1), Roberts, Hughton, Stevens (80. Mabbutt), Perryman, Hazard, Galvin, Archibald, Falco.

Am 23. Mai in London:
TOTTENHAM HOTSPUR – RSC ANDERLECHT 1:1*
Tottenham Hotspur: Parks, Thomas, Miller (77. Ardiles), Roberts (1), Hughton, Mabbutt (73. Dick), Stevens, Hazard, Galvin, Archibald, Falco. RSC Anderlecht: Munaron, Olsen, Grün, De Greef, De Groote, Hofkens, Scifo, Van der Eycken, Vercauteren, Arnesen (77. Gudjohnson), Czerniatynski (1, 104. Brylle).
* Tottenham Hotspur Sieger durch Elfmeterschießen 4::3

1985

Am 8. Mai in Szekesfehervar:
VIDEOTON SZEKESFEHERVAR – REAL MADRID 0:3
Videoton Szekesfehervar: P. Disztl, Vegh, L. Disztl, Czuhay, Horvath, Bersany, Palkovics, Wittmann, Burcsa, Novath (62. Gyenti), Vadasz. Real Madrid: Miguel Angel, Chendo, Stielike, Sanchis, Camacho, San José, Michel (1), Gallego, Butragueno (78. Juanito), Santillana (1, 88. Salguero), Valdano (1).

Am 22. Mai in Madrid:
REAL MADRID – VIDEOTON SZEKESFEHERVAR 0:1
Real Madrid: Miguel Angel, Chendo, Stielike, Sanchis, Camacho, San José, Gallego, Michel, Butragueño, Santillana, Valdano (57. Juanito). Videoton Szekesfehervar: P. Disztl, Czuhay, L. Disztl, Vegh, Horvath, Vadasz, Burcsa, Czongradi (57. Wittmann), Majer (1), Szabo, Novath (51. Palkovics).

1986

Am 30. April in Madrid:
REAL MADRID – 1. FC KÖLN 5:1
Real Madrid: Agustin, Salguero, Solana, Camacho, Vazquez (82. Santillana, 1), Juanito, Michel, Gordillo (1), Butragueno, Sanchez (1), Valdano (2). 1. FC Köln: Schumacher, Gielchen, Geils, Steiner, Prestin, Geilenkirchen, Hönerbach, Bein (71. Häßler), Janßen, Littbarski (84. Dickel), K. Allofs (1).

Am 6. Mai in Berlin:
1. FC KÖLN – REAL MADRID 2:0
1. FC Köln: Schumacher, Gielchen, Geils (83. Schmitz), Steiner, Prestin, Geilenkirchen (1), Hönerbach, Bein (1), Janßen (59. Pisanti), Littbarski, K. Allofs. Real Madrid: Agustin, Maceda, Chendo, Camacho, Michel, Solana, Gallego, Gordillo, Butragueño (88. Juanito), Sanchez (20. Santillana), Valdano.

1987

Am 6. Mai in Göteborg:
IFK GÖTEBORG – DUNDEE UNITED 1:0
IFK Göteborg: Wernersson, Larsson, Carlsson, Hysen, Frederiksson, Johansson (68. R. Nilsson), Tord Holmgren (90. Zetterlund), Andersson, Tommy Holmgren, Pettersson (1), L. Nilsson. Dundee United: Thompson, Holt, Hagerty (56. Clark), Neary, Malpas, McInally, Bannon, Bowman (90. Beaumont), Redford, Kirkwood, Sturrock.

Am 20. Mai in Dundee:
DUNDEE UNITED – IFK GÖTEBORG 1:1
Dundee United: Thompson, Neary, Malpas, Clark (1), Holt (46. Hagerty), Kirkwood, McInally, Redford (67. Bannon), Gallacher, Ferguson, Sturrock. IFK Göteborg: Wernersson, Carlsson, Hysen, Larsson, Frederiksson, R. Nilsson (78. Zetterlund), Tommy Holmgren, Andersson, Tord Holmgren, L. Nilsson (1), Pettersson.

1988

Am 4. Mai in Barcelona:
ESPANOL BARCELONA – BAYER LEVERKUSEN 3:0
Español Barcelona: N'Kono, Gallart, Job, Miguel Angel, Orejuela (66. Golobart), Inaki, Urkiaga, Soler (1), Valverde, Pichi Alonso (69. Lauridsen), Losada (2). Bayer Leverkusen: Vollborn, Rolff, de Keyser, A. Reinhardt, Hinterberger, Cha (18. Götz), Tita, Buncol, Falkenmayer (75. K. Reinhardt), Waas, Täuber.

Am 18. Mai in Leverkusen:
BAYER LEVERKUSEN – ESPANOL BARCELONA 3:0 n.V. (3:2 n. Elfmeterschießen)
Bayer Leverkusen: Vollborn, Rolff, Seckler, A. Reinhardt, Schreier (46. Waas), Buncol, Falkenmayer, K. Reinhardt, Cha (1), Götz (1), Tita (1, 62. Täuber). Español Barcelona: N'Kono, Gallart, Miguel Angel, Golobart (75. Zuniga), Urkiaga, Job, Orejuela (64. Zusillaga), Inaki, Soler, Pichi Alonso, Losada.

1989

Am 3. Mai in Neapel:
SSC NAPOLI – VfB STUTTGART 2:1
Napoli: Guiliani, Renica, Corradini (46. Crippa), Ferrara, de Napoli, Alemao, Fusi, Francini, Maradona (1), Careca (1), Carnevale. Stuttgart: Immel, Allgöwer, Buchwald, N.

Schmäler, Hartmann, Schäfer, Katanec, Sigurvinsson, Schröder, Walter (72. Zietsch), Gaudiño (1).

Am 17. Mai in Stuttgart:
VfB STUTTGART – SSC NAPOLI 3:3
Stuttgart: Immel, Allgöwer, N. Schmäler, Schäfer, Schröder, Hartmann, Katanec, Gaudiño (1), Sigurvinsson, Klinsmann (1), Walter (79. O. Schmäler, 1). Napoli: Guiliani, Renica, Corradini, Ferrara (1), Francini, de Napoli, Fusi, Alemao (1, 31. Carannante), Careca (1, 70. Bigliardi), Maradona, Carnevale.

1990

Ani 2. Mai in Turin:
JUVENTUS TURIN – AC FLORENZ 0:0
Juventus: Tacconi, Bonetti, Napoli, Brio, De Agostini, Barros, Marocchi, Aleijnikow, Galia, Casiraghi, Schillaci. Florenz: Landucci, Battistini, Volpecina, Pin, Dell'Oglio, Dunga, Kubik, Baggio, Nappi, Buso, Di Chiara.

Am 16. Mai in Avellino:
AC FLORENZ – JUVENTUS TURIN 0:0
Florenz: Landucci, Battistini, Dell'Oglio, Pin, Volpecina, Dunga, Nappi, Kubik, Baggio, Buso, Di Chiara. Juventus: Tacconi, Aleijnikow, Napoli, Bruno, De Agostini, Galia, Alessio, Barros, Marocchi, Casiraghi, Schillaci.

1991

Am 22. Mai in Rom:
AS ROM – INTER MAILAND 1:0
AS Rom: Cervone, Nela, Temestilli (58. Salsano), Aldair, Berthold, Desideri (68. Muzzi), Gerolin, Di Mauro, Giannini, Rizzitelli, Völler. Inter: Zenga, Bergomi, Paganin, Ferri, Bianchi, Berti, Brehme, Matthäus, Battistini, Klinsmann, Pizzi (66. Mandorlini).

Am 8. Mai in Mailand:
INTER MAILAND – AS ROM 2:0
Inter: Zenga, Bergomi, Paganin (64. Baresi), Ferri, Bianchi. Battistini, Matthäus, Berti, Brehme, Sorona (90. Pizzi), Klinsmann. AS Rom: Cervone, Comi (75. Muzzi), Tempestilli, Aldair (72. Carboni), Gerolin, Berthold, Rizzitelli, Völler.

1992

Am 29. April in Turin:
AC TURIN – AJAX AMSTERDAM 2:2 (0:1)
Turin: Marchegiani, Cravero, Bruno, Annoni, Benedetti, Venturin, Martin, Vazquez, Scifo, Mussi (88. Sordo), Lentini, Casagrande. Amsterdam: Menzo, Blind, Silooy, Jonk, De Boer, van't Schip, Winter, Bergkamp, Kreek, Pettersson, Roy (83. Groenendijk).

Am 13. Mai in Mailand:
AJAX AMSTERDAM – AC TURIN 0:0
Amsterdam: Menzo, Blind, Silooy, De Boer, Jonk, Kreek (80. Vink), van't Schip, Alflen, Winter, Pettersson, Roy (64. van Loen). Turin: Marchegiani, Mussi, Policano, Fusi, Benedetti, Scifo (60. Vieri), Cravero (57. Sordo), Venturin, Vazquez, Lentini, Casagrande.

1993

Am 5. Mai in Dortmund:
BORUSSIA DORTMUND – JUVENTUS TURIN 1:3 (1:2)
Dortmund: Klos, Grauer, Schmidt, Franck (46. Mill), Lusch, Reuter, Zorc (69. Karl), Rummenigge, Poschner, Reinhardt, Chapuisat. Turin: Peruzzi, Cesar, Carrera, Kohler, De Marchi, Conte, Dino Baggio, Roberto Baggio (75. Di Canio), Marocchi, Möller (86. Galia), Vialli.

Am 19. Mai in Turin:
JUVENTUS TURIN – BORUSSIA DORTMUND 3:0
Turin: Peruzzi, Julio Cesar, Carrera, Kohler, Möller, De Marchi, Galia, Dino Baggio, Toricelli (65. Di Canio), Vialli (81. Ravanelli), Roberto Baggio. Dortmund: Klos, Zelic, Schmidt, Schulz, Reuter (65. Lusch), Karl, Rummenigge (44. Franck), Poschner, Reinhardt, Mill, Sippel.

1994

Am 26. April in Salzburg:
AUSTRIA SALZBURG – INTER MAILAND 0:1 (0:1)
Salzburg: Konrad, Weber, Fürstaller, Lainer, Winkelhofer (63. Steiner), Artner, Marquinho, Pfeifenberger, Aigner, Amerhauser (46. Muzek), Stadler. Mailand: Zenga, Battistini, Bergomi, Paganini, Orlando, Bianchi, Manicone, Jonk, Berti, Bergkamp (90. Dell'Anno), Sosa (75. Ferri).

Am 11. Mai in Mailand:
INTER MAILAND – AUSTRIA SALZBURG 1:0 (0:0)
Mailand: Zenga, Battistini, Bergomi, A. Pagganin, Jonk, Fontolan (68. Ferri), Orlando, Manicone, Berti, Bergkamp (89. M. Pagganin), Sosa. Salzburg: Konrad, Weber, Fürstaller, Lainer, Winkelhofer (68. Amerhauser), Lainer, Marquinho, Artner (75. Steiner), Feiersinger, Jurcevic, Hütter.

1995

Am 3. Mai in Parma:
AC PARMA – JUVENTUS TURIN 1:0 (1:0)
Parma: Bucci, Bennarivo (54. Mussi), Di Chiara, Minotti, Apolloni, Fernando Couto, Pin, Baggio (1), Sensini, Zola (89. Fiore), Asprilla. Turin: Rampulla, Fusi (72. Del Piero), Jarni, Tacchinardi, Carrera (46. Marocchi), Paulo Sousa, Di Livio, Deschamps, Vialli, Baggio, Ravanelli.

Am 17. Mai in Mailand:
JUVENTUS TURIN – AC PARMA 1:1 (1:0)
Turin: Peruzzi, Ferrara, Jarni, Toricelli, Porrini, Paulo Sousa, Di Livio (81. Carrera), Marocchi (74. Del Piero), Vialli (1), Baggio, Ravanelli. Parma: Bucci, Bennarivo (46. Musi), Di Chiarra (80. Castellini), Minotti, Susic, Fernando Couto, Fiore, Baggio (1), Crippa, Zola, Asprilla.

1996

Am 1. Mai in München:
BAYERN MÜNCHEN – GIRONDINS BORDEAUX 2:0 (1:0)
München: Kahn, Babbel, Ziege, Kreuzer, Helmer (1), Hamann, Scholl (1), Sforza, Klinsmann, Matthäus (54. Frey), Papin (70. Witeczek). Bordeaux: Huard, Grenet, Lizarazu, Friis-Hansen, Dogon, Lucas, Croci, Dutuel, Tholot (89. Anselin), Witschge, Bancarel.

Am 15. Mai in Bordeaux:
GIRONDINS BORDEAUX – BAYERN MÜNCHEN 1:3 (0:0)
Bordeaux: Huard, Bancarel, Lizarazu (30. Anselin), Friis-Hansen, Dogon, Lucas (80. Grenet), Zidane, Croci (58. Dutuel, 1), Tholot, Witschge, Dugarry. München: Kahn, Babbel, Ziege, Strunz, Helmer, Frey (60. Zickler), Scholl (1), Sforza, Klinsmann (1), Matthäus, Kostadinov (1, 75. Witeczek).

1997

Am 7. Mai in Gelsenkirchen:
SCHALKE 04 – INTER MAILAND 1:0 (0:0)
Schalke: Lehmann, Thon, De Kock, Linke, Latal, Eigenrauch, Müller, Nemec, Anderbrügge, Büskens (67. Max), Wilmots (1). Mailand: Pagliuca, Bergomi, Paganin, Galante, Pistone, Zanetti, Fresi (62. Berti), Sforza, Winter, Zamorano. Ganz.

Am 21. Mai in Mailand:
INTER MAILAND – SCHALKE 04 1:0 (0:0) n.V. (2:4 n. Elfmeterschießen)
Mailand: Pagliuca, Bergomi (74. Angloma), Paganin, Fresi, Pistone, Zanetti (120. Berti), Ince, Sforza (81. Winter), Djorkaeff, Zamorano (1), Ganz. Schalke: Lehmann, Latal (111. Held), De Kock, Thon, Linke, Büskens, Eigenrauch, Nemec, Müller (98. Anderbrügge), Max, Wilmots.

1998 in Florenz:

LAZIO ROM – INTER MAILAND 0:3 (0:1)
Rom: Marchegiani, Grandoni (55. Gottardi), Nesta, Negro, Favalli, Venturin (49. Almeyda), Jugovic, Fuser, Nedved, Casiraghi, Mancini. Mailand: Pagliuca, Fresi, Zanetti (1), West, Colonnese, Simone, Ze Elias, Winter (68. Cauet), Djorkaeff (68. Moriero), Zamorano (1) (74. Sartor), Ronaldo (1).

1999 in Moskau:

AC PARMA – OLYMPIQUE MARSEILLE 3:0 (2:0)
Parma: Buffon, Thuram, Sensini, Cannavaro, Fuser, Boghossian, Baggio, Vanoli (1), Veron (77. Fiore), Crespo (1, 84. Asprilla), Chiesa (1, 73. Balbo). Marseille: Porato, Blanc, Domoraud, Issa, Edson (46. Camara), Bravo, Blondeau, Brando, Pires, Gourvennec, Maurice.

Fußball-Lexikon

A

Abbruch, vorzeitige Beendigung eines Fußballspiels aus vielerlei Gründen, beispielsweise schlechtes Wetter (Nebel, Sturm, Hagel, Regen), Disziplinlosigkeiten von Spielern oder Zuschauern (Flaschen- oder Steinwürfe), Mißachtung der Anordnungen des Schiedsrichters.

abfälschen, dem Ball durch Anschießen eines eigenen oder gegnerischen Spielers eine andere (auf jeden Fall ungewollte) Richtung geben; führt vor allem im Strafraum zu gefährlichen Situationen und nicht selten zu Toren.

abgeben, den Ball einem Mannschaftskameraden zuspielen.

Ablösesumme, allgemeiner Begriff im bezahlten Fußball; Geldbetrag, den ein Verein dem anderen für den Verkauf eines Spielers zahlt. Auch Amateurvereine können eine A. verlangen, wenn einer ihrer Spieler Professional wird.

abpfeifen, akustische Maßnahme des Schiedsrichters zur Beendigung einer Aktion während des Spiels, einer Spielzeit oder des gesamten Spiels.

Abpfiff, allgemeiner Begriff für die Beendigung einer Halbzeit oder eines Spiels durch den Pfiff des Schiedsrichters, auch Unterbrechung einer Spielaktion.

Abpraller, von den Torstangen (Pfosten) oder der Querlatte zurückspringender Ball.

Abschlag, Schuß des Torwarts oder eines Spielers von der Torraumlinie ins Spielfeld, nachdem der Ball, vom Gegner getreten, die Torauslinie überschritten hat. Ball kann vom Torwart nicht mit der Hand wieder ins Spiel gebracht werden.

abschütteln, sich im Wettkampf durch Schnelligkeit oder Geschicklichkeit vom Gegner lösen.

Abseits, -Regel, die einen Spieler aus dem Kampf nimmt, wenn er im Augenblick, in dem ihm der Ball zugespielt wird, der gegnerischen Torlinie näher ist als der Ball und ein gegnerischer Spieler. Ausnahmen sind: wenn der Spieler in der eigenen Hälfte steht, wenn der Ball zuletzt vom Gegner gespielt wurde oder wenn der abseits stehende Spieler den Ball durch einen Abstoß, einen Eckball, einen Einwurf oder nach einem Schiedsrichterball erhält.

Abseitsfalle, absichtliches Stellungsspiel einer Mannschaft, einen gegnerischen Akteur ins Abseits zu bringen.

abspielen, den Ball einem Mitspieler zuschieben.

Abstauber, Bezeichnung für einen Spieler, meist Stürmer, der Tore ohne große Vorbereitung und meist im Nachsetzen oder im Anschluß an →Abpraller erzielt.

Abstieg, Wechsel von einer höheren in die nächstniedrigere Klasse als Folge schlechten Abschneidens in der abgelaufenen Spielrunde.

abstoppen, einen Lauf verlangsamen oder gar abbremsen.

Abstoß, →Abschlag.

Abwehr, volkstümlicher Begriff für den verteidigenden Mannschaftsteil; auch Bezeichnung für die Aktion eines Torhüters oder Verteidigers.

AFC, Asian Football Confederation; Vereinigung von 37 nationalen Fußballverbänden in Asien.

Afrika-Pokal der Meister, Pokal-Wettbewerb afrikanischer Meister-Clubs. Sieger: 1964 Oryx de Duala/Kamerun, 1965 nicht ausgetragen, 1966 Stade d'Abidjan/Elfenbeinküste, 1967 Tout Puissant Englebert/Zaire, 1968 Tout Puissant Englebert/Zaire, 1969 Ismail/Ägypten, 1970 Ashanti Kotoko/Ghana, 1971 Canon de Yaunde/Kamerun, 1972 Hafia de Conakry/Guinea, 1973 Vita Kinshasa/Zaire, 1974 Cara de Brazzaville/Kongo Brazzaville, 1975 Hafia, 1976 Mouloudia Chalia/Algerien, 1977 Hafia, 1978 Canon Yaunde/Kamerun, 1979 Union Duala/Kamerun, 1980 Canon Yaunde, 1981 Jeimesse Tizi Ouzou/Algerien, 1982 Nacional Kairo, 1983 Asante Kotoko, 1984 Zamalek Kairo, 1985 FAR Rabat, 1986 Zamalek Kairo, 1987 Nacional Kairo, 1988 SC Zetif, 1989 Raja Casablanca/Marokko, 1990 JSK/Algerien, 1991 Club Africain/Tunesien, 1992 WAC Casablanca/Marokko, 1993 Zamales/Ägypten.

Afrika-Pokal der Nationen, Wettbewerb afrikanischer Nationalmannschaften, Sieger: 1957 Ägypten, 1959 Ägypten, 1962 Äthiopien, 1963 Ghana, 1965 Ghana, 1968 Zaire, 1970 Sudan, 1972 Kongo-Brazzaville, 1974 Zaire, 1976 Marokko, 1978 Ghana, 1980 Nigeria, 1982 Ghana, 1984 Kamerun, 1986 Ägypten, 1988 Kamerun, 1990 Algerien, 1992 Elfenbeinküste, 1994 Nigeria.

AH, Abkürzung für Alte Herren, das sind Spieler über 32 Jahre.

Aktion, allgemeine Bezeichnung für einen Spielvorgang.

Alleingang, individuelle →Aktion eines Spielers über eine größere Distanz, wobei er mit dem Ball auch Gegenspieler ausschaltet, austrickst oder überläuft.

Allroundspieler, Spieler, der in einer Mannschaft auf allen Posten eingesetzt werden kann.

Alpenpokal, Vereinswettbewerb, der in den Sommermonaten zwischen Mannschaften aus Italien, der Schweiz und der Bundesrepublik Deutschland ausgetragen wird.

Alte Herren, volkstümlicher Begriff für Spieler über 32 Jahre, →AH.

Altmeister. Bezeichnung für einen früheren Spieler von Klasse oder Meisterrang oder eine frühere Meistermannschaft.

Amateur, Fußballspieler, der nicht berufsmäßig im Fußball beschäftigt ist, keinen Vertrag und keine Lizenz besitzt und für sein sportliches Auftreten nur erlaubte Spesen erhält. Berechtigt, an Olympischen Spielen teilzunehmen. Mit Ausnahme der Bundesliga spielen in Deutschland nur Amateure. Bundesligavereine können bis zu zwei Amateure einsetzen. Der Deutsche Fußball-Bund unterhält eine Amateur-Nationalmannschaft.

Amateur-Länderpokal, seit 1951 Wettbewerb der Amateur-Verbandsmannschaften der deutschen Bundesländer.

Amateurmeisterschaft, Wettbewerb, der nur Amateurmannschaften vorbehalten ist. In der Bundesrepublik Deutschland gibt es seit 1951 eine deutsche Amateurmeisterschaft.

Amateurregel, Regel zur Bestimmung eines →Amateurs.

American Football, amerikanische Abwandlung des britischen Rugby; hat mit Fußball nichts zu tun.

Amtliche Aufsicht, Beobachtung oder Kontrolle eines Spiels durch den zuständigen Verband oder die betreffende Behörde.

anfeuern, lautstarke Stimmungsmache des Publikums für die eigene Mannschaft oder den eigenen Spieler.

Angriff, Sturm auf das gegnerische Tor, auch Bezeichnung für den angreifenden Teil einer Mannschaft.

Anlauf, Schritte bis zum Abschlag oder Treten des ruhenden Balles.

Anmeldung, offizielle Meldung für einen Wettbewerb.

Anpfiff, akustisches Zeichen des Schiedsrichters für den Spielbeginn oder die Fortführung des Kampfes.

Anschlußtreffer, Tor, das den gegnerischen Vorsprung bis auf ein Tor verringert; Beispiel: 2:1 nach 2:0, 3:2 nach 3:1 und fortlaufend.

anschneiden, einem Ball durch einen Tritt oder Schlag einen besonderen →Effet geben.

Anspiel, Ball einem Mitspieler zuschieben; auch Ball im Mittelpunkt des Spielfeldes bei Spielbeginn, zweiter Halbzeit oder Verlängerung in Bewegung setzen.

Anstoß, Anspielen des Balles zum Spielbeginn; nach →Anpfiff des Schiedsrichters bei Spielbeginn muß der Ball einem Mitspieler zugeschoben werden. →Anspiel.

Antrittsvermögen, Fähigkeit eines Spielers, schnell und dynamisch (kraftvoll) zu starten.

Atlantik-Pokal, Pokalwettbewerb mit den Ländermannschaften Brasiliens, Uruguays und Argentiniens. Auch Wettbewerb der Besatzungen von Schiffen, die den Atlantik befahren.

Aufbau, allgemeine Bezeichnung für die Entwicklung eines Fußballspiels; auch Stellung der Spieler während des Spiels.

Aufbauspieler, Bezeichnung für einen Spieler, der sich um die Entwicklung und den Fluß eines Spiels bemüht.

Aufsetzer, Ball, der kurz vor einem Spieler (meist Torwart) auf dem Boden aufkommt und eine unberechenbare Höhe (Kurve) nimmt.

Aufstellung, Position der elf Spieler einer Mannschaft vor und während des Spiels.

Aufstieg, Wechsel von einer niedrigen in die nächsthöhere Leistungsklasse (Liga).

aufstützen, unerlaubte Hilfestellung durch Stützen auf einen Gegner, um hohe Bälle zu erreichen. Wird mit →Freistoß geahndet.

aufwärmen, physische Vorbereitung eines Spielers auf den Wettkampf durch Kreislaufanregung.

Aus, volkstümliche Bezeichnung für einen „aus" dem Spielfeld getretenen, geschlagenen, gestoßenen oder geköpften Ball.

Ausball, Ball, der über die Spielfeldbegrenzungen ins Aus geht, Spiel wird mit Abstoß, Eckball oder Einwurf fortgesetzt.

Ausführung, Spielvorgang, Vollendung einer Aktion.

Ausgleich, Herstellung eines Torgleichstandes.

Ausgleichstor, Treffer, der den Toregleichstand herstellt.

Auslosung, Ermittlung von Spielpaarungen, Gruppen oder Runden durch das Los.

Ausputzer, Abwehrspieler, letzter Mann vor dem Torhüter, der gefährliche Situationen bereinigen soll; er beschränkt sich ganz auf Abwehraufgaben. Aus dem Ausputzer entwickelte sich der Libero.

ausscheiden, vorzeitiges Scheitern in einem Wettbewerb, beispielsweise Niederlage im Pokal.

Ausscheidungssystem, Wettkampfart im Pokal, der Verlierer scheidet aus.

Ausschluß, Entzug der Teilnahmeberechtigung an einem Wettkampf für Sportler und Mannschaften, Entfernung eines Vereins aus einer Liga.

Ausschreibung, Ankündigung und detaillierte Darlegung des Verlaufs und der Regeln für einen Wettbewerb.

Ausschreitung, Regelverstöße und Disziplinlosigkeiten während eines Spiels durch Spieler oder auch Zuschauer.

Außenläufer, rechter oder linker Läufer im alten WM-System.

Außenpfosten, äußere Seite des Torpfostens; Ball springt beim Auftreffen ins →Aus oder ins Feld zurück, niemals ins Tor.

Außenseiter, eine mit geringen Gewinnaussichten in einen Kampf gehende Mannschaft.

Außen-Spann →Spann.

Außenstürmer, Rechts- oder Linksaußen im Sturm des →WM-Systems.

Außenverteidiger, die beiden Verteidiger im →WM-System.

außer Konkurrenz, →a. K.

ausspielen, einen Spieler durch eine geschickte Körperdrehung oder -wendung täuschen oder bluffen.

Auswahlmannschaft, nach bestimmten Kriterien oder Qualitäten (Leistung, Alter, Wettbewerbszweck) zusammengesetzte Mannschaft; keine Vereinsmannschaft, keine Nationalmannschaft.

Auswärtsspiel, Spiel auf dem Platz des Gegners.

auswechseln, eine seit 1966 bestehende Regel, nach der in allen Punktspielen während der gesamten Spielzeit ein Feldspieler und ein Torwart oder zwei Feldspieler ersetzt werden dürfen. Einmal aus dem Spiel genommene Spieler können jedoch nicht wieder eingesetzt werden.

Auswechselspieler, Spieler, die während eines Spiels frisch eingesetzt werden, also nicht die ganze Zeit spielen, Spieler, der für einen anderen ins Spiel genommen wird.

B

Back, englisch: Bezeichnung für einen Verteidiger bzw. Läufer. →fullback, →halfback.

Ball, Spielobjekt: Hohlball, bestehend aus Gummiblase mit Lederumhüllung aus Rindskernleder. Umfang 68 bis 71 cm, Gewicht zwischen 396 und 454 Gramm (1 englisches Pfund). Während eines Spiels darf der Ball nur vom Schiedsrichter ausgewechselt werden, der ihn auch vorher prüft.

Ballabgabe, Zuspiel des Balles an einen Mitspieler.

Ballannahme, einen vom Mitspieler zugespielten Ball unter Kontrolle bringen.

Ballarbeit, Training mit dem Ball, manchmal auch Bezeichnung für technische Fertigkeiten eines Spielers mit dem Ball; →Ballbehandlung.

Ballbehandlung, technische Fertigkeit eines Spielers, mit dem Ball umzugehen.

Ballführung, Laufen mit dem Ball am Fuß, →Dribbeln.

Ballgefühl, Stellung zum Ball, Berechnung der Flugbahn, der Geschwindigkeit, des Effets. Umsetzen technischer Fertigkeiten in Effektivität (Erfolg).

bedienen, →Ballabgabe zum freistehenden, aufnahmebereiten Mitspieler.

Befreiungsschlag, Ball in gefährlichen Situationen aus dem eigenen Strafraum in die gegnerische Spielfeldhälfte schlagen, auch wenn dort kein eigener Spieler den Ball aufnehmen kann.

Behinderung, regelwidriges Stören der Aktion eines Gegners, beispielsweise den Gegner daran hindern, in Ballbesitz zu gelangen, ohne selbst die Chance zu haben.

beidbeinig, Fähigkeit eines Spielers, den Ball mit dem linken Fuß genausogut zu schlagen wie mit dem rechten.

Berner Elf, Ehrentitel der deutschen Fußball-Nationalmannschaft, die am 4. Juli 1954 in Bern das Endspiel um die Fußball-Weltmeisterschaft gegen Ungarn mit 3:2 (2:2) gewann. Deutschland spielte damals mit Turek, Posipal, Kohlmeyer, Eckel, Liebrich, Mai, Rahn, Morlock, Ottmar Walter, Fritz Walter und Schäfer.

Berufsfußball, professionell betriebener Fußball. Spieler bestreiten ihren Lebensunterhalt ausschließlich oder vorwiegend durch das Fußballspiel. Gegenteil: der →Amateur.

Berufsspieler, →Berufsfußball.

Berufung, Einladung eines Spielers und Einsatz in einer Auswahl oder einer Nationalmannschaft; in der Sportgerichtsbarkeit Einspruch gegen ein ergangenes Urteil (juristischer Vorgang bei Prozessen).

Bilderbuchkombination, Weiterleiten des Balles über mehrere Stationen (Spieler), führt meist zu gefährlichen Situationen für den Gegner, manchmal auch zu Toren. Gegner kommen dabei nicht in Ballbesitz.

Breslauer Elf, Ehrentitel für die deutsche Nationalmannschaft, die am 16. Mai 1937 in Breslau Dänemark mit 8:0 besiegte und zehnmal hintereinander ungeschlagen blieb. Am 16. Mai 1937 spielten in Breslau: Jakob, Janes, Münzenberg, Kupfer, Goldbrunner, Kitzinger, Lehner, Gellesch, Siffling, Szepan und Urban. Siffling schoß fünf Tore.

Bundesliga, am 28. Juli 1962 auf dem Bundestag des Deutschen Fußball-Bundes eingeführte höchste deutsche Spielklasse für →Lizenzspieler. Die Bundesliga umfaßte zuerst 16, später 18 Vereine. Nach der Wiedervereinigung Deutschlands vorübergehend wieder 20 Clubs. Die ersten 16 Vereine wurden nach vier Kriterien ausgewählt: 1. sportliche Qualifikation in der →Oberliga, 2. Gemeinnützigkeit durch Unterhaltung von Amateurabteilungen, 3. Stadion mit 35 000 Plätzen und einer Flutlichtanlage, 4. Wirtschaftliche Basis.

Bundesligaskandal, im Juni 1971 durch Kickers Offenbach aufgedeckte Bestechungsaffäre in der Bundesliga. Durch Schmiergelder wurden Vereine und Spieler bewogen, Spiele zu verlieren oder zu gewinnen. Vom Skandal betroffene Vereine waren vor allem Offenbach, Bielefeld, Braunschweig, Hertha BSC Berlin, Oberhausen, Schalke und der Nationaltorhüter Manglitz.

Bundestrainer, Bezeichnung für den Betreuer der deutschen Nationalmannschaft; B. waren Otto Nerz 1930 bis 1938, Sepp Herberger 1938 bis 1964, Helmut Schön 1964 bis 1978, Jupp Derwall von 1978 bis 1984. 1984 bis 1990 Franz Beckenbauer als „Teamchef". Ab 1990 Berti Vogts.

C

CAF, Confédération Africaine de Football; Vereinigung von 42 nationalen Fußballverbänden Afrikas.

Catenaccio, italienisch: Riegel, aus Italien stammendes Verteidigungssystem, betont defensive Einstellung einer Mannschaft, die mit bis zu sieben Spielern in der Abwehr steht.

Centerforward, englisch: Mittelstürmer.

Centerhalf, englisch: Mittelläufer.

Fußball-Lexikon

CONCACAF, Confederación Norte-Centroamericana y del Caribe de Futból; Vereinigung von 23 nord- und mittelamerikanischen und karibischen Fußballverbänden.

CONMEBOL, Confederación Sudamericana de Fútbol; Vereinigung von nationalen Fußballverbänden Südamerikas.

Corner, englisch: Ecke, gemeint ist der →Eckball.

Coupe du Monde de la FIFA, offizielle (französische) Bezeichnung für die Fußball-Weltmeisterschaft.

D

decken, einen Gegner bewachen und damit seine Aktionen stören.

Deckung, Bewachung eines Gegners, auch allg. Bezeichnung für die Abwehr einer Mannschaft und das Abwehrspiel überhaupt.

Defensive, taktische Maßnahme: verstärkte Abwehr zum Stören gegnerischen Angriffs; dabei werden die eigenen Angriffsspieler in die Verteidigung einbezogen.

Deutsche Meisterschaft, höchster zu vergebender nationaler Titel, seit 1951 getrennt in eine →Amateurmeisterschaft und eine Meisterschaft für Vertrags- oder Lizenzspielervereine. (DDR: →DDR-Fußball.)

Deutscher Fußball-Bund, offizielle Organisation des Fußballs in der Bundesrepublik Deutschland, 1900 in Leipzig gegründet, Sitz in Frankfurt/Main. Aufgegliedert in 16 Landesverbände, die sich wiederum in fünf Regionalverbände (Westen, Norden, Süden, Südwesten, Berlin) zusammenfügen.

DFB, Abkürzung für →Deutscher Fußball-Bund.

DFB-Pokal, →DFB-Vereinspokal.

DFB-Vereinspokal, deutscher Pokalwettbewerb für Vereinsmannschaften, an dem in den ersten Runden Vereine aller Leistungsklassen teilnehmen dürfen; oftmals geänderter Modus, zeitweise sogar mit Hin- und Rückspielen. (DDR: →DDR-Fußball.)

Direkter Freistoß, →Freistoß.

Direktspiel, sofortiges, unmittelbares Weiterleiten eines Balles ohne Anhalten zum Mitspieler. Das Spiel wird dadurch schnell.

Division, englische Bezeichnung für eine Spielklasse innerhalb der →Liga.

Divisionsverfahren, Errechnen des →Torquotienten durch Teilung der geschossenen (erzielten) durch die erhaltenen Treffer.

Doping, Einnahme körperfremder, stimulierender Mittel zur Leistungssteigerung; verboten durch internationale und nationale Bestimmungen.

Doppelpaß, schneller und direkter Ballwechsel zwischen zwei angreifenden Spielern, wobei der abgebende Spieler den Ball sofort zurückerhält. Doppelpaß-Spiel verlangt großes Verständnis der Spieler untereinander.

Drehschuß, ein Schuß, den der Spieler aus einer Körperdrehung heraus abgibt.

Dreß, englisch: Sportbekleidung.

Dribbeln, Führen des Balles dicht am Fuß über längere Strecken und am Gegner vorbei. Ballbeherrschung ist dabei Voraussetzung.

Dribbling, englisch: Dribbeln. →Dribbeln.

Dropkick, englisch: Tropfenschuß, Schlag gegen einen Ball kurz nachdem er vom Boden aufspringt.

E

Eckball, Schuß vom Schnittpunkt der Seiten- und Torauslinie, wenn der Ball von einem Spieler über die eigene Torauslinie geschlagen wurde. Beim Eckball müssen die Gegner 9,15 m vom Ball stehen. Ein Eckball kann direkt zum Tor führen. Abseitsregel entfällt.

Ecke, →Eckball.

Eckraum, Viertelkreis von 1 Meter Radius am Schnittpunkt von Toraus- und Seitenlinie zum Treten des →Eckballes.

Eckstoß, →Eckball

Effet, Eigendrehung des Balles, beabsichtigte oder unbewußt hervorgerufene Drehung durch Schuß, Stoß oder Schlag. Flugbahn des Balles ist bei Effetschüssen schwer zu berechnen.

Ehrentor, volkstümliche Bezeichnung für das einzige Tor, das die unterlegene Mannschaft erzielt.

Eigentor, ins eigene Tor beförderter Ball, zählt für den Gegner.

Einwurf, einen über die Seitenlinie ins „Aus" gegangenen Ball wieder ins Spiel bringen; Spieler steht hinter der Seitenlinie mit dem Gesicht zum Spielfeld und wirft den Ball mit beiden Händen über den Kopf nach vorn. Es wirft der Spieler jener Mannschaft ein, die den Ball nicht ins „Aus" befördert hat. Einwurf kann nicht direkt zu einem Tor führen. Wie beim →Eckball entfällt auch hier die Abseitsregel.

Elf, volkstümliche Bezeichnung für eine Mannschaft aus elf Spielern.

Elfer, volkstümliche Bezeichnung für einen Strafstoß →Elfmeter.

Elfmeter, häufige Bezeichnung für einen →Strafstoß.

Elfmeterpunkt, elf Meter von der Mitte der Torlinie entfernter Punkt zum Vollzug des →Strafstoßes.

Elfmeterschießen, zusätzliche Möglichkeit, vor allem bei Pokalspielen, ein bei regulärer Spielzeit (inklusive Verlängerung) unentschiedenes Spiel zu entscheiden. Jede Mannschaft darf fünf Elfmeter (oder bis zur Entscheidung) schießen, Schützen verschieden.

Endspiel, das eine Meisterschaft, einen Pokal-Wettbewerb oder ein Turnier beendende Spiel; die Kontrahenten kämpfen um den ersten Platz.

Englische Woche, Bezeichnung für eine Woche mit drei Spielen: Samstag – Mittwoch – Samstag. In England eingeführt (Liga), deshalb der Name, später von anderen Ländern übernommen.

Entscheidungsspiel, wichtiges (eventuell letztes) Spiel um eine Meisterschaft, kann →Endspiel sein, aber auch ein zusätzliches Spiel, um den Sieger zu ermitteln.

Erfolgsprämie, Zahlung an einen Lizenz- oder Vertragsspieler für gute Leistungen, die dem Verein Erfolge bringen.

Ermahnung, belehrender Hinweis des Schiedsrichters auf Regelwidrigkeiten von Spielern, die Ermahnung geht der →Verwarnung voraus.

Ersatzspieler, Spieler, die bei Beginn eines Kampfes nicht in der Mannschaft stehen, aber bei einem Ausfall eingesetzt werden können.

Europäischer Fußball-Verband, →UEFA.

Europameisterschaft, Wettbewerb europäischer Nationalmannschaften.

Europapokal, Wettkampf der europäischen Landesmeister oder Pokalsieger und (1960 und 1964) auch Ländermannschaften.

Exmeister, Meister früherer Jahre, im Augenblick ohne Titel.

F

fair, englische Bezeichnung für ehrlich, anständig, sportlich sauber, einwandfrei und vorbildlich.

Fairneß, sauberes, vorbildliches Verhalten im Sport, auch höchste Tugend im Leben.

Fallrückzieher, Schuß oder Schlag eines Balles mit dem Fuß, wobei der Spieler sich nach hinten fallen läßt und die Aktion meist waagerecht in der Luft liegend vollzieht.

Fan, englische Bezeichnung für einen Sportanhänger. Abkürzung für Fanatic.

Faustabwehr, Wegschlagen des hoch ankommenden Balles durch den Torwart; die Hand ist dabei geschlossen. Die Faustabwehr kann mit einer Hand, aber auch mit beiden Händen erfolgen.

FC, in der Regel Abkürzung für Fußball-Club.

Feldverweis, Ausschluß eines Spielers vom weiteren Wettkampf durch den Schiedsrichter wegen Regelwidrigkeit, unsportlichen Verhaltens, Tätlichkeit, Beleidigung von Spielern, Zuschauern, Schieds- oder Linienrichtern. Der Feldverweis wird angezeigt durch die →rote Karte des Schiedsrichters. Feldverweis zieht eine Sperre nach sich.

FIFA, Abkürzung für Fédération Internationale de Football Association, offizielle Bezeichnung des Internationalen Fußball-Verbandes. Die FIFA wurde 1904 in Paris gegründet, hat heute ihren Sitz in Zürich. 1992 gehörten der FIFA 168 nationale Verbände an; in cirka 230 000 Clubs sind rund 120 Millionen Spieler registriert. Sie ist für alle sportpolitischen wie organisatorischen Vorgänge im Weltfußball (Weltmeisterschaften, Olympische Spiele mit allen Ausscheidungen, Kontinentspiele und supranationale Begegnungen) verantwortlich.

FIFA-Auswahl, Mannschaft der Internationalen Fußball-Verbandes, bestehend aus Spielern verschiedener Länder (→Weltauswahl).

FIFA World Cup, offizielle (englische) Bezeichnung für die Fußball-Weltmeisterschaft.

Finale, →Endspiel.

Flachpaß, schnell und flach über dem Boden zugespielter Ball.

Flanke, linke oder rechte Seite der Angriffsreihe einer Mannschaft. Auch Schuß des Balles von der Seitenlinie zur Spielfeldmitte oder in den Torraum.

Flugbahn, Weg (Kurve) eines hoch geschossenen oder getretenen Balles.

Flügelspiel, Kombinationen und Spielaktionen unter Einsatz der Flügel- oder Außenstürmer.

Flügelstürmer, Rechts- oder Linksaußen einer Mannschaft; beide nehmen die äußere Position im Angriff ein.

Flugparade, Sprung eines Torwarts nach dem Ball, der Körper liegt dabei frei in der Luft.

Form, physisches und psychisches Befinden eines Spielers; Leistungszustand einer Mannschaft.

Flutlicht, künstliches Licht im Stadion für Abend- oder Nachtspiele.

Foul, englische Bezeichnung für regelwidriges Spiel, ob absichtlich oder zufällig. Zu unterscheiden sind körperliche Fouls und technische Fouls, wobei die einen dem Gegner gelten, die anderen den Vorschriften und Regeln. Foul kann mit →Freistoß, →Strafstoß und sogar →Feldverweis bestraft werden.

Frauen-Europameisterschaft, erstmals 1984 ausgetragen; Sieger Schweden; 1987 Norwegen; 1989 Deutschland; 1991 Deutschland; 1993 Norwegen.

Frauen-Weltmeisterschaft, wurde erstmals 1991 (in China) ausgetragen. Das Team der USA gewann im Endspiel gegen Norwegen 2:1. Die US-Mannschaft. Harvey, Werden, Bielfield, Hamilton, Hamm, Higgins, Foudy, Lilly, Henrichs, Akers-Stahl, Jennings.

freilaufen, sich ohne Ball vom Gegner lösen, um anspielbar zu sein.

Freilos, kampfloses Vordringen in die nächste Spielrunde, weil die Teilnehmerzahl eine ungerade ist oder sich nicht gleichmäßig aufteilen läßt. →Auslosung.

freistellen, sich vom Gegner lösen und in eine gute Position zur Annahme eines Balles bringen, →freilaufen.

Freistoß, vom Schiedsrichter zu vergebende Mindeststrafe für körperliche oder technische →Fouls. Dem Freistoß geht eine Spielunterbrechung voraus. Die gegnerischen Spieler müssen neun Meter vom Ball entfernt sein. Man unterscheidet direkten Freistoß (Normalfall), der sofort zum Tor führen kann, und indirekten Freistoß, bei dem erst dann ein Tor erzielt werden kann, wenn der Ball vorher noch einmal von einem Spieler berührt wurde.

Freundschaftsspiel, Begegnung zweier Mannschaften auf Grund einer privaten Vereinbarung. Wettkampf außerhalb einer Meisterschaft, doch selbst keine Meisterschaft.

Funktionär, allgemeine Bezeichnung für ehrenamtliche, meist jedoch für bezahlte Helfer im Sport.

Fußabwehr, Abwehr des Balles durch den Torhüter, der dabei nur die Füße zu Hilfe nimmt.

Fußball, bedeutendstes technisches Kampfspiel und populärste Mannschaftssportart der Welt. Sprunghafte Entwicklung seit 1920. Mannschaft mit elf Spielern, Torwertung. Meisterschaft (Liga) mit Punktwertung: Sieg zwei Punkte, Unentschieden ein Punkt, Niederlage null Punkte. Pokal mit Ausscheidungssystem (→ausscheiden, →K.o.-System). Spielfeldmaße →Spielfeld. Metermaße →Tor. Der Spieler darf den Ball mit dem ganzen Körper außer Armen und Händen bewegen. Der Torwart darf auch die Hände benutzen. Fußball ist eine olympische Sportart (→Amateur). Weltmeisterschaften gibt es seit 1930; sie sind heute praktisch ganz den Professionals vorbehalten, auch wenn es in den meisten sozialistischen Ländern offiziell keine bezahlten Spieler gibt. Weltklasse-Fußballspieler können bis 20 Millionen Mark kosten, doch fällt nur ein kleiner Teil der →Ablösesumme dem Spieler selbst zu. Der Weltverband im Fußball ist die FIFA, die Fédération Internationale de Football Association. Im Fußball gibt es den stärksten internationalen Spielverkehr, zahlreiche internationale Meisterschaften, Welt- und Europapokal, Europa- und Welt-Jugendturniere, Mitropa- und Alpenpokal etc. – Beim Spiel wird der Ball vornehmlich getreten, aber auch geschoben, gestoßen, geschlagen und geköpft. Ziel des Spiels ist, den Ball möglichst oft ins gegnerische →Tor zu bringen. Die Zahl der Fußballspieler in der Welt wird auf über 45 Millionen geschätzt. Nur im Basketball und Volleyball (je 65 Millionen Aktive, vor allem durch China) werden mehr Aktive registriert.

Fußballer des Jahres, auf Grund von Rundfragen, Umfragen und Wahlen zum besten oder populärsten Spieler bestimmter Aktiver eines Landes, eines Kontinents oder sogar der Welt.

Europäische Fußballspieler des Jahres: 1956 Stan Matthews (England), 1957 Alfredo Di Stefano (Spanien), 1958 Raymond Kopa (Frankreich), 1959 Di Stefano, 1960 Luis Suarez (Spanien), 1961 Omar Sivori (Italien), 1962 Josef Masopust (CSSR), 1963 Lew Jaschin (UdSSR), 1964 Denis Law (Schottland), 1965 Eusebio (Portugal), 1966 Bobby Charlton (England), 1967 Florian Albert (Ungarn), 1968 George Best (Nordirland), 1969 Gianni Rivera (Italien), 1970 Gerd Müller (Deutschland), 1971 Johan Cruyff (Niederlande), 1972 Franz Beckenbauer (Deutschland), 1973 Cruyff, 1974 Cruyff, 1975 Oleg Blochin (UdSSR), 1976 Beckenbauer, 1977 Allan Simonsen (Dänemark), 1978 Kevin Keegan (England), 1979 Keegan, 1980 Karl-Heinz Rummenigge (Deutschland, 1981 Rummenigge, 1982 Paolo Rossi (Italien), 1983 Michel Platini (Frankreich), 1984 Platini, 1985 Platini, 1986 Igor Belanow (UdSSR), 1987 Ruud Gullit (Niederlande), 1988 Marco van Basten (Niederlande), 1989 Marco van Basten, 1990 Lothar Matthäus (Deutschland), 1991 Jean Pierre Papin (Frankreich), 1992 Marco van Basten (Niederlande).

Fußballtoto, Sportwette auf dem Gebiet des Fußballs (erstmals 1921 in England); Ergebnisse (Sieg, Niederlage oder Unentschieden) müssen vorausgesagt werden. In Deutschland Jahresumsätze im Toto bis zu 250 Millionen. Höchstgewinne in einem Gewinnrang auf 500 000 DM begrenzt. →Toto.

Fußball-Weltmeisterschaft, bedeutsamste internationale Konkurrenz im Weltfußball, für Ländermannschaften →Coupe Jules Rimet.

FV, in der Regel Abkürzung für Fußball-Verein.

G

Gasse, freier Spielraum, durch den der Ball ungehindert einem eigenen Spieler zugeschoben werden kann.

Gegenstoß, aus der Abwehr oder der Bedrängnis heraus geführter Angriff, der Entlastung bringt.

Gegenzug, →Gegenstoß.

Gelbe Karte, optisches Zeichen des Schiedsrichters, das →Verwarnung bedeutet.

gestrecktes Bein, verbotene Beinhaltung (durchgedrücktes Knie, steifes Bein) beim Angriff auf den Gegner; führt oft zu Verletzungen des Kontrahenten.

Goal, englisch: →Tor.

Goalgetter, englisch: →Torjäger, Tormacher; Spieler, der viele Tore schießt.

Goalkeeper, englisch: →Torhüter.

Gruppenspiel, Wettkampf innerhalb einer Gruppe (→Auslosung). Die Sieger kommen weiter.

H

Hackentrick, Schlag gegen den Ball mit der Ferse oder dem Absatz.

Halbfinale, →Vorschlußrunde, vorletzte Runde eines Turniers; noch vier Mannschaften im Wettbewerb. Die Sieger des Halbfinales kommen in das →Finale.

halblinks, Position eines Stürmers vom eigenen Torwart aus gesehen.

halbrechts, Position eines Stürmers vom eigenen Torwart aus gesehen.

Halbstürmer, Stürmer im →WM-System auf halblinker oder halbrechter Position, zu seiten des →Mittelstürmers.

Halbzeit, zehnminütige Pause zwischen den beiden Spielzeiten (je 45 Minuten bei den Senioren), wird auch als eine Spielzeit von 45 Minuten verstanden.

Hallen-Fußball, Fußball in der Halle: Mannschaften (meist in leichten Schuhen, Turnschuhen) mit sechs oder sieben Spielern, seit 1967 üblich. Die erste Weltmeisterschaft wurde 1989 in den Niederlanden ausgetragen; Sieger: Brasilien (2:1 über die Niederlande). Weltmeister 1992: Brasilien.

Halves, englischer Ausdruck (Mehrzahl) für Läufer.

Handgeld, an einen Spieler gezahltes Honorar bei Vereinswechsel.

Handspiel, verbotenes Spielen des Balles mit der Hand oder dem Arm (einschließlich Oberarm); nur der →Torhüter darf den Ball, und dies auch nur im Tor- und Strafraum, mit der Hand aufnehmen.

Hartplatz. Spielfeld mit fester oder rauher Bodenfläche (Sand, Schlacken).

Hat-trick, englisch: Drei von einem Spieler hintereinander geschossene Tore innerhalb einer Halbzeit. Serie darf nicht durch ein gegnerisches Tor unterbrochen werden.

Hechtsprung, →Flugparade des Torhüters, wobei der Körper waagerecht in der Luft liegt.

Heimspiel, Spiel auf eigenem Platz oder im Heimatort.

Hinausstellung, einen Spieler wegen Verstoßes gegen die Regeln des Spielfeldes verweisen. →Feldverweis.

Hintermannschaft, volkstümliche Bezeichnung für die Abwehr einer Mannschaft.

I

Indirekter Freistoß, →Freistoß.

Innenpfosten, dem Inneren des Tores zugeneigte Seite des Pfostens. Bälle können vom Innenpfosten ins Tor prallen, aber auch ins Feld zurückspringen.

Innen-Spann, →Spann.

Innensturm, →Innentrio.

Innentrio, Bezeichnung für den Mittelstürmer und die beiden Halbstürmer. Zentrum des Angriffs im alten →WM-System.

Interamerikanischer Cup (Copa Interamericana). Wird seit 1968 in oft unregelmäßiger Folge zwischen dem Meister-Cup-Sieger Südamerikas und dem Meister-Cup-Sieger von Nord- und Zentralamerika ausgetragen. Sieger: 1968 Estudiantes L. P. (Argentinien), 1971 Nacional de Montevideo (Uruguay), 1972 Independiente (Argentinien), 1973 Independiente (Argentinien), 1975 Independiente (Argentinien), 1977 America (Mexiko), 1979 Olimpia (Paraguay), 1980 U. N. A. M. (Mexiko), 1985 Argentinos Juniors (Argentinien), 1986 River Plate (Argentinien), 1988 Nacional de Montevideo (Uruguay). 1989 Nacional de Medellin (Kolumbien), 1990 America (Mexiko), 1992 Colo Colo (Chile).

Internationaler, volkstümliche Bezeichnung für einen →Nationalspieler.

Intertoto-Runde, internationaler Wettbewerb des →Fußballtotos zur Überbrückung der in zahlreichen Ländern spiellosen Sommerzeit (keine Meisterschaftswettbewerbe).

J

Jugend-Weltmeisterschaft, von der FIFA organisiertes Turnier für Jugendspieler, die am 1. Januar des Turnierjahres mindestens 16, aber nicht älter als 19 Jahre sind. Trägt den offiziellen Namen „FIFA World Youth Tournament for the CocaCola Cup". Sieger: 1977 UdSSR, 1979 Argentinien, 1981 Deutschland, 1983 Brasilien, 1985 Brasilien. Seit 1985 gibt es ein Weltturnier für Junioren „unter 16". Sieger: 1985 Nigeria, 1987 UdSSR, 1989 Saudi-Arabien, 1991 Ghana, 1993 Nigeria.

Junioren-Europameisterschaft, von der →UEFA organisierte Junioren-Wettbewerbe für verschiedene Altersgruppen. Ursprünglich für Spieler „unter 23", seit 1976 ist die Altersgrenze auf „unter 21" herabgesetzt. Seit 1981 gibt es an Stelle des UEFA-Jugendturniers die Europa-Meisterschaft „U 18". Sieger der Europa-Meisterschaft „U 23 bzw. U 21": 1972 CSSR, 1974 Ungarn, 1976 UdSSR, 1978 Jugoslawien, 1980 UdSSR. 1982 England, 1984 England, 1986 Spanien, 1988 Frankreich. Europameister „U 18": 1981 Deutschland, 1982 Schottland, 1983 Frankreich, 1984 Ungarn, 1986 DDR, 1988 Sowjetunion, 1990 Sowjetunion, 1992 Italien.

Junioren-Weltmeisterschaft „U 20", FIFA-Wettbewerb für Auswahl-Mannschaften mit Spielern bis zu 20 Jahren. Sieger: 1977 Sowjetunion, 1979 Argentinien, 1981 Deutschland, 1983 Brasilien, 1985 Brasilien, 1987 Jugoslawien, 1989 Portugal, 1991 Portugal, 1993 Brasilien.

K

Kapitän, Spielführer und Sprecher einer Mannschaft, durch Armbinde besonders gekennzeichnet. Er trifft die Platzwahl und verhandelt gegebenenfalls mit dem Schiedsrichter. In Deutschland auch Mannschaftsführer genannt.

Keeper, englisch, Abkürzung für Goalkeeper, Torhüter.

Kerze, steil aufsteigender Ball, meist verunglückter Schlag.

Kick, aus dem Englischen übernommener Begriff für einen leichten Tritt oder Stoß mit der Fußspitze gegen den Ball.

kick-and-rush, englisch: treten-und-laufen, Begriff für ein eher planloses Spiel mit zufälligen Angriffen. Gemeint ist meist, daß der Ball nach vorne geschlagen wird und die Spieler ihm nachlaufen.

Kick-off, englisch: →Anstoß.

klären, in einer gefährlichen Situation einen Ball aus der Spielzone bringen.

Knieschützer, Bandagen zum Schutz des Knies, früher häufig von den Torhütern getragen, als die Spielfelder noch vorwiegend →Hartplätze waren.

Kombination, Aneinanderreihen von Spielzügen, Zusammenspiel einer Mannschaft oder eines Mannschaftsteils, geschicktes Ballwechseln.

Kondition, physische Leistungsfähigkeit eines Aktiven, Ausdauer, allgemeine körperliche Verfassung.

Konter, →Gegenstoß; aus der Abwehr heraus geführter Gegenangriff.

kontern, einen →Gegenstoß (aus-)führen.

Kopfball, ein mit dem Kopf gespielter Ball. Kopfball soll mit der Stirn ausgeführt werden.

Kopfstoß, →Kopfball.

Körpereinsatz, betont physisches, körperliches Spiel, von robusten Typen bevorzugt; im Fußball im Gegensatz zu anderen Mannschaftssportarten nur begrenzt erlaubt.

körperloses Spiel, Spiel (mit oder ohne Ball) unter Vermeidung des körperlichen Einsatzes und körperlichen Kontaktes mit dem Gegner.

K.o.-System, Spielrunde, bei der der Verlierer ausscheidet und nur der Sieger eine Runde weiterkommt. K.o.: englisch knock out, niederschlagen, ausschalten.

kreiseln, Kombinationsspiel, bei dem der Ball in wechselnden Richtungen über das Feld getrieben wird; den Gegner verwirrendes Spiel, das in den dreißiger Jahren vor allem von Schalke 04 beherrscht wurde.

Kreisklasse, niedrigste Spielklasse in Deutschland.

L

Ländermannschaft, von einem nationalen Verband aufgestellte Mannschaft mit Spielern aus verschiedenen Vereinen. Die Möglichkeit, daß ein Klub die Ländermannschaft stellt, ist gering. →Nationalmannschaft.

Länderspiel, Spiel zweier →Ländermannschaften oder →Nationalmannschaften. Das erste Fußball-Länderspiel fand 1872 in Glasgow zwischen Schottland und England (0:0) statt.

Landesliga, höchste, in manchen Gegenden Deutschlands auch nur zweithöchste Spielklasse der Amateure.

Landesmeisterschaft, offizieller Wettkampf um den höchsten nationalen Titel. In Deutschland: →Bundesliga; in Österreich →Bundesliga; in der Schweiz →Nationalliga A.

Landesverband, regionale oder nationale Organisation, zeichnet für den betreffenden Bereich für die Organisation des Fußballs verantwortlich.

Latte, obere Begrenzung des Tores.

Lattenkreuz, Schnittpunkt von Torpfosten und Torlatte.

Lattenschuß, Balltreffer gegen die obere Begrenzung des Tores.

Läufer, mannschaftliches Bindeglied zwischen den Verteidigern und Stürmern, im alten →WM-System die sogenannten Aufbauspieler.

Läuferreihe, Mannschaftsteil im alten →WM-System, aus den drei Läufern bestehend.

Leder, volkstümliche Bezeichnung für den Ball.

Libero, italienisch: freier Mann. Abwehrspieler ohne direkte Bindung an einen Gegenspieler. Soll gefährliche Situationen im Strafraum bereinigen, sich aber auch in den Angriff einschalten, wenn es die Lage erlaubt oder erfordert. Der Libero ist eine moderne taktische Variante.

Liga, allgemeine Bezeichnung für eine Klasse im Fußball.

Linienrichter, Assistenten des Schiedsrichters an den Seitenlinien des Spielfeldes. Sie signalisieren Ausball, Einwurf, Abstoß, Eckball und Abseits. Der Schiedsrichter kann ihre Entscheidungen ablehnen. In den letzten Jahren hat der Linienrichter an Bedeutung gewonnen.

Lizenzspieler, in Deutschland Spieler der →Bundesliga. Sie besitzen die Erlaubnis für einen Klub, der sie bezahlt, zu spielen. Lizenzspieler dürfen, wenn der Verein es erlaubt, noch einen anderen Beruf ausüben. Der Lizenzspieler ist Angestellter des Klubs; sein Grundgehalt unterliegt keiner Beschränkung. Er kann zu seinen festen monatlichen Bezügen →Handgeld bei Vereinswechsel, →Treueprämie bei längerer Vereinszugehörigkeit sowie →Erfolgs- oder →Siegprämien bei Erfolgen oder Siegen des Vereins erhalten.

Lokalderby, Spiel zweier benachbarter Mannschaften, die meist aus derselben Stadt oder demselben Ort kommen.

M

Manager, Geschäftsführer im bezahlten Fußball, in der Regel vom Verein bestellt; kann allgemein für den Klub arbeiten, doch auch speziell für die erste Mannschaft des Vereins. Sein Aufgabenbereich ist nicht scharf abgegrenzt. Ein Manager kann sich ebenso nur um die Spieler kümmern wie auch nur um die Organisation.

Manndeckung, angeordnetes, konsequentes Deckungsspiel Mann gegen Mann, jeder Spieler hat einen Gegenspieler. Der Kontrahent soll schon bei der Ballannahme durch körperliches Spiel gestört werden.

Mannschaft, Gruppe von Wettkämpfern, im Fußball elf Spieler, dazu kommen die Ersatzleute.

Mannschaftsaufstellung, Angabe der einzelnen Positionen und ihre Besetzung, fest nominierte Aufstellung einer Mannschaft.

Mannschaftsführer, berufener oder gewählter Sprecher (→Kapitän) einer Mannschaft. Nur der Mannschaftsführer darf sich mit dem Schiedsrichter unterhalten, wenn es die Situation erfordert.

markieren, einen Gegenspieler bewachen und decken.

Match, englisch: Spiel im Sinne von sportlichem Wettkampf.

Mauer, von Spielern gebildete Kette zur Sicherung des Tores bei Freistößen.

mauern, durch übertriebene Defensive Tore des Gegners zu verhindern versuchen.

Meisterschaft, Wettkampf und Sieg (Gewinn) in einer offiziellen Runde. Gewinn eines offiziellen Titels.

Meldetermin, festgelegte Frist eines Veranstalters zur Teilnahmemeldung.

Meldung, offizielle Teilnahmezusage für einen Wettkampf, →Anmeldung, →Meldetermin.

Meniskus, Knorpelfaserscheibe im Kniegelenk. Riß der Ansatzbänder dieser Scheibe führt zu schweren, aber oft operablen Verletzungen.

Mitropa Cup, ältester internationaler Pokalwettbewerb, gespielt von mitteleuropäischen Mannschaften seit 1927.

Mittelfeldspieler, Spieler einer Mannschaft, der die Verbindung zwischen Sturm und Abwehr herstellt, im →WM-System der →Läufer.

Mittelläufer, Spieler im Zentrum der Läuferreihe.

Mittellinie, Trennlinie des Fußballfeldes, teilt das Feld in zwei gleiche Hälften.

Mittelstürmer, der in der Mitte der Sturmreihe oder des Angriffs postierte Spieler, gilt generell als Sturmspitze.

Mittelverteidiger, im Zentrum der Abwehr spielender Verteidiger, auch der →Ausputzer, →Stopper und in der modernen Variante der →Libero.

Motivation, Beweggründe zur sportlichen Betätigung und Hinwendung zum Leistungssport.

N

Nachschuß, Tritt oder Schlag gegen einen Ball, der vom Gegner (Torwart), von der Latte oder vom Pfosten abspringt.

Nachspielen, Verlängerung eines Wettkampfes über die normale Spielzeit hinaus (nach 90 Minuten bzw. nach der Verlängerung) wegen während des Spiels aufgetretener Verzögerungen. Ermessensfrage des Schiedsrichters.

Nationalelf, volkstümliche Bezeichnung für eine →Nationalmannschaft.

Nationalmannschaft, von einem nationalen Verband aus den besten Spielern des Landes zusammengestellte Auswahl zur Repräsentation des Landes bei →Länderspielen. Deutschland bestritt von 1908 bis Ende 1983 insgesamt 492 Länderspiele.

Nationalspieler, Aktiver, der wenigstens einmal in einer →Nationalmannschaft eingesetzt worden ist.

Notbremse, volkstümliche Bezeichnung für Stoppen oder Halten eines durchgebrochenen Gegners mit unfairen, reglementwidrigen Mitteln.

O

Obmann, Vereins- oder Verbandsfunktionär, der für einen bestimmten Bereich (Mannschaft, Klasse, Jugend, erste Mannschaft, AH) verantwortlich ist. Meist der Verbindungsmann von den Aktiven zum Vorstand des Vereins.

OFC, Oceania Football Confederation; Vereinigung der acht nationalen Fußballverbände Ozeaniens.

Offensive, allg. Bezeichnung für Angriffsspiel, taktische Maßnahme, durch ständige Angriffe einen Gegner einschnüren.

Olympisches Fußballturnier, im Rahmen Olympischer Spiele ausgetragenes Fußballturnier mit Amateur-Ländermannschaften seit 1900.

Olympiasieger im Fußball: 1900 Paris: Großbritannien; 1904 St. Louis: Kanada; 1908 London: Großbritannien; 1912 Stockholm: Großbritannien; 1920 Antwerpen: Belgien; 1924 Paris: Uruguay; 1928 Amsterdam: Uruguay; 1936 Berlin: Italien; 1948 London: Schweden; 1952 Helsinki: Ungarn; 1956 Melbourne: Sowjetunion; 1960 Rom: Jugoslawien; 1964 Tokio: Ungarn; 1968 Mexico City: Ungarn; 1972 München: Polen; 1976 Montreal: DDR; 1980 Moskau: CSSR; 1984 Los Angeles: Frankreich; 1988 Seoul: Sowjetunion; 1992 Barcelona: Spanien.

P

Papierform, aufgrund früherer Leistungen „auf dem Papier“ errechnete Form eines Spielers oder einer Mannschaft.

Parade, allgemeine Bezeichnung für die Abwehrmaßnahme eines Torwarts.

Paß, Weiterleiten eines Balles zu einem Mitspieler, →Zuspiel.

Pause, →Halbzeit.

Penalty, englisch: Strafe, →Strafstoß.

pfeifen, akustisches Signal des Schiedsrichters bei einer Spielunterbrechung.

Pflichtspiel, →Punktspiel.

Pfosten, →Torpfosten.

Pfostenschuß, Balltreffer an die seitliche Begrenzung des Tores, Ball springt ins Feld zurück oder ins „Aus“, in der Regel kein Tor. Bei einem Tor nach einem Pfostenschuß spricht man von einem Balltreffer an den →Innenpfosten.

placieren, einen Ball in die gewünschte Richtung schlagen, mit einem Tritt oder Schuß den Ball in ein Ziel stoßen. Auch: einen Platz in einer Meisterschaft einnehmen.

Platzordner, vom gastgebenden Verein beauftragtes Personal zur Aufrechterhaltung der Ordnung bei Spielen und Turnieren.

Platzsperre, von einem Gericht des Verbandes angeordnete Strafe für den gastgebenden Verein, die es ihm verbietet, in der Folge ein Spiel oder mehrere Spiele auf eigenem Platz auszutragen. Maßnahme als Folge von Ausschreitungen der Zuschauer, sportliche Regelwidrigkeiten des Gastgeberklubs, Angriffe auf den Schiedsrichter.

Platzverweis, →Feldverweis.

Pokal, volkstümliche Abkürzung für die Pokalmeisterschaft oder Pokalrunde in Deutschland (→DFB-Vereinspokal, →Amateur-Länderpokal). Auch: sportlicher Siegespreis.

Pokalspiel, Wettkampf, der nicht als Punktspiel geführt wird; Pokalspiele laufen parallel und unabhängig zur Meisterschaft.

Pokalsystem, Wettkampfart, bei der der Verlierer ausscheidet und nur der Gewinner weiterkommt, →K.o.-System, →Ausscheidungssystem.

Prämie, im bezahlten Fußball übliche Sonderzahlung für Siege oder sogar schon Unentschieden, Pokalgewinne, Meisterschaft, manchmal auch für gute Leistungen eines einzelnen Spielers. →Erfolgsprämie, →Siegesprämie, →Treueprämie.

Preßschlag, gleichzeitiges und gleich kräftiges Schlagen oder Treten zweier Spieler gegen den Ball.

Professional, englisch: Berufsspieler, Berufsfußball.

Profi, deutsche Kurzform für das englische Wort Professional (Berufsspieler).

Punkt, Wertungseinheit im Fußball, bei allen Meisterschaften (einschließlich von Turnieren): null Punkte bei Niederlagen, ein Punkt bei Unentschieden, zwei Punkte bei Siegen.

Punktabzug, Aberkennung von gewonnenen Punkten wegen Verstoßes gegen die allgemeinen Bestimmungen und Regeln, erwiesenen Bestechungen (→Bundesligaskandal) und anderen Vergehen. Häufiges Vergehen ist der Einsatz nicht spielberechtigter Aktiver.

Punktspiel, Spiel um Punkte im Rahmen einer Meisterschaft; generell ein Meisterschaftsspiel (Gruppenspiel bei internationalen Turnieren).

Q

Qualifikation, Nachweis der Befähigung, Erbringen einer Mindestleistung, Erreichen eines Limits.

Qualifikationsspiel, Spiel um die Zulassung zu einem bestimmten Wettbewerb.

Querlatte, →Latte.

Querpaß, Ballabgabe zum Mitspieler quer zur Torrichtung über das Spielfeld; →Zuspiel.

Quote, Gewinnsumme im →Toto.

R

Rasenplatz, Spielfeld mit Rasen.

Raumdeckung, taktische Abwehrmaßnahme im Gegensatz zur →Manndeckung; Bewachung, Beobachtung und Kontrolle von Spielfeldabschnitten.

Rechtsaußen, Stürmer in der äußersten rechten Position vom Torwart aus gesehen.

Referee, englisch: →Schiedsrichter.

Reflex, meist unbewußte körperliche Reaktion auf die Aktion eines Gegners, beispielsweise Torwartparade bei einem Schuß aus kurzer Entfernung.

Regisseur, allgemeine Bezeichnung für einen Spieler, der das Spiel seiner Mannschaft bestimmt, von ihm gehen die Ideen aus.

Remis, französisch: →Unentschieden.

Repräsentativ-Mannschaft, →Auswahlmannschaft.

Reserve, volkstümliche Bezeichnung für eine Mannschaft eines Vereins, die beliebig eingesetzt werden kann, manchmal auch die zweitbeste Elf des Klubs.

Reservespieler, →Ersatzspieler.

Riegel, eine Art der schematischen Verteidigung, bei der dem angreifenden Gegner immer wieder ein Riegel, eine schräg gestaffelte Abwehr entgegengestellt wird, →Schweizer Riegel.

Rist, Innen- oder Außenseite des Fußrückens →Spann.

Robinsonade, nach dem englischen Torhüter John Robinson genannte →Parade (Flugsprung, Hechtsprung). Robinson war der erste Torhüter der Welt, der sich kopfüber ins Getümmel stürzte.

Rochade, Wechsel der Positionen auf dem Spielfeld.

rochieren, →Rochade.

Roller, über den Boden rollender, kraftloser Ball, meist Folge eines schwachen oder verunglückten Schusses.

Rote Karte, optisches Zeichen des Schiedsrichters; bedeutet →Feldverweis für den Spieler, dem sie gezeigt wird. →Gelbe Karte.

Rückgabe, Zuspiel des Balles zum eigenen Torwart.

Rückspiel, zweites Spiel zweier Mannschaften in einer Meisterschaftsrunde, →Vorspiel.

Runde, Bezeichnung für eine in sich abgeschlossene Spielserie in einem Turnier; →Pokalsystem.

S

Scherenschlag, Schlag gegen den Ball, bei dem der Spieler hochspringt, mit dem Absprungbein gegen den Ball tritt und das andere Bein als Gegenschwung einsetzt. Im Bereich der Artistik angesiedelter Balltritt. Als „Erfinder" des Scherenschlags gilt der Italiener Umberto Caligaris (1901–1940).

Schiedsrichter, unparteiischer Leiter eines Fußballspiels, der alle Entscheidungen allein (oder mit Hilfe der →Linienrichter) treffen kann; seine Entscheidungen sind unumstößlich (→Tatsachenentscheidung). Seine Machtbefugnisse beginnen mit dem Augenblick des →Anpfiffs. Er kann auch Strafen verhängen, wenn das Spiel unterbrochen und der Ball aus dem Spielfeld ist. Die Regeln wollen es, daß er von einer Strafe abzusehen hat, wenn er dadurch der die Regel übertretenden Mannschaft einen Vorteil verschafft (→Vorteilregel). Er muß sich Aufzeichnungen über das Spiel machen und verwarnte und des Feldes verwiesene Spieler seiner Behörde melden. Nur er kann anderen Personen als den Spielern beider Mannschaften und den beiden Linienrichtern das Betreten des Spielfeldes gestatten, beispielsweise den Trainern und Helfern einer Mannschaft.

Schiedsrichterball, einen Ball wieder ins Spiel bringen, nachdem dieses weder durch einen Regelverstoß noch durch einen Ausball unterbrochen worden ist. Der Schiedsrichter läßt den Ball aus Brusthöhe zu Boden fallen.

Schiedsrichterzeichen, optische Signale (Handzeichen) für die Spieler; auch: →Gelbe Karte, →Rote Karte.

Schienbeinschützer, durch Kunststoffstangen verstärkte Gamasche, die zum Schutz des empfindlichen Schienbeins um das Bein gelegt wird. Wurde 1874 von dem englischen Nationalspieler Sam Widdowson (Nottingham) „erfunden". →Spielkleidung.

Schlenzball, ein durch besondere Fußdrehung mit →Effet gespielter Ball.

Schweizer Riegel, von dem Österreicher Karl Rappan in der Schweiz entwickelte taktische Abwehrmaßnahme, bei der sich die Verteidiger einer Mannschaft schräg staffeln. →Riegel.

Seitenlinie, seitliche Begrenzung des Spielfeldes, Längsseite des Feldes.

Seitenrichter, →Linienrichter.

Seitenwahl, Recht des Spielführers einer Mannschaft, die Spielrichtung zu Beginn des Spiels zu bestimmen. Die Seitenwahl erfolgt im Einvernehmen beider Spielführer mit dem Schiedsrichter. Der Schiedsrichter läßt das Los entscheiden. Der Verlierer der Seitenwahl hat das Recht zum →Anstoß. Der Kapitän berücksichtigt bei der Seitenwahl Windverhältnisse und Stand der Sonne.

Seitenwechsel, Tausch der Spielfeldhälften durch die beiden Mannschaften nach der →Pause.

Selbsttor, →Eigentor.

Semifinale, →Halbfinale, →Vorschlußrunde.

Setzen, Mannschaften werden nach ihrer Spielstärke bestimmten Gruppen zugeteilt, um zu vermeiden, daß bei Turnieren oder der Qualifikation für internationale Meisterschaften die stärksten Mannschaften sofort aufeinandertreffen. Eine Setzliste widerspricht nicht dem Losprinzip, ist aber gerechter.

Setzliste, →Setzen.

Siegprämie, Sonderhonorar für Spieler nach Siegen einer Mannschaft. Die Prämie wird oft vorher bekanntgegeben.

Sliding Tackling. Angriff auf den Gegner durch Hineingrätschen, wobei versucht wird, den Ball wegzuschlagen. →Tackling.

Soccer, englische, vor allem in den USA gebräuchliche Bezeichnung für das Fußballspiel.

Solo, →Alleingang.

Sommerfußball, volkstümliche Bezeichnung für lustlose, wenig attraktive Spielweise.

Sommerpause, spielfreier Monat im Sommer. →Spielpause.

Spann, Fußrücken. Man unterscheidet Außen-Spann, Innen-Spann und Voll-Spann. Als Voll-Spann wird die obere Fläche des Fußrückens bezeichnet. →Spann-Stoß.

Spann-Stoß, Schuß mit dem Spann. Der Ball wird mit dem Außen-Spann, Innen-Spann oder Voll-Spann gespielt.

Sperre, gegen einen Spieler oder eine Mannschaft verhängtes, befristetes Spielverbot.

sperren, einen Gegner daran hindern, in Ballbesitz zu kommen. Sperren ohne Ball ist verboten und wird durch →Freistoß geahndet.

Sperren ohne Ball, →sperren.

Spielabbruch, →Abbruch.

Spielberechtigung, Erlaubnis und Recht eines Spielers, an Wettkämpfen teilzunehmen. In Deutschland bedeutet dies, daß ein Bundesligaspieler eine Lizenz, ein Amateurspieler einen Spielerpaß haben muß.

Spieldauer, →Spielzeit.

Spieleraustausch, erlaubte Herausnahme eines Spielers aus dem Wettkampf und Hereinnahme eines Reservespielers. Der Austausch kann nach einem Leistungsabfall und nach einer Verletzung erfolgen. Oft auch eine taktische Maßnahme.

Spielerbank, Sitzgelegenheit am Rande des Spielfeldes für die Ersatz- oder Reserve-Spieler, den Trainer sowie die Betreuer der Mannschaft.

Spielerpaß, Ausweis für einen Spieler, der zur Teilnahme an Wettkämpfen berechtigt, zugleich Identitätskarte. Der Spielerpaß wird alljährlich erneuert und von der übergeordneten Behörde geprüft.

Spielfeld, Wettkampfstätte im Fußball, in der Regel 70 × 105 m, jedoch variabel (Breite 45 bis 90 m, Länge 90 bis 120 m), soll kein Gefälle und muß in den oberen Klassen eine Rasenfläche haben.

Spielführer, von der Mannschaft gewählter oder vom Verein oder Trainer bestimmter Sprecher einer Mannschaft, vertritt die Interessen seiner Kameraden nach allen Seiten (Verein, Verband, Trainer, Schiedsrichter). →Kapitän.

Spieljahr, →Saison.

Spielkleidung, vom Verein oder Verband vorgeschriebene Bekleidung während des Spiels: gebundene Hose, kurzärmeliges Trikot, Strümpfe. →Schienbeinschützer gehören nicht zur Kleidung, sind deshalb auch nicht erforderlich.

Spielmacher, →Regisseur.

Spielpause, fußballfreier Monat nach Beendigung einer Meisterschaft; in Deutschland der Monat Juli. →Halbzeit ist mit Spielpause auf keinen Fall gemeint.

Spielregeln, Bestimmungen zur Ausführung eines Spiels.

Spielverbot, →Sperre.

Spielverlängerung, →Verlängerung.

Spielverlust, verlorenes Spiel.

Spielverzögerung, →Verzögerung.

Spielwart, →Obmann.

Spielwertung, Art der Bewertung eines Spiels. →Punkt.

Spielzeit, Dauer eines Spiels, im Fußball zweimal 45 Minuten mit 10- bis 15minütiger Pause, Verlängerung zweimal 15 Minuten. Mit Spielzeit kann auch die Dauer einer Meisterschaft gemeint sein. →Saison, →Spielpause.

Spitzenreiter, Tabellenführer, beste Mannschaft im Klassement.

Sportgericht, juristische Selbstverwaltung des Sports, verschiedene Instanzen, Berufungsmöglichkeit.

Steilpaß, →raumüberwindendes Zuspiel zum Mitspieler über mehrere Gegner hinweg oder an mehreren Gegnern vorbei; oft hoch, aber immer weit und nach vorne gespielter Ball.

Steilvorlage, →Steilpaß.

Stellungsspiel, geschickte Positionseinnahme einer Mannschaft (oder eines Spielers) zum Bewachen und Decken des Gegners, blindes Verstehen der einzelnen Spieler untereinander. Richtiges Stehen zum Gegner und zum Ball. Beim Torwart macht sich gutes Stellungsspiel bemerkbar, wenn er meist da steht, wo der Ball hinkommt.

Stopper, Bezeichnung für den →Mittelläufer im →WM-System.

Stoppuhr, Zeitmeßgerät für den Schiedsrichter.

Strafraum, Teil des Spielfeldes vor einem Tor; reicht von jedem Torpfosten 16,50 m weit die Torlinie entlang und von dort in einem Winkel von 90 Grad auch 16,50 m tief ins Feld. Regelwidrigkeiten im Strafraum werden mit einem →Strafstoß geahndet.

Strafstoß, Strafe nach einer Regelwidrigkeit im →Strafraum, vor allem Rempeln, Handspiel, unfaires Angehen des Torhüters. Der Strafstoß wird von einem Spieler allein gegen den Torwart von der →Strafstoßmarke aus ausgeführt. Springt ein beim Strafstoß geschossener Ball vom Posten oder der Querlatte zurück oder wird er vom Torwart nur abgeklatscht, kann er im →Nachschuß verwandelt werden. Ein Strafstoß muß auch dann noch ausgeführt werden, wenn die Spielzeit bereits abgelaufen ist.

Strafstoßmarke, Markierung im →Strafraum, elf Meter vom Mittelpunkt der Torlinie entfernt, von hier wird der →Strafstoß getreten (→Elfmeter).

Sturm, volkstümliche Bezeichnung für die Angriffsspieler (Stürmer).

Stürmer, Angriffsspieler.

Sturmreihe, Reihe der Angriffsspieler im →WM-System.

Sturmspitzen, besonders weit vorne agierende Stürmer einer Mannschaft.

Subtraktionsverfahren, mathematisches Verfahren zur Ermittlung der Klassifizierung einer Mannschaft bei Punktgleichheit mit einer anderen Mannschaft. Die erhaltenen Tore werden von den erzielten Toren abgezogen. Man erhält die →Tordifferenz; höhere Differenz = besserer Platz. Im Gegensatz dazu steht das Divisionsverfahren.

Südamerika-Meisterschaft (Copa America); südamerikanischer Meisterschaftswettbewerb für Nationalmannschaften. Wurde erstmals 1916 und seitdem oft in unregelmäßigen Abständen ausgetragen. Die Sieger: 1916 in Argentinien: Uruguay; 1917 in Uruguay: Uruguay; 1919 in Brasilien: Brasilien; 1920 in Chile: Uruguay; 1921 in Argentinien: Argentinien; 1922 in Brasilien: Brasilien; 1923 in Uruguay: Uruguay; 1924 in Uruguay: Uruguay; 1925 in Argentinien: Argentinien; 1926 in Chile: Uruguay; 1927 in Peru: Argentinien; 1929 in Argentinien: Argentinien; 1935* in Peru: Uruguay; 1937 in Argentinien: Argentinien; 1939 in Peru: Peru; 1941* in Chile: Argentinien; 1942 in Uruguay: Uruguay; 1945* in Chile: Argentinien; 1946* in Argentinien: Argentinien; 1947 in Ecuador: Argentinien; 1949 in Brasilien: Brasilien; 1953 in Peru: Argentinien; 1955 in Chile: Argentinien; 1956* in Uruguay: Uruguay; 1957 in Peru: Argentinien; 1959* in Argentinien: Argentinien; 1959 in Ecuador: Uruguay; 1963 in Bolivien: Bolivien; 1967 in Uruguay: Uruguay; 1975**: Peru; 1979**: Paraguay; 1983**: Uruguay; 1987 in Argentinien: Uruguay; 1989 in Brasilien: Brasilien; 1991 in Chile: Argentinien; 1993 in Ecuador: Argentinien. (*Die Turniere der Jahre 1935, 1941, 1945, 1946, 1956 und 1959 gelten als sogenannte Extra-Meisterschaften, werden gleichwohl in einer offiziellen Statistik des südamerikanischen Verbandes CSF geführt. **1975, 1979 und 1983 wurde die Meisterschaft nicht als Turnier in einem Land ausgetragen, sondern mit Heim- und Auswärtsspielen der teilnehmenden Ländern)

Südamerika-Pokal, Pokal-Wettbewerb der südamerikanischen Landesmeister. Sieger: 1960 Penarol Montevideo, 1961 Penarol, 1962 FC Santos, 1963 FC Santos, 1964 Independiente Buenos Aires, 1965 Independiente, 1966 Penarol, 1967 Racing Buenos Aires, 1968 Estudiantes Buenos Aires, 1969 Estudiantes, 1970 Estudiantes, 1971 Nacional Montevideo, 1972 Independiente, 1973 Independiente, 1974 Independiente, 1975 Independiente, 1976 Cruzeiro Beb Horizonte, 1977 Boca Juniors Buenos Aires, 1978 Boca Juniors, 1979 Olimpia Asunción, 1980 Nacional, 1981 Flamengo Rio de Janeiro, 1982 Penarol, 1983 Gremio Porto Alegre, 1984 Independiente, 1985 Argentinos Juniors Buenos Aires, 1986 River Plate Buenos Aires, 1987 Penarol Montevideo, 1988 Nacional Montevideo, 1989 Atletica Nacional Medellin, 1990 Olympia Asuncĩon, 1991 Colo Colo, Chile, 1992 FC Saõ Paulo, Brasilien; 1993 FC São Paulo.

Super-Europa-Cup, Begegnung zwischen dem Europapokalsieger der Meister und dem Gewinner des Cup-Sieger-Cups. Sieger: 1972 Ajax Amsterdam, 1973 Ajax Amsterdam, 1974 nicht ausgetragen, 1975 Dynamo Kiew, 1976 RSC Anderlecht, 1977 FC Liverpool, 1978 RSC Anderlecht, 1979 Nottingham Forest, 1980 FC Valencia, 1981 nicht ausgetragen, 1982 Aston Villa, 1983 FC Aberdeen, 1984 Juventus Turin, 1985 ausgefallen, 1986 Steaua Bukarest, 1987 FC Porto, 1988 KV Mechelen, 1989 AC Milan, 1990 AC Milan, 1991 Manchester United, 1992 FC Barcelona.

T

Tabelle, statistische Darstellung des Verlaufs einer Meisterschaft. Rangfolge der Vereine nach gewonnenen Punkten und erzielten und erhaltenen Treffern.

Tackling (englisch: tackle = angreifen oder packen), den Gegner angreifen, um ihm den Ball abzunehmen. →Sliding Tackling.

Taktik, vor dem Spiel festgelegte Maßnahmen unter Berücksichtigung der verschiedenen Möglichkeiten und Erfahrungen. Geschicktes Einstellen auf den Gegner. Rezept für die Ausschöpfung der eigenen Chancen unter Berücksichtigung der Fähigkeiten des Gegners.

Tatsachenentscheidung, eine vom →Schiedsrichter getroffene Entscheidung während des Spiels ist unumstößlich und kann nicht zurückgenommen werden. Schiedsrichter sollen in Zweifelsfällen die →Linienrichter befragen. Die Tatsachenentscheidung ist als Schutz des Schiedsrichters gedacht. Sie dient der Vertiefung seiner Autorität auf dem Spielfeld.

Team, englisch: Mannschaft.

Teamchef, in einigen Ländern, u.a. seit 1984 auch in der Bundesrepublik Deutschland gebräuchliche Bezeichnung für den für die Nationalmannschaft verantwortlichen Betreuer. →Bundestrainer.

tippen, auf einen Sieg setzen, auf den Gewinn einer Mannschaft ein Wort oder Geld einbringen.

Tor, Zielgehäuse für den Ball. Das in der Mitte der Torlinie aufgestellte Tor besteht aus zwei Torpfosten (7,32 m voneinander entfernt) und einer Querlatte, die 2,44 m über dem Boden die Pfosten verbindet. Das →Tornetz dient zum Aufhalten der Bälle. „Tor" ist auch die volkstümliche Bezeichnung für einen erzielten Treffer.

Torabschlag, →Abschlag.

Torauslinie, Linie zu beiden Seiten des Tores, auch kürzer →Torlinie genannt.

Tordifferenz, Differenz zwischen erzielten und erhaltenen Treffern. →Subtraktionsverfahren.

Torerfolg, durch Schießen, Stoßen oder Köpfen eines Balles in das Tor erzielter Treffer. Der Ball muß in vollem Umfang die Torlinie überschritten haben.

Torhüter, →Torwart.

Torlinie, Begrenzung an den Breitseiten des →Spielfeldes. →Torauslinie.

Tornetz, an Pfosten und Latte befestigtes Netz zum Auffangen der Bälle und zur Kontrolle erzielter Tore.

Torpfosten, Seitenbegrenzung des →Tores.

Torquotient, Resultat aus der Teilung der geschossenen (erzielten) Tore durch die erhaltenen Tore. Für die Klassifizierung einer Mannschaft bei Punktgleichheit mit der Konkurrenz von Bedeutung. →Divisionsverfahren.

Torraum, abgegrenzter Raum innerhalb des →Strafraums.

Torschuß, Schuß auf das Tor, kann zum →Torerfolg führen.

Torschützenkönig, erfolgreichster Schütze eines Vereines, einer Meisterschaft, einer Spielklasse, einer Weltmeisterschaft.

Weltmeisterschaft: 1930 Stabile (Argentinien) 8 Tore, 1934 Nejedly (ČSSR) 6, 1938 Leonidas (Brasilien) 7, 1950 Ademir (Brasilien) 9, 1954 Kocsis (Ungarn) 11, 1958 Fontaine (Frankreich) 13, 1962 Garrincha (Brasilien) 4*, 1966 Eusebio (Portugal) 9, 1970 Müller (Deutschland) 10, 1974 Grzegorz Lato (Polen) 7, 1978 Mario Kempes (Argentinien) 6, 1982 Paolo Rossi (Italien) 6, 1986 Gary Lineker (England) 6.

* Vier Tore erzielten auch Albert (Ungarn), Iwanow (UdSSR), Jerkovic (Jugoslawien), L. Sanchez (Chile) und Vava (Brasilien), die Trophäe wurde aber Garrincha zugesprochen.

Torverhältnis, Verhältnis zwischen geschossenen und erhaltenen Treffern. →Subtraktionsverfahren, →Torquotient.

Torwart, Spieler der Mannschaft, der im Tor steht und es bewachen soll; er trägt statt eines Trikots einen Pullover (→Spielkleidung) und darf innerhalb des →Strafraums den Ball mit der Hand aufnehmen.

Toto, organisierte Sportwette auf dem Gebiet des Fußballs. Zuerst in England (1921), dann in Schweden (1934), in Deutschland seit 1948, in der DDR seit 1953. In der Bundesrepublik gibt es die sogenannte Elferwette und die Auswahlwette „6 aus 45".

Trainer, sportlicher Ausbilder und zugleich Betreuer einer Mannschaft.

Trainerbank, →Spielerbank.

Treffer, →Torerfolg.

Trostrunde, besondere, vorher ausgeschriebene Spielrunde, an der nur Verlierer der frühen Runden eines Turniers teilnehmen.

U

Überkreuzvergleich, Austragungsverfahren, um Spielpaarungen mit Mannschaften zweier oder mehrerer Gruppen zu ermöglichen. Beispiel: Mannschaft A der Gruppe 1 spielt gegen Mannschaft B der Gruppe 2, Mannschaft B der Gruppe 1 spielt gegen Mannschaft A der Gruppe 2 etc.

UEFA, Abkürzung für Union Européenne de Football Association, Europäischer Fußball-Verband, 1954 gegründet, 34 Mitglieder mit 233 000 Klubs. Sie überwacht die Spiele der Europameisterschaft und der verschiedenen europäischen Pokal-Wettbewerbe.

UEFA-Pokal, Nachfolger des →Messepokals. Für den UEFA-Pokal qualifiziert sind nach einem bestimmten Schlüssel 1 bis 4 Mannschaften jedes nationalen Verbandes (insgesamt 64), die nicht am Cup der Meister oder Pokalsieger teilnehmen (Endspielergebnisse Seite 483).

UEFA-Jugend-Turnier, Internationales Turnier für Jugend-Nationalmannschaften, die Spieler dürfen das 18. Lebensjahr nicht überschritten haben. Seit 1948 durchgeführt, zuerst von der FIFA bis 1954, dann seit 1955 von der UEFA. Führt seit 1981 die Bezeichnung →Junioren-Europameisterschaft „U 18". Sieger des UEFA-Jugendturniers von 1948 bis 1980: 1948 England, 1949 Frankreich, 1950 Österreich, 1951 Jugoslawien, 1952 Spanien, 1953 Ungarn, 1954 Spanien, 1955 und 1956 wurden nur Gruppensieger ermittelt, 1957 Österreich, 1958 Italien, 1959 Bulgarien, 1960 Ungarn, 1961 Portugal, 1962 Rumänien, 1963 England, 1964 England, 1965 DDR, 1966 UdSSR und Italien, 1967 UdSSR, 1968 CSSR, 1969 Bulgarien, 1970 DDR, 1971 England, 1972 England, 1973 England, 1974 Bulgarien, 1975 England, 1976 UdSSR, 1977 Belgien, 1978 UdSSR 1979 Jugoslawien, 1980 England, 1981 Deutschland, 1982 Schottland, 1983 Frankreich, 1984 Ungarn, 1984/86 DDR, 1986/88 Sowjetunion. Den ersten UEFA-Wettbewerb „U 16" gewann 1982 Italien; die weiteren Sieger: 1984 Deutschland, 1985 UdSSR, 1986 Spanien, 1987 Titel nicht vergeben, weil Italien beim 1:0 über die UdSSR einen nicht spielberechtigten Spieler eingesetzt hatte, 1988 Spanien, 1989 Portugal, 1990 Tschechoslowakei, 1991 Spanien, 1992 Deutschland, 1993 Polen.

UEFA-Wettbewerb der Amateure, internationales Turnier von Amateur-Nationalmannschaften. Die bisherigen Sieger: 1967 Österreich, 1970 Spanien, 1974 Deutschland und Jugoslawien (weil das Endspiel wegen morastigen Bodens nicht ausgetragen werden konnte, wurden beide Mannschaften zu Siegern erklärt). 1978 Jugoslawien; danach nicht mehr ausgetragen.

Unparteiischer, →Schiedsrichter

Unterlaufen, verbotenes Rempeln oder Stoßen eines hochgesprungenen Gegners.

V

Verbandskapitän, Bezeichnung für einen Trainer (Coach) einer Nationalmannschaft. In Österreich offizieller Titel.

Verbandsliga, Bezeichnung für eine Spielklasse.

Verbinder, Bezeichnung für die beiden →Halbstürmer im →WM-System.

Vereinspokal, →DFB-Vereinspokal. In Österreich: Österreichischer Cup. In der Schweiz: Schweizer Cup.

Verlängerung, Ausdehnung eines Spiels über die übliche Kampfzeit von zweimal 45 Minuten durch weitere zweimal 15 Minuten, wenn nach 90 Minuten kein Sieger feststeht. Vor allem in Endspielen und Pokalwettbewerben üblich.

Verteidiger, Abwehrspieler.

Verteidigung, Teil der Mannschaft, die in der Abwehr steht.

Verteidigungssysteme, Abwehrtaktiken und -maßnahmen. →Manndeckung, Raumdeckung, →Riegel, →Schweizer Riegel.

Vertragsspieler, Spieler, der bei einem Verein vertragsmäßig gebunden ist und ein Entgelt erhält. →Lizenzspieler.

verwandeln, Ball nach einem Zuspiel oder einen →Strafstoß ins Tor befördern.

Verwarnung, Tadel für regelwidriges Verhalten durch den Schiedsrichter. Eine Verwarnung geht dem →Feldverweis voraus. Der Schiedsrichter zeigt dem Getadelten die →Gelbe Karte. Drei Verwarnungen in drei Meisterschaftsspielen hintereinander ziehen eine automatische Sperre für ein →Punktspiel nach sich.

Verzögerung, absichtliches Verschleppen von Spielzügen, um Zeit zu gewinnen; langsame, betont verzögerte Aktionen beispielsweise beim →Abschlag. Schiedsrichter kann bei Verzögerung →nachspielen lassen.

Vier-Zwei-Vier-System, eine taktische Grundaufstellung der Mannschaft: vier Verteidiger, zwei Mittelfeldspieler, vier Stürmer. Moderne Variante des Fußballs.

volley, englisch: Flugball, den Ball volley nehmen, den Ball aus der Luft nehmen und weiterleiten.

Volleyschuß, die direkte Weiterleitung eines aus der Luft angenommenen Balles.

Voll-Spann, →Spann.

Vorlage, →Paß, →Zuspiel.

Vorrunde, in der Regel erste Runde einer Meisterschaft oder eines Pokal-Wettbewerbes.

Vorschlußrunde, Runde der letzten vier Mannschaften zur Ermittlung der Finalisten.

Vorspiel, erstes Spiel zweier Mannschaften in einer Meisterschaftsrunde. →Rückspiel.

Vorteil, Spielüberlegenheit eines Spielers oder einer Mannschaft.

Vorteilregel, Verzicht auf Bestrafung eines Spielers wegen Regelwidrigkeit, wenn der gefoulte Gegner dennoch im →Vorteil bleibt. →Schiedsrichter.

W

Weltauswahl, Mannschaft des Internationalen Fußball-Verbandes FIFA. →FIFA-Auswahl.

Weltpokal, Pokalwettbewerb zwischen dem Europapokalsieger der Landesmeister und dem Südamerikapokalgewinner. Die Sieger im Weltpokal: 1960 Real Madrid, 1961 Penarol Montevideo, 1962 FC Santos, 1963 FC Santos, 1964 Internazionale Mailand, 1965 Internazionale Mailand, 1966 Penarol Montevideo, 1967 Racing Buenos Aires, 1968 Estudiantes Buenos Aires, 1969 AC Milan, 1970 Feyenoord Rotterdam, 1971 Nacional Montevideo, 1972 Ajax Amsterdam, 1973 Independiente Buenos Aires, 1974 Atletico Madrid, 1975 nicht ausgetragen, 1976 Bayern München, 1977 Boca Juniors Buenos Aires, 1978 nicht ausgetragen, 1979 Olimpia Asunción, 1980 Nacional Montevideo, 1981 Flamengo Rio de Janeiro, 1982 Penarol Montevideo, 1983 Gremio Porto Alegre, 1984 Independiente Buenos Aires, 1985 Juventus Turin, 1986 River Plate Buenos Aires, 1987 FC Porto, 1988 Nacional Montevideo, 1989 AC Milan, 1990 AC Milan, 1991 Roter Stern Belgrad, 1992 FC São Paulo, 1993 FC São Paulo.

WM-System, britische Spielweise mit vorgeschobenem Mittelstürmer und zwei vorgezogenen Außenstürmern, dagegen die Halbstürmer zurückhängend. Dazu zwei Verteidiger und drei Läufer (der Mittelläufer als Stopper). Veraltetes System.

World Cup, offizielle englische und im internationalen Sportsprachgebrauch eingeführte Bezeichnung für die Fußball-Weltmeisterschaft.

Wunderteam, volkstümliche Bezeichnung für Österreichs Nationalmannschaft der Jahre 1931/32 mit 14 Spielen ohne Niederlage.

Z

Zerstörungsspiel, Spielanlage zur frühzeitigen Verhinderung gegnerischer Angriffe und gegnerischen Aufbaus.

Zu-Null-Spiel, Spiel, das eine Mannschaft ohne Gegentor gewinnt.

Zuspiel, Weiterleiten eines Balles zum günstiger stehenden Gegner.

Zweite Bundesliga, löste 1974 die Regionalliga ab. Zunächst wurde in zwei Gruppen (Nord und Süd) gespielt. Seit 1981 nur noch eine Gruppe mit 20 Mannschaften.

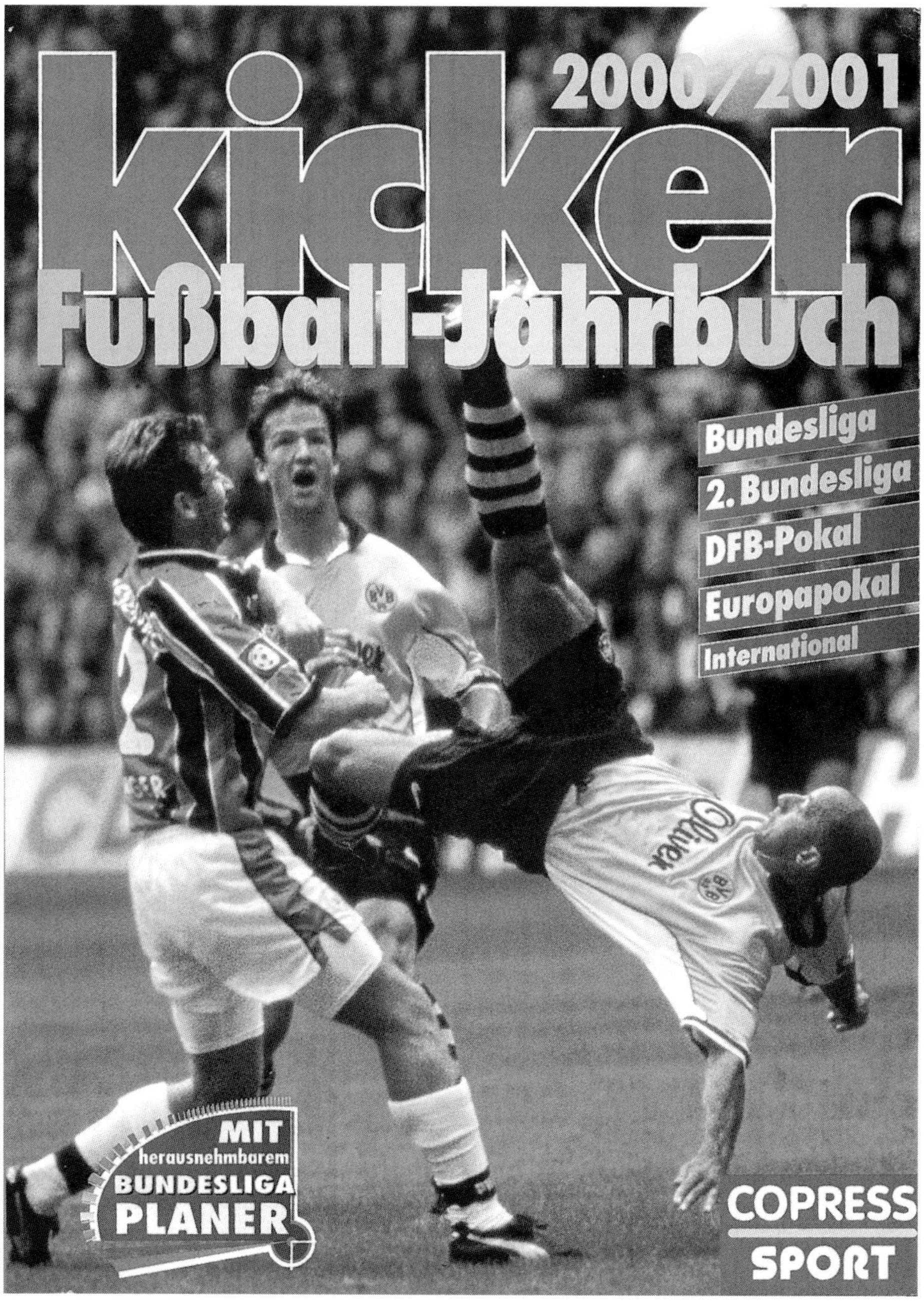

DM 39,90 / ATS 291,– / SFR 37,–

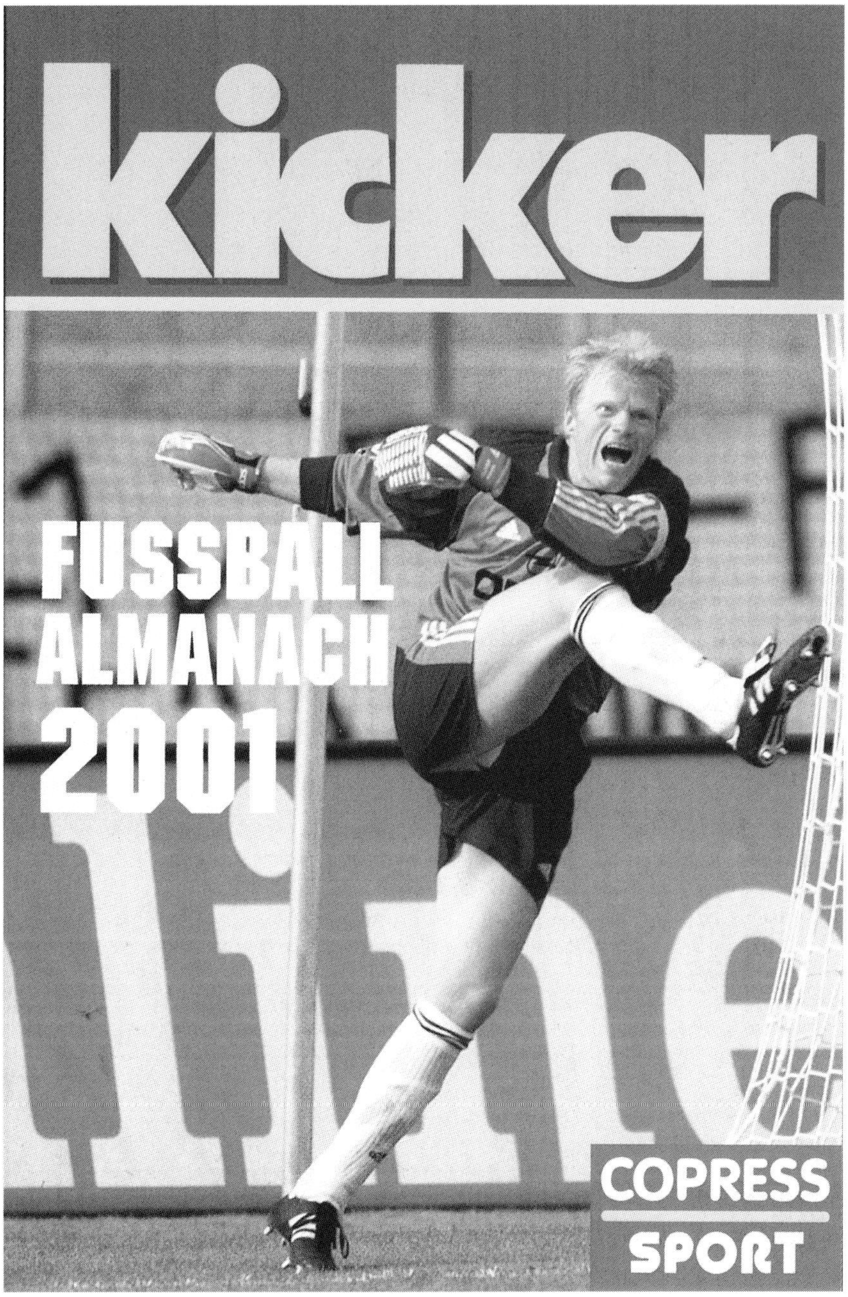

DM 19,90 / ATS 145,– / SFR 19,–